中研院歷史語言研究所集刊論文類編

文獻考訂編

三

中華書局

"韋弦""愼所好"二賦非劉知幾所作辨

洪　　業

全唐文輯錄唐劉子玄所撰文篇中載有三賦(註一)；今爲校訂標點如下：

思愼賦(並序)(註二)

賦形天地(註三)，受氣陰陽；生樂死哀，進榮退辱：此人倫之大分也。然歷觀自古，以迄於今，其有才位見稱，功名取貴：非命者衆，克全者寡。大則覆宗絕祀，湮沒無遺；小則繫獄下室，僅而獲免。速者敗不旋踵；寬者憂在子孫。至若保令名以沒齒，傳貽厥於後胤(註四)，求之歷代，得十一於千百。某嘗迹其行事，略而論之。至如望夷篡奪，鴻溝戰爭，包燕蓋之異志，踐恭顯之邪迹：或干紀亂常，或窺窬僥倖，此而獲罪，固其宜也。爭二城而相殺，期五鼎以就烹，獻魚炙以交鈹，舞雞鳴而伏鑕：或幸災樂禍，或甘死徇生，求而得之，又何怨也。降茲以外，有異於是；莫不重七尺於太山，恡一毛於尺璧；徒惡其死，而不知救死之有方；但惜其生，而不識衞生之有術。何者？地居流俗之境，身當名利之場：皆物之相物，我之自我；當仁不讓，思倍萬以孤標；唯利是視，願半千而秀出。行高於人，衆必非之；官大於國，主必惡之。而名譽娛其耳，光榮炫其目；

(註一)　徐松等編全唐文(1000卷，1814；1901 廣雅書局刻本) 274.1a—6a 。劉子玄、全唐文改作劉子元，蓋避淸聖祖(1662—1722)之諱(玄燁)。案劉子玄(661—721)原名知幾，字子玄。後來要避唐玄宗(712—756；710年中立爲皇太子)名字(隆基)之音，乃改名爲子玄。舊唐書(200卷，945；1894上海同文書局影印殿本)102.6a—12b以劉子玄標題傳目；其傳內則於景雲(元年起七月己巳，19,vii,710)以前，稱知幾，其後，稱子玄。名從主人，文合史實；筆法可依。唐書(225卷，1060；1894上海同文書局影印殿本) 132.1a—4a 則前後統稱子玄。

(註二)　題下小注"並序"二字，我改置括弧中。案三賦之文並見李昉等編文苑英華(1000卷，987編成；1204校訂；1567福建刻本) 92.1a—8a及陳元龍編歷代賦彙(140卷，II外集20卷，III逸句2卷，IV補遺22卷，V目錄4卷，1706；1888上海雙梧書局石印本)中之三卷(69.3b—4b"思愼賦"，67.7a"韋弦賦"，68.3a"愼所好賦")。英華於題下無小注，而於序前有"序"字。賦彙於題下作"有序"二小字。

(註三)　英華於此句下有注云："一作'且夫肖形天地'"。

(註四)　賦彙作"胤"，全唐文作"允"，皆因避淸世宗(1723—1735)之諱(胤禛)而改。

口甘腴豢，嗤鉤吻之腐腸；身安棟宇，誠垂堂之折足。自謂長無六疾，永固百齡，巋然可與金石齊堅，松喬比壽者矣。殊不知關張以傲誕爲將，桑霍以滿盈居職，晁錯削國以獻忠，伯宗匡朝而好直，處父則純剛立性，張溫則太明爲識：見之者爲之寒心，聞之者爲之變色。亦猶臥於積薪之上，而不知火之將然；巢於折苕之末，而不悟風之已至。旣而惡稔釁盈，道窮數極；黃沙在縶，懷上蔡而無追；白刃臨頸，揮廣陵而長歎。猶以爲禍出不虞，災非素漸。以茲自卜，奚其謬歟！假有擧一反三，蠡分菽麥；知豐屋之不誡，悟覆車之足尤；而皆宴安鴆毒，遲疑猶豫。交戰未勝而禍機先發。不杜之於欲萌，方悔之於旣兆。用使茂先將戮，顧諍子而多慙；安仁已收，負慈親而永訣。嗚呼！自古所以多殺身亡族者，職由於此也。因斯而言，則知禍福無門，唯人自召；自貽伊戚，匪降於天；而謂之不幸，未之聞也。昔夫子有云："仁遠乎哉？我欲仁，斯仁至矣"。竊以仁爲百行之首，大聖共猶病諸。然以中才之人企勉而行，猶或可及；況其慎者。蓋不過慎言語，節飲食，知止足，避嫌疑：若斯而已矣。非有朝聞夕死，去食存信之難也。違之則爲凶人，蹈之則成吉士；其爲弘(註一)益多矣。而世人罕能修身(註二)厲已，自求多福；方更越禮過度，坐致覆亡。此宣尼所以譏鮑莊子之智(註三)不如葵，而孫叔敖譬以螳螂伺蟬，不知黃雀在後。余早遊墳素，晚仕流俗；觀古今之人物極矣，見吉凶之成敗衆矣。夫貴不如賤，動不如靜：嘗聞其語，而未信其事；及身更之，方覺斯言之徵矣。加以守愚養拙，怯進勇退；每思才輕任重之誡，智小謀大之憂；觀止足於居常，絕覬覦於不次，是以度身而衣，量腹而食：進受代耕之祿，退居負郭之田。庶幾全父母之髮膚，保先人之丘(註四)墓。一生之願，於斯(註五)足矣。但才非上智，習以性成；猶恐覩芳餌而貪生，慮鮑肆而神化。苟或(註六)靜退之心日弛，則馳競之慾日增；顚沛以之，嗟何及矣！常思列銘几杖，

(註一) 全唐文作"宏"蓋避淸高宗(1736—1795)之諱(弘曆)。賦彙仍作"弘"殆影鈔殿本時，偶漏改而已，此下凡二本中改避淸諱之字，如"弦"之作"絃"，"寧"之作"寗"或"甯"，"淳"之作"湻"等皆不復爲注出。

(註二) 英華作"脩身"，下有小注云："二字一作'日旰使'"。

(註三) 英華於"智"下有小注云："一作'志'"。

(註四) 全唐文避孔子諱作"邱"。

(註五) 全唐文作"是"；蓋不必改而改者。

(註六) 全唐文誤改作"非"。

取配韋弦；刻心骨而不忘，傳諷誦而無斁。蓋語曰："明鏡可以覽形，往古可以知今"；是用尋往哲之遺(註一)事，驗古人之得失；寄彼形言，存諸炯誡；列之座右，題其賦云。

吾嘗終日不食，三省吾身；覺昨非而今是，庶舍舊而謀新。原夫"天地之大德曰生，聖人之大寶曰位"。生也者，賢愚定其美惡，位也者朝市總其名利；七情由其不等，百行以之咸異。儻無心以自謀，良局途其必躓。何者？得不思失，雄獨忘雌；耽人爵以健羨，窮代路之險巇。是則平衡而登九折，直轡而踐三危；干戈生於肘腋，胡越起於藩籬。假使履獸尾而不咥，探龍頷以獲奇；省僥倖以適願，非仁者之所爲也。借如幽室鑿坯，窮居負郭，二頃樵採，一廛耕穫；名困汙(註二)於抱關，志充詘於懸箔(註三)。俄拔跡於羊豕，倏摶飛於燕雀。金紫照其陸離，銀黃煥其沃若。彼滿盈之難守，伊榮茂之易落：朝結駟而乘軒，暮齒劍而嘗鑊。方思上蔡之犬，追念華亭之鶴。奚一身而足恡，廼九族其惟索。爾其寂寞(註四)無事，殷憂不平；恥當年而功不立，疾沒世(註五)而名不成。懷書訪道，學古言兵；擅雲間之美譽，馳日下之休聲。夫鐸穴(註六)由於足響，膏爍起於多明。趙國從而蘇裂，齊城下而酈烹。吹律誅(註七)於西漢，獻寶刖於南荊，逐(註八)懷沙於楚塞，囚(註九)說難於秦庭。李仕登朝而就戮，嵇(註十)道超代而逢刑。苟才智之爲

(註一) "遺"字，全唐文所加。

(註二) 三本皆作"困沉名"。因其與下句不偶，我爲改作"名困汙"。司馬遷（元前135—約87）史記（130卷，裴駰〔約427〕集解，司馬貞〔約719〕索隱；張守節〔736〕正義；1894上海同文書局影印殿本)86.9a"聶政傳"，"嚴仲子乃察舉吾弟困汚之中而交之"。

(註三) 英華作"懸箔"，既無義，復不韻。賦彙全唐文作"懸箔"，是。南華眞經(10卷，郭象〔312卒〕注，陸德明音義〔583〕；四部叢刊本）7.6b"達生篇"，"有張毅者，高門縣簿，無不走也；行年四十，而有內熱之病以死"，"箔"爲"簿"之俗字。參王叔岷莊子校釋(5卷，1944；補遺，續補遺，附錄，共76葉，1945；國立中央研究院歷史語言研究所專刊26, 1947）3.27b

(註四) 英華賦彙作"莫"。英華加注云："疑作'寞'"。

(註五) 因唐太宗（627—649）之諱（世民），疑劉知幾，當避改"世"字作"代"，如上文之"窮代路之險巇"；抑當減筆寫之，如倫敦大英博物館藏 Stein 2717 珠英學士集敦煌殘卷所載劉知幾詩三首中，"處世""隨世"等詞中之"世"字，皆減筆作"卋"。宋人編文苑英華時，自不復遵避唐諱；故或改從原字。又上文"履獸尾而不咥"，不用"虎尾"，亦因其避唐高祖（618—626）祖，廟號太祖者之諱（虎）。

(註六) 英華作"宂"，似誤。鐸足響而穴；爲義甚佳。惜不知其有何典據。

(註七) 英華於"誅"字下有注云："一作'殊'。謂京房"。

(註八) 英華賦彙皆誤作"遂"。

(註九) 英華賦彙皆誤作"因"。

(註十) 英華誤作"稽"。

患，雖語默而同傾。若乃猛將出師，謀臣獻策；鱗翼攀附，風雲感激。開黃閣與朱門，樹高幡及長戟，恃龍蛇之恩舊(註一)，望鳥兎之盡獲。思擅寵於邦家，誓傳名於竹帛。蜀既平而艾檻，吳已霸而胥溺。黜淮陰以懲韓，遷杜郵而死白。彼功成而不退，俄寵謝而招隙。何追憶於布衣，翻興(註二)思於下澤。各入門而自媚，徒弔闔其何益！亦有爵非才舉，榮因寵遷；吮癰求愛，舐痔逢憐；朝承恩而袖斷，夜託夢而衣穿。嗤弦直之死道，喜邪徑之敗田。氣噓霜而吸露，力轉日而迴天。自謂方江湖而共永，比嵩岱而齊堅。一朝失據，萬古凄然：至於申侯逼迫而辭楚，盧綰披猖以去燕。彼丁傅(註三)之崇貴，將梅茹之威權；疇一姓其或在，覆五宗而不全。次有跡鄙衡門，情娛俠窟；出入田竇，往來平勃；歌"無魚"以自媒(註四)，獻文蛇而請謁。疑臥薪之可久，謂巢葦之恆安。烈火照其潛燎，衝(註五)風焱其上搏。曹門傾而夭鄧，賈室壞而夷潘；班坐刑於竇竇，殷取戮於臣桓：顧噬臍而不及，知觸藩(註六)之爲難。夫化赤漸乎鄰丹，爲黔資於邇墨。生於麻者，旣革其操，染於藍者，亦變其色。交非鮑叔，遊異田蘇；忘臭肆之不惡，持甘醴以爲娛。餘推誠而狎(註七)耳，蕭結契而連朱：始刎頸以交約，終反噬而相屠。王綢繆於魏諷，石嫌疑(註八)於州吁，孫秀與趙倫齊貫，石顯將牢梁並驅：汙無禮以自及，蹈不義而同誅。別有直若史魚，正如伯厚；飾智驚物，露才不偶；持瑾瑜而指瑕，鑒冰(註九)鏡而求垢。彼獨潔之爲難，固羣醉之所醜。況乃誹謗朝廷，擯斥朋友；方縉(註一〇)紳以豚犢，延冠蓋以雞狗。符(註一一)結怨於晉臺，彭

(註一)　全唐文改作"舊恩"；似反不佳。下句，"盡獲"指鳥盡兎獲，二字並行；不宜以"舊恩"二字偶之。

(註二)　英華無"興"字。賦彙全唐文加之，俾與上句相隅。

(註三)　英華作"丁傳"，誤。"丁傅僭恣，自求凶害"見班固(32—92)漢書（100卷，顏師古〔581—645〕注；1894上海同文書局影印殿本）100B.24a"外戚傳敍"。

(註四)　英華誤作"謀"。

(註五)　英華誤作"衡"。

(註六)　英華於"藩"字下有注云："一作'捦'"。

(註七)　英華作"裨"，下有注云："一作'狎'"。

(註八)　英華於"嫌疑"下有注云："一作'慊疑'"。

(註九)　英華誤作"水"。

(註一〇)　全唐文作"搢"。

(註一一)　案符朗（約389死）於晉書（130卷，649；1894上海同文書局影印殿本）114.30b—32a作苻朗。然劉子玄史通（20卷，710初稿成；1577張之象刻本）8.1a"摸擬篇"亦作符朗。浦起龍史通通釋（20卷，1752；1894上海積山書局影印原刻本）11.31b"古今正史篇"曾辨前秦之姓或當爲符。

肆言於蜀后，爾悲號於座上，庾謝讁於行後：揆榮辱之在身，猶樞機之發口；儻一言其靡慎，奚四大之能守？然則禮無微而不警(註一)，怨無小而不讎。察關張之同敗，審韋弦之所由。豈直君子不可罔，而小人獨可仇？倜儻英跱，昂藏遠邁；視斯隸其如萍，觀輿臺其若芥；本無猜於螻蟻，寧有忌於蜂蠆？安知鶩炙輟授，七尺由其喪亡(註二)；羊羹匪均，三軍以之覆敗？苟有怨其必復，諒無所而不誡。於是考茲出處，稽彼行藏；咸知進而不知退，知存而不知亡。惑多言之必敗，迷暴貴之不祥。彼有足而罕衞，行立身而靡防；猶乘車之去軌，若涉海之無航。既百慮而一致，故異術而同喪。惟夫明達高人，賢良志士，知滿損而謙益，驗弱生而強死。無爲福先，無爲禍始。節其飲食，謹其容止。聚而能散，爲而不恃。潔其心而穢其迹，濁其表而易其裏。範闇室而整冠，循覆車而易軌。以道德爲介胄，忠貞爲劒履。愛髮膚而不傷，保家室以不恥。若乃詢木鴈於園吏，訪光塵於柱史；萬石守慎以全榮，二疏既滿而辭仕；袁不及於愛憎，柳忘情於慍喜，漢先主之立誡，莫尚中庸，衞大夫之所羞，獨爲君子：余(註三)雖不佞，嘗從事於斯矣。重曰：夫含靈稟質，異品殊倫，生何如而弗貴，命何如而弗珍？鴈含枚(註四)以避繳，狐聽冰而涉津；葵傾心以衞足，櫟不才而謝斤。彼草樹之無識，惟禽獸之不仁，猶稱能以遠害，尙假智以全眞。矧百行之君子，廼三才之令人，何自輕於養性，何自忽於周身？儻狂歌之可採，伊輿誦之可詢，敢刋銘以勒座，遂援翰而書紳。

韋弦賦(以"君子佩之，用規性情"爲韻)

趙魏君子，跡著明文；有韋弦之淑慎，在躁靜以區分。於以誠德在我，於以表正事君。稟剛以宣其志，守柔以播其勳(註五)。動靜有恆，得樞機於要道；佩服無斁，合規矩於典墳。昔董安于事趙簡子，虛心固節，收目反視。由一國之具瞻，在四德之爲美。誠孜孜於不忘，諒勤勤於所履。觀其弦之勁姿，可以勵其攸止(註六)。式標其道，於焉克己。所謂惕禍以垂休，故以善終而令始，且其(註七)

(註一) 英華作"驚"，下有注云："疑作'警'"。

(註二) 英華作"全"。

(註三) 全唐文誤作"金"。

(註四) 英華於"枚"字下有注云："一作'枝'"。

(註五) 英華於"勳"字下有注云："一作'薰'"。

(註六) 我懷疑"攸止"二字之上，或脫漏"簡之"二字。

(註七) 我疑"其"字或當作"夫"。

天道何常，順之無悔。察是非之倚伏，節行藏於進退。守而取則，在剛柔以爲箴；動必可觀，比玉劒之爲佩。鄭令乃曰：躁用乖於正性，故安卑以從時，靜既恭於五德，故不暴以爲師。命韋帶之閑緩，體君子之舒遲。惟器可象，惟賢則之。佩蘭則殊於楚客，象環有慕於宣尼。信建物之表志，實善人之所資。故知欲不可縱，儉以足用。德或可移，中以成規。識君子之容止，見淑人之表儀。周旋之中，寧假於宮徵；內外相制，亦合乎塤篪(註一)。大哉景行！剛柔異性。緩之於韋(註二)用和，急之於弦表正，既守道而恆佩，因履端而不競。懿夫！式彰茂德，分意(註三)表情。禮節既備，敬慎孔明。參衣冠而振(註四)序，列簪紱以齊榮。猗二子之垂誡，與千古之揚名。

京兆試：愼所好賦(以"重譯獻琛，信非寶也"爲韻)

君子嚴其墻仞，戒以心胸；知躭味之易入，俾回邪而(註五)不容，其愼德也，"白圭"是聞其三復；其好賢也，緇衣必薦其(註六)九重。自然契已坦蕩，淸心肅雍。玩喪志而何有，欲敗度兮何從！昔如王者三朝，遠人重譯；執贄山委，獻琛雲積。豈不知，納寶庫，爲子孫之藏，映玉墀，嘉戎夷之績？蓋以難得之貨有損，不貪之寶無斁。獲狼而荒服不臻，却馬而漢皇(註七)受益。嗤虞公(註八)愛玉之敗，美晉帝焚裘之迹。匪騁欲而適願，將去奢而無怨。滿堂足戒，黃金寧愼其四知；連城不求，白璧何勞於三獻？所愛者禮，所懷者仁：君由之而乂(註九)國，士用之以防身。衣服有常，非敢玩於千襲；飮食不溽(註一〇)，寧專美於八珍？其愛(註一一)才也，必擇能而得儁(註一二)；其慕友也，亦資忠而履信。將辭直而不

(註一)　全唐文作"壎篪"。"塤""壎"可通用；"篪"字誤。
(註二)　英華作"帶"。
(註三)　英華作"章"，下有注云："一作'意'"。
(註四)　英華作"振"，下有注云："一作'振'"。
(註五)　我疑"而"字當作"以"。
(註六)　我疑"其"字當作"於"。
(註七)　英華賦彙作"王"。
(註八)　英華賦彙作"受"。英華加注云："一作'愛'"。
(註九)　英華誤作"又"。
(註一〇)　英華賦彙作"賣"。英華加注云："一作'溽'。禮記：'其飮食不溽'"。
(註一一)　英華賦彙作"受"。英華加注云："一作'愛'"。
(註一二)　全唐文誤作"儁"。

違，知言甘而有吝，是窒其欲，無忽於微。五色足眈，審之則朱紫不奪；八音可樂，慢之則鄭雅同歸。思禁邪而制放，慮今是而昨非。上則宣風，下同(註一)偃草。將還淳而復朴(註二)，在躭德而味道。蒐田失度，則念"虞人之箴"；慈儉或虧，必思老氏之寶。至矣哉！好之者，儒以多聞爲潤屋，立義爲分社。孝既慕於參乎，學願從於回也。孜孜屑屑，束脩(註三)問寡。如此，人所以銘座而弗忘，書紳而不捨(註四)。

若就書籍之近世傳本而論，這三賦的來源，似乎皆出於文苑英華卷九十二。英華於"思慎賦"題下有撰者姓名"劉知幾"三字；其於序前別有識語一段云：

國史曰：知幾著"思慎賦"以刺時，且以見志。鳳閣侍郎蘇味道李嶠見之，相顧而歎曰："陸機'豪士'所不(註五)及也；當今防身要道盡在此矣"。

從這一段來看，可見當李昉等編輯文苑英華之時，劉子玄集，無論其爲三十卷抑十卷本，都已不存(註六)，而"思慎賦"的來源乃出於唐人所編總集文史等類之書籍。其曰知幾，不云子玄，可見劉撰賦時當在景雲(710—712)以前。賦序云"余早遊墳素，晚仕流俗"；可見知幾當時正在做官。舊唐書"劉子玄傳"謂在武后證聖年(695)知幾爲獲嘉主簿表陳四事之時。然序中有"觀止足於居常"句，而武后於載初年(690)改唐爲周立武氏七廟時，已追尊其高祖居常爲肅祖章敬皇帝(註七)。賦序既不避武周廟諱，

(註一) 英華於"同"字下有注云："一作'如'"。

(註二) 賦彙全唐文作"樸"。

(註三) 賦彙全唐文作"修"。

(註四) 賦彙全唐文作"舍"。

(註五) 英華脫"不"字。我從舊唐書102.6a及册府元龜(1000卷，1013；1642黃國琦刻，1672黃九錫1757丁序賢補刻本)840.14a所引補之。

(註六) 舊唐書47.41b"經籍志"載劉子玄集十卷；唐書60.11b"藝文志"作"三十卷"。日本國見存書目錄(藤原佐世〔898卒〕編；續羣書類從卷884)，崇文總目(66卷，1042；錢侗等輯5卷，1799；後知不足齋叢書本)，文獻通考(馬端臨編348卷，約1319；十通本2764頁)1051—1967"經籍考"，宋史(496卷，1345；1894上海同文書局影印殿本)卷202—209"藝文志"都不載其書。

(註七) 見唐書4.3a，6b—7a，9a，"則天順聖武皇后紀"；資治通鑑(司馬光撰294卷，1085；胡三省注，1285；1927上海大中書局影印胡克家刻本)203.6a；204.5b，9b。舊唐書183.8b"武承嗣傳"於武氏祖先世次名諡有誤；參林寶元和姓纂(10卷，812；洪瑩輯，1802；1880金陵書局刻)6.18b，唐書74A.28a"宰相世系表"，沈炳震唐書宰相世系表訂譌(12卷，1733；二十五史補編7575—7592)7588，岑仲勉元和姓纂四校記(11卷共1126頁，中央研究院歷史語言研究所專刊26，1948)587。

其撰時當然必在載初以前(註一)。

然文苑英華雖於"思愼賦"題下明著劉知幾之名，而其後所接連登載之"韋弦賦"及"京兆試：愼所好賦"則於題下皆未標撰人姓氏。若三賦皆爲劉氏一人所作，則三篇之先後排列大有失次之嫌。蓋子玄卒於開元九年(721)(註二)，卒時年六十一(註三)，則當生於顯慶六年(661)。史通"自敍篇"云"年登弱冠，射策登朝"，則其省試及第當在永隆元年(680)(註四)。登第在先，入仕在後，則"思愼賦"必作於永隆元年以後。如其曾應試京兆而作"愼所好賦"，則府解在先，省試在後，入仕更在後，而"思愼賦"之作當在"愼所好賦"之後。旣同爲一人之作，同居一類之文，何爲而置其早者於後？想雍熙(984—987)間編纂英華之翰苑諸公當不至憒憒如此。

案文苑英華編纂之例，凡文數篇同出一人，則首篇題下載撰人之名，餘篇題下只著"前人"二字。然則，凡題下未載撰人者當是不知誰何所作之篇。是以賦彙轉載"韋弦賦"及"愼所好賦"二篇皆於題下標云"(唐)闕名"。全唐文之編輯在賦彙之後一百餘年；總纂官徐松本是考據能手，其於英華本中題與撰人之誤亦閒有考證(註五)，不知其爲何故竟把二賦撥歸劉子玄名下。其"凡例"曾云："原書編載文苑英華諸文，所據係明刊閩本。其中譌脫極多。今以影宋鈔逐篇訂正，補出脫字。又以元祝堯古賦辨體

(註一) "國史"所云蘇味道李嶠見賦之時，自不必卽在劉知幾作賦之年。如唐書61.18b—19b"宰相表"爲可據，則聖曆元年九月辛巳(2.xi，698)蘇味道鳳閣侍郎同鳳閣鸞臺平章事，十月癸卯(24.xi，698)李嶠知鳳閣侍郎同鳳閣鸞臺平章事，三年三月辛未(15.iv，700)嶠守鸞臺侍郎兼修國史，蘇李二人同爲鳳閣侍郎之時乃在聖曆元年至三年之間。但據舊唐書6.11a，唐書4.16a，通鑑206.9a，則聖曆元年十月癸卯李嶠乃以麟臺少監(通鑑用武周之前及其後之通稱：秘書少監)同鳳閣鸞臺平章事。不知嶠當時是否以知鳳閣侍郎改麟臺少監，抑以麟臺少監知鳳閣侍郎。參嚴耕望唐僕尙丞郎表(1091頁，書目2頁，引得30頁；中央研究院歷史語言研究所專刊36，1956)102，555。

(註二) 見通鑑212.6b。

(註三) 見舊唐書102.11b，唐書132.4a。

(註四) 史通10.15b。案徐松登科記考(30卷，1838，南菁書院叢書)2.27a載劉知幾進士及第於永淳元年(682)，加注云："…舊書…弱冠擧進士。按子元卒在開元九年，年六十一。開耀元年〔681〕年二十。唯其年進士一人，故載是耳"。徐氏計劉弱冠，誤後一年。然其置劉登第之年於永淳元年(劉年二十二)，實未可厚非。蓋"年登弱冠，射策登朝"八字之中兩見"登"字，頗足爲嫌。如原是"年方弱冠"，則永隆元年亦祗進士一人(登科記考2.24b)。如原作"年逾弱冠"，則永淳元年頗足以當之。

(註五) 如文苑英華397.5b載孫逖"授武三思鴻臚卿制"。全唐文962.2b考云："逖知制在開元二十四年；時三思久誅。新舊書亦不載三思官鴻臚卿。題與撰人，必有一誤。今存疑，編入'闕名'"。參勞格(1820—1864)讀書雜識(12卷；月河精舍叢鈔)6.19b。

(註一) 補出諸賦撰人姓名"。可惜我如今未得檢查古賦辨體，不知徐氏於二賦撰人之誤是否沿襲祝氏而來。

無論如何，除了上邊所舉闕名失次二端而外，我們尚有別的理由可證二賦之不出於劉知幾。一、試將二賦之文與"思愼賦"相比，立即可覺其氣味大不相類。"思愼"如何穿穴史傳，品藻人倫；如何風發泉流，奔馳朗暢！二賦如何循題蹈韻，索意求辭；如何跼蹐短垣，庸音足曲而已！能作二賦者，將不能作"思愼"。能作"思愼"者，必不肯作二賦。

一、劉知幾父名藏器。"思愼賦"中無"器"字。史通二十卷亦統無"器"字。"韋弦賦"中有"惟器可象"句。若使知幾作其賦，那可不避家諱？

一、知幾彭城人。其欲舉進士當由徐州貢解。何爲應試京兆？

一、雍州改名京兆，據舊唐書"天授元年改雍州爲京兆郡，其年復舊。……開元元年改雍州爲京兆府"；其後不復更改(註二)。若擬"京兆試：愼所好賦"之京兆爲天授元年之京兆郡，則天授元年僅得自九月壬午(16.xi、690)至十月壬申(5.xii、690)前後共五十一日而已，其時國號已改爲周，武氏已追尊七廟，賦中何得用"常"字於"衣服有常"之句？且其時劉知幾年已三十，早已射策登朝，服官入仕了。若說賦題上之京兆是起自開元元年(712)之京兆府，則開元元年劉子玄已年五十三，已官至太子左庶子崇文館學士了。

一、登科記考引永隆二年(681)八月詔"進士試雜文兩首"，加注云："按雜文兩首謂箴銘論表之類。開元間始以賦居其一，或以詩居其一。亦有全用詩賦者，非定制也。雜文之專用詩賦，當在天寶(742—756)之季"(註三)。府試科目的範圍當不至於越出省試定制。然則劉知幾早年應試文中當不能有"愼所好賦"。況且"愼所好賦"題限"重譯獻琛，信非寶也"八字韻脚。登科記考於開元二年(713)"進士十七人"條下注云："永樂大典'賦'字韻注云：'開元二年王邱員外知貢舉，始有八字韻脚。是年試"旗賦"

(註一) 四庫全書總目(200卷，1773至約1790；1930上海大東書局影印本)188.3b有祝堯(1318進士)古賦辨體8卷，外集2卷。

(註二) 舊唐書38.10b"地理志"。

(註三) 登科記考2.25b—26a。所引永隆二年詔，見唐會要(100卷，961；武英殿聚珍版書)75.28a—b，册府元龜639.19a—20a，唐大詔令集(130〔佚23〕卷，1070；適園叢書本)106.18a—b。

以"風日雲野，軍國清肅"爲韻'。按雜文之用賦，初無定韻。用八韻自此年始。見能改齋漫錄引僞蜀馮鑑文體指要"(註一)。然則，劉知幾早年應試，不至於應京兆試，不至於作賦，更不至於作限韻八脚之賦矣。

徐松之編成全唐文在其撰成登科記考之前二十六年。想其當時尙未熟於唐代貢擧之掌故，尙未能一望京兆試賦限韻八脚之題而卽知其文之斷不出於劉知幾。然其誤將二賦歸於劉氏，實遠不如陳元龍於賦彙中之標出"闕名"。在昔勞格有"讀全唐文札記"(註二)，近年岑仲勉先生復有"續勞格'讀全唐文札記'"(註三)惜皆未及糾正徐氏此端之誤。劉漢先生之"劉子玄年譜"及傅振倫先生之劉知幾年譜又復都以二賦爲劉氏所撰(註四)。恐更貽悞學者，故不可不辨。

(註一) 登科記考 5.17a 。"王邱"於永樂大典中及於今並當作王丘；參唐僕尙丞郎表引得頁 2 。徐引能改齋漫錄（吳曾〔約1133〕著16卷；守山閣叢書本）2.8b。

(註二) 見讀書雜識8.1a—19b。

(註三) 見國立中央研究院歷史語言研究所集刊 9 (1947)239—370。

(註四) 劉漢"劉子玄年譜"，努力年報 1 (1929)75--95，94。傅振倫劉知幾年譜（上海商務印書館1934）68，160。

出自第二十八本下(一九五七年五月)

康熙幾暇格物編的法文節譯本

陳 受 頤

（一） 十八世紀關於中國的三部法文鉅著

十八世紀是近代中西文化溝通初期的由極盛而轉入衰落的時代，又是由歐洲好幾國的教士共同參加而變爲法國教士逐漸包辦的時代。當時蟬聯而出的三種大規模的有關中國的歐洲刋物，都是用法文寫定印行然後轉譯爲他種歐洲文字的。第一種是一七三五年在巴黎出版的杜赫德主編的四大厚冊對開本的中國通志（註一）。第二種是期刋性的耶穌會士通信集，一七〇二年巴黎耶蘇會的總書記雷果辨創辦主編，其後繼續出版，到一七七六年停刋的時候，一共出了三十四冊。此書所刋佈的教士通訊，雖然包涵着關於南北美洲和印度近東的報導，主要的材料却毫無問題地是入華教士寄發的那一部份（註二）。第三種是一七七六至一八一四年間陸續刋行的中國叢刋，一共出了厚厚的十六冊（註三）。當時有關中國的著述雖然很多——尤其値得注意的是十三厚冊的

（註一） 編者的姓名原文是 Jean Baptiste Du Halde 方杰人（豪）教授譯爲杜赫德（中西交通史第五冊一八五頁），今從之。王國維舊譯爲特赫爾特（王忠慤公遺書丁卯排印本四集宋元戲曲考八一頁）。戲曲考又云：「至我國戲曲之譯爲外國文字也，爲時頗早。如趙氏孤兒，則法人特赫爾特實譯於千七百六十二年；至一千八百三十四年而裘利安又重譯之。」這句話不全對。趙氏孤兒的譯者是馬約瑟 Joseph-Henry-Marie de Prémare 神甫，譯文在中國通志的第三冊三三九至三七八頁，一七三五年刋行。中國通志的原文名 Description geographique, historique, chronologique, politique de l'Empire da la Chine et de Tartarie Chinoise。

（註二） 第一集刋行於一七〇二年，到一七〇三年改稱 Lettres édifiantes et curieuses, écrites des Mission Etrangeres par quelques Missionaires de la Compagnie de Jesus。編輯人是（一）一七〇二至一七〇八出版的前集和一至八集——Charles Le Gobien(1653-1708)；（二）一七一一至一七四三出版的第九集至第二十四集——Jean Baptiste Du Halde (1694-1743)；（三）一七四九至一七七六出版的第二十五集至最末了的第三十四集——Louis Patouillet (1699-1779)。三位都是耶穌會士，都沒有到過中國。第三位——帕都葉神甫——是服爾德在文章裏常常譏諷的。

（註三） 原文的標題是 Memoires concernant l'histoire, les sciences, les arts, les moeurs, les usages, ec. des Chinois, par les missionnaires de Pe-kin 就是說「北京教士所寫的關於中國人的歷史、科學、藝術和風俗習慣的劄記叢刋」。書背簡稱 Memoires des Chinois 故翻爲「中國叢刋」。

馮秉正的法譯通鑑綱目和他自著的續編(註一)——但是流通之廣，影響之大，都不能和這三部書相提並論，無怪日本的後藤末雄教授稱之爲歐洲十八世紀有關中國的三大名著了(註二)。

這「三大名著」不特編輯的體例各自不同，就是材料的性質，也並不一致。中國通志是杜赫德神父根據積聚了一百多年的入華耶穌會士的各種著述和通訊，經過相當長期的消化，小心的選擇，系統的編排，一手鑄成的綜合式的著述。耶穌會士通訊集可以說是「原史料」的期刊，雖然有主編的人，並不見有很多「刪訂」的痕迹。牠的缺點是內容龐雜，關於佈教的記載，又有許多侈陳靈異的地方；牠的長處是未經洗鍊，書簡的原來面目差不多全部保存，有時瑣屑囉嗦的地方，特別有趣。關於中國的部份，尤其受當時讀者的歡迎，因爲裏面有不斷的新鮮而生活的材料。

可是，在通訊集刊行的七十四年之間——由一七〇二至一七七六年——新舊世界都已經過了不少的重要的轉變了，我們在此不必細說。就是整個耶穌會的地位，尤其是會士在中國一方的地位和他們的溝通中西文化的工作和影響，也早已受到了極大的動搖了。西歐的幾個天主教國家，相率運用政治的壓力，在短短的十一年裏竟把一個國際性的龐大的組織完全消滅了。首先在一七六二年巴黎議會通過了一個抨擊耶穌會的議案，說他們「淪衣冠於禽獸，變教友爲邪徒」(註三)。一七六七年西班牙下令驅逐耶穌會士。兩年之後，法蘭西、西班牙、葡萄牙、那波里四國更聯合要脅教廷解散該會。一七七三年教宗克肋孟十四，便愛莫能助的接受四國要求，下解散耶穌會的明令了。

在此情形之下，耶穌會士通訊集是無法繼續刊行的了，最後出版的四集——都在一七七三年之後——只能看作結束刊物的尾聲。然而會的組織雖被解散，傳教事業雖然委託了其他的宗教機關接收，可是入華的耶穌會士，仍然繼續在中國居留。更重

(註一) 馮秉正 Joseph-Ann-Marie de Moyriac de Mailla 的 Histoire générale de la Chine, ou Annales de cet Empire; traduites du Tong-Kien-Kang-Mou 寫定於一七三七年，刊行於一七七七至一七八五年，共十三厚册。

(註二) 支那思想のフランス西漸(東京第一書房昭和八年版)頁一九五。

(註三) 見 Georges Soulié de Morant 著的 l'Épopée des Jésuites française en Chine (Paris, 1927) 頁二二三以下引。議案的序言罵耶穌會士爲無惡不作。本文意譯的句子是"ils enseignent aux hommes à vivre comme des bêtes, et aux chrétiens, à vivre en païens。"

要的是，他們的中國研究的工作，仍然受西方智識界的注意。改裝易服地繼承着會士通訊集的工作的便是中國叢刊。叢刊的初集跟通訊集的最後一冊，同在一七七六年出版，單從這一點看來，已經可以透露兩種刊物薪火相傳的消息了。

然而從另一角度看來，我們又不能不說叢刊到底是「另起爐灶」的新刊物。(一)耶穌會的解散是波及西歐思想界的傳教史裏的一件劃時代的重大事情，主要的導火線恰巧又是所謂「中國典禮」問題的長期的爭辯。爲了忌諱的緣故，「耶穌會」，「耶穌會士」，「中國典禮」，這些字眼，都不大重提了。叢刊扉頁說到材料的來源，也只好隱約其辭的說「北京教士」。發刊詞裏所特筆大書的兩個留法十五六年的中國學生高類思和楊德望，原是北京耶穌會士保送，後來在巴黎又躬親入會的經過，也只好曲筆拖過，諱莫如深了。(二)中國叢刊每期登載學術性的專著或翻譯文章三五種或多至十種八種，體材和內容，都與通訊集異趣(註一)。而且先後主編的三個人，都是以學者的資格受政府的資助與委託的：勃羅提業雖曾當過耶穌會士，他的專業是希伯萊，希臘和羅馬古代錢幣的研究；老德經是法國王家學院的敍利亞文教授，曾著匈族突厥族與蒙古通史；薩西精通十幾種歐洲和近東的古今語言，尤長於波斯和亞拉伯學，是近代比較文法學的先導者之一，又是後來(一八二二)法國亞洲學會的發起人之一(註二)。

叢刊的成立，可以說是法國初期系統「漢學」的先驅了。

(二)　中國叢刊在十八世紀歐洲的地位

上面寫的冗長引論，殊有頭重體輕之感，可是中國叢刊的歷史地位和刊印的經過，似乎還未受過國人相當的注意。例如民國三十二年五月中法漢學研究所在北平鄭重舉行之「十八世紀十九世紀之法國漢學」圖書展覽會中，編號第十二項卽爲此刊。展覽會書目著錄的出版年月爲一七七六至一八一四年，與我們前段所說的原刊本完全符合；可是同書目(頁十四)所影印的叢刊第一期的標題頁，却明明白白的說是「共和

(註一)　日本石田幹之助教授著的歐人の支那研究頁二一三——二一八有每期目錄的詳細譯文，可參看。法國高狄爾 (Henri Cordier) 的中國書志 (Bibliotheca Sinica) 五四——五五欄有原文的細目。第十一期包含文章篇數二十多篇，可以說是例外。

(註二)　三人姓名的原文是 Gabriel Brotier, 1723-89; Joseph de Guignes, 1721-1810; Antoine Isaac Sylvestre de Sacy, 1758-1838。老德經者，所以別於他的兒子小德經 Chrétien Louis Joseph de Guignes 也。

五年」——卽公元一七九七，證明這是很罕見的巴黎重印本，連最爲精心結集的高狄爾的中國書錄的正編補遺和續編都沒有著錄過的，而展覽書目的說明部份，竟然沒有按語。無怪「緒言」中全不提到叢刊的特性，和他在歐洲知識發達史上的地位了(註一)。

發軔於還未統一的德國而大成於法國的所謂「啓明運動」，包涵十八世紀歐洲學術史的兩種共同趨勢：範圍的擴張與比較的方法。用一句話總括起來，便是新材料的尋求與運用。所以中國叢刊，比起其他的有關中國的刋物，可以說是更爲適應時代的要求的。

叢刊的搜集材料的工作，雖然靠着居留中國的已被解散的耶穌會士，大體說來，已不是佈教工作的產物而是學術性的論著了。

叢刊除了學術論著之外，常常還有譯文。例如第一期有大學和中庸的法文新譯本，第二期有司馬光的一首園庭詩(註二)，第四期有康熙幾暇格物編。第四期以下，專著漸多，翻譯漸少，然而第十三期裏面，還有幾首中國詩的譯文。這些翻譯的文章，雖然都排近卷末，可不是隨便搜集來塡塞篇幅的。大學和中庸，誠然是自從利瑪竇到中國之後，便經過不知多少囘的歐譯的了(註三)。這囘重譯的原因——暫且不提譯筆的好壞——大抵是因爲幾本拉丁文的舊譯既不通俗，他們的轉手法譯本又多了一層間隔，而且都是早期刋出，免不了與所謂典禮問題的教爭，有多少的關係，倒不如重新直譯，可以省去了種種的誤會與麻煩(註四)。園庭詩的翻譯，是因爲當時所謂中國式的花園，早已成爲時尙，這種材料，最受讀者的歡迎。詩的翻譯，也響應了在萌芽的文學上的浪漫主義的趨勢——搜求邃古和遠方的韻文的熱鬧。幾暇格物編的翻譯，正如叢刊裏的好些偏向科學的文章，正合當時「百科全書」運動的格致派的口味，更不待言了。

(註一)　十八世紀十九世紀之法國漢學頁十四、十五。我從前疑心「共和五年」本是原刋本的化身，只換了新的標題頁，後來才覺得證據不足，至今還未敢斷定。

(註二)　我曾翻看四部叢刊新印宋紹興本溫國文正司馬公集兩囘，都沒有找出所謂園庭詩的原文，誌此待考。

(註三)　利瑪竇曾翻譯四書，現在雖然未曾找到手稿，可是在他的全集的已刋的部份，到處可找證據。參看中國書誌第三七九欄。

(註四)　中國書誌一三八六——一四〇三欄，又三七九四——三七九六欄。支那思想のフランス西漸頁二一九——二二六有三種譯文的比較。

（三） 幾暇格物編的譯者——韓國英神甫的著者的因緣

康熙幾暇格物編的譯者是法國教士 Pierre-Martial Cibet 神甫。他的中國姓名是韓國英，字伯督。公元一七二七年生於法國中部的里摩日 Limoges 城，一七八〇年卒於北京。十六歲入耶穌會，專治人文科學，以勤學著稱。畢業後請求該會派遣到中國去。一七五九年到中國，一七六〇年(乾隆二十五年)移居北京。他在中國繼續居住的二十一年零兩個月，差不多全部在北京度過(註一)。

韓國英的基本訓練，雖然是人文科學，他對於當時的所謂格致之學也是有相當的修養的。據他自己的通信所記載，他曾花了四五年的工夫供奉內廷，做佈置水景，修理鐘表和其他的法條機器的零碎工作。甚至「中國的凡爾賽」的栽花種樹，他也參加。他對於植物學的興趣和知識，後來給他不少的著述的資料。

說到著述的分量，他的地位在同輩的會士中，是特出的，只有錢德明(字若瑟，一七一八——一七九三)一人比他優越(註二)。中國叢刊的文章，多由他們兩人執筆，不是偶然的。錢德明在叢刊的最初三期裏面，除了翻譯大學，中庸，和司馬光的園庭詩之外，還做了九篇文章，大多數是關於植物的長篇劄記，最長的一篇是論中國的邃古。到了第四期，則竟然整本都是他的譯著了！

康熙幾暇格物編的譯文，就是在第四期(一七七九年)發表的。

韓國英為甚麼要挑選幾暇格物編來翻譯呢？除了上面說過的適應當時法國——甚至歐洲——的知識口味之外，大抵還有旁的原因。清聖祖是初期耶穌會士所最佩服最稱譽的中國君主。從宗教上看來，他是耶穌會士的庇護人，不特平反了由楊光先事件而受處分的教士教徒的冤獄，而且拔用南懷仁以次的教士於欽天監。後來「典禮問題」變為天主教的內鬨時，他又始終支持耶穌會士閔明我、徐日昇、安多、張誠等對于祭

(註一) 費類之神甫著 Notices biographiques et bibliographiques sur les Jesuites de l'Ancienne Mission de China (上海一九三四年刊)卷二頁八九〇至九〇二。此書共收會士傳記五百六十七篇，卷一的最初的五十篇，有馮承鈞譯本，改題入華耶穌會士列傳(民國二十七年商務印書館刊行)。韓國英的傳，是四百一十篇，故未譯出。

(註二) 錢德明神甫的法文名字是 Jean-Joseph-Marie Amiot，他的傳記和著述表見入華耶穌會士列傳原文本第二册頁八三七至八六〇。

天祀孔與祀祖的看法(註一)。至於正教奉褒所記載的「康熙十年冬，御書敬天二字匾額賜懸堂中，並諭曰：朕書敬天，即敬天主也。」的一事，更足以引起聖祖可成「中國的君士坦丁」的希望與祈求了(註二)。韓國英雖然生得較晚，然而同會的修士們都誇說他的篤信和佈教的虔誠，那麼他對於護教的「康熙大帝」，有無限的低同嚮往之情，也是意料中之事吧。

從政治上之修明來說，耶穌會士心目中的清聖祖，也是值得誇張的。和他同時代的歐洲君主，正是法國的路易十四，是派遣法籍耶穌會士到中國去特別作科學研究的主動人。所以當時耶穌會士著文介紹清聖祖的人，常常把兩位東西方的君主相提並論，歎為盛事，文繁不具引。姑且舉一個最顯著的例子。法國的白晉神甫，曾於康熙三十六年(一六九七)著康熙帝傳，獻書於路易十四。在獻書詞的第一段裏面，著者就明明白白地說：「清主厚幸，其儼同陛下者，不止一端，其在教外區域之超羣軼倫，猶陛下之於奉教諸邦也。」(註三)。然而路易十四於一七一五年崩逝之後，他的霸業便及身而絕，法國的宮府都瀕於破產之危，其後政治又一步步的增加紊亂。在東西兩君主的對照中，相形見絀了，怪不得法國革命前政論家所稱許的所謂開明專制君主的模範，不是路易而是康熙。

從學問上的虛心和成就來說，會士之於聖祖，也是最為佩服的，雖然他們的宣傳，有時不免於過份的渲染(註四)。例如聖祖常寫別字，如我們在康熙與羅馬關係文書與其他的硃批奏摺所看見的，而教士們乃衆口同聲地說他文學造詣之高。又如他誠然是留心天算，恐怕也不見得絕頂聰明，如教士們之所報導。掌故叢編曾載不見於實錄聖訓東華錄的有關聖祖學習天算的諭旨兩條，錄之以見此中消息：

杜德美曾進過算日出入昏刻不同之表，朕比〔彼〕時且叫那〔拿〕回去。今有用

(註一)　黃伯祿正教奉褒(光緒三十年上海慈母堂排印行)卷二，頁一二二至一二三。其實正教奉褒全書的大部份，都是康熙朝庇護教士的文獻。閔明我的原名是 Philippe-Marie Grimaldi (1675-1712)；徐日昇是 Thomas Pereira (1672-1708)；安多是 Antoine Thomas (1685-1709)；張誠是 Jean-François Gerbillon (1687-1707)。此註括符裏的年份是每人的入華年和逝世年，不是生卒年。

(註二)　正教奉褒卷上，頁七十一下。

(註三)　Joachim Bouvet 神甫著 Histoire de l'Empereur de Chine, Paris, 1699 頁六。

(註四)　白晉在康熙帝傳的跋文，要鄭重的說明是「語無增飾」，其實是渲染過甚，尤其是記聖祖學算的一段，頁一〇三以下。

處，杜德美將進過的表簽明過着速報上帶來。(註一)

諭王化道：朕自起身以來，每日同阿哥等察阿爾巴拉〔代數，即 Algebra 的對音〕。新法最難明白，他說比舊法易，看來比舊法愈難。錯處亦甚多，鶻突處也不少。前者朕偶爾傳於北京西洋人開數表之根，寫的極明白。爾將此上諭抄出，並此書發到京裏去，着西洋人共同細察，將不通的文章一概删去。還有言者：甲乘甲，乙乘乙，總無數目，卽乘出來亦不知多少。看起來，想此人算法平平爾，「太少」二字，卽可笑也。特諭。(註二)

據我們可以考定的，聖祖曾學算於三個耶穌會士：南懷仁，張誠，和白晉(註三)。南懷仁死於一六八八年，那時聖祖還不會同阿哥們一齊學算。那麼「算法平平」的，不是張誠就是白晉了，兩位却都是法國王家科學院的院士，都以算學見長！然而聖祖的自負不凡的性格，到底是逃過了西洋人的觀察了。所以韓國英在幾暇格物編譯本的序文上說：

康熙帝是中國從古以來的最偉大的君主中的一個。他是文士、學者、思想家、大政治家、公民、人們的朋友、武士，集高度的多能衆善於一身……詩文、歷史、法理、考古都是他之所長。西洋的天文學輸入中國時，他又從一個教士受業……中國的皇帝們都有很多的臣僚代司筆札，無疑地康熙帝也利用他們來草擬諭旨法令，和代作皇帝以庶士元首的資格必須簽名的官樣文章。可是詩歌論說，與夫有關道德性理的文章，和帶着他的天才標識的察物考證的作品，便完全不同，讀者一看便感到是他的手筆了。我們現在所付給讀者們的觀察記錄，便是屬於這一類的。(註四)

(註一) 掌故叢編第二輯(故宮博物院民國十七年刊)聖祖諭旨二，頁十六下。杜德美原名 Pierre Jartoux，一七〇一入華，一七二〇逝世。

(註二) 同上，頁十五下。聖祖諭旨二有兩條見於幾暇格物編：(一)「地球」條，和(二)「潮汐」條。諭旨二的原文，都是聖祖手寫的，故有別字，如「錢塘」作「前堂」。由此可以推想幾暇格物編是集合無數零張碎幅結合而成的。

(註三) 南懷仁是 Ferdinand Verbiest，一六五九入華，一六八八逝世。張誠見前頁註一，白晉見前頁註二、註三。

(註四) 中國叢刊原本，第四期，頁四五三。後藤末雄中西文化の流通(昭和十三年東京第一書房刊)第三章述康熙帝與西洋文化，可參看。

(四) 幾暇格物編的本子

康熙幾暇格物編是清聖祖的零碎筆記的結集，總共九十三條，體裁與一般的筆記相同，不必細述。他的內容，大體說來，也沒有甚麼特殊之處。不過他在位六十多年，接近的臣僚，自然有不少中外博聞之士；而且他到的地方也相當的多，在關內外的巡幸親征，給他不少增加見聞的機會。此外，他對於西洋科學，尤其是天算音樂醫藥，造詣雖然並不見得精深，也曾給予過長期的注意，故此他積集多年的筆記，也未嘗沒有一點自己的作風。如第三條「方音」云：

朕巡歷七省，土俗民風皆留心體察。凡各省分界處，其土人語音卽異。如直隸各府所屬，聲口間有不同，而亦不甚相遠。若一入德州界，便是山東語音，一入固關界，便是山西語音。以至江浙，無不如此，蓋隸分各省故也。蒙古部落雖多，其語言總無大異，以咸在郭畢也(原注郭畢卽瀚海，其地多砂石少草木)。至其地者一見而知其爲郭畢，猶至窩集者一見而知其爲窩集也（原注窩集者密樹叢林，冬夏不見天日)。——法譯本卅七條

這雖然是十分幼稚的方音論，但比紙上談音的猜度，也許稍勝一籌。又如第九條「穀穗變蚊」，雖然荒誕，記載得也若有其事：

策妄阿喇布坦地方多種水田，頗無旱潦之患，惟或一年穀穗變蚊而飛，撚視之爲水或爲血。朕曾遣侍衛到彼親見其事。嘗閱嶺南異物志云：「嶺表有樹，結實如枇杷。每熟卽拆裂，蚊子羣飛，土人謂之蚊子樹」。此與穀穗變蚊之事相類。程子曰：「天下之物必有對」，卽此可見矣。——法譯本廿五條

這類的記載，在十八世紀的前期，是毫不足怪的，在西歐也是如此。

最低限度，由敎士看來，這類的文章，總比起聖祖的詩文，有用得多，有趣得多，而又容易介紹得多了。故此韓國英故意鄭重的說：

此編全書卷數繁多，我們在這裏所提供的，只是第四集的一部份。全書是共有一百多冊的。

這話有兩點很值得注意：(一)韓國英所說的「全書」，大槪是一百七十六卷的聖祖仁皇帝御製文集；(二)譯者所用的幾暇格物編的本子，是附載於聖祖文集裏的。據提

要說(四庫總目提要卷一百七十三集部二十六別集類二十六)該集「前後共分四集，以次成編。康熙二十二年癸亥以前爲初集……四十卷。自康熙三十六年丁丑以前爲二集……五十卷。自康熙五十年辛卯以前爲三集……五十卷。至五十一年壬辰以後，六十一年壬寅以前……世宗憲皇帝嗣踐皇圖，始命和碩莊親王允祿編爲四集三十六卷，通一百七十六卷，合爲一編。……」幾暇格物編在光緒以前，似乎沒有單行本見于著錄，而「地震」一條又有「朕臨攬六十年，讀書閱事，務體驗至理」的話，則韓國英所見的本子，必是聖祖文集第四集的本子，差不多是可以斷定的了。

原刊本(就是聖祖文集本)的幾暇格物編手頭無書，我所根據的只是盛昱的手寫石印單行本。此本分爲上下二編，每編又分爲上中下，實爲六卷。此本寫於光緒十五年(一八八九)，似是最早的單行本(註一)。楊鍾羲——盛昱的表弟——的意園事略說：

> ……〔光緒〕十五年八月初四日，因病奏請開缺，家居劇門，日惟考訂古籍，益陳三代彝器法書名畫以自虞樂，手寫康熙幾暇格物編付石印。……」(註二)

寫本的字體雖然不是正楷，也是極其工整的近於楷體的行書，可說是精鈔本。鈔本雖無序跋，假如我的記憶是可靠的話，是一字不改的由聖祖文集過錄的；無論如何，鈔本的最末一行「朝議大夫前國子監祭酒臣宗室盛昱敬錄」的幾個字，總可保證沒有刪削或竄亂原文的大不敬了。

(五)

上段的一大堆話，是要指出法文譯本的特性的，指出他不是規規矩矩的翻譯。從來泛稱韓國英的法文本爲「譯本」的話，須要稍加修正。

第一：法文本不是全譯而是節譯。幾暇格物編的原本共有長短不一致的筆記九十三條，韓國英只譯了四十二條，還不到原書的一半。去取的標準，有時可以猜想出

(註一) 此外又見收於高安鄒凌沅編輯的通學齋叢書，和鴻寶齋印行的維新學叢書。通學齋叢書內有天演論，而天演論的嚴復自序作于一八九六年光緒丙申，吳汝綸的序作于一八九八光緒戊戌，故通學齋叢書的編成不能早於一八九八。維新學叢書向來未見著錄，此據河內遠東學院叢刊 Bulletin de l'Ecole Française d'Extrême Orient 卷三(一九〇三)頁七四七的預告。維新學叢書如果刊成，也在一九〇三年之後。

(註二) 繆荃孫續碑傳集卷七十頁二十五下。

來；有關狹義性的中國詩文史地，歐洲人不易看得懂的不繙（第十「土伯特」，十三「察哈延山」，十八「山海關」，四六「詩文以命意爲工」，四九「文章體道親切惟有朱子」，五五「回子多元子孫」，六五「趙孟頫命名」，八六「江源」）；有教士們以爲異端的不繙(一四「南無字義」，二九「理氣」，七一「人依土生」，七三「兩尺脈屬兩腎」——談五行，八三「人中」)；表面看來無關中國的也不繙(六十「朝鮮紙」，八七「恒河」)。

第二：法文本各條排列的次序，完全改換了原本的面目，同時又並沒有顯出故意分類重排的痕跡。本來筆記式的著述，大多數是隨意排比，譯者也必定體會這種特點，所以跟着他自己的興趣，隨意選譯，也未可知。

第三：最奇怪的是譯本裏有五條，是原文沒有的：六「漆」，十五「嬰兒」，二三「氣候」，三三「營養品」，四十「飲水」。五條都是饒有趣味的，而且都有聖祖的自傳口氣的按語，說到他自己的經驗。這五條何以不見於盛昱寫本的原文，來源究竟在那裏，待考。

第四：譯文雖然大都能够傳達原書的大意，却不是句斟字酌的矜愼的翻譯。我把譯本與原著細心比較之後，覺得譯文有很多草率和誤譯的地方。我們雖然大可不必花費時間去替這部小書尋求「譯例」，有幾點是值得說明的：

(甲)譯者故意改動原文，以求讀者容易了解。例如七十九條「金光子」(法譯本三七條)說「金光子……四月開花」，譯本改爲「五月」，是改陰曆爲陽曆。六八條「風隨地殊」(法譯本二八條上半)說「諺云千里不同風，百里不同雨」，譯本改爲「百略不同風，十略不同雨。」略 (lieues) 是法國度長的單位，等於四公里，譯文計算雖不準確，比之泛言「華里」，也許容易了解一些。

(乙)中國的書名人名，稍爲偏僻一點的都被删掉。例如第五條「鳥鼠同穴」(法譯本二四條)說：「如禹貢『導渭自鳥鼠同穴』，孔安國云『鳥鼠共爲雌雄，同穴而處』。蔡沈謂其說怪誕不經，此特蔡沈未至其地耳。張鵬翮奉命往俄羅斯，經過地方，見鳥鼠同穴事。朕曾面詢之，知禹貢之言不誣。」譯本不特保存禹貢的名字，而且說是「書經中的禹貢」。「孔安國」譯爲「有名的註釋者」，蔡沈的名字完全省去，「張鵬翮」改爲「朕遣赴莫斯科之使臣」。

(丙)大部份的節省和誤譯或死譯，皆由譯者的漢文修養有限，而又急於成書的原故。例如上擧禹貢的「導渭自鳥鼠同穴」譯者誤「渭自」爲水名，「導」字失翻，便寫作 La rive du Ouei-tsei! 又如五四條「同聲相應」(法譯本十二條)，是談樂理論審音的，譯文中的弱點最多，瞎猜死譯，隨在而是。「至若清池之方，響應蕤賓而躍；光宅之塔，鈴應姑洗而鳴」，則譯者完全無法應付了。再如四七條「落葉松」(法譯本第三條)說「五臺及口外與安高寒之地，有樹名落葉松。」譯文竟把「安高寒」合爲一詞 (Ngan-kao-han)，誤作地名，則顯然是辨字不淸，點句不斷，誤讀原文爲「五臺及口外與安高寒之地」了。

無怪比他後一代的前期法國漢學者雷慕薩 (Jean Pierre Abel Rémusat) 說韓國英神甫「不能駕馭他的幻想，因此不能避免若干的訛誤」了(註一)。不過胡適之先生曾說過，中國舊書的沒有標點，的確是會給予外國學人許多不可避免的困難的，就是當代以漢學名家的西洋朋友當中，也有不少因爲沒有弄淸句讀，而翻譯和解釋錯誤的例子。當代的專家尙且如是，我們對於這位不斷的努力而心靈上又因禁教的原故時時感受苦痛的耶穌會士中的學人，似乎是不應該過於苛求的。

康熙幾暇格物編的法文節譯本——尤其是關於植物的部份——是有相當的貢獻的。整個世紀之後，當勃烈士乃德爾 (Emil Vasilievitch Bretschneider) 寫定他的中國植物誌 (Botanicon Sinicum) 的時候(一八八一年)，還提到這書的原文和節譯本(註二)。至於譯者韓國英神甫除了節譯此書及大學中庸之外，又曾爲長文多篇解說中國的孝道和語文，介紹洗寃錄和中國道敎的修鍊工夫。縱使他的成績比不上他的前輩，也總算是乾隆末葉溝通中西文化的一位功臣了。

(註一) 入華耶穌會士列傳法文本，頁八九〇。

(註二) 英國王家亞洲學會華北支會會刊 Journal of the North-China Branch of the Royal Asiatic Society 新編卷十六(一八八一)頁一八五。

出自第二十八本下(一九五七年五月)

新校定的敦煌寫本神會和尚遺著兩種

胡　　適

目　次

南陽和上頓教解脫禪門直了性壇語

此卷依據的底本是巴黎國家圖書館藏的伯希和敦煌寫本 Pelliot 2045 號卷子的第二件，原題爲「南陽和上頓教解脫禪門直了性壇語」。其中脫去了一紙三十一行，錯黏在那個卷子的第一件——「菩提達摩南宗定是非論」——的中間，現在我已改正了。這個卷子省稱「底本」。

校寫此卷時，我曾用日本鈴木貞太郎從國立北平圖書館藏的敦煌寫本校寫的「和上頓教解脫禪門直了性壇語」來比勘。鈴木先生在一九三四年發見這一卷「壇語」，他用胡適本神會和尚遺集，鈴木和公田本神會禪師語錄，及敦煌寫本六祖壇經做參考比較的資料，指出「壇語」的思想傾向最接近神會，也最接近六祖壇經。(看鈴木貞太郎校刊「少室逸書及解說」的解說頁50—68) 巴黎出現的「壇語」的標題沒有殘缺，正作「南陽和上」，卽是在南陽時期的神會。開元八年(七二〇)，他奉勑配住南陽龍興寺(見宋高僧傳)。他在南陽約有十年，所以人稱他「南陽和尚」。

這個北平本「壇語」很多脫文誤字，遠不如巴黎本，但也有參校的大用處。例如那誤黏在別的文件的一紙三十一行，若沒有這個首尾完全的北平本比勘，就無法證實我的校稿是不錯的了。這個北平本，省稱「平本」。

鈴木先生校寫「壇語」，把全篇分成三十九章，其中頗多錯誤的分割。我這回寫定此篇，暫且分寫作八大段，其中必定也還有不妥當的分割。　胡適記

(一)

無上菩提法，諸佛深歎不思議。

知識，既一一(平本此二字作今)能來，各各發無上菩提心。諸佛菩薩，眞正善知識，極甚難値遇。昔未曾聞，今日得聞。昔未得遇，今日得遇。涅槃經云，佛告迦葉言，「從兜率天放一顆芥子，投閻浮提一針鋒，是爲難不？」迦葉菩薩言，「甚難，世尊。」佛告迦葉，「此未爲難。正因正緣得相値遇，此是爲難。」

云何正因正緣？知識，發無上(底本脫此二字，平本補)菩提心是正因。諸佛菩薩，眞正善知識將無上菩提法投知識(平本脫此九字)心，得究竟解脫，是正緣。得相値遇爲善。

知識，是凡夫(神會各卷中用「是」字，或「所是」，在名詞之前，有「諸」字義。如「所是門徒」即「諸門徒」。「是凡夫」即「所是凡夫」，即「諸凡夫」)口有無量惡言，心(平本脫此六字)有無量惡念，久輪轉生死，不得解脫。須一一(平本脫此三字)自發菩提心，爲知識懺悔，各各禮佛：

敬禮過去〔盡過去〕際一切諸佛！

敬禮未來盡未來際一切諸佛！

敬禮現在盡現在際一切諸佛！

敬禮尊法般若(平本般若在尊法上)修多羅藏！

敬禮諸大菩薩，一切賢聖僧！

各各至心懺悔，令知識三業清淨：

過去未來及現在，身口意業四重罪，我今至心盡懺悔，願罪除滅永不起！

過去未來及現在，身口意業五逆罪，我今至心盡懺悔，願罪除滅永不起！

過去未來及現在，身口意業七逆罪，我今至心盡懺悔，願罪除滅永不起！(平本「七逆」在「五逆」之前)

過去未來及現在，身口意業十惡罪，我今至心盡懺悔，願罪除滅永不起！

過去未來及現在，身口意業障重（底本此三字作業業障重四字）罪，我今至心盡懺悔；願罪除滅永不起！

過去未來及現在，身口意業一切罪，我今至心盡懺悔，願罪除滅永不起！（平本脫此四句二十八字）

現在知識等，今者已能來此道場，各各發無上菩提心，求無上菩提法！

若求無上菩提，須信佛語，依佛教。佛道沒語？（底本道上有說字）經云，「諸惡莫作，諸善奉行，自淨其意，是諸佛教。」過去一切諸佛皆作如是說：諸惡莫作是戒，諸善奉行是慧，自淨其意是定。

知識，要須三學〔等〕，始名佛教。何者是三學等？戒定慧是。妄心不起名爲戒。無妄心名爲定。知心無妄名爲慧。是名三學等。

各須護持齋戒。若不持（平本作能）齋戒，一切善法終不能生。若求無上菩提，要先（平本作須）護持齋戒，乃可得入。若不持齋戒，疥癩野干之身，尙自不得，豈獲如來功德法身？知識，學無上菩提，不淨三業，不持齋戒，言其得者，無有是處。

要藉有作戒，有作慧，顯無作〔戒，無作〕慧。（兩本皆無「戒無作」三字）定則不然。若修有作定，即是人天因果，不與無上菩提相應。

知識，久流浪生死，經過恒河沙大刼，不得（平本脫得字）解脫者，爲不曾發無上菩提心，即不值遇諸佛菩薩眞正善知識。縱值遇諸佛菩薩眞正善知識，又復不能發無上菩提心。流轉生死，經無量恒河沙大刼，不〔得〕解脫者，總緣此。

（二）

又縱發心者，只發二乘（乘字平本作「種家」二字，以下「二乘」皆作「二家」）人天心。人天福盡，不免還墮。諸佛出世，如恒河沙。諸大菩薩出世，如恒河沙。一一諸佛菩薩善知識出度人，皆如恒河沙。諸佛菩薩〔善〕知識何不值遇，今流浪生死不得解脫？良爲與過去諸佛菩薩眞正善知識無一念最上（底本無此二字）菩薩緣來。或有善知識，不了無上菩提法，儻將二乘聲聞及人天法教知識，喻如穢食置於寶器。何者寶器？（平本脫此四字）知識，發無上菩提心是寶器。何者穢食？二乘人天法是穢食。雖獲少善生天，天（底本作之）福若盡，還同今日凡夫。

知識，今發心學般若(平本脫此二字)波羅蜜相應之法，超過聲聞緣覺等，同釋迦牟尼佛授彌勒記更無差別。(平本此四字作「亦更無別」)如二乘人執「定」，經歷刼數，如須陀洹在定八萬刼，斯陀含在定六萬刼，阿那含在定四萬刼，阿羅漢在定二萬刼，辟支佛在定十千刼。何以故？住此定中刼數滿足，菩薩摩訶薩方乃投機說法，能(平本作然)始發菩提心，同今日知識發菩提心不別。當二乘在定時，縱為說無上菩提法，終不肯領受。經云，天女語舍利弗云，凡夫於佛法(平本脫此三字)有返覆，而聲聞無也。

已來登此壇場學脩般若波羅蜜時，願知識各各心口發無上菩提心，不離坐下，悟(平本作信)中道第一義諦。

夫求解脫者，離身意識，五法，三自性，八識，二無我，離內外見，亦不於三界現身意：是為「宴坐」。如此坐者，佛卽印可。六代祖師以心傳心，離文字故。從上相承，亦復如是。(平本脫上字，亦字)

知識，一一身具有佛性。善知識不將佛菩提法與人，亦不為人安心。何以故？涅槃經云，早已授仁者記。(此一段兩本皆有寫者誤改處。二人字，兩本皆作「人者」，鈴木皆改作「仁者」。經文「仁者」，兩本皆作「人者」。安下平本有心字，底本無。大概寫者因經文誤作「人者」，故誤改上文兩人字作「人者」，就不可讀了。鈴木改經文為「仁者」，是不錯的。他改上文兩「仁者」，就錯了。今校正。)一切衆生本來涅槃，無漏智性本自具足。何為不見？今流浪生死，不得解脫，為被煩惱覆故，不能得見。要因善知識指授，方乃得見，故卽離流浪生死，使得解脫。

(三)

知識，承前所有學處，且除却莫用看。(平本脫用字)知識，學禪以來，經五〔年〕，十餘年，二十年者，今聞深生驚怪。所言除者，但除妄心，不除其法。若是正法，十方諸佛來(平本作未)除不得，況(平本作說)今善知識能除得？猶如人於虛空中行住坐臥不離虛空。無上菩提法亦復如是，不可除得。一切施為運用，皆不離法界。經云，但除其病，不除其法。

知識諦聽，為說妄心。何者是妄心？仁(兩本皆作人)者等今旣來此間，貪愛財色男女等，及念園林屋宅，此是「麁妄」，應無此心。為有「細妄」，仁者不知。何者是「細妄」？(此上九字，平本脫)心聞說菩提，起心取菩提。聞說涅槃，起心取涅槃。聞說空，起心取空。聞說淨，起心取淨。聞說定，起心取定。此皆是妄心，亦是法縛，亦是法見。若作此用心，不得解脫，（平本若字上，用字上，皆有心字）非本自寂淨心。作住涅槃，被涅槃縛；住淨，被淨縛；（平本脫此五字）住空，被空縛；住定，被定縛：作此用心，皆是障菩提道。般若經云，若心取相，卽著我，人，衆生，壽者。離一切諸相，卽名諸佛，離其法相。（相平本作想）維摩經云，何爲病本？爲有攀緣。云何斷攀緣？以無所得。無所得則無病本。（無所得三字，底本兩處皆作「無所有得故」五字，平本無「有」字，又無下「無所得故」四字。今依維摩詰經改。）學道若不識細妄，如何得離生死大海？

知識，各用心諦聽，聊簡自本清淨心。（下文有「聊簡煩惱卽菩提義」。聊簡也寫作「料簡」，有檢討的意思。）聞說菩提，不作意取菩提。聞說涅槃，不作意取涅槃。聞說淨，不作意取淨。聞說空，不作意取空。聞說定，不作意取定。如是用心，卽寂靜（平本作最靜）涅槃。經（平本脫此字）云，斷煩惱者不名涅槃。煩惱不生，乃名涅槃。譬如鳥飛於虛空，若住於空，必有墮落之患。（依平本增虛字，住下增於字）如學道人修無住心，心住於法，卽是住著，不得解脫。經云，更無餘病，唯有空病。無空病亦空，所空亦復空。（此十字平本作「空病亦空又復」六字）經云，常行（平本作求）無念實相智慧。若以法界證法界者，卽是增上慢人。

（四）

知識，一切善惡，總莫思量。不得凝心住〔心〕。亦不得將心直視心，墮（底本作隨，下同）直視住，不中用。不得垂（平本作睡）眼向下，便墮眼住，不中用。不得作意攝心，亦不得（二本皆作復）遠看近看，皆不中用。經云，不觀是菩提，無憶念故，卽是自性空寂心。（平本無心字）

心有是非不？ 答，無。 心有來去處不？（底本心字下衍「有住處不」四字） 答，無。 心有青黃赤白不？ 答，無。 心有住處不？ 答，心無住處。 和上言，心既無住，知心無住不？ 答，知。 知不知？ 答，知。（平本脫知字）

今推到無住處立知。作沒？（作沒＝怎麼？）

無住是寂靜。（中古寫本，淨靜不分。此處從平本作靜，下同。）寂靜體卽名爲定。（平本脫寂靜二字，又脫爲字）從體上有自然智，能知本寂靜體，名爲慧。（平本脫從字，智作知）此是定慧等。經云，寂上起照，此義如是。無住心不離知，知不離無住。知心無住，更無餘知。（此十九字，平本作「無住心不離知知不離無心即無住更無餘知」，故不可讀。）涅槃經云，定多慧少，增長無明。慧多定少，增長邪見。定慧等者，明見佛性。今推到無住處便立知。知心空寂，卽是用處。法華經云，卽同如來知見，廣大深遠。心無邊際，同佛廣大，心無限量，同佛（平本脫佛字）深遠，更無差別。看（平本作者）諸菩薩行甚深般若波羅蜜多，佛推諸菩薩病處如何。般若經云，菩薩摩訶薩應如是生淸淨心：不應住色生心，不應住聲香味觸法生心，應無所住而生其心。（平本應下脫「無所住而生其心」七字，而衍「此並用」三字。此三個衍文是原有的校記，意指「無所住」等字須重複一遍，後來鈔手誤收旁注三字作正文。）「無所住」（底本脫此三字）者，今推知識無住心是。「而生其心」者，知心無住是。（此節兩本各有脫文，故不可讀。鈴木先生所依北平本有脫文，又有衍文，他沒有用金剛般若經來校補脫文，故他的校本作「應此並用無所住者，今推知識無住心〔如〕是而生其心者。」以上屬于他分寫的第廿一章。以下另起第廿二章「知心無住是本體空寂。……」如此分割，甚不可讀。）

本體空寂。從空寂體上起知，善分別世間青黃赤白，是慧。不隨分別起，是定。卽如「凝心入定」，墮無記空。（平本作「卽疑如心入定，隨無旣空。」）出定（底本作「後空」，依平本改）已後，起心分別一切世間有爲，喚此爲慧！經中名爲妄心。（平本脫有爲的「爲」字，又脫「慧經中名爲」五字）此則慧時則無定，定時則無慧。如是解者，皆不離煩惱。「〔凝心入定〕，住心看淨，起心外照，攝心內證」，非解脫心，亦是法縛心，不中用。（「凝心入定，住心看淨，起心外照，攝心內證」，此四句十六字屢見于神會遺著。據「菩提達摩南宗定是非論」，此四句是神秀門下普寂與降魔藏二大師敎人的禪法。四句最末一字，兩本皆作澄，今校改。）涅槃經云：佛告瑠璃光菩薩，善男子，汝莫入甚深〔空定〕。何以故？令大衆鈍故。（此是大般涅槃經高貴德王菩薩品一之文。經文南北本皆作「汝今莫入甚深空定。何以故？大衆鈍故。」底本平本皆作「汝莫作入甚深」，今據經文删「作」字，補「空定」二字。「令大衆鈍故」，底本平本皆有「令」字，甚有趣味！神會在八世紀看見的經文可能有「令」字，所以我沒有敢删去。）若入定，一切諸般若波羅蜜不知故。（此一句是神會解釋「令大衆鈍故」的經文。）

但自知本體寂靜，（底本作淨）空無所有，亦無住著，等同虛空，無處不遍，卽是諸佛眞如身。眞如是無念之體。以是義故，立「無念」爲宗。若見（平本脫見字）無念者，雖具見聞覺知，而常空寂，卽戒定慧學一時齊等，萬行俱備，卽同如來知見，廣大深遠。云何深遠？以不見性，故言深遠。若了見性，卽無深遠。（此二十字含有一個很大膽的思想，可惜沒有發揮。）

（五）

各各至心，令知識得「頓悟解脫」。

若眼見色，善分別一切色，不隨分別起，色中得自在，色中得解脫色塵三昧足。

耳聞聲，善分別一切聲，不隨分別起，聲中得自在，聲中得解脫聲塵三昧足。

鼻聞香，善分別一切香，不隨分別起，香中得自在，香中得解脫香塵三昧足。

舌嘗味，善分別一切味，不隨分別起，味中得自在，味中得解脫味塵三昧足。

身覺種種觸，善能分別觸，不隨分別起，觸中得自在，觸中得解脫觸塵三昧足。

意分別一切法，不隨分別起，法中得自在，法中得解脫法塵三昧足。

如是諸根善分別，是本慧。不隨分別起，是本定。

經云，（云字兩本同作中。按下文「不捨道法而現凡夫事」是引維摩詰經，故校改。）「不捨道法而現凡夫事，〔是爲宴坐〕。」種種運爲世間，不於事上生念，是定慧雙修，不相去離。定不異慧，慧不異定，如世間燈光不相去離。（此十七字，平本重出）即燈之時光家體，即光之時燈家用。即光之時不異燈，即燈之時不異光。即光之時不離燈，即燈之時不離光。即光之時即是燈，即燈之時即是光。定慧亦然。即定之時是慧體，即慧之時是定用。即慧之時不異定，即定之時不異慧。即慧之時即是定，即定之時即是慧。即慧之時無有慧，即定之時無有定。此即定慧雙修，不相去離。後二句者，是維摩詰默然直入不二法門。（直入，底本作入眞。平本作入直，鈴木校改作直入。維摩詰經入不二法門品云，「時維摩詰默然無言。文殊師利歎曰，善哉！善哉！乃至無有文字語言，是眞入不二法門！」玄奘譯本末句作「是眞悟入不二法門，於中都無一切文字言說分別！」中古寫本，直眞二字往往互混。此篇標題是「頓教解脫禪門直了性壇語」，而此章特別說「頓悟解脫」，故我從鈴木校作「直入」。）

（六）

爲知識聊簡「煩惱即菩提」義，擧虛空爲喻。如虛空本無動靜，明來是明家空，暗來是暗家空。暗空不異明，明空不異暗。（此十字，平本脫上七字）虛（平本脫虛字）空明暗自來去。虛空本來（平本脫來字）無動靜。煩惱與菩提，其義亦然。迷悟雖（底本脫雖字）別有殊，菩提性元不異。

經云，如自觀身實相，觀佛亦然。知心（底本脫心字）無住是觀。過去諸佛心亦同知識今日無住心無別。經云，我觀如來，前際不來，後際不去，今則無住。

夫(平本作未)求法者，不著佛求，不著法求，不著衆求(此十六字也是引維摩詰經文)。何以故？爲衆生心中各自(底本脫自字)有佛性故。知識，(此二字平本作若)起心外求者，卽名邪求。勝天王〔般若經〕(兩本皆脫此三字)言，「大王，卽是如實。」「世尊，云何如實？」(平本脫此六字)「大王，卽(平本脫卽字)不變異。」「世尊，云(平本脫云字)何不變異？」「大王，所謂如如。」「世尊，云何如如？」「大王，此可智知，非言能說。(平本作說能)離相無相，遠離思量，過覺觀境。是爲菩薩了達甚深法界，卽同佛知見。」

知識，自身中有佛性，未能了了見。何以故？喻如此處各各思量家中住宅，衣服、臥具、及一切等物，具知有，更不生疑。此名爲「知」，不名爲「見」。(底本此下脫去一紙，自「若行到宅中」起，至「若於師處受得禪法所學各自平章」的「各」字止，共三十一行。此一紙三十一行誤黏在「菩提達摩南宗定是非論」一卷裏，今移正。平本不脫，可以參證。)若行到宅中，見如上所說之物，(見字兩本皆作具，今按當作見。平本如字作知，又脫所字)卽名爲「見」，不名爲「知」。今所覺(底本作學)者，具依他說「知」身中有佛性，未能了了「見」。

但不作意，心無有起，是眞無念。畢竟〔見〕不離知，知不離見。一切衆生本來無相。今言相者，並是妄心。心若無相，卽是佛心。若作心不起，是識定，亦名法見心自性定。

馬鳴云，若有衆生觀無念者，則爲佛智。故今所說般若波羅蜜，從生滅門頓入眞如門，更無前照後照，遠看近看，都無此心。乃至七地以前(底本脫前字)菩薩都總驀過，唯指佛心，卽心是佛。

(七)

經云，當如法說：口說菩提，心無住處。口說涅槃，心唯寂滅。口說解脫，心無繫縛。

向來指知識無住心，知不知？　答，知。

涅槃經云，此是第一義空。若三處俱空，卽是本體空寂。(平本脫「卽是本體空」五字)唯有中道亦不在其中。中道因邊而立。(平本脫中字，而字)猶如三指並同，要因兩邊，始立中指。若無兩邊，中指亦無。經云，虛空無中邊，諸佛身亦然。諸佛解脫法身，亦如虛空無中邊。

知識，常須作如是解。今將無上道法分付知識。〔引經〕(此二字兩本同似是衍文) 若領此語，六波羅密，恆沙諸佛，八萬四千諸三昧門，一時灌入知識身心。維摩經云，菩提不可以身得，不可以心得。寂滅是菩提，滅諸相故。「不可以身得」，心不在外。「不可以心得」，身 (平本脫身字) 不在內。「寂滅是菩提」，中間無處所。「滅諸相故」，一切妄念不生。此照體獨立，神無方所。知識，當如是用！

得 (平本無得字) 上根上智人，見說般若波羅蜜，便能領受，如說修行。如中根人，雖未得，若勤諮問，亦得入。下根人，但至信不退，當來亦能入大乘 (平本作家) 十信位中。

只如學道人 (底本脫人字) 撥妄取淨，是垢淨，非本自淨。(平本垢作佸) 華嚴經云，譬如拭巾有垢，先着灰汁，然〔後〕用淨水洗之。此雖得淨，未名爲淨。何以故？此淨爲因垢得淨，猶故不淨。維摩經云，非垢行，非淨行，是菩薩行。

知識，非用心時，若有妄起，思憶遠近，不須攝來。何以故？去心既是病，攝來還是病，去來皆是病。(底本脫此病字) 經云，諸法無來去。法性遍一切處，故法無去來。若有妄起，卽覺。覺滅 (底本脫滅字) 卽是本性無住心。

有無雙遣，境智俱亡。(平本遣作遠) 莫作意卽自性菩提。(平本莫上有俱字) 若微細心，卽用不著。本體空寂，無有一物可得，是名阿耨菩提。(阿耨卽「無上」) 維摩經云，從無住本，立一切法。菩薩光戒光，亦復如是。自性空寂，(底本脫寂字) 無有形相。

發心畢竟二不別，
如是二心先心難。
自未得度先度他。
是故敬禮初發心。
初發已爲天人師，
勝出聲聞及緣覺。
如是發心過三界，
是故得名最無上。(此八句又見於「南宗定是非論」)

(八)

諸家借問，隱而不說。我於此門，都不如是。多人少人，並皆普說。若於師處受得禪法，所學各(自上文「若行到宅中」起，至此句「所得各」止，共一紙三十一行，底本脫失，誤收在「菩提達摩南宗定是非論」一卷裏，今移正。平本不誤。)自平章，唯通其心。若心得通，一切經論義(底本無論字，平本無義字)無不通者。佛在日，亦有上中下衆生投佛出家。過去諸佛說法，皆對八部衆說，不私說，不偷說。譬如日午時，無處不照。如龍王降雨，平等無二，一切草木隨類受潤。諸佛說法，亦復如是，皆平等心說，無分別心說。上中下衆各自領解。經云，佛以一音演說法，衆生隨類各自解。(平本脫類字，又自字作得字)

知識，若學般若波羅蜜，須廣讀大乘經典。見諸(平本脫諸字)教禪者，不許頓悟，要須隨方便始悟，此是大下品之見。(神會此篇題作「頓教解脫禪門直了悟壇語」，他主張頓悟，故他反對當時教禪者「不許頓悟」之說。)明鏡可以鑒容，(平本作監容)大乘(平本作家，下同)經可以正心。第一莫疑。依佛語，當淨三業，方能入得大乘。此頓門一依如來說，脩行必不相悞。(平本作悟)勤作功夫。有疑者(平本無者字)來相問。好去。

民國四十七年(一九五八)八月廿九日校寫畢。

胡　適　記

「南陽和上頓教解脫禪門直了性壇語」的附錄：

「南宗定邪正五更轉」

底本「壇語」之後有「南宗定邪正五更轉」歌，共五章，又五言律詩一首，可能都是神會和尙的作品。「五更轉」的主旨，如第四章「法身體性不勞看。看則住心便作意，作意還同妄想」，「善惡不思卽無念」；如第三章譏笑「處山谷、住禪林，入空定，便凝心，一坐還同八萬刼，只爲擔麻不重金」；如第一章「妄想眞如不異居」，「無作無求是功夫」等等，都是「壇語」裏的主要思想。我校寫「壇語」之後，開始校寫「五更轉」，我覺得這兩個文件是彼此「互相發明」的。例如「五更轉」第二章「一坐還同八萬刼」，坐字原作「生」，我依據「壇語」裏說的「須陀洹在定八萬刼，斯陀含在定六萬刼……」一段，校改「生」字作「坐」，這一章就成了有趣味的諷刺文學了。又如「壇語」裏有兩句很驚人的話，「以不見性，故言深遠。若了見性，即無深遠。」試看「五更轉」第四章：「法身體性不勞看。看則住心便作意，作意還同妄想團。」這都是譏評當時的禪學大師教人「凝心入定，住心看淨」的方法。

因爲這些緣故，我頗傾向于承認這兩篇韻文也是神會和尚的作品。我把這兩件鈔在這裏做附錄。胡適

南宗定邪正「五更轉」

一更初。妄想眞如不異居。迷則眞如是妄想，悟則妄想是眞如。念不起，更無餘。見本性，等空虛。有作有求非解脫，無作無求是功夫。

※

二更催。大圓實鏡鎮安臺。衆生不了攀緣病，由斯障閉不心開。本自淨，沒塵埃。無染著，絕輪迴。諸行無常是生滅，但觀實相見如來。

※

三更侵。如來智慧本幽深。唯佛與佛乃能見，聲聞緣覺不知音。處山谷，住禪林，入空定，便凝心。一坐（原作一生，胡適校改）還同八萬刼，只爲擔麻不重金。（壇語說，「須陀洹在定八萬刼，斯陀含在定六萬刼，阿那含在定四萬刼。……住此定中刼數滿足，……發菩提心，同今日知識發菩提心不別。」在定中八萬刼，結果還同今日凡夫一樣！這是神會很嚴厲的批評當時的禪學。若作「一生還同八萬刼」，就沒有意思了。）

※

四更蘭。法身體性不勞看。看則住心便作意，作意還同妄想團。放四體，莫攢玩。任本性，自公官。善惡不思即無念。無念無思是涅槃。

※

五更分。菩提無住復無根。過去捨身求不得，吾師普示不忘（原作望）恩。施法藥，大張門，去障膜，豁浮雲，頓與衆生開佛眼，皆令見性免沉淪。

※

眞乘實罕遇，至理信幽深。

欲離相非相，還將心照心！

髻中珠未得，衣裏寶難尋。

爲報擔麻者，如何不重金！

民國四十七年(一九五八)八月廿九日，校寫完畢。　　胡適記

菩提達摩南宗定是非論

(上卷)

這是伯希和 (Paul Pelliot) 從敦煌取去的唐寫本 Pelliot 3047 號卷子的後幅。我在一九二六年九月十八日發見這個卷子。其前幅，我已收作「神會和尚遺集卷一」(民國十九年—1930—上海亞東圖書館初版，頁 99—152)。後幅有標題一行：「菩提達摩南宗定是非論一卷　並序　獨孤沛撰」。這殘卷雖有「修論者」獨孤沛的主名，因爲內容還是神會和尚和崇遠法師的問答論辯的記錄，所以我收作「神會和尚遺集卷二」(亞東初版，頁159—167)。

今年我用巴黎的 Pelliot 2045 號卷子，寫定了「菩提達摩南宗定是非論」的「下卷」。所以我又用 Pelliot 3047 號卷子的照片，重新校寫一遍，作爲這一卷富有歷史趣味的「菩提達摩南宗定是非論」的「上卷」。

一九五八、八、廿四，胡適

菩提達摩南宗定是非論一卷　幷序　獨孤沛撰

弟子於會和上法席下見〔和上〕與崇遠法師諸論義，便修。從開元十八、十九、廿年，其論本並不定，爲修未成，言論不同。今取廿載一本爲定。(「廿載一本」原作「廿一載本」，神會遺集二同。今改正。) 後有「師資血脈傳」，亦在世流行。

歸命三寶法，法性眞如藏，

眞身及應身，救世大悲者！

宗通立宗通，如月處虛空。

唯傳頓教法，出世破邪宗。

問曰，有何因緣而修此論？

答曰，我聞心生卽種種法生，心滅卽種種法滅者，一切由己，妄己卽凡。古聖皆染便諍果。世情逐塊，修無生以住生。學人迷方，欲不動而䲭動。是非標競□□□□差等共了議（以上文字不甚可解。「了議」似當作「了義」。此卷中「義」「議」往往互混。如首句「論義」卽「論議」。）卽我襄陽神會和上，悟無生法忍，得無碍智，說上乘法，誘諸衆生，教道衆生。教道廻向者，若百川赴海。於開元廿年（原作「廿二年」，遺集同。今改正。）正月十五日在滑臺大雲寺設無遮大會，廣資嚴飾，昇師子坐，爲天下學道者說：梁朝婆羅門僧學菩提達摩是南天竺國國王第三子，少小出家，智惠甚深，於諸三昧，獲如來禪。遂乘斯法，遠涉波潮，至於梁武帝。武帝問法師曰，「朕造寺度人，造像寫經，有何功德不？」達摩答，「無功德。」武帝凡情不了達摩此言，遂被遣出。〔達摩〕行至魏朝，便遇惠可。〔惠可〕時年四十，（此四字原作「時卅」二字。續僧傳記惠可初遇達摩，「年登四十」。敦煌本歷代法寶記作「時年卌」。故遺集二校記說，亦當作「時卌」。神會遺集出版後兩年，日本石井光雄影印他得到的敦煌寫本「神會語錄」殘卷，其內容和我校印的神會和上遺集卷一多相同，但其末後部分有六代祖師小傳，其中「可禪師」小傳說他「時年卌，奉事達摩」。故照改作「時年四十」。）俗姓姬，武牢人也。（武牢卽虎牢，唐朝人避諱，改虎作武。石井本神會語錄作「俗姓周，武漢人也」。）遂與菩提達摩相隨至嵩山少林寺。達摩說不思〔議〕法，惠可在堂前立，其夜雪下至惠可腰（原作要），惠可立不移處。達摩語惠可曰，「汝爲何此間立？」惠可涕淚悲泣曰，「和上從西方遠來至此，意〔欲〕說法度人。惠可今不憚損軀，志求勝法。唯願和上大慈大悲。」達摩語惠可曰，「我見求法之人咸不如此。」惠可遂取刀自斷左臂，置達摩前。達摩見之〔曰〕，「汝可。」在先字神光，因此立名，遂稱惠可。（「字」原作「自」。依石井本改。）〔惠可〕深信堅固，棄命損身，志求勝法，喻若雪山童子捨身命以求半偈。（雪山童子——也稱雪山菩薩——捨身命以求半偈的故事，見于大般涅槃經的聖行品第七之四。）達摩遂開佛知見，以爲密契；便傳一領袈裟，以爲法信，授與惠可。惠可傳僧璨。（唐人碑版記此世系，第三代多作「僧粲」。唐人寫本粲字多寫成璨字。）璨傳道信。道信傳弘忍。弘忍傳惠能。六代相承，連綿不絕。

又見會和上在師子座〔上〕說：「菩提達磨南宗一門，天下更無人解。若有解者，我終不說。今日說者，爲天下學道者辨其是非，爲天下學道者定其宗旨。」(原作「定其定其旨見」，遺集二寫作「定其旨見」。此論下卷有「我自料簡是非，定其宗旨」的話，故我校改「定其宗旨」。「見」字改屬下句。)

見有如此不思議事，甚爲奇屬。君王有感，異瑞來祥。正法重興，人將識本。所以修論。(以上似是獨孤沛的「序」，以下似是「定是非論」本文。)

※

于時有當寺崇遠法師者，先兩京名播，海外知聞，處於法會，詞若湧泉，所有問語，實窮其原。提婆之後，蓋乃有一。時人號之「山東遠」，豈徒然耶？(原作「耳」)遠法師乃於是日來入會中，揚眉亢聲，一欲戰勝。卽時(？)人侶□卷屏風，稱有官客擬將著侍。(此句前六字，我得的兩次照片都模糊不可讀。一九四九年法國 Jacques Gernet 先生用法文翻譯神會和尚遺集四卷，〔"Entretiens du Maître de Dhyâna Chen-Houei du Ho-tsö"〕在河內出版，其111—112頁附有胡適校寫本正誤表。表中有此句，校作「卽時(？)人侶□卷屏風稱有官客擬將著侍」。Gernet 親校原卷，補改如此，但仍不很可懂。)和上言，此屏風非常住家者。何乃拆破場，將用祇承官客。于時崇遠法師提和上手而訶曰，禪師喚此以爲莊嚴不？和上答言，是。遠法師言，如來說莊嚴卽非莊嚴。

和上言，經文(原作「云」，Gernet 校改)所說，不盡有爲，不住無爲。法師重徵以何者不盡有爲，不住無爲。和上答，不盡有爲者，從初發心，坐菩提樹，成正等覺，至雙林入涅槃，於其中一切法悉皆不捨，卽是不盡有爲。不住無爲者，修學空，不以空爲證；修學無作，不以〔無〕作爲證，卽是不住無爲。

法師當時無言，良久乃語。法師曰，婬怒是道，不在莊嚴。和上語法師，見在俗人應是得道者。遠法師言，何故指俗人以爲得道？和上言，法師所言婬怒是〔道〕，俗人並是行婬欲人，何故不得道？

遠法師問，禪師解否？和上答，解。法師言，解是不解。和上言，法華經云，「吾從成佛以來，經無量無邊阿僧祇刼。」應是不成佛？亦應不經無量無邊阿僧祇刼？

遠法師言，此是魔說。

和上言，道俗總聽！從京洛已來，至于海隅，相傳皆許遠法師解義聰明，講大乘經論更無過者。今日〔遠法師〕喚法華經是魔說！未審何者是佛說？

法師當時自知過甚，對衆茫然，良久，欲重言。和上言，脊梁着地，何須重起？

※

和上語法師，神會今設無遮大會兼莊嚴道場 ，不爲功德 ，爲天下學道者定〔宗〕旨，爲天下學道〔者〕辨是非。

和上言，神會若學□□□□，即是法師。法師若學神會，經三大阿僧祇刼，不能得成。(此節中空四字，遺集二寫作「濩機□□」，Gernet 先生校補空白二字作「告不」，還是不可懂。今年我細看巴黎寄來的照片，越看越不懂，所以我把這四個字都改成空格。第一個字可能是「濫」字？本來神會這兩句話都是謾罵，可能他用的是當時的土話，在一千二百年後就不可懂了。)

和上出語，左右慚惶，相顧無色。

然二大士雖(原作誰)相詰問，並皆立〔而〕未坐。所說微妙，尙未盡情。時乾光法師亦師僧中〔之〕一，見遠論屈，意擬相挾，乃命是人令置牀机，更請竪宗，重開談論，遂延和上及遠法師坐。(此句中「是人」，Gernet 校改作「侍人」。我主張仍依原文作「是人」。此論用「是」字，往往是唐人白話的用法。如下卷說「所是門徒若爲修道？」即是「諸門徒那麼修道？」又如「所是偸者皆偸不得。」即是「諸偸者皆偸不得。」此處「是人」似即「所是人」，即諸人。八世紀的「牀机」即是我們今日的椅子櫈子。乾光法師叫大家安排牀机，要神會和崇遠坐下，也許還要那四十多個大和尙都坐下。其餘聽衆大概還是席地而坐。) 和上平生淸禪，與物無競，(此四字原作「與物無物無競」六字) 縱欲談論，辭讓久之。

于時有府福先寺師，荷澤寺法師，及餘方法師數十人 ，齊聲請禪師坐 ，咸言，「禪師就坐。今日正是禪師辨邪正定是非日 。此間有四十餘箇大德法師論師爲禪師作證義在。」

和上固辭不〔得〕已時乃就坐。然明鏡不疲於屢照，淸流豈禪於風激？勝負雖則已知，衆請固將難免。和上以無疑慮，此日當仁〔不讓〕。(此處語氣似未完，暫補「不讓」二字。)

遠法師重問曰，禪師用心於三賢，十聖，四果人等，今在何地位？和上言，在滿足十地位。遠法師言，初地菩薩分身百佛世界，二地菩薩分身千佛世〔界〕，乃至十地菩薩分身無量無邊萬億佛世界。禪師旣言在滿足十地位，今日爲現少許神變。崇遠望此意 (此五字原作「望遠此意」，依下卷校改) 執見甚深。特爲見悟至玄，所以簡詮如〔響〕。(Pelliot 3047 號卷子到「如」字爲止，以下殘缺。依下卷補「響」字。)

菩提達摩南宗定是非論

(下卷)

據我們現在的知識，「菩提達摩南宗定是非論」現存三個敦煌寫本，都在巴黎的國家圖書館。這三個寫本的原編號是：

第一本，Pelliot 3047號

第二本，Pelliot 3488號

第三本，Pelliot 2045號

第一本我曾校寫作「神會和尙遺集卷二」，今年我重新校寫作「菩提達摩南宗定是非論」的「上卷」。

第二本我曾校寫作「神會和尙遺集卷三」。我在當時就說，「我疑心那一卷也是南宗定是非論別本的後半」。(神會遺集，亞東版，頁170) 現在第三本出現了，其中果然有一部分和第二本完全相同，可以彼此參校。

我當時曾指出第二本脫去了一紙。現有的第三本果然可以補第二本的脫文六百字。

第三本是近年法國國家圖書館裏淸理出來的。前年鈴木大拙先生和他的學生 Richard DeMartino 從法國回到紐約，帶來了 Pelliot 2045號長卷的照片。這個長卷的第一件就是「南宗定是非論」，第二件就是「南陽和上頓教解脫禪門直了性壇語」。這兩件都是我三十年前沒有看見的。這個長卷的保存狀態很不好，「南宗定是非論」是第一件，所以前面殘缺最多，損壞最多。後面又因爲紙張接縫之處往往脫節了，往往被人胡亂黏接，就黏錯了四大張紙，每紙平均三十一行。其中有一紙三十一行是「壇語」的一部分，錯到「南宗定是非論」裏來了。

這三個敦煌寫本是同出于一個來源的三個鈔本。這一點最可以表示神會的「菩提達摩南宗定是非論」在當時流行之廣而且遠！

第一本保存了「定是非論」的開頭，有標題，有造論者獨孤沛的姓名，有此論開篇的四十九行。這個有頭無尾的殘卷，我現在叫作「上卷」。第三本包括第二本的全部，又有此論的最後部分，又有造論者的駢文論贊和韻文頌贊，最後有「菩提達摩南宗定是非論一卷」一行。這個有尾無頭的長卷，我現在寫定，叫作「下卷」。

最有趣的是，「上卷」的最後一段和「下卷」的最前一段都是遠法師問神會「今在何地位」，神會自言「在滿足十地位」，崇遠就要求他「今日爲現少許神變」。除了這一段之外，「上卷」和「下卷」沒有一段有相同的內容。所以我猜想，這上下兩卷合併起來，「菩提達摩南宗定是非論」的全卷大概都在這裏了。

我在一九二六年九月四日第一次發見此論，到今年我校寫全論完畢，恰是三十二年。

一九五八、八、卅一日，胡適

〔遠法師重問曰，禪師用心於三〕賢，十聖，四果人等，今在何位地？ 和上言，在滿足十〔地位〕。 〔遠法師言〕，初地菩薩分身百佛世界。二地菩薩分身千佛世界。乃〔至十地菩薩分身〕無量無邊佛世界。禪師旣言在滿足十地位，今日爲現少許神變。崇遠望此意執見甚深，特爲見悟至玄，所以簡詮如響。（巴黎敦煌卷子 Pelliot 3047後幅「菩提達摩南宗定是非論」殘卷的最後一段即是此段，到「簡詮如響」的「如」字爲止。方括弧內的字都是我用那一卷校補此段殘壞的字。看胡適神會遺集卷二，頁166—167）

和上言，大般涅槃經云，如來在日，只許純陀心同如來心，□了如來□，□□□來身。經云，南無純陀！南無純陀！身雖凡夫，心〔如佛心〕。（此四句，依大般涅槃經的壽命品第一之二校補。此上引經「如來在日只許純陀……」實不是經文。）□□□□□□□□□□□□常不言自證。今日會身是凡□□□□□□□□□□□□□□□□□怪。

遠法師默然不言。（此段崇遠問的最嚴厲。因爲神會自誇「在滿足十地位」，所以崇遠要他「現少許神變」。神會的答話殘缺太多，但可以看出他自比于純陀。在涅槃經裏，佛在涅槃之前，只受純陀的供養。純陀雖然「心如佛心」，究竟「身是凡夫」。神會自認身是凡夫，不能現什麼神變。）

和上問遠□□□□□□□□□□□□□□□□□□□□□得□□……（此處缺失約二十字）……□□□經義者當知是人則見□□法師不見佛性故言不合講。遠法師問禪師見佛性不？ 和上答言，見。 遠法師問，爲是比量見？爲是現量見？ 和上答，比量見。又責〔問〕，何者是比，何者是量？ 和上答，所言比者，比於純陀。所言量者，等純陀。 遠法師言，禪師定見不？ 和上答，定見。 遠法師問，作勿生見？ 和上答，無作勿生。 遠法師則默然不言。 和上見默然不識此言，更不徵問。

和上言，見在道俗總聽。神會意欲得法師重問見。神會三十餘年所學功夫，唯在「見」字。法師向來問見，未稱神會意。神會答法師見亦未盡情。更欲得法師重問見。□□□□□亦欲得重問禪師□□是眼見？爲是□□□□□□見爲□□□□□□□□□□□□□□□ 遠法師□□□□□□□□□□□ 和上言，法師□□□□□□虛空□□□□□□□□□□□□□虛空□□□□□□□□□□□□□□□□□□□□□□ (以上是本卷的第二段殘片，今校移作第一段。)

胡適按，這幾段問答殘缺太多，不容易懂得。敦煌寫本曆代法寶記(巴黎倫敦兩處都有，兩本都收在「大正新修大藏經」第五十一卷；朝鮮金九經參校兩本，寫成一本，分爲三卷，用鉛字排印發行，題爲「校刊歷代法寶記」)有一長段提及神會「開元中，滑臺寺爲天下學道者定其宗旨」，又「天寶八載中，洛州荷澤寺亦定宗旨」。那一長段雖然沒有舉出「南宗定是非論」的篇題，其實是摘引了此論的文字。我現在把法寶記引此論的部分鈔在這裏，給我們做比較資料：

「東京荷澤寺神會和上……開元中，滑臺寺爲天下學道者定其宗旨。……天寶八載中，洛州荷澤寺亦定宗旨。被崇遠法師問：禪師於三賢十聖修行，證何地位？會〔和上〕答曰：涅槃經云，『南無純陀！南無純陀！身同凡夫，心同佛心。』會和上却問遠法師，講涅槃經來得幾篇？遠法師答，四十餘遍。又問，法師見佛性否？法師答，不見。會和上云，師子吼品云，若人不見佛性，即不合講涅槃經。若見佛性，即合講涅槃經。遠法師却問，和上見佛性否？會答，見。又問，云何爲見？復眼見耶？耳鼻等見耶？會答，見無爾許多。見只沒見。又問，見等純陀否？會答，比量見。比即比於純陀。量等純陀，不敢定斷。」

※

□□□□□□□□□□□□□□□□□□□□言□□□有般若故致□□□□□□□虛空無般若□□使不得□□ 遠法師言，般若無知，何故言見？ 和上言，般若無知，無事不知，以無不知故，致使得言見。 遠法師杜口無言。

和上言，比來法師喚禪師作無所知。今日禪師喚法師作無所知。 遠法師問，何故喚法師作無所知？　和上言，唯嗟法師不〔知〕定慧等學。　又問，何者是禪師定慧等學？　和上答，言其定者，體不可得。言其慧者，能見不可得體，湛然常寂，有恒沙之用，故言定慧等學。

※

遠法師問，禪師既口稱達摩宗旨，未審此禪門者有相傳付囑，爲是得說只沒說？和上答，從上已來，具有相傳付囑。　又問，相傳□□已來，經今幾代？　和上答，經今六代。遠法師□□□□□□□□□□□（以上原是本卷的第一段殘片，今移作第二段。此下敍菩提達摩將袈裟付囑與慧可，再傳至僧璨，殘缺約五六十字？）……□□□□□□□付囑璨禪師，隨朝□□□□□□□□□□□□□□□□信禪師在雙峰山將袈裟付□與□禪師。唐朝忍禪師在東山將袈裟付囑與能禪師。經今六代。內傳法契，以印證心。外傳袈裟，以定宗旨。從上相傳，一一皆與達摩袈裟爲信。其袈裟今見在韶州，更不與人。餘物相傳者，卽是謬言。又從上已來六代，一代只許一人，終无有二。終有千萬學徒，只許一人承後。

遠法師問，何故一代只許一人承後？　和上答，譬如一國唯有一王；言有二者，無有是處。譬如一四天下唯有一轉輪王；言有二轉輪王者，無有是處。譬如一世界唯有一佛出世；言有二佛出世者，無有是處。

遠法師問，諸人總不合說禪教化衆生不？和上答，總合說禪教化衆生，發起衆生一念善心者，是不可思議。昔釋迦如來在日諸□□□□□□□□□□化衆生，終無有一人敢稱爲佛者。□□□□□□□□□□□□□□□一代只有一人竪立宗旨，開禪門□□□□今日天下諸□□□□百餘人各立門戶繚亂□人者，從□□□　□上答，從秀禪□□□□將□□□□說禪教人，並□傳□□□□□□□□□□餘人已下□有數百餘人說禪教人，並無大小，無師資情，共爭名利，元無稟承，亂於正法，惑諸學道者。此滅佛法相也。能禪師是的的相傳付囑人，已下門徒道俗近有數（此下似脫「十」字，或「百」字）餘人，無有一人敢濫開禪門。縱有一人得付囑者，至今未說。

遠法師問，世人將秀禪師得道果不可思議人，今日何故不許秀禪師充爲六代？和上答，爲忍禪師無傳授付囑在秀禪師處，縱使後得道果，亦不許充爲第六代。何以故？爲忍禪師無遙授記處，所以不許。

遠法師問，普寂禪師口稱第七代，復如何？　和上答，今秀禪師實非的的相傳，尙不許充爲第六代，何況普寂禪師是秀禪師門徒，□□承稟充爲第七代？見中岳普寂禪師，東岳降魔藏禪師，此二大德□□秀禪師是第六代，未審秀禪師將□信充爲第六代？我韶州一門從上已來，排其代數，皆□達摩袈裟□□□普寂禪師在嵩山竪碑銘，立七祖堂，脩法實紀，排七代數。□□□□其付囑佛法□□□並不□秀禪師已下門徒事。何以故？爲無傳授，所以不許。

遠法師問，秀禪師爲兩京法主，三帝門師，何故不許充爲六代？　和上答，從達摩已下，至能和上，六代大師，無有一人爲帝師者。

遠法師問，未審法在衣上，將衣以爲傳法？　和上答，法雖不在衣上，表代代相承，以傳衣爲信，令弘法者得有稟承，學道者得知宗旨不錯謬故。昔釋迦如來金蘭袈裟見在雞足山，迦葉今見持此袈裟，待彌勒出世，分付此衣，表釋迦如來傳衣爲信。我六代祖師亦復如是。

遠法師問，未審能禪師與秀禪師是同學不？　答，是。　又問，既是同學，教人同不同？　答言，不同。　又問，既是同學，何故不同？　答，今言不同者，爲秀禪師教人凝心入定，住心看淨，起心外照，攝心內證。(此十六字，屢見本卷，末句「證」字皆作「澄」字。但巴黎 Pelliot 3488殘卷很清楚的作「證」字。又 Pelliot 3047 殘卷也作「證」字。這十六字四句，定，淨，證爲韻，不應作「澄」，故我校改作「證」。下同。) 緣此不同。　遠法師問，何故能禪師 (此下卷子撕破，損壞兩行，止存幾個字) □□□□□□□□□□□□□□□□攝心內證□□□能禪師□□□□□□答此是□□□□□□□□□□□□□□□□□□□□□□□□□□□□心內證　和上答，此是愚人法。離□□□□□□□法卽是能禪師□處。是故經文，心不住內，亦不在外，是爲宴坐。如此坐者，佛卽印可。從上六代已來，皆無有一人凝心入定，住心看淨，起心外照，攝心內證。是以不同。

遠法師問，能禪師已後，有傳授人不？ (巴黎 Pelliot 3488殘卷，卽從「傳授人不」起，我已校印在神會和尙遺集卷三，頁175—186。此下用那個卷子校勘。) 答，有。　又問，傳授者是誰？　和上答，已後應自知。

遠法師問，如此教門豈非是佛法？何故不許？　和上答，皆爲頓漸不同，所以不許。我六代大師一一皆言，單刀直入，直了見性，不言階漸。夫學道者須頓見佛性，漸修因緣，（此八字，遺集三作「頓悟漸修」四字）不離是生，而得解脫。譬如母頓生子，（本卷母上，子上，皆有「其」字，今從遺集三。）與乳，漸漸養育，其子智慧自然增長。頓悟見佛性者，亦復如是，智慧自然漸漸增長。所以不許。

遠法師問，嵩岳普寂禪師，東岳降魔藏禪師，此二大德皆教人坐禪，凝心入定，住心看淨，起心外照，攝心內證，指此以爲教門。禪師今日何故說禪不教人坐，（遺集三無「不教人坐」四字）不教人凝心入定，住心看淨，起心外照，攝心內證？　何名坐禪？　和上答，若教人坐，（遺集三無「坐」字，兩卷皆無下「教人」二字）〔教人〕凝心入定，住心看淨，起心外照，攝心內證者，此是障菩提。今言坐者，念不起爲坐。今言禪者，見本性爲禪。所以不教人坐身住心入定。若指彼教門爲是者，維摩詰不應訶舍利弗宴坐。（Pelliot 3488殘卷「若指」以下脫去一紙，故我在遺集三，頁一七六，指出此處「疑脫去一紙」。本卷「若指」以下果然有六百字，可補遺集三的脫文。）

遠法師問，何故不許普寂禪師稱爲南宗？　和上答，爲秀和上在日，天下學道者號此二大師爲「南能」，「北秀」，天下知聞。因此號，遂有南北兩宗。普寂禪師實是玉泉學徒，實不到韶州，今口妄稱南宗，所以不許。（神秀原住荆州的玉泉寺，故普寂是「玉泉學徒。」）

遠法師問，何故不許普寂禪師？　和上答，爲普寂禪師口雖稱南宗，意擬滅南宗。　遠法師問，何故知意擬滅南宗？　和上歎言，苦哉！苦哉！痛哉！痛哉！不可耳聞，何期眼見！開〔元〕二年中三月內，使荆州刺客張行昌詐作僧，取能和上頭。大師靈質被害三刀。盛續碑銘經磨兩遍。（盛續似是撰碑文的人名？）又使門徒武平一等磨却韶州大德碑銘，別造文報，鐫向能禪師碑，□立秀禪師爲第六代，□□□□及傳袈裟所由。又今普寂禪師在嵩山竪碑銘，立七祖堂，修法寶紀，排七代數，不見著能禪師。□能禪師是得傳授付囑人，爲〔人〕天師，蓋國知聞，即不見著。如禪師（此是嵩山法如）是秀禪師同學，又非是傳授付囑人，不爲人天師，天下不知聞，有何承稟，充爲第六代？普寂禪師爲秀和上竪碑銘，立秀和上爲第六代。今脩法寶紀，又立如禪師爲第六代。未審此二大德各立爲第六代，誰是誰非，請普〔寂〕禪師子細自思量看！

遠法師問，普寂禪師開法來數十餘年，何故不早較量，定其宗旨？　和上答，天下學道者皆往決疑，問眞宗旨，並被普寂禪師倚勢唱使門徒拖出。縱有疑者，不敢呈問，未審爲是爲非。昔釋迦如來在日，他方諸來菩薩及諸聲聞，一切諸外道等詰問如來，一一皆善具答。我韶州大師在日，一切人來徵問者，亦一一皆善具答。未審普寂禪師依何經論，不許借問，誰知是非？長安三年（西曆七〇三），秀和上在京城內登雲花戒壇上，有網律師大儀□□於大衆中借問秀和上：「承聞達摩有一領袈裟相傳付囑，今在大禪師處不？」秀和上云，「黃梅忍大師傳法袈裟今見在韶州能禪師處。」（Pelliot 3488殘卷脫去一紙，其脫文到「今見」字止。）秀和上在日指第六代傳法袈裟在韶州，口不自稱爲第六代數。今普寂禪師自稱爲第七代，妄豎秀和上爲第六代，所以不許。

爾時和上告（此五字本卷作「又語」二字，依遺集三改）遠法師及諸人等：莫怪作如此說。見世間教禪者多，於學禪者極其繚亂。恐天魔波旬及諸外道入在其中，惑諸學道者滅於正法，故如此說。久視年，（遺集三年下有「中」字，本卷無。則天聖曆三年五月改元久視，次年正月又改大足。久視年當西曆七百年。）則天召秀和上入內，臨發之時，所是道俗頂禮和上，借問「和上入內去後，所是門徒若爲脩道？依止何處？」秀和上云，「韶州有大善知識，元是東山忍大師付囑，佛法盡在彼處。汝等諸人如有不能自決了者，向彼決疑，必是不可思議，即知佛法宗旨。」又普寂禪師同學，西京清禪寺僧廣濟，景龍三年（七〇九）十一月至韶州，經十餘日，遂於夜半入和上房內，偷所傳袈裟。和上喝出。其夜惠達師（遺集三作「惠遠」），玄悟師聞和上喝聲，即起看，至和上房外，遂見廣濟師把玄悟師手，不遣作聲。其玄悟師，惠達師（六字遺集三作「惠遠玄悟等」五字）入和上房看和上，和上云，「有人入房內，申手取袈裟。」其夜所是南北道俗並至和上房內，借問和上，「入來者是南人？北人？」和上云，「唯見有人入來，亦不知是南人北人。」衆人又問，「是僧？是俗？」「亦不知是僧是俗。」和上的的知，（此一段全依本卷。遺集三文字稍不同。如「的的知」三字，遺集三作「實識入房人」。）恐畏有損傷者，遂作此言。和上云，「非但今日。此袈裟在忍大師處三度被偷。忍大師言，其袈裟在信大師處一度被偷。所是偷者，皆偷不得。因此袈裟，南北道俗極甚紛紜，常有刀棒相向。」

遠法師問曰，普寂禪師名字蓋國，天下知聞，衆口共傳爲不可思議。（遺集三無「爲」字）何故如此苦相非斥？（遺集三無「何故」二字，又脫「苦」字。）豈不與身命有讎？（本卷「豈不」之下，誤脫一紙，共三十一行。此一紙，自「與身命有讎」起，至下文「若善男子善女人信受金剛般若波羅蜜」止，誤黏在後文兩紙六十二行之後。遺集三依據 Pelliot3488殘卷，此處不誤，今據他改正。）和上答曰，讀此論者，不識論意，謂言非斥。普寂禪師與南宗有別。我自料簡是非，定其宗旨。我今爲弘揚大乘，建立正法，令一切衆生知聞，豈惜身命！

遠法師問，修此論者不爲求名利乎？　和上答曰，修此論者，生命尚不惜，豈以名利關心？（本卷「不爲」上有「有」字，「答曰」下有「今」字。依遺集三刪。我跋遺集三，曾指出 Pelliot 3488卷子「楷書精寫，……字字秀整。」此卷寫手是有學的文人，故鈔寫時往往修改原文。如上文改「又語」爲「爾時和上告」；如上文改「的的知」爲「實識入房人」；如此處刪「有」「今」兩字，都是有意修改。又「遠法師」，此卷皆刪「法」字。我此次校寫，往往採用遺集三。但如「的的知」之類，可以表示原件的文體，我仍保留原文。）

遠法師問，唐國菩提達摩既稱其始，菩提達摩復承誰後？又經幾代？　和上答，菩提達摩西國承僧伽羅乂，僧伽羅乂承須婆蜜，須婆蜜（皆當作「婆須蜜」，即 Vasumitra，兩卷同誤）承優婆崛，優婆崛承舍那婆斯，舍那婆斯承末田地，末田地承阿難，阿難承迦葉，迦葉承如來付。唐國以菩提達摩而爲首，西國以菩提達摩爲第八代。（遺集三脫「而爲首西國以菩提達摩」十字。）西國有般若蜜多羅承菩提達摩後。唐國有惠可禪師承菩提達摩後。（本卷脫「菩提達摩」四字）自如來付西國與唐國，總經有一十三代。（此七字本卷作「總有十四代」。今從遺集三。達摩在西國爲第八代，在中國爲第一代，故兩國共十三代。）

遠法師問，據何得知菩提達摩在西國爲第八代？　和上答，據禪經序中具明西國代數。又惠可禪師親於嵩山少林寺問菩提達摩西國相承者，菩提達摩（以上九字，遺集三脫）答一如禪經序所說。（此處神會引「禪經序」作他的西國八代說的根據。「禪經」是東晉末年——約當四一○——廬山譯出的「達摩多羅禪經」。其開卷序引中說到大迦葉以下八個「持法者」。神會把達摩多羅 Dharmatara 和菩提達摩 Bodhidarma 誤認作一個人，故有此大錯誤！至于他說惠可親問達摩一節，那更是有心說誑了。看胡適「荷澤大師神會傳」三。）

遠法師問，西國亦傳衣不？　答，西國不傳衣。　問，西國何故不傳衣？　答，西國爲多（遺集三無「爲」字）是得聖果者，心無矯詐，唯傳心契。漢地多是凡夫，苟求名利，是非相雜，所以傳衣定（遺集三作「示」）其宗旨。

※

遠法師問曰，禪師修何法？行何行？　和上答，修般若波羅蜜法，行般若波羅蜜行。　遠法師問，何以不修餘法，不行餘行，唯獨修般若波羅蜜法，行般若波羅蜜行？（本卷脫「行般若波羅蜜」六字，依遺集三補。）　和上答，修學般若波羅蜜〔法〕，能攝一切法。行般若波羅蜜行，是一切行之根本。

金剛般若波羅蜜，

最尊最勝最第一。

無生無滅無去來，

一切諸佛從中出。

和上言：告諸知識，若欲得了達甚深法界，直入一行三昧者，先須誦持金剛般若波羅蜜經，修學般若波羅蜜法。何以故？誦持金剛般若波羅蜜經者，當知是人不從小功德來。譬如帝王生得太子，若同俗例者，無有是處。何以故？為從最尊最貴處來。誦持金剛般若波羅蜜經者亦復如是。是故金剛般若波羅蜜經云，不於一佛二佛三四五佛而種善根，已於無量百千萬億佛所種諸善根，得聞如是言說章句，乃至一念生淨信者，如來悉知悉見。何況書寫，受持，讀誦，為人演說？是故勝天王般若經云，「云何菩薩摩訶薩學般若波羅蜜通達甚深法界？」佛告勝天王言，「大王，即是如實。」「世尊，云何如實？」「大王，即不變異。」「世尊，云何不變異？」「大王，所謂如如。」「世尊，云何如如？」「大王，此可智知，非言能說。何以故？過諸文字，無此無彼，離相無相，遠離思量，過覺境觀：是為菩薩（遺集三無此二字）了達甚深法界。」（本卷與遺集三此下有「勝天王般若經云」七字，今查下文的話並不見於勝天王經，故删。）

般若波羅蜜無有一法可為譬喻。若善男子善女人信受金剛般若波羅蜜經者，（遺集三無「金剛」二字，又無「經」字。又自上文「與身命有讎」起，至此句「金剛般若波羅蜜」為止，共一紙三十一行，本卷誤黏在後文兩紙六十二行之後，今已改正。）所獲功德不可思量。若此功德有色有形者，空界不可容。（遺集三脫「可」字）以般若波羅蜜如實見，名為證。以智通達，名為至。假使一切衆生皆住十地，入諸三昧觀，如來定不能測量。

善知識，必須誦持金剛般若波羅蜜經。（此八字依遺集三，本卷作「此經」。）此經號為一切諸佛母經，亦是一切諸法祖師。恒沙三昧，八萬四千諸波羅蜜門，皆從般若波羅蜜生。必須誦持此經。何以故？般若波羅蜜是一切法之根本。譬如大摩尼寶在於（此六字遺集三脫）大海之內，大海之內（此四字遺集三脫）所有一切諸寶皆因摩尼寶力而得增長。何以故？是大寶威德力故。修學般若波羅蜜者，亦復如是，一切智慧皆因般若波羅蜜而得增長。

若不（遺集三脫此二字）誦般若波羅蜜經者，譬如皇太子捨其父王，於他人處而求得王位者，無有是處。故小品經云，復次，須菩提，諸經不能至薩婆若。（此四字，遺集三作「薩波若海」，薩婆若 Sarvajña 是最高無上智慧。）若菩薩捨般若波羅蜜而讀誦之，（遺集三之下有「餘」字。「之」指「諸經」，不當有「餘」字）是菩薩捨本而取枝葉。是故勝天王般若經云，佛告勝天王言，菩薩摩訶薩修學一法通達一切法者，所謂般若波羅蜜。般若波羅蜜亦號爲一切諸佛秘密藏，亦號爲總持法，亦是大神咒，是大明咒，是無上咒，是無等等咒，能除一切苦，（除字依遺集三增）眞實不虛。三世諸佛皆因般若波羅蜜多故，得阿耨多羅三藐三菩提。

是故金剛般若波羅蜜經云，舉恒河中沙，一沙爲一恒河，爾許恒河沙數三千大千世界七寶布施，不如於此經中乃至受四句偈等，如此功德勝前福德百分不及一，百千萬億分，乃至算數譬喩所不能及。

諸學道者，金剛般若波羅蜜經，隨所在之處，一切世間天人阿修羅悉皆供養。何以故？爲此經在處，在處卽尊；經在人，人亦貴。（此十五字，遺集三作「爲此經在在處處卽是爲塔」十一字。）何以故？誦持金剛般若波羅蜜經者爲能成就最上第一希有之法故。在在處處若有金剛般若波羅蜜經卷，一切諸佛恭敬般若波羅蜜經卷，如佛弟子敬佛。何以故？經云，諸佛之師，所謂法也。以法常故，諸佛亦常。是故金剛般若波羅蜜經云，初日分以恒河沙等身命布施，中日分復以恒河沙等身命布施，後日分亦以恒河沙等身命布施，如是無量百千萬億刼以身布施，不如聞此經典，信心不逹。何況書寫，受持，爲人解說？

是故金剛般若波羅密經者，（者字本卷作云，今從遺集三）如來爲發大乘者說，爲發最上乘者說。何以故？譬如大龍不雨閻浮提。若雨閻浮提，如漂棄葉。若雨於大海，其海不增不減。故若大乘者，若最上乘者，聞說金剛般若波羅蜜經，不驚不怖不畏不疑者，當知是善男子善女人從無量久遠刼來，常供養無量諸佛及諸菩薩，脩學一初善法，今日得聞般若波羅蜜，不生驚疑。

是故經云，若人滿三千大千世界用一切珍寶造七寶塔高於梵天，不如誦持金剛般若波羅蜜經，脩學般若波羅蜜。若人教化三千大千世界微塵數衆生盡證須陁洹果，不如誦持金剛般若波羅蜜經。若人教化三千大千世界微塵數衆生盡證斯陁含果，不如誦持金剛般若波羅蜜經。若人教化三千大千世界微塵數衆生盡證阿那含果，不如誦持金剛般若波羅蜜經。若人教化三千大千世界微塵數衆生盡證阿羅漢果，不如誦持金剛般若波羅蜜經。(以上三十三字，遺集三脫。)若人教化三千大千世界微塵數衆生盡證辟支佛道，不如誦持金剛般若波羅蜜經。若人教化三千大千世界微塵數衆生盡證得十信心，盡證得十住心，盡證得十行心，盡證得十廻向心，不如誦持金剛般若波羅蜜經。何以故？是經有不可思議，不可稱量，無有邊不可思議功德，爲能成就諸佛甚深無上智慧故。(Pelliot 3488殘卷——遺集三——至「是經有不可」爲止，以下殘缺。)

故告諸知識，若人犯阿鼻地獄一切極惡重罪，無處懺悔而不能得滅者，必須誦持金剛般若波羅蜜經，脩學般若波羅蜜。當知是人其罪卽滅。何以故？譬如一切雜色之鳥至須彌山下發心□與山同共一色。何以故？是山威德力故。誦持金剛般若波羅蜜經威德力故亦復如是。

諸知識誦〔持〕金剛般若波羅蜜經而不能得入一行三昧者，爲先世重罪業障故，必須誦持此經，以此經威德力故，感得世人輕賤，現世輕受。以輕受故，以輕賤故，先世重罪業障卽爲消滅。以消滅故，卽得入一行三昧。

是故勝天王般若經云：佛告文殊師利，若四天下悉爲微塵，爾許塵數諸佛如來，若有惡人皆悉殺害，文殊師利，於意云何？是人得罪多不？文殊師利菩薩白佛言，世尊，此罪不可聞，不可計，不可思量。佛告文殊師利菩薩，若復有人障礙此修多羅，(此四字原作「金剛般若波羅蜜經」，依勝天王經改正。修多羅卽經。)毀謗不信，其罪重彼百分不及一，千分萬分不及一，乃至算數譬喩所不能及。

是故金剛般若波羅蜜經云，佛自言：我念過去無量阿僧祇刧於燃燈佛前得值八萬四千萬億「那由他」(一個「那由他」Nayuta 是十萬，或百萬，或千萬。此句「八萬」原作「八百」。)諸佛及佛弟子，一一供養承事，無空過者，而不能得授菩提記。何以故？爲有所得。及後於燃燈佛所得菩提記者，爲讀誦金剛般若波羅蜜經，脩學般若波羅蜜，獲無所得，得菩提記，今得成佛，號釋迦牟尼。若將供養諸佛功德較量誦持此金剛般若波羅蜜經及爲他人說所得功德，百分不及一，百千萬億分，乃至算數譬喩所不能及。(此一節與金剛經各種譯本都不相符。)

是故勝天王般若經云，大王，譬如四大依虛空立，空更無依。煩惱亦爾，依此法性，法性無依。大王，菩薩摩訶薩學般若波羅蜜，如實觀知。

勝天王般若經云，無量阿僧祇刼三千大千世界微塵，一塵爲一三千大千世界，爾許微塵數三千大千世界滿中七寶，積至阿迦尼吒天，布施微塵數三千大千世界爾許聖人，功德多不？文殊師利菩薩言，世尊，前之福德已不可思量，況此功德？佛告文殊師利菩薩，（從「若善男子善女人信受金剛般若波羅蜜經者所獲功德不可思量」的「經」字起，至此句「菩薩」字止，凡兩紙六十二行，誤黏在「如此苦相非斥豈不」之下。此兩紙下面誤黏的一紙三十一行，自「與身命有讎」起，至「信受金剛般若波羅蜜」的「蜜」字止，已校移向前了。但此一紙之後，又誤黏了一紙，自「若行到宅中」起，至「受得禪法所學各」止，共三十一行，乃是「南陽和上頓教解脱禪門直了性壇語」的一部分，我用日本鈴木大拙先生的「少室逸書」所收「和尙頓教解脱禪門直了性壇語」校勘，將此一紙抽出，于是本卷的兩個神會遺稿都補全了。）若善男子善女人流通此般若波羅蜜經，爲他人宣說，此功德勝彼百分不及一，千萬分不及一，乃至算數譬喻所不能及。

是故金剛般若波羅蜜經云，須菩提，若人以滿無量阿僧祇世界七寶，持用布施，若有善男子善女人發菩薩心者誦持此經，爲人演說，其福勝彼。

云何爲人演說？不取於相。

云何不取於相？所謂如如。

云何如如？所謂無念。

云何無念？所謂不念有無，不念善惡，不念有邊際無邊際，不念有限量無限量。不念菩提，不以菩提爲念。不念涅槃，不以涅槃爲念。是爲無念。是無念者即是般若波羅蜜。般若波羅蜜者，即是一行三昧。

諸善知識，若在學地者，心若有念起，即便覺照。起心旣滅，覺照自亡，即是無念。是無念者，即無一境界。如有一境界者，即與無念不相應。故諸知識，如實見者，了達甚深法界，即是一行三昧。

是故小品般若波羅蜜經云，善男子，是爲般若波羅蜜，所謂於諸法無所念。我等住於無念法中，得如是金色身三十二相大光明，不可思議智慧，諸佛無上三昧，無上智慧，盡諸功德邊。是諸功德，諸佛說之猶不能盡，何況聲聞辟支佛能知？

見無念者，六根無染。見無念者，得向佛知見。見無念者，名爲實相。見無念者，中道第一義諦。見無念者，恒沙功德一時等備。見無念者，能生一切法。見無念者，能攝一切法。

※

和上於大衆中法座上高聲言：

我今能了如來性。

如來今在我身中。

我與如來無差別。

如來即我眞如海。

敬白十方諸佛，諸大菩薩摩訶薩，一切賢聖：今捨身命脩「頓悟最上乘論」者，願一切衆生聞讚歎金剛般若波羅蜜，決定深信，堪任不退故。

今捨身命，願盡未來刼常讚歎金剛般若波羅蜜，願一切衆生聞讚歎般若波羅蜜者，卽能讀誦受持，堪任不退故。

今捨身命，願盡未來刼常讚歎金剛般若波羅蜜，願一切衆生聞讚歎般若波羅蜜者，卽能決定脩行般若波羅蜜，堪任不退故。

願我盡未來刼常捨身命供養金剛般若波羅蜜；願我堪爲般若波羅蜜主，常爲一切衆生說金剛般若波羅蜜；願一切衆生聞說金剛般若波羅蜜，獲無所得！

願我盡未來刼爲一切衆生常捨身命守護金剛般若波羅蜜；願一切衆生依般若波羅蜜故，獲無所得，一時成佛！

※

和上問遠法師言，曾講大般涅槃經不？　法師言，講大般涅槃經數十遍。　和上言，一切大小乘經論說，衆生不解脫者，緣有生滅二心。又涅槃經云，「諸行無常，是生滅法。生滅滅已，寂滅爲樂。」未審生之與滅可滅不可滅？爲是將生滅滅？爲是將滅滅生？爲是生能自滅生？爲是滅能自滅滅？請法師一一具答。　法師言，亦見諸經論作如是說。至於此義實不能了。禪師若了此義，請爲衆說。

和上言，不辭爲說，恐無解者。　法師言，道俗有一萬餘人，可無有一人解者？和上言，看見不見。　法師言，見是沒？

和上言，果然不見！

法師旣得此語，結舌無對。非論一己屈詞，抑亦諸徒失志。勝負旣分，道俗嗟散焉。（焉字原作「然」。以上爲「菩提達摩南宗定是非論」。以下爲論贊。）

和上禪池慧水，引長潤於心源，戒藏慈燈，照圓明於身域。指授不思議法，爲無所爲；稱讚離相法門，說無所說。六念九次，實理心融。三藏五乘，眞如體解。故得入講論處，邪幢必摧；定是非端，勝幡恒建。若彼空山谷響，任無起以同聲；明鏡分形，鑒有色而開相。某乙叨陪學侶，濫預門徒，不揆庸虛，敢申愚拙。比年道業，希得却亡。言此法門，息求而得。約無住之理，理上住義宛然。起有見之（原作斯）法，〔法〕中見心安在？迷樂之日，樂中之苦昔時。悟苦之時，苦中之樂今日！每恨不逢激勵，更叨讚揚，謹錄所聞，藏之篋笥。

發心畢竟二不別，

如是二心先心難。

自未得度先度他。

是故我禮初發心。

初發已爲天人師，

勝出聲聞及緣覺。

如是發心過三界，

是故得名最無上。（以上八句又見「南陽和上壇語」。）

※

言「菩提達摩南宗定是非論」者，敍六代大德師師相授，法印相傳，代代相承，本宗無替。自達摩大師之後，一代只許一人。中間儻有二三，卽是謬行佛法。況今天下教禪者無數，學禪者全稀。並無稟承，憑何立教！徒以雞鳳相誑，蒲脯成欺，飾魚目以充珍，將夜光而爲寳。　我和上屬正法陵遲之日，邪法繚亂之時，知欲行後醫之本方，當棄先醫之乳藥，（知字原在後字之下，當字原在欲字之上。今依文義校正。這個「當棄先醫之乳藥」的故事，看法顯譯本大般泥洹經的哀歎品。）重揚眞教，息世云云。知摸珠者非珠，空尋水月。見學道者非道，徒向寳山。誠弄影而勞形，實揚聲而心響。所以脩論，聊欲指南，使大道洽於蒼生，正法流於天下。其論先陳激揚問答之事，使學者辯於疑者。後敍師資傳授之言，斷除疑惑。審詳其論，不可思議。聞者皆言昔者未聞，見者皆言昔者未見。斯乃宅中寳藏忽爾自開，苦海津梁不期（原作其）而至矣。

嗚呼，六代傳信，今在韶州。四輩學徒，空遊嵩嶺。　可謂魚遊於水，布網於高山！于時有同學相謂曰，「嵩山寂和上，一佛出世，帝王之師，天下仰德，四海歸依。何人敢是？何人敢非？」又同學中有一長老答曰，「止。如此之事非汝所知。如此之事非汝能及。汝但知貴耳賤目，重古輕今！信識涓流，寧知巨海！我和上承六代之後，付囑分明。又所立宗體與諸家不等。」衆人彈指，皆言「善哉！有何差別？」答曰：「更不須子細。和上言教，指授甚深。不可以智知，不可以識識。縱使三賢十聖，孰辨淺深？聲聞緣覺，莫知涯際。去開元二十(原作十二)年正月十五日共遠法師論議，心地略開，動氣陵雲，發言驚衆。道俗相謂『達摩後身！』所是對問宏詞，因即編之爲論。」

論云：「今日設無遮大會，非爲功德，爲天下學者定是非，爲天下用心者辨邪正。」是非邪正，具載明文。並敍本宗，傳之後代。雖寂和上在世□濟羣生，爲與曹溪不同，所以南中敍論。今日罕聞是事，喜躍難勝，聊自課虛，以成其讚：

論之標首，達摩大師。　次敍正宗，光讚本枝。
梁朝興日，天竺來儀。　遺言我法，六後陵遲。
其道玄遠，人莫能知。　唯我和上，今日行之。

※

論稱六代，代有一人。　但以心契，法无有親。
唯有大事，四海之珍。　遞相付囑，非不慇懃。
袈裟表信，息世疑津。　天下無比，誰與爲鄰？

※

大乘大論，流行四方。　法幢再建，慧日重光。
愛河舟楫，苦海津梁。　聞者見者，得悟眞常。
大道行矣，正教其昌！　無我無人，善惡不亡。

※

敬尋斯論，妙理玄通。　先陳問答，後敍正宗。
無念無能，言空不空。　非色非相，無德無功。
達人乃見，有緣始逢。　禪門頓教，諸家不同。

※

論之興也，開元二十。(原作「開元廿」三字，今依韻改。) 比日陵遲，今年法立。

本元淸淨，非關積習。 彼岸坐登，禪門頓入。

德超河洛，芳流京邑。 朗月孤懸，衆星無及。

菩提達摩南宗定是非論一卷

中華民國四十七年(一九五八)八月十六夜，胡適校寫畢。

校寫後記

(1) 校寫『南陽和上頓教解脫禪門直了性壇語』後記

宋高僧傳的神會傳說神會

『居曹溪數載，後徧尋名跡。開元八年(720)，勅配住南陽龍興寺。』

據敦煌保存的『菩提達摩南宗定是非論』的獨孤沛序，神會在滑臺大雲寺『爲天下學道者定其宗旨』的討論是在開元十八、十九、二十年(730—732)。神會在南陽大約有十年之久，所以人稱他做『南陽和尚』。

此卷的標題是『南陽和上頓教解脫禪門直了性壇語』，南陽和上卽是神會，卽是南陽時期的神會。照我現在的考訂，神會生于高宗咸亨元年(670)，死在肅宗無年號的『元年』(762)。(說見下)他住南陽的時期，約當他五十一歲到六十歲(720—729)。他活到九十三歲，所以他的『壇語』是他比較很早的著作。

這是滑臺『定宗旨』以前的講義，其中有很明白的批評當時最有勢力的一派禪學的話，也有很明白的建立自己主張的話。神會的語錄都是答人問的一些問題，故往往是零零碎碎的，不是專討論一個根本主張的。這篇『壇語』是一篇有結構的講演，從頭到尾發揮一個根本主張。這個根本主張就是"無念"。

神會在『壇語』裏，解釋『無念』的意義，說：

『但不作意，心無有起，是眞無念。』

他在別處，有同樣的解釋，例如：

『問，若為生是無念？』

『答，不作意卽是無念。』(荷澤和尙與拓拔開府書，見胡適校神會和尙遺集卷一頁101)。

『不作意』是當時的白話，如杜甫的小詩說的：

『隔戶楊柳綠嫋嫋，

恰似十五女兒腰。

誰謂朝來不作意，

狂風挽斷最長條！』

狂風挽斷了楊柳的最長條，誰能說是『不作意』嗎？作意就是『起心』，就是『打主意』，就是『存心要什麼』。詩人杜甫說春風起心愛上了那『恰似十五女兒腰』的楊柳條，所以早上一陣狂風就把那最長最苗條的一條挽斷了。

在他與拓拔開府書裏，神會說：

『一切衆生心本無相。所言「相」者，並是妄心。何者是妄？所作意住心，取空，取淨，乃至起心求證菩提涅槃，並屬虛妄。但莫作意，心自無物。卽無物心，自性空寂。空寂體上，自有本智，謂(似當作「能」)知以為照用。故般若經云：「應無所住而生其心」。「應無所住」，本寂之體。「而生其心」，本智之用。但莫作意，自當悟入。』(同上，頁102)

這都是把『作意』，『起心』，看作同一個意義。作意就是起心要什麼。無論你要的是空，是淨，是菩提，還是涅槃，『並屬虛妄』。

神會在這篇『壇語』裏，屢次發揮這個意思。如說：

『知識諦聽，為說妄心。何者是妄心？仁者等今旣來此間，貪愛財色男女等及念園林屋宅，此是麤妄，應無此心。為有細妄，仁者不知。

『何者是細妄？心聞說菩提，起心取菩提。聞說涅槃，起心取涅槃。聞說空，起心取空。聞說淨，起心取淨。聞說定，起心取定。此皆是妄心，亦是法縛。……住涅槃，被涅槃縛。住淨，被淨縛。住空，被空縛。住定，被定縛。作此用心，皆是障菩提道。』

如說：

『知識，各用心諦聽，聊簡(卽料簡)自本淸淨心。聞說菩提，不作意取菩提。

聞說涅槃，不作意取涅槃。聞說淨，不作意取淨。聞說空，不作意取空。聞說定，不作意取定。如是用心，卽寂靜涅槃。……譬如鳥飛於虛空，若住於虛空，必有墮落之患。如學道人修無住心，心住於法，卽是住著，不得解脫。』

這都是很痛快的講說『不作意』就是『無念』的意義，都是很明白的演說凡是『作意住心，取空，取淨，乃至起心求證菩提涅槃，並屬虛妄。』我們比勘上面引的幾段話，也可以認識這篇『壇語』確是神會和尙的演講，毫無可疑的了。

壇語的主旨是『立無念爲宗』。神會說：

『但自知本體寂靜，空無所有，亦無住著，等同虛空，無處不遍，卽是諸佛眞如身。眞如是無念之體。以是義故，立「無念」爲宗。若見無念者，雖具見聞覺知，而常空寂。卽戒定慧學一時齊等，萬行俱備，卽同如來知見，廣大深遠。』

這裏說的『戒定慧學一時齊等』，也是神會在他的語錄裏常說的一個意思。壇語開卷『各各至心懺悔』之後，就說『戒定慧三學等』：

『妄心不起名爲戒。無妄心名爲定。知心無妄名爲慧。是名三學等。』

『戒』是佛敎徒『各須護持』的。神會特別提倡的是『定慧等』的思想。壇語說：

『經云：「不捨道法而現凡夫事〔是爲宴坐〕。」種種運爲世間，不於事上生念，是定慧雙修，不相去離。定不異慧，慧不異定，如世間燈光不相去離。卽燈之時光家體，卽光之時燈家用。卽光之時不異燈，卽燈之時不異光。卽光之時不離燈，卽燈之時不離光。卽光之時卽是燈，卽燈之時卽是光。定慧亦然。卽定之時是慧體，卽慧之時是定用。卽慧之時不異定，卽定之時不異慧。卽慧之時卽是定，卽定之時卽是慧。……此卽定慧雙修，不相去離。』

神會的語錄裏也有同樣的說法：

『念不起，空無所有，名正定。能見念不起，空無所有，名爲正慧。卽定之時是慧體，卽慧之時是定用。卽定之時不異慧，卽慧之時不異定。卽定之時卽是慧，卽慧之時卽是定。……卽是定慧等學。』(神會和尙遺集卷一，頁128—129)

神會雖然主張『定慧等』，雖然說『定不異慧，慧不異定』，他所謂『定』並不是佛敎徒向來重視的『禪定』。他明說，『無妄心，名爲定；』『念不起，空無所有，名正定。』

壇語裏還有同樣的解釋：

『無住是寂靜。寂靜體卽名爲定。從體上有自然智，能知本寂靜體，名爲慧。』

『本體空寂。從空寂體上起知，善分別世間青黃赤白，是慧。不隨分別起，是定。』

這樣的『定』是不須作種種『禪定』(坐禪)工夫的。

神會的思想有一點最特別，最含有革命性，那就是他很明白淸楚的反對坐禪，反對向來佛教徒最重視的『禪定』工夫。他特別反對當時禪學大師神秀門下提倡的十六字禪法：『凝心入定，住心看淨，起心外照，攝心內證。』神會在壇語裏說：

『卽如「凝心入定」，墮無記空。出定以後，起心分別一切世間有爲，喚此爲慧！經中名爲妄心。此則慧時則無定，定時則無慧。如是解者，皆不離煩惱。』

『「〔凝心入定〕，住心看淨，起心外照，攝心內證」，非解脫心，亦是法縛心，不中用。涅槃經云：「佛告瑠璃光菩薩：善男子，汝莫入甚深空定。何以故？令大衆鈍故。」若入定，一切諸波羅蜜不知故。』

神會反對『禪定』，因爲那樣『凝心入定』豈不是『定時則無慧』了嗎？他引涅槃經裏佛告瑠璃光菩薩的一句很驚人的話：『善男子，汝莫入甚深空定。何以故？令大衆鈍故。』(今南北本涅槃經都沒有『令』字。)他自己下解釋說：『若入定，一切諸波羅蜜不知故。』這就是『定時則無慧』的說法了。壇語裏又批評『二乘人』(卽『聲聞』與『緣覺』)執『定』的可笑：

『如須陀洹在定八萬劫，斯陀含在定六萬劫，阿那含在定四萬劫，阿羅漢在定二萬劫，辟支佛在定十千劫。……當二乘在定時，縱爲說無上菩提法，終不肯領受。』

這也是說『定時則無慧』。

總而言之，神會的壇語的主旨只是『立無念爲宗』，無念只是不作意，只是『不作意取菩提，不作意取涅槃，不作意取空，不作意取定。』他于六波羅蜜之中，只取『般若波羅蜜。』那就是要把『禪波羅蜜』包括在『般若波羅蜜』之中。那就是要把『定』包括在『慧』之中。

在破壞的方面，他拋棄了向來重視的坐禪的『定』。壇語說：

『知識，一切善惡，總莫思量。不得凝心住心。亦不得將心直視心。…… 不得作意攝心，亦不得遠看近看。····經云，不觀是菩提，無憶念故，即是自性空寂心』。

又說··

『夫求解脫者，離身意識，五法，三自性，八識，二無我；離內外見；亦不於三界現身意，是爲宴坐。如此坐者，佛卽印可。六代祖師以心傳心，離文字故。從上相承，亦復如是。』

他在別處說的更明白：

『……不在坐裏！若以坐爲是，舍利弗宴坐林間，不應被維摩詰訶。訶云，「不於三界現身意，是爲宴坐。」但一切時中見無念者，不見身相，名爲正定；不見心相，名爲正慧。』（神會和尙遺集卷一，頁134。）

他在『南宗定是非論』裏也說的更明白：

『遠法師問：嵩岳普寂禪師，東岳降魔藏禪師，此二大德皆教人坐禪，凝心入定，住心看淨，起心外照，攝心內證，指此以爲教門。禪師今日何故說禪不教人坐，不教人凝心入定，住心看淨，起心外照，攝心內證？何名坐禪？

『和上答：若教人坐，〔教人〕凝心入定，住心看淨，起心外照，攝心內證，此是障菩提。今言坐者，念不起爲坐。今言禪者，見本性爲禪。所以不教人坐身住心入定。若指彼教門爲是者，維摩詰不應訶舍利弗宴坐。（神會和尙遺集卷三，頁175—176；卽新寫定本菩提達摩南宗定是非論下卷）

※

我在三十年前曾指出『後世所奉爲禪宗唯一經典的六祖壇經便是神會的傑作。』我說，『我信壇經的主要部分是神會所作』，因爲『壇經中有許多部分和新發見的神會語錄完全相同。』我當時曾列舉五組例子，表示壇經的思想和文字都和神會語錄很相同。這五組是：

第一組『定慧等』

第二組『坐禪』

第三組『闢當時的禪學』

第四組『論金剛經』

第五組『無念』 (胡適荷澤大師神會傳,原載神會和尚遺集卷首,頁73—90;後來收在胡適論學近著第一集裏,又收在臺北版胡適文存第四集裏。)

現在神會的『壇語』出現了,我們可以看出壇語的思想和文字也往往很接近六祖壇經的敦煌寫本。我在上文引的壇語裏論『無念』,論『定慧等』,論當時的禪學,論『坐禪』的一些文句,都可以在六祖壇經裏尋得很相同的文句可以供我們的比勘。

最可注意的是『南陽和上頓教解脫禪門直了性壇語』的標題。敦煌寫本的六祖壇經的原題是『南宗頓教最上大乘摩訶般若波羅蜜經:六祖惠能大師於韶州大梵寺施法壇經一卷,兼受無相戒。』敦煌本的卷尾又有簡題一行:『南宗頓教最上大乘壇經法一卷。』壇語的『壇』字和壇經的『壇』字原文可能都是『檀波羅蜜』的『檀』字,即是『檀那』,即是『檀施』的意思。(敦煌本壇經裏面還有幾處寫作从木的『檀』字。)

我現在不想重新討論這個壇經作者是不是神會的問題。我只想指出這篇壇語的出現應該可以引起我們研究這個問題的一點新興趣。

(2) 校寫『菩提達摩南宗定是非論』後記

在三十多年前,我校寫了巴黎國家圖書館藏的 Pelliot 3047號敦煌卷子裏的『菩提達摩南宗定是非論』開篇的四十九行殘卷,作為『神會和尚遺集』卷二。我又校寫了 Pelliot 3488號殘卷,作為『神會和尚遺集』卷三,但我當時就說:『此卷也許即是南宗定是非論的一部分。』這兩卷共有五千多字。

現在我把前一卷重新校寫了,題作『菩提達摩南宗定是非論』的上卷。我把巴黎近年尋出的 Pelliot 2045號殘卷裏的『菩提達摩南宗定是非論』也校寫出來,題作此論的下卷。我從前校寫的遺集卷三果然是此論的一部分,即在此『下卷』之中,故此一部分有兩個敦煌寫本可以互相校勘。但下卷的其他部分,及上卷全部,都沒有他本可供校勘。

宗密的圓覺經大疏抄的神會略傳裏曾提及『南宗定是非論』:

『因洛陽詰北宗傳衣之由,及滑臺演兩宗眞僞,與崇遠等持論一會,——具在南宗定是非論中也,——便有難起,開法不得。……』

這裏『具在南宗定是非論中也』十個字是夾註。在三十二年前,所有禪宗史料之中,只有這一條小註提到『南宗定是非論』。直到我的『神會和尙遺集』的二三兩卷印出來，世人才知道『南宗定是非論』是什麼樣子的作戰文字。現在我們湊合三個敦煌殘卷，共有一萬三四千字，其中雖有小殘缺，大概『菩提達摩南宗定是非論』全部都在這裏了。

我們看這一萬三四千字的全文，大致可以分作這幾個部分：

(甲)獨孤沛的序，說『修論』的因緣。

(乙)菩提達摩南宗定是非論的本文：

(一)介紹崇遠法師。

(二)『爲天下學道者定宗旨，爲天下學道者辨是非。』(南宗定是非論的主文)

(三)『金剛般若波羅蜜，最尊最勝最第一。』(自『禪師修何法，行何行？』以下，凡四千字，佔全論近三分之一，全是宣傳金剛般若波羅蜜經的爛調，說誦持此經，流通此經，爲人演說此經，有無量功德。)

(丙)菩提達摩南宗定是非論的後序及讚文。

前面的序，後面的後序及讚，大概都是『獨孤沛』作的。前序說『所以修論』。後序也說：『所以修論，聊欲指南，使大道洽於蒼生，正法流於天下；』又說：『所是對問宏詞，因卽編之爲論。』這都是一個人的口氣。故知前序與後序及讚都是那位『獨孤沛』的手筆。這位『修論』的人的文理很不淸楚，見解也很不高明，故此論的文字遠不如神會語錄的明白可讀，也不能比『南陽和上壇語』的親切流利。

宋僧傳說神會『年方幼學，厥性惇明，從師傳授五經，克通幽賾；次尋莊老，靈府廓然。』我們看他的語錄和壇語，也可以看出他似是一位讀書能文的和尙。爲什麼這篇重要的作戰文字必須請這位獨孤沛『修論』呢？我想，這大概是因爲神會有些話自己不便說，所以有倩別人代說的需要。例如此論本文說：

『遠法師問：能禪師已後，有傳授人不？

『答，有。

『又問，傳授者是誰？

『和上答，已後應自知。

本文又說：

『能禪師是的的相傳付囑人，已下門徒道俗近有數□餘人，無有一人敢濫開禪門。縱有一人得付囑者，至今未說。』

這兩段裏，都沒有明說神會是韶州慧能禪師的『相傳付囑人』。但獨孤沛的後序裏就不妨明說：『我和上承六代之後，付囑分明。』這就是倩別人說話的方便之處了。

南宗定是非論的本文三大段之中，只有那『定宗旨，辨是非』的一大段是眞正主文。前面介紹那位『兩京名播，海外知聞』的崇遠法師一段實在很不高明。後面近四千字的宣傳金剛經的一大段也很不高明。這四千字的宣傳文字只有一點歷史意義：就是說：菩提達摩一派的禪學本來『常奉四卷楞伽，以爲法要』，故此派自稱『楞伽宗』；直到神會同時的普寂和尙的碑傳裏還說神秀教普寂『令看思益（思益梵天所問經），次楞伽，因而告曰，此兩部經，禪學所宗要者』（李邕大照禪師塔銘，全唐文二六二）；如今神會自稱菩提達摩南宗，然而他的遺著裏沒有一個字提及四卷楞伽經，倒有四千字宣傳那簡短的一卷金剛般若波羅蜜經！這就是神會很大膽的把金剛經來替代楞伽經了。（看胡適楞伽宗考，原載史語所集刊第五本第三分，收在胡適論學近著第一集，又收在臺北版胡適文存第四集）

南宗定是非論本文的主文開始就說：

『神會今設無遮大會兼莊嚴道場，不爲功德，爲天下學道者定宗旨，爲天下學道者辨是非。』

所謂『定宗旨，辨是非』，全文有四千多字，只是神會和尙要爲他的老師韶州慧能和尙爭取菩提達摩傳下來的一派禪學的『的的相傳付囑人』的正統地位，其實只是神會爲他自己所謂『菩提達摩南宗』爭取禪門正統的地位。所謂『南宗定是非』，只是爲這個『南宗』爭法統。

這個故事，說來很長。（看胡適的楞伽宗考）簡單說來，大致如下。

中國佛教到了隋唐之際，已到了印度的禪法開始簡單化，將要過渡到更簡單化的中國禪宗的時代了。隋唐之際的禪法有兩大派：一派是南嶽慧思（514—577）到天台智顗（531—597）的『止觀』禪法，一派是菩提達摩（依我的考定，他來中國在劉宋晚年，在中國約五十年，約當475—530）傳下來的楞伽宗。天台宗注重『止』（定）和『觀』（慧），已是簡易化了的禪法。楞伽宗在實行的方面注重『奉頭陀（dhuta）行』，教人苦樂隨緣，在衣食住各方面都極力刻苦自己。在教義方面，只奉四卷楞伽經，以爲心要。這也是簡易化了的禪法。

在七世紀的中期，楞伽宗出了幾個有大名的禪師，特別是蘄州黃梅雙峯山的道信（死在651）和弘忍（死在674），當時人稱爲『東山法門』。弘忍門下弟子散布各地，有嵩山的法如，有泰山的降魔藏，有劍南資州的智詵，有嶺南韶州的慧能。其中一個最有名的是荆州玉泉寺的神秀，『傳東山妙法，開室巖居，年過九十，形彩日茂。……兩京學徒，羣方信士……雲集霧委，虛往實歸。』（宋之問爲洛下諸僧請法事迎秀禪師表）

則天皇帝武后在久視元年（700）下詔請神秀到東京。張說在他的大通禪師碑銘裏記此事：

> 『久視年中，禪師春秋高矣，詔請而來，趺坐覲君，肩輿上殿。屈萬乘而稽首，洒九重而宴居。傳聖道者不北面，有盛德者無臣禮。遂推爲兩京法主，三帝國師。（三帝是則天帝，中宗，睿宗）

神秀在東京六年，死在神龍二年（706）。神秀死後，他的大弟子普寂、義福、敬賢、惠福等都有大名。這是楞伽宗最有勢力的時期。

神秀死後，張說在碑文裏敍述他的傳授世系如下：

> 菩提達摩→慧可→僧璨→道信→弘忍→神秀

這個世系後來竟成了後來爭法統的起點。宋僧傳的義福傳說：

> 『神秀禪門之傑，雖有禪行得帝王重之無以加者，而未嘗聚徒開法也。洎乎普寂始於都城傳教，二十餘載，人皆仰之。』

義福死在開元二十四年（736），普寂死在開元二十七年（739）。

就在開元二十年（732），當義福普寂都最受朝野尊崇的時候，滑臺大雲寺有一個和尚開了一個『無遮大會』，在大會場上大聲指斥神秀普寂一派傳出來的傳法世系是不可信的，是僞造的，——指斥神秀一門『師承是傍，法門是漸』，指出弘忍的傳法付囑人不是神秀而是韶州的慧能，指出北方的『漸門』是旁支而南方的『頓教』是眞傳正統。這個和尚就是神會。

神會爭法統的戰鬬文字就是現在我們校寫出來的『菩提達摩南宗定是非論』。他作戰的法寶就是他自己造出來的『傳衣』說。他說：

> 『〔菩提達摩〕開佛知見，以爲密契，便傳一領袈裟以爲法信，授與慧可。慧可傳僧璨，璨傳道信，道信傳弘忍，弘忍傳慧能，六代相承。』『內傳法契，以

印證心。外傳袈裟，以定宗旨。』

他大膽的喊着：

『從上相傳，一一皆與達摩袈裟爲信。其袈裟今見在韶州，更不與人。餘物相傳者，卽是謬言！』

韶州遠在東南五千里之外，當日聽神會說這話的人，誰能親到韶州去查勘那件傳法袈裟的有無呢？神秀普寂門下的和尙，誰能提出證據指斥那『傳袈裟』的話是謬言呢？神會的戰略是先下手取攻勢。這種攻勢是很難應付的。試看此論中最感動人的一段：

『遠法師問曰，普寂禪師名字蓋國，天下知聞，……何故如此苦相非斥？豈不與身命有讎？

『和尙答曰，……我自料簡是非，定其宗旨。我今爲弘揚大乘，建立正法，令一切衆生知聞，豈惜身命！』

這樣的戰略，這樣的一個戰士，是很難防禦，很難抵抗的。

※

我們在一千二百年後讀這篇『南宗定是非論』，當然往往感覺不愉快，當然往往不滿意，當然不免要譴責神會爲了爭法統竟不惜揑造『傳衣』的大謊，竟不惜造出普寂同學廣濟和尙到韶州『夜半入〔能〕和上房內偷所傳袈裟』一類的大謊，竟不惜造出『開元二年中三月內使荊州刺客張行昌詐作僧，取能和上頭，大師靈質被害三刀』一類的神話。我們應該知道，在中古的宗教狂熱的空氣裏，在那個大量製造宗教經典的風氣裏，很少人能記得『不妄言』是佛教十大戒之一的。爲了護法，爲了衞道，爲了爭法統，造作一串謊話，製造一兩部僞經典，在當時都不算是不道德的行爲。

況且當日神秀門下的大弟子普寂禪師大概也有同樣的挑釁的舉動，如南宗定是非論中說的。

『今普寂禪師在嵩山豎碑銘，立七祖堂，修法寶紀，排七代數。』

『普寂禪師爲秀和上豎碑銘，立秀和上爲第六代。今修法寶紀，又立如禪師(法如)爲第六代。未審此二大德各立爲第六代，誰是誰非，請普寂禪師子細自思量看！』

這些都是事實。嵩山爲秀和上豎的碑，就是李邕撰的嵩岳寺碑，碑文中說：

『達摩菩薩傳法於可，可付於璨，璨授於信，信忞（賫？）於忍，忍遺於秀，秀鍾於今和上寂，皆宴坐林間，福潤寓內，』(全唐文二六二)

這就好像是在普寂生存時已『立七祖堂』了。『修法寶紀，又立如禪師爲第六代』的事，我們也可以從巴黎保存的敦煌殘卷裏得着實證。巴黎國家圖書館藏有一個殘卷，原編Pelliot 2634號，題作『傳法寶紀並序，京兆杜朏字方明撰』，(此卷收在大正大藏經第八十五卷，第2838件) 這就是神會指出的普寂修的法寶紀。作序的杜朏也不過是像南宗定是非論作序的獨孤沛，都是代筆或借名的人。這個殘卷只剩序文及傳法寶紀的列傳目錄，及菩提達摩傳的一個小部分。列傳共有六代七人：

東魏嵩山少林寺釋菩提達摩，

北齊嵩山少林寺釋惠可，

隨皖公山釋僧璨，

唐雙峯山東山寺釋道信，

唐雙峯山東山寺釋弘忍，

唐嵩山少林寺釋法如，

唐當陽玉泉寺釋神秀。

杜朏的序文也說，『……弘忍傳法如，法如及乎大通 (神秀) 。』這是說，弘忍門下的大弟子不止一人，有法如，有神秀。嵩山的法如在七世紀的晚年很有名望，這是不可抹煞的事實。試看嚴挺之的義福碑文 (全唐文二八〇) 說：

『時嵩嶽大師法如演不思議要用，〔義福禪師〕特生信重。……既至而如公遷謝，……聞荆州玉泉道場大通 (神秀) 禪師以禪慧兼化，加刻意誓行，苦身勵節。……既謁大師，……攝念慮，棲榛林，練五門，入七淨，……或處雪霜，衣食罄匱。……積年鑽求，確然大悟。……周旋十年，不失一念。……』

又看李邕的普寂碑文 (全唐文二六二) 也說普寂

『將尋少林法如禪師，未臻止居，已承往化，追攀不及，感絕無時。……翌日遠詣玉泉大通 (神秀) 和尙，膜拜披露，涕祈咨稟。良馬易進，良田易平，加之思修，重之勤至。……如此者五載。……』

這兩篇碑版文字都可以使我們明白嵩山法如在當時聲名之大，地位之高，所以義福普寂都先去尋他，因為他死了，才去尋神秀。所以普寂修傳法寶紀，敘述弘忍的門下，他不能不先列法如，次列神秀。

杜朏的序文末段說：

『又自達摩之後，至于隋唐，其有高悟玄拔，深至圓頓者，亦何世無之？以(原作已)非相傳授，故別條列傳，則昭(原作照)此法門之多士(原作主)也。』

這是很大度，又很合于歷史事實的說法。試看道宣在續高僧傳的法沖傳裏敍述達摩之後有慧可慧育二人，『可師後』有粲禪師等十二人，『遠承可師後』有沖法師等六人，『不承可師，自依攝論』，又有若干人。這正是『昭此法門之多士』。

但神會的法統論有一個很奇怪的主張，就是『一代只許一人承後』的說法。他在這篇南宗定是非論裏說：

『又從上已來六代，一代只許一人，終無有二。縱有千萬學徒，只許一人承後。……譬如一國唯有一王，言二王者無有是處。譬如一四天下唯有一轉輪王，言有二轉輪王者無有是處。譬如一世界唯有一佛出世，言有二佛出世者無有是處。』

神會從這個『一代只許一人』的論點出發，當然不能承認普寂的傳法寶紀的第六代並列法如神秀兩人的辦法。傳法寶紀列舉法如和神秀兩人，而不提及韶州的慧能，這是神會最不甘心的。所以他說：

『今普寂禪師在嵩山竪碑銘，立七祖堂，修法寶紀，排七代數，不見著能禪師。□能禪師是得傳授付囑人，為〔人〕天師，蓋國知聞，卽不見著。如禪師是秀禪師同學，又非是傳授付囑人，不為人天師，天下不知聞，有何承禀，充為第六代？』

神會在此論中說能禪師與秀禪師是同學，這一點是楞伽宗的人也承認的。敦煌寫本之中，有東都沙門釋淨覺編的『楞伽師資記』(有倫敦巴黎兩本；有朝鮮金九經校寫排印本，今收在大正大藏經第八十五卷，第2837件)其中引有淨覺的老師玄賾的『楞伽人法志』的弘忍傳，傳中記弘忍臨終時曾說：

『如吾一生教人無數，好者並亡。後傳吾道者，只可十耳。』

這十人的名字如下：

1. 神秀
2. 資州智詵
3. 白松山劉主簿
4. 華州智藏 （疑即是後來的『東嶽降魔藏』；敦煌寫本曆代法寶記作惠藏）
5. 隨州玄約
6. 嵩山老安
7. 潞州法如 （即是後來的『嵩山少林寺法如』）
8. 韶州惠能
9, 揚州高麗僧智德
10. 越州義方

玄賾自記他在雙峯山弘忍門下『首尾五年』（咸亨元年至五年，670—674），弘忍死時（人法志作咸亨五年二月十六日，宋僧傳作上元二年，675，十月二十三日），他在他老師身邊。楞伽人法志有神秀傳，可知此書作于神秀死（神龍二年，706）後。淨覺的楞伽師資記稱睿宗爲太上皇，可見此書作于開元四年太上皇崩（716）之前。卽使十人傳道的話是玄賾晚年著書時追記的話，也還遠在神會『南宗定是非論』之前。弘忍門下能有十個弟子，『並堪爲人師』，其中有劍南資州的智詵，有潞州的法如，有荆州的神秀，有嶺南韶州的慧能，這眞可以『昭此法門之多士』了。

所以我們可以相信慧能是弘忍的弟子，並且是他的十個可以傳道的弟子之一。但神會要世人相信的慧能是五祖弘忍『在東山將袈裟付與』的『承後』人，是『得傳授付囑人』，是『一代只許一人承後』的第六代。這是神會的南宗定是非論要建立的法統。

※

楞伽宗向來用劉宋時代譯的四卷楞伽經爲法要。楞伽卽是錫蘭島，故法沖傳裏此宗又稱『南天竺一乘宗』。道宣續僧傳稱菩提達摩爲『南天竺婆羅門種』，神會此論則稱達摩是『南天竺國國王第三子。』故楞伽宗的和尙自稱『南宗』，大概就等於法沖所謂『南天竺一乘宗』。神會此論中屢次說普寂禪師『口稱南宗』，都可以作如此解說。

但神會所謂『菩提達摩南宗』，是指菩提達摩派下的另一個『南宗』，是專指嶺南韶州慧能和尙的一派。南宗定是非論說：

『遠法師問，何故不許普寂禪師稱爲南宗？

『和上答，爲秀和上在日，天下學道者號此二大師爲「南能」「北秀」，天下知聞。因此號，遂有南北兩宗。普寂禪師實是玉泉學徒，實不到韶州，今口妄稱「南宗」，所以不許。』

此論中又指出南北兩宗有何不同：

『遠法師問，〔能禪師與秀禪師〕旣是同學，教人同不同？

『答言，不同。

『又問，旣是同學，何故不同？

『答，今言不同者，爲秀禪師教人「凝心入定，住心看淨，起心外照，攝心內證」。緣此不同。……心不住內，亦不在外。如此坐者，佛卽印可。從上六代已來，皆無有一人凝心入定，住心看淨，起心外照，攝心內證。是以不同。』

此論下文又說：

『遠法師問，嵩岳普寂禪師，東岳降魔藏禪師，此二大德皆教人坐禪，凝心入定，住心看淨，起心外照，攝心內證，指此以爲教門。禪師今日何故說禪不教人坐，不教人凝心入定，住心看淨，起心外照，攝心內證？何名坐禪？

『和上答，……今言坐者，念不起爲坐。今言禪者，見本性爲禪。所以不教人坐身住心入定。若指彼教門爲是者，維摩詰不應訶舍利弗宴坐。』

這是說，『北宗』神秀和他的大弟子都注重坐禪，教人『凝心入定，住心看淨，起心外照，攝心內證』的十六字禪法。而慧能神會的『南宗』是『不教人坐身住心入定』的。

這樣『說禪不教人坐』，說禪『不在坐裏』，說『念不起爲坐，見本性爲禪』，在中國的佛教史上實是一種革命。印度的禪法從此更簡單化了，變成中國禪宗的『禪學』了。

南宗定是非論的理論的部分，還指出『南宗』的頓悟教義：

『遠法師問，如此教門豈非是佛法，何故不許？

『和上答，皆爲頓漸不同，所以不許。我六代大師，一一皆言，單刀直入，直了見性，不言階漸。夫學道者，須頓見佛性，漸修因緣，不離是生，而得解脫。譬如母頓生子，與乳，漸漸養育，其子智慧自然漸漸增長。頓悟見佛性者，亦復如是，智慧自然漸漸增長。』

這個『頓悟』的教義，神會在別處說的更多。(看胡適神會傳頁45—47；胡適文存第四集頁265—266)

我只引他的語錄一段：

『發心有頓漸，迷悟有遲疾。迷卽累刼，悟卽須臾。譬如一緉之絲，其數無量。若合爲繩，置於木上，利劍一斬，一時俱斷。絲數雖多，不勝一劍。發菩薩心人，亦復如是。若遇眞正善知識，以諸方便直示眞如，用金剛慧斷諸位地煩惱，豁然曉悟，自見法性本來空寂，慧利明了，通達無礙。證此之時，萬緣俱絕，恒沙妄念一時頓盡，無邊功德應時等備。』(神會和尙遺集卷一，頁120—121)

這是神會的頓悟說。這就是所謂『南宗頓教』，所謂『頓教解脫禪門』。

※

南宗定是非論的主文不過如此。所謂『爲天下學道者定宗旨，爲天下學道者辨是非』，其實只是造出向來從沒有人說過的『從上相傳，一一皆與達摩袈裟爲信』的法統說，作爲作戰的武器，向當時最有權威的『兩京法主，三帝國師』的神秀門下的普寂和尙作最無情的攻擊。神會專取攻勢的戰略是無法抵禦的。他數十年『鍥而不舍』繼續努力奮鬪的精神是很可以感動人的。爲了爭取法統，他是不擇手段的。我們看他在此論裏提出『唐國以菩提達摩爲首，西國以菩提達摩爲第八代』的荒謬說法，更可以明白他不擇手段的作風：

『……遠師問，據何得知菩提達摩在西國爲第八代？

『和尙答，據禪經序中，具明西國代數。又可禪師親於嵩山少林寺問菩提達摩西國相承者，菩提達摩答一如禪經序所說。』

東晉末年廬山譯出的『達摩多羅禪經』的序引中提到大迦葉以下八位『持法者』，其中第八位是達摩多羅。神會把達摩多羅 (Dharmatara) 認作菩提達摩 (Bodhidharma)，這是認錯了祖宗，還可以說是無知的錯誤。但他又造出慧可親問菩提達摩的神話，那就是有心說大謊了。

在那個中古宗教狂熱的空氣裏，不但『傳衣』的法統說終于被世人認爲歷史事實，並且連那個最荒謬的『西國代數』，後來從八代改到二十八代，也居然成爲人人尊信的『西天二十八祖』的傳法世系！在一千幾百年中，竟無人指出這二十八代祖師的傳法世系完全是根據于錯認菩提達摩和達摩多羅是一個人！

※

最後，我要借這回校寫南宗定是非論的機會來改正我三十年前的一個大錯誤。我要重新考定這篇南宗定是非論的年代。這就是說：我要重新考定神會和尙在滑臺大雲寺『定南北兩宗』的無遮大會是在開元二十年(732)，而不是在開元廿二年(734)，也不是在開元廿一年(733)。

三十年前，我所得的南宗定是非論殘卷有獨孤沛的序文，其中就有兩個不同的年代：

①『弟子於會和上法席下見與崇遠法師論義，便修。從開元十八，十九，廿年，其論本並不定。爲修未成，言論不同。今取廿一載本爲定。……』

②『我襄陽神會和上……於開元廿二年正月十五日在滑臺大雲寺設無遮大會，廣資嚴飾，昇師子坐，爲天下學道者說……』

這兩段的年月互相矛盾，很難調和，很難解釋。初看前一段，好像此卷所記應該是開元十八年以前的事，至少應該是開元廿一年以前的事。何以後一段又分明說那個定宗的無遮大會是在開元二十二年正月十五日呢？究竟此會在何年呢？

我當時的意見大致是這樣的：

記者獨孤沛的文理不明白，故敍述不淸楚。他的意思似是要說他有先後記錄神會的書：第一部是開元十八年至二十一年的神會語錄，自十八年修起，以廿一年本爲定，略如敦煌寫本神會語錄。第二部是記錄開元廿二年神會在滑臺大雲寺和崇遠法師辨論的書，即是這本南宗定是非論。(此段文字是删改我的『跋神會語錄第二殘卷』，原文見神會遺集頁171。)

但我現在校寫新出現的南宗定是非論長卷，又發現了兩個不同的年代，都在此卷後幅的後序和讚裏：

③『去開元十二年正月十五日共遠法師論議，心地略開，動氣陵雲，發言驚衆，道俗相謂達摩後身。所是對問宏詞，因卽編之爲論。……』

④讚五章的第五章：

『論之興也，開元二十。　比日陵遲，今年法立。

本元淸淨，非關積習。　彼岸坐登，禪門頓入。

德超河洛，芳流京邑。　明月孤懸，衆星無及。』

我把這四個不同的年代合併起來看，我才明白我三十年前的意見是大錯的。我現在的結論是：這篇南宗定是非論是用開元二十年的本子，記的是開元二十年正月十五日滑臺寺定南北兩宗是非的無遮大會上的辨論。我的證據是在末幅的第五章讚詞的『論之興也，開元二十』一句。這一章韻語共用六韻，首韻原作『開元廿』三字，此句應該有四個字，故可以作『開元二十』，也可以改作『開元廿一』。但此章押的是立、習、入，邑，及，五韻全是中古韻書的『二十六緝』。『開元二十』恰是『緝』韻。『開元廿一』就不協韻了。『開元廿二』當然更是不可能的。

所以我斷定滑臺定宗旨的大會是在開元二十年正月十五日。其餘的三個年代都可以這樣改正：

①『今取廿一載本爲定』，當改正作『今取廿載一本爲定』。

②『襄陽神會和上……於開元廿二年』，廿二是二十年之誤。

③『開元十二年正月十五日』，十二年是二十年的誤寫。

這樣改正，四處都可通了。校寫本已照這樣改正了。

爲什麼獨孤沛要說『從開元十八、十九、廿年，其論本並不定』呢？難道這三年之中，年年都有神會和崇遠法師辨論的大會嗎？ 很可能的崇遠法師是神會和尚請來的一位有訓練的『配角』。這種佈道傳教的大會，無論古今中外，往往有這種受了訓練的配角的。很可能的，開元十八年和十九年的辨論都只是預備的演習，二十年的無遮大會（無遮即是露天大會）才是正式的表演大會。所以獨孤沛『今取廿載一本爲定』。改『年』爲『載』是玄宗天寶三年（744）正月開始的。獨孤沛序文用『廿載一本』，可以使我們知道此論的寫定已在天寶年間了。

（3） 附記神會和尚的生卒年的新考正

神會和尚死在何年？死時年若干歲！向來傳記對這兩個問題，凡有三種不同的答案：

①宋高僧傳的神會傳說他死在上元元年(760)的“建午月十三日”，年九十三歲。

曇噩的新修科分六學傳的神會傳也說他死在上元元年，年九十三。

②宗密的圓覺經大疏抄的神會傳說他死在乾元元年（758）五月十三日，年七十五。

③景德傳燈錄的神會傳說他死在上元元年(760)五月十三日，與宋僧傳相同，但又說他『俗壽七十五』，那就和宗密和宋僧傳都不同了。

民國十八年(1929)，我在『荷澤大師神會傳』裏曾主張：『宋僧傳似是依據神會的碑傳，比較可信』。我曾指出，王維受神會之託，作慧能和尙的碑文(唐文粹六十三)，末段云：

『弟子曰神會，遇師於晚景，聞道於中年。』

宗密與傳燈錄都說神會見慧能時止有十四歲，則不得為『中年』。慧能死在先天二年(713)，年七十六。神會的年歲若依宋僧傳計算，他死在上元元年(760)，年九十三，是他生在總章元年(668)，當慧能死時他已有四十六歲，可以說是『遇師於晚景，聞道於中年』了。

但我現在覺得宋僧傳說神會死在上元元年的『建午月十三日』，這個年月日是值得我們重新檢討的。上元元年沒有『建午月』，乾元元年也沒有『建午月』。止有肅宗最末一年，即是那個沒有年號的『元年』(762)，才可以有『建午月』的名稱。

因爲唐肅宗在上元二年(761)九月壬寅(廿一日)忽然下了一道驚人的諭旨，反對改元，反對年號。他說：

『……欽若昊天，定時成歲。春秋五始，義在體元，惟以紀年，更無潤色。至于漢武，飾以浮華，非前王之茂典，豈永代而作則？自今已後，朕號惟稱皇帝，其年號但稱元年，去上元之號。其以今……(此下唐書殘闕，大意是說『其以今年十一月建子爲歲首，月以斗所建辰爲名』。)

上元二年十一月改稱『建子月』，十二月改稱『建丑月』，次年舊正月改稱『建寅月』，以下到舊四月改稱『建巳月』。

但『建巳月』十八日(丁卯)肅宗就死了。在他死之前兩天，——『建巳月十六日』(乙丑)，——他又下詔：

『「元年」宜改爲寶應，建巳月爲四月，餘月並依常數，仍依舊以正月一日爲首。』

所以那個沒有年號的『元年』(761—762)只有六個月，還沒有到『建午月』就改回舊制了。當時並沒有追改上元二年(761)五月爲『建午月』，更沒有追改上元元年(760)五月爲『建午月』。但皇帝廢止新曆的詔書是『建巳月十六日』方下的，第三天皇帝就死了，太子卽位了，『元年』的曆書當然還在通用，寶應元年的新曆大概就沒有製作頒布，也許就不準備製作頒布了。所以全國通用的還是『元年』每月『以斗所建辰爲名』的曆書。所以神會和尚死在洛陽，那兒的和尚還記載他的死日爲『建午月十三日』，那是絲毫不足奇怪的。

敦煌寫本裏還保留了一個很有歷史趣味的旁證。倫敦巴黎兩處都有一卷很長的寫本，題作『曆代法寶記』(收在大正大藏經第五十一册，第2075件)。此卷記的是劍南資州德純寺智詵(死在長安二年，702)傳下來的成都淨衆寺無相和成都保唐寺無住的一派禪宗的歷史。無相和上死在寶應元年四月十九日，就是那個沒有年號的『元年建巳月十九日』。在曆代法寶記的無住傳裏，有這樣的記載：

『……至建巳月(大正藏本誤作『逮巳月』，下同)十三日〔董璿〕至成都府淨衆寺(大正藏誤作『淨泉寺』)爲〔無相〕和上四體違和，輒無人得見。……

『元年建巳月十五日改爲寶應元年五月(當作四月)十五日，和上遙付囑訖。至十九日……儼然坐化』。

這裏『元年建巳月十五日』一條是遠在劍南的一條最好的旁證。在一千多年之後，大家都忘記了那個沒有年號的『元年』，都忘記了肅宗皇帝那一道反對年號，反對改元的空前詔旨，於是『建巳月』就無人懂得，就被改作『逮巳月』了！

所以我現在猜想，神會和尚死的年月日必是『元年建午月十三日』，也可以說是寶應元年(762)五月十三日。後人不懂得那個沒有年號的『元年』，所以猜做『上元元年』，或猜做『乾元元年』，其實都是錯的。

所以我提議改定神會和尚死在肅宗新改的『元年』的『建午月十三日』，卽是寶應元年(762)的五月十三日，年九十三歲。倒推上去，他應該是生在高宗咸亨元年(670)，而不是生在高宗總章元年(668)。

一九五八年十一月二十日，在南港中央研究院。

（4） 總計三十多年來陸續出現的神會遺著

現在我們可以把三十多年來先後發見的神會遺著作一個簡表：

(一) 神會的『語錄』，現已出現的有兩本，都是敦煌出來的：

(甲) 胡適校寫巴黎國家圖書館藏的敦煌寫本，原編號 Pelliot 3047，收在『神會和尚遺集』卷一，民國十九年(1930)出版，二十年(1931)再版。原無題目，胡適擬題『神會語錄』。

(乙)Ⓐ石井光雄影印他購藏的敦煌寫本。昭和七年（民國廿一年，1932）石井氏影印二百部，『願以影本印施功，考妣二親成正覺』。原無題目，卷前有題字一行云：『此文字欠頭。後有博覽道人尋本續之矣』。影印本題『燉煌出土神會錄』。附有『燉煌出土神會錄解說』一小册，鈴木貞太郎撰。

Ⓑ鈴木貞太郎公田連太郎校訂石井光雄本『燉煌出土神會錄』。昭和九年(1934)鉛字排印出版。

石井本尾有題記云：

『唐貞元八年歲在未（貞元八年壬申，792。前一年，791，歲在未），沙門寳珍共判官趙秀琳於北庭奉　張大夫處分令勘訖。其年冬十月廿二日記。』

其後又有一行題字：

『唐癸巳年(貞元八年後的第一個癸巳是元和八年，813)十月廿三日比丘記。』

神會死在肅宗廢年號的『元年』（即寳應元年，762），石井本在北庭的校勘題記在貞元八年，在神會死後才三十年。鈔寫可能還在神會活着的時候。

胡適本目錄分五十章。鈴木公田校訂排印本分五十六章，其中第一至第四十四章與胡適第六至第四十九章相同，(中間石井本多出兩章) 文字互有優劣，可以互相校勘。

胡適本後幅原無殘缺，緊接『菩提達摩南宗定是非論』。但石井本第四十四章之後有後來續加的十一章，一部分是從『南宗定是非論』摘鈔而放大的。其第四十九章為遠法師問『未審禪門有〔無〕付屬』，答語（第四十九章至第五十五章）約有一千三百字，乃是『六代大德』的小傳。其中『第六代唐朝能禪師』的小傳就有九百多字，與敦煌本六祖壇經的慧能自述在弘忍門下一段大略相同，但無神秀作偈及慧能作偈的故事。

敦煌本壇經有慧能臨終的『懸記』(即預言)：

『法海向前言：大師，大師去後，衣法當付何人？

『大師言：法卽付了，汝不須問。吾滅後二十餘年，邪法遼亂，惑我宗旨。有人出來，不惜身命，第佛教是非，竪立宗旨，卽是吾正法。衣不合傳。……』

石井此本的慧能小傳也有同樣的懸記，而有小不同：

『法海問曰：和上□日以後，有相承者否？有此衣何故不傳？

『和上謂曰：汝今莫問。以後難起極盛。……汝欲得知時，我滅度後四十年外，竪立宗〔旨〕者，卽是。』

此傳與壇經都說慧能死在先天二年八月三日。(先天二年，713，十二月改元爲開元) 他死後『二十餘年』，正是神會在滑臺大雲寺『爲天下學道者定宗旨，爲天下學道者辨是非』(在開元二十年，732) 之後幾年。可能這就是所謂『六祖壇經』的原始部分寫作的時候。慧能死後『四十年外』，正當天寶十二年(753)神會被御史中丞盧奕奏劾『聚衆疑萌不利』，因此被『敕黜弋陽郡』之時。可能這就是語錄別本的『六代大德』小傳寫作的時候。

石井本最後 (鈴木公石本第五十六章) 有『大乘頓教頌並序』，不著撰人姓名。序中有頌揚神會的一段，可算是神會傳記的最早資料：

『……我荷澤(原作擇)和上，天生而智(似當作知)者，德與道合，願將年並。(年並二字，原誤倒) 在幼稚科，遊方訪道，所遇諸山大德，問以涅槃本寂之義，皆久而不對。心甚異之。因詣嶺南，復遇漕溪尊者。作禮未訖，已悟師言。無住之本，自慈而得。(得原作德。王維爲神會作能禪師碑，述能禪師『乃教人以忍，曰，忍者無生，方得無我。……常歎曰，七寶布施，等恒河沙億刼修行，盡大地墨，不如無爲之運，無礙之慈。』) 尊者以爲寄金惟少，償珠在勳。付心契於一人，傳法燈 (原作登) 于六祖。于以慈悲心廣，汲引情深。昔年九歲，已發弘願：「我若悟解，誓當顯說。」今來傳授，遂過先心。明示醉人之珠，頓開貧女之藏。墮疑網者，斷之以慧劍。溺迷津者，濟之以智舟。……心有生滅，法無去來。無念則境慮不生。無作則攀緣自息。或始覺以滅妄，或本覺以證眞。其解脫在於一瞬，離循環於三界。雖長者子之奉蓋，龍王女之獻珠，比(原作此)之於此，復速於彼。所謂不動意念而超彼岸，不捨死生而證泥洹。緊(原作繄)，頓悟之致，何遠之有！釋門之妙，咸在茲乎！於是省閣簪裾，里閈耆耋，得無所得，聞所未聞。疑達摩之再生，謂優曇之一現。頌聲騰於遠邇，法喜妙於康莊。……』

※

(二) 神會的菩提達摩南宗定是非論，現已發見的有三本，都是敦煌出來的：

(甲) 胡適校寫巴黎國家圖書館藏的敦煌寫本，原編號 Pelliot 3047 的第二件，收在『神會和尚遺集』卷二。今重新校寫，題作『菩提達摩南宗定是非論上卷』，收在集刊本分。此殘卷有獨孤沛序。

(乙) 胡適校寫巴黎國家圖書館藏的敦煌寫本，原編號 Pelliot 3488，收在『神會和尚遺集』卷三。此殘卷無頭無尾，中間又脫去一紙。新發見的巴黎 Pelliot 2045長卷(丙)內有此卷全文，又可補此卷脫文六百字。

(丙) 胡適新校寫巴黎國家圖書館藏的敦煌寫本，原編號 Pelliot 2045的第一件。此卷經過整理校寫之後，可以考定為敦煌石窟裏保存的南宗定是非論的第三個寫本。其首一段和(甲)卷的末一段相同，可以互相校勘；故此卷可以說是恰好和(甲)卷相銜接。此卷內又有(乙)卷的全文及(乙)卷殘脫的一紙六百字。

此卷最後有後序及讚五章，大概也是獨孤沛的手筆。末一行題『菩提達摩南宗定是非論一卷』。(甲)卷有頭，(丙)卷有尾，兩卷又恰相銜接，故南宗定是非論的全部大概都在這裏了。

(丙)卷今收在集刊本分，題作『菩提達摩南宗定是非論下卷』。

※

(三) 南陽和尚頓教解脫禪門直了性壇語一卷，現已發見的有兩本，都是敦煌出來的：

(甲) 鈴木貞太郎(鈴木大拙)校寫北平國立北平圖書館藏的敦煌寫本，收在鈴木編印的『少室逸書』，昭和十一年(1936)出版。

此卷首尾完整，但原題殘失『南陽』兩字，僅存『和上頓教解脫禪門直了性壇語』十三字。鈴木先生在他的『少室逸書解說』裏，已指出此篇『壇語』的思想與神會語錄相近，也與六祖壇經相近。

（乙）胡適校寫巴黎國家圖書館藏的敦煌寫本，原編號 Pelliot 2045的第二件，即集刊本分所收。此卷原題『南陽和上頓教解脫禪門直了性壇語』，其內容思想都可以和神會語錄的主要思想相印證，故可以定爲神會在南陽時期的講演錄。此卷的鈔寫往往遠勝(甲)本，但(甲)本也可供參校。

此卷之後有『南宗定邪正五更轉』五章，後附五言律詩一首，其思想和南陽和上壇語頗相同，故我收作壇語的附錄。

※

（四）頓悟無心般若頌，又叫作『荷澤大師顯宗記』，現存三本：

（甲）景德傳燈錄卷三十收的荷澤大師顯宗記。全唐文所收神會顯宗記即是根據傳燈錄。

（乙）矢吹慶輝影印倫敦英國博物院藏的敦煌寫本『頓悟無生般若頌』，原編號 Stein 296。收在矢吹慶輝編的『鳴沙餘韻』的第七十八版。鳴沙餘韻是矢吹博士影印的二百三十件倫敦英國博物院藏的敦煌寫本佛教『珍篇佚書』，昭和五年（民國十九年，1930）十月出版。

此本有頭而無尾，殘存二十行，首題『頓悟無生般若頌』。

（丙）胡適校寫倫敦英國博物院藏的敦煌寫本『頓悟無生般若頌』，原編號 Stein 468，收在『神會和尙遺集』卷四，民國十九年(1930)四月出版。

此本有尾而無頭，殘存三十一行，尾題『頓悟無生般若訟(頌)一卷』。我在民國十五年（1926）在倫敦發見此殘葉，偶然認得其中『所〔傳〕秘教，意在得人，如王繫(髻)珠，終不妄與』一句話，好像是我讀過的『荷澤大師顯宗記』的文字。後來翻檢景德傳燈錄卷三十收的顯宗記，與敦煌殘葉對照，我才考定這幾葉『頓悟無生般若頌』是神會的顯宗記的最古本的後半篇。(看神會和尙遺集，頁200—208)

我當時鈔了這殘卷，後來用顯宗記補了殘缺的前面二百三十三字，又詳記後半篇敦煌本與傳燈錄本的異同，寫作神會遺集的第四卷。我當時沒有夢想到『頓悟無生般若頌』的前半篇也在英國博物院裏，被編作 Stein 296號，在前一年(1925)已被日本的矢吹慶輝博士照了相片帶回東京去了。

昭和五年(1930)矢吹先生印行他的『鳴沙餘韻』，只有圖版一百零四幅，而沒有解說。目錄裏並沒有記出那寥寥二十行的『頓悟無生般若頌』。

兩年之後(民國廿一年，昭和七年，1932)，矢吹博士寫他的鳴沙餘韻解說時，他已讀了我的神會和尙遺集，已見了我校寫的『頓悟無生般若頌』和我的短跋了。所以他在解說(第二部，頁536—537)裏，特別提到那寫在『無心論一卷』之後的『頓悟無生般若頌』二十行，還引我的短跋，說此頌即是神會的顯宗記，說此頌無『西天二十八祖』的話而有『傳衣』之說，故我推測『似此頌眞出於神會之手』，可能是顯宗記的原本。

但矢吹博士當時不曾仔細分析我用顯宗記補了二百三十三字的此頌全文，他沒有注意到我的校補本只有後面的三百十二字是倫敦鈔來的敦煌寫本。他誤把那補全的五百多字都看作倫敦的 Stein 468 號了，所以他說：

> 『斯坦因所蒐集的寫本題作「頓悟無生般若頌」的，至少有兩本：(一)第296號，鈔在無心論之後；(二)第468號，首有闕，尾題「頓悟無生般若訟一卷」。兩相對比，異句異字不少，而(一)相當於(二)的首部』。

他又說：

> 『對照(一)(二)，(二)比(一)增出頗多，故近於顯宗記。若(二)爲(一)之原形，(一)更可認爲(二)的稿本。……』

我在今年十一月中，才得讀矢吹先生的解說。我試把他的圖版第七十八版的二十行『頓悟無生般若頌』校寫出來，方才發見他在三十三年前照相的二十行正是我在三十二年前校寫的三十一行的前半篇。這五十一行，原是一篇鈔在六葉粗紙上，每葉摺成兩半。前面的兩葉半編作Stein 296號，被矢吹慶輝先生照了相片，影印在『鳴沙餘韻』裏了。後面的三葉半脫落了，被編作 Stein 468 號，被我鈔寫了，校印在『神會和尚遺集』第四卷裏。矢吹本末句到『用而』兩字爲止，胡適本開頭是『不有』二字，合起來正是『用而不有』一句！這兩個殘本合併起來正是一篇完整的『頓悟無生般若頌！』

矢吹先生說的『(一)相當於(二)的首部』，本來不錯。他又說『兩相對比，異句異字不少』，『(二)比(一)增出頗多』，那就大錯了。(一)(即乙)與(二)(即丙)是一篇的前後兩半，故沒有異句異字可以互校。

這篇敦煌寫本『頓悟無生般若頌』的前後兩半分開太久了，我現在把他們重新合併寫定，使神會的顯宗記的最古寫本的原來面目可以重見於世間。因爲字數不多，我鈔在這裏，做一個附錄。顯宗記有傳燈錄和全唐文兩個通行本，我把異文詳細記在『神會遺集』(頁193—199)裏，可以不鈔在這裏了。

附錄　敦煌寫本『頓悟無生般若頌』的全文

頓悟無生般若頌

無念是實相眞空，知見是無生般若。〔般若〕照眞達俗，眞空理事皆如。此爲宗本也。

夫眞如無念，非念想能知。(想字原作相，知字原作之。顯宗記作「眞如無念，非想念而能知。」今據校改。)實相無生，豈生心能見？無念念者〔則〕念總持。無生生者則生實相。無住而住，常住涅槃。無行而行，能超彼岸。如如不動，動用無窮。念念無求，求常無念。(上求字原作來，從顯宗記改)菩提無得，〔得〕佛法身。般若無知，知一切法。即定是慧，即慧無生。無生實相眞空，無行能周法界。六度自茲圓滿，道品於是無虧。我法二空，有無雙泯。不到不至，不去不來。體悟三明，心通八解。功成十力，富有七財。(十字原作不，从顯宗記改)入不二門，權一乘理。湛然常寂，應用無方。用而無功，空而常鑒。用而(此上爲 Stein 296 號殘本，此下爲 Stein 468 號殘本)不有，即是眞空。空而不無，玄知妙有。〔妙有〕則摩訶般若，眞空卽清淨涅槃。般若通秘微之光，實相達眞如之境。般若無照，能照涅槃。涅槃無生，能生般若。涅槃般若，名(原作我，从顯宗記改) 異體同，隨義立名，法無定相。涅槃能生般若，〔卽名〕具佛法身。(原作「涅槃能見般若具佛法僧」，今參考顯宗記校改。但顯宗記作「眞佛法身」，按具字也可通，故留備一本。) 般若圓照涅槃，故號如來知見。知卽知常空寂，見卽直見無生。知見分明，不一不異。動寂俱妙，理事皆如。理靜(原作淨) 處事能通，達事理通無礙。六根無染，定慧之功。相念不生，眞如性淨。覺滅心空，一念相應，頓超凡聖。無不能無，有不能有。行住坐臥，心不動搖。一切時中，空無所得。

三世諸佛，教指如斯。(斯字原作如，从顯宗記改。) 菩薩大悲，轉相傳受。至於達磨，屆此爲初。遞代相傳，於今不絕。所〔傳〕秘教，意在得人。如王髻(原作繫，从顯宗記改) 珠，終不妄與。福德智慧，二種莊嚴，解行相應，方能建立。

衣爲法信，法是衣宗。衣法相傳，更無別付。非衣不弘於法，非法不受於衣。衣是法信之衣，法是無生之法。無生旣無虛妄，法是空寂之身。知空寂而了法身，而眞解脫。

頓悟無生般若頌一卷

一九五八年十一月廿二日夜補記

出自第二十九本下(一九五八年十一月)

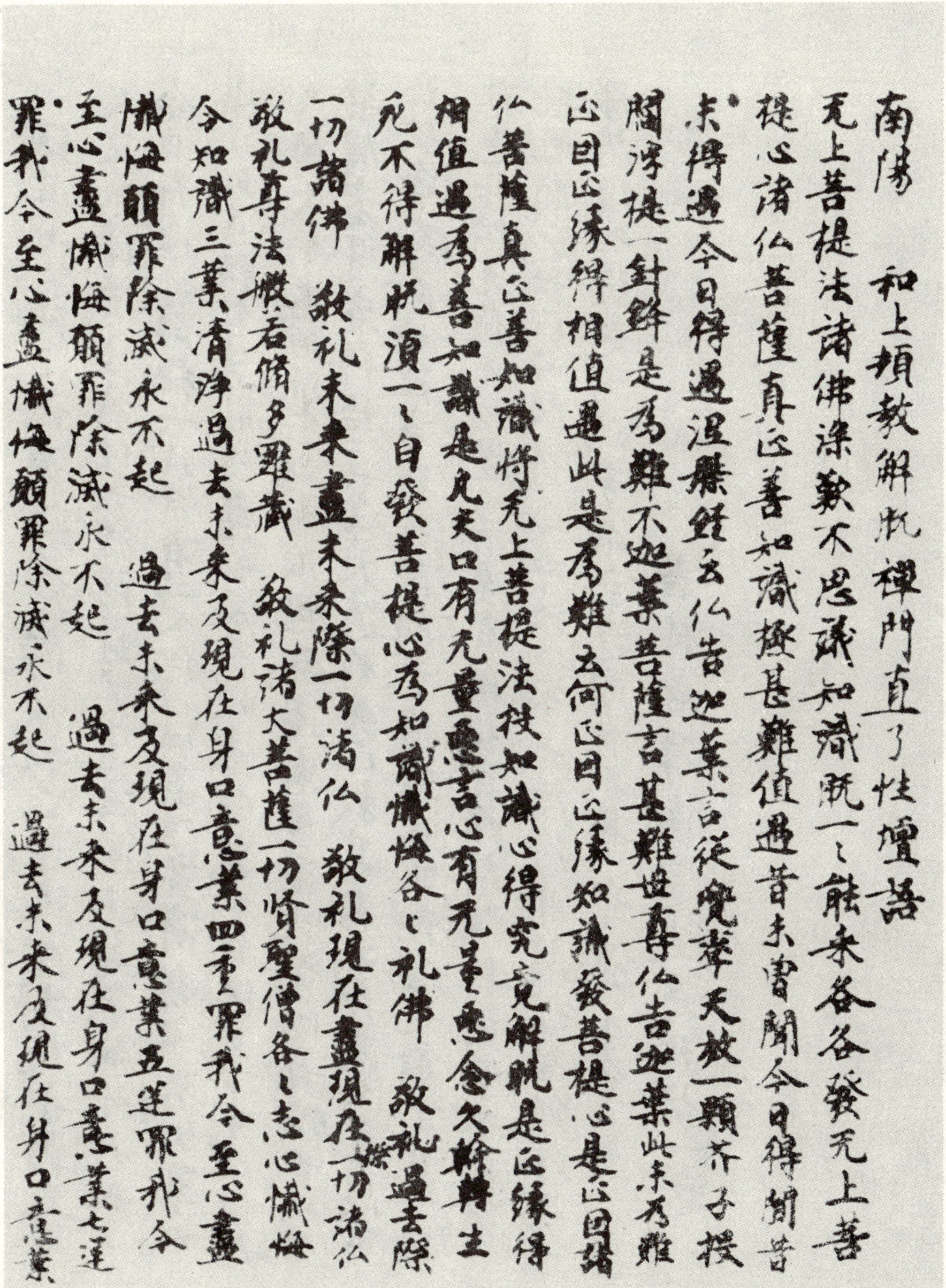
南陽　和上頓教解脫禪門直了性壇語
无上菩提法諸佛深歎不思議知識一一能來各各發无上菩
提心諸仏菩薩真正善知識極甚難值遇昔未曾聞今日得聞昔
未得遇今日得遇涅槃經云仏告迦葉言從兜率天投一顆芥子投
閻浮提一針鋒是為難不如迦葉菩薩言甚難世尊仏告迦葉此未為難
正因正緣得相值遇此是為難云何正因正緣知識發菩提心是正因諸
仏菩薩真正善知識將无上菩提法投知識心得究竟解脫是正緣得
相值遇為善知識是凡夫口有无量惡言心有无量惡念久輪轉生
死不得解脫須一一自發菩提心為知識懺悔各各礼佛　敬礼過去際
一切諸佛　敬礼未來盡未來際一切諸仏　敬礼現在盡現在一切諸仏
敬礼尊法般若修多羅藏　敬礼諸大菩薩一切賢聖僧各各至心懺悔
令知識三業清淨過去未來及現在身口意業四重罪我今至心盡
懺悔願罪除滅永不起　過去未來及現在身口意業五逆罪我今
至心盡懺悔願罪除滅永不起　過去未來及現在身口意業七逆
罪我今至心盡懺悔願罪除滅永不起　過去未來及現在身口意業

圖版一　南陽和上頓教解脫禪門直了性壇語首十五行

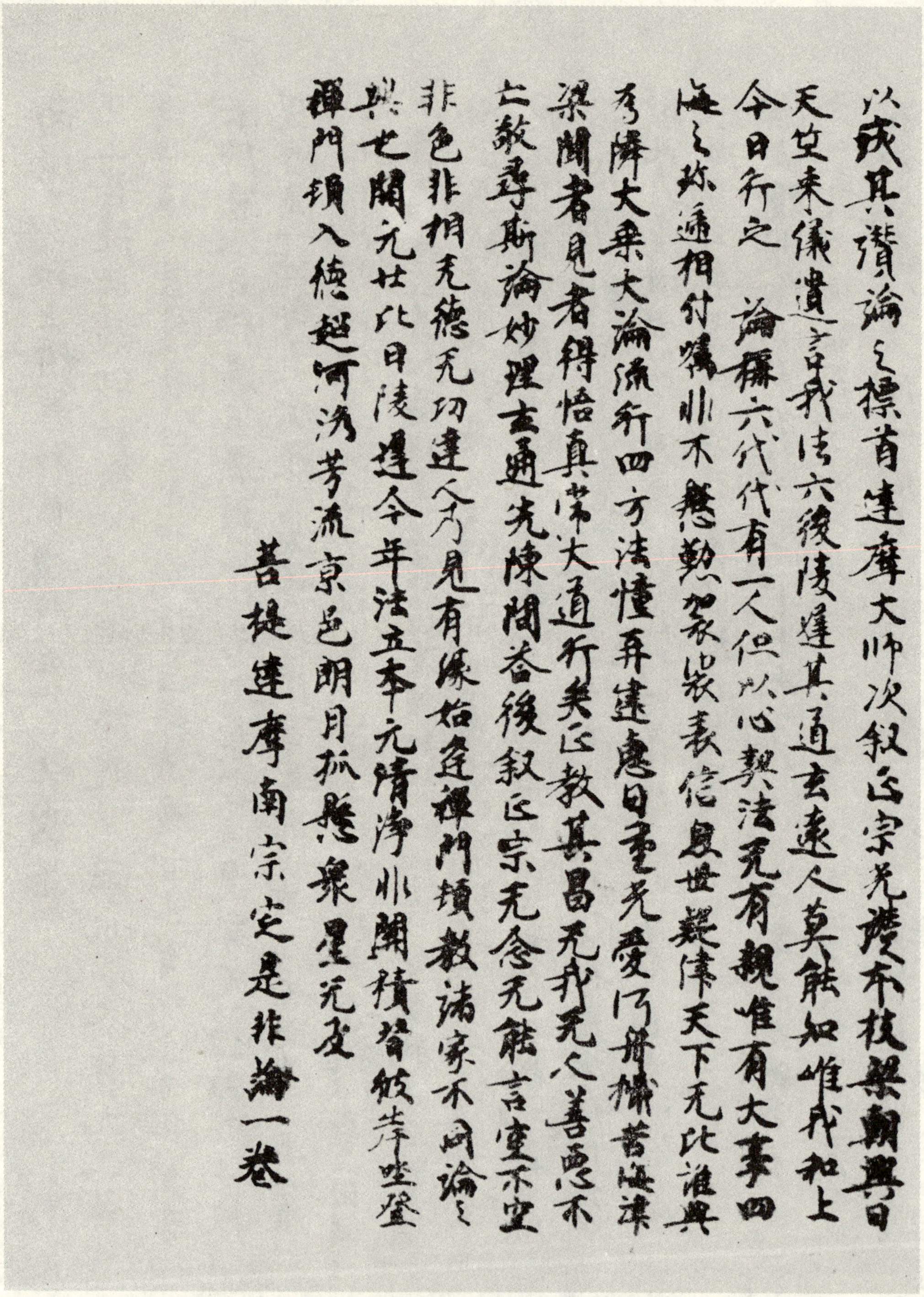

以成其讚論之標首達摩大師次叙正宗光讚布枝榮鮮與日
天竺來儀遺言我法六後陵遲其道玄遠人莫能知唯我和上
今日行之　論稱六代代有一人但以心契法无有親唯有大事四
海之跡遞相付囑非不懇懃袈裟表信息世疑偉天下无比誰與
為儔大乘大論流行四方法幢再建慧日重光愛河舟楫苦海津
梁聞者見者得悟真常大道行矣正教甚昌无我无人善惡不
亡敬尊斯論妙理玄通先陳問荅後叙正宗无念无能言空不空
非色非相无德无功達人乃見有緣始逢禪門頓教諸家不同論之
興也開元廿比日陵遲今年法立本元清淨非關積習彼岸堪登
禪門頓入德超河沙芳流京邑朗月孤懸衆星无及
菩提達摩南宗定是非論一卷

圖版二　菩提達摩南宗定是非論末十一行

尙書文侯之命著成的時代

屈萬里

尙書文侯之命篇的著成時代，書序和史記的說法不同。書序說：

平王錫晉文侯秬鬯圭瓚，作文侯之命。

是書序認爲本篇作成於周平王的時代，文侯是晉文侯仇。而史記的晉世家則說：

五月丁未，獻楚俘於周：駟介百乘，徒兵千。天子使王子虎命晉侯爲伯，賜大輅，彤弓、矢百，玈弓、矢千，秬鬯一卣、珪瓚，虎賁三百人。晉侯三辭，然後稽首受之。周作晉文侯命：“王若曰：父義和！丕顯文武，能愼明德；昭登于上，布聞在下。維時上帝集厥命于文武。恤朕身，繼，予一人永其在位。”

這裏所說的五月，是晉文公五年的五月；所謂獻楚俘於周，是晉文公獻城濮之戰所得的楚俘。所謂天子，是周襄王——這時是襄王二十年。所謂晉文侯命，卽尙書的文侯之命。自“王若曰”以下，則是節引的文侯之命之文。由此看來，史記認爲本篇是周襄王時代的作品；而文侯乃是晉文公重耳了。

劉向的說法，和史記相同。新序卷九善謀篇說：

晉文公之時，周襄王有弟太叔之難。……戊午，晉侯朝王。王享醴，命之侑，予之陽樊、溫、原、攢茅之田；晉於是始開南陽之地。其後三年，文公遂再會諸侯以朝天子；天子錫之弓矢秬鬯，以爲方伯：晉文公之命是也。

這裏所謂晉文公之命，當指尙書的文侯之命而言。這，很可能是今文尙書家有此一說，史記和新序，共同採用了它；否則，便是新序抄襲了史記。

歷代注解尙書的人，雖然採用書序之說者多，而尊信史記、新序之說者少；但何以知道書序之說可信，而史記、新序之說難從？這還有待於詳悉的論證。本文的目的，是歸納各方面的證據，企圖着作一個客觀的論斷。

漢魏間注解尙書的人，若鄭玄、王肅等，雖然同是採用的書序之說；但，並沒聽說他們有批評史記或新序之說的言論。就我所知，批評史記這一說的，當以唐人司馬貞爲最早。史記索隱說：

> 尙書文侯之命，是平王命晉文侯仇之語；今此乃是襄王命文公重耳之事。代數懸隔，勳策全乖。太史公雖復彌縫左氏，而系家（里案：系家卽世家；唐人諱世字，因改爲系。）頗亦時有疎謬。裴氏集解，亦引孔馬之注，而都不言時代乖角，何習迷而同醉也！然計平王至襄王爲七代，仇至重耳爲十一代而十三侯。又平王元年至魯僖二十八年——當襄二十年，爲一百三十餘歲矣。學者頗合討論之。劉伯莊以爲蓋天子命晉同此一辭；尤爲非也。

司馬貞此說，是根據書序以駁太史公。但何以證明書序之說可信？他則沒有說。

今人楊筠如的尙書覈詁，曾作了進一步的說明：

> 詩譜："鄭武公與晉文侯定平王於東都。"隱六年左傳："我周之東遷，晉鄭焉依。"國語："晉文侯於是於定天子。"又僖公二十八年左傳敍襄王享文公之事，曰："用平禮也。"杜注："以周平王享晉文侯仇之禮享晉侯。"則是文侯之相平王，平王之命文侯，皆似實有其事。……文公不名義和，且不稱文侯。疑書序是也。

楊氏這一段話的要點有二，卽：(一) 證明了文侯之相平王，平王之命文侯，是確有其事；(二) 由於文公不名義和，且不稱文侯，證明了文侯之命非周襄王命晉文公之書。這是相當扼要的論斷。但，關於第一點，還有可以補充的材料，如：

> 隨季對曰："昔平王命我先君文侯曰：'與鄭夾輔周室，毋廢王命'。"(宣公十二年左傳)

> 平王東徙，晉文勞王，勞而賜地。(呂氏春秋卷二十二疑似篇。賜地之說，恐因襄王十七年晉文公誅叔帶以受陽樊等地而誤。)

這都是文侯之相平王、平王之命文侯的材料，可以補充楊氏之說的（竹書紀年裏還有更重要的材料，詳下。）。關於第二點，雖證明了義和不是晉文公；但並未證明了就是晉文侯。所以，更積極一點，還須證明義和就是晉文侯，而晉文侯確非晉文公。此外，還須有更多的證據，才能確定文侯之命實是周平王之命晉文侯，而非周襄王之命晉文公。

* * * * * *

現在，擬就下列三點，加以疏通證明：

（一） 義和是晉文侯，晉文侯非晉文公；

（二） 文侯之命所表現的情勢，和晉文侯合，和晉文公不合；

（三） 文侯之命所記載的錫賜之物，和周襄王賜晉文公的不合。

如果這三點的論證無誤，那麼，書序之說，當不至再有人懷疑了。

（一） 義和是晉文侯晉文侯非晉文公。

文侯之命的開頭一段說：

王若曰：“父義和！丕顯文、武，克愼明德；昭升于上，敷聞在下。惟時上帝集厥命于文王。亦惟先正，克左右昭事厥辟；越小大謀猷，罔不率從。肆先祖懷在位。”

前面說“丕顯文、武”，說“上帝集厥命于文王”；下文說“肆先祖懷在位”。可知所謂先祖，是指的文王、武王等人。那麼，這“王若曰”之王，必然是周王無疑。古者，天子稱異姓的諸侯曰伯舅、叔舅，稱同姓的諸侯曰伯父、叔父（見儀禮覲禮）。“父義和”之父，是諸父之父，卽伯父叔父之謂；可知此被命的必是諸侯（文侯之命裏，有“其歸視爾師，寧爾邦”之語，更可證明。），而此諸侯又必和周王同姓：這些，都是不成問題的。成問題的是這“義和”二字，是不是人的名或字？如果是名或字的話，究竟是誰的名或字？

不以“義和”爲人名或字的，現在所能見到的最早的材料，是馬融的說法。史記晉世家集解引馬融注解“王若曰：父義和”的話說：

王順曰：“父！能以義和諸侯。”

經典釋文也說：“義和，馬云：‘能以義和諸侯’”。這在尚書歷代的注解中，是一個最特別的說法。此說似乎從來沒被經生們採用過（臾承志的讀文侯之命〔見遜齊文集卷二，求恕齋叢書本。〕，以義爲道義，說和字是侯字之誤。他這說法，也只是採用了馬融之說的一半。）。到了王引之，雖然也沒採用馬融之說，但却認爲“義和”二字不應該是諸侯的字。他在春秋名字解詁（經義述聞卷二十二）中說：

文侯之命“父義和”傳云：“義和，字也。”正義引鄭注云：“義，讀爲儀。

儀、仇、皆匹也。故名仇字儀。”案古天子於諸侯無稱字者，康誥、酒誥、梓材三篇“王若曰：小子封”、“王曰封”；定四年左傳引蔡仲命書云：“王曰：胡”；又引踐土之盟載書云：“王若曰：晉重、魯申、衞武、蔡甲午、鄭捷、齊潘、宋王臣、莒期”，皆稱其名。其他則稱伯父、伯舅、叔父、叔舅而已；未有稱字者也。或以義爲字，或以義和爲字，並當闕疑。

王氏雖沒採用馬融之說；但“古天子於諸侯無稱字者”這一點，確是值得研究的問題。

今人某氏，於所著毛公鼎之年代一文（見金文叢考卷八），引述了王氏此說之後，而加以案語說：

今案：王氏說至確。金文策命臣工之例多多矣，亦未見有稱字之例。故義和不必卽是晉文侯，亦不必卽是晉文公；其王不必卽是周平王，亦不必卽是周襄王。特古說有一相同之點，卽是視此命書之文字年代甚近，同以之屬於東周。其所以者，蓋文辭全體絕不類周初文字之詰譎，其時代背景亦絕不類周初盛時也。……故古人視文侯之命至早只斷定在平王之世，欲求確鑿，故更以義和爲文侯之字耳。古人於文侯之命猶能如此得其近是，……。

就上述三家的說法看來，大概馬融所以不把義和說作人名或字，恐怕也是由於“古天子於諸侯無稱字者”的關係。而某氏之說，則更足以加强了王引之的論據。

現在，我們且看這義和二字，如果不當作人名或字來解釋，究竟能不能說得過去？關於此點，溫廷敬的文侯之命釋疑（見國立中山大學文史學研究所月刊二卷二期）一文裏，曾經作過如下的論斷：

義和，馬氏謂能以義和諸侯，不作名字。然在首者或猶可通；其如下再稱三稱之絕不可通耶！

案：“父義和”三字連稱，在文侯之命裏共出現了三次。單從文義方面來說，這三個字，也很難解作“父，能以義和諸侯”（孫星衍尙書今古文注疏，解釋馬融此說，把和字解作會合；說義和就是以義會合諸侯。意境雖好；但父義和三字，照此講法，仍舊不成句子。）；更無論再稱三稱之絕不可通了。如果照臾承志的說法，讀和爲侯；義侯，就比如康誥裏的孟侯：倒是可以說得過去。只可惜無論從甲骨文、金文、和小篆、隸書等字形來看，“侯”字和“和”字，都相去絕遠（卽使如臾氏說，和字初誤爲禾；亦復如此。)，侯字絕沒有訛成和字的可能。是吳氏此說，依然難通。平心而論，從三稱"父義和"的口氣來看，這義和二字，旣非解作人名或字不可；從命辭的體制來說，也不能不把義和解作人名或字。因爲，要不然的話，就不知道命的是什麼人了。王引之說"闕疑"，某氏說"不必是晉文侯"或"晉文公"。他們雖然不承認義和是某一諸侯的"字"；但，他們言外之意，很顯然地都認爲是某一諸侯的"名子"。

某氏認爲文侯之命的文辭，不類周初文字之詰譎；其時代背景，亦絕不類周初盛時。因而認爲古人斷定文侯之命作於平王之世的說法，是"得其近是"。現在更進一步，再由文侯之命的"汝多修，扞我于艱"之語證之，可知此周王必曾遭逢大難，而此諸侯拯救了他，從而有此錫命。復由此錫命之辭的口氣來看，這時的周天子還頗嚴赫，決不像戰國以來，周室卑微得連小國諸侯都不如的氣象。那麼，此王此侯的時代，上不會至於西周厲王以前，下也不會晚到春秋末葉以後。而此諸侯的力量，能夠扞王於難，可知他必不是小國之君。本篇的標題曰"文侯之命"（勞貞一先生云："尙書篇目標題，至晚必在戰國時代，學者根據舊聞而爲之。後世如無積極證據，自不得輒加否認。"），可知此諸侯的號或謚必定叫做"文侯"。根據這些條件來看，究竟有沒有什麼諸侯的名子叫做義和呢？

按：史記三代世表所列共和以前的十一個較大的諸侯，沒有叫做文侯的，也沒有以義和爲名的。十二諸侯年表（表裏實列了十三個諸侯）所列的諸侯，其號謚曰"文"的則有：

齊文公赤

晉文侯仇、晉文公重耳

秦文公(史缺其名)

陳文公圉

楚文王貲

鄭文公捷

衞文公燬

魯文公興

宋文公鮑

曹文公壽

燕文公（史缺其名）

共十二個人。此十二人中，除齊、秦、陳、楚、宋等五國不和周同姓外；另外的七人，止有晉文侯一人稱文侯，其餘的都稱文公（文侯和文公之辨，詳下文。）。單就這一點看來，"義和"這個名子，就非晉文侯若屬了。

可是晉文侯的名子叫做"仇"，並不叫做"義和"，這是史有明文的。關於此點，溫廷敬認爲（見文侯之命釋疑）：

王命諸侯，雖無稱字者。然或亦以仇名不美，改稱其字；如王於諸侯大夫稱字；又魯哀公於孔子誄詞亦稱尼父之例。否則，當爲王所錫之號，如殷阿衡周尙父之例。又否則爲文侯改名，史偶闕書，遂啓後人之疑。要之，不當以一名之參差，遂並根本而懷疑也。

溫氏只說了幾個可能，並沒作決定。我們從號謚來看，此文侯旣非晉文侯莫屬；如果循"名"責"字"，則"仇"和"義和"，也很合拍。尙書正義引鄭康成之說而加以解釋說：

鄭玄讀義爲儀；儀、仇皆訓匹也，故名仇字儀。

按：禮記樂記："制之禮義"，漢書禮樂志作"制之禮儀"；是義、儀二字，古時可以通用。所以尙書正義說："鄭玄讀義爲儀"。詩鄘風柏舟："寔維我儀"，毛傳說："儀，匹。"爾雅釋詁："仇，匹也。"所以正義又說："儀、仇皆訓匹"。義和之爲晉文侯的字，單就"義"字而言，是可以脗合的。而"和"字又是什麼來歷呢？關於這點，我們試看桓公二年左傳所載的一段故事：

初，晉穆侯之夫人姜氏，以條之役生太子，命之曰"仇"。其弟以千畝之戰生，命之曰"成師"。師服曰："異哉君之名子也！夫名以制義，義以出禮，禮以體政，政以正民。是以政成而民聽；易則生亂。嘉耦曰妃，怨耦曰仇：古之命也。今君命太子曰仇，弟曰成師，始兆亂矣；兄其替乎！"

晉穆侯的太子仇，就是晉文侯。當初取名的原因，本是由於仇敵之義。而仇敵之仇，究竟不是嘉名；況且師服的那些危言，又實在聳聽。因而取字的時侯，旣轉就仇匹之訓而命之曰"義"；復就敵仇相反之義而申之曰"和"。這在情理上說，似乎是很自然的事情。(江聲尚書集注音疏、王鳴盛尚書後案，都以爲“和”是語餘之聲。)

總之，文侯之命之文侯，既非晉文侯莫屬；而義和二字，又恰巧和仇字合拍。就王氏所舉的史料而言，固然是“古天子於諸侯無稱字者”；但也不能因此便確切地斷定古天子於諸侯絕對不得稱字。翻過來說，這“父義和”一語，豈不就是天子稱諸侯之字的例子嗎？尚書正義申僞孔傳之說云：

> 天子於同姓諸侯，皆呼爲父。稱父者非一，若不稱其字，無以知是文侯；故以字別之。

孔氏此說，只能說明“義和”二字既在“父”字之下，則必是諸侯的名或字；而不能證明何以不稱名而稱字的理由。“古天子於諸侯無稱字者”，雖不是鐵定的法則，但很像是一般的習慣。周平王之於晉文侯，何以不依照一般的習慣而稱其名？這是沒法確鑿答覆的問題。我想，也許是平王因爲文侯有勤王之大功，而特向他表示客氣的意思。江聲尚書集注音疏說：“稱父而字之，尊寵之也。”這話似乎很合情理。

以下再說晉文侯不是晉文公：

晉文侯不是晉文公，這本是人所共知，不待辨解的問題。但主張“文侯之命是周襄王命晉文公之辭”的人，就必須使“文侯”成爲“文公”，才能適應他們的主張；因而就不得不從而爲之辭。楊椿的文侯之命論（孟鄰堂文鈔卷七）說：

> 其稱文侯不稱文公者，晉本侯爵故耳。

臾承志的讀文侯之命也說：

> 公與侯，文可通施，義實有別。侯從爵繫，公爲其國所尊奉之大名。王錫晉文公秬鬯圭瓚作文侯之命，以文公釋文侯，猶君奭序“召公爲保，周公爲師，召公不說，周公作君奭”，以召公釋君奭，互文爲備；必古本如此。不然，晉先君本有文侯，何由知此文侯爲文公！

按：本篇的標題是“文侯之命”，並不是“以文公釋文侯”。假若像楊臾二氏之論，同一國君，既可以稱作某公，又可以稱作某侯，那豈不正如臾氏所說：“晉先君本有文侯，何由知此文侯爲文公”！何況考古圖、宣和博古圖錄、嘯堂集古錄、薛氏鐘鼎彝器款識等書，都著錄有晉姜鼎。從它的銘辭看來，此鼎當是晉文侯的夫人姜氏所作。它的銘辭中有這樣一段話：

余隹(惟)司(嗣)朕先姑君晉邦。余不叚(暇)妄(荒)寧。……用紹匹辞(台)辟，敏揚氒(厥)光剌(烈)，虔不彖(墜)。……勿灋(廢)文侯顯(顯)命。

如果照吳承志的說法："公爲其國所尊奉之大名"；則晉姜稱文侯豈不要稱文公？然而由此鼎銘辭已經證明，事實絕不如吳氏所說。

其實，關於這一問題，楊樹達的讀尙書文侯之命(見積微居小學述林卷六)一文中，已有詳確的論證。他說：

史記晉世家記晉侯燮以下十五世，皆稱曰侯；至曲沃武公滅晉侯緡、周釐王命爲晉君、列爲諸侯，以後晉君皆稱公。

由於稱侯和稱公之別，所以晉君的謚號雖有些相同的，却也不至於誤把兩人混而爲一。楊氏曾把晉君謚號相同的例子，列擧如下：

武侯寧族	武公稱
成侯服人	成公黑臀
厲侯福	厲公壽曼
獻侯籍	獻公詭諸
文侯仇	文公重耳
昭侯伯	昭公夷
孝侯平	孝公頎
哀侯光	哀公驕

於是他說：

同是晉君，其號謚相襲者達七君之衆(里案：實是八君，楊氏計算偶誤。)。所以不相避者，以公侯異稱，不虞其混也。

觀乎楊氏的此一論證，可知什麼"晉本侯爵"、什麼"以文公釋文侯"等種種揣測之談，就都可以一笑置之了。

那麼，晉文侯畢竟是晉文侯仇，絕不是晉文公重耳。

(二)　文侯之命所表現的情勢和晉文侯合和晉文公不合

史記晉世家敍述晉文侯即位以後的事迹，只有這樣簡單的幾句話：

文侯十年，周幽王無道，犬戎殺幽王，周東徙。

今本竹書紀年，在周平王元年，則有"晉侯會衞侯、鄭伯、秦伯以師從王，入于成周"的紀載。此一紀載，當是湊合下列諸史料而成：

一、衞侯事，當是根據史記衞康叔世家"犬戎殺周幽王，武公將兵往佐周平戎，甚有功"數語而來的。

二、秦伯事，當是根據史記秦本紀"襄公以兵送周平王"之語而來的。

三、晉侯和鄭伯事，當是分據隱公六年左傳"我周之東遷，晉鄭焉依"、和國語鄭語"晉文侯於是乎定天子"等語而來的。

今本竹書紀年的此一記載，乍看起來，幾乎沒一字沒來歷。只是它說衞侯、鄭伯、秦伯，同時"以師從王，入于成周"，而又繫之於平王元年，就未免可議了。

按：左傳所謂"晉鄭焉依"，只是泛說周天子依靠晉鄭，並沒指明有某些特殊事件；而鄭語所謂"晉文侯于是乎定天子"的話，則確有事實可指。昭公二十六年左傳："至於幽王，天不弔周；王昏不若，用愆厥位。攜王奸命，諸侯替之而建王嗣，用遷郟鄏。"正義解釋這段話時引汲冢書紀年說：

平王奔西申；而立伯盤以爲太子，與幽王俱死於戲。先是申侯魯侯及許文公，立平王於申；以本太子，故稱天王。幽王既死，而虢公翰又立王子余臣於攜；周二王並立。二十一年，攜王爲晉文公所殺；以非本適，故稱攜王。

這裏所謂伯盤，就是伯服。顧亭林以爲："古服字與般字相似而誤"。(見日知錄卷二。左傳杜注，以攜王爲伯服。顧亭林說他："蓋失之不考"。) 按：古盤字只作般。例如盤庚的盤字，甲骨文都作般；漢石經亦復如此。般字，甲骨文作𣪘；兮甲盤作𣪘。服字，盂鼎作𣪘。可見般服兩字的形狀，在古代是很近似的。從而知道顧亭林見解的正確。這裏所謂晉文公，公字應當作侯，想是傳寫之誤。這裏所謂二十一年，是晉文侯的二十一年(今本竹書紀年，以爲是周平王的二十一年，誤；說詳後。)；也就是周平王的十一年。由於此一記載，可知周平王之所以能够保得住王位，主要的是靠了晉文侯的勳勞。這就是鄭語所說的"晉文侯于是乎定天子"了。

根據這一史實，可知周平王從卽位的時候，就在困苦憂患之中；最後，由於晉文侯殺掉了攜王，才算安定了王室。這和文侯之命中周王所說的："嗚呼！閔予小子嗣，造天丕愆;殄資澤于下民,侵戎,我國家純";和"汝多修,扞我於艱"等情勢,完全相合。

如果照史記的說法,以爲本篇是周襄王錫命晉文公之書;那麼,城濮之戰,根本與王朝無干,則"閔予小子嗣,造天丕愆……"等語,既屬無病呻吟;而"汝多修,扞我於艱"云云,更是無的放矢了。

所以,從史實來看,文侯之命的文侯,也應該是晉文侯,而不會是晉文公。

(三) 文侯之命所載的錫賜之物和周襄王錫晉文公的不合

由以上的論證,我們知道:從號謚方面着,文侯之命的文侯,既是晉文侯而不是晉文公;從史實方面來看,文侯之命的內容,也和晉文侯合而和晉文公不合。現在,再從文侯之命所載的錫賜之物來看,也和周襄王賜給晉文公的不同。本篇說:

王曰:"父義和!其歸視爾師,寧爾邦。用賚爾秬鬯一卣,彤弓一,彤矢百;盧弓一,盧矢百;馬四匹。……"

史記所載周襄王錫晉文公命的史實,是根據的僖公二十八年左傳;但史記卻未照錄左傳的原文,而間有增減的地方。現在引述左傳的原文如下:

五月,……丁未,獻楚俘于王。駟介百乘,徒兵千。鄭伯傅王,用平禮也。己酉,王享醴,命晉侯宥。王命尹氏及王子虎、內史叔興父,策命晉侯爲伯。賜之大輅之服,戎輅之服,彤弓一、彤矢百,玈弓、矢千,秬鬯一卣,虎賁三百人。曰:"王謂叔父,敬服王命,以綏四國,糾逖王慝。"晉侯三辭,從命。曰:"重耳敢再拜稽首,奉揚天子之丕顯休命。"受策以出,出入三覲。

兩相比較,則襄王賜文公的比平王賜文侯的多了大輅之服、戎輅之服,和虎賁三百人;又盧(玈同)弓矢多了十倍(玈弓、矢千,是玈弓十只玈矢百只:從杜預說。)。而所少的則是馬四匹。所以,單從錫賜之物來看,也可以證明文侯之命不是周襄王命晉文公之辭了。

而且,左傳記述此一史實,明明地說:"用平禮也"。杜預注說:"以周平王享晉文侯仇之禮享晉侯"。參以隱公六年左傳和國語鄭語的記載(俱見前引),這說法是信而有徵的。而此次的命辭,是"王謂叔父,敬服王命,以綏四國,糾逖王慝"。明明和文侯之命不同。史記襲用了左傳所載周襄王錫晉文公命的史料之後,卻硬把尚書文侯之命混進去；張冠李戴，遂給後人平添了無限的困惑。

或者說：文侯之命所說的時勢，雖和晉文公因獻楚俘而受周襄王錫命的情形不合；但却和晉文公因平定了王子帶之亂而受周襄王錫命的情形相似。王子帶串通狄人入周，襄王出奔鄭，王子帶篡了王位。這，在襄王說，豈不就是"閔予小子嗣，造天丕愆，……侵戎，我國家純"嗎？後來晉文公納王而誅叔帶，穩定了王室。這豈不是"汝多修，扞我于艱"嗎？如此說來，文侯之命，雖然不是周襄王二十年命晉文公之辭，也許是襄王十七年命文公之辭哩。

按：此事左傳和國語都有記載，而略有小異。僖公二十五年左傳說：

晉侯辭秦師而下。三月甲辰，次于陽樊。右師圍溫，左師逆王。夏四月丁巳，王入于王城。取大叔于溫，殺之于隰城。戊午，晉侯朝王。王饗醴，命之宥。請隧，弗許。曰："王章也；未有代德，而有二王，亦叔父之所惡也。"與之陽樊、溫、原、欑茅之田。晉於是始啓南陽。

國語晉語四則說：

二年春，公以二軍下，次于陽樊。右師取昭叔于溫，殺之于隰城。左師迎王于鄭；王入于成周，遂定之於郟。王饗醴，命公胙宥。公請隧，弗許。曰："王章也；不可以二王，無若政何！"賜公南陽：陽樊、溫、原、州、陘、絺、組、攢茅之田。

左傳和國語的記載，雖小有不同。但所記晉文公因功請隧，而襄王不許，僅賜以陽樊、溫、原等地，別無其他賜與則是一致的。史記晉世家記述此事，也只說："周襄王賜晉河內陽樊之地"，而不言其他。這些史料，和文侯之命所記述的迥然不同，可知決非一事。

可是，史記周本紀，於敍述了晉文公納王而誅叔帶的事情之後，却說："襄王乃賜晉文公珪鬯弓矢爲伯，以河內地與晉。""以河內地與晉"，自然是根據上述的史料；"襄王乃賜晉文公珪鬯弓矢爲伯"這句話，乃是別有所本。按：昭公十五年左傳所載周景王對籍談的話說：

其後襄之二路，鏚鉞秬鬯，彤弓虎賁。文公受之，以有南陽之田。

景王的話，是槪述周襄王所錫與晉文公的物事，是合指襄王十七年和二十年兩次的錫賜說的。大概史記因爲左傳有"文公受之以有南陽之田"的話，於是把襄王二十年的賜物，也寫在十七年的賬簿上了。(吳承志的讀文侯之命，也把襄十七年和二十年的兩件事，混爲一談。)

總之，單從賜與的物事來看，文侯之命也不是周襄王命晉文公之書。

✻ ✻ ✻ ✻ ✻ ✻

由上舉(一)、(二)、(三)三項論證來看，我可以負責地說：文侯之命是周平王錫命晉文侯之書，而非周襄王錫命晉文公之書。

那麼，這篇命書，究竟作在那一年上呢？

今本竹書紀年，在平王元年"王東徙洛邑"之後，便記載着"錫文侯命"。它把此事繫之於平王元年。齊召南的尚書注疏考證也說：

> 史記十二諸侯年表：文侯十年，周幽王爲犬戎所殺；十一年，平王東遷洛邑。然則此篇其作於平王元年乎？

按：今本紀年，在"錫文侯命"之後，才記載着"晉侯會衞侯、鄭伯、秦伯，以師從王，入于成周"。錫命在前，以師從王入于成周在後。照此來說，則"汝多修，扞我于艱"等語，豈不是憑空亂說？此單用今本紀年之矛，已足以破其自己之盾。何況"晉侯會衞侯、鄭伯、秦伯，以師從王，入于成周"這句話，是拼湊各種史料，又加之以"意匠經營"而成，根本不是信史。因爲"晉侯會衞侯……入于成周"云云，屬於晉侯方面者，是由左傳的"我周之東遷，晉鄭焉依"；和國語的"晉文侯於是乎定天子"兩種史料附會而成。晉鄭焉依，只是泛說；而晉文侯於是乎定天子，則是指文侯殺携王以安周室而言(說詳前)。由此看來，齊召南的說法，自然也不可信。

按：文侯之命所說的"王多修，扞我于艱"之語，必是指晉文侯殺携王以定平王之事而言無疑。左傳孔疏所引的汲冢紀年，明說此事是在"二十一年"。前文曾說此二十一年是晉文侯的二十一年，而非周平王的二十一年。其所以然之故，可以用王靜安古本竹書紀年輯校的話來證明：

> 春秋經傳集解後序："紀年無諸國別，惟特記晉國。起自殤叔，次文侯、昭侯，以至曲沃莊伯。莊伯之十一年十一月，魯隱公之元年正月也。皆用夏正建寅之月爲歲首，編年相次。晉國滅，獨記魏事。"案：殤叔在位四年；其元年爲周

宣王四十四年，其四年爲幽王元年。然則竹書以晉紀年，當自殤叔四年始。王靜安據春秋經傳集解後序，斷定自殤叔四年始，竹書就以晉紀年。晉書束皙傳也說："其紀年十三篇，記夏以來至周幽王爲犬戎所滅，以事接之；三家分，仍述魏事。"按：以事接之的"事"字應當作"晉"；否則，上下文義，就很難通貫。而且"以事接之"這句話的本身，也很費解。紀年是專記史事的書，還用說到以事接之嗎？把事字改作晉字，就正和春秋經集解傳後序的話相應；只是束皙傳的話語較爲含混而已。

竹書既從殤叔四年起以晉紀年；那麼，左傳孔疏所引竹書的二十一年，自然是晉文侯的二十一年；也就是周平王的十一年。晉文侯殺掉携王既在這年，照理說，平王賞賜他不應當遲到隔年之後。如此說來，文侯之命的著成時代，應當在周平王的十一年。

附　記

文成，承陳槃庵先生檢示俞曲園經課續編（見春在堂全書）卷四父義和解一文。其說云："周自厲王有流彘之禍，而周公召公二相行政，號曰共和。及幽王有驪山之禍，平王東遷，晉鄭焉依；於是襲共和之號，號曰義和。……蓋嘉其不績，錫以美名。共和義和，實同一律。"又云："史記晉世家載晉文公事，天子使王子虎命晉侯爲伯，其文亦云：'王若曰：父義和。'豈晉文侯仇字義和，晉文公重耳亦字義和乎？決其必不然矣。……襄王以王子帶之亂，蒙塵於鄭。……其後晉文公以師圍溫逆王，而後王得入於王城。……此晉文公所以亦有父義和之稱也。"按：俞說甚奇，而實未的。蓋共和一辭，究爲共伯和、抑如韋昭說"公卿相與和而修政事"？尙難遽定。即如韋說，而此類辭彙，施之周、召二公則可，施之於文侯亦不宜：以共和行政時無天子在，故可有此臨時之國號；而晉文侯時有天子在，天子絕無錫諸侯以臨時國號之理也。至史記所述周襄王命晉文公事，其"父義和"云云，明是節引尙書文侯之命之文；俞氏故作不省，而謂晉文公亦曾受"義和"美名之錫。其誤尤不待辨而自明。

黃彰健先生云："文侯名仇；如天子稱之曰'父仇'，則有父之仇敵之嫌，故不能不改稱其字。"其說發前人所未發，實匡予所不逮。謹著之。

又本文承勞貞一先生惠閱一過，多所指正。

謹向陳、黃、勞三位先生，致誠摯之謝意。一九五八年元月二十一日，萬里附記。

出自第二十九本下（一九五八年十一月）

管子斠證

王叔岷

管子一書，古奧駁雜，向稱難讀。唐尹知章註雖以疏謬見譏，然，創始之功不可沒也。明劉績增註繼之，頗有發明。清乾、嘉以來，討治者漸多，讎斠之精，當推高郵王氏。戴望校正，博采衆說，附益己見，則頗便初學焉。次如孫詒讓札迻、劉師培斠補、陶鴻慶札記、于省吾新證，續有創獲，足資摭拾。而張佩綸之管子學，考證繁富，用力尤勤。岷於是書，粗加涉獵，亦時有弋獲，足補諸家未備。因據景宋楊忱刊本，檢驗羣書，條擧所見。糟魄之學，未敢自珍也。

牧民第一

我佚樂之。

案治要引佚作逸，下同。

我存安之。

戴望云：御覽治道部五引作『我安存之。』

案景宋本御覽仍作『我存安之。』

故知予之爲取者，政之寶也。注：謂與之生全，取其死難也。

案史記本傳、治要、長短經八大私篇引予皆作與，與注合。

錯國於不傾之地，

張佩綸云：錯，治要作措，下同。

案長短經一政體篇引下文亦作措。措、錯正、假字。

錯國於不傾之地者，授有德也。

案自此至下文『不行不可復者，不欺其民也。』凡十一者字，治要引皆無。長短經引此至下文『不處不可久者，不偷取一世也。』凡十者字皆無，所據本蓋與治要同。(張佩綸謂『治要節十一者字。』以長短經所引證之。治要恐非節引也。)

令順民心也。

案長短經引令作以。

使民於不爭之官者,

孫星衍云:長短經八引民作士,爭作諍。(洪頤煊義證引。)

案孫氏所稱長短經八乃長短經一之誤。

使各為其所長也。

劉師培云:羣書治要使下有民字。

案長短經引使下有人字,蓋避唐太宗諱,以人代民也。

不偷取一世也。

案長短經引作『不偷一世宜也。』

唯君之節。

案治要引唯作維,同。

道民之門,

案治要引道作導。導、道正、假字。

形 勢 第 二

上無事則民自試。

戴望云:元刻則作而,與後解合。

案朱東光本則亦作而。

不足以享鬼神。

趙用賢本、歸有光諸子彙函本、享並作饗。戴望云:宋本饗作享,是也。

案朱東光本亦作享。享、饗古通。

美人之懷,定服而勿厭也。

兪樾云:『此句之義,為不可曉。據形勢解曰:「貴富尊顯,民歸樂之,人主莫不欲也。故欲民之懷樂己者,必服道德而勿厭也。而民懷樂之。」然則管子原文本作「欲人之懷,必服而勿厭也。」故其解如此。若作「美人之懷,定服而勿厭,」

則解何以不及美字、定字之義乎？』

案此文無誤，形勢解云云，正以欲解美，必解定。『美人之懷，定服而勿厭也。』即『欲人之懷，必服而勿厭也』之意。俞氏蓋未深思耳！說文：『美與善同意。』荀子彊國篇：『善日者王。善時者霸。』注：『善謂愛惜不怠棄也。』則美亦有愛惜義。（陶淵明擬古九首之七：『佳人美清夜，達曙酣且歌。』美即有『愛惜』義。）愛惜與欲義近，（禮曲禮疏：心所愛爲欲。）故美可解爲欲。史記項羽本紀：『項梁聞陳王定死。』定亦必也。與此定字同義。

必參於天地也。

安井衡纂詁參下補之字。云：諸本作『參於，』無之字，今從古本。解亦有之字。

案朱東光本參下有之字。據注：『故曰：參之天地。』是正文原有之字矣。

權修第三

野不辟也。

案治要引辟作闢，下同。

是以臣有殺其君、子有殺其父者矣。

案朱本上殺字作弑。

有身不治，奚待於人！

案待借爲持，儀禮公食大夫禮：『左人待載。』注：『古文待爲持。』即待、持通用之證。持、治互文，莊子讓王篇：『道之眞，以治身。』日本舊鈔卷子本治作持；（呂氏春秋貴生篇同。）漁父篇：『爵祿不持。』舊鈔卷子本持作治，並持、治通用之證。『有身不治，奚待於人！』即『有身不治，奚治於人』也。下文四待字皆同此義。

好用巫毉，

戴望云：元刻本毉作醫。

案朱本亦作醫。

莫如樹穀。

案意林引如作若，下同。

欲民之可御，則法不可不審。

王念孫云：審本作重，今作『不可不審』者，涉下文兩『不可不審』而誤。鈔本北堂書鈔刑法部一、太平御覽刑法部四引此並作『不可不重。』

案王校是也。御覽引重下更有也字，當補。

則刑罰不可不審。

戴望云：元刻本審下有也字。

案朱本亦有也字。

立 政 第 四

孫星衍云：羣書治要引作立君。

案政與正同，廣雅釋詁：『正，君也。』是『立政』與『立君』義符。

則不可授與重祿。

趙本與作以。孫星衍云：宋本以作與，羣書治要引以亦作與，無授字。

案朱本亦作與，與猶以也，作以者後人所改耳。『則不可授與重祿，』與上文『則不可加于尊位，』下文『則不可使任大官，』文例一律，治要引無授字，蓋誤脫也。

而毋失於小人。

案治要引毋作無，同。

使者以發。

戴望云：元刻以作巳。

案朱本亦作巳。

薪蒸之所積，

案之當作有，涉上『宮室之用』而誤也。下文『歲雖凶旱，有所秎穫。』與此作『有所』同。

勸勉百姓，

案朱本勉作免。

辯功苦。

案趙本辯作辨，朱本與此本同。

終於不可及。注：終則功成事遂，故不可及也。

戴望云：元刻本可作足。

案朱本亦作足，疑涉上『不足見』而誤。注文可證。

成而不議。

戴望云：鶡冠子（天則篇）作『成而不敗。』

案議讀爲俄，詩小雅賓之初筵：『側弁之俄，』鄭箋：『俄，傾貌。』廣雅釋詁：『俄，衺也。』傾、衺與敗義近。

乘馬第五

地不平均和調，

戴望云：御覽三十六地部引作『均平。』

案注：『不均平和調，則地利或幾於息。』則正文本作『均平』矣。

春秋冬夏，陰陽之推移也。

戴望云：宋紹興本連上節，不別行。

案朱本、諸子彙函本並與紹興本同。記纂淵海一引『春秋冬夏』作『春夏秋冬。』

長短小大盡正。

案朱本小大同。趙本、諸子彙函本並倒作大小。

明日亡貨。

案亡字朱本同。趙本、諸子彙函本並作忘。忘、亡古通。

七法第六

論材審用，

戴望云：宋紹興本材作財。

案朱本亦作財。財、材古通。下文『故聚天下之精財，』幼官篇作材，亦同例。

爲兵之數。

案通典百四十八、御覽二百七十引爲上並有夫字。

故兵未出境而無敵者八。是以欲正天下，

孫星衍云：『通典百四十八、太平御覽二百七十一引作「此八者皆强，故兵未出境而無敵。八者悉備，然後能正天下。」文義方明晰，今本脫誤。』

案此文有脫無誤，『故兵未出境而無敵者八，』上下並有脫文，通典百四十八引作『此八者皆須無敵。故兵未出境而無敵者八，悉備然後能正天下。』較今本多十五字，是也。御覽二百七十（孫氏誤爲二百七十一）引作『此八者皆須。故兵未出境而無敵八者。悉備然後能正天下。』『皆須』下蓋脫『無敵』二字，『無敵八者，』乃『無敵者八』之誤倒，當據通典所引補正。『是以欲正天下』六字，乃緊承『悉備然後能正天下，』以起下之詞，決非『然後能正天下』之誤。孫氏未細繹文理；於通典、御覽亦失檢。

不試不臧。

案趙本、朱本、諸子彙函本臧皆作藏，古字通用。

動之如雷電。

案記纂淵海八十引電作霆，淮南子兵略篇同。

莫敢禁圉。

案日本古鈔卷子本淮南子兵略篇作『莫能壅圉。』(今本壅作應，詳淮南子斠證。)脩務篇亦云：『莫能壅御。』壅與禁義近，圉與御同。

必順於理義。故不理不勝天下，

案趙本、朱本、諸子彙函本理皆作禮。禮猶理也，禮記仲尼燕居：『禮也者，理也。』本書明法解：『明理義以道其主。』元本、朱本理並作禮，亦同例。

不可約也。

案通典一百五十兵錄三引可作能。(劉師培誤爲兵錄二。)

百戰百勝。

案通典引勝下有也字。

則無蓄積。

戴望云：宋紹興本蓄作畜。

案朱本亦作畜，畜、蓄古通。

故器械不功。

孫星衍云：功讀爲工。工，巧也。

案孫說是也，兵法篇功正作巧，下同。

雷電之戰者，士不齊也。

案不字疑涉下文『野不收，耕不獲』而衍。上文言『齊勇士，』可證。

故攻國救邑，不恃權與之國。

王念孫云：『故字涉上下文而衍。恃當爲待，幼官、事語二篇竝云：「不待權與。」是其證。今本涉上文「恃固」而誤。』

丁士涵云：『王改非也。幼官、事語二篇均係譌字。樞言篇曰：「恃與國。」「八觀篇曰：「然則與國不恃其親。」淮南要略：「恃連與國。」亦作恃。是其明證。（戴望校正引。）

案王改固非；丁說亦誤。恃、待古通，莊子徐无鬼篇：『故足之於地也踐。雖踐，恃其所不蹍而後善博也。人之於知也少。雖少，恃其所不知而後知天之所謂也。』淮南子說林篇恃作待；呂氏春秋審時篇：『辟米不得恃定熟，』注：『恃，或作待。』並其比。張佩綸云：『恃、待意同。』是也。

版法第七

三經既飭，

戴望云：宋本飭作飾。

案朱本亦作飾。飾、飭古通。

民乃自畐。

案趙本、朱本、諸子彙函本畐皆作圖。後解亦作圖。

悅在施有。（注：將悅於下，在於施無令有。）衆在廢私。（注：將欲齊衆，在於廢私。）

臧庸云：『尹注四字爲句者誤。後解作「說在愛施，有衆在廢私。」』而宋本作「四說在愛施，」其上文云：「愛施俱行，則說君臣，說朋友，說兄弟，說父子。」此四說之明證也。然則此文實五字爲句，本篇脫四字、愛字，後解有愛字而脫四字。合之宋本，而四說之旨乃明。』（王氏雜志、戴氏校正並引。）

案臧說是也。朱本此文施上愛字未脫，最爲可貴；惟悅上仍脫四字。

幼官第八

修鄉閭之什伍。

戴望云：元本無之字。

案朱本亦無之字。

審取予以總之。

案朱本予作與。

莫之能害，

戴望云：元本作『莫之能圉。』後圖亦作圉，此涉上文『無害』而誤。

案戴說是也，朱本亦作圉，

幼官圖第九

戴望云：宋本此篇先『西方本圖，』次『西方副圖，』次『南方本圖，』次『中方本圖，』次『北方本圖，』次『南方副圖，』次『中方副圖，』次『北方副圖，』次『東方本圖，』次『東方副圖。』與今本大異。恐宋本爲是。

案朱本與宋本同。

攻之以言。

戴望云：攻，當從一本作攷。攻字誤。

案朱本攻作攷。

五年大夫請變。

戴望云：元本作『請受變。』案前篇本有受字。

案朱本亦作『請受變。』

五輔第十

暴王之所以失國家，

案治要引王作主。

賢人進而姧民退。

戴望云：元刻姧作姦。

案朱本亦作姦，治要引同。

臣不殺君。

戴望云：宋本殺作弒。

案朱本亦作弒。

修飢饉。

俞樾云：修乃備字之誤。

案俞說是也。上文『纖嗇省用以備飢饉。』字正作備。

賑罷露。

戴氏校正所據本賑作賜，云：宋本賜作賑，賜字誤。

案趙本、朱本賑字並同，與上文合。

宙合第十一

懷繩與准鉤。

戴望云：准，俗準字。

案諸子彙函本作準。下同。

詘信涅儒，

案諸子彙函本儒作濡。

可以無反於寒暑之菑矣。

張佩綸云：反，各本作及。

案朱本亦作反。

爵尊卽肅士。

趙本、諸子彙函本卽並作則。戴望云：宋本則作卽。

案朱本亦作卽。

聽不愼不審不聰。

趙本、諸子彙函本不愼並作不順。丁士涵云：二字衍。

案丁說是也，朱本正作『聽不審不聰。』

不得不知則昬。

戴望云：宋本昬作惛，下同。

案趙本、諸子彙函本昬並作昏，下同。昬、昏同字。朱本昬作惛，下同。惛、惛同字。昬、惛古通。

攻于一事者，注：攻一事，

戴望云：宋本攻作政，注文同。

案朱本亦作政，注文同。

樞言第十二

立而不立者四。注：人君雖欲自立，而重珠玉，則不令得立者四。謂喜、怒、惡、欲。

案『不立』疑本作『不敗，』涉上立字而誤也。下文『喜也者、怒也者、惡也者、欲也者，天下之敗也。』與此敗字相應。尹注非。

萬物之脂也。

案趙本、朱本、諸子彙函本脂皆作指。

先王之所以最重也。

趙本最作冣。戴望云：元本作最，誤。

案朱本、諸子彙函本最字並同。

賢大夫不恃宗室。

趙本、朱本室並作至。王念孫云：當依宋本作室。

案諸子彙函本亦作室。

遺遺乎若有從治。

案朱本有下有所字。

明其刑而賤其士者殆。

戴望云：宋蔡潛道本賤作殘。

案朱本亦作殘。殘、賤古通，晏子春秋內篇諫下：『皆謂吾君愛樹而賤人。』記纂淵海九五引賤作殘；莊子漁父篇：『擅相攘伐以殘民人。』道藏王元澤新傳本、趙諫議本、元纂圖互注本、世德堂本殘皆作賤。並其比。

八觀第十三

而飢飽之國可以知也。

戴望云：宋本飢作饑，後皆放此。御覽地部三十引無以字。

案朱本亦作饑，下同。御覽地部二十引此無以字，戴氏失檢。（下文『芸之不謹，』御覽地部二十引謹作勤，戴氏亦誤爲三十。）

觀臺榭。

戴望云：中立本觀作視。

案諸子彙函本亦作視。

什一之師，三年不解。

案朱本一作三。

實虛之國可知也。

案朱本實上有而字，是也。上文『而飢飽之國可知也。』『而貧富之國可知也。』『而侈儉之國可知也。』下文『而治亂之國可知也。』『而彊弱之國可知也。』『而行於其民、不行於其民可知也。』『而存亡之國可知也。』文例並同。

不論而在爵祿。注：不論志行，使之在爵祿之位也。

案趙本、朱本並作『不論志行而有爵祿。』據注，則此文本作『不論志行而在爵祿。』此本脫『志行』二字，趙本、朱本在並誤有。諸子彙函本作『不論志行而有爵祿也。』有字亦誤；也字乃涉注文而衍，上下文例可照。

豪傑材人。

案朱本人作臣。

法禁第十四

泰誓曰：紂有臣億萬人，亦有億萬之心。武王有臣三千，而一心。

案僞古文泰誓剽襲此文，略有刪改。亦、而互文，亦猶而也。古鈔卷子本淮南子兵略篇：『故紂之卒百萬，而有百萬之心。武王之卒三千人，皆專而爲一。』（今本有脫文，詳淮南子斠證。）即本泰誓，亦正作而。

重令第十五

此霸王之本也。

戴望云：宋本作『伯王。』

案朱本亦作『伯王。』

不為六者益損於祿賞。

戴望云：元本作『損益。』

案朱本亦作『損益。』

法法第十六

如是，則慶賞雖重，

案治要引『慶賞』作『賞慶。』

則民不誹議。

戴望云：宋本議作謗，下文同。

案朱本亦作謗，下同。

夫至用民者，殺之，危之，勞之，飢之，渴之。

案趙本、朱本『勞之』下並有『苦之』二字，據注『甚者危、殺之；其次勞、苦、飢、渴之。』則有『苦之』二字是也。

故民未嘗可與慮始，而可與樂成功。

案商君書更法篇無功字，史記商君列傳同。

門廷遠於萬里。

案意林引廷作庭，古字通用。記纂淵海八引下文亦作庭。

十日而君不聞。

案意林引『不聞』作『不知。』下文『一月而君不聞，』亦作『不知。』

期年而君不聞。

案記纂淵海引『期年』作『周年。』

過與不及也，

案也字涉上下文而衍。治要引此正無也字。

勇而不義傷兵。

案朱本勇上有故字。

生於不正。

趙本於作而。戴望云：宋本而作於，是。

案朱本亦作於，治要引同。

倍法而治。

案治要引倍作背，古字通用。

賢人不至謂之蔽。

案朱本至作臣，蓋涉下文『忠臣不用』而誤。下文『爲賢者之不至，』與此相應。

上文亦作『賢人不至。』

忠臣不用謂之塞。

孫星衍云：羣書治要引用作至。

案治要引用作至，蓋涉上文『賢人不至』而誤。上文亦作『忠臣不用。』

從情之所好者也。

案治要無者字。

兵法第十七

金所以坐也。

劉師培云：玉海百四十一引坐作造。

案記纂淵海八十引坐亦作造。

大匡第十八

與夫人皆行。

戴望云：元刻皆作偕。

案朱本亦作偕。

不畏惡親聞容，昏生無醜也。

戴望云:『「聞容」當爲「閔咎,」廣雅釋詁:「閔,加也。」』

案容爲咎訛,良是;聞非誤字,聞猶問也,(晏子春秋內篇雜上:『曾子以聞孔子。』家語子貢問篇聞作問;莊子天地篇:『願聞聖治。』釋文引司馬彪本聞作問;荀子堯問篇:『不聞即物少至。』楊倞注:『聞,或爲問。』皆聞、問古通之證。)『聞咎』即『問咎,』下文『魯人告齊曰』云云,正所謂『問咎』也。『昏生』疑本作『昏主,』主、生形近,又涉上下文彭生字而誤也。

二月,魯人告齊曰,

案朱本無齊字。

使魯殺公子糾。

案朱本魯下有人字。

將胥有所定也。注:胥,待。

趙本、朱本胥並作胥,注同。戴望云:宋本『將胥』二字作『胥胥。』

案胥,當從趙本、朱本作胥,注同。胥,俗作胥,因誤爲胥耳。宋本將亦作胥,則又涉胥字而誤也。

君果弱魯君,

案朱本作『若魯弱於君。』

今君齗封亡國,

案朱本齗作近。

諸侯之禮。

戴望云:元刻諸上有請字。

案朱本亦有請字。

遇山戎。

劉師培云:書鈔一百十四引遇作過,與安井衡纂詁所引古本合。

案朱本亦作過,遇卽過之形誤。安井衡所引古本,大都與朱本合。

食其委。

戴望云:宋本其作以,是。

案朱本亦作以。其字涉上文『養其馬』而誤。

耕者農農用力。

王念孫云：『此文內多一農字，後人所加也。「耕者農用力，』此農字非謂農夫，廣雅曰：「農，勉也。」言耕者勉用力也。下文云：「耕者用力不農。」亦謂用力不勉也。』

案『農農用力，』即『勉農用力，』非多一農字。下文本作『用力不農農，』即『用力不勉農』也。今本下文脫一農字，(說詳後。) 王氏不知，因誤謂此文多一農字耳。

三大夫既已選擧，

案朱本擧作得，疑涉上『得二、』『得一』字而誤。

上而見之於君。

戴望云：宋本無之字。

案朱本亦無之字。

用力不農，不事賢。行此三者，有罪無赦。

孫星衍云：『不事賢行，』御覽八百二十二引作『農不事賢行。』後人因上句『用力不農，』疑衍農字删之，非也。

案御覽引『不事賢』上有農字，(鮑刻本農作事，涉『不事』字而誤。) 是也。惟農字當屬上絕句。行字屬下爲句。孫讀失之。此言『用力不農農，』上言『農農用力，』文可互證。『不農農，』即『不勉農，』(詳上。) 與『不事賢』對言。賢，財也。上文『事賢多，』亦謂『事財多』也。說文：『賢，多才也。』才與財同。(段注本改才爲財。)

工賈出入不應父兄，

案朱本『不應』下有於字，與上文一律。

中匡第十九

而后必有廢也。

戴望云：宋紹興本廢作發。

案朱本亦作發。

昔三王者旣弒其君。

案朱本弒作試，古字通用。

小匡第二十

不可棄其父母。

案治要引作『不可以弃其父母。』

君何不殺而受之其屍？

孫星衍云：左氏（莊九年）正義引受作授，無之字。

案朱本受亦作授。

是君與寡君賊比也。

戴望云：左氏正義引『寡君』下有之字，元刻同。

案朱本亦有之字。

於是魯君乃不殺。

戴望云：宋本是下有乎字，左氏正義同。

案朱本亦有乎字。

願以顯其功。注：願君試用管仲，以顯其定齊之功。

戴望云：宋本願作顧。

案朱本亦作顧，注同。

而百姓可御。

案朱本御下有矣字。

三鄉一帥。

案朱本三作五。

毋有淫泆者。

趙本泆作佚。戴望云：宋本作泆。

案朱本亦作泆。

且昔從事於此，

案朱本昔作暮，下同。齊語同。

其秀才之能爲士者，注：農人之子有秀異之材可爲士者。

案朱本才作材，與注合。

相示以功，相陳以巧。

戴望云：元刻作『相示以巧，相陳以功。』與齊語同。

案朱本功、巧二字亦互易。

民心未吾安。

案朱本無吾字。

禍福相憂。

戴望云：元刻無福字。

案朱本亦無福字。

乃召而與之坐。

戴望云：宋本乃作迺。

案朱本亦作迺。

聰明賢仁。

案趙本、朱本賢並作質。

事已成矣。

戴望云：宋本成作定。

案朱本亦作定。

桓公曰：甲兵大足矣。

戴望云：宋本別行。

案朱本亦別行。

管子對曰，

趙本作管仲。戴望云：宋本作管子。

案朱本亦作管子。

渠彌於有陼。

趙本作『河陼。』王念孫云：當依齊語作『有陼。』

戴望云：宋本作『有陼，』與齊語同。

案朱本亦作『有階。』

中國諸侯，

趙本作『中諸侯國，』戴望云：宋本、元本作『中國諸侯，』此誤倒。

案朱本亦作『中國諸侯。』

龍旗九游。

戴望云：宋本旗作旂。

案朱本亦作旂。

於是又大施忠焉。

案朱本忠作惠。

通齊國之魚鹽東萊。

案朱本『魚鹽』下有于字。

教大成。

戴望云：宋本教下有之字。

案朱本亦有之字。

偃五兵。

戴望云：朱本作『隱五刃。』

案朱本『偃五兵，』同，戴氏失檢。

度義光德，

案朱本義作儀。

升降揖讓，進退閑習，辨辭之剛柔，

案治要、長短經一引此並無『辨辭之剛柔』五字，呂氏春秋勿躬篇、新序雜事四亦並無此五字。

墾草入邑，辟土聚粟多衆，盡地之利，

案治要、長短經引『辟土聚粟』上並無『墾草入邑』四字，下並無『多衆』二字。韓非子外儲說左篇、呂氏春秋、新序皆無『多衆』二字。

不撓富貴，

案治要引『富貴』二字倒。

則五子者存矣。

孫星衍所據本存作在，云：呂氏春秋在作足。

兪樾云：當依呂氏春秋作『則五子者足矣。』

案韓非子、新序存並作足。長短經引矣作焉。

夷吾在此。

案長短經引夷吾上有則字。

霸形第二十二

有貳飛鴻而過之。

案朱本、諸子彙函本貳並作二。

非唯有羽翼之故，是以能通其意於天下乎！

洪頤煊云：『非唯有羽翼之故，』案文義，不應有非字。藝文類聚（九六）、御覽（九一六）引俱無非字。

案『非唯有羽翼之故，是以能通其意於天下乎！』意卽謂『唯有羽翼之故，是以能通其意於天下也。』非字不當無。藝文類聚、御覽引此俱無非字，蓋妄刪；或誤脫，不足據。

寡人之有仲父也，

張佩綸云：治要、類聚、御覽『有仲父』下均無也字。

案北堂書鈔四九、記纂淵海九七引此亦並無也字。

則必從其本事矣。

丁士涵云：『本事』之事，涉上文『大事』而衍。元本作『從其事，』亦非。

案朱本亦作『從其事。』

桓公親管子曰，

戴望云：元刻親作視。

案趙本、諸子彙函本『親管子』並作『視管仲。』朱本親亦作視。

楚取宋、鄭而不止禁。

案止字朱本同。趙本、諸子彙函本並作知。

覇言第二十三

大本而小摽。注：摽，末也。

案趙本、朱本摽並作標，注同。標、摽正、假字。說文：『標，木杪末也』

重而凌節者復輕。

戴望云：宋紹興本凌作陵。

案朱本亦作陵。

因其大國之重。

案朱本無其字。

夫神聖視天下之刑，

案朱本刑作形。

問第二十四

令守法之官日，

王念孫云：日當爲曰，字之誤也。『令守法之官曰』爲句。

案王說是也，朱本日正作曰。

戒第二十六

公亦固情謹聲以嚴尊生。

案意林引亦作但。

靜然定生，聖也。

案然疑默之誤，莊子外物篇：『靜然可以補病。』文選江文通雜體詩注引作『靜默，』然亦默之誤，與此同例。

夫唯有羽翼以通其意於天下乎！

案夫，當從覇形篇作非。涉上文『今夫』字而誤也。

以德予人者謂之仁。以財予人者謂之良。

案莊子徐无鬼篇仁作聖，(列子力命篇作聖人。)良作賢。(列子作賢人。)

必則朋乎！

案朱本作『必隰朋乎！』

居公門不忘其家。

案記纂淵海五四引居作在。

鮑叔之爲人，

案朱本人下有也字，下文『孫在之爲人』下亦有也字。據此，則下文『寧戚之爲人』下亦當有也字，文乃一律。

故公死七日不歛，九月不葬。

陶鴻慶云：『「七日」當作「六十七日，」兩不字當作而。僖公十七年左傳：「冬十月乙亥，齊桓公卒。十二月乙亥，赴。辛巳夜，殯。」杜注云：「六十七日而殯。」史記齊世家：「桓公尸在牀上六十七日，尸蟲出於戶。」故此云「六十七日而歛」也。春秋經十有七年：「冬十二月乙亥，齊侯小白卒。」次年：「秋八月丁亥，葬齊桓公。」相距九月，故此云「九月而葬」也。傳寫奪「六十」二字，後人輒改兩而字爲不。然諸侯正禮，五日而歛，五月而葬，不當以「七日不歛，九月不葬」爲異也。足明其誤。』

案『七日不歛，』劉師培亦疑七上挩『六十』兩字，惟未言不當作而。據淮南子精神篇高誘注：『桓公卒，五公子爭立，六十日而殯，蟲流出戶。五月不葬。』所謂『六十日而殯，』乃擧大數言之，亦可證成陶說。諸侯正禮，五月而葬。高注之『五月不葬，』乃對正禮而言，明其不以時葬也。據春秋經，則此文之『九月不葬，』自當從陶說作『而葬』矣。

君臣上第三十

以勞授祿，

案授字朱本同。趙本作受。

人臣也者，

案朱本『人臣』二字倒。

寖久而不知，

趙本寖作寖。戴望云：宋本寖作寖。

案朱本亦作寖。

其大者有侵偪殺上之禍。

戴望云：宋本殺作弒。

案朱本亦作弒。

君臣下第三十一

明君之道。

戴望云：元本道下有也字。

案朱本亦有也字。

此宮亂也。

案長短經二(孫星衍誤爲十二)引『宮亂』作『家亂。』下文『家亂』作『宗亂。』

庶有疑適之子，

案治要、長短經適並作嫡。

小稱第三十二

毋患人莫已知。

案治要引毋作無。下文『可毋愼乎！』毋亦作無。

不能以爲可好。

戴望云：宋本無可字。

案朱本亦無可字。

仲父之病病矣。

戴望云：當依呂覽知接篇作『仲父之疾病矣。』

案作『病病矣，』亦自可通。莊子徐无鬼篇、列子力命篇並作『仲父之病病矣。』(元本、世德堂本列子下病字並作疾，非。)晏子春秋內篇諫上：『寡人之病病矣。』亦同例。

夫易牙以調和事公，

孫星衍云：羣書治要引和作味。

案治要引和作味，味乃咊之誤，咊、和古、今字。淮南子齊俗篇：『煎敖燎炙，齊和萬方。』今本和誤味，(王念孫有說。）與此同例，淮南子精神篇：『桓公甘易牙之和，』與此和字同旨。

於是烝其首子而獻之公。

孫星衍云：『首子』當作『子首，』韓非子難一篇宋本作『子首』

戴望云：治要『首子』作『子首，』韓子難篇同。今本誤倒。

案治要引作『子首，』乃『首子』之誤倒。道藏本、趙用賢本韓非子二柄篇、十過篇、難一篇及淮南子主術篇、精神篇高誘注皆作『首子。』宋本韓非子作『子首，』亦『首子』之誤倒。(說詳韓非子斠證二柄第七。）不足據。

吾何面目以見仲父於地下。

戴望云：宋本無於字。

案朱本亦無於字。

四稱第三十三

固其武臣，

案朱本其作大，蓋涉上文兩大字而誤。

仲父已語我其善，

案朱本已作以。

不諱其辭。

趙本諱作毀，戴望云：宋本作『不諱。』

案朱本亦作『不諱。』

迷或其君。

戴望云：宋本或作惑。

案朱本亦作惑。

侈靡第三十五

好禮樂而如賤事業。注：末業，常人貴之，賢人賤之。今則賢者之好禮樂，如常人貴末業。

案『事業』本作『末業，』注文可證。

故嘗至味。

戴望云：宋本至作致。

案朱本亦作致。

毋仕異國之人，

案朱本仕作事，事、仕古通。詩小雅四月：『盡瘁以仕。』箋：『仕，事也。』大雅文王有聲：『武王豈不仕？』傳：『仕，事。』並其證。

故雖有聖人惡用之！

戴望云：宋本無有字。

案朱本亦無有字。

任之以事，因其謀。

戴望云：元刻因上有而字。

案朱本亦有而字。

重不可起輕。

案輕字當屬下『重有齊』爲句。朱本不誤。（趙本衍一輕字，戴氏校正已言之。）

國雖弱，令必敬以哀。

丁士涵云：哀當是愛字之誤。

案哀、愛古通，禮記樂記：『肆直而慈愛者，』鄭注：『愛，或爲哀。』卽其證。本書形勢篇：『見哀之役，幾於不結。』（今本役誤役。）亦以哀爲愛，（詳王念孫說。）與此同例。丁說非也。

然後移商人於國。

案朱本人作入。

智運謀而雜橐刃焉。

趙本上方校語云：雜，一作離。

案作離，義不可通，離卽雜之誤。雜、離形近，往往相亂，莊子繕性篇：『離道以善。』淮南子俶眞篇離誤雜；淮南子兵略篇：『故羣居雜處，』日本古鈔卷子本雜誤離。並其證。

分其多少，以爲曲政。

案注：『隨其多少，委曲爲政。』疑正文本作『以曲爲政。』

周、鄭之禮移矣。

案朱本無此句。

心術上第三十六

掃除不絜，神乃留處。

戴望云：『宋本乃作不，丁(士涵)云：「當從宋本，下文云：不絜，則神不處。」』(俞樾說同。)

案朱本乃亦作不。

去智與故，注：故，事也。

案故猶巧也，淮南子俶眞篇：『不以曲故是非相尤。』注：『曲故，曲巧也。』主術篇：『上多故則下多詐。』注：『故，巧也。』並其證。韓非子揚搉篇：『去智與巧。』故正作巧。尹注非。

心術下第三十七

是故曰：無以物亂官。

戴望云：元本無是字。宋本無作毋。

案朱本亦無是字。無亦作毋。

是故聖人一言解之，上察於天，下察於地。

王念孫云：『一言解之，』當依內業篇作『一言之解。』解與地爲韻。

案王說是也。淮南子原道篇：『一之解，際天地。』卽本管子，亦可證此文『解之』二字誤倒。察、際古通。

白心第三十八

建當立有，

王念孫云：當當爲常，有當爲首，皆字之誤也。下文『非吾當，』當字亦當爲常。

案王氏謂有爲首之誤，是也；惟當、常古通，則無煩改字。晏子春秋外篇重而異者第七：『則虞、夏當存矣。』明活字本當作常；荀子榮辱篇：『是又人之所常生而有也。』記纂淵海六一引常作當；淮南子原道篇：『曲因其當。』文子道原篇當作常；文子道德篇：『故聖人常聞禍福所生而擇其道。』唐寫本常作當；本書版法解：『惡不公議而名當稱。』朱本當作常，皆其比。

故曰：功成者隳。名成者虧。故曰：孰能棄名與功，而還與衆人同？

案下『故曰』二字疑涉上『故曰』二字而衍，上文『故曰：有中有中。孰能得夫中之衷乎？』與此文例同。

洒乎天下滿。注：風之洒散滿天下也。

趙本洒作灑，戴望云：宋本作洒。

案朱本亦作洒，與注合。

滿盛之國，不可以仕任。注：滿盛則敗亡，故不可任其仕也。

王念孫云：『任卽仕字之誤，今作「仕任」者，一本作仕，一本作任，而後人誤合之也。尹注云：「不可任其仕。」則所見本已衍任字矣。』

案任似非仕字之誤，『仕任』疑『任仕』之誤倒。注云：『不可任其仕。』是正文本作『不可以任仕』矣。仕與事同，記纂淵海五二引注作『不可任其事。』是也。

水地第三十九

目之所以視，

案朱本無以字。

欲小則化如蠶蠋。

案文選張平子西京賦注、御覽九二九、事類賦注二八、記纂記海九九引此皆無化字。

欲大則藏於天下。

案記纂淵海引作『欲大則極天地。』

欲上則凌於雲氣。注：尙，上也。

案御覽引作『欲上則陵雲。』事類賦注、記纂淵海並引作『欲上則凌雲。』陵、凌古通。朱本上作尙，與注合。

欲下則入於深泉。

孫星衍云：太平御覽、事類賦注引作『欲沈則伏泉。』

案記纂淵海亦引作『欲沈則伏泉。』

戴黃蓋。

戴望云：宋本戴作載。

案朱本亦作載。

秦之水泔㝡而稽。注：最，絕也。

俞樾云：宋本㝡作最。

案朱本亦作最，與注合。

故其民閒易而好正。

孫星衍云：困學紀聞（十）引閒作簡。

戴望云：意林引閒作簡，元刻同。

案朱本亦作簡。

四時第四十

是故春行冬政則雕。注：肅殺之氣乘之，故雕落也。

戴望云：宋本雕作彫，案彫、雕皆凋借字。

案朱本亦作彫，注同。

行夏政則欲。

案朱本欲作燠。

五政苟時，

孫星衍云：白帖二引作『順時。』

案記纂淵海二亦引作『順時。』

居不敢淫佚。

戴望云：宋本居下有而字。

案朱本亦有而字。

圉小辯。闘譯認。注：小辯則利口覆國。

案朱本辯作辨，注同。辯、辨古通。趙本認作踞，朱本與此本同。

趣聚收。

劉師培云：初學記三、事類賦注五並引趣作趍。

案記纂淵海二亦引作趍。

修牆垣。

案初學記三、事類賦注五、記纂淵海皆引作『修垣牆。』

周門閭。

孫星衍云：初學記、太平御覽(二四)、事類賦注俱引作『謹門閭。』

案記纂淵海亦引作『謹門閭。』

五政苟時，五穀皆入。

案初學記、記纂淵海引苟並作敬，入下並有也字。

五行第四十一

昔者黃帝得蚩尤而明於天道，

案北堂書鈔四九、初學記九、御覽七九引於皆作乎，下五於字亦皆作乎。

作五聲以政五鍾。

案御覽五七五引政作正。

然后作立五行以正天時。

案記纂淵海一引『天時』作『天命。』

順山林，

案朱本順作愼，古字通用。

贖蟄蟲卵菱。

案朱本卵作卯。

亡傷繈葆。

案葆字朱本同。趙本作褓。

九變第四十四

不然，則上之教訓習俗慈愛之於民也厚，無所往而得之。

戴望云：御覽（二百七十）引此文也字在『得之』下。

案御覽引民下有也字，『得之』下亦有也字，非引也字在『得之』下也。通典一四八引『得之』下亦有也字。

任法第四十五

不思不慮，不憂不圖。

案朱本無此八字。

百官伏事者，

案伏字朱本同，趙本作服。古字通用。

羣臣修通輻湊，以事其主。

張文虎云：『修通』疑『循道』之誤。

案『修通』非誤字，韓非子難一篇：『百官脩通，羣臣輻湊。』（又見淮南子主術篇、文子上仁篇。王念孫有說。）正同此例，張說非也。

皆虛其匈以聽其上。

案朱本下其字同。趙本作於。

明法第四十六

不一至於庭。

案記纂淵海五四引不上有而字。

治國第四十八

而亂國必貧。

案必字朱本同。趙本作常。

民無所游食則必農。

戴望云:農上當脫事字,下文可證。

案商君書墾令篇:『民無所於食則必農。』與此句法同。戴說非也。

捨本事而事末作,

案朱本捨上有民字。

故逃徙者刑,注:謂有刑罰。

案朱本刑上有有字。據注,疑正文本有有字。

人主之大務。

案朱本主作生。

內業第四十九

被道之情,

張佩綸云:被當作彼,字之誤也。

案趙本、朱本、諸子彙函本皆作彼。

凡道無根無莖,

案朱本凡上有故字。

神明之極,照乎知萬物。

洪頤煊云:照與昭通,乎字衍。

案朱本照正作昭。

摶氣如神,萬物備存。能摶乎!

戴望云:摶皆摶字之誤,說見立政篇。

案朱本、諸子彙函本摶並作摶。下文『一意摶心,』亦並作摶。

大充傷而形不臧。

案朱本臧作藏，古字通用。

封禪第五十

七十二家。

劉師培云：一切經音義二十一引『七十二』作『七十有二。』

案一切經音義引此作『有七十二家。』劉氏失檢。記纂淵海七七引家作塚，未知何據。

帝佶封泰山，

案趙本、朱本佶並作嚳，記纂淵海引同。

小問第五十一

以共其財。

戴望云：宋本財作材。

案朱本亦作材。

傅馬棧最難。

案意林引傅上有惟字。

直木毋所施矣。

案意林引直上有則字，下文『曲木亦無所施矣。』曲上亦有則字。

祝鳧巳疵獻胙。

戴望云：『尹注云：「祝，祝史。鳧疵，其名也。」則正文當作「祝鳧、祝疵，」故以「祝，祝史。」總釋兩祝字也。今作巳者，祝之壞字耳。』

案朱本注作『祝，祝史。鳧巳疵，其名也。』是也。此本及趙本注並脫巳字，戴氏不知，遂妄謂正文巳爲祝之壞字矣。

瞋目而視祝鳧巳疵。

趙本『瞋目』作『瞑目。』王念孫云：『瞑目』當爲『瞋目。』

戴望云：宋本作『瞋目。』

案朱本亦作『瞋目。』

祝鳧已疪授酒而祭之。

案朱本授作受。

眗眗乎何其孺子也！

戴望云：宋本無何字。

案朱本亦無何字。據下文，當有何字。

甯戚應之曰：浩浩乎！

戴望云：『元刻此句下有「育育乎」三字。丁云：「當據元刻補。」』

案朱本此下亦有『育育乎』三字。

七臣七主第五十二

張文虎云：據篇中『七主』在前，『七臣』在後，則篇題臣、主二字當互易。

案諸子彙函本正作『七主七臣。』

呼嗚美哉，成事疾！

戴望云：元本『呼嗚』作『嗚呼。』

案朱本亦作『嗚呼。』

秋毋赦過，

戴望云：宋本毋作無，與上下文同。

案朱本亦作無。

吏民規矩繩墨也。

案朱本吏作使，吏與使同。金文吏、使同字。

上多喜善賞，不隨其功。

戴望云：元刻賞下有而字，是。

案朱本亦作『而不隨其功。』

故有百姓無怨於上。

案有疑其之誤。古書中有、其二字往往相亂。

禁藏第五十三

夫冬日之不濫，非愛冰也。

孫星衍云：意林、太平御覽二十二、又三百九十五引濫作盥，冰作水。

案記纂淵海五七引濫亦作盥，冰亦作水。

爲不適於身、便於體也。

戴望云：御覽引便上有不字。

案記纂淵海引便上亦有不字。

於以養老長弱，

案朱本弱作幼。

行法不道，

戴望云：宋本行作刑。

案朱本亦作刑。

遠之不能勿忘。

案朱本忘作惡。

就彼逆流，

孫星衍云：意林引作『衝波逆流。』

案朱本彼亦作波。

薤笠以當盾櫓。

洪頤煊云：『薤當作菹，注云：「取薤澤草以爲笠。」』字亦作菹。

案洪說是也，朱本薤正作菹，注同。

振孤獨。

戴望云：宋本振作賑。

案朱本亦作賑。

夫敘鈞者，所以多寡也。注：敘鈞，謂敘比其鈞平。

戴望云：元本、劉本敘作錣。

案朱本亦作錣，注同。

權衡者，所以視重輕也。

案記纂淵海三引『重輕』作『輕重。』

一曰：視其所愛，以分其威。注：令敵國之所愛者各權，則其威分也。

戴望云：元本威下有權字。

案朱本亦有權字，疑涉注文而衍。

一人兩心，其內必衰也。

案也字涉注『故內衰也』而衍。

臣不用，其國可危。注：臣既不爲君用力，故其國可危。

案用下疑本有力字，注文可證。

入國第五十四

入國四旬，五行九惠之教。

案北堂書鈔三九引教作政。

桓公問第五十六

齊桓公問管子曰，

戴望云：宋本作管仲。

案朱本亦作管仲。

以觀人誹也。

戴望云：類聚（十一）人作民。

案治要亦引作民。

度地第五十七

人君天地矣。

案朱本矣作也。

閱具備水之器。

戴望云：元刻具作其，是也。

案朱本亦作其。

籠函板築各什六。

戴望云：函，臿字之譌。宋本正作臿。

案朱本亦作臿。臿、臿正、俗字。

暑雨止。

案朱本雨作氣。

實廥倉。

案朱本廥作廩。

終歲以毋敗爲故。

趙本故作固，戴望云：宋本作故，元本作效。

案朱本亦作效。

地員第五十八

七八五十六尺而至於泉。

兪樾云：宋本作『八七五十六尺。』（戴望說同。）

案朱本亦作『八七五十六尺。』

徙山十九施，

趙本、諸子彙函本並作徙山，戴望云：宋本作徙山。

案朱本亦作徙山。

其草如茅與走。

洪頤煊云：走疑蓬字之譌。

王紹蘭注云：走蓋疌之壞字，疌即萐之省文。

丁士涵云：走疑莞字誤。

案走疑芻之聲誤。

各有草土。

戴望云：元本土作木。

案朱本亦作木。

乾而不搈。注：搈謂堅礜也。

案朱本搈作格，注同。

莖葉如扶櫄。注：扶櫄，亦草名。

戴望云：宋本扶作扶。

案朱本亦作扶，注同。

猶土之次曰五壯。

戴望云：宋本作『五弘。』

案朱本亦作『五弘，』下同。

弟子職第五十九

衣帶必飭。

案飭字朱本同，趙本作飾。

所求雖不在，

戴望云：朱本在作得。

案注：『求雖不得，』是正文在本作得。

形勢解第六十四

故家事辦焉。

戴望云：宋本辦作辨。

案朱本亦作辨。

乘於水則神立，失於水則神廢。

案御覽九二九、記纂淵海九九引此並無兩於字。『乘水則神立，失水則神廢。』與下文『得民則威立，失民則威廢。』句法一律。

莫不欲利而惡害。

案治要引害下有也字。

則禁止。

案治要引止下有矣字。

則民循正。

戴望云：元本循作脩。

案朱本亦作脩，脩乃循之誤。

天下畔之。

案畔字朱本同，趙本作叛，古字通用。下文『則民離畔而不聽從。』朱本畔字亦同，趙本亦作叛。

舉事而有禍。

戴望云：元本無而字。

案朱本亦無而字，蓋誤脫也。『舉事而有禍，』與上文『舉事而有福。』句法一律。

如曰：犧牲珪璧，不足以享鬼。

戴望云：鬼下脫神字，元本有。

案朱本亦有神字。

方圜曲直，

案藝文類聚七一、記纂淵海三引圜並作圓。下文『以規矩爲方圜則成。』朱本亦作圓。

非斲削也。

孫星衍云：藝文類聚（七一）引作『非斤刀也。』

案藝文類聚引此仍作『非斲削也。』（與形勢篇同。）孫氏失檢。（戴望說與孫同，亦失檢。）

雖召之而民不來也。

案治要引不上有可字。

故曰：唯夜行者獨有之乎！

戴望云：元本乎作也，與本篇合。

案朱本亦作也。

故曰：舉長者可遠見也。

戴望云：元本見下有者字。

案朱本亦有者字。

海不辭水，故能成其大。山不辭土石，故能成其高。

戴望云：『元本無石字，丁云：「山不辭土，」與「海不辭水」對文，文選三引亦皆無石字，意林同。』

案記纂淵海七引大作深，六、六十引高並作大。史記李斯列傳亦云：『太山不讓土壤，故能成其大。河海不擇細流，故能就其深。』索隱引此文山上有泰字，亦與李斯列傳合，泰與太同。朱本無石字，與元本合。

則臣不知於爲臣之理以事其主矣。

戴望云：元本無於字。

案朱本亦無於字。

故曰：父不父，子不子。

戴望云：元本子上有則字。

案朱本亦作『則子不子。』

故能長守貴富，

案治要引『貴富』作『富貴。』

則國非其國而民無其民也。

戴望云：元本無作非。

案朱本亦作非，治要引同。

莫知其舍之也。

戴望云：元本舍作釋。

案朱本亦作釋，古字通用。

故明王之動作雖異，

案王當作主，上下文皆作『明主。』(上文『明主之動靜得理義，』下文『明主與聖人謀，』朱本主亦並誤王。)

故曰：萬事之任也，異起而同歸。

王念孫云：形勢篇作『萬事之生也，異趣而同歸。』是也。生、任，趣、起，皆字形相近而誤。

戴望云：元本起作趣。

案朱本亦作趣。

爲天下僇者，

案治要引僇作戮，同。

則小可爲大，賤可爲貴。

案治要引可下並有以字。

雖大必削。

戴望云：元本作『雖成必敗。』

案朱本亦作『雖成必敗。』

後必相咄。

孫星衍云：意林引咄作吐。

戴望云：宋本咄作吐。

案作吐是。一切經音義五二引蒼頡篇：『吐，棄也。』『相吐』猶『相棄』也。咄乃吐之誤，隸書出或省作士，與土形近，故土、出往往相亂。漢書外戚傳：『必畏惡吐棄我，』漢紀吐誤咄，正同此例。

明主不用其智，而任聖人之智。

戴望云：中立本聖作衆。

案下文『故以聖人之智思慮者，無不知也。』卽承此『任聖人之智』而言，中立本聖作衆，涉下『任衆人之力』而誤，不足據。

能自去而因天下之智力起，

戴望云：元本無起字，此誤衍。

案朱本亦無起字，蓋涉上文『以衆人之力起事者』而衍。

則醜恥而人不信也。

戴望云：元本則下有身字。

案朱本亦有身字，是也。『則身醜恥而人不信也，』與上文『則天下乖亂而民不親也』對言。

而有親心焉者，

案治要引而下有皆字。

使人有理，遇人有禮。

案朱本作『使人有禮，遇人有信。』下文『遇人不信，』正對此『遇人有信』而言。

此不可復之行。

案治要引行下有也字。

立政九敗解第六十五

甲弊兵彫。

案朱本作『甲兵弊彫。』

必不勝也。

戴望云：宋本作『必不能勝也。』

案朱本不下亦有能字。

人君唯無好全生，

戴望云：宋本無作毋，下皆同。

案朱本亦作毋，下皆同。

然則賢者不為下，

戴望云：元本下作力。

案朱本亦作力。

版法解第六十六

成事以質。

案朱本質誤貭，下同。

則必有崩阤堵壞之心。

案朱本阤作弛，壞誤壞。

愛施所設。

戴望云：元本作『愛施所施設。』

案朱本設上亦有施字，蓋涉上施字而衍。

故曰：備長存乎任賢。

戴望云：元本存作在。

案朱本備誤脩，存亦作在。

惡不公議而名當稱。

趙本上方校語云：『當，一作常。』案朱本亦作常。

明法解第六十七

貴臣不得蔽賤。

案朱本蔽下有其字。

私術者，

戴望云：元本作『利術。』

案利乃私之形誤，下文『法廢而私行，』即承此私字而言。

疏遠鬲閉而不得聞。

案朱本鬲作隔，下文『能鬲君臣之間，』亦作隔。隔、鬲正、假字。

夫賞功誅罪，

案治要引罪下有者字。

則害禾穀。

案記纂淵海五十引穀作稼。

以法量功，

戴望云：元本作『以法賞功，』與『以法誅罪』對文。

案朱本量亦作賞。

所以得短長之情也。

趙本『短長』作『長短。』戴望云：朱本作『短長，』御覽資產部十引亦作『短長。』

案朱本及御覽所引與此本合。治要亦引作『短長。』

是故忘主死佼以進其譽。

戴望云：宋本死作私。

案朱本亦作私。

而除主之所惡者，

案治要引者下有也字。

家與家務相益，

丁士涵云：元本無『與家』二字。

案朱本亦作『家務相益。』

小臣持祿養佼，

孫星衍云：明法篇佼作交。

案韓非子有度篇亦作交。

故以戰功之事定勇怯。

孫星衍云：治要引功作攻。

案朱本亦作攻。

專任法不自舉焉。

案朱本不上有而字。

明理義以道其主。主無邪辟之行，

趙本辟作僻。戴望云：元本理作禮，僻作辟。

案朱本與元本同。治要引道作導，辟作僻。

巨乘馬第六十八

君過春而不止，

案君，當從朱本作若。若、君形近，又涉上『今君』字而誤。

穀失於時，

戴望云：元本於作其。

案朱本亦作其，於猶其也。

而織歸於府者，

戴望云：元本織作功。

案朱本亦作功。

海王第七十二

此其大曆也。注：曆數。

案通典十引曆作歷，注同。作歷是故書。

人數開口千萬也。

趙本開作問，孫星衍云：問，當依宋本作開。揆度篇俱作『開口。』通典十引亦作『開口。』

案朱本亦作『開口。』

行服連軺輂者，

趙本輂作輦，王念孫云：輦，當依朱本作輂，通典引此亦作輂。

案朱本及通典所引與此本合。

讎鹽於吾國。

案朱本讎作售，通典引同，俗。

國蓄第七十三

皆以其技能望君之祿也。

案通典十二引望作冀。

夫民者信親而死利。

趙本『信親』作『親信，』戴望云：宋本夫作故，『親信』作『信親。』

案宋本與戴氏所稱宋本同。

則臣不盡其忠。

戴望云：元本臣作民。

案盡忠當指臣言，趙本、朱本及通典引此臣字皆同。元本作民，民卽臣之形誤。韓非子揚權篇：『毋使臣比周，同欺其上。』亡徵篇：『公壻公孫，與臣同門。』今本臣並誤民，(詳韓非子斠證揚權第八。)與此同例。

貧則不可以罰威也。

案通典引『罰威』作『威罰，』鹽鐵論錯幣篇同。

利有所幷藏也。

王念孫云：藏字涉上文『穀有所藏』而衍。幷與屛同，屛卽藏也。漢書食貨志引此正作『利有所幷也。』

案朱本亦作『利有所幷也。』

然則人君非能散積聚，

案通典引非作不，輕重甲篇同。非猶不也。

夏以奉芸。

戴望云：宋本芸作耘。

案朱本亦作耘。

鍾饟糧食，

洪頤煊云：『鍾饟』當作『種饟，』漢書食貨志引此作『種饟。』山國軌篇尹注亦作『種饟糧食。』

戴望云：宋本作『種饟。』

案朱本亦作『種饟。』鍾、種古通，淮南子天文篇：『人氣鍾首，』玉燭寶典十一引鍾作種，卽其比。

是故民無廢事，

案通典引民作『人君。』

彼人君守其本委謹，

戴望云：宋本守作收。

案通典彼作使。朱本守亦作收。(注：『但嚴守利途，』守亦作收。)

列陳係纍獲虜。

案係字朱本同。趙本作繫。

玉起於禺氏。

案通典八引玉上有夫字。地數篇亦有夫字。

山國軌第七十四

不陰據其軌，皆下制其上。

戴望云：元本皆作者。

案朱本亦作者，屬上讀。

此若言何謂也？

案若字疑涉下文『若干』字而衍。

未淫失也。

戴望云：元本失作泆。

案朱本亦作泆。泆疑泆之誤，泆、失古通。

上且脩游人出若干幣。

趙本上方校語云：一本作『上且隣循。』

案朱本亦作『上且隣循，』下文『鄰縣』字朱本並作隣，隣字蓋涉下文而衍，循乃脩之誤。

爲之有道乎？

趙本乎作予，王念孫云：予，當依宋本作于，于即乎字也。乎字古通作于，通典食貨十二徑改爲乎，義則是而文則非矣。

案通典引此作乎，與此本合。朱本亦作乎。

捍寵纍箕，勝籯屑糉。

戴望云：宋本寵作籠，糉作糗。

案朱本寵亦作籠，糉亦作糗。

夏十日不害芸事。

戴望云：宋本芸作耘。

案朱本亦作耘。

以幣貲金。

戴望云：元本貲作貨。

案朱本亦作貨。

山權數第七十五

請聞心禁。

戴望云：宋本聞作問，是。

案朱本亦作問，聞、問古通。(例詳大匡篇。)

山至數第七十六

肥籍斂則械器不奉。

案御覽六二七引『械器』作『器械。』

則諸侯穀歸吾國矣。

戴望云：宋本歸下有於字。

案朱本亦有於字。

故諸侯服而無止。

案止字朱本同。趙本作正。

故守大夫以縣之筴。

戴望云：宋本以下有一字。

案朱本亦有一字。

狠牡以至於馮會之日。

案朱本牡作壯，壯乃壯之俗，與牡形近，故相亂耳。淮南子地形篇：『壯士之氣，御于赤天。』宋本壯作牡，亦同例。

山處之國，常藏穀三分之一。

案朱本藏下有國字，與下文句例同。

地數第七十七

夫水激而流渠，

王壽同云：渠讀當爲遽。遽，急也。

案渠猶巨也，史記蔡澤傳：『先生曷鼻巨肩。』集解引徐廣曰：『巨，一作渠。』卽渠、巨通用之證。荀子彊國篇：『是渠衝入穴而求利也。』楊倞注：『渠，大也。是『流渠』卽『流巨，』亦卽『流大』矣。

揆度第七十八

此乃財餘以滿不足之數也。

趙本無也字。戴望云：宋本有也字。

案朱本亦有也字。

使不得不用也。

趙本使作用。宋翔鳳云：宋本作使。

案朱本亦作使。

利下上之用。

戴望云：元本利作制。

案朱本亦作制，制卽利之形誤。鶡冠子泰鴻篇：『泰一者，執大同之制。』陸佃注：『制，或作利。』亦利、制相亂之例。

匹夫爲鰥。

戴望云：宋本鰥下有魚字。

案鰥下有魚字，不詞。卽涉鰥字偏旁而衍。

國准第七十九

出金山立幣，成菹丘，

張佩綸云：『出金山，』當依明十行無注本、趙本、梅本作『出山金。』成，亦當依趙本作存。

案朱本亦作『出山金立幣，存菹丘。』

輕重甲第八十

故遷封食邑，

趙本食作倉，戴望云：宋本作食。倉字誤。

案朱本亦作食。

釜鏂之數，

趙本釜作金，戴望云：宋本作釜，是。

案朱本亦作釜。

賁沸火爲鹽。

戴望云：火字誤，當依朱本作水。

張佩綸云：通典食貨十引『煮沸水，』無沸字，而有『煮海水』三字注。

案朱本作『賁水爲鹽，』有注云：『賁海水也。』與通典所引合。

彼盡饋食之也。國無鹽則腫。

王念孫云：『朱本國字在也字上，是也。尹注云：「本國自無，遠饋而食。」是其證。「無鹽則腫」自爲句。地數篇作「惡食無鹽則腫。」』

案通典引此無也字，饋作餽(注同)，『彼盡餽食之國』爲句。『無鹽則腫』自爲句。亦可證成王說。

輕重乙第八十一

天下之可得而霸。

戴望云：宋本霸作伯，下同。

案朱本亦作伯，下同。

日至日穫，

戴望云：元本下日字作而。

案朱本下日字亦作而。

千人之衆，臣能陷之。

案此上當有曰字，此軍士對管子之言也。治要引此正有曰字。下文『千人之長，臣能得之』上，亦當有曰字。

桓公惕然太息曰，

案治要引太作大。

乃誡大將曰，

案治要引誡作戒，古字通用。

子皆案困窌而不得挹損焉。

戴望云：宋本子作予，是。

案朱本亦作予。

則請重粟之價金三百。

丁士涵云：元本作『釜三百，』是也。

案朱本亦作『釜三百。』

輕重丁第八十三

寡人欲西朝天子，

案通典食貨十二引『寡人』作吾。

天下諸侯載黄金珠玉五穀文采布泉輸齊以收石壁。

王念孫云：泉當爲帛，通典食貨十二引此正作『布帛。』

案通典引載作戴，古字通用。

毌至其本。

趙本毌作毋，俞樾云：毋當作毌，古貫字。

戴望云：元本毋作每。

案俞說與此本合。朱本作每，與元本合。

上斷輪軸，下采杼粟。

趙本斷作斲，戴望云：宋本斲作斷，粟作栗。

案朱本斷字同，粟亦作栗。粟乃栗之誤，莊子山木篇：『食杼栗。』『杼栗』卽『橡栗，』杼亦作芧，（本字作柔。）莊子徐无鬼篇：『食芧栗，』說文繫傳十一引作『橡栗。』卽其證。

少者三千鍾。

案朱本千字同，趙本誤十。

受息之萌九百餘家。

案朱本萌字同，趙本作氓。

龍鬬於馬謂之陽，

戴望云：宋本謂作請。

案朱本亦作請。

表稱貸之家。注：旌，表也。

王念孫云：『表，當依宋本作旌，故尹注云：「旌，表也。」今作表者，涉注文而誤。』

案通典食貨十二引注作『表，旌也。』則正文作表不誤。其作旌者，蓋由注文誤倒作『旌，表也。』而改之耳。

以振貧病。

案振字朱本及通典所引並同。趙本作賑。

君以織籍籍於系。

戴望云：元本無下籍字。

案朱本亦無下籍字。

輕重戊第八十四

魯、梁郭中之民，

案通典食貨十二引郭作國。

明主之所以賞有功。

案主字朱本同，趙本作王。

輕重己第八十五

發號出令，

戴望云：此句下脫曰字，當依上下文例補。

案朱本正有曰字。

摟渠當脅軻。

戴望云：元本軻作軻。

案朱本亦作軻。

一九五七年三月十六日，脫稿於南港舊莊。

出自第二十九本下（一九五八年十一月）

墨子斠證

王叔岷

晉書魯勝傳稱勝注墨辯，惜僅存其敍；通志藝文略有樂臺墨子注三卷，惜其書亦不傳。清儒自乾、嘉以來，校注墨子者漸多，而以高郵王氏雜志最爲精審；至瑞安孫詒讓，覃思十載而成閒詁，尤所謂後來居上者矣。近人討治墨子者益衆，當推吳毓江氏校注，致力極勤，程功特鉅。暇時一一展讀，覺其中尙有疑義可發，餘證可補，因據道藏本斠酌羣言，條擧所見。匆遽成篇，聊備遺亡，非敢云創獲也。

親士第一

是以甘井近竭，招木近伐，靈龜近灼，神蛇近暴。

俞樾云：『四近字皆先字之誤，上文曰：「今有五錐，此其銛。銛者必先挫。有五刀，此其錯。錯者必先靡。」然則「甘井」四喩，正承上文而言。亦必是先字明矣。先，篆書作兂，近字古文作岓，篆書作𨑱，兩形相似而誤。』

孫詒讓云：『兪說是也，意林引此（靈龜近灼，神蛇近暴）二句，近正作先。莊子山木篇亦云：直木先伐，甘井先竭。』

案藝文類聚八八引淮南子：『直木先伐，甘井先竭。』（事文類聚後集二三亦引首句。今本無此文。）御覽五九引文子（符言篇）：『甘泉先竭。』（今本先作必。）亦並可爲兪說之證。

良弓難張，然可以及高入深。良馬難乘，然可以任重致遠。良才難令，然可以致君見尊。

案說郛本三然字下並有後字。

是故江河之水，非一源也。

吳毓江本『非一源也，』作『非一原之流也。』云：『據初學記第六校增「之流」二字，並據正德本改源爲原。鶡冠子道端篇曰：海水廣大，非獨仰一川之流也。』案記纂淵海五五引此作『非一源之流，』與初學記引合；六六引此作『非一源而流。』

夫惡有同方取、不取同而已者乎！

畢沅云：惡讀如烏，言聖人之與士同方相合，猶江河同源相得，烏有不取諸此而自止者！

俞樾云：『此文本云：「夫惡有同方不取、而取同己者乎！」「同方，」謂同道也。「同己，」謂與己意同也。聖人但取其與道同，而不必其與己意同。故曰：「夫惡有同方不取、而取同己者乎！」傳寫錯誤，遂不可讀。』

劉師培拾補云：上取字、下同字均疑衍文，『而已』猶云『而止。』謂不知廣取同道而自止也。

于省吾新證云：『依周、秦金石刻辭及近世發現之宋以前古籍鈔本例之，此文本應作「夫惡有同方不〻取〻同而已者乎！」上不字卽涉重文而脫。此言「夫烏有同方不取、不取同而止者乎！」上文「是故江河之水，非一源之水也。千鎰之裘，非一狐之白也。」義正相承。』

案諸說皆未審。此本作『夫惡有同方取、不同而已者乎！』今本下取字涉上取字而衍。『同方取』與『不同而已，』相對成義。方猶乃也，『而已』猶『則止。』此言『夫烏有同乃取、不同則止者乎！』如此，與上文義乃相承。

是故谿陝者速涸。

孫詒讓云：『說文：「陜，隘也。」俗作陿、狹，非。』

案說郛本、諸子彙函本陝並作狹。

脩身第二

君子察邇而邇脩者也。見不脩行，見毀，而反之身者也。

案諸子彙函本作『君子察邇而修行者也。見毀而反之身者也。』

所染第三

案舊鈔本文選袁彥伯三國名臣序贊一首注：『墨子有染性篇，言素絲入黃則黃，入蒼則蒼。』則舊本所染有作染性者。

子墨子言見染絲者而歎曰，

秋山儀云：言，恐衍。（據吳氏校注引。）

孫詒讓云：言字疑衍。

劉師培云：今考羣書治要、後漢書馮衍傳注、黨錮傳注、太平御覽八百十四所引並無言字，呂氏春秋當染篇亦無言字，則言字碻爲羨文。

吳毓江云：明萬曆甲午刻百子咀華本墨子、及呂氏春秋、羣書治要、意林、宋本蜀本太平御覽八百十四引並無言字。

案舊鈔本文選江文通雜擬詩（今本作雜體。）注、事類賦十注引此亦並無言字。又據舊鈔本文選袁彥伯三國名臣序贊注(詳上)，此文絲上疑本有素字，呂氏春秋當染篇亦有素字。

五入必，而已則爲五色矣。

畢沅云：後漢書注引作『五入之，則爲五色。』太平御覽引作『五入則爲五色。』

孫詒讓云：必讀爲畢，左隱元年傳：『同軌畢至。』白虎通義崩薨篇引畢作必，是其證。言五入畢而爲五色也。

于省吾云：緜眇閣本、子彙本，均無必則二字。

吳毓江云：必，正德本作畢，四庫本剜改作色。潛本（岷案卽子彙本）、緜眇閣本並無必、則二字。呂氏春秋作『五入而以爲五色矣。』高誘注云『一入一色。』

案事類賦注引此作『五入則爲五色。』與御覽同，蓋有刪略。說郛本作『五色畢入，則爲五色矣。』亦非此文之舊。必、畢古通，（藝文類聚八八引尸子云：『木之精氣爲必方。』御覽九五二引必作畢，韓非子大體篇：『則物不必載。』治要引必作畢，淮南子天文篇：『草木必死。』玉燭寶典五引必作畢。亦皆其比。）作必是故書。後漢書注引必作之，蓋不知必與畢同而妄改。竊疑此文本作『五入必，而已爲五色矣。』而，一本作則，傳寫因誤竄則字於已字下耳。（呂氏春秋已作以，同。）緜眇閣本、子彙本均無則字，是也；惟均無必字，則又淺人不知必與畢同而妄刪者矣。

知伯搖染於智國、張武。

畢沅云：搖，一本作瑤。

孫詒讓云：呂氏春秋當染亦作瑤。

吳毓江云：知伯搖，緜眇閣本及卷子本治要作智伯瑤。搖，潛本、寶曆本、四庫本作瑤。

案搖、瑤古通，淮南子本經篇：『是謂瑤光。瑤光者，資糧萬物者也。』文子下德篇瑤作搖，『〔桀〕爲璇室瑤臺，』高誘注：『瑤，或作搖。』楚辭九懷通路：覽察兮瑤光。』王逸注：『瑤，一作搖。』並同此例。

法儀第四

天下諸侯皆賓事之。

孫詒讓云：『廣雅釋詁云：賓，敬也。』

案『賓事』猶『服事。』爾雅釋詁：賓，服也。

七患第五

仕者待祿，游者憂反。

王念孫云：『待當爲持，「憂反」當爲「愛交，」呂氏春秋愼大篇注：「持猶守也。」言仕者守其祿，游者愛其交。皆爲己而不爲國家也。管子明法篇曰：「小臣持祿養交，不以官爲事。」晏子春秋問篇曰：「士者持祿，游者養交。」「養交」與「愛交」同意。今本持作待，「愛交」作「憂反，」則義不可通。』

孫詒讓云：羣書治要引待作持，反作佼。王校是也。佼卽交，字通。

案待借爲持，『待祿』猶『持祿，』儀禮公食大夫禮：『左人待載。』注：『古文待爲持。』荀子禮論篇：『兩者相持而長，』史記禮書持作待。並待、持古通之證。治要引此待作持，蓋一本待作持，正可以證待、持古通，不必改待爲持也。淮南子兵略篇：『靜以合躁，治以持亂。』文選陸士衡五等論注引持作待，王氏雜志以持爲待之誤，岷以爲亦當以通假字視之。

兵者，國之爪也。

案說郛本爪下有牙字。

辭過第六

就陵阜而居，穴而處，下潤濕傷民。

孫詒讓云：穴上疑挩一字。

于省吾云：下句『下潤濕傷民。』下字屬上句，讀爲『穴而處下，』於義亦通。

堂策檻本正以『穴而處下』四字爲句。

案治要引此已以『穴而處下』四字爲句。惟『穴而處下，』與『陵阜而居，』句法不一律。長短經適變篇引此仍從處字絕句。（無『下潤濕傷民』五字。）竊疑此文下字本在穴字上，『下穴』二字平列，『陵阜而居，下穴而處。』文正相儷。惟無塙證，亦未敢遽斷也。

賑孤寡。

孫本賑作振。云：舊本作賑，俗字。今據治要改。

案長短經引此亦作振。

故聖王作爲舟車，

案意林引王作人。

尙賢上第八

九州成。

蘇時學云：成與平爲韻。

案說郛本成作治，恐誤。

夫尙賢者，政之本也。

案治要引夫作故。

尙賢中第九

有一衣裳不能制也，

案說郛本衣作服，制作製。

國家之亂既可得而知已。

案既疑卽之誤。

其爲政乎天下也，兼而憎之；從而賤之。

王念孫云：『賤當爲賊，字之誤也。尙同篇：「則是上下相賊也。」天志篇：「上詬天；中詬鬼；下賊人。」非儒篇：「是賊天下之人者也。」今本賊字並誤作賤。此言桀、紂、幽、厲之爲政乎天下，兼萬民而憎惡之，又從而賊害之，非謂賤其民也。又下文「率天下之民以詬天侮鬼，賤傲萬民。」賤亦當爲賊。』

案此文及王氏所引尙同篇、天志篇、非儒篇與本篇下文諸賤字並不誤，賤借爲殘，管子樞言篇：『明其刑而賤其士者殆。』宋蔡潛道本賤作殘，晏子春秋內篇諫下第二：『皆謂吾君愛樹而賤人。』記纂淵海九五引賤作殘，莊子漁父篇：『擅相攘伐以殘民人。』道藏王元澤新傳本、趙諫議本、元纂圖互注本、世德堂本殘並作賤。皆賤、殘古通之證。殘、賊同義，說文：『殘，賊也。』則賤固不必改作賊矣。孫詒讓、吳毓江並從王說，非也。

尙賢下第十

有一罷馬不治，必索良醫。有一危弓不能張，必索良工。

案說郛本治下、張下並有也字，『良工』作『巧匠。』

尙同上第十一

故交相非是也。以內者父子兄弟作怨惡。

吳毓江本從畢本移是字於以字上（孫本同），並云：正德本『內者』作『內之。』案中篇亦作『內之。』

尙同中第十二

萬民之所便利而能彊從事焉，

案此本作『萬民之所便利能彊從事焉，』與『天鬼之所深厚而彊從事焉』對言，能、而互文。今本能上有而字，蓋淺人不知能、而同義而妄加耳。天志下篇：

『少而示之黑謂黑，多示之黑謂白。少能嘗之甘謂甘，多嘗之甘謂苦。』（據經傳釋詞引。）而、能亦互文，與此同例。

尙同下第十三

是故天下之欲同一天下之義也，

畢沅云：文選注引作『古者同天之義。』

孫詒讓云：上『天下』二字，疑當作天。

案畢氏所稱文選注，乃袁彥伯三國名臣序贊注。惟有脫文。舊鈔本三國名臣序贊注引此作『古者天子之欲同壹天下之義也。』今本此文『古者』作『是故，』蓋涉下文『是故』字而誤；惟『天子』似仍當從今本作『天下，』於義乃通，蓋涉下文諸『天子』字而誤。孫氏疑上『天下』二字當作天，朼說不足據。

則是上下相賤也。

蘇時學云：賤當作殘。或殘、賊二字各脫其偏傍。

孫本從王校（詳尙賢中篇）賤作賊。于省吾云：寶曆本正作賊。

臭本亦作賊，云：寶曆本作賊，今從之。王校同。緜眇閣本作殘，與蘇校同。

案此當從舊本作賤，賤、殘古通，殘、賊同義，詳尙賢中篇。作賊、作殘之本，皆後人所改也。

國既已治矣。

案矣字涉上文『則國必治矣』而衍。『國既已治，』與上文『家既已治，』下文『天下既已治，』句法並一律。

一目視也，

畢本視上有之字，云：舊脫之字，一本有。

臭毓江云：沈本、潛本、寶曆本、緜眇閣本並有之字。

案說郛本亦有之字。

不若二手彊也。

畢本彊上有之字，云：舊脫之字，一本有。

臭毓江云：潛本、寶曆本、緜眇閣本並有之字。

案說郛本亦有之字。

兼愛上第十四

天下之亂物具此而已矣。

吳毓江云：緜眇閣本具作其。

案諸子彙函本亦作其。具、其形近，又涉上文諸其字而誤也。

不孝亡。

吳本作『故不慈不孝亡。』云：諸本挩『不慈』二字，潛本、緜眇閣本、陳本並有。句首故字各本錯於下文『猶有盜賊乎』之下，今依王樹枬校移。

案諸子彙函本『不孝』上亦有『不慈』二字。

兼愛中第十五

天下之士君子特不識其利、辯其故也。

俞樾云：『辯其』上脫害字，下文『愛人者，人必從而愛之。利人者，人必從而利之。』是其利也；『惡人者，人必從而惡之。害人者，人必從而害之。』是其害也。

孫詒讓云：害字似不必增。

王景羲墨商云：『利字可疑，而害字必不當增。利，當爲類之聲譌；又涉上下文諸利字而改。此云：「不識其類、辯其故。」卽下非攻篇『子未察吾言之類、未明其故者也。」語意正同一例。此二語本答上文「難物迂故」之詞，並非專爲下文辯明利害而設。又此下文引晉文公、楚靈王之事，卽此所云「識其類」也；下文「君說之，故臣能爲之。」卽此所云「辯其故」也。此下一大段文字，皆申明此二句之意。』（據李笠定本墨子閒詁校補引。）

案利當爲物，『特不識其物、辯其故也，』承上文『天下之難物于故也』而言。（『物于故』猶『物與故，』于省吾有說。孫詒讓以于爲迂之借字，王景羲、吳毓江並從之，非也。惟于氏據此文，謂『物乃利之譌字，』則未深思耳！）利，古文作𥝢，與物形近，故物誤爲利耳。莊子德充符篇：『審乎无假，而不與物遷。』

天道篇物誤利，正同此例。非攻下篇：『子未察吾言之類、未明其故者也。』彼以類、故對言，此以物、故對言，其義一也。左昭九年傳：『事有其物，』注：『物，類也。』易繫辭下：『爻有等，故曰物。』疏：『物，類也。』並物、類同義之證。兪氏謂此文『辯其』下脫害字，固非；王氏謂利爲類之聲譌，亦未得也。

可謂畢劫有力矣。

孫詒讓云：『劫，於義無取。疑當爲劼之誤，廣韻十八黠云：「劼，用力也。」或當爲勁，下篇及非樂上篇並有「股肱畢強」之文，勁與強義亦同。』

案說文：『劫，人欲去以力脅止曰劫；或曰：以力去曰劫。』是劫本有用力義，無煩改字。

兼愛下第十六

又與今人之賤人，

王念孫云：今下衍人字。

于省吾云：『賤當作賊，尙賢中：「從而賤之。」「賤傲萬民。」王念孫並以賤爲賊之誤。此「賤人」寶曆本正作「賊人，」是也。下云：「執其兵刃毒藥水火以交相虧賊，」是承「賊人」爲言，若云「賤人，」「賤人」非盡爲賊者，知其不可通也。』

案『又與今之賤人，』卽『又與今之賊人。』凡本書賤字一本作賊者，皆後人所改也。賤、殘古通，殘、賊同義，（詳尙賢中篇。）故賤可通賊。荀子王制篇：『豈有肯爲其所惡、賊其所好者哉！』記纂淵海五三引賊作賤，正賤、賊通用之證。于說承王說而誤。

是以聰耳明目，相爲視聽乎？

孫本爲作與，于省吾云：與字誤，聚珍本亦作與，各本均作爲，畢本亦作爲。

案與猶爲也，例詳王氏釋詞。于說疏矣！

是以老而無妻子者，有所侍養，以終其壽。

兪樾云：『侍當爲持，古書多言「持養，」淺人不達，而改爲侍，非是。非命下篇：「下以待養百姓。」待亦當作持。』（此據孫氏閒詁引。兪氏平議此說本在下文『疾病不侍養』下。)

案下文『侍養』字屢見,侍借爲持,無煩改字。『侍養』猶『持養,』非命下篇之『待養,』亦猶『持養,』(王念孫已以『待養』爲『持養』之誤,非。)待、持古通,已詳七患篇;待、侍古亦通,禮記雜記上:『待猶君也。』注:『待,或爲侍。』莊子漁父篇:『竊待於下風。』釋文:『待,或作侍。』並其證。待可通持,亦可通侍。則侍亦可通持矣。

饑卽食之,寒卽衣之。

案子彙本卽並作則。

常使若二君者,

秋山儀云:常疑當。

蘇時學云:據上文,常宜作當。

案常、當古通,無煩改字。管子版法解:『惡不公議而名當稱。』朱東光本當作常,晏子春秋外篇重而異者第七:『則虞、夏當存矣。』明活字本當作常,荀子榮辱篇:『是又人之所常生而有也。』記纂淵海六一引常作當,文子道德篇:『故聖人常聞禍福所生而擇其道。』唐寫本常作當,(說互詳管子斠證白心第三十八。)皆其證。

以其所書於竹帛,鏤於金石,琢於槃盂,傳遺後世子孫者知之。

劉師培云:文選楊德祖答臨淄侯牋注引作『以其所獲,書於竹帛,傳遺後世子孫。』

案舊鈔本文選荅臨淄侯牋注引作『以其所書於竹帛,傳遺後子孫。』後下蓋避太宗諱省世字。

故君子莫若欲爲惠君、忠臣、慈父、孝子、友兄、悌弟,

王念孫云:『若欲爲惠君、忠臣』云云,若上不當有莫字,蓋涉上文『莫若』而衍。

案若當作不,涉上、下文若字而誤也。『莫不欲』與上文六必字相應,於義較長。莊子外物篇:『人主莫不欲其臣之忠,』『人親莫不欲其子之孝,』與此句例同。王氏謂莫字涉上文『莫若』而衍,恐非。

非攻上第十七

此何也？

案何下當有故字，與下文一律。

此何謂知義與不義之別乎！

孫本何作可，云：『可，舊本作何。畢云：「一本作可，是。」今據正。』

尹桐陽新釋云：何，可。

吳本何作可，云：潛本、緜眇閣本、陳本並作可，今從之。

案何非誤字，尹氏釋何爲可，是也。晏子春秋外篇重而異者第七：『夫何密近，不爲大利變。』治要引何作可；文子九守篇：『禍福之間，可足見也！』景宋本可作何。並何、可古通之證。此文作可之本，蓋後人不識古義所改者耳。孫、吳二氏並從之，疏矣！下文『此可謂知義與不義之辯乎！』可，原亦當作何。

非攻中第十八

今嘗計軍上

孫詒讓云：上字誤，疑當作出。

案上疑之之誤，屬下讀。之，篆作㞢，與上略近。（王闓運注本、尹桐陽新釋本上並作士，蓋臆改。）

非攻下第十九

今天下之所譽善者，

王景羲云：『譽善』當依下文作『譽義，』古文善、善篆形本相似易混。併上下文皆是義字，則作善者誤。

案下文『則是有譽義之名，』寶曆本義作善（吳毓江引），與此作善合。則善不必改作義；且善與義同義，亦不得以爲形似之誤。詩大雅文王：『宣昭義問，』傳：『義，善。』禮記緇衣：『章善癉惡，』釋文本善作義，韓非子姦劫弑臣篇：『廢正適而立不義，』（又見楚第四。）韓詩外傳四義作善，淮南子齊俗篇：『子賛讓而止善,』呂氏春秋察傳篇注引善作義,並其證。

士不分。

畢沅云:分,同忿。

案畢說是也,淮南子本經篇:『則兵革興而分爭生。』文子上禮篇分作忿,即分、忿古通之證。

婦妖宵(舊誤宥)出。

吳毓江云:宵,寶曆本作霄。

案宵、霄古通,淮南子精神篇:『甘暝太宵之宅,』文選陶淵明辛丑歲七月赴假江陵夜行塗口詩注引宵作霄,列子湯問篇:『三曰宵練。』書鈔一二二引宵作霄,並其比。

節用上第二十

凡爲衣裳之道:冬加溫、夏加凊者,芊䱉不加者去之。

畢沅云:芊䱉二字凡四見,疑一鮮字之誤。鮮,少也。言少有不加于溫凊者去之。

蘇時學云:芊䱉二字畢注作鮮,是也;或作鮮有二字亦可。

俞樾云:『芊䱉』疑當作『鮮且,』蓋鮮字左旁之魚誤移在且字左旁耳。且讀爲䱉,『鮮且』者,『鮮䱉』也。

俞正燮云:羊乃善捝,䱉乃但誤。(據閒詁引。)

孫詒讓云:俞(樾)說近是;又疑當作『華駔。』

王闓運本改『芊䱉』爲『鮮止,』從止字絕句。云:『中篇作「則止。」』

吳本從䱉字絕句,云:『芊卽羊字,羊借爲尙,䱉借爲諸,「禮記內則:『桃諸梅諸,』王肅注云:『諸,菹也。謂桃菹梅菹。』」䱉之與諸,猶菹之與諸也。「冬加溫、夏加凊者尙諸;」與「不加者去之。」一正一反,相對爲文。又或訓羊爲善,上屬爲句。䱉借爲諸,屬下讀。亦可備一義。惟不若「芊䱉」與「去之」對文爲愜適。』

案芊䱉二字當分讀,芊字屬上絕句。䱉字屬下讀。下並同。芊蓋止之誤,止與芊上半相似。『者止』猶『則止,』中篇作『則止,』可證。(者、則同義,管子治國篇：『國富者兵彊，兵彊者戰勝。』御覽八二二引者作則，老子：『知者不言，言者不知。』湛然輔行記十一引者作則，莊子天道篇：『動則得矣。』文選江文通雜體詩注引則作者，列子湯問篇：『此不爲遠者小而近者大乎？』意林引者作則。皆其證。）組借爲諸，吳說是也。（惟以組字上屬爲句，則非。）中篇作諸，可證。『冬加溫、夏加凊則止；諸不加者去之。』相對成義，文意粲然。

節用中第二十一

芬香之和。

吳毓江云：宋本、蜀本御覽引無香字。

案鮑刻本御覽八四九引香作芳。

節葬下第二十五

君死，喪之三年。父母死，喪之三年。妻與後子死者，五皆喪之三年。

王念孫云：『者五』當爲『五者，』謂君、父、母、妻與後子也。

俞樾云：五疑二字之誤。

陶鴻慶札記云：五蓋又字之誤。五字古文作乂，篆文及隸書皆作Ⅹ，與又相似，故又誤爲五耳。（吳毓江說同。）

于省吾云：五應讀作伍，伍謂比等也。伍字應屬上句，言妻與後子死者等，皆喪之三年也。

案五字疑涉下文『族人五月』而衍。

昔者，越之東有輆沐之國者。

畢本輆作輆，云：輆，舊作輆，不成字。據太平廣記引作輆，音『善愛反。』今改。

案太平廣記四百八十引博物志亦作輆沐。璽碧樓元刻本列子湯問篇作輒沐。

其大父死，負其大母而棄之。

孫詒讓云：博物志引作『父死，則負其母而棄之。』新論作『其人父死，卽負其母而棄之。』

案負上當從博物志補則字，與上文句法一律。劉子新論則作卽，卽猶則也。意林引列子亦有則字（今本脫)。

朽其肉而棄之。

畢沅云：朽，太平廣記引作剢。

孫詒讓云：御覽七百九十引博物志亦作剢。

案太平廣記引博物志亦作剢。

秦之西有儀秉之國者。

畢本秉作渠，云：渠，舊作秉，據列子及太平廣記改。

孫詒讓云：博物志引作義渠，新論同。

案御覽八七一引列子亦作義渠，儀、義古通。

聚柴薪而焚之。

案景北宋本列子作『聚祡積而焚之。』釋文：『祡，說文：「燒柴焚燎以祭天神。」或通作柴。』容齋續筆十三引列子亦作祡。盧重元本、元本、世德堂本、道藏各本皆作柴，(說互詳列子補正三湯問第五。）與此合。

天志上第二十六

夫天不可爲林谷幽門無人，明必見之。

王念孫云：『門當爲閒，閒讀若閑，言天監甚明，雖林谷幽閒無人之處，天必見之也。賈子耳痺篇曰：「故天之誅伐，不可爲廣虛幽閒、攸遠無人，雖重襲石中而居，其必知之乎！」淮南覽冥篇曰：「上天之誅也，雖在壙虛幽閒、遼遠隱匿、重襲石室、界障險阻，其無所逃之亦明矣！」義皆本於墨子，則「幽門」爲「幽閒」之誤明矣。』

孫詒讓云：『王校是也。但讀閒爲閑，尙未得其義，閒當讀爲閒隙之閒，荀子王制篇云：「無幽閒隱僻之國，莫不趨使而安樂之。」楊注云：「幽，深也。閒，隔也。」』

吳毓江云：『門，王校改閒，是也。荀子王霸篇曰：「則雖幽閒隱辟，」楊注云：

「閒讀爲閑。」則又與王說同。莊子庚桑楚篇：「爲不善乎幽閒之中者，鬼得而誅之。」文意亦與此同。』

案『幽閒』連文，古籍習見，本書明鬼下篇：『故鬼神之明，不可爲幽閒廣澤，』呂氏春秋謹聽篇：『僻遠幽閒之所。』（又見觀世篇。）淮南子脩務篇：『絕國殊俗、僻遠幽閒之處，』咸可爲王說之證。

愛人者此爲博焉。利人者此爲厚焉。

劉師培云：以下文勘之，兩焉上並當有之字。

案下文：『惡人者此爲之博也。賊人者此爲之厚也。』是此文兩爲字下並當有之字，劉氏失檢。

天志中第二十七

曰：『義者善政也。』『何以知義之善政也？』曰：『天下有義則治，無義則亂。是以知義之善政也。

王氏雜志兩之字下並補爲字。云：『舊本脫兩爲字，下篇曰：「何以知義之爲正也？」「天下有義則治，無義則亂，我以此知義之爲正也。」今據補。』

俞樾云：『三善字皆言字之誤，隸書善字或作善，與言字相似，故言誤爲善。「『義者言政也。』『何以知義之言政也？』曰：『天下有義則治，無義則亂，是以知義之言政也。』」語意甚明。若作「善政，」則「義之善政，」不可通矣。下篇曰：「『義者正也。』『何以知義之爲正也？』『天下有義則治，無義則亂，我以此知義之爲正也。』」並無善字，可知此文善字之誤。「義之言政，」猶「義之爲政」也。』

案兩之字下不必補爲字；三善字亦非言之誤。此作『善政，』下篇作『爲正，』其義一也。善、繕古通，莊子繕性篇：『繕性於俗學，以求復其初。』釋文：『繕，或云：善也。』卽其證。廣雅釋詁：『繕，治也。』小爾雅廣詁：『爲，治也。』繕、爲並得訓治，是繕可通爲，善亦可通爲矣。莊子繕性篇：『離道以善，』淮南子俶眞篇善作僞，僞卽古爲字，尤善、爲同義之明證也。

書於竹帛，

畢沅云：後漢書注引『書於』作『書其事。』據下文亦然。

案事文類聚別集八引『書於』亦作『書其事。』

琢之槃盂，

畢沅云：後漢書注引槃作盤。

孫詒讓云：吳鈔本槃作盤，下同。

吳毓江云：槃，縣眇閣本作盤，下同。

案事文類聚引槃亦作盤。

天志下第二十八

而有處人之國者乎？

孫詒讓云：有，疑當爲可。

案而讀爲能，有非誤字。

不格者，則係操而歸。

王引之云：民可係而歸，不可操而歸。古亦無以『係操』二字連文者。操當爲纍，卽孟子所謂『係累其子弟』也。

案操疑絏之誤，漢書賈誼傳：『若夫束縛之、係絏之，』(注：絏，謂以長繩係之也。) 卽以『係絏』連文。絏與紲同。

故子墨子置天之以爲儀法。

案上文置下並有立字。

明鬼下第三十一

今若使天下之人，偕若信鬼神之能賞賢而罰暴也，則夫天下豈亂哉？

王念孫云：上言『若使，』則下不得又言『偕若。』余謂若字涉上文而衍，偕乃借字之誤，偕與皆通，言使天下之人，皆信鬼神之能賞賢而罰暴，則天下必不亂也。

吳汝綸云：『偕若，』王以爲借字之誤，非也，古人自有複語耳。上文『並作由此始，』亦複語也。(據吳毓江校注引。)

吳毓江云：『史記張釋之傳：「有如萬分之一，假令愚民取長陵一抔土，」亦「有如」與「假令」複用。』

案下文『使天下之衆，皆疑惑乎鬼神有無之別，是以天下亂。』與此對言，可證『借若』本作皆，王說是也。

昔者鄭穆公，

畢沅云：郭璞注山海經引此作秦穆公。

案玉燭寶典一引此亦作秦穆公。

帝享女明德。

劉師培云：楚辭遠遊補注引享作厚，御覽八百八十二引作饗，義並通。

案享與饗通；厚則享之誤也。隸書厚，亦作庴，與享往往相亂。劉說未諦。

昔者齊莊君之，

畢本之下有臣字，云；君，事類賦引作公。舊挩臣字，據太平御覽、事類賦增。

吳毓江云：蜀本、補宋鈔本御覽九百二引君作公。

案記纂淵海九八引此亦作『齊莊公之臣。』

有所謂王里國、中里徼者。

畢沅云：王里國，太平御覽、事類賦引作王國卑，下同。疑此非。徼，太平御覽、事類賦引作檄，下同。

劉師培云：事類賦注二十二引此句中上有與字，當據補。餘詳畢校。

案記纂淵海引此亦作『王國卑與中里檄者。』下二人名同。

而獄不斷。

案記纂淵海引斷作決。

乃使之人共一羊，

畢沅云：太平御覽、事類賦引之作二。

吳本改之爲二，云：二，諸本作之，緜眇閣本、陳本作二，今從之。

案記纂淵海引『之人』作『二子，』與上下文作『二子』一律。

盟齊之神社。

畢沅云：事類賦無神字。

吳毓江云：蜀本、補宋鈔本御覽引亦無神字。

案記纂淵海引此亦無神字。

讀王里國之辭既已終矣。

畢沅云：『既已終矣』四字，事類賦作『已盡』二字。

吳毓江云：蜀本、補宋鈔本御覽亦作『已盡』二字。

案記纂淵海引此亦作『已盡』二字。

羊起而觸之。

畢沅云：『觸之，』事類賦引作『觸中里檄。』

吳毓江云：太平御覽、事類賦引羊上有祭字。

案御覽、記纂淵海引此並作『祭羊起而觸中里檄。』

齊人從者莫不見，遠者莫不聞。

畢沅云：『太平御覽引云：「齊人以爲有神驗。」事類賦引云：「齊人以爲有神。」疑以意改。』

案記纂淵海亦引作『齊人以爲有神驗。』

令問不巳。

孫詒讓云：問，吳鈔本作聞，毛詩作聞。

吳毓江云：問，寶曆本作聞。

案聞、問古通，厥例恆見。作問是故書。吳鈔本、寶曆本並作聞，蓋據毛詩改合耳。

非樂上第三十二

是以食必粱肉，

案御覽八四九引粱作梁，古字通用。

非命中第三十六

有於三代、不國有之，

孫詒讓云：『不，疑當作百。三代、百國或皆古史記之名。隋書李德林傳引墨子云：吾見百國春秋。』

案事文類聚新集二二亦引墨子云：吾見百國春秋。

非儒下第三十九

奚仲作車。

孫詒讓云：呂氏春秋君守篇同。

案荀子解蔽篇亦同。淮南子脩務篇亦云：奚仲為車。

巧垂作舟。

吳毓江云：藝文類聚七十一引作『棄作舟。』與此異。

案棄蓋垂之形誤，不足據。

務興天下之利，曲直周旋，利則止。

俞樾云：『「利則止，」當作「不利則止。」傳寫脫不字也。非樂上篇曰：「必務求興天下之利，除天下之害，將以為法乎天下。利人乎即為；不利人乎即止。」與此文有詳略，而義正同。』

吳毓江云：『止當為上，形近而譌。上即尚賢之尚，言曲直周旋，唯利則尚也。墨家務興天下之利，故尚利。國語楚語：「左史倚相曰：君子之行，欲其道也。故進退周旋，唯道是從。」句法與此略同。』

案止蓋从之誤。从，古從字。吳氏引楚語『唯道是從。』可證成余說。

非賢人之行也。

案孔叢子詰墨篇引『賢人』作『聖賢。』

景公說。

案孔叢子引作『公悅之。』說下當補之字。晏子春秋外篇不合經術者第八亦作『景公說之。』

其道不可以期世。

案孔叢子引『期世』作『治國。』

孔丘乃志怒於景公與晏子，

案乃字疑涉下文『乃樹鴟夷子皮』而衍。孔叢子引此作『孔子怒景公之不封己。』

乃樹鴟夷子及於田常之門。

畢本及作皮，云：『鴟夷子皮，卽范蠡也。韓非子云：「鴟夷子皮事田成子，成子去齊，走而之燕，鴟夷子皮負傳而從。」按史記貨殖傳云：「范蠡變名易姓，適齊爲鴟夷子皮。」』

蘇時學云：鴟夷子皮，卽范蠡也。據史記，范蠡亡吳後，乃變易姓名，適齊爲鴟夷子皮。然，吳亡之歲，在孔子卒後六年，在景公卒後十七年。又安知蠡之適齊，而樹之田氏之門乎？此與莊周所言孔子見盜跖無異，眞齊東野人之語也！

孫詒讓云：『淮南子氾論訓云：「昔者，齊簡公釋其國家之柄而專任大臣，故使陳成田常、鴟夷子皮得成其難。」說苑指武篇又云：「田成子常與宰我爭，宰我夜伏卒，將以攻田成子。鴟夷子皮聞之，告田成子。」卽此。田常卽陳恆，見春秋哀十四年經。公羊恆作常。莊子盜跖篇云：「田成子常殺君竊國，而孔子受幣。」蓋戰國時有此誣妄之語。』

吳本及作皮，云：皮，諸本作及，寶曆本作皮，與畢本合。據史記，田常殺簡公在周敬王三十九年，魯哀公十四年。其時越未滅吳，范蠡尚在越。此鴟夷子皮助田常作亂，當別爲一人，非范蠡也。

案孔叢子引此及亦作皮。孔子樹鴟夷子皮於田常之門，其事雖誣，然據韓非子（說林上篇）、淮南子氾論篇、說苑指武篇所述，田常之門實有鴟夷子皮其人，則可信也。又據說苑臣術篇：『陳成子謂鴟夷子皮曰：「何與常也？」對曰：『君死吾不死，君亡吾不亡。」陳成子曰：「然則何以爲常？」對曰：「未死去死，未亡去亡，其有何死亡矣？從命利君謂之順，從命病君謂之諛。逆命利君謂之忠，逆命病君謂之亂。君有過不諫諍，將危國殞社稷也。有能盡言於君，用則留之，不用則去之，謂之諫。用則可生，不用則死，謂之諍。有能比和同力，率羣下相與彊矯君，君雖不安，不能不聽，遂解國之大患，除國之大害，成於尊君安國，謂之輔。有能亢君之命，反君之事，竊君之重，以安國之危，除主之辱，攻伐足以成國之大利，謂之弼。故諫、諍、輔、弼之人，社稷之臣也。明君之所尊禮，而闇君以爲己賊。故明君之所賞，闇君之所殺也。明君好問，闇君好獨，明君上賢使能而享其功，闇君畏賢妬能而滅其業。罰其忠而賞其賊，夫是之謂至闇，桀、紂之所以亡也！詩云：『曾是莫聽，大命以傾。』此之謂也。」』此載鴟夷子皮與田常論『君死不死，君亡不亡』之事甚詳，亦可證田常之門實有鴟夷子皮其人。

吳毓江謂此鴟夷子皮非范蠡，是也。余前亦有此說，詳淮南子斠證氾論篇。

孔丘窮於蔡、陳之間，

吳毓江云：蔡、陳，類聚九十四引、書鈔百四十四又百四十五引、御覽凡四引、孔叢子引，並作陳、蔡。

案記纂淵海九八引此亦作陳、蔡，與下文一律。

十日，

吳毓江云：『莊子天運篇、讓王篇、荀子宥坐篇並曰：「七日不火食。」呂氏春秋、韓詩外傳、說苑、風俗通義、孔叢，文皆小異，而作「七日」則同。此「十日」疑「七日」之形誤。』

案十，蓋本作十，十卽古七字。莊子山木篇、孔子家語在厄篇亦並作『七日。』

子路爲享豚。

王念孫云：爲字後人所加，享，卽今之烹字也。後人誤讀爲燕享之享，故又加爲字耳。孔叢子詰墨篇、藝文類聚獸部中、太平御覽人事部百二十七、飲食部十一、獸部十五，引此皆作『子路烹豚。』無爲字。

案記纂淵海引此作『子路享豕。』亦可爲王說之證。

孔丘不問肉之所由來而食。

畢沅云：藝文類聚引作『不問肉所從來卽食之。』

劉師培云：御覽八百六十三引此句末有之字。九百三引由作从。

案記纂淵海引作『不問肉所從來而食之。』孔叢子引此句末亦有之字。

號人衣以酤酒。

畢本號作褫，云：號，褫字之誤。孔叢作剝。

案孔叢子作『剝人之衣。』

孔丘不問酒之所由來而飲。

案孔叢子引句末有之字。

佛肸以中牟叛。

案孔叢子引叛作畔，古字通用。

經上第四十

義，利也。

孫詒讓云：『左昭十年傳云：義，利之本也。』

案左僖二十七年傳亦云：『義，利之本也。』

禮，敬也。

孫詒讓云：『樂記云：禮者，殊事合敬者也。』

尹桐陽云：『管子五輔：夫人必知禮，然後恭敬。』

案孟子離婁篇：『有禮者敬人。』告子篇：『恭敬之心，禮也。』

夢，臥而以爲然也。

案莊子齊物論篇：『方其夢也，不知其夢也。』不知其夢，故以爲然。

經下第四十一

所知而弗能指，說在春也。

劉師培云：此文春字，疑當作惷。謂所知弗能指，類於惷愚也；或春乃偆叚，謂知弗能指，情若相舛也。

案春猶推也，謂推移也。說文：『春，推也。』所知而不能指，則是推移矣。

經說上第四十二

義，志以天下爲芬，而能能利之。不必用。

兪樾云：志當作者，草書相似而誤。

王闓運云：芬卽分字，讀爲職分之分。

案志疑必之誤，必與不必對言。下文『孝，以親爲芬，而能能利親。不必得。』以上疑脫必字，亦當以必與不必對言。

䨻買，化也。

張惠言云：『䨻買，』未詳。或卽『䨻鶉。』

案買當爲鴽，字之誤也。上文『化，若鼃爲鶉。』鴽卽鶉也。淮南子時則篇：『田鼠化爲鴽。』高注：『鴽，鶉也。』御覽九二四引莊子佚文：『田鼠化爲鶉。』儀禮公食大夫禮疏引鶉作鴽，並其證。

經說下第四十三

鑒者之臭，

張惠言云：臭字未詳，義當作道字解。

案如張說，則臭蓋臬字之誤，下同。小爾雅廣詁：『臬，法也。』鑒者之法，猶鑒者之道也。

大取第四十四

斷指以存𦜜。

畢本𦜜作擥，云：此捥字正文，舊作𦜜，誤。

孫詒讓云：擥，意林引作脛。

吳毓江云：𦜜，四庫本作擥。

案御覽三六四引莊子佚文云：斷指而得頭。

死生利若，一無擇也。

孫詒讓云：『一無擇也，』當作『非無擇也。』謂必舍死取生。

案若當爲害，上文累以利害對言，可證。隸書害，亦作𡧃，與若形近，又涉上文『相若』字而誤耳。一猶皆也。此謂死生利害，皆無擇也。孫說非。

聖人惡疾病，不惡危難，正體不動。

孫詒讓云：『正體不動，』疑當作『四體不勤。』

案『不動』疑本作『而動，』涉上文不字而誤也。『正體而動，』正見其『惡疾病，不惡危難。』若作『四體不勤，』則與墨家『摩頂放踵』之行相背矣。孫說非。

其親也相若，

案此承上文『二子事親』而言，親上當補事字，文意乃明。王闓運本於親上補愛字，於義雖通，與上文不符。

小取第四十五

馬或自者，

畢本自作白，云：白，舊作自，以意改。

孫詒讓云：顧校季本正作白。

吳毓江云：寶曆本、堂策檻本、四庫本作白。

案諸子彙函本亦作白。

耕柱第四十六

是所謂經者口也，殺常之身者也。

孫詒讓云：常，疑當作子。此下亦有挩誤。

于省吾云：『孫詒讓謂「常，疑當作子。」按子與常形殊，無由致誤。常應讀作當，金文常與當均作尚。上云：「說子亦欲殺子；不說子亦欲殺子。是所謂經者口也。」故此云：「殺當之身者也。」』

吳毓江云：『吳鈔本經作涇，李本常作當，義並難通。經、涇疑借為輕率之輕，「輕者口也，」與國語周語：「贏者陽也。」句法相似。之，至也。猶言輕率之口，殺常至身者也。』

案此文但衍上也字，餘無誤。經之作涇，常之作當，並古字通用，莊子秋水篇：『涇流之大，』水經河水注引涇作經，老子：『若使民常畏死而為奇者，』卷子本玉篇可部引常作當。卽其證。『是所謂經者口，殺常之身者也。』猶言『是所謂經諸口，殺當諸身者也。』者、之並與諸同義，厥例恆見。上文巫馬子將以其義告人，所謂『經諸口』也，墨子以人欲殺之之道告之，所謂『殺當諸身』也。

貴義第四十七

夕見漆十士。

畢云：漆，七字假音，今俗作桼。藝文類聚引作七。

楊嘉云：孔本書鈔九十八藝文部四引『漆十士』作『士七十。』(據李笠定本墨子閒詁校補引。）

吳毓江云：漆，潛本、緜眇閣本、陳本作七。明鈔本書鈔九十八引『漆十士』作『七十士，』與孔本異。宋本、蜀本御覽六百十一引作『七十士，』六百十六引作『七十五士，』六百十九引作『七十二士。』

案諸子彙函本漆亦作七。

然而民聽不鈞，

畢沅云：鈞，均字假音。

孫詒讓云：鈞，吳鈔本作均。

吳毓江云：鈞，緜眇閣本、陳本作均。

案諸子彙函本鈞亦作均。

以壬癸殺黑龍於北方。

畢本此下有『以戊己殺黃龍於中方』句。云：此句舊脫，據太平御覽增。

王念孫云：畢增非也。原文本無此句，今刻本御覽有之者，後人不知古義而妄加之也。古人謂東西南北爲四方者，以其在四旁也。若中央爲四方之中，則不得言中方，一謬也；行者之所向，有東有西，有南有北，而中不與焉。二謬也。鈔本御覽及容齋續筆所引皆無此句。

吳毓江云：王說是也，宋本、蜀本御覽引，並無畢增之句，明萬歷活字本御覽已有之，蓋明人意增者也。

案記纂淵海九九引此，無『以戊己殺黃龍於中方』句，亦可證畢增之非。

則是禁下行者也。

畢本作『則是禁天下之行者也。』云：舊脫天字、之字，據太平御覽增。

案記纂淵海引此，亦有天字、之字。

公孟第四十八

譬若鍾然，

吳毓江云：鍾，吳鈔本、寶曆本、四庫本作鐘，下同。

案意林引『若鍾』作『如鐘。』

人爭求之。

案意林引人作則。

姑學乎？吾將仕子。

吳毓江云：意林引作『汝速學，君當仕汝。』

案意林所引，君乃吾之誤。

有游於子墨子之門者。子墨子曰：『盍學乎？』對曰：『吾族人無學者。』子墨子曰：『不然，夫好美者，豈曰吾族人莫之好，故不好哉？夫欲富貴者，豈曰吾族人莫之欲，以上八字舊脫，從吳毓江本據潛本、縣眇閣本、陳（仁錫）本補。故不欲哉？』

畢沅云：『太平御覽引云：「墨子謂門人曰：『汝何不學？』對曰：『吾族無學者。』墨子曰：『不然，豈有好美者，而曰吾族無此，不欲邪？富貴者，而曰吾族無此，不用邪？』」與此微異。』

案意林引此，作『墨子謂門人曰：「汝何不學？」對曰：「吾族無學者。」墨子曰：「不然，豈謂欲好美，而曰吾族無此，辭不欲邪？欲富貴，而曰吾族無此，辭不用邪？」』與御覽所引較合。

必強爲之。

案意林引作『強自力矣。』

魯問第四十九

則鮮而食之。

畢沅云：鮮，一本作解。

顧千里云：作鮮者誤，古鮮、解字或相亂。殷敬順釋列子用鮮字訓，非也。

孫詒讓云：節葬下篇亦作解。

于省吾云：嘉靖本、堂策檻本、子彙本解均作觧，與鮮形近。

吳本鮮作解，云：顧說是也。今從陸本、唐本、茅本等作解，與節葬下篇合。

案顧、吳說並是，解，俗作觧，與鮮形近，故誤爲鮮。博物志、劉子新論風俗篇亦並作解。

焉在矣來！

盧文弨云：似謂『焉在不知來！』文誤。

蘇時學云：知與矣相近而誤，而知上更脫不字也。

吳汝綸云：矣者，俟之借字。

案『矣來』疑『來矣』之誤倒，矣猶乎也。彭輕生子本謂『來者不可知。』而其對墨子之言，則是來者可知，故墨子曰：焉在來乎！

公輸第五十

鄰有糠糟，

吳毓江云：吳鈔本、潛本作『糟糠。』

案御覽四六二引尸子、宋策亦並作『糟糠。』下同。

公輸盤爲我爲雲梯，必取宋。

案御覽三三六引宋下有矣字。

子墨子九距之。

案御覽引距作拒，下同。作距是故是。

備城門第五十二

樓出於堞四尺。

吳毓江云：初學記二十四引無樓、於二字。

案記纂淵海八引此亦無樓、於二字。

樓廣前面九尺。

吳毓江云：初學記二十四及宋本、蜀本御覽一百七十六引，並無廣字。

案記纂淵海引此亦無廣字。

二百步一立樓。

畢本立作大，云：大，舊作立。據太平御覽改。

王念孫云：畢改非也，初學記居處部、鈔本御覽居處部四、玉海宮室部所引並作『立樓。』刻本御覽譌作『大樓，』不足爲據。

吳毓江云：宋本、蜀本御覽一百七十六引作『立樓。』

案記纂淵海引此亦作『立樓。』

城中廣二丈五尺二。

畢沅云:『太平御覽引云:去城中二丈五尺。』

孫詒讓云:『下二字疑衍,此立樓在堞內者之度。其出堞外者則五尺,下文云:「出樞五尺,」是也。內外合計之,則廣三丈也。』

劉師培云:初學記廿四引作『去城中二丈五尺。』與御覽同,無下二字。

案記纂淵海引此亦作『去城中二丈五尺。』

備梯第五十六

城上繁下矢石沙炭以雨之。

王引之云:炭當爲灰,俗書灰字作灰,與炭相似而誤。灰見備城門篇。沙灰皆細碎之物,炭則非其類矣。襍守篇亦誤作炭。太平御覽兵部五十五引此正作灰。

劉師培云:『王引之改炭爲灰,說固近是;然考周書成開解云:「四:大有沙炭之政。」「大有」二字,卽「矢石」之訛。孔注云:「大當作矢,下挩壞。沙熾炭。」是作炭弗訛。又旗幟篇云:「炭有積,沙有積。」通典兵五守距法,亦以「灰沙炭鐵」並言,不必改炭爲灰也。』

吳本依王校改炭爲灰,云:宋本、蜀本御覽三百二十引作灰,又三百三十六引作炭。

案鮑刻本御覽三三六引炭亦作灰。惟據本書襍守、旗幟二篇及周書、通典之文互證,則作炭亦非誤字,劉說似未可廢也。

若此,則雲梯之攻敗矣!

案御覽引若作如,攻作功。功、攻古通。

必遂而立。

孫詒讓云:疑當作『必當隊而立。』

案『必遂而立,』意卽『必當隊而立。』無煩增改。遂,隊古通,呂氏春秋知分篇:『荆有次非者,得寶劒于干遂。』淮南子道應篇作干隊,卽其證。

皆立而持鼓而撚火。

畢沅云：『備蛾傳云：「待鼓音而燃。」 、持，燃、撚字相似。然此義較長，不必改從彼。說文云：撚，執也。』

王念孫云：此當依備蛾傳篇作『皆立而待鼓而然火。』謂燒門之人，皆待鼓音而然火也。畢謂持、撚二字不必改，又訓撚爲執，皆非也。旣執火，則不能又持鼓矣。

于省吾云：舊本待譌持，王念孫謂當作『待鼓，』按寶曆本正作待。

吳毓江云：撚，茅本、寶曆本、緜眇閣本、陳本作燃。

案撚爲燃之誤，誠是；持、待古通，(詳七患篇。)則無煩改字，寶曆本持作待，蓋昧於假借者所改也。

備穴第六十二

約枲繩以牛亓下，可提而與投。亓，舊誤亦。

蘇時學云：枲繩，麻繩也。牛義未詳，疑絆字之誤。與當作擧。

王闓運本與作擧，李笠云：與、擧古字通用，似無庸改。

案牛乃半之誤，半借爲絆。絆，亦作靽。釋名釋車：『靽，半也。拘使半行不得自縱也。』是半、絆古通之證。

迎敵祠第六十八

蓬矢射之，茅參發。

蘇時學從茅字絕句，云：似言束茅而射之。

孫詒讓云：茅當爲矛。蘇屬上讀，誤。

劉師培云：茅疑方訛，方卽四方，謂方各三發也。方訛爲矛，因易爲茅矣。

案茅疑弟之誤，莊子應帝王篇：『因以爲弟靡，』列子黃帝篇弟作茅，卽弟、茅相亂之例。弟猶但也，『弟參發，』猶言『但三發』也。

旗幟第六十九

亭尉各爲幟，竿長二丈五，帛長丈五，廣半幅者大。

畢沅云：『太平御覽引云：凡幟，帛長五丈，廣半幅。』

孫詒讓云:『史記高祖紀索隱引墨翟曰:「幟,帛長丈五,廣半幅。」一切經音義五云:「墨子以爲長丈五尺,廣半幅曰幟也。」並即據此文,是唐本已如此,御覽不足據。後文城將幟五十尺,以次遞減,至十五尺止。亭尉卑,自當丈五尺,不宜與城將等也。』

劉師培云:『畢校云:「御覽引:『凡幟,帛長五丈,』不足據。」其說是也。慧琳音義五十引作「長丈五廣半幅曰幟。」七十三引作「幟,長丈五,廣半幅也。」又三十三云:「墨子以爲長丈五尺,廣半幅曰幟。」並作「丈五。」』

案御覽所引,『五丈』及『丈五』之誤倒,謂御覽引作『五丈』不足據者,乃孫說,非畢說。一切經音義五八引云:『墨子以爲長丈五,廣半幅曰幟也。』亦作『丈五。』

當應鼓而不應。不當應而應鼓。

王念孫云:此當作『當應鼓而不應鼓。不當應鼓而應鼓。』今本上下二句皆脫一鼓字。

畢本下句而下衍不字。蘇時學云:『下句當云:「不當應而應。」不字衍。』

孫詒讓云:蘇校是也。王校增字太多,未塙。末鼓字,或當屬下讀。

案下句鼓字疑本在而字上,『不當應鼓而應。』與上句『當應鼓而不應』對言。

號令第七十

必出於功。王數使人行勞賜,

畢本功作公,云:舊作功,一本如此。

孫本功作公,王字在公字上,云:『茅本亦作公。道藏本、吳鈔本並作功。此對上「將長」爲文,疑當作「王公。」下文云:「出粟米有期日,過期不出者,王公有之。」是其證。傳寫誤倒耳。畢讀以王字屬下句,亦通。』

吳毓江云:公,唐本作功。

案功、公古通,詩小雅六月:『以奏膚公。』傳:『公,功也。』呂氏春秋務本篇:『無公故也。』治要引公作功,並其證。

以富人重室之親舍之官符。

王引之云：『符當爲府，言舍富人重室之親於官府也。下文云：「其有符傳者，善舍官府。」是其證。篇內言「官府」者多矣，若云「舍之官符，」則義不可通。此涉上下文諸符字而誤。』

蘇時學云：符當作府。

孫本改符爲府，云：府，舊本譌作符，王校是也。蘇說同，今據正。

吳本改符爲府，云：府，諸本作符，寶曆本作府，今從之。王、蘇校同。

案符、府古通，無煩改字。文子九守篇守平：『通內外之符者，不可誘以勢。』雲笈七籤九一引符作府，守清：『智者，心之府也。』治要引府作符，（長短經昏智篇同。）下德篇：『謂之天府。』文選班孟堅荅賓戲注引府作符。皆其證。墨子書多假借字，此文寶曆本作府，及下文『官府』字，蓋皆後人所改也。

若貧人食不能自給食者，

孫詒讓云：『若貧人食，』食字衍；或當爲『貧乏食，』亦通。

案上食字疑本作之，涉下食字而誤也。

次主凶言。

蘇時學云：次字有誤。

孫詒讓云：次，疑當爲刺。

吳毓江云：次讀爲恣，『恣主』猶言『傲主。』

案次疑咨省，咨、訾古通，（僞古文尙書君牙篇：『小民惟曰怨咨，』逸周書王子晉解：『四荒至，莫有怨訾。』『怨咨』與『怨訾』同。）禮記喪服四制：『鄭注：『口毀曰訾。』此文『次主，』猶言『訾主，』與『凶言』義正相應。惟訾毀字正作呰，一切經音義二七引喪服四制注訾作呰，是也。玉篇亦云：『呰，口毀也。』

雜守第七十一

遠攻則遠害，近城則近害。

孫詒讓云：『城當作攻，害並當爲圄，與圉、禦字同。此涉上文而誤。言遠攻則遠禦之，近攻則近禦之也。公孟篇云：「厚攻則厚吾，薄攻則薄吾。」彼吾亦圄之省。語意與此異而義同。』

案孫氏引公孟篇爲證，則此文兩害字並當作吾，吾、害形近，又涉上文害字而誤也。莊子庚桑楚篇：『不仁則害人。』影宋刊本害作吾，卽吾、害相亂之例。

諸詎阜，

畢本詎作距，云：舊作詎，以意改。

案畢氏蓋據下文『距阜』字改。惟詎、距古通，無煩改字。

佚　　文

孔子相魯，齊景公患之。謂晏子曰：『鄰有聖人，國之憂也。今孔子相魯，爲之若何？』晏子對曰：『君其勿憂。彼魯君，弱主也。孔子，聖相也。不如陰重孔子，欲以相齊，則必强諫魯君。魯君不聽，將適齊，君勿受，則孔子困矣。』孔叢子詰墨篇，疑非儒上第三十八篇文。又見晏子春秋外篇不合經術者第八。

雖金城湯池。漢書地理志注。

畫衣冠，異章服，謂之戮。上世用戮，而民不犯。文選王元長永明九年策秀才文注。

修已山行，見流星貫昴，意感慄然，胷坼而生禹。事文類聚前集十九。又見御覽八二引尚書帝命驗、孝經鉤命決、三國志蜀志秦宓傳注、史記夏本紀正義、藝文類聚十一、初學記九、御覽八二引帝王世紀。

吾見百國春秋。事文類聚新集二二。

良劒期乎利，不期乎莫邪。記纂淵海四四。

蝦蟆蛙蠅，日夜而鳴，舌乾擗，然而人不聽之。今鶴經時夜而鳴，天下振動。多言何益，唯其言之時也。記纂淵海六三(兩引，一引蠅作黽，並當作黽)。

秦穆公之時，戎强大，公遺之女樂二八及良宰，戎王大喜。以其故數飲食，日夜不休。左右有言秦寇之至者，因扞弓而射之。秦寇果至，戎王醉而臥於尊下，卒王縛之。記纂淵海七八。末句『卒王縛之，』王乃生之誤。御覽五六八亦引此文，疑並誤引呂氏春秋壅塞篇之文也。畢沅所輯御覽甚略。

楚之明月，出於蚌蜃。記纂淵海九九。

畢沅、孫詒讓二氏，於墨子佚文各有蒐輯。以上九條，一、四兩條外，亦並見於畢本十五卷末，及孫本附錄。惟所稱引之書不同；或文有詳略，故備錄之。

一九五八年五月二十日，脫稿於南港舊莊。

出自第三十本上(一九五九年十月)

明末實錄書成謄寫四份說

黃 彰 健

明末，實錄書成，謄寫四份，清制卽承襲明制，史語所集刊第十八本吳晗先生記明實錄一文未言及此，爰爲文論之。

明制，實錄書成，本謄寫二份，卽所謂正本副本。其後世宗時，重錄一份。實錄記其事云：

> 嘉靖十三年七月丁丑，重書累朝及恭睿獻皇帝寶訓實錄。勅太子太傅武定侯郭勛爲監理官。……先是，上諭內閣，祖宗神御像寶訓實錄宜有尊崇之所；訓錄宜再以堅楮書，一總作石匱藏之。乃議建閣尊藏，以郊建罷。至是，輔臣張孚敬申前議，請重書訓錄。上乃命內閣同在工諸臣，視建造神御閣地於南內。上親臨定，命制如南郊齋宮，內外用磚石團甃，閣上奉御容，閣下藏訓錄，又以石匱夏月發潤，改製銅匱，其重書訓錄，書帙大小悉依通鑑綱目式，（北平圖書館本及抱經樓本式作規），不拘每月一冊舊製，第取厚薄適匀，（天一閣本匀作均），異日收藏，每朝自爲一匱。議定，禮部乃請以是月十七日開館，如纂修例，從之。
>
> 嘉靖十五年七月戊寅，皇史宬成。……初，上擬尊藏列聖御容訓錄，命建閣，已乃更名皇史宬，藏訓錄，（天一閣本藏上有專字）。其列聖御容，別修飾景神殿以奉之。咸出自欽定云。
>
> 八月乙酉，重書列聖寶訓實錄成。大學士李時等言，訓錄所載，皆列聖嘉言懿行，偉烈神功，禮當崇重，請如實錄例，令禮部具儀，擇日於奉天殿進呈，詔可。

此重錄本，「書冊大小，悉依通鑑綱目式」，則其形制當與原有正副本異也。

萬曆十六年閣臣申時行進太祖御筆，帝命閣臣查取累朝實錄稿來進，吳文引陳繼儒眉公見聞錄論及此事。今按實錄及萬曆起居注亦記之，起居注所記尤詳，今節引起居注於下：

萬曆十六年二月二十五日戊寅，大學士申時行等題：「爲恭進聖祖御筆以備清覽事。……近該臣等檢閱書籍，伏見太祖御筆，尙有尊藏閣中者，凡爲御筆勅諭及詩文共七十六道」。……得旨：「聖祖御筆留覽，還着查取累朝寶訓實錄稿來進」。

十六年三月甲申，大學士等題：爲恭進聖祖御筆以備清覽事，奉聖旨：「聖祖御筆留覽，還着查取累朝寶訓實錄稿來進，欽此」。又該文書房官宋坤口傳聖諭：「裝璜寶訓實錄，尙冠恭看一遍，請去皇史宬安。如再請來，不尙冠不敢恭看」。查有累朝纂修事例，凡纂修寶訓實錄已完，正本于皇極殿恭進，次日送皇史宬尊藏，副本留貯內閣。其原稿則閣臣會同司禮監及纂修各官，于西城隙地內焚燬，蓋崇重秘書，恐防漏洩故也。今奉旨查取原稿，臣等無憑查進。臣等查得，嘉靖年間曾將皇朝寶訓實錄重錄一遍，見今藏奉皇史宬。其原先舊本，則隆慶年間曾聞先任閣臣云，皇考嘗一取視，收藏道心閣，後又送入皇史宬。如皇上留心繼述，時欲覽觀，乞命該管人員查取恭進。至於閣中副本，節年以來，累因開舘纂修，各官考究繙閱，時有汚損，一時未能整頓。皇上如欲披閱，除皇史宬原先舊本可以取進外，其世宗穆宗兩朝訓錄，或容臣等查取謄錄各官，督令謄寫便覽書冊，陸續進呈，以備御覽。……伏候聖裁。

五日戊子，大學士申時行等題：……臣等回奏，乞于皇史宬查取舊本。昨該文書官宋坤口傳聖諭：「前日說累朝寶訓實錄，皇史宬打點不曾有，恐世宗請去西城萬壽宮被災。今自太祖起，及累朝訓錄，都謄寫裝璜進覽，有幾部就進幾部來，欽此」。臣等查得嘉靖十三年重書寶訓實錄，降勅開舘，及用校對謄錄等項官生數多。蓋皇祖世宗欲以祖宗謨烈，閟之金匱玉函，以傳萬世之信，所重在於尊藏；今皇上特命謄寫，是欲以累朝典故，置之法宮秘殿，以備乙夜之觀，所重在於便覽。故臣等竊謂訓錄舊本，式樣寬濶，今宜稍斂，改從書冊。舊本簡帙繁多，今宜併省，不拘卷數。其謄錄官員，……一應事宜，容臣等查明節年事例，題請施行。……上是之。卽降手勅諭申時行等。……時行等復奏曰……容派各官將副本謄寫，裝成書帙，以便御覽。

據起居注，知皇史宬所藏裝璜寶訓實錄，帝需尙冠恭閱，故命閣臣查取實錄稿來進。閣臣申時行請帝閱宮中原先舊本，則原先舊本或無需尙冠恭看也。世宗時重錄本自無世宗穆宗訓錄，此二朝訓錄係萬曆初年修成。使其時世穆二朝訓錄，除內閣所藏副本外，宮中所藏有二本，其一形制與嘉靖重錄本同，另一與原先舊本同，則申時行當無庸奏請謄錄以供御覽。此可證萬曆時，世穆二朝訓錄書成，仍沿舊制謄寫二份，而非三份也。申時行云：「實錄正本於皇極殿恭進，次日送皇史宬尊藏」，而皇史宬所藏者實僅嘉靖重錄本，則神宗所修世穆二朝訓錄，其移送皇史宬尊藏者，當與嘉靖重錄本同一形制，而嘉靖重錄本已取代原先舊本而爲實錄正本，又從可知矣。

申時行欲神宗取閱宮中原先舊本，及帝命人檢閱，則「皇史宬打點不曾有」，係世宗時移貯西城萬壽宮被焚，帝遂從閣臣請，鈔小型本以供御覽。

據起居注所記，萬曆十六年三月開館謄錄，五月丁未進呈太祖寶訓十五卷，成祖寶訓十五卷，裝璜成帙，共爲二套。十二月乙巳進呈太祖高皇帝實錄，自壬辰歲起，至洪武三十一年閏五月止，凡二百五十七卷，共計七十三本，裝成八套。十七年九月十六日，進呈成祖文皇帝實錄百三十卷，計四十六本，裝成六套。十八年十二月二十二日，進呈仁宗至穆宗各朝訓錄一千九百二十八卷，裝成八十四套。連前計進呈百套。此即所謂御覽小型本也。

實錄記，萬曆二十六年八月丙辰，大學士趙志皐等恭進累朝寶訓及實錄，自太祖至穆宗，「通共二千三百四十五卷，裝爲百套。上嘉悅，命奉安御前，恭備御覽」。趙氏所進者，史未言其形制，惟旣言「奉安御前，恭備御覽」，則其形制當異於皇史宬所藏嘉靖重錄本也。

本所所編內閣大庫書檔舊目之第十目，據方甦考定，係乾隆十年所編。其中著錄有：

□□□宗睿皇帝寶訓副本四本。

大明英宗睿皇帝寶訓正本四本。

大明宣宗章皇帝寶訓小本二套九本。

□明穆宗莊皇帝寶訓小本四本。

□□□宗純皇帝寶訓小本三本。

大明孝宗敬皇帝寶訓小本三本。

大明神宗顯皇帝寶訓小本六本。

□□仁宗昭皇帝寶訓大本二本。

明制，訓錄正本尊藏皇史宬，今藏於內閣大庫，蓋明亡，移貯史館，明史成書，復移藏內閣大庫耳。大庫書檔舊目第十目係殘目，所著錄實錄寶訓多未言係何本，而上列則標明其係正本副本大本小本。意者其書裝璜形制特異，故雖易代，仍能識別之也。

目中所言正本，明時藏於皇史宬，副本藏於內閣，小本當指申時行所進御覽小型本，而大本則疑係趙志皐所進者。由實錄及起居注所記觀之，申時行不知宮中原先舊本已焚，擬鈔世穆二朝訓錄，以供御覽。今趙氏所進，起太祖至穆宗。其錄太祖至武宗各朝訓錄，當以補宮中已焚原先舊本；其錄世穆二朝訓錄，以供御覽，則仍申氏初議也。申時行言，宮中原先舊本，「式樣寬濶」，此旣以補先朝舊本，則可能仍依原式謄錄也。此所錄本，自不得謂之副本。雖補宮中原先所藏正本，然後來正本係指皇史宬尊藏嘉靖重錄本而言，則亦不得稱之爲正本。惟其書「式樣寬濶」，對御覽小型本而言，遂稱之爲大本耳。萬曆十六年開館謄錄，未先錄大本，而錄御覽小型本，則以帝急於披閱故也。

內閣大庫書檔舊目第十目著錄有神宗寶訓小本。按神宗寶訓係崇禎時修成，自非申時行所進。此必崇禎時循舊例鈔小本以供御覽，而其形制亦必與申氏所進者同也。殘目所著錄大本，僅見仁宗寶訓，而趙氏所進者亦至穆宗寶訓止，竊意神宗光宗熹宗寶訓實錄成書，亦必沿舊例鈔寫大本，以與趙氏所恭進者配成一部。此由小本之有神宗寶訓，可證大本之續錄，亦極可能之事也。

方甦清內閣庫貯舊檔輯刊敍錄頁十九引舊存奏摺檔言：

> 臣等奉勅恭修仁宗睿皇帝實錄聖訓，例應遵照御覽黃綾本，恭繕紅綾本四份。中本大內、皇史宬、內閣三處尊藏本，每份均應恭繕清字蒙古字漢字各一部。盛京尊藏本則不繕蒙古字，應恭繕清字漢字各一部。

此盛京尊藏本之謄寫，據方文，始於乾隆八年十二月，則在乾隆八年以前，清實錄係鈔四份，卽御覽黃綾本，大內紅綾本，皇史宬紅綾本，內閣紅綾本。而明實錄亦正皇史宬藏一份，內閣藏一份，有御覽小型本，而趙志皐所進者則奉安於大內御前也。僞滿所影印清實錄，半頁九行，行十八字，斷句用硃圈，即與史語所藏明內閣進呈熹宗實錄稿同，蓋即沿襲明制。則其鈔寫四份，亦沿襲明制耳。

熹宗實錄記：

天啓三年六月乙亥，光宗貞皇帝實錄寶訓成。大學士葉向高等以副本進呈御覽。得旨：覽卿等撰述皇考實錄寶訓，具見詳愼。著謄寫正本進呈。

明制，纂修實錄，鈔正副二本，此本有明一代定制，故實錄記其成亦著重正副本。其抄小本大本則係神宗以後新例，而其鈔寫亦當在正副本書成之後也。明制係據副本謄錄正本，前引萬曆起居注亦言，據副本謄錄御覽小型本，則大本之謄錄當亦據副本。前引舊存奏摺檔謂，清實錄大內皇史宬內閣尊藏本係據御覽黃綾本恭錄，此則清制之異於明制處也。

明皇史宬所藏嘉靖重錄正本，其「書帙大小依通鑑綱目式」。北平圖書館藏明內府鈔本通鑑綱目，恐已非原大，且亦未必指此鈔本。史語所藏明內閣進呈熹宗實錄稿，書高37.4公分，寬29.7公分，今存內閣大庫書，未有大於此者，蓋禮有以大爲貴者故也。此熹宗實錄稿，雖非正副本，然爲正副本所從出。清實錄及熹宗實錄稿皆半頁九行，行十八字，斷句用硃圈。明皇史宬本書帙大小可異，然其行款則當同也。明內閣所藏副本當與熹宗實錄稿同一大小；其趙志皐所進本，苟係補宮中原先正本，則其書帙大小當與副本同，而御覽小型本則當較熹宗實錄稿爲小也。

明末，實錄書成，謄寫正副大小四本，其形制有異。清制亦謄寫四份，其書帙大小，不知有無異同。所恨見聞寡陋，未能目驗言之矣。

一九六〇年七月七日於南港舊莊

後　　記

本文寫成後，得見孟心史先生讀清實錄商榷一文，中云：

清修實錄，定制繕必五分，每分又具漢滿蒙文各一部。大本紅綾面者兩份，一貯皇史宬，一貯奉天大內。小本紅綾面者兩份，一貯乾清宮，一貯內閣實錄庫。又有小本黃綾面一分，亦貯內閣實錄庫。……以常供御覽，故用黃面。

健按，實錄副本應與皇史宬所藏正本同大，今有異者，此因襲明制。明制本係同大，以嘉靖重錄本取代宮中原先正本，故其形制遂有異耳。由孟文所記觀之，則明皇史宬所藏正本，其形制當較內閣副本爲大。明趙志皐所進者，奉安大內御前。明清二代，帝皆居於乾清宮。此「奉安御前」，亦卽貯於乾清宮。余曾推測其形制與內閣副本同，而清制正如此。余文謂，明制御覽小型本較內閣副本小，而清制據孟文所記則似同大，此或清制之異於明制處也。

一九六〇年八月二十七日

附記：本文之寫作，承洛氏基金會資助，謹此致謝。

出自第三十一本(一九六〇年十二月)

明實錄校勘記引據各本目錄(註一)

黃　彰　健

明實錄校勘記初稿成，全書發刋有待。其引據各本目錄，謹先刋布於此。

明制，實錄及寶訓書成，鈔正副二本。世宗時鈔一本，尊藏皇史宬，其原先正本移貯西城萬壽宮被焚。萬曆時抄御覽小型本，係十八年十二月大學士申時行恭進。萬曆二十六年八月閣臣趙志皐復進所鈔累朝寶訓實錄，此殆補嘉靖時所焚者。內閣大庫書檔舊目第十目係乾隆時編，於寶訓著錄有正本副本小本大本。此正本當指明皇史宬所藏，係嘉靖時抄者；副本原藏內閣；小本係指御覽小型本；而大本則當係趙志皐所進，說詳拙著明末實錄書成謄寫四分說。實錄正副大小四本，苟今日猶存，則影印卽可，無需校勘也。

實錄進呈後，例焚草於椒園，然定本底稿當仍存檔。近世公文，其經主管批改及核可者，固仍存檔備查也。史語所藏內閣大庫舊藏明內閣實錄舘進呈寫本熹宗實錄稿，當卽其時正副本底稿，說詳本文內熹宗實錄校勘記引據各本目錄。內閣大庫書檔舊目第十目著錄太祖至熹宗各朝實錄草底若干捆，其所謂草底未知是否指此類底稿而言(註二)。大庫此類底稿，史料價值自較實錄正副本爲高，使今日猶存，則實錄亦無需校勘，卽校勘，亦可費力少而成功多也。

明萬曆時，詔修國史，史舘據宮廷所藏實錄，謄錄備用。今藏國立中央圖書舘明翰林院抄本英宗實錄，當卽其孑遺也。此係明神宗時史舘所抄，較今存各本英宗實錄

(註一)　明實錄校勘工作，承洛氏基金會資助；又承中國東亞學會之推薦，得哈佛燕京學社之資助，謹此致謝。文中所言北平圖書舘善本影捲，承院長胡適之先生接洽，承美國國會圖書舘攝贈。又中央圖書舘所藏實錄寶訓，亦承適之先生代借。美國普林斯頓大學藏本，承適之先生藍乾章先生接洽，承童世綱先生攝贈其可補正校本處。謹此誌謝。

(註二)　余校內閣大庫舊藏明實錄散葉，見其中有另紙首行書「明宣宗實錄」，次行書「佞倖」，再次卽摘抄實錄，蓋鈎稽實錄所記，供作佞倖傳之用。修明史時，需據實錄作長編。內閣大庫書檔舊目所著錄之實錄草底，未知是否指此類長編而言，謹記於此以俟考。

爲佳，然脫漏仍有至五十字者，說詳英宗實錄校勘記引據各本目錄。

國立中央圖書館藏太宗實錄，係明內府精寫本。其書册較熹宗實錄稿爲小，半頁九行，行二十四字，與熹宗實錄稿半頁九行行十八字者不同，疑非實錄御覽小型本。此雖非小本，然鈔寫精工，未見訛字。苟此本今日未殘，則影印此本卽可，亦無庸校勘也。

明制，實錄書成，謄錄多部。內閣於副本外，復藏弆底稿。然甲申國變，宮廷各本卽有殘缺。熹宗實錄缺十三卷，淸廷下詔購求，卒未能得，卽其佳證也。

自有實錄以來，修紀傳體之正史，率以實錄爲主，而以他書爲輔。明人修國史，需傳寫實錄；而淸修明史，亦抄實錄備纂修之用。今藏國立北平圖書館紅格本明實錄，卽淸初明史館抄本，說詳太祖實錄校勘記引據各本目錄。而其時史館所抄者亦不止一部，說詳太宗實錄校勘記引據各本目錄。

明史館傳鈔實錄，其所據當係明宮廷所藏正副大小四本。今存紅格本熹宗實錄有據熹宗實錄稿增補謄寫者，蓋其時正副大小四本已殘缺不全，史館以底稿配，仍缺十三卷耳。底稿所粘史臣籤語，最易脫落，史館謄錄時有不知定本究如何改易者；其據底稿配補諸卷，其文與實錄正副大小本當有異，說詳熹宗實錄校勘記引據各本目錄。

熹宗實錄成書於崇禎十年，民間傳鈔者少，故經甲申之變，宮廷各本一有殘缺，卽不易配全。神宗實錄成書於崇禎三年，而今存抱經樓本神宗實錄卽有崇禎九年明人題記。抱本神宗實錄極多訛脫錯亂，此雖由其所據本不佳，然由此亦可見其時神宗實錄傳錄本之多也。

宮廷所藏熹宗實錄，有據底稿配補者，則其時所缺實不止十三卷，其熹宗以前各朝實錄亦可能有缺，惟以民間鈔傳者衆，鈔配甚易，無需下詔訪求耳。今存史館本仍有脫漏錯亂，此固可能係明史館鈔者校者疏忽，然亦可能係明宮廷藏本有缺，史館據民間傳鈔本謄錄，故有此訛誤也。

明實錄正本藏皇史宬，副本藏內閣。及明亡修史，自皆移存史館。明史告成，復移藏內閣大庫。內閣大庫所藏正副本，以書册寬大，需挪出以置其他檔册，且其時明史已成，倣武英殿本諸史作明史考證亦成，實錄被視爲廢紙，遂從其時滿人大學士請，移出焚毀。據李光濤先生言，此係乾隆四十八年三月事，見本所所藏內閣大庫舊檔。

明史館所抄紅格本，原藏明史館，明史書成，移藏內閣大庫。淸末發交學部圖書館。學部圖書舘善本書目著錄此本，缺卷甚多，而北平圖書舘善本書目著錄則多不缺。北平舘藏紅格本，史語所藏有晒藍本。凡學部目所缺諸卷，其晒藍諸頁卽較他卷爲淸晰，其字體亦異，當係學部目書成後配補，而他卷所補缺頁，其字體亦多與抄配諸卷同也。據晒藍本所粘那廉君先生校籤，世宗實錄嘉靖三十七年卷，國立北平圖書舘本係據北京大學本抄補。紅格本仁宗實錄末亦有題記，謂據北大本配補。凡紅格本所配諸卷，卽多錯亂訛脫，且有以孝宗武宗實錄文誤作世宗實錄文者，說詳世宗實錄校勘記引據各本目錄。故今日論紅格本優劣，於其原本及抄配，宜分別論之也。

實錄明時抄本甚多，及乾隆以後遭禁，存者遂鮮。今傳世各本率多穆宗以前各朝實錄，蓋穆宗實錄成書於神宗初年，萬曆十六年三月開舘重錄太祖至穆宗各朝實錄寶訓，翰林官以參與校讎，遂於舘中謄出，民間競相錄副，故傳世較神宗光宗熹宗實錄爲多也。今傳世各本，皆有殘缺。除上所舉實錄稿及明時官寫本外，今本訛文脫簡，魯魚亥豕，觸目皆是。卽明史舘抄本，亦宜精校。今傳世明史，多取材實錄。取實錄與明史校，卽有紅格本誤，而明史因襲其誤者。史舘纂修人衆，其時復藏有實錄別本，故亦有沿襲別本之誤者。明史紀表志傳自相牴觸，此其一因也。說詳拙著明史纂誤。昔黃宗羲謂，實錄取詳年月。萬季野謂，凡他書之誣且濫者，吾以所得於實錄者裁之。就治明代史事而言，實錄之校勘蓋不可少也。

明實錄傳世皆係抄本。民國三十年梁鴻志始據江蘇省立國學圖書舘本影印。國學圖書舘本除熹宗實錄外，皆源於抱經樓本及嘉業堂所藏別本。今抱經樓本及嘉業堂所藏別本皆歸於本所，故梁本除熹宗實錄外，不在校勘之列。今由校勘記觀之，梁本缺光宗實錄；其熹宗實錄係删節本；其所據抱本神宗憲宗實錄最多訛脫；太宗武宗實錄復有斷爛；餘所據本亦不佳也。梁本世宗實錄，正文係據嘉業堂舊藏天一閣本傳錄，遇鈔寫脫落，卽校增於旁，然亦有據抱經樓本增注者，卷後所附抱本歧異，亦不賅備。今爲實錄校勘記，以梁本世宗實錄不在校勘之列，於其訛誤未能一一言之也。

實錄校勘記引據各本目錄，於各本存缺、藏印、題識，均記述之。校者姓名亦附載。各本行款尺寸，則見於書影及書影所附說明。目錄所述，拉雜瑣碎，謹撮其要略如上。實錄校勘記引據各本目錄凡十三篇，謹刋佈於下：

壹、明太祖實錄校勘記引據各本目錄

一、國立北平圖書館藏紅格鈔本——簡稱館本，今據此本之晒藍本爲校勘底本。

館本起洪武至天啓，其中卷頁有闕，即據他本配。太祖實錄缺御製序進書表目錄及卷十四至二十四，又卷三十一亦有缺葉，今據廣本鈔補。缺凡例及修纂官，待訪補。

館本係明史館鈔本。太祖實錄卷一百一第五頁前十行唐玄宗作唐元宗，即避康熙諱。清學部圖書館善本書目謂係明鈔本，誤也。

館本首册護頁題「供事某人對」；本所所藏內閣大庫本太宗實錄，與之同一格式，書頁闌外題「初三日一館吳宗泰」，「初四日一館吳宗泰」，蓋即鈔者所題。分館抄書，有供事者校對，此亦只有明史館始能如是，私人無此闊氣也。

館本第一册黏有飛籤，謂某節入本紀，某節入志或入傳，蓋亦史館纂修所籤。他册所黏，則晒藍時揭去矣。

二、廣方言館本——此本起洪武至泰昌，有「廣方言館藏書」印，今省稱爲廣本。

廣本神宗實錄所書奴虜等字，多被塗抹或挖去；世宗實錄二十三年四月癸巳條「章玄成」作「章元成」，則仍係清初鈔本也。

東北叢刊第三期卞鴻儒寫本明實錄提要云：毛扆汲古閣珍藏秘本書目著錄棉紙楷鈔明實錄三百五十九册，後歸南海馮觀察，贈於方言館存藏。今按，廣方言館本實錄計五百册，與毛目所載不合，且亦非棉紙。卞氏所云，不知何據。

三、抱經樓本——此本起洪武至萬曆，有抱經樓藏印，今簡稱爲抱本。太祖實錄卷一有「柱下史臣李應昇男讀書國學臣遜之藏」印。第一册護頁有墨筆題識云：「先君羅禍後，片紙無存。幸得昭雪，此書以實錄得還浦珠。硃筆皆先君手澤，展觀之下，不知涕淚之何從也。因記以誌感。時崇禎二年秋仲李遜之識」。太祖實錄卷十二至二十一，此本未標卷數，紙色行欵與他卷不同，由題識觀之，似以入官之故，致有遺失抄配也。抱本太宗實錄所配諸卷，有李遜之藏印，太祖實錄所配則僅有抱經樓印。

太祖實錄卷二五七後有蔡廷治朱筆題識云：

□□二月朔起，至五月晦日止，讀一過。時館江都倉港許氏獵微草堂。休寧蔡廷治拜識。

丁丑四月朔至七月五日再閱一過。時寓江都廣儲門內書舍。休寧蔡廷治再識。

文末鈐「瞻武」、「蔡廷治印」二印。

抱經樓本明實錄，內英宗正統朝及世宗實錄神宗實錄無李遜之藏印，書冊大小行欵亦不同。正統實錄世宗實錄復與神宗實錄異。蓋原係三部，其後皆歸於抱經樓耳。

抱經樓本，民國初年歸於吳興劉氏嘉業堂，故有嘉業堂藏印，此本藏嘉業堂時，江蘇省立國學圖書舘曾據以傳鈔。民國三十年長樂梁氏即據傳鈔本影印。今嘉業堂所藏明實錄已歸本所。凡梁氏影印本源出於抱經樓本及嘉業堂所藏別本者，即不在校讐之列。

四、嘉業堂本——此本有「吳興劉氏嘉業堂藏書記」印，故簡稱嘉本。此本缺卷三十八至四十二，凡五卷。卷一九五至二〇六，此本題「高廟聖政記卷之二十」；卷二四九至二五五，題「高廟聖政記卷之二十三」。今傳世洪武聖政記，多係實錄節本。此本所據係此類節本，故他卷所記亦多删節。

五、國立中央圖書舘藏舊鈔本——今簡稱中本。此本每卷所標卷數，已經書賈挖改。計殘存洪武二年正月至十年十二月，十二年正月至三十一年閏五月，凡二百十三卷。由書影所示，似本係三部也。

六、國立中央圖書舘藏明黃絲闌鈔本——亦簡稱爲中本。此本存卷一至七。

七、內閣大庫舊藏散葉——此本與舘本同一格式。僅存卷三十一第一頁。

八、國立北平圖書舘藏禮王府本——此本有「禮邸珍玩」「浙西鄭曉圖書」印，今簡稱禮本。鄭曉著吾學編，係明人，則此本係明鈔本也。此本係删節本，復多錯簡。

九、洪武寶訓——此本舊藏內閣大庫。計存卷九之第四十頁至五十二頁；卷十全，卷十一尾略有殘缺。

上列諸本，廣本係李晉華那廉君諸先生所校。嘉本當係王崇武姚家楫吳相湘三先生所校。晒藍本卷一五四第一頁有吳氏相湘所貼籤云：「自此以後未用抱本校勘，民國二十六年十二月二十日」。吳氏離職，或即在此時也。史語所遷昆明以後，曾議遣人付香港督印，故晒藍本卷一至三十六所載校籤，傅孟眞先生曾整理一過，其中硃筆批查字者，即係命王氏崇武查書也。校籤原本黏於正文下方，至是由王氏用小紙改書，於正文右側全部黏實，蓋懼校籤排印時，爲他人遺失耳。此三十六卷，王氏另黏有浮籤，則當係史語所遷李莊以後所爲。今爲校勘記，於此三十六卷內，彰健如有所見，謹書彰健按，以資識別。三十六卷以後，王氏如有所籤，則注王氏崇武曰，示不掠美。史語所遷臺以後，曾議以梁本爲校勘底本，故抱本太祖實錄曾全部覆校一過。其協同校勘者：楊君慶章、王君恒餘、黃君漢禮、張君震東。

中央圖書館所藏本，亦係遷臺以後所校。其協同校勘者，楊君華燮，王君恒餘，楊君慶章。

禮王府本，李晉華先生僅校卷十四至二十四。今據美國國會圖書館所贈顯微影捲續校訖。協同校勘者，楊君慶章，劉君先達，鄧君玉光。以校勘記已寫清稿，於禮王府本，僅斟酌錄存其與諸本異者。

以上各本太祖實錄，皆僅記太祖起兵及即位後事。明史藝文志云：「太祖實錄二百五十七卷。……萬曆時允科臣楊天民請，附建文帝元二三四年事蹟於後」。今按楊氏所上疏見神宗實錄萬曆二十三年九月乙酉條。實錄云：

> 禮科給事中楊天民請改正革除年號。其言曰：「國史纂修，一代之大典」。……禮官范謙等覆奏：「……願及此纂修之時，命史局於高廟實錄中，摘洪武三十二年逮三十五年遺事，復稱建文年號，輯爲少帝本紀」。奏上，詔以建文事蹟附太祖高皇帝之末，而存其年號。

蓋萬曆時從陳于陛請，修紀傳體正史，天民上疏請改正革除年號，帝遂命史館，附建文事蹟於太祖高皇帝末，非附建文事蹟於今本太祖實錄之後也。

范謙覆奏謂：「於高廟實錄中，摘洪武三十二年逮三十五年遺事」，今檢朱鷺建文書法儗所載范氏原疏同。豈其時修紀傳體國史，於各帝本紀仍稱實錄，後始改稱本紀歟？

談遷棗林雜俎藝簣門記其時修史事云：

南充陳文端相國修正史列聖本紀皇后本紀，建文景泰以實錄附載。

按今本太宗實錄卷一至九題「奉天靖難事蹟」，即記建文朝成祖起兵靖難事。「以實錄附載」，即謂以太宗實錄中所載建文事蹟，附載於太祖本紀後耳。

以太宗實錄前九卷附載今本太祖實錄後，此不倫不類。如欲改撰，則建文時章奏已爲太宗焚毀，爲太宗顔面計，亦不能改作。惟修正史，則不妨撮書太宗實錄所記，附載太祖本紀後，並仍存其年號耳。明史藝文志所記最足以惑人，爰辨正之於此。

所校各本書影，謹附載於後。

貳、明太宗實錄校勘記引據各本目錄

一、國立北平圖書舘藏紅格抄本——簡稱舘本，今據此本之晒藍本爲校勘底本。舘本缺御製序、凡例、修纂官及目錄，今據抱本補。缺進書表，今據宣宗實錄補，以抱本校。

據實錄御製序，太宗實錄一百三十卷，舘本分卷二百七十四，實與御製序不合。舘本所標卷數，當一依抱本目錄改正。以舊校係據晒藍本爲底本，今擬據舘本顯微影捲影印，故校勘記分卷仍一據舘本。清學部圖書舘善本書目著錄舘本，僅存卷十至十五。由晒藍本觀之，卷一之九，十六之二七四，均後來鈔配，故其訛誤亦較多也。卷二百三十二，亦即永樂十八年十二月卷，舘本前後錯亂，舊校以晒藍本剪貼黏綴，今據剪貼黏綴本排印。

二、廣方言舘本——此本分卷係一百三十卷。

三、内閣大庫舊藏紅本——此本今藏史語所，半頁十行，行二十字，僅殘存四十八、四十九兩卷，抄寫精絕，僅有一訛字。此本每卷卷首無纂修官姓氏，卷四十九書名作「大明成祖文皇帝實錄」，而卷四十八書名則於成祖尊謚一字不省，欵式不一，則仍非進呈以供御覽者。王氏崇武稱此本爲紅絲闌實錄正本，今按實錄正本，其行欵當與史語所藏憙宗實錄稿同，此絕不類。今以其紅絲闌精鈔，仍省稱爲紅本。他本書名皆作太宗實錄，此稱成祖實錄，則嘉靖以後所鈔也。

四、抱經樓本——此本卷一至十五係抄配，惟仍有李遜之藏印。

五、內閣大庫舊藏鈔本——此本今歸史語所。以係內閣大庫舊藏，故簡稱庫本。此本存卷一至九及卷六十三至七十，內卷一及卷七十有缺頁。此本所標卷數與舘本不同，而紙色行格則與舘本無異。舘本卷十至十五，係明史舘所鈔，亦內閣大庫物，今此本欄外有墨筆題識：「初三日一舘吳宗泰」，「初四日一舘吳宗泰」，則當亦史舘所鈔，其後明史修成，書皆移歸內閣耳。此本分卷，就書影所示，其卷首所書卷之六十四，實與抱本所載目錄合，而「明太宗文皇帝實錄卷六十六終」及「明太宗文皇帝實錄卷六十七」兩行，所標卷數與卷首所書「六十四」者異。以字體論，似其初鈔者僅書「明太宗文皇帝實錄卷」，而卷數則係稍後另一人所加；以其所添註卷數與實錄原本不合，故復爲另一人所刪，而於其前復補書纂修姓氏及「大明太宗……實錄卷之六十四」兩行也。實錄一卷有分上中下者，如仁宗實錄卽一卷分上中下，抱本太宗實錄有卷之十上、卷之十下。當時鈔者，於此每以意併合，以爲例不一，有時併合，有時不併，或省略卷數，僅書「卷之」，及展轉傳鈔，再依次標以卷數，而所標卷數遂異。庫本所標卷數與舘本不同，其故或卽在此。庫本所標卷數，雖與舘本異，然其分卷仍有與舘本合者，如太宗實錄永樂七年閏四月卷，卽未與前卷合併，此卽與舘本合，而與廣本抱本異。以其本爲一卷，故廣本抱本可以合併；以其本有上中下之別，故庫本舘本仍可別自爲卷也。故太宗實錄分卷，其係卷幾，當一依抱本目錄；其係卷幾之上中下，則或應據庫本舘本參定也。太祖實錄廣本分卷與他本不同，其故或亦在此。（註一）

（註一）實錄一卷分上中下，此因所記其月事繁，遂分之耳。其一卷記數月事，苟分作上中下，此必因舊製一月爲一册，而嘉靖時重錄本始「不拘一月一册舊製」也。廣本太祖實錄有一卷分作數卷者，卷首僅書卷之，不標卷數，其分卷必有根據也。

明實錄一卷分上中下，似僅太祖太宗仁宗實錄如此。

六、國立中央圖書舘藏明內府寫本——今簡稱中本。此本半頁九行，行二十四字，僅存卷三十六之三十九，凡四卷。此本黃綾裝面，係宮庭中物。萬曆十八年十二月大學士申時行曾疏進重抄小本寶訓實錄，此卽其幸存者歟？惟其行欵與熹宗實錄稿不同，爲可疑耳。余所見明實錄，除史語所藏熹宗實錄稿及紅本神宗實錄外，以此本及上一紅本爲最佳。

七、內閣大庫舊藏散頁——與舘本及上一庫本同一格式，蓋亦明史舘抄本。舘本卷八十九，上引庫本作卷六十三；舘本卷八十八，散葉作卷之六十一，與上一庫本所標卷數不接，則此與上一庫本非一本矣。修明史需取材實錄，史舘纂修人衆，故其所鈔實錄亦不止一部也。此本以散葉，有不知其所標卷數者，計殘存永樂二年正月十二月，七年二月，十二年正二三月，及十七年正月諸卷，凡二十一頁。

以上諸本，廣本紅本係李晉華那廉君二先生校，抱本庫本係王崇武先生校，中央圖書舘藏本及庫本散葉係遷台以後彰健所校，謹附識於此。

所校庫本紅本中本書影，謹載於後。

叁、明仁宗實錄校勘記引據各本目錄

一、國立北平圖書舘藏新鈔本——簡稱爲舘本，今據此本之晒藍本爲校勘底本。舘本淸學部圖書舘善本書目未著錄，據書末題記，知係民國十九年北平圖書舘據北京大學本鈔配。舘本雖分卷，然未言卷幾，今校勘記所標卷數，係據抱本。舘本御製序「纂修實錄」下，抱本中本有「書成總十卷」五字；序文末抱本中本有「宣德五年正月二十一日」九字，當據補，謹附識於此。

二、廣方言舘本——此本計十卷，每卷未再分卷之上中下，與抱本目錄異。蓋抄錄時，以意合併也。

三、抱經樓本

四、中央圖書舘藏明藍格抄本——簡稱中本。有「立峯」「吳卓信印」二印。吳氏蓋卽著漢書地理志補註者。此本每卷無卷首卷尾，惟卷與卷間，中空數行。

此本有目錄，其分卷與抱本同。以目錄校之，此本僅存卷一至卷四之下。

五、晨風閣叢書本明仁宗聖政記——此書係删節實錄而成，今簡稱晨本。

以上諸本，廣本係李晉華先生校；抱本係王崇武先生校；中本係還台以後彰健所校；晨本，王氏僅據以校實錄卷之一上，今續校完。

校勘記云：「三本作某」，此三本指廣本抱本中本。

校勘記寫成後，始借得中央圖書館所藏明萬曆刋本大明仁宗昭皇帝寶訓二卷。謹讐校一過，酌錄其異文。凡館本訛字已可據他本改正者，即不復增註寶訓作某。

中本仁宗實錄書影謹附載於後。

肆、明宣宗實錄校勘記引據各本目錄

一、國立北平圖書館藏紅格抄本——簡稱館本，今據此本之晒藍本爲校勘底本。館本缺御製序進書表凡例修纂官及目錄，今據禮王府本補。缺卷一之十二，據廣方言館本補。餘缺葉，據廣本或北京大學本補。

二、廣方言館本——館本卷十三，十六、二十、二十六、二十七、三十四、四十二、一〇二、一〇九，諸卷缺葉，據廣本補。

三、北京大學本——卷一至十二，及卷十三卷一〇九館本缺葉，據北大本校。館本卷六十六、六十八、一〇八、三卷缺葉，據北大本補。

四、抱經樓本。

五、國立北平圖書館藏禮王府本——簡稱禮本。此本半頁十三行，行十三字，有「浙西鄭曉藏書」「禮邸珍玩」二印，今據美國國會圖書館所贈顯微影捲校。

六、內閣大庫舊藏散葉——簡稱庫本。此本與館本同一格式，僅殘存卷七，三頁；卷八全；卷九，二頁。

七、大明宣宗皇帝寶訓五卷——國立中央圖書館所藏。

以上各本，廣本北大本及抱本卷一至十二係李晉華那廉君二先生校；抱本卷十三至卷一一五，係王崇武先生校。協同校勘禮本者，楊君慶章、劉君先達、鄧君玉光。

校勘記云：「三本作某」，此三本於卷一至十二，指北大本抱本禮本；於卷十三至一百十五，指廣本抱本禮本，謹附識於此。

校勘記寫成，復據美國國會圖書館所贈北平圖書館藏宣廟聖政記顯微影捲，校勘一過。謹斟酌選錄其與諸本異者。其協同校勘者劉君先達、鄧君玉光。

伍、明英宗實錄校勘記引據各本目錄

一、國立北平圖書館藏紅格抄本——簡稱爲館本，今據此本之晒藍本爲校勘底本。

館本缺御製序及修纂官，今據廣本抄補；缺進書表及凡例，據葛思德東方書庫本抄補。缺目錄，待訪補。

清學部圖書館善本書目著錄館本，缺卷二百一十至二百十六，二百四十三至二百七十三。北平圖書館善本書目著錄則不缺。由晒藍本觀之，學部目所缺諸卷，仍係抄配，其文與廣本抱本不同，豈據北京大學本抄配歟？

二、廣方言館本——缺卷一八七至一九二，凡六卷。

三、北京大學本——館本卷一八七至一九二，李晉華先生據北大本校。卷一八七，館本作「大明英宗睿皇帝實錄卷之一百八十七，廢帝郕戾王附錄第五」，北大本作「大明景皇帝實錄卷之五」。考神宗實錄萬曆十六年三月壬辰條：

大學士申時行奏：「禮部覆司業王祖嫡奏，請改正景皇帝實錄。……竊惟英宗實錄修於成化初年，在景皇帝未復位號之先，故仍稱郕戾王，而景泰七年事遂附英宗實錄內。……今景皇帝位號已復，不過於實錄內改正」。……上諭：景皇帝位號已復，實錄候纂修改正。

此雖云改修，然起居注記萬曆十八年申時行所進小型本，實錄記二十六年八月趙志皐所進本，均作英宗實錄三百六十一卷，則「纂修改正」，疑亦未之實行。北大本作景皇帝實錄，殆以有上諭，民間遂私改耳。

四、抱經樓本——此本卷一至一四八，一六二至一六七，一七四至一八六，未標卷數，書冊欵式，與景泰天順諸卷不同，無李遜之藏印，僅有抱經樓印，殆抱經樓配補。此本卷一四九至一六一，一六八至一七三，紙色甚新，僅有嘉業堂藏印，據嘉業堂鈔本書目，知係嘉業堂配補。嘉業堂所配，其文與北平圖書館本無異，殆據館本鈔配者也。

五、嘉業堂舊藏藏鈔本——有嘉業堂藏印，今簡稱嘉本。此本存卷第三百六十一，凡一卷。

六、北平人文科學研究所舊鈔本——此本有「東方文化事業總委員會所藏圖書印」今簡稱東本。此本存卷一四九至一五〇，凡二卷。

七、國立中央圖書館藏明翰林院鈔本——今簡稱中本。書影所標卷數，已經書賈挖改。實存卷十三至十七，一八七至一九〇，二七四至二七九，凡十五卷。每卷首有「翰林起居注督抄鈐」，末有「國子監助教對讀正字記」。考明史職官志云：「起居注，甲辰年置，後革。洪武十四年復置，尋罷。萬曆間命翰林院官兼攝之，已復罷」，則此本當係萬曆時抄本。

實錄係編年體，萬曆二十二年從陳于陛請，開館修紀傳體國史。於時實錄正本藏皇史宬，副本藏內閣，申時行所進小型本又僅供御覽，故陳氏奏請謄錄，以供修史之用。此本繕寫不工，知非御覽小型本；此本由翰林起居注督抄，國子監官校讀正字，蓋其時史館因修史而抄者。

孫承澤春明夢餘錄云：

萬曆年間，閣臣陳于陛請修正史。……於是開館分局，集累世之實錄，采朝野之見聞，紀傳書志，頗有成緒，忽遇天災，化爲煨燼。

則此本在明時已可能殘缺矣。

此本係史館本，所據應係佳本，然仍有脫誤。如卷十五館本第十三頁後九行「禾」字下，此本即脫五十字。卷帙浩繁，校勘不易，且非御覽本，宜其草率對讀矣。

八、國立北平圖書館藏安樂堂本——此本有「東海籛彘臣錢容保拜手恭讀」及「安樂堂藏書記」二印，今簡稱安本。印文言恭讀，則當係明鈔本也。此本僅存天順朝，缺第三百二十二卷。今據美國國會圖書館所贈顯微影捲校。

九、大明英宗睿皇帝寶訓——國立中央圖書館藏本。

以上各本，廣本北大本及抱本卷一八七之一九二，係李晉華那廉君二先生校。抱本卷一至一四八，一七四至一八六，一九三至二五〇之第七頁，係王崇武先生校。餘係此次新校。

其續校抱本者，楊君慶章，王君恆餘，張君震東，黃君漢禮，曾君超球。

校勘中本者，楊君慶章，曹君修溥，鄧君興民。

校勘安本者，劉君先達，鄧君玉光。

校勘寶訓者，王君寶箴。

所校嘉本東本中本安本書影，謹附載於後。

陸、明憲宗實錄校勘記引據各本目錄

一、國立北平圖書舘藏紅格抄本——簡稱舘本，今據此本之晒藍本爲校勘底本。

舘本缺進書表凡例及纂修官，今據抱本補。缺御製序及目錄，英劍橋大學本有之，待抄補。

舘本卷十二、二十一、四十、四十七、二七四、二八四有缺葉，今據廣本或抱本補。卷二百九十三缺頁，據廣本抱本配，仍有缺脫，今據美國普林斯頓大學葛思德東方書庫本補。

二、廣方言舘本——缺卷一至十二。

三、抱經樓本——此本卷一至六十一係鈔配，惟仍有李遜之藏印。此本最多顚倒錯亂，蓋其所據本有錯簡也。

四、嘉業堂舊藏舊鈔本——簡稱嘉本。此本與嘉本英宗實錄卷三百六十一係一部。存卷二至五。

五、北平人文科學研究所舊藏鈔本——此本與東本英宗實錄係一部，今簡稱東本。存卷十三至二十四。

以上各本，廣本及抱本卷一之十二，係李晉華那廉君先生校，餘係此次新校。協同校勘者，楊君慶章，黃君漢禮，張君震東，王君恆餘。

柒、明孝宗實錄校勘記引據各本目錄

一、國立北平圖書舘藏紅格抄本——簡稱舘本，今據此本之晒藍本爲校勘底本。

舘本缺目錄，今據抱本補。

清學部圖書舘善本目著錄舘本，存卷一之四十九，五十（應作五十八）之一百七十七，二百零三之二百二十四。北平圖書館善本書目著錄則不缺。今由晒藍本觀之，知學部目所缺諸卷係抄配，以係鈔配，故其訛誤亦較多也。其所配仍缺卷一百九十三，今據廣本補。

二、廣方言館本——缺卷一之八。

三、抱經樓本。

四、中央圖書館藏明天一閣鈔本——今簡稱閣本。此本有「徐鈞」「曉霞」二印。首冊護頁有徐氏題記云：

右朱亭山民跋天一閣藏明抄本世宗實錄，茲由書賈持以見示，索價甚昂，(須八百金)，無從議值，乃將跋語過錄於此，以備參考。余藏孝宗實錄藍絲闌明鈔本，亦係天一閣故物。舉以相較，修廣皆同。海內藏書家，四明天一閣范氏，其尤著也。其藏之久而不散者，蓋堯卿大司馬歿後，取例嚴密，而其子孫恪遵祖訓，各房相約，永以爲例，此所以能久也。自嘉靖迄今，殆已三百餘年矣，乃其後裔不能守，聞仍散佚，可慨亦復可歎！愛日館主曉霞氏識，時戊午四月。

目錄後有題記云：

是實錄原缺卷首之八，卷百二之百七，綜十四卷，凡三冊。賴劉氏嘉業堂有抱經堂盧氏召弓藏舊鈔本，據以鈔補，以成完書。提行空格，一遵原式。此亦爲館中秘笈之一，喜而識此。癸亥冬月愛日館主誌。

此本據抱經樓本抄配，其抄配諸卷，今省略不校。

五、中央圖書館藏舊抄本——簡稱中本。此本存卷一七七，及一七八前半，凡二卷。

右列各本，廣本及抱本卷一之八，係李晉華那廉君二先生校，餘係此次新校。協同校勘者，王君恒餘，楊君華燮，曾君超球，楊君慶章。

校勘記云，「三本作某」，三本指廣本抱本閣本，謹附識於此。

所校閣本中本書影，謹附於後。

捌、明武宗實錄校勘記引據各本目錄

一、國立北平圖書舘藏紅格抄本——簡稱舘本，今據此本之晒藍本以爲校勘底本。

舘本缺卷一五四之一六二，缺御製序進書表凡例修纂官，又卷四、十、十一、五十五、五十六、七十三、一〇四、一〇五、一二二、一二三、一四三、一六三、一六九、一九七，均有缺頁，今並據廣本補。卷一百十三缺頁則據抱本補。又據庫本散葉補目錄數紙。

二、廣方言舘本。

三、抱經樓本。

四、內閣大庫舊藏散葉——今簡稱庫本。此本與舘本同一格式。存卷一五九，五頁；卷一六〇，一頁；目錄四頁。

以上各本，廣本及抱本卷一五四之一六二，係李晉華那廉君二先生校。餘係此次新校。協同校勘抱本者，王君恒餘，楊君華燮，曾君超球，楊君慶章。

玖、明世宗實錄校勘記引據各本目錄

一、國立北平圖書舘藏紅格抄本——簡稱爲舘本，今據此本之晒藍本爲校勘底本。

舘本缺修纂官，今據葛思德東方書庫本補。缺目錄，劍橋大學本有之，待抄補。

舘本缺卷八十至八十三；又抱本及舘本卷一五六，誤抄實錄弘治六年十一月卷文；卷一五七，誤抄正德六年十二月卷文；卷一六三，誤抄正德十四年五月卷文；卷一六四，誤抄正德十四年六月卷文，今並據廣本補。舘本卷三十一及二百四十六，復有錯亂，舊校據晒藍本剪貼粘綴。其錯亂處，今據剪貼粘綴本排印。

清學部圖書舘善本書目著錄舘本，所缺不止卷八十至八十三。今由晒藍本觀之，卷二十二之五十九，七十二之七十九，一二一之一三三，一四六之一九六，二〇八之二一九，二四五之二五六，二七〇之二八一，三〇七之三三一，三五六之四〇五，四一八之四三〇，四四三之四六七，四八〇之四九一，五二九之五六六，均係抄配。而他卷闕頁亦有鈔配者。卷二九四之三〇六，學部目謂缺，今由晒藍本觀之，則仍係明史館抄本，蓋學部目成書後，續入藏者也。

晒藍本卷四百五十五首有那廉君先生校籤云：「三十七年正月至十二月各卷北平圖書館本據北京大學本鈔補，廣本全年俱佚，今據嘉業堂藏天一閣本校」，然則館本餘所配諸卷，或亦據北大本抄補。上所舉館本訛誤，均非明史館本所有，均見於所配諸卷中也。

二、廣方言館本——此本缺卷一之九及卷五十九，凡十卷。又三十七年正月至十二月諸卷係抄配。每卷雖書嘉靖三十七年某月某日朔，然尋省其文，則以世宗實錄他卷所記冒充。李晉華先生校籤云：「三十七年正月至三月，卽三十六年七月至九月卷文；三十七年四月至六月，卽三十八年十月至十二月卷文；三十七年七月卽三十九年九月卷文；三十七年九月十月，係三十九年十月卷文；三十七年八月十一月十二月卷，則尚未查明」。今按，三十七年八月卷卽三十八年八月卷文；三十七年十一月十二月卷卽三十九年四月卷文。前引那廉君先生校籤謂廣本全年俱佚，其說是也。

廣本嘉靖十六年七月十月卷，與館本抱本閣本中本所載全異，今排印附於此卷正文後，不錄入校勘記。

三、抱經樓本——此本書冊款式與抱經樓本正統實錄同，有抱經樓印，無李遜之藏印。此本卷一二九之一三三，四四三之四五四，凡十五卷，紙色甚新，據嘉業堂抄本書目，知係嘉業堂鈔配。抱本與館本近，此鈔配諸卷與館本不同，與嘉業堂舊藏天一閣本近，或卽據閣本鈔配者也。

四、天一閣本——有嘉業堂藏印，今歸本所，今簡稱閣本。此本缺卷八十一，一八七，一八八，二五三，三六七，三六八，凡六卷。卷一四六，此本複出。第一冊護頁有葉德輝題識云：

前明祖宗實錄，自來藏書家皆尠著錄，惟毛扆汲古閣珍藏秘本書目有之。

目中書，當時將售之潘稼堂太史耒，以議價不合，後歸季滄葦侍御振宜。季書散後，卽不見於江南藏書家目，殆散失久矣。曩在都門，見有明抄舊本全者，始洪武訖崇禎，爲盧召弓文弨抱經堂物。以索價甚巨，置之。頃有指墨格明鈔本世宗一朝見示者，審其紙色裝釘，似是四明范氏天一閣中物，不知何時散落在外。明史世宗本紀，大抵卽本此撰修。諸臣奏議，其重要者亦多採入列傳。明時內璫權相，互起用事，亦積習使然。一祖宗臨御之物，無不渙汗叠頒，貌似振作，先朝奄黨奸孼，一經科臣參劾，無不殛竄隨之。乃不轉瞬，此去彼來，依然蹈其覆轍。迨至思陵亡國，亦若心法相傳。明政不綱，良可浩歎。實錄本多曲筆，然有掩之無可掩者。欲知一朝得失之林，則此等書固不可不存之插架矣。時在癸丑夏五中旬二日朱亭山民葉德輝識於滬上旅寓。

五、北平人文科學研究所舊藏明鈔本——此本係以明公牘紙抄，有「東方文化事業總委員會所藏圖書」印，今簡稱東本。原本經亂殘缺，裝釘失次，一卷散見於數處。今拆散重裝，仍釘爲十六冊。計存嘉靖元年七月至十二月，二年五月至八月，三年七月八月，十月至十二月，六年五月六月。九年正月至十二月，十年七月至十二月，十二年正月二月，十五年正月至七月，十七年十二月，十八年正月至十二月，二十年七月至十二月，二十五年正月至七月，四十五年閏十月諸卷。

六、中央圖書舘藏舊鈔本——簡稱中本，存卷一九七至二〇七，卷一九七僅存後半。

七、北平國立歷史博物舘藏鈔本——簡稱歷本。存卷三六九之三八〇，此本與舘本同一格式，亦內閣大庫物，今據本所傳鈔本校。

八、內閣大庫舊藏鈔本——此本所所藏，今簡稱庫本。此本與舘本同一格式，存卷五四二至五五三，內卷五五三僅存前半。

九、內閣大庫舊藏散葉——仍省稱庫本。此本與上一庫本同一格式，卷五五三散葉，與上一庫本適相銜接，蓋卽一本。計存卷二七九，二頁；二八〇，八頁；四六三，四頁；四六四，八頁；四六五，五頁；四六六，三頁；四九一，二頁；五三二，四頁，五三三，二頁；五三四，二頁；五三八，六頁；五三九，四頁；五四〇，二頁；五四一，五頁；五五三，二頁。合計五十九頁。

以上各本，廣本係李晉華那廉君二先生所校；抱本卷一之九，卷五十九，閣本卷四五五之四六七，亦係李那二先生校，餘係此次新校。廣本與舘本大不同處，李那二先生間據抱本或閣本校，未能全部俱校，今據抱本閣本覆校一過。

余所見明實錄，以世宗實錄各本出入最大。由校記觀之，閣本東本與廣本近，而抱本則與舘本庫本近。廣本亦有異於閣本者。實錄所載世宗上諭，多詰屈難曉，廣本閣本多從删節，此當以舘本抱本所載爲是。至若以數十字同記一事，意同而造語遣辭各異，此則未易定其是非優劣矣。梁鴻志所影印國學圖書舘本，係據天一閣本傳錄，而参以抱經樓本。雖間記抱本異同，然不賅備，今梁本不在校勘之列。

協同校勘抱本閣本東本者，楊君華燮，曾君超球，王君恆餘，楊君慶章。校勘歷本中本者，楊君華燮。校勘庫本卷五四二至五五三者，楊君慶章。

拾、明穆宗實錄校勘記引據各本目錄

一、國立北平圖書舘藏紅格抄本——簡稱舘本，今據此本之晒藍本爲校勘底本。舘本缺御製序，今據嘉本補；缺目錄及修纂官，英劍橋大學本有之，待抄補。清學部圖書舘善本書目著錄時，缺卷一之十五，二十二之四十，四十七之五十八，六十五之七十，北平圖書舘善本書目則不缺。今由晒藍本觀之，則卷一之七，五十三之五十八，仍係明史舘抄本，蓋後來續收藏，而其餘缺卷則係抄配，故其訛誤亦較多也。

二、廣方言舘本。

三、武漢大學本——存卷一之十三。

四、抱經樓本——此本有蟲蝕斷爛。

五、嘉業堂本——此本有嘉業堂藏印，卷六十九有三頁誤裝入卷六十八內，次序復顛倒，今於嘉本書眉貼籤改正，不錄入校勘記。此本書首有章一山那廉君二先生題識，謹錄於後：

國初諸人親見明實錄者，皆云實錄附有臣工傳。今閱穆宗實錄無附傳，或所謂附傳者別自爲卷耶？我朝實錄大例均循明制，特諸臣奏疏無如此之詳。壬子，修宣統政紀時，予擬略例，多錄奏疏，與此編相似。卷中譌脫頗多，略閱一過，輒綴數語，以歸翰怡京卿。甲寅春三月章梫誌于上海寓次。

有明一代實錄，雖未附有臣工傳，然實錄纂修體例，凡公侯駙馬伯及在京文武三品以上官員歿，例皆書卒，並及其行實，其文武官功績顯著及沒於王事特旨褒贈者，不限職之大小皆書，成爲定制。此殆即實錄附有臣工傳說所由來也。丙子冬中央研究院以校印明實錄，特來嘉業堂，取所藏各本磨勘。丁丑二月再來，重讀一山先生題識，謹附綴數語如右，時清明前七日那廉君謹識。

六、內閣大庫舊藏數葉——簡稱爲庫本，此本與館本同一格式，蓋同時所抄。計殘存卷五十一，六頁；五十二，七頁；五十三，一頁。

上列各本，廣本武大本係李晉華那廉君二先生所校。廣本卷二十七，今重校一過。協同校勘抱本嘉本者，楊君華燮，曾君超球，楊君慶章，朱君澤平。

校勘記云：「三本作某」，三本指廣本抱本嘉本。

嘉本書影謹附於後。

拾壹、明神宗實錄校勘記引據各本目錄

一、國立北平圖書館藏紅格抄本——簡稱館本，今據此本之晒藍本爲校勘底本。

館本缺御製序進書表凡例修纂官及目錄，今據內閣大庫舊藏明內閣紅絲闌精寫本補御製序及目錄數紙。

內閣寫本御製序謂，神宗實錄五百九十六卷，寶訓十二卷。明史藝文志謂，神宗實錄五百九十四卷，寶訓二十六卷，此當以內閣寫本所書爲正，而館本亦正五百九十六卷也。

清學部圖書館善本書目著錄館本，存卷一之三百四十二，三百五十七（按應作三百五十五）之五百九十六。北平圖書館善本目錄著錄則不缺。今由晒藍

本觀之，學部目所缺諸卷，亦後來鈔配者。

舘本卷三十六，二四四，二五五，三一六，三六七，三七九，四一六，四五四，五七七，五七八，五八九，五九六，有缺頁，今據廣本補。

舘本卷二〇六，四〇五，有缺葉，今據抱本補。

卷三六六，舘本及抱本有錯簡及缺頁，今據廣本校補。

卷八十三首頁斷爛，廣本缺此卷，抱本此處亦有缺脫，今據萬曆起居注補。

二、廣方言舘本——缺卷四十六之一〇七，一七〇之二一八，四〇五之四〇九，卽萬曆四年至八年，十四年至十七年，三十三年正月至五月諸卷。

三、北京大學本——簡稱北大本。舘本卷四十六至六十，六十二至七十，一七〇至一八一，李晉華先生據北大本校。

四、抱經樓本——此本無李遜之藏印，有抱經樓藏印，書冊欵式與抱經樓所藏別朝實錄不同，蓋原非一本，其後皆歸於抱經樓耳。舘本卷一及卷二之上半，卷二一九之二三〇，二三八之二四三，二五〇之二六二，二九九，三四三之三四八，五二一之五二七，五五三之五五八，此本未書卷數，且紙墨甚新，檢嘉業堂抄本書目，知係嘉業堂抄配。其卷一、卷二、卷二九九，未知據何本配。餘所配諸卷，則與廣本同也。

此本每卷尾間有朱墨筆題識，今錄數則於後：

初六日，閱及半。道尊馮公留仙來，迎於譴笑軒。時以勤王歸，譚虜事殊可憂。六房二弟自茜涇來，貽綠橘六枚。吾鄉綠橘，甘香淸美，他橘不堪作奴也。初七日戊寅閱竟。(卷二尾朱筆。)

初七日閱，燈下完。是日晴暖有月。(卷四尾，朱筆。)

初八日上午，坐負半庵閱。負半庵，予西郊小齋也。眉公題曰：「只今便高臥，已負半生閒」，故名。……(卷六尾，朱筆。)

初八日申初閱，舟至直塘。(卷八尾，朱筆。)

初八日閱，時行沙溪市河中，日已晡矣。是日頗晴暖。(卷九尾，朱筆。)

丁丑正月初五日乙巳，舟中再閱。時種柿於東疇。(卷九尾，墨筆。)

卷六尾云：「眉公題曰」，眉公當卽陳眉公，則此題識係明人手筆也。卷九尾墨筆所書與朱筆書者筆跡無異，墨筆言再閱，則朱筆所題，其爲時當在前也。神宗實錄成書於崇禎三年，墨筆題言丁丑再閱，丁丑係崇禎十年。朱筆題「初七日戊寅閱竟」，檢二十五史朔閏表，崇禎四年九月及九年八月十月俱壬申朔，初七日係戊寅。題識云：「助餉」，「勤王」，以明史本紀證之，則係九年事，非四年事也。

明史莊烈帝本紀云：

九年七月癸丑，詔諸鎮星馳入援。乙未，大清兵入昌平。癸亥諭廷臣助餉。……是月，大清兵入寶坻，連下近畿州縣。

八月乙未，盧象昇入援，次眞定。丙申，唐王聿鍵起兵勤王，勒還國。是月，大清兵出塞。

八月清兵始出塞，題識云：「時以勤王歸」，「是日頗晴暖」，則題識所云「初七日戊寅閱竟」，當係九年十月初七日也。題者姓氏則待考。

此本多錯簡脫落，題識者已指摘，惟未以他本校正。梁鴻志影印本源出此本，故其訛誤亦極多也。

五、內閣大庫舊藏明內閣朱絲闌精寫本——存御製序及目錄數紙，正文僅存卷五百九十六一卷，今簡稱紅本。此本與熹宗實錄稿同一格式，惟未見崇禎御批，及史臣籤改，此其異耳。原本無針孔，由本所裝釘成冊。予校熹宗實錄稿散頁，復於其中得此卷散葉三紙。此或亦明內閣存檔底稿，未必係實錄副本及大本之孑遺也。

明內閣寫本於人名皆硃圈點斷，抱本所點者與此本不同，當以此本所斷者爲正。實錄所書四夷人名，頗不易點斷。今讀實錄，甚恨此本之殘缺不全也。

六、內閣大庫舊藏神宗寶訓——半頁九行，行十八字，格式與紅本同，蓋亦明內閣精寫本。惜僅殘存卷十一，十頁；卷十二，二頁。館本記萬曆三十一年十二月癸未上諭內府各衙門，廣本抱本作同月辛巳事，寶訓與館本同。此等岐異，幸賴此以定其是非也。

七、萬曆起居注——本所所藏舊鈔本，抗戰勝利後，購於北平書肆。此本有脫頁，訛字極多。僅殘存萬曆二年正月至三年十二月，四年四月至十二年十二月，十四年正月至十五年三月，十六年正月至十九年七月，計十六冊。實錄所記，有本於起居注者。凡各本異文，苟與起居注合，則與之合者當是也。

以上各本，廣本北大本係李晉華那廉君二先生校。廣本卷一至八，書頭誤書穆宗實錄，致昔年遺漏未校。廣本抱本多錯簡，廣本錯亂處，今重校一過。凡廣本缺卷，李那二先生曾據本所傳鈔抱經樓本校，今據抱經樓原本覆校一過。

協同校勘廣本抱本者，張君麗琍，李君恕敏，劉君春華，盧君璇偲，林君秀貞，周君富美，茅君鍾琪，陳君叔任，楊君華燮，曾君超球。

協同校勘萬曆起居注者，楊君華燮，曾君超球，楊君慶章。

所校抱本紅本及寶訓書影，謹附於後。

拾貳、明光宗實錄校勘記引據各本目錄

一、國立北平圖書館藏紅格抄本——簡稱舘本，今據此本之晒藍本爲校勘底本舘本缺御製序進書表凡例及卷一之第一頁，今據廣本補。缺修纂官及目錄，待訪補。

光宗實錄凡二修。明史藝文志云：「光宗實錄八卷，天啓三年葉向高修成，有熹宗御製序。既而霍維華等改修，未及上而熹宗崩，至崇禎元年始進呈。向高原本並貯皇史宬。」今舘本與廣本內容同。廣本有熹宗序及天啓三年張惟賢葉向高進書表，則舘本廣本仍葉氏修本也。春明夢餘錄載文震孟孝思無窮疏曾引改修本，與舘本不合；國榷記光宗事，末引「葉向高曰」，即舘本實錄尾「史臣曰」，此亦可證係初修本。改修本出自閹黨，不爲人採信，明史舘不予傳錄，故終於湮沒無傳也。

二、廣方言舘本。

三、內閣大庫舊藏明內閣寫本光宗寶訓——與內閣大庫本神宗熹宗寶訓同一格式。惜僅殘存卷一之第一至六頁，及卷二之第一頁。

以上三本，廣本係昔年那廉君先生所校。今爲校勘記，謹據光宗寶訓春明夢餘錄國榷皇明詔制諸書校勘一過。春明夢餘錄係用光緒九年刊本；國榷據北平人文科學研

究所舊藏鈔本；皇明詔制，用明刋本。

謝國楨晚明史籍考謂吳興劉氏嘉業堂藏有光宗實錄抄本。按嘉業堂所藏明實錄已歸本所，無光宗實錄，嘉業堂抄本書目亦未著錄此書，則謝氏所言誤也。

光宗實錄，今所見僅廣本及舘本，廣本脫漏仍書入校勘記，不從省略。

拾叁、明熹宗實錄校勘記引據各本目錄

一、國立北平圖書舘藏紅格抄本——簡稱舘本，今據此本之晒藍本爲校勘底本。舘本缺卷四十三至五十四，及卷八十五。考東華錄順治八年閏二月大學士剛林奏，熹宗實錄缺天啓四年及七年六月，計十三卷。舘本係明史舘鈔本，故其缺卷正同。

舘本卷七十四及八十七仍有缺頁，書首御製序、凡例、目錄、進書表及纂修官亦缺，待訪補。

黃虞稷千頃堂書目著錄熹宗實錄八十四卷，謂「缺天啓四年□月及天啓七年□月」。或疑所缺係天啓四年十一月、十二月、及天啓七年正月三卷，今按黃氏係明史舘纂修，所見熹宗實錄如僅缺三卷，則於時朝庭下詔訪求，無不進諸朝之理，而乾隆時，楊椿與修明鑑綱目，其所見仍係缺十三卷本，此可證或說非也。熹宗實錄原本八十七卷，史舘實存七十四卷。竊疑千頃堂書目所云八十四卷，此「八十四」三字係八十七之誤，以實存七十四卷，遂誤書作八十四耳。明史藝文志係據黃虞稷舊稿删潤，故亦誤作八十四卷。

培林堂書目著錄熹宗實錄八十七卷，或疑其係足本。今按培林堂徐氏與明史舘總裁徐乾學係昆弟。所藏如係足本，亦無不進諸朝之理。且昔人藏書目，於缺卷亦不一定注明也。

明制，實錄書成，正本藏皇史宬，副本藏內閣。今以舘本與內閣大庫舊藏明內閣進呈熹宗實錄稿校，知舘本有據稿本鈔補者，其文當與正副本異，蓋甲申亂後，宮廷所藏正副大小四本，已殘缺不全，史舘以稿本配補，仍缺十三卷耳。當時宮廷所藏有正副大小四本，說另詳。據本所藏內閣大庫乾隆四十八年檔案，實錄正副本書冊寬大，需挪出以置檔冊，且於時明史已成，視實

錄無用，遂從其時大學士奏請，移出焚毀。

二、內閣大庫舊藏明內閣進呈熹宗實錄稿——此本半頁九行，行十八字，紙質厚白，行格寬大，斷句用朱圈，繕寫極工整。由書影所示，知凡硃筆所書及塗抹，皆出崇禎帝手；其墨筆籤貼，繕寫工整者，則纂修史臣所為也。

書影所載，取與舘本熹宗實錄校，則舘本熹宗實錄已遵史臣籤改。此本卷一：「緝獲逃犯劉尙禮」，御筆批：「係何衙門緝獲」，今存舘本緝上卽有「東厰」二字。此可證舘本所據係定本，而此本則係待帝裁定淸稿，故其文句與舘本不盡同也。

舘本所載，當與皇史宬所藏正本同。此本與舘本文句有異，故知此本非皇史宬所藏正本，亦非內閣所藏副本。李氏晉華校籤稱此本為紅格寫本，王氏崇武改稱內閣大庫正本實錄，王氏所改蓋非也。此本非皇史宬所藏正本，亦非內閣所藏副本，然實錄正副本行欵，當與此本同。偽滿所影印淸實錄，亦半頁九行，行十八字，斷句用朱圈，其制卽本於前明也。

此本係待定淸稿。考實錄書成，稿草例應焚毀。此本未焚，蓋以其係定本底稿，經帝裁定，上有御批，應存檔尊藏耳。

此本有崇禎帝御筆塗抹。今觀其塗抹，多屬帝后忌辰下「奉先殿行祭禮」六字。如卷十五「誠孝昭皇后忌辰」，御筆卽塗辰下「奉先殿行祭禮」六字。卷十四孝恭章皇后忌辰，辰下「奉先殿行祭禮」六字，未奉御塗，史臣貼籤云：「伏候聖裁」。史臣請示，帝未用硃筆答，由另一人籤覆曰：「孝恭章皇后係祧廟，奉先殿行祭禮此六字應刪」。觀其字跡不工，又用墨筆，則此墨筆另籤，殆出太監之手。孝恭係明宣宗后，以祧廟不祭；誠孝係仁宗后，自亦係祧廟，此帝之所以於實錄卷十五塗辰下「奉先殿行祭禮」六字也。卷六十五，「孝烈皇后忌辰」，御筆塗辰下「奉先殿行祭禮」六字。卷六「孝貞純皇后忌辰」，辰下「奉先殿行祭禮」六字未奉御塗，史臣貼籤：「伏候聖裁」。另一人墨筆貼籤云：「后係繼后，奉先殿行祭禮六字宜刪」。今按孝貞係明憲宗后，憲宗元配吳氏被廢，歿以妃禮葬，故孝貞雖係繼后，仍當以嫡后視之。憲宗及孝貞后神主，由奉先殿移奉祧廟，係天啓元年八月事，見實錄。然則孝貞忌辰，奉先殿不行祭禮，亦以祧廟故，非以其爲繼后也。此墨筆另籤繼后二字雖誤，然其云「奉先殿行祭禮六字應删」，則仍不誤也。孝烈忌辰，御筆塗「奉先殿行祭禮」六字，以此觀之，亦當以孝烈係世宗繼后故耳。明史后妃傳引崇禎帝曰：「太廟之祭，一帝一后，祧廟亦然。歷朝繼后及生母凡七位，皆不得與。卽宮中奉先殿亦尙無祭」，此亦可證孝烈忌辰不於奉先殿行祭禮也。

穆宗實錄係張居正所修。張氏綜覈名實，其所修當不苟。今觀穆宗實錄，於未祧廟帝及嫡后忌辰，書奉先殿行祭禮及遣官祭陵；於祧廟及繼后及帝生母晉封爲后者，其忌辰只書遣官祭陵，不書奉先殿行祭禮，其書法截然有別。而神宗實錄則不然。竊疑神宗實錄成書於崇禎初年，其時於此類錯誤，或不知之。及修熹宗實錄，始覺察其誤，遂御筆塗抹更正，而神宗實錄以書成不及改，非神宗時典制有異也。

實錄此類紀事，既經御筆塗抹，史臣遵旨籤改，而史臣貼籤仍有疏失。如卷三十二「孝肅皇后忌辰」，御筆塗辰下「奉先殿行祭禮」六字，史臣貼籤曰：「奉先殿行祭禮六字應增入」。今按孝肅係英宗后，非嫡配，且係祧廟，則御筆所塗是也。今館本熹宗實錄仍有此六字，疑史臣貼籤偶誤，實錄正副本此處遂亦同誤也。卷七十九壬戌下，史臣貼籤云：『壬戌應補入「孝元貞皇后忌辰，奉先殿行祭禮，遣宣城伯衞時春祭慶陵」』，今此所增諸字，館本在同月己未下。考孝元貞皇后忌辰係十二月二十四日，天啓六年十二月己亥朔，二十四日係壬戌，非己未，館本書於己未下，疑後來史臣更定有誤也。

除上二則外，今以稿本校館本熹宗實錄，館本所載此類紀事，與史臣籤改及明代典制合者，有卷十八、二十五、二十六、三十、三十一、三十三、三十七、三十八、五十九、七十九、八十二、八十六，計十二卷。

館本辰下旁增「奉先殿行祭禮」六字，致與史臣籤改及明代典制不合者，有卷六、十五、十九、二十三、六十三、六十五，凡六卷。實錄纂修史臣既已籤改，則實錄正副本必無此旁增諸字。如謂正副本仍有，則館本鈔錄時，何致獨於此處屢有脫落，此可證旁增諸字係據稿本補入也。使其時實錄正副本此數卷猶存，何致據稿本旁增，竊疑上舉十二卷與史臣籤改合者，係據正副本鈔錄。而此六卷則據稿本鈔，初依史臣籤改，後不知其究否應删，遂復增入耳。

舘本卷十二、二十、二十二、六十二、六十四，辰下亦誤增「奉先殿行祭禮」六字。此五卷稿本今已不存，然由其係旁增，知亦據稿本增入者也。

舘本辰下旁增「奉先殿行祭禮」六字，固據稿本錄入，然亦有誤作正文，而非旁增者，此有卷十一、十四、六十七、六十八、六十九、七十一、七十二、七十四、七十五、七十六、七十七、七十八，計十二卷。其中卷十四、六十九、七十六、七十七、七十八，五卷稿本猶存，史臣已籤删，考史臣他卷貼籤旣云：「未奉御塗，不知應删與否，伏候聖裁」，則當時史臣必通檢全書，此七卷亦宜有貼籤。今舘本所載，乃與史臣籤改及朱明典制不合，竊疑舘本鈔錄時，此數卷正副本亦佚，鈔者未比對正副本他卷，未通檢前後御筆所塗，不明當時典制，不知其究應删否，遂仍照未改原稿錄入耳。

由稿本觀之，崇禎帝所塗抹，實不止此類紀事。其他紀事，亦有塗抹極當，而史臣亦籤云應删者。取與舘本校，舘本所載仍與未籤時同。余初疑實錄正副本仍未改，及分析忌辰祭禮事，始悟凡照稿本補鈔諸卷，其時正副本已佚，正副本文句究若何，旣無由確知，遂仍照未改原稿錄入耳。

就史學觀點言，稿本史料價值，較實錄正副本為高，此由書影所塗抹處可見。修明史時，熹宗實錄正副大小四本已殘缺不全，此固可惜；而稿本亦殘缺不完，此尤可惜耳。

稿本無針孔，原本當係蝶裝。為本所裝裱成册者，計一千一百五十九頁。其為北京大學所藏，為本所晒藍者計一百五十五頁。本所所藏，中縫損毀，未訂成册，經健校勘始知卷頁者，計一百零一頁。此三者未有重複，蓋係一本。此本係待定淸稿，進御時，疑亦黃綾裝面。淸實錄有紅綾本黃綾本之別，疑亦因襲明制。此本係紅絲闌精鈔，今亦省稱為紅本。

三、梁鴻志影印江蘇省立國學圖書舘本——按國學圖書舘本明實錄係據嘉業堂藏本傳鈔。今嘉業堂所藏已歸本所，其所藏熹宗實錄，撰人題「纂修官浙江道監察御史李長春」，蓋崇禎時李氏任都察院官，編輯天啓時本院所上章奏，以供修熹宗實錄之用，此書即千頃堂書目所著之熹宗七年都察院實錄，與舘本熹宗實錄實非一書也。嘉業堂鈔本書目著錄熹宗實錄十三冊，實即都察院實錄冊數。謝國楨晚明史籍考於熹宗實錄著錄北平圖書舘本及嘉業堂藏本，不知二書名同實異，蓋未見嘉業堂本原書也。梁鴻志影印本明實錄，惟熹宗實錄不源於嘉業堂本，其來源不明，今仍據校焉。

此本卷一記天啓元年正月事，而泰昌元年九月至十二月，則另爲卷，不題書名，蓋欲冒充光宗實錄耳。國學圖書舘書目未言有光宗實錄，此其著錄精審處。今梁本第四六〇及四六一冊書頭，鉛印「光宗泰昌」四字，蓋不知國學圖書舘本實缺光宗實錄也。此本分卷與舘本不同。舘本分卷與明內閣進呈稿本同，其分卷自不誤，故此本分卷岐異，悉省略不予籤記。

此本係删節本。以舘本及稿本校之，凡實錄所書忌辰祭陵，典禮儀注，及天文災異，悉從省略。於旌表貞烈，文華殿講讀，亦或省或不省。夫三代以下，禮樂爲虛文。删節此類紀事，固亦無不可。今爲校勘記，僅斟酌選記其脫誤，及其不應省而省者。

以此本與舘本校，舘本卷七十九，梁本所載至舘本此卷第三十三頁後十二行「九」字止；舘本卷八十七，梁本所載，至舘本此卷第二十八頁後十二行「平」字止。梁本文氣未完，此下不宜省略不錄。舘本半頁十二行，行二十四字，梁本「九」「平」二字，適爲舘本是頁後十二行之第二十四字。竊疑梁本所據，亦係半頁十二行，行二十四字本，惟其下有缺頁，而舘本則不缺耳。當時史舘修史，所鈔實錄不止一部，說詳太宗實錄校勘記引據各本目錄。梁本所據殆係史舘另一鈔本，而非今擬影印之舘本。今擬影印之舘本，有據稿本旁增者，故其抄錄當較早。舘本卷一第三頁「軍民男婦素服一十三日而除」，素下七字適爲水漬，且「而除」二字誤複，致與次頁不接。今梁本此處僅節至素字止，則其所據本殆亦源出於舘本也。

梁本所據本既源出舘本，然仍可供校勘。蓋今存舘本已有殘缺，梁本所據本傳錄時可能仍未缺脫也。舘本卷八十四原粘校籤，增補正文凡數節，今檢梁本亦有之。梁本此卷較舘本多出數節，今審舘本所缺處，亦有增字符號，原亦粘有校籤，惟已遺失，然痕跡猶存，此則幸賴梁本補亡耳。館本此卷原粘校籤，不知係據何本補？此亦可令人玩味之一問題也，謹誌於此以俟考。熹宗實錄，史館本原缺天啓四年卷，梁本曾彙錄皇明從信錄諸書以補，此疑亦史館所為。以實錄他卷校之，仍有訛誤。又梁本熹宗實錄末附明□宗□皇帝實錄，係記天啓七年八月至十二月崇禎帝卽位後事。崇禎帝係亡國之君，自無實錄。然今存明史考證攟逸卷二十六及二十七，曾引明實錄記崇禎卽位以後事，其所引計九則。明史考證係史館本，則此所附「明□宗□皇帝實錄」，亦可能係史館本也。此與梁鴻志影印本崇禎實錄亦非一書。既係梁本所有，今仍附印焉。

四、熹宗寶訓——亦內閣大庫本，半頁九行，行十八字，與實錄稿同一格式，惟未見御筆塗抹，史臣籤改耳。原本亦蝶裝，為本所裝訂成冊者，計卷一，一頁；卷二，四頁；卷三，二十一頁；卷四，二十一頁；凡四十七頁。另散葉六頁，內一頁未知係熹宗寶訓否，謹誌於此以俟考。寶訓記天啓四年事，俟實錄印畢，當影印以行。

以上各本，惟熹宗實錄稿已裝訂成冊及晒藍者，係李晉華那廉君二先生所校，餘係此次新校。其協同校勘梁本者，茅君鍾琪，周君富美，王君寶箴，李君恕敏，劉君春華，盧君璇儷，林君秀貞。

明內閣進呈熹宗實錄稿書影謹附於後。

附　書　影

實錄校勘記引據各本目錄所附書影，集刊似不必盡載，謹擇要刊佈於下：

（一）廣方言館本明太祖實錄　（一幀）

（二）抱經樓本明太祖實錄　（二幀）

（三）內閣大庫舊藏明紅絲闌精寫本明太宗實錄　（二幀）

（四）內閣大庫舊藏清初明史館抄本明太宗實錄　（二幀）

（五）國立中央圖書館藏明內府寫本太宗實錄　（二幀）

（六）國立中央圖書館藏明萬曆時史館抄本英宗實錄　（二幀）

（七）國立中央圖書館藏明天一閣本孝宗實錄　（一幀）

（八）內閣大庫舊藏明內閣朱絲闌精寫本神宗實錄　（二幀）

（九）內閣大庫舊藏明內閣進呈熹宗實錄稿　（二幀）

出自第三十一本(一九六〇年十二月)

（一）廣方言舘本明太祖實錄　一頁

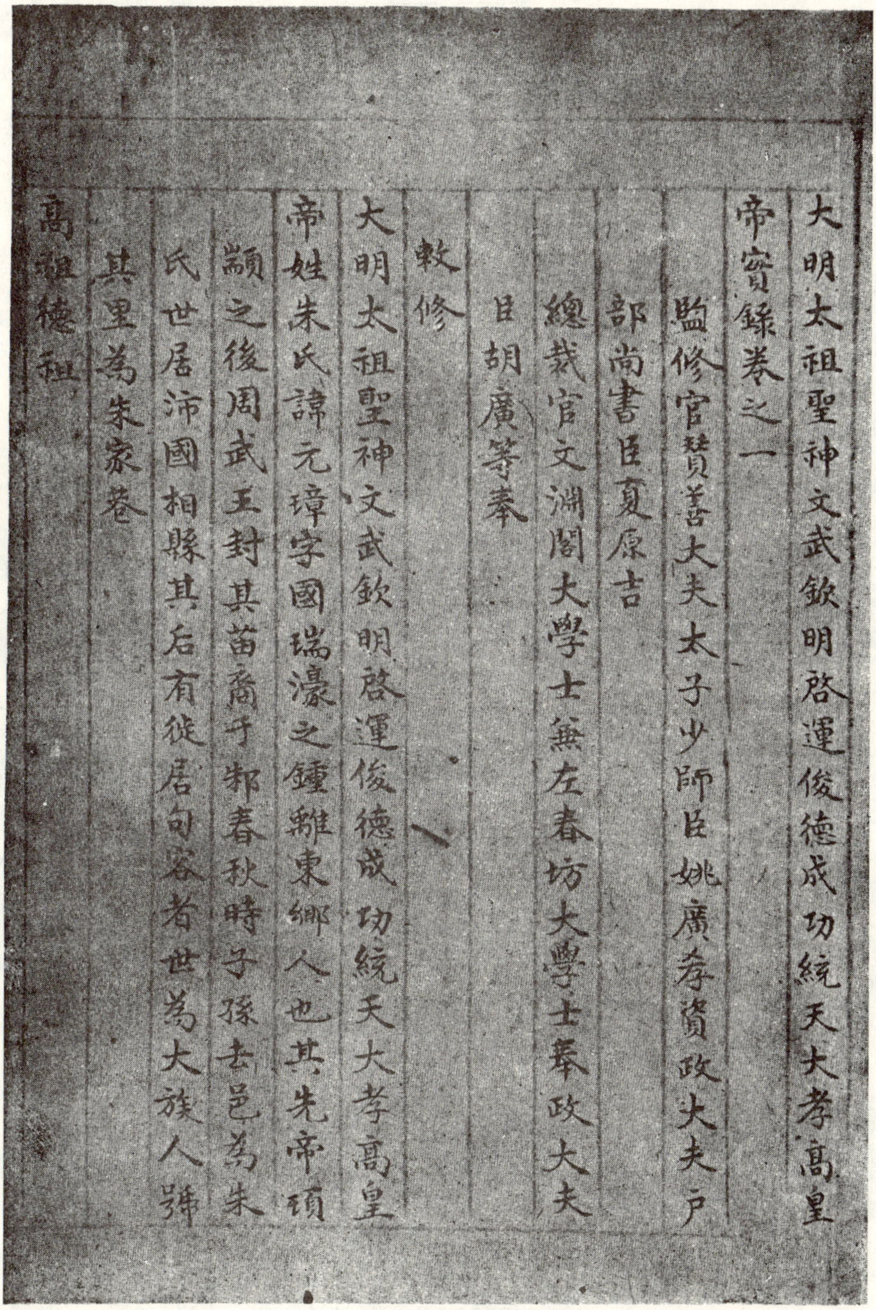
大明太祖聖神文武欽明啓運俊德成功統天大孝高皇
帝實錄卷之一
監修官贊善大夫太子少師臣姚廣孝資政大夫戶
部尚書臣夏原吉
總裁官文淵閣大學士兼左春坊大學士奉政大夫
臣胡廣等奉
敕修
大明太祖聖神文武欽明啓運俊德成功統天大孝高皇
帝姓朱氏諱元璋字國瑞濠之鍾離東鄉人也其先帝頊
顓之後周武王封其苗裔于邾春秋時子孫去邑爲朱
氏世居沛國相縣其后有徙居句容者世爲大族人號
其里爲朱家巷
高祖德祖

匡寬 17.3 公分，高 22.2 公分

（二） 抱經樓本明太祖實錄　二幀

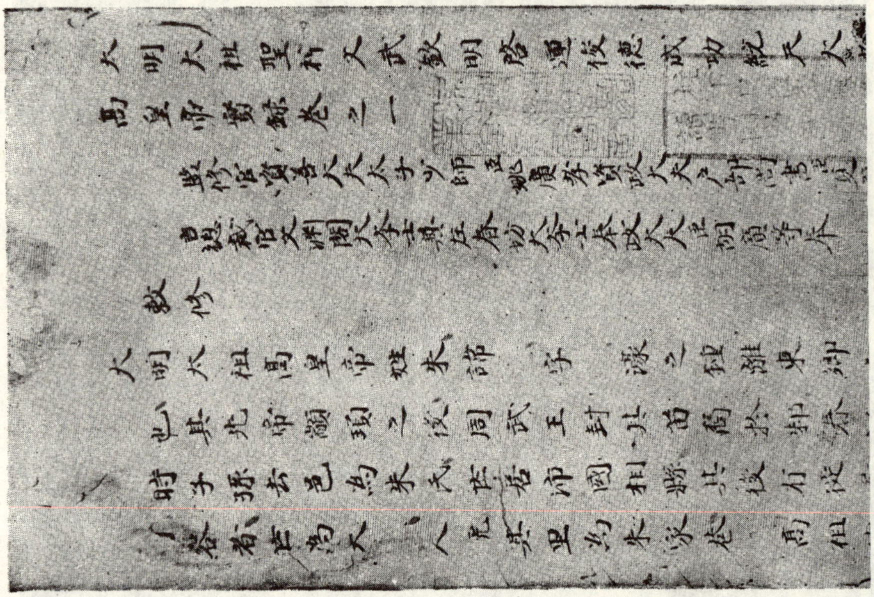

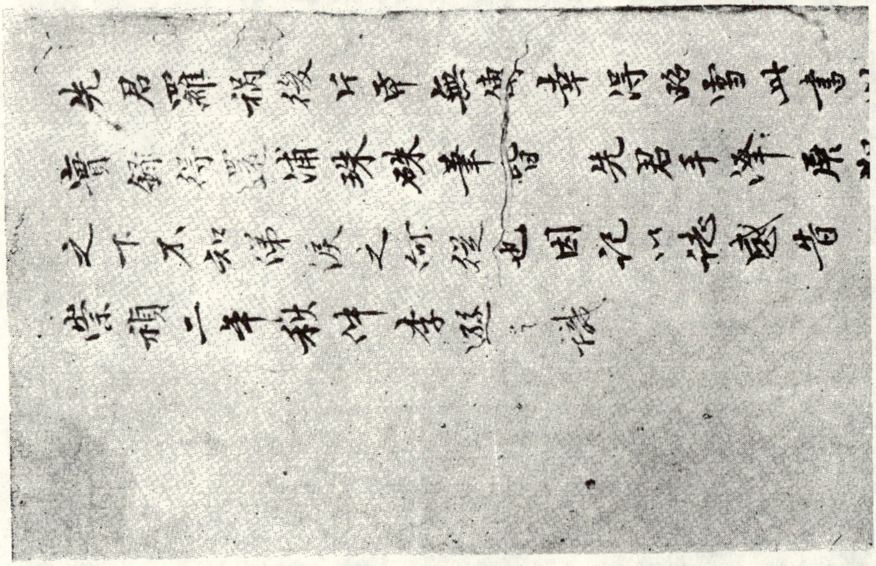

書寬16.2公分，高26.5公分

(三) 內閣大庫舊藏明紅絲闌寫本明太宗實錄 二幀

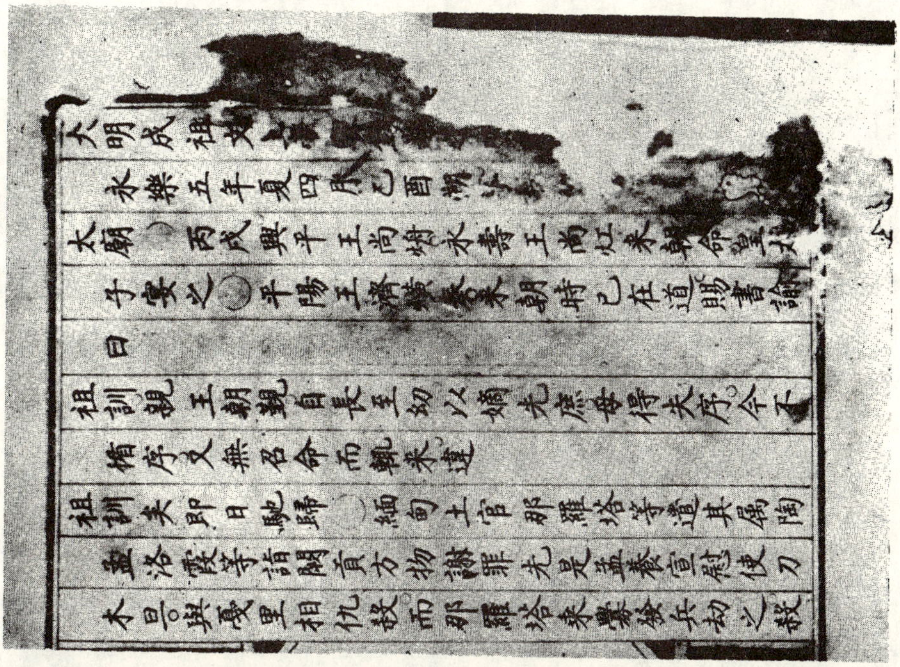

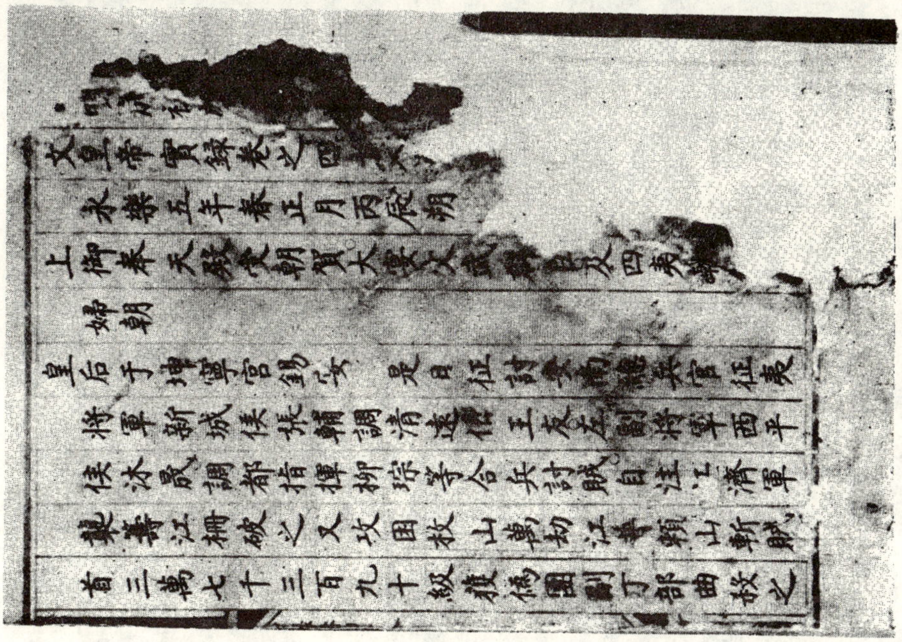

匡寬 17.8 公分，高 24.7 公分

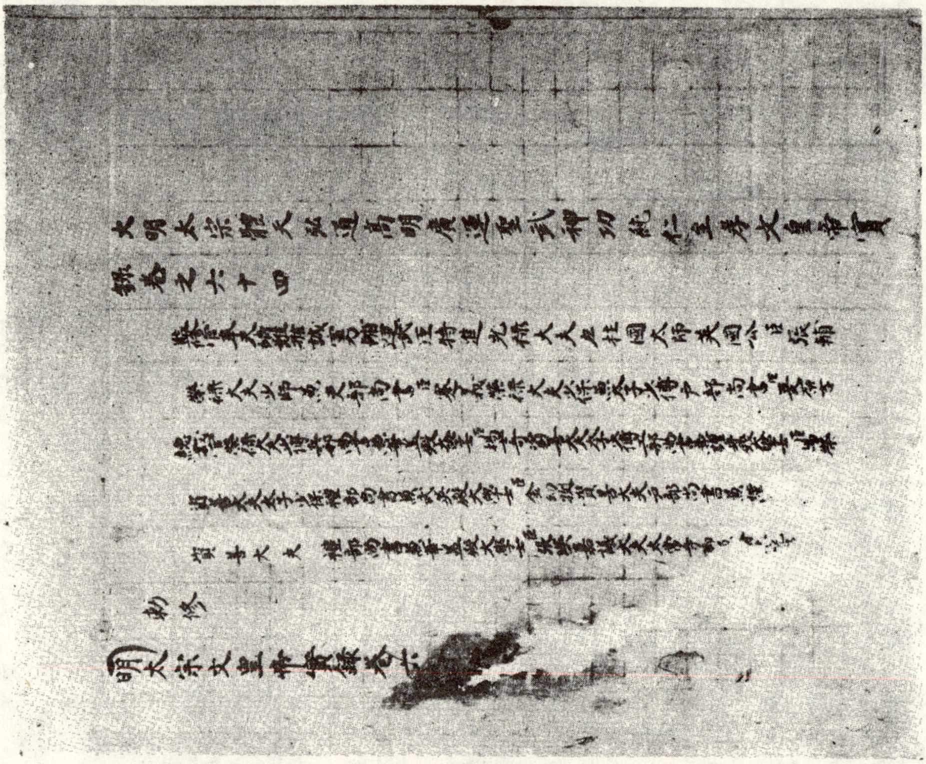

大明太宗體天弘道高明廣運聖武神功純仁至孝文皇帝實錄卷之六十四

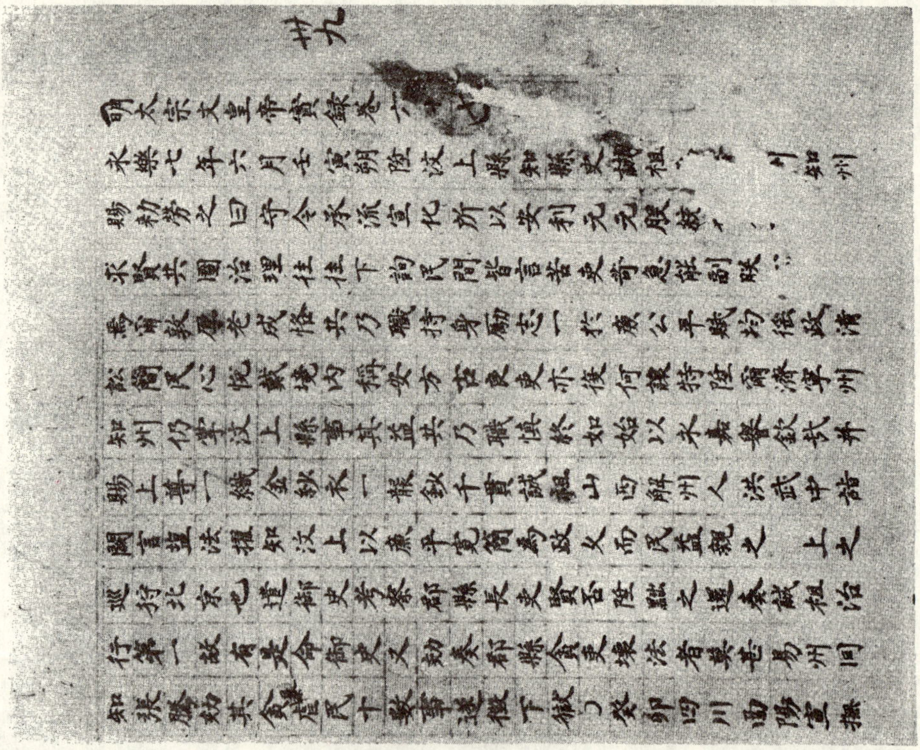

匡寬 24.7 公分，高 29.7 公分

（五） 國立中央圖書館藏明內府寫本明太宗實錄 二幀

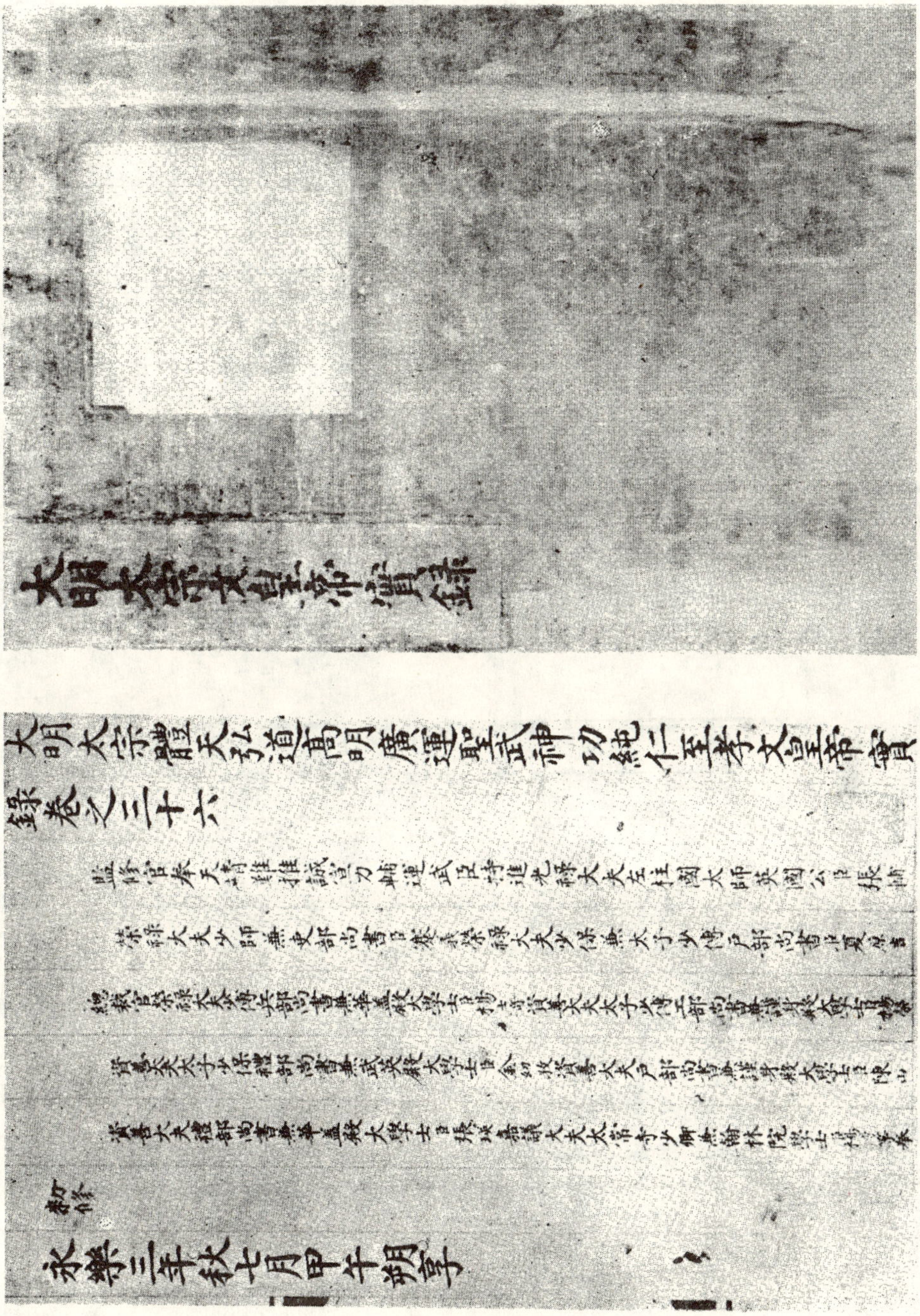

大明太宗文皇帝實錄

大明太宗體天弘道高明廣運聖武神功純仁至孝文皇帝實
錄卷之三十六
監修官奉天靖難推誠宣力武臣特進光祿大夫左柱國太師英國公臣張輔
榮祿大夫少師兼吏部尚書臣蹇義 榮祿大夫少保兼太子少傅戶部尚書臣夏原吉
總裁官榮祿大夫少傅兵部尚書兼華蓋殿大學士臣楊士奇○資善大夫太子少傅工部尚書兼謹身殿大學士臣楊榮
資善大夫太子少保禮部尚書兼武英殿大學士臣金幼孜 資善大夫戶部尚書兼謹身殿大學士臣陳山
資善大夫禮部尚書兼華蓋殿大學士臣張瑛 嘉議大夫太常寺少卿兼翰林院學士臣[illegible]等奉
敕修
永樂三年秋七月甲午朔享

匡寬 18 公分，高 27.5 公分
書寬 23.3 公分，高 33.2 公分

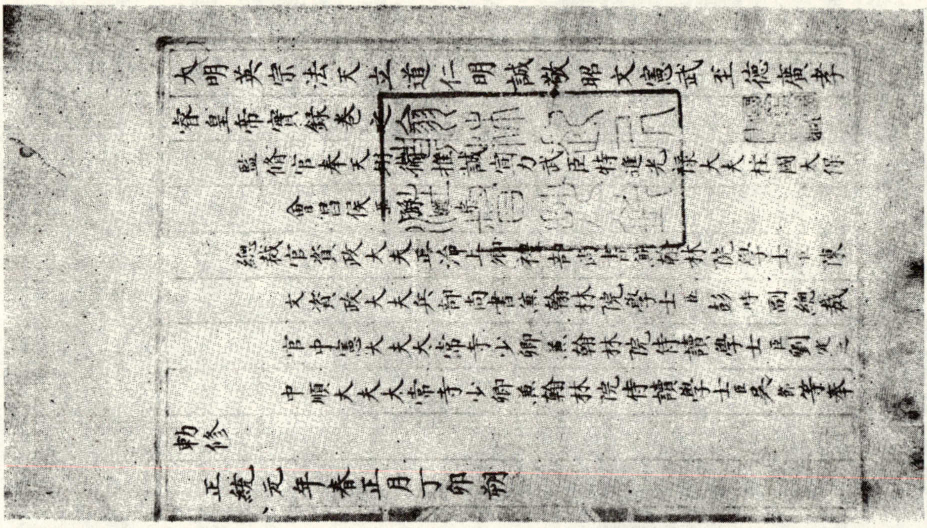
大明英宗法天立道仁明誠敬昭文憲武至德廣孝
睿皇帝實錄卷之一
監修官奉天翊衛推誠宣力武臣特進光祿大夫柱國太傅
會昌侯臣孫繼宗
總裁官資政大夫正治上卿禮部尚書兼翰林院學士臣陳
文資政大夫兵部尚書兼翰林院學士臣彭時副總裁
官中憲大夫太常寺少卿兼翰林院侍讀學士臣劉定之
中順大夫太常寺少卿兼翰林院侍讀學士臣吳節等奉
勅修
正統元年春正月丁卯朔

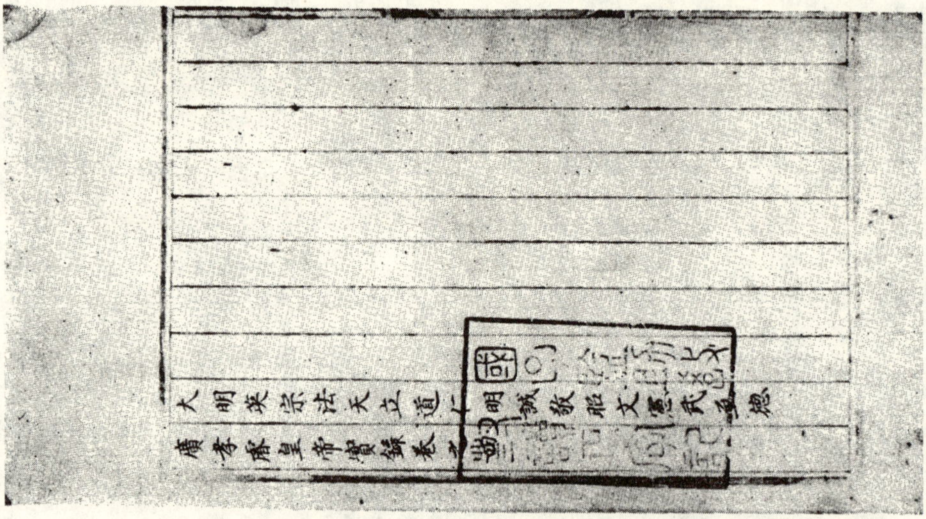
大明英宗法天立道仁明誠敬昭文憲武至德
廣孝睿皇帝實錄卷之一

匡寬 14.3 公分，高 21.3 公分

（七）國立中央圖書館藏明天一閣抄本明孝宗實錄　一幀

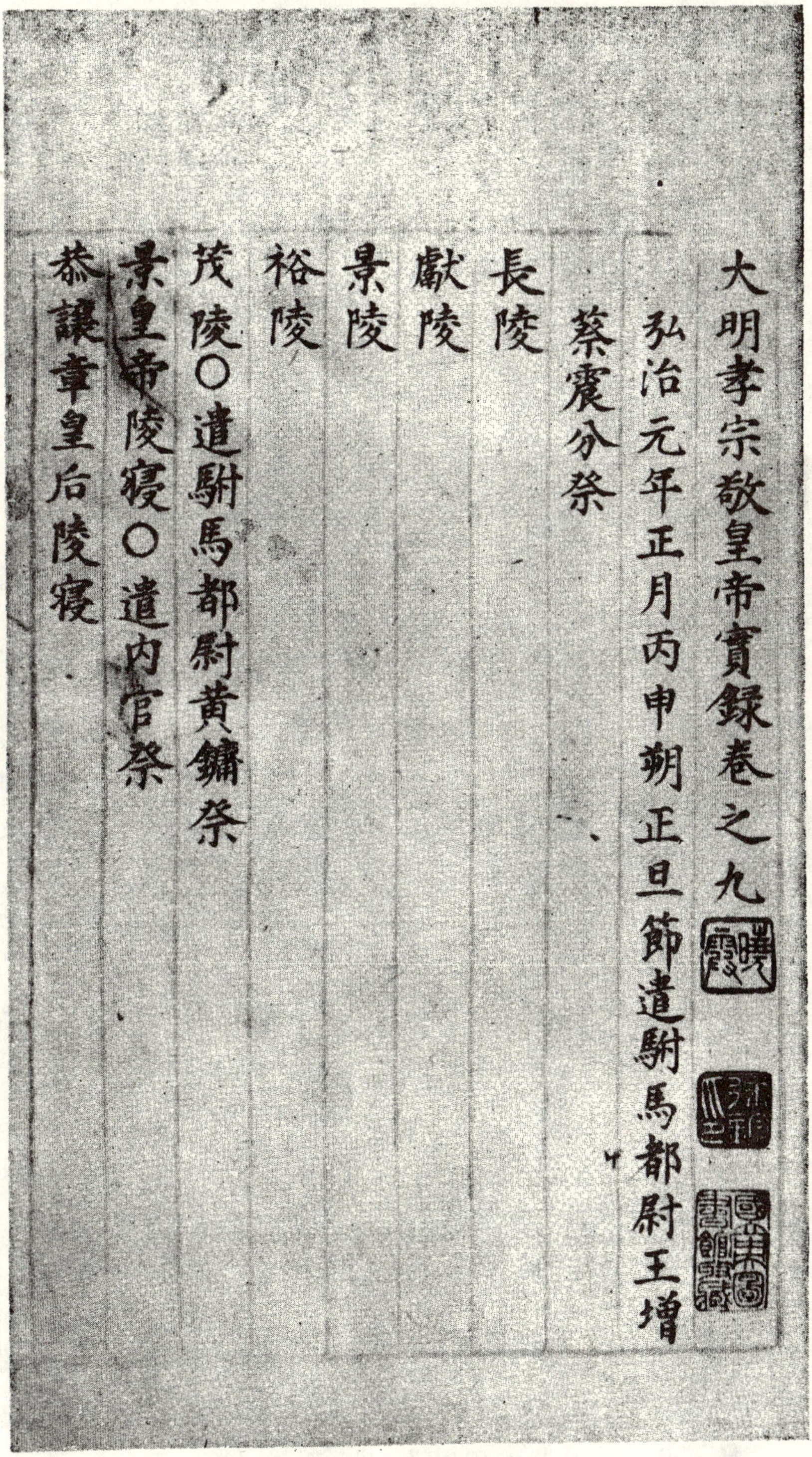
大明孝宗敬皇帝實録卷之九
弘治元年正月丙申朔正旦節遣駙馬都尉王增
蔡震分祭
長陵
獻陵
景陵
裕陵
茂陵〇遣駙馬都尉黃鏞祭
景皇帝陵寢〇遣内官祭
恭讓章皇后陵寢

匡寬15.1公分，高21.2公分

（八）內閣大庫舊藏明內閣朱絲闌精寫本明神宗實錄　二幀

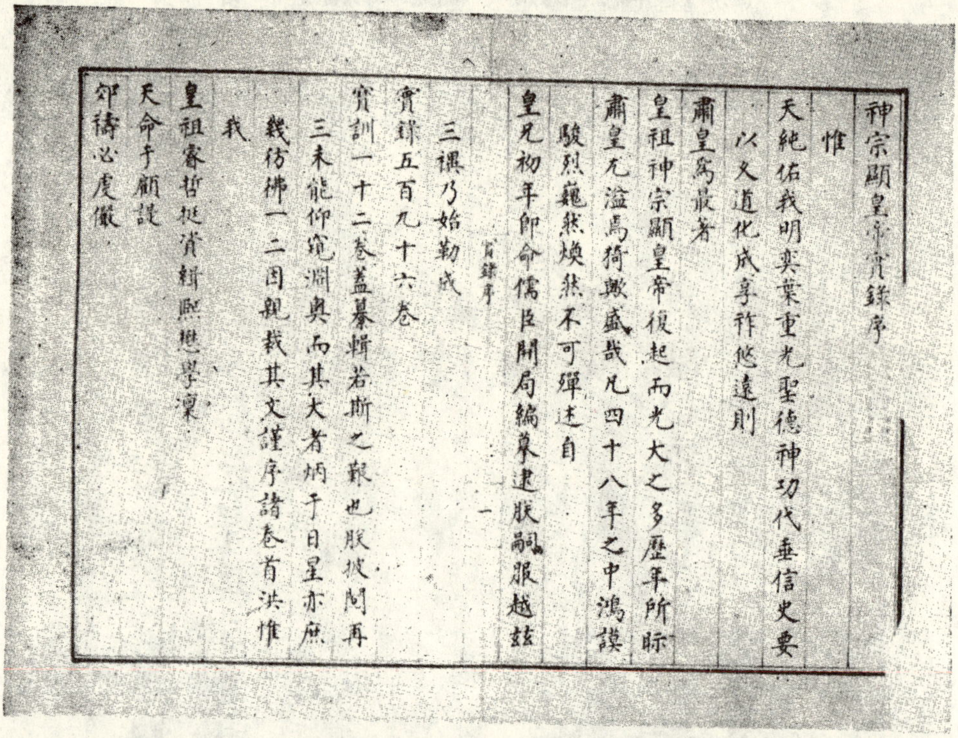
神宗顯皇帝實錄序
惟
天純佑我明奕葉重光聖德神功代垂信史要
以文道化成享祚悠遠則
肅皇爲最著
皇祖神宗顯皇帝復起而光大之多歷年所睹
肅皇允溢禹猗歟盛哉凡四十八年之中鴻謨
駿烈巍巍煥然不可殫述自
皇兄初年卽命儒臣開局編纂逮朕嗣服越茲
實錄序　一
三禩乃始勒成
實錄五百九十六卷
實訓一十二卷蓋纂輯若斯之艱也朕披閱再
三未能仰窺淵奧而其大者炳于日星亦庶
幾彷彿一二因親裁其文謹序諸卷首洪惟
我
皇祖睿哲挺資緝熙懋學凜
天命于顧諟
卹禱必虔儆

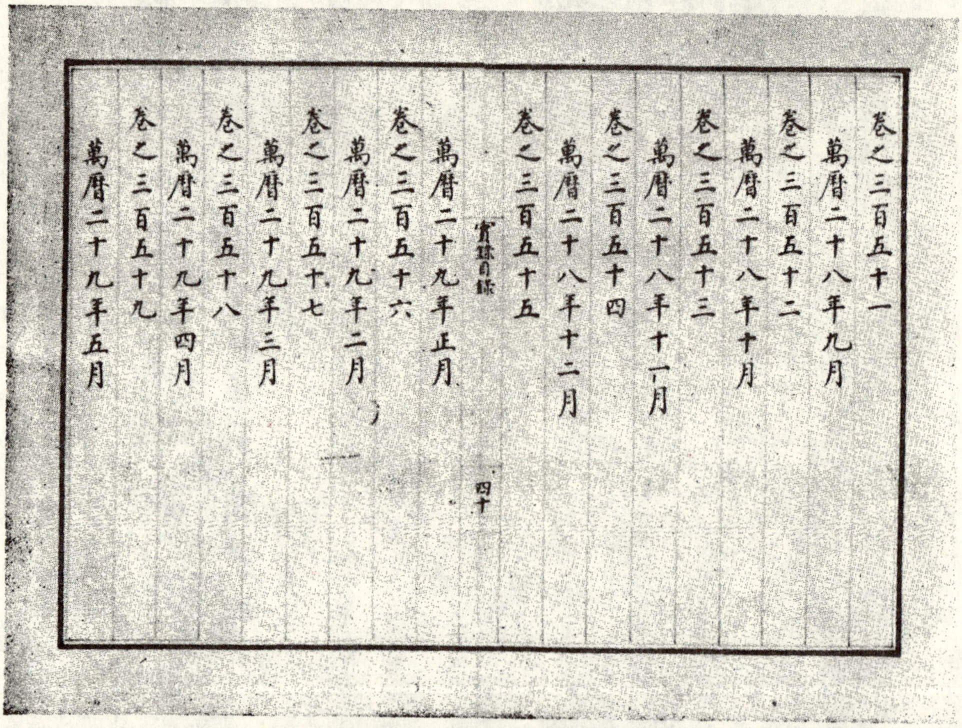
卷之三百五十一
萬曆二十八年九月
卷之三百五十二
萬曆二十八年十月
卷之三百五十三
萬曆二十八年十一月
卷之三百五十四
萬曆二十八年十二月
卷之三百五十五
實錄目錄　四十
萬曆二十九年正月
卷之三百五十六
萬曆二十九年二月
卷之三百五十七
萬曆二十九年三月
卷之三百五十八
萬曆二十九年四月
卷之三百五十九
萬曆二十九年五月

匡寬27.4公分，高19.9公分
書寬29.7公分，高37.4公分

（九） 內閣大庫舊藏明內閣進呈明熹宗實錄稿　　二幀

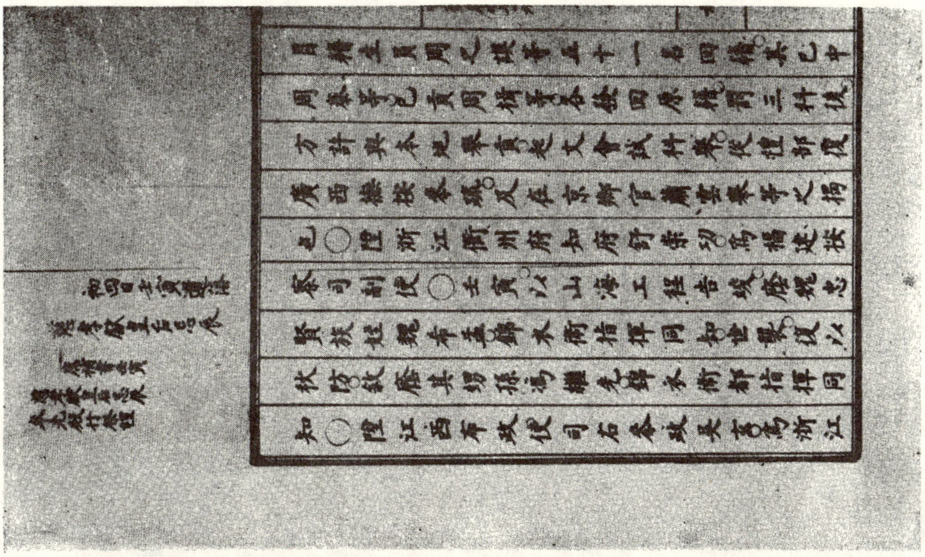

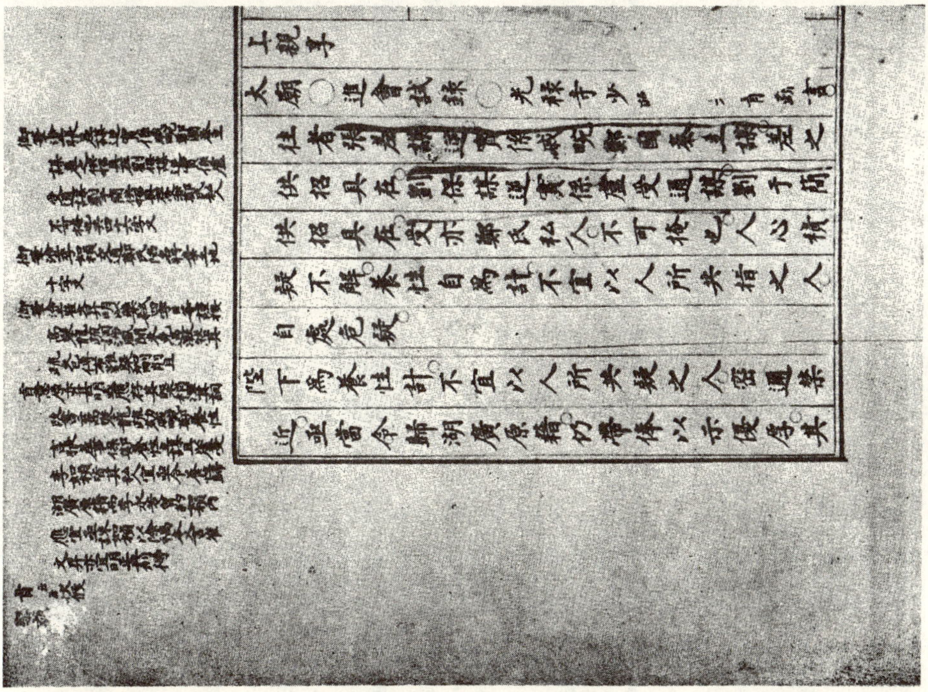

匡寬 27.4 公分，高 19.9 公分
書寬 29.7 公分，高 37.4 公分

影印國立北平圖書館藏紅格本明實錄並附校勘記序

黃　彰　健

史語所校勘國立北平圖書館藏紅格本晒藍之明實錄，開始於抗戰前，中經戰亂停頓，遷南港後始再繼續，到現在總算校完，開始影印紅格本實錄及排印校勘記了。

這一工作費了許多人的心血，因此在序文中，我不能不將這一工作的經過及其意義，作一簡單的敍述。

史語所校勘明實錄，與整理內閣大庫舊藏明清檔案有關。在民國十九年，史語所整理內閣大庫檔案，發現其中有明內閣進呈熹宗實錄散頁。熹宗實錄今存紅格本缺十三卷，既發現這些散頁，所長傅孟眞先生就想從散頁中找尋缺卷，並改正紅格本的脫漏及誤字。內閣大庫所藏明清檔案，係原始資料，可糾正官書的諱飾，使人對明清史有一新的了解。而實錄係根據檔册修成，明代檔册多已散佚，則明實錄也可以說是原始資料。歷代修正史，多取材於實錄，明實錄是研究明代歷史最重要的典籍，因此傅先生就決定，一方面整理內閣大庫檔案，編印明清史料，同時又籌劃校勘明實錄了。

熹宗實錄散葉計千餘葉，其裝裱工作至民國二十一年一月始完竣。

在民國二十年的下半年，傅先生向國立北平圖書館洽借所藏明實錄紅格鈔本予以晒藍。紅格本雖殘缺，仍有二萬幾千葉，計費時年餘始晒畢。

在民國二十二年六月，承兵工署以廣方言館舊藏明實錄鈔本贈予本所。廣本明實錄僅闕熹宗一朝。在那個時候，政府機構所藏的明實錄像這樣大部頭的卽少見。

民國二十二年七月，助理員李晉華先生到職，從事校勘明實錄。李君於卒業國立中山大學歷史系後，卽入燕京大學文科研究所研究，著有明代勅撰書考及明史纂修考二書，由燕京大學出版。李先生專攻明史，係傅先生的高第弟子。

明十三朝實錄計二千九百零一卷，正文約二萬八千餘頁，一千六百餘萬字，決非一個人所能校完，因此在二十三年七月，又增聘工作人員，請那廉君鄧詩熙潘慤三先生任初校，由李晉華先生任覆校，並兼總其成。李君三助手，其中鄧君二十五年離職，潘先生後來調往本所第三組，以那廉君先生從事校勘工作時間最長。

由晒藍本現存校籤看來，在李君主持下，其時校勘計劃係以晒藍本為校勘底本，與廣本對校；遇廣本或晒藍本有缺卷缺頁，即以他本校勘。如太祖實錄，晒藍本缺卷十四至二十四，此十一卷即據廣本鈔配，而以北平圖書館藏禮王府本校勘；宣宗實錄晒藍本缺卷一至十二，此十二卷即以廣本配補，而以北京大學藏本校勘；英宗實錄廣本缺景泰元年正月至五月計六卷，此六卷即以北京大學本校勘；世宗實錄廣本嘉靖三十七年正月至十二月各卷，審其紙墨行欵係鈔配，而鈔配者以嘉靖朝他年事寫於嘉靖三十七年各月下，冒充配全，而此十餘卷北平圖書館本亦係據北京大學本鈔配，故校籤即注明北平圖書館本此處係據北大本鈔補，以表示無本可校；神宗實錄廣本缺萬曆四年至八年及十四年至十七年各卷，晒藍本萬曆四年這一冊卷首即注明此冊據北大本校；北大本缺神宗實錄卷六十一，故此處即注明北大本闕此月；卷六十二有校籤云：「詩題以下至月底，北大本缺」。

由國立北京大學圖書館善本書目看來，北京大學所藏明實錄鈔本並不止這幾卷。檢視晒藍本所黏校籤，凡廣本晒藍本俱全處，未見提到北大本及禮王府本。當時為甚麼不將北大本及禮王府本全部校勘一過？我想其理由應該如下：

禮王府本明太祖實錄，李晉華於所著明代勅撰書考中，已指責其鈔寫潦草，訛脫太多。最近我得見此本之小型影捲，發現此本是一刪節本，訛字錯簡，的確不少。

北京大學本，由校籤所載看來，也不是很好的鈔本。北平圖書館紅格本明仁宗實錄係民國十九年北平圖書館據北大本鈔配，而這一仁宗實錄即不見佳。北大本明太祖實錄，由北京大學善本書目看來，也似乎是一刪節本。

禮王府本及北京大學本皆係畸零殘本，遠不如晒藍本及廣本之完善。為了供給學人一個較完善的本子，自然應優先以廣本與晒藍本對勘，遇二本有缺卷缺頁，然後以他本補配校勘。

在民國二十二年春，史語所由北平遷至上海，二十三年又由上海遷到南京。李晉華先生及其助手爲了校勘明實錄，仍留居北平。他們在北方校勘明實錄，利用北方所藏的本子仍未能將晒藍本的缺頁配全。其時又曾馳書武漢大學，洽借所藏本。武漢大學藏有穆宗實錄殘本，並非晒藍本及廣本所缺，既已借到，不能久假不還，所以這一個本子是校勘了的。

其時所中藏有內閣大庫舊藏朱絲闌精鈔本成祖實錄二卷。這一個本子非常好，是由李光濤先生讀，李晉華先生校的。

在北方既無法將晒藍本缺頁配全，於是就想到往南潯劉承幹嘉業堂，洽借所藏明實錄，就晒藍本廣本殘缺部份，補鈔補校。李先生給院方的工作報告，認爲明實錄校勘工作這樣就大功完成。在那個時候，他似乎還沒打算借嘉業堂本從頭到尾校勘一過。

既打算借南潯劉氏嘉業堂藏本，於是在二十五年秋他們就奉命南遷了。在二十五年冬十一月，李晉華那廉君二先生訪書於南潯劉氏嘉業堂，就所中所闕部份借鈔借校。晒藍本缺頁，據廣本北大本補配的，至此更續有補配，而那些缺卷據廣本配補而以北大本禮王府本校勘的，至此也均據嘉業堂所藏抱經樓本校勘一過。憲宗實錄廣本缺卷一至十二；世宗實錄廣本及北大本缺卷一至九；武宗實錄卷一五四至一六二，晒藍本缺，據廣本配補，至此亦均據抱本補校一過。神宗實錄廣本缺卷，並據抱本傳鈔。神宗實錄這幾卷，我發現係據傳鈔本校，因此這幾卷現在又據抱經樓原本校勘一過。

嘉業堂所藏熹宗實錄，其實是熹宗七年都察院實錄。謝國楨晚明史籍考說，嘉業堂藏有熹宗實錄，這因爲他沒有看見原書。這一書及嘉業堂所藏崇禎實錄，均史語所所無，遂亦傳鈔一部，另外還鈔了不少的書。

李那二先生假館於南潯劉氏，補鈔補校，最值得一提的是他們對明世宗實錄的校勘。明世宗實錄廣本與晒藍本的出入最大，常整段的多出，有時同記一樁事，而造語遣辭也不同。他們利用嘉業堂所藏天一閣本及抱本，就這些出入最大處，讐校一過。密行細字，有些地方據廣本閣本所補，多達幾千字。審其字體，均係李那二先生筆跡。其中出入既那麼大，則嘉業堂所藏本是應該從頭到尾校勘一過了。假館於南潯劉氏，工作實多不便，因此就動念購買。在民國二十六年二月那廉君張政烺二先生往南潯洽購，至是年四月遂以重金購歸。

李晉華先生以連年工作辛勞，不幸於民國二十六年二月七日病逝。在晒藍本武宗實錄卷一百四十四第一頁，李君貼有校籤云：「貼籤有、號者應去」。由今存校籤看來，李君用紅筆所作「、」號，至神宗實錄萬曆元年十二月卷止。在武宗實錄卷一百四十四以前，晒藍本上所粘廣本校籤，凡認為不值得保存的，他都省去，而留下撕去的痕跡。李君主持時所編的校勘記稿，今存太宗及世宗二朝，前者係以廣本作底本，後者係以晒藍本為底本。二者均記廣本與晒藍本異同。其太宗實錄校勘記所載廣本與晒藍本異同，多不見於晒藍本校籤，當為李君所省略。我曾以校勘記與校籤核對一部份，知其省略得很不錯。校籤多得駭人，只要嘗試做這一種省略工夫，就知道李君對明實錄的校讎是的確費了不少心血的。

在李君主持下，廣本是校完了的。僅其中神宗實錄卷一至八，廣本書頭誤寫作穆宗實錄，致遺漏未校。又神宗實錄廣本錯亂甚多，其中有幾卷錯亂最甚處，現在重校一過。所中所藏明熹宗實錄稿散葉，其裝裱成册的，已由李那二先生校勘一過。這些實錄稿散葉，原本無針孔，當係蝴蝶裝，其中縫注明卷頁處最易損壞，因此還留下百多頁未裝釘未校勘，是我現在校完的。

李晉華先生於二十六年二月去世，而那先生亦在是年夏改任本所圖書管理員兼傅先生秘書。

在二十六年七月，傅先生遂另請北京大學高材生王崇武吳相湘姚家積三人來所，從事明實錄嘉業堂舊藏本的校對工作。

在二十六年七月，中日戰爭爆發。這年秋，史語所遷往湖南長沙。在晒藍本卷一百五十四第一頁，有吳相湘君校籤云：「自此以後，未用抱本校，二十六年十二月二十日」。吳君大概係這時離職，而姚君之離職亦當在此前後不久。

在二十六年七月後，王吳姚三先生校勘明實錄，由校籤看來，大概是先校嘉業堂所藏明紅絲闌鈔本明太祖實錄，然後才校抱經樓本明實錄。

史語所於民國二十七年春由長沙遷往雲南昆明，十月又遷到昆明近郊龍泉鎮。在龍泉鎮時，傅先生擬派人赴香港督印明實錄。傅先生在晒藍本上硃筆批：「凡有△號，皆用雙行小字排」,「凡有：號，均提行頂格排」。在這時的計劃是將各本異文雙行排於正文下。因擬排印實錄，嫌校語冗雜，不便閱讀，遂用硃筆改正晒藍本誤字，而將原粘校籤略去。有些地方用硃筆改，嫌過於果決，則又注「此條存」。有些異文，需參考他書始能決其是非的，則批一「查」字，而由王崇武先生查書。這些校籤原本粘於正文下方，僅粘一端，至是亦由王先生用更小的紙改書，於正文右側全部黏實。這為的是運晒藍本到香港排印，校籤不致脫落。校籤如有脫落，那是不容易復原的。

傅先生的整理工作，只做到太祖實錄卷三十六止。在史語所集刊第三十本上冊有傅先生在雲南昆明龍泉鎮校勘明實錄的照片。其時傅先生所作的工作，由晒藍本看來，當如上述。

史語所遷昆明不久，太平洋戰爭爆發，越南為日軍所佔。史語所遂於二十九年秋由昆明龍泉鎮遷往四川南溪李莊。

在李莊時，王崇武先生對太祖實錄校籤曾作進一步的整理。在他給院方三十年度至三十二年度的工作報告中，曾說：「這一校訂工作，頗費時日。每有異文，除顯然錯誤者外，均須參考有關史傳文集以求其正，故每因一字費若干日之力，因而有時發現弇州史料等書之錯誤，及明史依據之失」。他並舉數例以證校時的費力：

如太祖實錄卷十壬寅二月癸未條：「震等從員成自桐廬來降」，員成，嘉業堂藏紅絲闌鈔本作元成。檢蘇平仲文集譚濟傳及實錄本書戊戌八月條均作員成，則嘉本當誤。

太祖實錄卷十六乙巳正月甲申條：「大都督朱文正有罪，免官，安置桐城」。此卷晒藍本缺，嘉本作桐城，而廣本抱本作桐廬。案應作桐城，桐廬其時尚為張士誠所據。

太祖實錄卷二十一丙午十一月己丑條：「文忠遂進兵杭州，未至，張士誠平章潘原明懼，遣員外郎方彝詣軍門，請納款，……(文忠)遣元明以下官屬入朝」。是卷晒藍本缺，廣本前作原明，而後作元明。抱本嘉本則前後均作原明。按陳基夷白齋集有潘元明之父母鄭國公並夫人合葬墓誌，文中說：「子男十人，長元明，次元紹」。元明兄弟係以元字排行，則作元不誤。實錄記元紹不作原，則作元當係實錄原本，其作原蓋避太祖諱，而鈔寫前後不一。明史張士誠傳前作原明，而後作元明，即不識明人避諱，猶沿實錄之誤。

這些例子已可證校籤整理之費力，我這裏再替他舉一例子，如晒藍本太祖實錄卷七第七頁前四行：「駐兵縉雲之黃龍山」，抱本黃龍山作黃雲山。王氏按語云：按嘉慶一統志處州府有黃龍山，無黃雲山。凡是檢查過方志一統志的，就知道查方志小地名之不易。像這樣一條也就得花他不少的時間了。而校籤所載這種類似的異文多得很。

王崇武先生將其考證所得，用長紙條記錄，浮黏於晒藍本上。所黏籤條多在太祖實錄卷三十六以前。卷三十六後只有一條，那就是太祖實錄卷六十三第四頁前十一行：「子瑱爲平涼知縣」，嘉本瑱作項，王氏按語云：「太祖文集卷八賜平涼縣尹王軫父諭作軫」。最近我得見北平圖書館藏明內府精寫本太祖文集小型影捲，則內府本仍作瑱，史語所藏太祖集雖然是明刊本，但係俗本，自不如內府精寫本之可據。

在晒藍本熹宗實錄第一册，也有幾處係王氏貼籤。這大概是寫論文，閱讀熹宗實錄，而隨手改正晒藍本誤字。

王氏所校抱本實錄，由今存校籤看來，是至英宗實錄卷二百五十第七頁第一行止。太祖實錄卷一百五十四至二百五十七，未見抱本校籤，這幾卷現在重校一過。又抱本英宗實錄原缺三十五、三十六、三十七、三十九、四册，係嘉業堂抄配，這四册可能係據北平圖書館本鈔配，因此在晒藍本此處卽無抱本校籤。抱本英宗實錄第三十八册，因夾於鈔配本內，致遺漏未校，這一册現在也校勘一過。

王先生校抱本太宗仁宗宣宗英宗實錄，僅籤記抱本異同，並未像李晉華先生那樣抉擇去取，也沒有用整理太祖實錄校籤的方法整理這些校籤。

王先生校勘明實錄，在昆明時尙有一工作助手，但不久卽離職。王先生未能完成這一工作，自與戰亂有關。在民國三十年，梁鴻志將江蘇省立國學圖書館本明實錄影印問世。這一影印本的刋行，對明實錄校勘工作也應該有影響。

王崇武先生於民國三十七年夏赴英，其後返回大陸，據說已逝世。王先生的撰著，在史語所出版的，皆功力深至，爲前人所不及。

彰健是在民國三十三年五月入史語所。我所讀的明實錄，自太祖實錄至世宗實錄，係用的廣方言館本。三十五年冬，史語所遷回南京，我纔買到梁鴻志影印本。三十七年冬，史語所遷到臺灣楊梅鎭，當圖書室於夏天開箱晒書時，我曾取晒藍本約略翻檢，曾有意將晒藍本校籤過錄於梁鴻志影印本上，但以卷帙浩繁，不敢着手。而且在那個時候，我的興趣已轉向宋明理學，時常害病，也無功夫着手。

四十三年秋，史語所遷至南港。四十四年冬，李濟之先生繼任史語所所長，擬恢復明實錄校勘工作。在這時王崇武先生已離職，遂徵詢彰健的意見，而我在那個時候對過去的校勘工作情形並不清楚。

於是我重新翻閱晒藍本，希望對過去工作情形有所了解。我發現英宗實錄卷二百五十第七頁第一行以前的校籤提到廣本抱本，而以後的校籤僅記某作某，不言所據何本。我在架上隨手抽晒藍本憲宗實錄成化十年九月這一卷，與廣本抱本對校，始知此所謂某作某，係據廣本校後所黏的校籤，而抱本這一卷的正文，除前面一頁半，其餘與廣本晒藍本完全不同。在那時我還不知道抱本憲宗實錄前後錯亂有幾十處之多，不過當時既發現抱本與晒藍本出入既如此之大，而梁鴻志影印所據本又源於抱經樓本，則明實錄是不能因有影印本而不校勘了。在那時我又在書架上抽閱抱本神宗實錄，見其上明人眉批說，此處有錯落，此處應移接某處，這類眉批就有幾十處。這樣看來，抱經樓本顯然不是好本子。

在民國三十年以後，既已有梁鴻志影印本，自不必再談排印。明十三朝實錄正文一千六百餘萬字，排印需時費錢，而且校勘也不容易。如果說影印北平圖書館紅格本，則當時雖已風聞北平圖書館善本甲庫書已運美，已製有小型影捲，但還未經證實，而且影印紅格本也得費不少的錢，所以當時決定校勘底本改用梁鴻志影印本，校勘記則分朝出書。

這一計劃在實行中發現了許多困難。前面已說過，舊校係據晒藍本為底本。當底本改變，則校語也得更易。而改易校語時，如求敍述某本作某，正確不誤，則需將校籤與原書一一核對，而這是不勝其繁的。而舊校所用的禮王府本北大本武大本又不在臺灣，也無從核對。而且以前校勘明實錄，為了怕校籤冗雜，常將已黏校籤省略，有時對這些異同根本省略，不予籤記。舉例來說，如明太宗實錄進書表，舊校說，「據宣宗實錄補，以抱本校」。當時為甚麼不據抱本補？這因為抱本表文前後錯亂。舊校於抱本錯亂處即一字不提。這種例子，如以抱本重校，一定還可以發現不少。舊校於抱本誤謬，有時可省略不予籤記，而梁鴻志影印本又源於抱本。如果以梁本為底本，編製校勘記，要想一一指出梁本錯誤，那就得以梁本與本所所藏各本，從頭到尾，校勘一過了。

以梁本與所中所藏各本校勘，我的助手楊慶章君曾校了太祖實錄卷二至六十，並編有校勘記。當我沿用以前的辦法，省略無用校語，我發現以晒藍本作底本的校勘記，要比以梁本為底本的校勘記頁數要少得很多。前人說，校書貴選擇底本，就校勘記的編製來說，就讀者的方便說，又何嘗不如此？

以梁本作底本，與所中所藏各本從頭讐對一過，這一工作是太大而不易完成的。而且將已省略無用的校語補出，這一工作也乏味得很。

梁鴻志影印所據本，除熹宗實錄外，皆係據嘉業堂所藏本傳鈔。嘉業堂所藏本既歸本所，則梁本除熹宗實錄外，無校勘之價值。而且梁本缺光宗實錄，其熹宗實錄也係節本，在校勘記中，自可將光宗實錄及熹宗實錄删節處全部收入，但利用起來，畢竟不方便。梁本流傳不多，以梁本為底本的校勘記如果印行，則將來勢必重印梁本。與其令謬種流傳，那不如設法影印紅格本為好。紅格本係明史館為修明史而鈔的，這個本子是應該讓牠化身千萬，流傳於人間的。

影印北平圖書館所藏紅格本，自然要錢。但可少校源於嘉業堂藏本的梁本。明實錄二萬幾千葉，少校一個本子，也省錢省事不少。而且影印紅格本，則校勘底本可以不變，不需改易校語，不需從頭核對，只需繼續校前人所未校的本子，這樣明實錄校勘工作可以早觀厥成。

在四十七年初，胡適之先生由美返國，主持中央研究院院務。胡先生告訴我，紅格本確已運美。他並說，北平圖書館善本甲庫書的小型影捲，尚有一全份存於美國國會圖書館，為原擬贈送中國政府之第三份。他將去函美國國會圖書館，請其轉贈史語所。

在這時，李濟之陳槃庵勞貞一三先生均認為校勘計劃應改變，應仍以紅格本為校勘底本，編製校勘記。自四十七年七月起，由所長李先生設法，獲得哈佛燕京學社及洛氏基金會的資助，校勘工作人員得大量增加。於是嘉業堂舊藏未校各本遂得校完。本所藏內閣大庫舊藏各種殘卷散葉，及抗戰勝利後所接收的北平人文科學研究所藏本，均校訖。國立中央圖書館藏明太祖太宗仁宗英宗孝宗世宗實錄及仁宗英宗宣宗寶訓，承胡先生代借到南港校訖。北平圖書館善本甲庫書的小型影捲，於四十八年十二月運到，其中有禮王府本太祖宣宗實錄，安樂堂本英宗實錄，及明鈔本宣廟聖政記，今亦校訖。

在四十七年冬，胡先生並出示其舊作記葛思德東方書庫藏的大明實錄一文。取與所中校本對照，知所中所藏英宗實錄缺進書表及凡例，世宗實錄缺修纂官，可據東方書庫本配補；所中所藏憲宗實錄，最末一卷館本有缺頁，舊校據廣本抱本補，由於抱本尾頁斷爛，仍未能配全，而東方書庫本正有這一卷，於是商請胡先生及藍乾章先生出面接洽，承普林斯頓大學童世綱先生將這些可以補正校本處攝贈本所。

現在將史語所校勘明實錄所用的本子開列於下。凡注 * 號的，即係舊校所校；未注明的即係此次新校。底本係用國立北平圖書館藏紅格本的晒藍本，今省略不記，僅注明與底本對校的本子。

（1）　太祖實錄　*廣方言館本
*嘉業堂本　缺卷三十八至四十二
抱經樓本　（舊校僅校至卷一百五十三）
中央圖書館藏明黃絲闌鈔本　存卷一至七
中央圖書館藏舊鈔本　存二百十三卷
禮王府本　（舊校僅校卷十四至二十四）
洪武寶訓　存卷九至十一

（2）　太宗實錄　*廣方言館本
*抱經樓本
*內閣大庫藏明紅絲闌精寫本　存卷四十八至四十九
*內閣大庫本　存卷一至九，六十三至七十
中央圖書館藏明內府寫本　存卷三十六至三十九
內閣大庫舊藏散葉

（3）　仁宗實錄　*廣方言館本
*抱經樓本
中央圖書館藏明藍格鈔本　存卷一至卷四之下

晨風閣叢書本仁宗聖政記 (舊校僅校一小部份)

仁宗寶訓

(4) 宣宗實錄 *廣方言館本

*北京大學本 校卷一至十二

*抱經樓本

禮王府本

內閣大庫舊藏散葉

宣宗寶訓

宣廟聖政記

(5) 英宗實錄 *廣方言館本 缺卷一百八十七至一百九十二

*北京大學本 校卷一百八十七至一百九十二

抱經樓本 舊校未校畢，今續校完

嘉業堂本 存卷三百六十一一卷

北平人文科學研究所舊藏本，存卷一百四十九至一百五十

中央圖書館藏明翰林院鈔本，存卷十三至十七，一百八十七至一百九十，二百七十四至二百七十九，凡十五卷

安樂堂本 存英宗天順朝

英宗寶訓

(6) 憲宗實錄 *廣方言館本 缺卷一至十二

抱經樓本

嘉業堂本 存卷二至五

北平人文科學研究所本，存卷十三至二十四

(7) 孝宗實錄 *廣方言館本 缺卷一至八

抱經樓本

中央圖書館藏天一閣本

中央圖書館藏舊鈔本 存卷一百七十七至一百七十八

（8）　武宗實錄　*廣方言館本，缺卷一百五十四至一百六十二

抱經樓本

內閣大庫舊藏散葉

（9）　世宗實錄　*廣方言館本

抱經樓本　（舊校僅校一部份）

天一閣本　（舊校僅校一部份）

北平人文科學研究所本　存十六册

中央圖書館藏舊鈔本　存卷一百九十七至二百零七

北平國立歷史博物館本　存卷三百六十九至三百八十

內閣大庫本　存卷五百四十二至五百五十三

內閣大庫舊藏散葉

（10）　穆宗實錄　*廣方言館本

*武漢大學本　存卷一至十三

抱經樓本

嘉業堂本

內閣大庫舊藏散葉

（11）　神宗實錄　*廣方言館本

*北京大學本　校卷四十六至六十，六十二至七十，一百七十至一百八十一

抱經樓本

明內閣精寫本　存卷五百九十六

明內閣精寫本神宗寶訓

萬曆起居注

（12）　光宗實錄　*廣方言館本

明內閣精寫本光宗寶訓殘頁

春明夢餘錄

（13）　熹宗實錄　*明內閣進呈稿本　存一千四百一十五頁，舊校校一千三百一十

四頁

梁鴻志影印本

明內閣精寫本熹宗寶訓，存五十三頁。

高陽李氏看雲憶弟居鈔本，存卷一至二十。

史語所校勘明實錄，所據本子不可說少。但仍然有些本子無法借校。據我所知，在國內，遼寧省立圖書館藏有吳廷燮送的太宗英宗穆宗實錄；天一閣藏書目著錄有太祖武宗實錄；李玄伯先生藏有傳是樓鈔本太祖實錄及舊鈔本英宗實錄；國立上海圖書館善本目錄北京圖書館善本書目著錄有鈔本數百冊；而羅振玉大雲書庫藏書題識所著錄的太祖宣宗實錄，則抗戰勝利後就不知道流散歸於何人了。

在國外，美國普林斯頓大學葛思德東方書庫、英國劍橋大學、及法國國家圖書館各藏有一部；日本宮內省圖書寮，國立上野圖書館各藏有一部；內閣文庫藏有兩部；另外韓國據說也藏有一部。這些海外所藏，多半是穆宗以前各朝實錄，而神宗光宗熹宗實錄，僅日本有，但恐怕也是殘本。

這些本子雖然都有殘缺譌脫，但畢竟可供校勘，要一一借校，這是不可能的。好在學術研究本貴合作，應各盡所能，如果有人有機緣能見到上述那些本子，不妨參照本所所編校勘記，斟酌選錄他自己所校出來的異文，刊印傳世。校書如掃落葉，這一校勘工作是還可以繼續做的。

關於校籤的整理，我這裏也想約略說一下。校勘實錄畢竟與校勘秦以前的書不同，爲了避免校勘記過於繁冗，我仍然沿用傅先生及李晉華先生的辦法，於那些文理譌誤，一望可知的校籤，卽逕予省略。我也沿用王崇武先生的方法，有時也取明史及他書參校。

爲了讀者方便，對於這些異文，間亦判定其正誤是非。當我做這一工作的時候，我深深地覺得作這一判斷工作應極其矜愼。

我們對明代歷史的知識，主要得自明史，而明史多取材實錄。取明史所記以判斷實錄異文的是非，有時只能證明修明史的人所見的實錄作某，而不能證明應該作某。而且修明史的人所利用的實錄不止一種本子，他所根據的本子也可能有錯。舉例來說，如太祖實錄記，「洪武二十九年十一月壬申命刑部主事鄧文鏗署都察院事」，而同書三十年正月癸酉條「刑部主事鄧文鏗」，嘉業堂本鏗作鑑。鄧氏係署都察院事，檢明史七卿表也作鑑，則似乎作鑑對。但實錄洪武二十九年十一月壬申條說，鄧氏登洪武乙丑進士第，檢進士題名碑錄作鏗，則作鏗當不誤。明史作鑑，其所據乃係誤本，如果根據明史來判斷，這就錯了。

又如太祖實錄洪武二十一年七月辛巳仇成本傳說，仇成於洪武五年「以事降永平衞指揮使」，嘉業堂本及明史仇成傳永平作永昌。考實錄洪武五年十一月壬申條記其事作永平，而永昌衞據實錄係洪武十五年二月始置，洪武五年時尙無永昌衞，則自以作「平」爲是。如果據明史來判斷，則又錯了。

如果取國朝典彙及國榷這一類的書來判斷，這也不穩妥。這些書也常常整段鈔實錄，自然不妨參校，但有時也只能證明他們所見的實錄作某，而不能證明應該作某。而且這些書傳鈔刋刻多誤，有時所記人名常與實錄各本不同，這在我看來，倒應該用實錄來校正這些書，而不能用這些書校正實錄的。

判斷實錄各本異文的是非，在我看來，宜引用那些材料來源可靠，而又非因襲實錄的載籍。如地名異文，宜參考一統志；某些人名異同，宜參考進士題名碑。這些書所記如與實錄某本合，則實錄某本所記就大概是對的。

判斷實錄異文，也宜參考實錄所根據的書。如實錄之修曾參考起居注。今本萬曆起居注雖有訛脫，然實錄某本異文如與起居注合，則與起居注相合的異文，也多半是對的。

實錄所載奏疏，多源本檔冊。其載於文集的，自亦可供校勘。

實錄所附臣工傳，有時亦據墓誌神道碑潤色。文集中所載墓誌神道碑之類，自亦可參證。不過，用文集來校訂，所據文集也得係精本。本文前引太祖文集，內府寫本與明刋本不同，卽其一證。像皇明文衡所載明人神道碑，其中錯字極多，用來校勘，卽令人放心不下，總覺得應找到石刻拓本來校勘纔好。

以實錄所根據的材料來校實錄，不僅可以幫助我們對那些不易決定孰是孰非的異文，作一良好的選擇，而且可以使我們對史實了解得更多，可進一步欣賞研究實錄的去取，有時還可以發現實錄記事的疏漏及其忌諱處，這一點這裏不能詳論了。

寶訓與實錄係同時進呈，起初我以爲寶訓係節抄實錄所記皇帝行事之可以稱道處，然後再分類編輯成書。等到以寶訓與實錄對校，我發現寶訓行文有些地方與實錄全同；有些地方較簡；有些地方則較詳。這些較詳的地方顯然的不是抄實錄，而是根據原有檔冊。根據同一檔冊潤色爲文，自然與實錄有文句相同處。凡實錄各本異文，如與寶訓合，則與寶訓合的，也多半是對的。

明代官修的書，如會典，自然也可供參證。

現存的明實錄，民間傳鈔本錯字當然很多，但實錄進呈寫本決不如此。李光濤先生曾見過淸實錄廢篇，就因爲有一個錯字，經校對的人指出，而作廢重寫。

由於實錄進呈本繕寫極其鄭重，因此我覺得判斷實錄某些異文的正誤，有時宜利用實錄，以本書校本書。像左侍郎一本作右侍郎，如果根據雷禮國朝列卿紀一類著作來判斷，也不如根據實錄上下文爲好。像國朝列卿紀這一類著作，錯誤極多，有時應用實錄來校正，而不可根據牠來校實錄的。

以本書校本書，就得分類剪貼，或作人名索引，而這一點是現在人力財力所不允許的。

利用明人文集來參訂，這也得先有明代文集篇目分類索引，而這也非短時間所能完成的。

卽令有這些書，而某些文義兩通的異文，也未必能斷。而某一些異文，要判斷其是非，還需具有某些特殊的知識。如判斷四夷人名異文，有時就需要通曉其時四夷的語言。如判斷與天文曆法有關的異文，還需通曉天文曆法。實錄所記，天文地理，典章經制，無所不包，而一人所知畢竟有限。校籤旣如是之多，內容所牽涉的又如此之廣，而工具書又如是的欠缺，我們也只好盡力而爲，於所不知，就存疑不斷，多存異文了。

由於校籤浩繁，判斷異文不易，我才深深的體悟到爲甚麼有些校勘記僅列舉異文。凡是大部頭的書，如大正藏之類，所附的校勘記，是僅能列舉異文，而無法詳細考證抉擇的。

現存各本，除一二精寫本外，皆有訛脫。現存的紅格本僅其中一部份係後來鈔配，其餘皆是明史館鈔本。明史館鈔本，大體說來，要較其他民間傳寫本爲好。明史館本自然也有訛脫錯簡，經過這一次校勘，我們總算有一個可以依據的本子了。

這一校本刊行以後，應該做的工作將如下所述：

（1） 編實錄人名索引。這不僅用以整理實錄校勘記，還可用以考證實錄，校訂明史。以野史家乘文集與實錄核對，這一人名索引也是不可少的工具書。

（2） 分類剪貼實錄。這用以整理明代典章制度，及明史外國傳土司傳等等。

這一項工作，修明史時也做過。如潘耒修食貨志，即鈔實錄所記有關材料爲數十鉅冊。這一類實錄長編，在以前無法印行，而現在則可以。日本學人所編明代滿蒙史料明實錄鈔，即採用孟心史先生明元清系通紀的方法。這一類書籍，對研究明代歷史的人是很有用處的。

（3） 編明代文集篇目分類索引。修明史時，雖曾廣搜文集，但未有這一種工具書，還有許多寶貴的材料未曾利用。

就明代遺留下的史料來說，實錄所記，與野史家乘常有不同。國史所記，常失之於忌諱，但以源本檔冊，其所記年月日常較他書爲可信。野史雖可用以參求事情內幕，但多本諸傳聞，常多無稽之談。而家史所記，又多諛塚中枯骨，失之溢美。要審核野史家史之誤，仍得利用實錄中那些與忌諱無關的材料。

由於史料浩繁，無上述工具書以駕馭那些材料，因此清人所修的明史，即有許多地方誤採野史家乘，未能據實錄訂正。

實錄之修，雖據檔冊，但作臣工本傳時，也採墓誌行狀。而檔冊所記，與墓誌行狀，也可能牴觸。

明史之修，雖主要取材於實錄，但其中人名地名年月日及數目字也常有誤。

實錄所記也有訛誤，這可參看錢謙益及潘力田二氏之所考。可惜所整理的，也只是洪武永樂二朝。這一工作是應該繼續完成的。

不管是重修明史也好，考證實錄也好，整理明代歷史，畢竟應先校印實錄。而校勘實錄，這也只是整理明代歷史第一步應該做的工作而已。

這也可以說是研究明代歷史的基本研究，而這一工作即經歷三十年始得完成，而其刊行完畢，又得歷時數年。目下國家多難，人力財力俱絀，有些事想到而不能做，這也是無可奈何的了。

史語所校勘明實錄的工作費用，遷臺以後，承所長李濟之先生設法，由洛氏基金會予以資助；又承濟之先生所主持的中國東亞學會的推薦，由哈佛燕京學社予以資助。在工作進行中，承院長胡適之先生代借中央圖書館所藏善本，函請美國國會圖書館以北平圖書館善本甲庫書小型影捲贈送本所，並諄諄告誡校勘古書應存異文。太祖太宗實錄校勘記清稿承陳勞二先生詳閱一過，並有所指正，這都是應該感謝的。史語所校勘明實錄是傅先生主持所務時開始的，其間從事校勘工作的人，李晉華先生王崇武先生那廉君先生，皆功勞不小。在遷臺以前，還有幾位曾參與校勘，可惜其姓名及工作成果，我不知道。總之，這一工作是費了許多人的心血，集腋成裘，纔能成功的。我常常這樣的想，傅先生曾親手整理了三十六卷校籤，以傅先生的鴻才博學來完成這一工作，一定比我現在所做的要好。可惜傅先生已逝世了。

我的助手的姓名，可參看每朝實錄校勘記引據各本目錄。在這些助手中，以楊華燮曾超球楊慶章三君工作時間最長，現在還在從事校勘記的核對工作。

在校勘明實錄時，曾多次得到本所圖書室主任藍乾章先生的協助，如洽購紅格本明實錄 Negative 小型影捲，函請普林斯頓大學童世綱先生攝贈所需照片，皆是。校勘記所附各本書影，係宮雁南先生所攝。太祖實錄正文，據 positive 小型影捲放大，係張湫濤趙傳敏二先生的功勞。板式大小及印刷費用之估計等項，則麻煩茅澤霖先生。謹誌於此，以矢弗忘。

紅格本的影印，承國立北平圖書館館長袁守和先生惠允，亦謹此致謝。

明實錄正文，原擬據 negative 小型影捲影印，但國會圖書館回信說，原書已裝箱，如據該館 negative 母片覆製 negative 小型影捲，則有些地方字跡將不清楚，遂只好仍據國會圖書館所贈 positive 小型影捲放大製版。

紅格本中縫無書名卷數頁數，懼印刷時卷頁次序錯亂，遂由我的助手於照片旁印好的書名下，黏貼卷數頁數及全書總頁數。既需清理照片次序，遂倣阮刻十三經注疏例，凡各本異文已記入校勘記的，於照片正文右側作一圓圈，以便讀者檢對校勘記。原書係紅格本，年久紅格褪色，看不清楚，遂請印刷廠商於修版時將格子塗掉。這一書係據 positive 影捲製版，印刷廠商需要修好幾次版，他們也是很辛苦，值得感謝的。

當明實錄校印完畢，我還希望繼續影印幾部書。

1. 崇禎實錄。梁鴻志影印本有此書。此書著者不明，惟既附梁本以行，則仍宜附印。梁本崇禎實錄係據嘉業堂本傳鈔，今嘉業堂本已歸本所，我們可據嘉業堂本影印。

2. 熹宗七年都察院實錄。——此書書名與今本熹宗實錄相同，今從千頃堂書目改稱。此書係崇禎時都察院官李長春所編。彙錄天啓時都察院所上奏疏，以供史館修熹宗實錄之用。熹宗實錄缺天啓四年及七年六月，凡十三卷，而此書正載有都察院天啓四年所上奏疏。此書傳本少見。

3. 崇禎長編——崇禎帝係亡國之君。明史館爲修明史，曾輯錄崇禎時奏疏邸報，編成此書。本所藏殘本六十六卷，起天啓七年八月至崇禎五年十二月。這書係海內孤本。

4. 皇明寶訓——寶訓與實錄同時進呈，本藏在一起。既影印實錄，則寶訓也不妨附帶印行。故宮博物院藏有太祖至穆宗十朝寶訓。本所藏有神宗光宗熹宗寶訓殘本。

這些書無別本可供校勘，只要影印卽可。我想明實錄如能校印完畢，則這些書的印行也應該不難吧。一九六一年四月二十八日黃彰健謹序於南港舊莊。

出自第三十二本（一九六一年七月）

劉子集證自序

王叔岷

劉子一書，盛行於唐代，太宗之帝範、武后之臣軌，頗多因襲；釋道世之法苑珠林，湛然之輔行記，亦有摘取。惟是書之作者爲誰，迄莫能定。宋陳振孫直齋書錄解題卷十引唐播州錄事參軍袁孝政劉子序云：

> 晝傷已不遇，天下陵遲，播遷江表，故作此書。時人莫知，謂爲劉勰。或曰劉歆、劉孝標作。

宋晁公武郡齋讀書志卷十二本袁序，亦云：『或以爲劉勰，或以爲劉孝標。』而不及劉歆。宋趙希弁郡齋讀書附志、清姚際恒古今僞書考本袁序，則並舉劉歆、劉孝標、劉勰。蓋謂是書爲劉歆所作，最不足據。四庫全書總目提要云：

> 劉歆之說，則激通篇稱『班超憤而習武，卒建西域之績。』其說可不攻而破矣。

清陳鱣簡莊文鈔續編卷一劉子注跋亦有此說。考劉子嘗用阮籍、葛洪之文，兼采魏、晉時僞文子之說，如辯樂篇：『故延年造傾城之歌，漢武思靡嫚之色；雍門作松栢之聲，齊湣願未寒之服。』阮籍樂論：『延年造傾城之歌，而孝武思嫷嫚之色；雍門作松栢之音，愍王念未寒之服。』卽劉子所本。從化篇：『水性宜冷，而有華陽溫泉，猶曰水冷，冷者多也；火性宜熱，而有蕭丘寒炎，猶曰火熱，熱者多也。』抱朴子論僊篇：『水性純冷，而有溫谷之湯泉；火體宜熾，而有蕭丘之寒焰。』卽劉子所本。愼隙篇：『禍之至也，人自生之；福之來也，人自成之。禍與福同門，害與利同鄰，明沈津百家類纂本害、利二字互易。若非至精，莫能分矣。是以智慮者，禍福之門戶；動靜者，利害之樞機，不可不愼也。』僞文子微明篇：『夫禍之至也，人自生之；福之來也，人自成之。禍與福同門，利與害同鄰，自非至精，莫之能分。是故智慮者，禍福之門戶也；動靜者，利害之樞機也，不可不愼察也。』卽劉子所本。此文又見淮南人間篇，惟劉子與文子最合，實直本於文子。據此，則劉子一書，必出於魏、晉以後矣。且其文體，清秀整飭，與漢人著述迥殊，安得以爲劉歆所作哉！

或以爲劉孝標作，亦難置信。四庫提要云：

劉孝標之說，南史、梁書俱無明文，未足爲據。

陳鱣劉子注跋說同。本傳既無明文，或說之外，更無可徵，此必傳聞之誤矣。

最難明辨者，厥爲劉晝或劉勰，袁孝政定爲劉晝作，宋史藝文志、郡齋讀書志、郡齋讀書附志、直齋書錄解題、宋王應麟玉海，章俊卿山堂考索卷十一諸子百家門雜家類皆作劉晝，清于敏中等天祿琳琅書目續編卷五宋本、孫星衍孫氏祠堂書目內編卷二明孫鑛本、明沈津百家類纂本、潛菴子彙本、清王灝刻畿輔叢書本、湖北崇文書局彙刻百子全書本所題咸同；明馮惟訥古詩紀前集十注亦稱劉晝。惟據北齊書及北史劉晝傳，但言其著六合賦、高才不遇傳、帝道、金箱壁言，宋王應麟玉海卷五十三引北史壁作璧，疑是。而不及劉子。近人王重民巴黎敦煌殘卷敘錄第一輯卷三云：

敦煌遺書內有所謂隨身寶者，所記經籍一門，均係當時最通行之書，不啻一部唐人書目答問也。余乃求之卷內，正有『流子劉協注』一則，知必係『劉子劉勰著』矣。

考唐釋慧琳一切經音義九十劉勰下云：『梁朝時才名之士也。著書四卷，名劉子。』此並與袁序所稱『時人謂爲劉勰』者合。新舊唐志、宋鄭樵通志藝文略四諸子類並作劉勰，清孫星衍平津館鑑藏記卷一宋巾箱本、瞿鏞鐵琴銅劍樓藏書目錄卷十六明覆刻宋本、明程榮漢魏叢書本、清王謨重刻漢魏叢書本亦皆題劉勰；惟據南史及梁書劉勰傳，但言其撰文心雕龍五十篇，而不及劉子。則是書果出於何人之手與？夫史傳所記，不無疏略，雖未明言劉晝、劉勰撰是書，亦不足以塙證二子並未撰是書，惟有就是書內容探討分析，或有助於作者之誰屬。四庫提要云：

文心雕龍樂府篇稱『有娀謠乎飛燕，始爲北聲；夏甲歎於東陽，東音以發。』此書辨樂篇『夏甲作破斧之歌，始爲東音，』與勰說合；其稱『殷辛作靡靡之樂，始爲北音。』則與勰說迥異，必不出於一人。又史稱勰長於佛理，嘗定定林寺經藏，後出家，改名慧地；此書末篇乃歸心道教，與勰志趣迥殊。白雲霽道藏目錄，亦收之太元部無字號中，其非奉佛者甚明。近本仍刻劉勰，殊爲失考。

陳鱣劉子注跋亦有此說。一人之著述，有時所用故實，來源非一，亦難免抵牾，故提要前說，尚不足以塙證劉子不出於劉勰之手；後說言二子志趣迥殊，一崇佛，一好道，則爲有力之證據。近人余嘉錫四庫提要辨證云：

此書中若清神、防慾、去情、韜光等篇，多黃、老家言，故盧文弨謂其近乎道家，是其歸心道教，不僅見於九流一篇也。晝九流篇所謂『道以無爲化世』者，指老、莊言之，是道家非道教，提要亦誤。

余氏所稱盧說，見抱經堂文集卷十二劉子跋。劉子雖雜采九流百家之說，然其中心思想實爲道家，與呂氏春秋、淮南子相類，故以清神爲第一篇，又繼之以防慾第二，去情第三，韜光第四，皆其驗也。末篇九流，首述道家，正以明其所宗。程榮本首述儒家，而道次之，王謨本、畿輔叢書本並同。蓋由尊儒之故，妄事顛倒，大乖作者之旨。則此書非崇佛之劉勰所作甚明。盧文弨羣書拾補校劉子序云：

今俗閒所行本題梁東莞劉勰著，殆以文筆與雕龍相似而傅會也。

又盧氏抱經堂文集劉子跋云：

其文筆豐美，頗似劉彥和。

然詳審二書，頗不相似，雕龍文筆豐美，劉子文筆清秀；雕龍詞義深晦，劉子詞義淺顯；雕龍於陳言故實多化用，劉子於陳言故實多因襲。此又可證劉子非劉勰所作矣。

北齊書、北史雖不言劉晝作劉子，然有數端，頗堪留意。傳言晝『知太府少卿宋世良家多書，乃造焉。世良納之，恣意披覽，晝夜不息。』又『自謂博物奇才。』劉子中之陳言故實，異聞奇說，援引萬端，非博物奇才，決不能作，此其一；傳言晝『舉秀才不第，乃恨不學屬文，方復緝綴辭藻，言甚古拙。』其爲文古拙，蓋有意矯正當時浮艷之習，劉子正賞篇云：『不以名實眩惑，不爲古今易情，採其制意之本，略其文外之華。』其旨亦正相符，此其二；傳言晝『求秀才十年不得，發憤撰高才不遇傳。』袁序謂『晝傷已不遇，故作此書。』是高才不遇傳與是書傷已不遇之意頗合，百家類纂本題辭、子彙本序，並有類此之說。此其三。據此，則劉子似卽劉晝所作矣。是書知人、薦賢、因顯、託附、心隱、通塞、遇不遇、正賞、激通、惜時諸篇，皆爲傷已不遇而作。惜時篇末云：『歲之秋也，凉風鳴條，清露變葉，則寒蟬抱樹而長叫吟，烈悲酸瑟于落日之際，何也？哀其時命迫于嚴霜，而寄悲於菀柳。今日向西峯，道業未就，鬱聲於窮岫之陰，無聞於休明之世，已矣夫，亦奚能不霑衿於將來，染意於松煙者哉！』傳稱晝『每云：「使我數十卷書行於後世，不易齊景之千駟也！」』其所以『染意於松煙，』亦正欲行其書於後世耳。故劉子似非劉晝莫屬也。惟是書既爲劉晝所作，何以又多傳爲劉勰？宋劉克莊後村先生大全集卷一百七十九詩話續集引朝野僉載云：

劉子書，咸以爲劉勰所撰，乃渤海劉晝所製。晝無位，博學有才，□取其名，人莫知也。

余嘉錫四庫提要辨證引此文□作竊，並云：

然則此書實晝所撰，晝有才無位，積爲時人所輕，故發憤著此，竊用劉彥和之名以行其書，且以避當時之忌諱也。人既莫知，故兩唐志及諸傳本皆題劉勰矣。朝野僉載爲唐張鷟所著。鷟高宗調露時進士，博學有才，且去北齊未遠，其言必有所本，自足取信。(下略。)

案張鷟以劉子爲劉晝作，與袁孝政同。謂晝竊取劉勰之名，余氏深信不疑，岷則以爲不然，傳既稱『晝常自謂博物奇才，言好矜大，每言：「使我數十卷書行於後世，不易齊景之千駟也！」』其自尊、自信如此，豈肯竊用人名，以自取堙滅哉？傳謂其制六合賦，呈示魏收、邢子才。其欲取重於時流則有之。此猶劉勰之以文心雕龍取定於沈約也。見南史、梁書劉勰傳。然劉勰之書，大爲沈約所重；劉晝之賦，大爲魏、邢所輕，晝既不能得眞賞於當時，惟有求知音於後世，若竊取劉勰之名以傳其書，則並身後之名亦不可得矣！晝之愚不致如此。則以劉子爲劉勰作者，亦傳聞之誤。袁序云：『時人莫知，謂爲劉勰。』蓋得其實矣。

或又以劉子爲袁孝政作者。宋黄震黄氏日抄卷五十五讀劉子云：

劉子之文類俳，而又避唐時國諱，以世爲代，播州錄事袁孝政注而序之，謂『劉子名晝，字孔昭。』而無傳記可憑，或者袁孝政之自爲者耶？

四庫提要云：

或袁孝政採掇諸子之言，自爲此書，而自註之，又恍惚其著書之人，使後世莫可究詰，亦未可知也。

清丁日昌持靜齋書目卷三子部雜家類亦疑是書爲袁孝政僞作。此並妄說也。盧文昭劉子跋云：

宋人黃東發疑爲孝政所自著。余借得道藏本，見孝政所爲注淺陋紕繆，於事之出左氏、國語者，尙多亂道，而謂其能爲此文乎？

盧氏羣書拾補新論序有說略同。孫詒讓札迻卷十亦云：

此書所用故實，注多不能得其根抵，或疑此書卽袁孝政僞作，殆不然也。

盧、孫之說並是。陳鱣劉子注跋，亦以爲非袁孝政所作。余嘉錫四庫提要辨證、近人楊明照劉子理惑更詳舉袁注紕繆之例，以證是書之不出於袁氏。袁氏新、舊唐書無傳，其爲何時人，未可塙斷。惟據袁注本涵芬樓影印道藏本、海寧陳氏影印舊合字本，並爲袁注本。避唐諱字推之，如愛民篇：『是故善爲理者，必以仁愛爲本。』理蓋本作治，此避高宗諱也。又云：『人之於君，猶子之於父母也。未有父母富而子貧，父母貧而子富也。故人饒足者，非獨人之足，亦國之足；渴乏者，非獨人之渴乏，亦國之渴乏也。』諸人字蓋本作民，此避太宗諱也。法術篇：『堯、舜異道，而德蓋天下；湯、武殊治，而名施後代。』淮南氾論篇：『故五帝異道，而德覆天下；三王殊事，而名施後世。』楊明照劉注引。又見文子上禮篇。卽此文所本，以代代世，避太宗諱也。又云：『拘禮之人，不足以言事；制法之人，不足以論理。』新序善謀篇：『拘禮之人，不足與言事；制法之人，不足與論治。』卽此文所本，以理代治，避高宗諱也。袁注本諱至高宗，或卽高宗時人邪？晚近所發現之巴黎敦煌劉子殘卷，伯目三五六二，不避唐諱，如愼獨篇：『顏回不以夜浴改容。』巴黎敦煌本回作淵，不避高祖諱，從化篇：『堯、舜之人，可比家而封；桀、紂之人，可接屋而誅。』巴黎敦煌本人並作民，不避太宗諱，足證爲唐以前寫本，則袁孝政安得僞作是書哉！然此書雖非袁氏所作，亦偶有唐人（或卽袁氏）改竄之痕。如貴農篇：

天子親耕於東郊，后妃躬桑於北郊。

楊明照劉注云：

禮記祭統：『是故天子親耕於南郊，以共齊盛。王后蠶於北郊，以共純服。』孔昭謂天子親耕東郊，與禮文異，新唐書禮樂志四：『貞觀三年，太宗將親耕，給事中孔穎達議曰：「禮，天子藉田南郊，諸侯東郊，晉武帝猶東南；今帝社乃東壇，未合於古。」太宗曰：「書稱『平秩東作。』而靑輅黛耜，順春氣也。

吾方位少陽，田宜于東郊。」乃耕于東郊。』舊唐書禮儀志四略同。是天子耕東郊，乃唐制也。帝範務農篇：『故躬耕東郊。』非劉子所宜言。豈傳寫者妄改歟？

案楊氏耕於南郊、東郊之說，本於帝範務農篇注。彼注末云：『蓋高祖崩于貞觀九年，太宗東耕於貞觀三年，此時高祖尚存，故云：「吾方位少陽」也。』竊疑劉子此文本作『天子親於南郊。』其作『東郊』者，蓋唐人因太宗耕于東郊而改，或卽袁氏作注時所改也。恐惑者執著此文，以爲是書出於唐人之證，故不可不辯。

自後漢桓譚有新論而後，以新論名書者頗不乏人，梁元帝金樓子雜記下篇云：『桓譚有新論，華譚又有新論。』隋書經籍志三子部有新論十卷，注云：『晉散騎常侍夏侯湛撰。新論十卷，晉金紫光祿大夫華譚撰。梅子新論一卷，亡。』太平御覽引有周紹新論，應璩新論。宋孔平仲有珩璜新論。劉子亦有新論之稱。清周中孚鄭堂讀書記卷五十二云：

新論十卷，漢魏叢書本。諸家書目皆云劉子，是本題爲新論者，蓋程榮、何鏜輩誤改從桓譚之書名。

楊明照劉子理惑云：

是書名稱，以署劉子者爲當，新舊唐書、崇文總目、通志等，並題爲劉子。書鈔、輔行記、御覽、海錄碎事等所引，亦作劉子。道藏本及活字本並作劉子。題新論者非古。自程榮稱新論後，相沿日衆，或有連稱劉子新論者。

案隋書經籍志子部雜家類注、廣弘明集十三注、一切經音義九十、帝範注、宋沙門慧寶北山錄注、宋史藝文志、宋尤袤遂初堂書目、郡齋讀書志、讀書附志、直齋書錄解題、山堂考索卷十一、元馬端臨文獻通考、明陶宗儀說郛卷六讀子隨識、馮惟訥古詩紀前集十皆稱劉子，宋潘自牧記纂淵海、明陳耀文天中記、徐元太喻林所引並同。清于敏中等天祿琳琅書目續編卷五宋本、陸心源皕宋樓藏書志卷五十五子部雜家類明刊本、丁丙善本書室藏書志卷十八子部雜家類明萬曆刊本、近人傅增湘雙鑑樓善本書目卷三子部明龍川精舍鈔本、明子彙本、清畿輔叢書本、百子全書本亦皆題劉子。清黃丕烈蕘圃藏書題識卷五子類二有殘宋、南宋、明覆宋諸本，則皆題劉子新論。清孫星衍平津館鑒藏記卷一有宋版劉子，目錄前題劉子新論。季振宜延令宋版書目有劉子新編，編蓋論之誤。又錢謙益絳雲樓書目卷二子部雜家類有劉晝新論。瞿鏞鐵琴銅劍樓藏書目卷十六子部雜家類有明刊本，亦題劉子新論。明百家類纂本、程榮本所題並同。清王謨本但題新論。宋本已有題劉子新論者，則程榮、何鏜輩之題爲新論，淵源有自，非誤改從桓譚之書名也。周氏失考。題劉子新論最早者僅爲宋本，則劉子當是本書原名。唐張鷟朝野僉載亦稱劉子，已詳前。惟王重民巴黎敦煌殘卷敍錄第一輯卷三子部有兩敦煌本，伯目二五四六（初唐寫本）及三五六二（唐以前寫本），並稱劉子新論；第二輯卷三子部亦有敦煌本，伯目三七〇四，與二五四六號同卷，亦稱劉子新論。則本書似又原名劉子新論。審之再三，乃悟王氏敍錄據其友孫子書（楷第）之劉子新論校釋爲說，孫氏所據爲程榮本。遂並題敦煌本作劉子新論矣。敦煌本當亦原題劉子也。羅振玉敦煌石室碎金校錄殘卷及永豐鄉人雜著續編敦煌唐寫本殘卷校記，皆稱劉子。

是書分卷，亦頗參差。鄭堂讀書記卷五十二云：

崇文目、讀書志、宋志，俱作三卷。讀書附志、書錄解題、通考，俱作五卷。

羅振玉永豐鄉人雜著續編敦煌唐寫本劉子殘卷校記序云：

至其卷數，新、舊唐志作十卷，宋志作三卷，鼂氏讀書志作五卷，岷案讀書志亦作三卷，羅氏失檢。今通行本十卷，諸子賞奇本五卷，子彙本二卷。此卷雖標題已佚，而已至第九篇，則原書非三卷則五卷矣。

楊明照劉子理惑云：

至於卷帙區分，雖有『二』『三』之異，子彙本等，分爲上下二卷。通志、崇文總目、郡齋讀書志、玉海等，題爲三卷。敦煌寫本殘卷，標題已佚，由其斷簡觀之，似不分卷。『五』『十』之殊，郡齋讀書附志、書錄解題，題爲五卷。諸子賞奇本同。新舊唐書題爲十卷，道藏本、活字本、畿輔叢書本等同。然都爲五十五篇，固無差忒也。

案隋志子部雜家類注：『劉子十卷，亡。』平津館鑒藏記卷一宋版、天祿琳琅書目續編宋版、延令書目宋版、蕘圃藏書題識卷五殘宋、南宋、明覆宋諸本、鐵琴銅劍樓藏書目錄卷十六明刊本、善本書室藏書志卷十八明刊本、雙鑑樓善本書目卷三明龍川精舍鈔本、程榮本、王謨本皆十卷。百家類纂本題辭、絳雲樓書目卷二清陳景雲註並作五卷，皕宋樓藏書志卷五十五明刊本亦作五卷。一切經音義九十引作四卷。孫氏祠堂書目內編卷二明孫鑛本、百子全書本並二卷，清王昶春融堂集卷四十三跋劉子亦稱二卷。是書分卷岐異，卽同爲十卷之本，其隸屬之篇目，亦不一致。如道藏本、舊合字本卷三之貴農篇，程榮本、王謨本、畿輔本並列入卷二；道藏本、舊合字本卷五之託附、心隱二篇，程榮本、王謨本、畿輔本並列入卷四，其例甚多。楊氏謂『都爲五十五篇，固無差忒。』惟春融堂集跋劉子，稱『五十六篇』獨異，或六字爲五字聯想之誤與？

注劉子者，自袁孝政始。袁注淺陋紕繆，穿鑿傅會，重見譏斥，固其宜矣。然其說亦偶有可取，未可全非，陳鱣劉子注跋云：

孝政之注，雖不能備詳典故，亦不可少。自明以來，刊本注甚無幾，而本文脫誤，竟不可讀。

此論似較持平也。宋志子類雜家類有奚克謙劉子音釋三卷，又音義三卷。並已失傳。今檢道藏本中，閒有單行或夾行小字音注，如鄙名篇：『盜持衣出耨。鋤草曰耨。』知人篇：『見其身者，謂之䲶鳿。上莫項切，下鵡同。見其首者，名曰鷂鸅。上於乎切。下音澤。』通塞篇：『登峯而長矖。色滓切。』辯施篇：『窶之則仁惠廢也。窶，貧。』此與袁注不類，或即出於奚克謙與？明程榮本亦有注，清畿輔本同。乃就袁注刪改而成。清儒專治劉子者，盧文弨羣書拾補子部有新論十卷，序云：

向以程榮本校何允中本，大略相似；後以道藏本校對，正譌補脫，庶稱善本。

盧氏校語，失之太簡；有時輕於改字，如兵術篇：

故醇醪注流，軍下通醉；溫餅一灑，師人挾纊。據道藏本，下同。

盧氏拾補改醇爲單，云：

藏昨醇，俗作醨，皆誤。高誘注呂氏春秋察微篇作單。

案舊合字本、子彙本、百子全書本醇字並同。百家類纂本、程榮本，王謨本、畿輔本並作醨。竊疑作醇，乃本書之舊，『醇醪』與『溫餅』相對，於文爲長；且劉向列女傳母儀篇楚子發母傳作『醇酒，』則此醇字，亦有所本。不必改從呂氏春秋注作單矣。

正賞篇：

識齊而賞異，不可以稱正；迹同而評殊，未得以言評。評、正而俱翻，則情理並亂也。

盧云：

『評、賞而俱翻，』賞誤正。

案『未得以言評。評、正而俱翻。』子彙本、百子本兩評字並作平，是也。舊合字本下評字亦作平。『平、正而俱翻，』兼承上文『不可以稱正，』『未得以言平』而言，盧氏不知評爲平之誤，而意改正爲賞，非也。

孫詒讓札迻十有新論袁孝政注，所校僅十三事。孫氏本精於校勘，然校是書，似嫌草率，其立說有可商榷者，如辯施篇：

挈瓶丐水，執萑求火，而人不恡。注：萑，草似龍鬚，可爲席，人用焫火也。

孫云：

萑當爲蕉，與樵字通。呂氏春秋不屈篇云：『豎子操蕉而鉅。』是也。袁注誤。

列子周穆王篇云：『藏之隍中，覆之以蕉。』亦樵之叚字。

案詩豳風七月：『八月萑葦。』毛傳：『薍爲萑。』衞風碩人正義引陸璣云：『薍，或謂之荻。至秋堅成，則謂之萑。』古人常束荻葦之類爲火炬，火炬字正作苣，說文：『苣，束葦燒也。』勞貞一兄云：『古人束葦爲苣，在居延烽燧中曾經發現。』則萑固無庸改爲蕉矣。

九流篇：

陰陽者，子韋、鄒衍、桑丘、南公之類也。

孫氏據程榮本南公作南父，云：

桑丘當作乘丘，南父當從明刻子彙本作南公，漢書藝文志陰陽家有乘丘子五篇，南公三十一篇。

案漢志陰陽家：『乘丘子五篇。』王先謙補注云：『沈欽韓〔疏證〕曰：「當作桑丘，隋志晉征南軍師楊偉撰桑丘先生書二卷，本此。」葉德輝曰：「沈說是也。邵思姓解二引漢志正作桑丘。」』則此文之作桑丘，正存漢志之舊。孫氏謂南父當作南公，舊合字本、百子本亦並作南公。是也；謂桑丘當作乘丘，則失於不考矣。

羅振玉敦煌石室碎金，有校錄劉子殘卷，起去情第四之後半，訖思順第九之前半，羅氏永豐鄉人雜著續編復撰爲校記，惟舉異同，無所發明；且與所錄敦煌本比勘，頗有疏略，如韜光篇：

丹以含色磨肌。

案羅錄敦煌本色作光，下文『丹伏光於春山之底。』與此相應，則作光是也。而羅氏校記忽之。

崇學篇：

有子惡臥，自碎其掌。

案羅錄敦煌本碎作焠，荀子解蔽篇：『有子惡臥，而焠其掌。』其字據藝文類聚五五、御覽三百七十引補，今本脫。（楊倞注：焠，灼也。）卽此文所本，則作焠是也。而羅氏校記忽之。

王重民巴黎敦煌殘卷敍錄第一輯卷三子部有劉子新論，伯目三五六二。起韜光第四之後半，訖法術第十四之開端，整篇九，殘篇二。韜光、崇學、專學、辨樂、履信五篇，羅振玉所得卷子亦有之。王氏將此相同之五篇撰爲校勘記。惜亦僅舉異同而已。其中有極珍貴之資料，如羅卷辨樂篇。

足感人之善惡，不使放心邪氣，是先王立樂之情耶。

王云：

不使放心邪氣，〔三五六二號卷子〕氣下有『得接焉』三字。

案『不使放心邪氣，』今各本皆同，文意不完，三五六二號卷子氣下有『得接焉』三字，是也。禮記樂記，史記樂書並有『得接焉』三字。荀子樂論作『使夫邪汙之氣，無由得接焉。』亦可證此有脫文。羅卷履信篇：

柳季曰：『君以鼎危國；信者亦臣之國。今若詭言破臣之國，全君之國，臣所難耶。』

王云：

君以鼎危國，危作『季免』二字。

案『君以鼎危國，』危乃免之誤，呂氏春秋審已篇作『君之賂以欲岑鼎也，以免國也。』欲字乃賂字之異文而竄入者。新序節士篇作『君之欲以爲岑鼎也，以免國也。』並其證。三五六二號卷子作『君以鼎季免國，』免字不誤，惟免上涉上文柳季而衍季字耳。

王重民摯友孫楷第有劉子新論校釋，與王氏列子校釋彙印爲西苑叢書。孫著又名劉晝新論舉正，分載於國立北平圖書館月刊第三卷第三、四、五號。孫氏精審之說頗多，然校書重在證據；尤重直接證據。無證據而臆說，此所忌也；憑間接證據而立說，亦所忌也。如類感篇：

以斯至精相應，不待召而自感者，類之所應也。若呼之與響，形之與影。

孫云：

文義不順，疑『若呼之與響，形之與影』九字，當移『不待召而自感』六字之下。其文曰：『以斯至精相應，不待召而自感，若呼之與響，形之與影，類之所應也。』

案『若呼之與響，形之與影。』乃設譬以證上文之義，非不順也。不必移在『不待召而自感』之下。孫氏臆說，不足據。

妄瑕篇：

袁精目、鮑焦，立節抗行，不食非義之食，乃餓而死，不能立功拯溺者，小節不申而大節屈也。

孫云：

『立節抗行，』『立節』當作『厲節，』厲亦抗也。楊倞注荀子宥坐篇：『厲，抗也。』淮南子修務訓：『勵節抗高，以絕世俗。』史記汲鄭列傳：『黯伉勵守高。』李善注魏文帝與鍾大理書引孝經援神契云：『抗節厲義，通乎至德。』孔文舉薦禰衡表云：『任座抗行，史魚厲節。』厲、勵，抗、亢字並通。

案『立節抗行，』義自可通。淮南氾論篇：『季襄、襄當作哀，王念孫雜志有說。陳仲子，立節抗行，不入洿君之朝，不食亂世之食，遂餓而死，不能存亡接絕者何？小節伸而大略屈也。』即此文所本。則『立節』字不誤，此直接證據也。孫氏謂『立節』當作『厲節。』例證雖多，皆間接證據，不可恃也。校書最重者爲直接證據，儻無直接證據可憑，不得已而用間接證據，亦當細審文義，是否兩通，不可輕信一隅也。

近人討治劉子，用力最勤者，當推楊明照氏，有劉子斠注，載燕京大學文學年報第四期。楊氏長於陳言故實之考證。然考證陳言故實，當留意直接來源，或間接來源。同一陳言故實，見於數書，其最相合者爲直接來源。某書雖晚出，而爲直接來源，當以晚出之書爲主，早出之書爲輔。楊氏往往忽之。如辯樂篇：

樂者，天地之聲，中和之紀，人情之所不能免也。

楊明照云：

羅校敦煌本、法藏敦煌本聲並作齊，齊字是。荀子樂論篇：『故樂者，天地之大齊也，中和之紀也，人情之所必不免也。』又見禮記樂記(齊作命)，史記樂書(作齊)。

案聲字今各本皆同，蓋後人妄改，當從兩敦煌本作齊。史記樂書：『故樂者，天地之齊，中和之紀，人情之所不能免也。』與此文全合，是史記爲此文之直接來源，當以史記爲主。

適才篇：

牽石拖舟，則歌嘘嗅，非無激楚之音，然而棄不用者，方引重抽力，不如嘘嗅之宜也。

楊云：

呂氏春秋淫辭篇：『今舉大木者，前呼輿謣，淮南道應篇作『邪許，』文子微明篇作「邪軤，』並音近誼同。後亦應之，此其於舉大木者，善矣；豈無鄭、衞之音哉？然不若此其宜也。』古今樂錄：『激楚，曲名也。』

案淮南道應篇：『今夫舉大木者，前呼邪許，後亦應之，此舉重勸力之歌也。豈無鄭、衞、激楚之音哉？然而不用者，不若此其宜也。』與此文較合。呂氏春秋不言『激楚之音，』文子微明篇作『胡、楚之音，』亦異。是淮南爲此文之直接來源，當以淮南爲主。

誡盈篇：

昔仲尼觀欹器而革容。

楊云：

荀子宥坐篇：『孔子觀於魯桓公之廟，有欹器焉。孔子問於守廟者曰：「此爲何器？」守廟者曰：「此蓋爲宥坐之器。」孔子曰：「吾聞宥坐之器者，虛則欹，中則正，滿則覆。」孔子顧謂弟子曰：「注水焉。」弟子挹水而注之，中而止，滿而覆，虛而欹。孔子喟然而歎淮南作「造然革容」曰：「吁！惡有滿而不覆者哉？」』又見韓詩外傳三、淮南道應篇、說苑敬愼篇、家語三恕篇。

案文子九守篇守弱亦載此器，惟不涉及孔子。楊氏所引荀子宥坐篇『孔子喟然而歎，』他書惟淮南道應篇作『孔子造然革容。』與此文言『革容』合。是淮南爲此文之直接來源，當以淮南爲主。

考證陳言故實，有時雖與來源相合，亦未必即可據信。此尤當留意者。如辯樂篇：

鄭、衞之俗好淫，故有溱、洧、桑中之曲；楚、越之俗好勇，則有赴湯蹈火之歌。各詠其所好，歌其所欲，作之者哀，聽之者泣。

楊云：

羅校敦煌本、法藏敦煌本，湯並作水。哀下有歎字。泣上有泫字。敦煌兩本並是。〔阮籍〕樂論：『楚、越之風好勇，故其俗輕死；鄭、衞之風好淫，故其俗輕蕩。輕死，故有蹈火赴水之歌；輕蕩，故有桑間、濮上之曲。各歌其所好，各詠其所欲，爲之者流涕，聞之者歎息。』

風俗篇：

楚、越之風好勇，其俗赴死而不顧；鄭、衞之風好婬，其俗輕蕩而忘歸。

楊云：

阮籍樂論：『楚、越之風好勇，故其俗輕死；鄭、衞之風好淫，故其俗輕蕩。』案『楚、越之俗作風同。好勇，』既並見於辯樂、風俗二篇，其來源阮籍樂論亦同。是必可據信矣。然他書無楚俗好勇之記載，楚、越疑當作吳、越，景宋本御覽五六五引阮籍樂論作吳、楚，吳字不誤，惟越又誤爲楚。蓋楚、越，吳、越，吳、楚，並習見連文，故易溷耳。韓非子內儲說上篇：『故越王將復吳而試其教，燔臺而鼓之，使人赴火者，賞在火也；臨江而鼓之，使人赴水者，賞在水也。』呂氏春秋用民篇：『句踐試其民於寢宮，民爭入水火，死者千餘矣。遽擊金而卻之。』又見論衡率性篇、本書閱武篇。墨子兼愛中、兼愛下，亦有類此之文。史記孫子列傳，載孫武以兵法教吳王闔廬宮人，既而孫子使使報王曰：『兵旣整齊，王可試下觀之，唯王所欲用之。雖赴水火猶可也。』又見吳越春秋闔閭內傳。本書閱武篇：『吳王宮人，教之戰陣，約之法令，迴還進退，盡中規矩，雖蹈水火而不顧者，非其性勇而氣剛，教習之所成也。』凡此，並可證楚、越當作吳、越。惟辯樂篇袁孝政注：『楚王好勇，放火燒焚甘泉宮，令士卒救火如戰陣，有功者賞，無功者罰，士卒以泥塗身，爭救火，被燒殺三千餘人。』似又可爲楚俗好勇之證。實則所謂楚王，乃越王也。韓非子內儲說上篇云：『越王問於大夫文種曰：「吾欲伐吳，可乎？」對曰：「可矣！吾賞厚而信，罰嚴而必。君欲知之，何不試焚宮室？」於是遂焚宮室，人莫救之。乃下令曰：「人之救火死者，比死敵之賞；救火而不死者，比勝敵之賞；不救火者，比降北之罪。」人塗其體，被濡衣而走火者，左三千人，右三千人。』是其塙證。袁氏以越王事屬之楚王，所謂妄事傅會者也！

劉子書，汎采羣言，博極古今，可上追呂覽、淮南；其文筆之清秀，尤引人入勝。惜其作者不明，討治者不多，發揚幽光，從吾所好，因綴緝諸家之說，修正補苴，寫集證十卷，越九月而書成。夫集證之作，須具三事：

一、舊說備。前人專治此書之說，固當收輯；其治他書而偶涉及此書之說，亦當摭取。專治此書之說易得；偶涉及此書之說難備，蓋一人之涉獵有限，不能無所疏忽。如思順篇：

塞利東南，就土順也；不利東北，登山逆也。

楊明照斠注云：

法藏敦煌本、子彙本、程榮本、王謨本、畿輔本，『東南』皆作『西南，』西字是。易蹇：『蹇利西南，不利東北。』王弼注：『西南，地也；東北，山也。』

案百子本亦作『西南，』子彙本作『東南，』楊氏失檢。又案清焦循易話下：『劉子思順篇云：「蹇利西南，就土順也；不利東北，登山逆也。」此以「西南」指坤，「東北」指艮，就土則順，登山爲逆。與易義合。』所見本『西南』字不誤，此焦氏偶涉及劉子之說，承陳槃庵兄檢示，爲余所忽者也。

二、取舍審。綴緝舊說，自當求備。然不能無所取舍。取舍準則，亦大不易，輕於棄置，必多疏失；漫事鈔錄，徒滋惑亂。如劉子袁孝政注，固極荒謬，然亦非可盡廢。如防慾篇：

如能塞兌於未形。

袁注：

老子曰：『塞其兌，閉其門。』

韜光篇：

龜曳尾於暘谷之泥。

袁注：

暘谷，在日出處也。

案淮南天文篇：『日出於暘谷。』

辯樂篇：

濮上之音作，則淫泆放邪之志生。

袁注：

紂王無道，樂師抱琴投濮水而死，衞國樂人名師涓，從濮水過，聞濮水上有樂聲，乃聽而取之。至晉，乃作此樂。晉國樂師名師曠，啓王曰：『此是濮水上樂，是亡國之音。舊誤樂。』後乃廢不用也。

案袁注『啓王，』王謂晉平公。云云，詳韓非子十過篇、史記樂書、論衡紀妖篇。又見後漢書陳元傳注引桓譚新論。

薦賢篇：

內薦不避子，外薦不避讎。

袁注：

祁奚內舉其子，外舉讎人，故言『內薦不避子，外薦不隱讎。』

案祁奚舉子、舉讎事，見左襄三年傳。又左襄二十一年傳：『叔向曰：「祁大夫，外舉不棄讎，內舉不失親。」』盧文弨謂袁注『於事之出於左氏者，尙多亂道。』詳前。此注則非亂道者比矣。

類此之注，旣無乖於陳言故實，何可廢邪？至於清儒及近人之校注，勝義固多；然亦往往有未安者，前評盧、孫諸家之說，已可概見。又如誡盈篇：

未有抱損而不光，驕盈而不斃者也。

盧文弨拾補『抱損』作『挹損，』云：

〔程榮本〕誤『謙尊。』

孫楷第校釋據程榮本作『謙尊，』云：

易謙彖傳：『謙尊而光，卑而不可踰。』王引之經義述聞卷二云：『尊讀撙節退讓之尊。尊之言損也，小也；光之言廣也，大也。「尊而光」者，「小而大。」解彖傳者，多誤以尊、卑爲對文。』又引此文爲證而解之云：『以「謙尊」對「驕盈，」則讀爲撙可知。蓋當時易說有如是解者，故劉氏用之也。說文無撙字，古多借尊爲之。』

案百子本『抱損』作『挹損，』與盧氏拾補合，是也。明謙篇：『在榮以挹損爲基。』亦以『挹損』連文，與此同例。抱乃挹之形誤。『挹損』猶『抑損，』說苑敬愼篇：『持滿之道，挹而損之。』韓詩外傳三挹作抑，本書九流傳：『謙挹爲德，』舊合字本挹作抑，並二字通用之證。明程榮本此文『挹損』作『謙尊。』王謨本、畿輔本並從之。蓋據易謙象傳之文妄改，程本妄改之例甚多。不足據。王引之謂尊讀爲撙，是也；以妄改之『謙尊』爲劉子之舊，則失於不考矣。孫楷第引王氏偶涉及此文之說，足徵其摭取舊說之勤；惜尚未能辯證是非，以定取舍耳。

三、創見多。舊說已備，取舍亦審，儻乏創見，尚非完美。如劉子前賢發正雖多，然，或有陳言，諸家闕證，通塞篇：

快若輕鴻之汎長風，沛若巨魚之蹤大壑。

案漢王褒聖主得賢臣頌：『翼乎如鴻毛遇順風，沛乎如巨魚縱大壑。』見漢書王褒傳。文選卷四十七(下如字作若)。

誡盈篇：

是故君子高而能卑，富而能儉，貴而能賤，智而能愚，勇而能怯，辯而能訥，博而能淺，明而能闇。是謂損而不窮也。

案說苑敬愼篇：

孔子曰：『高而能下，滿而能虛，富而能儉，貴而能卑，智而能愚，勇而能怯，辯而能訥，博而能淺，明而能闇。是謂損而不極。』

或有故實，諸家失考，命相篇：

伏羲日角。

案隋蕭吉五行大義五引孝經鉤命決云：『伏羲日角。』御覽八七引孝經援神契云：『伏犧氏日角。』

言苑篇：

溺井而尤伯益。

案呂氏春秋勿躬篇：『伯益作井。』論衡感虛篇：『傳書又言伯益作井。』藝文類聚九引郭璞井賦：『益作井。』陳槃庵兄云：『淮南本經篇：「伯益作井。」高注：「伯益佐舜，初作井。」易井卦釋文引世本：「化益作井。」宋衷注：「化益，伯益也。」初學記七引世本作「伯益作井。」案化益亦見呂氏春秋求人篇、漢書律歷志，審其人，卽伯益也。』

或涉訓詁，諸家無釋，鄙名篇：

以蟢、雀之微，無益於人，名苟近善，而世俗愛之；邑、泉之大，生人所庇，名必傷義，聖賢惡之。

案『名苟近善，』『名必傷義，』苟、必互文，必猶苟也。王引之經傳釋詞、吳昌瑩經詞衍釋，並無此義。明謙篇：『必矜其功，雖賞之而稱勞，情猶不足；苟伐其善，雖與之賞多，必怨其少。』大質篇：『是以生苟背道，不以爲利；死必合義，不足爲害，』必、苟並互文，與此同例。通塞篇：『勢苟就壅，則口目雙掩；遇苟屬通，則聲眺俱明。』程榮本、王謨文、畿輔本下苟字並作必，必亦猶苟也。

兵術篇：

善守者，敵不知其所攻，如尋寰中，不見其際。

案寰借爲環，莊子齊物論篇：『樞始得其環中，以應無窮。』則陽篇：『冉相氏得其環中以隨成。』孫子兵勢篇：『奇正相生，如循環之無端，唐趙蕤長短經奇兵篇引無循字。孰能窮之哉？』史記田單列傳贊：『奇正還相生，如環之無端。』索隱：『言用兵之術，或用正法，或用奇計，使前敵不可測量，如尋環中，不知端際也。』

或涉校勘，諸家未正，辯樂篇：

夫樂者，聲樂而心和，所以非爲樂也。今則聲哀而心悲，灑淚而歔欷，是以悲爲樂也。

案『所以非爲樂也。』羅振玉敦煌石室碎金所錄敦煌本作『不以悲爲樂也。』與下文『是以悲爲樂也。』對言，是也。不誤爲所，悲壞爲非，則不可通矣。子彙本、百子本並作『所以爲樂也。』刪非字以强通之；王謨本作『所以和爲樂也。』改非爲和以强通之，並非此文之舊。

貴言篇：

越劍性銳，必託槌砧，以成純鉤。

案鉤當爲鈞，字之誤也。越絕外傳記寶劍篇：『一曰湛盧，二曰純鈞。』文選左太沖吳都賦：『純鈞、湛盧。』注引越絕書作『一曰純鈞，二曰湛盧。』並其證。淮南脩務篇：『夫純鈞、魚腸之始下型，』高誘注：『純鈞，利劍名。』明茅一桂本、清莊逵吉本正本、注文鈞並作鉤，景宋本御覽三四三引吳越春秋：『越王允常聘歐冶子作名劍五枚，三大二小，一曰純鈞。』鮑刻本及藝文類聚六十引鈞並作鉤，誤皆與此同。純鈞，亦作淳鈞，淮南覽冥篇：『區冶生而淳鈞之劍成；』高注：『淳鈞，古大銳劍也。』茅本、莊本正文、注文鈞亦並誤鉤。或作淳均，淮南齊俗篇：『淳均之劒不可愛也，而區冶之巧可貴也；』又作醇鈞，廣雅釋器：『醇鈞，劒也。』

類此之例，詳爲補苴，冀使是書注釋，益臻完善。惟以學識淺疏，復因脫稿倉卒，猶有數事，未知所出。如命相篇：『微子感牽牛星，顏淵感中臺星，張良感弧星，樊噲感狼星，老子感火星。』蓋本於讖緯，書已失傳；陳槃庵兄云：『本于讖緯，是也。孝經讖緯有孝經內事星宿講堂七十二弟子圖(隋志云：七錄一卷，佚)，以星宿傅會孔門弟子，則所謂「顏淵感中臺星，」其類同也。讖緯書當有此類說，此其可想而知之者也。』岷案天中記二引論語說云：『子路感雷精而生。』亦此類傅會之說也。(槃庵兄閱及論語說此文，復有所補充云：『古微書引論語比考讖：「子路感雷精而生。……」北堂書鈔一五二、天中記二並引作論語說。御覽十三引作論衡。黃暉論衡校釋四諱篇引孫蜀丞曰：「蓋論衡本有此文，出於論語讖，而今本脫也。風俗通云：『……謹案子路感雷精而生。……』蓋亦本舊說也。」案孫說當是也。』至於兵術篇：『舒車豕突，尹子之術。』風俗篇：『胡之北，有射姑之國，其人親戚死，則棄屍於江中，謂之水仙。』正賞篇：『昔魯哀公遙慕稷、契之賢，不覺孔丘之聖。』言苑篇：『文王嗜膽。』余並不能得其根柢。明達君子，幸有以教之。

一九六一年七月十五日簡陽王叔岷自序於臺北慕廬。

出自第三十三本(一九六二年二月)

論西京雜記之作者及成書時代

勞　　榦

西京雜記一書舊題劉歆或題葛洪，其書實爲小說家言，難求徵實。第在小說家言涉及漢代軼事者之中，此書尙近于情理。故王先謙作漢書補注於此書仍偶有引用。然知人論世貴在求眞，固不可以閭巷疑似之談率歸正史。是其淵源流變，固宜詳爲考訂。玆篇之意在申明此書爲南朝人撮錄小說舊聞而成，非惟不宜歸入劉歆，即以葛洪言，亦不曾出於其手也。

言西京雜記淵源流變較詳者爲四庫全書總目提要，其說云：

舊本題葛洪撰，洪有肘後備急方，已著錄。黃伯思東觀餘論稱此書中事皆劉歆所說，葛稚川採之。其稱余者，皆歆本文云云。今檢書後有洪跋，稱其家有劉歆漢書一百卷，考校班固所作，殆是全取劉氏。有小異同，固所不取，不過二萬許言。今鈔出爲二卷，名曰西京雜記，以補漢書之闕云。伯思所說，蓋據其文。案隋書經籍志載此書二卷，不著撰人名氏。漢書匡衡傳顏師古注，稱今有西京雜記者，出於里巷，亦不言作者爲何人。至段成式酉陽雜俎廣動植篇始載葛稚川就上林令魚泉問草木名，今在此書第一卷中。張彥遠歷代名畫記載毛延壽畫王昭君事，亦引葛洪西京雜記，則指爲洪者實始於唐(註一)。故舊唐書經籍志載此書遂注曰晉葛洪撰。然酉陽雜俎語資篇，別載庾信作詩，用西京雜記

(註一)　以西京雜記著者爲葛洪，當始於唐人，然早在唐初，不至晚至張彥遠，段成式時。余季豫先生(嘉錫)四庫提要辨證云：『宋晁伯宇續談助卷一洞冥記後，引張柬之之言曰：「昔葛洪造漢武內傳西京雜記，虞義造王子年拾遺記，王儉造漢武故事，並操觚鑿空，恣情迂誕，而學者耽閱，以廣見聞，亦各其志，庸何傷乎？」柬之此文專爲辨僞而作，而確信爲葛洪所造。史通雜述篇曰：「國史之任，記事記言，視聽不該，必有遺逸。於是好事之士，補其所亡。若和嶠汲冢紀年，葛洪西京雜記，此所謂逸事者也」。此則指爲葛洪，並不只於段成式，張彥遠。』

事，旋自追改，曰：『此吳均語，恐不足用』。晁公武郡齋讀書志，亦稱江左人或以為吳均依託，蓋即據段成式所載庾信語也。今考晉書葛洪傳載洪所著有抱朴子，神仙，良吏，集異等傳。金匱要方，肘後備急方，並諸雜文，共五百餘卷；並無西京雜記之名，則作撰者，自屬舛誤。特是向歆父子作漢書，史無明文，而此書與班書考校又往往錯互不合。如漢書載文帝以代王即位，而此書乃云文帝為太子。漢書載廣陵王胥淮南王安並謀逆自殺，而書乃云胥格猛獸陷脰死，安與方士俱去。漢書楊王孫傳即以楊王孫為名，而此書乃云名貴，似是故繆其事以就洪跋中小有異同之文，又歆臣莽，而書載吳章被誅事乃云後為王莽所殺，尤不類歆語，又漢書匡衡傳『匡鼎來』句，服虔訓鼎為當，應劭訓鼎為方。此書亦載此語，而以鼎為匡衡小名。使歆先有此說，服虔，應劭皆後漢人，不容不見，至葛洪乃傳。是以陳振孫等皆深以為異。然庾信指為吳均，別無他證，段成式所述信語，亦未見於他書，流傳既久，未可遽更。今姑從原跋，兼題葛洪劉歆姓名。以存其舊。其書諸志皆作二卷。今作六卷。據書錄解題，蓋宋人所分，今亦仍之。其中所述雖多為小說家言。而摭採繁富，取材不竭。李善注文選，徐堅作初學記已引其文。杜甫詩用事謹嚴，亦多採其語。詞人沿用，數百年來久成故實，固有不可遽廢者焉。

故四庫全書纂輯者仍認為此書之性質為僞書，而其類別為小說。然摭採繁富，取材不竭，詞人沿用，久成故實，則此書之可存者在此。此中評論大致公允，然亦有未盡者。提要於所謂葛洪之序，雖頗疑其言之不實，而此序是否眞為葛洪所為，倘有待於商榷者。按疑此序非出於葛洪者，宋陳振孫直齋書錄解題中已言之。其說曰：

西京雜記稱葛洪撰，其卷末言『洪家有劉子駿漢書百卷(註一)……抄書為二卷，以補漢書之闕』，案洪博聞深學，江左絕倫，著書成五百卷。本傳具載其目，不聞有此書，而向歆父子不聞嘗作史傳也。使班固有所因述，亦不應全沒不著也。殆有可疑者，豈惟非向歆所傳，亦未必洪之作也。

四庫提要蓋大率本於此。然陳氏謂劉歆未嘗為史則非，惟劉歆決未曾有一百卷已成之

(註一) 本傳云抄書三百一十卷，非是著書。其自著者則有抱朴子一百一十六篇，詩賦百卷，移檄章表三十卷，金匱藥方一百卷，肘後要急方四卷。

書，又劉氏博通掌故，尤不至有『文帝爲太子』等可笑之訛誤耳。余季豫先生四庫提要辨證云：

案書錄解題云，『向歆父子亦不聞其嘗作史傳於世，使班固有所因述，亦不應全沒不著也』。提要本此而推衍之。余考潘安仁西征賦云：『長卿淵雲之文，子長政駿之史』，以政駿與子長並言稱之爲史，似劉向父子曾續太史公書。然李善注只引漢書。向著疾讒，摘要，救危，及世頌凡八篇，又著五行傳，列女傳新序，說苑。歆著七略，並不言別有史書。至史通正史篇云，『史記所書年止孝武太初，已後闕而不錄。其後劉向之子歆及好事者，若馮商，衞衡，楊雄，史岑，梁審，韓仁，晉馮，殷肅，金丹，馮衍，韋融，蕭奮，劉恂等相次撰續，迄於哀平間，猶名史記』。後漢書班彪傳云：『武帝時司馬遷著史記，自太初以後闕而不錄。好事者頗或綴集，然多鄙俗，不足以踵繼其書』，注云：『好事者謂劉歆，陽城衡，褚少孫，史孝山之徒也』。劉知幾與章懷所敍續史記之人，互有不同，而皆有劉歆。是唐人相傳有此一說，皆不知所事。竊意向，歆縱嘗作史，亦不過如馮商之續太史公，成書數篇而已。(商書見漢志，僅七篇。)使如洪序所言，歆所作漢書已有一百卷，則馮衍爲後漢人；晉馮，殷肅並與班固同時(固傳載固奏記東平王蒼，嘗薦此二人)，何以尙須續作？洪序云：『考校班固所作，殆是全取劉書』，此又必無之事。班固於太初以前，全取史記，又用其父所作後傳數十篇，已不免因人成事。若又採劉歆漢書一百卷，則固殆無一字，何須潛精積思至二十年之久？永平中受詔，至建初中乃成乎？若果如此，則當世何爲甚重其書，莫不諷誦(見本傳)，至於專門受業，與五經相亞耶(見史通正史篇)？史通採撰篇曰：『班固漢書太初已後又雜劉氏新序，說苑，七略之辭，此並當代雅言，事無邪僻。故能取信一時，擅名千載』。然則漢書之採自劉氏者，僅新序，說苑，七略之記漢事者而已。與李善文選注正合，未嘗有所謂『劉歆漢書』也。且諸家續太史公書雖近哀平，是前後相繼不出一人，至班彪所作後傳，亦是起於太初以後，未有彌綸一代者。漢書敍傳曰：『固以爲唐虞三代，世有典籍，漢紹堯運，以建帝業，至於六世。史臣乃追述功德，私作本紀，編於百王之末，厠於秦漢之間，太初以後，闕而不錄，故探纂前記，綴輯所聞，以述漢書，起元高祖，終於孝平王莽之誅』。是漢書者，固所自名。斷代爲書，亦固所自創。今洪序乃謂劉歆所作，已名漢書。是並敍傳所言，亦出劉歆之意，而固竊取之，此必無事也。况文帝以代王即位，明見史記，此何等大事，豈有傳訛之理。劉歆博極羣書，以漢人敍漢事，何至誤以文帝爲太子。故葛洪序中所言劉歆漢書之事，必不可信(余疑史通所記向歆續史記即指七略別錄，別有考證，玆不具論)。蓋依託古人以自取重耳。

今按所謂葛洪序中言『劉歆漢書』所異於班固漢書者，僅二萬許言，悉已錄於西京雜記，然班固漢書因明記劉歆之死，王莽之誅，此皆西京雜記所未錄入者，豈劉歆作書，果誠能豫記其死，以及其死後之事耶？是則序文已自相矛盾矣。余季豫先生之考證，認爲劉歆除七略以外未嘗別有續漢書，而『葛洪序』所言劉歆續漢書百卷爲絕不可信之謊言，可謂絕無疑問。惟余先生仍認爲序文仍出於葛洪之手，則猶有未盡者。蓋序果眞出於洪手，則隋書經籍志作者不應不見其序，遂不著撰人名氏。至顏師古注漢書時，亦云其書出自里巷，未知撰人(註一)。直至張柬之始言葛洪作西京雜記。則此序之成當在顏師古以後，張柬之以前。其爲唐人僞託，實無疑義。更據季豫先生所考，唐人以前無有言劉歆續史記者。有之，當始於劉知幾，而劉知幾言劉向歆父子作史，當指新序，說苑，別錄，七略諸書而言。非於此等諸書以外，更有述作。但自劉知幾之言行世之後，世俗不考其端緒，遂眞以爲劉歆居然曾經著史。擴大失眞，幾難想像。西京雜記序可稱爲擴大劉知幾言之一種形態，而後世崔適之史記探源則爲別一種形態。雖皆不實，而皆可以亂眞。故此序之成必在肅代以後，不惟非顏師古，李善所不及見，抑亦非劉知幾所能及見也。此序旣僞，則凡根據此序所立各說，亦皆不能成立。亦即西京雜記非劉歆所作，亦非葛洪所作。

今案唐以前正史中記西京雜記著者，但有南史四十四齊武諸子傳言，蕭賁著西京雜記六十卷。西京雜記之名與今本西京雜記同，而此書文體薄弱，類似齊梁間人語，亦與蕭賁之時代相合。惟今本西京雜記有六卷本及二卷本二種，無六十卷者。以今本之分量言，亦難析爲六十卷。然僅據卷數不同，不能遽斷其非是一書，蓋(一)，六

(註一)　張柬之語，見第一葉『註一』余季豫先生四庫提要辨證，按顏師古太宗時人，張柬之武后時人，顏師古稍前於張柬之，則僞序之成，或在太宗武后間也。

十卷之數字可能有誤，南史原文或原爲六卷，抄胥者衍一『十』字，遂成爲六十卷。(二)，蕭賁原書原爲六十卷，齊梁以後，舊籍散亡，或僅存六卷。凡此二因皆爲情理所宜有，然從來世人不重此證者，蓋蕭賁本非甚知名之士，時代亦晚，讀西京雜記者每爲其故事所誘，意識中所望於此書者，自是書成愈早愈佳。唐人僞序已指爲劉歆，若再訂爲梁代蕭賁，寧不失望。此所以不肯輒引用南史之原由也。

言及南史之證據者最早見於王應麟困學紀聞十二：

> 匡衡傳注，『今有西京雜記，其書淺俗，出於里巷，多妄說』，段成式云：『庾信作傳，用西京雜記事，自追改曰，此吳均語，恐不足用』，今按南史蕭賁著西京雜記六十卷，然則依託爲書，不止吳均也。

梁玉繩瞥記卷五云：

> 今所傳西京雜記二卷，或以爲葛洪撰，或以爲吳均撰。據洪序以爲本之劉歆。洪特鈔而傳之。案南史齊武諸子傳，蕭賁著西京雜記六十卷，豈別一書耶？王伯厚以爲賁依託，見困學紀聞十二。

王應麟與梁玉繩之言仍稍有出入，蓋王氏未言蕭賁爲依託，而梁氏則指爲依託也。其中出入，余季豫先生有辨證：

> 詳王氏語意，蓋謂吳均之外，又有蕭賁亦爲此書，故曰依託爲書不止吳均，未嘗謂今本題葛洪者爲賁所依託。梁氏之言非伯厚意。然古今書名相同者多矣。蕭賁雖生葛洪之後，彼自著一書，亦名西京雜記，既未題古人之名，則不得謂之依託，伯厚之說亦非也。翁元圻注云：卷數多寡懸殊，當另是一書，其說是矣。

今案季豫先生之說甚爲有見。然季豫先生明辨所謂葛洪序之不合理，未敢直斥其非，以致析理之間，猶有未盡，則唐以來成見蔽之也。

今先論西京雜記之著者，自當以唐代初期(即顏師古至李善之時期)之史料爲根據，在此時期之記載，書僅有西京雜記一書，著者亦僅有蕭賁一人。雖蕭賁本傳之西京雜記，未曾與隋志，漢書注，文選注相互證，然彼此之間亦並無衝突。其成爲岐互者，始見於僞葛洪序，繼復有段成式之酉陽雜俎。僞葛洪序淺薄無聊，有心作僞，可以不再置論。段成式之說，則採錄舊聞，應非無據。所可置疑者，故事中之主名耳。此故事以庾信作賦事爲主，應不甚誤，即令非庾信語，而傳述齊梁他人之說，亦自可貴。惟所言西京雜記爲『吳均語』則影響較大。蓋就此故事結構言，其爲吳均語或他人語，俱不妨此故事之完整性。然於西京雜記之著者，則多一紛擾矣。就唐代知名之程度言，吳均之名，遠較蕭賁爲大。段成式之時代已到晚唐，則原有涉及蕭賁之傳說，轉換爲吳均，爲事甚易（註一）。就現有史料言，酉陽雜俎中一段單文孤證，已無法證明原來傳說爲吳均與否。但無論如何，酉陽雜俎此一段之可信程度，決不能與南史齊武帝諸子傳之重要性互相比擬，則無待言也。

故就史料之可信程度言，當以南史爲最重要，酉陽雜俎次之，而僞葛洪序則當在不必考慮之列。祇以雜記作者，隋志作時已失主名，故不宜定指爲蕭賁，僅可以認爲此書或係蕭賁原作，或係南北朝間另一作者所爲耳。

今更以雜記中內容考驗之。余季豫先生云：

按陶宗儀說郛卷二十五（據涵芬樓排印明抄本）鈔有梁殷芸小說二十四條，而其中引西京雜記者四條，與今本大體相合，惟字句互有短長。考梁書芸傳云：『大通三年卒（大通三年十月改元中大通，芸卒於十月以前）年五十九』，而文學吳均傳云：『普通元年卒，時年五十二』。兩者相較，均雖比芸早死九年，而其年齡止長於芸者二歲。二人仕同朝，同以博學知名，慮無不相識者，使此書果出於吳均依託，芸豈不知，何至遽信爲古書，從而採入其著作中乎？

按殷芸之書，原係小說，本非正史，依託之言何遽不堪採用。此事不能證明西京雜記必是古書，但可以證明梁時已有西京雜記，且與今本出入不多耳。今據涵芬樓排印本說郛，此四條下均注有西京雜記，但無西京雜記著者姓名。故據殷芸小說所引者，此書可能爲蕭賁本，亦可能非蕭賁本，尙不能決定也。

李慈銘孟學齋日記乙集上云：

西京雜記託名劉歆所撰，葛洪所錄。論者謂實出梁吳均之手。其文字固不類西漢人。且序言班固漢書全出於此，洪采班書所謂錄者，得此六卷（註二）然其中而

（註一）酉陽雜俎十六廣動植篇採雜記中就上林令問草木名一事，稱雜記爲葛稚川作，是段氏亦大率本之俗聞，並無成見也。

（註二）余季豫先生云，「按原序實作二卷」李氏誤，但西京雜記實有六卷本與二卷本二種。古書卷帙時有分合，惟唐代通行二卷本，隋志所記爲二卷本，僞葛序亦是二卷本，宋時有六卷本當是舊傳別本，因六卷本與僞葛序不合，後人斷不致故意爲之分析爲六卷也。

趙飛燕第一段，傅介子一段，又皆漢書所已錄，稚川之言固未可信。至謂出於吳均，則未必然。觀漢事如殺趙隱王如意者爲東郭門外宮奴，惠帝腰斬之，而呂后不知。元帝以王昭君故，殺畫工毛延壽。陳敞，劉白，龔寬，陽望，樊育等。高賀誚公孫弘。高祖爲太上皇作新豐，匠人吳寬所營（余季豫先生曰『此事已爲焦竑所駁，李氏失考』，按新豐之作在太上皇旣歿以後，史記漢元十年，『太上皇崩，諸侯來送葬，更命酈邑曰新豐』，此吳寬營新豐之事全非事實也。）匡衡勤學，穿壁引光，又從邑人大姓文不識家，傭作讀之』。成帝好蹴踘，家君（原註歆稱其父向）作彈棋以獻。王鳳以五月五日生。楊王孫名貴。平陵曹敞在吳章門下，好斥人過，後獨收章屍。郭威，楊子雲及向歆父子論爾雅實出周公所記，『張仲孝友』之類，後人所足。霍將軍一產二子，疑兄弟先後。廣川王去疾好聚無賴少年掘冢墓。諸條皆必出於兩漢故老所傳，非六朝人所能憑空僞造。又如輿駕，飲酎，灉水，家臣諸制，尤足補漢儀之闕。其一二佚事亦可證。如衞青生子命曰騧，後改爲登，登即封發干侯者。公孫弘著公孫子言刑名事，今漢志有公孫弘十篇，此類皆是。黃兪部序稱其乘輿大駕，儀在典章；鮑董問對，言關理奧者，誠不誣也。惟所載靡麗神怪之事，乃由後人添入，或出吳均所爲耳。其顯然乖誤者，如云霍光妻遺淳于衍蒲桃錦，散花綾，走珠等，爲起第宅，奴婢不可勝數。按漢書言衍毒許后，步見過顯相勞問，亦未敢重謝衍，且此時方有人上書，告諸醫侍疾無狀，顯恐，急語光，署衍勿論，豈有爲起第宅，厚相賂遺之理。又云廣陵王胥爲獸所傷，陷腦而死。按漢書武五子傳，胥以祝詛事發覺，自絞死。又云：太史公遷作景帝本紀，極言其短及武帝之過，後坐舉李陵下蠶室，有怨言，下獄死。按遷作史記在遭李陵禍之後，史記漢書俱有明文。漢書又言遷被刑之後爲中書令，尊寵任職，故有報故人任安一書，而云下獄死，紕繆尤甚。若果出於叔庠，則史言均好學，將著史以自名，欲撰齊書，從梁武帝借齊起居注及羣臣行狀，帝不許，使撰通史，起三皇，迄齊代。均草本紀世家已畢，惟列傳未就而卒。又注范曄後漢書九十卷，著齊春秋二十卷，廟記十卷，十二州記十六卷，錢塘先賢傳五卷。是叔庠固深於史學者，豈於史記漢書轉未覆照，致斯舛誤乎？蓋由漢代稗官之記載傳譌致然，故歷代引用，皆不能廢。其趙飛燕女弟居昭陽殿一條云：『砌皆銅沓黃金塗』，正可證今本趙后傳作砌皆銅沓冒黃金塗，冒字爲涉注文而衍者也。

李氏日記所考西京雜記之原委，甚爲詳備。其言吳均原爲深於史學者不致乖謬若西京雜記所載，余季豫先生稱其『亦爲有識』，是也。惟李氏考訂雖詳，而立場則不堅定，就此書是否出於吳均一事而言，李氏考訂吳均生平及學力，認爲宜不出於吳均，而又云『所載靡麗之事或出吳均所爲』，則前後矛盾。既考訂西京雜記紕繆之事多端，而又信其中記載諸事，如惠帝，新豐，王昭君，匡衡，彈棋，王鳳，楊王孫，曹敞，爾雅，霍將軍，廣川王等則必出故老相傳，非六朝人所能憑空僞造。亦嫌矛盾。其實此等事自有根據舊有傳說之可能，但如憑空僞造，事亦不難。不能因可以補充史文，遂加愛惜，認爲其不能出於僞造也。故李氏之言雖有參考價值，但李氏並無結論，無法據其論點。其中且雜有偏見，亦不能全據也。

今更就西京雜記本文加以分析。其被人認爲劉歆原文者，如：

成帝好蹴踘，羣臣以蹴踘爲勞體，非至尊所宜。帝曰：『朕好之，可擇似而不勞者奏之』。家君作彈棋以獻，帝大悅，賜青羔裘，紫絲履，服以朝覲。

余少時聞平陵曹敞在吳章門下，往往好作人過，或以爲輕薄，世皆以爲然。章後爲王莽所殺，人無敢收葬者，弟子皆更易姓名以從他師，敞時爲司徒掾，獨稱吳章弟子，收葬其屍。方知亮直者不見容於冗輩中矣。平陵人生爲立碑於吳章墓側，在龍首山南幙嶺上。

李廣與兄弟共獵於冥山之北，見臥虎焉，射之一矢即斃。斷其髑髏以爲枕，服猛也。鑄銅象其形爲溲器，示厭辱之也。他日復獵於冥山之陽，又見臥虎，射之沒矢飲羽，進而視之乃石也，其形類虎。退而更射，鏃破簳折而石不傷。余嘗以問楊子雲，子雲曰：『至誠金石爲開』，余應之曰：『昔人有遊東海者，既而風惡船漂不能制，船隨風浪莫知所之。一日一夜，得一孤州，共侶歡然下石，植纜登洲煑食，食未熟而洲沒，在船者斫斷其纜，船復漂蕩，向者孤洲乃大魚，奮鬐揚，吸波吐浪而去。疾如風雲，在洲上死者十餘人。又余所知，陳縞質木也。入終南山采薪還，晚趨舍未至，見張丞相墓前石馬，謂爲鹿也，即以斧拒之。斧缺柯折，石馬不傷。此二者亦至誠也，卒有沈溺缺斧之事，何金石之所

> 感偏乎？』子雲無以應余。
>
> 廣川王去疾好聚無賴少年，遊獵畢弋無度。國內冢藏一皆發掘。余所知爰猛說其大父爲廣川中尉，每諫王，不聽，病免歸家。說王所發掘冢墓不可勝數。其奇異者百數焉，爲余謂十許事，今記之于左。
>
> 昆明池中戈船樓船各數百艘。樓船上建樓櫓，戈船上建戈矛。四角悉垂幡旄羽葆麾蓋，照灼涯涘。余少時猶憶見之。

以上諸則皆可以指定其時代在西漢末年，至於『余所知有鞠道龍善爲幻術，向余說古時事』一則，時代不明，尙不計及在內。其中自稱爲『余』者，又顯然皆是本文，非後人改竄一二字卽可增入。則此書成書時卽自僞託爲西漢晚期人也。至其僞託之人，依彈棋條所稱之『家君』爲劉向，又顯然意欲僞託於劉歆。故葛洪之序雖爲後出，然原書本意欲假託於劉歆，則與僞葛洪序仍不相違背也。六朝文字，意在辭章，公然依託，無傷大雅，故謝莊月賦，託於王仲宣，序文自言，無害其爲謝莊之文也。使此書本蕭賁所爲，託諸劉子駿之辭，本不害意。所誤以爲劉子駿者，則後人誤以小說爲實事耳。

盧文弨新雕西京雜記緣起(見抱經堂叢書)謂『書中稱成帝好蹴踘，羣臣以爲非至尊所宜，家君作彈棋以獻，此歆稱向家君也。洪奈何以一小書之故，至不憚父人之父？』余季豫先生謂『此必七略中兵書略蹴踘新書條下之文，洪鈔入之耳。此書固非洪所自撰，然是雜采諸書，左右采獲，不專出於一家。如卷上云：「或問揚雄爲賦，雄曰讀千首賦乃能爲之。」此乃鈔桓譚新論之文（見北堂書鈔卷一百二，藝文類聚卷五十六，意林卷三。）以新論著於後漢，既託名劉歆，不欲引之。不言桓譚而改爲或問，采掇之跡，顯可見。』季豫先生之言是也。惟采掇者別有其人，非是葛洪。而采掇者又意在依託劉歆，故於劉歆舊注之『家君』二字不予刪削。因之盧抱經遂爲其所愚耳。

西京雜記依託者爲南朝人，於長安地理及西漢郡國屬縣多不能通曉，因而頗有不合西漢實際情況者，如：

> 茂陵富人袁廣漢藏鏹巨萬，家僮八九百人，於北邙山下築園，東西四里，南北五里，激水流注其內，構石爲山，高十餘丈，連延數里。……沒爲官園，鳥獸草木皆移植上林苑中。何武葬北邙山薄龍阪，王嘉冢東北一里。

按北邙在洛陽，不在長安。依託者意顯然以爲在長安，此其人未曾到長安亦未曾到洛陽之證。其人非南朝人莫屬。據晉書七十二葛洪傳葛洪當惠帝太安時尙到洛陽，應不至於洛陽地理一無所知也。

廣川王去疾好聚無賴少年，游獵畢弋無度，國內冢藏一皆發掘。……王所發掘冢墓不可勝數，其奇異者百數焉。爲余習十許事，今記之于左：

魏襄王冢

哀王冢 (襄王與哀王實是一人)

袁盎冢

晉靈公冢

幽王冢

欒書冢

按廣川國在今河北冀縣；魏襄王冢在河南汲縣，地屬於河內，不在廣川國內；袁盎楚人，徙安陵，不得葬在廣川；晉都在絳，今山西翼城，地在河東，周幽王都鎬，在長安，亦不在廣川國內。綜西京雜記所舉各冢墓，無一處在廣川國者，其爲小說虛構之辭，無可疑也。(周幽王倉卒失國，更不得有百餘人殉葬，此理尤顯。)

以上涉及地理者，多所言非實。前人愛其文辭，未曾覆核；但其矛盾亦至爲明顯，苟稍一涉意，即可知決不出於劉歆，抑且不出於葛洪也。

更就其中漢朝輿駕祠甘泉汾陰之制考訂之。此李慈銘所稱『輿駕，飲酎，灕水，家臣諸制，尤足補漢儀之闕』者也，其中尤以輿駕爲最詳，故今列舉於下而探討之。

漢朝輿駕祠甘泉，汾陰。備千乘萬騎。太僕執轡，大將軍陪乘，名爲大駕。

司南車駕四，中道。

辟惡車駕四，中道。

記道車駕四，中道。

請室車駕四，中道。

象車鼓吹十三人，中道。

式道候二人駕一，左右一人。

長安都尉四騎，左右各二人。

長安卒長十人駕，左右各五人。

長安令車駕三，中道。

京兆掾史三人駕一，三分。

京兆尹車駕四，中道。

司隸部，京兆從事，都部從車別駕，一事，三分。

司隸校尉駕四，中道。

太僕，宗正，引從事，駕四，左右。

太常，光祿，衞尉，駕四，三分。

太尉外部都督令史，賊曹屬，倉曹屬，東曹掾，西曹掾，駕一 左右各三。

太尉駕四，中道。

太尉舍人祭酒駕一。左右。

司徒從如太尉王公騎。令史持戟吏從各八人，鼓吹一部。

中護軍騎中道，左右各三行，戟楯弓矢鼓吹各一部。

步兵校尉，長水校尉駕一。左右。

隊百四。左右。

騎隊十。左右各五。

前軍將軍。左右各二行，戟楯，刀楯，鼓吹各一部，七人。

射藝翊軍校尉駕三。左右三行，戟楯，刀楯，鼓吹各一部，七人。

驍騎將軍，游擊將軍駕三。左右二行，戟楯，刀楯，鼓吹各一部七人。

黃門前部鼓吹左右各一部十三人駕四。

前黃麾騎中道，自此分爲八校。左右各四。

護駕御史騎。左右。

御史中丞駕一。中道。

謁者僕射駕四。

武剛車駕四，中道。

九斿車駕四，中道。

雲罕車駕四，中道。

皮軒車駕四，中道。

闟戟車駕四，中道。

鸞旗車駕四，中道。

建華車駕四，中道。

虎賁中郎將車駕二，中道。

護駕尙書郎三人騎。三分。

護駕尙書三，中道。

相風烏車駕四，中道。自此分爲十二校，左右各六。

殿中御史騎。左右。

典兵中郎騎，中道。

高華，中道。

罼罕，左右。

御馬，三分。

節十六，左右各八。

華蓋中道，自此分爲十六校，左八，右八。

剛鼓中道。

金根車自此分爲二十校，滿道。

左衞將軍。

右衞將軍。

華蓋。(自此後糜爛不存)。

以上所舉西京雜記所記漢朝輿駕，實與西漢之制不合，司南車卽指南車，宋書十八禮志曰：『至於秦漢，其制無聞，後漢張衡始復創造。』是此車乃張衡所始創，西漢無此也。象車不見於續漢書輿服志，晉書二十五輿服志曰：『武帝太康中平吳，南越獻馴象，詔作大車駕之，以載黃門鼓吹數十人，使越人騎之，元正大會，駕象入庭。』是象車乃晉以後之制，非西漢制也。長安都尉，漢僅有長安尉，此言都尉，誤。至於太尉與司徒並言，則非西漢之制。西漢僅有丞相，無司徒，至成帝以後，始設大司徒，不言司徒，大司徒去『大』字，乃建武之制，非西漢所有。西漢在武帝以前有太尉，乃與丞相並置。成帝與大司徒並置者爲大司馬，非太尉。太尉與司徒並置，亦建武以後之制，非西漢制也。中護軍之制，據晉書二十四職官志云：『護軍將軍案本秦護軍都尉官也。漢因之。高祖以陳平爲護軍中尉，武帝以爲護軍都尉，屬大司馬。魏武爲相，以韓浩爲護軍，史奐爲領軍，非漢官也。建安十二年改護軍爲中護軍，領軍爲中領軍，置長史。』是中護軍乃建安時始置，不能爲西漢之制也。驍騎將軍漢建安時始以曹仁爲之(註一)，游擊將軍漢建安時始以樂進爲之(並見三國志本傳)，設置甚晚。不惟非西漢之制，抑亦非東漢統一時之制。至晉書職官志始以驍騎，游擊並列，云：『晉以領護左右衞，驍騎，游擊爲六軍。』據宋書百官志及南齊書百官志，宋齊亦沿晉制，並置此官，是雜記所用乃南朝通用之制。沈欽韓漢書疏謬以爲雜記『大駕鹵簿，雜入晉制』，實則雜記所釆下及南齊，不得謂其僅爲晉制也。惟就雜記內容而言，所言太僕御車，大將軍參乘，以及天子封泥用武都紫泥等，實皆有所本(註二)，而其中所言制度，亦往往參雜魏晉之制。蓋南朝去漢巳遠，依託者未能詳審，遂不免以魏晉之制爲西漢之制。此亦絕不出於劉歆之證也。至於葛洪雖屬晉人，容有可疑，然葛洪藏書甚多，曾鈔錄漢魏之事三百餘卷，則言漢事决不至以魏晉之制施於漢代，斷然可識。是此書之成，亦必在葛洪以後矣。

近張心澂修訂其所作僞書通考，仍以西京雜記爲劉歆所作。其理據爲：

(一) 書中所據皆西漢時事，未含有西漢以後之事。

(二) 書中所言與楊雄談話，頗似劉歆所說。

(三) 書中問楊雄爾雅是否周公所作。用七略語不列著者之名，可見爲劉歆所作。

(四) 書中言『家君』作彈碁以獻成帝。『家君』指劉歆之父劉向，故此書爲劉歆語。

(註一) 漢武帝時雖以李廣爲驍騎將軍，韓說爲游擊將軍，然皆出征時所置，事已則罷，非常置，且武帝以後亦未置此官。

(註二) 西京雜記中如武帝乳母事取自東方朔別傳，滕公石室事，出於張華博物志，「能觀千賦而後能賦」語出於桓譚新論等，亦皆有所本，惟不盡全有所本耳。

（五） 顏師古言『淺俗出於里巷』，李慈銘以爲『諸條事實是兩漢故老所傳』，但其中所言未央宮昭陽殿之陳設，上林苑之果樹，宮中妃嬪情形，非外界人所得知。且著者親見昆明池之船，非劉歆不能。

（六） 劉歆附王莽，故趙后諸事，及元帝殺畫工事不爲漢隱諱。

（七） 高帝寵戚夫人，未央上林諸奢侈事，乃指漢代之荒淫，乃歆有意爲之，以譏漢代者。

今按以上各項，俱不能確證爲劉歆所作。第一項言所據皆西漢時事，但此書既題爲西京雜記，當然不宜涉及東漢之事，不必劉歆方是如此。且所言之事雖屬於西漢，而所言制度，則下及於南朝，顯然非劉歆所能預見也。

就第二項而言，書中與楊雄之談話，乃依託者有意爲劉歆之語，非必其劉歆始能爲此言。况『能觀千賦而後能賦』之言又出於桓譚新論（其他則自亦可有出於桓譚新論者，惜新論已佚，無由詳校耳）。桓譚與楊雄亦同時人，卽令眞見及楊雄，亦不僅劉歆一人而已也。

就第三項而言，旣爲著者有意依託，故不稱七略作者之名。第四項所舉以『家君』稱劉向，亦同理。

就第五項而言，此書旣屬小說，何事不可嚮壁虛造。未央宮昭陽殿之陳設，上林苑之果樹，昆明池之船，後世亦無人見及，則信筆言之，亦易爲也。

就第六項第七項言，此書言驕奢淫佚之事，本爲小說家言所常然，與作者之政治立場，初無關涉。若謂以依附王莽之政治立場作此書，則吳章曹敞之事，又何爲得以收入乎？

至於張心澂認爲非葛洪所作，則由於：

（一） 洪後序說明抄劉歆。

（二） 問上林草木指余，晉爲華林園非上林苑（黃伯思已指明）。

（三） 書內有與楊雄對話，故非葛洪作。

（四） 書稱劉向爲家君。

（五） 書內稱見吳猛說其大父廣川王中尉。

（六） 晉書葛洪傳其著述無西京雜記，書中『亦洪意也』，洪當釋爲非葛洪之名。

按此條俱不得爲書不出於葛洪之證。蓋(一)後序本僞,非葛洪所及見。(二)書本依託,故用漢代苑名。(三)與楊雄之對話爲依託者。(四)稱劉向爲家君亦是依託。(五)稱見吳猛事亦是依託。(六)葛洪傳雖無西京雜記之名,然言洪鈔書甚多,亦非不可指其中包括有西京雜記;但『亦洪意也』則確非葛洪自稱,因此書全部用劉歆之語,不得突然又作葛洪言也。——以上數則誠則不能證明必非葛洪所作。但從葛洪傳知洪曾到洛陽,決不至尙不知北邙在洛陽。故雖以上張氏所舉六證不能證明非出葛洪之手,然六證之外,尙有更堅强之證據,其非葛洪作,原無可疑也。

又張心澂認爲非由於吳均之手,則由於:

(一) 葛洪後序已說明。

(二) 書中故事非吳均所能僞造。

(三) 依葛洪後序,則段成式之言當爲庾信誤述。

(四) 霍氏之事未必非眞,司馬遷事誠誤,但亦未必吳均始有此誤。

此四項中,葛洪後序本僞,不待辨。書中故事來源複雜,可源於故老相傳,亦可出於著者僞託。不論此書出於何人(吳均或非吳均),文人狡獪,皆所優爲。至霍氏事及司馬遷事,皆是錯誤,則致此誤者不論何人皆可,亦不必定屬吳均或非吳均也。惟第三項段成式述庾信之言,則段氏去庾信已遠,或有誤述,未可知耳。

此外張氏就張仲孝友條謂與顏氏家訓相同,或以爲抄家訓。張氏則以爲家訓抄雜記。今按家訓爲顏氏入周後所寫,西京雜記不當晚出在顏氏以後,但顏氏亦未必定抄自雜記,或南朝時常傳述耳。又張氏言書中公孫弘答鄒長倩書及漢代天子輿駕後皆言糜爛不存,可見葛洪據實抄錄。其實此亦文人狡獪之事,若據此卽信其爲眞,則爲依託者所愚矣。

此書文字綺麗,頗多可喜者,然所載辭賦,則仍不免露齊梁習俗,如:

階草漠漠,白日遲遲;于嗟細柳,流亂輕絲。(枚乘柳賦。)

舉修距而躍躍,奮皓翅之㩧㩧;宛修頸而顧步,啄沙磧而相讙。(路喬如鶴賦)。

隱員巖而似鉤,蔽脩堞而分鏡;少旣進以增輝,遂臨庭而高映。(公孫乘月賦。)

重葩累繡,沓璧連璋。(羊勝屛風賦,)

裁爲器用,曲直舒卷;修竹映池,高松植巘。(中山王勝文木賦。)

此等句法，與漢賦頗異，其非漢代所作，無待煩言。譚獻復堂日記云：『閱盧刻西京雜記，抱經先生不從吳均之說，但從文體，亦似未到齊梁。』(註一)此譚復堂但就西京雜記外表形式觀察所得之印象言，作此斷語。實則西京雜記本是一仿製品，凡仿製品就外表言無不力求亂眞，而細審其內容，自有相異之處。僞古文尙書文字古奧，驟視之絕不類魏晉人所作，然其內容亦自與眞先秦文字異。則西京雜記在驟視之頃不太似齊梁之文，自無足怪。但一審察賦體，作者雖力求不似齊梁，而齊梁之氣勢，終有不可掩者，此類是也。

故就西京雜記之性質言，此書顯然爲一部小說，雖偶有根據舊聞，而其大部分則出於作者之憑空臆造。就其作者而言，則決非劉歆，決非葛洪，亦非吳均；或出於蕭賁之手，但亦需更進一步之證明。若就其時代而言，則出於齊梁之間，殆無疑問也。

(註一) 此與李慈銘認爲非西漢人作，意見不同。

出自第三十三本(一九六二年二月)

論國語與左傳的關係

張以仁

壹　對前人論證的綜述與批評

國語和左傳兩部書，兩漢學者，從史記開始，以至漢書、論衡、後漢書諸家，都以爲同屬左丘明所著。兩漢以後，學者如傅玄、劉炫等人，已逐漸對這種說法表示懷疑。隋、唐、宋、元，以至于清，每一代都有所論辯。其間訟爭，頗涉玄想。各執一端，不免盲人摸象之譏。清代末年以至于今，劉逢祿、康有爲等人出來以後，則更雜說紛陳。或駁或辯，亦攻亦守，文字繁多。然而若從「關係」上看國語與左傳兩部書，歸納前人的說法，大約也不外下面四類：

第一類：國左二書，同爲一人所作。

史記十二諸侯年表云：

「是以孔子明王道，干七十餘君，莫能用。故西觀周室，論史記舊文，興於魯而次春秋。上記隱，下至哀之獲麟。約其辭文，去其煩重，以制義法。王道備，人事浹。七十子之徒，口受其傳指。爲有所刺譏褒諱挹損之文辭，不可以書見也。魯君子左丘明，懼弟子人人異端，各安其意，失其眞。故因孔子史記，具論其語，成左氏春秋。」

史記太史公自序云：

「左丘失明，厥有國語。」

班固漢書司馬遷傳贊云：

「孔子因魯史記而作春秋，而左丘明論輯其本事以爲之傳。又纂異同爲國語。」

韋昭國語解敘云：

「昔孔子發憤於舊史，垂法於素王。左丘明因聖人以攄意，記王義以流藻。其淵源深大，沉懿雅麗，可謂命世之才，博物善作者也。其明識高遠，雅思未盡，故復采錄前世穆王以來，下訖魯悼智伯之誅，邦國成敗，嘉言善語……以爲國語。其文不主於經，故號曰外傳。」

晁公武郡齋讀書志云：

「陸淳謂與左傳文體不倫，定非一人所爲。蓋未必然。范寧曰：『左氏富而艷。』韓愈云：『左氏浮夸。』今觀此書(以仁案：指國語。)，信乎其富艷而浮夸矣。非左氏而誰？」

這可以說是傳統的說法。

第二類：國左原爲一書，割裂爲二。

這一派的說法，恐怕可以上推至司馬光、李燾諸人。他們以爲國左兩部書，不但是同一人所爲，而且是同一原始材料。不過精華歸於左傳，國語剩其糟粕而已。這種說法逐漸演變，到了劉逢祿氏，在他的左氏春秋考證一書裏，便以爲左傳就是太史公所見的古文春秋國語。康有爲氏出，乃極力主張國左原是一書，這一說才算定型。支持他的說法最有力的是錢玄同氏。玆節錄康錢二氏的說法於下：

康氏云：

「按史記儒林傳，春秋只有公羊、穀梁二家，無左氏；河間獻王世家，無得左氏春秋立博士事。馬遷作史，多採左氏。若左丘明誠傳春秋，史遷安得不知？儒林傳述六藝之學，彰明較著，可爲鐵案。又太史公自序稱：『講學齊魯之都，天下遺文古事靡不畢集太史公。』若河間獻王有是事，何得不知？雖有蘇張之舌，不能解之者也。漢書司馬遷傳稱：『司馬遷據左氏國語，采世本國策，述楚漢春秋。』史記太史公自序及報任安書俱言：『左邱失明，厥有國語。』報任安書下文云：『乃如左邱明無目，孫子斷足，終不可用。退論書策，以抒其憤。』凡三言左邱明，俱稱國語。然則左邱明所作，史遷所據，國語而已，無所謂春秋傳也。歆以其非博之學，欲奪孔子之經，而自立新說以惑天下。知孔子制作之學首在春秋。春秋之傳在公穀。公穀之法與六經通。於是思所以奪公穀者。以公穀多虛言，可以實事奪之。人必聽實事而不聽虛言也。求之古書，得國語與春秋同時。可以改易竄附。於是毅然削去平王以前事。依春秋以編年，比附經文，分國語以釋經，而爲左氏傳。(原注：歆本傳稱：「歆始引傳解經。」得其實矣。）作左氏傳微以爲書法。依公穀日月例而作日月例。託之古文以黜今學，託之河間張蒼賈誼張敞名臣通學以張其名，亂之史記以實其事，改爲十二篇以彰其目。變改紀子帛氏卒諸文以易其說。續爲經文，尊孔子卒以重其事。徧僞羣經以證其說。事理繁博，文辭豐美。凡公穀釋經之義，彼則有之。至其敍事繁博，則公穀所無。遭逢莽篡，更潤色其文以媚莽。因藉莽力以貴顯。天下通其學者以尊其書。證據符合，黨衆繁盛。雖有龔勝，師丹、公孫祿、范升之徒，無能搖撼……蓋國語藏於秘府，自馬遷、劉向外，罕得見者。太史公書關本朝掌故，東平王宇求之漢廷猶不與(原注：見漢書東平思王傳。）况國語實是相斫書乎？時人罕見，歆故得肆其改竄。『舊繡移曲折，顚倒在短褐。』幾乎無跡可尋。此今學所以攻之不得其源，而陳元、賈逵所以能騰其口說也。今以史記、劉向新序、說苑、列女傳所述春秋時事較之，如少昊嗣黃帝之妄；后羿、韓浞篡統，少康中興之誣；宣公之夫人爲夷姜而非烝；宣姜之未嘗通公子頑；宋桓夫人、許穆夫人、戴公、文公非宣姜通昭伯所生；陳佗非五父，隱母聲子爲賤妾而非繼室；仲子非桓母。是皆歆誣古悖父，竄易國語而證成其說者(原註：劉逢祿左氏春秋考證最詳。)且國語行文舊體，如惠之二十四年則在春秋前，悼之四年則在獲麟後。皆與春秋不相比附。雖經歆改竄爲傳。遺迹可考。史記五帝本紀、十二諸侯年表，皆云春秋國語。蓋史公僅採此二書，無左氏傳也……國語僅一書而志以爲二種，可異一也；其一二十一篇，卽今傳本也。其一劉向所分之新國語五十四篇。同一國語，何篇數相去數倍？可異二也；劉向之書皆傳於後漢，而五十四篇之新國語，後漢人無及之者，可異三也。蓋五十四篇者，左邱明之原本也。歆既分其大半凡三十篇以爲春秋傳，於是留其殘賸，掇拾雜書，加以附益，而爲今本之國語，故僅得二十一篇也。考今本國語，周語、晉語、鄭語多春秋前事，魯語則大半敬姜一婦人語，齊語則全取管子小匡篇，吳語、越語、筆墨不同，不知掇自何書？然則其爲左傳之殘餘而歆補綴爲之至明。歆以國語原本五十四篇，天下人或有知之者，故復分一書以當之。又託之劉向所分非原本以滅其迹，其作僞之情可見。……」(見所

著新學僞經考)

錢氏的證據則爲：

「一、左傳記周事頗略，故周語所存春秋周事尙詳。二、左傳記魯事最詳，而殘餘之魯語所記多半是瑣事。三、左傳記齊桓公霸業最略，而齊語則專記此事。四、楚語中同于左傳最多，而關于霸業之犖犖大端記載甚略。左傳則甚詳。五、鄭語皆春秋以前事。六、楚語同于左傳者亦甚多，關于大端記載亦甚略。七、吳語專記夫差伐越而卒致亡國事。左傳對于此事記載異常簡略。八、越語專記越滅吳經過，左傳全無。」(見重印新學僞經考序)

我們可以從三方面來歸納他們的說法：

一、何以要分？他們的理由是：

「劉歆欲奪孔子之經而自立新說以惑天下。」

二、何以時人不知其分？他們的意見是：

「國語一書，時人罕見。」

三、何以知左傳是從國語中分出？而不是從他書分出？也不是國語從左傳分出？他們的理由是：

(一) 左邱明僅作國語未著左傳。史記僅依國語未據左傳。是古但有國語而無左傳之明證。故國語不可能從左傳分出。

(二) 二書所載，此詳則彼略，彼詳則此略，一書二分之迹顯然。當然更不可能從別的書分出。

至於這些理由的本身，是不是都有足够的確鑿的證據支持，那是頗值得懷疑的。

第三類：國左二書，非一人所作。

傅玄云：

「國左非邱明所作。凡有共說一事，而二文不同，必國語虛而左傳實。其言相反，不可强合也。」(見左哀十三年傳疏引傅玄說。)

陳振孫云：

「自班固藝文有國語二十一編，左邱明所著。至今與春秋傳並行，號爲外傳。今考二書雖相出入，而事辭或多異同，文體亦不類。意必非出一人之手也。」

（見書錄解題。）

崔述云：

「史記自序云：『左邱失明，厥有國語。』由是世儒皆謂國語與春秋傳爲一人所撰。東漢之儒遂題之曰春秋外傳。余按左傳之文，年月井井，事多實錄。而國語荒唐誣妄，自相矛盾者甚多。左傳記事簡潔，措詞亦多體要。而國語之詞支蔓，冗弱無骨。斷不出一人之手明甚。且國語魯多平衍，晉、楚多尖穎，吳、越多恣放。卽國語亦非一人之所作也。……而世以爲一人所作，亦已異矣。」（見洙泗考信錄餘錄。）

瑞典漢學大家高本漢（Bernhard karlgren）氏在他的「左傳眞僞考」（On the Authenticity and Nature of the Tso Chuan）一文裏，也認爲國左二書不是同一個人所作。他將二書的文法比較研究，發現凡用作「像」的意思的，左傳專用「如」字，國語則兼用「如」「若」二字。這二部都是很大的書，同一個人決不可能在這一部書裏全用「如」字，在那一部書裏兼用「如」「若」二字。

卜德（Derk Bodde）氏所撰「左傳與國語」一文（載燕京學報第十六期）也有同樣的主張。茲節錄他論證的要點於後。他說：

「左傳最好引詩，而國語則否。」

（以仁案：卜氏以爲這種現象只有兩種解釋：一是二書所依據的材料不同。二是二書的作者對詩的修養不同。）

他又說：

「左傳不大說『上帝』，比較國語中佔的這名詞只得四分之一。」

（以仁案：卜氏謂用作「天」的意思的「帝」或「上帝」二詞，左傳凡八見，國語凡十見。而「上帝」二字連用者，左傳於八見之中凡四見。國語則只一次言「帝」，其他九次均言「上帝」。）

歸納他們的說法，可得數點如下：

一、文體不同。

二、文法不同。

三、作者學識修養及對某些名詞的用法不同。

四、國語本書亦非一人所作。

第四類：國左二書，非一書化分。

近人對這種說法，頗有很多好的見解，歸納他們論證的要點，可得下列數端：

一、二書宗旨不同。

崔述云：

「蓋左傳一書，采之各國之史。師春一篇，其明驗也。國語則後人取古人之事而擬之爲文者，是以事少而詞多。左傳一言可舉者，國語累章而未足也。故名之曰國語。語也者，別於紀事而爲言者也。黑白廻殊，雲泥遠隔。」（見洙泗考信錄餘錄。）

卜德云：

「我敢說，這兩部書的宗旨是不同的。左傳是一部有系統的歷史記載……然而國語不是通史，他只是好些演說詞的合編。」（見「左傳與國語」一文。）

二、劉歆無割裂之事。

孫海波云：

「漢志載春秋古經十二卷，左氏傳三十卷，國語二十一篇，新國語五十四篇（原注：新國語今佚。）。而史記無左氏傳春秋之說。蓋劉歆校書秘府，古籍多能見之。旣喜引左氏解經，則易國語之名爲左氏傳，別創新國語之名以亂其眞。復輯古籍爲國語二十一卷以復其舊。則左氏三十卷者卽國語之舊文，劉歆喜而治之，並無割裂之事。康氏謂『劉歆毅然削去平王以前事，依春秋以編年。比附經文，分國語以釋經，而爲左氏傳。於是編僞羣經，幾乎無跡可尋。』然歆旣毅然削去平王以前事，求合經文，曷不削去哀十四年以後事，而自暴其作僞之跡？志言左氏傳三十卷，與經卷數不合。是明左氏傳單行，非所以釋經。劉歆引以說春秋，未嘗割裂比附。是分經之年與傳之年相附，乃劉歆後學之事。歆實未嘗與聞。則今本國語，安得爲其編纂之殘餘者乎？」（見所撰「國語眞僞考」一文，載燕京學報第十六期。）

三、二書事辭多異同。

據孫海波氏統計，今國語所記之事，重出於左傳者六十餘事。因此孫氏說：

「果皆爲國語舊文，何左氏紀事之重煩憒憒若是？作僞者既已將國語所有錄入左傳，至其賸殘，不當沓紛複見。是明左國本爲二書。雖有蘇張之舌，不能自解者也。」

他又發現，兩書雖記一事，事實多不相同。他舉例說：

「如敬王十年城周，國語謂：『劉文公與萇弘欲城周，爲之告晉。魏獻子爲政，說萇弘而與之，將合諸侯。衞彪傒適周，聞之，見單穆公曰：萇弘其不沒乎？周詩有之曰：天之所支，不可壞也。其所壞亦不可支也。』云云。左傳以爲『王使富辛與石張如晉請城周。范獻子謂魏獻子許之，使伯音以對。及合諸侯之大夫于狄泉。魏獻子南面。衞彪傒曰：魏子必有大咎。干位以令大事，非其任也。詩曰：敬天之怒，不敢戲豫。敬天之渝，不敢馳驅……』其城周之故與所引之詩皆不同；又鄭人伐滑節中，所引棠棣之詩，國語以爲周文公作，左傳以爲召穆公作；又夏父弗忌爲宗，國語記其與有司問對之詞，左傳以爲君子譏失禮。又……稽其異同，若斯之類，不勝枚舉。蓋二書所據之史策不同，故其記載各殊。使果出諸一人之手，不當如是。」

（以仁案：孫氏此說，證二書非由一書化分則可，證二書非一人所作則嫌不足。所以我沒有將它擺到第三類。

四、史記所據者爲左傳而非國語。

孫海波氏云：

「且國語一書(以仁案：此國語指今之左傳，即孫氏所謂原本國語。)，惟史遷見之最早，亦惟史遷引用最富。試取今本國語左傳及史記所共同涉及之史蹟而比較其細節之異同，則史記所本者爲今本左傳，復見引于史記者約八事：(一)，十六年公作二軍。(二)，十七年冬公使太子伐東山。(三)，伐虢之役。(四)，二十六年獻公卒，里克將殺奚齊。(五)，惠公既殺里克。(六)，晉饑乞糴于秦。(七)，靈公虐，趙宣子驟諫。(八)，平公有疾。亦有事雖出左氏而文辭弗備者，不俱錄。此其犖犖大端，綜合觀之，尚可測其涯際也。(以仁案：以下孫氏臚列上舉八事三書之文詞，玆略而不錄。）臚列三書，相爲比較，端委可尋。(一)(二)兩事，左國同紀士蔿里克諫君料事之辭，而屬辭不同。史記用左傳而不用國語。(八)平公有疾，史記左傳同謂子產聘晉，叔向以實沉臺駘爲問。國語僅紀秦伯使醫和視疾，而不及此。(三)晉侯假道于虞以滅虢，史記左傳同謂宮之奇諫不聽。國語以爲宮之奇出謂其子曰……云云。(六)晉饑乞糴于秦，史記左傳謂百里奚曰：『天災流行，國家代有……』云云，國語以爲秦穆公之辭。此紀言事之誤者也。又若晉惠公卒，左傳以爲在九月(原注：僖二十四年。)按史記晉世家：『十四年冬九月惠公卒。』是史記用左傳說。國語訛爲十月。此紀歲時之誤者也。蓋左傳乃左氏之舊文，國語乃周秦間之傳說，故史記擯之不用。(七)晉靈公虐，趙盾驟諫，提彌明之搏獒，桑下餓人之倒戟。載之左傳，國語所無。或疑史記合餓人與示眯明爲一人，與左傳不合。按餓人與提彌明爲二人，一見於公羊傳，再見於呂氏春秋。皆與左傳同。是左傳之文不誤。史記合之，行文之譌也。然其敍事本之左傳甚明白也 。由是言之，史遷譜十二諸侯，所本者爲左傳（原注：卽原本國語。）而今本國語，當時似尙未成書。」(以仁案：以上孫氏諸說，皆見所撰「國語眞僞考」一文。)

以上四類，前人往往把它們混之爲二。認爲一二兩類可以成爲一組，三四兩類另成一組。把範圍放大來看，未嘗不可以那樣說。不過，細細考究起來，它們是有差別的。在通常的情形下，如果所舉證據能够證明二書是一書化分，或二書非一人所作。大抵便可同時證明二書是一人所作，或二書非一書化分。但如果所舉的證據僅足以證明二書非一書化分便想兼論非一人所作，或二書是一人所作便想兼論是一書化分，却是不可以的。因爲，同一個人，由於時間，環境的種種變遷，可以採取兩種不同甚至相反的素材寫成兩部書，可以在這部書裏贊美孔孟，那部書裏謳歌楊墨。但將一部書分作兩部却不可能如此 。它們既然曾是一部書 ，其間必然有它們的一貫性以及共同性。前人沒有澈底了解這層道理，所以他們行文之際，便往往有含混的地方。例如我上文所提到的陳振孫氏，他便以「事辭多異同」「文體不類」二理由得「必非出一人之手」的結論。其實前一項理由只可用以證明非一書之化分。爲了避免觀念上的混淆，因此，本文特將它們分開來討論。

至於對前面諸人的說法 ，就我已得的證據來看 ，原則上我只能同意其中的第四類。其他三類都似乎沒有確實可信的證據。錢氏所提八證，雖然比較具體，但一經研討，便覺得其中頗可疑議。卜德氏批評他的說法道：

「我敢說，這兩部書的宗旨是不同的。左傳是一部有系統的歷史記載，故能表示一年一年的政治上的大事。然而國語不是通史，它只是好些演說詞的合編，所以容易含有許多不正確的傳聞，而不必用歷史的觀念對于大事作系統的記載。由這眼光來看，左傳記周事頗略，周語則甚詳(原注：錢先生說第一條。)，沒有什麼可怪。春秋時代的周朝已經衰落了，與大事不生什麼關係，所以左傳記載頗略。可是都城所在，遺留的故事很多，所以周語記載甚詳。左傳對于晉及楚的詳記(原注：第四與第六條。)，也是如此。因爲這兩國的政治地位是特別高的。關于魯國(原注：第二條。)，我們知道左傳是附着於魯史春秋的，當然對于魯事會特別記得詳盡了。關於吳與越的戰爭(原注：第七及第八條。)，我們應當記得左傳的附錄（原注：哀公十四年至悼公四年。就是西曆紀元前四八一至四一六。），本是特別略。末幾年更略了。其中有三年（原注：西元前四六七至四六五。）全沒有傳。恐怕這末一個時代，左傳的作者已沒有功夫或興趣去細細記載了。所以吳越戰爭的記載簡略，只是這一個全時代記載簡略中的一部分。這樣解釋是很可能的。因爲起初幾年的吳越戰爭比較還詳一點，而往後的事就越後越略了。左傳對于齊桓公的記載不詳(原注：第三條。)，正有相當的原因。諸國史的早年都比後時的記載爲簡略。故春秋時代的前半部一百三十二年(原注：隱公元年至宣公十八年。)，只佔左傳全書的三分之一。而後半部一百二十五年(原注：成公元年至悼公四年。)，時間稍短而分量反多，竟佔全書三分之二。齊桓公的記載既在前半部中，當然不會詳細。並且齊語一篇在國語中短極了，大概只佔全書的二十分之一。左傳的作者也許沒有機會讀到吧。鄭語之特別略(原注：第五條。)，固然有點奇怪，因爲左傳對於子產（原注：鄭國執政。）的事記得甚詳。爲甚麼國語裏會沒有呢？我的假設，以爲左傳作者找到這方面的史料甚多，而國語的作者沒有。所以如此。(原注：這假設有點證據，因爲子產的事，國語鄭語全無，只有晉語捌、十九有一段提及，似乎國語作者確不曾得到春秋時代的鄭國史料。)(以仁案：所謂「晉語捌、十九」者，乃指晉語第八卷第十九段。）照上面所說的看來，錢先生的證據固然有力量，也未必就可十分決定。」（見所撰「左傳與國語」一文。）卜德氏的「應戰」，頗費了一番氣力，但並不能令人滿意。其實，在我看來，錢氏諸論證，本身並不怎樣堅實。他的毛病在忽略了小處。須知二書若是分自同一部書，從小處看，它們的情節應該是此有彼無的。錢氏既然說晉楚二語同於左傳者多（第四、六兩條。）（其實這種現象並不限於晉楚二語，下文將詳細提到。），而他對這種現象又沒有令人滿意的解釋（下文將提到。）那麼，從不健全的證據裏，怎能得出有力量的結論來呢？

至於康有爲氏的說法，更嫌主觀太重。鑿空立說，肆口譏評，少實證而多臆斷。對於這種問題，要單憑虛構空談來服人是很困難的。前文寫到三、四兩類時，已陸續引有些批評康氏的意見，下文也將隨時提到，故不在此贅述。

傅玄的論證也是不值一駁的，同一人所作與同一書化分二事既不能混爲一談。而又不能肯定左丘明終生只能寫一部書。因此，他的說法是站不住的。

陳振孫、崔述、高本漢三氏，或從文體的差異，或從文法的不同以證二書非一人所作，原不失爲很好的方法。不過，假如國語是左丘明失明後口授與門人子侄筆錄成書的。（衞聚賢左傳研究一文亦有此說）那麼，所謂文章的强、弱；簡潔、支蔓以及如、若的用法諸論證，便都有值得考慮的餘地了。因爲口述人錄的與親手寫成的多少有些不同，但我們却不能說不是同一人作的。

卜德氏從作者的學識修養及對某種名詞使用的習慣來證二書非一人所作，雖然也是一個好的方法，但可惜他所找的兩個證據都太薄弱。他的證據之一——左傳最好引詩而國語則否——既得到兩個假設（見前文），而第一個假設並不能證明二作者不是一人。他的另一證據——「帝」與「上帝」的用法——也是很冒險的。兩書既然都有「帝」與「上帝」二詞，並且用法相同，只是次數出現的多少在比例上有差別（見前文），便據以爲證，是頗嫌大膽的。

關於左傳與國語是否同一人所作的問題，因爲牽涉較廣，想等將來資料多一點再專門寫篇文章討論它，此地便略而不談了。

我在原則上同意第四類的說法，只是站在自己所得到的證據上講話，覺得所得的證據下這樣一個結論比較合適。事先是沒有一點成見的。前賢在這方面有很多精闢的見解，都是啓發我的導師。但同樣也有些意見是我不敢苟同的。像孫海波氏以「史記據左傳而不據國語」來證明國左非一書所化分，便很成問題。因為我們細校三書，便知道史記很有些地方是據國語而不同左傳的（這一點我在下文將詳細論及。近人劉節曾寫過一篇叫左傳國語史記之比較研究的文章，以為史記根本不曾據左傳，與孫氏之說剛好相反，也是我們不能同意的）。隨便抓住一點證據便想下結論，卽使碰巧對了，也是不扎實的工夫。這便是作者繼諸家之後，尙有興趣來探討這個問題的原因。而加强證據，充實證據，也是以下本文所要做的主要工作。

貳 國語與左傳非一書化分

討論兩部書的關係，最好的辦法莫過於將它們直接比較。就原則上說，前人諸方法都有其可取之處。因此，我比較二書時，便以他們的辦法為藍本，而略加整理補充。分為：一，著作態度的不同。二，同述一事而史實有差異。三，部分敍述的相同。四，從史記有關國語與左傳的材料以證二書並非一書化分而為二者。五，有關兩書不同的旁證。今分別討論之。

一、著作態度的不同。

崔述云：

「蓋左傳一書，采之各國之史……國語則後人取古人之事而擬之為文者，是以事少而詞多。左傳一言可畢者，國語累章而未足也。故名之曰國語。語也者，別於紀事而為言者也。黑白迥殊，雲泥遠隔。」（見洙泗考信錄餘錄）

卜德云：

「左傳是一部有系統的歷史記載……然而國語不是通史，它只是好些演說詞的合編。」（見所撰「左傳與國語」一文。）

二氏的說法，雖不够具體，但給人的啓示却很深。我們一向把國語和左傳相提並論，稱它為「外傳」，認為與左傳有同樣的歷史價值。我覺得，這恐怕是一項重大的錯誤。因為國語作者的目的，顯然的不著重於史實的記述，而只是有意的撷取某些片斷的史實，加重其中的倫理意味。所以對於時間方面的記載，它大都是含混而籠統的。（從下文國語與左傳在時間方面的差異一節，便可以看出來，為什麼在那有差異的二十餘條裏，史記十分之九都根據左傳而不采用國語。）所以雖然有很多地方與左傳重出，但由於作者觀點不同，所給人的感受便也有異。我現在試舉幾個例子在下面，便可以很清楚的看出這一點來。

例：陽樊不服。

▲周語中：「王至自鄭，以陽樊賜晉文公。陽人不服。晉侯圍之。倉葛呼曰：『王以晉君爲能德，故勞之以陽樊。陽樊懷我王德，是以未從於晉。謂君其何德之布以懷柔之，使無有遠志。今將大泯其宗祊，而蔑殺其民人，宜吾不敢服也。夫三軍之所尋，將蠻夷戎狄之驕逸不虔，於是乎致武。此羸者陽也，未狎君政，故未承君命。君若惠及之，唯官是徵，其敢逆命。何足以辱師，君之武震，無乃玩而頓乎？臣聞之曰：武不可覿，文不可匿。覿武無烈，匿文不昭。陽不承獲甸，而祇以覿武，臣是以懼。不然，其敢自愛也？且夫陽豈有裔民哉！夫亦皆天子之父兄甥舅也。若之何其虐之也。』晉侯聞之曰：『是君子之言也。』乃出陽民。」

▲僖公二十五年左傳：「陽樊不服，圍之。蒼葛呼曰：『德以柔中國，刑以威四夷。宜吾不敢服也。此誰非王之親姻。其俘之也。』乃出其民。」

左傳寥寥數十字，就櫽括了國語幾百字的意思。我們雖然不能據以品評二書作者的才華或進而斷言二書作者不是同一個人。但我們至少可因而看出它們作風的不同來。

又例：城濮之戰。

▲僖公二十八年左傳：「己巳，晉師陳于莘北。胥臣以下軍之佐當陳、蔡。子玉以若敖之六卒將中軍，曰：『今日必無晉矣。』子西將左，子上將右。胥臣蒙馬以虎皮，先犯陳、蔡。陳、蔡奔，楚右師潰。狐毛設二旆而退之。欒枝使輿曳柴而僞遁。楚師馳之。原軫，郤溱以中軍公族橫擊之。狐毛、狐偃以上軍夾攻子西。楚左師潰。」

對於戰爭場面，左傳不僅有很多精彩的描寫，而且都有很詳盡的記述。尤其是大一點的軍事行動。像城濮之戰這一節，就化了好幾百字去寫它。我所抄錄的不過是當中最主要的一段而已。反過來看國語的情形是怎樣的呢？晉語四說：

「至于城濮，果戰。楚衆大敗。」

寥寥十字而已。整本國語，就很難找出像上面左傳那樣的一篇文字來。因爲國語不需要它。所以同是寫長勺之役，魯語就只採用了曹劌問莊公所以戰那一段。而對於曹劌論戰的事就一字不提。爲什麼會如此？因爲它不合國語的標準。以上略舉二例，以見一斑。其實，類似這樣的例子是很多的。總是因爲態度不同，以至於此。韋昭解敍說它：

「探測禍福，發起幽微，章表善惡。」

這實在就是國語作者著此書的眞正用意。我們看：國語二十一卷，所記二百四十餘事，幾乎完全是針對這個目的的。其中或嘉忠孝，或贊禮讓，或尙勤儉，或美智勇，或錄嘉言懿行，或測禍福成敗……無一不寓勸善之意。且大多引古證今，引此況彼，以事實爲之徵驗，用以加强其勸善氣氛。因此，我們與其說國語近於左傳，不如說它更近於說苑，新序一類的書來得恰當些。左傳則純粹是一部記史的書。故其日月分明，事兼巨細，文簡意潔，言少事繁。崔述說：「左傳一言可舉者，國語累章而未足也。」其所以如此，便是因態度不同的緣故。讀國語所得的印象是倫理方面的。即偶寫征伐之事，而所重者多在禮讓智勇。使讀者見善而知所從，見惡而知所去。見災異而知尊天敬神，覩禍福而知愛民尙德。成敗了了，垂戒良深。讀左傳所得的印象純粹是史實方面的。某時某事，某事某人，井井可考，歷歷可稽。固然左傳裏面不乏善行美事的敍述。但因爲它的重點不在這種地方，所以它這方面的色彩也就不大耀目。這完全是兩種作風的書，我們怎麼可以說它們是一書分開來的呢？

二、同述一事而史實有差異

詳細對照國左二書，發見雖同述一事，而在史實方面往往大有差異者若干條。茲按時、地、人、事四方面詳列例證于后。並以括弧引史記或其他有關書籍以爲叅證。

(一)時的差異。

1. 周語上謂：「惠王三年，邊伯……出王而立子頹。王處于鄭。三年，王子頹飲三大夫酒……樂及徧舞。」則是惠王處于鄭至王子頹樂及徧舞，其間相去三年。然左傳却謂惠王被逐在魯莊公十九年冬。二十年冬，王子頹樂及徧舞其間只隔一年。(史記周本紀十二諸侯年表惠王被逐在二年。)(註一)

2. 周語上謂襄王三年立晉惠公。八年，晉師隕于韓。其間相去五年。(晉語三謂惠公六年敗于韓。）(註二) 左傳前者在魯僖公十一年春，後者在十五年秋。（經在十一月壬戌）其間相去只有四年。

（史記晉世家前者在惠公二年，後者在六年。其間相去四年，同左傳。）

3. 周語上謂襄王賜晉文公命，內史興歸以告王曰：「晉不可不善也，其君必霸。」又云：「襄王十六年，立晉文公。二十一年，以諸侯朝王于衡雍，且獻楚捷。遂為踐土之盟，於是乎始霸也。」則是賜命之事，在文公未霸之時，左傳（僖公二十八年）策命晉侯，乃在文公敗楚獻俘既霸之後。

4. 周語上謂襄王十六年立晉文公，二十一年為踐土之盟。其間相去五年。左傳則前者在魯僖公二十四年春。後者在二十八年五月。其間相去只有四年。

（周本紀年表踐土之盟在襄王二十年，同左傳。）

5. 周語中謂鄭伐滑（初伐）在襄王十三年。左傳則在魯僖公二十年。當襄王十二年。（據史記年表。）

（周本紀同國語。）

6. 周語中謂襄王降狄師伐鄭在襄王十七年。襄王黜狄后，狄人來誅，在襄王十八年。左傳則二事同在魯僖公二十四年，當襄王十六年。

（周本紀伐鄭在襄王十五年，狄人來誅在十六年。鄭世家則二事同在文公三十七年，當襄王十六年。）

7. 周語中謂襄王二十四年秦師過周北門。（左傳在魯僖公三十三年春。）從十八年狄人來誅，（左傳在魯僖公二十四年秋。）到秦師過周北門，當中相去六年。左傳則相去九年。

（晉世家年表同左傳。）

8. 周語中謂晉侯使郤至告慶于周，郤至歸，明年死難。又謂簡王十一年，諸侯會于柯陵。十二年，晉殺三郤。則郤至告慶于周之年與柯陵之會之年相同（簡王十一年）。然左傳郤至告慶于周在魯成公十六年。柯陵之會則在次一年，與郤至被殺同一年。

9. 周語下謂景王二十三年將鑄無射（鍾名）。二十四年鍾成。二十五年王崩。其間相去二年。左傳景王將鑄無射在魯昭公二十一年春，王崩在二十二年夏。是王崩在將鑄無射之次年。

10. 周語下謂敬王十年劉文公與萇弘欲城周云：「是歲也，魏獻子合諸侯之大夫於狄泉。遂田于大陸，焚而死。」則魏獻子焚死與欲城周同在敬王十年。然左傳欲城周事在魯昭公三十二年冬，魏獻子焚死在定公元年春正月。分居兩年。

11. 晉語一謂：「士蔿出語人曰：太子不得立矣。改其志而不患其難，輕其任而不憂其危。君有異心，又焉得立？行之克也，將以害之。若其不克，其因以罪之。雖克與否，無以避罪。與其勤而不入，不如逃之。君得其欲，太子免死，且有令名。為吳太伯，不亦可乎？」乃伐霍前之所言。左傳(閔公元年)則為伐霍之後。

(晉世家同左傳。)

12. 晉語一謂獻公十七年冬，太子伐東山。敗狄於稷桑。晉語二謂反自稷桑，處五年，為驪姬所害。左傳則前者在魯閔公二年冬，後者在魯僖公四年冬。少一年。

(晉世家同左傳。)

13. 晉語二謂申生歸福于絳，公至而獻。僖公四年左傳則謂:「姬寘諸宮，六日。公至，毒而獻之。」

(晉世家作二日。)

14. 晉語二謂重耳出亡在獻公二十二年，與申生被害同一年。左傳則謂申生被害在魯僖公四年冬，重耳出亡在五年春。分居兩年。

(晉世家同左傳。魏世家謂：「晉獻公之二十一年，武子從重耳出亡。」則較晉世家早一年。亦不同於國語之說。疑為「二十二年」之誤。)(春秋經同國語。)

15. 晉語三謂：「是故歸惠公而質子圉，秦始知河東之政。」則秦知河東之政乃質子圉以後事。然左傳謂秦知河東之政在魯僖公十五年冬。十七年夏始質子圉。反在以前。

(秦本紀、晉世家並同左傳。)

16. 晉語三謂：「公（惠公）在秦三月，聞秦將成。乃使郤乞告呂甥。」然左傳郤謂惠公被俘在九月，呂甥應召入秦在十月。即使從九月初一日算起，算到十月最末一天，也只有兩個月。

（秦本紀、晉世家並同左傳。）（春秋經謂獲晉侯在十一月。）

17. 晉語三謂惠公六年被俘。（事見僖公十五年左傳。）十五年，惠公卒。（事見僖公二十三年左傳。）其間相去九年。左傳則只八年。

（晉世家同左傳。）（春秋經同國語。）

18. 晉語四謂重耳過衞在居齊之後。左傳則在居齊先。（見僖公二十三年左傳。）

（晉、衞世家並同左傳。年表則同國語。）

（以仁案：關於這一問題，下文另有討論。）

19. 晉語四謂：「十月，惠公卒。」左傳則言九月。（見僖公二十三年左傳。）

（晉世家同左傳。）

20. 晉語四謂：「十二月，秦伯納公子。」左傳（僖公二十四年）則在正月。（晉世家同左傳。）

21. 晉語七謂悼公曰：「辛巳朝于武宮，定百事，立百官，育門子，選賢良，興舊族……」而成公十八年左傳記諸事皆在乙酉即位之後。

（晉世家與左同。）

22. 晉語八謂子產視平公疾，韓獻子答子產問曰：「寡君之疾久矣。」左傳（昭公七年）作「三月」。晉語謂：「五日，公見子產，賜之莒鼎。」左傳作「有閒」。

23. 楚靈王乾谿之難，吳語謂：「（靈王）乃匍匐將入於棘闈。棘闈不納。乃入芋尹申亥氏焉。王縊。申亥負以歸，而土埋之其室。」是申亥遇王在王縊死之後。左傳（昭公十三年）則謂：「（申亥）乃求王，遇諸棘圍，以歸。夏五月癸亥，王縊于芋尹申亥氏……」是申亥遇王在王未死之前。

（楚世家同左傳。）

24. 越語下謂：「至于玄月……遂興師伐吳。」韋昭注云：「爾雅曰：九月爲玄。」然左傳（哀公十七年）卻在三月。

25. 越語下謂：「居軍三年，吳師自潰。」然左傳記載越國伐吳事，始自哀公十七年三月，滅吳在二十二年十一月，其經過五年又八個月。遠超過越語之所謂「三年」。若從越軍圍吳起算，圍吳在哀公二十年十一月，則又不足三年。

26. 越語自越及吳平至滅吳凡十年，故下文范蠡謂「十年謀之」；左傳則爲二十二年，（哀公元年至二十二年）故哀公元年左傳謂「二十年之外，吳其爲沼乎」二書各有脈絡，各有條貫，安得爲一書化分。（以仁案此說採自王引之經義述聞）

▲附注一——竊疑周語「惠王三年」乃「二年」之誤，則次一「三年」即謂惠王二年後之次年也。其間相去一年。與左史並合。韋注雖亦作三年，然謂：「三年，魯莊公十九年也。」而下文「十五年，有神降于莘」下韋注云：「惠王十五年，魯莊公三十二年也。」若此文爲「惠王二年」，則惠王十五年正魯莊公三十二年。否則不合。疑韋昭所見本及韋昭注原文本皆作「惠王二年」，後正文誤爲三，淺人因復改注文以從正文耳。然無直接證據，誌此存疑。又王引之經義述聞亦有此說，與鄙意不謀而合。

▲附注二——依國語，襄王八年正惠公六年。則襄王三年卽惠公元年。史記謂惠公受命在惠公二年，合襄王三年；敗于韓在惠公六年，合襄王七年。與國語錯出一年。

(二)地(包括國名)的差異

1. 周語下謂景王田于鞏。左傳（昭公二十二年）則言田于北山。

2. 晉文公解曹地以分諸侯，魯語上謂獲地於諸侯爲多。左傳（僖公三十一年）則云：「分曹地自洮以南，東傅于濟，盡曹地也。」

3. 晉語一謂獻公將上軍，太子申生將下軍，以伐霍。左傳(閔公元年)則謂「以滅耿、滅霍、滅魏。」

(晉世家同左傳。)

4. 晉語一謂太子申生伐東山，戰于稷桑。左傳（閔公二年）無稷桑之名。

(晉世家亦無。)

5. 晉語二謂宮之奇諫虞公不聽，乃以其孥適西山。左傳（僖公五年）但言「以其族行」，未言何適。

(晉世家同左傳。)

6. 晉語二謂重耳出亡，及柏谷，卜適齊、楚。左傳(僖公五年及二十三年)無柏谷之名。

(晉世家亦無。)

7. 晉語四謂重耳從齊過衞，自衞過曹。左傳(僖公二十三年)則謂從狄過衞，從齊至曹。

(史記晉世家同左傳，年表同國語。)

8. 晉語四謂文公納襄王。王賜公南陽、陽樊、溫、原州、陘、絺、組、攢茅之田，凡八邑。左傳(僖公二十五年)則謂與之陽樊、溫、原、攢茅之田。只有四邑。

(周本紀謂以河內地與晉。晉世家謂賜晉河內陽樊之地。)

9. 晉語五謂甯嬴氏從陽處父，及山而還。左傳(文公五年)謂及溫而還。

10. 晉語八謂欒盈入賊，范宣子以公入于襄王之宮。左傳(襄公二十三年)則謂入于固宮。

11. 晉語九謂中行穆子帥師伐狄。左傳(昭公十五年)作伐鮮虞。

(以仁案：鄭語云：「北有衞、燕、狄、鮮虞……」明狄與鮮虞有別。)

12. 楚語上記蔡聲子諫子木，謂雍子與於鄢之役。左傳(襄公二十六年)則謂爲彭城之役。

13. 楚語上謂靈王城陳、蔡、不羹，范無字諫曰：「宋有蕭蒙。」左傳(昭公十一年)作「蕭亳」。

14. 越語下謂越與吳戰於五湖，不勝。左傳(哀公元年)則謂：「吳王夫差敗越于夫椒。」

(吳、越世家同左傳。)

(三)人的差異

1. 周語上謂有神降於莘，「王使太宰忌父帥傅氏及祝史奉犧牲玉鬯往獻焉，內史過從至虢。」左傳(莊公三十二年)則只提到內史過，未及他人。

2. 周語上謂：「邊伯、石速、蔿國出王而立子頹。」又謂：「王子頹飲三大夫酒。」又謂：「殺子頹及三大夫。」左傳（莊公十九、二十、二十一年）則謂：「蔿國、邊伯、石速、詹父、子禽、祝跪作亂。」則謂：「五大夫奉子頹以伐王。」則稱：「王子頹享五大夫。」則謂：「殺王子頹及五大夫。」一爲三人，一爲六人。一爲三大夫，一言五大夫。

（周本紀謂：「故大夫邊伯等五人作亂。」）

3. 周語中謂鄭人伐滑，王使游孫伯請滑，鄭人執之。左傳（僖公二十四年）則謂：「王使伯服、游孫伯如鄭請滑。鄭伯怨惠王之入，而不與厲公爵也……而執二子。」多一人。

（周本紀謂如鄭請滑者爲游孫、伯服。被執者爲伯服。鄭世家則只「伯備」一人。）

4. 周語中引棠棣之詩，謂乃周文公之詩。左傳（僖公二十四年）則以爲召穆公所作。（見前引孫海波氏文。）

（以仁案：國語以周公或周文公名周公旦，左傳則皆以周公稱之。凡三十一見，未有作周文公者。）

5. 周語中謂鄭武、莊有大勳力于平、桓。左傳（僖公二十四年）平桓作平惠。

6. 王子帶之亂，狄人來誅。左傳（僖公二十四年）謂被獲者爲周公忌父、原伯、毛伯、富辰四人。周語中則只譚伯、富辰二人。

（以仁案：韋昭注云：「譚伯，周大夫原伯毛也。」然日本漢學家瀧川龜太郎氏所著史記會注考證（以下簡稱考證）引梁玉繩曰：「譚久爲齊桓公所滅，此時安得有譚伯？國語誤，宜從左傳。」則國語之譚伯，似亦非左傳之原伯。）

（周本紀同國語。）

7. 周語下謂景王將殺單子。左傳（昭公二十二年）則謂將殺單子、劉子。爲二人。

8. 城周之事，周語下謂：「劉文公與萇弘欲城周，爲之告晉。」左傳（昭公三十二年）則謂：「王使富辛與石張如晉，請城成周。」

9. 城周之事，周語下衞彪傒語單襄公謂萇弘等必有殃。左傳（昭公三十二年）

則爲晉女叔寬語。

(周本紀僅書「諸侯城周」四字，未及其他。)

10. 魯語上謂宗人夏父展諫覲哀姜用幣。左傳(莊公二十四年)謂諫者爲御孫。

11. 溫之會，晉執衛成公歸之于周。左傳(僖公三十年)謂：「晉侯使醫衍酖衛侯。」魯語上則但言醫而無名。

(衛世家亦無名。)

12. 魯語上謂莒太子僕來奔。里革矯公命逐之。左傳(文公十八年)則謂：「季文子使司寇出諸境。」

13. 魯語上謂：「季文子相宣成無衣帛之妾……仲孫它諫曰：子爲魯上卿，相二君矣……」左傳(襄公五年)則謂：「相三君矣。」

14. 魯語下謂叔孫穆子聘于晉，晉侯使行人問焉。左傳(襄公四年)作：「韓獻子使行人子員問之。」

15. 魯語下謂虢之會，穆子歸，武子勞之。日中不出。其人曰：「可以出矣。」左傳(昭公元年)「其人」作「曾阜。」

16. 平丘之會，晉人執平子。魯語下謂子服惠伯說韓宣子使釋之歸。左傳(昭公十三年)則謂子服惠伯說中行穆子，穆子轉說韓宣子。

17. 虢之會，衆人批評楚公子圍者。魯語下有叔孫穆子、鄭子皮、蔡子家等三人。左傳(昭公元年)則有叔孫穆子、鄭子皮、蔡子家、楚伯州犂、鄭行人揮、子羽、齊國子、陳公子招、衛齊子、宋合左師、晉樂王鮒等十一人。

18. 晉語一謂申生之難，優施、二五旁助驪姬，而以優施爲主。左傳(莊公二十八年)則僅言二五，未及優施。

(晉世家則優施二五並無。)

19. 晉語一謂獻公將上軍，申生將下軍，以伐霍。左傳(閔公元年)則多御戎之趙夙，爲車右之畢萬二人。

(晉世家同左傳。)

20. 晉語一記太子申生伐東山，諸臣批評獻公賜偏衣金玦之舉者有里克、先友、狐突三人。左傳(閔公二年)則爲狐突、梁餘子養、罕夷、先丹木、羊舌大夫五人。

21. 晉語一謂「奚齊處絳」。左傳（莊公二十八年）則云：「唯二姬之子在絳。」則是奚齊、卓子皆在絳。晉語未言卓子。

（晉世家亦未言卓子。）(註三)

22. 晉語二謂公令閹楚刺重耳。以仁案：國語「閹楚」（晉語二），或作「伯楚」（晉語四），或作「寺人勃鞮」或「勃鞮」（晉語四）。左傳則作「寺人披」或「披」（僖公五年及二十四年），或作「寺人勃鞮」（僖公二十五年），未有作「楚」者。

（晉世家作「宦者勃鞮」或「宦者履鞮」。）

23. 晉語三謂晉殺丕鄭及七輿大夫。左傳（僖公十年）則謂殺丕鄭、祈舉、及七輿大夫。多一祁舉。

（晉世家無祁舉。）

24. 晉語三謂晉乞糴於秦。秦穆公曰：「天殃流行，國家代有。補乏薦饑，道也。」左傳（僖公十三年）乃百里奚語。

（晉世家同左傳。）

25. 秦師伐晉，晉使韓簡挑戰。晉語三謂：「穆公衡彫戈出見使者。）左傳「僖公十五年）則謂：「秦伯使公孫枝對曰。」一作穆公，一作公孫枝。

26. 晉公子重耳出奔，追隨左右之重要人物，晉語有記載者爲四人：狐偃、趙衰、賈佗、司空季子。而以前三人爲尤重要。故過曹時僖負羈云：「卿才三人從之。」過宋時公孫固謂重耳「父事狐偃，師事趙衰，而長事賈佗。狐偃，其舅也。而惠以有謀。趙衰，其先君之戎御趙夙之弟也，而文以忠貞。賈佗，公族也。而多識以恭敬。此三人者，實左右之。」過楚時成王曰：「三材侍之。」屢稱三人。左傳（僖公二十三年）則或爲三人，曰：「有三士足以上人」，或爲五人：曰：「重耳出奔狄，從者狐偃、趙衰、顛頡、魏武子、司空季子。」無賈佗。又昭公十三年左傳叔向云：「我先君文公，狐季姬之子也……生十七年，有士五人：有先大夫子餘、子犯以爲腹心，有魏犨、賈佗以爲股肱。」五人僅及四位，無顛頡。有賈佗而少司空季子。

(晉世家作:「趙衰、狐偃、賈佗、先軫,魏武子。」楚世家所云則同昭公十三年左傳。)

27. 晉語六謂鄢之役,欒武子曰:「昔韓之役,惠公不復舍。邲之役,三軍不振旅。箕之役,先軫不復命。」左傳(成公十六年)乃郤至之言。

28. 晉語七謂悼公卽位,使呂宣子將下軍,彘恭子將新軍,令狐文子佐新軍。左傳(成公十八年)則謂:「時使魏相(呂宣子)、士魴(彘恭子)、魏頡(令狐文子)、趙武爲卿。」多一趙武。(晉語七謂趙武爲卿在呂宣子卒後,左傳卻在同時。)

29. 晉語八謂秦后子、楚公子干來仕,韓宣子問祿。左傳(昭公元年)則問祿者爲趙文子。

30. 晉語九謂:「閻沒謂叔寬曰:與子諫乎?吾主以不賄聞於諸侯,今以梗陽之賄殃之,不可。」左傳(昭公十八年)乃魏戊語。

31. 晉語九謂衞莊公將禱曰:「……敢昭告于皇祖文皇、烈祖康叔、文祖襄公、昭考靈公……」左傳(襄公二年)無靈公。故下文曰:「無作三祖羞。」

32. 楚語上謂蔡聲子說令尹子木云:「及鄢之役,晉將遁矣。雍子與于軍事,謂欒書曰:楚師可料也,在中軍王族而已。」左傳(襄公二十六年)「雍子」作「苗賁皇」。

33. 楚語上謂范無宇諫靈王城陳、蔡、不羹曰:「宋蕭蒙實弒昭公。」左傳(昭公十一年)「昭公」作「子游」。

34. 楚語上謂靈王城陳、蔡、不羹,使僕夫子晳問於范無宇曰云云。左傳(昭公十一年)則靈王自問於申無宇(卽范無宇)。

35. 楚語上謂昭王欲執藍尹亹,藍尹亹自辯謂王不應記舊恨,以免蹈子常之覆轍。左傳(定公五年)諫昭王者爲子西,非藍尹亹本人。

36. 楚語下謂:「鄖公以王奔隨。」左傳(定公四年)則謂:「鬬辛(鄖公)與其弟巢,以王奔隨。」多巢一人。

(楚世家無巢其人。)

37. 楚語下謂藍尹亹與子西言吳王夫差何以不足懼。左傳則爲子西向楚大夫之言

(見哀公元年傳)。

38. 與語謂黃池之會，與王命六人剄於客前。左傳（哀公十三年）則謂：「自剄七人於幕下。」多一人。

（與世家作斬七人於幕下。）

▲附注三——晉世家云：「獻公與驪姬子奚齊居絳。」與國語同。然所云：「十二年，驪姬生奚齊。」「二十五年，驪姬弟生悼子。」則與國左並異。蓋國左皆謂申生被害之前（晉獻公二十一年）卓子已生也。

(四)事的差異

1. 周語上謂：「邊伯、石速、蔿國出王而立子頽……王子頽飲三大夫酒……」則是以石速爲大夫。左傳(莊公十九年)則以石速爲膳夫。以仁案：左傳杜預注：「膳夫，石速也。」又云「石速，士也。故不在五大夫之數。」周語以石速爲大夫，左傳以之爲士。若爲一書化分，不當有此差異。

2. 伐滑之役，周語中與左傳（僖公二十四年）所記富辰之諫，內容不同。

(周本紀兼采國左。詳下文)

3. 富辰諫納狄女。周語中與左傳（僖公二十四年）所記內容不同。

4. 周語中謂：「王黜狄后，狄人來誅。殺譚伯。富辰曰：『昔吾驟諫王，王弗從。以及此難。若我不出，王其以我爲懟乎？』乃以其屬死之。」左傳（僖公二十四年)則謂：「頽叔桃子奉大叔以狄師伐周，大敗周師。獲周公忌父、原伯、毛伯、富賜。」但言被獲。且獲者爲四人。

(周本紀同國語。)

5. 城周一事，周語下與左傳(昭公三十二年)所言城周之故與所引之詩皆不同。

(以仁案：見前引孫海波氏文。)

6. 魯語上謂長勺之役，曹劌問公(魯莊公)所以戰。公曰：「余不愛衣食於民，不愛牲玉於神。」曹劌譏其「不愛牲玉於神」爲「獨恭」。左傳（莊公十年)則云：「犧牲玉帛，弗敢加也。必如信。」曹劌譏其「小信未孚。」一則言「恭」，一則以「信」，不同如此。

7. 魯語上謂宗人夏父展諫覲哀姜用幣，云：「夫婦贄不過棗栗。」左傳（莊公二十四年)則謂:「女贄榛栗棗脩。」多榛脩二事。

8. 逐莒太子僕事,魯語上以里革爲主。左傳(文公十八年)則以季文子爲主。里革僅充配角。

9. 魯語下「叔孫穆子聘於晉,晉悼公饗之」一節,說詩釋字,皆不同於左傳。魯語下叔孫穆子云:「夫先樂金奏肆夏樊遏渠,天子所以饗元侯也。夫歌文王、大明、緜,則兩君相見之樂也。皆昭令德以合好也。皆非使臣之所敢聞也。臣以爲肄業及之。故不敢拜。」左傳(襄公四年)則未言其不拜理由,頗失外交詞令應有之委宛。且未及大明、緜二詩。又魯語云:「皇皇者華君教使臣曰:每懷靡及。諏謀度詢,必咨於周。敢不拜教。臣聞之曰:和爲每懷,咨才爲諏,咨事爲謀,咨義爲度,咨親爲詢,忠信爲周。君貺使臣以大禮,重之以六德,敢不重拜。」左傳則曰:「皇皇者華,君教使臣曰:必諮於周。臣聞之:訪問於善爲咨。咨親爲詢,咨禮爲度。咨事爲諏。咨難爲謀。臣獲五善,敢不重拜。」所釋多不相同。且一言六德,一言五善,不同之甚。

10.「季武子爲三軍」一事,魯語下與襄公十一年左傳所記叔孫穆子之諫,內容不同。魯語意爲:名實不符,顚越失禮,將怒諸侯。左傳則爲:將不勝貢賦之重(用注、疏意)。

11.「季武子取卞,使季冶逆襄公」一事,魯語下以榮成子爲主。左傳(襄公二十九年)則以季冶爲主。

12. 魯語下述季康子欲以田賦,仲尼答冉有之問,內容與左傳(哀公十一年)頗不相同。

13. 齊語謂:「狄人攻衞,衞人出,廬于曹。桓公城楚丘以封之。其畜散而無育,桓公與之繫馬三百。天下諸侯稱仁焉。」左傳(閔公二年)則云:「齊侯使公子無虧帥車三百乘,甲士三千人,以戍曹,歸公乘馬,祭服五稱,牛羊豕雞狗皆三百。」但云「乘馬」而已。

14. 晉語一謂武公伐翼,殺哀侯,欒共子鬬而死。左傳(桓公三年)則謂「獲之」。

(晉世家但言虜哀侯，未及欒共叔。謂小子元年，始命韓萬殺所虜哀侯。)

15. 太子申生伐東山，里克之諫，晉語一與左傳(閔公二年)不同。

(晉世家同左傳。)

16. 晉語二謂：「驪姬以君命命申生曰：今夕君夢齊姜，必速祠而歸福。申生許諾。乃祭于曲沃，歸福于絳。公田，驪姬受福，乃寘鴆于酒，寘堇于肉。公至，召申生獻……」左傳(僖公四年)則云：「姬謂大子曰：君夢齊姜，必速祭之。大子祭于曲沃，歸胙于公。公田，姬寘諸宮，六日，公至，毒而獻之……」一謂驪姬召申生獻，一謂驪姬自獻。

(晉世家謂：「獻公從獵來還，宰人上胙獻公，獻公欲饗之。驪姬從旁止之曰：胙所從來遠，宜試之。……」)

17. 晉語二述虢大夫舟之僑所以奔晉，乃由於疾虢公得怪夢而不知所戒，反以爲賀。左傳(閔公二年)則謂虢公敗犬戎于渭汭，舟之僑以爲無德而祿，殃必至，乃奔晉。所言各異。

18. 晉語二謂：公子縶言於秦穆公，謂當立夷吾。左傳(僖公九年)則謂穆公就商於公孫枝，自以爲當立夷吾。

19. 秦師伐晉，國左二書記述穆公對韓簡之言詞，內容不同。晉語三謂穆公曰：「……君入而列未成，寡人未敢忘。今君旣定而列成，君其整列，寡人將親見……」左傳(僖公十五年)則云：「君之未入，寡人懼之。入而未定列，猶吾憂也。苟列定矣，敢不承命」。

20. 晉語三謂呂甥迎惠公於秦，對穆公之問曰：「……(小人曰)：『必報讎。吾寧事齊楚。』齊楚又交輔之……」左傳(僖公十五年)則作：「必報讎。寧事戎狄。」

(晉世家同左傳。)

21. 重耳過曹，晉語四謂曹共公不禮云：「諜其將浴，設微薄而觀之。」左傳(僖公二十三年)則爲：「浴、薄而觀之。」前者爲將然之詞，後者爲已然之詞。

(晉世家作：「欲觀重耳駢脅。」)

22. 晉語四述重耳過鄭，叔詹謂重耳有三祚云：「同姓不婚，惡不殖也。狐氏出自唐叔。狐姬，伯行之子也。實生重耳。成而儁才，離違而得所，久約而無釁，一也。同出九人，唯重耳在。離外之患，而晉國不靖，二也。晉侯日載其怨，外內棄之，重耳日載其德，狐趙謀之。三也。」左傳(僖公二十三年)則云：「男女同姓，其生不蕃。晉公子，姬出也，而至于今，一也。離外之患，而天下不靖晉國，殆將啓之，二也。有三士足以上人，而從之，三也。」雖同謂其得天、得時、得人，然國語却特別强調重耳本身所具之優點，以之貫穿於三者之間。左傳則不然。

（晉世家云：「晉公子賢，而其從者皆國相，且又同姓。鄭之出自厲王，而晉之出自武王。」考證引梁玉繩曰：「此史公約國語文。」）

23. 秦穆公享公子重耳，國左二書所記賦詩之情形不同。晉語四爲：先秦伯賦采菽，次重耳賦黍苗，次秦伯賦鳩飛，次重耳賦河水，末秦伯賦六月。左傳(僖公二十三年)則僅重耳賦河水，秦伯賦六月二項。

（晉世家作：「趙衰歌黍苗詩。繆公曰：知子欲急反國矣。趙衰與重耳下再拜曰：孤臣之仰君，如百穀之望時雨。」考證以爲本晉語。）

24. 伐原之役，晉語四謂：「及孟門而原人請降。」左傳（僖公二十五年）作：「退一舍而原降。」

25. 晉語五謂：「靡笄之役……范文子見。公曰：『子之力也夫？』對曰：『燮也，受命于中軍，以命上軍之士，上軍之士用命。燮也，何力之有焉。』……」左傳（成公二年）作：「庚所命也，克之制也，燮何力之有焉。」以仁案：庚謂荀庚，克謂郤克。左傳杜預注云：「荀庚將上軍，時不出。范文子上軍佐代行，故稱帥以讓。」而國語范文子之稱讓則未及荀庚。(註四)

26. 晉語五稱梁山崩，絳人對伯宗之問曰：「山有朽壤而崩，將若何。夫國主山川，故川涸山崩。君爲之降服，出次，乘縵，不舉，策於上帝，國三日哭，以禮焉……」左傳（成公五年）則爲：「君爲之不舉，降服，乘縵，徹樂，出次，祝幣，史辭，以禮焉。」多「徹樂」一事，而少「國三日哭」一事。

27. 鄢之役，晉語六謂郤至云楚有五閒。爲：「夫陣不違忌，一閒也。夫南夷與楚來，而不與陣，二閒也。夫楚與鄭陣而不整，三閒也。且其士卒在陣而諫，四閉也。夫衆聞譁則必懼，五閉也。」左傳（成公十六年）則謂楚有六閒云：「其二卿相惡；王卒以舊；鄭陳而不整；蠻軍而不陳；陳不違晦；在陳而囂。」頗不相同。

28. 晉語六謂鄢之役，欒武子將上軍。左傳（成公十六年）則言將中軍(註五)

29. 晉語六述郤至諫郤錡不可攻厲公，其詞內容與左傳（成公十七年）不同。（晉世家同左傳）。

30. 晉語六謂長魚矯請殺欒（書）中行（偃）云：「臣聞之：亂在內爲宄，在外爲姦。御宄以德，御姦以刑。」左傳（成公十七年）作：「御姦以德，御軌以刑。」剛好與國語相反。晉語六下文又云：「今治政而內亂，不可謂德。」左傳則作：「不施而殺，不可謂德。」其間頗有差異。

（晉世家以爲胥童語。考證非之。）

31. 晉語七謂：「使彘恭子將新軍。」左傳（成公十八年）却謂「佐下軍。」

32. 晉語七謂：「使張老爲司徒。」左傳（襄公三年）則謂：「張老爲中軍司馬。」(註六)

33. 晉語七謂魏絳諫悼公和戎。云和戎之利有三。曰：「且夫戎狄荐處，貴貨而易土。予之賞而獲其土，其利一也。邊鄙耕農不儆，其利二也。戎狄事晉，四鄰莫不震動，其利三也。」左傳（襄公四年）則謂和戎有五利。云：「戎狄荐居，貴貨易土，土可賈焉，一也。邊鄙不聳，民狎其野，穡人成功，二也。戎狄事晉，四鄰振動，諸侯威懷，三也。以德綏戎，師徒不動，甲兵不頓，四也。鑒于后羿，而用德度，遠至邇安，五也。」後二項國語所無。

34. 晉語七謂：「韓獻子老，使公族穆子受事於朝。辭曰：『厲公之亂，無忌備公族不能死。臣聞之曰：無功庸者不敢居高位。今無忌智不能匡君，使至于難。仁不能救。勇不能死。敢辱君朝以忝朝宗？請退也。』固辭，不立。悼公聞之曰：『難雖不能死君，而能讓，不可不賞也。』使掌公族大夫。」則穆子執以辭卿之理由爲：「無功無德。」悼公所以使掌公族大夫之原因爲其「能讓」。然左傳（襄公七年）則甚不然。左傳言穆子辭卿之理由爲：「有廢疾而無才幹。」悼公所以使掌公族大夫之理由爲其「仁」。

35. 晉語七謂：「十二年，公伐鄭。軍于蕭魚。鄭伯嘉來，納女工妾三十人，女樂二八，歌鍾二肆，及寶鎛，輅車十五乘。」左傳（襄公十一年）則謂：「鄭人賂晉侯以師悝、師觸、師蠲，廣車，軘車，淳十五乘，甲兵備。凡兵車百乘。歌鍾二肆，及其鎛磬。女樂二八。」(以仁案：據杜預注，師悝、師觸、師蠲乃樂師名。）所賂之物，大有差別。(以仁案王引之經義述聞有說。)又晉語七謂：「公賜魏絳女樂一八，歌鍾一肆。曰：『子教寡人和諸戎狄而正諸華，於今八年，七合諸侯……』魏絳辭曰：『夫和戎狄，君之幸也。八年之中，七合諸侯，君之靈也……』」凡兩言「七合諸侯」，左傳皆作「九合諸侯」。且左傳言「晉侯以樂之半賜魏絳。」未及歌鍾。若「樂」並歌鍾鎛磬言之，則晉語未及鎛磬。

(晉、魏世家同左傳。)

36.「晉逐欒盈」一事，晉語八以平公為主。左傳（襄公二十一年）則以范宣子為主。晉語謂：「使祁午及陽畢適曲沃逐欒盈。」左傳則謂：「宣子使城著而逐之。」(杜預注：著，晉邑。）是人、地皆不相同。

(晉世家僅言：「欒逞有罪，奔齊。」)

37. 晉語八謂弭兵之會，晉為示楚以信，以藩為軍。左傳（襄公二十七年）則言與會之國皆以藩為軍。

38. 邢侯與雍子爭田，叔魚受賄而枉斷。晉語九謂邢侯殺叔魚與雍子而後逃。左傳（昭公十四年）則未言邢侯之逃。

39. 晉語九謂中行穆子帥晉師圍鼓，鼓人或請以城叛，穆子不受。令軍吏呼城，儆將攻之。未傳而鼓下。左傳（昭公十五年）則謂穆子使鼓人告食竭力盡，而後取之。與晉語大不相同。

40. 晉語九謂：「鐵之戰……衞莊公為右。曰：『吾九上九下，擊人盡殪。今日之事，莫我加也。』」哀公二年左傳則曰：「大子曰：『吾救主於車，退敵於下，我右之上也。』」

41. 晉語九所記衞莊公之禱祠，與左傳（哀公二年）所記者內容有出入。

42. 蔡聲子說令尹子木復椒舉一事，楚語上述蔡聲子之辭曰：「城濮之役……若敖氏離矣。」案左傳（僖公二十八年）但云：「唯西廣、東宮與若敖之六卒實從之。」云：「子玉以若敖之六卒將中軍。」未有「若敖氏離矣」之記載。

43. 楚靈王城陳、蔡、不羹，楚語上所記范無宇答靈王之問，其詞多舉大城危國之例。左傳（昭公十一年）則兼舉大城福國之例。

44. 楚昭王奔鄖，鄖公之弟懷欲弒王以報父仇，不果。鄖公以王奔隨。及王歸，賞及鄖懷。楚語下謂昭公述所以賞鄖懷之理由曰：「或禮於君，或禮於父，均之不亦可乎？」則鄖懷乃以孝得王之賞。左傳（定公五年）則云：「大德滅小怨，道也。」謂其兄有大德於王，故愛屋而及烏焉。是鄖懷之得賞，叨乃兄之福也。

45. 沈諸梁諫子西召王孫勝，其中對王孫勝之評語。國左不同。楚語下謂：「其爲人也，展而不信，愛而不仁，詐而不智，毅而不勇，直而不衷，周而不淑。」左傳（哀公十六年）則云：「吾聞勝也，詐而亂……好復言而求死士，殆有私乎？」

46. 申胥之諫吳王，吳語所記凡三次。左傳（哀公元、十一年）則只二次，一在哀公元年，一在哀公十一年。且內容完全不同。

（吳世家及伍子胥引傳記申胥之諫前後共三次，內容則兼取國左，詳下文。）

47. 申胥之死，國左所書各異。吳語曰：「（申胥）將死，曰：『以懸吾目於東門，以見越之入，吳國之亡也。』王慍曰：『孤不使大夫得有見也。』乃使申胥之尸，盛之鴟鴺，而投之於江。」左傳（哀公十一年）則謂：「王聞之，使賜之屬鏤以死。將死，曰：樹吾墓檟，檟可材也……」故國語述吳王之死，有「吾何面目以見員也」之歎，以與此相承。左傳則無。由此可見二書各有體例，互不相蒙，不得謂爲一書之二分。

（越世家同吳語。吳世家及伍子胥列傳則兼取國左。詳見下文）

48. 吳語謂：「（越）敗王子友於姑熊夷。」左傳（哀公十三年）則曰：「獲大子友、王孫彌庸、壽於姚。」一云敗，一云獲。

（吳世家云：「丙戌，虜吳太子友。」越世家云：「伐吳，吳師敗，遂殺吳太子。」）

49. 吳語所記吳王令少司馬茲等六人自剄於晉使董褐之前，該舉頗具機謀。而左傳（哀公十三年）則謂：「吳人告敗于王，王惡其聞也，自剄七人於幕下。」原因不同。且參左傳前後文義，似謂王親殺七於幕下，非七人自殺。吳世家作：「斬七人於幕下。」似卽據此而來。

以上乃二書同書一事而內容互有差異者。

50. 定王八年，劉康公聘于魯一節，周語中長達數百字。左傳（宣公十年）僅：「秋、劉康公來報聘。」七字而已。

51. 富辰諫納狄后一節，國語（周語中）詳而左傳（僖公二十四年）略。

52. 陽樊不服一節，國語（周語中）詳而左傳（僖公二十五年）略。

53. 郤至朝周事，國語（周語中）詳而左傳（成公十六年）略。

54. 景王將鑄無射事，國語（周語下）詳而左傳（昭公二十一年）略。

55. 魯饑請糴于齊一事，國語（魯語上）記以二百七十二字。左傳（莊公二十八年）僅：「冬饑，臧孫辰告糴于齊，禮也。」十一字而已。

56. 臧文仲祭海鳥爰居，展禽譏之。此事國語（魯語上）記之甚詳。左傳則僅於文公二年言仲尼謂臧文仲有三不仁時提到「祀爰居」，三字而已。

57. 齊語述鮑叔薦管仲事甚詳，左傳（莊公九年）僅云：「歸而以告曰：『管夷吾治於高傒，使相可也。』」

（齊世家兼采國左。考證說。）

58. 齊語述向魯索取管仲事甚詳，左傳（莊公九年）則略。

（魯世家同國語。）

59. 晉語二述里克、丕鄭欲納重耳之事甚詳。左傳（僖公九年）僅：「里克、丕鄭欲納文公。」八字而已。

（晉世家同國語。）

60. 晉語三述誅慶鄭事遠較左傳（僖公九年）爲詳。

（晉世家但書「誅慶鄭」三字。）

61. 城濮之戰，左傳（僖公二十八年）詳於戰況之描寫，晉語四則僅「楚衆大敗」四字而已。

62. 晉語四述齊女勸重耳歸，詳於左傳（僖公二十三年）。

（晉世家約取國語。）

63. 晉語四述重耳過衞事甚詳。而左傳（僖公二十三年）僅：「過衞、衞文公不禮焉。」八字而已。

（晉、衞世家同左傳。）

64. 晉語六述悼公賞功甚詳。左傳（成公十八年）則但記官職姓名而已。

（晉世家僅云：「修舊功，施德惠，收文公入時功臣後。」而已。）

65. 晉語八范宣子問不朽，襄公二十四年左傳較詳。

66. 楚語下述沈諸梁諫子西之召王孫勝甚詳，左傳（哀公十六年）則較略。

67. 白公殺子西、子期，及葉公殺白公事，則左傳（哀公十六年）詳於國語（楚語下）。

68. 吳語、越語述越王行成事詳而左傳（哀公元年）略。

以上乃二書同書一事而詳略不一者。

69. 周語上述襄王賜晉惠公命，謂：「呂甥、郄芮相晉侯，不敬。」左傳（僖公十一年）無。

70. 魯成公將朝周，使叔孫僑如先聘且告。周語中有王孫說勸王勿賜一節。左傳（成公十三年）無。

71. 景王將鑄無射，周語下有單穆公之諫，伶州鳩之談音律。左傳（昭公二十一年）無。

72. 魯語上有臧文仲說魯僖公行玉請免衞成公一事。左傳（僖公二十八年）未及臧文仲之諫。

73. 長勺之役，左傳（莊公十年）有曹劌論戰事，國語（魯語上）所無。

74. 臧文仲從重館人之言，分曹地獨多。魯語上有出而爵重館人事。左傳（僖公三十一年）無。

75. 子叔聲伯如晉謝季文子，魯語上有子叔聲伯歸與鮑國言所以弗受郤犫之邑故，左傳（成公十六年）無。左傳所記子叔聲伯在晉之外交活動，為國語所無。

76. 季武子取卞，使季冶迎告襄公一事，左傳（襄公二十九年）有襄公賜季冶冕服事，國語（魯語下）無。

77. 虢之會，衆人批評楚公子圍，魯語下以叔孫穆子之總評作結，爲左傳（昭公元年）所無。左傳有子羽、子皮之評者，國語無。

78. 虢之會，楚將戮叔孫穆子。左傳（昭公元年）有趙孟爲請於楚一事，國語（魯語下）無。

79. 平丘之會，魯語下有子服惠伯諫季平子與會一事，左傳(昭公十三年)所無。

80. 齊閭丘來盟，二書皆有。而魯語下有閔馬父笑景伯之自大一事，則左傳（哀公八年）所無。

81. 葵丘之會，宰孔致胙，命桓公無下拜。齊語有桓公謀於管仲然後下拜。及受賞服大輅龍旗九旒渠門赤旆二事，左傳（僖公九年）無。

（齊世家有。惟所賜物爲：「彤弓矢，大路。」）

82. 晉殺太子申生事，國左皆有。（見國語晉語一，晉語二。及莊公二十八年，閔公元年、二年，僖公四年左傳。）然其中細節，或此有彼無，頗多出入。茲列舉於下：

①晉語有卜伐驪戎事，左傳無。（晉世家有。）

②獻公將黜申生，晉語有里克、丕鄭、荀息聚議一事，左傳無。（晉世家無。）

③晉語有獻公稱疾而使奚齊主持祭祀事，左傳無。（晉世家無。）

④晉語有優施獻計，驪姬夜泣及中立里克諸事，左傳皆無。蓋左傳無優施其人，故有關優施之事俱無。（晉世家無。）

⑤晉語有杜原款勸申生死孝一事，左傳無。（晉世家無。）

⑥晉語述申生將下軍以伐霍一節，有士蔿諫獻公一事，左傳無。（晉世家無。）

⑦左傳有卜立驪姬爲夫人一事，晉語所無。（晉世家無。）

83. 夷吾出奔，國左皆有。然晉語二有驪姬使奄楚以環釋言一節，則左傳所無。（晉世家無。）

84. 虢大夫舟之僑奔晉一事，國左皆有。然晉語二有虢公賀夢一事，左傳（閔公二年）所無。

85. 葵丘之會，宰孔途遇晉獻公一事，國左皆有。然晉語二有宰孔向其御者謂晉侯將死矣」一段批評，則左傳（僖公九年）所無。

（晉齊世家但言獻公病，未載宰孔之評。）

86. 里克將殺奚齊，國左皆有。然晉語二有里克告丕鄭一事，左傳（僖公九年）所無。

（晉世家無。）

87. 里克、丕鄭欲立重耳，二書皆有。然晉語二有里、丕使屠岸夷弔重耳於狄，及秦伯使公子縶弔重耳二事，則左傳（僖公十五年）所無。

（晉世家有里、丕使人迎重耳於狄事，同國語。然無屠岸夷其人。）

88. 呂甥、郤稱欲立夷吾，二書皆有。然晉語二呂、郤使蒲城五告夷吾於梁，及秦伯使公子縶弔夷吾二事，左傳則無。

（晉世家無蒲城五其人。）

89. 改葬共世子一事，國左皆有。然晉語三有國人之誦及郭偃之評二事，左傳（僖公十年）無。左傳有狐突遇太子申生一事，又為國語所無。

（晉世家有狐突遇申生事，同左傳。）

90. 惠公殺里克一節，二書皆有。然晉語三有惠公殺里克而悔及郭偃聞之而評事，則左傳（僖公十年）所無。

（晉世家無。）

91. 殺丕鄭事，二書皆有。然晉語三有共華勸丕鄭逃亡一節，左傳（僖公十年）則無。

（晉世家無。）

92. 晉饑乞糴於秦，二書皆有。然左傳（僖公十三年）有秦伯詢及百里奚一節，國語所無。（見晉語三）

（晉世家有，同左傳。秦本紀則與左傳微異。）

93. 韓之戰，二書皆有。然左傳（僖公十五年）有慶鄭諫公乘異產馬一事，國語（晉語三）所無。

（晉世家無。）

94. 秦獲惠公以歸一事，二書皆有。然左傳（僖公十五年）有晉大夫反首拔舍以相隨及穆姬衰絰以迎履薪而諫等事，皆國語（晉語三）所無。

（秦本紀、晉世家並有穆姬衰絰一事。）

95. 殺慶鄭事，二書皆有。然晉語三有家僕徒之諫免，司馬說之行刑等事，左傳（僖公十五年）所無。

（晉世家無。）

96. 重耳出奔以至歸國，二書皆有。（見國語四及僖公二十三年左傳。）然其中細節，或此有彼無，茲條列於下：

①重耳居狄，娶季隗，趙衰娶叔隗事，左傳有而國語無。（晉、趙世家並有。）

②重耳居狄，狐偃勸行事，國有左無。（晉世家有而微異。）

③重耳過曹，僖負羈諫曹共公事，國有左無。（晉世家有。）

④重耳過宋，與司馬公孫固善。公孫固因說襄王以禮之事，國有左無。（晉世家謂公孫固與咎犯善。）

⑤重耳過鄭，叔詹諫殺重耳事，國有左無。（晉、鄭世家並有。）

⑥重耳過楚，狐偃勸重耳接受楚饗以國君之禮，及楚令尹子玉請止狐偃二事，國有左無。（晉世家有前一事，然狐偃作趙衰。）

⑦司空季子、狐偃、趙衰等勸重耳娶秦女懷嬴事，國有左無。（晉世家僅書司空季子之諫，未及狐偃、趙衰二人。）

⑧重耳卜能否有晉國事，國有左無。（晉世家無。）

⑨董因迎重耳於河事，國有左無。（晉世家無。）

97. 晉語四謂文公數寺人勃鞮之罪曰：「驪姬之讒，爾射余屏內……」左傳（僖公二十四年）無「射余於屏內」一事。

（晉世家無。）

98. 左傳（僖公二十四年）謂文公賞從亡者，介子推不言祿一事，國語（晉語四）無。

（晉世家有。）

99. 晉語四謂文公伐鄭，欲烹叔詹。後復禮而釋歸。鄭以為將軍。左傳（僖公三十年）無此事。

（晉世家謂：「圍鄭，欲得叔瞻，叔瞻聞之自殺。」鄭世家同。與國語異。未知所本。考證引梁玉繩說以爲晉、鄭世家並妄。）

（以仁案：國語有叔詹諫殺重耳之事於前，乃有文公欲烹叔詹之事於後。此國語之一貫也。左傳前既無叔詹諫殺重耳之事，此宜無文公欲烹叔詹之舉，亦左傳之一貫也。二書各爲起訖，各成因果，安得謂由一書之二分？）

100. 晉文公伐鄭，二書皆有。然左傳（僖公三十年）有燭之武退秦師一事，國語（晉語四）所無。

（晉、鄭世家並無。）

101. 晉語四述趙衰三讓：一讓先軫、欒枝，二讓狐偃，三讓先且居。左傳（僖公二十七年）但言讓先軫、欒枝一事，未及其他。

102. 宋人弒昭公，趙宣子諫請靈公出師伐宋事，二書皆有。然晉語五謂宣子使旁告諸侯，鳴鐘鼓以擊之。則左傳（文公十六、十七年）所無。

（宋世家無。）

103. 靈公欲殺趙盾事，二書皆有。然左傳（宣公二年）有靈公設伏邀宴事，國語（晉語五）則無。

（晉、趙世家有而與左傳微異。）

104. 晉語五謂：「靡笄之役，郤獻子伐齊。齊侯來，獻子以得殞命之禮。曰：『寡君使克也不腆弊邑之禮，爲君之辱。敢歸諸下執政以整御人。』苗棼皇曰：『郤子勇而不知禮。矜其伐而恥國君，其與幾何。』」左傳（成公三年）未及此事。然左傳云：「齊侯朝于晉，將授玉。郤克趨進曰：『此行也，君爲婦人之笑辱也，寡君未之敢任。』」又爲國語所無。

（晉、齊世家並無。）

105. 晉悼公朝于武宮，定事立官。二書皆有。然左傳（成公十八年）謂：「逐不臣者七人。周子有兄而無慧，不能辨菽麥，故不可立。」國語（晉語七）無此事。

（晉世家有「逐不臣者七人」一事，而未及其他。）

106. 祁奚辭於軍尉，舉子以代。二書皆有。然晉語七有祁奚贊子之能一節。左傳（襄公三年）所無。左傳有有祁奚舉解狐一事，國語所無。

（晉世家同左傳。）

107. 魏絳與悼公言和戎之利。二書皆有。然左傳（襄公四年）有魏絳言后羿亡國少康中興一節。國語（晉語七）所無。

（以仁案：此事又見哀公元年左傳。吳世家引有此事。）

108. 晉公族穆子辭卿。二書皆有。然左傳（襄公七年）有穆子薦其弟宣子之說。則為國語（晉語七）所無。

109. 晉逐欒盈。二書皆有。然晉語八有平公與陽畢之謀，則為左傳（襄公二十一年）所無。

（晉世家無。）

110. 醫和視平公疾。二書皆有。然左傳（昭光元年）有與平公論節欲一事，則國語（晉語八）無。

111. 晉中行穆子帥師圍鼓獲鼓子以歸一事，二書皆有。然晉語九有其臣夙沙釐隨行一節，為左傳（昭公十五年）所無。

112. 蔡聲子說令尹子木以復椒舉一事，二書皆有。然楚語上謂：「椒舉降，三拜。納其乘馬。聲子受之。」則左傳（襄公二十六年）所無。聲子說子木所舉王孫啓奔晉一例，亦左傳所無。而左傳有聲子與子木論治國一節，則為國語所無。

113. 楚乾谿之亂。二書皆有。（國語見於吳語申胥之諫。）然吳語有楚靈王遇涓人疇一事，左傳（昭公十三年）則無。左傳有申亥以其二女殉靈公葬事，國語則無。

（晉世家二事皆有。）

114. 吳語謂：「吳王夫差既殺申胥，不稔於歲，乃起師北征。闕為深溝，通於商、魯之間。北屬之沂。西屬之濟。以會晉公午於黃池。」黃池之會，見哀公十三年左傳。然無吳掘溝之事。

（吳世家無。）

115. 黃池之會，吳、晉爭先。二書皆有。然吳語有夫差用王孫雒之計以兵迫晉營一事，左傳所無。

(吳、晉世家並無。)

以上乃二書同一事而細節此有彼無者。

▲附注四——左傳前文云：「士燮將上軍。」史記齊世家云：「士燮將上軍。」皆未言以佐代行。

▲附注五——晉語六下文欒武子曰：「今我任晉國之政。」韋注云：「武子時爲上卿。」案：中軍爲三軍之長，例以上卿帥之，當以左傳之說爲當，蓋國語作者忽於制度也。

▲附注六——疑晉語七誤。蓋晉語七云：「令狐文子卒，公以魏絳爲不犯，使佐新軍。使張老爲司徒。使范獻子爲侯奄。」(晉語七凡三言魏絳佐新軍)。魏絳本爲中軍司馬，既上遷爲新軍之佐，其職則張老任之。張老原職侯奄則范獻子任之（並參韋注)。故晉語八云：「乃使爲司馬。」可證此文司徒之誤。

上面將近兩百條的例證，都是見於左傳的，也就是說與左傳重出的。它們在國語中的份量要佔到三分之二。如果國語和左傳原來曾是一部書，那麼，當它們被瓜分成兩部以後，怎麼會有這許多重出的地方呢？康、錢諸氏，都沒有好好的解釋到這一點。也許他們沒有發現這種情形在國語裏所佔的份量。錢玄同氏曾經有過這樣的解釋。他說：

「至於彼此同記一事者，往往大體相同。而文辭則國語中有許多瑣屑的記載與支蔓的議論，左傳大都沒有。這更顯出刪改的痕跡來。」

從他這一段解釋裏，我們可以看出幾點來：第一，他沒有統計這種情形的份量。第二，他不知道除了文辭不同外，便是史實也有差異。而這些差異部份，史記有時也采用國語而不用左傳。第三，他沒有解釋何以會有這種重出的現象。既是一書瓜分，它們的情形只當此有彼無，決不當兩書互見。而且份量佔到全書三分之二以上。那樣，自然更用不着瓜分者苦苦心心的去刪改。第四，他也許以爲瓜分者劉歆覺得分出的份量太少。不足以掩天下人之耳目。(因爲天下可能有人知道原有一本五十四篇的國語。) 以一書分爲二書，材料自然不够。所以不得不改造一些相同的材料，分別裝入二書。這種想法也是不對的。因爲原本國語既有五十四篇之多（康、錢諸氏臆改劉向新國語五十四篇爲原本國語），劉歆要作僞，便當僞造五十四篇。否則，徒勞而無功，劉歆怎麼會做這種傻事？並且，如果今本國語、左傳是從原本五十四篇分出來的，那麼，它們的篇數加起來應該在五十四篇左右。但是，我們看：左傳三十篇，國語二十一篇。(用康氏說）加起來五十一篇。再除去國語與左傳重出的十四篇（三分之二），只得三十七篇 。(如果依康氏所說齊語取自管子小匡篇。吳語越語又撥自別書。則更不足此數。可見康氏自己已經有了矛盾而不知。）與五十四篇之數相去甚遠。這總是因爲康、錢諸氏沒有詳細統計重出的部份，所以才馳騁其口說。否則，便有百口，恐怕也不能曲解這些事實。然則，國左二書。非從一書分出，更非分新國語五十四篇而成，是昭然若揭的了！

三、國語有而左傳無以及二書全同部分

這是截然不同的兩部分。顯示着國語與左傳截然不同的兩種關係。我們如果抹殺任何一面或堅持任何一面，都不是公允的態度。所以我特地將它們併在一起來討論。

(一)國語有而左傳無者。

1. 祭公謀父諫穆王征犬戎。(周語上。)

(周本紀有。)

2. 密康公不獻三女。(周語上。)

(周本紀有。)

3. 邵公諫監謗。(周語上。)

(周本紀有。)

4. 芮良夫諫用榮夷公。(周語上。)

(周本紀有。)

5. 虢文公諫不籍千畝。(周語上。)

(周本紀有。)

6. 樊仲山父諫立戲。(周語上。)

(魯世家有。)

7. 宣王立魯孝公。(周語上。)

(魯世家有。)

8. 仲山父諫宣王料民太原。(周語上。)

(周本紀有。)

9. 西周三川皆震。(周語上。)

(周本紀有。)

10. 單襄公聘於宋、楚。(周語中。)

(史記無。)

11. 單襄公評晉厲公及三郤。(周語下。)

(史記無。)

12. 單襄公評子周。(周語下。)

(史記無。)

13. 太子晉諫壅穀、洛二水。(周語下。)

(史記無。)

14. 晉羊舌肸聘于周。(周語下。)

(史記無。)

15. 單穆公諫景王鑄大錢。(周語下。)

(史記無。)

16. 文公欲弛孟文子、郤敬子宅。(魯語上。)

(史記無。)

17. 里革諫宣公夏濫於淵。(魯語上。)

(史記無。)

18. 里革評晉人殺厲公。(魯語上。)

(史記無。)

19. 孫仲它過而知改。(魯語上。)

(史記無。)

20. 季桓子穿井獲羊。(魯語下。)

(孔子世家有。)

21. 魯語下所記公文文伯八事，左傳俱無。

(史記無。)

22. 仲尼答吳使問骨。(魯語下。)

(孔子世家有。)

23. 仲尼答陳侯問矢。(魯語下。)

(孔子世家有。)

24. 管仲對齊桓覇業之規劃。(齊語。)

(齊世家略。)

25. 獻公見翟柤之氛。(晉語一。)

(史記無。)

26. 文公學讀書。(晉語四。)

(史記無。)

27. 文公問箕鄭救饑。(晉語四。)

(史記無。)

28. 文公與郭偃言治國。(晉語四。)

(史記無。)

29. 胥臣對文公問欲使陽處父傅讙。(晉語四。)

(史記無。)

30. 韓厥戮趙宣子車僕。(晉語五。)

(史記無。)

31. 武子責范文子三掩人於朝。(晉語五。)

(史記無。)

32. 伯宗朝以喜歸。(晉語五。)

(史記無。)

33. 趙文子冠。(晉語六。)

(史記無。)

34. 張老辭卿。(晉語七。)

(史記無。)

35. 悼公與司馬侯升臺而望。(晉語七。)

(史記無。)

36. 赦辛俞。(晉語八。)

(史記無。)

37. 叔魚生,其母視之。(晉語八。)

(史記無。)

38. 范宣子與和大夫爭田。(晉語八。)

(史記無。)

39. 范宣子悼訾祏之死。(晉語八。)

(史記無。)

40. 師曠評平公說新聲。(晉語八。)

(樂書有而異。)

41. 平公射鴳。(晉語八。)

(史記無。)

42. 叔向見司馬侯之子撫而泣之。(晉語八。)

(史語無。)

43. 張老諫文子爲室。(晉語八。)

(史記無。)

44. 趙文子與叔向遊於九原。(晉語八。)

(史記無。)

45. 叔向賀韓獻子憂貧。(晉語八。)

(史記無。)

46. 獻子執董叔而紡於庭之槐。(晉語九。)

(史記無。)

47. 趙簡子曰魯孟獻子有鬭臣五人。(晉語九。)

(史記無。)

48. 范獻子問具山、敖山。(晉語九。)

(史記無。)

49. 董安于辭賞。(晉語九。)

(史記無。)

50. 趙簡子使尹鐸爲晉陽。(晉語九。)

(史記無。)

51. 趙簡子田于螻。(晉語九。)

(史記無。)

52. 少室周爲趙簡子之右。(晉語九。)

(史記無。)

53. 趙簡子願得范、中行之良臣。(晉語九。)

(史記無。)

54. 壯馳茲賀趙簡子之問賢士。(晉語九。)

(史記無。)

55. 趙簡子歎人不能化。(晉語九。)

(史記無。)

56. 趙襄子使新稚穆子伐狄。(晉語九。)

(史記無。)

57. 智果諫智宣子以瑤爲後。(晉語九。)

(史記無。)

58. 三卿宴于藍臺。(晉語九。)

(史記無。)

59. 晉陽之圍。(晉語九。)

(趙魏世家有。)

60. 史伯對桓公之問。(鄭語。)

(周本紀、鄭世家皆有。)

61. 莊王使士亹傅太子箴。(楚語上。)

（史記無。）

62. 屈到嗜芰。（楚語上。）

（史語無。）

63. 伍舉對靈王「臺美夫」之問。（楚語上。）

（史記無。）

64. 左史倚相廷見申公子亹。（楚語上。）

（史記無。）

65. 靈王欲己子張之諫。（楚語上。）

（史記無。）

66. 左史倚相諫司馬子期欲以妾爲內子。（楚語上。）

（史記無。）

67. 觀射父答昭公之問。（楚語下。）

（史記無。）

68. 子期祀平王，觀射父談祭祀。

（史記無。）

69. 鬬且評令尹子常問蓄貨馬。（楚語下。）

（史記無。）

70. 王孫圉答趙簡子問楚國之寶。（楚語下。）

（史記無。）

71. 魯陽文子辭梁。（楚語下。）

（史記無。）

72. 吳王夫差使王孫苟告勞于周。（吳語。）

（史記無。）

73. 申包胥問越王所以戰及越王訪五大夫問戰。（吳語。）

（史記無。）

74. 范蠡諫勾踐伐吳。（越語下。）

（越世家有。）

75. 范蠡與勾踐謀伐吳。(越語下。)

(越世家有。)

76. 范蠡辭越而泛五湖。(越語下。)

(越世家、貨殖列傳並有。)

(二)國左二書全同者。

1. 賓孟適郊見雄雞自斷其尾。(周語下。昭公二十二年左傳。)

2. 曹劌諫莊公如齊觀社。(魯語上。莊公二十三年左傳。)

(魯世家有莊公如齊觀社之記。而無曹劌之諫。)

3. 諸侯伐秦濟涇。叔孫穆子賦匏有苦葉。(魯語下。襄公十四年左傳。)

(晉世家但言「度涇大敗秦軍。」未及穆子賦匏有苦葉之事。)

4. 臼季舉冀缺。(晉語五。僖公三十三年左傳。)

5. 靈公使鉏麑賊趙宣子。(晉語五。宣公二年左傳。)

(晉世家同。)

6. 郤至見楚王必下奔。(晉語六。成公十六年左傳。)

7. 范文子執戈逐范匄。(晉語六。成公十六年左傳。)

8. 范文子立於戎馬之前。(晉語六。成公十六年左傳。)

9. 范文子祈死。(晉語六。成公十七年左傳。)

10. 韓獻子辭殺厲公。(晉語六。成公十七年左傳。)

11. 魏絳斬公子楊干僕。(晉語七。襄公三年左傳。)

(晉、魏世家同。)

12. 叔向毋許楊食我。(晉語八。昭公二十八年左傳。)

13. 叔向召行人子員。(晉語八。襄公二十六年左傳。)

14. 宋之盟,叔向諫趙文子與楚爭先。(晉語八。襄公二十七年左傳。)

15. 趙文子問秦后子秦君道乎。(晉語八。昭公元年左傳。)

16. 恭王有疾。(楚語上。襄公十三年左傳。)

對於第一類的現象,可以得到兩個假設:第一個假設是:國左原來是一部書,後來被瓜分爲二。既然分到國語裏面來了,所以左傳沒有。這便是康、錢一派的說法。

不過，國左既然原來是一部書，爲什麼要分或兩部呢？再深一層追問：根據什麼標準來分呢？我在前文已經談到過：康氏以爲劉歆分書的目的是：「欲奪孔子之經。」(他作這樣的說法是沒有任何根據的。）而分書的標準是比附春秋經文。所以毅然削去平王以前的事。因爲經文是從平王以後開始的。但他却不知道，國語裏面還有很多平王以後的事而爲左傳所沒有的。在我所引的七十多條例子裏面便可以看出來。試問劉歆又根據什麼標準把它們削出左傳？是因爲它們不能比附經文嗎？左傳裏面多的是與經文無關的事。孫海波氏就已經說過：

「歆既毅然削去平王以前事，求合經文。曷不削去哀十四年以後事？而自暴其作僞之跡。」

這種顯然的現象和淺近的道理，康氏不會不知道。但他沒有作任何的解釋，若只是爲了堅持自己的成見而曲解甚至抹殺不利於自己的事實，那是很不應該的。既然找不出理由來解說所以要這樣分的原因，所以我認爲第一個假設是站不穩的。第二個假設是；國左原不是一部書，國語所得到的所選擇的材料和左傳不同。既是如此，那麼這本書裏有那本書裏沒有是再自然不過的現象。何況這些多出的部份都很合乎我上文所說的國語的著作態度呢。所以我覺得這個假設比較合理些。如果我們再進一步以第二類所提到的現象配合起來看，這個假設係更有力了。第二類所提到的十六個例子，不但在史實方面完全吻合，甚至有些地方如1、5、7、9、10、11、12、15、16諸條，幾乎連文句都一模一樣。這種現象，主張二書是一書所瓜分的學者們，往往是避而不談的。關於這，我們就只能得一個假設：那便是二書採用的材料相同。不同的兩部書，各就該書的需要，同時採取相同的或不同的材料，這種情形一點也不足爲奇。

四、從史記上有關國左的材料以證二書非一書之分

在本節，我只擬就國左二書共同涉及的部份加以討論。至于或國語獨有，或單見左傳，這種地方我便略而不談。因爲那樣一則超出本文範圍，二則也嫌支離。這樣，則史記有關二書的材料，大約可以歸納成三類：一是同於國語而異於左傳的。二是同於左傳而異於國語的。三是記述同一故實而其內容兼取國左二書的。關於一、二兩項，我已經分別附在前文所列各條下，故不再贅述。這裏只專引第三項的例子。

1. 周本紀：「(襄王）十三年。(同周語中。與左傳異。）鄭伐滑。王使游孫、

伯服請滑。（同僖公二十四年左傳。與國語異。）鄭人囚之。鄭文公怨惠王之入，不與厲公爵。又怒襄王之與衞滑。（同左傳。國語無。）故囚伯服（與國左異。）。王怒，將以翟伐鄭。富辰諫曰：凡我周之東徙，晉、鄭焉依。子頹之亂，又鄭之由定。今以小怨弃之。（同國語。與左傳異。）王不聽。」

▲以仁案：凡句旁有圓圈者。表示該處與括弧中注語有關。無者，表示該處國左史三書一樣。下文同此。

2. 周本紀：「（襄王）十六年，（同僖公二十四年左傳。異於國語。）王絀翟后。翟人來誅。殺譚伯。富辰曰：吾數諫不從，如是不出，王以我爲懟乎？乃以其屬死之。初，惠后欲立王子帶，故以黨開翟人。（考證云：「古鈔、南本黨上有其字，與國語合。）」翟人遂入周。（同周語中，與左傳異。）襄王出犇鄭。鄭居王于氾。子帶立爲王，取襄王所絀翟后，與居溫 。（同僖公二十四年左傳。國語無。）」

▲以仁案：周本紀謂王納翟后在十五年，絀翟后在十六年。鄭世家則二事同在文公三十七年。當襄王十六年。分居兩年則與國語合，然所繫之年則不合。同爲一年則與左傳合。

3. 晉世家：「（獻公）病甚，乃謂荀息曰：吾以奚齊爲後，年少，諸大臣不服，恐亂起。子能立之乎？（意同僖公九年左傳。國語無。）荀息曰：能。獻公曰：何以爲驗？（與國左異。）對曰：使死者復生，生者不慙。（同晉語二。考證云：「史公正用晉語文。」異於左傳。）爲之驗。（與國左異。蓋史公以意足之者。）於是遂屬奚齊於荀息。」（考證云：雜取僖九年左傳，晉語。）

4. 晉世家：「十一月，里克弒悼子于朝，荀息死之。君子曰：詩所謂白珪之玷，猶可磨也。斯言之玷。不可爲也。其荀息之謂乎？（同僖公九年左傳。與國語異。）不負其言。」（同晉語二。考證云：「晉語云：君子曰：不食其言矣。公羊傳亦云：荀息可謂不食言矣。史公與左氏併取之。」與左傳異。）

5. 晉世家：「初，獻公將伐驪戎。卜曰：齒牙爲禍 。（同晉語一。左傳無。）及破驪戎，獲驪姬，愛之。竟以亂晉。里克等已殺奚齊、悼子，使人迎公子重耳於翟，欲立之。重耳謝曰：負父之命出奔 。父死，不得修人子之禮侍喪。重耳何敢入。大夫其更立他子。(同晉語二。左傳無。)還報里克，里克使迎夷吾於梁。夷吾欲往。呂省、郤芮曰：內猶有公子可立者而外求，難信。(與國左異。考證云：「梁玉繩曰：呂甥未嘗從夷吾在外也。此與郤芮並舉，誤。」)計非之秦輔彊國之威以入，恐危。乃使郤芮厚賂秦。約曰：即得入，請以晉河西之地與秦。(意同左傳。考證云：「僖公十五年左傳云：晉侯賂秦伯以河外之列城五，東盡虢略，南及華山，內及解梁城。既而不與。即此事。」國語無。)及遺里克書曰(國左無。)：誠得立，請遂封子於汾陽之邑。(同晉語二。左傳無。)秦繆公乃發兵送夷吾於晉。齊桓公聞晉內亂，亦率諸侯如晉。秦兵與夷吾亦至晉。齊侯乃使隰朋俱入夷吾。立爲晉君，是爲惠公。齊桓公至晉之高梁而還。(意同僖公九年左傳。國語無。)

6. 晉世家：「十三年。(同僖公二十二年左傳。與國語異。)晉惠公病。內有數子。太子圉曰：吾母家在梁，梁今秦滅之。我外輕於秦，而內無援於國。君即不起，病大夫輕更立他子。(國左無。)乃謀與其妻俱亡歸。秦女曰：子一國太子，辱在此。秦使婢子侍，以固子之心。子亡矣，我不從子，亦不敢言。子圉遂亡歸晉。(同左傳。)」

▲以仁案：晉世家又云：「(重耳)居楚數月，而晉太子圉亡秦。」似即本晉語四「於是懷公自秦逃歸」而來。與前面一說顯有不合。晉、宋世家皆謂重耳過宋在宋襄公傷于泓之後。泓之役，當魯僖公二十二年十一月。(即晉惠公十三年。)重耳過宋，然後過鄭，然後之楚。據年表，重耳之楚在僖公二十三年。(即晉惠公十四年。)居楚數月而子圉亡秦，與第一說相去甚遠。是國左本爲二書，太史公或取材於此，或取材於彼，不知二書互有出入也。

7. 晉世家：「獻公二十二年，獻公使宦者履鞮趣殺重耳。重耳踰垣，宦者斬其衣袪。(同僖公五年左傳。國語無。)重耳遂奔狄。狄，其母國也。是時重耳年四十三。從此五士，其餘不名者數十人。至狄。(與國左異。)狄伐咎如，得二女。以長女妻重耳。生伯鯈、叔劉。以少女妻趙衰。生盾。(同僖公二十三年左傳而微異。左傳謂公子取季隗，以叔隗妻趙衰。長幼與此互易。趙世家謂：「翟以其少女妻重耳，長女妻趙衰。」則全同左傳。國語無。)

居狄五歲而晉獻公卒。里克已殺奚齊、悼子。乃使人迎，欲立重耳。(同晉語二。與左傳異。)重耳畏殺，因固辭不敢入。(與國語異。左傳無。)已而更迎其弟夷吾立之。(同晉語二。與左傳異。)是爲惠公。惠公七年。(國左無。)畏重耳，乃使宦者履鞮與壯士欲殺重耳。重耳聞之，乃謀趙衰等曰(與國語微異。左傳無。)：始吾奔狄，非以爲可用與。以近易通，故且休足。休足久矣，固願徙之大國。(同晉語四。左傳無。)夫齊桓公好善，志在覇王。收恤諸侯。今聞管仲、隰朋死，此亦欲得賢佐。蓋往乎？(考證云：「以上本國語晉語。梁玉繩曰：此卽國語狐偃所云：『管仲沒矣，必求善以終』之說。特傳聞異詞耳。故年表亦云：『重耳聞管仲死，去翟之齊。』其實重耳如齊，將以求入。非聞仲死而往，若欲代其位也。愚按：是史公以意易國語文耳。」左傳無。)於是遂行。重耳謂其妻曰：待我二十五年，不來乃嫁。其妻笑曰：犁二十五年，吾冢上柏大矣。雖然妾待子。(同僖公二十三年左傳。國語無。)重耳居狄凡十二年而去。」

▲以仁案：晉世家謂重耳奔狄，年四十三。與國左不同。晉語四謂：「晉公子生十七年而亡。」則重耳奔狄年僅十七。昭公十三年左傳叔向之說與晉語同。考證引梁玉繩曰：「余謂信左國不如信史記。奚以明之？其守蒲城也，二豎曰：疆埸無主，則啓戎心。若使重耳主蒲，可以懼戎。依史記，文公守蒲城時年三十二，與懼戎之說政合。依左國但六齡爾，適足以啓戎心乎。其戰城濮也，楚子曰：天假之年而除其害。依史記，文公戰城濮時年六十六，與假年之說相符。依左國僅四十爾，少于楚成，安得謂天假之年乎？」又引竹添光鴻曰：「文公奔蒲，正獻公滅虢媵秦穆姬之歲。姬係申生姊，必長於文公。如文公年四十三，豈穆姬及艾始嫁？而穆公致書公子，不宜稱爲孺子矣。或疑從左氏則重耳居蒲，止六歲。夷吾更少。不知莊二十八年夏，太子居曲沃。至二子之居蒲屈，則其後日事也。傳統敍於是年爾。觀士蔿築蒲城云：三年將尋師。可見矣。」又引龜井昱曰：「左傳天假之年，受在外十九年。言其保身於奔竄中。」考證以爲後說近是。竊以爲考證之說是。謹補數證：(一)，國語、左傳、史記三書所記重耳周遊列國之言行舉止，如囑狄女待二

十五年然後嫁，如執戈逐咎犯諸事，皆不類年過知命者所當有。故人亦不以長者待之，而欲觀其骿脅。使重耳年近耳順，不當如是。(二)，秦穆公致書重耳稱孺子。(用竹添光鴻說。其說似據禮記檀弓)並娶申生之姊爲婦。則穆公之年，定長於重耳。然秦本紀謂：「德公生三十三歲而立，立二年卒。生子三人。長子宣公，中子成公，少子穆公。」設德公十五歲生穆公，德公卒時穆公年方二十，重耳出奔穆公年方四十有一。較重耳猶少二歲。(三)，楚世家謂：「年十七年，有士五人：有先大夫子餘、子犯以爲腹心。有魏犨、賈佗以爲股肱。有齊、宋、秦、楚以爲外主。有欒、郤、狐、先以爲內主。亡十九年，守志彌篤……」與昭公十三年左傳相同。左傳謂重耳生十七年而有齊、宋、秦、楚以爲外主者，乃就其出亡後周遊列國得四國之善遇而言之。不知史公何據以謂重耳四十三歲出亡。此純據左傳，與晉世家有出入。史公復生，恐亦不能自圓其說。

8. 晉世家謂重耳周遊列國，自狄出發，過衞，過五鹿，至齊，過曹，過宋，過鄭、之楚，入秦。與左傳僖公二十三年相同。而與國語不同。然所記諸事、諸辭，或同國語而異左傳，或取左傳而不同國語。已見前文「史實的差異」一節。

▲以仁案：國語晉語四所記重耳周遊列國之路線爲：自狄出發，過五鹿，至齊，過衞，過曹，過宋，過鄭，如楚，入秦。與左、史不同。關鍵在過衞之先後。衞世家云：「(文公)十六年，晉公子重耳過，無禮。」考證引梁玉繩曰：「重耳過，書于十六年，誤。表書在二十三年，爲僖公二十三年。雖若與左傳合，而實是舛謬。蓋左傳追敍前事耳。晉語云：衞文公有邢、狄之虞，不能禮焉。甯莊子言于公，弗聽。而衞文十六年，無邢、狄之難。考春秋僖十八年，邢人狄人伐衞。僖十八卽衞文十八。則重耳過衞，當在衞文之十八年。」竊以爲梁氏之說未審。國語左傳，二說不同。史公忽於取舍，故於晉、衞二世家則取左傳，於表則同國語。故表云：「重耳從齊過，無禮。」可以爲證。梁氏不得混同國左以爲說。蓋依左傳，重耳於僖公五年出奔，居狄十二年而過衞，則正當衞文公十六年，史記不誤。如依國語，則重耳過衞

在居齊之後。重耳入齊，桓公尚在。此三書皆無異說。桓公之死，當衞文公十七年，卽重耳入齊之次年。又晉世家謂重耳留齊凡五歲。則衞文公十八年重耳尙居於齊。梁氏安得謂重耳於此時過衞？且僖公十九年左傳有衞人伐狄事，二十年秋有「齊、狄盟于邢，爲邢謀衞難也。於是衞方病邢」事，春秋經僖公二十一年春有狄侵衞事。則衞有邢狄之患，不必定於衞文公十八年。不知梁氏何以未見及此？又史記年表之記雖據國語，亦嫌疏略。宋世家謂重耳過宋在襄公十三年，卽衞文公二十二年。而過衞遠先於此。史公安得於衞文公二十三年年表上載重耳過衞之事？

9. 晉世家謂：「文公修政，施惠百姓，賞從亡者及功臣，大者封邑，小者尊爵。」考證以爲根據國語晉語而來。然下文述賞從亡未及介子推事，則同僖公二十四年左傳，而爲國語所無。

10. 齊世家：「鮑叔牙迎受管仲，及堂阜而脫桎梏。（同莊公九年左傳。國語無。）齊祓而見桓公，桓公厚禮。（同齊語。左傳無。）以爲大夫。任政。」

11. 齊世家：「三十五年夏。（同僖公九年左傳。國語無。）會諸侯于葵丘。周襄王使宰孔賜桓公文武胙，彤弓矢，大路。（同齊語而微異。考證云：「左傳但云賜胙，不曰賜彤弓矢，大路。史公以齊語補。」左傳無。）命無拜。桓公欲許之。管仲曰：不可。（同齊語，與左傳異。）」

12. 楚世家：「靈王聞太子祿之死也，自投車下，而曰：人之愛子，亦如是乎？侍者曰：甚是。王曰：余殺人之子多矣。能無及此乎？右尹曰：請待於郊以聽國人。王曰：衆怒不可犯。曰：且入大縣，而乞師於諸侯。王曰：皆叛矣。又曰：且奔諸侯，以聽大國之慮。王曰：大福不再，祇取辱耳。於是王乘舟將入鄢。右尹度王不用其計，懼俱死，亦去王亡。（同昭公十三年左傳。國語無。）靈王於是獨傍偟山中，野人莫敢入王。王行遇其故鋗人。謂曰：爲我求食。我已不食三日矣。鋗人曰：新王下法：有敢饟王、從王者，罪及三族。且又無所得食。王因枕其股而臥。鋗人又以土自代逃去。遂饑弗能起。（同吳語。惟「野人莫敢入王」及鋗人之語，吳語所無。考證謂：「是時疑無三族之刑。」似爲史公意加。左傳無此事。）芊尹申無宇之子申亥曰：吾父再犯王命，王勿誅，恩孰大焉。乃求王。遇王飢於釐澤。奉之以歸。夏五月癸丑，王死申亥家。申亥以二女從死。並葬之。（同左傳。與國語異。惟「遇王飢於釐澤」句與國左均異。不知所本。）

13. 吳世家及伍子胥列傳述伍子胥之諫吳王，前後凡三次。一在敗越于夫椒之後，內容同哀公元年左傳。二在夫差七年伐齊之時，內客同國語吳語。三在夫差十一年，再度伐齊之先，內容同哀公十一年左傳。

14. 吳世家：「使子胥於齊。子胥屬其子於齊鮑氏。還報吳王。吳王聞之大怒，賜子胥屬鏤之劍以死。將死，曰：樹吾墓上以梓，令可爲器。（同哀公十一年左傳。惟左傳「梓」作「檟」。又見伍子胥列傳。同吳世家而較詳。越世家則未引。與國語異。）抉吾眼置之吳東門，以觀越之滅吳也。（同吳語。越世家引同。伍子胥列傳則多：「乃自剄死。吳王聞之，大怒。乃取子胥尸盛以鴟夷革。浮之江中。」一段，亦據吳語而來。與左傳異。）

15. 越世家：「三年，勾踐聞吳王夫差日夜勒兵，且以報吳。越欲先吳未發，往伐之。（同越語下而微異。左傳無。）范蠡諫曰：不可。臣聞兵者凶器也。戰者逆德也。爭者事之末也。陰謀逆德，好用凶器，試身於所末，上帝禁之，行者不利。越王曰：吾已決之矣。遂興師。（同越語下，左傳無。）吳王聞之，遂發精兵擊越。（國左無。似史公以意足之。）敗之夫椒。越王乃以餘兵五千人，（同哀公元年左傳。吳世家及伍子胥列傳並同。與國語異。）保棲於會稽。（案：越語下作「棲於會稽」。哀公元年左傳作「保於會稽」。越世家作「保棲於會稽」。很有意思。）

16. 越世家：「越王謂范蠡曰：以不聽子，故至於此。爲之奈何。蠡對曰：持滿者與天，定傾者與人，節事者以地。卑辭厚禮以遺之，不許，而身與之市。勾踐曰：諾。（同越語下，左傳無。）乃令大夫種行成於吳。（與越語下全同。與哀公元年左傳異。）膝行頓首曰：君王亡臣勾踐，使陪臣種敢告下執事。勾踐請爲臣，妻爲妾。（考證謂本越語。案越語無「妻爲妾」之事，與越語有異。左傳則無。）吳王將許之。子胥言於吳王曰：天以越賜吳，勿許也。（考證謂本哀公元年左傳。與國語異。伍子胥列傳引作「越王爲人能辛苦，今王不滅，後必悔之。」似本左傳「勾踐能親而務施……後雖悔之，不可食已。」而來。吳世家則同此而較詳。引伍子胥之諫云：「昔有過氏殺斟灌以伐斟尋，滅夏后帝相……」云云，顯據哀公元年左傳而來。爲國語所無。）

17. 越世家：「吳師敗，遂殺吳太子。吳告急于王，王方會諸侯於黃池。懼天下聞之，乃祕之。吳王已盟黃池，乃使人厚禮以請成越，越自度亦未能滅吳，乃與吳平。（考證云：「吳師敗以下，本哀公十三年左傳。」與國語異。）其後四年。（同左傳。國語無。）越復伐吳，吳士民罷弊，輕銳盡死於齊、晉。而越大破吳。因而留圍之。三年，吳師敗。（同越語下。與左傳異。）越遂復棲吳王於姑蘇之山。（與國左異。）吳王使公孫雄肉袒膝行而前，請成越王曰：孤臣夫差，敢布腹心。異日嘗得罪於會稽，夫差不敢逆命，得與君王成以歸。今君王舉玉趾而誅孤臣，孤臣惟命是聽。意者亦欲如會稽之赦孤臣之罪乎？勾踐不忍，欲許之。范蠡曰：會稽之事，天以越賜吳，吳不取。今天以吳賜越，越其可逆天乎？且夫君王蚤朝晏罷，非爲吳邪？（同越語。惟越語「公孫雄」作「王孫雒」，考證引梁玉繩說以爲雄乃雒之誤。左傳無。）謀之二十二年。（同左傳。與國語異。）一旦而弃之，可乎？且夫天與弗取，反受其咎。伐柯者，其則不遠，君忘會稽之危乎？勾踐曰：吾欲聽子言，吾不忍其使者。范蠡乃鼓進兵曰：王已屬政於執事，使者去，不者且得罪。吳使者泣而去。（考證曰：「使公孫雄以下，采國語越語。左傳無。）勾踐憐之，乃使人謂吳王曰：吾置王甬東，君百家。吳王謝曰：吾老矣，不能事君王。遂自殺。乃蔽其面曰：吾無面以見子胥也。（考證云：「以上采國語吳語。」左傳微異。）

▲以仁案：越世家謂「謀之二十二年」，顯係據左傳而來。越自魯哀公元年敗於夫椒，至哀公二十二年始滅吳。先後相去正二十二年。越語下云：「夫十年謀之，一朝而棄之其可乎？」越語作「十年」，此國左年月不同之處。史公從左傳。又吳世家云：「二十三年十一月丁卯，越敗吳。越王勾踐欲遷吳王夫差於甬東，予百家居之。吳王曰：孤老矣，不能事王也。」正本哀公

二十二年左傳。（考證之說同。）惟「予百家居之」一句，左傳所無。（吳語作。「夫婦三百。」）下文：吾悔不用子胥之言，自令陷此。遂自剄死。」考證以爲史公取吳語之意而易其文。

以上各條情形，雖然自成一類，其實當中也就包括了一、二兩類的現象。即史記同於國語時便不同於左傳，同於左傳時便不同於國語。根據這種情形，我們無論如何不能說史記所看到的國語和左傳是一部書。至於孫海波氏以爲史記專據左傳而不取今國語乃認定今國語爲漢劉歆所作的說法，我們看到上面這些例證，似乎也可不攻自破。

五、有關二書不同之旁證

晉書束晳傳云：

「初，太康二年，汲郡人不準盜發魏襄王墓，或言安釐王冢。得竹書數十車……師春一篇，書左傳卜筮。……」

師春一篇，既是從魏襄王或魏安釐王墳墓裏發掘出來的，那麼，最晚也當成於魏安釐王埋葬以前。如果國語和左傳在劉歆以前還是一部書的話（如康、錢一派所說），那麼，它上面所書的「左傳諸卜筮」，應該兼包國語上的卜筮而言。但事實上並不如此。不但束晳傳說得明明白白，便是杜預春秋左傳後序也曾說它：

「上下次第及其文義，皆與左傳同。」

劉知幾史通申左篇「汲冢獲書，全同左氏」文下自注也說：

「師春多載春秋時筮者繇辭，將左氏相校，遂無一字差舛。」

師春一篇現在雖已亡佚，然杜預、房喬、劉知幾三氏都曾親見。三氏是晉、唐時人，假若師春篇上的卜筮關係到國語，他們決不會不提到的。那麼，如果國左在劉歆以前本是一書，何以師春篇將左傳上的卜筮通通書載而單獨遺漏了國語的卜筮呢？（國語書卜筮凡三處。）這只有一個理由可以解釋。便是：國語和左傳根本不是一部書！

（以仁附記：此說取自屈師萬里所撰「先秦漢魏易例述評」一文，而略加整理。）

六、結論

國語所記凡二百四十餘事，其中除三分之一爲左傳所無外，與左傳重出的地方竟幾乎有三分之二以上。這些重出部份。在史實方面與左傳有差異的居大多數。而在這種地方。史記却有時從左傳，有時據國語。這些重出的部份，又有少數幾乎和左傳完全一樣，甚至連字句都少有差別的。諸如此類的現象，都已詳列證據於前。再加上二書著作態度的不同，以及師春篇之佐證，則國語與左傳，原係二書，並非如康、錢諸氏所謂一書化分是很顯然的了。

後記

稿成付印，始發現有不妥者數處：(一)，頁十五第十二條第十四條宜刪，蓋晉語之「處五年」若連十七年冬合併計算，則正相當於左傳年數。(二)，頁二十第十三條宜刪。此事又見成公十六年左傳，作「相二君」，蓋記於成公時則言相二君，於襄公時則謂相三君，與國語並無出入也。若此疏漏，想必多有，繩愆糾繆，則有待乎博雅君子矣。

又讀大陸雜誌第十七卷十一期載胡適之先生說史一文，中有云：「舊說左傳出于國語，是不確的。試比較國語左傳兩書裏的晉獻公諸子的大故事，可知兩個故事都從同一個來源出來，那個來源就是民間流行的史話，而選擇稍有不同。國語詳于重耳復國以前的故事，左傳詳于重耳復國以後的故事。」與愚見相同，附誌於此，以文謭陋。

又本文承國立臺灣大學中文系主任臺靜農師及教授屈萬里師指導，並屢蒙本所陳槃庵師提供寶貴材料與意見，惠我良多，併此致謝。

以仁記於南港舊莊，一九六一年十二月。

出自第三十三本(一九六二年二月)

從文法、語彙的差異證國語左傳二書非一人所作

張　以　仁

壹、前　言

我在本所集刊第三十三本中發表的論國語與左傳的關係一文裏，已經就二書的內容方面作過比較詳盡的分析。覺得二書實在不可能是由同一書化分出來，如康有爲、錢玄同諸氏所作的論斷。當時，我也曾約略提到瑞典漢學家高本漢（Bernhard Karlgren 或譯珂羅倔倫）關於二書文法方面的意見，但並未深說下去。因爲高氏那篇左傳眞僞考的文章不是針對這個問題而寫的。所以除了舉出「如、若」一例，說明國、左二書的用法不同，認爲這兩部書不能爲一人所作或由別書所改外，並沒有作更廣泛的探討。然而，由於該文曾因另外八個國、左用法相同的虛字，提出先秦典籍在文法方面國、左二書比較最爲接近這一觀念的緣故，乃引起了些相反的看法。民國十六年十月，故院長胡適之先生在他的左傳眞僞考的提要與批評一文裏便在這方面提出了一點意見。他以爲：「這種結果大可幫助今文家的主張」。「今文家」說劉歆割裂國語，造爲春秋左氏傳。今本國語只是劉歆的殘餘。因此胡先生說：「如今珂先生從文法比較上證明這『兩部書的文法組織很是相同』，這豈不是給今文家尋得了有力的新證據嗎？」他接着表示，他很希望他的朋友錢玄同先生能够繼續珂先生的工作，把左傳與國語再作一番更精密的比較，對這個問題下一個最後的結論。（參胡適文存第三集卷三。民國四十二年十二月臺北遠東圖書公司出版。）我不知道錢氏是否接受這建議，

是否已有了可觀的成績足以供他下最後的結論以了這聚訟多年的疑案；或是否結果並不如他的理想；或是根本放棄了對這問題的探討。我手邊沒有他的著作目錄，因此，在這方面是不敢妄加推測的。只是，有一點我却要在這裏特別加以闡明，便是胡先生雖然覺得「這種結果大可幫助今文家的主張」，但並不認為今文家即可據此有所論定，他說：「今文家不能根據珂先生的成績，而就斷定劉歆的作僞」。到了後來，胡先生對「今文家」抱的希望已逐漸喪失，甚至持相反的看法了。民國四十七年十二月十五日出版的大陸雜誌第十七卷十一期上載有他一篇叫說史的文章。裏面曾這樣肯定地說：「舊說左傳出於國語，是不確的。」他接着舉例說：「試比較國語、左傳兩書裏的晉獻公諸子的大故事。可知兩個故事都從同一個來源出來。那個來源就是民間流行的史話。而選擇稍有不同。國語詳于重耳復國以前的故事，左傳詳于重耳復國以後的故事。」這一段文字曾引在我的論國語與左傳的關係一文的後記裏，現在我願意再引來此處，以示一代大學者為學的不執着、無成見、跟着證據走的偉大精神。錢玄同氏在這方面的研究情形我雖然不知道，但我却知道受高文之影響而繼續在這方面探討的並不乏人。民國二十三年十二月美國學者卜德 (Derk Bodde) 有一篇叫做左傳與國語的文章刊載在燕京學報第十六期上。一開始就介紹高氏的意見；民國二十四年二月出版的浙江圖書館館刊第四卷第一期載有童書業的國語與左傳問題後案一文。民國二十五年十月出版的史學集刊第二期載有楊向奎的論左傳之性質及其與國語之關係一文。都曾涉及這方面。可惜他們都只是祖述高氏，沒有加甚麼新證據。在這個時期，有一個人在這方面比較多下過一點功夫，那便是河南的馮沅君女士。馮女士有一篇叫做論左傳與國語的異點的文章，發表在民國十七年九月出版的新月雜誌一卷七期上，後來收在商務出版的左傳眞僞考及其他一書裏。她除了對高氏的說法下過一番審查的功夫之外，更提出了一些新的證據。洪煨蓮先生在他的春秋經傳引得序一文裏也曾把馮文的大意介紹出來，並加入了一點自己的意見。這些，我都要在下文談到。馮、卜、童、楊、洪這些人，他們的主張並沒有合乎胡先生原來的期望，却反而和「今文家」唱起對臺戲來。難道他們有成見嗎？不是的。他們只是跟着證據說話而已。事實上我們誰也知道，即使二書的文法組織百分之九十九相同，即使再發現幾十個相同用法的虛字，也不能為「今文家」的說法加半分力量(註一)。我們容或能從文法的組織找出表

(註一) 以仁案：專從文法方面來說，根據高文的統計，我們可以看出論語與孟子二書的文法「很是相近」，却並沒有人說這兩部書是一個人寫的。

現作者個性的地方，但那一定是在二書不同之處。相同之處，我們儘可用文法的時間性和空間性等因素來解釋，遠比以個性相同來解釋健全得多。因爲我們不能否認，相同的時間相同的地域，卽使不是同一個人也能而且一定能寫出相同的文法組織的文章來。職是之故，高本漢儘可選出幾個虛字以論斷「魯語」與「左語」的差異，却不敢據以推斷國、左二書的相同，如「今文家」們所主張的，如胡先生所期待錢玄同氏的。他反而願意憑着僅有的一個「如、若」的孤證，來論斷二書不是同一人所作。（楊向奎在他的論左傳之性質及其與國語之關係中說高本漢的說法「雖接近今文家之主張，但非完全相同也。」頗有誤解高文之嫌。因爲就這個主題而言，高本漢的主張根本不接近今文家。）馮、卜、童、楊、洪之後，我不知道還有不有人作過這方面的努力。我也不知道他們這幾位後來還有不有人在這方面加以補充。從洪煨蓮氏的春秋經傳引得序到現在已經二三十年了。（該文民國二十六年十一月發表於哈佛燕京社出版的春秋經傳引得）難道這問題竟冷落了二三十年？也許這問題太枯燥，也許它太瑣碎，使人提不起興趣或不屑於再嘗試。也許已經有很好的成績而沒有爲我知道。因此，我不惜再花一點笨功夫，就前人已有的成績，再爲他們添幾個證據。並補我上一篇文章之不足。這是本文第二章所要做的工作。我又覺得，如果專就這個題目着想，實字的價值，有時反在虛字之上。因爲實字更能代表作者的個性。這兩部書旣然都有這麼多的份量，而所寫的事情又多相同，那麼，如果在某些實字方面有所差異，譬如說某字在此書出現次數很多，而在彼書却特別少甚至沒有。或是某字兩書都經常出現而用法却有所不同。都是值得我們注意的。其中關係不一定限於文法方面，所以我特地用了個範圍較廣的「語彙」二字，這是本文第三章所要做的工作。

貳、國、左二書文法方面之差異

一、對高本漢左傳眞僞考中有關論證的介紹與覆按

一九二六年三月，瑞典格特堡大學學報 (Goeteborgs Hoegskolas Arsskrift) 第三十二卷第三號刋載了瑞典漢學家高本漢先生一篇叫做：On the Authenticity and Nature of the Tso Chuan 的文章。民國十六年，江蘇陸侃如氏將它譯爲「左傳眞僞

考」,在新月書店出版(以下簡稱新月本)(註一)這篇文章的下篇,完全是以文法的研究來從事古書的考證。就在這一部分,他提到了國語與左傳的問題。他以考證書經、詩經……諸書時所舉出的「如」「若」「斯」「乎」「與」「及」「於」「于」「吾」「我」「予」「邪(耶)」等虛字,來比較它們在國、左二書中的情形。結果他發現:

(一)作「像」解時,左傳全用「如」。國語則「如」與「若」並用。

(二)左傳沒有「斯」解作「則」的。國語也沒有。

(三)左傳沒有「斯」解作「此」的。國語也沒有。

(四)左傳不以「乎」爲介詞。國語相同。

(五)左傳不以「與」爲疑問語尾。國語相同。

(六)左傳內「與」和「及」都用爲連詞,作「和」解。而「及」字尤爲通行。國語相同。

(七)左傳有介詞「於」和「于」。它們的用法可分爲三種:

甲:置於人名之前,表示一種動作所向的人,左傳多用「於」字,而少用「于」字。爲五百八十一與八十五之比。

乙:置於地名之前,表示一種行爲所在之地,左傳多用「于」字,少用「於」字。爲九十七與五百零一之比。

丙:表示地位所在或動作所止,左傳則「於」「于」混用。爲一百九十七(於)與一百八十二(于)之比。

國語的情形相同。

(八)左傳「吾」「我」「予」都用作主格和領格。國語一樣。

(九)左傳沒有語尾「邪(耶)」。國語也沒有。

因此,他不止一次的說:「國語的文法和左傳是很相近的(註二);「就大體看來,兩部書的文法組織很是相同」(註三);「在周、秦和漢初書內,沒有一種有和左傳相同的文法組

(註一) 日本小野忍譯本亦名左傳眞僞考,一九三九年出版。

(註二) 見新月本九十八頁。

(註三) 同(註二)。

織的。最接近的是國語。此外，便沒有第二部書在文法上和左傳這麼相近的了。」(註一)但是，他並沒有因此而附和「今文家」的說法，却反而說出和康有為、錢玄同等人相反的話來。他以為解作「像」時，左傳用「如」而國語混用「如」「若」的情形是二書一個重要的不同點。因此他覺得這兩部書不能是一個人作的。他說：「這是無須討論的。」(註二)他認為：「要說一個作家在一部鉅著如左傳裏邊只用『如』，而在又一鉅著裏同樣的常用『若』，那是不可思議的。」(原注十四)。他斷然地說：「他（以仁案：指左傳作者）一定不是依賴國語的（原註：如康有為猜劉歆作偽時借助於此書）。因為這樣他一定不能嚴密的規定解作『像』時只用『如』，和國語兼用『若』和『如』相反抗。而且第二世紀的作偽者，當『於』和『于』在文法上完全混亂的時候，一定不能夠懂得國語裏邊『於』解作 aupres de（以仁案：相當中文的「向」）和『于』解作 a（以仁案：相當中文的「在」，「到」）的分別，而能在像左傳這麼一個鉅著內自始至終嚴守牠。」(註三)。於是，他根據這種現象，提出一個新的看法。他說：「它們可以說是同一方言的人作的，也許是屬於同一派。」(註四)。

以上，就是高本漢氏在左傳眞偽考一文裏所涉及國、左二書的關係的意見的要點。高氏的意思說得再明白也沒有了。但是，却有些學者如楊向奎、張西堂等不是誤解高文，便是避開這種重要的論斷不談，而就他討論的過程中選摘一段以迎合己意。楊氏的說法，已見前文。張西堂的說法，則見於他在民國二十一年十一月為顧頡剛標點劉逢祿的左氏春秋考證所作的序文。序中引用高氏「在周、秦和漢初書內，沒有一種有和左傳相同的文法組織的。最接近的是國語。此外，便沒有第二部書在文法上和左傳這麼相近的了」這一段文字，說它是「左氏和國語本是一書的一個很強有力的證據。左氏的騙局，總算可以定案了。」像這種斷章取義的手法，很容易使人誤會高文原旨。因此我不能不把它揭發出來。而於胡先生的為學風度，益增仰慕。

對於高氏所提到的新的看法，因為已超出本文範圍，這裏姑不置評。單就他這種

(註一) 見新月本九十九頁。

(註二) 同(註一)。

(註三) 見新月本九十九頁。

(註四) 見新月本九十八頁。

從文法方面來考證古書的方法來看，已爲這個問題開闢了一條嶄新的途徑。不過，有一點要在這裏特別加以說明的，就是關於他提到的九項論證，如果參照他的全文，便知道有了省略與强調的地方。譬如第一項，據他的統計，左傳有三個「若」字是作「像」解的(註一)；第四項，左傳有兩處「乎」字當作介詞的。一是襄公十年的「必爾乎取之」，一是昭公二十三年的「監乎若敎」(註二)。像這些，因爲它們出現的數量遠非「如」(第一項）和「於」「于」之比，因此，他在比較國、左二書時，就將這些細節略過。又由於他劃定了一個統計材料選擇的範圍，所以當他統計左傳時，像書中抄襲春秋的記載、引他書的記載、「君子曰」中的記載以及成語等部分，都略而不計。譬如第二項，他發現成公七年的「斯不亡矣」，成公八年的「夫作人斯有功績矣」兩處「斯」字都解爲「則」。但由於它們是見於「君子曰」下，便沒有計算在內了(註三)。像這些地方，我覺得，如果不把它提出來說明，未免令人對於作者的態度發生了解上的偏差，並且也未免孤負了作者硏究的細膩功夫。當然高氏也不免有所疏誤的地方。像昭公十年的「星斯於是乎出」，哀公八年的「斯與之戰」。高氏竟以「是在引別人的話裏」的理由，把它們排斥於統計之外(註四)。我覺得是不妥當的。因爲前者是鄭裨竈對子產說的話，後者是景伯答懿子的話。難道只有敍述及描寫的文字才可算是左傳作者自己寫的，才能代表左傳作者，而文中的對白就不能麼？其實，在他其餘的例證裏，這種類似的例子却多的是。例如在「於」字的甲種用法中的「晉君宣其明德於諸侯」一例(註五)，卽見於晏平仲的說話裏。在「於」字的丙種用法中的「淹久於敝邑」一例(註六)，卽見於皇武子說的話裏。豈不與他的說法互相矛盾？這種小小的疏誤，自然無損於高文的論證。我只是偶爾發現，順筆一提而已。

民國十七年秋天，距離胡先生的左傳眞僞考的提要與批評一文的寫成不到一年，馮沅君女士在新月雜誌發表了她的論左傳與國語的異點。後來收在民國二十五年商務

(註一)　見新月本五十七頁。

(註二)　見新月本六十一頁。案：高讀有誤。當作「無亦監乎若敖蚡冒至于武文。」

(註三)　見新月本五十九頁。

(註四)　同(註一)。

(註五)　見新月本六十六頁。所引爲襄公二十六年左傳文。

(註六)　見新月本六十七頁。所引爲僖公三十三年左傳文。

出版的左傳眞僞考及其他一書裏(以下簡稱商務本)。關於文法方面，她曾作如下的闡述。

首先，她以二書文法相比較，發現高本漢之說實有疏漏。其證如下：

(一)、她認爲「於」與「于」之比例，左、國有相反者。根據她的統計，發覺：1.「于」、「於」解作乙時(案：指置於地名之前)，國語「於」比「于」多四倍。她說：「全書內用『于』者只有二十四處，而用『於』者則有九十四處。」(註一)。2.「于」、「於」解作丙時(案：指表示地位所在或動作所止)，她說：「用『于』者也只十處，而用『於』者有一百五十五處，是一與十六之比。」(註二)。

(二)、她認爲「與」、「及」之比例，左、國大小不同。她說：「國語內解『及』作『和』的地方遠不如『與』作『和』的地方多。全書內只有二十五個『及』字，而『與』字却有一百五十五個。二者竟是一與六之比。」(註三)。

(三)、她檢出國語有「抑驪姬之不存側邪」、「其惑者未舉夏郊邪」、「不知人殺乎抑厲鬼邪」等三條帶有「邪」尾的例子，認爲與高氏左、國皆無「邪」尾之說不合。註四)。

其後，她另外又找出了一個「奈」字，指出左傳沒有「奈」，而國語有「秦寇深矣，奈何」、「吾難里克奈何」、「奈吾君何」、「奈夫八疾何」及「孤無奈越之先君何」等五條(註五)。她不僅以爲這足以構成國、左文法差異之一項證據，且以爲這是國語晚出於左傳之證。由於戰國策中多用「奈」字，因此她認爲「奈」字顯然是晚起的文法(註六)。(以仁案：關於國語的著作年代問題，我擬另纂專文討論，故不在此贅述。)

這些要點差不多都被轉引於洪煨蓮先生的春秋經傳引得序裏。洪氏該文除指出左傳有「不知天之棄魯耶」一條爲「耶」語尾外。並應用她施之於高文的方法，對她的說法也稍微「審查」了一下。洪氏發覺左傳有「河魚腹疾奈何」及「不然奈何」兩條

(註一)　見商務本一百四十一頁。案：馮文僅舉九十二例，且漏鄭語。

(註二)　見商務本一百五十一頁。案：依馮文計算，其所舉「于」字例，當爲十一處。「於」字例，當爲一百五十七處。

(註三)　見商務本一百六十四頁。

(註四)　見商務本一百七十八頁。

(註五)　見商務本一百七十九頁。案：洪煨蓮春秋經傳引得序引此作「四條」，非是。

(註六)　見商務本一百七十八頁。

是用「奈」字的。不過，他們雖各「審查」出一些小漏洞，却不妨礙他們一致的結論。馮女士的(一)(二)兩證，顯然還可以給與高氏對國、左關係這一問題的論斷以助力。

由於馮女士該文曾臚列國語上所有有關的資料以爲她論證的根據，因此，當本文初稿甫定時，我才有幸發現她與我在統計上有所差別的地方。得以提出來在下面商榷。據我統計國語並比較左傳的結果，發現：

(一)「於」、「于」二字，在國、左二書中都曾大量出現。

(二)在人名之前，都同樣多用「於」，少用「于」。(國語爲二百三十七與十七之比。)

和高氏說法相同。(馮文沒有涉及這一方面)但也有與高說不符的地方：

(一)在國語裏，「於」字作高氏所說的三種用法的，共出現四百五十九次之多，而「于」僅出現一百零八次。顯然國語少用「于」字，而左傳用「于」、「於」二字的頻率幾相等(註一)。

(二)置於地名之前，在國語裏，「於」、「于」二字出現的次數很接近。爲六十三(於)(註二)與五十九(于)之比。(這還是除去國名不計，如高氏的統計辦法。否則，「於」的出現次數更比「于」多些。)和左傳的情形顯不一樣。

(三)用以表示地位所在或動作所止，「於」字在國語中出現一百五十九次。「于」出現三十二次，差不多是五與一之比。

第(二)(三)兩項，不僅與高說不符，並與馮說也很有差別。

至於「與」和「及」一證，高氏的疏忽是很明顯的。據我統計的結果，發現：解作「和」的意思而用爲連詞時，「與」和「及」在國語中出現的次數是六十八與二十九之比。「與」字遠比「及」字用得多。

這一項的統計，又與馮說不大一樣。

爲什麼會發生這些差異呢？我發覺，原來有幾個問題橫在我們中間：

第一：所據版本的不同。關於國語的版本，一般都推崇讀未見齋重雕的天聖明道

(註一) 衞聚賢的跋左傳眞僞考謂國語「於」、「于」的出現爲 9：2，左傳爲19：17，衞氏關於左傳的比例，係歸納高氏的統計得來。

(註二) 包括越語下六見。

本。我現在就是根據這個本子。我不知道高氏用的是什麼本子。高氏統計左傳「於」「于」二字的用法，在校勘方面，很花過一番功夫。不知統計國語時，是否也曾如此？至於馮沅君的統計，所根據的本子顯然和我的不一樣。例如她統計「於」「于」的乙種用法，其中像周語的「以致戎於商牧」、「戰於千畝」、「晉既克楚於鄢」、「布戎於牧之野」、「田於鞏」、「諸侯不享，王流於彘」、「以諸侯朝王於衡雍」、「晉文公既定襄王於郟」、「諸侯會於柯陵」、「堯用殛之於羽山」、「遂田於大陸」等十一例；魯語的「厲流於彘」、「紂踣於京」、「幽滅於戲」等三例；齊語的「西至於濟」、「北至於河」、「東至於紀酅」、「至於石枕」、「衞人出廬於曹」等五例；晉語的「至於王城」、「次於郇」、「入於曲沃」、「至於稷桑」、「公至於絳郊」、「軍於廬柳」、「狐偃及秦、晉大夫盟於郇」、「刺懷公於高梁」、「蒐於清原作五軍」、「諸侯會於雞丘」、「殛之於羽山」、「居於鄭地氾」、「至於城濮」、「大夫逆於清原」第十四例；天聖明道本都作「于」字。她統計「於」作乙種用法凡九十二處（案：計所舉例，只有九十二處，而非九十四處。）如果據明道本，應減掉此三十三處。那麼，就只有五十九處了。而「于」字則相對增加爲五十七處。像這種情形，當然就不能說「『於』比『于』多四倍」的話了。又如她統計「於」「于」的丙種用法，其中像周語的「而自竄於戎狄之間」、「司空除壇於籍」、「日月底於天廟」、「命於武宮」等四例；魯語的「戾於敝邑」、「有隼集於陳侯之庭而死」、「通道於九夷百蠻」等三例；齊語的「桓公親逆之於郊」一例；晉語的「會於中原」、「公入於晉師」、「申生乃雉經於新城之廟」、「即位於武宮」、「矢集於桓鉤」、「乃發令於太廟」、「朝於武宮」等七例；鄭語的「以同於王庭」、「漦流於庭」二例，明道本都作「于」字。她統計「於」作丙種用法凡一百五十七處（案：計所舉例如此數。而非一百五十五處。）如果據明道本，則應減除此十七處。那麼，就只有一百四十處了。而「于」字則相對增加爲二十八處。這樣，當然就不能說是「一與十六之比」，而只能說是一與五之比了。

這一點恐怕是影響我們三人的統計結果的最大原因。由於「於」「于」的混用情形由來已久，而國語又缺乏較古的版本可資參照。所以這一項的統計在我認爲實在遠不如高氏在左傳方面所作的有價值。

第二：材料範圍的差異。馮沅君以爲越語下是篇很晚出的東西，與國語他篇不類

(註一)因此，她統計時便把越語下除外。高氏大概沒有作這種選擇，不然他不會不說明的。若果如此，那麼馮女士在「審查」高文時，是否可以作單方面的材料範圍的調整呢？而且。越語和齊語部分，雖歷來頗受人詬病。但並找不出有力的證據足以證明它們是後來附入的。單排斥越語下於統計之外，似可不必。但這樣一來，當然也會影響到我們統計的結果。好在越語下材料有限，影響尙不大嚴重。

第三：材料分類的出入。作「於」「于」的統計時，由於二者之乙種用法與丙種用法之間，在意義上頗有關連，很容易使人產生錯亂的感覺。並且高氏在作乙種用法的統計時，又將國名劃出。更使這項工作趨於迷亂。馮女士顯然也曾注意到高氏的統計細節，因此她在統計「於」「于」的乙種用法之末註云：「遵高先生例，字後隨國名者不列入。」(註二)。可以爲證。但即使如此，她仍不免有所疏誤。如楚語「遇之於鄭」一例，「鄭」是國名，她竟也計入。又如周語的「布戎於牧之野」，晉語的「公至於絳郊」、「舍於冀野」(註三)、吳語的「寡人其達王於甬句東」(註四)等四例，她劃歸於乙種用法。而像周語的「恭王遊於涇上」，晉語的「又爲惠公從余於渭濱」、「射兕于徒林」、「昔成王盟諸侯于岐陽」，吳語的「乃匍匐入於棘闈」，越語的「越王勾踐棲於會稽之上」、「今君王既棲於會稽之上」等七例，她却劃歸於丙種用法。試問它們之間，有什麼差別竟要劃爲兩類呢？像這種地方，我都納入丙種用法。因此，我們所得的結果當然就不會一致了。

作「與」「及」的統計時，我常常顧慮於高氏所說的「作『和』解」的這一意義的範圍。因爲「與」解作「和」的時候，有時並不一定是「連詞」，而可以是「介詞」。而「及」解作「和」的時候，則一定是「連詞」(參楊樹達詞詮)。高氏既然提出「連詞」一語(註五)，且又「與」、「及」並舉，則他所論及的顯然應純指「連詞」。此所以胡適之先生特指出它們是用於「兩個並列的名詞之間」(註六)，以足高氏「連詞」之義。

(註一) 見商務本一百八十頁。

(註二) 見商務本一百五十一頁。

(註三) 韋昭註：「冀，晉邑。郊外曰野。」

(註四) 韋昭註：「甬句東，今句章東海口外洲也」(吳語)「甬，甬江。句，句章。達王，出之東境也。」(越語上)

(註五) 見新月本六十二頁。

(註六) 見胡適文存第三集第一八一頁。

不過，高氏在統計的時候，是否很謹嚴的遵守這項規範，則頗値得懷疑。如他所舉論語的「吾與回言終日」一例，嚴格說來，只可算是「介詞」而非「連詞」(註一)。高文除舉出幾個代表性的例子外，沒有再詳列例證，使人無法作進一步的檢討。如果把類似這種甚至比這種更明顯的表示「介詞」身份的例子除去，則馮文所舉的一百五十五個「與」字的例子，就只能剩下七十九個了（案：例多，不煩枚舉。可參馮文。載商務本一六四至一七六頁）。另外，馮文尙列舉了一些不能解作「和」的例子。如晉語的「雖克與否」、「殺晉君與逐出之與以歸之與復之，孰利」，鄭語的「夏后卜殺之與去之與止之，莫吉」，吳語的「無會而歸與會而先晉，孰利」等七例，「與」字的意義應該是「或者」；又如晉語的「雖欲禦我誰與」、「欲作亂者誰與」等二例，它的意義應該是「參與」，而且也不是「連詞」；又如晉語的「謀則無與也」，它的意義應該是「黨與」；又如吳語的「吾與子圖之」（二見），它的意義應該是「爲」。它們都不是「連詞」。如果再減去這十二處，則馮文所舉的例子就只剩下六十七個了。由於我的統計工作是謹守着「作『和』解」的「連詞」的範圍，因此，我們所得的結果之有出入是免不了的。

第四：漏收。左、國二書，編帙浩大。高氏的統計有無漏收之處不得而知。而馮文漏收的地方，却是可以查檢得出的。像「於」「于」的乙種用法中，便漏收了晉語的「故汎舟於河」、「欒盈晝入爲賊於絳」，鄭語的「叔熊逃難於濮而蠻」以及周語的「以太簇之下布令于商」(註二)，吳語的「旣退于黃池」等五條；丙種用法中，便漏收了魯語的「終則講於會」、「夫齊棄太公之法而觀民於社」，晉語的「不得與於哭泣之位」、「故出亡無怨於國」、「復於壽星」、「於國無邪民」、「無謗於國」，吳語的「至於軍」以及魯語的「莒人告于會」，晉語的「乃寘鴆于酒」、「寘堇于肉」、「恃其富寵以泰于國」等十二條。又像「與」「及」這一項統計裏，便漏收了晉語的「懷與安」以及周語的「殺子頹及三大夫」、「言及晉難及郤犨之譖」，魯語的「及天之三辰」，晉語的「且鎭撫其國家及其民人」等五條，這當然也會影響我們的統計結果的。

但儘管如此，我和馮沅君在主要的結論上還是相同的，就是高氏的統計結果，多

（註一） 見論語爲政第二。下文爲「不違，如愚。」意即不反駁，不做聲，像傻瓜一樣。顏回旣未講話，則「與」字當然不能講作「連詞」。

（註二） 韋昭注：「商，紂都也。」

少和我們的有些出入，而這出入却有利於本文的推論。

由於高氏的統計發生了問題，我們似乎有加以覆按的必要。覆按的步驟可分爲二：一是關於他的左傳方面的統計，一是國語方面的統計。洪煨蓮氏因而繼馮沅君女士提出國語三條帶有「邪」尾的句子之後，順手替左傳也檢出一條來。那便是昭公二十六年的「不知天之棄魯耶」。以補高氏的疏漏。其實，國語帶有「耶」尾的句子並不止三條。馮女士恐怕沒有仔細翻檢過。它們一共有九條。那便是：

「欲信讓耶？」(魯語上)

「使僮子備官而未之聞耶？」(魯語下)

「牀笫之不安邪？」(晉語一)

「抑驪姬之不存側邪？」(晉語一)

「不知人殺乎，抑厲鬼邪？」(晉語八)

「其惑者未舉夏郊邪？」(晉語八)

「夫子期之二子耶？」(楚語下)

「妄其欺不穀耶？」(越語下)

「非吳耶？」(越語下)

如果越語下不計，也有七條。可見「耶」尾在國語已並不怎麼陌生了。

我想，洪、馮二氏對高文所提出的其他虛字的用法，也可能做過覆按的工作。他們旣然沒有找出破綻來，可能其他部分是沒有什麼問題的。不過，爲了謹愼起見，這裏，似仍有加以檢論的必要。現在，讓我們從第一項開始。

第一項，高氏的統計是正確的。而且，可注意的是他所提到的「不如」與「不若」這兩個成語的問題。根據他的統計，二者在左傳裏出現的比數是一百零二(不如)比一(若)(註一)。我們來看看國語。國語裏「不如」凡二十三見。「不若」凡二十二見。它們和「如」「若」在二書中所顯示的情形是一致的。

第二、三項的統計也可算是正確的。除了昭公十年的「星斯於是乎出」及哀公八年的「斯與之戰」二例高氏的處置稍嫌不當，已於前文申述以外，似乎還漏引了襄公

(註一) 見新月本五十二頁。

三年的「日君乏使，使臣斯司馬」一例（杜預注：「斯，此也。」）。此例見於魏絳呈給晉綽公的書裏。是否高氏偶然檢漏或因爲它是書信中的文字而不予計算，那就不得而知了。

第四項也有少許例外爲高氏所忽略。高氏只提到左傳襄公十年的「必爾乎取之」及昭公二十三年的「監乎若敖」兩處的「乎」字用爲介詞，而遺漏了閔公元年的「何恤乎無家」以及國語晉語五的「今吾外刑乎大人而忍於小民」二例。

第五項，高氏的統計也沒有問題。只是國語周語中有「何辭之有與」一條，「與」字似乎是疑問語尾。不過，這一條可能是刋鈔的錯誤。公序本作「何辭之與有」。汪遠孫國語明道本考異於引公序本之後云：「晉語：『亡人何國之與有』，句法一例。」王引之經傳釋詞（以下簡稱釋詞）與楊樹達詞詮並從公序本。

第六、七、九三項的問題比較多，已在上文討論過，茲不復贅。

第八項是不成問題的。左傳「吾」字作主格的計三百六十九見，作領格的二百二十三見。「我」字作主格的二百三十一見，作領格的一百二十六見(註一)。「余」字作主格的九十五見，作領格的二十二見(註二)。國語「吾」字作主格的凡二百六十七見，作領格的凡一百零九見。「我」字作主格的凡八十一見，作領格的凡二十二見。「余」字作主格的凡三十見，作領格的五見。它們都確實兼用爲主格和領格，高氏說法不誤。

現在，讓我們重新來看看高氏關於國、左二書的九項比較。我們不禁發覺：這番覆按的結果，雖然並不能推翻高氏關於國語與左傳文法相近的說法，却可以劃寬國、左二書關係的鴻溝。除去那些相同的不算，在高氏「如、若」用法不同一項之後，我們可以再加上以下幾項的區別：

(一)左傳多用「不如」（一〇二見），罕用「不若」（一見）；國語則「不如」、「不若」兼用（前者二十三見，後者二十二見）。

(二)當作連詞解爲「和」時，左傳「與」、「及」二字皆經常使用，而「及字較爲

(註一) 見高氏所著原始中國語爲變化語說一文。馮承鈞譯。載東方雜誌第二十六卷五號。民國十八年三月十日出版。

(註二) 「余」字高氏未作統計，謹爲統計之。唯左傳作爲第一身稱的「余」字均作「余」而非高氏所說的「予」。作「予」的僅僖公十一年「相奪予享」一例。其他十三見皆爲給予字。

通行」(註一)。國語則「與」字較通行(「與」字六十八見。「及」字二十九見)。

(三)左傳介詞「於」與「于」皆經常使用,爲十九比十七。國語則「於」較「于」通用,約爲九比二。

(四)關於介詞「於」、「于」的用法,國、左也不大一樣:

甲:置於地名之前,表示一種行爲所在之地。左傳多用「于」(五〇一見)而少用「於」(九十七見)。國語則二者皆常用(「于」字五十九見,「於」字六十三見)。

乙:表示地位所在或動作所止時,左傳「於」、「于」二字都經常使用。(「於」字一九七見,「于」字一八二見)。國語則「於」較爲通用(「於」字一五九見,「于」字三十二見)。

(五)左傳以「耶」作疑問語尾的只一見,很可能是刋鈔流傳之誤。國語却有九見。顯然不能用上述理由來解釋。

還有馮沅君所舉出的「奈」字一證,雖然不在高氏的比較範圍內,也不妨把它附在這裏。她只舉出五個例子,而不計越語下的「爲三者奈何」、「爲之奈何」、「與人奈何」、「節事奈何」、「子將奈何」五例。如果把它們計入,我們便又多出一項,那便是:

(六)國語較左傳更熟練於「奈何」一詞的運用。

加上高本漢先生的「如、若」一證,共是七項。顯然對於我們的推論是有利的。

二、新的證據的提出

使用一種相同的文字,雖然由於時間的變遷以及地域的差異等等原因而影響它的文法組織。但我們也不能否認文法的求同性以及繼承性。因此,要在兩本歷來被誤認爲是同一人所作甚至同一書化分的作品中,找出它們文法上的差異,並不是一件輕而易舉的事。這也許就是歷來討論國語與左傳這兩部書的文法問題的學者們爲什麼只能祖述高氏舊說而不進一步去增加證據的原因之一。馮沅君女士於精研文學之餘,來寫這種枯燥的考據文章,竟然能在覆按高文之後,提出「奈」字一證。眞是非常難得的。我因爲得春秋經傳引得之助力,並且一心追究這個問題,因此乃得發現下列數端,可

(註一) 見新月本六十二頁。

補憑女士之不足。

下文，我擬就「左有國無」、「國有左無」、「二書皆有而用法不同」三方面分別提出我的新證據。首先，我要作兩點說明：第一，我的統計材料選擇的範圍，是除去書中引用他書或民謠古諺之類不計的，與高氏大抵相同。以下概依這個標準，不另注明。第二，我所用的文法方面的術語，多半採自楊樹達詞詮一書。

第一類：左有國無。

「嘻」　歎詞，左傳一見：

「從者曰：嘻！速駕！」(定公八年)。

「烏乎」(或作「烏呼」、「嗚呼」)　歎詞，左傳五見：

「大叔文子聞之，曰：烏乎！」(襄公二十五年)。

「單公子愆期爲靈王御士。過諸廷。聞其歎而言曰：烏乎！必有此夫！」(襄公三十年)。

「宣子曰：烏呼！我之懷矣。」(宣公三年)。

「嗚呼！天禍衞國也。」(成公十四年)。

「嗚呼！爲無望也夫！」(昭公二十七年)。

「呼」　作爲歎詞，左傳一見：

「呼！役夫！宜君王之欲殺女而立職也！」(文公元年)。

國語不僅沒有上述「嘻」、「烏乎」、「呼」一類的歎詞(註一)，且實際上全書根本就沒有一個歎詞。這是一種頗有趣味而堪加重視的現象。

「每」　左傳凡十二見。【宣公十二年(凡「年」後未著若干見者均爲一見，下同。)；成公二年，十五年；襄公二十二年；昭公十三年二見，二十年，二十九年；定公十年；哀公六年，九年，十四年。】其中有用作副詞的，如：

「初，伯宗每朝，其妻必戒之。」(成公十五年)。

也有用作逐指指示形容詞的。如：

「平公每歲賈馬。」(昭公二十九年)。

(註一)　國語有「呼」字，但不用作歎詞。此字本應納入第三類。唯以歎詞自成一單元，爲便於敍述，故附於此。

國語沒有「每」字。

「毋」 左傳凡二十一見。(文公十年;宣公十二年二見,十五年二見;襄公十一年四見,十四年,十九年,二十三年二見,二十四年,二十九年;昭公十三年,十六年二見,二十六年,二十八年;哀公二十七年。) 其中大多用爲禁戒副詞,作「莫」解。如:

「故使止子玉曰:毋死。」(文公十年)。

「毋廢王命。」(宣公十二年)。

有與「寧」字連用作「毋寧」的。如:

「毋寧使人謂子:子實生我。而謂子浚我以生乎?」(襄公二十四年)。

「且先君而有知也,毋寧夫人,而焉用老臣。」(襄公二十九年)。

有與「乃」字連用作「毋乃」的。如:

「不討有罪,曰將待後。後有辭而討焉,毋乃不可乎?」(宣公十五年)。

「是教敝邑背盟誓也。毋乃不可乎?」(昭公十六年)。

國語沒有「毋」字。

「悉」 左傳凡八見。(文公十七年。宣公十五年。成公二年。襄公八年,十一年,三十一年。昭公十三年。定公四年。) 多作「盡」解。如:

「晉師悉起。」(宣公十五年)。

「諸侯悉師以復伐鄭。」(襄公十一年)。

國語沒有「悉」字。

「稍」 左傳凡三見。(襄公二十八年。昭公十年。哀公二年。)作爲表態副詞。如:

「與子尾邑,受而稍致之。」(襄公二十八年)。

「子尾多受邑而稍致諸君。」(昭公十年)。

國語則只用「少」字而無「稍」字。

「旃」 用於句末,爲指示代名詞。左傳凡五見:

「初,虞叔有玉,虞公求旃,弗獻。」(桓公十年)。

「季孫喜,使飲己酒,而以具往。盡舍旃。」(襄公二十三年)。

「天其殃之也，其將聚而殲旃。」(襄公二十八年)。

「晉人城緜而寘旃。」(襄公二十九年)。

「臧昭伯之從弟會，爲讒於臧氏，而逃於季氏。臧氏執旃。」(昭公二十五年)。

國語沒有「旃」字。

「矣哉」　國語無。左傳凡六見：

「王曰：尙矣哉！能歆神人，宜其光輔五君以爲盟主也。」(襄公二十七年)。

「爲之歌頌，曰：至矣哉！……」(襄公二十九年)。

「見舞韶箾者，曰：德至矣哉！」(襄公二十九年)。

「梁丙曰：甚矣哉！子之爲此來也。」(昭公三年)。

「有人矣哉。」(昭公十二年)。

「涉佗亦遄矣哉！」(定公十六年)。

「今而後」　國語無。左傳此詞凡五見：

「吾乃今而後知有卜筮。」(襄公七年)。

「蔑也今而後知吾子之信可事也。」(襄公三十一年)。

「今而後知不足。」(襄公三十一年)。

「吾今而後知禮之可以爲國也。」(昭公二十六年)。

「寡人今而後聞此。」(昭公二十六年)。

「無寧」(或作「毋寧」)　左傳此詞也很常見。如：

「無寧茲許公復奉其社稷。」(隱公十一年)。

「無寧菑患。」(襄公三十一年)。

「無寧以善人爲則。」(昭公六年)。

「無寧以爲宗羞。」(昭公二十二年)。

也有作「毋寧」的。已引見前文「毋」字條下。國語則無此詞。

第二類：國有左無。

「僅」　國語三見，用爲表態副詞。相當於口語「纔」的意思(註一)。如：

(註一)　韋昭除周語下無註外，其他兩處的「僅」字都訓爲「劣」。賈逵則訓周語中之「僅」爲「纔能」。

「余一人僅亦守府。」(國語中)。

「及文、武、成、康而僅克安民。」(周語下)。

「而後使太宰啓彊請於魯侯,懼之以蜀之役,而僅得以來。」(楚語上)。

左傳沒有「僅」字。

「趣」 國語二見,用爲時間副詞,相當於口語「快」的意思(註一)。如:

「趣行事乎。」(晉語三)。

「乃趣殺之。」(晉語八)。

左傳沒有「趣」字。

「詎非」 左傳無。國語二見,用爲假設連詞。如:

「詎非聖人,必偏而後可。」(晉語六)。

「詎非聖人,不有外患,必有內憂。」(晉語六。成十六年左傳作:「自非聖人,外寧必有內憂。」)

「而已矣」 左傳無。國語二見:

「勉之而已矣。」(晉語一)。

「將死於齊而已矣。」(晉語四)。

第三類:二書皆有而用法不同。

「諸」 左傳凡數百見。它們除經常置於句中,用作介詞或代名詞兼介詞,與國語相同外,另外有一種用法却是國語所沒有的。那便是置於句末,用爲代詞或助詞。如:

「天其或者將建諸。」(僖公二十三年)。

「皋陶庭堅不祀,忽諸!」(文公五年)。

「其子不忍食諸。」(襄公四年)。

「然則盟諸?」(襄公十一年)。

「子聞諸?」(昭公八年)。

(註一) 案:說文:「趣,疾也。」廣雅釋詁一:「趣,遽也。」疾,遽猶如今語速、快的意思。「趣行事乎」乃慶鄭說的話,叫人速行刑,不必多講。韋註謂「趣司馬行其刑也」,似讀「趣」爲「促」。便不像慶鄭說的話了。

「先伐諸？」(昭公十年)。

「先諸？」(昭公二十年)。

「盍及其勞且未定也伐諸？」(昭公二十一年)。

「子速諸？」(昭公二十一年)。

「然則救諸？」(昭公二十五年)。

「無乃亢諸？」(昭公二十六年)。

「其又爲諸？」(定公五年)。

「先備諸？」(定公八年)；(定公十三年)。

「盍去諸？」(哀公六年)。

「盍及其來作也先諸？」(哀公六年)。

「天其夭諸？」(哀公六年)。

又「諸」有與「乎」連用作語尾的，如：

「秦伯謂子桑與諸乎？」(僖公十三年)。(國語晉語三作「予之乎」)。

「能事諸乎？」(文公二年)。

「待諸乎？」(宣公十二年)。

「吾敢違諸乎？」(昭公三年)。

「叔氏，而忘諸乎？」(昭公十五年)。

「山川鬼神其忘諸乎？」(定公元年)。

可見這種情形在左傳是很習見的了。國語裏面，「諸」字雖然也大量出現，却沒有這樣用法的例子。

「猶」　左傳凡二三百見，多爲「好像」與「尙且」之義。與國語相同。但左傳尙有另一種用法是國語所沒有的。那便是作爲假設連詞「若」的意思。如：

「鬼猶求食，若敖氏之鬼，不其餒而？」(宣公四年)。

裴學海古書虛字集釋（以下簡稱「虛字集釋」）謂此「猶」作「若或」解。日本漢學家竹添光鴻左氏會箋（以下簡稱「會箋」）以爲「猶」乃疑詞（見襄公二十年會箋。參見下文)。二說意思相同。

「猶有鬼神，於彼加之。」(襄公十年)。

詞詮虛字集釋皆釋爲「若」。會箋以爲疑詞（見昭公二十七年會箋。參見下文）。

「猶有鬼神，吾有餒而已。」（襄公二十年）。

會箋云：「猶，疑詞也。左氏多出。宣四年『鬼猶求食，若敖氏之鬼，不其餒而？』與此正同。」

吳昌瑩經詞衍釋（以下簡稱「衍釋」）引此也以爲是「若詞」。

「參成可筮；猶有闕也，筮雖吉，未也。」（昭公十二年）。

衍釋、詞詮、虛字集釋皆釋爲若或之「若」。

「猶有鬼神，此必敗也。」（昭公二十七年）。

孔穎達疏云：「言倘有鬼神以助君，此戰必當敗也。況無鬼神乎？」

會箋云：「此言是戰之必不克也。猶，疑詞也。襄十年『猶有鬼神，於彼加之』，二十年『猶有鬼神，吾有餒而已』皆同。言無鬼神則不可知。若使鬼神在，天既禍之矣，而徼幸妄行，何以免於敗乎？」

孔疏的說法，似乎不是左傳原意。宜從會箋的說法。不過，從孔疏的「況無」兩字看來，似乎他也釋「猶」爲疑詞。與會箋同。

由上面這些例子看來，左傳以「猶」作爲假設連詞顯然是常見的(註一)。會箋說「左氏多出」這句話不是沒有根據的。反過來看一看國語，國語「猶」字雖然有六十餘見，却沒有一個是作假設連詞的。

「惡」　用爲名詞或動詞，左、國二書皆有。但用作疑問副詞，與「何」「安」同義的例子却不見於國語，而左傳則有三見。如：

「棄父之命，惡用子矣？」（桓公十六年）。

「賦詩斷章，余取所求焉，惡識宗？」（襄公二十八年）。

「平子曰：爾幼，惡識國？」（昭公十六年）。

「繄」「思」「疇」　三字左傳都有用爲語首助詞的。如：

「爾有母遺，繄我獨無。」（隱公元年）。

「王室之不壞，繄伯舅是賴。」（襄公十四年）。

(註一) 衍釋釋昭公二年左傳的「猶有所易，是以亂作」之「猶」爲「若」，而會箋則釋爲「猶且」。細味「是以」一詞，與今語「因此」、「所以」相當。則衍釋以「猶」爲假設詞，於文似有未順，故不徵引。

「思肆其罔極。」(昭公二十六年)。

「疇昔之羊，子爲政。今日之事，我爲政。」(宣公二年)。(註一)。

這些字在國語雖常出現，却沒有用作語首助詞的。

「居」「而」　二字在左傳有用作語末助詞表疑問的。如：

「誰居？後之人必有任是夫」(成公二年)。

「誰居？其孟椒乎？」(襄公二十三年)。

「若敖氏之鬼，不其餒而？」(宣公四年)。

國語「居」、「而」二字雖然常見，却沒有用作語末助詞的。

「識」與「屬」　左傳「識」字有用爲副詞，作「剛纔」之義的。如：

「識見不穀而趨，無乃傷乎？」(成公十六年)。

釋詞、詞詮、虛字集釋皆謂「識」爲「適纔」之義。國語雖然有這個字，却沒有這樣用法的。國語晉語六也寫到這個同樣的故事，却作：「屬見不穀而下，無乃傷乎？」以「屬」字爲之。而左傳「屬」字也沒有用作這種意思的。

「仍」　國語「仍」字用作副詞的共有二處：

「晉仍無道而鮮胄。」(周語下)。

韋昭註：「仍，數也……晉厲公數行無道……」

「晉仍無道。」(晉語四)。

韋昭註：「仍，重也。」

左傳「仍」字只作人名地名，不作副詞用。

「精」　國語的「精」字凡十九見，它們的用法，可以大別爲三類：

第一類：解作「潔」的意思。有用爲形容詞的。如：

「其君齊明衷正，精潔惠和。」(周語上)。

「其爲人也，小心精潔。」(晉語一)。

韋昭註：「小心多畏忌，精潔不忍辱。」

「精潔易辱。」(晉語一)。

(註一)　釋詞與詞詮並謂「疇」爲語首發聲助詞。

「且吾聞之，甚精必愚。」（晉語一）。

韋昭註：「精銳近愚也。」

「精爲易辱，愚不知避難。」（晉語一）。

「明精意以導之罰。」（楚語上）。

韋昭註：「明盡精意，斷之以情。」

這六個「精」字，其中四個見於同一節，是優施用來形容晉太子申生的爲人的。韋昭註了三處。前者以「精潔」釋「精潔」，後者以「精意」釋「精意」，都等於沒有註。第四例釋爲「精銳」，却是不妥切的。其實，「精」就是「潔」（「精」之訓「潔」，爲古書常訓。韋昭註國語也有訓「精」爲「潔」的。引見下文，此處不贅）。「精」、「潔」二字同義。分則稱「精」稱「潔」，合則稱「精潔」，意思是一樣的。所謂「小心精潔」，就是謹愼規矩潔身自好的意思。這正是申生的品格的最佳考語。只有潔身自好的人，才不能忍受絲毫汚毀侮辱。只有不能忍受汚辱的人才容易汚辱。所以優施說「精潔易辱」、「精爲易辱」。二句話是一樣的意思。也只有潔身自好的人才能有所不爲。尤其是一個過分潔身自好（甚精）的人。這種人並不愚蠢。可是當他固守於他的「善」「是」時，却是寧死不變的。在如優施這種人看來，這股傻勁就是「愚」。因此優施說「甚精必愚」。這四個「精」字的意思是相同的。若釋爲「精銳」，不但不似申生的爲人，也與「愚」意不相調協。而且前後文意也不一致。

也有解作「潔」而用爲名詞的。如：

「祓除其心，精也。」（周語上）。

韋昭註：「精，潔也。」

「然則長衆使民之道，非精不和。」（周語上）。

「以惡實心，棄其精也。」（周語上）。

「是以先王之祀也，以一純、二精、三牲……」（楚語下）。

韋昭註：「二精，玉、帛也。」（以仁案：取其明潔也。）

「王曰：所謂一純、二精、七事者何也？」（楚語下）。

「玉、帛爲二精。」（楚語下）。

韋昭註：「明絜爲精。」（以仁案：絜、潔古、今字。國語二字混用。）

也有解作「潔」而用爲動詞的。如：

「精意之享，禋也。」(周語上)。

「五色精心，五聲昭德。」(周語中)。

韋昭註：「五色之章，所以異賢不肖，精其心也。」

「帥其羣臣，精物以臨監。」(楚語下)。

第二類：解作「美」，爲形容詞。如：

「若視聽不和，而有震眩，則味入不精。不精則氣佚。」(周語下)。

韋昭註：「味入不精美，則氣放佚，不行於身體。」

第三類：與「明」字或「爽」字連用，爲名詞。如：

「民之精爽不攜貳者。」(楚語下)。

韋昭註：「爽，明也。」

「夫神以精明臨民者也。」(楚語下)。

韋昭對這兩個「精」字都沒有註。我們揆度文義並參照左傳，這兩處「精」字似乎有「靈」「神」的意思。(第二例如果「精」「明」分爲二詞，則應歸入第一類，解作「潔」，有聖潔明哲的意思。)

分析到這裏，我們不難發現：「精」之一詞，在國語裏應用得頗爲廣泛。它表現了三種意思(一是「潔」，二是「美」，三是「靈」)。而且又分用作形容詞，動詞和名詞。但左傳的情形是怎樣的呢？左傳「精」字一共只有四見。如：

「用物精多則魂魄強，是以有精爽至於神明。」(昭公七年)。

杜預註「爽」云：「明也。」

孔穎達疏：「……故用物精而多則其魂魄益強。」

「其用物也弘矣，其取精也多矣。」(昭公七年)。

「心之精爽是謂魂魄。」(昭公二十五年)。

杜預於四處「精」字都沒有註釋。孔穎達則訓「用物精多」爲「精而多」，以「精」爲形容詞，有「精美」的意思。這種說法恐怕不是左氏的原意。下文說：「其用物也弘矣，其取精也多矣」。顯然是承接此處的「物」「精」而言。則「精」是名詞，而不當以形容詞說它。這個「精」字，其實就是「精華」、「精英」的意思。「物精」說作「物之精」(會箋解「其取精也多矣」句云：「精者，物之精也。」)或「物與精」都可以。杜預解「物」爲「權勢」也是不對的。「物」就是「物類」，是泛指一切奉養之物。否則，匹夫匹婦，何有於「權勢」？子產也不會說「匹夫匹婦強死，其魂魄猶能馮依於人，以爲淫厲」的話了。孔疏這個地方本說得不錯，他說：「物謂奉養之物，衣食所資之揔名也。」但他或許是囿於疏不破註的積習，反而勉強找出理由來回護杜註。他說：「物非權之名而以爲權勢者，言有權勢則物備。」眞是煞費苦心。吃力而不討好，大可不必。昭公七年這段文字，是記載子產回答晉趙景子的「伯有死後猶能爲鬼乎」之問。子產以爲：凡屬強死（以仁案：強死，謂體魄強健而橫死者。杜預以「不病也」釋之，尙嫌未愜。）的人都有鬼。卽使普通老百姓也一樣。伯有是遭橫死的（爲鄭人所殺），伯有當然有鬼。在子產認爲：人生下來以後，用物旣多，則攝取物之精華自多。他的體格自然強健，魂魄也就健旺了。如果這時候他忽遭橫死(強死)，它可以馮依於人，爲淫爲厲。子產的靈魂理論對不對，不在本文討論範圍之內，可以撇開一旁。我們只要知道這裏的「精」字是「精華」的意思。是作名詞用而非形容詞，這就夠了。至於「精爽」一詞，很顯然的是個名詞。這樣說來，左傳的「精」字是只有用作名詞的了。它們所表示的意義，一是「精華」(爲國語所無)，二是「精靈」(相當於國語第三類)。對於國語應用得最多的「精潔」一義，左傳根本沒有。

「元」　國語「元」字凡十餘見。它們的用法可分爲二類：

第一類：表示「首」、「長」、「大」的意思、用以修飾名詞。如：

「天子所以饗元侯也。」(魯語下)。

韋昭註：「元侯，牧伯。」

「元侯作師。」(魯語下)。

韋昭註：「元侯，大國之君。」

「師敎衞以贊元侯。」(魯語下)。

「若爲元侯之所。」(魯語下)。

「元年始受實沉之星也。」(晉語四)。

諸侯裏面大的諸侯叫做「元侯」，卽位的首年叫做「元年」。又如：

「知右行辛之能以數宣物定功也，使爲元司空……公知祁奚之果而不淫也，使爲元尉……知魏絳之勇而不亂也，使爲元司馬。知張老之智而不詐也，使爲元侯。」(晉語七)(註一)。

韋昭註：「元尉，中軍尉。」；「元司馬，中軍司馬。」；「元侯，中軍侯奄。」中軍居三軍之首，三軍都有尉、司馬、侯奄等官職。而中軍的尉、司馬、侯奄則冠上「元」字，以表示他們居各該官職之長。

第二類：表示「善」的意思，用作形容詞或名詞。如：

「抑人之有元君將稟命焉。」(晉語七)。

「伯父多歷年以沒元身。」(吳語)。

韋昭皆訓爲「善」。像晉語七的「故求元君而訪焉」，楚語上的「是五王者，皆有元德也」，都應歸入這一類。這些「元」字，都是用來修飾名詞的。又如：

「孤之不元，廢也。其誰怨？元而以虛奉之，二三子之制也。」(晉語七)。

「孤之不元」的「之」字，當作「若」字講。參見釋詞、衍釋二書。這兩個「元」字，也是「善」的意思。是形容詞作謂詞用。又如：

「若欲奉元以濟大義，將在今日。」(晉語七)。

「元」字在這裏的意思是「善君」，作名詞用。

現在，讓我們來分析一下左傳「元」字的用法。左傳元字凡數十見。除去用作專有名詞的不計外，其他或謂人之首級爲「元」。如：

「狄人歸其元。」(僖公三十三年)。

「公使大使固歸國子之元。」(哀公十一年)。

杜預皆訓爲「首」。他如：

「元子」：

「微子啓，帝之元子也。」(哀公九年)。

「元女」：

(註一) 「元司空」的元字，可能是衍文。韋昭註云：「能以計數明事定功，故爲司空。司空掌邦事。」兩次提到司空，都沒有「元」字。可見他所看到的本子沒有「元」字。如果有，他一定會寫出來。看他解釋別的例子時便知道。黃丕烈國語札記云：「別本無元字。」則此「元」字可能涉下文諸元字而衍。左傳成公十八年記載此事也沒有「元」字或「中軍」等字樣。可爲旁證。

「庸以元女大姬配胡公。」(襄公二十五年)。

「元年」:(此詞常見。例略。)

「元帥」:

「謀元帥。」(僖公二十七年)。

「元妃」:

「惠公元妃孟子。」(隱公元年)。

「元侯」:

「三夏,天子所以享元侯也。」(襄公四年)。

這些「元」字,都是「首」「長」「大」的意思。和國語第一類情形相當。像國語第二類表示「善」的意思的用法,除了昭公十二年解釋彖辭「元亨利貞」時,用了一句與周易乾卦文言相同的「元,善之長也」稍微牽涉列「善」的意思外,左傳是沒有用作「善」的意思的。

「鎭」 在左傳與國語兩書上,「鎭撫」一詞,都是很習見的。茲舉數例如下:

「若不鎭撫。」(桓公十三年)。

「鎭撫其社稷。」(文公十二年)。

「以鎭撫百姓。」(周語中)。

「其何以鎭撫諸侯。」(魯語上)。

但是「鎭」字單獨使用,左傳則只一見:

「以亡曹國社稷之鎭公子。是大泯曹也。」(成公十六年)。

「鎭」字在此顯然作形容詞用。除此以外,左傳更沒有單獨使用的「鎭」字。也沒有與其他的字連用的。國語則不然。國語「鎭」字不與「撫」連用的有十三見。有作動詞的。如:

「是陽失其所而鎭陰也。」(周語上)。

「爲贄幣瑞節以鎭之。」(周語上)。

「譬之如室,既鎭其甍矣,又何加焉。」(晉語二)。

「柔惠小物而鎭定大事。」(晉語七)。

「教之樂以疏其穢而鎭其浮。」(楚語上)。

有用作名詞的。如：

「替贊無鎭，誣王無民。」（周語上）。

「欲替其鎭，人亦將替之。」（周語上）。

「芮也使寡人過殺我社稷之鎭。」（晉語三）。

「夫不忘恭敬，社稷之鎭也。賊國之鎭，不忠。」（晉語五）。（宣公二年左傳作「不忘恭敬，民之主也。賊民之主，不忠。」）。

也有與「靜」連用，作形容詞的。如：

「無忌鎭靜。」（晉語七）。

「使鎭靜者修之……鎭靜者修之則壹。」（晉語七）。

這在國語和左傳是很顯然的差別。

「意」　用爲「心意」字，作名詞，國語凡十一見：

「有不祭則修意。」（周語上。）

「精意以享，禋也。」（周語上）。

「言忠必及意。」（周語下）。

「帥意能忠。」（周語下）。

「詩所以合意。」（魯語下）。

「魄，意之術也。」（晉語三）。

「述意以導之。」（晉語三）。

「快意而喪君。」（晉語三）。

「沈竈產鼃，民無叛意。」（晉語九）

「明精意以導之罰。」（楚語上）。

「君行制，臣行意。」（越語下）。

可見這種用法在國語是很常見的了。左傳雖然也有「意」字，但除了作專有名詞用外，再沒有其他的用法。

「裨」　除專有名詞不計外，國語「裨」字凡三見。皆用爲動詞，作「補」「益」之意。如：

「裨補先君。」（晉語四）。

韋昭註：「裨，補也。」

「子若能以忠信贊君，而裨諸侯之闕。」（晉語八）。

韋昭註：「裨，補也。」

「若以同裨同，盡乃棄矣。」（鄭語）。

韋昭註：「，裨益也。」

左傳此字除用爲人名或地名外，是沒有其他用法的。

叄、國、左二書語彙方面的差異

美國學者卜德氏在他的左傳與國語一文中曾提出「帝」與「上帝」一證，以爲左傳喜言「帝」，而不大言「上帝」，國語則剛好相反。因而證明左、國二書非同一人所作。我曾在論國語與左傳的關係一文中予以評論。我覺得，他這個證據的微弱力量實不足以支持如許份量的結論。但是，對於他能着眼於這一方面，却是衷心贊佩的。可惜卜德氏沒有爲這個例證別出一類，以至楊向奎作論左傳之性質及其與國語之關係一文時，雖然也提到他，却以「無甚精義」四字考語輕輕帶過。其後多年來也沒有人注意到這一點。我現在不敢掠美，特師法他的意思，爲他作一番闢莽披榛的工作。條列例證，綜成一類，名之曰「語彙」。

「百姓」　左傳對於人民的稱謂，多以「民」爲之。凡四百餘見。也常用「國人」一詞，凡八十餘見。而於「百姓」一詞，則僅三見。那便是襄公十四年的「百姓絕望」，昭公三十二年的「俾我一人無徵怨于百姓」，哀公二年的「斬艾百姓」。國語則大不相同。固然「民」之一詞也經常出現，而「百姓」這個名詞，竟出現了四十次之多。（周語上三見。周語中六見。周語下五見。齊語五見。晉語一五見。晉語兩見。晉語四三見。鄭語一見。楚語下五見。越語上一見。越語下四見。）比較起左傳來，國語是更愛用「百姓」這個名詞了。

「天王」　關於「天王」的稱謂，左傳凡四見。爲：

「天王使召武公、內史過賜晉侯命。」（僖公十一年）。

「天王使劉定公勞趙孟於潁。」（昭公元年）。

「天王將鑄無射。」（昭公二十一年）。

「天王處於姑蕕。」(定公六年)。

這些「天王」，都是指周天子而言。對其他諸侯，無論是什麼場合，無論强弱如何懸殊，都不稱「天王」的。這在左傳沒有例外。(左傳「天王」一名，尙另有六見，爲：隱公元年。桓公十五年。僖公二十四年，二十八年，襄公二十八年，三十年。但顯然是抄襲春秋經文的記載，不合本文統計標準，因此沒有計入。不過這些「天王」，也都是指周天子，沒有例外。)國語便不然了。對周天子從來沒有稱過「天王」。反而是越敗於吳而求和的時候，屢屢稱吳王夫差爲「天王」。諸如：

「昔者越國見禍，得罪於天王。」

「天王親趨玉趾以心孤勾踐。」

「草鄙之人，敢忘天王之大德。」

「天王豈辱裁之。」

「今天王旣封植越國。」

「是天王之無成勞也。」

「唯天王秉利度義焉。」

「使其下臣種不敢徹聲聞於天王。」

例證旣然這樣多。而第一例下面韋昭註云：「言天王，尊之以名。」可見「天王」二字不是字誤。這是左傳所沒有的情形。可見二書著作態度的差異。

「純固」　這個成語，左傳根本找不出來，而在國語是常見的(註一)如：

「吾聞夫犬戎樹惇，帥舊德而守終純固，其有以禦我矣。」(周語上)。

「財用蕃殖於是乎始，敦龐純固於是乎成。」(周語上)。

「守終純固，道正事信，明令德矣。」(周語下)。

(註一)　以仁案：關於第一例，有好幾種不同的斷句方法。韋昭從「惇」、「固」讀斷。王引之經義述聞則從「樹」「固」讀斷，「惇」屬下讀。日本漢學家瀧川資言史記會注考證則從「敦」(史記「惇」作「敦」)、「純」讀斷，「固」屬下讀。瀧川云：「愚案：守終純句，固字屬下讀。」可知不是標點之誤。「惇」字應屬上屬下我們不去管它，因爲那與本文無甚關連。我這裏姑依韋昭的句讀。但於「固」字屬下讀一說，則不能不有所辯正。很顯然的，那是瀧川氏的誤解。他旣認史記該文採自周語，則應知道「純固」一詞是國語習見的成語。如果他注意到另外三個例子，便不會作這種望文生訓的說法了。因爲那三個例子的「固」字，都不可能屬下讀的。

「聽言昭德，則能思慮純固。以言德於民，民歆而德之，則歸心焉。」(周語下)。

「神祇」與「鬼神」 國語有「神祇」一名。如：

「足以供給神祇而已。」(周語中)。

「不共神祇。」(周語下)。

「其周公太公及百辟神祇實永饗而賴之。」(魯語上)。

「上下神祇，無不徧諭。」(晉語八)。

左傳只有定公元年「山川鬼神其忘諸乎」的「鬼神」一本作「神祇」，除此更無他處。却多「鬼神」一詞。凡二十五見【隱公十一年。桓公六年。僖公五年，二十六年，三十一年。襄公九年，十年，二十年，二十七年。昭公七年二見（案：春秋經傳引得漏收「其先君鬼神實嘉賴之」一條。），十三年，十六年，二十年七見（案：春秋經傳引得漏收「不憚鬼神」一條。），二十六年二見，二十七年，三十年。定公元年。】國語則僅三見。(晉語二。晉語八。吳語)。

「慆淫」及其他 和「淫」字相偶成詞的，國語有「慆淫」一詞。如：

「及其失也，必有慆淫之心間之。」(周語下)。

「自幽王而天奪之明，使迷亂棄德而卽慆淫。」

「夜儆百工，使無慆淫。」(魯語下)。

又有「淫亂」一詞。如：

「立於淫亂之國。」(周語下)。

「擇其淫亂者而先征之。」(齊語)。

「擇天下之甚淫亂者而先征之。」(齊語)。

「東南多有淫亂者。」(齊語)。

又有「淫暴」一詞。如：

「驕躁淫暴。」(齊語二見)。

這些，都是左傳所沒有的。但左傳却有「淫虐」一詞。如：

「道以淫虐，弗可久已矣。」(昭公元年)。

「若適淫虐，楚將棄之，吾又誰與爭。」(昭公四年)。

「紂作淫虐，文王惠和。殷是以隕，周是以興。」(昭公四年)。

又有「淫慝」一詞。如：

「於是乎有京觀，以懲淫慝。」(宣公十二年)。

「所以敬親暱禁淫慝也。」(成公二年)。

「禁淫慝，薄賦斂。」(成公十八年)。

又有「淫溺」一詞。如：

「淫溺惑亂之所生也。」(昭公元年)。

又有「淫湎」一詞。如：

「淫湎毀常。」(成公二年)。

這些，都是國語所沒有的。

「郵」和「尤」 國語理面有「郵」字而無「尤」字。左傳則二字皆有。國語「郵」字凡九見。除掉晉語九的「郵無正進」、「郵無正御」爲人名外，其他七見如下：

「我優也，言無郵。」(晉語二)。

「遠人入服，不爲郵矣。」(晉語四)。

「王曰：不可。曹詩曰：『彼已之子，不遂其媾。』郵之也。夫郵而效之，郵又甚焉。效郵，非禮也。」(晉語四)。

「夫貨馬郵則闕於民。」(楚語下)。

韋昭都訓爲「過」。(案：除楚語下一例爲「超過」之義外，其他均爲「過尤」之義。)

左傳「郵」字凡三見：

「將走郵棠。」(襄公十八年)。

「郵良曰。」(哀公元年)。

「郵無正御簡子。」(哀公二年)。

都是作地名或人名等專有名詞。用作形容詞或動詞，左傳都用「尤」字。凡數十見。其中用爲「過」的意思的，也有十來二十次。茲舉數例：

「鄭伯效尤，其亦將有咎。」(莊公二十一年)。

「尤而效之，罪又甚焉。」(僖公二十四年。又見襄公二十一年。惟「罪」作「其」)。

「效尤，禍也。」(文公元年)。

「四國何尤焉。」（襄公三十年）。

這種現象，很明顯的可以看出二書的差異。

「泰」與「汏」(或「汰」) 用作「驕傲」或「奢侈」的意思，左傳多用「汏」或「汰」而少用「泰」。如：

「皆所以示諸侯汏也。」（昭公四年）。

「今君以汏。」（昭公四年）。

「汏而愎諫。」（昭公四年）。

「楚王汏侈已甚。」（昭公五年）。

「汏侈已甚。」（昭公五年）。

「雖汏侈若我何。」（昭公五年）。

「汏侈無禮已甚。」（昭公二十年）。

作「汰」的有：

「欒黶爲汰。」（襄公十三年）。

「以其汰乎。」（襄公十四年）。

「欒黶汰虐已甚。」（襄公十四年）。

「伯有汰侈故不免。」（襄公三十年）。

「楚王汰侈而自說其事。」（昭公元年）。

而作「泰」字的只有襄公三十年的「泰侈者因而斃之」一見。其他多用作人名、地名或卦名。國語則凡用作「驕」「奢」之意，皆以「泰」字爲之。如：

「東門之位不若叔孫，而泰侈焉，不可以事二君；叔孫之位不若季孟，而亦泰侈焉，不可以事三君。」（周語中）。

「君驕泰而有烈。夫以德勝者猶懼失之，而況驕泰乎？」（晉語六）。

「及桓子，驕泰奢侈，貪慾無藝。」（晉語八）。

「恃其富寵以泰于國。」（晉語八）。

韋昭註：「奢泰於國。」

在國語全書裏，根本找不出一個「汏」字或「汰」字來。

肆、結　　語

首先，我要再一次强調我在本文「前言」中所提起過的國、左二書所寫的事情多半相同的說法。國語上與左傳重出的記載幾佔全書的三分之二（參見拙文論國語與左傳的關係）。前人誤認這兩部書是同一書化分或是同一人所作也就是由於這種現象所引起的錯覺。我之所以要强調這一點，是因爲我這篇文章可以說大部分是置基於此。如果它們是兩部毫不相干的書，則本文所舉的很多例證便不適用了。因爲，題材既然不同，即使文法，語彙方面的證據再多也不能證明什麼的。

我循高本漢氏與卜德氏之舊軌，從文法、語彙兩途，得出上文諸證據。證明國、左二書在這兩方面有如許之差異。其中如歎詞的有無；副詞、助詞、連詞方面的差異；某些常見字的不同用法；以及「百姓」、「天王」、「神祇」……等名詞的差別。不僅可顯出二書非同一書所化分，還可證明二書作者決非同一人！我在論國語與左傳的關係那篇文章裏，雖然曾對高本漢先生的「如、若」一證作過頗有保留的批評，但面對本文這許多證據，却不能不承認高氏之說的正確。沒有一個人能寫出兩本題材類似而在文法、語彙方面有如許差別的大書。除非他使用兩種不同的文字。不然，即使國語是左丘明失明以後口述與其門人子侄輩筆錄成書的也不行！

伍、後　　記

民國十七年六月，林語堂氏在語絲第四卷第二十七期發表了他的左傳眞僞與上古音一文，後來收在他的語音學論叢一書裏（民國二十二年五月開明書店出版）。該文除對高本漢氏的左傳眞僞考一文作簡要的評介外，在文法方面，並沒有增加什麼新證據。却另開闢了一條從語音方面比較的新路。但由於它一來不合本文題目範圍，二來它的證據也不十分完善（案：他只舉出十五個左、國相同的例證。而其中如「隕」字一例，雖然左莊七年的「星隕如雨」與晉語九的「無隕懼」寫法相同，而與公羊作「霣」不一樣。但左傳也有寫作「霣」的。如宣公十五年左傳的「受命以出，有死無霣」。而公羊也有寫作「隕」的。如定公元年公羊傳的「隕霜殺菽」。像這樣的情形，是無法用來證明什麼的）。三來即使如他所說，也最多只能證明二書爲同一方音的人所作。

因此，我沒有引來本文討論。

本文初稿甫定，多蒙陳槃庵師，屈翼鵬師，董同龢師，以及周法高、楊希枚二位先生給我很多的指正，使我受益不淺，特此致謝。

(一九六二年八月寫於南港中央研究院)

出自第三十四本上(一九六二年十二月)

荀子斠理

王叔岷

荀子之學，博於孟子，亦雜於孟子。前賢近人於荀子書，或發明義蘊；或定正字句，立說繁多，咸有裨於研討。岷亦時有斠理，足補諸家漏略。因據古逸叢書影宋台州本，條次成篇。女弟柳鍾城昔年從岷治荀子，閒有創獲，亦附著之，同好之士，或有取焉。

勸學篇第一

青，取之於藍。

謝墉輯校本引盧文弨云：『元刻作「青出之藍，」無於字。』

王念孫雜志云：『荀子本文自作「出於藍。」藝文類聚草部上、太平御覽百卉部三及意林、埤雅，引此竝作「出於藍。」新論崇學篇同。史記褚少孫續三王世家引傳曰：「青采出於藍，而質青於藍者，教使然也。」即是此篇之文。則本作「出於藍，」明矣。』

王先謙集解云：『羣書治要作「青取之藍。」

柳鍾城云：『景宋本御覽百卉部三引此作「青生於藍，」生、出同義。』

案明沈津百家類纂本、百子全書本亦並作『青出之藍。』與元刻本合；宋龔頤正芥隱堂筆記『作詩祖述有自』一則，云：『祖述有自，「青出於藍」也。』『青出於藍，』即本此文，與王念孫所稱諸書合；梁劉勰文心雕龍通變篇：『夫青生於藍，』亦本此文，與景宋本御覽所引合；明徐元太喻林九四引此作『青，出之於藍。』獨異。竊以此文作『青取之藍；』『青出之藍，』或『青出於藍；』『青生於藍。』皆是，之與於同義。（王引之經傳釋詞九有說。）其以『之於』連文，而作『青，取之於藍；』或『青，出之於藍。』則並非。蓋由一本作之，一本作於，後人遂誤合之耳。(大戴禮勸學篇亦誤以『之於』連文。)

君子博學而日參省乎己。楊倞注：『參，三也。』

案唐太宗帝範崇文篇注引參作三。

不聞先王之之遺言，不知學問之大也。

劉師培斠補云：『大戴禮言作道，御覽三八引孫卿子云：「不聞先王之道，不知學問之爲大。」與大戴同。』

柳鍾城云：『記纂淵海五五引「不知學問之大，」作「不知學問之爲大。」與御覽所引同。』

干、越、夷、貉之子，注：『干、越，猶言吳、越。』

盧文弨改『干、越』爲『于越，』又改注文之『吳、越』爲『於越。』云：『「于越」宋本作「干、越，」今從元刻，與大戴禮同。』

劉端臨補注云：『淮南原道篇：「干、越生葛絺。」高注：「干，吳也。」楊氏此注以『干、越』爲「吳、越，」蓋用高義，盧改非也。』

劉師培云：『治要亦誤干爲于。吳仁傑兩漢刊誤補遺正引作干。』

柳鍾城云：『記纂淵海五五引此文干字不誤。』

案類纂本、百子本干亦並誤于，喻林九四引同。

巢非不完也，所繫者然也。

劉師培云：『御覽一千引繫作憑。文選陳孔璋檄吳將校部曲注引作「巢非不牢，所繫之弱也。」』

案憑字義勝，繫字疑涉上文『繫之葦苕』而誤。(大戴禮勸學篇同。)說苑善說篇、劉子託附篇並作託，憑、託同義；韓詩外傳八作托，俗託字。又外傳然亦作弱。

蓬生麻中，不扶而直。

劉師培云：『大戴勸學篇、說苑談叢篇、論衡率性篇、御覽四百八引譙周法訓並有此文，惟而均作自。』

柳鍾城云：『御覽四百八未引譙周法訓，劉氏失檢。記纂淵海六六引而亦作自。』

案藝文類聚八二引曾子、八五及御覽九九五引風俗通，亦並作『不扶自直。』

蘭槐之根是爲芷，其漸之滫，君子不近，庶人不服。

劉師培云：『「其漸之滫，」大戴此下有中字。史記補三王世家引傳作「漸之滫中。」』

案卷子本玉篇水部引史記補三王世家漸作浸，義同。淮南子人閒篇：『申茮杜茝，美人之所懷服也，及漸之於滫，則不能保其芳矣。（許愼注：「滫，臭汁也。」盧文弨誤爲高誘注。）』『漸之於滫，』蓋本荀子，卷子本玉篇水部引作『浸之滫中，』與引補三王世家同。

樹成蔭而衆鳥息焉；醯酸而蜹聚焉。注：『喻有德則慕之者衆。』

柳鍾城云：『記纂淵海五五引蜹作蚋，同。大戴禮亦作蚋。』

案衆字疑涉注『慕之者衆』而衍，『而鳥息焉，』『而蜹聚焉，』相對爲文。大戴禮正無衆字。元本、類纂本、百子本蜹亦並作蚋。喻林五引同。

君子愼其所立乎！

盧文弨云：『「愼其」元刻作「其愼。」』

案類纂本、百子本亦並作『其愼。』

聖心備焉。

案類纂本、百子本備並誤循，喻林八一引同。

故不積蹞步，無以至千里（注：半步曰蹞，蹞與跬同。）；不積小流，無以成江海。

盧文弨云：『「江海，」宋本與大戴同；元刻作「江河。」』

王先謙云：『羣書治要作「河海。」』

劉師培云：『蹞，治要及初學記六、白帖六、事類賦注六並引作跬。至，大戴作致。海，元本作河，非也。初學記六、事類賦注六（海賦）引此文並作「江海。」文選海賦注、白帖六並引作「河海，」（與治要所引合。）海與里叶韻，若作「江河，」失其韻矣。』

柳鍾城云：『記纂淵海六六引至亦作致；海亦作河。』

案大戴禮蹞亦作跬。淮南子說林篇：『故跬步不休，跛鼈千里。』高誘注：『跬猶咫尺。』類纂本、百子本『江海』亦並誤『江河。』史記李斯列傳：『河海不擇細流，故能就其深。』以『河海』連文，與治要、文選海賦注、白帖六引此文合。

蚯螾無爪牙之利，筋骨之强，上食埃土，下飮黃泉。用心一也。注：『螾與蚓同。』

案蚯字疑衍，元本、類纂本、百子本並無蚯字，記纂淵海五六引同。淮南子說山篇亦無蚯字。藝文類聚六引蔡邕勸學云：『蚓無爪牙，軟弱不便，穿穴洞地，食塵飮泉。』卽本此文。

蟹六跪而二螯，非蛇蟺之穴無可寄託者，

劉師培云：『事文類聚後集三十五引此文蟹下有有字，可字作所。「蟹有」與上「螾無」對文，所據之本，義似較長。』

柳鍾城云：『記纂淵海四二引可亦作所，義同。』

案元本、類纂本、百子本可亦並作所。

是故無冥冥之志者，無昭昭之明；無惛惛之事者，無赫赫之功。

柳鍾城云：『記纂淵海六一引明作名。』

案明猶名也，釋名釋言語：『名，明也。』古書多以名、功對言，管子白心篇：『功成者隳，名成者虧。』（又見莊子山木篇。）商君書更法篇：『疑行無名（據御覽四九六引，今本名作成。），疑事無功。』（又見史記商君列傳、趙世家。）國策燕策二：『臣聞賢明之君，功立而不廢，故著於春秋；蚤知之士，名成而不毀，故稱於後世。』（又見史記樂毅列傳、新序雜事三。）淮南子脩務篇：『名可務立，功可彊成。』皆其比。

目不能兩視而明，耳不能兩聽而聰。

盧文弨云：『兩不字下宋本俱有能字，與大戴同。元刻無。』

柳鍾城云：『記纂淵海五五引此亦無兩能字。』

案類纂本、百子本亦並無兩能字，喩林七六引同。

梧鼠五技而窮。注：『「梧鼠」當爲「鼫鼠，」蓋本誤爲鼯字，傳寫又誤爲梧耳。』

劉師培云：『顏氏家訓省事篇云：「鼯鼠五能，不成伎術。」是所據之本正作鼯。』

柳鍾城云：『記纂淵海六一引梧亦作鼯。』

昔者瓠巴鼓瑟，而流魚出聽。

盧文弨云：『「流魚，」大戴禮作「沈魚；」論衡作「鱏魚；」韓詩外傳作「潛魚。」或說「流魚」即「游魚，」古流、游通用。』

王先謙云：『「流魚，」大戴禮作「沈魚，」是也。外傳作「潛魚，」潛亦沈也。作流者借字耳。淮南子說山訓作「淫魚。」』

劉師培云：『文選七命注引孫卿子作「鱏魚出聽。」與論衡合。』

柳鍾城云：『杜工部草堂詩箋補遺四引「流魚」作「遊魚，」遊當作游，與盧氏所稱或說合。』

案事文類聚續集二三、焦氏易林十六注引『流魚』亦並作『游魚。』文選馬季長長笛賦注引外傳作『淫魚，』（胡克家考異稱袁本、茶陵本並作『游魚。』）與淮南子說山篇合；（竊疑淫亦借爲沈。）左太沖蜀都賦、吳都賦劉淵林注引淮南子並作『鱏魚，』（說文魚部鱏下引傳同。）與七命注引此文合；文選江文通別賦注引外傳作『淵魚，』論衡感虛篇亦作『淵魚。』涵芬樓明通津草堂本、程榮漢魏叢書本論衡率性篇並作『潭魚。』

伯牙鼓琴，而六馬仰秣。

案論衡感虛篇伯牙作師曠，彼文上下文皆言師曠事，或以此致誤。淮南子說山篇、文選成公綏琴賦『六馬』並作『駟馬。』

玉在山而草木潤。

王念孫云：『元刻無草字，文選吳部賦注引此作「玉在山而木潤，」江賦、文賦注竝同。藝文類聚木部、太平御覽木部一所引亦同。大戴記作「玉居山而木潤，」續史記龜策傳作「玉處於山而木潤。」文雖小異，而亦無草字。』

柳鍾城云：『治要引此作「玉在山而木草潤。」記纂淵海七二引此無草字。』

案類纂本亦無草字。喻林八五引『草木』作『木草，』與治要所引合。

禮者，法之大分，羣類之綱紀也。

王念孫云：『元刻無羣字，（宋龔本同。）是也。楊注云：「類謂禮法所無，觸類而長者。猶律條之比附。」則本無羣字，明矣。』

案類纂本亦無羣字，記纂淵海七七引同。

故不問而告謂之傲。

兪樾云：『論語季氏篇：「言未及之而言謂之躁。」釋文曰：「魯讀躁爲傲。」

荀子此文，蓋本魯論。傲卽躁之叚字。』

案鹽鐵論孝養篇：『言不及而言者，傲也。』亦本魯論，(阮元論語校勘記有說。)傲亦借爲躁。

以戈舂黍也；以錐飡壺也。

盧文弨從元刻飡作飧。柳鍾城云：『記纂淵海五四引飡亦作飧。』

案元本、類纂本兩以字上並有猶字，疑涉上文『譬之猶』而衍。類纂本、百子本飡亦並作飧。(喩林一百引飡字同。)

色從而後可以言道之致。注：『致，極也。』

案外傳四致正作極。

詩曰：『匪交匪舒，天子所予。』注：『「匪交」當爲「彼交。」』

盧文弨云：『匪亦有彼義，左傳襄廿七年引詩「匪交匪敖，」成十四年引仍作「彼交匪敖。」』

王引之云：『作匪者正字，作彼者借字。』

案百子本作『彼交，』蓋據注改。外傳亦作『彼交。』

百發失一，

案元本、類纂本、百子本『失一』二字並倒，喩林九五引同。

涂巷之人也。

梁啓雄東釋云：『涂、塗古、今字。』

案元本、類纂本、百子本涂並作塗，喩林引同。

君子知夫不全不粹之不足以爲美也，

案元本、類纂本並無之字。

脩身篇第二

不善在身，

元本身下有也字。王念孫云：『元刻也字乃涉上下文而衍。』

案類纂本、百子本身下亦並衍也字。

居處動靜，

案元本、百子本並作『動靜居處。』

不由禮則夷固僻違庸眾而野。

案元本、百子本僻並作辟，古通。

保利弃義謂之至賊。

謝墉本從盧校『弃義』作『非義。』盧文弨云：『「非義」元刻作「弃義。」』王念孫云：『盧本作非者，爲影鈔宋本所誤也。刻本正作弃。呂、錢本、元刻及世德堂本皆作弃。』

案類纂本、百子本弃並作棄。弃、棄古、今字。影鈔宋本作非，涉上文諸非字而誤。元本、類纂本賊並作賤，疑是。賊字蓋涉上文『害良曰賊』而誤。

則炤之以禍災。注：『炤之以禍災，謂以禍災照燭之。』

案元本『禍災』作『災禍，』注同。百子本亦作『災禍。』類纂本作『灾禍，』災、灾古通。

莫徑由禮，莫要得師。

案類纂本徑下、要下並有於字。據此，下文『莫神一好，』神下亦當有於字，文乃一律。

志意脩則驕富貴，道義重則輕王公。內省而外物輕矣。

謝本從盧校，首、次句末竝有矣字，省下而作則。盧文弨云：『正文前兩矣字，宋本無；又下一則字作而，今皆從元刻。』

王念孫云：『元刻非也。「內省而外物輕，」乃申明上文之詞，非與上文作對句也。今皆改爲對句，則失其旨矣。』

案類纂本、百子本首、次句末亦並有矣字，省下而亦作則。

傳曰：『君子役物，小人役於物。』

案管子內業篇：『君子使物，不爲物使。』莊子山木篇：『物物而不物於物。』

故良農不爲水旱不耕，

柳鍾城云：『事文類聚前集三六引不作輟。』

故蹞步而不休，跛鼈千里；累土而不輟，丘山崇成。

盧文弨云：『兩而字元刻無。』

劉師培云:『意林引無兩而字,文子上德篇述此文無而字。』

柳鍾城云:『記纂淵海六十、六六、九九引此並無兩而字。』

案類纂本、百子本亦並無兩而字,喻林九四引同。

或不爲爾。

盧從元刻作『或不爲之耳。』柳鍾城云:『記纂淵海六十引此正作「或不爲之耳。」』

案類纂本、百子本亦並作『或不爲之耳。』喻林引同。(治要引爾亦作耳。)

其遠害也早。

元本害作患,謝本從盧校作患。王念孫云:『宋呂、錢本作「遠害。」』

案類纂本、百子本害亦並作患,非。

不苟篇第三

故懷負石而赴河,

盧從元刻無『故懷』二字,云:『宋本有「故懷」二字,文不當有。或負字本有作「故懷」二字者,校者注異同於旁,因誤入正文耳。』

劉師培云:『元本、世德堂本無「故懷」二字。懷,疑後人旁注之字,以懷釋負。御覽五十一、事類賦注七引此並無懷字。韓詩外傳三故作夫,亦無懷字。』

案類纂本、百子本亦並無『故懷』二字,說苑說叢篇同。故字不當無,外傳故作夫,夫猶故也。

而惠施、鄧析能之。

盧文弨云:『「能之,」俗本作「能精之。」』

劉師培云:『世德堂本能下有精字。』

案元本、類纂本、百子本能下並有精字。

與禹、舜俱傳而不息。

案元本、類纂本、百子本『禹、舜』並作『舜、禹,』外傳、說苑並同。

故曰:君子行不貴苟難,說不貴苟察,名不貴苟得。

盧校改『苟得』爲『苟傳,』云:『「苟傳,」與上文同。俗閒本作「苟得,」』

非。外傳亦作「苟傳。」』

案元本、類纂本並無曰字；又脫『說不貴苟察，名不貴苟得。』二句。外傳亦無曰字。盧校『苟得』作『苟傳，』是也。百子本亦作『苟傳。』

君子能則寬容易直以開道人。注：『道與導同。』

案治要引道正作導。

君子崇人之德，揚人之美，非諂諛也；正義直指，舉人之過惡，非毀疵也。

盧文弨云：『美字元刻作善；又「舉人之過」下，宋本有惡字，元刻無。』

案類纂本、百子本美亦並作善；過下亦並無惡字。美與善同義，惡蓋後人旁注字誤入正文者。外傳六亦無惡字。

擬於禹、舜，

盧校改『禹、舜』爲『舜、禹。』云：「宋本、各舊本俱作「禹、舜，」今從元刻。』

案類纂本、百子本並作『舜、禹。』

此言君子能以義屈信變應故也。

盧文弨云：『「此言君子」下，一本有之字。』

案元本、類纂本、百子本『君子』下並有之字。

憂則靜而理。

盧從外傳四改理爲違。案百子本亦改理爲違。

非禮義之謂亂也。

案元本、百子本並無也字。

其誰能以己之潐潐，

劉師培云：『洪興祖楚詞卜居補注及困學紀聞十，並引潐作僬。（紀聞元刻作潐。）』

案元本、類纂本潐亦並作僬，喻林七九引同。

聖人爲知矣，

案類纂本知作至。

夫誠者君子之所守也，

案元本、類纂本、百子本並無也字,治要引同。

五寸之舉,盡天下之方也。故君子不下室堂,而海內之情舉積此者,則操術然也。

元本堂上無室字。王念孫云:『室非衍字,書傳中言「室堂」者多矣。元本無室字者,後人以意刪之也。』

柳鍾城云:『記纂淵海六十、七四引此亦並無室字。記纂淵海六十引積下有諸字。』

案元本、類纂本、百子本方下並無也字。類纂本、百子本堂上亦並無室字。

是姦人將以盜名於晻世者也。

案元本、百子本並無是字。

榮辱篇第四

憍泄者,人之殃也。

謝本從盧校憍作橋,盧文弨云:『橋,元刻作憍。』

王念孫云:『呂、錢本亦作憍。「憍泄」即「驕泰」之異文。』

案類纂本、百子本憍字並同。

恭儉者,偋五兵也。

盧文弨云:『「五兵,」元刻與俗閒本俱作「五六。」』

案百子本『五兵』同。類纂本亦作『五六。』六乃兵之壞字。

淸之而俞濁者口也。注:『俞讀爲愈。』

案喩林四引俞正作愈,下同。

君上之所惡也。

案元本、百子本並無也字。

是刑法之所不舍也。

盧文弨云:『俗本舍作赦。』

案元本、百子本舍並作赦。

乳彘不觸虎,

謝本從盧校無不字,王先謙集解本同。云:『觸虎者,蓋衞其子。當時有此語耳。』

梁啓雄柬釋本有不字。云：『今本觸上奪不字，據久保愛據宋本、韓本、標注本補。』

案百子本亦有不字。元本無不字。審文義，無不字是也。(不字涉上下文而衍。)王說得之。

憂以忘其身，內以忘其親，上以忘其君，

案元本、類纂本、百子本並無三其字。

不傾於權，

案元本於作其，義同。

豈不迂乎哉！

案元本、類纂本並作『豈不亦迂哉！』

上則能順上，下　能保其職。

案元本、百子本並無其字，二句相耦。

故君子者信矣，

案元本無者字。

常安之術也。

柳鍾城云：『記纂淵海五九引此無之字；下文「常危之術也。」亦無之字。』

案元本、百子本此文及下文亦並無之字。

故君子道其常，而小人道其怪也。

盧文弨云：『元刻故下有曰字。』

案百子本故下亦有曰字，怪下無也字。元本亦無也字。

寒而欲煖。

案類纂本煖作衣。

口辨酸醎甘苦。

柳鍾城云：『記纂淵海六一引「酸醎」作「醎酸。」』

案元本、類纂本、百子本並作『醎酸。』

可以爲堯、禹，

案元本、類纂本禹並誤舜。

是其爲相縣也，幾直夫豢䝤稻粱之縣糟糠爾哉？注：『言以先王之道，與桀、跖相縣，豈止糟糠比䝤豢哉？』

案『稻粱』二字衍。元本作『是相懸也，幾直乎䝤豢之懸糟糠耳哉？』（是下蓋脫『其爲』二字。）百子本作『是其爲相懸也，幾直乎䝤豢之懸糟糠耳哉？』（縣、懸正、俗字，爾、耳古通。）並無『稻粱』二字，喻林四七引同。據注：『豈止糟糠比䝤豢哉？』是此文本以『䝤豢』與『糟糠』對言；上文則以『䝤豢稻粱』與『菽藿糟糠』對言。宋本此文之有『稻粱』二字，卽涉上文而衍也。

則湯、武在上曷益？

案元本、百子本曷並作何，義同。

方知畜雞狗豬彘，

盧文弨云：『「方知」元刻作「方多。」』

案百子本亦作『方多。』多字義勝，知字疑涉上文『不知』而誤。

收斂畜藏以繼之也。

案元本、百子本並無也字。

故曰：『短綆不可以汲深井之泉，知不幾者不可與及聖人之言。』

案記纂淵海五一引深下無『井之泉』三字。莊子至樂篇載孔子引管子之言云：『綆短者不可以汲深。』（淮南子說林篇亦云：『短綆不可以汲深。』）說苑政理篇載管仲對齊桓公云：『夫短綆不可以汲深井，知鮮不可以與聖人之言。』

故曰：一之而可再也。

案元本、類纂本再並作載，再、載古通，莊子讓王篇：『夫子再逐於魯，』御覽四八六引再作載，卽其比；列子黃帝篇：『脩汝所以，而後可載言其上。』載亦與再同。

非相篇第五

相人，古之人無有也。

王念孫云：『元刻相下無人字，宋龔本同。無人字者是。』

案類纂本相下亦無人字。

亦將志乎心爾。

謝本從盧校無心字。盧文弨云：『宋本作「亦將志乎心爾。」心字衍。』

案元本、類纂本、百子本並無心字。

目可瞻馬。

高亨眉箋云：『馬，元刻作焉，是。焉借爲顏，顏，額也。』（據梁啓雄柬釋引。）

案類纂本、百子本馬亦並作焉。

而戮乎大市。

案元本、類纂本、百子本並無而字。

聞見之不衆，而論議之卑爾。

王氏集解本無而字，云：『謝本衆下有而字，文不當有，今從宋台州本删。』

案宋台州本有而字，王氏失檢。元本、類纂本、百子本並無而字，與上文一律。

鄉則不若，偝則謾之。

案類纂本若下有注云：『順也。』又偝作背。偝與背同，元本、百子本亦並作背。

曲直有以相縣矣。

王念孫云：『元刻脱相字。』

案類纂本、百子本亦並脱相字。

然而仁人不能推，知士不能明。

案元本、類纂本、百子本並無人、士二字。

詩曰：『雨雪瀌瀌，宴然聿消。莫肯下隧，式居屢驕。』注：『詩小雅角弓之篇，今詩作「見晛曰消。」屢讀爲婁。』

案元本『宴然』作『見晛，』隧作遺，屢作婁（百子本亦作婁）。與毛詩同，非荀書之舊也。

然則人之所以爲人者，非特以二足而無毛也。

案元本、百子本特下並無以字，足下並無而字。喻林九九引足下亦無而字。

故人之所以爲人者，非特以其二足而無毛也。

案元本、百子本並作『人之所以爲人者，非特以二足無毛也。』

欲觀千歲，則數今日。

盧文弨云：『數字從宋本，俗本亦作審。』

柳鍾城云：『記纂淵海六十引數亦作審。』

案元本、類纂本、百子本數亦並作審。

其以治亂者異道，

案元本、百子本『其以』二字並倒。

門庭之間，猶可誣欺也，

柳鍾城云：『記纂淵海四二引猶下有有字，也作焉。』

案元本也亦作焉，義同。

故鄉乎邪曲而不迷。

案元本乎作于，義同。

聽人以言，樂於鍾鼓琴瑟。

王念孫云：『元刻以作之。』

案類纂本、百子本以亦並作之，喻林八六引同。之、以本同義，惟此作之，疑涉下文『君子之於言』而誤。

接人則用枻。

案元本、百子本枻並作抴，下同。喻林四四引亦作抴。

矜莊以莅之。

案元本、百子本莅並作涖，同。

非十二子篇第六

以梟亂天下。

謝本從盧校梟作梟。案元本、百子本並作梟。

禽獸行。

謝本從盧校行上有之字。案元本、百子本並有之字。

然而猶材劇志大，

謝本從盧校猶字在然字上，郝懿行云：『「猶然而」當依宋本作「然而猶，」此誤本也。』

案盧氏所從者爲元本，百子本亦作『猶然而。』

而告之以大古。注：『大讀曰太。』

案元本、百子本大並作太，喻林九八引同。

長養人民。

案元本、百子本人並作生。

今夫仁人也，將何務哉？

案也字疑涉上文『舜、禹是也』而衍，元本、類纂本、百子本並無也字。

言而當，知也。

案唐趙蕤長短經釣情篇引言作語。

而流湎然。

案元本、類纂本、百子本『流湎』二字並倒。

聰明聖知，

盧文弨云：『元刻知作智。』

案類纂本、百子本知亦並作智，治要引同。

無不愛也。

案元本、類纂本、百子本無上並有故字。

厚敦者也。

案元本、類纂本『厚敦』二字並倒。

離縱而跂訾者也。

郝懿行云：『縱與蹤同。』

案元本、類纂本縱並作蹤。

士君子之所能不能爲。

盧校從元刻所下刪能字。案類纂本、百子本所下亦並無能字。

吾語汝學者之嵬容。

盧文弨云：『元刻正文無容字。』

案百子本亦無容字。下文『是學者之嵬也。』與此相應。

無廉恥而忍謑詢。

盧文弨云：『「謑詢，」元刻作「謑詢。」說文謑，胡禮切，重文謑，實一字也。』

案百子本亦作『謑詢。』

嗛然而終日不言。

柳鍾城云：『「記纂淵海六五引嗛作嘿。嘿同默，「嘿然」與「終日不言，」義正相因。』

勞而不僈。注：『雖勞而不弛慢。』

案元本、百子本僈並作慢，與注合。

仲尼篇第七

其行事也若是，其險汙淫汰也如彼。固曷足稱乎大君子之門哉！

謝本從盧校作『其行事也若是其險汙淫汰也。固曷足稱乎大君子之門哉！』王念孫云：『宋呂、錢本「險汙淫汰也」下有「如彼」二字。元刻無如字，以彼字屬下讀，是也。呂、錢彼上衍如字，則以「如彼」與「若是」對文，與楊注不合矣。錢本及元刻「事行」作「行事，」亦與楊注不合。』

案元本、類纂本並作『行事若是，是其險汙淫汰也。彼固曷足稱乎大君子之門哉！』百子本作『其事行也若是其險汙淫汰也。彼固曷足稱乎大君子之門哉！』與王校合。

與之高、國之位，

案元本、類纂本與下並無之字。

貴賤長少，秩秩焉莫不從桓公而貴敬之。

柳鍾城云：『記纂淵海六五引「莫不」二字在『秩秩焉』之上。』

案元本、類纂本『莫不』二字，亦並在『秩秩焉』之上。

審勞佚。

案治要引佚作逸，古通。

彼王者則不然。

案元本無則字，治要引同。

信而不忘處謙。

盧文弨云：『各本無忘字，惟宋本有。』

王念孫云：『宋呂本如是，錢及各本俱無忘字。』

案百子本亦有忘字。

求善處大重，理任大事。注：『大重，謂大位也。』

俞樾云：『理字衍文，「處大重，任大事。」相對。楊注：「大重，謂大位也。」不釋理字之義，知楊氏作注時尚無理字也。』

案元本作『求善處大理，任大事。』無重字。注『大重』作『大事。』

能耐任之，則愼行此道也；能而不耐任，且恐失寵，則莫若早同之，推賢讓能，而安隨其後。

楊注『能耐任之』云：『耐，忍也。言人有賢能者，雖不欲用，必忍而用之。』又注『能而不耐任』云：『有能者不忍急用之。』王念孫云：『「能耐任之，」「能而不耐任。」兩能字皆衍文。耐卽能字也。「耐任之，則愼行此道」者，言能任國家之大事，則愼行此道也。今作「能耐任之」者，後人記能字於耐字之旁，而傳寫者因誤合之也。「而不耐任」云云者，而讀爲如，言如不能任其事，則莫若推賢讓能也。今作「能而不耐任」者，傳寫者既能耐並錄，而能字又誤在「而不」二字之上也。楊氏不得其解，故曲爲之說。』

案『則愼行此道也。能而不耐任，』元本、百子本並無也、而二字。而字蓋涉上文『而無妨害人；』或涉下文『而安隨其後』而衍。『能不耐任，』與上『能耐任之』對言。王氏謂『耐卽能字，』是也。謂『兩能字皆衍文，』則非。楊注雖未得此文之義，而所見本有兩能字，則無可疑。竊以爲兩能字義並同若，『能耐任之，』卽『若能任之。』『能不耐任，』卽『若不能任。』左昭十二年傳：『諸侯之賓能來會吾喪，豈憚日中！』『能來會吾喪，』卽『若來會吾喪，』（吳昌瑩經詞衍釋卷六引此文，云：『「能來，」謂「而來」也。而，若也。』能義同若，不必轉爲而。)與此兩能字同義。(能與若同義,故或以『若能』連文。左昭元年傳:『若能少此,吾何以得見?』能亦若也。吳氏經詞衍釋六引此文,以能爲語助,非也。)

曲重其豫,猶恐及其旤。注:『委曲重多而備豫之,猶恐其及旤。旤與禍同。』

案『猶恐及其旤,』蓋本作『猶恐其及旤。』楊注可證。(元本注『其及』作『及其,』蓋改從誤倒之正文也。)百子本旤作禍,與注合。

頓窮則從之疾力以申重之。

梁氏柬釋本則下刪『從之』二字,云:『今本疾上衍「從之」二字,據久保愛據元本、孫鑛本刪。注云:「困戹之時,則尤加勤力而不敢怠惰。」是楊所見本似亦無「從之」二字。崇文局本亦無。』

案類纂本亦作『頓窮則疾力以申重之。』惟宋台州本已有『從之』二字,則不得云今本衍『從之』二字;楊注云云,亦不足以證所見本無『從之』二字。有『從之』二字,義自可通。之猶而也,『則從之疾力以申重之,』猶言『則從而疾力以申重之。』史記秦本紀:『西巡狩,樂而忘歸。』文選顏延年赭白馬賦注引而作之,劉子辯樂篇:『齊潛願未寒之服。』羅振玉校敦煌本(永豐鄉人稾著續編)之作而。並之、而同義之證。(又史記司馬相如列傳:『故有剖符之封,折圭而爵。』之、而互用,亦明其義相同。)

而羞爲人下。

案元本、類纂本人下並有之字。疑涉上下文之字而衍。

故君子時詘則詘。

梁啓雄云:『詘卽屈字。』

案元本、類纂本、百子本詘並作屈。王制篇:『則兵勁城固,敵國案自詘矣。』元本、百子本詘亦並作屈。

儒效篇第八

不可以假攝爲也。

案元本、類纂本並無攝字。

周公無天下矣。

案此緊承上文『周公歸周反籍焉』而言。元本、類纂本、百子本無並作有，蓋涉下文『鄉有天下』而誤。

抑亦變化矣，

案元本、類纂本、百子本並作『抑易變化。』無矣字。亦、易古通，論語述而篇：『加我數年，五十以學，易可以無大過矣。』釋文：『魯讀易爲亦。』黃帝內經素問氣厥論篇：『謂之食亦。』唐王冰注：『亦，易也。』列子黃帝篇：『二者亦知。』殷敬順釋文引一本亦作易。並其比。

秦昭王問孫卿子曰，

案元本、百子本並無子字，下同。治要引亦無子字，新序雜事五同。

然而通乎財萬物、養百姓之經紀。注：『財與裁同。』

案新序財正作裁。

必蚤正以待之也。

盧文弨云：『「以待之」下，俗本有者字。』

案元本、類纂本、百子本之下並有者字。

罔不分，

謝本從盧校作『罔不必分。』盧文弨云：『宋本無必字，元刻有。』

王紹蘭讀書雜記云：『不卽罘之省文。「罔不必分，」謂罔罘所得必分也。』(梁啓雄柬釋引。)

案類纂本、百子本亦並作『罔不必分。』

在下位則美俗。

盧文弨云：『「下位」元刻作「其位。」』

案類纂本、百子本亦並作『其位。』

何謂其無益於人之國也？

劉師培云：『治要謂作爲，也作乎。新序亦作爲。』

案新序也亦作乎。

先王之道，仁之隆也。注：『先王之道謂儒學，仁人之所崇高也。』

謝本從盧校『仁之隆也，』作『仁人隆也。』王念孫云：『呂本作「仁之隆也。」是也。此言先王之道，乃仁道之至隆者也。錢本以下作「仁人隆也。」卽涉注文而誤。

案元本、百子本並作『仁人隆也。』

人之所以道也；君子之所道也。

盧校從元刻作『人之所道也。』無『君子之所道也』句。王念孫云：『「人之所以道」者，道，行也。謂人之所以行也。「君子之所道」者，道爲人之所以行，而人皆莫能行之；唯君子爲能行之也。二句本不同義，後人以爲重複而删之，謬矣！』

案百子本與元本同。

視墝肥。

案元本、類纂本、百子本並作『視肥墝。』

通財貨，

案元本、類纂本、百子本並脫此三字。

不䘏是非然不然之情，

案元本、類纂本、百子本䘏並作恤，喻林四二引亦作恤，同。王霸篇：『安不䘏親疏，不䘏貴賤。』『無䘏親疏，無偏貴賤。』元本、百子本䘏亦並作恤。臣道等：『不䘏公道通義，』元本、類纂本、百子本䘏亦並作恤。

君子不若惠施、鄧析也。

盧校從元刻删也字。案類纂本、百子本亦並無也字。

若夫謫德而定次，

劉師培云：『治要作「論德，」與君道、正論兩篇同。』

案文選曹子建求自試表注引此亦作『論德。』

姦事、姦道，

案元本、百子本道下並有者字。

曾不如好相鷄狗之可以爲名也。注：『有惠施、鄧析之名，尙不如相鷄狗之名也。』

謝本從盧校無好字。盧文弨云：『正文「曾不如」下宋本有好字，元刻無。』

案百子本亦無好字。喻林六十引此有好字，與宋本同。據注：『尙不如相鷄狗之名也。』疑正文本無好字。好卽如字之誤而衍者。

屑然藏千溢之寶，雖行貣而食，人謂之富矣。注：『行貣，行乞也。』

郝懿行云：『屑，瑣細之貌。屑今作屑，溢作鎰。』

案元本、百子本屑並作屑。類纂本屑亦作屑，溢作鎰。又元本、類纂本貣並作貸，（元本注亦作貸。）貸亦借爲貣。

則貴名起如日月，天下應之如雷霆。

謝本從盧校起下有之字。盧文弨云：『「起之，」宋本無之字。』

王念孫云：『起下不當有之字，元刻及世德堂本有之字，乃涉下句「天下應之」而衍。』

柳鍾城云：『杜工部草堂詩箋補遺四引起下有之字。』

案類纂本、百子本起下亦並有之字，喻林八五引同。

是猶傴身而好升高也，指其頂者愈衆。注：『傴，傴僂也。傴身之人而强昇高，則頭頂尤低屈。』

案喻林五七引身字同。元本、百子本身並作伸。元本注『傴，傴僂也。』作『傴，僂也。』下更有『伸讀爲身，字之誤也。』八字。

以從俗爲善，

盧文弨云：『「從俗」元刻作「容俗。」』

案百子本亦作『容俗。』

行法至堅，注：『行法，謂行有法度。』

劉台拱補注云：『韓詩外傳引此作「行法而志堅(下同)。」據楊注「行有法度，」明「行法」與「志堅」對舉，不當作至。』

王先謙云：『荀書至、志通借，正論篇：「其至意至闇也。」楊注：「至〔意〕當爲志〔意〕。」是其證。』

案至、志古音不相通，然二字之通用，則習見於古書，非僅荀書而已。老子：『終日號而不嗄，和之至也。』敦煌河上公注本（伯目二六三九）至作志，孟子告子篇：『羿之敎人射，必志於彀。』閩本、監本、毛晉本志並作至，（據阮元校勘記引。)莊子漁父篇:『眞者,精誠之至也。』文選嵇叔夜幽憤詩注引至作志,文子九守篇九弱:『故有自樂也,卽有自志貴乎天下。』(卽下『有自』二字衍,貴乃遺之壞字。)宋張君房雲笈七籤九一引志作至,文心雕龍樂府篇:『是以師曠覘風於盛衰,季札鑒微於興廢,精之至也。』敦煌本至作志。皆其證。

如是,則可謂聖人矣。

謝本從盧校『聖人』作『賢人。』案百子本亦改『聖人』爲『賢人。』

井井兮其有理也。注:『理,有條理也。』

盧文弨云:『正文「有理」各本作「有條理。」案注及正文,條字衍,今刪。』

案元本、類纂本、百子本並作『有條理。』盧校刪條字,與宋台州本合。

盡善挾洽之謂神。注:『挾讀爲浹。浹,周洽也。』

王念孫云:『呂、錢本洽並作治,是也。挾與浹同。全體皆善,故曰盡善。全體皆治,故曰浹治。正文「挾治」二字,元刻及世德堂本並作「挾洽,」洽字乃涉注文「周洽」而誤。』

案類纂本、百子本亦並作『挾洽,』與宋台州本合。

小雅之所以爲小者,取是而文之也。大雅之所以爲大者,取是而光之也。頌之所以爲至者,取是而通之也。

案元本、百子本『爲小、』『爲大』下並有雅字;又三而字並作以,義同。

至汜而汎。

王念孫引汪中云:『汜當作氾,音汎。字从㔾,不从巳。』

案百子本改汜爲氾,是也。

遂乘殷人而誅紂。

盧文弨云:『「誅紂」上元刻有進字。』

案百子本『誅紂』上亦有進字。』

無弧矢則無所見其巧。

案元本、類纂本、百子本弧並作弓,韓詩外傳五同。

然而明不能分別。

盧校從元刻刪分字。案百子本亦無分字。外傳作『而不知分,』此以『分別』連文，疑寫者據外傳旁記分字而竄入也。

而不敢有他志，

案元本敢作能。

法後王，一制度，隆禮義而殺詩、書。

案元本、百子本一下並有『天下』二字，殺上並無而字。

以一持萬。

盧文弨云：『元刻作「以一行萬，」外傳同。本書王制篇亦同。』

案百子本持亦作行。

天下爲一。

案元本、百子本爲並作如，義同。

明之爲聖人。

案元本爲作謂，義同。

人無師法，則隆情矣；有師法，則隆性矣。

盧校從元刻『隆情』作『隆性，』『隆性』作『隆積。』案百子本與元本同。

並一而不二，

案元本、類纂本、百子本二並作貳，下同。

故積土而爲山，積水而爲海。

盧文弨云：『元刻作「積土謂之山，積水謂之海。」』

柳鍾城云：『記纂淵海七、六六引此並與元刻同。』

案類纂本、百子本亦並與元本同。喻林八一引此，則與宋台州本同。

積反貨而爲商賈。注：『反讀曰販。』

案類纂本、百子本反並作販，喻林引同。

百家之說，不及先王，則不聽也。注：『百家雜說，不及先王之道，妄起異端，則君子不聽之也。』

案元本正文、注文『先王』字並同。百子本正文亦作『先王。』謝本從盧校正文注文並改爲『後王。』王氏集解、梁氏柬釋並從之。

王制篇第九

罷不能不待頃而廢。注：『頃，須臾也。』

謝本從盧校頃作須，盧文弨云：『須，俗本誤作頃。宋本、元刻竝作須。』

梁啓雄云：『俗本須作頃，義較勝，正論：「蹎跌碎折，不待頃矣。」』

案『待頃』旣又見於正論篇，則作頃不誤。盧氏不從之本，往往斥爲俗本，宋台州本此文作頃，豈俗本邪！元本正文、注文並作須，百子本正文亦作須。韓詩外傳五作『不肖不待須臾而廢。』竊以荀子此文本作『罷不能不待頃而廢。』外傳易頃爲『須臾，』其義一也。頃之作須，蓋又後人據外傳所改者耳。

雖王公士大夫之子孫也，

謝本脫也字，王先謙云：『宋台州本句末有也字，與下文一律，此也字似當有。』

案元本、百子本亦並有也字。

則王者之事畢矣。

案元本、百子本並無則字，治要引同。

物不能澹則必爭。注：『澹讀爲贍。』

案類纂本、百子本澹並作贍。

爭則必亂，

案元本、類纂本、百子本並無必字。

則君不安位。

案元本、類纂本並作『故君子不安政。』故、則同義，位之作政，涉上『駭政』而誤。下文『然後君子安位，』與此相應。

水則載舟，水則覆舟。

柳鍾城云：『記纂淵海一、六一、七四、事文類聚前集十七引此，並作『水能載舟，亦能覆舟。』

猶將無益也。

盧文弨云：『猶，元刻作由，與猶同。』

王先謙云：『羣書治要作由。』

案類纂本、百子本亦並作由。

鄭子產取民者也，未及爲政者也。管仲爲政者也，未及脩禮者也。

王念孫云：『元刻「未及爲政，」「未及脩禮」下，皆無者字，宋龔本同，是也。此兩者字，皆涉上下文而衍。韓詩外傳、羣書治要及文選永明十一年策秀才文注引此皆無兩者字。上文「未及取民也，」亦無者字。』

案元本、類纂本、百子本子產上並無鄭字。類纂本、百子本『爲政』下、『脩禮』下，亦並無者字。

然後漸慶賞以先之，嚴刑罰以糾之。

王先謙云：『下文「賞慶、」「刑罰」對文，則此亦當作「刑罰，」各本罰誤賞，據宋台州本改正。』

案元本、百子本『刑罰』字並同。謝本誤作『刑賞，』王氏所據者蓋謝本耳。

幷之見，則諸侯疏之矣。

王念孫云：『元刻疏下無之字，是也。宋本作「諸侯疏之，」涉上文「諸侯親之、」「諸侯說之」而誤。』

案百子本疏下亦無之字。

非其道而慮之以王也。注：『不行其道，而以計慮爲王，所以危亡也。』

案元本、類纂本並無之字，據注，疑是。『慮以王，』即『慮爲王，』以猶爲也。

析愿禁悍，注：『悍，凶暴也。』

案類纂本悍正作暴。

舍是而天下以衰矣。

案元本、百子本並無而字。

草木有生而無知。注：『知謂性識。』

案崔豹古今注問答釋義篇：『生而無識者，草木也。』劉子愛民篇：『草木有生而無識。』

人有氣，有生，有知，亦且有義，故最爲天下貴也。

案『亦且有義，』『亦且』猶『又且，』亦與又同義，呂氏春秋忠廉篇：『夫不仁，不義，又且已辱，不可以生。』此文之『亦且，』與彼文之『又且』同。亦作『有且，』呂氏春秋愛類篇：『必不得宋，有且不義，（今本「有且」作「且有，乃淺人所妄乙。）則曷爲攻之？』淮南子脩務篇『有且』作『又且。』

人何以能羣？曰分。分何以能行？曰以義。

盧文弨云：『「曰以義，」元刻無以字。』

王念孫云：『元刻無以字，（宋龔本同。）是也。宋本有以字者，涉上兩以字而衍。』

案喻林三四引此及百子本亦並作『曰以義。』

謂之聖人也。

案元本、百子本並無也字。

使彫琢文采不敢專造於家，

案元本、百子本家上並有一字。

主攘擇五卜。注：『攘擇，攘除不祥、擇取吉事也。』

案元本攘作禳，注同。禳、攘正、假字。百子本正文亦作禳。

以其國爲危殆滅亡之所亦危殆滅亡。

案元本、百子本並無『以其國』三字。

其民之親我也歡若父母，

梁氏柬釋據世德堂本刪也字。案元本、百子本亦並無也字。此涉上文『必其民也』而衍。

何獨後我也！

案元本、百子本並無也字。

彼將日日暴露毀折之中原，

盧文弨云：『「日日」元刻作「日月，」下竝同。』

案下文『彼將日日棲遲薛越之中野，』元本作『日月；』『彼將日日挫頓竭之於仇敵，』『彼將厲厲焉日日相離疾也，我今將頓頓焉日日相親愛也。』『日日』並不作『日月，』盧氏失檢。百子本此文及下文『彼將日日棲遲薛越之中野，』『彼將日日挫頓竭之於仇敵，』『日日』並作『日月。』

彼將日日挫頓竭之於仇敵，

案『竭之』疑本作『竭乏，』（潘岳馬汧督誄：『樵蘇乏竭。』卽二字連用之例。）乏、之形近，又涉上下文諸之字而誤耳。

進退貴賤則舉佞侻。

郝懿行云：『侻與脫同，亦與悅同。』

案元本、百子本侻並作悅。

進退貴賤則舉幽險詐故人。

盧校從元刻删人字。案百子本亦無人字。

富國篇第十

而善臧其餘。

盧文弨云：『臧，古藏字。』

案元本、類纂本、百子本臧並作藏，下同。治要引此亦作藏。

上雖好取侵奪，猶將寡獲也。而或以無禮節用之。

謝本從盧校節作而，盧文弨云：『元刻作「無禮節用之。」』

王念孫云：『元刻是也。上文云：「上以法取焉，而下以禮節用之。」與此三句正相反。是其證。治要正作「以無禮節用之。」（呂、錢本，世德堂本同。）』

案類纂本亦作『以無禮節用之。』百子本節作而，與盧校同誤。

使足以辨貴賤而已。

劉師培云：『治要足作之，下「辨吉凶」句同。』

案治要引足作之，疑草書形近之誤。韓詩外傳二：『於是盟者皆視之。』漢魏叢書本之作足，亦二字相亂之例。

使足以避燥溼養德辨輕重而已。

案文選左太沖魏都賦劉淵林注引辨作別。

重財物而制之，

案元本、類纂本、百子本並無物字。

以養其厚也。

案元本、類纂本、百子本並無也字；下文『以養其德也，』亦並無也字。

倍其節，

案治要引倍作背，古通。

天下敖然，若燒若焦。注：『敖讀爲熬。』

案史記淮南衡山列傳：『天下熬然若焦。』字正作熬。淮南子兵略篇：『天下敖然若焦熱。』日本古鈔卷子本敖亦作熬。

吹竽笙，

案元本、類纂本、百子本並作『吹笙竽。』

必將錭琢刻鏤，注：『錭與雕同。』

案元本注雕作彫，當以作彫爲正。類纂本、百子本正文錭並作彫。

使天下生民之屬，

案元本、類纂本、百子本屬並作類。

夫天下何患乎不足也。

案元本、類纂本、百子本並無乎字。

是又不可偷偏者也。

案元本、百子本並無者字。

書曰：『乃大明服，維民其力懋，和而有疾。』

盧文弨云：『元刻作「惟民其勑懋，和若有疾。」與今書同。』

案百子本亦與今書同。

譬之若屮木枝葉必類本。注：『屮，古草字。』

案喩林九六引屮作艸。

都邑露，

盧文弨云：『露，元刻作路，古通用。』

案百子本亦作路。

凡主相臣下百吏之屬，

案元本、百子本屬並作俗，與上文同。

觀國之强弱貧富有徵。注：『徵，驗。言其驗先見也。』

梁氏柬釋於徵下補驗字，云：『今本徵下奪驗字，據崇文局本及增注本補。楊注：「徵驗，言其驗先見也。」是楊所見本有驗字。』

案元本、類纂本徵下亦並有驗字。惟注似以驗釋徵，非『徵驗』二字連讀。則正文徵下有驗字，蓋涉注文而衍；或亦誤讀注文者所加也。

而遇中山之盜也，

案元本、類纂本、百子本並無也字。喻林四九引同。

君盧屋妾，由將不足以免也。注：『盧當為廬。』

案類纂本、百子本盧並作廬，也並作之，喻林引同。元本也亦作之。

則不足以為持國安身。故明君不道也。

王念孫云：『錢本無為字，是也。道，由也。言此事人之術不足以持國安身。故明君不由也。』

案元本、類纂本、百子本亦並無為字。

王霸篇第十一

及其綦也，

盧文弨云：『「及其綦也」上，元刻有「有也」二字。』

案類纂本、百子本此上亦並有『有也』二字。

挈國以呼禮義而無以害之。

盧文弨云：『「挈國」上元刻有故字。』

案類纂本、百子本『挈國』上亦並有故字。

擽然扶持心國且若是其固也。

盧文弨云：『擽，元刻從木。』

案百子本擽亦從木。

武王以鄗，皆百里之地也。注：『鄗與鎬同。』

案元本、百子本並無王、也二字。治要引鄗正作鎬。

三者明主之所以謹擇也，而仁人之所以務白也。

盧文弨云：『各本無兩以字及而字，惟宋本有之，下文亦同。』

劉師培云：『治要務上無以字。』

案元本、百子本此文並無兩以字及而字；下文亦並無兩以字，惟並有而字。類纂本下文同。治要引此文謹上亦無以字。

錯之險則危。注：『錯讀爲措。』

王念孫云：『錢本作「錯險則危，」無之字，元刻、世德堂本同。「錯險則危，」與「塗薉則塞。」對文，無之字者是也。』

案治要引作『措險則危。』亦無之字。類纂本、百子本並無之字，喻林一百六引同。

涂薉則塞。注：『薉與穢同。』

案元本、類纂本、百子本涂並作塗，喻林引同，俗。治要引作『塗穢則塞。』

改王改行也。注：『或曰：「國語：『襄王謂晉文公曰：「先民有言曰：改玉改行。」』玉，佩玉。行，步也。」』

盧文弨云：『或說是。古玉字本作王，與王字形近而訛。』

王念孫云：『羣書治要正作「改玉改行。」』

郝懿行云：『王，古玉字也。』

案元本、百子本王亦並作玉。御覽三六六引蔣子萬機論：『昔吳有二人共評王者，一人曰好，一人曰醜，久之不決。二人各曰：「爾可來入吾目中，則好醜分矣！」王有定形，二人察之有得失，非苟相反，眼睛異耳。』喻林八引兩王字並作玉。王亦古玉字，與此同例。

三者，明主之所以謹擇也，而仁人之所以務白也。

案治要引此無上以字（未引下句）。元本、百子本並無兩以字；又並無而字。類纂本亦並無兩以字。

亦一若彼，一若此也。

王先謙云：『虞、王本作「亦一若彼也，亦一若此也。」』

案元本、百子本亦並作『亦一若彼也，亦一若此也。』

旣錯之而人莫之能誣也。

案元本、類纂本、百子本並作『故錯之而人莫能誣也。』

不爲則亡。

案元本、類纂本、百子本爲下並有之字

譬之是由好聲色而恬無耳目也。

盧文弨云：『由字從宋本，與猶同。』

梁啓雄云：『元本由作猶。』

柳鍾城云：『記纂淵海六一引由亦作猶。』

案治要引由字同。類纂本、百子本並作猶，喻林四七引同。

無其具，則五綦者不可得而致也。

案元本、類纂本、百子本並無其字。

闇君者必將急逐樂而緩治國。

王念孫云：『「闇君者必將急逐樂而緩治國。」宋呂本如是。錢本及元刻、世德堂本急竝作荒。逸周書諡法篇：「好樂怠政曰荒。」管子戒篇：「從樂而不反謂之荒。」故曰「荒逐樂。」宋監本作「急逐樂」者，據上文改之也。呂本多從監本；錢本及元刻則兼從建本，其作「荒逐樂，」蓋亦從建本也。羣書治要引正作「荒逐樂。」』

謝本者字脫，王先謙云：『「闇君」下羣書治要有者字。以上文「明君者」例之，此亦當有。』

梁氏柬釋本補者字，云：『今本君下奪者字，據台州本及治要補。』

案元本、類纂本、百子本並有者字。類纂本急亦作荒。

於乎！君人者亦可以察若言矣。注：『於乎，讀爲嗚呼。』

案治要引『於乎』正作『嗚呼。』

使臣下百吏莫不宿道鄉方而務。注：『向方，不迷亂也。』

案治要引『鄉方』作『向方，』與注合。鄉、向古通，元本注向作鄉。

而海內之人莫不願得以爲帝王。

案元本、百子本人並作民。

則勞苦秏顇莫甚焉。注：『悴，顦顇也。』

案元本、類纂本、百子本顇並作悴，與注合（謝本注改悴作顇，王氏集解、梁氏柬釋並從之),喩林六七引亦作悴;治要引作萃。顇、悴、萃,古並通用。

則天子共己而矣。

謝本『而矣』作『而已。』王先謙云:『虞、王本作「而已矣。」』

案元本、類纂本、百子本亦並作『而已矣。』

足以順服好利之人矣。注:『而好利之人順服也。』

案元本、類纂本人並作民,下同。百子本此文亦作民。元本注人亦作民。

則莫若羿、蠭門矣。

案治要引蠭門作逢門,同。

欲得調一天下,

謝本從盧校無得字。王念孫云:『呂、錢本欲下皆有得字,是也。上文兩言「欲得,」則此亦當然。元刻以下脫得字。』

案類纂本、百子本亦並無得字,治要引同。

重財物而制之。

盧文弨云:『物字元刻無。』

案百子本亦無物字。

物由有可樂如是其美焉者乎!

盧文弨云:『元刻無焉字。』

案百子本亦無焉字,治要引同。

莫不從服。

案元本、百子本並作『莫不服從。』

則雖幽閒隱辟,注:『辟讀爲僻。』

案治要引辟正作僻。

猶不及也。

王念孫云:『元刻作「過猶不及也。」語意較足。治要與元刻同。

案百子本亦與元刻同。

用國者,得百姓之力者富。

盧文弨云:『用,各本作周,宋本、元刻竝作用。』

案類纂本、百子本用字並同。

湯、武者循其道，

王先謙云：『虞、王本循作修。』

案元本循亦作修，百子本作脩，修、脩古通。

興天下同利，除天下同害。

柳鍾城云：『記纂淵海六四引作「興天下之大利，除天下之大害。」』

不好循正其所以有，

盧文弨云：『「循正」本卷前作「脩正，」似脩字是。』

梁氏柬釋據元本改循爲脩。案百子本循亦作脩。

若是則士大夫莫不敬節死制者矣。

盧文弨云：『「敬節」元刻作「貴節。」』

案百子本亦作『貴節。』

君道篇第十二

衡石稱縣者，

案喻林一百五引縣作權。

斗斛敦槩者，所以爲嘖也。

盧文弨云：『斗，元刻作勝，勝與升通。』

郝懿行云：『「斗斛」或作「勝斛，」勝與升雖同音假借，然作「斗斛」爲長。』

劉師培云：『陳祥道禮書一百三引作「勝斛，」是北宋亦有作勝之本。』

柳鍾城云：『記纂淵海五八引斗亦作勝，嘖作均。』

案類纂本亦作『勝斛。』此文蓋本作『斗斛，』斗，隸書作升，與升形近，因誤爲升，（史記、漢書淮南厲王列傳：『一斗粟，尚可舂。』高誘淮南鴻烈解敍、天文篇注斗並誤升，卽其例。）復易爲勝耳。

則臣下百吏乘是而後豐取刻與，以無度取於民。

謝本從盧校『而後』下有鄙字。盧文弨云：『宋本、世德堂本皆無鄙字，今從元刻。』

王念孫云：『元刻有鄙字者，後人以意加之也。』

柳鍾城云：『記纂淵海引此「而後」下亦有鄙字，刻作吝。』

案類纂本、百子本『而後』下亦並有鄙字，喩林引同。

不待合符節、別契券而信。

案元本、類纂本、百子本並無合、券二字，蓋妄删以與下文相儷。上文『合符節、別契券者，所以爲信也。』此承上文言之，則不當無合、券二字矣。

百姓莫敢不順上之法，象上之志，而勸上之事，而安樂之矣。

盧文弨云：『「而勸上之事，」元刻作「勤上之事。」』

案『而勸上之事，』而字疑涉下文而衍。類纂本、百子本亦並作『勤上之事。』勤疑勸之誤。

詩曰：王猶允塞。

謝本從盧校猶作猷。案元本、百子本猶並作猷。

以禮待君，

案元本、百子本並作『以勤侍君。』

敬詘而不苟。

盧文弨云：『元刻作「不悖。」』

案百子本亦作『不悖。』韓詩外傳四作『不慢。』

並遇變應而不窮。

盧文弨云：『「變應，」宋本作「變態。」』

王念孫云：『「竝遇變態而不窮，」宋本如是。元刻以下文有「應變故，」改「變態」爲「變應。」「竝遇變態而不窮」者，竝猶普也，徧也。言徧遇萬事之變態而應之不窮也。下文云：「其應變故也，齊給便捷而不惑。」「變故，」卽此所謂「變態」也。改「變態」爲「變應，」則反與下文不合矣。』

案宋台州本已作『變應，』則作『變應，』非元刻所改矣。百子本亦作『變應。』

其所爲身也，謹脩飾而不危。

盧文弨云：『「脩飾，」元刻作「脩勑。」』

久保愛云：『元本爲上無所字。』(梁氏柬釋引。)

案百子本爲上亦無所字，『脩飾』亦作『脩勑。』

其應變故也，

案元本、百子本並無故字。外傳四同。

而致善用其材。

案元本材作成。外傳作『而謹裁其盛。』成、盛古通。

其待上也，

盧文弨云：『待，俗閒本作侍。』

案元本待作侍。

緣義而有類。

盧文弨云：『元刻作「緣類而有義。」』

郝懿行云：『韓詩外傳四作「緣類而有義，」較長。』

案百子本亦作『緣類而有義。』

明達用天地、理萬變而不疑。

盧文弨云：『元刻作「理萬物變而不凝。」』

梁啓雄云：『疑同凝。荀書凝皆作疑。』

案百子本亦作『理萬物變而不凝。』物字疑衍，（外傳無物字。）或變，一本作物，後人因並溷入耳。

未嘗聞爲國也。

案元本、類纂本、百子本並作『未聞脩國也。』下同。

君者儀也，儀正而景正。君者槃也，民者水也，槃圓而水圓。君者盂也，盂方而水方。

盧文弨云：『帝範注引「君者儀也」下，有「民者景也」句；又「君者槃也」下，有「民者水也」句。無「君者盂也」二句。』

王念孫云：『廣韻君字注所引與帝範注同，於義爲長。呂、錢本竝有「民者水也」句。』

案『儀正而景正，』『槃圓而水圓，』帝範君體篇注引兩而字並作則，義同。元本、類纂本、百子本並脫『民者水也』句。

楚莊王好細腰，故朝有餓人。

案尹文子大道上篇：『楚莊愛細腰，一國皆有餓色。』與此稱楚莊王合。晏子春秋外篇、墨子兼愛中篇、尸子處道篇、韓非子二柄篇、國策楚策、淮南子主術篇、劉子從化篇皆作楚靈王。

民之不親不愛，

王念孫云：『元刻無之字，是也。韓詩外傳〔五〕無之字。』

案類纂本、百子本亦並無之字。治要引同。

敵至而求無危削、不滅亡，不可得也。

王念孫云：『元刻滅上無不字，是也。無亦不也，「無危削滅亡，」即「不危削滅亡」也。外傳作「不危削滅亡，」是其證。

案類纂本、百子本滅上亦並無不字。

危削滅亡之情，舉積此矣，而求安樂，是狂生者也。

盧文弨云：『元刻作「是聞難狂生者也。」』

王念孫云：『此文本作「危削滅亡之情，舉積此矣，而求安樂是聞，不亦難乎！是狂生者也。」今本脫「聞不亦難乎是」六字；元刻亦僅存「聞難」二字。外傳作「夫危削滅亡之情，皆積於此，而求安樂是聞，不亦難乎！是枉生者也。」枉蓋狂之誤。』

案百子本是下亦存『聞難』二字。類纂本是下存『問難』二字，聞、問古本通用，惟此作問，乃聞之誤。

狂生者不胥時而樂。

王先謙云：『謝本從盧校樂作落，宋台州本作樂，是也。世德堂本改落。』

案元本、百子本樂並作落，喻林五一引同。

能羣也者何也？

案元本、類纂本、百子本並作『羣者何也？』

是所衍也。

盧文弨云：『衍，俗閒本作術。』

案元本衍誤術。

如一體、如四支之從心。

謝本從盧校支作胑。王懋竑讀書記疑云：『胑同肢。』(梁氏柬釋引。)

案治要引支字同；元本作胑，喻林七三引同；百子本作肢。

道莫徑是矣。

案元本、類纂本徑並作經，古通。鶡冠子世兵篇：『欲驗九天之高者，行不徑請。』陸佃注：『徑或作經。』淮南子人閒篇：『知天之所爲，知人之所爲，則有以徑於世矣(今本徑誤任，王念孫雜志有說)。』文子微明篇徑作經。史記高祖本紀：『高祖被酒，夜徑澤中。』藝文類聚十、十二引徑並作經。皆其比。

今人主有六患，

俞樾云：『六疑大字之誤。』

案類纂本六正作大。

循乎道之人，汙邪之賊也。

盧文弨云：『元刻循作脩。』

王念孫云：『循下不當有乎字，羣書治要無。』

俞樾云：『循乃脩字之誤，元刻是也。「脩道」與「汙邪」相反。』

案類纂本、百子本循亦並作脩。

故校之以禮，

案元本、類纂本校並作效，古通。

而觀其能無流慆也。

盧文弨云：『「流慆，」元刻作陷，無流字。』

案類纂本、百子本並與元刻同。

此明王之道也。

案元本、類纂本、百子本王並作主。

欲得善馭速致遠者，

盧文弨云：『「善馭」下俗閒本有及字。』

王念孫云：『元刻、世德堂本速上有及字，是也。「及速」與「致遠」對文，羣書治要有及字。』

案百子本速上亦有及字，喻林六八引同。

外以拒難。

案元本、百子本拒並作距，古通。下文『其齊斷足以拒難。』元本、類纂本、百子本拒亦並作距。

案唯便嬖親比已者之用也，

案治要引嬖作辟，外傳四同。下文『非無便嬖也，』治要引嬖作僻，外傳作辟。嬖、辟、僻，古並通用。

夫文王欲立貴道，

案元本、百子本並無夫字，外傳同。

非于是莫足以舉之，故舉于是而用之。

謝本從盧校作『非于是子莫足以舉之，故舉是子而用之。』王氏集解、梁氏柬釋並從之。案元本、百子本兩『于是』並作『是子，』是也。外傳無上句，下句作『故舉是人而用之。』『是人』猶『是子，』亦可證作『于是』之誤。謝本兩『是子』並不誤，惟非下衍于字，當刪。

其知慧足使規物，

謝本從盧校慧作惠。盧文弨云：『惠，宋本作慧，古通用。』

案元本、百子本慧並作惠。

其德音足以塡撫百姓，

盧文弨云：『塡卽鎭字，元刻作鎭。』

案類纂本、百子本塡亦並作鎭。

故人主無便嬖左右足信者之謂闇，無卿相輔佐足任者之謂獨，所使於四鄰諸侯者非人之謂孤。

案元本、百子本三『之謂』並作『謂之。』又『非人』並作『非其人。』

脩飭端正，

盧文弨云：『元刻「脩飭」作「脩飾。」』

案百子本亦作『脩飾，』飭、飾古通。

守職循業，

盧文弨云：『元刻循作脩。』

案百子本循亦作脩，循、脩隸書形近，又涉上文『脩飭』字而誤也。

知隆禮義之爲尊君也，

案元本、百子本並無義字。

是卿相輔佐之材也，

案元本、百子本並無也字。

是謂人主之道也，

案元本謂作『然後。』

人主不能論此三材者，不知道此道，安值將卑埶出勞，併耳目之樂，而親自貫日而治詳，一內而曲辨之，慮與臣下爭小察而綦偏能。

盧文弨云：『「不知道」此下三十二字，元刻無。』

案百子本與元刻同。

臣道篇第十三

內足使以一民，外足使以拒難。

盧文弨云：『兩以字元刻無，宋本有。』

案類纂本、百子本亦並無兩以字。

刑下如景。

盧文弨云：『刑，元刻作形。』

案類纂本、百子本刑亦並作形，古通。

將危國家殞社稷之懼也。

案治要引殞作隕，懼作具。隕、殞正、俗字。元本懼亦作具，具蓋惧之壞字，懼、惧正、俗字。

大臣父子兄弟，

盧校從元刻作『大臣父兄。』案百子本亦作『大臣父兄。』治要引同。

明君之所尊所厚也。

案元本、類纂本、百子本厚上並無所字。謝本從盧校作『明君所尊厚也。』(王氏集解本亦從盧校。)『明君』下蓋脫之字。

而闇主惑之,以爲己賊也。

謝本從盧校之作君。案元本、類纂本、百子本之並作君,治要引同。之字義勝,下文但言『闇君、』『闇主,』不言『惑君。』

故明君之所賞,闇君之所罰也;闇君之所賞,明君之所殺也。

案元本、類纂本、百子本並無兩也字。

平原君之於趙也,可謂輔矣;信陵君之於魏也,可謂拂矣。

謝本從盧校無兩也字。盧文弨云:『「於趙、」「於魏」下,俗本竝有也字,宋本、元刻皆無。』

案類纂本、百子本亦並無兩也字。惟宋台州本已有兩也字,則不得並斥爲俗本矣。

事聖君者,

案元本、類纂本、百子本並無者字;下文『事中君者;』『事暴君者,』亦並無者字。

不敢有以私決擇也,

盧文弨云:『「不敢有」下,元刻無以字,下句同。』

案百子本亦無以字,下句同。

人賢而不敬,則是禽獸也。

盧文弨云:『「不敬」舊作「不能,」誤。今改正;或疑是「不能」下脫敬字。』

案『不敬,』元本、百子本並與宋台州本同,與盧氏所改合;喻林八引作『不能敬,』與盧氏後說合。

災及其身矣。

案元本、百子本並無矣字。

喘而言,臑而動。注:『臑,與勸學篇蝡同。喘,微言也。蠕,微動也。臑,人允反。』

王氏集解從謝本注蠕作臑,云:『蝡,集韻或作蠕。今正文及注作臑,是蠕之誤字。據注引勸學篇及音義,知楊所見本尚作蠕,不作臑也。』

柳鍾城云：『記纂淵海六五引喘作端，臑正作蠕。』

案記纂淵海引喘作端，與勸學篇合（彼注云：『端讀爲喘。』）。注『蠕，微動也。』元本蠕作臑。王氏以臑爲誤字，是也。

過而通情，

案元本、百子本通並作同。

致士第十四

案元本、類纂本、百子本士並作仕，喻林六一、九一六引同。士、仕古通。

禮義備，而君子歸之。

案備字意林引同。元本、類纂本備並作脩。韓詩外傳五作『禮義脩明，』此文無明字，則當作『禮義備』爲是。備，俗書作俻，與脩形近，往往相亂。

川淵者，龍魚之居也。

案元本、類纂本、百子本『龍魚』二字並倒，下同。喻林一百九引『龍魚』作『魚鼊，』鼊蓋龍之誤，引下文亦作『魚龍。』

故有良法而亂者，有之矣。

案元本、類纂本、百子本亂下並有之字，疑涉下之字而衍。

夫燿蟬者，

元本燿作耀（類纂本、百子本並同），郝懿行云：『耀，俗燿字。』

案淮南子說山篇作燿，與台州本合。

今人主有能明其德，則天下歸之，若蟬之歸明火也。

劉師培云：『中論引此文德下有者字，歸上有其字。者字似當據補。呂氏春秋〔期賢篇〕歸作走（文選晉紀總論注引走作赴）。』

案呂氏春秋作『人主有能明其德者，天下之士其歸之也，若蟬之走明火也。』德下有者字，歸上有其字，與中論引此文合。其猶之也。

而上下怨疾，

案元本、百子本並無而字。

二而亂。

柳鍾城云：『記纂淵海六一引而作則，而猶則也。』

水深而回，樹落則糞本，

謝本從盧校作『水深則回，樹落糞本。』盧文弨云：『宋本作「水深而回，樹落則糞本。」今從元刻。』

劉師培云：『「水深而回，」文選魏都賦李注引作「則回，」與元本合。』

案類纂本、百子本亦並作『水深則回，樹落糞本。』喻林九一引同。

議兵篇第十五

臨武君與孫卿子議兵於趙孝成王前。

案元本、類纂本、百子本孫卿下並無子字，下同。治要引亦無子字。韓詩外傳三、新序雜事三並同。

是乃善用兵者也。

案元本、類纂本、百子本並無者字。

故兵要在乎善附民而已。

王念孫云：『元刻無善字，(宋龔本同。)無善字者是也。宋本有善字者涉上文「善附民者」而衍。羣書治要亦無善字。』

案類纂本、百子本亦並無善字。

善用兵者，感忽悠闇，莫知其所從出。注：『莫知所從出，謂若九天之上，九地之下，使敵人不測。』

劉師培云：『治要兵作之。』

案外傳三兵亦作之。元本、類纂本、百子本『莫知』下並無其字。新序同。注言『莫知所從出。』所據本蓋亦無其字。

豈必待附民哉？

案治要引哉作乎，義同。

所行，攻奪變詐者，諸侯之事也。

案治要引者作也，無『諸侯之事也』五字。新序同。謝本從盧校者亦作也，王氏集解、梁氏柬釋並從之。百子本亦作也。

滑然有離德者也。

案元本、類纂本、百子本並無者字。

譬之若以卵投石，以指撓沸。注：『新序作「以指繞沸。」』

劉師培云：『「以指撓沸，」外傳作「以脂澆沸，」新序同。與楊注所引異。』

案元本、類纂本、百子本『譬之』下並無若字，蓋意刪。『譬之若』連文，本書習見。『以指撓沸』上，治要引有若字，新序同。又四部叢刊影印明嘉靖翻宋本、漢魏叢書本新序並作『若以指繞沸，』『指繞』二字與楊注所引合。四部叢刊影印明沈氏野竹齋刊本、漢魏叢書本外傳並作『以指撓沸，』與荀子此文合。劉氏所據外傳、新序並作『以脂澆沸，』指、脂古通，淮南子墬形篇：『有角者指而無後，』大戴禮易本命篇、孔子家語執轡篇指並作脂，即其比。撓、繞、澆三字並諧堯聲，竊疑古亦通用。

入焉焦沒耳。

王念孫云：『焉猶則也。』

案外傳焉正作則。

圜居而方正，

謝本從盧校『方正』作『方止。』盧文弨云：『「方止，」各本作「方正，」今從新序。』

案百子本作『方止。』

而其民之親我，

案元本、類纂本、百子本並無而字。（新序無『而其』二字。）

武王載發，注：『發讀爲旆。』

案類纂本發改作旆。

將率末事也。

案元本、百子本率下並有皆字，皆疑者之誤。新序作『將率者末事也。』可證。

上不足卬，則下不可用也。注：『卬，古仰字。不仰，不足仰也。』

謝本『上不足卬』同。盧文弨云：『以注觀之，正文當本是「上不卬，」衍足字。』

王氏集解從盧說刪足字；梁氏柬釋從謝本增足字。案元本、百子本並作『上不足卬，』與台州本合。惟據注，則正文本無足字，盧說是也。

負服矢五十个，

盧文弨云：『元刻作「負矢，」無服字，與漢書合。

案百子本亦無服字。

秦人其生民也陿阸。

盧文弨云：『「陿阸，」俗本作「狹隘。」』

案元本、百子本並作『狹隘。』

相爲雌雄耳矣。

案元本、類纂本、百子本並無矣字。

是皆世俗之所謂善用兵者也。是其巧拙强弱，則未有以相君也。

盧文弨云：『「相君，」元刻作「相若。」』

案元本、類纂本、百子本者下並無也字，是下並無其字。類纂本、百子本『相君』亦並作『相若。』

無急勝而忘敗，

劉師培云：『玉海四十、小學紺珠八並引急作怠，「怠勝」者，恃勝而懈也。義較長。』

案元本、類纂本急亦並作怠。

猶令不退而退也，

案元本、類纂本、百子本並無也字。

此四帝兩王，

劉師培云：『此文本作「兩帝四王，」「兩帝，」冡上堯、舜，「四王」者，卽上文之禹、湯、文、武也。書鈔一百十三、御覽三百五並引作「兩帝四王。」』

案元本、類纂本、百子本並作『二帝四王。』亦可證成劉說。

德盛於此，

案元本、類纂本盛並作成，古通。

所以得天下也。

盧文弨云：『元刻得作一，史記禮書、韓詩外傳四皆同。』

案類纂本、百子本得亦並作一。

宛鉅鐵釶，注：『宛，地名，屬南陽。』

案元本、類纂本宛下並有如字，蓋據外傳四妄加。

慘如蠭蠆。

案慘字外傳四同，史記禮書作鑽，鑽疑憯之誤，慘、憯古通，（淮南子主術篇：『古之君人者，其慘怛於民也，』文子上仁篇慘作憯，繆稱篇：『君子之慘怛，非正僞形也。』文子精誠篇慘作憯，並其證。）淮南子主術篇：『兵莫憯於志，而莫邪爲下。』高誘注：『憯猶利也。』商君書弱民篇此文作『利若蜂蠆，』於義亦符。

爲炮烙刑。注：『烙，古責反。』

盧文弨云：『炮烙之刑，古書亦作炮格之刑。格，讀如皮格之格，古閣、格一也。史記索隱鄒誕生音閣，此注云：「烙，古責反。」可證楊時本尙作格也。』

案淮南子兵略篇：『使夏桀、殷紂有害於民而立被其患，不至於爲炮烙。』日本古鈔卷子本烙作格，要略篇亦言紂『作爲炮烙之刑。』四部叢刊景寫北宋本烙作格，並與此文楊注所據本合。凡『炮格』字作烙，皆後人因炮字偏旁而妄改也。

溝池不拑。注：『拑，古掘字。或曰：拑當爲抇，篆文抇字與拑字相近遂誤耳。』

盧文弨云：『甘聲之拑，不當爲古掘字。注前一說非，後一說當作抇，是也。』梁氏柬釋本據楊注後說改拑爲抇。案類纂本、百子本拑並改爲抇。

有不由令者，然後誅之以刑。

王念孫云：『「誅之以刑，」本作「俟之以刑，」此後人不解俟字之義而妄改之也。韓詩外傳、史記皆作「俟之以刑。」正義訓俟爲流。』

案王說是也，元本正作『俟之以刑。』

罪人不郵其上，知罪之在己也。是故刑罰省而威流。

王先謙云：『史記郵作尤，「威流」作「威行如流。」』

梁啓雄云：『郵、尤古通用。』

案元本、類纂本郵亦並作尤。外傳『威流』亦作『威行如流。』

刑錯而不用。

案元本、類纂本、百子本錯並作措,古通。

大寇則至,使之持危城則必畔,

盧文弨云:『「大寇則至,」元刻則字在至字下,屬下句。』

王念孫云:『「大寇則至,」則者若也。』

案王說是也,元本則字在至字下,乃淺人所妄乙。百子本則字亦妄乙在至字下。

下反制其上。

案元本、百子本並無其字。

故賞慶刑罰埶詐之爲道者,

案元本、百子本者並作也,義同。

詩曰:『王猶允塞,徐方既來。』

謝本從盧校作『王猷允塞,徐方其來。』盧文弨云:『宋本作「王猶允塞,徐方既來。」與今詩同。今從元刻。』

案百子本亦作『王猷允塞,徐方其來。』

唯堅凝之難焉。

案元本、類纂本、百子本並無唯、焉二字。

完全富足而趨趙。注:『富具,言府庫也。』

案元本、類纂本『富足』並作『富具,』與注合。疑此文本作『富具。』盧校本、王氏集解本、楊氏柬釋本注並作『富足,』蓋據已誤之正文而改。

古者湯以薄,武王以滈。注:『薄與亳同,滈與鎬同。』

案類纂本薄正作亳,滈正作鎬。

皆百里之地也,

案元本、類纂本、百子本並無也字。

彊國篇第十六

不砥厲,

案元本、類纂本、百子本厲並作礪,下同。喩林一百六引亦作礪。厲、礪正、俗字。

則劙盤盂、刎牛馬忽然耳。

謝本從盧校劙作劙。盧文弨云：『劙，宋本作劙，元刻作𧥷，皆訛。今改正。』

案類纂本劙作劙，亦誤。百子本作劙，與盧校合。

然而不教不誨，不調不一。

案元本、類纂本、百子本誨上、一上並無不字。（盧校本、王氏集解本、梁氏柬釋本並同。）喻林引同。

敵國不敢嬰也。

案元本、類纂本、百子本嬰並作攖，喻林引同。嬰、攖古通。

禮義節奏是也。

案喻林引義作儀，義、儀古、今字。

權謀傾覆幽險而亡。注：『幽深傾險，使下難知則亡也。』

盧文弨云：『正文及注亡字上元刻竝有盡字，宋本無。』

案類纂本、百子本亡上亦並有盡字。

百姓劫則致畏。注：『見劫脅之時則畏也。』

元本無致字，盧文弨云：『致字據宋本補，韓詩外傳六亦同。』

案注言『則畏，』似正文本無致字。百子本亦無致字。

狂妄之威成乎滅亡也。

案元本、百子本並無也字，韓詩外傳六同。

子發將西伐蔡，克蔡，獲蔡侯。注：『子發，楚令尹。未知其姓。』

劉師培云：『子發，卽景舍也。通典職官二大司馬注云：「楚大司馬景舍帥軍伐蔡，蔡侯奉社稷而歸之楚，楚發其賞。辭曰：『發誠（當从本書作誡。）布令而敵退，是主威也；相攻而敵退，是將威也；戰而敵退，是眾威也。臣不宜以眾威受賞。』杜氏所述，均據本書，則舍卽景舍，楊氏偶未考及耳。』

案劉氏謂子發卽景舍，是也。惟考御覽二百九引史記云：『楚大司馬景舍帥軍伐蔡，蔡侯奉社稷而歸之楚，發其賞。舍辭曰：「發誡布令而敵退，是王威也；相攻而敵退，是將威也；戰而敵退，是眾威也。臣不宜以眾威受賞。」』與通典注全同。(劉氏所引『辭曰』上脫舍字,『是王威也,』王改主,)是杜佑所述,乃本史記,非直據荀子也。

荀卿子說齊相曰,

盧文弨云:『此七字元刻無。』

案百子本亦無此七字。

則三國必起而乘我。

案元本、百子本並無則字。

國若假城然耳。

案元本、百子本並無然字。

兩者孰足爲也!

案元本、百子本也並作之。

桀、紂者善爲人之所惡,而湯、武者善爲人之所好也。

案元本、百子本兩人字下並無之字,惡(元本誤好)下並有也字。(盧校本、王氏集解本、梁氏柬釋本並同。)下文『人之所惡者,』『人之所好者』云云,卽承此言之,則有兩之字是。

人之所惡者何也?

案元本、百子本並無者字,(盧校本、王氏集解本、梁氏柬釋本並同。)據下文『人之所好者何也?』則有者字是。

然則是棄己之所以安彊,而爭己之所以危弱也。

案元本、百子本『安彊』上並無以字,(盧校本、王氏集解本、梁氏柬釋本並同。)『所以安彊,』『所以危弱,』相對爲文,則有以字是。

辟之是猶欲壽而歾頸也。注:『歾當爲刎』

柳鍾城云:『記纂淵海五八引歾正作刎。』

案元本、類纂本、百子本並無也字。

价人維藩。

案元本、類纂本、百子本价並作介。

古者百王之一天下、臣諸侯也,

案元本、百子本並無也字。

應侯問孫卿子曰，

案元本、類纂本、百子本並無子字，下同。

則有其諰矣。

盧文弨云：『元刻作「則甚有其諰也。」』

案類纂本、百子本亦並作『則甚有其諰也。』

兼是數具者，

案元本、類纂本、百子本並無是字。

駮而霸。

案類纂本駮作駁，駁、駮正、俗字。

而有趨姦之心矣。此姦人之所以起也。

案元本、類纂本、百子本有上並無而字，「此姦」下並無人字。

夫下之和上，辟之猶響之應聲，影之像形也。

劉師培云：『文選七命注引像作隨。（七啓注、弔魏武帝文注仍引作像。）』

案管子明法解篇：『則下之從上也，如響之應聲；臣之法主也，如景之隨形。』劉子從化篇：『下之事上，從其所行，猶影之隨形，響之應聲。』並與此作隨之本合。淮南子主術篇：『天下從之，如響之應聲，景之像形。』與此作像之本合。

故爲人上者，不可不順也。

案元本、類纂本、百子本並無人字，據下文『故爲人上者，必將愼禮義、務忠信然後可。』則有人字是。

內外上下節者，

案元本、類纂本、百子本並無者字。

拔戟加乎首，則十指不辭斷。

案淮南子說山篇：『斷指而免頭，則莫不利爲也。』卽此義也。

天論篇第十七

故水旱不能使之飢渴。

劉台拱云：『渴字衍，飢當作饑。』

王念孫云：『羣書治要無渴字。下文「水旱未至而飢，」亦無渴字。』

案類纂本、百子本飢並作饑，下同。治要引飢亦作饑。

倍道而妄行，

梁啓雄云：『倍同背，違也。』

案治要引倍正作背。

好惡喜怒哀樂臧焉。

梁啓雄云：『臧、藏古字通。』

案元本、類纂本、百子本臧並作藏，下文『畜積收臧於秋冬，』亦並作藏。

天不爲人之惡寒也輟冬；地不爲人之惡遼遠也輟廣；君子不爲小人之匈匈也輟行。

盧文弨云：『三輟字上俗閒本皆有而字，宋本無。』

謝本從盧校『小人』下無之字。王先謙云：『「小人」下羣書治要有之字，文選荅客難用此文，亦有之字。』

柳鍾城云：『記纂淵海二、五四引三輟字上並有而字；又引遠上無遼字。』

案元本、類纂本、百子本三輟字上並有而字，喻林八二引同。漢書東方朔傳引此作『天不爲人之惡寒而輟其冬；地不爲人之惡險而輟其廣；君子不爲小人之匈匈而易其行。』(文選東方朔荅客難同。)治要引此亦無三也字。元本、類纂本、百子本『小人』下並無之字，非。

天有常道矣；地有常數矣；君子有常體矣。

案漢書東方朔傳引作『天有常度；地有常形；君子有常行。』(文選荅客難同。)治要引此亦無三矣字。

而小人計其功。

案元本、類纂本、百子本並無而字。漢書東方朔傳、治要引並同。(文選荅客難亦同。)

詩曰：『何恤人之言兮。』

案漢書東方朔傳引此作『詩云：「禮義之不愆，何恤人之言！」』(文選荅客難同。

今本此文脫『禮義之不愆』五字，俞樾有說。）

星隊木鳴。

梁啓雄云：『隊、墜古、今字。』

案元本、類纂本、百子本隊並作墜，下同。治要引此亦作墜。

而畏之非也。

案元本、類纂本、百子本並無而字，下同。韓詩外傳二亦無而字。（治要引下文亦無而字。）

怪星之黨見，

王念孫云：『黨，古儻字。儻者，或然之詞。治要引此正作「怪星之儻見。」』

案類纂本黨亦作儻。

田薉稼惡，

案外傳二薉作穢。（楊注上文云：『薉與穢同。』）

寇難並至，

案治要引並作日。

其說甚爾，

案元本、百子本爾並作邇，治要引同。爾、邇古通。

卜筮然後決大事。

案元本、百子本然並作而，義同。喻林五十引亦作而。

以爲神則凶也。

案元本、百子本並無也字，喻林引同。

正論篇第十八

以天下之合爲君，

案元本、百子本並無之字。

其至意至闇也。注：『「至意」當爲「志意。」』

案元本、百子本『至意』並作『志意。』

昔者，武王伐有商，誅紂，斷其首，縣之赤旆。注：『史記：「武王斬紂頭，縣之大白旗。此云「赤旆，」所傳聞各異也。禮記明堂位說旗曰：「殷之大白，周之大赤。」卽史記之說非也。』

王念孫云：『呂本作「赤斾，」錢本斾作旆，（注斾字同。）元刻、世德堂本同。解蔽篇云：「紂縣於赤旆。」則作旆者是。』

劉師培云：『「縣之赤斾，」玉海八十三引作「垂之赤旆。」是所據之本亦不作斾。呂本誤。』

梁啓雄云：『紂之死，傳聞甚多，而亦各異其說。獨本書解蔽「紂縣於赤旆，」與此同。墨子明鬼：「折紂而繫之赤環。」史記殷本紀：「武王斬紂頭，縣之白旗。」亦與此略近。餘如離騷、尸子、淮南子、新書等均異。』

案注引史記云云，本殷本紀，今本殷本紀脫太字。又周本紀亦云：『〔武王〕以黃鉞斬紂頭，縣大白之旗。』據逸周書克殷解：『〔武王〕斬之（紂）以黃鉞，折懸諸太白。』國策趙第三：『武王羈於云門，卒斷紂之頭，而縣於太白者，是武王之功也。』論衡恢國篇：『或云：武王伐紂，紂赴火死，武王就斬以鉞，懸其首於太白之旗。』紀妖篇：『武王誅紂，懸之白旗。』藝文類聚十二引帝王世紀：『周公爲司徒，〔武王〕使以黃鉞斬紂頭，懸於大白之旗。』廣弘明集十一釋法琳對傅奕廢佛僧事：『武王伐紂於牧野，親射紂躬，懸頭太白之旗。』皆與史記言『太白旗』合。

是百王之所同也。

案元本、百子本並無也字。

犯亂之罪固輕也。

案元本、百子本並無也字。

日祭，月祀，時享，歲貢，注：『此下當有「終王」二字，誤脫耳。』

梁氏柬釋本『歲貢』下補『終王』二字，云：『據楊說及周語注補。周語注：「日祭，祭於祖考，謂上食也。月祀，月祀於曾高。時享，時享于二祧。歲貢，歲貢于壇墠。終王，終謂世終也。朝嗣王及卽位而來見。」』

案元本、百子本『歲貢』下並有『終王』二字，蓋據楊注補。

愚不足與謀知。坎井之鼃不可與語東海之樂。注：『司馬彪曰：「坎井，壞井也。」

事出莊子。』

案元本、百子本與並作以，喩林二四引同。與猶以也。意林引坎作埳，埳與坎同。今本莊子秋水篇亦作埳，釋文引司馬彪注同。

智惠甚明。

案元本、百子本惠並作慧，慧、惠正、假字。

而形不爲勞，

案元本、百子本並無而字，疑涉上文兩而字而衍。

而聖王之生民也，皆使當厚優猶不知足，注：『「不知足，」不字亦衍耳。言聖王之養民，輕賦薄歛，皆使寬泰而知足也。』

案元本、百子本並無不字，蓋據楊注刪。

夫亂今然後反是，

案元本、百子本然並作而，義同。下文『義榮埶榮，唯君子然後兼有之；義辱埶辱，唯小人然後兼有之。』元本、類纂本、百子本然亦並作而。

財物詘，

案元本、百子本詘並作屈，古通。喩林一百八引亦作屈。

於是焉桀、紂羣居而盜賊擊奪以危上矣。

案元本、百子本並無焉字，喩林引同。

將以爲有益於人，

案元本、百子本人下並有邪字，是也。

譬之是猶以塼塗塞江海也，以僬僥而戴太山也。

案元本、百子本塞上並有而字，與下文句法一律，喩林五七引亦有而字。

今子宋子以是之情爲欲寡而不欲多也，

案元本、百子本並無也字。

禮論篇第十九

兩者相持而長，

梁啓雄云：『持借爲待，待，須也。史記禮書持正作待。』

案梁說是也。儀禮公食大夫禮：『左人待載，』鄭玄注：『古文待爲持，』墨子備梯篇：『皆立而持鼓而撚火。』備蛾傳篇持作待。淮南子兵略篇：『靜以合躁，治以持亂。』文選陸士衡五等論注引持作待。並持、待古通之證。

趨中韶、護，

案類纂本護作濩，史記禮書同。護、濩古通。

而社止於諸侯。

王先謙云：『史記作「社至諸侯。」

案元本止作至，與史記合。

故有天下者事十世，注：『十當爲七，穀梁傳作「天子七廟。」』

案類纂本、百子本十並作七，蓋據注改。

所以別積厚，

案元本、類纂本、百子本別並作表。

俎之尙生魚也，豆之先大羹也，一也。

謝本豆作俎，王氏集解從之，云：『下俎字大戴禮、史記作豆。大羹盛於登，俎、豆蓋通言之。』

梁氏柬釋豆字同，云：『今本豆作俎。據台州本校改。』

案元本、類纂本豆字並同。作俎，蓋涉上俎字而誤，百子本亦誤俎。

凡禮始乎稅，成乎文，終乎悅校。注：『史記作「始乎脫，成乎文，終乎稅。」』

元本稅作梲（謝本、王氏集解本、梁氏柬釋本並同）。郝懿行云：『梲，史記作脫，疑此當作稅。』

案郝說與台州本合，稅、脫古通。類纂本、百子本稅並作脫，悅並作稅，蓋據注引史記改。

暴慢恣睢輕俗以爲高之屬，入焉而隊。注：『隊，古墜字。』

案元本、類纂本、百子本並無『以爲高』三字。類纂本隊作墜，史記同。

故繩墨誠陳矣，則不可欺以曲直；衡誠縣矣，則不可欺以輕重；規矩誠設矣，則不可欺以方圓。

劉師培云：『唐律疏議注一引「衡誠縣，」作「權衡，」是宋本或有權字。以大略篇證之，亦當有權字。』（劉說見王霸篇。）

案『衡誠縣，』禮記經解、史記並同。惟作『權衡，』與上『繩墨、』下『規矩』對言，於文爲長。劉子正賞篇：『故權衡誠懸，不可欺以輕重；繩墨誠陳，不可誣以曲直；規矩誠設，不可罔以方圓。』正以『權衡』連文。意林引愼子：『有權衡者，不可欺以輕重；有尺寸者，不可差以長短；有法度者，不可巧以詐僞。』亦以『權衡』連文。又案『規矩誠設矣。』元本、類纂本設並作施，喩林九九引同。

是君子之壇宇宮廷也。

案元本、類纂本、百子本廷並作庭，史記同。廷、庭古通。

故雖備家必踰日然後能殯。

案元本、百子本並無能字。

然而禮兼而用之。

案元本、百子本然下並無而字。

非禮義之文也，

案元本、百子本並無也字。

足以爲萬世則，則是禮也。

案元本、百子本並無下則字。

如存如亡，

案元本同。謝本作『如亡如存。』王氏集解、梁氏柬釋並從之。百子本存、亡二字亦互易。

薦器則冠有鍪而毋縰，注：『縰，韜髮者也。』

案縰字元本同。謝本作縱，注同，王氏集解、梁氏柬釋並從之，是也。百子本亦作縱。

故葬埋，敬葬其形也。注：『葬也者，藏也。所以爲葬埋之禮，敬藏其形體也。』

案元本、類纂本、百子本下葬字並同。謝本作『敬藏其形。』王氏集解、梁氏柬釋並從之。注以藏釋葬，似正文本作葬。

然後能去之。

案元本、百子本之下並有也字，與上文一律。

故再期也。

案元本再作載，古通。

詩曰：『愷悌君子，民之父母。』彼君子者，固有爲民父母之說焉。

俞樾云：『「彼君子者，」子字衍文。此本說君之喪所以三年之故，故引詩而釋之曰：「彼君者，固有爲民父母之說焉。」』

案元本、百子本『詩曰』並作『詩云。』又『彼君子者，』並無子字，與俞說合。

又善教誨之者也。

案元本、百子本並無者字。

故社，祭社也；稷，祭稷也。

案元本、百子本並無兩也字。

郊者，並百王於上天而祭祀之也。注：『百王，百神也。或神字誤爲王。』

柳鍾城云：『記纂淵海七六引並作合。又引王作神，與注說合。

皆使其須足以容事，事足以容成，成足以容文，文足以容備。

案元本、百子本並無四以字。

樂論篇第二十

樂則必發於聲音，形於動靜，而人之道。

案『而人之道。』屬上爲句。而猶乃也。

節奏合以成文。

謝本後盧校作『合奏以成文者也。』（王氏集解、梁氏柬釋並從之。）盧文弨云：『禮記作「節奏合以成文。」史記同。』

案元本、百子本並作『合奏以成文者也。』

是故喜而天下和之，

案元本、百子本並無是字。

猶欲之楚而北求之也。

案元本、類纂本、百子本並作『猶之楚而北求也。』喻林五十引亦無欲字。

樂者，聖王之所非也。

案元本、類纂本、百子本『聖王』並作『聖人。』

帶甲嬰軸，

梁啓雄云：『軸，同胄。』

案元本、類纂本、百子本軸並作胄。

目不視女色，

案類纂本女作邪，於義爲長。

飾以羽毛，從以磬管。

盧文弨云：『元刻作「簫管，」禮記同。』

謝本『羽毛』作『羽旄，』王氏集解、梁氏柬釋並從之。案元本、百子本並作『羽旄。』說苑脩文篇同。毛、旄古通。（書禹貢：『齒革羽毛，』史記夏本紀毛作旄，卽其比。）百子本『磬管』亦作『簫管，』說苑同。

其俯仰周旋有似於四時。

盧文弨云：『元刻「周旋」作「隨還。」』

案百子本亦作『隨還。』

故樂行而志淸，

案禮記、史記、說苑志並作倫。

美善相樂。

謝本從盧校依元刻作『莫善於樂。』案百子本亦作『莫善於樂。』

金石絲竹，所以道德也。

案元本、百子本竹下並有者字，與上文句法一律。

樂行而民鄉方矣。

梁啓雄云：『鄉、嚮古、今字。』

案元本、百子本鄉並作嚮。

弟子勉學，

盧文弨云：『勉，元刻作免，古通用。』

案百子本亦作免。

竽笙簫和籥似星辰日月。

謝本從盧校作『竽笙簫和筦籥似星辰日月。』王氏集解從之，云：『「簫和」二字衍，說見上。』梁氏柬釋本作『竽笙簫筦籥似星辰日月。』云：『今本筦上衍和字，據增注刪。』案元本、百子本並作『竽簫筦籥似星辰日月。』此當從盧校作『竽笙簫和筦籥似星辰日月。』與上文『竽笙簫和，筦籥發猛。』相應。(和爲小笙，王引之改上文簫爲肅，又謂此文衍『簫和』二字，並非。劉師培有說。)台州本脫筦字；元本、百子本並脫笙、和二字；梁本妄從增注刪和字。

衆積意謘謘乎！

盧文弨云：『元刻無意字。』

案百子本亦無意字。

主人親速賓及介，而衆賓皆從之，至于門外；主人拜賓及介，而衆賓皆入。

盧文弨云：『兩皆字元刻作自，與禮記同。』

案百子本兩皆字亦作自。

不酢而隆殺之義辨矣。

盧文弨云：『元刻而字下有降字，與禮記同。』

王念孫云：『元刻是。』

王氏集解、梁氏柬釋而下並補降字。案百子本而下亦有降字。

終於沃者。

盧文弨云：『元刻沃下有洗字，與禮記同。』

王念孫云：『元刻是。』

王氏集解、梁氏柬釋沃下並補洗字。案百子本亦有洗字。

脫屨升坐，

謝本脫作說，王氏集解、梁氏柬釋並從之。梁啓雄云：『說、脫古、今字。』

案元本、百子本脫並作說。

是足以正身安國矣。

盧文弨云：『元刻無是字，與禮記同。』

劉師培云：『是字疑涉足字而衍。』

梁氏柬釋據元本刪是字。案百子本亦無是字。

解蔽篇第二十一

則必惑是惑非，惑治惑亂。

謝本從盧校作『則必或是或非，或治或亂。』(王氏集解、梁氏柬釋並從之。)

盧文弨云：『宋本或皆作惑。元刻治作理。』

案元本、類纂本、百子本並作『則必或是或非，或理或亂。』惑、或古通，治、理同義。

故爲蔽，注：『數爲蔽之端也。』

謝本從盧校故作數。王念孫云：『元刻作數，卽涉注文而誤。』

案百子本故亦作數。

桀蔽於末喜、斯觀，

案類纂本末喜作妹喜，同。

人又莫之諫，

案元本、類纂本、百子本並無人字，蓋又字之誤而衍者。

成湯鑒於夏桀，

謝本鑒作監。梁啓雄云：『監與鑒同。』

案元本、類纂本、百子本鑒字並同。謝本作監，蓋據下文『文王監於殷紂』而改。元本、類纂本、百子本下文亦並作鑒。

此其所以代夏王而受九有也。

案元本、類纂本、百子本並無也字；下文『此其所以代殷王而受九牧也。』亦並無也字。

死則四海哭。

盧文弨云：『元刻作「天下哭。」』

案類纂本、百子本亦並作『天下哭。』

輔賢之謂能。

謝本從盧校能作彊。王念孫云：『元刻能作彊，乃涉下「勉之彊之」而誤。』

案類纂本、百子本能亦並作彊。

故由用謂之道盡利矣。由俗謂之道盡嗛矣。注:『俗當作欲。』

盧文弨云:『「盡利矣、」「盡嗛矣,」元刻兩矣字俱作也。』

案類纂本兩矣字亦作也。又類纂本、百子本俗並作欲,蓋據注改。

一隅不足以舉之。

案元本、類纂本、百子本並無以字。

孔子仁知且不蔽,故學亂術足以爲先王者也。

劉師培云:『亂字疑涉上「自亂」而衍。爲疑象訛,廣雅釋詁三云:『象,效也。」』

案類纂本無亂字,與劉說合。

是故衆異不得相蔽以亂其倫也。

案元本、類纂本、百子本並無也字。

故心不可以不知道,

案元本、百子本並無以字。

以其不可道之心,與不可道之人論道人,亂之本也。注:『必有妬賢害善。』

謝本『與不可道之人論道人,』作『與不道人論道人。』(王氏集解、梁氏柬釋並從之。)盧文弨云:『宋本作「與不可道之人論道人,」元刻作「與不道人,」無「可、之、論道人」五字。今案當作「與不道人論道,」兩本有衍、有脫,下一人字亦可去。』

王念孫云:『盧說非也,「與不道人論道人,」謂與小人論君子,非謂與之論道也。上文云:「得道之人,亂國之君非之上,亂家之人非之下,豈不哀哉!正所謂「與不道人論道人」也。「與不道人論道人,」則道人退而不道人進,國之所以亂也。故曰「與不道人論道人,亂之本也。」故楊云:「必有妬賢害善。」』

案下文『以其可道之心,與道人論非道,治之要也。』與此文對言,則此文似當從盧說作『以其不可道之心,與不道人論道,亂之本也。』上文『心不知道,則不可道而可非道。』道與『非道』對言,此文之『論道,』與上文道字相應;下文『論非道,』與上文『非道』相應。王氏謂下文『論非道』爲『論非道之人,』

(詳王氏雜志，王氏集解引之。)增人字以釋之，蓋泥於此文之原作『論道人』也。此文台州本衍『可、之、人』三字；元本脫『論道』二字，百子本與元本同。

故治之要在於知道。

案元本、類纂本在並作存。

不以已所臧害所將受謂之虛。

謝本從盧校『已所臧』同。盧文弨云：『元刻作「所已臧。」』

王念孫云：『「所已臧」與「所將受」對文，元刻是也。錢本、世德堂本並作「所已臧。」』

王氏集解、梁氏柬釋並從元作『所已臧。』案百子本亦作『所已臧。』

作之則將須道者之虛則人將事道者之壹則盡盡將思道者靜則察。注：『此義未詳，或恐脫誤耳。當爲「須道者虛則將，事道者壹則盡，思道者靜則察。」其餘字皆衍也。』

案此文義不可通，元本作『作之則將，須道者之虛則將，事道者之一則盡，將思道者靜則察。』蓋據楊注刪人、盡二字。百子本作『作之則將，須道者虛則將，事道者一則盡，思道者靜則察。』則全本楊注刪定。

虛壹而靜，謂之大清明。

盧文弨云：『元刻無大字。』

柳鍾城云：『記纂淵海六二引亦無大字。』

案類纂本、百子本並無大字。

處於今而論久遠，

盧文弨云：『元刻論作聞。』

案類纂本、百子本論亦並作聞。

其情之至也不貳。注：『其情之至極，在一而不貳。』

盧文弨云：『元刻情作精，注同。』

案類纂本、百子本情亦並作精。

處一之危，注：『「危之」當爲「之危。」』

謝本作『處一危之，』(王氏集解、梁氏柬釋並從之。)案元本作『處一危之，』

(即謝本所本。)與楊氏所據本同。百子本作『處一之危，』與台州本同，蓋據注乙正。

故導之以理，

案元本、類纂本、百子本並無故字，喻林一一二引同。

則不足以決麤理矣。

謝本從盧校『麤理』作『庶理。』盧文弨云：『「庶理」宋本作「麤理，」今從元刻。』

劉師培云：『作麤是也。上云「定是非，決嫌疑。」此與對文。謂心靜足以判精微，弗靜不能決麤理也。』

案喻林引『麤理』同。類纂本、百子本並作『庶理。』

自古及今，未嘗有兩而能精者也。

柳鍾城云：『記纂淵海六二引「自古及今」作「天下。」』

惡能與我歌矣！

盧文弨云：『矣字元刻作乎。』

案百子本矣亦作乎，義同。

夫微者至人也。

案元本、百子本並無也字。

見寢木以爲伏虎也。

謝本『寢木』作『寢石。』(王氏集解、梁氏柬釋並從之。)案元本、類纂本、百子本並作『寢石。』淮南子氾論篇：『見寢石以爲虎也。』韓詩外傳六：『昔者楚熊渠子夜行，見寢石以爲伏虎。』(又見新序雜事四。)並與此作『寢石』合。

以爲蹞步之澮也。

案元本、類纂本、百子本並無也字。

聽漠漠而以爲哅哅。

案元本、類纂本、百子本並無而字，喻林四八引同。

卬視其髮，注：『卬與仰同。』

案喩林六十引印正作仰。

比至其家，者失氣而死。

謝本從盧校刪者字，（王氏集解、梁氏柬並釋從之。）盧文弨云：『「比至其家」下，宋本有者字，今從元刻去之。』

案百子本亦無者字，此淺人妄刪之也。喩林引此有者字，與台州本同。者猶則也，屬下讀。管子治國篇：『國富者兵彊，兵彊者戰勝。』御覽八二二引者作則，莊子天道篇：『動則得矣。』文選江文通雜體詩注引則作者，列子湯問篇：『此不爲遠者小而近者大乎？』意林引者作則，本書哀公篇：『計勝怒則強，怒勝計則亡。』元本、百子本則並作者，並者、則古通之證。晏子春秋內篇諫上第一：『令章遇桀、紂，者章死久矣！』者亦與則同，屬下讀，與此同例。

以可以知人之性，求可以知物之理，

案元本、百子本兩可字下並無以字。

法其法以求其統類，類以務象效其人。

盧文弨云：『「法其法，」元刻作「治其法。」』

王念孫云：『元刻無下類字，是也。「法其法以求其統類，以務象效其人。」三句一氣貫注，若多一類字，則隔斷上下語脈矣。宋本下類字，卽涉上類字而衍。』

案類纂本、百子本『法其法』亦並作『治其法；』且並無下類字。

故君人者，周則讒言至矣，直言反矣。

案元本、類纂本、百子本直上並有而字，是也。下文『君人者，宣則直言至矣，而讒言反矣。』與此句法同。

詩云：『墨以爲明，狐狸其蒼。』

謝本從盧校其作而。（王氏集解、梁氏柬釋並從之。）盧文弨云：『元刻明作朗，宋本而作其。王伯厚詩考引作而，今從之。』

案類纂本、百子本明亦並作朗，其亦並作而。元本其亦作而，義同。（喩林四七引作其，與台州本合。）

正名篇第二十二

與所緣有同異，

王念孫云：『元刻有作以，（宋龔本同。）是也。」宋本作有者，涉上句「有名」而誤。』

案百子本有亦作以。

說、故、喜、怒、哀、樂、愛、惡、欲以心異。

案元本、百子本並無欲字。

狀變而實無別而爲異者，謂之化。

案元本、百子本並無下而字。

後王之成名，

案元本、百子本名下並有也字。

用之大文也，而王業之始也。

案元本、百子本並無上也字。

不動乎衆人之非譽，

案元本、類纂本、百子本並無乎字，與下文句法一律。

所受乎天之一欲，制於所受乎心之多，固難類所受乎天也。注：『此一節未詳，或恐脫誤耳，或曰：「當爲『所受乎天之一欲，制於所受乎心之計。』其餘皆衍字也。』

案元本、百子本多並作計，並無『固難類所受乎天也』八字。與注或說合，蓋據或說改刪。

以所欲以爲可得而求之，

謝本從盧校『以所欲以爲可得，』作『以欲爲可得。』盧文弨云：『「以欲爲可得，」宋本作「以所欲以爲可得。」今從元刻。』

案百子本與元本同。

所求不得，

案元本、百子本求下並有必字。

離得欲之道而取所惡也哉！

案元本、百子本取下並有其字。

故人無動而不可以不與權俱。注：『其所舉動，而不可不與道俱。』

王念孫云：『上不字衍，此言人之舉動，不可不與權俱。（權謂道也。）不與權俱，則必爲欲惡所惑，故曰「人無動而可以不與權俱。」今本可上有不字者，涉注文「不可不與道俱」而衍。』

梁啓雄云：『伯兄曰：「無字衍。楊注：『其所舉動而不可不與道俱，』是楊所見本無無字。」』

案元本、百子本並作『故人無動而不與權俱。』與王、梁說並不符。

其累百年之欲，

案元本、百子本並無其字。

假而得問而嗛之，

案元本、類纂本、百子本並無『而得』二字。

如此者，雖封侯稱君，其與夫盜無以異；乘軒戴絻，其與無足無以異。

盧文弨云：『「夫盜」元刻無夫字，「乘軒」上有雖字。』

案類纂本、百子本並與元本同。

性惡篇第二十三

使皆出於治，

梁啓雄云：『元本治作理。』

案類纂本治亦作理。

今之人化師法、積文學、道禮義者爲君子，縱性情、安恣睢、而違禮義者爲小人。

案元本、類纂本、百子本今下並無之字，縱並作從，（古通。）違並作慢，上無而字。下文亦云：『以秦人之從情性、安恣睢、慢於禮義故也。』

故陶人埏埴而爲器。

案老子十一章：『埏埴以爲器。』而、以同義。

然則器生於工人之僞，非故生於人之性也。注：『言陶器自是生於工人學而爲之，非本生於人性自能爲之也。或曰：「工人」當爲「陶人。」』

王念孫云：『楊後說以此「工人」爲「陶人」之誤，是也。』

案喻林一一二引『工人』正作『陶人。』

是皆生於人之情性者也。

案元本、百子本並無者字。

假之人有弟兄資財而分者，

梁啓雄云：『增注無人字。』

案元本、百子本並無人字，喻林三引同。

然則生而已，

盧文弨云：『「生而已，」元刻作「性而已，」下同。』

案百子本亦作「性而已，」下同。

倚而觀天下民人之相與也。

案元本、百子本並無人字。

辟亦陶埏而生之也。

案謝本亦作則，涉下『然則』字而誤，王氏集解本從之，非也。

然則禮義積僞者，

案元本、百子本並無者字。

本乎仁義之可知之理，

案元本、百子本並無上之字。

故聖人者，人之所積而致也。

案謝本也作矣，涉上『參於天地矣』而誤（矣、也本同義，然此乃誤字。），王氏集解從之，非也。

故塗之人可以爲禹，則然（二字舊倒）；塗之人能爲禹，未必然也。

盧文弨云：『「故塗之人可以爲禹」下，元刻有「未必然也。塗之人可以爲禹」十一字。宋本無。』

案喻林三五引與台州本同。元本誤衍十一字，義不可通，百子本誤與元本同。

妻子具而孝衰於親，

劉師培云：『意林孝作愛。』

柳鍾城云：『記纂淵海四一引孝亦作愛。』

則傀然獨立天地之間而不畏，注：『傀，傀偉，大貌也。或曰：「傀與塊同，獨居之貌也。」』

王念孫云：『後說是也。君道篇云：「塊然獨坐。」』

劉師培云：『御覽（四三七）引傀作塊。』

案淮南子原道篇、史記褚少孫補滑稽列傳並云：『塊然獨處。』亦可證成楊注後說。

苟免不恤是非然不然之情，

案類纂本、百子本並無免字。

繁弱、鉅黍，

案文選潘安仁閑居賦注引鉅作巨，古通。賦篇：『此夫始生鉅其成功小者邪？』宋章如愚山堂考索十九引鉅作巨，卽其比。

驊騮、騹驥、纖離、綠耳，注：『騹讀爲騏。』

柳鍾城云：『記纂淵海九八引騹正作騏。』

案類纂本、百子本騹並作騏。

然而前必有銜轡之制，後有鞭策之威，

王念孫云：『「前必有」本作「必前有，」「前有，」「後有，」皆承必字而言。若作「前必有，」則與下句不貫矣。羣書治要及初學記人部中、太平御覽人事部四十五，並引作「必前有。」』

案王說是也。莊子馬蹄篇：『前有橛飾之患，而後有鞭筴之威。』（一切經音義八四引『橛飾』作『銜橛。』）亦以『前有、』『後有』對言。

不知其子，視其友。

案史記田叔列傳褚少孫附任安傳，引友上有所字。

君子篇第二十四

心至愈，注：『愈讀爲愉。』

案百子本愈正作愉。

治世曉然皆知夫爲姦則雖隱竄逃亡之由不足以免也。

盧文弨云：『「治世，」元刻無治字。』

王念孫云:『無治字者是也。「世曉然,」猶上文「天下曉然,」則世上不當有治字。宋錢佃校本亦云:「諸本無治字。」』

王氏集解本、梁氏柬釋本並刪治字。案類纂本、百子本亦並無治字。

亂世則不然,

案治要引無則字,百子本同。

後子孫必顯。

王念孫云:『元刻無後字,羣書治要同。』

案百字本亦無後字。

慢賢者亡。

案治要引慢作嫚。古通。史記留侯世家:『皆以為上慢侮人。』漢書慢作嫚,本書宥坐篇:『嫚令謹誅,』注:『嫚與慢同。』並其證。

則主尊下安。

案百子本主作上。

成相篇第二十五

上能尊主愛下民。

王念孫云:『「愛下民,」當作「下愛民,」與「上能尊主」對文。不苟、臣道二篇竝云:「上則能尊君,下則能愛民。」是其證。』

案王說是也。元本『愛下民』下有注云:『在下則愛養生民。』是正文本作『下愛民』矣。

大其園囿高其臺榭。

謝本從盧校無榭字。(王氏集解、梁氏柬釋並從之。)盧文弨云:『臺下宋本有榭字,元刻無。以韻讀之,元刻是也。今從之。』

案景宋本朱熹楚辭後語一(下同)載此文無榭字。云:『臺下本有榭字,以韻叶之,知是後人誤加,今刪去。』百子本亦無榭字。

穆公得之,

謝本得作任,(王氏集解、梁氏柬釋並從之。)案得字楚辭後語同。元本、百子本並作任。

愼、墨、季、惠，百家之說誠不詳。注：『詳或爲祥。』

王念孫云：『祥、詳古字通。不祥，不善也。』

案楚詞後語詳作祥，云：『祥，一作詳。祥，善也。』

端不傾，

案元本端作滿，有注云：『滿不溢而无傾。』

尙得推賢不失序。注：『得當爲德。』

案百子本得正作德。

禹傅土，注：『傅讀爲敷。』

案楚辭後語傅作溥，云：『溥，一作傅。皆讀爲敷。』

患難哉，阪爲先聖。注：『阪與反同，反先聖之所爲。』

盧文弨云：『「患難哉，阪爲先。」二句，句三字。「聖知不用愚者謀。」七字句。楊注不得其句。』

案楚辭後語已從先字絕句。

忠不上達，

謝本從盧校忠作中，（王氏集解、梁氏柬釋並從之。）盧文弨云：『中，元刻作忠，古通用。』

案元刻作忠，與台州本合。楚辭後語、百子本亦並作忠。

正直惡，

案楚辭後語直作是，云：『是，一作直。』

已無郵人，我獨自美豈獨無故！注：『故，事也。不可尤責於人。自美其身，己豈無事！己亦有事，而不知其過也。或曰：下無獨字。』

盧文弨云：『無獨字，則與全篇句法合。』

梁啓雄云：『郵同尤。』

案楚辭後語云：『郵，一作尤。』元本、百子本並作尤，與注合。楚辭後語豈下無獨字，云：『一本豈下有獨字，非是。』百子本豈下亦無獨字，蓋涉上獨字而衍。

欲叓對，言不從。

兪樾云：『對字當在叓字上。』

案楚辭後語云：『「叓對」當爲「對叓。」乃與韻叶。』兪說與之暗合。

剄而獨鹿棄之江。

王念孫云：『而猶以也。謂剄以獨鹿也。』

案王說是也，元本、百子本而並作以。楚辭後語亦云：『而，一作以。』

守其銀。注：『銀與垠同。』

案百子本銀正作垠。

五聽循領，注：『循領，謂修之使得綱領。』

謝本從盧校『循領』作『脩領。』(王氏集解、梁氏柬釋並從之。)盧文弨云：『「脩領」宋本作「循領，」今從元刻，注同。』

案楚辭後語『循領』同。百子本作『脩領，』與元本合。注旣言『謂修之使得綱領，』正可證作『循領』之誤。

賦篇第二十六

君子所敬而小人所不者與？

案山堂考索十九引不作違。

跖以穿室。注：『跖用智以穿室。』

案元本穿作空，注同。山堂考索引亦作空。空、穿同義，莊子山木篇：『衣弊履穿，』唐寫本穿作空，漢書溝洫志：『宜却徙完平處更開空。』顏師古注：『空猶穿。』並其證。

精微乎毫毛，而盈大乎寓宙。注：『寓與宇同。言細微之時則如毫毛；其廣大則盈大於宇宙之內。宇，覆也。謂天所覆。三蒼云：「四方上下爲宇。」上「大參天地，」此又云「盈大宇宙，」言說雲之變化，或大或小，故重言之也。』

謝本『盈大乎寓宙，』作『大盈乎大寓。』(王氏集解、梁氏柬釋並從之。)王念孫云：『宋錢佃校本云：「諸本作『充盈乎大寓。』非。」案作「充盈」者是也。下文「充盈大宇而不窕。」卽其證。「充盈」與「精微」對，監本作「大盈，」則既與下大字複，又與「精微」不對矣。藝文類聚天部上引作「充盈乎天宇。」』又云：『呂、錢本作「盈大乎寓宙，」蓋本作「充盈乎大寓，」後脫充字，「乎大』又譌作「大乎，」後人又因注內兩言「宇宙」而增宙字，案「盈大」文不成義，寓與上文下、鉅、矩、禹爲韻，寓下不得有宙字。楊注釋宇字而不釋宙字，則本無宙字甚明。』

案王校是也，元本、百子本並作『充盈乎大寓。』山堂考索引同。惟注雖不釋宙字，而言『則盈大於宇宙之內；』又明引正文云：『盈大宇宙。』（謝本注文有刪改，王氏集解從之。）似楊氏所據正文已作『盈大乎寓宙』矣。否則此注非楊注之舊也。喻林十九引此亦誤作『盈大乎寓宙。』

印印兮天下之咸蹇也。

案山堂考索引之作以，義同。（以、之同義，清吳昌瑩經詞衍釋一有說。）

德厚而不捐，五采備而成文。注：『捐，棄也。萬物或美或惡，覆被之皆無捐棄矣。』

案元本捐作損，注同。山堂考索、喻林引此亦並作損。惟注訓棄，似當作捐爲是。

待之而後存。

案元本引之下有爲字，山堂考索引同；又引存下有焉字。

請占之五帝。注：『占，驗也。五帝，少昊、顓頊、高辛、唐、虞。』

謝本從盧校『五帝』作『五泰，』注『占，驗也。』下，補『五泰，五帝也。』五字。（王氏集解、梁氏柬釋並從之。）盧文弨云：『此與下文「五泰，」宋本皆作「五帝。」無「五泰，五帝也。」五字注。今從元刻，與困學紀聞所引合。』案百子本帝亦作泰，下同。（下文台州本帝上無五字，喻林引此文及下文，並與台州本同。）

喜溼而惡雨。注：『溼謂浴其種，既生之後，則惡雨也。』

王念孫云：『蠶性惡溼，不得言「喜溼，」太平御覽資產部五引作「疾溼而惡雨，」是也。「惡雨」與「疾溼」同意。』

案元本溼作溫，注同。『喜溫』與『惡雨，』義正相同。山堂考索、喻林引此，溼亦並作溫。

頭銛達而尾趙繚者邪？注：『重說「長其尾而銳其剽，」趙讀爲掉，掉繚，長貌。』

案元本尾作剽，山堂考索、喩林引並同。『頭銛達，』承上文『銳其剽』言之，『尾趙繚，』承上文『長其尾』言之。則尾不當作剽，蓋涉上文剽字而誤。

幽晦登昭，注：『言幽闇之人，登昭明之位。』

王念孫云：『「幽晦」元刻作「幽闇，」(宋龔本同。)是也。楊注「幽闇之人，」是其證。宋本闇作晦者，涉上文「旦暮晦盲」而誤。』

案楚辭後語、山堂考索引晦亦並作闇。

與愚以疑，

案山堂考索引以作亦。

其小歌也。

謝本從盧校也作曰。(王氏集解、梁氏柬釋並從之。)盧文弨云：『曰，各本多作也。有一本作曰，今從之。』

案楚辭後語、山堂考索也字並同。百子本作曰。

念彼遠方，何其塞矣；仁人絀約，暴人衍矣；忠臣危殆，讒人服矣。注：『服，用也。本或作「讒人般矣。」般，樂也。音盤。』

盧文弨云：『衍，不與塞、服爲韻。服字本有作般者，則塞或蹇字之誤。』

案楚辭後語云：『塞字音義皆未詳，或恐是蹇字也。』盧說與之暗合。又楚辭後語服作般，云：『一作服。』作般者是，般，篆文作𣪠；服，篆文作𦨈，形極相似，故誤爲服。(爾雅釋詁：『服、宜、貫、公，事也。』釋文：『服，又作般。』亦二字相亂之例。)竊疑塞乃搴之誤，(莊子駢拇篇：『攓德搴性，』今本搴誤塞，王念孫雜志餘編有說，與此同例。)搴與衍、般爲韻。管子四時篇：『毋蹇華絕芋，』(尹知章注：『蹇，拔也。』王念孫雜志云：『蹇與搴同。』)彼以蹇爲搴，此以搴爲蹇，正可互證。

不知佩也。

案元本、百子本不並作弗，下同。弗猶不也。山堂考索引此亦作弗，下同。

嫫母、刁父，是之喜也。注：『刀父，未詳。』

謝本從盧校刁父作力父。(王氏集解、梁氏柬釋並從之。)盧文弨云：『力父，俗本作刁父，今從元刻，與韓詩外傳四同。』

劉師培斠補亦從盧校作力父，云：『力，世德堂本作刁。玉燭寶典十二引作「嫫母、力父，是之憘也。」文選四子講德論注亦引作「嫫姆、力父。」足證明本作刁之誤。』

案台州本已作刁父，非僅明本誤刁矣。喻林四八引亦作刁父。楚辭後語、山堂考索引並作刀父，與楊注合。百子本作力父，與元本合。

大略篇第二十七

我出我輿，

案元本、百子本輿並作車，與今詩小雅出車同。

反絕以環。

劉師培云：『後漢書袁紹傳注引作「反人以環。」』

柳鍾城云：『記纂淵海六十引絕亦作人。』

背禮者也。

謝本從盧校作『皆禮也。』(王氏集解、梁氏柬釋並從之。)盧文弨云：『「皆禮也，」各本作「背禮者也。」誤。』

案百子本作『皆禮者也。』

玉貝曰啥。

案元本、類纂本、百子本啥並作含，是也。啥，俗字。

必顛蹷陷溺。

案元本、百子本必並作則。必猶則也，(此義經傳釋詞、經詞衍釋並不載。)論語述而篇：『子與人歌而善，必使反之。』史記孔子世家必作則，陽貨篇：『君子三年不為禮禮必壞；三年不為樂樂必崩。』北堂書鈔八十引兩必字並作則，皆其比。又劉子適才篇：『伏臘合歡，必歌採菱；牽石拖舟，則歌噓噢。』誡盈篇：『勢積則損，財聚必散。』(明程榮本、清王謨本、畿輔叢書本必並作則。)明謙篇：『高必以下為甚，貴則以賤為本。』(淮南子道應篇引老子則作必。)閱武篇：『司馬法曰：「國家雖大，好戰則亡；天下雖安，忘戰必危。』(司馬法仁本篇則作必，說苑指武篇引同。）皆以必、則互文，明其義相同。

士有妒友，

案元本、類纂本、百子本妒並作妬，下文亦作妬，妬與妒同。

勿用爲笑。

案元本、百子本用並作以，與今詩大雅板同。

不憂其係壘也，注：『壘讀爲纍。』

案百子本壘作纍，蓋據注改。

重民任而誅不能。

案莊子則陽篇：『重爲任而罰不勝。』與此同義。

則人民之行如此，

案元本、百子本並無則字。

爭利如蚤甲而喪其掌。注：『蚤與爪同。』

柳鍾城云：『記纂淵海五七引蚤正作爪。』

匹夫不可以不愼取友。

謝本『匹夫』下有者字。王念孫云：『「匹夫」下不當有者字，此涉上「君人者」而衍。呂、錢本「匹夫」下皆無者字。』

案元本、類纂本、百子本『匹夫』下並有者字，喩林九一引同。

均薪施火，火就燥；平地注水，水流溼。

案尸子仁意篇：『平地而注水，水流溼；均薪而施火，火從燥。』(呂氏春秋應同篇無兩而字，從作就，與荀子尤合。)

取友善人，不可不愼。注：『取友求善人，不可不愼。』

盧文弨云：『俗本正文亦作「取友求善人。」宋本、元刻皆無求字。若有，注可不費辭矣。』

案喩林引『取友』下有求字，類纂本、百子本並無求字。

偄弱易奪，

盧文弨云：『偄與懦同。』

柳鍾城云：『記纂淵海五八引偄作懦。』

案元本、類纂本、百子本偄並作儒。

是弃國捐身之道也。

謝本從盧校捐字同。（王氏集解、梁氏柬釋並從之。）盧文弨云：『捐，宋本作損，今從元刻。』

案類纂本、百子本捐字並與台州本同。

禍之所由生也，生自纖纖也。

盧文弨云：『元刻作「禍之所由生，自纖纖也。」與大戴曾子立事篇同。』

王念孫云：『宋龔本同元刻，汪從之。』

案百子本亦與元刻同。

察辨而操辟。

梁氏柬釋本辟作僻，云：『辨同辯。辯，慧也。僻，邪也。』

案元本、百子本並作『察辯而操僻。』辟、僻古通。

多少無法，而流喆然。注：『喆當爲湎。非十二子篇有此語。』

謝本少作言。（王氏集解、梁氏柬釋並從之。）案百子本少亦作言，是也。少字涉上文『少言』而誤。元本作『多少言無法。』少字涉上文而衍。又百子本喆作湎，蓋據注改。（梁氏柬釋本亦據注改爲湎。）

有夫分義，

梁氏柬釋據元本删夫字。案百子本亦無夫字。

無三王之法，

謝本法作治。王念孫云：『呂、錢本治皆作法，是也。此承上「三王既已定法度」而言。』

案元本、類纂本、百子本法並作治。

而不稱其所短也。

案元本、類纂本、百子本並無也字。

惟惟而亡者，誹也。注：『惟讀爲唯。』

案類纂本、百子本惟並作唯。

君子能爲可貴，不能使人必貴己。

案下貴字承上貴字而言，(猶下文『能爲可用，不能使人必用己。』下用字承上用字而言也。)元本、類纂本下貴字並作好，恐非。

宥坐篇第二十八

此蓋爲宥坐之器。

案元本、百子本並無爲字。

孔子喟然而歎曰，

案元本、百子本並無而字。說苑敬愼篇、家語三恕篇並同。

聰明聖知，

劉師培云：『玉海九十引聖作睿，疑涉淮南道應訓及家語而誤。』

案韓詩外傳三聖亦作睿。

心達而險。

劉師培云：『家語始誅篇、劉子新論心隱篇達作逆，說苑指武篇作辨。』

案家語、劉子達作逆，逆乃達之誤。此文楊注：『「心達而險，」謂心通達於事而凶險也。』是其義也。尹文子大道下篇亦作達。說苑作辨，辨與達義近。(說互詳拙著劉子集證卷五。)

言談足以飾邪營衆，注：『營讀爲熒。熒衆，惑衆也。』

案營借爲瞀，說文：『瞀，惑也。』

是以湯誅尹諧，文王誅潘止。

案說苑指武篇作『湯誅蠋沐，太公誅潘阯。』太公蓋文王之誤。

其民迷惑而墮焉，

案元本墮作陷。

其赴百仞之谷不懼，

案元本、類纂本『百仞』並作『千仞。』

吾殆之也。

案元本、百子本並無也字。

孔子曰：『如垤而進，吾與之；如丘而止，吾已矣。』

案論語子罕篇：『子曰：「譬如爲山：未成一簣，止，吾止也；譬如平地：雖覆一簣，進，吾往也。」』（彼文『吾止也。』止，當從此文作已。）

藜羹不糂，注：『糂與糝同。』

案莊子讓王篇、呂氏春秋愼人篇、韓詩外傳七、說苑雜言篇、風俗通窮通篇糂並作糝。

君子博學深謀，不遇時者多矣。由是觀之，不遇世者衆矣，何獨丘也哉！

兪樾云：『「由是觀之」四字，當在「君子博學深謀」句上。』

劉師培云：『「不遇世者衆矣」句，疑涉上文而衍。說苑、家語上多字作衆，無「由是」二句。「由是觀之」句，惟本書有之，非衍文。此或二本不同，一本作時、作多，一本作世、作衆，校者兩存其文，遂不可通。』

案兪、劉說並是，此文本作『由是觀之，君子博學深謀，不遇時者多矣，何獨丘也哉！』外傳作『故君子博學深謀，不遇時者衆矣，豈獨丘哉！』說苑作『故夫君子博學深謀，不遇時者衆矣，豈獨丘哉！』彼文言故，猶此文言『由是觀之』也。又案『何獨丘也哉！』元本、百子本並無也字，與外傳、說苑合。家語在厄篇亦無也字。

且夫芷蘭生於深林，非以無人而不芳。

柳鍾城云：『記纂淵海八引芷作幽，非作不。』

案元本、百子本並無且字，外傳同。家語非亦作不，義同。淮南子說山篇亦云：『蘭生幽谷，不以莫服而不芳。』

昔晉公子重耳霸心生於曹，越王句踐霸心生於會稽，齊桓公小白霸心生於莒。

案家語曹下有衞字，脫『齊桓公小白霸心生於莒』句。竊疑『齊桓公小白霸心生於莒』句，當在『晉公子重耳』句上，於時代先後乃合。說苑雜言篇作『昔者齊桓霸心生于莒，句踐霸心生于會稽，晉文霸心生于驪氏。』以『齊桓』句爲首，是也。惟『句踐』句又誤倒在『晉文』句上。宋陳碧虛南華眞經闕誤引江南古藏本讓王篇云：『桓公得之莒，文公得之曹，越王得之會稽。』（今本莊子讓王篇無此文。又見呂氏春秋愼人篇，桓公上更有昔字；亦見風俗通窮通篇，桓公上更有『昔者』二字。）正可證此文及說苑之誤。

女庸安知吾不得之桑落之下乎哉！

謝本從盧校省『乎哉』二字，（王氏集解、梁氏柬釋並從之。）盧文弨云：『「桑落之下」下，宋本有「乎哉」二字，今案可省。』

案元本、百子本並無『乎哉』二字。

還復瞻彼九蓋皆繼，被有說邪？注：『九當爲北，被皆當爲彼。』

案百子本九作北，被並作彼，元本下被字亦作彼，蓋據注改。

子道篇第二十九

入孝出弟，注：『弟與悌同。』

案治要引弟正作悌。

孝子不從命，乃衷。

案治要引『乃衷』下有也字；下文『乃義』下、『乃敬』下，亦並有也字。

鄉者，君問丘也，曰，

案元本、百子本並無也字。

昔者江出於嶓山，

柳鍾城云：『記纂淵海六六引嶓作岷，同。』

案元本、類纂本、百子本並作岷山，喻林三二引同。

及其至江之津也，不放舟。注：『放讀爲方，國語曰：「方舟投柎。」韋昭曰：「方，並也。」』

梁啓雄云：『說文：「方，併船也。』

柳鍾城云：『記纂淵海引至下有於字，放作舫。』

案家語三恕篇至下亦有於字，放亦作舫。外傳三至下有乎字，乎猶於也。舫亦借爲方。

奮於言者華，奮於行者伐，注：『奮，振矜也。』

俞樾云：『韓詩外傳作「愼於言者不譁，愼於行者不伐。」當從之。華卽譁之省文。兩奮字皆昚字之誤，乃古文愼字也。昚誤爲奮，則奮於言、行，不能謂之不華、不伐矣。於是又刪去兩不字耳。楊氏據誤本作注，非也。』

劉師培云：『兪樾據外傳改爲「愼於言者不譁，愼於行者不伐。」謂奮係愼訛。今考說苑雜言篇、家語三恕篇並與此同，說苑奮作賁，音義亦略相符。又家語王注云：「矜於行者自伐其功。」則本書此文亦非訛捝，不必改從外傳也。』

案劉氏謂『不必改從外傳，』是也，特其說未盡。竊以說苑雜言篇奮作賁，奮乃賁之借字，（禮記射義：『賁軍之將，』詩大雅行葦箋賁作奮，可證二字古通。）易序卦傳：『賁者，飾也。』說文：『賁，飾也。』『奮於言者華，奮於行者伐，』猶言『飾於言者華，飾於行者伐。』楊氏所據本弗誤，特未得奮字之義耳。外傳作『愼於言者不華，愼於行者不伐，』與『奮於言者華，奮於行者伐，』義正相因，無庸改此以就彼。（梁氏柬釋據兪說改此文作『愼於言者不華，愼於行者不伐。』非也。）

法行篇第三十

不雝不塞。注：『雝讀爲壅。』

柳鍾城云：『記纂淵海五二引雝正作壅。』

案元本、類纂本、百子本雝並作壅。

轂已破碎，乃大其輻；事已敗矣，乃重大息。

劉師培云：『王氏詩考引上已字作旣，下已字作以。』

柳鍾城云：『記纂淵海五二、五五，引上已字並作旣。又五二引下已字作以。』

案元本、類纂本、百子本上已字並作旣，下已字並作以。喩林五五引下已字亦作以。

其云益乎！

柳鍾城云：『記纂淵海五二引云作忘，五五作亡。忘、亡古通。』

案元本、類纂本、百子本云並作亡，亡讀爲無。

鷹鳶猶以山爲卑，而增巢其上。

柳鍾城云：『記纂淵海五二、六一引並無增字，與上文「而堀其中」相儷。』

案元本、類纂本、百子本亦並無增字。惟上文堀下本有穴字，（兪樾、劉師培並有說。）則此文巢上不能無增字矣。

栗而理，知也。

謝本從盧校栗上有縝字。案百子本栗上亦有縝字。

扣之，其聲清揚而遠聞，注：『禮記作「叩之，其聲清越以長。」』

案元本、百子本揚並作越，與禮記聘義合。

孔子曰：君子有三恕，

顧千里校云：『盧學士刻本無「孔子曰」三字，與世德堂刻本合，與宋本不合，疑非也。』(附見王氏雜志補遺。)

案元本、百子本並無『孔子曰』三字。

有思窮，則施也。

案元本、類纂本、百子本並無也字。

哀公篇第三十一

必有率也。注：『率，循也。』

案外傳一、大戴禮哀公問五義篇率並作由，義近。

雖不能徧美善，

郝懿行云：『韓詩外傳一作「雖不能盡乎美著。」』

蓋外傳善作著，著乃善之誤。著，隸書作者，與善形近，故易亂也。

敢問何如斯可謂之君子矣？

案元本、百子本並無之字，與上文『敢問何如斯可謂庸人矣？』『敢問何如斯可謂士矣？』下文『敢問何如斯可謂賢人矣？』『敢問何如斯可謂大聖矣？』句法並一律。大戴禮亦無之字。

若此，則可謂大聖矣。

案元本、百子本若並作如，與上文一律。

古之王者有務而拘領者矣。

梁啓超云：『務讀爲鍪，淮南子氾論：「古者有鍪而綣領以王天下者矣。」正作鍪字。』

案晏子春秋內篇諫下：『且古者嘗有紩衣攣領而王天下者矣。』(今本脫矣字。)

拘、綣、攣，義並相近。

烏鵲之巢可俯而窺也。

案莊子馬蹄篇：『烏鵲之巢可攀援而闚。』（御覽九二八引烏作烏，與荀子合。）鶡冠子備知篇：『是以烏鵲之巢可俯而窺也。』（淮南子氾論篇、文子上禮篇窺並作探。）

寡人未嘗知哀也，

案元本、百子本並無『寡人』二字，御覽四五九引同。蓋涉上文『寡人生於深宮之中』而衍。（今本新序雜事四亦衍『寡人』二字。）

則哀將焉不至矣。（原脫『則哀』二字。）

謝本從盧校『將焉』下有而字。（王氏集解、梁氏柬釋並從之。）盧文弨云：『「將焉」下元刻有而字，下四句並同。』

案百子本與元本同。

其馬將失。注：『家語作「馬將佚」也。』

柳鍾城云：『記纂淵海九八引失作佚，下同。古字通用。』

案外傳二失亦作佚，下同。

鳥窮則啄，獸窮則攫，人窮則詐。

案淮南子齊俗篇啄作噣，攫作犨。外傳攫作謣，新序雜事五作觸，文子下德篇亦作觸。啄、噣古通，犨與觸同。又案家語顏回篇『人窮則詐』下更有『馬窮則佚』句，蓋僞託者妄加。

堯問篇第三十二

其美德已。

案元本、百子本已上並有也字。

聞之日，無越踰不見士。注：『周公聞之古也。越踰，謂過一日也。』

謝本從盧校日作曰，（王氏集解、梁氏柬釋並從之。）盧文弨云：『曰，宋本作日，注「過一日，」語疑有誤。』

劉師培云：『日，元本作曰，日當作曰。楊注「一日」二字，匪誤卽衍。』

案元本日字同，劉氏失檢。百字本日作曰。

成王之爲叔父。注：『周公先成王薨，未宜知成王之諡，此云成王，乃後人所加之耳。』

于省君新證云：『注說非是，金文如成王、穆王、龏王、懿王等，均生稱諡號。』

案說苑敬愼篇成王作『今王。』

吾三相楚而心瘉卑，每益祿而施瘉博，位滋增而禮瘉恭。

盧文弨云：『瘉與愈同，元刻卽作愈。』

案類纂本、百子本瘉亦並作愈。

爲人下者乎？

案元本、百子本並無乎字，與下文合。說苑臣術篇、家語困誓篇亦並無乎字。

深抇之而得甘泉焉。注：『抇，掘也。』

劉師培云：『御覽三十七引抇作掘。家語困誓篇作汨，說苑臣術篇同。』

案外傳七、說苑臣術篇抇並作掘。

草木殖焉。

劉師培云：『御覽引殖作植。說苑臣術篇亦作植。』

案外傳、家語殖亦並作植，古通。

不親賢用知，而身死國亡也。

謝本而作故，(王氏集解、梁氏柬釋並從之。)案元本、類纂本、百子本而並作故。

『孫卿不及孔子。』是不然。

案元本、百子本及並作如，然下並有也字。

然則孫卿將懷聖之心，

謝本從盧校『將懷聖』作『懷將聖，』(王氏集解、梁氏柬釋並從之。)盧文弨云：『「懷將聖，」宋本作「將懷聖，」誤。今訂正。』

案元本、百子本亦並作『將懷聖。』

所遇者化。

謝本從盧校遇作過，(王氏集解、梁氏柬釋並從之。)盧文弨云：『「所過」宋本作「所遇，」誤。古音存、神一韻，過、化一韻。此句中之韻也。』

劉師培云：『遇，元本作過，過乃後人據孟子所改。此文「者化」與下「弗過」叶韵，盧校以過、化爲句中之韵，以遇爲誤，失之。』

案元本遇字同，劉氏失檢。百子本遇字亦同。

足以爲綱紀。

謝本從盧校『綱紀』作『紀綱。』（王氏集解、梁氏柬釋並從之。）盧文弨云：『「紀綱」舊本誤倒，與上下韻不協。』

案盧校是也，元本正作『紀綱。』

一九六二年九月二十日，脫稿於南港舊莊。

出自第三十四本上（一九六二年十二月）

再說西京雜記

洪　業

（一）

最近幾年我因爲加緊校譯史通的工作，時常忽略了學術期刊裏新出的重要論文。一直等到勞貞一先生來信告訴我他的論西京雜記之作者及成書時代，我纔趕快去檢讀歷史語言研究所集刊第三十三本（一九六二年一月）內所登載的此文。因爲史通內有幾處提到西京雜記，而我的舊稿裏也曾下一番工夫，對於前人的考證有所討論，所以我急要知道勞先生的結論如何，其和我的看法同異如何。

碰巧、收到集刊編輯所來函徵催紀念胡故院長專刊的投稿。記得數年前慶祝胡適先生六十五歲論文集裏有我的小文一篇。當年要我作文投稿的是勞先生。我草擬後寄往請教，而代我轉致編輯所者、也是勞先生。我覺得勞先生和我有相似的習慣。我們兩個都十分敬愛胡先生。我們兩個也都染上胡先生愛考辨古書的癖好。因此，我現在這一篇討論也要先寄給勞先生審閱。勞先生若以爲可用作紀念胡先生的投稿，也就請他代替我寄與集刊編輯所。若於我文中的錯誤，勞先生肯爲我刪芟糾正，我當感激有加。倘若勞先生對於我的見解更有批評討論的話可與此文一併發表，那便於討古論文，友誼恩情都再好不過了。

（二）

以往的學者對於京雜記的撰人與其鈔錄引用之人，頗有紛紛不同的意見。其中最重要的，勞先生已詳細徵引在他的文內。我在這段裏，只擬提出粗枝大葉，稍具本書問題的綱領。

現今通行的西京雜記六卷，後面有跋文一道，識語兩行。自稱只用『洪』字。跋文裏說，他家傳有劉歆的漢書一百卷，是未成之作，又經好事者以意爲次第，始甲終癸作十秩。他刪除去班固所已襲用於漢書的材料；剩下的，約二萬餘字，他鈔錄下，爲二卷，叫做西京雜記。在識語裏，他說他家又有漢武帝禁中起居注一卷，漢武故事二卷。他把這三種世間稀有之書並爲一秩，共五卷。

這位名洪的應當姓葛；從來考究本書的學者都無異議；因爲葛洪的抱朴子裏面也常常自稱洪，而雜記本書內提到揚雄從計吏採訪方言，以爲可補輶軒所載，加了案語一句，『亦洪意也，』可視爲鈔錄者小注旁批之語，後來傳鈔之本乃誤寫作與本文無別。又識語裏提到漢武帝禁中起居注一卷；此書不見著錄於隋書經籍志；好像早已亡佚(註一)。但抱朴子內篇論仙引漢禁中起居注所說武帝夢知李少君將去及李少君尸解之事(註二)。更可見識語裏的洪和寫抱朴子的葛洪應是一人。

不過、跋文識語所說的話，靠得住嗎？西京雜記果是劉歆所作漢書稿本的殘餘嗎？這是問題之一。跋文識語果出於葛洪之筆嗎？是後人假托葛洪嗎？這是問題之二。編撰西京雜記之人若不是葛洪，那應當是甚麼時候的人呵？是誰呵？這是問題之三。

古人說話和這些問題有關係的，應先提出唐初的顏師古。他的漢書注成於貞觀十五年(642)十二月，而在匡衡傳注裏，他說：『今有西京雜記者，其書淺俗，出於里巷，多有妄說』(註三)。他也曾奉詔參與編撰隋書，但到了顯慶元年(656)隋書經籍志編成之時，他已死了十多年，且早已離開史職。經籍志史部舊事類著錄西京雜記二卷，也不注撰人姓名(註四)。但在此後沒有很多年，張柬之（625—706）却說『昔葛洪造漢武內傳，西京雜記，……並操觚鑿空，恣情迂誕。』做史通的劉知幾（661—721）對於張柬之算是後學晚輩；史通也說：『孟堅所亡，葛洪刋其雜記』；又說：『故立異

（註一） 隋書（藝文印書館景清乾隆武英殿刋本）33.10下云：『漢武帝有禁中起居注；後漢明德馬后撰明帝起居注。然則，漢時起居似在宮中爲女史之職。然皆零落，不可復知。』太平御覽（中華書局複製涵芬樓影宋本）664.4下引漢起居注，殆節引自抱朴子者。

（註二） 抱朴子內外篇（1924掃葉山房石印1889陳其榮重校1817繼昌增校1813刻本）2.6下—7上論仙。

（註三） 漢書（藝文印書館景王先謙補注刻本）81.1下。

（註四） 隋書 33.11上。案隋書後有宋人跋文稍述隋書編纂原委；未及顏師古不終參與之事。據舊唐書（藝文印書館景清乾隆武英殿刋本）73.7下—10上師古傳，其坐事免官之後太宗命於秘書省考定五經，殆不復參與隋書之編纂。是以貞觀十年(636)時師古爲秘書少監，而唐會要（武英殿聚珍版書）63.3下記奏上五代史臣工諸名，而師古不在其中也。師古卒於貞觀十九年（645），年六十五。

端，喜造奇說；漢有劉向，晉有葛洪』(註一)。劉知幾時代皇室圖書館在開元十年(722)左右編有一部古今書錄，就是後來舊唐書經籍志的根據。在其中的故事類、地理類、都登載有西京雜記一卷而都注：葛洪撰(註二)。

從顏師古和隋志的方面來看，西京雜記可看作一部不知誰所撰的妄說。從張劉和舊唐志那方面來看，其書則是葛洪所造的僞書。到了晚唐，忽又來了新的傳說，似把那妄說的責任扣在蕭梁時代吳均的頭上。段成式在酉陽雜俎語資篇裏說：『庾信作詩，用西京雜記事；旋自追改曰：此吳均語，恐不足用也』(註三)。這樁疑案的案情便複雜了。

到趙宋時代的考據家來下審覈工夫，這案又發生兩番波折。北宋末年的黃伯思(1079—1118)說：『此書中事、皆劉歆所記，葛稚川采之以補班史之闕耳。其稱「余」者，皆歆本語』(註四)。這是把唐人的看法，全盤推翻，把西京雜記的跋文看作不打折扣的眞憑實據。但是，南宋末年的王應麟(1223—1296)又重述顏師古及段成式之言，而又加云：『今按南史、蕭賁著西京雜記六十卷；然則依托爲書，不止吳均也(註五)。』

到了此時，可以說，雜記案裏的嫌疑人犯，捉捕已齊：一、劉歆；二、葛洪；三、吳均；四、蕭賁；五、不知其姓名的某甲。後來學者的討論駁辨也不過在這五人之中，做取舍離合的擬議而已。處理全案的指掌好比孫行者的翻筋覆斗，都未打出這五條擎天大柱之外。

(三)

要把假托劉歆爲書的責任放在葛洪或吳均或蕭賁或某甲的身上，自要首先說明跋文識語是靠不住，也就是要證明雜記的內容不會出於劉歆之筆。南宋陳振孫已說：『向歆父子亦不聞其嘗作史傳于世(註六)。』淸四庫全書總目跟着說：『特是，向歆父子作

(註一) 史通(1894楕山書局景1752浦起龍通釋原刻本)20.19上忤時，18.20下雜說下。

(註二) 舊唐書 46.31下，45上。

(註三) 酉陽雜俎(津逮秘書本)12.1上。姜亮夫歷代人物年里碑傳綜表(1959中華書局)195置段成式卒年於咸通四年(863)。

(註四) 東觀餘論(學津討原本)下·38

(註五) 困學紀聞(20卷；翁元圻注，1825；上海文瑞樓石印編目句讀本)12.6下。

(註六) 陳振孫〔1236〕直齋書錄解題(22卷；江蘇書局刻本)7.2下—3上。

漢書、史無明文；而以此書所記與班書參校，又往往錯誤不合。如漢書載文帝以代王即位，而此書乃云文帝爲太子。漢書載廣陵王胥、淮南王安、並謀逆自殺；而此書乃云：胥格猛獸，陷脰死；安與方士俱去。漢書楊王孫傳，即以王孫爲名；而此書乃云名貴。似是故謬其事以就跋中小有異同之文。又歆始終臣莽；而此書載臭章被誅事，乃云章後爲王莽所殺；尤不類歆語。又漢書匡衡傳，「匡鼎來」句，服虔訓「鼎」爲「方」；此書亦載是語，而以「鼎」爲匡衡小名。使歆先有此說；服虔應劭皆後漢人，不容不見；至葛洪乃傳(註一)。』

這裏，從雜記內容找材料：得文字不似劉歆的證據一條；敍述與漢書不合的證據五條。後來的學者，在這兩方面，都有所增加。馬夷初先生曾舉出雜記所說『杜陵杜夫子善弈棊，爲天下第一人。或譏其費日。夫子曰：「精其理者足以大裨聖教。」』馬先生斷云：『西京文字，殊無聖教之目。』又枚乘柳賦有『弱絲清管與風霜而共雕，……小臣莫效於鴻毛，空銜鮮而嗽醪』等句；馬先生說是『六朝句法(註二)。』把這兩條加上，行文不似劉歆的證據就得三條了。關於記述史事的離殊，余季豫先生曾提出明焦竑所說：高祖十年、太上皇崩，然後把酈邑改名新豐；而雜記云：『高祖作新豐，移諸故人實之；太上皇乃悅(註三)。』余先生又舉李慈銘謂：霍光妻顯指使淳于衍毒死許皇后；事後勞問，未敢重謝；而雜記乃謂顯贈衍珠寶綾錦，錢百萬，黃金百兩，又爲起第宅，奴婢不可勝數(註四)。加這兩條於四庫總目所已具之五事，則雜記與漢書之衝突得七條了。

或從事實方面，或從文字方面，若已證明了雜記的內容不出於劉歆之筆，那就無論其書內有多少很像劉歆說話之處，如稱『余』而與揚雄問答，如以『家君』稱劉向；都可一言以蔽之曰：粧得像。若已證明了劉歆是冒牌的，其第二步自是要追究做這冒牌的買賣的是誰。四庫總目雖然提到唐人曾說西京雜記是葛洪的，而尙嫌晉書葛洪傳具有洪的目錄，乃無西京雜記；雖然也提及段成式所說的吳均，而猶嫌其爲孤證傳

（註一）四庫全書總目（大東書局石印本）140.10。小說類一。

（註二）馬敍倫讀書續記（5卷；上海商務印書館1931）2.24上。西京雜記（四部叢刊本）2.5上，4.3下。

（註三）西京雜記 2.3下。焦竑（1541～1620）筆乘（6卷；續集8卷；粵雅堂叢書）續集3.10上。余嘉錫四庫提要辨證（24卷分3册共1605頁）17.1003～1013。案季豫先生辨證西京雜記文先登於國學叢編1.1(1931)。業今所用者爲辨證全部本，以1958出版於北平，蓋先生身後之本矣。

（註四）越縵堂日記 5(1865)。41上～42下。西京雜記 1.3下。

聞，不足依據。所以總目的結論也不過像翻筋斗只到某甲那條大柱底下而止。

很可詫異：四庫總目之編訂尚未完成，而四庫簡明目錄先已出版。簡明目錄居然說：『實則吳均撰，托言葛洪得劉歆漢書遺稿。』因爲簡明目錄有英文翻譯增訂之本，所以西洋漢學大師如法國沙畹教授也就說：西京雜記是吳均所僞撰的。他的高足弟子伯希和教授則只說其爲六世紀的僞書，倒與總目的意思相近(註一)。大概簡明目錄是從本書前面擬定的提要刪訂而成。提要裏只曾提到關於吳均之說，未加可否(註二)。到了紀昀(1724—1805)修改提要以爲總目之時，他老先生就奮筆寫下懷疑的評語。其實，在這案裏，吳均不幸而爲嫌疑犯之一。但他的嫌疑是很輕的。不僅如紀昀所謂『別無他證』，『亦未見於他書。』而且後來魯迅更說，『然所謂吳均語者恐指文句而言，非謂西京雜記也。梁武帝敕殷芸撰小說，皆鈔撮故書，已引西京雜記甚多；則梁初已流行世間。固以葛洪所撰爲近是(註三)。』余先生跟着考出吳均殷芸二人事跡及生卒之年(吳469—520，殷471—529）而斷云：『二人仕同朝，同以博學知名，慮無不相識者；使此書果出於吳均依托，芸豈不知，何至遽信爲古書？』

余先生不僅取消了吳均，而且把蕭賁也撥出本案之外。他說：『蕭賁雖生葛洪之後，彼自著一書，亦名西京雜記；旣來題古人之名，則不得謂之依托。』又因葛洪所跋的西京雜記二卷，而蕭賁所著的西京雜記六十卷；所以余先生甚贊同翁元圻所說的『卷數多寡懸殊，當另是一書。』去掉了吳均蕭賁，只剩下葛洪和某甲二名之中，要找一個來擔負假粧劉歆的責任。也許因爲四庫總目曾以西京雜記不見於葛洪著述書單之內，遂以跋文爲疑，所以魯迅只輕輕地說：『固以葛洪所造爲近是。』余先生則謂抱朴子自敍列舉所撰書名，並說：又鈔五經、七史、百家之言、三百一十卷，別有目錄；此書旣具書鈔性質，『安見不在三百一十卷之中？』這樣地解釋，也算合理；

（註一）欽定四庫全書簡明目錄（20卷，1782；廣東書局刻本）14.13下。A. Wylie (1815-1887), *Notes on Chinese Literature* (Shanghai: Presbyterian Mission Press, 1912), 189. Ed. Chavannes, *T'oung pao* 通報7(1906).102，n. 1. Paul Pelliot, 同上22(1923)·22，220。

（註二）四庫全書原本提要(114卷，1935遼海書社排印）74.1。

（註三）魯迅中國小說史略（1923序；1930題修訂本；魯迅全集册9）179。殷芸小說見晁載之續談助（5卷，1106；十萬卷樓叢書）4.9上～24上；又魯迅輯本在其古小說鉤沈（全集册8）203～234。參姚振宗隋書經籍志考證（52卷，1897；二十五史補編5039～5904）32.5537～5538。西野貞治，『西京雜記の傳本について，』人文研究3(1952)，639～656曾表列小說引西京雜記及引而未云出雜記諸條。

所以余先生毫不客氣地把僞撰的責任扣在葛洪頭上。

但是，這個疑案之內，畢究以劉歆的眞僞爲最重要的問題。前面所舉事實七條、文字三條、是否果足以證明其劉歆不眞？這些證據，是否也可以解釋開交、變作不成問題？近年果有張心澂先生來做辯護答覆的工作，又回到北宋黃伯思和清代學者如盧文弨、姚振宗之流所站的地點，在劉歆葛洪兩根大柱之間，大聲地說：此書不假。

在初版的僞書通考裏，張先生尙游移其辭；但在修訂本中，他便很賣力氣地，從正面舉證以見洪跋可信，從反面措辭以辨劉文不假。在正面，他有一條云：書中有兩處都說後文糜爛不存，足見跋文所說鈔錄散亂舊稿，是可信的。我不記得曾見前人舉出此端；頗覺其爲新穎可喜。但在他反駁四庫總目所攻諸條，他的辯護方法有時頗嫌勉強。如在『文帝爲太子』那一條、他說：也許原文不是『太子，』而是『皇子。』在吳章『爲王莽所殺』那一條，他說：也許原文不作『王莽，』而作『安漢公(註一)。』我覺得在案證文件裏改易字句以遷就成見，恐怕不是辯護之上策。其實，何必如此來駁總目這兩條呢？上一條是總目本身的錯誤，反來冤枉雜記。雜記原文是『文帝爲太子立思賢苑以招賓客。』其意是『文帝爲其太子立思賢苑。』不是『文帝爲太子時立思賢苑。』雜記何曾誤說文帝先爲太子，後登寶位？下一條，總目的理論也不健全，不足以難雜記。劉歆不忠於漢室，何能忠於王莽？自從他改名爲秀以應符讖，以至他與甄豐合謀叛莽，中經他與莽有殺戮子女之仇，他與莽之關係，最好也不過是同牀異夢，貌合神離而已。然則他在私室著書直稱王莽爲王莽，不用官稱尊號之屬，亦何足怪？

我覺得總目所舉其他諸條也都是很容易駁倒的。如『匡鼎來』那一條，總目說：劉歆如果有解『鼎』字爲匡衡小名之說，東漢末年的服虔應劭不容不見。答者很可說：劉歆遺稿直至東晉葛洪之時還未發表，服應之徒當然看不見。如再問：這樣的解釋如是對的，何以在葛洪之前無人知道？答覆可說：曹魏時代的張晏已說：匡衡少時字鼎；且說世傳有衡寫給貢禹的信，下面署『匡鼎白。』如再追問：這樣的解釋實是錯的，劉歆何以不知？那還可以用張先生所用以解釋廣陵王胥、淮南王安、諸條的辦法來說：劉歆記錄傳聞史料，不妨俱收並蓄，而還未做剪剔整齊的工作。這是很方便的

(註一) 張心澂僞書通考(修訂本，1957，商務印書館) 649～659。西京雜記 5.2 上，4 下；3.2 上；3.1 下。

門洞。卽李慈銘所舉的淳于衍那一條也可出此方便之門，開脫而去。

我以爲焦竑所提『新豐』那一條，實也不成問題。古人行文、說一人於他生存之時，而用他死後的謚號；說一地於其地尙未改名之時，而徑用其改後之名。高祖作新豐之時，地不名新豐，人亦不稱高祖。這樣的例子甚多，不好拿來作辨僞的證據。以爲辨僞的證據，比較好點、倒是余張二先生所未見，或所未注意，馬先生所提出的兩條。我說比較好點，因爲要辯護劉歆不假的人很不容易能拏出前漢的人的確使用過這『聖教』一詞的證據，來做反駁。他們也難在漢人辭賦裏找出與所謂枚乘柳賦相近的格調。但是，這樣證據的應用是有限制的。從辭典、韻書去找，找不到唐前的人曾用『聖教』一詞。然而這些類書並未收西京雜記裏的這一條；可見其所收羅並不完備。卽使浩費工力去檢尋現存的漢人文字；其不存者，又將若之何？同樣地，誰也難說：漢人文章，無論存佚，絕無近於六朝之句法格調。可見馬先生所提出的兩條，只宜用作旁證，佐證，而不足爲主證。譬如舊小說裏所寫的兩軍相對，小卒們能搖旗吶喊，鼓張聲勢。勝負却要靠選好派出的精將，能對敵方來將，一擊命中。

(四)

勞先生對於西京雜記的見解和我的，是大同而小異。在很重要的地方，我們的結論相同：此書是僞書。在很需要的辨證，我們的方法相似：找出對方無法辯護的證據。我看了勞先生的論文，大有痲姑仙爪搔着癢處，非常痛快之感。但在不甚重要那一方面，作僞的責任將如何分派給各嫌疑人犯，我覺得勞先生所擬議的，微有失出失入之虞；也應提出討論。

雜記是僞書；但前人所提出的證據都還薄弱，不能叫假劉歆啞口無辯。我看他書內稱楊雄爲楊子雲，自稱余；顯然其書並不準備奏進(註一)。他旣稱劉向爲『家君』，他應當避家諱『向』字。他若復不避『向』字，他就不得不承認他只是冒牌的劉歆。仔細檢閱的結果，果然看見兩處。一在他對楊子雲談東海孤洲的故事。船上的人一部分登洲下石植纜，在洲上做飯。忽然間其洲不見了。船上的人趕快斫斷其纜。『向者孤

(註一) 西京雜記3.2上，5上，6上；5.7下稱楊子雲；3.1上，1下，2上，5.7下；6.3下自稱余。

洲乃大魚，奮鬐揚鬣，吸波吐浪而去(註一)。』一在他說兩個秋胡的故事中；先說秋胡如何在桑林中調戲一個婦人，被她大罵一頓。回家之後，乃發見他自己的老婆，『乃向所挑之婦也(註二)。』我先問：會不會原本作『往』『頃』等字，而今本之作『向』字，乃由傳鈔校訂者所改？我取太平御覽所引者來對校；文字果微有異同，但那兩個『向』字都在。我再想：劉歆的遺文名篇，讓太常博士書，既登於漢書，又載於文選，也應一查。我再檢讀其文其中果有兩處用『往者，』絕無『向』字(註三)。

既有犯家諱這條證據，我便毫不懷疑地判斷西京雜記是贋品。前人所舉而不至於被辯護者馬上駁倒諸條，我只視作佐證。此中有沈欽韓所提：『其大駕鹵簿，雜入晉制(註四)。』我怪他不曾舉例以證漢晉之別。我於輿服典制，素來不熟；又討厭雜記裏那長單子過於煩碎，所以不愛去考究。但當我打開勞先生的論文，我馬上想：對於兩漢掌故，他是最熟的，也許他對於沈欽韓所舉的那一條有所考辨。急急往下翻檢，果見他有詳悉的論辨。譬如他據宋書禮志而斷謂司南車卽指南車，乃後漢張衡所始造。又據晉書輿服志以知象車的開始在晉武帝太康中平吳、南越獻馴象，詔作大車駕之之後(註五)。諸如此類，不必縷舉了。西漢的劉歆如何能見東漢西晉的輿服？好像在一幅宋畫裏只消指出案上放着一部康熙字典就可絕對證明其爲假宋畫了。

最妙的，勞先生說：僞作西京雜記者是南方人；對於北方地理，不甚清楚；甚至於把東京的北邙山誤放到西京去(註六)。但他繼續着說：葛洪是到過洛陽的，不至於不知運北邙山在那裏。這一端理論忽然提醒了我：以晉人避諱之嚴，以葛洪之博學，他何至於把犯家諱的『向』字誤放在劉歆嘴裏？沉思一會兒，恍然大悟：這些無可置辨的錯誤都是葛洪故意埋藏在西京雜記內的。記得，我少年時，一位亡友曾告訴我：著僞書的，寫假文章的，做假字畫的，也像做賊的，其流品愈高，技術愈好，愈要顯出盜亦有道；往往在尋常人所不經意的地方埋藏下幾根絕對可以辨僞的線索，說破了一文不值的線索；等於說：這也不過像變戲法，捉迷藏，來開開玩笑，並非存心要欺騙

(註一)　西京雜記 5.7 下。本『怒掉』二字，從盧文弨校刻本下・17下作『奮鬐。』

(註二)　西京雜記 6.4 上。

(註三)　太平御覽 935.8下，63.8 上。漢書3632上～35上。文選(藝文印書館景胡刻李善注本)43.14 上—16下。

(註四)　沉欽韓(1775～1831)漢書疏證(36卷；1900浙江書局本)32下，47下～48上。西京雜記 5.2 上～4 下。

(註五)　宋書（藝文印書館景淸乾隆武英殿本）18.4 上。晉書（藝文印書館景1928吳士鑑斠注本）25.9 下。

(註六)　西京雜記 3.2 下，4 下；4.1 上。

全天下的英雄好漢。

我推算葛洪當生於晉武帝太康四年（283）(註一)。他的抱朴子外篇自敍作於『齒近不惑』之時，也許是在東晉元帝太興四年(321)(註二)。自敍說：『洪年二十餘，乃作細碎小文，妨棄功日，未若立一家之言。乃草創子書……十餘年至建武中（217）乃定；凡著內篇二十卷，外篇五十卷……』我猜想，西京雜記也許可視作細碎小文，妨棄功日之屬。無論如何，雜記似作於抱朴子之先。抱朴子外篇安貧有『廣漢以好利喪身』句，是指茂陵富人袁廣漢以罪誅。然而其人、其事、全不見於史記、漢書、後漢書、三國志，而見於西京雜記。外篇應嘲有『公孫刑名之論』句，乍閱難得其解；而雜記云：『公孫弘著公孫子言刑名事；亦謂字直百金。』然而史記說：公孫弘習文法吏事，緣飾以儒術。漢書藝文志有公孫弘十篇，乃在儒家，不列法家；刑法志亦不曾引公孫弘一言(註三)。今姑舉這兩個例以見抱朴子與西京雜記有此呼彼應之勢。

抱朴子書中像這樣的用事，在我還未能找到漢魏典籍可以解釋之先，我暫時的結論只是葛洪杜撰典故於先，其後自復徵用。我看了抱朴子全書，知道葛洪是個博學能文之士，同時也知道他是個妄信、妄說、妄引、妄辯之人。在本文第二段裏我已

（註一） 葛洪之生卒年歲，諸家未有定議。據疑年錄彙編（16卷，1925小雙寂庵刻）1.21下，則僅知其卒於晉咸和（326～334）中，年八十一。檢姜亮夫碑傳綜表49，則謂生於太康五年（284）而卒於興寧元年（363），年八十。E. Feifel, “*Pao-p‘u-tze* 抱朴子”，*Monumenta Serica* 6（1941）、113則作253～333。佐中壯“葛洪の生涯とその風格，”東方學論叢2（3.1954），85～103則疑爲280～350。業案抱朴子佚文引於太平御覽328.7下者曰，『太康二年……張昌反於荊州，……余年二十一。』太康當作太安；太安二年（303）張昌反，見於晉書4.15下惠帝紀也。以此條佚文爲據，則洪生於太康四年（283）矣。晉書72.17上～22下葛洪傳謂其卒於羅浮山，年八十一；廣州刺史鄧嶽往與別，不及見。斠注云：『案寰宇記一百六十引袁彥伯羅浮記作年六十一。御覽六百六十四引晉中興書亦作年八十一；則作六十一者，誤也。』佐中壯據晉書7.15上成帝紀咸康五年（339）廣州刺史鄧嶽伐蜀，則知其時嶽尚在廣州任。據晉書81.29下鄧嶽傳云本名岳，以犯康帝諱改，則知嶽之卒年當在咸康8年（342）康帝登極之後也。然據晉書8.16上穆帝紀升平五年（361）廣州刺史滕含卒，則知嶽之卒年當在其前也。業案洪若得年八十一，則當卒於哀帝興寧元年（363）；然其時鄧嶽死已久，不合洪傳文也。洪卒年當在康帝建元元年（343），年六十一，而其時鄧嶽當尚在廣州任也。

（註二） 前注既定葛洪生於太康四年癸卯（283），則其年近四十之時當爲太興四年辛巳（321），或永昌元年壬午（322）。抱朴子外編50.33下自敍既云，『今齒近不惑，』而37下又云『庚寅詔書賜爵』；其庚寅當是戊寅抑庚辰之誤。如庚辰爲是，則其年將不惑之時，當以壬午較辛巳爲合，以其不云去年而云庚辰也。然晉書洪傳云：元帝爲丞相辟爲掾；以平賊功，賜爵關內侯；則賜爵當在元帝即位初年，蓋太興元年戊寅也。如是，則其齒近不惑之年究以辛巳爲妥。

（註三） 抱朴子外篇36.30下，42.18上。西京雜記3.2下，5上。史記（藝文印書館景清乾隆武英殿本）112.2上公孫弘傳。漢書30.32上。

提出西京雜記識語中的漢武帝禁中起居注和抱朴子內篇所引的漢禁中起居注。孫詒讓說：這起居注也許就是後來的漢武內傳，而其書和西京雜記和漢武外傳都是葛洪一手所僞造(註一)。現在我姑不論漢武內傳和漢武故事。且就抱朴子所引漢禁中起居注所說李少君事觀之。『數日而少君稱病死。久之帝令人發其棺；無尸；唯衣冠在焉。』葛洪的解釋是『少君必尸解者也。』但他豈不知這樣的書不可與史漢等夷齊觀；所以他常要徵引史籍明文以爲陪襯。且看他如何引用史籍。他引史記龜筴傳說：江淮人以龜支床，自兒時至老死；家人移床，而龜故生。他說史遷非妄說者，可證龜有不死之法。其實司馬遷何曾說此故事？龜策列傳後明記是褚先生所說。而褚先生說的是老人用龜支牀足，二十餘年，老人死而龜不死。那有自兒時至老死，至少五六十年？他又說：『張蒼偶得小術，吮婦人乳汁，得一百八十歲。……此事見於漢書，非空言也。』其實，此事並見史記、漢書；並沒有甚麼小術；只因口中無齒，所以食乳；活到百餘歲，那有一百八十歲(註二)？姑舉這兩條，足見葛洪英雄欺人，好以文章遊戲。然則西京雜記裏既有他署名的批注(註三)，後面又有他署名的題識，而所謂劉歆的敍述乃有無徵於漢魏典籍而得響應於抱朴子者，是以我覺得無妨也步逐張劉孫周余諸公的後塵而附和其葛洪妄造西京雜記之說。

（五）

勞先生以爲西京雜記雖是僞書，但並非葛洪所造。他的主要理由是原書並無現在

（註一）札迻（12卷，1894刻）11.22。

（註二）抱朴子內篇 3.9 下對俗，5.23 下至理。史記128.5下，96.6下。漢書 42.6上。

（註三）案今本西京雜記所存舊注無幾，殆傳鈔者僅留其似爲劉歆原注者；如 1.5 上『金葉梨』下注『出琅琊王野家；太守王唐所獻』；5.2 上『長安都尉四人騎』下注『左右各二人』；是也。然尙有鈔錄者之注，傳鈔者之注。如太平御覽 746.2a 引『鮭矢，』下注『古迷切』；『董司馬，』下注『賢也。』今本 4.6 上作『鮭矢』；無二注。御覽 350.7上引『韓嫣於鸞武帝佞幸人也；作金丸』；『嫣』字下注『音焉。』殆傳鈔者未悟『於鸞切；武帝佞幸人也』亦爲注，而前鈔者誤作大字，與本文不殊，而漏去『切』字，乃復爲『嫣』字作音也。今本 4.3 上作『韓嫣好彈，常以金爲丸』；無注。今本 5.2 上『弘答爛敗不存』；5.4 下『自此後糜爛不存』；亦皆爲葛洪之注，而傳鈔訛爲大字與本文不殊。盧文弨刻本下 .14上所從之鈔本尙於下條作小字旁注也。姚振宗漢書藝文志拾補（6卷，1891；二十五史補編1435～1524）1.1458 未悟『亦洪意也』四字之原爲小字批注，乃以爲劉歆本文；且解『洪』字爲『洪纖』之『洪』；殆誣劉歆以不詞矣。

所謂葛洪的序跋題識(註一)。如果這樣，那就皮之不存，毛將焉附；西京雜記的問題應完全撇開葛洪而論了。但是，這個理論正是我所最不敢贊同的。

我想勞先生的理論是從兩要點出發。從四庫總目所提隋志著錄西京雜記尙無撰人姓名，很容易的連想便是葛洪序跋或是唐人所造的(註二)。是何時的唐人所造的呢？再從陳振孫的向歆父子不曾作史傳世之言出發，經過余先生所爲劉歆絕無百卷漢書之詳考，很容易的連想便是葛洪序跋之僞造當在劉歆作史之說已生之後。『而劉知幾言向歆父子作史。』『故此序之成必在肅代以後；不惟非顏師古、李善所不及見，抑亦非劉知幾所能及見也。此序旣僞，則凡根據此序所立各說，亦皆不能成立。亦卽西京雜記非劉歆所作，亦非葛洪所作。』我覺得勞先生的出發處都很對；只因勞先生引申推論過深一點，遂致網開四面，漏掉了呑舟的葛洪。這就是我所謂失出。

向歆父子作史之說，早起於劉氏史通以前。章懷太子奏進後漢書注在儀鳳元年十二月丙申(677)，在史通成書以前三十三年。後漢書班彪傳說，『司馬遷著史記，自太初以後闕而不錄；後好事者頗或綴集。』注說：『好事者，謂揚雄劉歆…之徒也(註三)。』姚振宗在他的漢書藝文志拾補裏設立『劉歆續太史公書』一目。他引了班彪傳及章懷注；又引史通所說的，大略與章懷注語相近，而後面多了一句，『雄歆褒美僞新，誤後惑衆，不當垂之後代者也。』姚振宗說：『子玄殆從叔皮集中得之。』他的意思是：班彪文集在唐時尙存；其中就有劉歆作史之證。不止如此；姚氏又指史記匈奴傳末索隱引張晏云：『自狐鹿姑單于以下皆劉向、褚先生所錄。』他說：『此向作匈奴傳之明證也(註四)。』我想西京雜記跋文之說謊不在劉歆作史，而在歆之漢史作一百卷之數。如作此跋文者是一唐人，他何必是肅代之後的人纔能知向歆父子有作史之事？他若是唐初，和顏師古同時的人，他也可以知道有這回事。而且他不必去看班彪集或漢書集

（註一）雜記跋文末一句云，『故序之云爾』；是以考者亦常以序稱之。盧文弨校刻二卷本（抱經堂叢書）則移跋文識語於書前，居今世書籍序引之所突。

（註二）周中孚（1768~1831）鄭堂讀書記（71卷；補逸30卷；1959上海商務印書館排印）補逸649云，『初無名氏，顏師古注漢書及隋志可證。至唐末人以其有稚川序，遂誤指爲稚川撰。』其見解蓋相似。周用盧刻本。

（註三）後漢書（藝文印書館景王先謙集解本）40上・2上。

（註四）姚見前頁注三已引處。所引劉子玄見史通12.10正史篇。舊唐書47.25上經籍志下有班彪集二卷；唐書60.1下藝文志作三卷。索隱引張晏見史記110.30上。

注然後知道有這回事。他手裏所拿着的西京雜記就顯然是一部漢史雜記，而其撰者是揚雄的朋友，稱造彈棊的劉向爲『家君(註一)』；就顯然是劉歆。書裏又說其家君曾做外戚傳(註二)。這樣的證據豈不比班彪文集、張晏漢書注更早、更近嗎？

可見洪跋的存在可能在劉知幾作史通之前。我覺得此跋必在史通之前，因爲劉云：『孟堅所亡、葛洪刋其雜記』就是根據這跋文而說的。我覺得張柬之也是看了這道跋文，纔能說：葛洪造西京雜記。他在甚麼時候說這樣的話呢？據宋時晁載之所轉引他只附帶着說這話在跋洞冥記文中。他說上官儀在應詔詩裏用了大家不懂得的典故一事。『祭酒彭陽公令狐德棻召柬之等十餘人問此出何書。柬之對：在江南見洞冥記云……於是天下學士無不繕寫。』此文當然是寫在他與令狐德棻問答之後。但令狐德棻卒於乾封元年（666）(註三)。張氏文裏不稱他爲彭陽憲公，好像其寫文之時當在乾封以前。然則他看西京雜記洪跋之時，若在隋書經籍志編成之後，最晚不及十年而已。

隋志著錄西京雜記而未題撰人，可能有幾樣的解釋。一是在隋志編纂之時雜記還沒有跋文，這是勞先生的解釋。卽如其說，跋文之產生，最晚也不過在隋志之後數年。一是雜記的傳本不同；有帶，有不帶，跋文的。隋志著錄不帶跋文之本，不足以證別的本子都不帶跋文。一是隋志所著錄的，也有跋文，而如余先生所說：『蓋以爲此係葛洪所鈔，非所自撰，故不題其名。』我也覺得編纂隋志者似曾見雜記跋文；因爲在起居注類的後敍裏，他們說：『漢武帝有禁中起居注。』如其說這句話是從抱朴子所說的漢禁中起居注，不如說其根據是雜記跋文裏的漢武帝禁中起居注。無論如何，後邊的兩種解釋是比前邊的一說強，因爲跋文不止在唐初可能已有，而且在雜記編成之時必須有的。試思沒有跋文的西京雜記還像甚麼東西？必須先有東京，然後『西京』二字纔能代表前漢。若說劉歆著一書而名之曰西京雜記，也就像說地下挖出古碑，上面刻着『民國前一千五百年。』可見原書必有序跋之屬來說這西京雜記之稱，乃由他

（註一） 西京雜記 2.5 上，余季豫先生云：劉向造彈棊見世說新語〔藝文印書館重影宋槧本，下，第二十一，445〕巧藝篇注引傅玄〔217～278〕彈棊賦序。余先生又謂『家君作彈棊以獻』必七略中兵書略蹴鞠新書條下之文，而葛洪鈔之以入雜記。業則疑其不然。七略爲奏進之書，劉歆當稱其父爲『先臣向』；不當云『家君』也。

（註二） 西京雜記 3.2 下。

（註三） 舊唐書 73.13 上令狐德棻傳。

人負責而擬定的(註一)。

這樣看來，可見西京雜記原無跋文之說是不需要而不宜有的理論。傳鈔本的雜記只管可以偶然殘闕了跋文，而原本上是不可無的。因此之故，葛洪卸不掉妄造西京雜記的責任。他是眞葛洪而裝做一個僞劉歆。

因爲勞先生已把葛洪撇出此案之外，所以他只得在其他的嫌疑人犯身上，審度如何分配作僞的責任。他的結論是，『就其作者而言，則決非劉歆，決非葛洪，亦非吳均；或出於蕭賁之手，但亦需更進一步之證明。若就其時代而言，則出於齊梁之間，殆無疑問也。』我的意見以爲作僞的責任旣當全由葛洪負擔，所以我也贊成不必再向吳均追究。但吳均之無辜株連入案，雖云查無實據，畢竟事出有因。無妨將所謂孤證傳聞庾信之言，稍加推敲；也許可以懸擬出庾信何以把他的名字和西京雜記牽連到一塊兒？魯迅的解釋，我以爲過於含糊，不甚淸楚。我想庾信用西京雜記事而說是吳均語，其所謂事，不會是雜記書內所說之事；否則他應說是劉歆語或葛洪語。其所謂事者，只是有關於西京雜記之事。倘若吳均曾說他如何忽爾發見多年沉霾的西京雜記，或在山岩，屋壁，破廟，古寺，或如孔壁尙書，汲冢紀年，或竟寫得帶鬼帶神，有聲有色；那樣的事也似乎可以點綴詩詞；不過庾信恐怕吳均夸誕，不可盡信罷了。我所擬構的只是大膽假設；但西京雜記曾經沉霾多年則倒似事實。裴松之三國志注、裴駰史記集解、劉昭續漢志注、劉峻世說新語注、酈道元水經注、都是極好煩徵博引的；而都不曾一度引西京雜記。甚至於梁時類書華林遍略，據我的考證，似編於天監十五年與普通五年之間(516—524)，而現存其鶴類殘卷，只引漢書宣帝始元元年黃鵠下建章宮，而尙未引西京雜記所具的宣帝之黃鵠歌(註二)。葛洪造了西京雜記之後，何以其書無聲無臭地全不見爲人所引用二百多年？若說其書曾經失落，直到吳均晚年纔復發見，那也可以解釋只見殷芸小說開始引用，而繼續引用者有東魏(534—550)賈思勰的齊民要術。隋唐以來的引用更多了(註三)。

這樣看來，在這樁僞書疑案裏，吳均好比一個路過旁觀之人；可用作證人；書之

(註一) 晉初有西京故事一書，臣瓚曾引之；見史記 11.4 下景帝紀集解；漢書 5.6 下景帝紀注；7.2 上昭帝紀注。殆東漢人所作以說西漢掌故者。西京雜記之稱殆涉西京故事而擬者歟？

(註二) 洪業所謂修文殿御覽者，燕京學報12(1932). 25・38，西京雜記 1.4 上。

(註三) 前注17已引西野貞治文表列諸書引載西京雜記之處，甚便於考證校勘之用。

僞造，與他無關。至於蕭賁呢？曾被指名檢舉的，現在只剩了他。勞先生也知道現有的證據還不够把僞撰雜記之罪扣在蕭賁頭上；所以他只說，或出於蕭賁之手，但亦需更進一步之證明。』蕭賁如果有罪，勞先生不肯深文周納，其矜愼持平是可叫人佩服的。但蕭賁若果無罪，則現在還拘留他，等候澈底審鞫，就未免失入了。

在蕭賁身上可說有嫌疑之處只有兩點；而實都不成問題。其一，他是六朝，而特別齊梁時代，的文人。勞先生曾從西京雜記裏柳賦月賦之類提出若干句，而指其不免齊梁習俗。實則這些句子和馬先生所已提出的相差不遠；而馬先生說是六朝句法。當然，從六朝砍下上面的晉宋再剪去下面的陳隋，那中間的齊梁一段的確最能代表那種文學風氣方興未艾之盛。但若以文體之比較爲眞僞鑑別之佐證，那倒不必專在那最盛的一段，去找彷彿可以比擬的格調。姑且打開抱朴子一讀。且看像這樣的句子，『然不能沾大惠於庶物，著弘勳於皇家；名與朝露皆晞，體與蜉蝣並化。』再看，『蘭房窈窕，朱帷組帳，文茵兼舒於華第，艷容粲爛於左右。輕體柔聲，清歌妙舞(註一)。』不必多舉了。可見六朝那樣駢偶堆砌，綺麗委靡的文體，葛洪在東晉初年已開風氣之先了。然則評論雜記中辭賦之文體，大可不必專指其似齊梁。況在本案中現已放走了的齊梁文士吳均，於今尙有吳朝請集一卷，可用以爲比較。在蕭賁如何？現在並無他的隻字。可見從文體而論，根本不能證明我們所討論的西京雜記是出於他之手。

其二、他做了一部西京雜記六十卷。若說他嫁名於劉歆的書到隋唐之際只殘餘了二卷；有個某甲爲這無序跋的二卷殘書代作跋文識語而嫁名於葛洪；後來傳鈔書估，盼望多賣錢，把二卷改鈔爲六卷。就像現今四部叢刊所影印明嘉靖壬子(1552)孔天胤本的狀態；後來更有好事者，因爲跋文說原從始甲終癸之十秩節鈔作二卷，遂把六卷縮編爲上下二卷，增加一個目錄，在目錄中又分始甲終癸十段，又將跋文識語移置全書之首；於是全書就有乾隆丙午(1786)盧文弨校刊本之狀態；試問此說如何？我想：關於二卷六卷之變來變去，這樣的假設是大致可接受的(註二)；但謂今之西京雜記乃出於蕭賁之西京雜記，我恐怕是不可能的。試問：蕭賁僞造典故於南梁之代，葛洪何能

(註一)　抱朴子外篇 1.1 下嘉遯，49.30 下知止。

(註二)　案二卷本目錄之爲僞加最顯然易見。其庚卷之最後二項爲『鄒長倩贈遺有道』及『大駕騎乘數』；在其本爲下，10下～14上；在六卷本則爲 5.1～上4下。夫此二項者皆末段爛敗不存者也；宜各居一秩之尾，豈能同居一秩中耶？

引用之於東晉之初？

又、請看蕭賁之事跡，他是竟陵王子良的孫子。他的父親爲南齊東昏侯（499—500)所殺。南史(註一)說他能書、善畫、有文才、好著述；在梁仕爲湘東王法曹參軍。這個湘東王是梁武帝的第七子；自普通七年（526）起兼任荆州刺史，開府江陵。到侯景造反，陷京師，弑君，自立，他興師，命將，討賊。在太清六年（552）二月他自製一篇很華麗的檄文馳告四方(註二)。即在本年他的大將滅了侯景，傳首江陵；十一月他即位於江陵，改元承聖；歷史稱他爲梁世祖元皇帝。承聖三年十一月（554）西魏來攻，他被擄，不久被殺了。蕭賁做他的王府僚官多年；大概只是一個書獃子，不肯巴結逢迎，不會揣摩上司心理。元帝自命文才蓋世，而又是極端忌刻殘忍之人。這位蕭參軍居然敢指摘他檄文內數句而批評其寫得失體。元帝大怒，把他關在監牢，讓他餓死；還追戮他的屍首；還作文罵他品行壞，學品不好(註三)。南史說他的著作有西京雜記六十卷。隋書經籍志；不載這六十卷的西京雜記；却於小說類有辯林二十卷，蕭賁撰。姚振宗考證說：元帝金樓子著書篇有奇字二十卷，金樓付蕭賁撰；碑集百卷，付蘭陵蕭賁撰；又有辨林二十卷；也許應注付蕭賁撰，而金樓子傳本或有脫落(註四)。南史不記其他三書，而獨記西京雜記，也許西京雜記是蕭賁所自撰的。

假定他的西京雜記也是說西漢文史之書，我在上段已斷其不能爲今存西京雜記之原本。不僅如此，我更疑他的『西京』兩字，不指西漢。據水經注，江陵城西北鄰近有紀南城，而其城內有西京湖(註五)。會不會蕭賁在西京湖畔著書，遂名其書爲西京雜記？又元帝即位之後他的臣僚分爲兩派；有持倡朝廷應回金陵京師的，也有主張即在江陵建都的。承聖二年八月元帝曾下詔說要東歸，却未果其行(註六)。會不會蕭賁的西京雜記乃記載太清承聖年間在江陵軍政朝野之事？我雖看見當時的顏之推曾稱金陵爲東都

(註一) 南史（藝文印書館景清乾隆武英殿本 44.10 蕭賁附傳。

(註二) 梁書（藝文印書館景清乾隆武英殿本）5.10 上～13 上元帝紀。

(註三) 金樓子（百子全書本）4.10 立言。

(註四) 隋書 34.11 上經籍志。隋書經籍志考證 32.5538。

(註五) 水經注（王先謙合校本）28.21上沔水篇。楊守敬水經注疏（北平1955影稿本）28.48上謂西京湖乃西赤湖之譌；然又改下文乃竟有東赤湖。未敢遽信；姑存疑，俟考。

(註六) 通鑑（藝文印書館景兪允順刻本）165.8下～9 下。

而江陵爲西臺(註一)；我却未能發見江陵果有西京之稱。所以蕭賁西京雜記之西京何指，現時只可存疑。但無論如何，蕭賁比殷芸晚死二十多年；他撰著西京雜記之時恐怕要在殷芸小說之後了。因此我斷定殷芸小說所已選載之西京雜記不應是蕭賁所撰的。因此，關於這一樁僞書疑案，我要提議而請求勞先生同意，將這個生作可憐蟲，沒爲餓死鬼，倒霉寃枉已極之蕭賁宣判無罪，解除縲鎖，釋放出酆都疑獄。可否？

(註一) 周法高顏氏家訓彙注(中央研究院歷史語言研究所專刊41,1960)8上兄弟，143下觀我生賦。

出自第三十四本下(一九六三年十二月)

論國風非民間歌謠的本來面目

屈　萬　里

一、引　　言

十年前，我在詩經釋義的敍論裏，曾說詩經的十五國國風，“大部分是經過潤色之後的民間歌謠”。民國四十六年六月，在幼獅月刊的第五卷六期裏，我又以詩國風曾經潤色說爲題，發表過一篇短文，曾提出了下列的幾個意見：(一)、國風篇章整齊、而又複沓重疊，不像民間歌謠的本來面目。(二)、國風諸詩的作成，既不同時又不同地，而‘有’字和‘其’字，却有一致的特殊用法；要解釋這種現象，似乎只有說國風曾經某一個方域裏的人潤色過，才容易說得過去。(三)、詩經裏有許多雷同的句子，可知其曾互相抄襲；而且有些地方，很像似小雅抄襲國風。既然有機會抄襲，自然也有潤色的機會。因而我懷疑潤色國風的，可能是周王朝裏的人士。

現在，我對於上述的幾點意見，除了第三點因無法肯定而不再論及外；其他兩點，大體上仍沒有改變。而且最近五六年來，時常想到這一問題；因而對於時賢所作和這一問題有關的文章或書籍，隨時留意。結果，又發現了不少的理論，可以助成鄙說。又因爲幼獅是一個比較通俗的刊物，也許有些從事學術研究工作的人，未曾注意到那篇拙論，以致減少了接受方家們指教的機會。於是把舊作改訂、補充，另換了一個題目，重寫這一篇論文。

二、國風篇章的形式不類民間歌謠的本來面目

所謂國風的形式，是從兩方面來說：其一，是國風章句的形式整齊，不像民間歌謠的本來面目；其二，是國風諸詩的章節，複沓重疊，也不類民間歌謠的形式。

現在，先從第一點說起。

我們通常所見的歌謠，一般的形式是：每首既沒有一定的句數，每句也沒有一定的字數；總都是有話就說，興盡即止。所以它們的篇章和句子，大多數都是不整齊的。譬如：

蒲龍車(里按'蒲龍'是'篷'字的長言；這裏指車篷說。)，大馬拉；

嘩啦、嘩啦到娘家。

爹出來，抱包袱；

娘出來，抱娃娃；

哥哥出來抱匣子，

嫂子出來一扭撻(里按：'扭撻'，是轉身的意思。)。

"嫂子，嫂子你別扭(里按：'別'，是'不要'的意思。)

當天來，當天走；

不吃你的飯，不喝你的酒。"

這是流行在北平附近的一首歌謠。和這首歌謠的意境相同，而文辭也略似的，除了此首之外，至少還有四首(見胡適文存第二集，歌謠的比較研究法則的一個例。)。這五首民歌篇幅的長短既然各不相同；句子的字數也都參差不齊。一般的民歌，大部分都是這類參差不齊的形式。這和國風諸詩大部分都是四字一句，而又有整齊之章節的形式，大不相同。

誠然，國風中也有句法參差不齊的詩篇，如周南的螽斯，召南的殷其雷，齊風的盧令，魏風的伐檀之類；歌謠中也有形式整齊的，如川東民歌：

送郎看見一條河；河邊有個囘水沱。"河水也有囘頭意，情哥切莫忘了奴！"

之類。但究竟句法整齊的形式，在國風的詩篇裏佔絕大多數；而句法參差不齊的形式，在歌謠中佔絕大多數。而且，國風中的詩篇，句法雖有參差不齊的；但它們的章節，却都整齊有度。這在歌謠中，更是少見的現象。如此看來，國風諸詩，都不是民間歌謠的本來面目。

其次，再從國風諸詩複沓重疊的形式來看。

民國十二年十二月出版的第三十九期歌謠週刊裏，登載了顧頡剛的從詩經中整理出歌謠的意見一文(後收入古史辨第三册)，曾說：

凡是歌謠，只要唱完就算，無取乎往復重沓。惟樂章則因奏樂的關係，太短了覺得無味，一定要往復重沓的好幾遍。

因而，顧氏認爲“詩經裏的歌謠，都是已經成爲樂章的歌謠，不是歌謠的本相”。他說：“詩經中的詩，往往一篇中有好幾章都是意義一樣的，章數的不同只是換去了幾個字。我們在這裏可以假定其中的一章是歌謠，其他數章是樂師申述的樂章。”

次年一月，魏建功作了歌謠表現法之最要緊者——重奏復沓一文，登在四十一期的歌謠週刊裏（後亦收入古史辨第三册），對於顧頡剛的意見予以反駁。十四年的十二月，顧氏爲答覆魏建功的駁辨，在北京大學研究所國學門週刊（第十至十二期）裏，又發表了論詩經所錄全爲樂歌一文（也收入了古史辨第三册）。他說：

墨子書中言“弦詩三百，歌詩三百，舞詩三百（公孟）”。司馬遷在史記孔子世家中也曾說過：“三百五篇，孔子皆弦歌之，以求合韶武雅頌之音。”他的話是否確實（原注：三百五篇是否皆孔子所弦歌？三百五篇是否皆可合韶武雅頌之音？）是另一問題，但他以爲詩經所錄的詩全是樂歌這一個意思是很顯明的。自宋以來，始有人懷疑內有一部分詩是徒歌。

顧氏曾搜集過蘇州民歌，他從歌謠中得到一個原則，他認爲“徒歌中章段廻環複沓的極少，和樂歌是不同的”。他說：

徒歌中的廻環複沓，只限於練習說話的“兒歌”，依問作答的“對山歌”。此外，惟有兩類也是廻環複沓的，一是把樂歌清唱的徒歌，一是模仿樂歌而作的徒歌；但這兩類實在算不得徒歌。

這四類，他都舉出了例證。然後說：

除了這四類，所有的成人的抒情之歌，大都是直抒胸臆，話說完時歌就唱完，不用廻環複沓的形式來編製。

他這些理由，已足以駁倒魏建功的辨難。接着，他又舉出了：(一)、從春秋時的徒歌（根據左傳、國語、論語、孟子、莊子等書中所載的徒歌。）可以證明詩經是樂歌；(二)、從詩經的本身上看，可以證明詩經是樂歌；(三)、從漢代以來的樂府看，可以證明詩經是樂歌；(四)、從古代流傳下來的無名氏詩篇看，可以證明詩經是樂歌。他這些議論，都正確可信。

我曾粗略地估計過，在國風一百六十篇詩裏，廻環複沓的詩篇共約一百三十三首，不廻環複沓的共約二十七首。換句話說：就是國風裏的詩篇，用廻環複沓之形式的佔六分之五；不用這種形式的，只佔六分之一。歌謠中固然也有極少數是用廻環複沓之形式的(如上所述)；但從數量的多寡來看，和國風諸詩的現象，恰好成反比例。那麼從廻環複沓的形式來看，也可知國風中的詩篇，多不是民間歌謠的本來面目。

三、從文辭用雅言看國風不是歌謠的本來面目

拿詩經的周頌和國風來比，在文辭上誠然有艱深和淺近的不同。但那只是由於時代先後不同而演變的結果，絕不是因為方言不同的關係。十五國國風，固然多是黃河流域的作品，但也有產生在江漢之域的，如召南的十四篇。如果國風都是當時的民謠，那麼，召南之域的"南蠻鴂舌"之音決不能和黃河流域的方言相同。何況，在交通不發達的古代，卽同屬黃河流域，人們的語言，也不會完全相同。以現今而論，一個從沒有離開過家園的魯西的老太婆，就聽不懂膠東鄉下人的言語，這是很顯明的例子。然而召南之詩的文辭，和其他國風諸詩的文辭，在語詞方面容或偶有小異；而大體上却是相同。以現今黃河流域各省的歌謠，和浙江、福建、廣東各省的歌謠來比，其文辭的差異是那麼大；而以召南和其他國風的詩篇相比，其文辭則幾乎沒有什麼差異。如果國風諸詩都是當時的民間歌謠，能會有這種文辭相同的現象嗎？

這個意見，前年錢穆先生在讀詩經一文(見新亞學報五卷一期)裏曾經提到過。他舉了劉向說苑所載的榜枻越人當着鄂君所唱的歌辭(里按：見說苑善說篇。)：

濫兮抃草，濫予昌枑(里按：枑，明程榮本作核。)，澤予昌州，州𩙸州焉乎(里按：𩙸，程榮本作䬾。)，秦胥胥縵予乎，昭澶秦踰、滲惿隨河湖。(此歌標點，依照錢氏原文。)

鄂君聽不懂這首歌辭，於是找人譯成了楚語。那便是：

今夕何夕兮，搴中洲流。今日何日兮，得與王子同舟。蒙羞被好兮，不訾詬恥。心幾頑而不絕兮，知得王子。山有木兮木有枝、心說君兮君不知。

錢氏舉了這首越人之歌和楚譯以後，說：

今傳二南二十五篇，或部分酌取南人之歌意，或部分全襲南人之歌句；然至少必經一番文字之雅譯工夫，然後乃能獲得當時全國各地之普遍共喻，而後始具

有文學的價值。此則一經思索，卽可想像得之。

不過，所謂楚譯的越歌，實際上也是雅譯；這點，錢氏也曾說到：

實則如今夕何夕云云，所謂楚說之者，已是一種雅譯；不僅楚人喻之，卽凡屬雅歌詩所傳播之區域，亦無不喻。卽如屈原楚辭，雖篇中多用楚語，其實亦已雅化，故能成爲中國文學史上一偉大之作品。

按：民國三十年，繆鉞曾著周代之雅言一文（見浙江大學文學院集刊第一集），他認爲周代的所謂雅言，猶之乎今日所謂官話或國語，是當時的標準語言；曾舉論語鄭注及劉台拱論語駢枝說爲證。依照繆氏的說法，則周代的雅言，既等於現代的國語。而錢氏所謂雅化，也就等於現在所謂國語化。國風一百六十篇的文辭，既然大體相同；顯然地，它們都是用的雅言。它們在語助詞等方面，雖然也偶有小異；那正如錢氏所舉楚辭的例子一樣，——就是文辭雖已雅化，有時也難免摻雜着一些方言。周代推行雅言的成績，決不如現代推行國語的成績，這是可以想到的。現代全國的人民，雖然多數都會說國語；而各地的歌謠，仍舊是用各地的方言。以今例古，可知用雅言爲文體的那一百六十篇國風，決不是當時民間歌謠的本來面目。

四、從用韻的情形看國風不是歌謠的本來面目

各地的方言不同，因而歌謠的韻脚，也就隨地而異。試把現今流行於北方的歌謠、和流行於浙江、福建、廣東等省的歌謠比對，就立刻可以發現押韻不同的情形。然而詩經諸詩中韻部的分合，則大體是一致的。這點，繆鉞在他的周代之雅言一文裏（出處見上）曾有詳細的論述。

繆氏根據黃侃所分的古音二十八部爲標準，就詩經的二南、十三國風、小雅、大雅、魯頌、商頌諸詩的韻字（周頌中的詩，因爲多沒有韻；偶然有有韻的，各家的說法又不一致，所以繆氏沒用周頌。），仔細考核，凡是在同部的不算，單是異部合韻的就有：

蕭豪合韻，五見於國風，（里按：繆氏原文，都有舉的例子，這裏從略。）兩見於小雅，兩見於大雅。

蕭咍合韻，一見於國風，三見於大雅。

模咍合韻，一見於國風，三見於小雅。

齊咍合韻，一見於小雅，一見於大雅。

侯豪合韻，一見於小雅。

灰齊合韻，一見於小雅。

歌齊合韻，一見於小雅。

侯蕭合韻，兩見於大雅。

模蕭合韻，一見於大雅。

灰歌合韻，一見於商頌。

蕭德合韻，兩見於國風，一見於小雅，兩見於大雅。

灰曷合韻，一見於國風，兩見於小雅，三見於大雅。

侯屋合韻，一見於國風。

灰曷沒合韻，兩見於小雅。

灰屑合韻，一見於小雅。

蕭屋合韻，一見於大雅。

齊曷合韻，一見於大雅。

灰痕合韻，兩見於國風。

咍登合韻，一見於國風。

灰寒合韻，一見於國風，一見於小雅。

灰齊寒合韻，一見於國風。

歌寒合韻，一見於國風。

冬蕭合韻，一見於小雅。

灰沒痕合韻，一見於小雅。

侯東合韻，一見於大雅。

屑曷合韻，一見於國風，一見於小雅。

合沒合韻，一見於國風。

沃錫合韻，一見於國風。

德合合韻，一見於小雅。

錫屋合韻，一見於小雅。

合怗合韻，一見於大雅。

曷寒合韻，兩見於國風，一見於大雅。

沒痕合韻，一見於國風。

東冬合韻，一見於國風，一見於小雅。

先痕合韻，一見於國風，一見於小雅。

痕寒合韻，兩見於國風，一見於小雅。

痕青合韻，一見於國風。

登覃合韻，一見於國風，一見於大雅，一見於魯頌。

覃添合韻，一見於國風。

先青合韻，兩見於小雅。

先唐合韻，一見於小雅。

青唐合韻，一見於小雅，一見於大雅。

先寒合韻，一見於大雅。

先冬合韻，一見於大雅。

冬覃合韻，兩見於國風，三見於大雅。

痕冬合韻，一見於大雅。

青冬合韻，一見於大雅。

繆氏作了上列的統計之後，接着說：

綜計以上所錄，異部合韻者共九十條，合爲四十七類。詩三百五篇，除周頌三十一篇，尙餘二百七十四篇。每篇多者十餘章，少者二三章。每章之中，有一韻者，亦有換韻兩次或三次者。統計此二百七十四篇用韻之處，共一千六百五十四（原注：據段氏六書音韻表四）。詩三百篇，以時論，上下五百年；以地言，縱橫十餘國。且當時作詩，皆本脣吻自然之音，非若後世之有韻書。而在一千六百五十四處用韻之中，異部合韻者僅九十條，其餘均在同部。（原注："吾人今日考韻僅據毛詩；而毛詩中自不免有傳寫之誤。故有在毛詩中爲異部合韻，而考他書所引之異文，則在同部者。………"里按：繆氏曾舉了四個這類的例子，這裏從略。）可見當時必有一種標準語，卽所謂雅言，爲詩人所據。故雖絕國殊鄉，用韻乃不謀而合。

繆氏在注文裏，並且引了王國維周代金石文韻讀序中的一段話：

昔人於周一代韻文，除羣經諸子楚辭外，所見無多。余更蒐其見於金石者，得四十餘篇。其時代則自宗周以迄戰國之初，其國則如杞、鄫、邾婁、徐、許等，並出國風十五之外。然求其用韻，與三百篇無乎不合。

於是繆氏說："此亦可爲周代雅言通行之一證。"

詩經裏諸詩的韻脚，既然都是用的'雅言'，而不是用的鄉土音；可見國風中的詩篇，不是民間歌謠的本來面目。

五、從語助詞的用法看國風不是歌謠的本來面目

各地方言不同的情形，在語助詞的用法上最容易表現出來。固然，有些語助詞在全國各地的用法都是一致的。可是有些語助詞，在詩三百篇中的用法，却既特殊而又普遍。這是很值得注意的問題。

我們先看'有'字：

'有'字在三百篇裏，有一個特殊的用法：就是把'有'字放在形容詞或者副詞的上邊，等於在形容詞或者副詞的下面加一個'然'字(此說已見拙著詩經釋義桃夭篇)。最早發現'有'字這種特殊用法的，似乎是經傳釋詞。該書第三'有'字條說：

有，狀物之詞也。若詩桃夭"有蕡其實"是也。

狀物之詞，現在叫做形容詞。其實，有字在詩經裏，不但用來狀物，同時也用來狀事(這是王引之提出的術語，也就是我們現在說的修飾形容詞或動詞的副詞。)。而且狀物或狀事的，都不是'有'字的本身，而是和'有'字連用的形容詞或副詞。所以'有'字並不是眞正的形容詞或副詞，它只是形容詞或副詞的助詞。不過，在王氏父子的時代，還沒有分析詞性的文法。王氏能有這樣的見解，已經難能可貴了。

在詩經裏，'有'字當作形容詞或副詞之助詞用的，共達一百處以上。下面，我分別的舉幾個例子：

有蕡其實。(周南、桃夭)

新臺有泚。(邶風、新臺)

有匪君子。(衞風、淇奧)

明星有爛。(鄭風、女曰雞鳴)

魯道有蕩。(齊風、南山)

有杕之杜。(唐風、杕杜；小雅、杕杜)

籩豆有踐。(豳風、伐柯)

有覺其楹。(小雅、斯干)

有頒其首。(小雅、魚藻)

有嘒其星。(大雅、雲漢)

有倬其道。(大雅、韓奕)

有略其耜。(周雅、載芟)

有駜有駜，駜彼乘黄。(魯頌、有駜)

松桷有梴。(商頌、殷武)

以上的'有'字都用在形容詞的上面，等於在形容詞下面，加一個'然'字。

憂心有忡。(邶風、擊鼓)

有鷕雉鳴。(邶風、匏有苦葉。)

其大有顒。(小雅、六月)

會同有繹。(小雅、車攻)

臨下有赫。(大雅、皇矣)

有飶其香。(周頌、載芟)

萬舞有奕。(商頌、那)

以上的'有'字，都是用在副詞(修飾動詞的、或修飾形容詞的)上面，等於在副詞下面加一個然字。

現在再看'其'字：

經傳釋詞裏，談到'其'字在詩經裏的用法，也有卓越的見解。原書第五'其'字條，說：

'其'，狀事之詞也。有先言事而後言其狀者，若"擊鼓其鏜"、"雨雪其雱"、"零雨其濛"之屬是也。有先言其狀而後言其事者，若"灼灼其華"、"殷其雷"、"淒其以風"之屬是也。

王氏所謂狀事之詞，當是指修飾動作或性質和狀態之詞(卽副詞)而言。而'其'字在詩經裏的用法，實際上也和'有'字一樣，旣當作形容詞的助詞，也當作副詞的助詞。(王氏所舉的例子，就有用作形容詞之助詞的。)。也就是說，把'其'字放在形容詞或副詞的上面或下面，等於在形容詞或副詞下面加一個'然'字。

'其'字在詩經裏這種用法，雖然不如'有'字多；但也有三十四五處。試看下面的例子：

淒其以風。(邶風、綠衣)

靜女其姝。(邶風、靜女)

碩人其頎。(衞風、碩人)

零雨其濛。(豳風、東山)

兕觵其觩。(小雅、絲衣)

依其在京。(大雅、皇矣。里按：'依其'，猶言'殷然'。)

角弓其觩。(魯頌、泮水)

以上是把'其'字放在形容詞的上面或下面用的，等於形容詞下面的'然'字。

殷其雷。(召南、殷其靁)

擊鼓其鏜。(邶風、擊鼓)

咥其笑矣。(衞風、氓)

暵其乾矣。(王風、中谷有蓷)

瀏其淸矣。(鄭風、溱洧)

坎其擊鼓。(陳風、宛丘)

嚶其鳴矣。(小雅、伐木)

捋采其劉。(大雅、桑柔)

以上是把'其'字放在副詞(修飾動詞的、或修飾形容詞的)的上面或下面用的，(王氏所舉"灼灼其華"的'其'字，和"有蕡其實"句對看，可知它應當是代名詞，而不是狀事之詞。)也都等於副詞下面的'然'字。

然後再看'言'字：

言字在三百篇中，除了當作語言解的通常用法外，還有數量頗多的特殊用法。首先發現這種特殊用法。的是胡適之先生。他在二十歲的時候（清宣統三年），曾作了詩三百篇言字解一文(見胡適文存卷二)。他認爲三百篇中的言字，除了本義以外，還有三種用法：他說“(一)，言字是一種挈合詞（嚴譯），又名連字（馬建忠所定名），其用與‘而’字相似。”“(二)，言字又作乃字解。乃字與而字，似同而實異。乃字是一種狀字（馬氏文通），用以狀動詞之時。”“(三)，言字有時亦作代名詞之‘之’字。”

言字這三種用法，除了第三說，胡先生“尙未能自信”外；其餘兩說，則“自信爲不易之論。”關於第一說，他所舉的例子，有：“受言藏之”(里按：見小雅彤弓。下文引詩出處，皆里所注。）、“陟彼南山，言采其蕨”(召南草蟲)、“還車言邁”(邶風泉水)、“焉得諼草，言樹之背”(衞風伯兮)、“願言思伯”(同上)、“驅馬悠悠，言至于漕”(鄘風載馳)、和“靜言思之”(邶風柏舟) 共七條。我曾粗略地計算過，言字這種用法，在詩經裏，共約三十多條；召南、邶、鄘、衞、鄭、豳諸風、和小雅、大雅、魯頌中，都有這樣的例子。關於第二說，他所舉的例子是：“言告師氏，言告言歸”(周南葛覃)、“昏姻之故，言就爾居”(小雅我行其野)、“言旋言歸，復我邦族”(小雅黃鳥)、“薄言采之”(周南芣苢)、“薄言往愬”(邶風柏舟)、“薄言還歸”(召南采蘩)和“薄言追之”(周頌有客)，共八條。而言字在詩經中這樣用的，約摸有三十五處左右，分別見於周南、召南、邶、鄘、秦諸風，和小雅、大雅、周頌、魯頌。

以上所舉的‘有’、‘其’、‘言’三個字的用法，在別的書裏都很少見，而在詩經裏却成了通例。此外如當作語助詞用的‘思’字，和不作承上啓下之詞用的‘亦’字等，也有同樣的情形。在全國各地的方言裏，對於這些字，決不會有像詩經這樣一致的用法。從而可知國風諸詩，決不是民間歌謠的本來面目。

六、從代詞的用法看國風不是歌謠的本來面目

關於代詞的用法，也有許多在他書中很少見而在詩經中則非常習見的例子。丁聲樹有論詩經中的‘何’‘曷’‘胡’一文，發表在中央研究院歷史語言研究所集刊第十本裏。這篇論文，分析何、曷、胡三字在詩經裏的用法，非常詳細，也非常正確。丁氏研究的結果，證明這三個詢問代詞，在詩經裏的用法，是：

曷　曷字在詩經中絕大多數的用法是表示‘何時’，而且一律指的是未來的時間。丁

氏共舉了十五個例子(“中心好之，曷飲食之”二語，只見於唐風杕杜。丁文引此二語兩次，一注有杕之杜，一注小雅小旻，誤。)；這十五個例子，分見於邶、衛、王、唐諸風，和小雅、大雅。曷字這種用法，在其他文獻裡，很是少見。據丁氏的考證，西周時代的文獻，只有毛公鼎“邦將害吉”的害(曷)字，是這樣用法。詩經以後的文獻，也只有尚書湯誓的“時日曷喪”(曷，孟子引作害。)、左傳昭公元年晉趙孟說的“吾子曷其歸”，荀子賦篇載佹詩的“曷維其同”、以及呂氏春秋貴因篇所述膠鬲的話：“竭至”(丁氏引王念孫說：“竭，猶曷也。”)等四處。

胡　胡字在詩經裏，絕大多數之例都是表示“何故”。丁氏共舉了二十五個例子(包括“胡爲”二字連用的在內。)。這二十五個例子，分見於邶、鄘、鄭、唐、陳諸風，和小雅、大雅。丁氏認爲胡字這種用法，在別的古書裏雖也常見；但在尚書和論語裏，竟都沒有一次用過胡字。

何以　丁氏認爲詩經中的“何以”，一律是作“用什麼”解，和他書中當作“爲什麼”解的不同。詩經的召南、鄘、秦、豳，和大雅中，共出現了“何以”八次，都是當作用什麼”解，沒有一個例外。丁氏說：“‘何以’全是表示方法，‘用什麼’；而不是表示原故，‘爲什麼’。這又是詩經文法的一個特點。”

除了上舉的三個詢問代詞之外，還有疑問代詞“誰”，和指示代詞“此”，“伊”，也都是值得注意的。友人周法高先生的中國古代語法稱代編裏，對於這些字，曾詳細的討論過現在歸納他的意見，簡述如下：

誰　疑問代詞“誰”，在甲骨文和周代的金文裏，都沒有這種用法，尚書二十八篇中也沒有。詩經理却很常見，它的意思是“什麼人”。(見原書二〇九頁)

伊　“伊”字在詩經裏，除了作助詞用之外，還可以用作近指代詞。這種用法，在詩經裏共出現過五次，分別見於邶風的雄雉，小雅的伐木、白駒、小明，和魯頌的泮水。(見原書一一一頁)

此　指示代詞“此”字，在甲骨文和西周的金文裏都沒見過，稍後的金文裏有之，尚書中也只有無逸兩見，立政一見。而在詩經裏，却很常見。(見原書一二八頁)

這些在詩經裏普遍地應用、而在其他文獻中很少用的代詞，如果說在各地的方言裏，都有和詩經一致的用法，是無法說得通的。所以，從這些代詞的用法來看，國風諸詩也不是民間歌謠的本來面目。

七、國風諸詩是怎樣形成的

由於上述的種種理由看來，那一百六十篇國風，全不是民間歌謠的本來面目。那麼，它們究竟是怎樣形成的呢？關於這一問題，可能有下列的幾種推測：

(一)、它們全是各國的貴族和官吏們用雅言作的詩歌，而沒有民間的歌謠。

(二)、它們的一部分是各國貴族和官吏們用雅言作的詩歌，而另一部分則是各國的文人們用雅言作的詩歌。

(三)、它們的一部分是各國貴族和官吏們用雅言作的詩歌，而大部分是經過潤色之後的民間歌謠。

現在先看第一點。國風諸詩，有些是貴族和官吏們的作品，那是不成問題的。像葛覃的女作者有師氏可告，卷耳的征人有馬有僕，羔羊的作者顯然是一個高級官員，燕燕和載馳的作者顯然是諸侯的子女，作北門之詩的是一個窮公務員，作泉水之詩的是衞國貴族的女兒。這類的詩，固然不一定都是他們本人自作，而可能有人捉刀。但那捉刀的人，自然都是能用雅言行文的。那麼，這些貴族和官吏們用雅言寫成的詩歌，自然不能算是民間歌謠。

然而，這些詩在國風裏畢竟佔少數。國風中佔大多數的，則是些勞人、思婦、傷時、戀愛等詩歌。譬如鄭風和陳風中的若干首情歌，王風葛藟那流亡者的哀吟，魏風碩鼠和伐檀兩詩對於政府和官吏的怨怒之辭，邶風谷風和衞風氓那種棄婦的悲歎之音。諸如此類的詩篇，顯然地都是民間的產物，而不是貴族和官吏們的作品。

再看第二點。國風的大部分既然是民間的產物，而這些物事又不是民間歌謠的本來面目；那麼，它們是不是各國的文人，因物託事而用雅言作成的詩歌呢？我認爲這種可能是很小的。因爲，"有教無類"的口號，是孔子才開始喊出來的，而且也是從孔子才開始實行的。在孔子以前，恐怕只有貴族和官吏們，才有受教育、學雅言的機會，一般平民識字的恐怕很少；因而，各國似乎不會有很多既無官守又非貴族的文士。像唐、檜、曹等小國，更不容易有這類的文人。此其一。何況那些大量的情歌，以及勞人，思婦、傷時等情眞意摯的詩篇，也決不是"無病呻吟"的人所能作得出來的。此其二。如此說來，國風中除去那些貴族和官吏們的詩篇之外，其餘的也並不是各國文人的作品。

然後再看第三點。國風中的民間作品，旣很少可能是各國的文人作的；那麼，它們自然都是民間歌謠了。但，如上所述，一般平民是不可能人人都用雅言來發表他們的情感的。因此，這些用雅言寫成的民歌，其形成的經過，似乎只有一個比較近理的解釋，那就是：它們是就口頭的歌謠而譯成雅言的。

由於上述的推論，可以得到這樣的假設，卽：國風有一部分是貴族和官吏們用雅言作的詩篇，而大部分是用雅言譯成的民間歌謠。

可是，如果單是爲了使口頭的民謠著於竹帛，因而譯成雅言，則它們的章節決不會有那樣複沓重疊的形式。在古代的文獻裏，旣知道詩三百篇都可以絃歌；從國風諸詩之複沓重疊的形式來看，又知道它們是爲了奏樂而設。如此說來，把口頭歌謠譯成雅言的人，很可能是樂官。至於這雅譯者究竟是各國的樂官、抑是王朝的樂官？則還有待於進一步的研究。

本節的這些推論，只是假設，而未必符合事實。希望研究詩經的人，對於我的假設，予以批評；並希望能引起大家討論此一問題的興趣。

八、餘　說

也許有人要問：'有'、'其'、'言'………等字的特殊用法，不見於尙書的周誥，也不見於周代王朝彝器的銘辭，怎麼能斷定它們一定是王朝的雅言呢？關於此一問題，我的答案是這樣的：

(一)、本文第五節所舉'有'字的特殊用法，見於各國國風和小雅、大雅、周頌、魯頌、商頌；'其'字和'言'字的特殊用法，見於各國國風和小雅、大雅、魯頌；本文第六節所舉的幾個代詞，也有類似的情形。這些字的特殊用法，國風旣和雅頌一致；而大小雅和周頌都是王朝的作品。那麼，照理說，那應該是各國摹倣的王朝的雅言；而不會是某一國的人，旣用本國的方言遍改了各國的詩歌，而又遍改了王朝的雅頌。

(二)、就詩三百各部分產生的時代而言，周頌最早，大雅小雅次之，各國國風和魯頌、商頌最晚。(此就一般情形而言；自然國風裏早期的作品，也有早於晚出之小雅的。)晚出的國風，可以承襲王朝早出的周頌和大小雅；而早出的周頌和大小雅，決不可能承襲晚出的國風。上舉各字的特殊用法，既然見於周頌和大小雅，可知它們確是王朝的雅言。

然則，這些字的特殊用法，何以不見於周誥和周王朝彝器的銘文呢？

這是有理由可以解釋的。周誥是敍事和記言之文。彝器的銘辭，雖然有的是韻文，但究竟佔極少數；而佔絕大多數的，仍是敍事和記言之文。敍事和記言之文，每句話的長短既沒有字數的限制，自然不需要大量地用些語助詞來湊足字數；又很少有繪形繪聲的句子，自然也不需要大量地運用形容詞或副詞。而詩經則恰恰相反，所以它用的語助詞、形容詞、和副詞就特別的多。何況為了配合樂譜的音節，詩經中所用的字，也必定有些是經過斟酌的。這是有些字的特殊用法，只見於詩經而不見於周王朝其他文獻中的原因。

附　　記

胡先生適之在二十歲的時候，作了詩三百篇言字解一文，識見卓犖，本文已將它的要點引述。自民國四十七年胡先生任本院院長以來，更承他指教過許多關於詩經方面的問題。當我為了紀念他而寫這篇論文時，他的謦音笑貌，時常顯現在我的眼前；而他離開我們，已經整整的九個月了！

本文曾蒙友人許詩英先生惠予指正，謹志謝意。

民國五十一年十一月二十四日屈萬里附記。

又：本文草成後，曾請教於友人陳槃庵先生。承賜題長跋，並附錄所著詩三百篇之采集與刪定問題一文；補鄙說所未備，正拙文之粗疏。謹附於後；並誌謝忱。

五十二年元月十二日，萬里又識。

「論國風非民間歌謠的本來面目」跋

陳　槃

屈翼鵬先生此論，主要在證明十五國風中民間歌詩之遣辭造句，已非元本面目，是必曾經編詩者之雅譯乃至整齊、潤色，而主其事者，蓋卽樂官。但未知其爲王朝樂官？抑列國樂官？

翼鵬先生之文，淹貫條達，識解精闢。唯其間細節，則個人所見，偶有異同。因屈先生之雅屬，今輒具陳于下，亦冀屈先生有以是正之也。

案自東周以來，中國以詩、書、禮、樂爲治，亦以爲教(別詳拙譔詩三百篇之采集與刪定問題第貳章)，蓋此王朝舊制，從而可知詩三百篇之采集、頒布，亦必出于王朝；而國風中有民間歌詩，是必古代王朝有采詩民間之舉。然王者必不能躬自采詩，舊籍所載，則或曰列國之大師(樂官)，或曰遒人(亦曰輶軒使者，亦曰迈人，亦曰行人)，或統稱采詩之官，或曰史氏。案諸說參互，而其義則通。蓋天子或巡守，則命列國大師陳詩，史氏則從而錄之。大師所陳之詩，遒人所采。大師亦不能躬行民間采詩，故以委之遒人也。然則或言大師，或言遒人，或言史氏，所據不同，而其事一也。天子或不巡守，則使小行人適四方，辨其禮俗、政事、敎治之等，蓋亦不廢采詩，周禮春官小行人之職是也。王朝又有『公卿列士獻詩』之說，蓋王朝官吏自獻其所爲詩；然王畿民間亦自有詩，公卿列士視聽所及，則亦采而獻之矣(詳附錄古詩之采集)。

今所當注意者，漢書食貨志云：

> 孟春之月，羣居者將散，行人振木鐸徇于路以采詩，獻之大師，比其音律，以聞于天子。

行人所采之詩，大師必比其音律，然後獻之天子，蓋民間之詩，音律未必調叶，必經大師比定，此已非民間歌詩之元始面目，一矣；因音樂條件之故而必須改變其結構、體式，如吾人今日所見之風詩，必每題分章，而辭句則往復重沓，數章之中大同小異

（樂記之所謂『廣其節奏』者，蓋此類是也），此已非民間歌詩之元始面目，二矣；民間之作，義雖可取，而辭或『鄙倍』，未必可『登大雅之堂』（孔子雖云：『辭，達而已矣』。然亦喜文采，故襄二十七年左傳：『仲尼使舉是禮也，以爲多文辭』。釋文：『沈云：舉，謂記錄之也』。正義：『仲尼所以特舉此禮者，以爲比享多文辭，以文辭可爲法，故特舉而施用之耳』；又二十五年傳：『仲尼曰：志有之，言以足志，文以足言。不言，誰知其志？言之無文，行而不遠』。是孔子重文辭之證也。論語憲問：『子曰：爲命，裨諶草創之，行人子羽脩飾之……東里子產潤色之』。疏：『命，謂政命盟會之辭也。……脩飾、潤色，皆謂增脩使華美也。既更此四賢而成，故鮮有敗事』。列國會盟之辭亦必華美，是列國亦重文辭矣），則大師亦必從中潤色（列國大師皆有相當學問，如左傳所記晉之師曠，樂記所記師乙對子贛之問之等是也），如樂記之所謂『省其文采』者，此已非民間文學率眞自然之元始面目，三矣。列國諸侯所采，必經過此三階段，然後陳諸天子之大師，而天子之大師，蓋亦當有所删潤。樂記曰：

先王本之性情，稽之度數，制之禮義；含生氣之和，道五常之行，使之陽而不散，陰而不密，剛氣不怒，柔氣不懾，四暢交於中而發作於外，皆安其位而不相奪也；然後立之學等，廣其節奏，省其文采，以繩德厚。……

案樂記此言，雖推本先王，而其實則王朝大師之事，周禮春官大師之職所謂『掌六律、六同，以合陰陽之聲。……皆文之以五聲。……皆播之以八音。……教六詩……以六德爲之本，以六律爲之音』者，是也。

周語上：

厲王虐，國人謗王。……王怒，得衞巫，使監謗者，以告則殺之。國人莫敢言，道路以目。……邵公曰：是障之也。防民之口，甚於防川。川壅而潰，傷人必多。民亦如之。是故爲川者決之使導，爲民者宣之使言；故天子聽政，使公卿至於列士獻詩，瞽獻曲，史獻書，師箴，瞍賦，矇誦，百工諫，庶人傳語，近臣盡規，親戚補察，瞽史教誨，耆艾修之，而後王斟酌焉。

案『耆艾修之』，韋昭云：『耆艾，師傅也。師傅修理瞽史之教以聞於王也』。中井積德曰：『「脩之」二字，都承前文，不止瞽史』（史記周本紀會注考證引）。中井說當也。自公卿列士所獻詩以至瞽史教誨，已皆爲耆艾所脩，則列國大師所陳之詩亦在其所脩之列矣。最後『王斟酌焉』，則制定矣，然後頒之列國。樂記曰：

故天子之爲樂也，以賞諸侯之有德者也。

審是則王朝所頒行之詩樂，又非諸侯大師所陳之元始面目，亦可知矣。

復次王朝大師于列國大師所陳之歌詩，必然再加删潤、比定，如屈先生所舉：(一)詩中皆用雅言，辭句多雷同相襲；(二)韻脚分合，大都一致，甚少方言之差異；(三)文法一律。以上三種現象，必是王朝統一制作之結果。若諸侯大師各自爲政，則未必有此統一性存在矣。

余前文以爲民間歌詩，辭或『鄙倍』者，此就一般情形言之耳，而其中當有不盡然者。自古學者『以吏爲師』，『仕而優則學，學而優則仕』(韓非五蠹篇云：『明主之國，無書簡之文，以法爲教；無先王之語，以吏爲師』。李斯奏禁『私學而相與非法教』，本古法)。未聞有聚徒講學之事，如屈先生所謂『有教無類』之口號，發自孔子，是則然矣。然以爲『在孔子以前，恐怕只有貴族和官吏們，才有受教育、學雅言的機會。一般平民，識字的恐怕很少』；『像唐、檜、曹等小國，更不容易有這類(會作雅辭)的文人』；『如此說來，國風中除去那些貴族和官吏們的詩篇之外，其餘的也並不是各國文人的作品』。此則頗費討論。事實上，『既無官守又非貴族之文士』，殆無代無之。昭三十二年左傳：『三后之姓(集解：三后，虞、夏、商)，於今爲庶』。三代帝王之苗裔，其始也則爲有官守之貴族階級，朝代革易，至于春秋之世，則降爲庶民矣。列國亦然，故昭三年傳以爲『欒、郤、胥、原、狐、續、慶、伯、降在皁隸』矣。夫此等貴族，其取精也多，其用物也弘。雖其在政治方面已經失敗，而故家文物，源遠流長，食其舊德，誦厥清芬，馮兹文化素養之環境，即可以孕育學問文章之輩，此管子小匡所謂『其父兄之教不肅而成，其子弟之學不勞而能』者也。此類多矣，例如周革殷命，至于春秋末季，已數百年矣，而孔子乃曰：『先進于禮樂，野人也；後進于禮樂，君子也。如用之，則吾從先進』。案『先進』，殷士也。『野人』，無官守者也。『後進』，魯士也。『君子』，有官守者也(參傅師著周東封與殷遺民篇)。蓋殷人文化程度視魯國之統治者爲高，其遺民雖已失勢在野矣，而流風未沫，其教化程度，魯士不能及也。此等故國遺民，失勢在野，已非官守，亦非貴族，然而固當時之知識階級，社會文化之中堅也。

屈先生所指出之唐國，即晉國(詳拙增訂本春秋大事表列國爵姓及存滅表譔異陸晉『國』)。舊唐國則堯後也。成王滅唐而封唐叔虞，遷其舊君于杜，是爲唐杜(詳同上拙書壹叁貳杜)。成王遷其舊君，未必同時亦遷其民也(古代土曠人稀，重視人口，所謂『有人此有土，有土此有財』也。襄十四年左傳,記晉惠公招徠姜戎,賜以南鄙之田,正義以爲『晉貪其人』;定十五年記:『晉趙鞅謂邯鄲午曰:歸我衞貢五百家,吾舍諸晉陽』。此可見晉國之人口政策)。然則晉國之民,多遺黎、舊族也。

檜亦舊封,其上世爲姜姓國,陸終(祝融)子重(亦曰求言,或作來言)滅之,是爲妘姓之檜,武王續封之,春秋前爲鄭所滅(詳同上拙書壹佰陸檜)。

如前所論,舊國已滅,新國代興,則舊國之官師、貴族,大都夷爲平民階級,而其文化蓄積,故家遺澤,則未遽隨以覆滅,產生文士,勢亦宜然,卽唐、檜等國,無例外也。

復次所謂以吏爲師者,如周禮地官鄉大夫之職云:

> 各掌其鄉之政教禁令。正月之吉,受教灋于司徒,退而頒之于其鄉吏,使各以教其所治,以考其德行,察其道藝。以歲時登其夫家之衆寡,辨其可任者。國中自七尺以及六十,野自六尺以及六十有五,皆征之。國中貴者、賢者、能者、皆舍。以歲時入其書。三年則大比,考其德行道藝,而興賢能者。鄉老及鄉大夫、羣吏,獻賢能之書于王,王再拜受之,登于天府,內史貳之(鄉大夫以下更有州長、黨正、族師,則爲考德行、道藝、選舉賢能之基層組織)。

王制云:

> 司徒脩六禮以節民性,明七教以興民德,齊八政以防淫,一道德以同俗。……命鄉論秀士,升之司徒,曰選士。司徒論選士之秀者而升之學,曰俊士。……樂正崇四術、立四教,順先王詩、書、禮、樂以造士。……大樂正論造士之秀者以告于王而升諸司馬,曰進士。司馬辨論官材,論進士之賢者,以告於王而定其論。論定,然後官之。

如其說,則此一制度下所造就之人材,宜爲不少。然必須學問、道德兼備而後可任以官,則才高而有『負俗之累』者,未必得官;主其事者,未必公正無私,則才德俱備者,亦未必得官矣。由此言之,則眞能入選而登仕途者,不能甚多,如科舉時代之進士、翰林,三年大比,登第者,平均每縣不過一二人耳。況又有不樂仕進,如管子乘馬所謂『士聞見博學意察而不爲君臣者(注:此人學,以爲君之臣也。然以高尚其事而不爲)』;亦有仕宦失意,收身田園;或遭棄置、斥逐,而胥疏閒散。宦途荆棘,古今一矣。由是言之,則民間學問文章之士,由以吏爲師之制度下而產生者,蓋亦不乏其人矣(上引周禮、王制之文，雖未必甚古，然或其源出于舊典，亦可能也)。

兩周文士已不定限于官吏、貴族，則十五國風有民間文士之作，此文士必有舊文化素養之民間文士，或以吏爲師制度下之失意文士，亦可想而知之矣。然此等文士雖能爲雅辭之歌詩，爲行人（遒人）所采錄，但未必能合于音樂條件而有待于諸侯乃至王朝大師之比定，蓋亦當然矣。

附　錄

古詩之采集

古詩三百篇，其中有王朝之雅、頌（指周頌。魯頌屬魯，此無問題。商頌即宋頌，今亦既成定論，其詳可參王國維說商頌篇、傅孟眞師魯頌商頌述篇），有王國之風，有周南、召南、邶、鄘、衞等列國之風。此詩之在當日，如何采集，古今來說者非一，而數年前，友人繆鉞先生譔詩三百篇纂輯考一文（浙江大學文學院集刊第三集），申論綦詳，斷制多有獨到。然亦有其可商者，如曰：

詩三百篇，周頌爲王朝頌功德祀神明之歌；大、小雅除宴享之樂歌外，多王朝士大夫感時諷政之作，獻之於天子者。此諸詩，自當掌於王朝大師之官。至於諸國風詩，如何收集，舊說皆謂由於采詩之制。然采詩制之實況，果如何乎？古書中記采詩制最詳者，爲班固漢書及公羊何休注，而班、何兩家之說，卽相參差。漢書食貨志云：『男女有不得其所者，因相與歌詠，各言其傷。……孟春之月，羣居者將散，行人振木鐸徇于路以采詩，獻之大師，比其音律，以聞於天子。故曰：王者不窺牖戶而知天下』。藝文志亦曰：『古有采詩之官，王者所以觀風俗，知得失，自考正也』。公羊傳宣十五年何休注云：『男女有所怨恨，相從而歌，饑者歌其食，勞者歌其事。男年六十、女年五十無子者，官衣食之，使之民間求詩，鄉移於邑，邑移於國，國以聞於天子。故王者不出牖戶，盡知天下所苦；不下堂而知四方』。兩家說不同之點，卽班書所言，似行人乃王官，直至各國采詩，歸而獻之大師。何休所記，則采詩並無專官，且由各國自采集之，以聞於天子。二說孰爲近眞，固難臆斷。如進而研究之，古書言采詩之官者，除漢書外，如劉歆所謂『遒人』(與楊雄書)，楊雄所謂『輶軒之使』(答劉歆書)，許愼所謂辺人(說文第五篇上)，皆漢人之說。先秦諸書，未有明言采詩之官者。左傳襄十四年，師曠引夏書曰：『遒人以木鐸徇于路』。杜注：『遒人，行人之官也。徇于路，求歌謠之言』。據此，則遒人或行人卽古采詩之官。惟細繹之，師曠引夏書，只言『遒人以木鐸徇于路』，未言采詩。而『求歌謠之言』一語，乃杜注所增。周禮雖六國時書，然亦多據成制，非盡虛構，其中無遒人之官，而記大小行人之職，亦無采詩一事。周禮作者，熟於掌故……苟王朝有采詩之官，作周禮者，必不删棄。……且古者天子與諸侯之關係，非若後世朝廷之與郡縣，刑政敎令，未能直達。況采詩小事，何勞王官徧遊各國、巡行鄉閭？春秋二百四十二年之中，凡王官至魯……均書於經，獨無王朝采詩之官來魯之事。故吾疑班書說古代采詩制之隆重，不免稍有理想化之嫌。何休所言，或近眞歟？

繆君懷疑王朝采詩之制，以爲于古無徵。班書所言失實，而何休所云由各國自行采集而獻之王朝者，或于事實近是。今案列國自行采詩與王朝采詩，不妨各事其事，可並行不悖。王朝觀風采詩之說，于古有之，不可謂由班書始創之也。考晉語六云：

(范文子曰)吾聞古之言：王者政德旣成，又聽於民，於是乎使工誦諫於朝，在列者獻詩，使勿兜(韋解：列，位也，謂公卿至於列士獻詩以諷也)，風聽臚言於市，辨妖祥於謠(行歌曰謠)……問謗譽於路，有邪而正之，盡戒之術也。

禮記王制篇云(說苑修文篇同)：

天子五年一巡守。歲二月，東巡守，至于岱宗……覲諸侯，問百年者就見之。命大師陳詩(『大師』，阮氏詩書古訓一上引作『大史』；又武億羣經義證左傳上：『禮記，太史陳詩，以觀民風。尙書大傳作太師，相沿致譌』。槃案今禮記各本並作『大師』，不作『太史』，未知阮、武二氏所據何本)，以觀民風。……五月，南巡守，至于南嶽，如東巡守之禮。八月，西巡守，至于西嶽，如南巡守之禮。十有一月，北巡守，至于北嶽，如西巡守之禮(正義：王巡狩，見諸侯畢，乃命其方諸侯。大師，是掌樂之官，各陳國風之詩，以觀其政之善惡)。

尚書大傳云：

五載一巡守，羣后德讓，貢正聲，而九族具成。雖禽獸之聲，猶悉關于律樂者，人情之所自有也。故聖王巡十有二州，觀其風俗，習其性情。……（鄭注：族，當爲奏，言諸侯貢其正聲，而天子九奏之，樂乃具成也。今詩國風是也）（通鑑前編帝舜條引）。

見諸侯，問百年。大師陳風，以觀民風（白虎通巡守篇引）。

此等處，可以合而觀之。蓋觀風采俗，藉以勸善懲惡，古王者所注意。觀風采俗，當然有資于風謠。風謠與詩，是一非二，是以有采詩之舉。孔穎達云：『及武王伐紂定天下，巡狩述職，陳諸國之詩，以觀民風俗，其六州所作詩，其得聖人之化者，謂之周南；其得仁賢之化者，謂之召南』（襄二九年左傳正義）。以爲周南、召南，武王所采，此事誠未可知。然孟子云：『王者之迹（案當讀作辺，說見後）熄而詩亡』（離婁篇下）。孟子去古未遠，亦發此類似之論，是采詩之爲前王政制，可知矣。以此推之，則劉歆與楊雄從取方言書曰：『詔問：三代、周、秦軒車使者、遒人（一作逌）使者，目歲八月巡路，求代語、僮謠、歌戲，欲得其最目，因從事郝隆求之有日，篇中但有其目，無見其文者』。楊答書曰：『嘗聞先代輶軒之使，奏籍之書，皆藏于周、秦之室；及其破也，遺棄無見之者。獨蜀人有嚴君平、臨邛林閭翁孺者，深好訓詁，猶見輶軒之使所奏言』（應劭風俗通義序略同。案劉、楊此書，容齋二筆卷五疑爲僞作，四庫提要旣辨之）。華陽國志曰：『林閭，字公孺，臨邛人也，善古學。古者，天子有輶車之使。自漢興以來，劉向之徒，但聞其官，不詳其職，惟閭與嚴君平知之，曰：此使考八方之風雅，通九州之異同，主海內之音韻，使人主居高堂知天下風俗也。楊雄聞而師之，因此作方言』（卷十上蜀郡士女三）。此諸說者，亦必有所本，非妄言矣。

復次此采詩之人，劉氏作『遒人』，楊氏作『輶』，說文作『辺』（上引孟子云『王者之迹熄而詩亡』，此『迹』，朱駿聲氏說文通訓定聲亦以爲『辺』字之譌。今案詩三百篇，陳風有株林篇，明爲刺陳靈公之詩，語其時，則旣當春秋末葉矣。春秋之世，王不巡守。如謂王迹是指王巡守，則當春秋末葉時，王迹之熄旣久，何以尚有詩？章炳麟氏說大疋小疋篇，以爲迹息謂小雅廢；詩亡者謂正風、正雅不作。案此無異謂變風、變雅〔陸氏釋文曰：從六月至無羊十四篇，是宣王之變小雅。從節南山至何草不黃四十四篇，前儒申毛，皆以爲幽王之變小雅。從民勞至桑柔五篇，是厲王之變大雅。又國風正義：從關雎至騶虞二十五篇，謂之正風〕，不在詩三百之數，說殊牽强。所謂變風者，亦未嘗無正聲，全祖望氏論之矣。傅孟眞師詩經講義稿國風篇第一節云：大雅崧高篇云，『吉甫作誦，其風肆好』，漢儒董仲舒以大雅文王受命爲『樂之風也』，是雅與風同也。古人于風、雅、頌，統稱之曰詩。案據此可知只以正風正雅爲詩，其義不可謂古』。今解孟氏此辭，若依朱氏說，以『迹』爲『迒』誤，則其說始無所凝滯矣。又詩亡與春秋作，二者亦不生連系。孟子此說，本有語病。蓋春秋之作，不可謂始于魯隱公之元年。襄二九年左傳，記吳季札聘魯，觀書于大史氏，見易象與魯春秋，曰：『周禮盡在魯矣，吾乃今知周公之德，與周之所以王也』。可見魯之有春秋，周公之舊制，亦魯之舊法。詩亡于春秋末葉，豈得謂詩亡然後春秋作乎？）而襄十四年左傳言：

(師曠曰)自王以下，各有父兄子弟以補察其政，史爲書，瞽爲詩，故夏書曰：遒人以木鐸徇于路。官師相規，工執藝事以諫，正月孟春以是乎有之，諫失常也(杜注：遒人，行人之官也。徇于路，求歌謠之言)。

此亦言遒人，通是一事也。師曠引夏書云『遒人以木鐸徇于路』一語，與前後辭意相應，當然是指求詩之事；是則杜注云云，固自不誤；而劉、楊、許氏之以遒人或輶人或迒人求詩之說之爲有據，又可知矣。繆君云：此『皆漢人之說，先秦諸書，未有明言采詩之官者』。斯不然矣。

繆君又云：周禮『記大小行人之職，亦無采詩一事』。此亦未然。春官小行人職曰：

使適四方……其禮俗、政事、教治、刑禁之逆順爲一書。……

凡此物者，每國辨異之，以反命于王，以周知天下之故。

此其所集禮俗等之一書，與上引古王者『辨妖祥於謠』、『陳詩以觀民風』、『觀其風俗習其性情』之等說，雖詳略不同，蓋其義則一也，未可謂無其說也。唯此小行人出使四方采集禮俗爲書，既已推定其亦兼采詩，而前引舊說則或曰，天子巡守，命大師陳詩(王制篇、尙書大傳)；或曰遒(輶、迒同)人(夏書、劉、楊書、說文)，或曰『行人』(食貨志。案與春官小行人有別)，或泛稱『采詩之官』(同上藝文志)。而愼子外篇曰：

古者，天子歲二月，東巡守……命史采民詩謠，以觀其風(按愼子旣佚，此蓋後人所託。然其說未爲無據)。

毛詩關雎篇序曰：

國史明乎得失之迹，傷人倫之廢，哀刑政之苛，吟詠性情，以風其上，達於事變而懷其舊俗者也（正義：此文特言國史者，鄭答張逸云：『國史采衆詩時，明其好惡，令瞽矇歌之。其無作主，皆國史主之，令可歌』。如此言，是由國史掌書，故託文史也)。

孔叢子巡守篇曰：

(天子巡狩)命史氏采詩謠，以觀其風。

摯虞文章流別論曰：

古者聖帝王，功成治定而頌聲興，于是史錄其篇，工歌其章，以奏于宗廟，告于鬼神(藝文類聚五六引)。

是又以采詩屬之史氏。諸家之說不同。蓋天子巡守，固兼采詩。然天子五載始一巡守，亦或五載矣而禮不得行。而小行人則可無此限制，無此闕失，則是小行人之亦兼采詩者，正所以補褊而救弊也。天子既已巡守，而采詩之事，或曰命大師陳之，或曰史氏錄之者，大師是掌樂之官(王朝有大師，見周禮春官。諸侯亦有大師，如論語八佾：『子語魯大師樂。』；襄十四年左傳：衞獻公使大師歌巧言之卒章。是其例也)。侯國所采其國之詩，皆入樂，掌之大師，天子巡守，故大師陳樂，卽陳詩。既陳而後，天子史氏錄之，故或言大師，或言史氏，各有所指而云然也。

繆君之于班、何二氏所說，蓋不無誤會之處。班云行人采詩，獻之大師，然後以聞於天子；何云男年六十、女年五十無子者，官衣食之，使之民間求詩。求得之詩，鄉移於邑，邑移於國，國聞於天子(原文既前見)。此亦互有詳略，而實是一事。案班氏云『行人』，非王官之行人。所采詩獻之大師，此大師，諸侯之大師(列國亦有大師，既見上)。諸侯之大師，得行人所采詩，然後獻之天子。獻之之方式，如前說，則或于天子巡守時獻之，或則小行人來乃獻之。何氏所說獻詩之法，由鄉而至邑，邑而至國，以達于天子，則視班書所記，尤為詳切。然而此亦列國采詩之制，與班氏之說不異。繆君乃云，班書所言，似行人乃王官直至各國采詩，歸而獻之王朝大師，因謂此與何氏所說不同，是其誤矣。

於此亦有一事不得其解，卽基層之求詩者，或曰『遒人』，或曰『輶車之使』，或曰『遒人使者』，或曰『行人』，或則曰男女年老無子者，『官衣食之』。于遒人，曰『以木鐸徇于路』；于輶車之使，曰『使考八方之風雅，通九州之異同……』；于遒人使者，曰，『以歲八月，巡路，求……僮謠、歌戲』；于行人，曰，『振木鐸徇于路』；于官衣食之者，曰，『使之民間求詩』。案輶車之使，一作『輶軒之使』。曰車曰軒，是有車可以代步；而其職云考八方風雅，通九州異同，則是王官矣。遒人、行人以木鐸徇路，及所謂官衣食之者，則是賤役。二者名義不同，貴賤亦不等。此何耶？豈前者是王官，亦卽春官小行人之職；後者王畿之內與列國鄉閭求詩之輩耶？(王畿內亦有遒人求詩于路，說見後)各有所指，故名義有別而職事亦異耶？

采詩時間，亦不一其辭，班書曰『孟春之月』，左傳師曠說同(左傳云：『正月孟春』。案白虎通三正篇：『夏以孟春月爲正』。是正月卽孟春之月)；劉歆書云『歲八月』；王制篇言：天子每五年巡守采詩，則二月東巡守，五月南巡守，八月西巡守，十一月北巡守。蓋亦由諸書所指不同，其言孟春者，采詩民間者也；言八月者，王官輶軒之使亦卽小行人之屬之采詩也；至于王制所說者爲天子之巡守采詩，則書傳亦旣明言之矣。

繆君唯于先秦王朝采詩之說偶有未考，故又云：古者天子與諸侯之關係，非若後世朝廷之與郡縣，刑政教令，未能直達；況采詩小事，何勞王官徧遊各國、巡行鄉閭？今案王官采詩，雖徧遊各國，但不巡行鄉閭。此誤由繆君于班氏之說有所未辨，前文旣詳之矣。至謂古者天子之刑政教令，未能直達諸侯，此在春秋末葉以至戰國則然耳。春秋中葉以前，則王朝與列國之交互關係，實甚密切，楚貢包茅不入，齊桓猶藉題發揮(僖四年左傳)；成周之城，自齊、晉以下，皆『屬役賦丈』(同上昭三二年)；至于王人之使列國，與夫列國朝覲之舉，不絕于書。可見周室與列國之間，未遽不相統屬。春秋早年以至西周，則更無論已。其次云采詩小事，無煩王官者，尤不然。關雎篇序曰：

> 情發於聲，聲成文謂之音，故正得失、動天地、感鬼神，莫近於詩。先王以是經夫婦，成孝敬，厚人倫，美教化，移風俗。

詩與政教之關係則如此。抑古詩與樂不分，故周禮大師職，掌風、雅、頌、賦、比、興六詩。樂記之言曰：

> 王者功成作樂，治定制禮。其功大者，其樂備；其治辯者，其禮具。
>
> (師乙對子贛問曰)請誦其所聞，而吾子自執焉。愛者，宜歌商；溫良而能斷者，宜歌齊。夫歌者，直己而陳德也，動己而天地應焉，四時和焉，星辰理焉，萬物育焉。故商者，五帝之遺聲也。寬而靜、柔而正者，宜歌頌；廣大而靜、疏達而信者，宜歌大雅；恭儉而好禮者，宜歌小雅；正直而靜、廉而讓者，宜歌

風。……

詩與樂之關係及其重要，據此亦可見一班矣。唯其重要，故地官保氏掌教六藝：『一曰五禮，二曰六樂』；孔子之教人也曰：『小子何莫學夫詩！夫詩可以興，可以觀，可以羣，可以怨。邇之事父，遠之事君，多識於鳥獸草木之名』(論語陽貨篇)；曰：『不學詩，無以立』(同上季氏篇)！而列國學校，亦無不以詩教者(別詳專篇)。夫古人之于詩也，重之如此，是則采詩事大，何謂小乎？

前辨，讀者儻不免以為紛繁，今更概括說之如下：

(一)古王朝與列國，並有采詩之制。列國之詩，由遒人(或曰行人)求之民間，然後由鄉移於邑，邑移於國，國以聞於天子。

(二)王朝之采詩也，天子五年一巡守，觀風采俗，命列國大師陳詩，王朝史氏卽因而錄之，又恐其制有所闕，故王官小行人于出使四方時，亦兼采詩。此則專職，而于劉歆、楊雄之所謂輶車之使者，近是。

(三)采詩之期間：天子每五年巡守采詩，此特制。常制則王官輶車之使以歲八月，列國以孟春(夏曆正月，左傳所謂正月孟春)。

除上述外，詩之來原，又有二事：其一，王庭公卿大夫士獻詩。此獻詩者，獻其自作之詩；民間風謠之可采者亦獻之。周語：『天子聽政，使公卿至於列士獻詩』；晉語：『古之王者，德政旣成，又聽於民，於是乎使工誦諫於朝，在列者獻詩，使勿兜(韋解：列，位也，謂公卿至於列士獻詩以諷也)。……辨妖祥於謠(行歌曰謠)』；襄十四年左傳：『自王以下，各有父兄子弟以補其政，史為書，瞽為詩，工誦，箴諫……故夏書曰：遒人以木鐸徇于路。官師相規，工執藝事以諫，正月孟春，以是乎有之，諫失常也』。是也。列國亦然，楚語：『衞武公曰：無謂老耄而舍我，臨事有瞽史之導，宴居有師工之誦。史不失書，矇不失誦，以訓御之』。案師工矇瞽之誦，卽晉語誦詩諷諫之義。是列國臣工亦獻詩以諷也。三百篇中此類詩亦占一部分，此則繆君證之詳矣。

前儒於舊籍所傳采詩各說，旣無以通讀其解，於是如魏源者則別創霸者陳詩之說(詩古微九，檜鄭答問篇)。其說于古未聞，又不切乎實際。繆君亦旣辨之矣。余檢鄭玄毛詩譜序有曰：

五霸之末，上無天子，下無方伯，善者誰賞？惡者誰罰？紀綱絕矣(正義：此言周室極衰之後，不復有詩之意。…… 公羊傳云：上無天子，下無方伯，諸侯有相滅亡者，桓公不能救，則桓公恥之，是齊桓、晉文能賞善罰惡也。其後無復霸君，不能賞罰，是天下之紀綱絕矣，縱使作詩，終是無益。故賢者不復作詩，由其王澤竭故也)。

案云五伯之後，無復有詩，此說大繆。然霸者陳詩云云，鄭氏固絕無此意；孔氏推繹，亦無明文。魏氏之說，可謂無徵不信者矣。

此拙作詩三百篇之采集與删定問題之第一章也，元載學術季刊三卷二期（一九五四年，中華文化出版事業委員會出版）。今以其與前跋所論有密切關係，因增訂校正，附錄于此，庶于參考爲便云。一九六三年元月十日晚，謹志。

出自第三十四本下(一九六三年十二月)

緯書集成「河圖」類鍼誤

張以仁

壹

讖緯的輯佚工作，元、明、清學者如陶宗儀、孫瑴、喬松年、趙在翰、馬國翰、劉學寵、黃奭諸人都先後從事過。但是，他們所得的材料，並不怎麼完備。所見的書少以及工作的粗率恐怕都是原因。近年日本國學人安居香山、中村璋八二人合編的緯書集成（以下簡稱集成），滙采諸書，增新資料，搜殘補闕。在量的方面來說，眞可謂後來居上。但在質一方面來說，便不無可討論的地方了。也許是由於卷帙的浩瀚，或者是語文的隔閡，因此，不免時有疏漏及誤解之處。但讀者如能善加利用，這部書仍然有它的參考價値的。

我年來追隨陳槃庵師從事讖緯的輯佚工作，時或也參考一下集成這部書。近日整理一部分河圖的資料，竟發現有好些地方是値得提出來商榷的。因此，特就「河圖」一類，寫成這篇文章。尋行數墨之功，算不得什麼發明，略貢一得之愚而已。

貳

歸納集成「河圖」一類所發生的錯誤，約可大別爲四項：一、句讀之誤。二、歸類之誤。三、字句的訛誤、顚倒、重出、脫漏及誤錄他書。四、漏收。現分項列證於下。

一、句讀之誤

我國古書，沒有標點。幾個同樣的字，往往因爲句讀的不同，可以解出多種意思來。因此，讀古人書，正句讀是最基本也必須作的工夫。不然，便是建無基之屋了。

集成「河圖」一類，句讀不通之處很多(也許多半是由於鈔寫者的疏忽，不能完全歸責於編者)，現在選出一些比較顯明的例子，略加分類，揭舉於下。

甲、不知為名詞或成語而誤句讀的

河圖帝覽嬉：月犯參伐，其分有兵事，競城堡。

「參」「伐」都是星宿的名字。伐星屬參宿。晉書天文志說：「參中央三小星曰伐，天之都尉也」。故參伐常並稱。史記秦始皇本紀：「據狼弧，蹈參伐」；論衡：「參伐以冬出」；蜀志秦宓傳：「天帝布治房心，決政參伐」；河圖聖洽符：「觜觿參伐，天市梁也」，「參伐者，衣冠衡石，天子師也」。都是參伐並稱的例子。集成不知「伐」在此為星名，又忽略了參伐的關係，竟以之屬下讀。作：「伐其分有兵事」。

河圖帝覽嬉：歲星行犯太微左右執法，為大臣有憂。

集成竟把它讀作：「歲星行犯太微，左右執法，為大臣，有憂」。「左執法」與「右執法」，都是星名，同屬太微垣。故有時省「太微」二字而即言犯左右執法。如下文「辰星犯左右執法，為大臣有憂」，便是一個例子。該條集成亦誤從「犯」「法」「臣」「憂」讀斷。另外尚有「熒惑行犯太微左右執法，大臣有憂」一條，也誤讀為「熒惑行，犯太微，左右執法，大臣有憂」。大概編者錯認「左右執法」是人間的官職了。

河圖帝覽嬉：天狗犯奎宮，有芒者，兵戰……天雞入守天田，天下水旱頻仍，田無顆粒。柱史守定杓衡，人主怙惡不悛，臣下離心。玄龜來守天潢，大水沖損田廬，魚行陸道……天狼突凌臺垣，奸臣肆虐，忠良悉受誅逐。鵋星凌犯市樓……。

集成竟把它這樣句讀：「天狗犯奎，宮有芒者，兵戰……天雞入守天田，天下水旱頻，仍田無顆粒。……臣下離。心玄龜來守天潢，大水沖損，田廬魚行陸道。……忠良悉受誅。逐鵋星凌犯市樓。……」。案，「宮」既不是什麼星，當然不會「有芒」。「有芒」二字，顯然是指奎或天狗而言。這是一。「頻仍」一詞，為習用成語，不可分割。這是二。「心玄龜」與「逐鵋星」二名，恐怕翻爛天文曆算之書也找不出來。而「心」「逐」二字屬上讀，分明文從字順。這是三。「田廬魚行陸道」這句話根本不通。既不能解作「田廬的魚行陸道」，又不能解作「田廬中魚行陸道」，也沒有一種叫作「田廬魚」的。如果以「田廬」二字上屬，讀作「大水沖損田廬，魚行陸道」，却是通順得很。這是四。本來是一段順理成章的文字，一經集成那樣句讀，反而難解起來了。

龍魚河圖：此是太平公主法，曾試有效。

「太平公主」，唐高宗之女。集成却讀作：「此是太平，公主法曾試有效」。把個「太平公主」腰斬爲二。

河圖稽命徵：五十年秋七月庚申……今鳳皇翔於東郊而樂之，其鳴音中夷則，與天相副。……

陽律第五曰「夷則」。史記律書說：「七月也，律中夷則……其於十二子爲申」。集成不知「夷則」爲音律名，竟以「夷」屬上句，「則」屬下句。

河圖考靈曜：五政俱失，五星色明，年穀不登。

一年中收穫之田穀叫做「年穀」。如莊子逍遙遊：「其神凝，使物不疵癘而年穀熟」；管子小問：「年穀熟」；列子黄帝：「年穀常豐」；荀子富國：「年穀復熟」；禮記曲禮下：「歲凶，年穀不登」；史記趙世家：「年穀豐熟」。古籍中「年穀」一詞常見。集成大概不明瞭「年穀」的意義，竟讀作：「五政俱失，五星色，明年穀不登」。却不知「五星色」三字，在這裏根本就不是一個完整的句子。

河圖聖洽符：太白犯土司空，邦君有死者。

「土司空」是星宿的名字，卽今之鯨座星。集成却以「司空」爲句，誤甚。晉書天文志說：「青丘西四星曰土司空，主界域」。宋史天文志說：「土司空一星在奎南。一曰天倉，主土事」。土司空主界域，主土事，故太白犯擾，灾及邦君。此條引自開元占經（以下簡稱占經）卷五十二。標目作「太白犯土司空」。本條之後，復錄有海中占一條作：「太白守土司空，其國以土起兵。……」。並可證「土司空」三字不得分讀。

乙、不知爲詩歌而該句讀的

河圖絳象：太湖中洞庭山林屋洞天，卽禹藏眞文之所。一名包山。吳王闔閭登包山之上，命龍威丈人入包山。得書一卷，凡一百七十四字，而還。吳王不識，使問仲尼。詭云：「赤烏銜書以授王」。仲尼曰：「昔吾游西海之上，聞童謠曰：『吳王出游觀震湖。龍威丈人名隱居。北上包山入靈墟。乃造洞庭竊禹書。天帝大文不可舒。此文長傳六百初。今强取出喪國廬』。丘按謠言，乃龍威丈人洞中得之。赤烏所銜，非丘所知也」。吳王懼，乃復歸其書。

集成編者不知童謠皆七字爲句，竟讀作：「吳王出游，觀震湖。龍威丈人，名隱居。北上包山，入靈墟。乃造洞庭，竊禹書。天帝大文，不可舒。此文長傳六百，初今强取出，喪國廬丘」。末尾數句，竟不可通。尤其以「丘」字屬上讀。不知此處的「丘」卽下文「非丘所知也」的「丘」，並指孔子而言。

河圖聖洽符：上參南斗第一星。下立草屋爲紫庭。神龍之岡梧桐生。鳳鳥戢翼翔且鳴。

七言四句。「星」「庭」「生」「鳴」都入韻。集成却讀作：「上參南斗，第一星下，立草屋，爲紫庭，神龍之岡，梧桐生，鳳鳥戢，翼翔且鳴」。

丙、因字句之有訛奪而誤句讀的

河圖帝覽嬉：熒惑犯翼，政事更張。諸侯聞風效尤，陽奉陰違。

「陽奉陰違」是一句到現在都很習用的成語。集成編者當然不會不知道。但由於誤「陽」爲「傷」，因此句讀也跟着誤爲「效尤傷奉陰違」了。

河圖帝覽嬉：月暈四重，華五復之，所宿其國主死。三復之，黜相。一曰客㪁之。不合所攻，主人勝。

「華」是指的月華，占經及黃氏逸書考（以下簡稱逸書考。卽集成所謂漢學堂叢書）皆作「華」。集成誤「華」爲「革」，乃以「月暈四重革」爲句，遂不可通。

河圖聖洽符：井鉞星大而明，斧鉞且用，兵起。

集成脫「起」字。乃以「斧鉞且用兵」爲一句。

河圖聖洽符：彗孛出厠，大人有憂。若厠有謀兵欲害主。

集成脫「有」字，乃以「若厠」爲一句。

河圖：臣僭奢，下犯主，則雷電擊朝。

集成「奢」誤爲「大者」，「下」誤爲「不」，「主」誤爲「至」。乃讀成：「臣僭大者不犯，至則雷電擊朝」。

丁、其　　他

河圖始開圖：黃帝名軒轅，北斗神也。以雷精起，胸文曰：「黃帝子」。修德立義，天下大治。

集成却以「黃帝子修德立義」爲一句，好像這七個字都是胸文。其實，它下面引御覽六九的一條明明作「胷文曰：黃帝子」。「子」字之後，別無他字。（御覽七九、天中記卷十二引河圖握矩記並同）。二條緊接，竟發生這樣的錯誤，眞不可解。

河圖帝覽嬉：月行西表之南，陽人且錯，禍不可克。

又：月行西表之北，陰人將革，禍不可克。

集成却讀作：「月行西表之南陽，人且錯禍，不可克」；「月行西表之北陰，人將革禍，不可克」。姑不論「人且錯禍」「人將革禍」這種文句是如何的詰詘難通，便是「南陽」「北陰」作如此的用法也很罕見。這兩條都是引自占經卷十三，同卷引有荆州占文一條作：「月行西表以南，人君有憂」。又引有郄萌文一條作：「月行西表之北，水旱不時」。首句完全相同，而「南」「北」下面沒有「陽」「陰」字樣。可以證明「陽」「陰」二字，不當上屬「南」「北」爲句。又占經卷十二引有一條河圖帝覽嬉的佚文，作：「月與太白相過，月出其南，陽國受兵。月出其北，陰國受兵」。「南」「北」下有「陽」「陰」字樣，與這兩條相同。可是，卽使集成編者，在那種地方也無法使它們上屬爲句。用這幾個例子來比較，前面所舉二例的錯誤是很顯然的。

河圖帝覽嬉：熒惑守房、心間，地動。兵連於後堂，不出半周。

「房」「心」二星，同屬東方七宿。謂熒惑守於房星與心星之間，則爲地動之兆。集成却以「心間地動」爲一句。心星之間固無所謂「地」。如果指的是心星的分野，則當如河圖「太白守陵房星，其分野有奸臣。」「太白暈須女，其分野兵革起」之言「分野」，或如河圖帝覽嬉「月犯參伐，其分有兵事」之言「分」，而不當言「心間」。而且此星有異，竟災及彼星之分野，「河圖」類佚文雖多，恐怕也找不出第二條這樣的例子來。占經卷十三引河圖帝覽嬉云：「月行房、心間，其旁有虹雲，一諸侯一王死」。首句相若，而「心間」二字無法下屬爲句甚明。可爲旁證。

河圖考靈曜：秦王政以白璧沉河。有黑頭公從河出，謂政曰：「祖龍來」。授天寶。開，中有尺二玉牘。

打開天寶，則見其中有「尺二玉牘」。故曰「開，中有尺二玉牘」。集成却以「天寶開中」爲句，便叫人不知所云了。

河圖聖洽符：塡星入守亢，爲民多疫，物不成，五穀傷，民流亡。

集成却讀作「塡星入守亢，爲民多疫物，不成五穀，傷民流亡」。便覺得聱牙難懂了。其他像河圖始開圖的「孔甲見逢氏抱小女妺喜，帝孔甲悅之，以爲太子履癸妃」的從「子」下斷句。河圖帝覽嬉的「月行入天市，及有變，留其中，女主憂，將若相有戮死於市者」之讀作「女主憂將」；「月行南河，兵旱並起，男子喪」之以「兵旱」爲句，「並起」屬下讀；「月光如張炳火，所宿，其國立王，或立上卿」之以「火所宿」爲句；「熒惑守奎南，地動，一曰牛馬賤」之以「南地動」爲句；「客星入犯東壁之北，外邦有來貢五色馬者。若御廐馬產驌驦」之讀作「……外邦有來貢，五色馬者，若御廐馬，產驌驦」。河圖錄運法的「舜以太尉受號爲天子。五年二月冬巡狩，至於中州。與三公諸侯臨觀。五龍五采，負圖出，置舜前也」之以「臨觀五龍」爲句。河圖聖洽符的「歲星入畢口，將相憂。大人當之。期不出百八十日」之從「出」下一逗；「塡星犯乘心，爲內亂，臣欲殺主」之以「塡星犯乘心爲內」爲句；「塡星逆行乘犯東壁，執法之吏有舞文售奸者，獄訟不公」之以「有舞文」爲句，「售奸者獄訟不公」爲句；「黑星起廟南……若出廟以北行，中人有鴆死者」之以「行中人」爲句（占經同卷引郄萌曰「白星出廟以北，中人有受賜者」。「中人」蓋指宮中之人如宦官宮女之類）；「客星犯奎南，民多移，若疾病」之以「南民多移」爲句；「彗星出牽牛，此國驕奢，治將爲亂」之以「此國驕奢治」爲句。河圖表紀的「太白守陵胥，芒角多」之讀作「太白守陵，胥芒角多」(河圖：「太白守陵房星，「其分野有奸臣……」，集成從「星」下斷句，甚是。對照之下，便知河圖表記一例之錯)。河圖的「熒惑守七星，二陽同舍……」之讀爲「熒惑守七星二陽，同舍……」(熒惑，火星之別名。七星，南方七宿之一。占經卷六十三引黃帝占曰：「七星正主陽，朱雀心也……」。故曰「二陽」)；「熒惑守犯乘昴星……」之讀爲「熒惑守犯，乘昴星……」；「客星干房，失春政，不發」之讀爲「客星干房失，春政不發」；「五殘出，四蕃虐，天子有急兵」之以「四蕃虐天子」爲句。都是些入眼便知的明顯的錯誤。其例甚多，不煩枚舉。

二、歸類之誤

緯書散佚，年代久遠。後世輯佚的人，如果沒有可靠的證據，單憑己意揣測，或是人云亦云而不究其根源，妄圖併湊牽合，沒有不弄巧成拙的。陶、孫以至黃、喬諸氏之書固然犯有這種毛病，便是晚出的緯書集成也不能免。這不僅是因爲陶、孫……諸氏之書爲集成材料之主要來源之故而已。

造成歸類錯誤的一大原因，可能是由於名稱的混淆。緯書名稱，有很多是相同的。如禮有鈎命決，孝經也有鈎命決，尙書也有鈎命決。雒書有雒罪級，尙書也有雒罪級。春秋有元命包，禮有元命包，易也有元命包。禮有含文嘉，春秋和易也有含文嘉。如果省去「禮」「孝經」「尙書」……等「銜頭」，而簡稱「鈎命決」「雒罪級」……便造成了一片混亂。在這種情形之下，要是沒有確鑿的證據，實在無法作歸屬的決定。而這種簡稱的情形又是經常可見的。卽從「河圖」一類來看，緯書集成的歸類工作顯然便受這方面的困擾，而頗有值得提出來討論的地方。例如開元占經引有「考靈曜」佚文八條：

（一）觀玉儀之游，昏明主時。乃命中星。中央鈞天，其星角亢。東方皞天，其星房心。東北變天，其星斗箕。北方玄天，其星須女。西北幽天，其星奎婁。西方成天，其星矢狼胃昴。西南方朱天，其星觜參。南方赤天，其星輿鬼柳。東南方陽天，其星張翼軫。（卷三）

（二）地有四游，冬至地上北而西三萬里矣，恆動而不止，而人不知。譬如人在大舟，行而人不覺也。（卷四）。

（三）天失日月，遺其珠囊。（卷十八）

（四）五政俱失，五星失明，年穀不登。（卷十八）

（五）帝起受終，五緯合軫。（卷十九）

（六）政失於春，歲星滿偃，不居其常。（卷二十三）

（七）政失於冬，辰星不效其鄉。（卷五十三）

（八）王良策馬狼狐張，咄咀害出血將將。（卷六五）

河圖固然有考靈曜，尙書也有考靈曜。那麼這八條佚文，究竟屬河圖考靈曜呢還是尙書？我們且看集成編者怎麼安排。（二）、（四）、（五）、（六）四條，集成兩者皆收；（一）、（三）、（七）三條，集成則以之入尙書考靈曜；第（八）條，集成却把它歸入尙書緯。它根據什麼理由這樣歸類，我們不知道。我們只覺得它這種歸類是漫無標準的。其中（一）、（二）、（三）、（五）、（八）五條，見於趙在翰七緯的尙書考靈曜內。另外馬國翰玉函山房輯佚書的尙書考靈曜裏也引有(一)、(二)、(三)、(四)、(五)、(八)等六條。二書都沒有爲「河圖」緯文別立一類，因此把它們歸入尙書考靈曜尙情有可原。集成如果以二書爲根據，則(二)、(四)、(五)三條(第六條二書未引，故不論)便不應該兩入。因爲，歸入河圖考靈曜是失却根據的。這是一；這八條，最早都見於開元占經。而且其中(三)、(四)、(五)、(六)、(七)、(八)等六條，竟是占經獨有的材料。如果依據占經，除非找到確鑿的證據，否則寧可別立「考靈曜」一名，遠比胡亂歸屬好得多。這是二；(一)、(二)兩條，又見於御覽，均引作尙書考靈曜。如果依據御覽，集成似乎沒有理由讓它們受不平等的待遇。這是三。尤其是第(八)條，無論從它的「出典」或前人的輯佚書中來看，都沒有把它歸入尙書緯的。集成除非別有所本(可惜不曾注明)，不然，便只能承認錯誤。

還有這樣一種一文兩收的現象，却不能歸咎於名詞的混淆。例如占經卷十引有雒書說徵示一條，爲：

淫色信讒，日以蝕房參。

逸書考於注明「占經十引作雒書說徵示」之後，竟把它歸入河圖說徵示，已經很不妥當了。這還可說是他未另立雒書說徵示，只好勉強這樣歸併。集成就很奇怪了，它明明已另有雒書說徵示，却將這條佚文兩收。

又例如北堂書鈔五十引有河圖錄運法一條，爲：

舜以太尉受號爲天子。五年二月東巡狩，至於中州。與三公諸侯臨觀，黃龍五采，負圖出，置舜前也。

孫瑴的古微書却把它歸入雒書錄運法。也許是由於該書沒有河圖錄運法的緣故。古微書最大的毛病是不注佚文出典，因此我們無法猜測孫氏究竟根據什麼如此。逸書考與緯攟是把它收入河圖錄運法的。它們有書鈔爲依據，自然比較可信。集成以緯攟爲底本，却把這條佚文收歸兩處，又沒有新的證據。如果僅是爲了作孫、黃諸氏的調人，未免太無意思了。

還有一種以此入彼的情形，我們似乎也只有歸責於編者的粗率。例如占經八十九引有春秋聖洽符一條，爲：

彗星出牽牛，此國驕奢，治將爲亂。

恒德堂重刊四庫本（以下簡稱恒本。集成所據卽此），犂碧樓鈔本（以下簡稱犂本），以及中央圖書館所藏陸香圃三間艸堂鈔本（以下簡稱陸本），藍格舊鈔本（以下簡稱藍本）皆作「春秋聖洽符」。這一條前人輯佚書中都沒有收。集成却把它收到河圖聖洽符裏，而沒有說明理由。

又如南史齊高帝紀引有河圖讖一條，爲：

上參南斗第一星。下立草屋爲紫庭。神龍之岡梧桐生。鳳鳥戢翼朔旦鳴。

逸書考雖然把它附在河圖聖洽符後，却注明是河圖讖文。集成却直以之入河圖聖洽符，而不加說明。

又如文心雕龍封禪篇引有錄圖一條云：

潬潬噅噅，棼棼雉雉，萬物盡化。

集成因襲古微書，竟把它歸入河圖挺佐輔。却不知古微書這樣歸類何所根據，我們是無從知道的。

三、字句的訛誤、顚倒、重出、脫漏及誤錄他書

集成一書，雖然後出，但對於字句的訂正工作，不特沒有什麼成績，反而增添上若干錯誤。所根據的多半是第二手的材料，固然是使它增加錯誤的一大原因。而編者態度之有欠謹細，恐怕也是原因之一。讖緯佚文，龐雜繁亂。要想做好訂正的工作，本來就很困難。如果再掉以輕忽之心，出之疏慢之態，則積垢日多，想要恢復眞面目便益加不易了。現在，我願意將集成在這方面所犯的錯誤，粗加分類，披露於下。我並沒有逐條的去査閱。這些例子，只是偶爾碰上隨手錄下的。但爲數已經可觀。

甲、因所據書旣誤而誤的

河圖帝覽嬉：熒惑守紫微宮中，天下諸侯代其主，主以驕暴失帝位。

集成據占經恒本如此。按，帝位只有一個，安得天下諸侯去「代」它？「代」顯然是「伐」的形誤。犂、陸、藍本皆作「伐」，可以爲證。

河圖帝覽嬉：月行中道，是謂安寧，天下和平，奉兵不吉。……

集成據占經恒本如此。按，「奉兵」一詞費解。逸書考引占經及占經犂、陸、藍本「奉」

皆作「舉」。「奉」顯然是「舉」字的形誤。

河圖帝覽嬉：星出月陰，負海國有勝。星出月下，芒角相盧者，君死人飢。

集成據逸書考引占經及占經恒本如此。然「相盧」一語無解。占經羣、陸、藍本「盧」作「歷」甚是。「芒角相歷者」謂芒角相踰越者。「盧」顯然是「歷」的形誤。

河圖帝覽嬉：月圍張，飛蟲多死。一曰獄罪，人民不定。

集成據逸書考引占經及占經恒本如此。按，月不能圍張，月下蓋脫「暈」字。羣、陸本正有「暈」字，可證。又占經標目作「月暈南方七宿」，亦可參證。

河圖秘徵：三公秉執，卦錄在心，則地坼。

集成據逸書考引占經如此。藍本同。按，「卦錄」無解。「卦」疑「封」之誤。「錄」「祿」古通。「封錄」猶「封祿」。謂三公專政，爵秩由心，因此發生地坼的災異。楚策四：「飯封祿之粟而戴方府之金」；後漢書馬武傳：「其餘並優以寬科，完其封祿，莫不終以功名，延慶于後」。可見「封祿」一詞，古書多有。占經羣、陸、恒本「卦」正作「封」，可為確證。

河圖聖洽符：上參南斗第一星。下立草屋為紫庭。神龍之岡梧桐生。鳳鳥戢翼翔且鳴。

集成據逸書考如此。按，「翔且」二字，恐怕是「朔旦」的形誤。原出處南史齊高帝紀正作「朔旦」。鳳鳥既已「戢翼」，還能怎麼「翔」法？

河圖聖洽符：軫者平事也。

集成據占經恒本如此。按，「平」字疑是「車」字的形誤。羣、陸、藍本皆作「車」，可以為證。說文：「軫，車後橫木也」。故引申有車義。晉語：「以還軫諸侯」；漢書司馬相如傳：「而羌夷接軫也」；揚雄傳：「回軫還衡」，都是軫作車解的例子。此處若作「平」，便失去它的意義了。又本條引自占經六十三，其前後文所引各條也大半是說的車馬兵災的事情，可以作為參證。

河圖聖洽符：辰星之妻，其國任能。賢人當用，辰方得達。

集成據占經恒本如此。按，「辰方得達」，文不成義。羣、陸、藍本皆作「良才得達」，甚是。「辰方」「良才」，形近之誤。

河圖聖洽符：歲星守犯匏瓜，天下有憂，若有遊兵各菓貴，一曰魚鹽貴。不出其年。

集成據占經恒本如此。藍本同。按，「各」乃「名」之誤。羣、陸本正作「名」。下文「熒惑犯守匏瓜」、「太白犯守匏瓜」、「辰星犯守匏瓜」諸條，皆作「名菓貴」。又下文「流星入柳」條說：「流星入柳，名木有來者。若出，名木有出者」。「名菓」「名木」，取義相同，亦可參證。

河圖：歲星逆行守東壁，成鈎已者，其君赦令不明，人心不寧。未能害上故也。

集成據占經恒本如此。按，「未能害上故也」一句，羣、陸、藍本作「木能害土故也」，甚是。蓋由形近而誤。說文：「歲，木星也」。漢書天文志：「歲星曰東方，春，木……逆春令，傷木氣，罰見歲星」。占經卷二十三引石氏：「歲星，木之精也」。又引淮南子：「東方木也」。卷六十一引聖洽符：「東壁主土功之事」。又引甘氏：「東壁主土，星動則土功事興」。則「木能害土故也」句顯然上承「歲星逆行守東壁」而來。若作「未能害上故也」，便與前文文義絲毫不相關連了。

河圖：太白師五緯，聚參。白帝起曰，辰精師五精，聚於北方七宿，黑帝以清平靜潔通明起。

集成據占經恒本如此。惟恒本「師」皆作「帥」，集成寫者之誤。羣、陸、藍本「白帝起」下沒有「曰」字。「起」是動詞，並不是白帝名起。占經同卷上文引河圖曰：「歲星帥五緯聚房，青帝起」。下文復引河圖曰：「辰星帥五緯聚營室，黑帝起」。可證「起」不是白帝的名字。疑本條止於「白帝起」。「辰精」以下乃春秋運斗樞文。因爲同卷引河圖諸條皆作「帥五緯」，而沒有作「帥五精」的。而同卷引運斗樞文則正作「帥五精」，曰：「熒惑帥五精聚於南方七宿，赤帝以寬明多智略起」。又曰：「太白帥五精聚於西方七宿，白帝以勇武誠信多節義起」。句法格式，完全相同，足資證明。且本卷運斗樞文恰缺辰星一條，而下文則另有「辰星帥五緯，聚營室，黑帝起」河圖文一條。則「辰星」以下爲運斗樞文大概是沒有什麼問題的。羣、陸、藍本「辰」上空一格，也足證與上文並不相連。恒本沒有空格，却多出一「曰」字，很可能是「運斗樞曰」的遺跡。

河圖：白彗亡斬强，少陰之精，大司馬之類，白如上占，禍應之。

集成據占經恒本如此。羣、陸、藍本皆同。按，各本疑皆非是。「亡」乃「主」之形誤。「白如上占」疑當作「期如上占」。「白」可能涉上文「白彗」而衍，復脫「期」字。五行類應卷九引河圖云：「大白之精，散爲天杵。主滅揚……爲白彗，主斬强」，正作「主」，可以爲證。占經同卷前後文引河圖云：「蒼彗主滅不義……」；「黑彗主翟州……期如上占，禍應之……」；「赤彗主滅五卿……期如上占……」；「黃彗主女亂……期如上占」。皆作「主」作「期」，可爲參證。

河圖：畢爲天罡也。

集成據占經恒本如此。藍本同。按，「罡」乃「罔」之誤。羣本正作「罔」。陸本則作「罡」。「罔」，古作「网」。或从亡聲作「罔」。隸變爲「罡」。「罡」「罡」形近而誤。說文：「畢，田网也」。此卽用其義。故謂「畢爲天罔也」。

河圖：五諸侯主刺好。

集成據占經恒本如此。按，「好」乃「奸」之誤。羣、陸、藍本皆作「奸」，可證。占經同卷引甘氏謂「五諸侯衞國，故列在帝庭」，若「主刺好」，則何有乎「衞國」？且「刺好」一詞，亦屬罕見。

河圖：臣僭大者不犯，至則雷電擊朝。

集成據占經恒本如此。按，恒本文義不明。緯攟、逸書考引占經及御覽八七六，此條作「臣僭奢，下犯主，則雷電（逸書考脫「電」字）擊朝」，甚是。「奢」字誤分爲「大者」二字，「下」誤爲「不」，「主」誤爲「至」，皆形近之誤。（羣、陸、藍本「至」亦皆作「主」）。集成不知恒本字誤，竟把緯攟那條也收錄了。其實兩條原是一樣。

河圖：雞有六指殺。

集成據占經恒本如此。(集成誤卷一一五爲一一四)。按，羣、陸、藍本「殺」下皆有「人」字。疑有「人」字是。若無人字，豈非殺雞？殺雞何足爲怪，卽無六指異形，還不照樣殺。五行類應引河圖云：「雞五色或六距，食之殺人」；占經卷一一五引河圖云：「雞有五色殺人」；御覽九一八，初學記卷三十引龍魚河圖云：「……雞有六指亦殺人……」，都可以作爲「殺」下當有「人」字的參證。

乙、所據書既誤而復加誤的

古微書、逸書考以及緯攟都輯有這樣幾條龍魚河圖的佚文：

七月七日，取赤小豆，男吞一七，女吞二七，令人畢歲無病。

七月七日，曬曝革裘，無蟲。

七月七日，取烏雞血和三月三日桃花末，塗面及徧身，三二日肌白如玉。

它們的來源是御覽三十一。但如果我們查檢一下御覽，便知道他們三人都弄錯了。除第一條外，二、三兩條並不是龍魚河圖的佚文。御覽三十一是這樣引的：

韋氏月錄曰：龍魚河圖云：七月七日，取赤小豆……令人畢歲無病。

又曰：七月七日……無蟲。

又曰：合烏雞藥是七月七日取烏雞血……此是太平公主法，曾試有效。

「又曰」兩條，皆另行書寫。按照御覽通例，這兩條「又曰」的文字應該屬於韋氏月錄而不屬龍魚河圖，是用不着爭辯的。而且從第三條的「此是太平公主法」一句看來，也可以證明絕不是龍魚河圖的文字。太平公主是唐高宗的女兒。龍魚河圖一書，絕不可能晚出於唐。因爲後魏賈思勰的齊民要術和隋虞世南的北堂書鈔都曾不止一次的引用。我想最先錯的應該是孫瑴的古微書。因爲它時代最早。黃、喬二氏，只不過是輾轉鈔引以訛傳訛而已。也許孫瑴覺得「太平公主」不應出現在龍魚河圖內，便將後面兩句刪除不錄。集成編者，不知三書已有錯誤，不但原文照鈔，更進一步把三條啣接起來，又把「此是太平公主法，曾試有效」十一字另作一條補上，而從「平」下一逗，讀作「此是太平，公主法曾試有效」，眞是錯上添錯了。

逸書考又輯有這樣一條河圖帝覽嬉的佚文：

月暈客心，所宿之國憂。

它的根據是占經卷十六。但是我們知道，客星是變星的一種。心星則屬於東方七宿。一動一靜，它們之間沒有必然的關聯。因此，客星和心星並舉，事實上是沒有這樣的同例的。占經覃、陸、藍、恒本「心」都作「星」，而標目及下文引石氏條都作「月暈客星」，可知「心」乃「星」之音誤。集成却在逸書考的錯誤上，更加上一個錯誤去，把它引作：「月暈客星心，所宿之國憂」。

占經恒本卷六十七引有一條河圖聖洽符的佚文：

紫宮以戊子日候之。宮亂則荒，其君驕奢，不聽諫。姦佞在側。紫宮和而正，則致鳳皇，頌聲作。

其中「宮亂則荒」的「宮」字的寶蓋及上面的口字，並有誤闕。猛然一眼，很易誤成「言」字。顯然是雕板不愼所致。集成則率性寫作「言亂則荒」。不知「宮亂」是指的紫宮亂，與下文「紫宮和而正」相對成文。若作「言」，便無所指了。

丙、所據書不誤而誤的

河圖帝覽嬉：月暈須女，兵起不鬭。一曰民多去室宅。一絲貴。

占經羣、陸、藍、恒本及逸書考所引占經「絲」上都有「曰」字。集成脫。

河圖帝覽嬉：流星夜見，光望之有尾，離離如貫珠。名曰王狗。從所下，兵大起，王者徙都邑。期三年。

「王狗」乃「天狗」之誤。占經羣、陸、藍、恒本都作「天狗」。(集成資料欄注一「漢」字。其實逸書考並未收此條)。流星或名「天狗」(註一)。或名「天棓」、「天保」、「天鼓」、「天鴈」(註二)。都作「天×」，而沒有作「王×」的。可爲參證。

河圖帝覽嬉：月光太陰，天下兵悉起，及內淫流食。

「光」乃「行」之誤。占經羣、陸、藍、恒本及逸書考引皆作「行」。

河圖帝覽嬉：塡星中月入，臣賊其主。

占經羣、陸、藍、恒本及逸書考引皆作「塡星入月中」。集成誤倒。

河圖帝覽嬉：月行天門，暈三重，天清城，關梁不通。解之以善事。

「天清城」句不可解。占經羣、陸、藍、恒本及逸書考引皆作「天清淨」，甚是。

龍魚河圖：白馬玄頭，食之殺人；下病。食馬肉，亦殺人。以賣馬錢要婦，令多惡病，夫妻離別。

「要」乃「娶」之誤。御覽五四一、八九三，天中記四二引皆作「娶」。

河圖秘徵：帝失德，政不平，則月生足。又陪臣擅命，羣下附和。則月舉足垂。

(註一) 占經卷七十一引巫咸：「流星有光見而墜地，若不至地，望之有足，名曰天狗……」。又：「大流星墜，破如金散，而有音聲，野雉盡呴，名曰天狗……」。

(註二) 讀者可參見占經卷七十一所引天官書、元冥占、黃帝占、文耀鈎、海中占諸條。文多不錄。

古微書及逸書考據觀象玩占引此條「垂」下皆有「爪」字。集成鈔脫。又集成出典欄注有「占三」字樣。然占經各本都無此條。占經卷三爲天占，不得以「月」爲主。本條決非占經卷三之文可知。古微書引此條未注出處。逸書考則注有「同上。觀象玩占四」七字。所謂「同上」，是指同上文「黄帝起大蚓見」條見於古微書，並非見於占經卷三。因爲「黄帝起大蚓見」條下並未注「占經三」字樣。可能集成編者誤以再前一條「帝貪則政暴」爲此條。因爲二者同以「帝」字開始。而該條前「劉帝卽位」條下正注有「占經三」字樣，乃有此誤。這幾條同居一頁，編者一時眼花看錯，也在情理之中。

河圖稽命徵：附寶見大雷光……有聖德，劾百神而使應龍，攻蚩尤……。

逸書考「雷」作「電」，「劾」作「劾」，「神」下有「朝」字。集成據逸書考而有脫誤。

河圖稽命徵：五十年秋七月庚甲，天霧……。

「庚」「甲」同屬十干，不得配爲甲子。逸書考作「申」，集成寫者之誤。

河圖絳象：河導崑崙山……至積石山，地名肩……。

「地名肩」，古微書、逸書考皆作「名地肩」，甚是。文中有「名地首」「名地契」「名地根」「名地咽」「名地喉」「名地神」「名地肱」「名地腹」，共例相同。當乙正爲「名地肩」。

河圖絳象：黄河出崑崙……南流千里至于華之陰……河水九曲，長九千里，八千入海。

「八千」乃「入于」之誤。古微書、逸書考據郭茂倩樂府皆作「入于」。「華」下並有「山」字，集成鈔脫。

河圖著明：修紀見流星，意感生帝文命，我禹與。

古微書、逸書考、緯攟據御覽一三五引，皆作「修紀見流星，意感生帝戎文禹，一名文命」，說郛五引河圖稽命徵亦有此條，所作與三書同。集成據三書而錯誤如此，使人不敢相信。

河圖考靈曜：秦王政以白璧沉河，有黑頭公，從河出。謂政曰：「祖龍來」。授天寶。開，中有尺二牘。

古微書、逸書考「牘」上並有「玉」字，集成鈔脫。

河圖聖洽符：辰星入天船，或守之，兵大起，舟船用，有亡國。期不出年年。

「期不出年年」，逸書考作「期不出年」。集成誤疊「年」字。

河圖聖洽符：井鉞星大而明，斧鉞且用，兵。

占經羣、陸、藍、恒本卷六十三引此條「兵」下皆有「起」字，集成鈔脫。

河圖聖洽符：沐者木功也。

「沐」，占經羣、陸、藍、恒本卷六十三皆引作「注」。按，柳星一名注，屬南方朱鳥之宿。史記律書「西至于注」索隱云：「注，柳星也」。字又作咮。公羊莊公七年傳「何以書記異也」下注文：「狼注之宿」，釋文謂注「與咮同，朱鳥口星也」。占經同卷前文引爾雅云：「咮謂之柳。柳，鶉火也。一曰注。音相近也」。下文引天官書曰：「柳為鳥注，主草木」。是「注」卽「咮」，亦卽「柳」。本篇標目亦作「柳占三」。則作「注」者是，作「沐」者為「注」之誤。

河圖聖洽符：客星出宗星，帝授親多死者。一曰，王者不親宗族。

「授」乃「族」之誤。占經羣、陸、藍、恒本皆作「族」。集成「河圖」錄有「少室山、其上有白玉膏，一服卽仙受」一條，「受」亦「矣」之誤。二者錯誤情形相同。

河圖聖洽符：客星出天津，天下關紀不通，若津吏有憂罪者。

「紀」乃「絕」之誤。謂天下關隘阻絕不通。占經羣、陸、藍、恒本皆作「絕」。

河圖：日三蝕，三雄謀。日四蝕，夷謀。

占經羣、陸、藍、恒本「夷」上皆有「四」字，集成鈔脫。

其他像河圖帝覽嬉「月犯塡星，為亡地……一曰天下旦有大喪」的「旦」為「且」之誤；「熒惑犯翼，政事更張，諸侯聞風效尤，傷奉陰違」的「傷」為「陽」誤；「客星出帝座，若守之不去，則有貴人變吏法令……」的「吏」為「更」誤。龍魚河圖「黃龍從雒水出，謂虞舜……」的「謂」為「詣」誤。河圖稽命徵「秦距之帝名政……牛握執矢，名祖龍」的「牛」為「手」誤。河圖錄運法「舜以太尉為天子，五年二月冬巡狩，至於中州，與三公諸候臨親……」的「冬」為「東」誤，「候」為「侯」誤。河圖稽耀鉤「彗星出貫奎，庫兵恙出，禍在强候……」的「恙」為「悉」誤，「候」為「侯」誤。河圖「首戴千戈，有德文也」的「千」為「干」誤；「熒惑居角陽，其國有喜，居陰有陰」的次「陰」字爲「憂」誤；「君苛政虐，民若其誅……」的「若」爲「苦」誤；「鎭星之精，散爲擊谷」的「谷」爲「咎」誤；「辰星之精，散爲大奪祀」的「奪」爲「奮」誤……這些，都是極爲明顯的錯誤，我願意認爲這純粹是出於鈔寫者的輕率。但錯誤太多，編者似乎也不能辭其咎。這是不能不令人感到遺憾的。

丁、誤 錄 他 書

由於所根據的書的錯誤，或由於編者的疏忽，以致誤錄他書，這種例子，在集成「河圖」一類中也並不少見。如占經卷七十六引有河圖令占篇一條佚文。

將失政，不法，則星亡。

集成却在「星亡」下多錄「然將强大也」五字。這五字與上文毫不相干。原來是誤錄同頁前條「鄭玄曰」的文字。

又如占經卷三十七引有河圖聖洽符一條佚文，作：

熒惑入羽林，守之，二十日以上，臣欲弑主。大人當之。期九十日。

集成却引作：「熒惑入羽林，癈大將軍。彭城王義康反」。原來是把同頁前條的宋書天文志抄了一段來。

又如占經卷八十三引有河圖聖洽符一條佚文，作：

客星出常陳，守衞者有誅，若左右兵起，王者有憂，期不出年。

集成却把同頁前條的「石氏」文引了一段來，接在「客星出常陳」之下，爲：「王者誅之，近期百八十日，遠期三年」。

又如占經卷十一引有河圖佚文一條，作：

月生齒，大臣恣。

集成却引作：「月生齒，主見欺」。原來恒本就已經錯了。參照覃、陸本，便知恒本刋脫其後「春秋緯考異郵」佚文一條。該文末二句正作「月生齒，主見欺」。刋刻者可能由於「月生齒」的迷亂，遂混二條爲一。藍本也有這樣的錯誤。這種地方，我雖然是偶然發現，但我想如果能仔細的作好校對異本的功夫，自然也能夠發現的。

類似這樣的例子還可以找得出來。如占經卷七十一引有河圖佚文一條，作：

諸流星皆鈎陳之精天一之御也。

集成「也」下却多出「流星大如缶若甕，行絕跡，名曰飛星。其跡著天，名曰流星」

一段。原來恒本就是這樣的。參照墨、陸本，才知道這一段應該是「石氏」的文字。因爲二本「流」上都有「石氏曰」三字。藍本雖然沒有，却空出四個字的部位，也可作爲參證。這種錯誤，多半是出在恒本刋刻者的手上。

四、漏　收

我們應該把因受藏書的限制以致漏收的那一種情形除外。因爲「礦藏」的貧瘠其咎不在開採的「工人」。讖緯佚文，散見於經、史、子、集、注、疏、類書之中，卷帙浩瀚，從事輯佚工作者，由於客觀條件的不够，無法廣蒐周覽，因而有所漏收，自是很難避免的事。因此我這裏只擬就集成編者本身的疏忽所造成的漏收情形提供出若干資料來。

黄奭的逸書考，可以說是集成間接材料的重要來源之一。是經常提到用到的。然而關於河圖佚文，集成編者竟完全遺漏了逸書考的材料，以致有八十餘條之多爲他書所未輯的而沒有收錄。這眞是可驚的疏漏！例繁不舉，讀者可檢照黄氏書。

喬松年的緯攟，集成據以爲底本。在集成編者的心目中，它的價值恐怕還要超過逸書考。然而，即使是如此重要的一部書，其中材料，集成也竟然有漏收的。例如河圖帝覽嬉的「日月者，金之精也」一條。龍魚河圖的「風者，天之使也」一條；「無以賣馬錢取婦。賣馬錢取婦，令多惡病，夫妻離別」一條。集成皆未收錄。

黄、喬……諸氏之書，作爲校刋或索引之用是可以的。若以之爲材料的主要來源，便太危險了。像北堂書鈔、白孔六帖、天中記這些書，他們都曾用到。可是就有很多材料沒有收錄。單是河圖括地象便有五條，它們是：

西北爲天門，東南爲地戶。天門無上，地戶無下。極廣長。南北二億三萬一千五百里，東西二億三萬三千里（天中記一）。

地下有四柱三百六十四軸（白帖三）。

中央曰崑崙，其東南方五千里曰神州（天中記八）。

崑崙之山，橫爲地軸（北堂書鈔一五七）。

禹治八極之廣，東西二億三萬三千里，南北二億三萬一千五百里。夏禹所治四海內地東西二萬八千里，南北二萬六千里（天中記七）。

河圖挺佐輔也有這樣一條：

百世之後，地高天下。千載之後，天可倚杵也（北堂書鈔一四九）。

龍魚河圖也有這樣兩條：

昆吾石，冶其石成鐵作劒，光明照洞如水精（北堂書鈔一二三）。

玄雞白頭，食之病人。有六趾，殺人。四距五色，並殺人也（白帖二九）。

若不翻檢原書，只顧轉錄現成，這些材料豈不埋沒了？

開元占經一書，是集成直接材料重要來源之一。單是「河圖」一類，就收錄了數百條之多。編者之一的安居香山先生還寫了一篇十來萬字的「大唐開元占經異本考」的文章，可見它是如何的被重視。然而其中有關材料，集成竟漏收了二十四條之多。它們是（以下諸例，暫從恒本）：

河圖括地象：聖主感期而興，則有玉虎晨鳴雷聲於四野也（占經一一六）。

河圖帝覽嬉：月不暈而珥，人主有喜。兵在外，亦有喜（占經十二）。

又：月暈，中赤外靑，羣臣親內。外赤中靑，羣臣內其身外其心（占經十五）。

又：月暈七星，輕兵戰，若飛蟲多死（占經十五）。

又：五月中九暈以上者，道上有熱死者（占經十五）。

又：熒惑犯須女，若守之二十日不下，女主有病者，若府藏中有甲兵。十日不下，主后有死者。期百八十日（占經三十三）。

河圖聖洽符：七星者，倍海也（占經六十三）。

又：塡星入壁而守之，歲大旱，民多病，萬物不成（占經四十）。

又：流星入尾，前靑而後白，人主死。從酉死至黃昏，期六十日，將軍行。從夕至定，期九十日，將軍行（占經七十二）。

又：客星出宗人，帝族親多死者。一曰王者不親宗族（占經八十二）。

又：客星入畢，順行有德，逆行凶（占經七十九）。

又：白星出廟正南廷有兵。或曰赤亦然。又客星出營室，國有土功，人大飢，大臣爲亂，兵大起，士卒亡。齊伯曰：期一年，遠二年(註一)。（占經七十九）。

又：赤星在營室，有死者。不死者見血（占經七十九）。

(註一)「齊伯曰」等九字，群、陸、藍本皆作註文。

河圖：日夜出，是謂陰明。割剖國分（占經六）。

又：分爭（註一）。（占經八十五）。

又：主急圭怒則無雲而雨（占經九十二）。

又：雞有五色殺人（占經一一五）。

又：元雞頭，食病人（占經一一五）。

也有的是因爲所根據的本子有脫誤而漏收的。如河圖帝覽嬉有這樣三條：

塡星貫月，國內亂。期不出五年而亡（占經十二）。

四方淸除，獨有雲赫然者，所見之地兵起（占經九十四）。

太微中雲如鳥，諸侯來謀天子，有中人爲應者（占經九十六）。

集成所依據的恒本占經都沒有收錄，因而集成也漏收了。河圖帝覽嬉又有這樣一條：

太白行犯太微左右執法，爲大臣有憂（占經五十一）。

恒本此條首「帝覽嬉曰」四字作四個方格，集成編者自然無法根據這四個方格猜它爲帝覽嬉的佚文。

又如河圖聖洽符有這樣一條：

客星出攝提，若守之，天下大亂，人君自將兵，君臣謀，兵起宮中，不出其年（占經八十二）。

恒本未錄，集成也就漏收了。又有這樣一條：

飛星如瓮荊州曰大而赤若瓮，後皎然白，長可一丈荊州云長數丈，其星滅化爲雲，周流天下，名曰浩滑荊州曰名曰大滑海中占曰名曰否願。，見則其國必有大戰，流血積骨。期二年，遠三年（占經七十一）。

恒本注文都誤刊大字，且上皆空格。因此除「飛星如瓮」四字爲聖洽符文外，其他都變成了荊州占或海中占文。集成則連「飛星如瓮」四字也漏收了。

另外還有因誤錄他書而漏收該條部分文句的，可參前文「誤錄他書」一節，這裏就不再贅述了。

（註一）　此條錄自占經卷八十五引春秋潛潭巴文末註文。藍本則另作一條，不爲註文。

叁

走筆至此，我們不能不有這樣的感覺：這些錯誤滙合起來，對於集成一書的材料的利用價值，便不免構成嚴重的威脅。我沒有作全書的査檢工作，因爲一方面時間不允許我如此，一方面手頭也缺乏足够的整理淸楚的材料以供印證。我不知道「河圖」一類所發生的錯誤是不是能代表緯書集成全書？如果有「過分小心」的必要的話，讓我們還是把結論局限於「河圖」一類吧！

附　　記

感謝槃庵師在百忙中賜閱此文，並多所匡正。又本文係在接受國家長期發展科學委員會資助期間寫成，併此誌謝

一九六三年八月寫於南港中研院

劉子集證補錄

王叔岷

拙著劉子集證十卷，（本所專刊之四十四。）重在陳言、故實之探討，訓詁、校勘之發正。近與諸生講習是書，時有新知，增益舊說，因撰補錄一卷。五十二年一月七日叔岷記。

防慾第二

故蝎盛則木折，慾熾則身亡。

案嵇康荅難養生論：『故蝎盛則木朽，欲勝則身枯。』

去情第三

身膺强飯，而蒙飽者不以爲惠。

案史記絳侯周勃世家：『取庸苦之，不與錢。』（又見漢書及論衡骨相篇。）亦可證此文『身膺』爲『取庸』之誤。

韜光第四

周雞斷尾，獲免於犧牲。

案史通疑古篇：『譬雄雞自斷其尾，用或免於人犧者焉。』亦可證此文衍牲字。

崇學第五

崐竹未斷，則鳳音不彰。

案御覽五百八十、記纂淵海七八並引史記云：『黃帝使伶倫伐竹於昆谿，斬而作笛，吹之作鳳鳴。』

非淬礪而不銛。

案淬借爲焠，說文：『焠，堅刀刃也。』漢書王褒傳：『清水焠其鋒，』(文選焠作淬。)師古注：『焠，謂燒而內水中以堅之也。』

蘇生患睡，親錐其股。

案御覽三七二引史記：『蘇秦握錐自厲，流血至踝。』

專學第六

使左手畫方，右手畫圓，令一時俱成，雖執規矩之心，迴劉䁥之手，而不能者，由心不兩用，則手不並運也。

案論衡書解篇：『方、員畫不俱成。』

譬若聾者之歌，效人爲之，无以自樂。

羅錄敦煌本效作教。案教猶效也。廣雅釋詁三：『教，效也。』(前疑教爲斆之誤，未審。)

辯樂第七

上能感動天地，下則移風易俗。

案能、則互文，則猶能也。(此義王引之經傳釋詞、吳昌瑩經詞衍釋並不載。)左哀十一年傳：『鳥則擇木，木豈能擇鳥。』(史記孔子世家則作能。)亦能、則互用，與此同例。

履信第八

齊桓不背曹劌之盟。

案事又詳史記齊世家。

吳起不虧移轅之賞。

案記纂淵海四九引史記：『吳起欲伐秦，恐士卒軍人不信，書：「有能移此轅置西門者，給田宅百畝，黃金百斤。」有一人來移，卽賜之。於是召募人伐秦，遂克。』

思順第九

蹇利東南，

案明楊愼丹鉛續錄一引『東南』亦作『西南。』

貴農第十一

智者無以施其策，勇者無以行其威。

案程榮本、王謨本、畿輔本上以字並作所，與下以字互用，所猶以也。（此義經傳釋詞、經詞衍釋並不載。）淮南子齊俗篇、文子上義篇兩以字並作所，（已詳集證。）亦明其義相同。

從化第十三

堯、舜之人，可比家而封。

案帝範崇儉篇注引史記：『堯、舜之民，比屋可封。』

法術第十四

故制法者，爲禮之所由，而非所以爲治也。

案史記貨殖列傳：『法令者，治之具，而非制治淸濁之源也。』亦可證此文衍制字，禮爲治之誤。

審名第十六

傳彌廣，理逾乖；名彌假，實逾反。

案假借爲遐，廣、遐義近。

周人玉璞，其實死鼠。

案西京雜記六：『物固亦有似之而非者：玉之未理者爲璞，死鼠未屠者亦爲璞。』

鄙名第十七

名言之善，則悅於人心；名言之惡，則忤於人耳。

案兩之字並與若同義。愼言篇：『出言之善，則千里應之；出言之惡，則千里違之。』『之善、』『之惡，』兩之字亦並與若同義。

是以古人制邑名子，必依善名。

案史記褚少孫補日者列傳：『故曰：制宅命子，足以觀士。』

知人第十八

自非神機洞明，莫能分也。

案自猶苟也。心隱篇：『自非明哲，莫能辨也。』自亦猶苟也。

眉睫之微，而形於色；音聲之妙，而動於心。

案妙借爲眇，方言十三、釋名釋疾病並云：『眇，小也。』微、眇義近。

薦賢第十九

昔時人君，拔奇於囚虜，擢能於屠販。

案水經河水注五引司馬遷云：『呂望行年五十，賣食棘津；七十，則屠牛朝歌；行年九十，身爲帝師。』

內薦不避子，外薦不避讎。

案荀子成相篇：『外不避仇，內不阿親，賢者予。』

忠之至也，德之難也。

案難猶盛也，詩小雅隰桑：『隰桑有阿，其葉有難。』傳：『難然，盛貌。』卽其證。至、難義近。

託附第二十一

然，寅風欻至，

案欻，正作歘。說文：『歘，有所吹起。讀若忽。』

蓋斯爲美也。

案論語學而篇：『先王之道，斯爲美。』

心隱第二十二

蛇床之似蘼蕪也。

案淮南說林篇：『蛇牀似麋蕪。』

命相第二十五

華胥履大人之迹，而生伏羲。

案書鈔二三引河圖：『大跡出雷澤，華胥履之，生宓犧。』路史後記一引孝經鉤命決：『華胥履迹，怪生皇羲。』

慶都與赤龍合，而生唐堯。

案論衡奇怪篇：『讖書又言：堯母慶都野出，赤龍感己，遂生堯。』

夫都見白氣貫月，而生殷湯。

案藝文類聚十引河圖：『湯母扶都見白氣貫月，意感而生湯。』

顏徵感黑帝，而生孔子。

案禮記檀弓孔疏引論語緯撰考：『叔梁紇與徵在禱尼丘山，感黑龍之精，以生仲尼。』

老子感火星。

案史記老子列傳正義引玄妙內篇：『玄妙玉女夢流星入口而有娠，七十二年而生老子。』又引上元經：『李母晝夜見五色珠，大如彈丸，自天下，因吞之，卽有娠。』

伏羲日角，

案路史後紀一引孝經援神契：『伏羲日角。』宋均注：『日角，額有骨表，取象日所出。』（御覽七八亦引此注，脫額字。）

孔子返宇，

案路史後紀十注：『緯書言：「孔子反宇。」世本云：「反首張面，言頂上窳也。」』

史記孔子世家索隱:『孔子頂如反宇。反宇者,蓋屋宇之反,中低而四傍高也。』梁釋僧祐弘明集一漢牟融理惑論作『仲尼反頨。』說文:『頨,頭妍也。』徐鍇繫傳:『書傳多言「孔子反宇,」作此頨字,云:頭頂四崖峻起,象尼丘山。』論衡骨相篇作『孔子反羽。』(已詳集證。)羽蓋頨之省。

皋陶鳥喙。

案程榮本、王謨本、畿輔本陶並作繇。陶、繇古通,尙書皋陶謨,北堂書鈔四三、治要引陶並作繇,卽其比。牟融理惑論鳥作馬,與淮南子脩務篇、論衡骨相篇、講瑞篇並同。

後來而產,是子不祥。

案路史後紀十四後作后,祥作勝。

妄瑕第二十六

故天有拆之象,地有裂之形。

案淮南天文篇:『天傾西北,故日月星辰移焉。地不滿東南,故水潦塵埃歸焉。』(又見列子湯問篇。)

適才第二十七

卞莊子之昇殷庭也,鳴佩趍蹌,溫色怡聲;及其搏虎,必攘袂鼓肘,瞋目震呼。

案史記張儀列傳載卞莊子刺虎事,戰國策秦策二作管莊子,同。

雖使孫、吳用兵,彼必與之拒戰,未肯有望風而退也。

案有猶卽也,(王引之經傳釋詞、吳昌瑩經詞衍釋並無此義。)『未肯有望風而退也,』猶『未肯卽望風而退也。』戰國策趙策三:『彼則肆然而爲帝,過而遂正於天下,則連有赴東海而死矣。』(又見史記魯仲連列傳。)有亦猶卽也,『則連有赴東海而死矣。』猶『則連卽赴東海而死矣。』

愼言第三十

故天有卷舌之星。

案漢書劉向傳：『客星見昴、卷舌間。』沈欽韓疏證：『晉天文志：「卷舌六星在昴北，主口語以知讒佞也。」』

斯言一玷，非礛礛所磨；樞機既發，豈駭電所追。

案兩所字，義並與可同。

愼隙第三十三

鴻毳性輕，積之沉舟；縉縞質薄，疊之折軸。

案史記張儀列傳：『積羽沈舟，羣輕折軸。』（本韓策。）

禍之至也，人自生之；福之來也，人自成之。禍與福同門，害與利同鄰，若非至精，莫能分矣。

案史記褚少孫補龜策列傳：『故曰：福之至也，人自生之；禍之至也，人自成之。禍與福同，刑與德雙，聖人察之，以知吉凶。』

大質第三十六

昔子閭之劫也，擬之白刄，而其心不傾；晏嬰之盟也，鉤以曲戟，而其志不廻。

案白公以刄劫子閭事，又詳說苑義勇篇。『擬之白刄，』『鉤以曲戟，』之、以互文，之猶以也。論語陽貨篇：『君子義以爲上，』史記仲尼弟子列傳以作之；淮南子氾論篇：『水激波興，高下相臨，差以尋常，猶之爲平。』高誘解『猶之爲平，』爲『猶以爲平。』並之、以同義之證。史記太史公自序：『故易曰：失之豪釐，差以千里。』（又見漢書東方朔傳。大戴禮保傅篇引易、文選任彥昇齊竟陵文宣王行狀注引易乾鑿度以並作之。）之、以互用，與此同例。

兵術第四十

故水因地而制，

案孫子虛實篇制下有流字，文選王仲寶褚淵碑文注引孫子作『水因地而制行。』（曹子建求自試表注引同，惟誤孫子爲孫卿。）行與流義近。

故醇醪注流，軍下通醉。

案藝文類聚七二引黃石公記：『昔者良將用兵，人有饋一單醪者，使投之於河，令將士迎流而飲之。夫單醪不能味一河水，三軍思爲之死，非滋味及之也？』御覽二百八十引史記：『楚人有饋一簞醪者，楚莊王投之於河，令將士迎流而飲之。三軍皆醉。』

閱武第四十一

司馬法曰：『國家雖大，好戰則亡；天下雖安，忘戰必危。』

案史記主父偃列傳：『司馬法曰：「國雖大，好戰必亡；天下雖平，忘戰必危。」』

貴速第四十三

驥所以見珍者，以其日行千里也。滿旬而取至，則與駑馬均矣。

案淮南子齊俗篇：『夫騏驥千里一日而通。駑馬十駕，旬亦及之。』

類感第五十

故抱薪救火，燥者先燃；平地注水，濕者先濡。

案荀子大略篇：『均薪施火，火就燥；平地注水，水流溼。』

正賞第五十一

古今雖殊，其迹寔同；耳目誠異，其識則齊。

案雖、誠互文，誠猶雖也。（此義經傳釋詞、經詞衍釋並不載。）言苑篇：『故春藥雖茂，假朝露而抽翠；秋葉誠危，因微風而飄零。』雖、誠互用，與此同例。

鬼魅質虛，而犬馬質露也。

案『質露』疑本作『形露，』涉上『質虛』而誤也。下文『形露者，不可誣罔以是非。』卽承此『形露』而言。

齊景公高仰管仲之謀，而不知晏嬰之智。

案程榮本、王謨本、畿輔本並無而字，與上下文一律。

以燕石爲美玉者，唯猗頓不謬其眞。

案尸子治天下篇：『凡治之道，莫如因智；智之道，莫如因賢。譬之猶‧‧‧‧‧‧相玉而借猗頓也。金樓子立言篇上：『碧盧似玉，猗頓別之。』

不沒纖芥之善，

案論衡感類篇：『孔子作春秋，采毫毛之善，貶纖介之惡。』（芥、介古通。）又見案書篇、對作篇。

激通第五十二

矢驚則能踰白雪之嶺。

案水經睢水注：『闞子稱：「宋景公使弓人爲弓，九年乃成。公曰：何其遲也？對曰：臣不復見君矣！臣之精盡于弓矣！獻弓而歸，三日而死。景公登虎圈之臺，援弓東面而射之，矢踰于孟霜之山，集于彭城之東，餘勢逸勁，猶飲羽於石梁。」』又見水經泗水注、文選左太沖吳都賦劉淵林注（文並較略），鮑明遠擬古詩李善注（闞子誤闕子，『孟霜之山』作『西霜之山』）、北堂書鈔一二五、藝文類聚六十、宋吳曾能改齋漫錄五。袁註：『矢踰於山，過於彭城之東，勁過石梁，箭又沒其羽。』云云，（詳集證。）蓋本於闞子。惟闞子以爲宋景公事，與袁註作秦穆公亦不符。

主父無親友之蔑，必不窺五鼎之食。

案事又見史記主父列傳。

言苑第五十四

事可以必誠，

案誠借爲成。

情發於中，而形于聲。

案史記樂書：『情動於中，故形於聲。』

是以火焚而怨燧人，

案『是以』猶『是猶，』以與猶同義，（此義經傳釋詞、經詞衍釋並不載。）下文『是以臨渴而穿井，』『是以』亦猶『是猶。』論語泰伯篇：『三分天下有其二，以服事殷。』史通疑古篇以作猶，亦二字通用之例。

九流第五十五

重樂、有命。

案有借爲右，淮南子氾論篇：『右鬼、非命。』高誘注：『右猶尊也。』『有命』猶『尊命』耳。尊、重義近。

則氛亂競起。

案氛與紛同。

附記

明馮惟訥古詩紀前紀卷之十載劉子引古諺云：『深不絕涓泉，稚子浴其淵；高不絕丘陵，跛羊遊其巔。』並於『劉子引古諺』下注云：『劉書，字孔昭。』此爲劉子佚文，已詳集證附錄一。田宗堯學弟檢示明周嬰巵林卷七詮鍾『劉子』一則：

〔明鍾惺〕詩歸載劉子引古諺曰：『深不絕涓泉，稚子浴其淵；高不絕邱陵，跛羊遊其顚。』詮曰：『劉子，其劉勰乎？勰書無此語。惟牟子理惑論曰：「若高不絕山阜，跛羊陵其顚；深不絕涓流，孺子浴其淵。」總非引諺也。』

案周嬰疑劉子爲劉勰，與馮惟訥說異。惟馮氏以爲劉晝，亦不知何本。周氏引牟子(漢牟融)理惑論，見梁釋僧祐弘明集一。

出自第三十五本(一九六四年九月)

尚書斠證

王　叔　岷

昔年讀尚書，時有箋識，草率凌亂，未及疏理。旣而吾友屈翼鵬教授尚書釋義問世，(現代國民基本知識叢書第四輯，中華文化出版事業委員會四十五年八月出版。)中外學人，莫不推重。釋義篇第，據孫星衍尚書今古文注疏。惟孫疏以綴輯之泰誓列入正文，屈書則剔出之，以入於附錄一之尚書逸文中。(見釋義凡例。)玆稿篇第，一依屈書。斠證諸說，則屈書所略而不論；或釋而未盡者也。補輯逸文及斠證僞古文，並列爲附錄，亦準屈書之例。

虞夏書

堯典

曰放勳。

釋文：『馬云：「放勳，堯名。」皇甫謐同。一云：「放勳，堯字。」』案治要引勳作勛，注：『勛，功也。』(今本僞孔傳勛作勳。)勛，古文勳。僞古文大禹謨：『其克有勳。』書鈔十八引勳作勛，亦同例。藝文類聚十一引〔皇甫謐〕帝王世紀、敦煌本唐虞世南帝王略論並以放勛爲堯名。金樓子興王篇以爲堯字。

敬授人時。

案中論曆數篇、玉燭寶典序、北堂書鈔十二、十七引人並作民。劉子九流篇亦云：『敬授民時。』作民是故書。

平秩南訛。

案玉燭寶典五引訛作僞，十二引作譌。疑作僞是故書，僞，古爲字。

否德忝帝位。

案『否德』猶『鄙德。』釋文：『否，又音鄙。』是也。史記五帝本紀正作鄙。淮南子人閒篇：『善鄙同。誹譽在俗。』(今本同上衍不字，王念孫雜志有說。)

文子微明篇鄙作否。亦否、鄙通用之證。

納于大麓，

案論衡正說篇引納作入，史記同。

舜讓于德，弗嗣。

案史記『弗嗣』作『不懌。』集解：『徐廣曰：今文尚書作「不怡，」怡，懌也。』索隱：『古文作「不嗣，」今文作「不怡，」怡猶懌也。』嗣乃怡之借字，義與懌同。五帝本紀之『不懌，』正以詁堯典之『弗嗣』也。

東巡守，至于岱宗，……

案論衡書虛篇：『堯典之篇：舜巡狩，東至岱宗，南至霍山，西至太華，北至恆山。』（守、狩古通，白虎通巡狩篇引守亦作狩。）書鈔一一二引下文『協時、月，正日；同律、度、量、衡。』玉燭寶典五引下文『五月，南巡守，至于南岳，如岱禮。』亦並以爲堯典之文。咸存尙書之舊，足證僞古文舜典之妄。

惟刑之恤哉！

案書鈔四三引恤作卹，存古本之舊。盤庚：『永敬大恤，』多士：『罔不明德恤祀。』敦煌本恤並作卹，與此同例。

流共工于幽洲。

案淮南子脩務篇、大戴禮五帝德篇洲並作州。

殛鯀于羽山。

案左昭七年傳：『昔堯殛鯀於羽山，』釋文：『殛，本作極。』殛、極古通，極猶困也。楚辭天問：『永遏在羽山。』遏、極義近。路史後紀十三：『書：「殛于羽山。」殛者，致之死地而不返云爾。』是也。敦煌本唐虞世南帝王略論：『鯀治洪水九年，其功不成，堯放之於羽山。』以殛爲放，其義亦近。

帝乃殂落。

案重栞宋本孟子萬章篇、治要引此並作『放勛乃徂落。』殂、徂古通，唐石經孟子亦作殂。

四海遏密八音。

案密借爲謐，說文：『謐，一曰無聲也。』

惇德允元。

僞孔傳：『敦，厚也。』案治要引惇作敦，與僞孔傳合。惇、敦正、假字，說文：『惇，厚也。』

惟時懋哉！

案書鈔十八引懋作楙，僞古文大禹謨：『予懋乃德。』仲虺之誥：『德懋懋官，功懋懋賞。』畢命：『惟公懋德。』亦並引作楙。蓋古本如此。懋、楙正、假字。說文：『懋，勉也。』

黎民阻飢。

案書鈔五一引阻作徂，古通。

播時百穀。

案爾雅釋詁：『時，是也。』『播時百穀』者，『播是百穀』也。書鈔引時正作是。

五品不遜。

僞孔傳：『遜，順也。』案淮南子人閒篇作『五品不愼。』（莊逵吉校云：御覽愼作順。）愼亦順也。

皋陶謨

案書鈔四三、治要引皋陶並作咎繇，蓋古本如此。僞古文大禹謨：『帝曰：皋陶！』『皋陶曰，』治要亦並引作咎繇。

能哲而惠，

案能、而互文，而猶能也。史記夏本紀作『能知能惠，』是其證。

無教逸欲有邦。

案教當作敢，字之誤也。『無敢』猶『不敢，』周書無逸：『不敢荒寧。』卽其例。敢，古文作散，與教形近；敦煌本古文尙書敢多作敎（無逸之『不敢，』卽作敎）敎與教形尤近，故易亂也。今本史記敢亦誤教，日本古寫本不誤。

朕言惠可底行？

案左襄二十六年傳：『寺人惠牆伊戾，』孔穎達正義引服虔曰：『惠、伊皆發聲。』竊疑此文惠爲語助，史記作『吾言底可行乎？』無惠字。語助，故可略之。（僞孔傳釋惠爲順，恐非。）

隨山刊木。

釋義云：『刊，史記、說文並作栞。說文云：栞，槎識也。』案淮南子脩務篇刊亦作栞，古通。路史後紀十二：『行山表木。』栞亦表也。

在治忽。

王引之云：『忽讀爲滑。滑，亂也。「在治滑，」謂「察治亂」也。滑、忽古同聲相通，史記正作滑。』案史記作『來始滑。』『來始』乃『采治』之誤，采亦借爲在，爾雅釋詁：『在，察也。』史記索隱：『古文尚書作「在治忽；」今文作「采政忽。」』竊疑今文本作『采治忽，』亦謂『察治亂』也。唐人避高宗諱，以政代治耳。淮南子氾論篇：『禹之時，以五音聽治。』初學記十六、白帖六二引治並作政。與此同例。

明庶以功。

阮元校勘記云：『庶，古本作試。』案庶借爲度，與試義近。周書無逸：『以庶邦惟正之供，』敦煌本庶作度，莊子應帝王篇：『以己出經式義，度人孰敢不聽而化諸！』陳碧虛闕誤引張君房本度作庶，並庶、度通用之證。（昔年撰莊子校釋，疑度爲庶之誤，未審。）

無若丹朱傲，

案治要引傲作奡，奡、傲正、假字。

傲虐是作，

阮元云：『岳本傲作敖。』案書鈔四一引此亦作敖。僞孔傳釋傲爲『傲戲，』則當以作敖爲正。廣雅釋詁：『敖，戲也。』

乃賡載歌曰，

案敦煌本帝王略論歌作哥，下同。哥，古歌字。

禹貢

大野旣豬，

案書鈔四引作『大埜旣瀦。』敦煌古文本野亦作埜。埜乃壄之省。壄，古文野。豬、瀦古、今字，下文『彭蠡旣豬，』論衡書虛篇亦作瀦。

甘誓

有扈氏威侮五行，

阮元云：『古本威作畏。』案威、畏古通，本書習見。威當借爲猥，畏、猥古亦通用，莊子庚桑楚篇：『以北居畏壘之山。』釋文：『畏，本又作猥。』卽其證。僞古文泰誓下：『今商王受狎侮五常。』『猥侮』猶『狎侮』也。

又案書鈔二一引『五行』作『五常。』『五常』亦謂『五行』，莊子天運篇：『天有六極五常。』成玄英疏：『五常謂五行。』卽其例。

商書

盤庚

惟汝自生毒。

案書鈔十八引生作求。

相時憸民，猶胥顧于箴言。

王引之云：『憸，說文引作思。』案敦煌本憸作思，蓋思之變；又猶作猷，下同。書鈔一百引猶作由，猶、猷、由，古並通用。

各恭爾事，

案敦煌本恭作龔，下文『顚越不恭，』無逸：『嚴恭寅畏，』僞古文說命上：『恭默思道，』敦煌本恭皆作龔。牧誓：『惟恭行天之罰。』治要引恭作龔，存古本之舊。

嗚呼！古我前后，

案敦煌本『嗚呼』作『烏虖，』凡『嗚呼』字敦煌本多如此作，書鈔、治要引書亦同。

古我先后，

案敦煌本后作王，上下文並作『古我先王。』

茲予有亂政同位，

案有猶其也，（本篇上文『民不適有居。』有亦與其同義，吳昌瑩經詞衍釋三有說。）亂借爲率，（本書多借亂爲率，述聞四有說。）政與正同。『茲予有亂政同位，』猶言『茲予其率正同位。』商書微子：『殷其弗或亂正四方。』亂亦率之借字。敦煌本率多作𠦪，周書無逸：『乃變亂先王之正刑。』敦煌本亂作𠦪，亦亂、率通用之證。

無遺育，無俾易種于茲新邑。

案史記伍子胥列傳引作『俾無遺育，無使易種于茲邑。』上文『予若籲懷茲新邑，敦煌本新字補在茲字下旁，或原本亦無新字。

將多于前功，

釋義云：『多猶大也。』案『將多』複語，將亦大也。爾雅釋詁、方言一並云：『將，大也。』

高宗肜日

越有雊雉。

案漢書外戚傳下引越作粵，古通。微子：『越至于今。』敦煌本亦作粵。

惟先格王，

案漢書外戚傳上引格作假，古通。周書君奭：『格于皇天，』『格于上帝，』史記燕世家格並作假，即其比。

微子

我祖底遂陳于上。

案敦煌本遂作遘，下文『殷遂喪，』遂亦作遘。遘乃𨗨之變，說文：『𨗨，古文遂。』

周書

牧誓

釋義云：『牧，說文作坶。』案玉篇亦作坶，云：『古文尙書作坶。』敦煌本作梅，梅與坶、𡋯同。長沙仰天湖戰國楚簡九有『一攺』字。饒宗頤先生箋證云：『「一攺」殆即「一枚。」』是也。攺、枚同字，猶坶、𡋯、梅同字矣。

古人有言曰，

案治要引此無曰字，疑涉上文『王曰』而衍。史記周本紀亦無曰字。

惟家之索。

案焦氏易林六注引惟作爲，義同。僞古文說命下：『乃曰予弗克俾厥后惟堯、舜。』朱熹孟子萬章篇集注引惟作爲，卽其比。

昏弃厥遺王父母弟，不廸。

釋義云：『此語史記周本紀說爲「昏棄其家國，遺其王父母弟不用。」似「厥遺」二字之間，當有「家國」二字。然漢石經「厥遺」二字連文，是知史記之說，乃太史公解釋之語，非本有「家國」二字也。』案此文疑本作『昏弃厥家邦，厥遺王父母弟，不廸。』今本脫『厥家邦』三字，史記諱邦爲國。『厥遺』之厥，義與且同。『厥遺王父母弟，』謂『且遺王父母弟』也。

俾暴虐于百姓，

案治要引『百姓』上有爾字。

洪範

案論衡感虛篇、潛夫論卜列篇、淮南子脩務篇高誘注引洪並作鴻，史記宋世家同。蓋古本如此。

鯀則殛死，

案則猶既也。

睿作聖。

釋義云：『睿，尚書大傳作容，乃睿之誤。容、睿同字。〔與汝綸〕尚書故說。』案書鈔一五三引睿亦作容，容亦睿之誤，蓋世人多見容，少見睿，故致誤耳。

無偏無陂，

案書鈔三七引陂作頗，存古本之舊。潛夫論釋難篇亦作頗。

無偏無黨，王道蕩蕩；無黨無偏，王道平平。

案墨子兼愛下引作『王道蕩蕩，不偏不黨；王道平平，不黨不偏。』無猶不也。史記張釋之馮唐列傳贊引此作『不偏不黨，王道蕩蕩；不黨不偏，王道便便。』集解引徐廣曰：『便，一作辨。』平、便、辨，古並通用。

曰豫，恒燠若。

釋文：『豫，徐音舒。』孔疏云：『鄭、王本豫作舒。』案論衡寒溫篇、書鈔十五引豫並作舒，史記宋世家同。豫、舒古通，史記五帝本紀：『貴而不舒。』大戴禮五帝德篇舒作豫，亦其比。

曰蒙，恆風若。

案書鈔引蒙作霧。

俊民用章，

案書鈔十一引俊作畯，存古本之舊。多士：『俊民甸四方。』君奭：『明我俊民。』僞古文說命下：『旁招俊乂。』敦煌本俊皆作畯。

月之從星，則以風雨。

案論衡感虛篇引以作有，義同。

金縢

公乃自以爲功，

釋義云：『功，事也。史記說功爲質，謂周公以身爲質也。亦通。』案爾雅釋詁：『功，質，成也。』功、質並訓成，則功亦可訓質矣。史記魯世家說功爲質，是也。

爲三壇同墠。

案史記魯世家爲作設。論衡死僞篇作『設三壇同一墠。』

植璧秉珪，乃告太王、王季、文王。

案史記珪作圭，告下有于字。論衡珪亦作圭，告下有焉字。珪，古文圭。焉猶于也。竊疑此文告下本有焉字，史記說焉爲于，正得其義。今本蓋淺人所刪耳。

史乃冊祝曰，

案論衡曰上有辭字。

是有丕子之責于天，

釋義云：『丕，史記作負。負，荷也。猶保也。』案史記索隱引鄭玄曰：『丕讀曰負。』是也。丕、負古通，莊子大宗師篇：『堪坏得之，以襲崐崘。』釋文：『堪坏，崔(譔)作邳；淮南作欽負。』(今本淮南子覽冥篇、齊俗篇並作鉗且，誤。)坏、邳之通負，猶丕之通負矣。

能多材多藝，

案論衡無能字。

乃元孫不若旦多材多藝。

案論衡『元孫』下有某字，史記作『乃王發不如旦多材多蓺。』上文兩避諱某字，史記皆作發，以此例之，則『元孫』下蓋本有某字矣。

我之弗辟，我無以告我先王。

案史記、金樓子說蕃篇無上並無我字，是也。此涉上下文我字而衍。

天大雷電以風。

案金樓子以作且，以猶且也。

大木斯拔。

案越絕外傳斯作盡，斯猶盡也。（禮記檀弓：『我喪也斯沾。』鄭玄注：『斯，盡也。』）金樓子斯作皆，皆亦盡也。

以彰周公之德。

案金樓子作『彰公之德。』周字似不當有，上文『昔公勤勞王家。』亦無周字。史記則上文、此文皆有周字，蓋增周字以說之。

大誥

若涉淵水，

案『淵水』猶『深水，』小爾雅廣詁：『淵，深也。』

若考作室，

案書鈔十八引若作厥，義同。

乃有友伐厥子，

案友當作交，漢書翟方進傳作效，交、效古通。交，隸書作友，與友形近，往往相亂。韓詩外傳一：『比周而友。』（莊子讓王篇同。）新序節士篇友作交，史記范睢列傳：『願與君爲布衣之友。』藝文類聚三三引友作交，並其比。

酒誥

越小大邦用喪，

案治要引越作曰，古通。

人無於水監。當於民監。

案治要引監作鑒，下同。蓋古本如此。梓材：『王啓監，』阮元云：『古本監作鑒，下皆同。』與此同例。

梓材

釋文：『梓，本亦作杍。』蓋敦煌本正作杍。

召誥

其惟王勿以小民淫用非彝，亦敢殄滅。

案亦猶而也，『亦敢殄滅』者，『而敢殄滅』也。管子法禁篇引書泰誓云：『紂有臣億萬人，亦有億萬之心；武王有臣三千，而一心。』（僞古文泰誓有删改。）亦、而互文，亦猶而也。日本古鈔卷子本淮南子兵略篇：『故紂之卒百萬，而有百萬之心；武王之卒三千人，皆專而爲一。』（今本有脫文，詳拙著淮南子斠證。）卽本泰誓，亦正作而。史記滑稽列傳：『對曰：「臣飲一斗亦醉，一石亦醉。」威王曰：「先生飲一斗而醉，惡能飲一石哉？」』上言『一斗亦醉，』下言『一斗而醉，』明亦與而同義。王引之經傳釋詞無亦、而同義之說；而述聞釋此文云：『不以小民非彝而殄戮之者，先敎化而後刑罰也。』所謂『而殄戮之者，』豈非釋正文之亦爲而邪？蓋王氏得其義而不自覺也。

洛誥

我卜河朔黎水。

案敦煌本黎水下有上字，據僞孔傳：『我使人卜河北黎水上，不吉。』孔疏：『我使人卜河北黎水之上，不得吉兆。』正文蓋本有上字。

我又卜瀍水東，

案敦煌本又作亦，疏：『我亦使人卜瀍水東。』似所據本又亦作亦。又與亦古通，莊子讓王篇：『兩臂重於天下也；身亦重於兩臂。』呂氏春秋審爲篇亦作又，史記田横列傳：『使使召之，至，則聞田横死，亦皆自殺。』御覽四三八引亦作又，並其比。

拜手稽首誨言。

案敦煌本拜上有王字。僞孔傳：『成王盡禮致敬於周公，求教誨之言。』疑所據本原有王字。

孺子其朋，其往。

阮元云：『「其往，」古本其上有愼字。』案敦煌本：『其往』上正有愼字。僞孔傳：『少子愼朋黨，戒其自今已往。』似所據本原有愼字。

厥攸灼，

案敦煌本作『厥逌焯，』同。立政：『灼見三有俊心。』說文引灼作焯，『我其克灼知厥若，』敦煌今字本灼作焯，並同此例。

伻嚮卽有僚，

案敦煌本伻作平，上文『伻來以圖，』校勘記引羣經音辨作平，與此同例。

汝永有辭。

案辭借爲嗣，堯典：『舜讓于德，弗嗣。』今文嗣作怡；（詳前。）史記周本紀：『怡悅婦人。』集解引徐廣曰：『怡，一作辭。』嗣、辭並可通怡，則辭亦可通嗣矣。

予小子其退卽辟于周，命公後。

案敦煌本命上有而字。

多士

弗弔，旻天大降喪于殷。

案君奭：『弗弔，天降喪于殷。』與此句法同。

將天明威，

案敦煌本威作畏，畏亦借爲威。惟作畏與下文『惟天明畏』一律。

大淫泆，有辭。

釋文：『泆，又作佾。』案敦煌本泆正作佾，下文『誕淫厥泆，』泆亦作佾。

告爾多士，

案敦煌本爾下有殷字，據上文『爾殷多士，』下文『告爾殷多士，』則有殷字是。

移爾遐逖。

案敦煌本逖作逷，多方：『離逖爾土。』敦煌今字本亦作逷。逷，古文逖。

爾乃尙有爾土，爾乃尙寧幹止。

案敦煌本下乃字上無爾字。僞孔傳：『汝多爲順事，乃庶幾還有汝本土，乃庶幾安汝故事止居。』孔疏：『汝若多爲順事，汝乃庶幾還有汝本土，乃庶幾安汝故事止居。』似正文本作『乃尙寧幹止。』今本乃上有爾字，疑涉上文而衍。

時予乃或言，爾攸居。

僞孔傳：『我乃有教誨之言，則汝所當居行。』段玉裁古文尙書撰異云：『唐石經「或言」二字，初刻是三字，隱然可辨。「或言」之間多一字，諦視則是誨字，與傳「教誨之言」合。』案段氏據傳以證諦視正文之誨字，是也。孔疏亦云：『我乃有教誨之言。』誨，古文作𧦝，敦煌本『或言』之間正有𧦝字，(僞古文說命上：『朝夕納誨，』敦煌本誨亦作𧦝。)可證成段說。

無逸

案敦煌本作亡逸，論衡儒增篇引作毋佚，並同。

肆高宗之享國，五十有九年。

釋義云：『史記作「五十五年。」』案史記『五年，』疑本作『九年，』涉上五字而誤；或九誤爲×，復易爲五耳。×，古文五字。(此文『五十，』敦煌本作『×十，』×乃×之誤。)

不敢侮鰥寡。

案敦煌本無敢字，治要引同。史記魯世家亦無敢字。

自朝至于日中昃，不遑暇食。

釋文：『昃，本亦作仄。』案敦煌本正作仄。治要引作昗，御覽七七引尸子、史記並同。昃，或昗字。仄，借字。又案『不遑暇食，』(敦煌本遑作皇，同。)疑本作『不遑食。』遑猶暇也。僞孔傳：『從朝至日昳，不暇食。』正以暇詁遑。御覽引尸子作『不暇飲食；』史記作『不暇食。』史記用書，多易字以說之。今本此文遑下有暇字，疑後人據史記旁注暇字而竄入者。

以庶邦惟正之供。

述聞依後漢書郅惲傳注所引，改供爲共。案敦煌本供正作共，下同。供、共古通，淮南子道應篇：『臣有所與供儋纆采薪者九方堙，』列子說符篇供作共(釋文：『共，一本作供。』)卽其比。

則皇自敬德。

釋義云：『皇，遽也。』案敦煌本自下有疾字，則皇借爲兄，孔疏引王肅本皇作況(云：況，滋。益用敬德也。)兄、況古、今字。『則皇自疾敬德』者，『則益自急敬德』也。

殺無辜。

案敦煌本殺下有戮字。

君奭

天難諶，

案敦煌本諶作忱，與上文『若天棐忱』一律。諶、忱古通，僞古文咸有一德：『天難諶，』治要引諶亦作忱。

天壽平格，

釋義云：『駁詁疑壽當讀爲嚋，平當爲丕。』案平疑本作來，來，隸書作来，平蓋来之壞字。多方：『惟帝降格于夏，』『來格』猶『降格』也。

其集大命于厥躬。

案敦煌本躬作身。

嗚呼！篤棐時二人，

阮元云：『古本首有「公曰」二字。』案敦煌本首正有『公曰』二字。上下文『嗚呼』上皆有『公曰』二字，此亦當有。孔疏：『周公言而嘆曰：嗚呼！我厚輔是二人之道而行之，』是所據本亦有『公曰』二字。

多方

叨懫日欽，

釋義云：『懫，說文作𡡉，云：「忿戾也。」孫疏說。』案書鈔三十引懫作躓，躓亦借爲𡡉。懫，俗字。

嗚呼！王若曰：誥告爾多方，

案告字疑涉誥字右旁而衍。僞孔傳：『歎而順其事，以告汝衆方』蓋詁誥爲告；孔疏：『以言告人謂之誥，我告汝衆方諸侯，』足證正文本作『誥爾多方』矣。

我不惟多誥。

案敦煌今字本誥下旁補女字。僞孔傳：『我不惟多誥汝而已，』孔疏：『不惟多爲言誥汝而已，』似正文本作『我不惟多誥女。』

立政

曰王左右常伯，

案敦煌今字本塗去王字。

籲俊尊上帝，

案敦煌今字本籲作喩，籲、喩正、假字。說文：『籲，呼也』。

茲乃三宅無義民。

阮元云：『古本義作誼，下「義德」同。』案敦煌今字本義正作誼，下『義德』同。

惟羞刑暴德之人，同于厥邦。

王引之云：『爾雅：「刑，法也。」法謂之刑；法之亦謂之刑。』案羞借爲修，修，習也。禮記學記：『藏焉，脩焉，』鄭玄注：『脩，習也』脩與修同。『羞刑暴德之人，』猶云『習法暴德之人，』與下文『庶習逸德之人』對言，庶借爲度，度亦法也。說詳後。

乃惟庶習逸德之人，同于厥政。

案乃猶又也，史記匈奴列傳：『東胡以爲冒頓畏之，乃使使謂冒頓，欲得單于一閼氏。』通鑑漢紀三乃作又，卽其證。庶借爲度，左昭四年傳：『度不可改。』杜預注：『度，法也。』法謂之度；法之亦謂之度。『庶習逸德之人，』猶云『法習逸德之人。』又案敦煌今字本逸作脩，脩乃佾之誤。佾之通逸，猶佾之通泆矣。（詳前多士篇。）

惟有司之牧夫，是訓用違。

案之猶與也，釋詞有說。『用違，』猶言『用與不用。』此謂用與不用，惟有司與牧夫是順也。

其勿誤于庶獄。

案敦煌今字本于作乎。

顧命

嗣守文武大訓，

案書鈔十七引大作丕，義同。僞古文君陳：『爾惟弘周公丕訓。』傳詁『丕訓』爲『大訓。』

無壞我高祖寡命。

案書鈔一一四引寡作之。

費誓

善敹乃甲冑，

案說文引敹字同，云：『擇也。』史記魯世家敹作陳，竊疑司馬遷所據此文本作敕，故以陳說之。敕，古陳字。(敕蓋敶之省。)微子：『我祖底遂陳于上。』敦煌本陳作敕，卽其證。

杜乃擭，

釋文：『杜，本又作敗。』阮元云：『說文：「敗，閉也。讀若杜。」』案書鈔十八引杜正作敗。

牿之傷，

案之猶若也。

魯人三郊三遂，

案敦煌本遂作逋，下同。逋乃逓之誤，逓，古文遂。

呂刑

釋義云：『呂，孝經、禮記及史記等俱作甫。(本孫疏。)』案論衡變動篇呂亦作甫。

奪、攘、矯、虔。

案說文引奪作敓，云：『彊取也。』敓、奪古、今字。淮南子本經篇高誘注：『奪，取收也。』孟子滕文公篇趙岐注：『攘，取也。』矯借爲撟，淮南子要略篇許愼注：『撟，取也。』漢書武帝紀韋昭注：『强取曰虔。』玉篇：『虔，强取也。』『奪、攘、矯、虔。』四字疊義。(古書四字疊義之例甚多，詳拙著斠讎學九一頁。)

無或私家于獄之兩辭。

案說文：『家，居也。』(段注本改居爲凥，凥、居古、今字。)『私家』猶『私居』耳。

文侯之命

用賚爾秬鬯一卣，

案書鈔三十兩引此文，一引賚作錫；一二五亦兩引此文，一引作錫，一引作賜，賚、錫、賜，並同義。作賚是故書。

盧弓一，盧矢百。

阮元云：『古本盧並作玈。』案書鈔一二五兩引此文，並作『盧弓矢千。』與左僖二十八年傳及史記晉世家所記周襄王賜晉文公者合。彼文盧並作玈。(史記正義：玈，音盧。)

秦誓

案敦煌本誓作㫷，下同。㫷當作𣃔，傳寫小變耳。𣃔，籀文折。誓、折正、假字。(參看述聞三『誓字古文』條。)

民訖自若是多盤。

案敦煌本盤作般，古通。爾雅釋詁：『般，樂也。』

若弗云來。

阮元云：『古本云作員，下「雖則云然」同。』案敦煌本云正作員，下同。

則罔所愆。

阮元云：『漢書李尋傳注師古引此經愆爲諐。』案敦煌本愆正作諐，下同。諐，籀文愆。書鈔一百引作𢡌，俗。僞古文冏命：『繩愆糾謬，』治要引愆作諐，書鈔一百引作𢡌，(冏命：『思免厥愆。』書鈔三十引亦作𢡌。)亦同此例。僞古文大禹謨：『帝德罔愆，』治要引愆亦作諐。

不啻如自其口出。

案敦煌本如作而，義同。

人之彥聖，而違之，俾不達。

僞孔傳：『見人之有美善通聖者，而違背壅塞之，使不達於在上。』案而猶則也。敦煌本違下有背字，『而違背之，』不似春秋時語，疑涉傳文而衍。

附錄一

尚書逸文

禹貢 虞夏書 夏書

荆州：奉菁茅貢于天子。（書鈔三一。疑是『包匭菁茅』句之古注。）

無逸 周書

大社惟松，東社惟柏，南社惟梓，西社惟栗，北社惟槐。天子之社濶五丈，諸侯社半之。（書鈔八七。）

屈萬里曰：『按書鈔此文，蓋據白虎通社稷篇。白虎通引此文作「尙書曰」云云。疑編書鈔時，題曰「尙書逸篇」（陳立白虎通疏證卽作「尙書逸篇曰」云云。）；後人傳鈔、傳刻，遂於「逸」字上誤加「無」字，而又刪去「篇」字耳。此數語與無逸之文不類，似旣非本篇逸文，亦無處著此注語。惟究係尙書逸篇之文，抑出於書緯，乃至爲召誥「乃社于新邑」句下漢人之註語？今則莫能詳矣』。

陳槃曰：『案白虎通疏證曰：「北史劉芳傳亦引尙書逸篇大社唯松。又郊特牲疏、初學記引其大社唯松五句，稱尙書無逸篇。無字當衍文也」。孔廣陶北堂書鈔校注曰：「類聚、御覽皆引作尙書逸篇」。今考涵芬樓景元大德刋宋本白虎通作「尙書亡篇」，「亡」「逸」義同；又「亡」「毋」「無」古今字，尙書無逸，周本紀作無佚、魯世家作毋逸、漢書梅福傳作亡逸、漢石經作毋劮。然則曰「尙書亡篇」、「尙書逸篇」，自易曼衍作「尙書亡逸篇」。不知者以「亡逸」爲篇名，則成「尙書無逸篇」矣，若書鈔之等是矣。然湖北崇文書局翻元大德刋本（卽百子全書本）及翼鵬先生引明刋白虎通並作「尙書曰」，無「逸篇」「亡篇」字，卽謂此爲原本面目，蓋亦可能。同書禮樂篇引「禮記曰：黃帝樂曰咸池……」；考黜篇亦引「禮記」九錫之文，皆緯書，非大小戴記之謂也。以此推之，則此白虎通之所謂「尙書曰」，蓋亦是尙書緯之類，不必定爲尙書之「逸篇」，似亦無不可也。』又曰：『別有所謂尙書金縢者，搜神記六引其文曰：「山徙者，人君不用道士，賢者不興，或祿去公室，賞罰不由君，私門成羣。不救，當爲易世變號」。案此亦尙書緯文，而冒襲金縢之目。豈白虎通所引書緯，本亦襲用無逸之目題作尙書無逸篇（或亡逸篇），後人疑之，輒以肊芟削，故或作「尙書亡篇」，或作「尙書逸篇」，或則「亡」「逸」二字並亦芟去；獨書鈔、郊特牲正義、初學記引作「尚書無逸篇」者爲得其實耶？莫能明也』。

多方　周書

害虐烝民。（書鈔四一。僞古文武成有此句。）

逸書

懷遠以德。（書鈔十。）

內脩諸己，思先王之道。（書鈔十七。）

順命尊文。（書鈔十七。）

狄舜正。（書鈔二一。）

賞不加功。（書鈔三十。）

日月不可離，故日歲得閏餘爲雌。注曰：閏，共也。四歲合一月謂冬至。（書鈔一五三。疑是尚書緯之文）

附錄二

僞古文尚書斠證

大禹謨

稽于衆，

郭忠恕汗簡云：『古文尚書稽作乩。』案書鈔一百引此稽正作乩。乩乃卟之變，說文：『卟，卜以問疑也。讀與稽同。書云：卟疑。』（前賢多疑『書云：卟疑』四字爲徐鉉所增。）今周書洪範卟作稽，與此可互證。

儆戒無虞。

阮元云：『儆，古文作敬。』案治要引儆正作敬。

侮慢自賢，

案治要引慢作嫚，古通。荀子君子篇：『慢賢者亡。』治要引慢作嫚，史記留侯世家：『皆以爲上慢侮人。』漢書慢作嫚，並其比。

三旬，苗民逆命。

案治要引苗上有有字，與上下文一律。

五子之歌

徯于洛之汭。

案治要引徯作俟，義同。

懍乎若朽索之馭六馬。

案治要引懍作廪，注：『廪，危皃也。』（今本僞孔傳廪作懍。）廪借爲凜。說文『凜，寒也。』引申有危義。懍，俗字。僞古文泰誓中：『百姓懍懍。』治要引作『廪廪，』與此同例。說苑政理篇：『懍懍焉如以朽索御奔馬。』家語致思篇：『懍懍焉若持腐索之扞馬。』劉子愼隟篇：『懍懍焉若朽索之馭六馬也。』此文『懍乎，』疑本作『懍懍乎。』乎、焉同義。僞孔傳：『懍，危貌。』疑本作『懍懍，危貌。』孔疏：『懍懍，心懼之意。故爲危貌。』可證也。

甘酒嗜音，峻宇彫牆。

阮元云：『孫志祖云：「玉篇口部引作：酣酒嗜音。」宋臨安石經彫作雕。』案書鈔二一引甘亦作酣；敦煌本帝王略論彫亦作雕。

乃底滅亡。

案書鈔四二引作『國乃滅亡。』

荒墜厥緒，

案治要引墜作墮，義同。

雖悔可追！

案可猶何也。晏子春秋外篇重而異者第七：『夫作密近，不爲大利變。』治要引何作可，文子九守篇：『禍福之間，可足見也！』景宋本可作何。並可、何古通之證。（說互詳斠讎學四五頁。）

胤征

先王克謹天戒，

案書鈔九引謹作勤，勤亦借爲謹。

遒人以木鐸徇于路，

案書鈔十引徇作循，古通。僞古文泰誓中：『王乃徇師而誓曰，』傳：『徇，循也。』即其證。徇乃狥之隸變，說文：『狥，行示也。』

仲虺之誥

佑賢輔德，顯忠遂良。

案治要引佑作右，遂作進。佑、右古通，敦煌本佑多作右。遂、進同義，僞孔傳：『良則進之。』正以進詁遂。

德日新，萬邦惟懷；志自滿，九族乃離。

案書鈔八引德上有惟字，疑涉下句而衍。『萬邦惟懷；』『九族乃離，』惟、乃互文，惟猶乃也。莊子至樂篇：『彼惟人言之惡聞，奚以夫譊譊爲乎！』惟亦與乃同義。

湯誥

克綏厥猷惟后。

案書鈔十引猷作繇，古通。

其爾萬方有罪，在予一人；予一人有罪，無以爾萬方。

案論衡感虛篇：『傳書言湯遭七年旱，以身禱於桑林，自責以六過，天乃雨；或云五年。禱辭曰：余一人有罪，無及萬夫；萬夫有罪，在余一人。』唐趙甤長短經大私篇：『湯曰：朕身有罪，無及萬方；萬方有罪，朕身受之。』此文『無以爾萬方，』論衡、長短經以並作及，以與及同義。

伊訓

先王肇修人紀，

案治要引『先王』作『先后，』義同。

太甲中

王拜手稽首曰，

案治要引此無手字。僞古文說命中、說命下並云：『說拜稽首曰。』與此句例同。

太甲下

有言逆於汝心，必求諸道；有言遜于汝志，必求諸非道。

案書鈔一百引兩汝字並作爾。

說命上

若金，用汝作礪；若濟巨川，用汝作舟楫；若歲大旱，用汝作霖雨。啓乃心，沃朕心。若藥弗瞑眩，厥疾弗瘳；若跣弗視地，厥足用傷。

案潛夫論五德志篇：『若金，用汝作礪；若濟巨川，用汝作舟楫；若時大旱，用汝作霖雨。啓乃心，沃朕心。若藥不瞑眩，厥疾不瘳；若跣不視地，厥足用傷。』

疇敢不祗若王之休命。

案治要引疇作誰，義同。作疇是故書。

說命中

不惟逸豫惟以亂民。

案書鈔九引以作其，義同。

惟干戈省厥躬。

釋文：『省，一本作眚。』案敦煌本省正作眚。省、眚古通，釋名釋天：『眚，省也。』

說命下

一夫不獲，則曰時予之辜。

釋文：『古本辜作罪。』案書鈔四九引作『一夫不得所，爲己罪。』僞孔傳：『伊尹見一夫不得其所，則以爲己罪。』似所據本獲下原有所字。

專美有商。

案敦煌本美作媺，媺、美古、今字。

敢對揚天子之休命。

阮元云：『唐石經無之字。』案敦煌本之字補在子字下旁，疑原本亦無之字。

泰誓上

阮元云：『泰誓當作太誓。』案書鈔一一六兩引，一引泰作太。史記周本紀亦作太。

大會于孟津。

案治要引孟作盟，古通。史記殷本紀、周本紀並作盟津。

明聽誓。

案書鈔一一六引作『咸聽誓言。』據僞孔傳：『無不皆明聽誓。』似所據本明上原有咸字。

刳剔孕婦。

案治要引剔作㓹。㓹，蓋古文剔。剔、㓹同字，猶逷、逖同字也。

泰誓中

王乃徇師而誓曰，

案書鈔十八引徇作巡，誓下有衆字。徇、巡古通，廣雅釋言：『徇，巡也。』

百姓懍懍，

案書鈔四一引懍作凜；治要引作廩。本字作㨆。凜，隸省；廩，借字；懍，俗字。（參看五子之歌。）

乃一德一心，立定厥功。

案書鈔十八引作『一迺心，立定厥功。』迺與乃同，傳：『汝同心立功，』亦不言德。大禹謨：『爾尙一乃心力，其克有勳。』與此句法相似。

泰誓下

斮朝涉之脛，剖賢人之心。

案呂氏春秋過理篇：『劉涉者脛而視其髓，……殺比干而視其心。』淮南子俶眞篇：『剖賢人之心，析才士之脛。』

作奇技淫巧以悅婦人。

案以，疑本作台，台誤爲目，復易爲以耳。史記周本紀說太誓作『用變亂正聲怡說婦人。』台、怡古、今字。

奉予一人，恭行天罰。

案史記說太誓：『故今予發，維共行天罰。』又見下文說牧誓。（周書牧誓共作恭。）共、恭古通。

武成

乃偃武修文，歸馬于華山之陽，放牛于桃林之野。示天下弗用。

案書鈔十五引馬下、牛下並無于字。韓詩外傳三：『馬放華山之陽，示不復乘；牛放桃林之野，示不復服也。』史記樂書：『馬散華山之陽，而弗復乘；牛散桃林之野，而不復服。』留侯世家：『今陛下能偃武行文，不復用兵乎？……休馬華山之陽，示以無所爲。……放牛桃林之陰，以示不復輸積。』（又見新序善謀篇、漢書張良傳。）說苑指武篇：『縱馬華山，放牛桃林。示不復用。』

血流漂杵。

案論衡藝增篇、恢國篇漂並作浮。說文：『漂，浮也。』

一戎衣天下大定。

案治要引一作壹，書鈔十三引衣下有而字，並與中庸合。

釋箕子囚，封比干墓，式商容閭，散鹿臺之財，發鉅橋之粟。

阮元云：『唐石經干下旁增之字，容下同。』案荀子大略篇：『表商容之閭，釋箕子之囚，哭比干之墓。』韓詩外傳三：『封比干之墓，釋箕子之囚，表商容之閭。』淮南子主術篇：『發鉅橋之粟，散鹿臺之錢，封比干之墓，表商容之閭，……解箕子之囚。』道應篇：『封比干之墓，表商容之閭，柴箕子之門，……發鉅橋之粟，散鹿臺之錢。』泰族篇：『表商容之閭，封比干之墓，解箕子之囚。』史記殷本紀：『釋箕子之囚，封比干之墓，表商容之閭。』齊世家：『散鹿臺之錢，發鉅橋之粟以振貧民。封比干墓，釋箕子囚。』留侯世家：『表商容之閭，釋箕子之拘（集解：『徐廣曰：拘，一作囚。』）封比干之墓，……發鉅橋之粟，散鹿臺之錢以賜貧窮。』（又見新序善謀篇、漢書張良傳。）說苑指武篇：『於是發巨橋之粟，散鹿臺之財。』

旅獒

太保乃作旅獒，

案治要引太作大。

無有遠邇，

案書鈔三一、治要引邇並作近，義同。

分寶玉于伯叔之國，

案治要引寶作珤，下同。珤，古文寶。

犬馬非其土性不畜。

案治要引性作生，生、性古通。據僞孔傳：『非此土所生不畜。』所據本蓋原作生。

爲山九仞，功虧一簣。

案論語子罕篇：『譬如爲山，未成一簣。』

蔡仲之命

乃命諸王邦之蔡。

案書鈔四六引之下有於字。左僖二十七年傳作『見諸王而命之以蔡。』以猶於也。

惟厥終,

案治要引厥作其,同。

周官

各率其屬,

案治要引率作帥,古通。書鈔五三兩引此文,一引亦作帥。

欽乃攸司,

案書鈔十八引攸作逌,敦煌本攸字多如此作。

畢命

政由俗革,

案書鈔二七引由作繇,蓋古本如此。

君牙

紀于太常。

案治要引太作大,逸周書嘗麥篇。

今命爾予翼,

案治要引翼作翊,翼、翊正、假字。

今予命汝作大正,

阮元云:『古本正上有僕字。』案治要引正上亦有僕字。

懋乃后德,

傳:『勉汝君爲德。』案書鈔一百引作『懋乃厚悳。』后爲君后字,則不當作厚。蓋由后誤爲後,復易爲厚耳。(釋名釋言語:厚,後也。)悳,古德字。

一九六四年一月二十一日脫稿

於新嘉坡大學中文系研究室。

出自第三十六本上(一九六五年十二月)

明清興寧縣志考

羅香林

廣東興寧，踞東韓二江上游。自韓江流域，轉東江以赴粵會，必經行其地；自東江流域，轉韓江上游，起陸經閩以赴杭州，亦必經行其地。故自宋明，以至清嘉道之間，實扼內地交通要衝。商貨殷闐，人文興盛。縣政措施，歷稱繁劇。而縣修撰之頻仍，亦幾與通都大邑相埒。雖宋以前，如齊昌文獻一類志書，今已無存，然明清二代所修邑志，則仍多可稱述者。

蓋自朱明奄有區宇，成祖嘗命廷臣，督修各地府州縣志，興寧即曾應命撰述。惟其書疑未付刻，歷年既久，自多殘佚。迄明成化十六年庚子（西年一四八〇年），樂清侯僩知興寧事，如命貢士殷興，類次續成，鋟版以行，是爲興寧縣志有刋本之始。其後至弘治九年（一四九六年），長樂余泰知縣事，復爲附益，惟編刻苟忽，不爲時重。正德十一年丙子（一五一六年），長州祝允明知縣事，復爲纂修，勒爲四卷，題曰正德興寧志。今國立中山大學圖書館尚存江陰繆荃孫舊藏本一部，溫州市立圖書館亦藏該志原刋殘本一冊。而祝氏手稿本，舊存王世懋家，後歸顧氏過雲樓收藏，則尤爲世人所貴重，蓋尤其書法亦直逼鍾王也。其後至嘉靖七年戊子（一五二八年），有知縣吳悌續修九卷本，嘉靖十九年庚子（一五四〇年），有知縣崇仁方述續修本，嘉靖二十九年庚戌（一五五〇年），有知縣廬陵黃國奎續修本，崇禎十年乙亥（一六三七年），有知縣武進劉熙祚續修六卷本，今日本東京圖書館，藏有該志原刻足本，文辭淵雅，刻工亦佳。蓋明代自永樂以至崇禎，興寧縣志嘗八修焉。

滿清入關，依明舊制，於修撰志乘，亦頗倡導。康熙十一年（一六七二年），特詔各府州縣，分輯志書。而興寧亦於康熙十六年（一六七七年），以江寧王綸部知縣事，有意修志，於二十年壬戌（一六八一年），成書八卷，又卷首一卷，是爲清修興寧縣志之始。今日本內閣文庫，藏有該志楷書原刋本，字體樸雅，信善本矣。越數年，又有知縣奉天李淸鉉附益本。其後至乾隆四年（一七三九年），有知縣宣城施念曾續修十卷本，嘉慶十六年（一八一一年），有知縣泰州仲振履續修十二卷本，咸豐八年（一八五八年），有知縣桐城張鶴齡續修十二卷及卷首一卷本。而邑先達胡曉岑先生曦，亦於光緒八年壬午（一八八二年），撰興寧圖志考十二卷，義例嚴明，考據精審，爲地方志中絕作。惟手刋僅卷一沿革圖說，其餘各卷，稿多散佚，輯刻惟艱。此則興寧縣志淸代六次修撰情形也。

茲就明淸二代興寧所修各志，略予考釋如次。

永樂興寧縣志　卷數作者俱未詳　原書久佚

王璡序成化興寧縣志，『皇明奄有天下，太宗命廷臣督修天下地志。歷年已遠，不無殘闕。成化庚子，侯公拜命知縣事，首訪志書，惜無刻本，傳寫譌謬，罔有依據。』是永樂間，興寧已嘗創纂縣志，特未付剞刻，歲月稍更，傳寫多譌。疑自成化志成後，永樂志卽不復存矣。

惟成祖初期所敕修永樂大典，嘗曾採載有關興寧縣事蹟，如今日殘存之永樂大典第七千二百三十五卷，堂字「堂名二十一」「翰林堂」下，引惠州府龍川縣循陽志，載南宋蘇升重修翰林堂記，謂：『予宰興寧，有山曰神光，巋然峭峙，騰焰燭天，歛英聚華，產尤植奇，羣峽阜麓，分環拱堵。一日修薆而前，十里餘間，有故屋僅存，左右僉曰：邑人羅孟郊讀書室也。其泉混混于石竇，流于滙。卽之，冷然可掬。而曰：羅公讀書洗硯池也。昔隱于是，莫昉歲月。考其歷翰林，陟諫垣，名與此山俱傳。……』是其顯例。雖其所載羅孟郊年代，頗與孟郊先世五代時之羅昌儒相混，然謂孟郊事蹟與神光山有關，則無可疑者。惜自永樂大典散亂後，存帙無多，旣不易於殘卷中將興寧明以前文獻，爲輯佚還原耳。

成化興寧縣志　卷數未詳　侯爵修　殷興等纂

阮元修廣東通志藝文略注錄云佚

殷興成化興寧縣志序：『成化庚子，淸戎監察御史梅公江，按邑詢志，以稽政治，驗民俗。令求弗獲，遂命司訓葉君正纂修，弗就而卒。』以知成化侯志，實梅江所倡修。又王璡成化侯志序謂：『庚子，侯公拜命知縣事，暇日偕司訓蒲田鄭君，參之史傳，考其事實，正訛補闕，增益未及。屬諸貢士殷興，類次成編。復得幕賓余君如魁，相侑鋟梓。』是此志實葉正殷輿，及蒲田鄭某所纂輯，以侯爵知縣事，遂以修志之功歸之。按侯爵知興寧縣事，以治績著稱。咸豐興寧縣志卷四官師志名官傳：『侯爵，樂清監生。成化十六年任。勤愼廉明，民懷吏戢。修學宮，孜孜然以培養文風爲念。』而據元明修正德興寧縣志卷三人材科第傳，亦謂：『殷輿、字弘濟、成化十六年舉人，上石西州知州。好學文雅。』是成化侯志之所由爲世所重，亦以秉筆者之頗得其人耳。

弘治興寧縣志　卷數未詳　余泰修　阮氏廣東通志藝文略注錄云佚

祝元明正德興寧縣志序：『惠興寧之志，……成化末，邑人知上石西州殷君輿始爲之。……正德乙亥，余來知縣事。問之士庶，獨有殷書木刻本，存其家。印閱之，脫簡甚多。又其中複重錯糅益甚。極厭觀覽。蓋弘治初，又爲縣令余泰附益之。而編刻苟忽。』按余泰爲福建長樂舉人，弘治九年，知興寧縣事，其時距成化庚子侯爵修志，僅十六年耳。意其於侯志，不過略加附益補刻，非必曾將全書改纂也。又按泰任興寧知事，時值諸生薛緒與王天與，被誣久繫，泰爲申釋其寃，時人稱其廉明。則泰又不僅以修志爲事者也。

正德興寧縣志　四卷　祝元明修　劉天錫張天賦等纂　阮氏廣東通志藝文略注錄云佚　國立中山大學圖書館存江陰繆荃孫舊藏本　溫州市立圖書館藏原刊卷一殘本　蘇州顧氏過雲樓藏祝氏手稿本　祝氏手稿影印本（一九六二年北京中華書局出版）

祝元明自序：『……正德乙亥，余來知縣事，……思欲稍爲繕葺，未暇。會方伯吳公，牒郡縣，令修補地志。元明亦以是應命期且勉爲之。丙子冬，承臺省檄治通志，辭不獲，將自縣趨召。因以意授弟子員劉天錫、王希賢、李庠、張天賦，使以殷書爲本。徵扣見聞，補漏匡誤，迄于今事，爲編以歸。余舟中稍爲之芟除比聯，以成書四卷，題曰正德興寧縣志，以別于舊。立義述文，皆出余意，獨惜永樂之書未見也。纂事如追亡捜匿，唯力不足；刊繆若理疾，恒病不得其情，矧乏日力，焉免遺恨。茲亦姑云爾爾。……是歲冬十二月二十九日，長州祝元明序。』按祝志成於正德十一年丙子，蓋爲元明蒞官第二年。元明字希哲，自號枝山，長州人。文章有奇氣，弘治五年舉於鄉，久之不第，授興寧知縣。與邑人王天與張天賦相友善。曠達不拘，案無留牘。暇輒屬文賦詩，興至揮毫作草書，人珍庋之，事蹟見明史文苑傳。所修撰邑志，卷一爲郡縣建置沿革、分野、疆域至到、城隍、鄉都、山川，卷二爲官署、學校、廟壇、宮室、坊陌、津梁、步寨、寺觀、古蹟，卷三爲戶口、風俗、人材、科第、物產、征賦，卷四爲職官、文辭、雜記。雖採錄未盡詳備，然文章雅潔，要自可法。惟此志，粵中自明末，似已罕見，故崇禎十年魏浣初序劉熙祚修興寧縣志，即云：『吾具之茂苑祝希哲，……曾加蒐輯，……假掌故之手，……五卷之略，即不必盡無遺憾，而一種晉人風致，文采跌宕，定有可愛可傳者。惜乎併供蟫蝕，所存者寥寥兩記而已。』阮元修廣東通志，其藝文略注錄云『訣』，則更無論矣。今祝氏手稿本印行，足補正諸目錄學家注錄之脫失。

抑祝志所載，亦有與明代制度有關而爲極可重視之史實，如卷三征賦屯田條謂：『甘塘屯，在縣北十里。洪武壬申，長樂守禦千戶所百戶黃陵部軍一百十二人屯種，人授官田二十畝。永樂甲申，奉紅牌事例，續撥壩地官田，每名三十畝，通家人五十畝，共爲田五十六頃，一人歲納子粒一十二石，共一千三百四十四石。吉昌屯，在縣南二十里，同前壬申歲，百戶蔣守忠部軍隊百有十人，來屯種，畝數及後事例，皆同甘塘，通爲田五十頃，人歲納子粒一十二石，共一千三百二十石，共一千三百二十石。』又注云：『殷志云：郡志舊有大隴田、甘塘、龍婆、魚梁、吉昌五屯。歲久軍亡，今並爲甘塘吉昌二屯耳。此爲明初衞所制度施行下，興寧駐屯設置，與演變情形。欲考明代各衞所實況者，不能不取資於此類記載也。

嘉靖興寧縣具志　九卷　具悌修　戴玉佩張天賦等纂　阮氏廣東通志藝文略注錄云佚

咸豐興寧縣志卷十一藝文，載嘉靖具志自序：『嘉靖戊子冬，予承乏茲邑。政餘嘗閱舊志，每有補輯之懷。越歲庚寅，督學次崖林公希元，徧牒郡邑，偕綜祀典，吾寧幸事纂輯。於是敦延鄉士戴玉佩，弟子員張天賦就館，會同教諭侯位共校。首沿革，而復雜志，釐爲九卷，遵檄令也。』此志想已久佚，阮氏廣東通志藝文略未注卷數，蓋未見原書也。按具悌、南靖舉人，嘉靖七年知縣事，九年庚寅修志，阮志藝文略云壬辰修，非也。張天賦爲增城湛若水弟子，少負盛名，淵淳虛白似黃叔度，英秀朗察似楊德祖。凡三與修邑志，一與修廣東通志及武宗實錄，皆有法度可觀。所自著有葉岡詩集，今有興寧先賢叢書第二冊影印明刊本，事蹟見該影印本附傳，及余所作跋文。嘉靖吳志之得完成，意得天賦之力爲多也。戴玉佩爲正德九年選貢，授賀縣訓導。

嘉靖興寧縣方志　卷數未詳　方逑修　張天賦等纂　阮氏廣東通志藝文略注錄云佚

咸豐興寧縣志卷十一藝文，有兵備道瑯瀾方志序，謂志成於嘉靖十九年庚子。考方逑爲崇仁舉人，嘉靖十五年知縣事，十七年戊戌修志，則其書實遷延二年始殺青也。此志之實際纂述者，有教官張儶、黃輝，與弟子員張天賦等。首沿革，終外志。卷數不詳，阮志藝文略注佚。按此志修撰，距嘉靖吳志，僅十年耳，疑其間實無甚損益也。

嘉靖興寧縣黃志　卷數未詳　黃國奎修　盛繼等纂　阮氏廣東通志藝文略注錄云佚

咸豐興寧縣志卷十一藝文，載張希舉嘉靖黃志序，謂『邑令黃子國奎，以舊志是非頗謬，且近世未詳，禮延文學盛子繼，開局纂修，補其未備。余覽其三善焉：一曰明天時，志分野、災祥、氣候之類是也。二曰因地性，志沿革、封域、食貨、學校之類是也。三曰經人事，志歷官、進士、遺佚、烈女之類是也。至於田賦、兵防、均役、驛傳，一篇之中，三致意焉。』按黃國奎，江西廬陵人，嘉靖二十九年，知縣事，三十三年陞荆州知州。是黃志當修於黃氏蒞任之次年也。此志今佚，阮志藝文略，未注卷數。

崇禎興寧縣志　六卷　劉熙祚修　李大則李永茂陳亵等纂　阮氏廣東通志藝文略注錄云未見　日本東京圖書館藏原刻本

明人修興寧縣志，現存者，以崇禎間劉熙祚所修者爲最詳備。此志，清嘉道間，粵中既甚罕見，故阮元修廣東通志藝文略注錄云『未見。』惟幸日本東京圖書館，漢籍門地理類，尚存原刻本一部，蓋爲明治八年由文部省所交附者。書首有魏浣初、劉熙祚、李大則等三人序文，次爲凡例，又次爲目錄。其編次爲地紀卷之一，政紀卷之二，禮紀卷之三，獻紀卷之四，文紀卷之五，雜紀卷之六。尤以獻紀一卷，爲視其他縣志爲標目嚴正。且各卷敘事，亦每於首尾繫以論釋而標明作者名字，如云『劉熙祚曰，』『李大則曰，』『李永茂曰』等而尤以題『李永茂曰』者爲多。故其志於纂修姓氏下亦明標:『興寧縣知縣晉陵劉熙祚裁定,署教諭舉人昭武李大則,訓導湞陽許應甲訂正,邑庠生李永茂論者,彭邦瓊、陳衷、王所湞、劉奎昌,分編,主簿李嘗泰、典史朱繼祖董刻。』而全書文體,亦頗覺統一,大祇志稿成後,曾經劉氏統爲刪定也。故魏浣初序文亦云:『惠之興寧,不至如武城之蕞爾,……未嘗不可以鄒魯之治也。邑誌備外史,古職方氏之遺意,固長吏所宜問焉。……而吾吳之晉陵劉君,來令茲土,……不以折腰爲卑,不以炎陬爲遠。下車,卽詢父老因革之宜,凡城郭要害,倉廩積貯,干掫防禦,學宮形勝,田疇水利,肯綮之所在,不次第舉行,底績乃已。越兩期,而邑大治。……乃因進多士,弦歌之暇,慨然斯役,……沿故續新,闕疑訂信。未幾以成帙告,且索余言弁簡端矣。……余益以喜,實心爲攻者之果可以知無不爲,爲無不效,效無不悅且服,而不敢以吳人之私吾桑梓,輕引希哲之名公,並君先後掩映,沾沾夸示於粵也。因樂觀斯誌之厥成,不獨歎其纂述之周,筆削之善,于以嘉其政,而紀其實,俾異時傳名宦者知所考,倘有取於余言焉。』

而劉熙祚序,則自謂於崇禎八年乙亥,始知興寧縣事,卽有志修志,而政繁未遑。越三年丁丑,將欲報政,乃毅然爲之,閱兩弦望,遂脫稿以付歆劂。則劉志實成於崇禎十年,蓋距正德祝志,已後八十餘年矣。按熙祚字仲緝、武進人。天啓甲子舉人,崇禎八年謁選,得興寧縣令。丰采峻整,以文章飾吏治。先是,縣學額在下縣之列,熙祚請於提學魏浣初,升爲中學,復修學宮,文風丕振。課最,徵授浙江道御史,巡按湖南。張獻忠陷衡州,遣賊追桂王及吉惠二王至永州,熙祚督水師禦之,遣兵護三王入廣西,而自入州死守。奸人開門迎賊,熙祚被執遇害,時崇禎十六年九月十七日也。事蹟見明史忠義傳,及計六奇明季北略。是熙祚行誼,不特頗影響於興寧文風,且於明季士氣之振奮,亦不無激導之功也。

康熙興寧縣王志　八卷,卷首一卷　王綸部修　王銘彝　鄒濤等纂

康熙二十年刋本　阮氏廣東通志藝文略注錄未見　國立北平圖書館及日本內閣文庫藏原刋本

王綸部自序,謂:『綸部稱家督寧邑者,五年於茲矣。竊不自揣固陋,欲舉而葺之。於是徵集老成,采輯分編。其義則倣省志而加詳,其文則因祝志、劉志而增飾。其體裁則以家君所修程鄉縣志爲式。八志爲綱,衆條爲目,條分縷晰,端若貫珠。於

是觀輿地沿革，而山川風土之形勝悉矣。觀規制秩祀，而尊卑幽明之等列照矣。由官守而知吏治之得失，版籍而知賦役之重輕，於人物而念鍾毓之有自，於藝文而見著作之美備，後之人一披閱而事類昭然，因時而施修救，咸於是乎取之。時受校訂分編之任者，則有山陰勞子清、梅州侯子畿、邑庠王子銘彝、易子以履、鄒子濤、張子其駿，例得並書，以告厥成焉。』按綸部字玉掌，江寧縣監生。初隨父王仕雲任於程鄉，卽今梅縣。康熙十六年，題宰興寧。捐俸於文昌廟後創敦思堂，與多士講文課藝，所識拔皆獲雋。其後主修邑志，至康熙二十年辛酉，遂脫稿付梓。今日本內閣文庫所藏，爲初印珍本，紙墨乾淨，古色盎然。正文，半頁九行，行二十二字，四周雙闌楷書甚佳。裏封面刻題『本縣藏板。』卷七藝文、有王天與和山麻石巖記、曾榮科盤石庵修成記，皆爲醇雅古文。並有大埔名翰林蕭翊材所撰則思橋記，謂該橋爲『邑人蕭奮六所經始。』則知余故居村南之則思橋，與村西之文峯橋，皆爲明代所遺也。又按鄒濤字慕山，能古文，嘗序何南鳳詡堂餘稿，甚淵雅可喜。疑王志初稿，頗經慕山手也。

康熙興寧縣李志　　卷數未詳　　李清鋐修　　佚

乾隆興寧縣志施念曾自序，謂本朝有王志一編，李志一編。考咸豐興寧縣志卷四官師志，縣令李清鋐，奉天人，二十二年任，修邑志。李清鋐後，則屈孟祥於二十八年任。是所謂李志，卽康熙二十六年丁卯，知縣李清鋐所修者。惟此志諸書皆未注錄。蓋李氏知縣事，距王志付刻，僅二年耳。疑其修志，或僅就王志略加附益而成，非曾更張舊志，置局修撰。惟施志旣云有李志一編，則李氏當日，似曾鋟板，故並爲敍錄如此。

乾隆興寧縣志　　十卷　　施念曾修　　乾隆四年刊本　　國立北平故宮博物院及美國國會圖書館藏原刊本

咸豐興寧縣志卷十一藝文，載乾隆興寧縣志施念曾自序，謂：『爰於戊午二月之吉，集諸紳士，開局編修，紳士請發凡起例。予惟前明有劉志一編，本朝有王志一編，李志一編，其中分類分卷，各不相襲。今因時制宜，乃定疆輿、建置、賦役、學校、職官、選舉、人物、風土、事物、藝文，爲十卷，卷共八十則。命紳士按則，先錄諸志所有者，以剪裁優劣而去取，而應刪應增者，以事無闕漏，文無繁冗爲準繩。

四月爲夏，志局告竣。停訟稍暇，親自釐正，芟繁潤略，務從雅馴。並總書總目於十卷之首，分書分目於各卷之前，以分領之，作弁言十章於前。是役也，矢願於甲寅抵任之初，乃今而始告成，未知視劉王諸舊志何如。』此於施志修撰內容，已能統括。按施念曾，字得仍，一字蘗齊，宣城人，侍讀施閏章孫，拔貢生。雍正十二年知縣事，乾隆元年丙辰，由巡撫楊永生薦，舉博學鴻詞，試而未用，二年回任。清釆絕俗，慈惠利民。修學宮，葺城壕，建書院以祀韓蘇。事蹟見李富孫鶴徵後錄，及嘉慶興寧縣志。其所修志，成於乾隆四年。綱舉目張，文質裴然。阮氏廣東通志藝文略注錄『未見，』殆嘉道間粵中已罕見也。

嘉慶興寧縣志 十二卷 仲振履修 陳一峯等纂 嘉慶十六年刋本 阮氏廣東通志藝文略注錄存興寧希山書藏藏殘本

咸豐興寧縣志卷十一藝文，載嘉慶興寧縣志仲振履自序，謂：『爰及簿書之暇，集僚友，召紳士，詳加採訪。於舊志之闕者補之，繁者刪之，混合者分而列之，譌誤者改而正之。選及門士陳生一峯，傅生畹，黃生澄，分爲編次，而予董其成，共得若干卷，急付諸梓，以存七十年之梗概。』按仲振履，字柘菴，泰州人，嘉慶十三年進士，十五年知縣事，多所興作，尤愛士，闢韓蘇書院爲墨池書院，捐俸倡設文峯書院修脯，一時文風稱盛。事蹟見咸豐興寧縣志。其所修志大體尚佳。

咸豐興寧縣志 十二卷卷首一卷 張鶴齡修 陳炳章等纂 咸豐六年刋本，民國十六年興寧書店排印本 臺灣省立臺北圖書館及香港崇正總會藏咸豐六年原刋本 興寧希山書藏藏舊鈔本 中央研究院歷史語言研究所藏民國十六年排印本

張鶴齡自序，謂：『咸豐二年壬子，鶴齡奉檄調署興寧縣篆，未幾而鄰匪蠢動，星檄交馳，擾我邊陲，踐我疆圉，三年之內，迭起滅。鶴當軍務倥偬之日，方朝夕不暇，故有志未逮。比來元兇授首，疆宇肅清。鶴追繼視事以前，其有待於增訂者已多，及視事以後，連年掃除醜類，迅奏膚功，其有待於增訂者更非昔比。因命曾孝廉士梅，陳生其藻，及炳章，以襄纂輯，而鶴總其成。將仲志原本訛者正之，漏者補之，而續辛未以後事於卷末。』此於修志目的及經過，既爲統述。按張鶴齡字犖甫，桐城人。其志成於咸豐六年，分十二卷：首封域、次形勝、三規制、四官師、五賦役、六典禮、七學校、八選舉、九人物、十風俗、十一藝文、十二外志，爲現存興寧

縣志之最通行者。其卷首所列修撰諸人，雖分編有黎紹高、羅明光等七人，校訂有曾士梅等五人，然實際多出陳炳章手。炳章字爍林，爲道咸間興寧樸士，於修志見解及態度，不無可述。胡曉岑先生曦嘗代饒光輔作陳爍林先生誄並序，謂『先是，甲寅乙卯之歲，邑土寇數廓清，當道知先生能，議開志局，以纂修請。先生聞而瞿然曰：縣志雖百里書，然準此而郡而省而朝廷，卽與國史相表裏；且今之修志乘者比比矣，非阿私所好，卽紀事多誣，是故穢史縉紳家乘之譏，古今一轍，矧傳聞不一辭，紀載不一手，書出嘖有煩言，某敢辭也。旣當道請益力，先生恐重違其意，乃力謝開局，獨自一室中，鱗次編比，星纂露鈔，凡缺者補之，譌者正之，未志者續之。無糜費，無曠日，更六閱月，而告厥成。稿出，同事稱善。惟是時寇難甫平，當道欲鋪張一二，邀功上游之地，所有敍述戰事處，稍稍增飾。先生輒乙所易，以原稿付手民，當道卒無以難也。其膽識卓絕，毅然自立者，又如此。』以此知咸豐興寧縣志之所由取貴於時矣。又此志道光十二年壬辰以前事，多採之楊兆彝消炎錄，本志卷八選舉貢選，嘗提及之。

興寧圖志考　十二卷　胡曦撰　光緒刋本僅卷一　興寧希山書藏藏原刋卷一

先達胡曉岑先生曦所撰興寧圖志考十二卷，今所見僅卷一沿革圖說，及沿革表。光緒八年刻於廣州。其餘未刻各稿，多已散佚。余家希山書藏，舊藏胡先生雜稿，中有圖志考卷一卷二目錄。卷一目錄，除沿革圖說及表外，尙列封建表、職官表、選舉表第三目。卷二輿地略、列疆里、都鄙、晷度、分野、氣候、戶口、風俗、物產、方音等九目，山川略列山水、水利、關隘、圍寨等四目。另有零稿一紙，亦圖志考擬目，山川略下有古蹟、建置、藝文、金石、前事等五略。又另稿一紙，則爲圖志考列傳擬目。據此，則胡先生圖志考，實分圖說、表、略、及列傳等四門，蓋大要亦如阮氏廣東通志分類焉。玆卽就已刋之卷一歷代沿革圖說及表論之，其考據之詳明，排比之適當，文辭之醇雅，卽方之洪亮吉涇縣志等負名地志，亦無多讓。蓋胡先生自幼秀敏，齠齔卽能爲詩，自登同治十二年拔萃榜後，以屢困場屋，卽一志改治樸學，發奮著書，所撰著各書，以關於鄉邦文獻者爲多。參證旣閎，發明自富，興寧圖志考卷一之特爲精審，有由來也。

綜上所述，可知明清二代，興寧所修邑乘，今世仍可得見者，清志有康熙王志，乾隆施志，嘉慶仲志，咸豐張志，胡氏圖志考卷一等五種，明志則有正德祝志，崇禎劉志等二種，總計七種。雖篇幅未見特豐，而現存種目，則或視其他縣邑舊志不弱也。

入民國來，與寧人士，益以縣志年久失修，屢議設局重撰。至民國六年，邑令王虢，乃聘邑清內閣中書羅公翽雲爲總纂，先君子希山公，與胡公錫侯等爲分纂，釐訂志例，積極撰修。會戰亂頻仍，局務中輟。民國十九年，値蕉嶺丘輯甫瑞甲爲縣長，頗擬徵集地方文獻，余嘗致書，倡議續修縣志，謂縣乘爲一邑人文地文之總匯，不以時纂修，則一邑文物，無可表達，而民生狀況，土地異宜，與夫得失之經，消長之統，胥無由檢討，先民之經歷與功業，不克爲今人所知，今人之知識與活動，不克爲後人鑑戒。會丘氏未幾去官，卒未果行。其後數年，邑人士復議修志，主其事者胥碩學宿彥，然時局驟更，新志卒無由完成。撫今思昔，彌可慨也。

一九六四年十一月二十二日寫定。

出自第三十六本下(一九六六年六月)

楚辭斠補

張亨

離騷

各興心而嫉妬

案一切經音義二七，又七二引『各』並作『故』，非是。王注『則各生嫉妬之心……』是王本正作各字。

長顑頷亦何傷

案唐寫本文選集注殘卷第六十三離騷經文及王注『顑頷』並作『減滛』(即減淫二字俗書)。集注引公孫羅音決云『顑，口感反，玉篇：呼感反；頷，胡感反。曹：減淫二音。』陸善經曰『顑頷，亦爲咸淫。』是唐世別本有作『減淫』者，今案說文頁部『顑，飯不飽，面黃起行也。从頁咸聲，讀若戇。』又『顲，面顑顲貌，从頁畣聲。』二字於許書正相次。段玉裁曰『離騷「長顑頷亦何傷，」王注「顑頷，不飽貌」，按許之顑顲卽顑頷也。離騷假借頷爲顲。』曹作『減淫』二音者，減卽顑音，淫卽顲音。(說文邑部『䣜，地名，从邑畣聲，讀若淫。』則顲亦讀若淫矣。)朱駿聲曰『按顑顲疊韻連語。』顑顲，減淫並侵部字，聲紐亦近。聯綿詞多義存乎聲，書無定體，則別本之作減淫者，義初不異也。

攬茹蕙以掩涕兮

聞匡齋曰『案注訓茹爲柔耎。然蕙無剛柔之別，蕙稱茹蕙，不經甚矣。疑茹當爲若。二字形聲並近，故相涉而誤。若，杜若也，亦芳草，故蕙若並稱。漢書揚雄傳(反騷)「卷薜芷與若蕙兮」，「若蕙」之文，或本騷經。或倒之曰「蕙若」，本書惜往日「謂蕙若其不可佩」，後漢書馮衍傳「築蕙若而爲室」，胥是。』案王注『茹，柔耎也。言猶引取耎香草，以自掩拭。』吳仁傑離騷草木疏曰『周少隱云：茹之言食也。詩曰柔則茹之，此言茹蕙，猶言食秋菊耳。攬茹者，攬所茹之蕙也。仁傑按：茹，香草名也。』龔景瀚離騷箋曰『茹有食義，然上用攬字，文義似不順，吳謂香草，姑存以廣異聞。』今案吳說近是，唯不知『茹』實誤字。唐寫本漢書楊雄傳反離騷『臨江瀕而掩涕兮』晉灼注云『離騷云「擥茄惠以掩涕」。』茹字作『茄』獨異他本。茄卽荷字也。反離騷又云『衿芰茄之綠衣兮，被芙蓉之朱裳』師古曰『茄亦荷字也。見張揖古今字詁。』尋反離騷此句正因離騷「製芰荷以爲衣兮，集芙蓉以爲裳』句，則楊雄亦以茄爲荷。（沈欽韓云『釋草：「荷，其莖茄。」茄非荷字明矣。師古知字詁而忘爾雅。』然茄既爲荷莖，自可代言荷，詩文通例如此，沈氏殊泥。）茄，茹形近致誤。後世蒙於王本並晉注亦改之矣。聞氏疑爲若字之誤，證據未碻。（聞氏此說載清華學報第十一卷四期楚辭斠補一文中，及後出之楚辭校補書中則刪此條，豈亦不自安其說歟？）

九　歌

東　皇　太　一

璆鏘鳴兮琳琅

王注：「璆琳琅皆美玉名，……或曰糾鏘鳴兮琳琅。糾，錯也。琳琅，聲也。謂帶劍佩衆多，糾錯而鳴，其聲琳琅也。」

案王注非是。別本作糾，糾者璆之借字。猶虯之借爲蟉也。糾，璆並狀玉聲。朱熹楚辭集註曰『璆鏘，皆玉聲。孔子世家云「環佩玉聲璆然。」玉藻云「古之君子必佩玉，進則抑之，退則揚之。然後玉鏘鳴也。」琳琅，美玉名，謂佩玉也。』其說是也。戴震屈原賦注亦云『璆鏘，玉聲。琳卽禹貢球琳，美玉也。琅卽琅玕。』吳汝綸曰『糾一作璆，皆語詞。』亦以糾與璆並形容玉聲者，是也。

瑤席兮玉瑱瑱一作鎮

洪興祖曰：『瑱，壓也，音鎮。下文云「白玉兮爲鎮，」是也。周禮「玉鎮，大寶器。」故書作鎮。鄭司農云「瑱讀爲鎮。」』

聞匡齋楚辭校補『曰案書鈔一三三，類聚六九引亦作鎭。周禮天府「凡國之玉鎭，大寶器。藏焉。若有大祭大喪，則出而陳之。」注曰「故書鎭爲瑱，鄭司農讀瑱爲鎭。」本篇之玉瑱卽天府之玉鎭。……瑤與蕃，席與藉，並古字通，瑤席謂以蕃草爲藉以承玉（玉鎭以蕃爲藉，亦猶下文肴蒸以蘭爲藉。凡執玉必有繅藉，見儀禮聘禮記，周禮典瑞，禮記玉藻等注。）下文「盍將把兮瓊芳」，瓊謂玉鎭，芳謂瑤（蕃）席，鎭與席爲二，故曰「盍（合）將把」也。王注謂席爲坐席，以玉鎭之，非是。』

案瑱字當讀爲鎭，是也。又事文類聚續集一一，太平御覽七〇九引亦作鎭。鎭，玉器，名詞。瑤席，聞氏以爲卽『蕃藉』之假文，亦庶幾近之。文選江文通恨賦『惜瑤草之徒芳。』注云『山海經曰：姑瑤之山，帝女死焉。名曰女尸，化爲蕃草，其葉胥成，其花黃，其實如兎絲，服者媚於人。郭璞曰：瑤與蕃並音遙，然蕃與瑤同。』是瑤得借爲蕃之例也。說文『席，藉也。』漢書賈揖之傳『相枕席於道路。』注『席，藉也』。則席，藉二字亦音近義通。以蕃草爲繅藉所以陳玉鎭者，聞說是矣；然謂下文『盍將把兮瓊芳』之『瓊芳』卽指玉鎭與蕃藉而言，則恐非是，玉鎭自爲陳列之器，非得把持於巫之手中，聞氏旣據林雲銘（楚辭燈）、戴震以『盍』卽『合』字，因以所合者卽玉鎭及蕃藉，然此盍字實不當訓合，兪樾（讀楚辭），王闓運（楚辭釋）並謂盍爲語詞，是也。『瓊芳』或祭時巫所持之物，唯當與玉鎭，瑤（蕃）席（藉）有別。

揚枹兮拊鼓枹一作桴

聞匡齋曰：『案本篇通例，無間兩句叶韻者，此不當獨爲例外，疑此句下脫去一句。』

案王注『言肴膳酒醴旣具，不敢寧處，競舉枹擊鼓，使靈巫緩節而舞，徐歌相和以樂神也。』則王本已如此作。如聞說豈王本之前已奪一句？抑原本脫韻？未可知也。記纂淵海六七，合璧事類外集四引揚作「楊」，又西征賦注，潘安仁金谷集作詩注，事文類聚二三引枹作桴。枹，桴同字。記纂淵海六七引作浮，合璧事類外集四引作袍。並誤。又合璧事類外集四，文選西征賦注引拊並作柎。金谷集詩注引拊作撫。

雲中君

謇將憺兮壽宮

案與中本、長沙本、(參引諸書全稱及版本,並見拙著離騷輯校,載國立臺灣大學文史哲學報第十三期)文選陸士衡挽歌詩注引謇並作蹇。蹇與謇通用。王注『謇,辭也。』

又戴震屈原賦注本憺作澹。注云『澹然恬靜安綏之意。或作憺,非。』案據說文訓安恬當以憺爲本字。澹訓水搖、惟後世多以澹爲憺。故戴氏手稿本作憺,定本又改爲澹也。文選謝玄暉齊敬皇后哀策文注引作『蹇將詹予壽宮。』澹、詹並憺字之借,予則兮字之誤也。

聊翱遊兮周章

劉師培曰:『案文選安陸昭王碑文注、慧琳音義二七並引遊作翔,涉注而誤。』

聞匡齋曰『案王注「周章猶周流也,言雲神居無常處,動則翺翔周流往來且游戲也。」據此則王本正文「翱遊」作「翱翔」。原本玉篇音部,文選沈休文安陸昭王碑文注、慧琳一切經音義二七,王觀國學林五所引並作「翱翔」與王本合,當據改。』

案聞說非是。王注乃檃括全句而釋之,故略變原文之序,『翺翔』亦僅釋翾字,下『游戲』二字始釋遊字耳。不得據以證王本原作翱翔也,翱翔爲習見聯綿字,寫者因以致誤。劉說近是。各本與今本同。

猋遠舉兮雲中

洪興祖曰『猋,卑遙切,羣犬走貌 。大人賦曰「猋風涌而雲浮。」李善引此作焱,其字從火,非也。』

案朱鑑本作焱,注云『其字从火』,非是。五臣本文選、長沙本、凌毓枬本誤並同。

湘君

望夫君兮未來未一作歸

朱熹曰『未一作歸,非是。』梁章鉅曰『案注未肯來之語,則作未是也。』

案文選（贛州本、淳熙本、淳祐本）作歸。合璧事類外集五引誤同。

薜荔柏兮蕙綢柏一作拍

戴震曰：『拍，滂各切，與箔通。王注云「搏壁也。」劉成國釋名云「搏壁，以席搏著壁也。」此謂舟之閤閭搏著壁矣。』劉永濟屈賦通箋曰『戴說是，字本作拍，亦作拍。作拍者假借字也。』

聞匡齋曰：『案柏拍皆帕之誤。帕帛古本同字。「薜荔帕兮蕙綢，蓀橈兮蘭旌。」二句俱屬旗言，縿斿旆旃之屬謂之帛，所以纏杠者謂之綢，杠上曲柄以懸帛者謂之橈，綴旄羽之屬於杠者謂之旌也。此言以薜荔爲帛，以蕙纏杠，以蓀爲橈，復綴蘭以爲旌。王注讀柏爲搏壁之搏，謂以薜荔搏壁，殆不可憑。』

案王闓運曰『拍綢橈旌謂以旌來招也。拍蓋帛也。綢，綢杠也。（案王夫之楚辭通釋亦云：『綢，旗杠纏也。』）司馬相如賦曰「靡魚須之橈旃。」注以拍爲搏壁，橈爲小楫，蓀不可爲楫，道上又無壁也。』王說殆卽聞氏所本。其解是也。又陳本禮屈賦精義亦謂拍爲帕之訛，惟訓爲『舟子抹額』則謬以千里矣。下文『桂櫂兮蘭枻』始言舟，則橈非小楫，拍亦不得爲『橈下板以擊水者』(王夫之說)。說文『旃，旗曲柄也。周禮曰通帛爲旃。』則所狀此舟之旗蓋亦旃之屬。文選（贛州本、淳熙本、淳祐本）、黃省曾本、夫容館本、朱燮元本、馮紹祖本、袖珍本、閔齊伋本、俞初本、凌毓枏本、乾本、合璧事類外集五引並作『拍』。吳中本、長沙本並作『拍』。

蓀橈兮蘭旌蓀一作荃、旌一作旃

案五臣本文選、海錄碎事五引並作『采荃橈兮蘭旗。』文選（贛州本、淳熙本、淳祐本）作『承荃橈兮蘭旌』合璧事類外集五引作『承荃槎兮蘭旌』文選謝惠連泛湖歸去樓中翫月詩注、書鈔一三八、御覽九八三並引蓀作荃。又書鈔一二〇引作『荃橈兮蘭爲旌』。御覽九八三引旌作旗。洪興祖曰『或云乘荃橈，乘一作承，或云采荃橈兮蘭旗，皆後人增改或傳寫之誤耳。』

又案蓀卽荃字。張揖字詁『蕽、荃、今蓀是也。』離騷『荃蕙化而爲茅』敦煌本楚辭音作蓀，云『本或作荃，非也。凡有荃字，悉蓀音。』則以今字爲正矣。

搴芙蓉兮木末

案類聚八八，御覽九五三，事文類聚後集三三引『兮』並作『於』，仝芳備祖集一一引作『于』，作『於』或『于』均不合文例，殆以兮作『於』字用耳。

捐余玦兮江中

案事文類聚續集二〇引兮作『於』。

遺余佩兮醴浦佩一作珮、醴一作澧

案類聚六七引余作予，記纂淵海一四引作『餘』。

又文選(贛州本、淳祐本)、初學記六、又八、又二六、類聚六七、記纂淵海一四，合璧事類外集五，又三七，古文苑九遊仙詩注，文選顏延年祭屈原文注，注釋音辯柳先生集四二酬韶州裴曹長史君寄道州呂八大使因以見示二十韻一首注，引佩並作『珮』。醴並作『澧』。又淳熙本文選、朱鑑本、黃省曾本、夫容館本、朱燮元本、馮紹祖本、袖珍本、閔齊伋本、吳中本、長沙本、俞初本、凌毓枬本、乾本、書鈔一二八，方言四注，事文類聚續集二〇，書禹貢疏、胡穉陳簡齋詩集箋注四送張仲宗押戟歸閩中詩注引醴並作『澧』。洪興祖曰『澧、醴古書通用。』

湘夫人

目眇眇兮愁予予一作余

聞匡齋曰『案予讀爲眝。(左傳襄四年「后杼」路史後紀十三下注作柠，引尙書中侯作予，史記三代世表索隱作宁。管子小匡篇「首戴苧蒲，」齊語作茅〔今誤茅〕。金文頌鼎「貯廿家」，又「貯用宮御」格伯段「厥貯卅日」貯王國維並讀爲予。)說文曰「眝、長眙也。」「眙、直視也」(今轉語爲瞪)思美人曰「思美人兮擥涕而竚眙」即眝眙。「目眇眇兮愁眝」者，目眇眇卽愁眝之狀。一本予作余，朱燮元本、大小雅堂本並同，大謬。』

案文選司馬相如長門賦『衆鷄鳴而愁予』李善注引九歌此句，殆以長門賦卽襲用本文，果如是則予我之訓由來巳久，不自王逸始然(王逸注曰『予，屈原自謂也。……故曰愁我也。』)蔣驥山帶閣楚辭注云『見神之遠立凝視，其目纖長，有情無情，皆未可測。故其心振蕩而不怡也。』則以『目眇眇』狀湘夫人，謂望見湘夫人來，彼目眇眇令予愁也。（淮南子脩務篇『籠蒙目視』，許慎注云『籠蒙猶眇晤目視也。』即目眇眇之義。）聞氏讀予爲佇，義不必勝。即思美人之竚字亦不得讀爲佇。竚或作佇，久立之貌，謂延竚而望也，解爲『眝眙』，其義淺矣。黄省曾本、夫容館本、朱燮元本、馮紹祖本、袖珍本、閔齊伋本、俞初本、凌毓枏本乾本並作『余』，本篇余、予錯出。

與佳期兮夕張一本佳下有人字。一云與佳人兮期夕張

朱熹曰『佳下一有人字，非是。』

聞匡齋曰『案當從一本於佳下補人字，下文「聞佳人兮召予」，亦作佳人，可資互證。……文選謝希逸月賦注，謝玄暉晚登三山還望京邑注引並作「佳人」。』

案朱說不誤。佳下疑不必補人字。此言佳，下文言佳人句式各異，不須一律，（本篇文例各句兮字上或二字、或三字、絕少四字者，一本置期字於兮字下，殆即因其不合文例。此所以省人字者，或爲歌唱時音節所限故耳。）又王注：『佳謂湘夫人，不敢指斥尊者，故言佳也。』是王本原無人字。（文選謝玄暉在郡臥病呈沈尙書注引王注同，則注中人字必非後人所刪，各本並同。）文選謝靈運石門新營所住四面高山廻溪石瀨茂林脩竹詩注，謝玄暉在郡臥病呈沈尙書詩注引並同今本。有人字者正是衍文，不足據。

沅有茝兮醴有蘭茝一作芷、醴一作澧

案文選（贛州本、淳熙本、淳祐本）、朱鑑本、黄省曾本、夫容館本、朱燮元本、馮紹祖本、袖珍本、閔齊伋本、吳中本、長沙本、兪初本、凌毓枏本、乾本茝並作『芷』。醴並作「澧」。御覽九八三、合璧事類外集五、古文苑九游仙詩注、記纂淵海一四、九三、事文類聚後集二九引並同。

麋何食兮庭中食一作爲，蛟何爲兮水裔

案文選（贛州本、淳熙本、淳祐本）、朱鑑本、吳中本、長沙本，並作『爲』，合璧事類外集五引同。以上文『鳥何萃兮蘋中，罾何爲兮木上』律之，此似以作『食』爲長。御覽九三〇引水裔作『木上』，涉上文而誤，又九〇六引同今本。

葺之兮荷蓋一本云以荷蓋　　芷葺兮荷屋一本葺下有之字

兪樾曰：『此當作芷葺兮荷蓋。芷字闕壞，僅存下半止字，誤作之字，文不成義，

因移葺字於之字上，使成文義耳。說文艸部「葺，茨也。」「蓋，苫也。」……葺之義爲茨，茨者說文云「以茅葦蓋屋也」。……蓋之義爲苫，爾雅釋器「白蓋謂之苫。」釋文引李巡曰「編菅茅以覆屋曰苫。」是葺也，蓋也，皆草屋之名。以芷爲葺，以荷爲蓋，極言其清潔也。下文云「芷葺兮荷屋」與此句法同，可據以訂正此句之誤矣。』

劉永濟曰『案兪疑之爲芷，是也。謂芷字闕壞，又爲後人移易，則無據。古人書字，或省偏旁，芷之作止，亦如蘅之作衡，因又誤爲之也。「葺芷兮荷蓋」，句法與「吉日兮辰良」相同，不必移在葺上，文義本甚明也。』

聞匡齋曰『案（「芷葺兮荷屋」句）當刪芷字，從一本於葺下補之字。（此因先倒在葺上，文不成義，讀者以篆書之止形近，遂改之爲芷，卽成今本。一本又據未倒之本於葺下仍補之字，則成「芷葺之兮荷屋」，「葺之兮荷屋」與上文「葺之兮荷蓋」句法文義並同。屋，古幄字。荷屋猶言荷蓋。……「葺之兮荷屋」又與下「繚之兮杜衡」文相偶儷。繚讀爲橑，所以承苫蓋者。以杜衡爲橑，以荷葉蓋之，亦連類並舉。』

案兪、聞二氏一據下文爲說，一據上文爲說，並以此二句必有一誤，欲强同之。其說並有未當。竊疑此二句因文字相似，寫者不愼而互舛，因啓人疑竇。知之者，二句均有葺字，而王逸於前句不注，於後句則注曰『葺，蓋屋也。』殆與注例不合，原必當『芷葺』在前，而『葺之』在後，是王本猶未誤也。且『芷葺兮荷屋』與『蓀壁兮紫壇』相儷；『葺之兮荷蓋』亦正與『繚之兮杜衡』相儷，文正一律。後句一本『葺』下有『之』字，正是未誤之本，或轉據誤本復加芷字於其上，則失之遠矣。『芷葺兮荷屋』，『葺之兮荷蓋』因文而異其義，不必一致。

繚之兮杜衡一本兮下有以字，衡一作蘅

案五臣本文選兮下有『以』字。

又文選（贛州本、淳熙本）、袖珍本、吳中本、長沙本、兪初本、凌毓枏本並作『蘅』。原本玉篇系部、合璧事類外集五引並同。

大司命

使涷雨兮灑塵

案爾雅釋天『暴雨謂之涷。』與王注合，則作涷者是已，又淮南子覽冥篇亦云「降扶風、雜涷雨。」或作凍者誤也。黃省曾本、朱燮元本、夫容館本、馮紹祖本、閔齊伋本、凌毓枏本、乾本並誤作凍。文選思玄賦注、藝文類聚二引誤同。

吾與君兮齋速

朱熹曰『齊一作齋，非是。』

案齋、齊二字古書每通用。此處齊速連文。王注『齋，戒也，速、疾也。』洪興祖曰『齋速者，齋戒以自敕也。』朱熹曰『齊速謂整齊而疾速也。』皆分齊速爲二義，非是。戴震曰『禮記玉藻篇曰「見所尊者齊遬」鄭康成注云「謙慤貌也，遬猶蹙蹙也。」』兪樾說同，並謂『齊遬，古書或作齊肅，國語楚語「故齊肅以承之」是也。或作齊宿，孟子公孫丑篇「弟子齊宿而後敢言」，是也。』戴、兪二說雖於古有徵，審此處文意則顯有未合。故劉永濟曰『按戴、兪以齊遬連文爲訓，而非舊注速疾之義；然爾雅肅、齊、速皆疾也。郝懿行曰「肅，進也，進疾義近。詩小星傳『肅肅，疾貌』肅有嚴急之意。齊者壯之疾也。尙書大傳『多聞而齊給』荀子臣道篇云『齊給如響』性惡篇云『齊給便敏而無類』鄭注及楊倞注並云齊，疾也。」據此，則舊訓未誤，特不應以齊爲齊戒耳。齊速卽疾速，字本作齊。言吾與君乘淸氣，御陰陽，其行至疾，用以導帝之九坑也。』劉說是也。此以作齊爲正，王注讀爲齋而後有作齋之文。朱鑑本、吳中本並作齊。

少司命

秋蘭兮麋蕪麋一作蘪

案文選（贛州本、淳熙本、淳祐本）、御覽九八三、事類賦注二四，全芳備祖集二三引並作『蘪』。又匡謬正俗三、初學記二七、類聚八一、事文類聚後集二九、合璧事類外集四引並作『蘼』。又類聚八一引作『糜』。麋蕪字說文，爾雅並作蘪，疑當以作蘪爲正，餘並借字耳。

蓀何以兮愁苦以一作爲

聞匡齋曰『案當從一本作爲。本篇兮字除山鬼國殤外，皆兼具虛字作用。……此兮字猶而也。「蓀何爲兮愁苦」卽「蓀何爲而愁苦」。今本爲作以，試以「而」

代「兮」，讀全句爲「蓀何以而愁苦」，不辭甚矣。』

案經傳釋詞一『玉篇曰「以，爲也。」詩瞻卬曰「天何以刺」言天何爲刺也，凡經傳言何以若此者，皆謂何爲若此也。亦常語。』則古書以，爲原得通用，作以者不必非。唯五臣本文選以作爲，他本並作以，與今本同。

蓀獨宜兮爲民正蓀一作荃

案文選(贛州本、淳熙本、淳祐本)、黃省曾本、夫容館本、朱燮元本、馮紹祖本、袖珍本、閔齊伋本、兪初本、凌毓枏本、乾本及合璧事類外集四引蓀並作荃。

東君

羌聲色兮娛人聲色一作色聲

案禮記月令『止聲色毋或進』中庸『聲色之於化民末也。』古多作『聲色』，無作『色聲』者。疑或本誤倒。黃省曾本、夫容館本、朱燮元本、馮紹祖本、袖珍本、閔齊伋本、兪初本並作『色聲』。

青雲衣兮白霓裳

劉師培曰『案書鈔百二十九、類聚一、初學記二十六，並引霓作蜺。』

案霓、蜺古通用。經傳多用蜺字。離騷『帥雲霓而來御』『揚雲霓之晻藹兮』則並用『霓』字。此亦當以霓爲正。又御覽一四、六九九引作蜺，御覽八引作霓，則霓字之誤也。

河伯

衝風起兮橫波一本橫上有水字

案黃省曾本、夫容館本、朱燮元本、馮紹祖本、袖珍本、閔齊伋本、兪初本、凌毓枏本、乾本橫上並有『水』字。

惟極浦兮寤懷

聞匡齋曰『案「寤懷」無義，寤疑當爲顧，聲之誤也。東君曰「心低佪兮顧懷」，揚雄反離騷曰「覽四荒而顧懷兮」，魏文帝燕歌行曰「留連顧懷不能存」，是顧懷爲古之恆語。顧，念也。（禮記大學鄭注）懷亦念也。「惟極浦兮顧懷」猶言惟遠浦之人是念耳。王注訓寤爲覺，是所見本已誤。』

案聞說殊無據。寤訓覺，王注不誤。上文『日將暮兮憺（原作悵從劉永濟校改）忘歸』，言心樂志悅而忘歸，此則謂思及遠浦之人乃覺然懷念，惆悵不已耳。蓋方飛揚浩蕩，心樂志悅之際，忽念及遠方之人，與人愁緒，故用寤字。古或有『顧懷』連用之文，此不必然。

流澌紛兮將來下

洪興祖曰『澌音斯，从仌者流冰也。从水者水盡也。此當從仌。』

聞匡齋曰：『案說文「澌，水索也，」「凘，流仌也」。王注曰「流澌，解冰也，」似王本澌作凘。然詳審文義，似仍以作澌爲正。淮南子泰族篇曰「雖有腐髊流澌，（原誤漸，從莊逵吉改）弗能污也，」許注曰「澌，水也」七諫沈江曰「赴湘沅之流澌兮，恐逐波而復東，」論衡實知篇曰「溝有流澌，」（原誤壍，從孫詒讓改。）是流澌即流水也。紛讀爲汾，水涌貌，「流澌汾兮將下來」即流水汾涌而來下也。說文澌訓水索，此別一義。學者多知澌訓水索，而少知其訓水，因改此文澌爲凘，王逸承之過矣。』

案劉歆遂初賦『激流澌之漻淚兮，』後漢書王霸傳『及至虖沱河，侯吏還白河水流澌』皆以解冰爲流澌。此處王逸本自是澌字，聞氏轉據淮南、論衡以王本爲非，其實不然。且『紛』字正狀之『流澌』之形甚明，聞氏則必改讀爲『汾』，以强合澌訓水之義，古籍又無紛、汾相借之例，其說殆不可憑，求之過深耳。

山鬼

被薜荔兮帶女羅羅一作蘿

劉師培曰『案御覽三百九十一引被作披，類聚十九仍引作被，馬永卿嬾眞子卷一亦引作被。』

案文選謝靈運從斤竹澗越嶺溪行詩注引被亦作『披』。聞匡齋曰『案宋書樂志三，類聚一九，御覽三九一，又九九四。合璧事類前集六九，文選謝靈運從斤竹澗越嶺溪行詩注引並作蘿，朱燮元本、大小雅堂本同。』

又案文選(五臣本、贛州本、淳熙本、淳祐本)、黄省曾本、夫容館本、馮紹祖本、袖珍本、閔齊伋本、俞初本、凌毓枏本、乾本並作蘿。又事文類聚前集四八,全芳備祖集一三,御覽九八三引並同。

辛夷車兮結桂旗文選桂誤作旌

案贛州本、淳熙本、淳祐本文選作桂不誤。唯文選沈休文鍾山詩注引作『旌』。又類聚八九引辛夷誤作『華移』。御覽三四〇引辛作新。

東風飄兮神靈雨飄一作飄飄

案黄省曾本、夫容館本、朱燮元本、馮紹祖本、袖珍本、閔齊伋本、吳中本、長沙本、俞初本、凌毓枏本、乾本並重飄字與洪引一本同。疑非是。

猨啾啾兮又夜鳴又一作狖

案上文『雷填填兮雨冥冥』,下文『風颯颯兮木蕭蕭,』雷與雨、風與木並相對成文,疑此句『又』亦當從一本作『狖』,以與猨相對。王注『猨狖號呼』疑王本此原作狖。文選(贛州本、淳熙本、淳祐本)、黄省曾本、夫容館本、朱燮元本、馮紹祖本、袖珍本、閔齊伋本、俞初本、凌毓枏本、乾本並作狖,與一本合。

國　殤

天時墜兮威靈怒墜文苑作懟

案朱熹從文苑作懟(吳中本、長沙本同)云『懟,怨也。……適值天之怨怒。……』自蔣驥、戴震、林雲銘、馬其昶(屈賦微)、陳本禮諸家皆從朱本,唯王夫之云『天時墜,大命傾也。威靈怒,死而怒氣不散也。』今案王說是也。此蓋謂國殤雖奮勇爭戰,惜天命不佑,乃致殂落,形體雖歿,而威靈猶自怒氣未息也。極言國殤戰死之壯烈,如闌入『天之怨怒』則於上下文意乖刺,且『天時』亦不得僅謂『天』也。王注『墜,落也。言已戰鬭,適遭天時,命當墜落。……』是王本原卽作『墜』。文苑作『懟』者,或以墜,懟音近,又因下『怒』字聯想致誤耳。

子魂魄兮爲鬼雄一云魂魄毅一云子魂毅

案劉永濟曰『按詳叔師注，則王本原作「魂魄毅」』其說是也。（聞匡齋說同）（王注：『魂魄武毅、長爲百鬼之雄也。』）文選鮑明遠出自薊北門行詩注引及朱鑑本、文選補遺、元本、黃省曾本、夫容館本、朱燮元本、馮紹祖本、袖珍本、閔齊伋本、吳中本、長沙本、俞初本、凌毓枏本、乾本並作『魂魄毅』。

禮魂

成禮兮會鼓成一作盛

案王注『成其禮敬，』則王本原作成。成猶終也，畢也。（周語『成，德之終也。』儀禮少牢禮注『成，畢也。』）作盛者是借字。黃省曾本、夫容館本、朱燮元本、馮紹祖本、袖珍本、閔齊伋本、俞初本、凌毓枏本、乾本並作『盛』。

天問

厥利維何而顧菟在腹菟一作兎

洪興祖曰『菟與兎同。』

案類聚一、初學記一、事類賦注一、御覽四、海錄碎事一、錦繡萬花谷後集一引菟並作『兎』。

僉曰何憂曰一作答

案註釋音辯柳先生集一四、黃省曾本、夫容館本、朱燮元本、馮紹祖本、袖珍本、閔齊伋本、俞初本、乾本、凌毓枏本並作「答」。據堯典及王注（『衆人曰何憂哉』）疑當作曰。

焉有石林何獸能言

案柳集一四何字作『有』。王注『言天下何所有石林之木，林中有獸能言語者乎？』似王本原作『有』字。洪興祖曰『石林與能言之獸各指一物，非必林中有此獸也。』然下文『焉有虬龍，負熊以游』亦上下二句相關，蓋傳說謂有石林，其中有能言之獸，亦未可知，唯有字重出爲尠見耳。

厥大何如大或作骨

案作大義長，骨字涉注文而誤。郭璞山海經圖讚云『象實巨獸，有蛇吞之，越出其骨，三年爲期，厥大何如？』末句正用此文。天對云『巴蛇腹象，足覿厥大,』則柳氏所見本亦作大也。而今本柳集一四附天問作「骨」者，後人改之耳。

啓棘賓商九辯九歌

朱熹曰『棘賓商未詳，疑棘當作夢，商當作天，以篆文相似而誤也。』

朱駿聲說文通訓定聲頤部曰『棘，飾也。商乃帝之誤。』王闓運亦云『商蓋帝之誤。』

劉永濟曰:『按山海經曰「開上嬪於天，得九辨九歌以下。」郭注曰「嬪，婦也。言獻美女於天帝。」郝懿行曰「賓、嬪古字通，棘與亟同。蓋謂啓三度賓于天帝而得九奏之樂也。」郭訓嬪爲獻美人，朱子已闢其謬，郝說得之。商帝形近而誤。惟棘字不可解，朱子以爲夢字之闕誤，雖無可證，於文爲順，飾亟之訓，蓋從聲求之，終覺未安。』

游承澤曰:『棘者急也，古多作棘，聲近義同。賓者，賓客也。或借作嬪，商者或爲帝之譌字，帝謂天帝也；或爲高之誤文，高亦謂天也。又或以同音借爲上，上亦天也。「啓棘賓商」者，言啓急欲賓於天帝也。山海經大荒西經「夏后啓上三嬪于天，得九辯與九歌以下。」卽其事也。三度賓天而得九辯九歌之樂，亟可知矣。故屈子以棘言之。』

案啓棘賓商，自來說解紛如，章句以棘訓陳，賓訓列。商卽宮商之音。洪訓棘爲急，謂待商以賓客之禮。陳本禮則以爲啓賓商均之事。馬其昶訓商爲章。丁晏(天問箋)以棘訓亟，賓當爲嬪……並不能圓其說。今案此卽指山海經大荒西經所載神話無疑。游氏從朱、王之說以商爲帝之誤，疑是也。然亦無證。商或讀爲上(爾雅『太歲在庚曰上章』史記作『商橫』是其例，)賓商卽賓上，賓上謂上嬪於天，上非卽天也。棘借爲亟(詩采薇『玁狁孔棘，』文王有聲『匪棘其欲』並以同音借爲亟。)而亟疑非急速之義，蓋是頻數之義，夏后啓上三嬪于天，故言頻數也。游說似未達一間。

大鳥何鳴夫焉喪厥體

聞匡齋曰:『案體疑當爲履，聲之誤也。(詩氓「體無咎言」韓詩及禮記坊記引並作履，管子心術下篇「戴大圓者體大方」內業篇作履，本書卜居序「屈原體忠貞之性」體一作履。王注說此上八句爲王子喬事，其略云……案化蜺與失藥二事，未聞其審，自餘則與漢世所傳子喬事頗合，惟尸字當作履耳。知之者，注中兩言「王子喬之尸，」上尸字御覽一四引作履。以字形論，尸無由誤履，履則易缺損成尸，疑御覽所引是，而今本則嘗經後人改竄也。注中履墜事，似卽解正文「夫焉喪厥履」之語。今本正文履作體者，又探誤本注文尸字之義而改也。（注又云「文子焉能亡子僑之身乎，言仙人不可殺也。」或亦後人所沾。）蔡邕王子喬碑有大鳥跡見於子喬墓上事，與本篇化鳥之說合。易林謙之謙又云「王喬無病，狗頭不痛，亡（疑當作匡通尪）跛失履；乏我送從。」（隨之解亡跛作三尸。）失履與本篇喪履之說合。……』

案聞說是也。王注：『言崔文子取王子僑之尸，置之室中，覆之以弊篚……開而視之……』篚借爲匪字。說文『匪，器似竹篋，从匚，非聲。』古籍皆通用篚。儀禮宴禮『設膳篚。』禹貢『厥篚織文。』三禮圖『篚以竹爲之，長三尺，廣一尺、深六寸、足高三寸。』篚之大小雖不必定如制，其不足以覆蔽人體則無疑。是崔文子所覆者顯非人體。疑注本作履，傳寫缺『復』，因誤爲尸，正文從之而改。聞氏誠能發千古之覆矣。

舜閔在家父何以鱞

劉盼遂天問校箋曰『按閔乃母字之譌。閔之古文作𢝊。見汗簡集下之一民部。又作𢝊，見說文解字門部，所從始卽母字，故與母字易相混淆，此文本作「舜母在家父何以鱞」。蓋舜母握登早喪，瞽瞍無妻獨處歷年而後更娶象母也。』

聞匡齋曰『案書堯典曰「有鱞在下曰虞舜，」未聞舜父亦稱鰥也。父當爲夫。二字形聲並近，故相涉而誤。本篇屢曰「夫何」（凡七見）「夫何以鱞」猶何以鱞也。閔字義亦難通，以下云「夫何以鱞」推之，當係妻妃諸字之訛。……疑此本作「舜妻在家」，古篆妻與敏相似，遂誤爲敏，後又轉寫作閔也。山海經海內北經曰「舜妻登比氏。」本篇所謂舜妻，當卽登比氏。意者相傳舜先娶登比，後娶二女，則二女未降以前，舜已有妻，故有「夫何以鱞」之問也。……』

案衡以古代傳說，聞氏之說較爲切合。閔爲誤字亦甚顯然，而以閔爲妻字轉寫之誤，則失之迂曲。竊疑閔係婚字之聲誤。說文有𢝊字，謂是古文閔，說文釋例曰

『閔之古文𢝊，汗簡作𢚩（印林曰「蓋从心，昬聲，非从思。」）从古文民，是也。』則古閔字聲正作昬（古音x每與m相諧聲、如民與昬，亡與荒，無與膴，每與晦皆是。——見董同龢先生中國語音史頁一六九）今潣字亦作汷，作湣，作涽，並閔昬聲同之證。古婚字止作昏，寫者假𢘿字以代之，復轉寫作閔，遂失其朔。劉、聞二氏徒以字形相比附，不知由聲求之，因失之耳。夂字涉注文而誤，聞氏以爲當作夫，是也。

女媧有體孰制匠之

劉永濟曰『叔師謂「傳言女媧人首蛇身，一日七十化，其體如此，」今本有體二字，不出注中，疑有乃貨字傳寫之誤。貨化古字聲義皆同。說文「貨，財也。从貝、化聲。」徐鍇曰「可以交易曰貨，貨，化也。尙書曰『貿遷有無化居。』」……是其證。此本作化體，古本用貨字，後人不得其義，又貨或作貣，與有形近，妄改爲有耳。』

案劉說迂曲之甚。王注『傳言女媧人頭蛇身一日七十化，其體如此，誰所制匠而圖之乎？』『其體如此』正釋『有體』二字。蓋謂女媧本變化無定體，今壁上所繪如此，誰爲之圖制乎？注意本甚明，又豈必逐字爲解？山海經云『女媧之腸，化爲神，處栗廣之野。』郭璞注曰『女媧，古神女帝，人面蛇身，一日中七十變，其腸化爲此神。』壁上女媧之像或卽人面蛇身者歟？

會鼂爭盟一作會晁請盟

洪興祖曰『鼂晁並朝夕之朝，詩云「肆伐大商，會朝清明」，注云「會，甲也。」箋云「會，合也。」』

劉盼遂曰『此文蓋用詩大雅大明篇「會朝清明」語，毛傳云「會，甲也。」鄭箋引牧誓曰「時甲子昧爽，武王朝至于商郊牧野，乃誓。」據王毛鄭三注，知楚辭與詩本作甲朝，今作會者，古文甲與會形似致誤也。說文會之古文作㣛，甲之古文作𠇚，毛公於經文誤字，例不自破，注中詁之而已。如此文，毛意蓋謂會爲甲之誤字，而不肯如漢人當爲當作諸法耳。……』

劉永濟曰『武億羣經義證曰「楚辭天問篇『會朝爭盟，何踐吾期，』注『爭一作請。』考鼂朝同字，請淸音相近，盟明通用，是屈子引詩『會朝淸明』爲問，蓋云以甲子日赴膠鬲請盟之期，非如毛鄭所云也。」胡承珙毛詩後箋曰「天問此言，雖會朝字偶合，未必卽引此詩，且若云『甲朝請盟』則詞與意皆未完，經文不當竟仕矣。」按胡謂屈子非引詩固是。然武以爲膠鬲約期之事，亦是。劉氏校箋謂作會者古文甲與會形近致誤。然則詩之「會朝」與此文偶合，不應牽連爲說。此文「爭盟」乃「請盟」之誤，作爭者又以史記有諸侯成會之文連牽之耳。吾期，疑亦鬲期之誤，皆當改正。』

聞匡齋曰『案爭當从一本作請。請猶盟也。……「請盟」字詩正作「清明」。天問「會鼂(朝)請盟」卽用詩語，特詩「清明」用古字，天問「請盟」用今字耳。「會朝請盟」者，會亦朝也，(禮記王制注曰「朝猶會也。」)請亦盟也，「會朝」與「請盟」對舉，上下皆同義字。書牧誓曰「時甲子昧爽，王朝至於商郊牧野，乃誓。」朝至卽朝致，朝訓會(見上)，致亦會也，(周禮遂人注曰「致猶會也。」)此謂武王於甲子之朝，朝會庸蜀羌髳微盧彭濮等八國諸侯及其百官而與之盟誓也。詩之「會朝」，天問之「會鼂」卽書之「朝致」，詩之「清明」，天問之「請盟」卽書之「誓」矣。今本天問請作爭者，玉篇水部引韓詩作瀞明」，疑天問古本亦作瀞，爭卽瀞之誤。惟王注不解「爭盟」事，或所據本猶未誤。』

案據下文『何踐吾期』則二句當卽指膠鬲約期事，(見呂氏春秋貴因篇)『會鼂爭盟』卽詩之『會朝清明。』然『爭盟』非謂膠鬲請盟(如武億說)；亦非謂與八國諸侯相盟誓(如聞匡齋說)；而聞氏以『會朝』與『請盟』對舉，上下皆同義字，因訓朝爲會，訓請爲盟，亦迂曲之甚。『會朝』卽會戰之朝耳。(左哀二年傳『於是會之，必大敗之，』孟子公孫丑上篇『慮勝而後會，』並會戰之意。詩此句鄭箋訓會爲合，云『合兵以清明』，合兵卽會戰也。)『爭盟』當從詩作『清明』，清明卽『甲子昧爽』之天氣清明也。詩用本字，天問用借字。(爭，瀞字之闕誤，聞說是也。本或作請者淸之訛字或借字耳。)又劉氏以吾爲鬲字之誤，無據，非。

到擊紂躬到一作列

朱熹曰『列一作到，非是。史記言武王至紂死所，射之三發，以黃鉞斬其頭，懸之太白之旗，此所謂列擊紂躬也。然未見周公不喜……之事，蓋當時猶有其傳，而今失之也。』

劉盼遂曰『案到當為刀之借字，釋名釋兵「刀，到也」。史記周本紀「武王至紂死所，下車以輕劍擊之。」劍與刀析言有別，散言則通也。』

聞匡齋曰：『案到疑當為勁。字之誤也。戰國策西周策「彼且改王之聚以勁秦」史記韓世家「不如出兵以勁亡。」今本勁皆誤到。……勁，力也。(列子說符篇張注)「勁擊」謂猛力擊之。一本作列亦勁之誤。(古隸列作剢與勁形亦近。)天對曰「頸紂黃鉞，旦孰喜之，」似所見本亦作勁。』

案到當從一本作列，朱說是也。到、列形近而譌。唯朱氏未明言列字之義。說文『列，分解也，从刀，歺聲。』後世通用裂字。列擊紂躬卽逸周書克殷解及史記周本紀所謂擊之以輕呂之劍，以黃鉞斬紂頭也。蓋武王以劍擊之又分解其身，故叔旦不以為善。蔣驥釋列為齊，謂是會孟津事。非是。馬其昶云『到同倒，史記「紂師皆倒兵以戰」。』(劉永濟從其說)亦非。此謂擊紂之身，與倒兵事自不相涉。如馬說與下文亦不銜接。劉盼遂以到借為刀。古籍無例，義亦未允。聞說謂為勁字之誤，勁擊之語殊為不詞，亦無碻證。朱鑑本、文選補遺、吳中本、長沙本並作『列』與一本合。

何親揆發足周之命以咨嗟一無何字一云周命咨嗟

朱熹曰『定一作足，屬上句非是。』

劉永濟曰『按此問義殊難明，細審文義，或當作親發定周，何以咨嗟。揆乃發之誤字而衍者，發，伐也。逸周書官人解「有知而言弗發」大戴記作「有知而不伐」，詩噫嘻「駿發爾私」，箋「發，伐也。」是其證。親發卽躬伐，疑指東征事。句首無何字是，足乃定之誤。定周卽定周之命。後人以此篇下文有「何親就上帝罰，殷之命以不救」之文，遂改此與彼同，不悟其文義難通也。又按本或作親揆撥正，何以咨嗟。揆，度也。撥正卽邪正。荀子正論「不能以撥弓曲矢中」楊注「撥不正之弓」本作癶。本書懷沙「孰察其撥正。」王注「治也」，非。定，正之誤字。此言叔旦親揆度邪正，何以尚用咨嗟邪？卽承上文叔旦不嘉以為問義也。二說未知孰是。』

案劉氏二說並無據，非是。揆者癸也。說文『癸，兵也。象形。』書顧命『一人冕執戣。』(戣卽後起癸字)史記周本紀『周公旦把大鉞，畢公(逸周書及魯世家作召公)把小鉞以夾武王。』『揆發』當卽指此故事。謂周公親以兵(癸)衞武王也（發是武王之名）。足者定之誤字（朱鑑本、文選補遺、吳中本、均作定。）『何親揆發定周之命以咨嗟』者，謂周公本親執兵佐武王而定周之命，然何以咨嗟耶？此正承『叔旦不嘉』句發問，見其不滿武王之以劍擊紂身也。後人不知揆爲癸之借字，執於揆度之訓。隨致文義湮滅難明矣。

授殷天下其位安施位一作德

劉永濟曰『按作德是。此言上帝授殷，必以湯有德也，其德何致移易而致於滅亡。明吉藩府翻宋本及黃省曾校刻宋本章句位上皆有德字，是王本原作德之證。施移古通用。史記衞綰傳「劍人之所施易」注「施讀若移。」是其證。上文「夫何三年不施」亦同。此文其德，與下文其罪對言，以見問意。不宜以忽涉成湯，嫌文無次序也。』

聞匡齋曰『……案劉說是也。管子立政篇「大德不至仁，」羣書治要引德作位，此古書德位互譌之驗。王注曰「其王位安所施用乎，」王位亦當作王德。吉藩府翻宋本朱燮元本、黃省曾本、大小雅堂本並作「其王德位，」則合作德與作位二本而並存之。』

案二句舊說授字皆從其本義。非是。疑授當讀爲受（周禮司書『受其幣』注『故書受爲授，鄭司農云授當爲受。』是其證。）此總承上文，言周受殷之天下，其德（從劉說）安所施耳（施不讀若移，劉說非）。丁箋云『天授周以殷之天下』增出『天』字反迂曲矣。又柳集一四、夫容館本、兪初本亦並作『德位』，聞說是也。

反成乃亡反一作及

劉師培曰『案據注似當作「及成反亡」。』

聞匡齋曰：『案劉說是也。王注「殷王位已成，反覆亡之。」是王本作「及成反亡」，今本作反，因及反形近，又蒙注中「反覆亡之」之文而誤。』

案王注不可通，劉氏據以改今本亦不碻。疑反字不誤。反成者謂反政於成王也。此仍指周公事。史記周本紀『周公行政七年，成王長，反政成王。』乃亡者，魯周公世家『及成王用事，人或譖周公，周公奔楚，成王發府，見周公禱書，乃泣反周公。』亡乃出亡，奔亡之亡，非覆亡之義。此問蓋謂周公反政成王，竟至奔亡,其罪維何也。

昭后成遊南土爰底

劉師培曰『案據注后疑作倍。』

劉永濟曰『按成疑巡之誤。上文「成湯東巡,有莘爰極」句法與此同。王引之曰「漢人以眞庚通用。」成在庚韻,巡在眞韻,此或寫人,因聲誤寫耳。』

案王注『言昭王背成王之制而出游』則作成自王本已然,劉永濟說成乃巡之誤,其證不碻,劉師培氏據注以后當作倍,雖無異文可據,於注意則彌切,倍,后形近致譌。

齊桓九會會一作合

案會合形近義通。朱鑑本、文選補遺、吳中本、長沙本並作合。論語憲問篇『桓公九合諸侯,不以兵車,管仲之力也。』

雷開阿順而賜封之一云雷開何順而賜封金

劉永濟曰:『按作何是也。封字疑衍。古韻語兩句末皆有之字者,例以之字上一字爲韻。一句有之字,一句無者,之字爲韻,一本之作金,雖與沈韻,而上句末有之字,非例,疑上句亦衍之一字。』

聞匡齋曰:『案阿當從一本作何。上文曰「比干何逆,而抑沉之」「何順」與「何逆」對文以見意。朱本作何順,柳集同。』

案一本作『何』是。作何始見問意,且與上句相偶也。朱鑑本、吳中本、長沙本亦並作『何』。又據注『乃賜之金玉而封之也。』疑王本原有『金』『封』二字。黃省曾本、夫容館本、朱燮元本、馮紹祖本、袖珍本、閔齊伋本、俞初本、凌毓枏本、乾本並作『雷開阿順而賜封之金,』較一本金上多出之字。疑二句原作『比干何逆而抑沉,雷開何順而賜封之金』後誤奪『金』字,因於沉下加之字使相儷,遂成今本,而不知其失韻也。

梅伯受醢

劉師培曰『案禮記王制疏引受作菹,是也。』

案劉說疑是。『菹醢』正與下文『詳狂』對文,注亦云『乃殺之菹醢,』作受醢者,緣下文『受賜茲醢』之語而誤。

箕子詳狂詳一作佯

案詳讀爲佯。柳集一四、黃省曾本、夫容館本、朱燮元本、馮紹祖本、袖珍本、閔齊伋本、吳中本、長沙本、兪初本、凌毓枏本、乾本並作『佯』。

師望在肆昌何識識一作志

案識、志古通用。柳集一四、黃省曾本、夫容館本、朱燮元本、馮紹祖本、袖珍本、閔齊伋本、兪初本、凌毓枏本、乾本並作『志』。

鼓刀揚聲后何喜

案白帖四、初學記三二、書鈔一二三、御覽三四六、又四六七引何並作『乃』。作乃者非是。乃是肯定語，作「何」始見問意，且與上文相對。

受壽永多夫何久長

聞匡齋曰『案「永多」與「久長」義相重複，殊爲無謂。朱本無久字，柳集及御覽八六一引亦無。……然「永多」與「長」於義仍嫌複疊。疑長爲倀之缺損。……。』案久字衍文，聞說是也。朱鑑本、文選補遺、吳中本、長沙本並無久字。

九　章

惜　誦

發憤以杼情杼一作舒

洪興祖曰：『杼，渫水漕也，音署。杜預云「中杼舊意，」然文選云「抒情素，」又曰「抒下情而通諷諭。」其字並从手。』

朱熹曰：『抒从手，一作紓，亦通。』

案作抒者是也。杼、舒、紓並其假字。朱鑑本作抒，文選補遺、黃省曾本、夫容館本、朱燮元本、馮紹祖本、袖珍本、閔齊伋本、吳中本、長沙本、兪初本、凌毓枏本、乾本並同。

竭忠誠以事君兮一本君下有子字

朱熹曰：『君兮之間，一有子字，非是。』

案黃省曾本、夫容館本、朱燮元本、馮紹祖本、袖珍本、閔齊伋本、兪初本、凌毓枏本、乾本君下並衍『子』字。又朱鑑本、文選補遺、吳中本、長沙本以並作

『而』。

所以證之不遠一本之下有而字

朱熹曰:『之下一有而字,非是。』

案黃省曾本、朱燮元本、夫容舘本、馮紹祖本、袖珍本、閔齊伋本、俞初本、凌毓枏本、乾本並衍『而』字。

亦非余心之所志一本此句末與下文皆有也字又衆兆之所咍

聞匡齋曰:『案當從一本於兩句末補也字。……朱本有兩也字。』

案心字疑衍。朱鑑本、文選補遺、吳中本、長沙本並有兩也字而無心字。

又莫察余之中情

朱熹曰:『中情,以韻叶之,當作善惡,而惡字又當從去聲讀,由騷經一句差互,故此亦因之耳。』

陳第云:『情或是愫字,與路韻。』

張惠言曰:『情路二韻誤倒。』

劉永濟曰:『按朱陳所改皆可通,而由騷經一句差互之說尤近理。蓋九章間有重著離騷之文,騷詞有「荃不察余之中情」句,又有「孰不察余之善惡」句,故因而差互耳。張譜之說恐非。』

聞匡齋曰:『案此句不入韻,推尋其故,蓋由脫簡所致。考離騷、天問、九章均以四句爲一行。本篇「忳鬱抑余侘傺兮」以下四句,疑本係二行八句,今本因脫四句,而以二行之文併爲一行,故致「情」「路」二字無韻。古本似當作「忳鬱抑余侘傺兮,□□□□□□□,□□□□□□□兮,又莫察余之中情。(以上一行)□□□□□□□兮,□□□□□□□,固煩言不可結詒兮,願陳志而無路。」(以上一行)以文義求之,「忳鬱抑余侘傺兮」與「又莫察余之中情」殊少連貫,故疑此行所脫二句,當在此二句之間。至次行之「願陳志而無路」與後文「退靜默而莫余知兮,進號呼又莫吾聞」,則語意正相銜接,故知彼行所脫二句,必不在行末而在行首。朱子以此文「情」「路」不叶,欲依離騷改「中情」爲「善惡」,其說雖近理,然終疑二語形聲俱遠,無由致誤,故不取之。王注曰「曾無有察我之中情也」，是王本仍作中情。』

案王注『言已懷忠不遂，心中鬱邑，惆悵住立，失我本志，曾無有察我之中情也。』則王本此二句蓋相銜接，聞氏臆爲之說，非也。朱說近是。離騷『孰云察余之善惡』考異云『善惡一作中情』，是二語互誤之例。（二語形聲雖遠，殆以文意相關致誤耳。）然審上下文意，此處似仍以作『中情』爲宜，又王本已作中情，故朱說亦不必是。近人或以下句『路』爲『正』字之誤(玉篇『正，古文𤴓，寫者不知以爲路爾，』無正意同抽思『並日夜而無正』)，使二句叶韻，文意既不切合，證又不碻，尤非，疑此處本偶脫韻，或王本前已誤，徒以韻求而乏實據，轉不若仍之也。

固煩言不可結詒兮固一作故，一本結下有而字

劉永濟曰：『按固故古通，結詒是也。一本因思美人有「言不可結而詒」句，改此從彼耳。』

案朱鑑本、黄省曾本、夫容館本、朱燮元本、馮紹祖本、袖珍本、閔齊伋本、吳中本、長沙本、俞初本、凌毓枏本、乾本、文選補遺並有『而』字。

魂中道而無杭杭一作航

聞匡齋曰：『案無疑本作亡，「亡杭」疊韻連語，卽茫沆，魂氣浮動貌也。淮南子俶眞篇「茫茫沆沆」高注曰「茫茫沆沆，盛貌。」……案水動曰茫沆，氣動亦曰茫沆，其義一而已矣。……後人不知「亡杭」爲「茫沆」之借字，而讀亡爲有亡之亡，訓杭爲舟杭，因改亡爲無，一本又改杭爲航，其陋甚矣。』

案『昔余夢登天兮，魂中道而無杭』二句言夢登天而中道沮止，狀其雖有事君之志而無路也。（杭同航，方言九『舟自關而東，或謂之舟，或謂之航，』無航猶言無舟，注訓爲度，以爲動詞，失之。）故下文厲神之占曰『有志極而無旁。』義正與無杭相應。有志而無輔（旁訓輔，舊注不誤，或以旁借爲榜，同舫，與杭一義，則失之泥。）遂『終危獨以離異』，事君無由矣。如聞說無杭爲茫沆，魂氣浮動之意。釋此一句似勝，貫下文則未安，不免穿鑿。且下文云『欲釋階而登天兮，猶有曩之態也。』亦與此文呼應，階之義正與杭同。或正言或反喩，總是有志難伸，羣小爲患之意。本篇反覆所言，莫非斯旨。

衆駭遽以離心兮一無衆字

案注云「言己見衆人易移」是王本有衆字。黃省曾本、夫容館本、閔齊伋本、凌毓枏本無衆字，非是。

吾至今而知其信然一云吾至今而知其然一云吾今而知其然

劉師培曰：『案御覽七百二十四引無至字。』

劉永濟曰：『按明繙宋本、黃省曾校本皆無至字、信字，今删至字。』

聞匡齋曰：『案當從一本作「吾今而知其然」。而猶乃也。(朱本而正作乃)然亦信也。詩采苓曰「人之爲言，苟亦無信。舍旃舍旃，苟亦無然。」然與信爲互文，史記張耳陳餘傳曰「張耳陳餘始居約時，然信以死」，然亦信也。……「吾今而知其然，」即吾今乃知其信，語意已明。今本「今」上有「至」字，「然」上有「信」字，皆後人妄增。一本作「吾至今而知其然」未衍信字，朱燮元本、大小雅堂本及御覽七二四引俱作「吾今而知其信然」，未衍「至」字，互有得失，並視今本爲差勝。惟黃省曾本無至字信字，最是。』

案黃省曾本、袖珍本、俞初本並無『至』字，『信』字。然細審三本下文『矰弋機而在上兮』句，矰上並著『信』字。顯係上文信然二字倒置，因誤入下文者。考黃省曾本、朱燮元本、夫容館本、俞初本、馮紹祖本等王逸楚辭章句本及袖珍本、閔齊伋本、乾本、凌毓枏本等白文本似同出一源，差互不大，此處三本亦不應獨異。劉氏未之詳察，聞未睹原書而誤從之，非也。

又夫容館本、馮紹祖本、閔齊伋本、凌毓枏本、乾本及天中記四〇引並無『至』字。朱鑑本、文選補遺、吳中本、長沙本並作『吾至今乃知其信然』。唯記纂淵海五五引並無『至』『信』二字。今案王注云：『吾被放棄乃信知讒佞爲忠直之害也。』疑王本原有信字。『信然』猶『實然』，爲加重『然』字語氣，故用信字，不必如聞說並删之。

欲儃佪以干傺兮

曾國藩曰：『傺當作際，謂際遇際會。莊子云「仁義之士貴際」。』王闓運說略同。

劉永濟曰：『按曾王說是。際隸或作傺，張遷碑「蕩正之傺」即際，是其證，屈賦多用侘傺，故注家皆從求住爲訓。』

案一切經音義二二引傺正作際。黄省曾本同。

又一切經音義二二引儃作『佂』。引王注『儃佪猶低佪也』亦作『佂徊猶徘徊也。』

檮木蘭以矯蕙兮檮一作擣

案朱鑑本、文選補遺、奥中本、長沙本、閔齊伋本、凌毓枬本並作『擣』。

糳申椒以爲糧糳一作鑿

案黄省曾本、夫容館本、朱燮元本、馮紹祖本、袖珍本、閔齊伋本、長沙本、凌毓枬本、乾本並同一本作『鑿』。

播江離與滋菊兮

案兪初本、袖珍本離並作『蘺』。

涉　江

與天地兮同壽與日月兮同光一云同壽齊光一云比壽齊光

劉永濟曰：『案朱本作比壽齊光，戴本作同壽齊光，同比齊義並相類，但二句複用一字，不如參互用之爲長，今從朱本。』

案文選(贛州本、五臣本、淳熙本)、朱鑑本、奥中本、長沙本並作『比壽』『齊光』。

淹回水而疑滯疑一作凝

洪興祖曰：『……其作凝者傳寫之誤耳。』

劉師培曰：『案原本玉篇水部引回作洄。文選別賦注引回作廻，疑作凝。書鈔一百三十七又引作「奄回水以凝滯。」據注文似王本當作疑，作凝乃別本也。』

劉永濟曰：『戴氏曰「疑凝語之轉」按戴說是，疑當作凝。』

案『凝滯』複詞，作疑者其省借字。王注從本字讀之訓惑，大謬。朱鑑本、黄省曾本、夫容館本、朱燮元本、馮紹祖本、袖珍本、閔齊伋本、奥中本、長沙本、兪初本、凌毓枬本、乾本及御覽七七〇引並作『凝』。

苟余心其端直兮其一作之

案朱鑑本、黄省曾本、夫容館本、朱燮元本、馮紹祖本、袖珍本、閔齊伋本、奥中本、長沙本、兪初本、凌毓枏本、乾本其並作『之』。又贛州本文選作『苟余其端直兮』余下無『心』字。

入漵浦余儃佪兮儃佪一作邅迴

案五臣本文選、類聚九、白帖七、御覽四九〇、記纂淵海一四、海錄碎事三下、文選江文通雜體詩注引並作『邅迴』。又類聚九、白帖七引入作『出』。又類聚九、記纂淵海一四引余作『而』。

迷不知吾所如一本吾下有之字

案文選（五臣本、贛州本、淳熙本）、黃省曾本、夫容館本、朱燮元本、馮紹祖本、袖珍本、閔齊伋本、兪初本、凌毓枏本、乾本並有『之』字。又御覽四九〇引吾作『其』。

猨狖之所居一本此句上有乃字

案文選（五臣本、贛州本、淳熙本）、朱鑑本、黃省曾本、夫容館本、朱燮元本、馮紹祖本、袖珍本、閔齊伋本、吳中本、長沙本、兪初本、凌毓枏本、乾本此句上並有『乃』字。當據補。又五臣本文選居作『如』，涉上文而誤。

哀郢

方仲春而東遷一無方字

案王注『正以仲春陰陽會時徙我東行。』『正』，所以釋『方』字也。無之非是。黃省曾本、夫容館本、朱燮元本、馮紹祖本、袖珍本、閔齊伋本、兪初本、凌毓枏本、乾本並奪『方』字。

發郢都而去閭兮一無都字

朱熹曰：『一無都字非是。』

劉永濟曰『戴從一本，朱本有都字。按補注本叔師章句曰「言己始發郢去我閭里」似無都字是。然明黃省曾校刊宋本叔師章句，郢下有「都」字。又日本青芝山房舊鈔本渚宮舊事都作浦，非。』

案劉氏以無都是，非也。各本並有都字。黃省曾本、夫容館本、朱燮元本、馮紹祖本、兪初本諸章句本王注亦並有『都』字。補注本王注奪之耳。

順風波以從流兮

案朱鑑本、文選補遺、與中本、長沙本並作『順風波而流從兮。』據聞匡齋之說當以作『從流』爲是。

羌靈魂之欲歸兮羌一作唴

洪興祖曰：『羌，發聲也，唴，丘亮切，於義不通。』

劉永濟曰：『按作唴者，嗟之譌。俗書嗟字作嗟、唴字作唴，形近致誤。疑古本有作嗟者，後人見本書多用羌，故改從羌耳。下文曰「哀故都」，曰「哀州土」，曰「悲江介」，皆從魂不能歸之情言，此句則歎魂歸而不能，作嗟字是。』

案羌當從一本作唴。廣雅釋詁三『唴，悲也，』方言『自關而西，秦晉之間，凡大人少兒泣而不止謂之唴。』則唴字之義與下文『哀』『悲』正近。羌者唴之省，亦或後人少見唴而改之。劉氏改唴爲嗟，於義雖合，而其證不確，非也。

背夏浦而西思兮

劉永濟曰：『按思疑息之譌，西息，西至辰沅遷所而息也。上云「來東」，來自東也。下云「江與夏兮不可涉」又云「至今九年而不復，」則居於遷所之時甚久也。本篇曰「東遷」，曰「西浮」，曰「南渡」，抽思篇曰「南指」，曰「南行」，懷沙篇曰「北次」，皆屬行程言，此云西息，則行至遷所之詞，故有哀故都之日遠也之言也。詩漢廣「不可休息」釋文「本作思。」楊倞注荀子「辨而不認，」引詩此文，證思息二字形近易訛。是也。』

案蔣驥楚辭餘論曰『涉江、哀郢皆序遷逐所經之地。涉江始鄂渚，終辰溆，哀郢從郢至陵陽也。舊解於陵陽未有確疏，因不知哀郢之所至，與涉江之所從。今案陵陽縣，兩漢屬丹陽郡，唐宋爲宣州涇縣（案在今安徽青陽縣南六十里）……其地南據盧江，北距大江，且在郢之直東。……』蔣氏謂哀郢路線乃自西徂東，是也。劉氏謂西至辰沅，又謂來東，來自東也，則混哀郢之途徑爲涉江，殆承黃文炳，林雲銘等之誤說。復改思爲息，迂曲甚矣。蔣氏又曰『其路直東行也，故曰「逍遙而來東」。絕湖口，掠浦圻，達鄂渚，則漢水入江之處，所謂夏口也。逾鄂渚而東，則夏浦在後矣，故又曰背夏浦而西思。』來東實謂來此東方，非自東來也。郢都在西，故云西思，行越夏浦故云背也。（戴震曰『背夏浦西思者，未至夏浦，囘首鄉西。』殊失之迂。劉向九歎『背龍門而入河兮，登大墳而望夏首。』與此背字用法同，龍門在其後，非在前也。)王注曰「背水嚮家念親屬也，」正以『念』釋『思』字。各本並作思，不誤。

憂與愁其相接其一作之

劉永濟曰:『按此文中愁字，後人據注「憂愁相續」改，非也。文選謝靈運登上戍鼓山詩「旅人心長久，憂憂自相接。」卽用此文。楚辭考異曰「類聚六十四御覽四百六十九，亦引愁作憂。」可證古本作「憂與憂其相接」。』

案劉說是也。朱鑑本、文選補遺、吳中本、長沙本、閔齊伋本愁並作憂。又類聚六七、御覽一九五、四六九引其並作『之』。

忽若不信兮一本若下有去字

朱熹曰『一無去字，或恐去字上下有脫誤。』

劉永濟曰:『按日本舊鈔本渚宮舊事亦有去，當據增。信下疑脫宿字。』又云『王闓運曰「信，再宿也。」……忽若去不信者，忽焉若去國不及信宿，乃至今實已九年之久，不得返矣。……信下或脫宿字，信宿與九年相對成文。……』

聞匡齋曰:『武延緒云當作「忽若去而不信兮。」案武說近是。忽猶恍忽也。此蓋言身雖去國，猶疑未去，心志瞀亂，若在夢中也。渚宮舊事亦有去字。朱本、朱燮元本、大小雅堂本同。』

案劉氏從王闓運說以信爲信宿，因增宿字於信下。王說增字爲訓，固已不當，劉氏逕增入之，尤屬武斷。聞氏從武延緒說近是。然『而』字亦無增出必要。朱鑑本、文選補遺、黄省曾本、夫容館本、馮紹祖本、袖珍本、閔齊伋本、吳中本、長沙本、兪初本、凌毓枏本、乾本不上並有『去』字。當據補。

蹇侘傺而含感

案黄省曾本、馮紹祖本、夫容館本、袖珍本、閔齊伋本、兪初本、凌毓枏本、感並作蹙。此當以感字爲正。

抽　思

悲秋風之動容兮一本云悲夫

案黄省曾本、夫容館本、朱燮元本、馮紹祖本、袖珍本、閔齊伋本、兪初本、凌毓枏本、乾本並有夫字。審本句上下文皆上句七字，下句六字，如增出夫字，不合文例，疑係衍文。

傷余心之慢慢

戴震曰：『攫，古音如叉切，俗譌作慢，非。』

劉永濟曰：『按戴云「攫，煩惑也。」於義爲長，今從之。』

案說文『擾，煩也。』廣雅釋訓『擾擾，亂也。』莊子天道篇曰『然則膠膠擾擾乎。』釋文云『動亂之貌。』『擾擾』連綿字，古之恆語，作慢者涉心字而譌。

願搖起而横奔

案朱鑑本搖作『遙』。閔齊伋本、吳中本、長沙本、凌毓枏本起並作『赴』。王念孫讀書雜志餘編云『搖起，疾起也。與横奔文正相對。方言曰「搖，疾也，(廣雅同)燕之外鄙，朝鮮洌水之間曰搖。」淮南原道篇曰「疾而不搖，」漢書郊祀志曰「遙興輕舉」遙與搖通，彼言遙興猶此言搖起矣。』其說是也。作遙者搖之假，作赴者起之誤耳。江有誥楚辭韻讀逕易作『遙赴』，非是。

豈至今其庸亡一云豈不至今其庸止

劉永濟曰：『按王國維北伯鼎跋曰「鄘與奄聲相近，書雒誥『無若火始燄燄，』漢書梅福傳引作『毋若火始庸庸。』左文十六年傳『閻職』史記齊太公世家，說苑復因篇均作『庸職』。奄之爲鄘，猶燄閻之爲庸矣。」按此文庸亡，庸亦奄之譌。(奄或增心作俺、廣雅釋詁「俺、忘也」。兪樾廣雅釋詁疏證拾遺曰「此與下忽字同義，俺猶奄也。」)亡忘古通，諸從用亡立說，非也。一本止亦亡之誤，不字衍文。』

案劉說庸字非是。謂一本不字爲衍文亦非。庸猶殆也。(見楊樹達詞詮卷九。蔣驥訓爲『寧』則與上『豈』字意複。)豈下當從一本補『不』字。亡、忘古通，劉說是。此句意謂初吾所陳者，豈非至今殆已忘之耶？朱鑑本、文選補遺、黄省曾本、夫容館本、朱燮元本、馮紹祖本、袖珍本、閔齊伋本、吳中本、長沙本、兪初本、凌毓枏本、乾本並有『不』字。

孰不實而有穫穫一作獲

朱熹曰『實當作殖。穫一作獲，非是。』

案王注『空穗滿田無所得也。』『空穗』卽『不實』，則王本固作實字，朱子改爲殖，無據。而以穫爲正則是也。

與美人抽怨兮

劉永濟曰『按朱戴本皆作思。與汝綸讀抽爲紬，謂紬，酬也。紬怨卽復仇，說似牽强，今從朱戴本。』

案怨當是思之誤，後人涉王注『恨意』之語而改。蓋不知王逸此篇之注非逐字相合者，此注亦不過遂文申釋，非必原有怨恨字樣。與美人抽思卽爲君陳道己意。劉氏從朱戴本是已。朱鑑本、文選補遺、吳中本、長沙本，並作『與美人之抽思兮』，思字不誤，又增出之字耳。

超回志度行隱進兮

案王注云『言己動履正直，超越回邪，志共法度，隱行忠信。』志字不誤，如改爲忘則注不可通。黃省曾本、夫容館本、朱燮元本、馮紹祖本、袖珍本、閔齊伋本、兪初本、凌毓枏本、乾本志並誤爲『忘』。

道思作頌

劉永濟曰『按此句章句以爲中道作頌，集注以爲且行且思，通釋以爲道言也，義均未安。疑道乃追之譌字。此篇旣曰「昔君與我成言兮」，又曰「初吾所陳之耿著」，而有鳥一段，亦爲追述往事之辭，亂辭本撮要之言，故曰「追思作頌。」頌本作誦。作頌者古字通用也。……追或作頧，與道形近而誤。』

案劉氏臆爲之說，無確據，非是。道疑讀爲抽（抽、道古韻同隸幽部，徹母古讀亦如定母，二字古音殆相近 。又抽從由聲 ，與迪本同音，書君奭『茲迪彝教』史記作道，又「我道唯寧王德」，道、馬本作迪。道得借爲迪，亦得借爲抽。）上文『與美人抽思兮』王注『爲君陳道拔恨意也。』此『抽思』意與之同。『路遠處幽又無行媒』惟有鋪陳己意而作頌，『聊以自救』爾。正本篇命名之所由也。劉向九歎遠逝『舒情敶詩冀以自免兮，頹流下隕身日遠兮』或旣㯓括此文而言。

聊以自救兮一本無以字

案黃省曾本、夫容館本、朱燮元本、馮紹祖本、閔齊伋本、兪初本、凌毓枏本、乾本並無『以』字。

懷　沙

易初本迪兮史記迪作由、一無初字

劉永濟曰『按諸家說此，殊牽强，疑本作「易初不由」不本形近致誤。不隸變或作丕，書金縢「是有丕子之責於天，」史記周公世家作「負子」。朱駿聲曰「負實爲不，不子者不慈也。」是其證。由迪同聲通借。』

聞匡齋曰『案本疑當作變。變卞古通。（書堯典「於變時雍，」孔宙碑作卞。……）此蓋本作「易初卞迪」卞迪即變道，（道迪由亦通，書君奭「茲迪彝教，」史記作道。……）卞與草書本相似，故誤爲本。「易初變道」與下文「章畫志墨」語例同。皆二詞平列，上一字動詞，下一字名詞，而義各相同。「易初變道兮，君子所鄙」，又與思美人「欲變節以從俗兮，媿易初而屈志，」語意相仿，此以「易初」與「變迪(道)」對文，猶彼以「易初」與「變節」對文也。王注曰「迪，道也，（各本均脫此三字，史記迪作由，集解引王注「由，道也。」今據補。）……言人遭世遇，（句中似有脫字）變易初行，違（各本誤遠）離常道，賢人君子之所恥不忍爲也」，正以「違離常道」釋「變迪」二字。（釋「變」爲「違離」者，上已釋「易」爲「變易」此不得不變詞以避複）。』

案據史記集解、正義所引王注，知今本王注頗多脫誤。集解云『王逸曰：由，道也』正義云『本，常也。鄙恥也。言人遭世不道，變易初行，違離常道，君子所鄙。』知今本注奪『由，道也。』『本，常也』，六字。（此六字明刻諸章句本尚有之：黃省曾本、夫容館本、朱燮元本、馮紹祖本、俞初本並有。正義雖未明書王逸曰字樣，實具引王注。）又『不道』誤爲『遇』，『違』誤作『遠』，並當據正。王注既得訂正，彼又訓本爲常，則王本原作『本』不誤。而聞氏以本爲卞之訛，據王注『違離常道』，以爲卽釋『變迪』二字，而不知『常道』實王逸以釋『本由』者，其說之謬不待詳辨矣。然細審屈子文意，逸注殊未盡洽，劉說於義差勝，然如其說則王逸所見本已誤矣，終無確據耳。

玄文處幽兮史記作幽處

聞匡齋曰『案當從史記作「幽處」。「玄文（冥）幽處」與下文「離婁微睇」文相偶。處睇皆動詞，幽微皆副詞也。』

案王注『言持玄墨之文，居於幽冥之處，則矇瞍之徒以爲不明也。言持賢能之士，居於山谷，則衆愚以爲不賢也。』則王本原作『處幽』。上章抽思有『路遠處幽，又無行媒兮，』下章思美人有『命則處幽，吾將疲兮』並用『處幽』之語。本篇習見，史記不必是。聞氏從之，非也。

窮不知所示史記作窮不得余所示

案黃省曾本、夫容館本、馮紹祖本、朱燮元本、袖珍本、閔齊伋本、俞初本、凌毓枏本、乾本知並作「德」，德，得古通。此與史記合。

非俊疑傑兮史記云誹俊疑桀

案黃省曾本、夫容館本、袖珍本、俞初本、凌毓枏本「非俊」並作「誹駿」。誹、非；俊、駿並正假字。

衆不知余之異采徐廣曰異一作奧

劉永濟曰『按作奧是，異奧形近而誤。章句說異采殊迂曲。奧采即上文所藏，下文所有，言外材朴而內有文采，故非衆人所及知也。』

案史記與王本並作異，作異是也。劉氏唯據徐廣所見別本作奧，不碻。朱熹曰『異采，殊異之文采也。』較王注『異藝之文采』爲善。

邈而不可慕史記云邈不可慕也

聞匡齋曰『案當從史記作「邈不可慕也」。朱燮元本、大小雅堂本同。』

案黃省曾本、夫容館本、馮紹祖本、袖珍本、閔齊伋本、俞初本、凌毓枏本、乾本並同史記。

懲違改忿兮史記違作違

王念孫曰『案違當從史記屈原傳作違，字之誤也。違，恨也。言止其恨改其忿也。若云留違之心則非其類矣……』

案王說是也。朱鑑本、黃省曾本、夫容館本、馮紹祖本、朱燮元本、袖珍本、閔齊伋本、吳中本、長沙本、凌毓枏本、俞初本、乾本、文選補遺違並作違。

浩浩沅湘分流汩兮分一作汾

聞匡齋曰『案一本作汾，最是。汾讀爲湓，漢書溝洫志注曰「湓，涌也。」郭璞江賦曰「湓流雷呴而電激，」汾流卽湓流。列子黃帝篇釋文曰「汨，涌波也。」汾汨義近。故曰「汾流汨」。古者南楚諸水皆曰湘，諸湘有江湘、沅湘、瀟湘，卽江水、沅水、瀟水。「浩浩沅湘，分流汨」者，謂沅湘之水，湓涌洄汨而流也。今字作分，不知者鮮不訓爲分別，而以沅湘爲二水者，王注不釋分字，蓋卽如字讀之。』

案聞說以南楚諸水皆曰湘，不知何據？考湘水與灕水、瀟水、蒸水、沅水相分合。名某湘者殆以其相合流而言，非諸水盡以湘爲名也。史記索隱曰『沅湘、二水名，按地理志，湘水出零陵海陽山，北入江，沅卽湘之後流也。』沅湘既非一水，當可『分流』。一本作汾者，涉上下文並從水因誤著水旁耳，如聞說讀汾爲湓既無例據，『湓流』與『汨』義亦重複。疑非是。

獨無匹兮匹俗作疋

朱熹曰『匹當作正，字之誤也。以韻叶之，及以哀時命考之則可見矣。』

劉永濟曰『錢大昕曰「程，古音秩，與匹叶。」按錢說於音理雖合，然以義求之，朱說爲長。觀洪氏「匹，俗作疋」之言，知古本有作正，俗寫作疋，因誤爲匹耳。』

案朱說是也。史記會註考證引楓山本、三條本史記匹字正作『正』。而王注云「匹，雙也。」則王本已誤。

驥焉程兮史記焉下有將字

案黃省曾本、夫容館本、朱燮元本、馮紹祖本、袖珍本、閔齊伋本、俞初本、凌毓枏本、乾本並同史記有『將』字。

萬民之生一云民生有命，史記民作人，一云民生稟命

劉永濟曰『朱藏本皆作「民生稟命」，按以叔師章句觀之，作「民生稟命」者是也，史記作人者，唐人避諱所改。』聞匡齋曰：『當從一本作「民生稟命」。國語晉語七曰「將稟命焉」，楚語上「是無所稟命也」，是以「稟命」爲古之恆語。王注曰「言萬民稟受天命」，以「稟受天命」釋「稟命」二字。朱本及瀧川資言會注本史記並作「民生稟命」朱本、元本同。』

案劉閒說是也。今本作『萬』者正涉注文而誤。朱鑑本、文選補遺、吳中本、長沙本並作『民生稟命。』黃省曾本、夫容館本、馮紹祖本、朱變元本、袖珍本、閔齊伋本、兪初本、凌毓枏本、乾本並作『人生有命』。

明告君子一本明下有以字

案史記、黃省曾本、夫容館本、朱變元本、馮紹祖本、袖珍本、閔齊伋本、兪初本、凌毓枏本、乾本並有『以』字。

思　美　人

擥涕而佇眙

案文選北征賦注、謝玄暉拜中軍記室辭隨王箋注、三良詩注引擥並作「攬」。又文選吳都賦注引作「覽」，黃省曾本、夫容館本、袖珍本、兪初本並同。又說文繫傳七引作「擥」。

陷滯而不發陷一作滔

案一本作滔，明係陷字之誤。王注云『陷沒沉滯』是也。懷沙『陷滯而不濟』意與此同。黃省曾本、夫容館本、朱變元本、馮紹祖本、袖珍本、閔齊伋本、兪初本、凌毓枏本、乾本誤並同一本。朱鑑本與今本同不誤。

竊快在中心兮一無在字，一云吾竊快在其中心兮一無吾字。

案朱鑑本、吳中本、長沙本、文選補遺並作「竊快在其中心兮」，黃省曾本、夫容館本、馮紹祖本、朱變元本、袖珍本、閔齊伋本、兪初本、凌毓枏本、乾本並無在字。

紛郁郁其遠承兮承一作蒸

聞匡齋曰『案紛當爲芬，承當從一本作蒸。並字之誤也。郁郁，香氣也。(後漢書馮衍傳注)氣上行曰蒸。「芬郁郁其遠蒸」猶言香氣遠聞也。朱本承作烝。蒸，烝同。』

案文選南都賦『體爽塏以閑敞，紛郁郁其難詳，』後漢書馮衍傳顯志賦『光扈扈而煬耀兮，紛郁郁而暢美。』並『紛郁郁』連用。紛若衆多義。下文『滿內而外揚』即承之而言，『滿內』斥『紛』字，『外揚』斥『遠烝』。則紛字不必如聞說改爲芬。承當從一本作烝則是也，朱鑑本、文選補遺、吳中本、長沙本並作『烝』。

憚蹇裳而濡足

洪興祖曰『蹇蓋讀若褰，謂摳衣也。』

案朱鑑本、文選補遺、黃省曾本、夫容館本、朱燮元本、馮紹祖本、袖珍本、閔齊伋本、吳中本、長沙本、俞初本、乾本蹇並作褰。類聚八二、御覽九九九引並同。

惜往日

受命詔以昭詩詩一作時

朱熹曰『時一作詩，非是。時謂時之政治也。』

王夫之曰『昭詩一作昭時，舊說謂教王以詩，以耀明其志。按原未嘗爲王傅，自當作時，時，是也。即下所云明法度也。』

戴震曰『時一作詩，蓋字形之誤也。』

案朱鑑本、吳中本、長沙本、文選補遺並同一本作時。然王注云『君告屈原明典文也』。『明典文』正釋『昭詩』，疑王本原作詩。朱謂時謂時之政治，王謂時是也，於文義不順。王本或是也。屈子爲傅，雖不見本傳，或脫漏耳。

不清澂其然否澂一作澈

朱熹曰『澂一作澈，非是。』

案澂，澈一義。朱鑑本、文選補遺、吳中本、長沙本、閔齊伋本、澈並作『澂』。又記纂淵海五三引作『徹』。

被離謗而見尤離一作讒

聞匡齋曰『案七諫沈江曰「正臣端其操行兮，反離謗而見攘」與此「何貞臣之無罪兮，被離謗而見尤」，語意酷似。疑此文被爲反之譌。反譌爲皮，因改爲被也。「反離謗而見尤，」與惜誦「紛逢尤以離謗兮」語亦相仿，一本以「被離」義複而改離爲讒，朱本從之，殆不可憑。』

案聞氏臆改，非是。王注『虛蒙誹訕，獲過惩也。』謂之『虛蒙』，蒙字正釋

『被』字，而無『反』字之意，則王本不作『反』，明矣。（七諫注則云『反爲讒人所謗訕。』）七諫或襲用此文，然不必盡同，王說殊泥。疑離亦當從一本作讟。非後人所改也。七諫王注以訕釋謗，此注則謂『誹訕』或卽以『誹』釋『讟』字。（左昭元年傳「民無謗讟，」注：「讟，誹也。」）朱鑑本、吳中本、長沙本、文選補遺並作讟，疑是也。

臨沅湘之玄淵兮沅一作江

劉師培曰『案文選運命論注亦引作沅。』

案文選西京賦注、東京賦注、北征賦注引並同，各本亦別無作江者。作沅當不誤。

卒沒身而絕名兮沒身一作沉身

案上文『遂自忍而沉流』此又言沉身，於文爲複。作沉恐非。黃省曾本、夫容館本、朱燮元本、馮紹祖本、袖珍本、閔齊伋本、凌毓枏本、乾本並作沈。

獨鄣壅而蔽隱兮鄣一作彰、壅一作雍

案鄣、彰正假字。閔齊伋本、俞初本、乾本並作彰。又朱鑑本、文選補遺、吳中本、長沙本壅並作廱。廱借爲壅。

使忠臣爲無由爲一作而

案朱鑑本、文選補遺、黃省曾本、夫容館本、朱燮元本、馮紹祖本、袖珍本、閔齊伋本、吳中本、長沙本、俞初本、凌毓枏本、乾本爲並作『而』。

思久故之親身兮

案黃省曾本、夫容館本、朱燮元本、袖珍本、俞初本，並無『之』字。玉燭寶典二引，朱鑑本等並有，有之爲是。

乘騏驥而馳騁兮

朱熹曰『騏驥，按王逸解爲駑馬，又詳下文恐當作「駑駘」。』

案『騏驥』與下文『氾泭』對言，氾泭爲編木簡陋之舟，騏驥亦宜作駑駘，證以王注，朱說殆是也。皮日休云『造父善御，不能御駑駘』，駑駘乃造父所不能御，況無轡銜，其危必矣。或謂取騏驥之疾行（蔣驥說），恐無是理。

橘頌

紛其可喜兮喜一作嘉

案初學記二八引喜作『嘉』。

曾枝剡棘圜果摶兮摶一作槫

案黃省曾本、夫容舘本、長沙本摶並作『槫』。

青黃雜糅糅一作揉

案合璧事類別集四六、事文類聚後集二七、全芳備祖後集三引糅並作『揉』。

類可任兮一云類任道兮

聞匡齋曰『案當從一本作「類任道兮」，道與醜韻。如今本，則失其韻矣。精讀爲綪，赤黃色也。「綪色內白」猶李尤七歎云「金衣素裏」。任猶抱也。（詩生民傳）此言橘之爲物，焜煌其外，潔白其裏，如抱道者然也。王注曰「故可以任以道而事用也。」是王本尚不誤。朱本、元本亦作「類任道兮」。』

案聞氏從一本是也。段玉裁六書音韻表四任字下云『屈賦橘頌合韻醜字，讀如蹂。』非是。道、醜並幽部字。朱鑑本、文選補遺、吳中本、長沙本並同一本。唯聞讀精爲綪無據。說文「綪，赤繒也。」左傳定四年「綪茷」注『大赤也，』均無赤黃之意，王注『其色精明。』疑精色卽謂其色之光澤耳。

悲回風

故荼薺不同畝兮薺一作若，一作苦

案荼苦薺甘，故云『荼薺不同畝，』如謂『荼苦不同畝』則不詞矣。一本作『若』者，亦非杜若之若（洪氏補注云『若、杜若也』。）蓋爲苦之誤字。讀者於荼旁註苦字，因羼入正文，復脫薺字，王注云『言枯草荼薺不同畝而俱生。』是王本正作『荼薺』。（注中『枯草』二字疑涉上文注『生曰草，枯曰苴』而誤衍。）朱鑑本與今本同不誤。黃省曾本、夫容舘本、朱燮元本、馮紹祖本、袖珍本、閔齊伋本、俞初本、乾本薺並誤作苦。

憐浮雲之相羊羊一作徉

案黄省曾本、夫容館本、朱燮元本、馮紹祖本、袖珍本、閔齊伋本、兪初本、乾本羊並作徉。文選詠貧士詩注引作徉。

折若椒以自處若一作芳

案朱鑑本、文選補遺、黄省曾本、夫容館本、朱燮元本、馮紹祖本、袖珍本、閔齊伋本、吳中本、長沙本、兪初本、乾本若並作「芳」。

曾歔欷之嗟嗟兮曾一作增

案曾讀爲增。黄省曾本、夫容館本、朱燮元本、馮紹祖本、袖珍本、閔齊伋本、兪初本、淩毓枏本、乾本並作『增』。

思不眠以至曙以一作而,至一作極

案文選司馬相如長門賦注引作『思不眠而極曙』,極,至也。淮南子說林篇『蹠越者或以舟,或以車,雖異路,所極一也。』注『蹠,至。極亦至,互文耳。』九辯『步列星而極明』王注『乃至明也。』極曙猶極明。又吳中本眠作瞑。

薠蘅槁而節離兮一云蘋蘅

案謂之槁而節離,則作薠者是也。(淮南子覽冥篇『路無莎薠』注『薠狀如葴,葴如茵也。』漢書司馬相如傳上『薛莎青薠,』注『薠似莎而大。』)蘋生水中,不得謂之槁而節離也。本書薠、蘋每相亂。(九歌湘夫人『登白薠兮騁望』或誤薠爲蘋。招隱士『薠草靃靡』薠一作蘋,亦誤。)黄省曾本、夫容館本、朱燮元本、馮紹祖本、袖珍本、閔齊伋本、兪初本、淩毓枏本、乾本並誤作蘋。槁亦誤爲稿。

芳以歇而不比以一作已

案以與已通。朱鑑本、文選補遺並作『已』。

寧逝死而流亡兮逝一作溘

案作溘是也,離騷『寧溘死以流亡兮』與此全同,九辯亦云『恐溘死而不得見乎陽春』。朱鑑本、文選補遺、吳中本、長沙本並同一本作溘。

不忍爲此之常愁一云此心之常愁

案當從一本作『不忍此心之常愁』王注『心情悁悁常如愁也,』可證王本作『此心』。朱鑑本、文選補遺、黄省曾本、夫容館本、朱燮元本、馮紹祖本、袖珍本，閔齊伋本、臭中本、長沙本、兪初本、凌毓枏本、乾本並同一本。

照彭咸之所聞照一作昭

案朱鑑本、文選補遺、黃省曾本、夫容館本、朱燮元本、馮紹祖本、袖珍本、閔齊伋本、臭中本、長沙本、兪初本、凌毓枏本、乾本並作昭。

入景嚮之無應兮嚮或作響

案黃省曾本、夫容館本、朱燮元本、袖珍本、兪初本並作響。

居戚戚而不可解一無可字

聞匡齋曰『案「居」與上下文「愁」「心」「氣」諸字義不類。王注曰「思念憔悴，相連接也。」疑居爲思之誤。又案「不」下當從一本刪「可」字。「思戚戚而不解」與上文「愁鬱鬱之無快」(之一作而)下文「心鞿羈而不開(原形誤)」「氣繚轉而自締」句法一律。文選謝靈運遊南亭詩注、潘安仁悼亡詩注、陸士衡答張士然詩注引並無可字。朱燮元本、大小雅堂本同。』

案聞說不碻。此四句王注或謂『中心煩冤』，或謂『思念憔悴』或謂『肝膽係結』，或謂『思念緊卷』並未直釋愁，心，氣諸詞。下文『藐蔓蔓之不可量兮』四句、藐、縹、愁，翩亦非一律。故以『居』爲『思』之譌，殆不可憑。文選注引此並作居。朱鑑本亦同。又『可』字似亦不必刪，文選古詩十九首注引與朱鑑本並有『可』字。黃省曾本、夫容館本、馮紹祖本、袖珍本、閔齊伋本、兪初本、凌毓枏本、乾本並無『可』字。

藐蔓蔓之不可量一作邈漫漫

案朱鑑本、文選補遺、臭中本、長沙本、閔齊伋本並作『邈漫漫』。

吸湛露之浮源兮源一作涼

案源疑涼字形譌。朱熹曰『涼一作源，非是。』戴震從之。朱鑑本、黃省曾本、夫容館本、朱燮元本、馮紹祖本、袖珍本、閔齊伋本、臭中本、長沙本、兪初本、凌毓枏本、乾本、文選補遺並作涼。當據正。

馮崑崙以瞰霧兮一云瞰霧露一云微霧露

案今本不誤，別本衍露字。王注『遂處神山觀濁亂之氣也。』是王本無露字。微與瞰形近致譌，王注訓觀，原作瞰明矣。朱鑑本、文選補遺、臭中本、長沙本並作「瀣霧」，而無露字。黃省曾本、夫容館本、朱燮元本、馮紹祖本、袖珍本、閔齊伋本、兪初本、凌毓枏本、乾本並衍露字。

見伯夷之放迹

案王注『放，遠也；迹，行也。一云放，放逐也。』黃省曾本、夫容館本、朱燮元本、馮紹祖本、兪初本並無『放，遠也；迹，行也』六字。六字疑衍（放訓遠，迹訓行並不見古注，蓋或以史無伯夷放逐之事而妄解耳。）然王注既訓放爲放逐，則王本原作放，各本亦同，唯奥中本作『故』。考奥中本多與朱鑑本同，而朱鑑本此亦作放。朱熹集註云『以求子推伯夷之故迹。』疑奥中本涉此而譌。史固無伯夷放逐之事，唯屈子所引故事每異經傳，或別有所據也。戴震云『放迹猶云逸跡，』望文生訓，恐不必然。

悼來者之悐悐悐一作逖

案黃省曾本、夫容館本、朱燮元本、馮紹祖本、袖珍本、閔齊伋本、兪初本、凌毓枏本、乾本並作逖。

遠　遊

質非薄而無因兮因一作由

案文選西征賦注、沈休文和謝宣城詩注引因並作由。

夜耿耿而不寐兮耿一作炯

案文選寡婦賦注、記纂淵海八三引耿並作炯。黃省曾本、夫容館本、朱燮元本、馮紹祖本、袖珍本、閔齊伋本、兪初本、凌毓枏本、乾本並同。

魂煢煢而至曙煢一作營

案抽思『魂識路之營營』考異曰『營一作煢。』審王注曰：『精靈主行往來數也。』顯據詩毛傳『營營，往來貌。』則彼文自當以『營營』爲正。煢煢爲憂貌（漢書匡衡傳『詩云煢煢在疚』師古曰『周頌閔予小子之詩，煢煢，憂貌也。』）故此文王注云『精魂怔忪不寐』(玉篇『怔忪，懼貌。』憂懼一義)則此當作『煢煢』。九思逢尤『魂煢煢兮不遑寐，』與此意近。煢煢、營營聲近、古每通用。記纂淵海八三引煢煢作營營。朱鑑本、文選補遺、黃省曾本、夫容館本、朱燮元本、馮紹祖本、袖珍本、閔齊伋本、吳中本、長沙本、俞初本、凌毓枏本、乾本並同。

哀人生之長勤

案文選北征賦注引作『哀生人之長勤』又王仲宣贈文叔良詩注引則作『哀生民之長勤。』疑作『生民』是，作人者避唐諱改。

美往世之登仙美一作羨

案疑一本非是。作羨與下文『羨韓衆之得一』文複。美羨形義並近，又涉注文「羨門子高」之羨字而譌耳。黃省曾本、夫容館本、朱燮元本、馮紹祖本、袖珍本、閔齊伋本、俞初本、凌毓枏本、乾本並誤作羨。

時彷彿以遙見兮

案文選長門賦注、甘泉賦注、海賦注引並作『時彷彿而遙見兮』。

絕氛埃而淑尤兮絕一作超、尤一作郵

案朱鑑本、文選補遺、吳中本、長沙本並作『超氛埃而淑郵兮』，超、絕一義，尤、郵古字通用。王注『淑，善也；尤、過也。言行道修善所以過先祖也。』不合文意，非是。蔣驥曰『淑，善也；郵、傳舍也．神仙往來，皆洞府名勝之地，故曰淑郵。』（戴震說略同）以『郵』爲『傳舍』喻『神仙洞府』，可謂附會。然如謂是神仙之境則頗與上下文意相合。王闓運曰『淑尤，清絕也。』近是。左傳『楚氛惡淑尤。』注『言其善有以過物也。』管子侈靡篇『然有知强弱之所尤』注『尤，殊絕也。』則『淑尤』意謂清絕之境，遠離塵世氛埃者也。近人或有以淑借爲滌者，謂是滌除尤訴，解字似順，然假借之證不碻，又無當於上下文意，殆亦非是。

悼芳草之先零古本零作蘦

案朱鑑本、文選補遺、吳中本、長沙本、俞初本零並作蘦。零蘦正假字。

無滑而魂兮無一作毋、一云無淈滑而魂

劉師培曰『案俞琰周易參同契發揮卷三引作「毋滑而魂」。』

案一本作『無淈滑而魂』者非是。淈與滑同（漁父『何不淈其泥』後漢書周燮傳注引作滑。）蓋讀者於滑旁注淈字因羼入正文者。黃省曾本、夫容館本、馮紹祖本、朱燮元本、閔齊伋本、袖珍本、俞初本、凌毓枏本、乾本並衍淈字。又朱鑑本、吳中本、長沙本、文選補遺作『毋滑而魂』。

野寂漠其無人寂一作㝋、其一作乎、漠一作寞

劉師培曰『案文選陸機赴洛道中詩注引漠作寞。人與韻弗叶，疑字誤。』

案寂，朱鑑本作㝋（今本譌作家）集註云『㝋與寂同。』戴震曰『宋，舊書多作㝋，即宋之譌文。』又黃省曾本、夫容館本、朱燮元本、馮紹祖本、袖珍本、閔齊伋本、兪初本、凌毓枬本、乾本漠並作寞，其並作乎。又江有誥曰『人征眞耕通韻。』則人字不誤。

載營魄而登霞兮魄一作魂

案墨子節葬篇『秦之西有儀渠之國者，其親戚死，聚柴薪而焚之，燻上，謂之登遐』（又見列子湯問篇）登遐即此云登霞。文選文賦注、陸士衡弔魏武帝文注引霞並作『遐』朱熹曰『霞與遐同，古字借用。』劉子新論風俗篇作『昇霞』，昇與升同。文選文賦注、謝靈運石門新營所住詩引登並作升。淮南子齊俗篇云『其不能乘雲升假者亦明矣。』升假亦即登霞。登霞謂仙去也。莊子大宗師『是知之能登假於道也若此，』德充符篇『彼且擇日而登假』義同。本篇登霞用本字，他或作遐、作假、並借字耳。又文賦注、謝靈運石門新營所住詩引魄並作『魂』。

夕始臨乎於微閭一云微毋閭

案『於微閭』即爾雅之醫無閭，（爾雅『東方之美者有醫無閭之珣玗琪焉。』）取其聲之相近耳（醫、於同影紐、微、無同明紐。）而黃省曾本、夫容館本、兪初本作『微於閭』者疑非是。

氛埃辟而清涼一曰辟氛埃

案文選沈休文應王中丞思遠詠月詩注引作『辟氛埃而清涼』。黃省曾本、夫容館本、朱燮元本、馮紹祖本、袖珍本、閔齊伋本、兪初本、凌毓枬本、乾本並同。

時曖曃其曭莽兮曖曃一作晻噎

案黃省曾本、夫容館本、朱燮元本、馮紹祖本、閔齊伋本、兪初本、凌毓枬本、乾本並作『晻噎』。

路曼曼其修遠兮修一作悠

案黃省曾本、夫容館本、朱燮元本、馮紹祖本、兪初本、閔齊伋本、凌毓枬本、

乾本修並作『悠』。

欲度世以忘歸兮一本欲上有遂字、一云欲遠度世

案欲下當據一本補『遠』字。文選思玄賦『願得遠渡以自娛』，李善注引此文作『遠度世以忘歸』，正有遠字。思玄賦全文襲楚辭語甚多，疑此謂『願得遠渡』卽『欲遠度』也，善注所引偶奪欲字耳。黃省曾本、夫容館本、朱燮元本、馮紹祖本、袖珍本、閔齊伋本、兪初本、凌毓枬本、乾本並作『欲遠度世以忘歸兮』。又一本欲上有『遂』字，疑涉注文『遂濟於世』之遂字誤衍。

涉青雲以汎濫游兮一無以字、一無游字

案游字疑衍。王注『隨從豐隆而相伴也。』『相伴』當卽釋『汎濫』之義。（九歎憂苦『折銳摧矜，凝汎濫兮』注『汎濫猶沈浮也。』文選長笛賦『又象飛鴻汎濫溥漠，』李善注『汎濫，任波搖蕩之貌』。是汎濫與相伴義近。）後人不察，轉據注文『相伴』之語而增游字耳。一本是也。戴震屈原賦注從一本無游字。文選思玄賦注引亦無『游』字，又思玄賦注引以作而。

指炎神而直馳兮炎神一作炎帝

案注云『南方丙丁，其帝炎帝，其神祝融，』則王本當作炎神，作炎帝者非是。吳中本、長沙本並誤。

沛罔象而自浮罔象釋文作㴍瀁

案朱鑑本、文選補遺、吳中本、長沙本並作㴍瀁。

祝融戒而還衡兮一作蹕御

案司馬相如大人賦云『祝融警而蹕御』或卽襲用本文。作蹕御似長。朱鑑本、文選補遺、黃省曾本、夫容館本、朱燮元本、馮紹祖本、袖珍本、閔齊伋本、吳中本、長沙本、兪初本、凌毓枬本、乾本並作蹕御。

張咸池奏承雲兮二女御九韶歌使湘靈鼓瑟兮令海若舞馮夷

聞匡齋曰『案此文當作「張咸池奏承雲兮，令海若舞馮夷，使湘靈鼓瑟兮，二女御九韶歌」。夷與上文妃韻，歌與下文蛇韻也。今本「令海若」句與「二女御」句誤倒，則失其韻矣。』

案聞校於韻誠叶。於意則乖。『張咸池，奏承雲』係太古堯樂，故以堯二女與舜樂

承之；使湘水神靈鼓瑟，乃令河海仙人起舞，文意本自相銜；如易其序，則上下文不能相貫矣。王注亦以『張咸池』『二女御』二句連釋，所見本當不異今本。司馬相如大人賦曰『使靈媧鼓瑟而舞馮夷兮』，顯襲此文，其序亦然。妃、歌、夷、蛇、飛、徊相叶，亦猶周書大明武之叶溪、離、宜、夷也。韻部稍異不足爲病。又案黃省曾本、夫容館本、朱燮元本、馮紹祖本、袖珍本、閔齊伋本、俞初本、凌毓枏本、乾本張下並有『樂』字。蓋衍文。

形蟉虬而逶蛇蛇一作迤

案黃省曾本、夫容館本、朱燮元本、馮紹祖本、袖珍本、閔齊伋本、俞初本、凌毓枏本、乾本並作迤。

鸞鳥軒翥而翔飛軒一作鶱

劉師培曰『案慧琳音義九十引作「鳥寒鶱翥而飛翔，」寒卽鶱字誤衍之文。文選西京賦注又引「鳳騫翥而飛翔」似亦此句異字。惟注言「鵕鸃玄鶴」與上文鸞鳥不合，疑字有誤。』

案劉說是也。王注鵕鸃卽釋鸞字（廣韻『鵕鸃似鳳，南方神鳥。』），鳥係鶴字缺損，故注云『玄鶴』。劉向九歎『駕鸞鳳以上遊兮，從玄鶴與焦明。』亦以鶴與焦明（鵕鸃）並舉。

召黔嬴而見之兮

朱熹曰『嬴、从羊，倫爲反，一从女，餘經反。未知孰是。然二字史記作含靁，漢書作黔靁，則當爲從羊之羸矣。』

案嬴當爲羸，朱說是也。王先謙漢書補注云『黔含並今聲，以音近通叚。』朱鑑本、文選補遺、黃省曾本、夫容館本、朱燮元本、馮紹祖本、袖珍本、閔齊伋本、俞初本、凌毓枏本、臭中本、長沙本、乾本並作羸。

經營四荒兮

案朱鑑本、文選補遺、臭中本、長沙本荒並作『方』。

卜　居

心煩慮亂慮一作意

案文選（五臣本、贛州本、淳熙本）、記纂淵海三六，合璧事類後集九引慮並作『意』。又白帖三一引作『志』。

往見太卜一本此句上有乃字

聞匡齋曰『案當從一本補乃字。御覽七二六，合璧事類後集九引亦有，文選及朱本、元本、王鏊本、朱燮元本、大小雅堂本並同。』

案有乃字是也。文選（贛州本、淳熙本）、朱鑑本、黃省曾本、夫容館本、馮紹祖本、閔齊伋本、袖珍本、吳中本、長沙本、兪初本、凌毓枏本、乾本及記纂淵海三六，事文類聚別集二一引並有『乃』字。

將呢訾栗斯栗一作慄、一作促訾粟斯、斯一作嘶

案文選（五臣本、贛州本、淳熙本）、閔齊伋本、黃省曾本、夫容館本、朱燮元本、馮紹祖本、袖珍本、兪初本、凌毓枏本、乾本及廣韻入聲三燭，引栗並作「慄」。又記纂淵海五三引作「傈」。朱鑑本、吳中本、長沙本及事文類聚別集二一，御覽七二六引並作「粟」。

以潔楹乎

梁章鉅曰『尤本（文選）絜作潔誤。共本亦誤。通雅云：絜楹二字，朱子未詳。一曰楹，屋柱，亦圓物。一謂兩楹酬酢之地。總言其圓轉逢迎，應答容悅之狀。御覽引作絜楹。』

案朱鑑本、黃省曾本、袖珍本、閔齊伋本、吳中本、長沙本、凌毓枏本及事文類聚別集二一引並作『絜』。

寧與騏驥亢軛乎亢一作抗

案文選（五臣本、贛州本、淳熙本）及御覽九一九，事文類聚後集四七引亢並作『抗』。

龜策誠不能知事一云知此事

聞匡齋曰『案當從一本增此字。詹尹但言龜策不能知屈原所問之事，非謂凡事皆不能知也。御覽七二六引有此字，文選亦有。朱燮元本、大小雅堂本並同。』

案有『此』字是也。文選(贛州本、淳熙本)、黃省曾本、夫容館本、馮紹祖本、袖珍本、閔齊伋本、凌毓枏本、兪初本、乾本並有。

漁　父

顏色憔悴

劉師培曰『案慧琳音義六十九云「楚詞作顦悴」，說文繫傳十七引作「形容顦顇」，係誤合下句引之，然足證憔均作顦。』

案朱駿聲說文通訓定聲小部曰『顦字大徐補入說文，爲十九文之一，从頁、焦聲。按卽醮字之或體。』又云『醮字亦作憔。』然則作顦不必定爲屈子之舊。劉說泥矣。又案閔齊伋本悴作『奸』，涉注文而訛。

我獨淸我獨醒

案黃省曾本、夫容館本、朱燮元本、袖珍本、閔齊伋本、兪初本、凌毓枏本及記纂淵海八四引我上並有『而』字。

世人皆濁一作舉世皆濁

案文選(五臣本、贛州本、淳熙本)及記纂淵海八四引並作『世皆濁』。黃省曾本、夫容館本、朱燮元本、袖珍本、閔齊伋本、兪初本、凌毓枏本並與一本同。

葬於江魚之腹中一無之字、史記云而葬乎江魚腹中耳

案文選(五臣本、贛州本、淳熙本)及記纂淵海四九，合璧事類前集七引並無之字。又記纂淵海四九引與史記同，唯乎作于。

安能以皓皓之白皓一作皎

案黃省曾本、夫容館本、朱燮元本、袖珍本、閔齊伋本、兪初本、凌毓枏本及記纂淵海四九，又五四引並作『又安能以皎皎之白』。

歌曰一本歌上有乃字

案文選(五臣本、贛州本、淳熙本)、朱鑑本、吳中本、長沙本及合璧事類外集一一引歌上並有『乃』字。

九　辯

泬寥兮寥釋文作廫

劉師培曰『案御覽二十五引寥作漻，事文類聚前集十引同。』

案類聚三引泬作穴。合璧事類前集一四，記纂淵海二，事文類聚前集一〇引寥並

作滲。御覽二五引與今本同。（劉氏所據御覽不悉是何本？）

悲憂窮戚兮戚一作慼、文選作蹙

聞匡齋曰『案蹙正字。「悲憂」與「窮蹙」對文。一本讀戚如字，因改寫作慼，則與悲憂義複矣。』

案文選（五臣本、贛州本、淳熙本）作蹙。黃省曾本、夫容館本、馮紹祖本、朱燮元本、俞初本、閔齊伋本、袖珍本、凌毓枏本及文選長門賦注引並作『慼』。

竊獨悲此廩秋廩一作凜

聞匡齋曰『案凜正字。……』

案文選(五臣本、贛州本、淳熙本)、黃省曾本、夫容館本、馮紹祖本、袖珍本、閔齊伋本、俞初本、凌毓枏本並作凜。白帖一、記纂淵海二、事文類聚前集一〇引並同。又書鈔五四引作懍。

白露既下百草兮下一作降、一云下降

案文選（五臣本、贛州本、淳熙本）及類聚三，御覽二五，記纂淵海二，合璧事類前集一四，事文類聚前集一〇引下並作『下降』。

奄離披此梧楸披一作被

案五臣本文選及御覽二五，記纂淵海二，合璧事類前集一四，事文類聚前集一〇引並作被。洪興祖曰『離披，分散貌。被與披同。』

秋既先戒以白露兮一本戒下有之字

劉永濟曰『按以下句例之，有之字是。』

案黃省曾本、夫容館本、朱燮元本、馮紹祖本、袖珍本、閔齊伋本、俞初本、凌毓枏本並有『之』字。御覽一四引作『秋既戒之以白露』奪先字，然亦有之字。

羌無以異於衆芳

案贛州本文選及全芳備祖集二引羌並作嗟。羌、嗟俗寫易混。此以作羌爲是。

君之門以九重

案白帖三，類聚九四，文選鸚鵡賦注、事文類聚後集四〇，御覽一八三引以並作『兮』。

后土何時而得漧而一作兮、漧一作乾

案贛州本文選而作兮。又文選(五臣本、贛州本、淳熙本)、夫容館本瀧並作乾。書鈔五五，事文類聚前集五引並同。洪興祖曰『瀧與乾同。』

塊獨守此無澤兮

聞匡齋曰『案通審全文，本篇蓋旅途中所作。上文云「皇天淫溢而秋霖兮，后土何時而得瀧。」方恨積雨而難霽，道途泥濘，無時得瀧，則下文不得又有「無澤」之歎。疑無當爲蕪之省借，或誤字。風俗通義山澤篇曰「水草交厝，名之爲澤，」久雨則百艸怒生，潢潦渟滀而成斥鹵，「蕪澤」正言其水多也。王注曰「不蒙恩施，獨枯槁也。」殊失其義。』

案聞說殊迂、此『無澤』猶上文『君之門以九重』、『關梁閉而不通』，並象徵之語，不必實錄。五臣注云『衆人皆蒙君澤而我獨不霑，故仰望而長歎也，』是矣。王注甚安，未可非也。

鳳獨遑遑而無所集一作惶惶

案黃省曾本、夫容館本、朱燮元本、馮紹祖本、袖珍本、閔齊伋本、凌毓枏本並作『惶惶』。又御覽九一五，事文類聚後集四二引並作『皇皇』。詩殷其靁『莫敢或遑，』四牡『不遑啓處，』杕杜『征夫遑止，』並用遑字，義與此同。疑此亦以今本爲正。作惶亦通。皇、則其假字。

馮鬱鬱其何極其何一作之安

案黃省曾本、夫容館本、朱燮元本、馮紹祖本、袖珍本、閔齊伋本、兪初本、凌毓枏本何並作『安』。

泊莽莽與壄草同死泊一作汨、莽下一有兮字

劉永濟曰『集註曰「泊，止也。莽莽，盛也。」通釋曰「泊疑洎之誤，及也。」吳汝綸校改从一本作汨。按泊、溥之借字。莽莽同茫茫，廣大無際之貌也。溥莽莽者，以屈賦句法例之，溥然莽莽也。……下文「泊莽莽而無垠」意正同……。』

聞匡齋曰『案泊疑當從一本作汨。汨猶忽也。語助詞，有「出其不意」之意。凡上句言「願」，下句多言事與願違。此曰「願徼幸而有待兮，汨莽莽與壄草同死，」願汨對言以見意。』

案吳、聞二氏並從一本作汨，是也。汨猶疾也。離騷『汨余若將不及兮，恐年歲之不吾與。』注『汩，去貌。疾若水流也。』此亦謂本欲有待，然速與草木同朽矣。

又黃省曾本、夫容館本、朱燮元本、馮紹祖本、閔齊伋本、俞初本、凌毓枏本並作『泊莽莽兮與野草同死』。本篇此節無句中有兮字者，疑此非是。

恐時世之不固

案朱熹曰『固當作同。叶通、從、誦、容韻。』然各本無作同者，惟江有誥從之。今案王注『俗人執誓多不堅也。』則王本原作固，固與下文錯（原作鑿、從聞匡齋校改）爲韻，不當上屬，朱說非也。

無衣裘以御冬御一作禦

案御讀爲禦，黃省曾本、夫容館本、朱燮元本、馮紹祖本、書鈔一二九引並作『禦』。

恐溘死不得見乎陽春

案朱鑑本、黃省曾本、夫容館本、朱燮元本、馮紹祖本、閔齊伋本、俞初本、凌毓枏本不上並有『而』字。

紛純純之願忠兮一作紛忳忳而願忠

案朱鑑本及文選補遺作『紛忳忳之願忠兮』。集註『忳忳，專壹貌。』忳、純通用。

招　魂

掌寱上帝其難從一云其命難從一云命其難從

聞匡齋曰『案疑當從一本於帝下增命字。全文讀爲「掌寱上帝命其難從，」言已職在掌寱，不習招魂之術，是以上帝之命，殆難聽從也。又一本亦有命字，惟誤倒在「其」下耳。文選及朱本、朱燮元本、大小雅堂本亦倒。』

案一本作『上帝其命難從』亦不誤，其猶之也。（經傳釋詞卷五）朱鑑本、黃省曾本、夫容館本、朱燮元本、馮紹祖本、袖珍本、閔齊伋本、俞初本、凌毓枏本、淳熙本文選並同。贛州本文選難下衍『去』字。

何爲四方些一云何爲乎四方，乎一作兮

聞匡齋曰『案「爲」下當從一本補「乎」字。海錄碎事九上引乎作兮，與又一本同。兮卽乎之誤字。』

案朱鑑本、袖珍本、俞初本爲下並有『乎』字，是也。事文類聚後集二〇引同。文選(五臣本、贛州本、淳熙本)乎作兮。

十日代出流金鑠石些

聞匡齋曰『案古言天有十日，更番運照，則一時仍祇一日，此猶常態也。又言十日並出(莊子齊物論、淮南子本經篇，御覽三引逸周書)則十日同時俱出。故其爲熱酷烈，異於常時。此曰「流金鑠石，」似代當爲並之誤。……今本作代，或後人習聞代出之說而妄改。類聚一、白帖一、御覽四、合璧事類前集一一、文選劉孝標辨命論注、草堂詩箋二八、雷箋五百家注韓集五、盧仝月蝕詩孫注引俱作並，可據以正今本之誤。』

案聞說非是。『十日代出』與『十日並出』之說來源非一，招魂此處實應作代。蓋極言東方之險，不可託居，故云十日代出，流金鑠石。『流金鑠石』指十日所在之東方，其運照於天者，固止一日也。如云十日並出，則所運照，盡爲流金鑠石，魂何適從乎?王注『代，更。鑠，銷也。言東方有扶桑之木，十日並在其上，以次更行，其熱酷烈，金石堅剛皆爲銷釋也。』則王本原作代不誤。諸書所引當緣並出之說而誤，且俱出王本之後，未足爲確據也。御覽三四引同今本。

歸來兮不可以託些一無兮字，一云歸來歸來

案唐寫本、五臣本文選並無兮字。贛州本、淳熙本文選並作『歸來歸來不可以託些。』朱鑑本、袖珍本、閔齊伋本、俞初本、凌毓枏本及事文類聚後集二〇引並同。

得人肉以祀一云而祀、一云得人以祀無肉字

案文選鮑明遠苦熱行注引無肉字，非是。王注『得人之肉，用祭祀先祖，復以其骨爲醢醬也。』以肉、骨對言，明本有肉字。又淳熙本文選、黃省曾本、夫容館本、朱燮元本、馮紹祖本、袖珍本、閔齊伋本、俞初本、凌毓枏本、以並作『而』。

䴢散而不可止些䴢一作靡、釋文作糜、一作縻非是。

案說文『糷，碎也。』爢、靡、糜、縻均其借字。黃省曾本、夫容館本、馮紹祖本並作縻。閔齊伋本、凌毓枏本並作糜、事文類聚後集二〇引作靡。

增冰峨峨

案事類賦注八、事文類聚前集五、錦繡萬花谷後集三引增並作層。層、增正假字。

像設君室君一作居

梁章鉅曰『六臣本（文選）君誤作居。』

案君疑居之形譌。王注『像設舊廬所在之處，』疑王本卽作居。五臣本文選作『居』，（翰注『結像舊居』。）藝文類聚六，御覽一七四引並同。

冬有突廈廈一作夏

案文選（唐寫本、五臣本、贛州本、淳熙本）、袖珍本、閔齊伋本、兪初本、凌毓枏本並作『夏』。御覽一七四、類聚六〇、文選辨命論注引同。

翡帷翠帳飾高堂些

案文選(唐寫本、五臣本、贛州本、淳熙本)、黃省曾本、夫容館本、朱燮元本、馮紹祖本、袖珍本、閔齊伋本、兪初本、凌毓枏本帳並作『幬』。北堂書鈔一三二、藝文類聚六一、御覽六九九引並同。

玄玉梁些一云玄玉之梁

案一本之字疑涉注文而衍。文選、朱鑑本、黃省曾本、夫容館本、朱燮元本、馮紹祖本、袖珍本、閔齊伋本、兪初本、凌毓枏本並有『之』字。御覽一八七、事文類聚後集二〇引並同。藝文類聚六〇引則同今本無之字。

文緣波些緣文選作綠

案王注『風起水動，波緣其葉上而生文也。』疑王本原作緣。五臣本文選及藝文類聚六〇、又八三、御覽九八三引並作綠。緣綠形近致譌。

臑若芳些臑一作胹

案說文『胹，爛也。』又『臑，臂羊矢也。』是此當以胹為正，臑其假借也。又胹或作臑，則臑或臑之誤耳。

胹鼈炮羔胹一作臑，釋文作濡

案𩑶，唐寫本文選作洏。五臣本、淳熙本、贛州本文選並作濡。海錄碎事六引同。又黃省曾本、夫容館本、朱燮元本、馮紹祖本、袖珍本、俞初本、閔齊伋本、凌毓枏本並作『臑』。王觀國學林六、事文類聚後集二七引同。

蘭膏明燭華鐙錯些鐙一作雕

聞匡齋曰『案鐙當從一本作雕。王注曰「言鐙錠盡雕琢錯鏤，飾(此下原有設字，從朱燮元本、大小雅堂本删)以禽獸，有英華也。」此以「雕琢錯鏤」釋「雕錯」二字。知之者，類聚八〇、初學記二五並引正文作「華銅錯」，而類聚復引注作「銅琢錯鏤」，明是以「銅琢錯鏤」釋「銅錯」。作銅之本既以「銅琢錯鏤」釋「銅錯」，則作雕之本以「雕琢錯鏤」釋「雕錯」明矣。考凋同二字，古母通用。……是銅與鐧(雕)古亦當通用。……然則招魂一本作「銅錯」，一本作「雕錯」，字異而義實不異。後人但知銅爲金名，而不知字亦與鐧通，因即據注中「鐙錠」之文改銅爲鐙，謬矣。夫王注云云，但以上文有「蘭膏明燭」之語，故知所謂「華雕錯」者必指鐙錠而言，奚必正文果有鐙字哉？要之此文作銅作雕皆是，惟不得作鐙耳。注云「雕琢錯鏤」，是王本當作雕，唐寫本文選亦作雕。』案聞說雖辯而未必足據。唐寫本文選雖作雕，而集注引音決及五家本雕爲鐙，又引陸善經云『錯謂彫飾華采雜錯也。』則王注『雕琢錯鏤』亦僅釋『錯』字耳。與雕字固無涉。注明言『鐙錠』，豈必王氏自增。且聞氏謂銅，雕相通之說，殊爲牽强。文選劉公幹贈五官中郎將詩注引亦作鐙。(原詩『明燈熺炎光。』注並云『燈與鐙同』明其所見本作鐙也。)或本作雕，疑涉注文而誤。

菉蘋齊葉兮蘋一作薠

聞匡齋曰『案「菉，王芻」陸生之草，不得與蘋齊葉。菉當讀爲綠。「綠蘋」與「白芷」對文。齊，列也。(淮南子原道篇高注)列，布也。(廣雅釋詁三)「綠蘋齊葉」言蘋葉生而布葉於水上也。唐寫本文選集注引陸善經本菉正作綠。』案此文言春日南行，所舉草木自以春生者爲宜，蘋係多年生植物，不足以見春日之美，疑蘋當從一本作薠，薠亦陸生之草，故得與王芻齊葉。下文注『言屈原放時菉蘋之草，其葉適齊。』蘋亦當作薠。唐寫本文選卽作薠。集注引李周翰云『菉薠，草名。』則五臣所見本亦作薠。又引陸善經云『其時薠葉適齊，芷初生也。』是陸本亦作蘋（蘋是俗書）唯陸本菉作綠，聞氏據以爲說，非是。蘋既爲蘋之誤，則齊非布列之義。菉亦不得讀爲綠。菉爲王芻，始得與蘋齊葉，王注不誤。海錄碎事二二下引蘋亦作蘋。本書蘋，蘋每相亂，已見前。

目極千里兮傷春心一作傷心悲

聞匡齋曰『王注「或曰蕩春心」，案別本作蕩最是。謂搖蕩春心也。今作傷者，蓋涉下文「哀江南」而誤。……』

案一本作『傷心悲』者亦非是。心與上文漸，淹爲韻，作悲則不叶矣。黃省曾本、夫容館本、朱燮元本、馮紹祖本、袖珍本、閔齊伋本、兪初本、凌毓枏本並誤。

大招

青春受謝

案王注『言歲始春，青帝用事，盛陰已去，少陽受之。』則作受是也。文選射雉賦注、北征賦注、景福殿賦注、閑居賦注、潘正叔贈陸機出爲吳王郎中令詩注、江文通雜體詩注引並誤作『爰』。（胡克家考異亦曰『爰乃受之誤。』）唯謝靈運遊南亭詩注引作受不誤。

魂乎無東湯谷宋只一本宋下有寥字

朱熹曰『一無寥字，非是。』

案本篇多四字成句，疑此亦然，一宋字文意已足，不必增出寥字。唯朱鑑本、文選補遺有之。朱說以無寥字非是，不知何據。

代水不可涉代一作伐

案此言北方之險，作代是也。黃省曾本、夫容館本、馮紹祖本、袖珍本、閔齊伋本、凌毓枏本、兪初本並誤同一本。

窮身永樂永一作安

案王注『窮身長樂』之語，長正釋永字，作永是也。作安者涉上文『心意安只』安字，又習用安樂之語而誤也。黃省曾本、夫容館本、朱燮元本、馮紹祖本、袖珍本、閔齊伋本、兪初本、凌毓枏本、乾本並誤作安。

二八接舞舞一作武

案武借爲舞，史記刺客列傳『秦舞陽』國策燕策作『秦武陽』是其例。朱熹曰『武，跡也。』非是。朱鑑本、文選補遺並作『武』。

朱脣皓齒朱脣一作美人

案文選上林賦注、舞賦注、嘯賦注、雪賦注、陸雲爲顧彥先贈婦詩注、曹子建雜詩注、御覽三六八、史記司馬相如傳索隱引朱脣並作美人。

出自第三十六本下(一九六六年六月)

大學出於孟學說

勞榦

大學之作，據禮記鄭玄注稱：『大學者，以其記博學，可以爲政也』。此與鄭氏指中庸爲子思所作者不同，蓋鄭氏亦不能實指大學之作者爲誰。然大學與中庸息息相關，自是一家之學。禮記書題正義引鄭玄六藝論：『禮記之作出自孔氏，但正禮殘缺，無復能明。……孔子沒後，七十二之徒共撰所聞，以爲此記』。其所言『七十二之徒』乃大體言之。例如檀弓稱子上之字，子上爲子思之子，則檀弓一篇當後於子思，自非曾子所能作。孔門之中曾子最少，更非孔子其他弟子所能作。但其理致之源，出於七十二子之徒則無可疑也。朱熹作四書集注，以其首爲第一章爲經，分其後十章爲傳，而補釋之云：

右經一章，蓋孔子之言而曾子述之。其傳十章，則曾子之意而門人記之也。

雖出於揣度，而理致亦自不誤。大戴禮主言：『孔子謂曾子曰：上敬老則下益孝，上順齒則下益悌』即大學『上老老而民興孝，上長長而民興弟』所本，而張華博物志引曾子曰：『好我者知我美矣，惡我者知我惡矣』與大學『故好而知其惡，惡而知其美者天下鮮矣』亦自同義，翟灝四書攷異謂依此可證大學出於曾子，今按張華博物志原本已亡，今本出於輯佚，雖出處不詳，但出於六代以來舊籍，非由依託，當有可言也（大戴以次各條承陳槃庵先生見示，謹志謝）。

大學爲曾子子思一派之學，而與孟學有關，向無異議。有之則爲馮友蘭之『大學爲荀學說』（燕京學報第七期其所著中國哲學史仍用其說）。荀卿不惟在曾子子思之後，抑且後於孟子，其言襲思孟之意而略變其面目，原不足怪。馮氏誠不宜故爲放言異論，以矜其獨得也。馮說大學言『所謂誠其意者，毋自欺也，如惡惡臭，如好好色，此之謂自慊，故君子必愼其獨也』。言與荀子不苟篇之『君子養心，莫善於誠，誠則無它事矣』相合。殊不知『養心莫善於寡欲』與『萬物皆備於我矣！反身而誠，樂莫大焉』孟子已先言之，不得謂孟子襲荀卿也，而況其下卽接言『曾子曰，十目所視，十手所指，其嚴乎？』荀子之學出於子弓，孟子之學出於曾子，今旣引曾子之言以實之，則大學爲孟學，非荀學也。

又馮氏引荀子解蔽篇以示同於大學者，解蔽篇云：

凡以知，人之性也，可以知，物之理也，以可以知人之性，求可知物之理而無所疑。止之，則沒世窮年，不能徧也。其所以貫理焉，雖億萬，已不足以浹萬物之變，愚者若一。學老身長子而與愚者若一，猶不知錯，夫是謂之妄人。故學也者固學止之也。惡乎止之？曰止於至足。曷謂至足？曰，聖也。

大學言『止於至善』而荀子則改爲『止於至足』，此非大學襲荀子而顯然爲荀子襲大學。荀子博聞強記，其曾見大學，本不足異。但大學言『止於至善』則至善似爲人性於本有，此則與荀說相悖，故改『至善』爲『至足』。蓋善在內而足在外也。即此一字之微，亦可見大學在先，而荀子在後矣。

大學雖在荀子以前，但必在曾子之後，蓋大學引曾子之說，且以子稱曾子，若謂曾子親筆寫成，殊難言之成理。若謂出於子思，更近臆度，轉不如認爲寫成於孟子以後，荀子以前之先儒，其人名姓已失傳，似更近於眞實也。

大學思路本與孟子相近，其與孟子孰先孰後，本難率爾而言。惟大學中最難解釋之處爲大學之開端『大學之道，在明明德，在親民，在止於至善』。而其後則言：

康誥曰：『克明德』。太甲曰：『顧諟天之明命』。帝典曰：『克明峻德』。皆自明也。湯之盤銘曰：『苟日新，日日新，又日新』。康誥曰：『作新民』。詩曰：『周雖舊邦，其命維新』。是故君子無所不用其極。詩云：『緡蠻黃鳥，止於丘隅』。子曰：『於止知其所止，可以人而不如鳥乎』？

此段前半釋明德，而後半則說新民，與篇首言親民者異。故朱熹集注依程伊川意改親民爲新民，而其後之朱注亦全以新民爲說。自注疏成書後，歷宋元及明，漸爲科舉範本，功令所限，莫敢或違。程說誠然理致圓融，究竟乏有力佐證，故王守仁以大學古本爲說，仍用『親民』舊義。但陽明於『親民』與『新民』間之矛盾現象，亦無法作滿意之解釋。

於此等含晦之處，固惟有在大學與孟子之關係中求之，即大學似出於孟子之徒，而非大學直接出於曾子或子思也。試觀孟子滕文公上篇即與大學有密切之關係，而爲大學所從出。其言云：

設爲庠序學校以敎之，庠者養也，校者敎也，序者射也。夏曰校，殷曰序，周曰庠，學則三代共之，皆所以明人倫也。人倫明於上，小民親於下，有王者起，必來取法，是爲王者師也。詩云：『周雖舊邦，其命惟新』子力行之，亦以新子之國。

此節與大學有關者凡四，言庠序學校敎育之事，一也；言明人倫亦卽齊家治國平天下之事，二也；言『小民親於下』，卽是『親民』，三也；言『新子之國』亦卽大學所言湯盤，康誥之『新』，且同用詩經『周雖舊邦，其命惟新』作證，四也。所不同者，孟子意旨在向滕君說王道，非有意爲系統論述以示後人，其辭簡；大學則條分縷析，其辭繁。孟子僅就滕國而言，而大學則引申及於政敎之一般原則，孟子分親民新國爲兩事，故無矛盾可言；大學則於親民新國二端，有顯然牽合之迹。大學系統綿密，本不宜有親新二字之矛盾，倘非溯自孟子之師承，則此現象卽成無法解釋之現象。翟灝四書考異大學篇（此段承陳槃庵先生檢示）：

按舜典百姓不親，五品不遜。……五敎之設，所以親民。……合孟子人倫明於上，小民親於下言之，此親字實似不必更改。……孟子云人人親其親，長其長而天下平；又云親親仁也，敬長義也，無他，達之於天下也。孟子所言，謂卽以釋此經可矣。

在翟氏之時代，曾子作大學已成不刊之論，不容非議亦不敢非議，而能從親民一端推出大學與孟子之關係，可謂卓識。第思想之發展，自有其規律可循，哲學本爲思辯之學，前修未密，後出轉精，古往今來，思想系統之發育與完成，皆由因革頻仍，非一時一代所能完就。吾國思想自春秋戰國以來，各具新義，散爲衆流，卽在一門之中，儒分爲八，墨分爲三，亦自有其同異。漢世儒生素重師承，新義較罕，但依漢書儒林傳，數代之後，門弟子之間亦不盡同。淸末今文學家謂爲有意『託古改制』。其實改制爲事實所必然，不必有意僞託。歷時旣久，新義自出，此自無可疑者。先秦本已如斯，宋明更爲加厲，學術之精粗高下本不盡關於時之先後，唐時韓愈固已知弟子不必賢於師，師不必賢於弟子之義，然終限於當時而不敢推之於往古者，則有所不敢言也。

誠然其中所涉及者不僅爲先後問題，而其中『到達』問題，則大爲重要。孔顏曾之『到達』可謂至高，雖孔門高第之有子猶有遜焉。此曾子所以不以有子能繼孔子之軌則者也。大學理致精深，學者溯其源於曾子，亦固其宜。但周秦諸子之中能到達此者實鮮，惟孟子則非諸子之倫，若就其到達而言，不惟並世無儔，抑亦古今鮮對，（譬如荀子亦先秦儒家，但以荀況孟，則孟爲高深哲學，荀子不過儒家常識而止，天資所限，不可強也，其間高下判然，不僅大醇小疵之分而已）。若謂大學屬於儒家其他派別，到達之間誠不無疑竇，若謂就孟學推廣而成，則就到達言，就造詣言，自無爭論。而況論語以後，孟子以前，文獻鮮徵，大學懸空於此時期，不免有愈談愈晦之處，若就孟子以釋大學，則理致詳明，無增字解經之嫌，有相得益彰之勝，自無庸舍實而就虛，舍顯而就晦也。

復次論語仁義分別言之，而時以禮代義。而大學及孟子皆並言仁義，故大學實遠於論語而近於孟子。孟子深明義利之辨，開宗明義答梁惠王之言卽開始發揮，而全書幾無不承此以爲關鍵。大學一篇亦深明義利之辨，而大學之結論，則爲：

> 生財有大道，生之者衆，食之者寡，爲之者疾，用之者舒，則財恒足矣，仁者以財發身，不仁者以身發財，未有上好仁，而下不好義者也；未有好義其事不終者也，未有府庫財非其財者也，孟獻子曰，畜馬乘不察雞豚，伐冰之家不畜牛羊，百乘之家不畜聚斂之臣，與其有聚斂之臣，寧有盜臣。此謂國不以利爲利，以義爲利也。長國家而務財用者，必自小人矣。小人之使爲國家，菑害並至，雖有善者亦無如之何矣。此謂國不以利爲利，以義爲利也。

此正與孟子所言：『明君制民之產，必使仰足以事父母，俯足以畜妻子』，『賢君必恭儉禮下，取於民有制，陽虎曰，爲富不仁矣，爲仁不富矣』，『不違農時，穀不可勝食也；數罟不入洿池，魚鱉不可勝食也；斧斤以時入山林，材木不可勝用也』，正可互相發明。故孟子與大學皆非不言利，如王衍口不言錢之比，而乃以天下人之公利爲利，以生以養，以蕃以殖，以節以制，以求天下人之富實樂康，而不以聚斂之臣爲能。論語中雖略見其凡，而未能加以發揮，此則孟子之教也。

當孔子之時性論尙在蒙昧時期，孔子不言性與天道，僅略及性近習遠之義。蓋此時性之善惡未成問題，但發揮仁知之義已足，無多爭辯也。至孟子始發揮性善之義，此爲千秋大業。倘無性善之理，則儒家哲學永不能完足也。而大學開始卽以止於至善爲綱領，至善者人性秉賦之終極，而窮源溯流之所至，此孟學之基本而大學亦以是爲開端；因其二者相符，然後宋明理學始能順應圓融，不生艱阻。宋明諸儒用孟子理論而又不敢深言當於孟子，於是至善之源流，究竟無所附麗。今如指爲孟學，則純然一貫更無阻礙矣。

朱熹注大學，在首節『大學之道，在明明德，在親民，在止於至善』之下，注曰：

大學者，大人之學也，明，明之也，明德者，人之所得乎天，而虛靈不昧，以具衆理而應萬事者也。但爲氣稟所拘，人欲所蔽，則有時而昏，然其本體之明，則有未嘗息者，故學者當因其所發而遂明之，以復其初也。新者，革其舊之謂也（程子曰，親當作新）。言既自明其明德又當推以及人，使之亦有以去其舊染之汚也，止者，必至於是而不遷之意，至善則事理當然之極也。言明德新民，皆當至於至善之地而不遷，蓋必有盡夫天理之極而無一毫人欲之私也，此三者大學之綱領也。

宋儒理學無不從孟學而來，不僅朱子爲然。然朱子爲宋學之集大成，其依據孟學固宜更爲重視。朱子之言云：

人之有是身也，則必有是心，有是心也，則必有是理，若仁義禮智之爲體，惻隱羞惡恭敬是非之爲用，則皆人皆有之，而非由外鑠我也。理雖在我而或蔽於氣稟物欲之私則不能以自見。學雖在外，然皆所以講乎此理之實，及其浹洽貫通而自得之，則又初無內外精麤之閒也。

其言正可與此相發明。蓋言仁義禮智四端本於孟學，而天理人欲之分而宋儒心得也。朱子言至善卽是『天理之極』，故天理卽是善，善與惡本爲對待者，有善必有惡，善既緣生，惡亦隨至。然善在前，惡在後；善爲本，惡爲末。故增氣稟物欲之私，於天理之外，特爲孟學之修訂與孟學之後期發展而已，原無害於其爲孟學也。審是，則朱注之於大學綱領本亦未爲不合，惟未曾體會孟子『人倫明於上，小民親於下』之原文，但據大學中有『周雖舊邦，其命惟新』之語，輒爲改字。今若以孟子證之，則『親民』固與『其命惟新』原可同在一章，無須疑慮矣。

論語中未嘗言心性，而大學之『知止而後有定，定而後能靜，靜而後能安，安而後能慮，慮而後能得』則全爲心性之言，若大學先於孟子，則心性之言當以此爲嚆矢，若孟子在前，則大學當襲自孟子矣。但以較孟子之言，則孟子之原文爲：

公孫丑問曰：夫子加齊之卿相，得行道焉，雖由此霸王不異矣，如此，則動心否乎？孟子曰：否，我四十不動心，曰：若是，則夫子過孟賁遠矣，曰：是不難，告子先我不動心。……昔者曾子謂子襄曰：子好勇乎？吾嘗聞大勇於夫子矣，自反而不縮，雖褐寬博，吾不惴焉？自反而縮，雖千萬人吾往矣。孟施舍之守氣又不如曾子守約也。曰：敢問夫子之不動心，與告子之不動心可得聞與？告子曰：不得於言，勿求於心；不得於心，勿求於氣；不得於心，勿求於氣，可；不得於言，勿求於心，不可。夫志，氣之帥也，氣，體之充也。夫志至焉，氣次焉。故曰持其志，毋暴其氣。

大學之止，定，靜，安，而後能得，應與孟子不動心而持其志者之理相符，然孟子爲對公孫丑之問偶然興到之言，而大學則正經分析成爲系統化，依照思想史進步之次第，則孟子又應在前而大學又應在後，不可輒易其先後之跡也。

其次，大學入德之程序，自修身以下，至誠意而極，其致知格物，則爲輔誠意而爲，在外非在內也；然誠意之誠，亦出於孟子之『反身而誠』。孟子曰：『萬物皆備於我矣，反身而誠，樂莫大焉』，又『居下位而不獲於上，民不可得而治也，獲於上有道，不信於友弗獲於上矣。信於友有道，事親弗悅，弗信於友矣。悅親有道，反身不誠，不悅於親矣。誠身有道，不明乎善，不誠其身矣。是故誠者天之道也，思誠者人之道也，至誠而不動者，未之有也，不誠未有能動者也』。此所言誠正與大學之誠相符，而後一節孟子所言，自外而內以至誠身而明善，尤與大學所言之次序更爲近似，是孟子與大學之間其思路似多少有相承之序也。至於論語則言信不言誠，如：『君子義以爲質，禮以行之，孫以出之，信以成之，君子哉』，如：『人而無信，不知其可也，大車無輗，小車無軏，其何以行之哉』？如：『寬則得衆，信則人任焉；敏則有功，惠則足以使人』，皆言信不言誠。惟大學言誠始同於孟子而條理更明，則謂大學爲孟學，此亦足以證之也。

至於格物之義爲大學之思想中心，亦爲各家爭執之焦點。其歷代懸疑而不能有寸進者，正由視大學之纂述在孔子之後，孟子之前，其發展爲孤立式者，無從以同時進展之思想相互比勘之故。若果能證大學在孟子稍後，而從孟學衍成，則格物之義自亦不難闡明，無煩聚訟也。

孟子與告子之爭辯曰：『異於白馬之白也，無以異於白人之白也』。此以『白馬』爲爭辯之例乃論語及論語以前所絕無。孟子何如思及白馬？又何爲思及白馬之白？此與孟子同時諸名家（如惠施公孫龍之屬）辯論內容必有相關。孟子曰：『我知言……詖辭知其所蔽，淫辭知其所陷，邪辭知其所離，遁辭知其所窮』何以知其然，舍邏輯方法以外，別無他道。孟子稍前之墨子，亦曾治名理之術甚精，孟子好辯，安能舍此而不治？所惜執筆作孟子七篇之孟子弟子，但注意孟子行踪言語而不曾留意邏輯名理問題，頗有使後人有孟子未曾觸及名理之感。若稍追溯孟子思想，顯見其不能離名理而自存，然則致知格物亦必以名理爲中心，殆可以索見也。

格物之『格』，見於孟子者，惟：

孟子曰：『人不足與適也，政不足與閒也，惟大人爲能格君心之非。君仁莫不仁，君義莫不義，一正君，而國定矣』。

此中之格字，因與後之正字相應，故注家多以正釋格。此『格』與論語『有恥且格』之格同。或以『至』爲解，或以『正』爲解，無定訓也。其在尚書，如堯典之『格乎上下』，『格汝舜』，『師格于藝祖用特』，湯誓曰：『格汝衆庶，悉聽朕言』。盤庚曰：『王命衆悉至于庭，王若曰，格汝衆』。大誥曰：『其有能格知天命』。（蔡沈注曰：『格，格物之格』，用朱義）。詩經商頌玄鳥：『四海來假，來假祁祁』。（鄭箋云：『假，至也』，正義曰：『假，至。釋詁文。彼作格，音義同）。其在金文則常見『王各于太室』或『王各于太廟』。凡此諸『格』『各』『假』本爲一字，格或訓至，或訓正，或訓感，或訓程式標準，或訓分別，或訓審度，或訓度閣，岐義紛如，羌無定解。惟徐灝說文箋曰：『按各，古格字，从夂，夂有至義，亦有止義，故格訓爲至，亦訓爲止矣，阮氏鐘鼎款識宗周鐘「用昭各丕顯祖」，無專（許惠）鼎「王各于周廟」，頌鼎「王各大室」，格並作各，因假爲異辭，久而昧其本義耳』。此說至今猶可存。而羅振玉殷虛書契考釋曰：『案各、从𡕒、象足形自外至。从口，自名也。此爲來格之本字』今案格本字作各，已無疑問。惟何故从𡕒从口，仍甚難明。更證以羅振玉殷虛書契考釋釋客字曰；『說文解字客从各（各即格古文）古金文多與許書同。

此从𠂤从㔾卽各旁增人者，象客至而有迓之者，客自外來，故各从㔾象足跡由外而內，从口者，自名也』。羅氏皆謂从口爲自名，則格之原義當爲『報到』更轉爲『就位』。周時王無報到理，但凡言王格者不論在太室或在宗廟，言其就位皆可通也。更以『就位』爲主以貫至，正，標準，審度亦無不可通用。其訓感者則從在宗廟就位而引出，訓閣者則從人之就位而引申至物。言格君心之非則謂勸君而使君心從歸其所應思，亦與『思不出其位』之旨相當。則是大學格物之格亦當仍用舊誼，謂萬物之名實各返其正，原不必用其引申之誼也。

格物所格卽『物有本末事有終始』之理，在大學中本已深切著明。故『格』字不論釋爲來或釋爲正，皆不過名理中之名實或程序問題。縱使鉤深索遠，然名理實爲主要之線索，而與古義之金文甲骨亦不相背也。

名理問題在孟子時代及孟子弟子時代本爲思想中心問題。不意嬴秦焚書以後至漢轉成絕學，甚至佛學入華而名理之學影響不大，此格物之義趙岐鄭玄未爲闡明，而紫陽姚江亦別開岐路，所以深爲可惜，原不必用其引申之誼也。

出自第三十八本(一九六八年一月)

『大學出於孟學說』初稿後案

陳　榮

勞貞一兄此考，從大處著墨，極能啓發。所提問題，值得討論。榮讀其文，間有疑義，嘗遠郵就正。承示，謂不妨附刋篇後，以待論定。榮旣有感于貞一之謙衷雅量，因綴拾蕪雜作後案。

元考：『漢儒已不知大學作者爲誰』。

榮案鄭康成六藝論：『禮記之作，出自孔氏，但正禮殘缺，無復能明……孔子沒後，七十二之徒共撰所聞，以爲此記』（禮記書題正義引）。禮記旣爲孔門之徒所譔集，而大學頗引曾子之言，則朱子以爲『蓋孔子之言而曾子述之』，或則『曾子之意而門人記之』，理論上自亦不誤。大戴禮主言：『孔子謂曾子曰：上敬老則下益孝，上順齒則下益悌』。此卽大學所謂『上老老而民興孝，上長長而民興弟』。然大學此二句無主名，是必大戴別有所本，益足證明大學與曾子之關係。又張華博物志：『曾子曰，「好我者，知我美矣；惡我者，知我惡矣」』。此與大學『故好而知其惡，惡而知其美者，天下鮮矣』之言不無關連，而在大學亦無主名也。翟灝四書攷異因謂，此似可證大學出于曾子。然又以今本博物志旣非張氏原書，則疑此二句或出假託。榮謂今本博物志雖由後人雜湊而成，然張氏原始材料賴此保存者亦不在少。張氏博綜，上引曾子一條，必有所本。若謂出于後人依託，殊無義指。豈有說經之儒，于子部雜家書中竄此一事，謂可爲聖賢之書張目者耶？由此論之，則曾子作大學之說，蓋亦舊矣。

元考：『惟大學頗引曾子之言，其爲曾子、子思一門傳授之學而非其他孔門弟子之學，灼然無疑』。

榮案子思作大學之說，以榮所知，始于明代嘉靖末之鄭曉，其大學源流曰：『魏政和中，詔諸儒虞松等考正五經。衞覬、邯鄲淳、鍾會等以古文、小篆、八分刻之于石，始行禮記，而大學、中庸傳焉。松表述賈逵之言曰：「孔伋窮居於宋，懼先聖之學不明、而帝王之道墜，故作大學以經之，中庸以緯之」。則學庸皆子思所作』。案鄭氏此文，特為豐坊所託之偽石經大學而作。魏氏年號無稱政和者；衞覬卒時，虞松年十五、鍾會年五，亦不得同時書寫石經。賈逵之言，今亦無從知其出處。宜鄭氏之說、學者咸以為妄也（參毛奇齡大學證文、朱彝尊經義考禮經類）* 。然貞一之論自成體系，固與鄭說無關。槃特偶因元文、聊復牽連及之而已。

元考引孟子滕文公上『設為庠序學校』至『亦以新子之國』一節，謂『此節與大學相關者凡四』，以為『以孟子為主以釋大學，其意始明，亦不容疑。而其中難以解釋者，則孟子係向滕文公進言，意思明白簡括，並非從大學引申而來；而大學反似從孟子原文引申而出』。

槃案翟灝之言曰：『按舜典，百姓不親，五品不遜。……五教之設，所以親民……合孟子人倫明於上、小民親於下言之，此親字實似不必更改。……孟子云人人親其親、長其長而天下平；又云親親仁也，敬長義也，無他，達之天下也。此言親民之事、亦極之於天下。孟子所言，謂卽以釋此經可矣』（四書考異大學篇）。翟氏所舉大學文與貞一之文所拈出者大體符同。然貞一謂大學似從孟子出，而翟氏則謂孟子此文正所以釋經，適得其反。余意此等典章政教、古言古訓之類，或流傳有緒，孔門之徒素日所誦習。大學未必卽襲孟子，而孟子亦未必卽申述大學。卽孔子之說，弟子所記，論語所集，其間亦多述舊義，然出于孔子之口，則為孔子之言；出于曾、孟輩之口，則為曾、孟輩之詞，古人不拘（潛研堂文集九答問六：『漢書藝文志云：「論語者，孔子應答弟子、時人及弟子相與言而接聞於夫子之語也」。故漢唐諸儒引用論語，雖弟子之言皆歸之孔子。後儒未達此義，輒謂諸弟子之言多有流弊。豈知論語所述，皆孔氏微言大義，端木、游、夏諸賢，其言皆聞諸夫子者乎』〔梁玉繩瞥記三略同〕。案此說通方，可以類推。崔述考古續說卷下：『中庸「在下位」一節，明明采之孟子，而偽家語誤以為孔子答哀公問政之言，至「擇善固執」止，載之於問政篇中，世遂以為孟子采中庸，中庸采家語也。夫孟子述孔子言多矣，皆冠以「孔子曰」，何以此文獨冒之為己言？且此文本開後文誠明之說，初與哀公無涉，豈得入孔子口中？』案崔氏謂孟子述孔子之言，必冠以『孔子曰』，否則其說皆出孟子。此泥。御覽資產部引尸子：『孔子曰，詘寸而信尺，小枉而大直，吾弗為也』。孫星衍敍尸子，謂『可證孟子枉尺直尋之有本』。翟灝所考古語、或時恆語，孟子引之而未明言其所從出者，亦有數事，見四書考異孟子編〔經解本四七一、四上；四七二、六

*又金堅予兄見告：『據周正權跋三體石經殘文（學衡第廿五期、民國13年1月），參與書寫正始石經者為邯鄲淳、韋誕及毛泓，而推測衞覬可能未預其事』。

下；四七三、三上；四七四、一上、又五下；四七五、二上〕。孟子引孔子之言，則何必非冠以『孔子曰』不可耶？又僞家語之文，往往別有所據，亦未可以一概論，前儒有辨之者矣。因附志于此）。今而欲區分孰爲孔、孟，蓋亦難矣。

元考：『論語仁義分別言之……而大學及孟子皆並言仁義，故大學實遠於論語而近于孟子』。

槃案後出載籍引孔子之言，不乏『仁義』並稱者：公孫龍子跡府篇，仲尼曰：『楚王仁義而未遂也』；荀子哀公篇，孔子對哀公曰：『仁義在身而色不伐』；呂氏春秋愼人篇，孔子謂子貢：『拘仁義之道，以遭亂世之患』；韓詩外傳三，孔子謂康子：『今其仁義之陵遲久矣』（說苑政理篇同）；又六，孔子謂子路：『由，何仁義之寡裕也！』；大戴記哀公問篇，孔子對哀公：『仁義在己而不害不志』；說苑辨物篇，仲尼謂顏淵：『行躬以仁義』；子路之言亦然，韓非子外儲說右上：『子路怫然怒，攘肱而入，請曰：夫子疾由之爲仁義乎？所學於夫子者仁義也』。然此類雖亦不無根據，而其保存舊辭之原來面目、能達到何種程度，未可知。然諸書所引，屢見不一，是亦可注意之一事矣。

元考：『孟子深明義利之辨……大學一篇亦深明義利之辨』。

槃案論語里仁：『子曰，君子喻於義，小人喻於利』；成二年左傳，仲尼曰：『義以生利，利以平民』。是孔子固嚴義利之辨。然此亦本諸舊說，成十六年左傳，楚申叔時語子反曰：『德以施惠，刑以正邪，詳以事神，義以建利，禮以順時，信以守物，民生厚而德正，用利而事節，時順而物成，上下和睦，周旋不逆，求無不具，各知其極』。叔時時代固前于孔子也。昭十年左傳，齊晏子謂陳桓子：『利不可強，思義爲愈。義，利之本也。蘊利生孽，姑使無蘊乎，可以滋長』。晏子、孔子時代相接。然義利之辨，孔晏所同，亦並據舊聞，不必以爲相襲也。申叔時之生雖前于孔子，然謂孔子此說本諸申叔，亦未可也。

元考引大學『生財有大道』至『此謂國不以利爲利，以義爲利也』一節，謂『此與孟子所言「明君制民之產，必使仰足以事父母，俯足以畜妻子」；「賢君必恭儉禮下，取於民有制。……」；「不違農時……數罟不入汙池……斧斤以時入山林……」，正可互相發明。論語中雖略見其凡，而未能加以發揮，此則孟子之敎也』。

槃案上引申叔義利之辨，推而至于『民生厚而德正，用利而事節，時順而事成』。此與大學、孟子義利之辨，互有詳略，可相印證。然此等處亦似不必有先後相承之迹。

元考：『當孔子之時，性論尙在蒙昧時期，孔子不言性與天道，僅略及性近習遠之義。蓋此時性之善惡未成問題……至孟子始發揮性善之義』。

槃案孔子未嘗不言性善。衞嵩曰：『孔子所謂「相近」，卽以性善而言。若性有善有不善，其可謂之相近乎？如「堯、舜性者也，湯、武反之也」（槃案出孟子盡心篇下）。若湯、武之性不善，安能反之以至於堯、舜邪？湯、武可以反之，卽性善之說。湯、武之不卽爲堯、舜，而必待於反之，卽「性相近」之說也。孔、孟之言一也』（日知錄七性相近也條）。陳澧曰：『性善之說，與「性相近習相遠」正相發明：「心之所同然者何也？謂理也、義也」，性善也。「聖人先得我心之所同然耳」，性相近也。「富歲子弟多賴，凶歲子弟多暴，非天之降才爾殊也，其所以陷溺其心者然也」，習相遠也。「所欲有甚於生者，所惡有甚於死者」，性善也。「非獨賢者有是心也，人皆有之」，性相近也。「賢者能勿喪耳」，習相遠也。「雖存乎人者，豈無仁義之心哉」，性善也。「平旦之氣，其好惡與人相近也者幾希」，性相近也。「梏之反覆，則其違禽獸不遠矣」，習相遠也。孔、孟之言，若合符節也』（東塾讀書記三）。二氏之論，未可易也。抑性善之說，孔子以前亦既有之，韓詩外傳六引小雅『天保定爾，亦孔之固』，與大雅『天生蒸民，有物有則。民之秉彝，好是懿德』，以申說孔子『不知命無以爲君子』之言；兪樾引成十三年左傳劉子『民受天地之中以生，所謂命也』之言，訓『中』爲正；『生』卽『性』（羣經平議二六），是也（拙譔大學今釋別記二詳之，文載大陸雜誌二一卷第一、二期合刊；又大學中庸今釋附錄，正中書局三版本）。案昭二十五年左傳，子大叔對趙簡子曰：『則天之明，因地之性……淫則昏亂，民失其性……哀樂不失，乃能協于天地之性，是以長久』。天地之性卽恆性、正性，人稟天地之恆性、正性以生，不失其性，斯能協于天地之性，此卽性善舊義矣。人人皆稟天地之恆性、正性以生，則性相近矣，卽近于善也亦決矣。

元考：『誠意之誠，亦出於孟子之「反身而誠」……至於論語則言信不言誠……』。

槃案周易乾卦文言：『子曰……閑邪存其誠……脩辭立其誠』；說苑君道篇：『孔子曰……武王正其身以正國，正其國以正天下……周公戴己而天下順之，其誠至矣』。是謂孔子既言『誠』矣，未知可據否？

以上所陳，細碎已甚。至于元作，持之有故，自具本末，此則讀者所共賞，毋煩槃爲之喋喋焉可矣。

一九六六年九月廿八夜。

出自第三十八本(一九六八年一月)

譚嗣同全集書札繫年

黃彰健

蔡尚思編的譚嗣同全集凡四卷，其卷三係收嗣同先生書札。楊廷福寫譚年譜時，未詳考這些書札的寫作年月，因此他所著譚年譜記譚氏事迹，仍極粗略，有許多錯誤。

例如：他說，嗣同先生因父繼洵之召，於光緒二十二年丙申九月二十一日暫行返湖北一次，於十月十三日到達武昌；他並注明他的根據係全集卷三所收譚上歐陽辦薑書六及書七。今按書六說：

> 夫子大人函丈：江南乞食，困乏無聊，不能不別圖生食之計，遂於廿一日暫一返鄂。且將爲盛杏蓀太常赴湘與義寧公論說礦事，日內即行，惟恐匆匆不及還縣，故爲此書以叩起居。周同溪久候無事，除贈路費外，仍以五十元寄其家。恰遇蔣少穆得上海機器製造局總辦，薦其前往，派洋槍廠司事，月廩二十金，在該局已爲稍優矣。知念附陳。德兵艦竄奪山東之膠州灣，勢甚凶猛，兵釁已開，恐不易了。政府擬請俄國調停，然舍此亦不得言有他策也。肅此，恭叩福安。受業譚嗣同謹稟，十月廿三日，自鄂。

這封信所提「德兵艦竄奪山東膠州灣」，係光緒二十三年十月二十日事，此可參看清季外交史料卷一二七山東巡撫李秉衡給總理衙門的電報。譚這封信寫於光緒二十三年十月二十三日，正去這件事的發生不久。楊氏謂這封信寫於光緒二十二年，那是錯誤的。這封信說，「遂於廿一日暫行返鄂」，就原信看來，此廿一日係指十月二十一日，楊氏釋爲九月廿一日，與文理不合。楊氏作此解釋，那只是因爲他看見譚上歐陽書七說，「（十月）十三日抵鄂」，他遂將書六所說「廿一日暫行返鄂」，解釋爲譚自南京啓程的日期，並認爲係這一年九月事。他沒有想一想，他這種解釋僅從文理方面看，即已不妥，而且從南京到武昌路程並不太遠，也不會要走這多天。

譚上歐陽辦薑師書七說：

夫子大人函丈：薄遊日下，獲展馳慕。訓辭深厚，充然在中。侍於君子，自然有益，儻其徵歟？拜辭後，沿途平順，過皖住三日，於十三日抵鄂。家嚴康健如常，署中均安好。堇如患心疾頃已愈，不日仍赴閩。奉月朔賜書，猥以謄錄事深勞擘畫，愚意正復如此。加級紀錄，雖無足重輕，尙爲求之有道，得之合義，視平日不甚切己之頂戴，其榮辱較然矣。今已稟明家嚴，即懇夫子代辦。需費若干，祈開示，即照寄。先此叩謝。無任依戀。肅此恭叩福安。受業譚嗣同謹稟。十月十九日。

今按譚三十自紀說：

光緒十九年夏，上京師。……秋返湖北，取道天津，浮海逕煙台至上海；易舟溯江，逕江蘇至安徽；易舟仍溯江，逕九江，抵湖北。（見全集卷一）

自紀所說，發京師，至安徽，易舟抵鄂，正與書七所說，「薄遊日下」，「拜辭後，沿途平順，過皖住三日，於十三日抵鄂」，事實相合。故書七應寫於光緒十九年十月十九日。書六與書七不是一年所寫。全集所收書札編號是編的人所加，根本不足爲據。全集所收譚上歐陽瓣薑書凡二十八封，較歐陽予倩所編譚嗣同書簡卷一多收一封。予倩對這些信札的先後次序已經弄不清楚了。

嗣同先生三十歲以後的思想與三十歲以前的思想不同。全集所收信札大部份寫於三十歲以後，是研究嗣同先生思想行誼極重要的資料。現在我將其寫作年月一一考訂。依收信人分類，再按照寫作年月排列。全集對這些信所加的編號則不更動，以便讀者查檢。

頃讀張德鈞所寫譚嗣同思想述評，知大陸出版的湖南歷史資料收有譚未刊手札及譚所著秋雨年華之館叢脞書未刊稿。湖南歷史資料一書爲我所未見。重編譚氏全集，重寫譚年譜，均俟之異日。

歐陽予倩所編譚嗣同書簡，其卷二係收唐才常上歐陽瓣薑書，卷三係收歐陽瓣薑致譚嗣同書。它的次序也是亂的。這兩卷信札的寫作年月，也附帶予以考訂。

* * * * * * * *

譚嗣同全集卷三，書札。

上歐陽瓣薑師書十七。

信末未署年月。末署「通家門生譚期嗣同謹肅」。信中說鄂署一切如舊。按譚仲兄嗣襄死於光緒十五年五月庚戌，其父繼洵先生被任命爲湖北巡撫在光緒十五年十二月壬申。這封信當係光緒十六年所寫，寫於這一年四月以前。

上歐陽瓣薑師書七

末署十月十九日。此信係光緒十九年十月十九日所寫，說見前。

上歐陽瓣薑師書一

信末署十二月二十六日。信中說：「張邵講和，此間總署電，係赴日本之廣島，今僅駐上海，蓋日人拒而不納，遂中道而改路」。檢德宗實錄，清廷派張蔭桓邵友濂赴日本議和，係光緒二十年甲午十一月二十四日事。據蕭一山清代通史，張氏十二月十一日發北京，十八日到上海，二十一年元旦出洋，正月初六至廣島，十八日歸國。譚氏此信云：「今僅駐上海」，似仍係甲午年事。這封信應寫於光緒二十年甲午十二月二十六日。

上歐陽瓣薑師書二十六

信末署六月二十六。信中說：「遼旅既未見還，臺灣尚差能枝柱」。這封信係光緒二十一年乙未六月二十六日所作。

上歐陽瓣薑師書二

信末未注寫作年月。信中說：「劉永福仍困守臺南，然不能久持，且電線久斷，但望其能一死，死固無益，因軍興以來，統領死者止左戴二人，或得以遮羞耳」。檢蕭一山清代通史，光緒二十一年七月二十二日，日軍攻陷雲林苗栗，而海口警報亦疊至。劉永福自駐安平砲臺，敵艦分五路攻臺南，砲聲震郡城，永福歷各臺防守，敵艦駛去，海岸解嚴。七月二十四日，日軍攻下嘉義。八月，日人調澎湖據兵及戰艦三十餘艘，以全力攻臺南。九月初二日，永福棄臺灣南渡。日軍於初四日，入臺南。譚氏此書言，劉氏困守臺南，電線久斷，則此信當係光緒二十一年八月作。

全集所收此信，信末附二十六條小註，不見於歐陽予倩所編譚嗣同書簡。信首有小標題曰：「興算學議」，也不見於予倩所編譚嗣同書簡。此二十六條小注當係興算學議刻本所附。

全集此信後附湖南郴州興算學會章程，亦不見於予倩所編譚嗣同書簡。該章程第一條說：「本會遵照二十三年秦學士奏准變通學校章程，共勉爲有用之學，以濟時艱」，則此章程自非光緒二十一年八月譚上歐陽瓣薑原信所有，當亦係興算學議刻本所附。

據張德鈞所寫譚嗣同思想述評，歐陽瓣薑把這封信題名興算學議，加批加跋，用活字板印行。陳寶箴爲湖南巡撫，見興算學議大爲嘆賞，命印一千本。興算學議刻本，史語所未藏有。

上歐陽瓣薑師書十二

信末署十一月二十日。信中說，鄉間有藉荒刼掠者。瀏陽遭荒係光緒乙未年事。此信係光緒二十一年十一月二十日所寫。

上歐陽瓣薑師書五

信末署初三。信中說：「頃又接家信，王方伯奏調嗣同出洋」。按王之春奉派使俄係光緒二十一年十一月事。十二月二十七日以之春位望太輕，遂改派李鴻章前往。譚此信末署初三。當係這一年十二月初三。

上歐陽瓣薑師書十一

信末署十二月十七日。信中說，岳州釐局阻米運往下流。按譚上歐陽書二十五亦言岳州阻米事，該信寫於光緒二十一年乙未除夕，則此信當係是年十二月十七日所寫。

書十一說：「十五上船，十七開行，下午抵金子灣，緣事須泊，明日或可行」，則這封信寫於由長沙赴武昌途中。

上歐陽瓣薑師書十四

信末署十八日。信中說：「十萬生命，豈能枵腹久待」，「似可借煤，予以明年二三月春水漲時之期票，令災民運赴江口上船」，是說的賑濟瀏陽乙未年饑荒事。這封信當寫於乙未年冬。

這封信說：「使發甚急，不暇莊寫」；下一封乙未除夕信說：「途中上數書計達」，則這封信可能係譚氏十二月由湘赴鄂途中所寫。據乙未除夕信，譚於十二月二十三日抵鄂。

書十一、書十四及乙未除夕信，都商量以鄂賑款二萬兩易銀圓購糧賑荒事。

上歐陽瓣薑師書二十五

信末署乙未除夕，論王方伯奏調譚出洋事。

上歐陽瓣薑師書二十四

信末署正月二十八日。信中說，俄使改派李傅相，王布政仍回本任，嗣同不勞挽留，自然免却此行。按改派李鴻章赴俄係光緒二十一年十二月二十七日事，譚氏遂免却此行。譚此書寫於光緒二十二年丙申正月二十八日。

上歐陽瓣薑師書二十二

信末署七月二十三日。信中說：「六月十八日出京，二十九日到南京，與舍姪分伴，獨入官中」。「候補官，於世間兩無所處，……而不意金陵尤甚。到此半月，雖日日參謁，雖首府首縣，拜之數次，不能望見顏色」。此即敍譚氏初至金陵候補苦況。這封信應係光緒二十二年七月二十三日寫。

上歐陽瓣薑師書二十三

信末署九月二十一。信中說：「在金陵上一長書」。此一長書即指光緒二十二年七月二十三日所寫上歐陽書二十二。上一長書說：「九月當旋鄂」，這封信說九月十三日還鄂，正與上一長書合。這封信寫於光緒二十二年九月二十一日。

這封信說，收到歐陽五月初九及四月十八日的信。這兩封信收入歐陽予倩所編譚嗣同書簡附錄卷三，即歐陽致譚書五及一。

上歐陽瓣薑師書十三

信末署十一月初六日。信中說：「嗣同半月後赴南京，奉嫂挈姪兒女同出。姪兒覓師甚不易，擬約淞芙暫用新法教授一兩月」。彰健按：先父潁初府君（諱祖勛，入民國後易名徵）於光緒丙申應嗣同先生之聘，典其籤記。先父丙申丁酉日記曾記隨譚氏旅居金陵事。日記惜存大陸。行篋所攜僅先父所著聿園詩稿。詩稿卷九收宣統二年庚戌作自鄂趁輪往滬舟過金陵口占詩，下有自注云：「丙申曾遊金陵」。詩稿卷二十一收民國十七年戊辰作清明日至秦淮感事詩，下有自注云：「丙申曾隨譚壯飛京卿客金陵，今三十二年矣」。詩稿卷十八收民國十年所撰隨園歌，下有自注云：「光緒丙申丁酉之交，曾隨同邑譚壯飛客金陵半年有奇」。嗣同先生之孫訓聰先生所撰嗣同公年譜初稿說：「公抵金陵，奉寡嫂黎氏（嗣襄公配），撫孤侄（訓聰之父傳煒公）共住，先後延邑先輩黃潁初邱菊圃兩先生爲傳煒公教讀」。先父與譚氏及劉淞芙先生同坐楚材兵輪由武昌至建業，見譚全集所收由武昌而建業一詩。由譚氏這封信看來，原本由淞芙先生教譚嗣子讀書，後來淞芙先生離開，遂由我的父親任教。

這封信寫於光緒二十二年丙申十一月初六，時譚氏及其嫂侄尙在武昌。這封信說：「在長沙凡上兩書，旋於卅日展輪，初二日到鄂」。譚氏上歐陽瓣薑師書二十三寫於光緒二十二年九月二十一日，信中說：「嗣同日內卽起身回縣」。則譚在光緒二十二年九月二十一日後曾啓程回瀏陽。先父應譚氏之聘及隨從譚氏赴鄂，當在這年十月。

上歐陽書十三說：「安得馬尼（按卽錛鑛）曾經密訪。確未到漢，如繞江西，自必出九江逕赴上海」，此係回答歐陽致譚復生書八。歐陽致譚書八囑譚至漢密查，該書末署二十四夕，未注年月，當寫於光緒二十二年丙申十月二十四日。

上歐陽瓣薑師書九

上歐陽瓣薑師書十六

書十六說：

> 去臘在鄂曾上一箋，以事遲延至初十日始克啓行，沿途兵船淺擱，至十七日到金陵。十九日起坡住東關頭公館。臘盡春回，瞬目一月有餘。

這封信末署正月二十五日，因此楊廷福編譚氏年譜卽釋初十爲正月初十，謂譚氏於光緒二十三年丁酉正月十七日到金陵。

彰健按：先父潁初府君與譚氏及劉淞芙先生係乘楚材兵輪至金陵。以兵船淺擱三日，故初十離武昌，十七日始到金陵。先父係於丙申年從譚氏到金陵，故初十日應指丙申十二月初十，非指丁酉年正月初十日。信中說：「臘盡春回，瞬目一月有餘」，故健釋初十爲指十二月初十日，不誤。譚上歐陽瓣薑師書十六係光緒二十三年丁酉正月二十五日所寫。

譚上歐陽瓣薑師書九說：

夫子大人函丈：到鄂後原定卽旋湘，忽因礦師事，盛大理反復不決，嗣同亦決意捨去之，明後日卽赴南京，且到明年再議。時事日棘，不識如何變證。事忙心煩，不及多述。致紱丞信乞轉交。此叩福安。受業譚嗣同謹稟。十二月十九日。

紱丞同門台鑒：煤船到，俟試驗兌價後，再上詳函達聽。嗣同與礦師已將同行矣，乃盛杏蓀（宣懷）忽然變卦，言天寒水淺，且到明年再議，嗣同亦遂決意捨去矣。悵悵無所之，止好到南京去過年，明春再作歸計。盛狡詐纖巧不可捉摸類如此。煤銀如兌來，卽託人寄囘。嗣同明後日卽行，忙劇，百不盡一，此訊道安。譚嗣同頓首。十二月十九日。

據上所考，譚於光緒二十二年丙申十二月十日自鄂啓行，十七日至金陵，不可能十二月十九日還在武昌。譚於光緒二十二年十月三十日乘輪離長沙，十一月初二日抵鄂。原定卽旋湘，其目的在迎接礦師至湖南，因此十一月初六他上歐陽書十三說，「嗣同半月後赴南京，奉嫂挈姪兒女同出」，他將接他嫂嫂姪兒到南京去的事定在半月以後。他十一月初二由長沙抵鄂，由於盛宣懷突然變卦，他遂擬照原定計劃赴南京，故我疑心此信中「十二月十九日」係十一月十九日之誤。十一月十九日信說：「明後日卽行」，由十一月初六算至十一月二十一日正好半個月。

大陸出版的盛宣懷未刋信稿收有盛寫給他太太的信，其中有一封信說：

夫人如面：昨詠經同廷相根明來鄂，接到安信，均悉。……湖南紳士請我去，而湖北鐵路鐵廠事多不了，以致延遲。今接汝信，……只可先囘上海，開春再赴湖南。刻將各事料理，十二月初旬必到家。……十九日杏寫。（盛宣懷未刋信稿P.287）

盛氏這封信寫於十一月十九日，與譚給歐陽及唐才常的信所說：「到鄂後原定卽旋湘」，「盛杏蓀變卦」，「明年再議」，「明春再作歸計」，正可印證。譚氏與唐才常信說：「明後卽日行」。但他仍以事延遲，至十二月初十日始成行。

譚上歐陽書九及所附致唐才常書均寫於光緒二十二年丙申十一月十九日。

譚氏與汪康年書三說：

嗣同前與伯純鐵樵商量，於漢口設一民聽報，每日一張，但籌款大難。頃來金陵，四處多方誘惑，竟不能招一人，集一錢，反從而笑之。六朝名勝地，乃爾俗陋耶！此事全仗鄂中籌款矣。……劉淞芙同到此間，共學良不寂寞。

致汪康年書三末署正月十八日，係丁酉年正月十八日所寫。由這封信也可證實他抵金陵不在正月十七日。如在正月十七日，則依譚上歐陽書十六，他十九日才從船上起坡。他抵金陵後，得先安頓同行各人，不會在十七十八兩天即四處籌款辦報。

上歐陽瓣薑師書十

此信言籌辦時務學堂事，末署「五月十七日」，係光緒二十三年丁酉五月十七日所寫。

上歐陽瓣薑師書八

信末署八月十八日。信中說：「前奉五月二十四日賜書，並壽詩一卷」。歐陽瓣薑此信現存，即譚嗣同書簡卷三所收歐陽與譚復生書二。歐陽此信說：「黃君歸後，瘋疾未有所聞」。按先父丙申入譚幕府，丁酉三月祖母小祥，先父致祭時，悲慟過度，忽精神錯亂。在精神錯亂時，曾作詩數十首，故先父聿園詩稿卷六中路集即存有「囈餘」七絕十六首。丁酉季秋小祥後六月，先父作中路哀五古二十六首，則他的瘋疾回到家鄉後就好了。歐陽致譚書二寫於光緒二十三年五月二十四日，譚上歐陽書八係回答歐陽此信，故譚此信應寫於光緒二十三年八月十八日。

上歐陽瓣薑師書六

末署十月二十三日。此信係光緒二十三年十月二十三日所寫，說見前。

上歐陽瓣薑師書十五

信末署二十九日。信中說：

前商團練事。……紱丞（唐才常）及嗣同於前七八日已函商岳生，請由縣送百人至省，即令師中吉統之，往澤生營中學習。面商澤生兩次，大以爲然，並極賞識。師中吉閏月即可率百人住其營中，渠必加意訓練云云。……擬日內即令師中吉還縣召募，閏月半間，即可到省。兵貴神速，此之謂也。湘潭縣官陳宗初大令不肯考(縣試)時務，似此守舊之官，而補吾瀏陽之缺，如之何其可也。……昨日已將此意函告中丞。便中乞更爲一言。……

譚寫此信時，他和歐陽均在長沙。譚此時正協助陳寶箴推行新政，而歐陽則在陳幕府。這封信說，「師中吉閏月半即可到省」，「兵貴神速」。按光緒二十四年閏三月，故這封信寫於光緒二十四年三月二十九日。

以係寫於三月，故信中將閏三月的「三」字省去。

上歐陽瓣薑師書十八

信末署二十七日燈下。係光緒二十四年閏三月二十七日寫，理由詳下。

上歐陽瓣薑師書十九

信末署二十九日，係光緒二十三年閏三月二十九日寫。理由詳下。

書十八及書十九均提到機器製茶事。

譚上歐陽書十八說：

頃奉家嚴電諭。……其電頃已寄熊秉三，因電中另有機器製茶事，需與之一商。……嗣同歸來，感受風寒，疲頓已極。何時到省，尚不能定。

按譚氏光緒二十四年三月二十九在長沙，此可參看健對譚上歐陽書十五的考證。譚嗣同全集收有戊戌四月三日治裝將北上留別內子詩，則譚四月初在瀏陽。譚上歐陽書十八說：「歸來感受風寒，疲頓已極。何時到省，尚不能定」，則寫此信時，譚在瀏陽，而且距歸來不久。此信末署二十七日，當係光緒二十三年閏三月二十七日所寫。歐陽致譚復生書九說：

頃中丞在校場閱操，馳告，得薌帥（張之洞）咨，委朱滋澤辦湖北招茶局……湖南則委吾弟。不審已由魯公處寄到公牘否？此事用人必多，兄荐三人，其二義不得已，另單開記。若將來局面大，薪水優，須得力人用，則舍弟現於鹽務已有退志，不知赫德接手後如何。渠於茶莊幫過一年，大致明白，或令其辭歸，亦未嘗不可。……兄中鵠頓首，二十六。

歐陽此信當寫於閏三月二十六日。歐陽及譚均得到命譚辦理湖南招茶局的消息，遂互相通知對方。歐陽以譚受命辦 理招 茶局 ，故向譚介紹職員。譚上歐陽書十九說：

機器製茶事，且看情形如何，屬件自可如命。

此即係譚收到歐陽致譚書九後所寫的回信。譚上歐陽書十九當寫於光緒二十三年閏三月二十九日。

書十九說：「抗拒之說可保必無」，也係對歐陽致譚書九的答覆。今不具引。

上歐陽瓣薑師書二十七

信末署受業弟子唐才常譚嗣同謹稟，未注寫作年月日，疑係光緒二十四年四月初五日所寫。理由詳下。

上歐陽瓣薑師書二十八

信末署「受業門人唐才常譚嗣同仝稟，初十日」，疑係光緒二十四年四月初十日寫。理由詳下。

書二十七及二十八均係辨論譚在湘報上稱贊康及譚對康自稱門人事。此二信均係戊戌年所寫。

譚上歐陽書二十七說：「既不許駡，又不許美，世間何必有報館。第相率緘口爲鄉愿足矣」。歐陽致譚書十說：「天下惟不知贊譽人爲無心肝」，即係對譚氏此信的答覆。

譚上歐陽書二十七認爲，歐陽阻譚贊美康係受陳三立的壓力，故歐陽致譚書十即回答說，「未嘗要鄙人壓力，鄙人自述之耳」。歐陽的信上又說：「朱陸異同，相爭如水火。至王陽明亦比之洪水猛獸。究竟何一非君子乎？方今吾道大孤，通地球止有此數，吾非斯人之徒與而誰與。……喜怒哀樂之未發謂之中。發而中節謂之和。致中和，天地位焉，萬物育焉。願兩弟益大吾力，宏吾量，以固吾群可也」。

譚上歐陽書二十七辭氣頗不遜。及歐陽以朱陸異同委婉解釋，譚上歐陽書二十八遂說：「仁人之言，委曲引喻，若忘嗣同之狼嗥豕突」。惟譚氏對陳三立仍然不滿，說陳三立平日詆梁任公，詆唐才常，力阻不許聘康南海來湘。

歐陽致譚書十末署初六。譚上歐陽書二十八末署初十。二書當係同月所寫。

歐陽致譚書十說：

頃得岳生書，學堂一事，果係東鄉梗議，劉弼臣已有信堅持不可。兄擬作函致東門市，要其來縣，更乞中丞數行以迫之。但是否能成，究未可必耳。

今按：歐陽致譚書六說：

昨得岳生書，並致用學堂章程一分，並送上。章程不知何人手筆，或質初草創，而涂先生（大圜）改定乎？請與紱丞（才常）並酌之。……群萌學會序，日光玉潔，應有盡有，抬高瀏陽處亦得體，當是報中第一篇文字。……兄比爲課卷所困，須再六七日始能蕆事。演影燈恐不能到。老弟得暇，或偕紱弟過我何如？……兄中鵠頓首。二十五日。

書六所提群萌學會序係譚所撰，見湘報類纂及譚全集。據湘報類纂凡例，知湘報始刋於戊戌二月，於戊戌五月改組。群萌學會序說：

不圖偶爾假歸，適值群萌學會之成。……爲瀏陽喜，爲湖南喜，爲中國喜，更私爲吾從事之南學會喜，而奮筆鼓舌，樂叙其緣起如此。

則群萌學會序之寫作當在戊戌閏三月二十幾日譚氏歸瀏時。歐陽致譚書六說：「演影燈戲恐不能到，老弟得暇，或偕紱丞（才常）過我」，則歐陽寫信時譚已由瀏到長沙。譚於四月三日作治裝將北上留别内子詩，歐陽致譚書六末署二十五日，此二十五日當係光緒二十四年戊戌四月二十五日。譚於光緒二十四年五月初十或五月初十後一兩天離長沙，可參看我下文對譚上歐陽書二十一、三、這一組書信的考證。

歐陽致譚書十及書六均提到岳生及瀏陽縣學堂事。此學堂當卽指書六所提的致用學堂。由歐陽致譚書十看來，致用學堂之能成立，與陳寶箴的信有關。

歐陽致譚書六提到致用學堂章程。今按湘報類纂丁集收有湖南瀏陽縣致用學堂章程，其第九條說：

國家汲汲求才，首變科舉，以爲之鵠，則學堂之設，亦萬不容緩。本月十五日，初次會議，衆論僉同。

此「十五日」，恐指四月十五日。我疑心歐陽致譚書十末署初六日，此初六日係指四月初六日。

譚上歐陽書二十八係對歐陽致譚書十的回答，譚上歐陽書二十八末署初十，此初十疑指四月初十。

歐陽致譚書十係對譚上歐陽書二十七的回答。歐陽致譚書十寫於四月初六，而譚上歐陽書二十七未署年月日，疑寫於四月五日。譚在四月初三治裝將北上，則初三尚在瀏陽；譚氏四月初十函說：「歸未旋踵，而賜函適至」，則他在四月初六曾往晤歐陽。瀏陽距長沙一百四十里，坐轎子兩天可到。他可能四月初四離開瀏陽。

上歐陽瓣薑師書二十

末署初六日。係光緒二十四年戊戌五月初六日寫。理由詳下。

上歐陽瓣薑師書二十一

末署初六夕。係戊戌五月初六夕所寫。理由詳下。

上歐陽瓣薑師書三

信末未注年月日。應係戊戌五月初六燈下寫。理由詳下。

上歐陽瓣薑師書四

信末未注年月日。係戊戌年五月初七日所寫。理由詳下：

譚上歐陽書二十、二十一、三、四，與歐陽致譚書十三、十一、十二、七、十四爲一組。首先歐陽向譚解釋新黨對歐陽的攻擊係誤會。及誤會澄清，譚及唐才常遂就時務學堂批語事有所辨解。

歐陽致譚書十三說：「鹿門（皮錫瑞）旣爲此鄙夷之詞」，「至斥兄品行日卑一日」，「望以實告」，以免「流爲無忌憚之小人而不知返」。譚上歐陽書二十卽係回答歐陽此信。歐陽致譚書十三末署初六早，譚氏回信末署初六日。信中說：「晨奉賜諭謹悉」，此賜諭卽指歐陽初六早上所寫的信。歐陽信中指出受譏議三事：出題、批卷、及辦賑。譚氏答覆亦正針對此三者。歐陽接譚回信後，當日又寫一信與譚（卽歐陽致譚書十一），對出題辦賑二事有所解釋。該信末署初六日。譚氏接此信後卽回一信。此信卽上歐陽書二十一，該信末署初六日夕。

書二十一說：「亦卽前書所謂極寃者也」。此語正見譚上歐陽書二十。譚上歐陽書二十一寫於初六夕，其中提到出題事極動公憤，歐陽當晚收到該信，卽寫致譚書十二回答，「謂出題一事，極動公憤，無乃太過」。歐陽致譚書十三、譚上歐陽書二十、歐陽致譚書十一、譚上歐陽書二十一及歐陽致譚書十二，這五封信都是初六這一天寫的。

譚上歐陽書三說：

夫子大人鈞座：昨趨謁，有懷欲陳，適龍沈諸君到，故默然而去。頃奉詳諭，謹悉。得此正好力爲雪淸此謗。惟學堂事則有傳聞不確者。姑無論功課中所言如何，至謂「分教皇遽無措，問計秉三，乃儘一夜之力統加抉擇，匿其極乖謬者，就正平之作，臨時加批」云云等語。嗣同於調箚記時，雖未到省，然於秉三及分教諸君，深信其不致如此之膽小。宗旨所在，亦無不可以揭示人者，何至皇遽如此？平日互相勸勉者，全在殺身滅族四字，豈臨小小利害而變其初心乎？耶穌以一匹夫而攖當世之文網，其弟子十二人皆橫被誅戮，至今傳敎者猶以遭殺爲榮，此其魄力所以橫絕於五大洲，而其學且歷二千年而彌盛也。嗚呼！人之度量相越，豈不遠哉！今日中國能鬧到新舊兩黨流血徧地，方有復興之望。不然，則眞亡種矣。佛語波旬曰，今日但觀誰勇猛耳。秉三（熊希齡）及分敎雖不勇猛，當不至此，此嗣同可代爲抗辨者也。…………

譚此信未署年月日。譚此信係針對歐陽來信，「分敎皇遽無措，儘一夜之力，統加抉擇，匿其極乖謬者，而臨時加批」等語，而加以反駁。唐才常在戊戌年五月初六燈下所寫上歐陽瓣薑師書五亦引歐陽此信，加以反駁。譚唐皆反駁歐陽此信，歐陽致譚唐書七遂對此事予以解釋。歐陽致譚唐書七寫於初七日早。歐陽致譚唐書七說：「昨得兩弟書」，則譚上歐陽書三亦寫於五月初六日燈下。

歐陽致譚信有臨時加批等語，由唐上歐陽書五看來，當係五月初五所寫。這封信未印入歐陽予倩所編譚嗣同書簡卷三。

歐陽致譚唐書七指出匿改箚記之說係譚唐誤會；其他的誤會使他一樣難受；信中並說：「日昨各信，非同志，兄決不寫」，則上引初六諸信，當寫於戊戌五月初六。

譚上歐陽書三說：「頃奉詳諭，得此正好爲雪淸此謗」。此謗卽指湖南新黨對歐陽的懷疑譏謗。

歐陽致譚唐書七說：「凡事總以直說爲好，若愈隱則愈誤」，譚上歐陽書四卽針對此點回答。譚上歐陽書三說：「宗旨所在，無不可揭以示人者」時務學堂批語本與其學術宗旨有關。唐上歐陽書五已言及素王改制重民平權，而譚則認爲學術宗旨非面談不能盡，故譚於上歐陽書四中卽向歐陽建議擬卽邀唐到歐陽處與歐陽作竟日談。歐陽的來信係五月初七早，故譚氏覆信也當在五月初七日。

譚上歐陽書四說：「嗣同亦就此辭行」。戊戌四月二十五日光緒命督撫送譚進京晉見，譚此時當已得到通知，故擬向歐陽辭行。

歐陽致譚書三說：

自駕行甚念，兄從端陽前二日，因寒食角黍，滯氣腹泄，至今未愈，故彼日未走送也。……

歐陽致譚書十四說：

佛生賢弟如握：輪船到否？今日能成行否？昨弟言亡後之圖四字，使人悽然欲絕，不知所屆。兄衰矣，辦振責重謗，毫無足校。惟此生已傷，恐不足用於世。望弟善藏其用，留俟彼時爲四萬萬黃種立命，千萬至禱。警部一事，弟到京後能設法令明詔天下以行，此間自無阻力。此外則彊兵鐵路，似爲最要。果辦到，國猶足以自立矣。弟道員若爲例格，竟難核準，其款當可轉移千數百金，兄或可以借貸，就此過班，望爲兄留之，若不能，則亦不彊，兄於此無成心也。手此卽頌行祺。兄中鵠頓首，初十早。

亡後之圖，卽係梁任公譚嗣同在湖南進行自立活動、在時務學堂傳播革命思想的理由。在此時譚唐已向歐陽敘明論學宗旨，已獲得歐陽諒解。

譚離長沙北上當在五月初十，或五月十一二日。他可能到湖北卽害病，故六月十二日光緒又有電旨促譚及黃遵憲晉京。

歐陽致譚書三提到各省奉設商務局，這係戊戌六月初一事；這封信說：「兄擬於八月秋祭時回縣，佛塵於暑假必歸」，則歐陽致譚書三當寫於戊戌六月。

致汪康年書

全集所收譚致汪康年書凡二十五通，均藏上海合衆圖書館。此二十五封信所記事，上一封信所提往往在下一封信中卽交待，故其次序不誤。譚給汪氏的信僅幾封未署年月的需要考證。

致汪康年書一

信末僅說「譚嗣同合十頂禮」，未注年月。信中說：「聞梁將回粵」，「嗣同亦卽去此，嗣同十月中必仍來金陵」。按梁於丙申年十月回粵，見梁任公年譜長編，而譚則於丙申年九月十三日還鄂，見譚上歐陽瓣薑書二十三。譚致汪書一當寫於光緒二十二年丙申九月。

致汪康年書二

信末署十一月十三日，信中說：「九月中到鄂，正裝束往湘」，與丙申九月二十一日譚上歐陽瓣薑書二十三相合。致汪康年書二應寫於丙申十一月十三日。

這封信說：「我輩皆可免被人橫誣爲會匪而殺之」，則在此時譚尙未結交會黨。

致汪康年書三

這封信說：「劉淞芙同到此間」，末署正月十八日，當係丁酉正月十八日所寫。據此信，知仁學在此時已寫成數十篇。

自致汪書三起，至書二十一止，皆寫於光緒二十三年丁酉。這些信皆係自南京寄出。原信末附有月日，惟無年份。

致汪康年書二十一及二十二。

書二十一及二十二均言聘梁啓超任湖南時務學堂總教習事。梁氏定十月初三日啓行離上海往長沙，見戊戌變法第二册所載梁致陳三立書，則梁應時務學堂聘當在九月底。二十一書末署九月初六；二十二書末署二十七，此二十七係丁酉九月二十七日。

致汪康年書二十三及書二十四。

書二十三末署十月十八日，信中說：「嗣同本日同歸」，是說譚挈眷於是日啓程返湘。書二十四末署十九日，信中說：「楊仁翁先生問從前經價，因以片紙囑寄上」，由該信語氣看，似係在南京所寫，是譚氏歸湘日程當已延期。據譚上歐陽瓣薑書六，譚氏於丁酉十月二十一日由南京到達武昌。

書二十四末署十九日。此十九日應係丁酉年十月十九日。譚氏致汪康年書二十四說:「沅帆地圖股份,是否可交梁卓兄帶下」,是十月十九日梁任公仍在上海。梁氏說他於丁酉十月入長沙,則他大概是十月二十一二日啓程。梁氏原定十月初三日離上海,旋改定初七日離上海,約十五前後抵湘,見戊戌變法第二册梁氏致陳三立書。由譚致汪書二十四,知梁行期又有改變。

致汪康年書二十五。

末署正月初八。

這封信提到蒙學報。按蒙學報創辦於光緒二十三年九月,故這封信的正月初八,係光緒二十四年戊戌正月初八,確鑿不誤。而且這封信提到歸湘,通信不易,爲之悵悵無已,語氣與致汪書二十三相同。

譚致汪書二十五說:「公有專函寄鄂,而到在嗣同去後,嗣同即日携眷歸湘,將不復出」,則譚此信寫於湖北巡撫衙署。譚爲了安排梁任公教書及在湘進行自立活動,先行返湘,而家眷則暫留巡撫公署。譚於丁酉年底返湖北度歲,戊戌年正月始再携眷由鄂返湘。

致汪康年梁啓超書二

信中說:「嗣同月半前後,必赴上海。劉淞芙同行,或先去未定」。按先父與譚劉坐楚材兵輪抵金陵係丙申十二月十七日事。這封信寫於金陵,末署二月初七日,係光緒二十三年丁酉二月初七日所寫。

致汪康年梁啓超書一

信末署十四日。這封信說:

同縣有黃穎初,精韻學,近造傳音快字簡法,將察(蔡?)字母減去一倍,而其用轉加數倍,是近日一大奇事。容嗣同帶滬面談也。然大略問淞芙亦可知。

按先父穎初府君偕譚劉抵金陵在丙申十二月十七日。此信末署十四日,此十四日應係丁酉年的十四日。

這封信說:「大略問淞芙可知」,是劉淞芙此時已到上海。

譚致汪康年梁啓超書二說:

嗣同半月前後,必赴上海,劉淞芙同行,或先去未定。

該信末署二月初七日,則劉淞芙之到上海係在這一年二月。

譚致汪書五說：「昨由淞芙帶上一書」，該信末署二月十六日，而致汪康年梁啓超書一末署十四日，此十四日當係丁酉年二月十四日，致汪康年梁啓超書一當由劉淞芙帶到上海，交給汪梁。

先父穎初府君於丁酉三月祖母小祥祭祀時，以哀慟過度，精神錯亂，譚氏派人送先父返劉。這封信係丁酉二月十四日作，健所考應不誤。

致汪康年梁啓超書三

信末署六月十一日，係丁酉年六月十一日作。

致汪康年梁啓超書四

信末署九月十日，信中提到赴吳鐵樵之葬。吳卒於光緒二十三年四月，此信係光緒二十三年丁酉九月十日作。

致梁啓超書

信末署三月十四日。信中說：「穰卿頌穀孺博枚叔諸先生同乞以此訊起居」。按章太炎先生應時務報聘係光緒丁酉年事，此信係丁酉年三月十四日作。

致汪頌穀書一

信末署五月初八日，中言吳鐵樵小照事，當係光緒二十三年五月初八日作。

致汪頌穀書二

信末署七月初六。致汪康年書十六末亦署七月初六，並云：「致頌閣書一紙，乞交」，即指此信。

此信係光緒二十三年七月初六所寫。

致劉淞芙書三

信中說：「叔度同里，北海通家。……非一日之知，乃望衡之密。卒未嘗執雉請問，屏徧升堂。……不謂林宗神交，太邱道廣。猥以故紙蟫蠹，倘足與於斯文，投之東瀛之畫，媵以瑰瑋之詞」。這封信當係譚給劉的第一封信。

致劉淞芙書一說：「乃者奏記申酬」，「何意蒙季重東阿之答」。「奏記申酬」，可能卽指致劉淞芙書三。致劉書一係光緒二十年甲午作，而書三寫作在前。信中說：「春和日麗」，則此信係春天所寫。

致劉淞芙書一

信中說：「三十之年，行將舍去」，則此信當係光緒二十年甲午所寫。

致劉淞芙書二

按譚氏寥天一閣文係收光緒甲午譚三十歲以前所著。致劉淞芙書一書二均收入寥天一閣文。書一係甲午年作，則書二亦當如是。

致劉淞芙書五

信末署十五夜。信中說：「夜來忽有興會，作鄧貞女歌行一篇」。按鄧貞女歌行已收入譚所著莽蒼蒼齋詩，係其三十歲以前所作。

此信云：「去年鄧貞女完節之歲，正在都門」。檢譚氏三十自紀，光緒十九年癸巳譚氏正在都門，則此信係光緒二十年甲午作。

致劉淞芙書七

信末署十九日。信中說：「科擧之文，古今所苦，事會如斯，未得而廢。承不棄菲薄，與之商量，以此益思自奮」，則此信係譚氏三十歲以前所作。上引譚報劉淞芙書一書二係甲午年作，此信似亦甲午年作。

致劉淞芙書四

信末署十七日辰刻。

此信已談到甲午戰爭；記劉峴帥調二十五營事，又見譚氏上歐陽書一，文句略同。致歐陽書一係甲午年十二月十七日寫，則此信疑係甲午年十二月十七日寫。

又此信說：「承代搜殘稿」，「但於可存之句，加圈即是」。檢光緒二十年甲午十二月譚所撰莽蒼蒼齋詩自序，亦正提及此事。

致劉淞芙書六

信末署二十三夜。信中說：「晏壬卿先生路費，似可俟明正到縣時補送」。按晏氏任瀏陽算學社山長，係光緒丙申年事。

信中說：「兩兄回縣度歲，當在何時啓程」，則此信當係光緒二十一年乙未十二月二十三日所寫。

報貝元徵書

收入譚所著寥天一閣文，當係甲午譚三十歲以前所作。信中說：「旋奉第二書」，「足下改轅河南」。按譚氏致劉淞芙書七說：「貝元徵自陳州伏羲陵拔取蓍草一束，均以奉贈」，疑即係貝元徵改轅河南時所採。致劉淞芙書七疑係甲午作，則這封信也可能係甲午作。

報貝元徵書——思緯壹壺臺短書

信末署甲午秋七月。信中提到上書歐陽瓣薑，請歐陽在瀏陽興創算學館，並節引該信原文，自「士生今日」起，至「滕文公伐齊楚」止。今按該信即譚上歐陽瓣薑書二。該信寫於乙未八月，故這封信也當寫於乙未年，在乙未八月以後。信末「甲午秋七月」五字當係他人妄加。

這封信的標題爲「思緯壹壺臺短書」。按譚氏三十自紀說：「思緯壹壺臺短書，甄俗也」。此甄俗之短書當成於光緒甲午，係批評河圖洛書及太極圖，與此信內容不同，譚氏遂以此信代替，亦名之爲思緯壹壺臺短書，見全集第一五三頁思緯壹壺臺短書叙。

與沈小沂書一

信中說：「年未三十」，「道出天津」，「去矣皇都，銅輦秋衾之夢」。以譚三十自紀所記譚行蹤證之，此信係光緒十九年癸巳秋所寫。

與沈小沂書二

信中說：「前書云云，與足下長賴友朋之言」，即指第一書所說：「徐出而求友以自輔」。前書作於光緒十九年癸巳秋，而此書說：「歲暮得奉答敎」，「獻歲開春」，則此信應寫於甲午春。

與沈小沂書一書二，均收入譚氏寥天一閣文。寥天一閣文係收譚三十歲以前所著。

致龍萸溪（紱瑞）書四

信末未署月日。信中說：「承寄下沈小沂信，今作回信，交信局寄」。如果此回信是指與沈小沂第二書，則此信即可能寫於光緒二十年甲午春。

致龍萸溪書二

末署二月十七日。

信中說：「誦悉，妹倩介蕃到」。按歐陽致譚書一說：「頃聞又招令妹倩劉公子來署」。譚氏幼妹嗣嘉嫁湘鄉劉國祉，介蕃當係劉國祉的字。歐陽致譚書一寫於丙申四月十八，故譚致龍此書當寫於光緒二十二年丙申二月十七日。

致龍萸溪書一

末署「如月二十五日」。如月卽二月。

信中說：「瓣薑師仍在鄉里辦礦」，瓣薑在鄉里辦礦係光緒二十二年丙申事。

信中說：「以將有滬上之行」，則其時譚氏似住在南京。信中說：「元宵前曾上䲶公一稟，曾呈電否」，又說：「春已六十」，則此信疑係丁酉二月二十五日所寫。

致龍萸溪書五

末署四月十二日。

信中說：「小舍姪無師，望邱來甚切」。按先父顯初府君在譚府課其嗣子，係丁酉春事。先父於丁酉春三月祭祀祖母時得病，此信言望邱來課其子，當係丁酉四月作。

頃檢譚訓聰先生所編先祖嗣同公年譜，亦言邱教其父讀書係丁酉年事。余所考不誤。

致龍萸溪書三

信末署重九，言開辦時務學堂事，係光緒二十三年丁酉九月初九日寫。

致龍溪萸書六

末署二十五日。此書請龍「賁臨湘報館」，湘報創刊於戊戌二月，此書係戊戌年所作。

致龍萸溪書七及八

書七未署年月日，書八末署十四日。這兩封信均極簡略，似係戊戌年作。

上張孝達督部箋。

譚氏於丙申年十二月十七日到金陵，十九日上岸，住楊彥棣家。這封信係向張之洞致謝，託楚材兵輪帶交張之洞，當係丙申年十二月十七八所寫。

報鄒岳生書一

信末署正月二十四日，信中說：「此時寒去饑來，萬民託命」，係言瀏陽旱災，鄒氏協助歐陽辦賑事。當係光緒二十二年正月二十四日所寫。

報鄒岳生書二

譚訓聰先生說：此信係嗣同先生之兄嗣襄先生所寫；又全集P.451及475述懷詩，P.475 贈邱文階詩，亦係嗣襄先生所寫。蔡編全集，誤爲嗣同先生作，當改正。

報唐佛塵書

信末無年月日。信中說：「前上瓣薑師書，稱兩君具上等根器，若不學道，則墮地獄，亦不甚難」。此前上歐陽書即譚上歐陽書二十二，該信寫於光緒二十二年丙申七月二十三日。

譚氏報唐佛塵書說：「今於九月還江夏，緜歷三時，速易厥居，始稍有寧處」，譚於丙申九月十三日由南京還鄂，見譚上歐陽書二十三。譚氏報唐佛塵書當寫於是年九月。

信中說：「亦擬還縣一遊，日期又急不能定，大要歸甚速耳」。譚氏是年曾歸瀏，先父之入譚氏幕卽在是時。據譚上歐陽書十三，譚氏於十月三十日離長沙，十一月初二到鄂，則其回瀏當在這一年九月或十月。

致徐積餘書

信末署二十一日。

言買儀器事。爲時務學堂買儀器事，見丁酉四月二十二日譚致汪康年書，此書疑係丁酉四月二十一日所作。

獄中遺札三

譚入獄後，寫此札，索取日常應用物件。當寫於光緒二十四年八月初九被捕當日。

獄中遺札一

遺札一說：「昨送來各件，都不差缺」。當寫於遺札三的次日，卽八月初十日。

獄中遺札二

遺札一說：「昨聞提督取去書三本，發下否」？遺札二說：「再前日九門提督取去我的書三本，現送還會館否」？遺札二當寫於八月十一日。譚氏死於這一年八月十三日。

〔附錄一〕唐才常上歐陽瓣薑師書繫年

唐上歐陽書八

信末署十月二十五日；信中說：「自辛卯春間，拜違塵訓，於今兩載有餘」，則這封信係光緒十九年癸巳十月二十五日所寫。

唐上歐陽書九

信末署十二月初七日。

按譚上歐陽書七說：「薄遊日下，獲展馳慕」，譚書寫於光緒十九年癸巳十月十九日，其時歐陽在北京。

譚上歐陽書二說：「聞佩約言，夫子去年在鄂曾發變法之論，伏望先小試於一縣，設立算學格致館，招集聰穎子弟肄業其中」。譚上歐陽書二寫於光緒二十一年乙未八月，則歐陽在光緒二十年甲午離北京經湖北回瀏陽。

唐氏此信說：「九月肅具一稟，亮已上塵鈞覽。嗣聞台駕榮旋，不勝忻忭。擬於武漢一帶，恭候歸艎，當可飫聆慈訓，慰數年飢渴之誠。乃前月既望，姪甫抵鄂，而老叔卽於是日鼓櫂南歸矣」。……「時局艱難，江防廢弛，悲憤萬萬，寢席不安，武昌尤爲數省衝要，全無戰守之具，倘陪都失守，根本一動，舟中敵國，大可寒心」。唐氏此信當寫於光緒二十年甲午十二月初七日。

唐上歐陽書三

信末未署年月日。

歐陽致譚書一說：「煤局因利而利，日可養二萬餘人，此議一出，雖死不動。向非雷厲風行，墊款開辦，則去歲小年前後，已無瀏陽」。歐陽此信寫於光緒二十二年丙申四月十七日。煤礦局之設，當在光緒二十一年十一月或十二月。

唐上歐陽書三說：

> 義寧公（陳寶箴）銳意辦礦，千載一時。才常恐復生既去，以五金坌溢之瀏陽，不獲與他處並擧，縷將瀏陽產礦情形及著名礦井數處，與之熟商，並詳陳瀏陽辦礦有八便，懇其轉稟義寧，於瀏城設立礦務分局，卽以吾師主其事，皆蒙慨然允許。謹將沅鄺復語呈鑒。………瀏陽分局既立，則與省垣總局呼吸相通，……斷無棘手之理。

此係請歐陽主持礦務分局事。

歐陽致譚書一說：

右帥復書……又提及礦務當須借重長才，意似羅郘人入省局者。

此係請歐陽主持礦務總局事。歐陽致譚書一寫於光緒二十二年丙申四月十八，其受命主持瀏陽礦務分局事，自在丙申四月十八日以前。

唐上歐陽書三說：

峭寒砭人，淸明下種之說，未識能循例下手否？

則這封信當寫於丙申淸明前數日。檢榮孟原中國近代史日表，丙申年淸明節係二月二十二日。

唐上歐陽師書一

信末未署年月日，信中提到陳寶箴請歐陽主持瀏陽礦務分局，歐陽婉辭事。信中又說：「五風十雨，蔚爲休徵。具見精誠所感，天人斯通。造福瀏民，良非淺鮮」。這是說瀏陽乙未年旱災，以歐陽辦賑，精誠格天，故丙申年雨水合適。唐上歐陽書三說：「淸明下種，未識能循例下手否？回睇家山，令人悶煞」；而書一所說：「五風十雨，蔚爲休徵」，此當係歐陽回信告以雨澤已降，故唐遂有此語。

唐上歐陽書一當寫於光緒丙申二月淸明後數日。

唐上歐陽書六

信末署三月初四。

歐陽致譚書五說：

淞芙立質學社，延善化王曉夫主講，僅半月，竟逐其師。此事尙在膠膈。……王氏舊徒，聞欲訟於兩院。

唐上歐陽書六說：

奉鈞諭，敬悉。俊臣煽衆逐師，掣動全局，令人髮指。……現在王山長之戚劉君蓴生及其門生何岳松等，……擬俟學憲按臨，邀集同志晉稟，求分別首從懲處。

這兩封信都是說的瀏陽質學社驅逐王山長事。

歐陽致譚書五寫於光緒二十二年丙申五月初九，唐上歐陽書六當寫於丙申三月初四。

唐上歐陽書七

信末未署年月日。信中說：「知福躬式吉如恒，振事亦秩然就緒」。歐陽在瀏陽振荒，係乙未冬至丙申夏事。這封信說開安的摩尼礦，「決計四五月間回瀏舉辦」，則這封信當寫於丙申年。

丙申清明前唐氏上歐陽書三說：「將來礦師來瀏，度才常已赴鄂城」。書七說：「今到鄂後，久未奉書左右」，故書七應寫於光緒二十二年丙申三月。唐上歐陽書六寫於丙申三月初四，其時唐在長沙。書七說：「自到鄂後，久未奉書左右」，則書七係丙申三月二十幾日所寫。

唐上歐陽書二

信末署廿六。信中提到昭信股票事，係光緒二十四年戊戌所寫。信中說：

若我瀏陽士紳，塙知此舉爲保萬民身家起見，則斷不至別生事端。復生已與邑紳披瀝言之。……雖大團（涂舜臣）曾有不繳之說，豈能以一人之壞合邑公事乎？

按譚上歐陽書十九說

漕項卽改入團練，……已有函與南學會，商之質初，言涂師（大團）意亦願辦矣。且此項不取，不過糧差發財耳，民間何能沾實惠？抗拒之說，可保其必無也。

與唐上歐陽書二可互證。

譚上歐陽書十九末署二十九，據我考定，係戊戌年閏三月二十九在瀏所寫。

唐此信亦在瀏同月所寫。這封信應寫於戊戌年閏三月二十六日。

唐上歐陽書五

信末署初六燈下。

信中提到調閱事務學堂箚記，並說外間攻學堂事，三月卽有所聞，故知此信係戊戌年所寫。

信中說：「專呈慈鑒，卽叩節禧」，則此信係光緒二十四年戊戌五月初六燈下寫。

唐上歐陽書四

信末署六月念二日。信中說：「黃譚奉旨敦促，新黨之氣益張」。按光緒電催黃遵憲譚嗣同北上，係戊戌年六月十二日事。此信係戊戌年六月二十二日所寫。

〔附錄二〕歐陽瓣薑致譚復生書繫年

歐陽致譚書四

末署二月二十一日。信中說：「縣中頃得大雨，振務粗有頭緒」。這封信係光緒二十二年丙申二月二十一日所寫。

歐陽致譚書一

末署「四月十八日，中鵠又行」；係光緒二十二年丙申四月十八日所寫。參看我對譚上歐陽書二十三的考證。

歐陽致譚書五

信末署五月初九，係光緒二十二年丙申五月初九所寫。參看我對譚上歐陽書二十三的考證。

歐陽致譚書八

信末署廿四，係光緒二十二年丙申十月廿四日所寫，參看我對譚上歐陽書十六的考證。

歐陽致譚書二

信末署五月二十四日，係光緒二十三年丁酉五月二十四日所寫，參看我對譚上歐陽書八的考證。

歐陽致譚書九

信末署「二十六」，係光緒二十四年閏三月二十六日所寫，參看我對譚上歐陽書十八及十九的考證。

歐陽致譚書十

信末署初六巳刻。疑係光緒二十四年四月初六所寫。參看我對譚上歐陽書二十七及二十八的考證。

歐陽致譚書六

信末署二十五日。係光緒二十四年四月二十五日所寫，參看我對譚上歐陽書二十七及二十八的考證。

歐陽致譚書十三

信末署初六早，係光緒二十四年五月初六早上所寫，參看我對譚上歐陽書二十、二十一、三、四這一組書信的考證。

歐陽致譚書十一

信末署初六日，亦係光緒二十四年五月初六所寫。理由同上。

歐陽致譚書十二

信末署初六夜，係光緒二十四年五月初六夜所寫。理由同上。

歐陽致譚書七

末署初七早，係收到譚上歐陽書三及唐上歐陽書五後所寫的回信。唐信寫於五月初六，歐陽此信寫於光緒二十四年戊戌五月初七。

歐陽致譚書十四

信末署初十早，係光緒二十四年五月初十所寫。參看我對譚上歐陽書三及四的考證。

歐陽致譚書三

原信未完，係光緒二十四年六月所寫。參看我對譚上歐陽書三及四的考證。

一九六七年五月三日改定

出自第三十八本(一九六八年一月)

不見于春秋大事表之春秋方國敘論

陳　　槃

上古之世，方國林立。其中不必皆是方國，亦有部落在焉。今概以方國目之者，通言之也。此類數字之見于舊籍者，曰：稽古帝堯，協和萬邦（堯典）；曰：禹合諸侯于塗山，執玉帛者萬國（哀七年左傳、參國策齊策四）；曰：禹疏河決江，爲彭蠡之障，乾東土，所活者千八百國（呂氏春秋愛類篇。案淮南脩務篇云『定千八百國』，高注：『凡萬國。禹定千八百國，是禹之所爲也』）；曰：夏代天子縣（畿）內，方百里之國九，七十里之國二十有一，五十里之國六十有三，凡九十三國（禮記王制、參鄭注）；曰：湯放桀而復亳，大會者，諸侯三千（逸周書殷祝篇、參國策齊策四）；諸侯八譯而來者，亦千八百國（今本竹書殷商成湯條舊題沈約注）；或曰：商湯受命，其能存者，二千餘國（通典州郡志敘目上）；曰：周初，所封四百餘、服國八百餘（呂氏春秋觀世覽）；或曰：爵封千八百國（漢書王莽傳上莽奏言、同書諸侯王表、禮記王制正義引孝經說、古微書引孝經援神契說、續漢輿服志一劉昭注補引帝王世紀）；或曰：凡九州，千七百七十三國，天子之元士、諸侯之附庸不與（同上王制、續漢志同上條注補引帝王世紀。王制鄭注：『周公……因殷諸侯之數，廣其土、增其爵』）；或曰：周武王時，侯伯尙千餘人（史記陳杞世家）；曰：成王時，千二百國（通典同上條）；曰：春秋時亦千二百國（續漢志同上條注補引帝王世紀。晉書地理志敘作春秋之初）。或曰：當齊桓公之時，『諸侯千人以上』（論衡書虛篇）。

此等舊說，宋人已多非議之者。淸儒方履中有三代封建國數一文，頗嘗從事采集，粗可窺見厓略，今輒迻錄如下：

春秋傳曰。禹會諸侯於塗山，執玉帛者萬國。臨川王氏曰：此左氏之妄也。禹之會塗山在東方，不過見東方諸侯耳，豈使四海之內會於一山之下哉？以禹之時有萬國，則不當指塗山而言也。書曰萬國，總四海之內，大畧而言。且九州之地，今可以見。若皆以爲國，則山川沮澤，不可以居民。獨立一君，孰爲之民乎？慈湖楊氏曰：堯、舜協和萬邦、禹會諸侯萬國，此言其大數耳。使不滿亦可言萬，或倍萬亦可言萬，如言萬物、萬民，奚止於萬耶？皆擧其大略言之耳。先儒顧必欲整整釋所謂萬數。鄭康成謂州十有二師者，州立十二人爲諸侯，每一師領百國，每州千二百國；畿外八州。總九千六百國；餘四百國在畿內，則整整爲萬國，不多一，不少一。吁，可哂哉！公羊說：殷三千諸侯、周千八百諸侯。孝經說亦云：周千八百諸侯。此或據古志而云。漢博士求其說而不可得，遂爲之說曰：四海之內九州，州方千里。州建百里之國三十、七十里之國六十、五十里之國百有二十、凡二百一十國。八州千六百八十國。又天子之縣內，方百里之國九、七十里之國二十有一、五十里之國六十有三，凡九十三國，以應周千八百之數。武王之興，不期而會盟津者八百諸侯，康成遂又謂：三分有二，則殷末千二百諸侯。牽合可笑之甚！獨不思諸侯之建，不知其所始，其爲君爲長者，地醜德齊，莫能相尙。其間聖人出焉，擧天下咸歸服之，是爲帝爲王。夫所謂爲君爲長者，皆諸侯也。太多太少之數，豈得而預定？則又豈能新立法更易之、增損之，以合王制所言之數耶？武王克商，滅國者五十爾，餘率因其舊，則周所封建，亦不多矣，詎能盡叓而易之？雖有功德則加地、有罪則削地，其有功有罪者，亦不見數。姑仍其舊，乃勢之常。而漢儒爲是等等差差，不可少有增損之制，則亦不思之甚矣！朱子語錄曰：封國之制，漢儒之說，只是立下一箇算法，非惟施之當今不可行，求之昔時亦有難曉處。且如九州之地：冀州極闊，雍州亦闊；若青、兗、徐、豫，則疆界有不足者矣。石梁王氏曰：天子縣內，以封者或三分之一，或半之；又除山川城郭、塗巷溝渠，則奉上者幾何耶？(古今釋疑卷十四、葉二三——二五)。

案諸氏所論，大體平允。古代方國數字，今未知其所由來，必欲摭據故記、或不切實際之五服、九服(禹貢五服，正義以爲堯之舊制。周禮職方氏稱九服，大司馬作九畿；而國語周語復稱五服)，以求吻合，誠爲荒唐可笑。然以歷史演進之迹求之，遠古之代，部落衆多，不相率服；世愈降則兼并愈烈，故方國數字亦遞演遞減，由萬而千，而百，而至于十(戰國，世稱七雄。燕策一：『凡天下之戰國七』。然齊策四，顏斶謂齊宣王：『當今之世，南面稱寡者乃二十四』。是大小不止于七也。又據楚策一，泗上卽有十二諸侯。燕策一，蘇代說燕王噲，齊王『擧五千乘之勁宋，而包十二諸侯』，此蓋亦指泗上十二諸侯也)。歷史大勢所趨，不可以已，故至于始皇而遂『定于一』矣。史實則如此，而舊籍所顯示歷代方國之數字，確亦不期而自然符合此種歷史演進之迹象。蓋此等舊說，大氐其源出于先秦，不無若干歷史傳說背景焉爲其描畫之素地。至若漢儒附會之說，則分別觀之可矣。

復次余之所謂若干歷史、傳說爲其描畫背景者，如唐、虞與夏之所謂『萬國』，猶言其衆多不可勝數也。戰國策趙策惠文王篇，馬服君對田單曰：『古者四海之內，分爲萬國，城雖大，無過三百丈者；人雖衆，無過三千家者』；路史國名紀己附論曰：『孔子曰，安見方六七十、如五六十而非邦者。是衰周時，列國雖足強大，猶有不五十里者。然則古之萬國，從可知矣』。萬國之說，斯爲通達。呂氏春秋愼勢篇：『海上有十里之諸侯』（高注：海上，四海之上）。三國魏志東夷傳：『弁、辰韓合二十四國，大國四五千家，小國六七百家』。遠古之所謂國，類如此者，蓋亦多矣，（如漢書匈奴傳、西域傳之等所載），是萬國之說，通而觀之，未嘗不可也。又如殷末、周初諸侯，動稱千數百國。案『武王東觀兵，至于盟津』，『是時諸侯不期而會盟津者，八百諸侯』（史記周本紀。殷本紀同）。八百當然亦是虛約數。今姑且以爲八百。夫不期而會者八百，則道遠而不及會者有之矣。周已克殷，新建之國七十又一（荀子儒效篇：『周公……兼制天下，立七十一國，姬姓獨居五十三人』。韓詩外傳四，周公作文王；七十一，一本作七十二；五十三，一本作五十二。荀子同上篇集解引郝懿行曰：『左傳〔昭二十八年〕晰言之曰：其兄弟之國者十有五人，姬姓之國者四十人。以校此〔儒效篇〕數，三當爲五。或三、五字形易於混淆，故轉寫致誤耳』。案史記漢興以來諸侯年表亦云『同姓五十五』）。或曰：『文、武、成、康所封數百，而同姓五十五』（史記同上表）；或曰：『周封國八百，同姓五十有餘』（漢書諸侯王表）；或曰：『周之爵封，千有八百，姬姓居半』（後漢書阜陵質王延傳）。蓋不期而會之八百諸侯，殷祀雖絕，而此不可廢，故加封焉。然臣服于周者亦或不止于八百，益以周之同姓懿親（案周初同姓之封，如上引說，或曰五十三、或曰五十二、或曰四十、或曰五十五、或曰五十餘、或曰九百。而僞子華子晏子第五篇以爲七十，未詳所出）、功臣勳戚，則周初諸侯千數百國之說，殆不誣矣。

春秋則又何如？顧氏春秋大事表列國爵姓及存滅表所收之國，凡二百又九，其中唯

魯	蔡	曹	衞	滕
晉	鄭	吳	北燕	齊

秦	楚	宋	杞	陳
薛	邾	莒	小邾	許
宿	祭	申	共	紀
夷	西虢	向	極	邢
郕	南燕	凡	戴	息
芮	魏	州	隨	穀
鄧	黃	巴	鄾	梁
虞	貳	軫	郳	絞
州	蓼	羅	賴	牟
葛	於餘丘	譚	蕭	遂
滑	原	權	郭	徐
樊	鄣	耿	霍	陽
江	冀	舒	弦	道
栢	溫	鄫	厲	英氏
項	密	任	須句	顓臾
頓	毛	雍	茅	鄀
夔	沈	六	蓼	偪
麇	巢	宗	舒蓼	庸
崇	郯	萊	越	劉
唐	黎	鄅	州來	檀
鍾離	舒庸	偪陽	邦	鑄
杜	舒鳩	胡	房	鄟
鍾吾	桐	戎	北戎	盧戎
大戎	小戎	驪戎	山戎	狄
犬戎	東山皋落氏	楊拒泉皋伊雒之戎		淮夷
陸渾之戎	廧咎如	介	姜戎	白狄
鄋瞞	羣蠻	百濮	赤狄	根牟

潞氏	甲氏	留吁	鐸辰	茅戎
戎蠻	無終	肅愼	亳	鮮虞
肥	鼓			

以上百五十又六，可說是春秋時代之方國。其中厲、賴是一事；而顧表誤分爲二事。所以實計應是百五十五事。若郜、荀、賈、明、畢、郇（荀、郇亦當是一事）、丑、應、蔣、胙、吕、焦、楊、沈、奴、蓐、黄、不羹，凡十有八事，則其滅在春秋？抑在春秋以前？無可考。復有東虢、管、鄮、韓、檜、邶、庸、有莘、有窮、寒、有鬲、斟灌、斟鄩、過、戈、豕韋、觀、扈、姺（有莘與姺，當是一事）、邳、奄、仍、有緡、駘、岐、蒲姑、逢、昆吾、密須、闕鞏、甲父、鄝、酅夷、封父、有虞，以上凡三十有五事，則概爲陳迹，但歷史地理上有此一名詞而已（以上各事，別詳春秋大事表列國爵姓及存滅表譔異增訂本〔以下簡稱春秋表譔異〕。

案春秋時代方國，必不止于百五十又五，顧氏爲春秋經、傳作表，故其所據亦限于春秋經、傳，體例則然也。考春秋一代之方國，必不能限于經、傳，此則後之學者應有事也。

周代之封建諸侯，國土初不甚廣。由生存上之競爭，以及野心家之好大喜功，互相侵略，所以晉、楚、秦、吳、越等大國，闢地方千里以上；最小者則僅餘一城以自保。襄二十五年左傳曰：『且昔天子之地一圻（杜解：方千里），列國一同（解：方百里。案楚之始封，亦「土不過同」，見昭廿三左傳），自是以衰（衰，差等）。今大國多數圻矣。若無侵小，何以至焉？』春秋列國國勢，此其最佳之說明也。

春秋時代之『小國寡民』，固多由于大國強鄰之侵削，然厥初封建，『列國一同』，不過百里（崔述補上古唐虞夏商豐鎬洙泗考信錄云：『古之所謂千里百里，皆絕長補短而計之，非必四面八方截然不可增損於其間也』）。吕氏春秋懷寵篇云：『以國聽者，祿之以國』。高注：『國，都也。周禮：二千五百家爲縣，四縣爲都。然則國都，萬家也』。按左氏注云，國一同百里；周禮云，國都萬家。大致不甚相遠。然則所謂百里，所謂萬家，蓋諸侯建國，其初始不過如此。禮記明堂位云：『封周公於曲阜，地方七百里』。按周公有勳勞于周，故封地亦廣，此當爲例外。周禮大司徒文云：『諸公之地，封疆方五百里；…… 諸侯之地，封疆方四百里；…… 諸伯之地，封疆方三百里；…… 諸子之地，封疆方二百里；…… 諸男之地，封疆方百里』；孟子萬章下云：『公侯皆方百里，伯七十里，子男五十里，凡四等。不能五十里，不達於天子，附於諸侯，曰附庸。天子之卿，受地視諸侯；大夫，受地視伯；元士，受地視子男。大國地方百里；……次國地方七十里；……小國地方五十里』（王制篇說同）。此其制，並未詳所本。以今觀之，殆頗涉空想。

復次，春秋諸侯，厥初開國，雖約略可以百里，然而一旦削弱不能自保者，如狄滅衞，衞之遺民男女，止得七百有三十。益之以共、滕兩國之民，亦祇五千人（閔二年左傳）；『楚伐絞，軍其南門。莫敖屈瑕曰：絞小而輕，輕則寡謀。請無扞采樵者以誘之。從之。絞人獲三十人。明日，絞人爭出，驅楚役徒於山中，楚人坐其北門而覆諸山下，大敗之，爲城下之盟而還』（同上傳桓十二年）；『鄅人藉稻，邾人襲鄅，鄅人將閉門，邾人羊羅攝其首焉，遂入之，盡俘以歸。鄅子曰：余無歸矣！從帑於邾』（同上傳昭十八年）；『（晋）荀吳略東陽，使師僞糴者，負甲以息於昔陽之門外（昔陽，鼓國都），遂襲鼓，以鼓子鳶鞮歸，使涉佗守之』（同上傳昭廿二年）。如此類國家，一城即一國之所寄（呂氏春秋孟夏紀：『命農夫勉作，無伏于都』。訓解：『伏，藏。都，國』。又『孟夏行秋令，則苦雨數來，五穀不滋，四鄙入保』。又上農篇：『是故當時之務，農不見于國』。訓解：『當啓蟄耕農之務，農民不見于國都也。孟春紀曰，「王布農事，命田，舍東郊」，故農民不得見于國也』。按古人耕作則在田野，居寄廬。秋多田事已畢，即返休於都。寇至亦然。大國城多，小國則一城以自保。『四鄙入保』，保，堡也，即小城也。管子小匡篇云：『今夫士，羣萃而州處；…… 今夫農。羣萃而州處，審其四時權節，……以且暮從事於田壄』。亦其事也）。一城破，而國遂亡矣，而國君即無所歸矣。此其城大小，不知何如？度亦不過墨子與孟子之所謂『三里之城，七里之郭』耳。然則此其國之大小，民之衆寡，亦略可知矣。若莊子盜跖云：柳下季之弟盜跖，侵暴諸侯，『所過之邑，大國守城，小國入保』。保（堡）更小于城。小國只能入保。是春秋小國有保無城者，蓋亦有之矣（盜跖之說，大半是莊子寓言。然『大國守城，小國入保』一辭，語原甚古。戰國之代，兼并劇烈，豈容復有僅可入保之小國哉？）

上述小國寡民之類例，春秋之世，必不在少。如今湖北隨縣一縣之地，即有隨、厲、唐之三國；山東滕縣有滕、薛、郳；東平有宿、鄣、須句，又有宋之屬地；河南濟源縣有原、樊、檀之三國；安徽舒城、廬江之間有舒蓼、舒庸、舒鳩、舒龍、舒鮑、舒龔及宗、桐之八國（以上舒龍、舒鮑、舒龔三國『都』，並詳本編；餘國『都』，並詳春秋表譔異增訂本）。此等國，雖其疆境亦可能向外延展，不必卽共同限處于一縣之地。然而其重點或者其初封，亦可能元本卽同在此一縣之內。果爾，則此其國土之小，亦不難想像得之矣。

上引帝王世紀，謂春秋千二百國，此言未詳所出。然如前所論，春秋時之小國寡民，可考者尚不在少。蓋此等小國，或依倚大國，淪爲附庸；或無足重輕，不能自通于大國，朝聘、會盟、征伐皆無所與；或雖與矣，以微小而不見書因而湮沒無聞者，信多有之矣。王充亦云：齊桓之時，諸侯千人以上。則士安此說，蓋亦別有所據而云然矣。

復次邊遠之地、僻陋之邦，經、傳固不書。蓋或卑視之，或則素無正式交通，有所不可得而書；抑或書闕有間，亦未可知。例如楚文王，呂氏春秋直諫篇稱其『兼國三十九』（集釋：渚宮舊事引同。畢沅曰：說苑正諫作三十。孫蜀丞曰：類聚引無九字），而于春秋經、傳中、無一事可考者。又如楚莊王，韓非子有度篇稱其『幷國二十六』。陳氏校釋：『史表載莊王三年滅庸，六年伐宋、陳，八年伐陸渾，九年伐鄭，十三年伐隨、滅舒蓼，十四年伐鄭、晉，十六年誅陳夏徵舒，十七年圍鄭，十九年圍宋。所謂幷國二十六，可考者僅此而已』。案『幷國』卽『兼國』，亦卽幷吞人國之謂。莊王滅庸，見文十六年經、傳；滅舒蓼，見宣八年經、傳。十六年入陳、誅夏徵舒，『乃復封陳』，見宣十一年左傳；經云：『楚子入陳』。十七年圍鄭，見宣十二年經；傳云『退三十里而許之平』；暨其餘伐宋、晉、陸渾之等，皆尋常侵伐，並不當在『幷國』之列。然則楚莊幷國二十六，其可考者，不過二事而已。陳氏之釋，未盡然也。

復次卽使與魯國既有正式交通矣，而其經、傳之書也，亦或略而不詳。如云『羣蠻』（文十六年左傳）、『百濮』（同上），蠻而曰羣、濮而曰百，其衆可知，然而莫能致詳也。又如魏絳『請和諸戎』（或曰『戎、狄』，又傳襄四年）、秦穆公『遂霸西戎』（又傳文三年），不言其幾何戎也。讀史記匈奴傳乃始知：『秦穆公得由余，西戎八國服於秦，故自隴以西有緜諸、緄戎（犬戎）、翟獂之戎；岐、梁山、涇、漆之北有義渠、大荔、烏氏、朐衍之戎；而晉北有林胡、樓煩之戎；燕北有東胡、山戎，各分散，居谿谷，自有君長，往往而聚者百有餘戎，莫能相一』。然則秦本紀稱繆公『益國十二，開地千里』(韓非子十過篇同);李斯傳云『幷國二十』(文選上始皇書作『幷國三十』);漢書韓安國傳云『幷國十四』,雖不免傳聞稍異,然而絕不同于無中生有,亦可知矣。

又如夷國,惟于左傳隱元年一見,『紀人伐夷』是也。然而夷之分布,實徧及于東南西北,且而錯處王畿。舊籍有『九夷』之稱,而九亦代表多數。以余所知:則吳、越之間有九夷,楚兼包九夷,泗上十二諸侯之間有九夷,乃至東北亦有九夷(別詳春秋表譔異增訂本貳柒夷『姓』)。

又如任姓之國,見于經、傳者,今唯知有薛氏一國而已。考隱十一年左傳:『春,滕侯、薛侯來朝,爭長。薛侯曰:我先封(杜解:薛祖奚仲,夏所封,在周之前)。滕侯曰:我,周之卜正也。薛,庶姓也。我不可以後之。公使羽父請於薛侯曰……周之宗盟,異姓爲後(解:盟載書,皆先同姓。例在定四年)。寡人若朝于薛,不敢與諸任齒(解:薛,任姓。齒,列也)。君若辱貺寡人,則願以滕君爲請。薛侯許之,乃長滕侯』。案盟載書齒敍之先後,皆指國君之與國君言之。若卿大夫之與國君,班位不同,君先、臣後,則無所謂齒矣。『與諸任齒』,是謂與諸任姓之君齒矣。此雖魯侯假設之辭,然若彼其時無所謂『諸任』、而只有一任,則魯侯此喻、爲不辭矣。薛侯何爲而許之?余故疑彼時任姓之國不惟薛。然而亦不可考矣。

呂氏春秋同上篇又稱,趙簡子謂獨過:『昔吾先君獻公即位五年,兼國十九』(畢沅校:『韓非難二作幷國十七』)。案晉獻元年當魯莊十八年(周惠王元年。676 B.C.),在位凡二十六年。所滅國曰霍、耿、魏,事在十六年;曰虞、虢,事在二十二年。並見左傳。而呂覽載趙簡子之辭,乃謂獻公即位五年即已幷國十九(韓非子以爲十七,未詳孰是。而呂氏春秋集釋引梁玉繩說,以爲並無其事。殆屬武斷。襄二十九年左傳,晉司馬女叔侯謂晉平公曰:『武、獻以下,兼國多矣』。武公,獻公之父。武公即已兼國甚多,經、傳亦闕書,何獨致疑于獻公耶!)此其所滅者究爲華夏小國歟?抑兼蠻夷戎狄歟?亦未可知矣。

韓非子同上篇又稱:『齊桓公幷國三十』。荀子仲尼篇作『幷國三十五』。陳氏韓非子校釋:『纂聞云,國語:桓公即位數年,東南多淫亂者,萊、莒、徐夷、吳、越,一戰帥服三十一國。荀子:齊桓公幷國三十五。注:謂滅譚、滅遂、滅項之類,其餘所未盡聞也』。

就此而言,考論春秋時代方國而徒據春秋經、傳,以翻檢春秋大事表爲既足,其爲不可，斷然明白矣。然而先秦舊籍之傳之至今者鮮矣，遺辭故記，旁出散見，又復漫無統系。但淘沙揀金，亦往往遇之而已。余既有感于顧表之有所未備，治春秋一代史地學者之無所憑藉、稽覈，而勢不能不因陋就簡，輒有斯作。每舉一國，首標厥名，次爵，次姓，次始封，次都，次存滅，皆撮要頂格而書，仍顧表例也。辨證、考異之屬則另行低格以別之，便參考也。資料收集，過嚴之與過寬，其失均等。以鉤稽之匪易也，過而存之。蓋參考之供固不嫌其富，抉擇之際則當取其精。讀吾書者，自求之而還自得之，斯不亦可乎？

顧氏之表有祭、原、毛、劉之等，皆天子畿內諸侯。今玆兼收尹、甘、召、單之等，亦仍顧氏例也。

又本編初草，名曰春秋大事表列國爵姓及存滅表未收諸國表；繼又更名春秋微國考；最後則定易今名。因附記。

一九六六年十二月，初稿于南港舊莊之山園。

出自第三十九本上(一九六九年一月)

劉子集證續補

王叔岷

劉晝之文章，由古拙轉入清秀，時亦有華靡之篇；劉晝之思想，雜采諸子百家以入儒，復由儒而歸心於道。劉子一書，可概見也。五十年（一九六一）秋，岷曾寫劉子集證十卷（本所專刊之四十四）；五十二年春，復撰劉子集證補錄一篇（本所集刊第三十五本）；今春爲諸生講習是書，續有創獲，增訂舊說，擬寫集證續補。適日本神田喜一郎教授惠借日本寶曆刊本劉子五册，爲岷所未涉及者；並賜書云：『寶曆刊本劉子，皆川淇園跋稱「依應永古鈔而刻。」應永當明洪武、永樂間，先於程榮、王謨諸本者幾百數十年。亦爲劉子舊帙之一。 或謂「披沙簡金， 往往見寶 。」不知其果爲如何也 ？』 異邦同好， 盛情可感！ 劉子凡五十五篇，郡齋讀書附志、直齋書錄解題、文獻通考，皆題五卷。百家類纂本、諸子賞奇本、絳雲樓書目卷二清陳景雲註本、皕宋樓藏書志卷五十五明刊本及日本靜嘉堂秘籍志卷二十七明刊本，皆作五卷。（參看劉子集證自序及附錄三。）寶歷本存袁孝政註，亦五卷本。（卷一清神第一至貴農第十一；卷二愛民第十二至心隱第二十二；卷三通塞第二十三至愼隟第三十三；卷四誡盈第三十四至觀量第四十四；卷五隨時第四十五至九流第五十五。）爲日本平安咸愿（伯恭）寶曆八年(一七五八)戊寅正月依應永寫本所刻。咸氏序末云：『丁丑冬，京師之刻劉子者，廣索異本，得應永寫本，就予校之。明版諸本，註皆闕者，此獨歸然。余既哀乎其遺文，而惜其所以存也。乃正其誤訛，而疑者闕焉。』咸氏於寶曆本正文、注文偶有校注，足資參考。劉子刻本，道藏本、子彙本、百子全書本爲一系統，舊合字本近之；程榮漢魏叢書本、王謨重刻漢魏叢書本、畿輔叢書本爲一系統，百家類纂本近之。寶曆本與程榮諸本最爲接近；與道藏諸本較遠。間有溢出二系統之外，而與拙說暗合者。如妄瑕第二十六：『民人知小惡，忘其大美。』集證云：『「民人知小惡，」義頗難通。蓋本作「目人之小惡，」目，古以字，與民形近而誤；知乃之之音誤。呂氏春秋擧難篇、淮南道應篇並作「以人之小惡。」是其塙證。新序雜事第五作「以其小惡。」亦可證此文民字之誤。』寶曆本『民人知小惡,』正作『以人之小惡。』傷讒第三十二:『毀以譽過,則言以窮惡爲巧。』集證云:『譽,疑本作舉。舉、譽形近,又涉上下文譽字而誤也。』寶曆本譽正作舉。拙說不虛,閱之歡然!惟此本亦頗有脫誤,誠當擇善而從也。隆暑赫曦,復將去國,清理補訂集證之新說;兼詳校寶曆本之異同,草成此篇,以了宿願焉。五十六年七月十七日揮汗記於臺北慕廬四餘齋。

清神第一

案淮南齊俗篇:『凡將舉事,必先平意清神。神清意平,物乃可正。』文子九守篇守靜:『精神難清而易濁。』

心者,形之本也。

案寶曆本本作主。

吉祥至矣。

寶曆本至字同。咸愿校云:『至當作止。』

案至、止義近,無煩改字。

人不照於昧金,而照於瑩鏡者,以瑩能明也。

寶曆本昧字同。咸校云:『昧,一作櫟。』

案能猶則也。下文『以靜能淸也。』能亦與則同義。

鏡、水以明、清之性,

案以猶有也。

形靜則神清。

案寶曆本則作而,而猶則也。惟作則與上下文一律。

以此而言,

案寶曆本言下有之字。

況萬物之衆,而能拔擢以生心神哉?

案而猶寧也,豈也。(又集證引孫楷第校釋:『上文「一哀一樂,猶搴正性;」逗此句,即承上文而言。』當訂作『上文「一哀一樂,猶搴正性」逗;此句卽承上文而言。』）

耳目誘於聲色，

寶曆本誘字同。咸校云：『一本無誘字。』

則精神馳騖而不守。

寶曆本則上有『七竅於』三字。咸校云：『一本無『七竅於。』』（無字原脫。）案寶曆本本於應永本。竊疑應永本此文則上原有『七竅□於□□』句，與程榮本合。寶曆本存『七竅於』三字，於字上下未空格，恐非其舊矣。

防慾第二

案清神第一已言『嗜慾連綿』之害，故繼之以防慾第二。

人之禀氣，必有情性。

案論衡無形篇：『人禀元氣於天。』陶淵明飲酒詩二十首之九：『禀氣寡所諧。』寶曆本『情性』二字倒。作『情性』蓋本書之舊。妄瑕篇：『人之情性，皆有細短。』觀量篇：『舒散情性。』並其比。

慾由於情，

案寶曆本由作出，蓋涉上文『情出於性』而誤。

猶煙波之與水火也。

案寶曆本波作冰。

是以珠瑩則塵埃不能附，

案寶曆本以作則，涉上下文則字而誤。此類顯見之誤，後從略。

故林之性靜，

案故猶夫也。

欲熾則身亡。將收情慾，先斂五關。

案寶曆本則作而，『情慾』作『情欲。』欲、慾正、俗字。惟上下文皆作慾，標題亦同。此不必獨作欲。

然，亦以之死，亦以之生；或爲賢智，或爲庸愚。

案亦、或互文，亦猶或也。世德堂本列子力命篇：『愛之亦不厚，輕之或不薄。』（他本亦皆作或。）裴學海云：『亦與或爲互文。』（古書虛字集釋三。）與此同例。

必至燋爛。

案寶曆本燋作焦，焦乃𤓰之省，說文：『𤓰，火所傷也。焦，或省。』𤓰、燋正、假字。論衡說日篇：『生物入火中，燋爛而死焉。』嵇康養生論：『終歸燋爛。』並用借字。

所以悅人也。

案寶曆本無也字。程榮本、王謨本、畿輔本並同。

蚊虻噆膚。

案寶曆本虻作蝱。

入室則驅蚊虻，

案寶曆本驅作駈，俗。此類習見俗字，後從略。

必在脆微。

案寶曆本脆壞爲危，下同。

竭池灌火，而不能禁。

案而猶猶也。下文『雖襲情卷慾，而不能收。』貴農篇：『一時爲災，而數年乏食。』正賞篇：『以聖賢之舉措，非有謬也，而不免於嗤誚。』而亦並與猶同義。史記秦始皇本紀：『後雖有淫驕之主，而未有傾危之患也。』賈子新書過秦下而作猶，明其義相同。

去情第三

案防慾第二已言『明者刳情以遣累。』故繼之以去情第三。

有是必有非，能利亦能害。

案有、能互文，能猶有也。（裴氏古書虛字集釋六，亦有能、有同義之說。）必、亦互文，亦猶必也。妄瑕篇：『是以荆岫之玉，必含纖瑕；驪龍之珠，亦有微纇。』亦同此例。淮南人間篇：『雖愈利，後亦無復。』韓非子難一篇亦作必，亦亦、必同義之證。（參看拙著古書虛字新義〔七、亦〕條。）

是以媒揚譽人，而受譽者不以爲德。

案抱朴子內篇序：『求媒揚之美談。』晉書揚作陽，揚、陽古亦通。

挾利以爲己，有情於譽飽。

寶曆本咸校云：『一本「譽飽」下有「不存於害人，無情於傷物也。有情於譽飽」十六字。』

案一本疑是。『挾利以爲己，有情於譽飽。』承上文『媒揚譽人，而受譽者不以爲德；身膚（當作「取庸）強飯，而蒙飽者不以爲惠』言之；『不存於害人，無情於傷辱也。』承上文『嬰兒傷人，而被傷者不以爲怨；侏儒嘲人，而獲嘲者不以爲辱』言之。

无情於傷辱也，

案寶曆本無也字。

魚不畏網，而畏鵜。

案寶曆本鵜下有鶘字。

使信士分財，不如投策探鉤。

案荀子君道篇：『探籌投鉤者，所以爲公也。』籌猶策也，計數之具。鉤葢與鬮同。

不如閑局全封。

寶曆本『閑局』作『關鑰。』咸校云：『「關鑰」一作「閉局。」』

及其自照明鏡，摹倒其容，醜狀既露，則內慙而不怨。

案意林五引魏子：『鏡照醜好，而人不怨。』

以辯彼此之得失。

案寶曆本辯作辨。

虛心觸己，雖有忮心而不怒者，

案寶曆本心作舟，雖下脫有字。

是以聖人棄智以全眞，

案寶曆本棄作弃，古棄字。後多此例。

韜光第四

案去情第三篇末言『混然无際，而俗莫能累矣。』『混然無際，』正『韜光』之義也。故繼之以韜光第四。梁昭明太子陶靖節集序：『聖人韜光。賢人遁世。』

是故翠以羽自殘。

案金樓子雜記篇上：『翠所以可愛者，爲有羽也。而人殺之，何也？爲毛也。』

則鑽灼之悲不至。

案寶曆本悲作患。

故窮巖曲岫之桙櫟，

案寶曆本巖作嵒，巖、嵒略同。（說文：嵒，山巖也。）又『桙櫟』作『桙傑。』誤從梓字絕句。

騏驎戲其下，鵷鸞遊其顛，浮雲棲其側，清風激其間。

案寶曆本遊作游，顛作巔。游、遊古、今字。後多此例。蔡邕琴賦：『甘露潤其末，凉風扇其枝，鸞鳳翔其顛，玄鶴巢其岐。』

是以古之德者，

案寶曆本德上有有字。

崇學第五

至道無言，

案莊子齊物論篇：『大道不稱。』知北遊篇：『道不可言。』（淮南道應篇同。）

夫蠒，繅以爲絲，織爲縑紈，績以黼黻，

楊云：『羅校敦煌本無「以爲絲織」四字，「絲以」作「彫以。」……………法藏敦煌本全同。…………敦煌兩寫本並是。』（詳集證。）

寶曆本『黼黻』作『其黼。』咸校云：『「其黼」當作「黼黻。」』

案兩敦煌本並作『繅爲縑紈，績以黼黻。』爲、以互文，以猶爲也。下文『學爲禮儀，絲以文藻。』（絲當作彫或雕，詳集證。）正賞篇：『不以名實眩惑，不爲古今易情。』並同此例。

學爲禮儀，絲以文藻。

案寶曆本學上有人字，絲作彫。

璽之不繰，則素絲蠹於筐籠；人之不學，則才智腐於心胸。

案兩之字並與若同義。鄙名篇：『名言之善，則悅於人心；名言之惡，則忮於人耳。』兩之字亦並與若同義。（參看集證補錄鄙名篇。）

川貯珠而岸不枯焉。

案川疑本作淵，此唐人避高祖諱所改也。他書皆作淵，（詳集證。）可證。

近而愈明者，學也。

案寶曆本愈作逾，後多此例。

人性譞惠，

寶曆本咸校云：『譞，一作慣。』

不可以傳聞稱，非得以汎濫善也。

案可、得互文，得猶可也。貴農篇：『魚無水，則不得而生；人失足，必不可以步。』隨時篇：『不可以一道治，不得以一體齊也。』正賞篇：『識齊而賞異，不可以稱正；迹同而評殊，未得以言平（舊誤評）』皆同此例。

情纆典素，

寶曆本素作索。咸校云：『索，一作素。』

案『典、索，』即『五典、八索。』此泛指經典而言。

基於一簣之土，

案寶曆本簣作匱，匱蓋簣、匱二字合書爲一字也。

懸巖滴溜，終能穴石；規車牽索，卒至斷軸。水非石之鑽；繩非木之鋸。然而斷、穴者，積漸之所成也。

寶曆本兩穴字並作穿。咸注云：『枚乘曰：泰山之霤穿石，單極之便斷幹；水非石之鑽，索非木之鋸。漸靡伎然也。』（便、伎二字，乃綆、使二字之誤。）

案孔叢子下附連叢子上篇與子琳書云：『山霤至柔，石爲之穿；蝎蟲至弱，木爲之弊。夫霤非石之鑿；蝎非木之鑽，然而能以微脆之形，陷堅剛之體，豈非積漸之致乎？』集證所錄御覽六百七引孔叢子云云，即此。惟文略有出入耳。

遭醫千里。

案寶曆本作『迎毉千里。』毉與醫同。

故宣尼臨沒，

案漢書平帝紀：『元始元年六月，追諡孔子曰褒成宣尼公。』

有子惡臥，

案寶曆本臥作眠，疑聯想之誤。

專學第六

案巴黎敦煌本專學作專務。(見集證。)說文：『務，趣也。』徐鍇繫傳：『言趣赴此事也。』疾趨一事爲務，學亦務之一，疑作專務乃劉子之舊也。淮南有脩務篇，與此務字同旨。

則聽訟不聞，

案寶曆本訟作誦。

夫兩葉掩目。則冥默无覩；雙珠塡耳，必寂寞无聞。

案寶曆本塡作瑱。又則、必互文，必猶則也。薦賢篇：『是以古之人君，必招賢聘隱；人臣，則獻士擧知。』因顯篇：『火不吹，則無外耀之光；鏡不瑩，必闕內影之照。』適才篇：『伏臘合歡，必歌採菱；牽石拖舟，則歌嘯嗅。』又云：『若使甯子結客於孟嘗，則未免追軍之至，囚縶之辱也；若使雞鳴託於齊桓，必不能光輔於霸道，九合諸侯也。』文武篇：『規者所以法圓，裁局則乖；矩者所以象方，製鏡必背。輪者所以輾地，入水則溺；舟者所以涉川，施陸必躓。』誡盈篇：『勢積則損，財聚必散。』又云：『夫知進而不知退，則踐盈泛之危；處存而不忘危，必履泰山之安。』貴速篇：『今焚燃爝室，則飛馳灌火；湍波漂人，必奔游拯之。』激通篇：『登峭嶺者，則欲望遠；臨浚谷者，必欲窺墟。』又云：『衝飈之激則折木，湍波之湧必漂石。』皆同此例。(參看集證明謙篇。)

而離婁察秋毫之末，

案寶曆本末作銳。

有吹笙過者，乍而聽之，則弈敗矣。

案寶曆本咸校云：『一作「有吹笙過者，傾心聽之，將圍未圍之際，問以弈道，則不知也。」』（弈，原誤奕。）

情有蹔闇，

案寶曆本蹔作暫。

窮微盡數，

案窮、盡互文，其義一也。文心雕龍總術篇：『是以執術馭篇，似善弈之窮數。』

鰲无耳，

案寶曆本鰲作聾，下同。

專與不專也。

寶曆本咸校云：『一本無「專與不專也。」』

而不諦於心。

案寶曆本諦作締。

雖出於口，則越散矣。

案『越散』複語，越亦散也。左昭四年傳：『風不越而殺。』杜預注：『越，散也。』國語周語下：『氣不沈滯，而亦不散越。』韋昭注：『越，遠也。』遠與散義亦近。

辯樂第七

樂者，天地之聲，中和之紀，人情之所不能兗也。

案寶曆本聲作齊。白虎通禮樂篇：『故樂者，天地之命，中和之紀，人情之所不能兗焉也。』

形發於動靜，而入於至道。

寶曆本入下無於字。咸校云：『發字疑衍。』

案『形發於動靜，』與上『容發於音聲，』相對爲文，發字非衍文。

形則不能無道，道則不能無亂。

案寶曆本『形則』作『形而，』『道則』作『久則。』久疑々之誤，々，道之疊文也。

是以感人之善惡，不使放心邪氣。

案寶曆本『善惡』作『善心，』放上有於字，於蓋放字之誤而衍者。風俗通聲音篇：『適足以和人意氣，感人善心。』

五帝殊時，不相沿樂；三王異世，不相襲禮。

案宋羅泌路史發揮三：『夫不相沿者樂之器，而樂之情未嘗渝；不相襲者禮之文，而禮之實未嘗易。』

故黃帝樂曰雲門，顓頊曰五莖，帝嚳曰六英，堯曰咸池，舜曰簫韶，禹曰大夏，湯曰大濩，武曰大武。此八樂之所以異名也。

寶曆本『帝嚳曰六英。』咸校云：『一本無帝字。』

案寶曆本大濩作大護，『此八樂之所以異名也，』作『此八代之樂所以異名也。』蔡邕獨斷上：『黃帝曰雲門，顓頊曰六莖，帝嚳曰五英，堯曰咸池，舜曰大韶，一曰大招，夏曰大夏，殷曰大濩，周曰大武。』

非苟欲愉心滿耳，

案苟猶固也，心隱篇：『非苟欲以愚勝賢，』隨時篇：『非苟違性。』正賞篇：『非苟欲以貴彼而賤此。』又云：『非苟相反。』皆同此例。(此義前人未發。)

通九歌之分。

寶曆本咸注云：『周禮鐘師奏九夏：一王夏，二肆夏，三韶夏，四納夏，五章夏，六齊夏，七族夏，八該夏，九驁夏。』

案周禮鍾師，韶夏本作昭夏，該夏本作祴夏，咸引恐誤。據鄭注：『夏，大也。樂之大歌有九。』咸氏以『九夏』釋『九歌，』或以此與？

明王既泯，

寶曆本王作主，咸校云：『主，一作王。』

齊湣顧未寒之服。

案寶曆本湣作泯。

趙王遷於房陵，心懷故鄉，作山水之謳。

楊云：『淮南泰族篇：「趙王遷流於房陵，(趙幽王名遷，見史記趙世家。孔昭云：「遷於房陵，」與江淹恨賦同，皆誤讀淮南王書，以「遷流」二字連貫成文，又刪流字，是其疏矣！）…………』（詳集證。）

案寶曆本水作木。江淹恨賦：『若乃趙王既虜，遷於房陵。』竊疑江淹、劉晝並以遷代淮南之流，非不知趙王名遷，而誤讀淮南王書也。史記秦始皇本紀正義：『趙幽王遷八年，秦取趙地至平陽，平陽在貝州歷亭縣界。遷王於房陵。』亦同此例。史通疑古篇：『趙嘉遷於房陵。』（清浦起龍通釋云：『嘉當作遷。』）雖遷爲嘉，而言『遷於房陵。』亦與此文及恨賦同也。

所以非爲樂也。

寶曆本咸校云：『非字疑衍。』

不留聰明。

案寶曆本留作流，古字通用。

羽旄以制其目。

案寶曆本旄作毛。旄、毛古通，書禹貢：『齒革羽毛，』史記夏本紀毛作旄，荀子樂論篇：『飾以羽旄，』宋台州本旄作毛。並其比。

履 信 第 八

人非行無以成，行非信無以立。

案成、立互文，立亦成也。廣雅釋詁：『立，成也。』

而首冥山，

案寶曆本首下有向字。

故春之得風。

案寶曆本得作德，下文『夏之得炎，』『秋之得雨，』『冬之得寒，』三得字亦皆作德。

魯：『使季路要我，君無盟矣。』

案寶曆本魯作曰，君作吾。

而聲馳於天下。

案史記游俠列傳：『聲施於天下。』

夫商鞅，秦之柱臣。

寶曆本秦上有強字。咸校云:『一本無強字。』

失誠信之大義,

案寶曆本失作弃。

爲天下笑。

案莊子盜跖篇、史記淮陰侯列傳並云:『卒爲天下笑。』

信之符也。

寶曆本符作行。咸校云:『行,一作符。』

案符作行,義頗難通。蓋涉下文『同敎而行』而誤。

同言而信,信在言前;同敎而行,誠在言外。

案徐幹中論貴驗篇:『同言而信,信在言前也;同令而化,化在令外也。』

以涖事則正。

案寶曆本涖作莅。

思順第九

七緯順度,以光天象。

案玉燭寶典四引尙書考靈曜:『日月如合璧,五星若編珠。』(御覽二八引『合璧』作『懸璧。』)

蹇利東南,

案寶曆本『東南』作『西南。』

違高從下,

案寶曆本違作運,疑誤。

悖傲無禮,

案寶曆本傲作慠,同。

雖愚悉可以立名。

案寶曆本悉作悉。

愼獨第十

故籧瑗不以昏行變節。

案寶曆本籧作蘧。

斯皆愼乎隱微，

案寶曆本無斯字，疑脫。

獨立不慚影，獨寢不愧衾。

案孔叢子詰墨篇引墨子：『晏子曰：聞君子獨立不慙於影。』寶曆本愧作媿，同。

貴農第十一

魚無水，則不得而生；人失足，必不可以步；國失民，亦不可以治。

案寶曆本『則不得而生，』作『則不可以生。』下文必、亦二字，並與則同義。必、則同義，前已有說。貴言篇：『故臣子之於君父，則有獻可替否諷諫之文；知交之於朋友，亦有切磋琢磨相成之義。』則、亦互文，（史記秦本紀：『使鬼爲之，則勞神矣；使人爲之，亦苦民矣。』亦同此例。）又亦、則同義之證矣。知人篇：『龍之潛也，慶雲未附，則與魚鱉爲鄰；驥之伏也，孫陽未賞，必與駑駘同櫪；士之翳也，知己未顧，亦與傭流雜處。』彼文則、必、亦三字互用，與此同例。

土木脉發。

案寶曆本脉作脈，脈、脉正、俗字。愼隟篇：『而人血脉不之傷。』寶曆本亦作脈。

而主者親耕。

案寶曆本主作王。

丈夫丁壯而不耕，天下有受其饑者；婦人當年而不織，天下有受其寒者。

案兩而字並與如同義。寶曆本饑作飢，下同。

智者無以施其策，

案寶曆本以作所。

是以雕文刻鏤，

案寶曆本雕作彫，彫、雕正、假字。

是揚火而欲無炎，撓水而望其靜，不可得也。

案是猶猶也。法術篇：『是刻舟而求劍，守株而待兔。』妄瑕篇：『是書空而尋跡，披水而覓路。』又云：『是見朱橘一子蠹，因剪樹而棄之。』三是字亦皆與猶同義。莊子齊物論篇：『未成乎心而有是非，是今日適越而昔至也。』又云：『萬世之後，而一遇大聖知其解者，是旦暮遇之也。』田子方篇：『彼已盡矣，而女求之以爲有，是求馬於唐肆也。』藝文類聚二十、御覽四百二並引申子：『千里有賢者，是比肩而立也。』韓非子難勢篇：『夫堯、舜、桀、紂千世而一出，是比肩隨踵而生也。』戰國策齊策：『千里而一士，是比肩而生。』諸是字皆與猶同義。御覽四百一引申子：『百世有聖人，猶隨踵而生。』淮南脩務篇：『若此九賢者，千里而一出，猶繼世而生。』顏氏家訓慕賢篇：『千載一聖，猶旦暮也；五百年一賢，猶比肩也。』此並用猶字，與上引諸書用是字同例。是義同猶，斯其塙驗矣。（此義前人未發。）

砂石皆變爲隋珠，

案寶曆本隋作隨。

雖有奪日之鑑，

案日，集證誤目，各本皆作日，今正。

何異畫爲西施，美而不可悅。

案潛夫論實貢篇：『圖西施、毛嬙，可悅於心，而不若醜妻陋妾之可御於前也。』取義復進一層，然喻無用則一也。

可以備非常，救災厄也。

楊云：『法藏敦煌本可作所，所字勝。………』（詳集證。）

案可字今各本皆同。可與所同義，（禮記中庸：『體物而不可遺。』鄭注：『可猶所也。』經傳釋詞五有說。）楊氏未達。寶曆本災作灾，下同。災、灾同字。（集證說有誤，今訂正。）

堯、湯之時，有十年之蓄；及遭九年洪水，七載大旱，不聞饑饉相望，捐棄溝壑者，蓄積多故也。

案賈子憂民篇：『禹水八年，湯旱七年。』無蓄篇：『禹有十年之蓄，故免九年之水；湯有十年之積，故勝七歲之旱。』（集證載楊說，引墨子七患篇云云，謂『韓詩外傳三略同。』案外傳三無此文；楊氏又謂『禹水湯旱年數，荀子王霸篇異。』案荀子王霸篇未涉及禹水湯旱事。楊氏並失檢。又岷所稱『文選應休璉與廣川長岑文瑜書，』書下當補注字。）

今一人耕，

案寶曆本咸校云：『今，一作令。』

勸課農耕，

案寶曆本耕作桑。

民終無害也。

案寶曆本終下有爲字。

愛民第十二

天生烝民，而樹之以君。君者，民之天也。

案寶曆本烝作萬，樹作立，者作則。

以陰陽爲大。

案寶曆本作『以治陰陽爲本。』

土埆無葳蕤之木。

案寶曆本埆作确，同。

猶琴瑟也。

案寶曆本猶作由，古通。

大絃間矣。

案寶曆本間作閼。

亦國之足。

案寶曆本足下有也字。

草木昆蟲，

案寶曆本草作艸，下同。艸、草正、假字。從化篇：『人之從君，如草之從風。……………人之情，草之與水也。草之戴風，』三草字寶曆本亦作艸。

奚況在人而不愛之乎?

案寶曆本在作生。

故君者,壤地;人者,卉木也。未聞壤肥而卉木不茂,君仁而萬民不盛矣。

案寶曆本『壤地』作『壤也。』『萬民』作『萬人。』

從化第十三

人之從君,如草之從風。………………草之戴風,風鶩東則東靡,風鶩西則西靡,是隨風之東西也。

案鹽鐵論疾貪篇:『夫上之化下,若風之靡草,無不從敎。』

晉文公不好服羔裘,

案寶曆本『羔裘』二字作美。

國人咸冠鵕冠。

案寶曆本鵕作鸏。

餓死者多。

案寶曆本餓作餓。

命者,人之所重;死者,人之所惡。今輕其所重,重其所惡者,何也?從君所好也。

案孟子告子篇:『生亦我所欲,所欲有甚於生者,故不爲苟得也;死亦我所惡,所惡有甚於死者,故患有所不辟也。』

堯、舜之人,可比家而封。

案潛夫論德化篇:『故能使民比屋可封,堯、舜是也。』

或爲上化而下不必隨,

案寶曆本『或爲』作『或者以爲。』

漢文節儉,而人庶奢。

案漢書景帝紀贊:『至於孝文,加之以恭儉。』

鈞石雖平,

案說文:『鈞,三十斤也。』石借爲柘,說文:『柘,百二十斤也。』

而三人獨治。

案寶曆本人作仁。

齊景太奢，

案寶曆本太作大。

法術第十四

案韓非子定法篇：『申不害言術，而公孫鞅爲法。』

爲治之樞機也。

案寶曆本無機字。

人用其道而不知其數者，術也。

案『不知其數，』猶言『不知其理。』管子霸言篇：『固其數也。』尹知章注：『數猶理也。』

情僞既動，

案寶曆本僞作爲。

雖能善政，

案孟子盡心篇：『善政不如善敎之得民也。』

故能登阪赴險，無覆轍之敗。

案寶曆本阪作坂，轍作軼。

拘法之人，不足以言事。

案寶曆本治作禮。

故制法者，爲禮之所由。

案寶曆本禮作理。

未爲忘也。

案寶曆本忘作衷。

賞罰第十五

治民御下，莫正於法。

案寶曆本法下有敎字，疑是。下文『立法施敎，』即承此『法敎』言之。

事寡而功衆也。

案寶曆本事作用。

以仁化養民，

寶曆本咸校云：『養，一作愛。』

操大威以臨民哉?

案寶曆本操作揀，臨作駈（俗驅字），咸校云：『駈，一作臨。』揀疑操之形誤。

是以明主一賞善罰惡，

案寶曆本無一字。

審名第十六

言以譯理，

案寶曆本譯作繹。

今信言以棄理，

案今猶若也。下文『今指犬似人，』今亦與若同義。

謂犬似玃，玃似狙，

案寶曆本玃並作玀，玀即玃之俗省。

黄軒四面，

案御覽七九、路史後紀五注並引河圖握拒云：『黄帝名軒。』

東郭吹竽，而不知音。

案東郭與韓非子內儲說上作南郭異；（詳集證。）唐羅隱兩同書眞僞篇：『北郭吹竽，濫食齊祿。』作北郭，又異。

堯糉、禹粮，謂之飲食。

案博物志異草木篇：『海上有草焉，名篩。其實食之如大麥，七月稔熟，名曰自然谷；或曰禹餘糧。』

掘井得人，謂言自土而出。

案寶曆本掘作堀，無謂字。掘、堀古通，詩曹風蜉蝣：『蜉蝣掘閱。』說文土部堀下引掘作堀，卽其證。

故狐、貍二獸，因其名便，合而爲一。

案意林引桓譚新論：『人有以狐爲貍，以瑟爲箜篌。此非徒不知瑟與狐，又不知貍與箜篌。』

分爲二。

案寶曆本分下有而字。

而不察其形。

案而猶且也。

鄙名第十七

名者，命之形也；言者，命之名也。

案兩之字並與其同義。

昔畢萬以盈大會福。

寶曆本咸注云：『閔元年傳：「晉獻侯作二軍。公將上軍，太子申生將下軍，趙夙御戎，畢万爲右，以滅耿、滅霍、滅魏。賜趙夙耿，賜畢万魏，以爲大夫。卜偃曰：畢万之後必大！萬，盈數也；魏，大名也。以是始賞，天啓之矣。』

名之不善，

案之猶若也。

以爲有爵位之象。

案寶曆本象作像，像、象正、假字。

亭名栢人，漢后夜遁。

楊云：『史記張耳傳：「漢八年，上從東垣還。……』（詳集證。）

案楊氏引史記『漢八年，』八乃七之誤。漢紀四：『趙相貫高伏兵栢人亭，欲爲逆。』與此作『亭名栢人』尤合。

以蟳、雀之徵，

案寶曆本徵作微。

聖賢惡之，

案聖上疑脫而字，『而聖賢惡之，』與上『而世俗愛之，』相對爲文。

則善惡之義，在於名也。

孫云：『義讀爲儀，……說文：儀，度也。』(詳集證。)

案義字承上文『以其名害義』之義而言，不必讀爲儀度字。

莊里有人，

寶曆本莊里作在里，咸校云：『在里可疑。』

案在蓋庄之誤。庄，俗莊字也。

知人第十八

自非神機洞明，

案寶曆本脫『神機』二字。

而監其神智，

案寶曆本監作鑒。

若功成事遂，

案老子十七章：『功成事遂。』

何異耳聞雷霆而稱爲聰，目見日月而謂之明乎？

案爲、之互文，之猶爲也。隨時篇：『非椽、綆之貴，而珠玉之賤。』兩之字亦並與爲同義。

薛燭之賞劍，雖未陸斬玄犀，水截蛟龍，而銳双之資，亦已露矣。

案寶曆本『蛟龍』作『輕羽。』胡非子：『負長劍，赴榛薄，析兕豹；赴深淵，斷蛟龍。』(文選王子淵聖主得賢臣頌注引。又見意林。)淮南子脩務篇：『純鈞魚腸，水斷龍舟，陸剸犀甲。』東方朔荅驃騎難：『干將莫邪，天下之利劍也。水斷鵠鴈，陸斷馬牛。』王褒聖主得賢臣頌：『及至巧冶鑄干將之璞，水斷蛟龍，陸剸犀甲。』李尤寶劍銘：『龍淵耀奇，太阿飛名，陸斷犀兕，水截鯢鯨。』

堯之知舜，不違桑陰；文王之知呂望，不以永日。

案抱朴子清鑒篇：『文王之接呂尙，桑陰未移，而知其足師矣。』『桑陰未移，』乃堯知舜事。葛洪說未知所本，疑誤。

韓信之亡於黑水，

案史記淮陰侯列傳、漢書韓信傳並稱信至南鄭而亡，不言『亡於黑水。』

謂之鶬鵶。

案寶曆本鶬作龍。

綺詡焱發。

案寶歷本焱作炬，俗烟字。

面目黧黕，手足胼胝，冠絓不暇取，

案寶歷本黕作黯，絓作掛。掛，俗挂字。絓、挂古通，釋名釋采帛：『絓，挂也。』

故知人之難，

案寶歷本難作君。

蒙知於智伯。

案寶曆本知作異。

漆身趙郊，

寶曆本咸校云：『郊，一作地。』

徒自悲夫！

寶曆本咸校云：『夫當作矣。』

案夫猶矣也，無煩改字。

薦賢第十九

國之乏賢，

案寶曆本脫之字，之猶若也。下文『國之多賢，』『朝之乏賢，』之亦與若同義。

欲望背摩靑天，

案寶曆本摩作磨。

終莫由也。

寶曆本終作路，咸校云：『路，一作終。』

案路蓋終之形誤。

非一木所搆，

案寶曆本搆作構。

流睦睦之美。

寶曆本咸校云：『美，一作風。』

周保十亂，播濟濟之詠。

楊云：『論語泰伯篇：「武王曰：『予有亂臣十人。』集解引馬曰：『亂，治也。治官者十人，謂周公旦、召公奭、太公望、畢公、榮公、太顛、閎夭、散宜生、南宮适、其一謂文母。』」（書僞泰誓孔傳同。）』（詳集證。）

案書僞泰誓中釋文載十人之名，非孔傳也。楊氏失檢。

宮奇未亡，獻公不侵；子玉猶存，文公側坐。

楊云：『法藏敦煌本作寑。案侵當作寢，敦煌本作寑，即寑之或體。寢之作寑，猶「寢宮」之爲「寑宮」矣。』（詳集證。）

案寶曆本侵作寢。史記武安侯列傳：『武安侯貌侵。』集解引韋昭云：『侵，音寑。』是侵、寑古通。寑、寢古、今字。惟法藏敦煌本此文已作寑，寑、寑正、俗字，則此文蓋本作寑，故岷於集證謂侵爲寑之壞字也。春秋繁露滅國上篇：『楚王髡託其國於子玉得臣，而天下畏之；虞公託其國於宮之奇，晉獻患之。』

蓋人君之舉也。

案寶曆本君作爲。

賢士有脛而不肯至者，蠹才於幽岫，

案寶曆本者作殆。者字蓋涉上下文而衍，淺人不知者爲衍文，乃臆改爲殆，以屬下讀耳。

進賢之美，逾身之賢。

案韓詩外傳七：『子貢曰：然則薦賢賢於賢。』

爲國入寶，不如能獻賢。進賢受上賞，

案寶曆本寶作寚，他處皆同。（寚，古文寶。）又進作獻。史記蕭相國世家：『上曰：吾聞進賢受上賞。』（漢書蕭何傳同。）

斯前識之良相。

案寶曆本相作規。

因顯第二十

故吹爲火之光，

案寶曆本爲作成。

猶比火、鏡假吹、瑩也。

案寶曆本比誤此。

柳下惠不遇仲尼，則貞潔之行不顯，未免於三黜之臣，無恥之人也。

案法言淵騫篇：『無仲尼，則西山之餓夫與東國之絀臣惡乎聞？』黜、絀古通，淮南覽冥篇：『隳肢體，絀聰明。』文子上禮篇絀作黜，即其比。

已三旦矣，

寶曆本咸校云：『已當作比。』

案作已於義自通，無煩改字。

而世人莫賞。

案各本世皆作市，集證誤。

未有爲之顧眄者也。

案寶曆本未誤求，眄作眄。下文眄亦作眄。

輪囷擁腫，

案寶曆本囷作菌，擁作雍，雍亦借爲癰。（孟子萬章篇：『或謂：孔子於衞主癰疽，』說苑至公篇作雍雎，即雍、癰通用之證。）惟此雍字，疑是擁之壞字。

良工之爲容也。荆磎之珠，

案寶曆本『之爲』作『爲之，』磎作溪。磎、溪並俗谿字。

則莫相眄以愕，按劒而怒。何者？爲無因而至故也。

案寶曆本莫下有不字，故下脫也字。

若物無所因，

案寶曆本因作以，涉上文諸以字而誤

樟木光於紫殿，珠擘之玉匣。

案寶曆本樟作般，蓋槃之壞字。(般、槃古本通用，此非其比。)又珠下有璧字。於、之互文，之猶於也。

光之以吹、瑩，

案寶曆本光作先。

猶捫虛縛風，

案廣弘明集二四北齊樊孝謙答沙汰釋李詔表云:『求之如繫風，學之如捕影。』

託附第二十一

志希凌霄之遊。

寶曆本希作絺。咸校云:『絺，一本作希。』

案絺亦借爲希。

以茂凌雲之蘂。

案寶曆本蘂作葉。

以夫鳥獸蟲卉之志，

案寶曆本志作智。

以成其事。何況於人，而無託附以就其名乎?

案寶曆本何作矣，屬上絕句。矣蓋奚之誤，當屬下讀。『奚況』一詞，本書習見。而猶能也。

置之於江湖，

案於字涉上文而衍，下文亦作『置之江湖。』(寶曆本此湖字誤海。)

則披風截波，汎颺長澗。

案寶曆本颺作揚，古字通用。孟浩然尋天台山詩:『揚帆截海行。』

飛極百步，

案寶曆本飛作蜚，古字通用。後多此例。

附得其所，則重石可浮，短翅能遠。

案可、能互文，可猶能也。法術篇：『故神農不施刑罰而人善，爲政者不可廢法而治人；舜執干戚而服有苗，征伐者不可釋甲而制寇。』淮南氾論篇兩『不可』並作『不能。』亦可、能同義之證。

爛若綬紋，

案寶曆本綬作綾。

則巢破子裂，是所託危也。

案寶曆本是作者，屬上讀。

珠圓羅綃，雖女工運巧，不能爲之。

寶曆本綃作網。咸校云：『網，一作綃。』

案綃之作網，蓋因羅字聯想而誤。又寶曆本工誤子。

然，宦風欻至，

案『宦風』與『盲風』同，禮記月令：『仲秋之月，盲風至。』鄭注：『盲風，疾風也。』『疾風』亦『大風』也。

故鳥有擇木之性，（擇，集證誤澤。）

案史記孔子世家：『仲尼曰：鳥能擇木。』（家語正論解能作則。）

心隱第二十二

可以表裏度也。

案寶曆本『表裏』作『圭表。』

夫天地陰陽之難明，

案寶曆本夫上有以字。

情伏於裏，非可以筭數測也。

案寶曆本裏作衷，筭作算。算、筭正、假字，『算數』複語，爾雅釋詁：『算，數也。』（說文同。）

難於知天。天有春夏秋冬旦暮之期，人者厚貌深情，案寶曆本『於知』作『知於，』貌作皃，下同。貌，籀文皃。

假飭於外，

案寶曆本飭作餝，下同。餝亦飭之俗。

物亦照焉。

案寶曆本亦作以，以猶亦也。荀子賦篇：『與愚以疑。』山堂考索十九引以作亦，亦其比。

不可而僞內者也。

案可猶當也。論語述而篇：「富而可求也，雖執鞭之士吾亦爲之。』陶潛與子書：『此亦人子也，可善遇之。』（見蕭統陶淵明傳。）兩可字亦並與當同義。（此義前人未發。）

外之於內，

案寶曆本外誤內。

夫門人去仲尼而皈少正卯。

案寶曆本皈作歸，皈與歸同。

賜也還。

案寶曆本無還字。

順非而澤。

案順借爲訓，謂其敎訓雖非而光潤也。

有此五僞，

案寶曆本僞作爲。

見不能見，

案寶曆本作『而不能見。』

佞與賢相類，

案抱朴子祛惑篇：『姦佞似賢。』

辯與智相亂，愚直相像。

案寶曆本辯作辨，愚下有與字。辯、辨古通，說已見前。論語陽貨篇：『古之愚也直，今之愚也詐而已矣。』

蛇床之似蘪蕪也。

案寶曆本床作牀，（牀、床正、俗字。）蘪作蘼。

莫不自貴而鄙物，

案寶曆本貴作賢。

非苟欲以愚勝賢，

案苟猶固也。觀量篇：『非苟爲艱難，』正賞篇：『非苟欲以貴彼而賤此，』又云：『非苟相反。』並同此例。（參看辯樂篇。）

非可以准衡乎，

案寶曆本乎作平。

而能推己耶？

案寶曆本推下有勝字。

賢愚雜揉，

案寶曆本揉作糅。

通塞第二十三

不專膚敏。

案寶曆本敏作蔽。敏蓋敝之誤，敝、蔽古通。

命至於屈，才通卽壅；遇及於伸，才壅卽通。

案寶曆本上卽字作理，下卽字作迹。

豈非智所迴？

案寶曆本『豈非』作『非其。』

遇苟屬通，

案寶曆本苟作必。

目非暴昧，

寶曆本咸校云：『目，一作日。』

案日乃目之誤。

如騏驥之伏於鹽車，玄猿之束於籠圈，非無千里之駛，萬仭之捷，案戰國策楚第四：『夫驥之齒至矣，服鹽車而上大行。』伏、服古通。廣雅釋言：『駃，犇也。』駃，俗與快同。

容彩光液，

案寶曆本液作焲。

快若輕鴻之汎長風，沛若巨魚之縱大壑。

案寶曆本作『漂若輕鷗之汎長波，沛若吞舟之颺大壑。』

水之性清（集證誤情），動壅以堤，則波縚而氣腐。

案動謂動軏也。寶曆本縚作緆，下有音云：『反救反。』蓋『仄救反』之誤。

雖有朽骸爛胔，

案寶曆本胔作卉。

遇不遇第二十四

案北齊書、北史儒林傳，並稱晝撰高才不遇傳。

命運難遇，

案寶曆本難作應。

愚不必窮。

案寶曆本愚作遇。

春日麗天，

案易離：『日月麗乎天。』王弼注：『麗猶著也。』

典官加之以衣，覺而問之，知典官有愛於己者。

案寶曆本官並作冠，下同。又者作也。

瓶水沃地，

案寶曆本瓶作缾，缾、瓶正、或字。文武篇：『或挈瓶盂，』辯施篇：『挈瓶丏水。』寶曆本亦並作缾。

遁世幽居，

案寶曆本世作代。

瘞瘤適齊，

案寶曆本褻作宿。

如能臨難而不懾，貧賤而不憂，可爲達命者矣。

案『可爲』猶『可謂。』寶曆本矣作也，義同。鄧析子無厚篇：『故臨難不懼，知天命也；貧賤無懾，達時序也。』

命相第二十五

梁玉繩史記〔殷本紀〕志疑：『予攷讖緯雜說，………生天子者，往往藉怪徵以誇之。傳諸史册，播諸道路，皆此類也。北齊劉晝新論命相篇，反津津道之，謂聖賢受天瑞相而生者。不亦惑之甚哉！』

案此篇廣陳讖緯雜說，以驗命、相。足證劉晝誠『博物奇才。』收結在於知命，以解妄求之惑。則劉晝豈『惑之甚』者哉？

或感五行三光，

案寶曆本行誤帝。

卽鬼神不能改移。

案寶曆本卽作則，『改移』二字倒。

握登見大虹，而生舜。

案程榮本、王謨本、畿輔本、寶曆本舜上皆有虞字。

薄姬感蒼龍，而生文帝。

案寶曆本無此九字。

皆聖賢受天瑞相而生者也。

案王謨本相改命。（集證改作誤，非。）上文所述，皆聖賢受天瑞命而生之例；且此語又遙承上文『稟天命』而言，則王本改相爲命，是也。

顓頊駢骭。

案寶曆本駢作骿。骿、駢正、假字。

臯陶鳥喙。

案寶曆本鳥作馬。

禹之長頸鳥喙，猶龍有蛇之一鱗，而不可謂之蛇也。

案寶曆本作『句踐之長頸鳥喙，猶蛇有龍之一鱗，而不可謂之龍也。』

叔興知其有後。

案寶曆本叔興作叔向，亦非。

雖貴，猶有禍患。

案寶曆本『雖貴』作『雖富貴。』

大風晦冥，

案寶曆本冥作瞑，俗。

是子不祥。

案寶曆本祥作勝。

而妄覬於多貪。

案寶曆本『多貪』誤『分貧。』

皆惑之甚也！

案寶曆本也上有者字。

妄瑕第二十六

故天有拆之象，地有裂之形，日月有薄蝕之變，

案拆、裂互文，拆亦裂也。拆，正作坼。坼，㡿之隸變。說文：『㡿，裂也。』

寶曆本薄作謫。

齊桓有貪淫之目。

案寶曆本淫作婬。婬、淫正、假字。

管仲有僭上之名。

案寶曆本僭誤愆。

以夫二儀七曜之靈，

案寶曆本曜作耀，靈誤聖。

桓公、伊、管之賢，

案寶曆本桓公作『桓、文。』

宇宙儒流，奚能自免於怨謗，

楊云：『儒者傭之誤。』（詳集證。）

案寶曆本儒作庸，脫奚字。知人篇：『亦與傭流雜處。』亦可證此儒字之誤。傭、庸古通。

然馳光於千載，飛價於王侯者，以小惡不足傷其大美者也。

寶曆本咸校云：『載，一作里。飛作蜚。美下無者字。』

是書空而尋跡，

案寶曆本書作晝。

伊尹，夏之庖厨；傅說，殷之胥靡；百里奚，虞之亡虜；段干木，魏之大駔。此四子者，非不賢也。而其迹不免汚也。

案韓非子說難篇：『伊尹爲宰；（史記韓非列傳宰作庖。）百里奚爲虜，皆所以干其上也。此二人者，皆聖人也。然猶不能無役身以進，如此其汚也。』

平雖丈夫，

案寶曆本雖下有美字。

臣進奇謀之士，

案寶曆本奇誤策。

高祖棄陳平之小瞥，

案寶曆本瞥誤瞀。

而吳起必埋名於貪好，

案寶曆本好作婬。

乃謂英彥。

案寶曆本謂下有之字，與下文『而謂之棄人』一律。

乃全疋而燔之。

案寶曆本疋作匹，說文：『匹四丈也。』匹、疋正、俗字。

若果眞賢，

案『若果』複語，果猶若也。寶曆本眞作貞。

民人知小惡，忘其大美，

案寶曆本『民人知』作『以人之，』可證成岷說；又忘作妄，與篇名妄瑕用借字合。

九合諸侯，一匡天下。

案素問三部九候論：『天地之至數，始於一，始於九焉。』故數至少言一，至多言九。此文九、一爲相配常數，淮南覽冥篇：『觀九鑽一。』與此同例。又九亦可借爲糾，史記封禪書：『九合諸侯。』書鈔一三九引九作糾，即其證。

量小不足以包大形，

案寶曆本無以字，包作苞。包、苞古通。

若其略是也，雖有小疵，不足以爲累；若其略非也，雖有衡門小操，未足與論大謀。

案寶曆本兩略字上並有大字。又咸校云：『疵，一作過。』

樊、灌屠販之豎，

案寶曆本豎作豎。

小節不申而大節屈也。

案寶曆本無不字。

適才第二十七

㶁菅蒼蒯，編以簑笠。

案寶曆本『㶁菅』誤『壓管，』簑作蓑，下同。笠誤芒。以猶爲也，下文『使以噭吹噴聲，』以亦與爲同義。

裘、簑雖異，被服寔同；美惡雖殊，適用則均。

案寔、則互文，寔猶則也。正賞篇：『古今雖殊，其迹寔同；耳目誠異，其識則齊。』亦同此例。

牽石拖舟，

案寶曆本拖作拕，拕疑挽之誤。

卞莊子之昇殷庭也，鳴佩趍蹌，

案寶曆本殷作殿，殷疑殿之形誤。禮記玉藻：『行則鳴佩玉。』

非不如溫顏下氣之美，

案寶曆本如作知。

蛇啣之珠，百代之傳璧，以之彈鵲，則不如泥丸之勁也。

案寶曆本啣作銜，銜、啣正、俗字；又璧作㙞，鵲作鵲。

昔野人棄子貢之辨，

案寶曆本辨作辯，下同。

長脛者使之蹋鍤，

案寶曆本鍤誤鍾。

商歌之士，雞鳴之客，才各有施，不可棄也。

案商歌事，又見列女傳辯通篇齊管妾婧傳。雞鳴事，又見論衡定賢篇。

民之殫害，

案寶曆本殫作殬，舊注：『音丁故反。』說文：『殬，敗也。』

其爲大盜，

案寶曆本盜作盗。

嘉其得食而自呼也。

案寶曆本自作相。

詩人歌詠以爲美談矣；況人之有善，而可棄乎？

案寶曆本矣作奚，屬下讀。

良匠善能運釿，

案寶曆本釿作斤。

賢能人、物交泰。

案寶曆本賢作用。

文武第二十八

而適用則均者。盛暑炎蒸，必藉涼風。

案寶曆本無者字，疑涉上文『何者』而衍。又『盛暑』作『暑盛，』是也。『暑盛炎蒸，』與下『寒交冰結』對文。

秋露灑葉，而剔箏席。白羽相望，霜刀競接，

案寶曆本箏作筍，筍、箏古、今字。又刀作刃，各本皆同，集證誤。

不可以九畿慴然而棄武，四郊多壘而擯文。士用各有時，未可偏無也。

案寶曆本慴作摺，疑慴之形誤。慴借爲燮，爾雅釋詁：『燮，和也。』（說文同。）又寶曆本武下有人字，下文『士用各有時，』士字屬上絕句。『九畿慴然而棄武人，四郊多壘而擯文士。』相對爲文。

文武異材，並爲大益。

案寶曆本材作才，古字通用。又大作代，代葢本作世，唐人避太宗諱所改也。本書多此例。

或提盆榼，或挈瓶盂。

寶曆本提作題，（舊注：『小盆曰題。徒啓切。』）咸校云：『題，有本作提。』案提，挈互文，作題非，疑因『盆榼』字聯想而誤。

墨子救宋，

案寶曆本墨子作墨翟。

文以讚治，武以凌敵，趍舍殊律，爲績平焉。

案寶曆本讚作贊，贊、讚古、今字。又律作津，於義亦通，疑是律之形誤。

均任第二十九

一鈞之鐘，不可容於泉流。十圍之木，不可葢以茅茨。

案寶曆本鐘作鍾（類纂本、喻林六七引並同。）茅作茆，並古字通用。

騄驥一驚，

案寶曆本驥作褭。

而能化螟蛉。

案寶曆本作『而螟蛉能化之。』

夫子發割雞之嘆。

案寶曆本『夫子』作仲尼。程榮本、王謨本、畿輔本並同。

而其失也，寧降無濫。

案寶曆本而作與，而、與本同義，惟此作而，葢涉上下文而字而誤。『與其』與寧相應，古書習見。

愼言第三十

人有緘口之銘。

案蔡邕銘論：『周廟金人，鍼口以愼。』

患禍之官，

案寶曆本官作宮。

言非不可復追。

案寶曆本非作出。

知伯失言於水灌，韓、魏躡其肘、足。

案知讀爲智，寶曆本作智伯，程榮本、王謨本、畿輔本並同。足可言躡，肘不可言躡。躡當作接，韓非子難三篇載此事作『肘、足接乎車之上，而知氏分於晉陽之下。』戰國策秦策四作『肘、足接於車上，而智氏分矣。』（又見說苑敬愼篇。）水經滄水注引史記作『肘、足接于車上，而智氏以亡。』皆其證。

是以頭爲穢器；師馳徐州。地分二晉，

寶曆本爲作充。咸校云：『充，一作爲。』又二作三。

臨危險也。

案寶曆本險作嶮，同。後多此例。程榮本、畿輔本亦並作嶮。

人不猒其動，

案寶曆本猒作厭，下同。

貴言第三十一

必資搒檠。

案寶曆本搒作榜，下同。

假櫛之功也。

案寶曆本假作玄。

行之所以榮，

寶曆本咸校云：『榮，一作策。』

案策乃桀之誤。策，隸書、俗書並作筞，與桀相似，故致誤耳。

人欲櫛之理其髮，

案寶曆本人下有皆字。

己手不能製，

案寶曆本脫製字。

則之越鄉借人以製之。

案寶曆本『則之』作『則知。』

由此觀之，

案寶曆本由作以，劉子習言『以此觀之。』

遣惡如去讎。

寶曆本咸校云：『遣，一作違。』

案遣、去互文，遣猶去也。違亦去也，左哀二十七年傳：『違穀七里。』杜注：『違，去也。』卽其證。惟此作違，葢遣之形誤。又寶曆本『去讎』作『讎敵。』

昔堯帝招諫之鼓，

案寶曆本帝作建。

開嘉言之路。

案寶曆本嘉作加，嘉、加古本通用，此葢俗省。

知交之於朋友，

案寶曆本『知交』作『知己，』疑聯想之誤。

傷讒第三十二

故譽以論善，則辭以極善爲功；毁以譽過，則言以窮惡爲巧。

案寶曆本『則辭』作『卽辭，』程榮本、王謨本、畿輔本並同。又『譽過』作『擧過，』可證成岷說。功借爲工，工、巧互文，廣雅釋詁三：『工，巧也。』

揮空爲有，

案寶曆本爲作成，程榮本、王謨本、畿輔本並同。

墨子所以泣素絲，楊朱所以泣岐路。

案寶曆本上泣字作悲。一切經音義六七引史記：『楊朱泣岐路。』

譬利口於刃劒者，以其點素成緇，刀劲傷物，

案寶曆本刃作刀，刀作刃。

鳥之曲頸鋭距者，

案寶曆本『頸鋭』作『味鈙。』

妬才智之在己前，蓍富貴之在其上。

案寶曆本妬作妒，其作己。

故揚娥眉者，

案寶曆本娥作蛾。

而世人譖其撾婦翁。

楊云：『第五倫事，見後漢書本傳（卷七十一）。』（詳集證。）

案寶曆本作『而世人謂笞婦妐。』楊氏所稱後漢書卷七十一，七乃三之誤。

故讒者但知害嫉於他人，而不傷所說之主。

案寶曆本脫但字，不下有知字。

讒諂流毙，一至於斯。

案寶曆本諂下有之字。一猶乃也。

後代之君子，可不愼諸也？

案寶曆本無後、也二字。

愼隙第三十三

出乎意表。

案寶曆本乎作于。正賞篇：『明鑒出于意表。』

故其來也不可悔，其成也不可防。

案寶曆本『不可悔，』可作自。『成也』下衍怨字。

慄慄焉若朽索之馭陸馬也。

案寶曆本『慄慄』作『慄悷，』陸作六。

縉縞質薄，

案寶曆本縉作魯。

能敗舟軸者，

案寶曆本軸作車。

故墻之崩隤，

案寶曆本隤作阤。方言六：『阤，壞也。』（廣雅釋詁一同。）

熒熒不滅，能焚崑山（集證崑作昆，非其舊）；涓涓不絕，能成江河。

案兩能字並與將同義，六韜文韜守土篇、說苑敬愼篇下能字並作將，可證。（此義前人未發。）家語觀周篇下能字作終，終亦與將同義，莊子秋水篇：『吾辭受趣舍，終柰何？』『終柰何？』猶『將柰何』也。（此義前人亦未發。）

卷水摩木，

案寶曆本摩作壓。

不愼死也。

案寶曆本死作小。

是以智慮者，禍福之門戶。

案寶曆本慮作愚，疑臆改；或形誤。淮南人間篇、文子微明篇並作慮，可證。

誡盈第三十四

故陽極而陰降，陰極而陽升。

案寶曆本作『故陽極而降，陰極而昇。』

此之恒也。

案寶曆本『此之恒也。』作『此人之恆情也。』

則踐盈泛之危。處存而不忘危，必履泰山之安。

案寶曆本泛作滿，泰作太。程榮本、王謨本、畿輔本泰亦並作太，同。

謙則裒多損寡，

案寶曆本損作益。

居謙而能益，

案寶曆本益下有寡字。

未有抱損而不光，

案寶曆本『抱損』作『謙尊。』

雖聰明叡智，

案寶曆本叡作叡，（程榮本誤𥈠；王謨本、畿輔本並誤𥈠。）叡乃睿之變。說文：『叡，深明也。通也。睿，古文叡。』

周公一沐而三握。

案寶曆本握下有髮字。

明謙第三十五

故能高而就卑。

案寶曆本能下有以字。

以高從卑。

案寶曆本從作下。

不伐在於有功不矜，在於有德不言。歸於沖退謙挹之流也。

案寶曆本『不伐在於有功』句。『不矜在於有德』句。『不言歸於沖退』句。『謙抑之流也』句。文義牽強。

聖人之惡也。

案寶曆本惡上有所字。

情常忘善，故能以善下物；情恒存善，故欲以善勝人。

案寶曆本常作恆，與下恆字複；欲作能，與上能字複。

口虛托謙，

案寶曆本托作託，託、托正、俗字。

所以棄其驕誇，

案寶曆本誇作㚴，㚴乃夸之俗誤。

大質第三十六

故丹可磨，而不可奪其色；蘭可燔，而不可滅其馨。

案王子年拾遺記六梁蕭綺錄云：『夫丹石可磨，而不可奪其堅色；蘭桂可折，而不可掩其貞芳。』

不可以威協而變其操。

案寶曆本協作脅。

其於爲作，

案寶曆本『爲作』作『平日。』

及其（集證誤至）燒以爐炭，三日而色不改；處於積水，終歲而枝葉不凋。

案寶曆本爐作鑪、鑪、爐正、俗字。又色下有潤字，水作冰。

而後迅梗露焉。

案寶曆本梗作捷。

卓然易見，

案寶曆本卓作較，義同。廣雅釋詁四：『較、卓，明也。』

辯施第三十七

夫山阜非爲鳥植木，林茂而鳥自棲之；江湖非爲魚鑿潭，潭深而魚自歸之。

案寶曆本棲作栖，同。程榮本、王謨本、畿輔本亦並作栖。又寶曆本歸作𡚁，𡚁，籀文歸。風俗篇：『其俗輕蕩而忘歸。』寶曆本歸亦作𡚁。

貧而施仁，必見疎慢（集證誤漫）。非行之失，被情變也。

案寶曆本被作彼。

山路迂迴，海水淪波。

案寶曆本迂作訏，迂、訏正、假字。又波作沒。

富而賑物，（集證賑作振，非其舊。）

案賑，俗振字。下文『不賑朋戚，』與此同例。說文：『振，擧救也。』

人之情（集證誤道），矜不足也。

案矜借爲憐。

以玉抵烏，

案寶曆本烏作鳥，喻林三一引烏亦作鳥。

食不滿腹，豈得輟口惠人。

案莊子逍遙遊篇：『偃鼠飲河，不過滿腹。』寶曆本口下有而字。

不賑朋戚，人之惡行。惠及四隣，人之善義。

案寶曆本無行、義二字。

求千里之步斷也。

寶曆本咸校云：『疑衍求字。』

和性第三十八

急則弗牢。均則緩急，

案寶曆本急上有漆字，『均則』作『均其。』

剛者傷於嚴猛，柔者失於軟懦。

案兩者字集證並作則，非其舊。茲改正。

昔徐偃王軟而國滅，齊商公懦而身亡。

案徐幹中論智行篇：『徐偃王知脩仁義，而不知用武，終以亡國。』寶曆本商公作簡公。

晉陽處父以純剛致害，

案寶曆本致作取，程榮本、王謨本、畿輔本並同。

人之和也。

案寶曆本之作事。

剛而濟其柔，

案寶曆本無而字。

未聞迕物而有悔吝者也。

案寶曆本迕誤誤，吝作恡。

殊好第三十九

五餱、六醓，

案寶曆本諲作禮。

鳿雞嗜蛇，

案寶曆本雞作日。

以臭爲香。

案寶曆本臭作臭，下同。

赬顏玉理，

案詩周南汝墳：『魴魚赬尾。』傳：『赬，赤也。』赬與經同，說文：『經，赤色也。』

弗貿陽文之婉姿。

案寶曆本貿誤賀。

不易熊肝之味。

案寶曆本熊作龍。

佩蕕當薰。

案寶曆本蕕下衍蒜字。

兵術第四十

世薄時澆，則爭起而戰鬪生焉。

案寶曆本脫『世薄』二字，時誤淳，鬪作萌。

援鼓之時，

案寶曆本援作桴，舊注：『擊鼓杖也。』

列九地之勢。

案寶曆本列作別。

明人者，抱五德之美，握(集證誤掘)二柄之要。

案寶曆本『明人者，』作『練人謀者。』

以其製勝也。

案寶曆本製作制。

囊土擁水，

案寶曆本擁作壅。

水之行，避高而就下。

案行，集證誤形，茲改正。

故水因地而制，

案寶曆本制下有形字。

故風而有形，

案寶曆本而作雨。

不及朧月者，

案寶曆本脱者字。

虎尤多力，

案寶曆本尤作兕。

履冰而不慄，以其將刑而不憂生也。今士槍白刃而不顧死，赴水火而如歸。

案寶曆本脱『冰而不慄，以其將刑而不憂生也。今士槍白刃而不顧死，赴』二十三字。

軍井通而後敢飲。

案史記淮南列傳：『穿井未通，須士卒盡得水乃敢飲。』

故醇醪注流，軍下通醉。

案寶曆本下作士。抱朴子酒誡篇：『一瓶之醪傾，而三軍之衆悅。』

閱武第四十一

亟戰卽民彫，

案寶曆本彫作凋，下同。

是謂棄之。

案寶曆本謂作爲。

皆以農隟以講武事。

案寶曆本上以字作於，隟作隙。程榮本、王謨本隟亦並作隙。畿輔本作隙。隟，古隙字。隙，俗隙字。

故爲鼓鐸以通其耳。

寶曆本通作逆。咸校云:『逆,一作通。』

則耳不聞鼓鐸之音。

案寶曆本聞作聆。

馬未馳而沬汗,

案寶曆本沬作沐。

敎之戰陣,

案寶曆本陣作陳,本字作敶。陳,借字。陣,俗字。

劒刄加肩,流血不止。

案寶曆本刃作皆,不下有肯字。

逄蒙善射,

案寶曆本逄作蓬。

不能運不利之斤。

案寶曆本斤作釿。

覆逸是懼,奚據望獲?

案寶曆本逸作迭,據作遽。

今以練卒與不練卒爭鋒,

案寶曆本爭作交。

繕修戎器,

案寶曆本繕作數。

明權第四十二

臨宜制變,

案寶曆本宜作危。

審於輕重,

案寶曆本於作其。

論語稱『可與適道,未可與權。』

案寶曆本無論字，『可與』作『可以。』以、與本同義，惟此作以，疑涉上文『巽以行權』而誤。

若棠棣之華，

案寶曆本棠作唐。

周公之誅管叔，

案寶曆本誅作殺。

權之輕重，

寶曆本作『權之於用。』咸校云：『「權之於用，」一作「權之輕重。」』

案寶曆本『輕重』作『於用，』疑涉上文『道之於用』而誤。

介冑禦寇，而不可常服。

案寶曆本『介冑』上有『冠不可無』四字。疑當作『衣冠不可無。』承上文『猶衣冠之在身也』而言。

權以理度，

案寶曆本度作敗。

自非賢哲，莫能處矣。

案自猶苟也。（參看集證補錄知人篇。）

貴速第四十三

何者？才能成功，以速爲貴。

案寶曆本才上有則字，蓋由者一本作則，（者、則同義。）而誤合之耳。

若穿井而救火，則熛颺棟焚矣；方鑿舟而拯溺，則葬江魚之腹中矣。

案若、方互文，方猶若也。（此義前人未發。）

則與無知者齊矣。

案寶曆本知作智。

喭曰：『力貴疾，智貴卒。』此之謂也。

案寶曆本疾作突，也作矣。

覼量第四十四

由心不並駐，

案寶曆本駐作持。

夫覩焦堯之節。

案寶曆本焦堯作僬侥。

秤薪而爨，

案寶曆本秤作枡。

不辨方隅。

案寶曆本辨作辯。

智伯庖人亡炙一篋，而即知之，韓、魏將反，而不能知。

案寶曆本篋作篚。即與『不能』對言，（下文同。）即猶能也。（此義前人未發。）

夫鈎者雖有籱（集證誤藿）竿纖綸，

案寶曆本鈎作釣。

江湖之流，

案寶曆本湖作河。

豫章之植，

案寶曆本豫作橡。

趍舍之跡，

案寶曆本趍作趨，趨、趍正、俗字。

隨時第四十五

貨章甫者，

案寶曆本貨作貿。利害篇：『昔齊有貨美錦於市，』寶曆本貨亦作貿。

故救饑者，

案寶曆本饑作餓，下文『亦何異救饑而與之珠，』饑亦作餓。

是以中流失船，一壺千金。

案寶曆本流作河，壺作瓠。

昔秦攻梁，梁惠王謂孟軻曰，

案寶曆本梁字不疊，程榮本、王謨本、畿輔本並同。

昔太王居邠，狄人攻之，事以玉帛，不可；太王不欲傷其民，乃去邠之岐。今王奚不去梁乎？

案寶曆本太並作大，下同。太王居邠（同豳），乃孟子對滕文公語（見梁惠王篇）；史記孟子傳：『梁惠王謀欲攻趙，孟子稱「太王去邠。」』（索隱：『與孟子不同。』）竊疑孟子書本載此事，今本已亡之。不得與孟子對滕文公語混爲一談。至於劉子此文，稱『太王去邠，』是孟子對梁惠王語，與史記合；惟言『秦攻梁，與史記『梁惠王謀攻趙』又異。是否別有所據，或劉晝之誤，未敢遽斷，因其書晚出也。（參看拙著史記孟荀列傳斠證。孔孟學報第十三期。）

大梁所寶者，國也。

案寶曆本大作夫。

非其能去也，非畢代之所宜行者。

寶曆本作『非不能去也，非異代之所宜行也。』咸校云：『「異代」一作「今日。」』

論太王之去邠，

案寶曆本作『行大王威德。』疑當作『論大王之威德，』與下文『行刻削之苛法』對言。（論作行，卽涉下文行字而誤。）

當合縱之代，

案寶曆本縱作從，古通。

玉笄所以飭首，

案寶曆本飭作飾。

適俗所傾。

案寶曆本傾作須。陶淵明歸田園居六首之一：『少無適俗韻。』

無所用功。

案寶曆本功作巧。

徐偃公行仁而亡。

案寶曆本公作王。

風俗第四十六

風有薄、厚，

案寶曆本『薄、厚』二字倒。

其俗待妻妾於賓客。

案寶曆本待作侍。

拆其肉而埋其骨，

案寶曆本拆作拚，當从木作柵。

煙上燻天，

案寶曆本燻作熏，熏、燻正、俗字。

利害第四十七

物之恆情也。

案莊子大宗師篇：『皆物之情也。』

有知利之爲害，

案有猶如也。寶曆本知作識，蓋涉上文識字而誤。

小害至巨害除也。

案寶曆本至下有而字。

寒而投火，

案寶曆本投作入。

惟去輕害而負重害也。

案寶曆本作『推輕害而貪重害也。』貪字恐誤，防慾篇：『是棄輕患而負重害。』可證。

而不敢皴，

案寶曆本而作則。

而不敢斫。

案寶曆本而作必，義同。

以鈹、斫之患疾其螫也。

寶曆本其作甚。咸校云：『一無甚字。』

銷金在罏，盜者不掬。

案寶曆本罏作鑪，喻林六引作爐。鑪、罏正、假字，爐又鑪之俗也(前已有說)。

桓寬鹽鐵論詔聖篇：『夫鑠金在鑪，莊蹻不顧。』

雖貪如盜蹠。

案寶曆本蹠作跖，同。言苑篇：『故盜蹠之徒，賢於盜蹠而鄙仲尼。』寶曆本亦作跖。莊子盜跖篇：『柳下季之弟，名曰盜跖。』說苑談叢篇：『盜跖凶貪。』

且怵於莊周。

寶曆本莊周誤莊王。咸校云：『王，一作周。』

禍福第四十八

反以爲福。

案寶曆本以作而，義同。程榮本、王謨本、畿輔本亦並作而。

而有姑蘇之困。

案寶曆本困作囚。

終有厚遇之福。

案上文『而有姑蘇之困，』『而有五湖之霸，』『而有檇下之執。』三用而字；此用終字。終猶而也。列女傳節義篇周主忠妾傳：『媵知將死，終不言。』藝文類聚三五、六帖二十引終並作而，（見歐纈芳女弟列女傳校證。）卽終、而同義之證。（此義前人未發。）

以見不祥而修善，

案寶曆本以上有是字。

毫有桑穀（集證誤穀，下同），共生于朝。

案寶曆本轂誤轂,下作轂,亦誤;又共作拱。

八紘之內,

案寶曆本紘誤宏。

貪愛第四十九

言小炁,大禍之津。

案寶曆本無言字。

多與金,日置牛後,號牛糞,言以遺蜀侯。

案寶曆本日作白,白蓋帛之壞字,屬上絕句。惟他書載此事,皆言金,不及帛。(已詳集證。)竊疑『日置牛後,』本作『目置牛後,』目(古以字)、日形近,故致誤耳。又寶曆本言作之,亦屬上絕句。之指金而言,王謨本、畿輔本言亦作之,下更有金字,(已詳集證。)恐妄加。程榮本與寶曆本同,集證謂程本『之下脫金字。』未審。

石諫曰:『今患至,國將危不固,勝敗存亡之機,固以形於胷中矣。

案寶曆本石下有乞字,『不固』作『不顧,』是也。惟『國將危』絕句,『不顧勝敗』絕句,非也。

出府庫之寶以賦人。

案寶曆本無庫字。

寒土有獸,其名曰貌,生角當心。

案寶曆本土作山,生誤其。

嫗伏其子,

案寶曆本嫗作傴。

蜀侯之迎秦牛,

案寶曆本『迎秦牛,』作『貪石牛。』

白公之據財,

案寶曆本據作貪。

鑒成敗之原。

案寶曆本原作源。

類感第五十

案論衡有感類篇。

故日夏至而鹿角解，月虧而蚌蛤消。

案寶曆本日誤曰，消誤胎。

騏驎鬭而日蝕，

案寶曆本『騏驎』作『麒麟，』日下衍月字。

蠶含絲而商絲絕，

案寶曆本蠶作蚕，『商絲』作『商絃。』

其且雨也，

案寶曆本且作且。

雞爲兌金，金爲兵精，馬者（集證作爲，非其舊）離畜，火爲武神。

案寶曆本『兌金』作『兌禽。』四句三用爲字，一用者字，者與爲同義。（此義前人未發。）

干戈且興，介駟將動，

案寶曆本且誤戢，動下更有『而禽獸應之』五字。

螣蛇雄鳴于上風，

案寶曆本螣作騰。

不待召而自感者，

案淮南繆稱篇：『弗召而至。』

故抱薪救火，

案寶曆本救作投。

鼓舟而波湧。

案寶曆本舟作羽，湧作涌。涌、湧正、俗字，程榮本、叢輔本亦並作涌。激通篇：『湍波之湧必漂石。』寶曆本湧亦作涌。

正賞第五十一

此篇當與文心雕龍知音篇參看。

賞而不正，則情亂於實；評而不均，則理失其眞。

案兩而字並與如同義。於、其互文，於猶其也。

未得以言評。

案寶曆本評作平。

由今人之（集證倒作『之人』）畫鬼魅者易爲巧，

案由與猶同。

雖以其眞而見妙也。

案寶曆本雖作難。

楊子雲之才，非爲劣於董仲舒。

案寶曆本楊字同，劣作亞。上文言『非有，』此言『非爲，』爲、有互文，爲猶有也。

然而弗貴者，豈非重古而輕今，珍遠而鄙近，貴耳而賤目，崇名而毀實邪？

案淮南齊俗篇：『世多稱古之人而高其行；並世有與同者，而弗知貴也。』文心雕龍知音篇：『夫古來知音，多賤同而思古。所謂日進前而不御，遙聞聲而相思也。』

懸之權衡，

案之猶於也。

故權衡誠懸，

案誠猶若也，下文『繩墨誠陳，』『規矩誠設，』並同此例。

信心而度理，則是非難明矣。

案文心雕龍知音篇：『心敏則理無不達。』劉晝此文，或故反其說邪？心隱篇：『由於人心難知，非可以准衡平。』則信心而度理，固難於明是非矣。

越人臛蛇以饗秦客，秦客甘之。

案寶曆本『秦客』二字誤不疊。

趙人有曲者，託以伯牙之聲。

案有猶爲也。寶曆本託作必，『必以』猶『定爲，』義亦可通。惟恐非此文之舊也。

宋人得燕石，以爲美玉，

案文心雕龍知音篇：『宋客以燕礫爲寶珠。』

郢人爲賦，託以靈均，擧世而誦之。後知其非，皆緘口而捐之。

案宋晁載之續談助載梁殷芸小說云：『鍾士季常向人道：「吾少年時一紙書，人云是阮步兵書，皆字字生義。既知是吾，不復道也。」』原注：『出語林。』亦此類也。

曜爛眩目。

案寶曆本曜作燿。當以作燿爲正。

鏡形如盃，

案寶曆本盃作杯。

望舟如鳧。

案酈道元水經江水注引袁山松記云：『今自山南上至其嶺，…視舟如鳧鴈矣。』鳧乃鳧之俗省。

知是望遠目亂而心惑也。

案寶曆本脫而字。

與望山海而不亦反乎？

案寶曆本無而字。

子游裼裘而誇，

案寶曆本裼誤揚。

奚況世人，未有名稱，其容止、文華，能免於其誚者，豈不難也？

案寶曆本况作況，程榮本、畿輔本並同。况卽況之俗省。又寶曆本『其誚』作『嗤誚。』

則正可以爲邪，美可以稱惡。

案爲猶謂也，與稱互用，其義亦同。

可謂歎息也。

案寶曆本謂作爲。

聽達亮於前聞，明鑒出于意表。

案寶曆本『前聞』作『聞前。』尉繚子十二陵篇：『攻在於意表。』陶淵明飲酒二十首之十一：『人當解意表。』

不沒纖芥之善，

案寶曆本芥作介。

可謂千載一遇也。

案寶曆本載作歲，遇誤選。魏邯鄲淳答贈詩：『聖主受命，千載一遇。』文心雕龍知音篇：『逢其知音，千載其一乎？』

激通第五十二

案漢書高五王傳贊：『激秦孤立無藩輔。』師古注：『激，感發也。』『激通，謂感發而後通也。史記范睢蔡澤列傳贊：『二子不困戹，惡能激乎？』激亦感發之意。

登峭嶺者，則欲望遠；臨浚谷者，必欲窺墟。

寶曆本『則欲』作眺。咸校云：『眺字，一本作「則欲」二字。』

案『則欲望遠，』下文『必欲窺墟，』相對而言，寶曆本非。又寶曆本浚誤峻。

而情僞之發者，地勢使之然也。

案寶曆本僞作爲。左思詠史八首之二：『地勢使之然。』

以銜明月之珠。

案寶曆本以作而。

鳥飛則能翔青雲之際。

案寶曆本飛作激。

其志廣也。

案寶曆本志下有不字。

主父無親友之蔑，

案寶曆本作『主父不爲親友所蔑。』

范睢若無圂中之辱。

案寶曆本圂作廁。圂乃廁之俗誤。

觀其數賢，

案寶曆本其作斯，其猶斯也。

從高越下，

案寶曆本越作趣。

惜時第五十三

案此篇可作劉晝自序讀。

夫停燈於缸，舊注：缸是臺燈柱也。

案寶曆本缸作釭，注同。缸、釭義別，俗通用。

夫天廻日轉，

案藝文類聚一引張載詩：『白日隨天廻。』

烱然以過。

案寶曆本烱作炯。

不忝盈尺之璧，而珍分寸之陰。

案忝、珍互文，義並同惜。金樓子立言上篇：『尺璧非寶，寸陰可惜。』

仲尼恓恓，突不暇黔；墨翟遑遑，席不及暖。

案寶曆本『恓恓』作『栖栖，』暖作煖。煖、暖正、俗字。鹽鐵論散不足篇：『孔子栖栖，疾固也；墨子遑遑，閔世也。』抱朴子辨問篇：『突不凝煙，席不暇煖。』

皆行其德行，拯世救溺，立功垂模，

案寶曆本『德行』作『德義，』救作危，模作楷。

今人進不知退梟腐榮華，

案寶曆本梟作臭。

退不能被策樹勳，

案寶曆本被作披。

凉風鳴條，

案寶曆本凉作涼，涼、凉正、俗字。

則寒蟬抱樹而長叫吟，烈悲酸瑟于落日之際，

案寶曆本『則寒蟬抱樹而長叫』句，『吟烈悲酸』句，非。『烈悲』連文，烈猶厲也。

哀其時命迫于嚴霜，而寄悲於菀柳。

案楚辭〔漢嚴忌〕有哀時命篇。寶曆本菀作苑，菀、苑正、假字。文選應璩與從弟君苗君胄書：『吟詠菀柳之下。』

言苑第五十四

案韓非子、淮南子並有說林篇；劉向有說苑，或即言苑篇名所本。此篇各段不相連貫，乃一篇嘉言錄。北史儒林劉晝傳，稱晝著金箱璧言，其書雖失傳，或與此篇有關。

其猶玉屑盈庫，

案寶曆本庫作匣。

謂牧圉以桀、紂，艴然而怒；比王侯於夷、齊，怡然而喜。後漢書左雄傳：『桀、紂貴爲天子，而庸僕羞與爲比者，以其無義也；夷、齊賤爲匹夫，而王侯爭與爲伍者，以其有德也。』

案寶曆本以作似。以、於互文，義並同如。似猶如也。

匹夫爲重，

案匹上疑脫則字，下文可照。

月之生死同形。

案孫子虛實篇：『月有死生。』

天無情於生死，

案寶曆本天下衍地字。

假朝露而抽翠。

案翠借爲辭，說文：『辭，會五采繒色。』引申有『鮮姸』義。嵇康琴賦：『新衣翠粲。』文選李周翰注：『翠粲，鮮色也。』翠亦辭之借字。

故春角可卷，夏條可結，秋露可凝，多冰可折。

案寶曆本冰作木，木蓋氷之誤。氷，俗冰字。意林引太公金匱：『夏條可結，多冰可釋。』

山抱玉，則鑿之。

案寶曆本則作故。

靈蛇以神見曝。

案寶曆本曝誤爆。

畫以摹形，

案寶曆本摹作模，摹、模正、假字。

欲以為豔（集證作艷，非其舊），

案王謨本豔作艷，豔、艷正、俗字。

情發於中，

案寶曆本中作衷。

不如不見。

案寶曆本『不見』作『無見，』義同。

宿不樹惠，臨難而施恩；本不防萌，害成而修慎，是以臨渴而穿井，方饑而植禾，雖疾無所及也。

案晏子春秋雜上篇：『溺而後問隊，迷而後問路，譬之猶臨難而遽鑄兵，臨噎而遽掘井，雖速亦無及矣。』說苑雜言篇：『譬之猶渴而穿井，臨難而後鑄兵，雖疾從而不及也。』

公儀嗜魚。

案史記循吏列傳：『公儀休者，魯博士也。』

二子甘之，

寶曆本咸校云：『「二子，」一作「聖賢。」』

九流第五十五

道者，老聃、關尹、龐涓、莊周之類也。

寶曆本咸校云：『一本道家出儒後。』又案寶曆本關尹在老聃之上。

陰陽者，子韋、鄒衍、桑丘、南公之類也。

案寶曆本公誤父。史記秦本紀：『〔武王〕三年，南公揭卒。』梁玉繩志疑云：『卽藝文志所謂之南公。』項羽本紀：『故楚南公曰，』正義：『虞喜志林云：『漢書藝文志云：南公十三篇，六國時人。」』『十三篇，』疑『三十篇』之誤。

名者，宋駢、尹文、惠施、公孫捷之類也。其道正名。

案寶曆本宋駢作宋鉼，鉼乃鈃之誤；又『正名』誤『主名。』

分析明辯，苟析華辭也。

案寶曆本下析字誤折。兩析字複，王謨本下析字作飾，(詳集證。)於文爲長。然，疑係臆改。據下文論縱横家，有『苟尙華詐』之文，則此文『苟析，』似當作『苟尙』較佳。

法者，愼到、李悝、韓非、商鞅之類也。

案商鞅應列在韓非之上。

墨者，尹佚、墨翟、禽滑、胡俳之類也。

案寶曆本俳作非。

其道大觳，

案寶曆本觳作确。文選左太沖吳都賦：『同年而議豐确乎？』李善注：『确，薄也。』确之或體作㱿。(說文：㱿，确或从㱿。)觳，俗字，蓋确、㱿二字各取其半也。

安危扶傾，

案寶曆本傾作顚。

雜者，孔甲、尉繚、尸佼、淮夷之類也。明陰陽，本道德，

案寶曆本淮夷作淮南，本作通。

又使王侯與庶人並耕於野，

案又猶乃也。寶曆本又作若，若亦猶乃也。(集證以若爲誤字，未審。)

六藝以禮樂爲訓。

案寶曆本樂作敎。

續補補遺

防慾第二

處於止足之泉。

案潘岳閑居賦：『於是覽止足之分。』

窮日煩擾。

案漢書食貨志：『重爲煩擾。』

專學第五

心爲身之主。

案淮南子泰族篇：『心者，身之本也。』

愛民第十二

天生烝民，而樹之以君。

案史記孝文本紀：『天生蒸民，爲之置君。』（漢書無蒸字。』

賞罰第十五

治民御下，莫正於法。

案史記孝文本紀：『法者，治之正也。』（又見漢書刑法志。）

薦賢第十九

故黔息碎首以明百里。

案漢書杜鄴傳：『禽息憂國，碎首不恨。』

愼隙第三十三

禍之所生，必由積怨。

案史記孝文本紀：『禍由怨起。』

隨時第四十五

案皇甫謐釋勸論：『李老寄迹于西鄰。』

正賞第五十一

昔魯哀公遙慕稷、契之賢，不覺孔丘之聖。……張伯松遠羨仲舒之博，近遺子雲之美。

案抱朴子外篇尙博：『是以仲尼不見重於當時，太玄見蚩薄於比肩也。』

惜時第五十三

夫天廻地轉，

案張華勵志詩：『天迴地游。』（廻、迴並回之俗。）

唯立德貽愛，爲不朽也。

案三國志魏志文帝紀注引文帝與王朗書：『唯立德揚名，可以不朽。』

言苑第五十四

故暄然而春，榮華者不謝；悽然而秋，凋零者不憾。

案莊子大宗師篇郭象注：『煖焉若春陽之自和，故蒙澤者不謝；淒乎若秋霜之自降，故凋落者不自怨也。』

秋葉誠危，因微風而飄零。

案傅咸贈何劭王濟詩：『槁葉待風飄。』

出自第四十本上(一九六八年十月)

王符生卒年歲的考證及潛夫論寫定時間的推論

金 發 根

一

史源學中所說的史料，最佳的是直接史料，而直接史料中又以當事人直接的觀察與回憶爲最寶貴。王符是東漢安定臨涇人，他在潛夫論中批評與記載的都是他親身遭受、目擊、或耳聞的事；而且該書的寫成與事實發生的時間相距甚近，所以潛夫論確是研究東漢最難得最可貴的直接史料之一。並且該書對東漢政治及社會史實的記載，遠較後漢書和後漢紀客觀公正，因爲劉宋范曄的後漢書係根據七家後漢書和東觀漢記寫成的。如該書明八王傳有「本書不載母氏」，章懷注即言：「本書、東觀記也。」又如光武本紀贊曰：「於赫有命，系隆我漢。」錢大昕廿二史考異卷十即以爲「范蔚宗宋人，不應有我漢之稱，此必沿東觀舊文。」而據王鳴盛十七史商榷後漢紀條謂袁宏後漢紀所採雖博，然竟有少出范書之外者。但袁書先范書而成，自不能抄自後漢書，主要原因就是兩人均係根據東觀漢紀及衆家後漢書寫成之故（註一）。而東觀漢記之編纂人多是東漢的黨錮人物，如延篤、朱穆、蔡邕、楊彪；或爲同情黨人之人士，如馬日磾，盧植等（註二）。所以范蔚宗後漢書對黨錮之禍的記載，自然右袒清流，痛斥宦官及外戚之非。王符因爲終生未仕，超然是非圈外，以第三者的立場來批評，當然比較客觀和公正。又因爲他是西北邊郡人，曾身歷羌亂之痛，所以對其時之邊疆政策和措施有深刻的批評詳細的記載，使後人更了解東漢一朝的大患——羌亂。

潛夫論所記東漢的社會史料是非常繁富的。范蔚宗對該書的批評：「其指訐時

（註一） 李玄伯師：中國史學史第四章第一節、諸家後漢書，pp. 39—40

（註二） 請參見拙文東漢黨錮人物的分析第八節，中央研究院歷史語言研究所集刊第三十四本故院長胡適先生紀念論文集下册 pp. 505—558

短，討讁物情，足以觀見當時風政」（註一），確實很對。不過「當時」是指的甚麼時候呢？後漢書王符傳的記載甚簡，全文如不計節引的潛夫論五篇，還不到二百五十字，對王符的生卒年歲及撰寫潛夫論的時間都沒有交待。因而近人在引用它的時候，有的解釋爲漢末的情形，有的則以之泛指東漢一代，前者顯然是錯誤的，後者也失之不夠精確。因此，我覺得潛夫論雖然已是史學工作者熟悉的一本書，但仍有將王符的生卒年歲，及該書寫定的時間，加以考定的必要。

二

近人考證王符生卒年歲的，有兩說（註二）：一是容肇祖的「生約在漢和帝安帝間」（註三）；二是侯某等的「他的生年不致前于馬融，（馬融生於章帝建初四年，享年81歲），卒年不得后于皇甫規（規卒於靈帝熹平三年，享年51歲），因此他的生年約在和安之際，卒年約在桓靈之際（註四）。這兩說很相似，但頗有商榷的餘地。茲先節錄後漢書王符傳如下：

（符）少好學，有志操，與馬融、竇章、張衡、崔瑗等友善，安定俗鄙庶孽，而符無外家，爲鄉人所賤。自和安之後，世務游宦，當塗者更相薦引，而符獨耿介，不同於俗，以此遂不得升進，志意蘊憤，乃隱居著書三十餘篇，以譏當時失得，不欲章顯其名，故號曰潛夫論。……後度遼將軍皇甫規解官歸安定，鄉人有以貨得雁門太守者（註五），亦去職還家，書刺謁規，規臥不迎。既入而問：「卿前在郡食雁美乎？」有頃，又曰：「王符在門。」規素聞符名，乃驚遽而

（註一）後漢書列傳第三十九王符傳。

（註二）梁朝威：「潛夫論的作者」、清華周刊 314 期，民國十三年五月。經筆者多年來的搜集，在國內外幾個著名的圖書館均未找到。該文對王符的生卒年歲可能亦有考證。

（註三）容肇祖：東漢幾個政治家的思想，中山大學語史所週刊，一集二期頁 1—9 ，民國16年11月。在該句之後括弧中說：「公曆紀元前後的幾年中。」「紀元」兩字之後想是漏了「一百年」三字。

（註四）侯外廬、趙紀彬、杜國庠、邱漢生：中國思想通史第二卷，民國46年出版。發根按：原書括號中兩處的年歲都錯了，馬融享年係88歲，皇甫規是71歲。這在後漢書的馬融傳皇甫規傳都記得非常明白

（註五）此人姓名不可考，嚴歸田師兩漢太守刺史表亦不見錄。據後漢書皇甫嵩傳：（嵩）安定朝那人，度遼將軍規之兄子也。父節雁門太守。」歸田師考定皇甫節在桓帝初年任雁門太守。但皇甫節與皇甫規爲兄弟，范蔚宗當不致將兄誤成鄉人，且就此處文字而言，似亦係指另外一人。

起，衣不及帶，屣履出迎，援符手而還，與同坐，極歡。時人爲之語曰：「徒見二千石，不如一縫掖。」言書生道義之爲貴也。符竟不仕，終于家。

傳中可據以推論王符生卒年歲的有二處：一是與他交往的馬融、竇章、張衡、崔瑗等人的年齡；二是皇甫規的年齡及其解官歸安定的時間。由後漢書馬融等人的列傳可確知此四人的生卒年歲是（註一）：

姓名	籍貫	生年	卒年	享年
馬融	扶風茂陵	章帝建初四年	桓帝延熹九年	八十八歲（79A.D.—166A.D.）
張衡	南陵西鄂	章帝建初三年	順帝永和四年	六十二歲（78A.D.—139A.D.）
崔瑗	涿郡安平	章帝建初三年	順帝漢安二年	六十六歲（78A.D.—143A.D.）
竇章	扶風平陵		順帝建康元年	—144A.D.）

竇章的生年雖不詳，但從後漢書本傳所記：「少好學，有文章，與馬融、崔瑗同好，更相推薦。永初中，三輔遭羌寇，章避難東國，家於外黃，居貧，蓬戶蔬食，躬耕孝養，然講讀不輟。」，則其年齡與馬融等人當相去不遠。王符與崔瑗很可能是同學，據後漢書崔瑗傳：

志好學，能傳其父業，年十八至京師，從侍中賈逵正大義，逵善待之。瑗因留游學，遂明天官、歷數、京房易傳、六日七分，諸儒宗之。

而王符稱京房爲先師，潛夫論考績篇：

先師京君，科察考功，以遺賢俊，太平之基必自此始；無爲之化必自此來也。

潛夫論提到京房者尙有二處：

讚學第一：夫道成於學，而藏於書，學進於振，而廢於窮；是故董仲舒終身不問家事，景君明經年不出戶庭（元箋曰：漢書京房字君明，景京古通用。急就篇有景君明）。

賢難第五：京房數與元帝論難，使制考功而選守，晁錯雅爲景帝所知，使條法而不亂，夫二子之於君也，可謂見知深而寵愛殊矣。然京房冤死而上曾不知，

（註一） 參見梁廷燦：歷代名人生卒年表。

鼂錯既斬而帝乃悔。

將京房之治學比之於董仲舒，將其對元帝之貢獻比之於鼂錯與景帝，都顯然過份揄揚。王符是否與崔瑗同學，或也曾受業於賈逵，雖未可必；但他與京房有師承關係，（可能是再傳的再傳弟子），而且也與崔瑗一樣，深明京房易傳，則是可以確知的。王符既與馬融等人爲友，則其年齡當與彼等相若，所以我們似可先假定他也生於章帝建初時期。

皇甫規是安定朝那人，生於和帝永元16年，卒於靈帝熹平三年（104A.D.—174A.D.）享年71歲。他是桓帝延熹四年多討破先零羌、零吾羌，及次年降服隴右東羌的名將。據後漢書皇甫規傳：「規出身數年，持節爲將，擁衆立功，還督鄉里，既無它私惠，而多所擧奏，又惡絕宦官，不與交通，於是中外並怨。遂共誣規貨賂羣羌，令其文降。天子璽書誚讓相屬。……其年（延熹五年）多徵還，拜議郎，論功當封，而中常侍徐璜、左悺欲從求貨，數遣賓客，就問功狀，規終不答。璜等憤怒，陷以前事，下之於吏，官屬欲賦斂請謝，規誓而不聽。遂以餘寇不絕，坐繫廷尉，論輸左校……會赦歸家。」據同書桓帝紀：次年，亦即延熹六年（163A.D.）三月戊戌大赦天下，皇甫規得赦歸家即在此時。不過當時原任中郎將，爲羣小所讒，徵還京師後拜議郎。後漢書王符傳誤作「度遼將軍」。唐朝韓愈也因未參看同書的皇甫規傳，亦誤成「皇甫度遼」（註一）。徵拜皇甫規爲度遼將軍，係在他會赦歸家後，復出之時。此年皇甫規是60歲，如果王符是生於建初四、五年前後，則其時已是八十餘歲的老翁，去造訪皇甫規時，在常理上，皇甫規對他當執長輩之禮，而不應援其手而還。因此我們可以修正前述的假定，王符出生應比其友人馬融等爲晚，可能在章帝末年，或和帝初年。

但是否如容肇祖等人所主張的，王符的生年是在和安之際呢？首先，就潛夫論寫成的時間，即證明此說之不能成立。該書勸將、救邊、邊議、和實邊四篇係在東漢最大的一次羌亂（安帝永初元年至元初五年，107A.D.—118A.D.）之間寫定的（詳見下節）。如果他是在和安之際出生，則其時還只有十餘歲。以救邊這四篇見解的成熟，所提建議的中肯，所記羌亂之翔實、邊民遭遇之慘以及彼等呼號之沉痛，斷乎不是一個十餘歲的大孩子所能寫成的。范蔚宗的後漢書西羌傳有許多處即是引自這四篇的原

（註一） 韓愈：韓昌黎文集第一卷後漢三賢贊，世界書局。

文（詳下節）。可見容肇祖等人之說不足信。王符出生於章帝末年或和帝初年是一個合理的推論。至於他的卒年，則證據較少，但是就往訪皇甫規一事，至少延熹六年時他還活着，從傳末「符竟未仕，終於家」一語來看，他在延熹六年之後還活了幾年。我推想至遲在延熹八年以前已經去世，不至於晚到桓靈之際，王符大約享年75歲左右（註一）。

三

潛夫論許多篇都論及東漢的時政，茲擇其主要的，如批評邊政、赦贖數、外戚、選舉及大族貴戚生活的奢靡幾點，來推論王符寫定該書的時間。

1. 批評邊政：

羌亂是東漢最長最大的邊患，幾乎與東漢一朝相終始。中葉以後最大的一次是安帝永初元年至元初五年，共計十三年，費用二百四十餘億，其次是順帝陽嘉元年至沖帝永嘉元年(134A.D.—145A.D.)，前後十餘年費用八十餘億，第三次是桓帝末年至靈帝建寧二年，由段熲平定，費用四十四億。安帝永初元年羌亂的起因，據後漢書西羌傳記載：

> 時諸羌佈在郡縣，皆爲吏人豪右所徭役，積以愁怨。安帝永初元年(107A.D.)，遣騎都尉王弘發金城、隴西、漢陽諸羌數百千騎征西域。弘迫促發遣，羣羌懼遠屯不還，行到酒泉，多有散叛，諸郡各發兵徼遮，或覆其廬落。……先零別種與鍾羌諸種大爲寇掠，斷隴道（集解引通鑑胡注引續漢書云：鍾羌九千餘戶在隴西臨兆谷）

羌始叛時，並無嚴密的組織，器械更未完備，由於邊郡守令畏怯，遂至坐大。如潛夫論實邊篇所記；

> 前羌始叛，草創新起，器械未備，虜或持銅鏡以象兵，或負板案以類楯，惶懼

（註一）本文初稿寫定後，見及白樂日教授（BALAZS, ETIENNE）La Crise sociale et la Philosophie Politique à la fin des Han （「漢末的社會騷動與政治哲學」） Tóng Pao, Vol, XXXIX （1949） PP. 132—160。 他推論王符的生卒年大約是西元90年——165年，亦即和帝永元二年至桓帝延熹八年，與敝意不謀而合。白樂日教授雖未說明其所恃之理由，拙文所論各節正可爲其證明也。

擾攘，未能相持(註一)。……郡縣皆大饑，及百姓暴被殃禍，亡失財貨，人哀奮怒，各欲報讎，而將帥皆怯劣軟弱，不敢討擊，但坐調文書，以欺朝廷，實殺民百則言一，殺虜一則言百，或虜實多而謂之少，或實少而謂之多。傾側巧文，要取便身利己，而非獨憂國之大計，哀民之死亡也。

邊郡吏治本已甚壞，守令不僅貪賄，而且強向人民借貸錢穀，如同篇所記：

又放散錢穀，殫盡府庫，乃復從民假貸，彊奪財貨，千萬之家削身無餘，萬民匱(元箋曰：舊作遺)竭，因隨以死亡者，皆吏所餓殺也。其爲酷痛，甚於逢虜。寇鈔賊虜，忽然而過，未必死傷，至吏所搜索剽奪，游踵塗地，或覆宗滅族，絕無種類，或孤婦女，爲人奴婢，遠見販賣，至令不能自活者，不可勝數也。

至有「其爲酷痛，甚於逢虜」的沉痛感受，守令之苛虐人民，從後漢書南蠻傳也可以得到佐證：

中郎將尹就討益州叛羌，益州諺曰：「虜來尚可，尹來殺我。」

羌亂坐大的結果，遂「掃滌并涼，內犯司隸，東寇趙魏，西鈔蜀漢，五州殘破，六郡削迹。」(註二)永初四年(110A.D.)徙金城郡治襄武，次年三月隴西徙襄武，安定徙美陽，北地徙池陽，上郡徙衙。王符斥之爲競割國家之地以與敵。

潛夫論邊議第二十三：今公卿內不傷士民滅沒之痛，外不慮久兵之禍，各懷一切。………今邊陲搔擾，日放族禍，百姓晝夜望朝廷救已，而公卿以爲費煩不可。徒竊笑之，…今但知愛見薄之錢穀，而不知未見之待民先也。知徭役之難動，而不知中國之待邊寧也。……今公卿苟以己不被傷，故競割國家之地以與敵，殺主上之民以餧羌，爲謀若此未可謂知，爲臣若此未可謂忠。

當時邊郡人民被強迫遷徙的情形是非常悽慘的。同書實邊篇第廿四所記：

太守令長畏惡軍事，皆以素非此土之人，痛不著身。……故爭郡縣以內遷。至遣吏兵，發民禾稼，發徹屋室，夷其營壁，破其生業，彊劫驅掠，與其內入，捐棄羸弱，使死其處，當此之時，萬民怨痛，泣血叫號(註三)。……民既奪土

(註一) 此節爲范蔚宗後漢書西羌傳稱引。

(註二) 潛夫論勸將第21。

(註三) 此節爲范蔚宗後漢書西羌傳稱引。

失業，又遭蝗旱飢匱，逐道東走，流離分散，幽冀兗豫、荆揚蜀漢，飢餓死亡，復失太半。

當涼州先零羌初叛時，內郡就有人主張「萬里運糧，遠就羌戎，不若總兵養衆，以待其疲」的姑息政策(註一)，永初四年羌亂日劇，并涼殘破以後，大將軍鄧隲即聽龐參之建議，主張放棄涼州，退保三輔。理由是「譬若衣敗壞，一以相補，猶有所完，若不如此，則兩無所保」(註二)。後來由於太尉李修竭力反對，以「疽食侵淫，而無限極」駁之，才將此議打消。王符對這類姑息政策，曾加以痛斥：

潛夫論救邊第二十二：往者羌虜背叛，始自并涼，延及司隸，東禍趙魏，西鈔蜀漢，六郡削迹，周圍千里，野無孑遺，寇鈔禍害，晝夜不止，百姓滅沒，日月焦盡。而內郡之士不被殃者，咸云：「當且放縱，以待天時」，用意若此，豈人心哉。……前羌始反，公卿師尹咸曰：「捐棄涼州，却保三輔」。朝廷不聽，後羌遂侵(元箋曰：下有脫字)。而論者多恨不從惑(元箋云：疑或)議。余竊笑之。所謂媾亦悔，不媾亦有悔者爾，未始識變之理，地(元箋云：下脫不可兩字)無邊，無邊亡國，是故失涼州，則三輔爲邊，三輔內入，則弘農爲邊，弘農內入，則洛陽爲邊。推以此相況，雖盡東海，猶有邊也。

由上述各條，可知潛夫論救邊、勸將、邊議、實邊這四篇在永初羌亂未久即已寫成。另外，我們並可從下列各條更可以明確地知道這四篇寫定的時間，如：

勸將第廿一：今吏從軍敗沒，死公事者以十萬數，上不聞弔唁嗟嘆之榮名，下又無祿賞之厚實，節士無所勸慕，庸夫無所貪利，此其所以人懷沮解，不肯復起者也。軍起以來，暴師五年。典兵之吏將以千數，大小之戰歲十百合，而希有功，歷察其敗，皆將不明於變勢，而士不勸於死敵也。

救邊第廿二：今虜近發封畿之內，而不能擒，亦自痛爾。……而談者皆諱之曰：「姦幷竊盜，淺淺善靖，俾君子怠。」欲令朝廷以寇爲小而不蚤憂，害乃至此，尙不欲救。諺曰：「痛不著身言忍之，錢不出家言與之。」假使公卿子弟有被羌禍，朝夕切急如邊民者，則競言當誅羌矣。今苟以無慘怛寃痛，故端坐相仍；

(註一) 後漢書龐參傳。

(註二) 後漢書虞詡傳。

又不明修守禦之備。……羌獨往來,深入多殺。……日晏時移,議無所定,已且須後,後得小安,則恬然棄忘,旬時之間,虜復爲害。軍書交馳,羽檄狎至,乃復怔忪如前。若此以來,出入九載。……今虜新擅邊地,未敢自安,易震蕩也。百姓新離舊壞,思慕未衰,易奬勵也。誠宜因此遣大將誅討追脅,離逖破壞之。如寬假日月,蓄積富貴,各懷安固之後,則難動矣。

邊議第廿三:故令虜遂乘勝上疆(元箋云:上疑自之誤),破州滅郡,日長炎炎,殘破三輔,覃及鬼方,若此已積十歲矣。百姓被害,迄今不止。……尙云不當救助,且待天時,用意若此,豈人也哉!……今公卿內不傷士民滅沒之痛,外不慮久兵之禍,各懷一切。

據上引的各條,我們可以確切地斷定潛夫論救邊、勸將、邊議、實邊這四篇是在安帝永初元年涼州羌亂之後未久,大約五年至十年之內寫定的。M. Loewe 教授根據潛夫論實邊篇王符所提實邊的辦法:「又募運民耕邊入穀,遠郡千斛,近郡二千斛,拜爵五大夫,可不欲爵者,使食倍賈於內郡。」在其「漢朝貴族爵位的等級」(The Orders of Aristocratic Rank of Han China)一文中(註一),推論潛夫論實邊篇或許是在和帝或安帝時期(89A.D.—125A.D.)寫成的。由本節的考證,實邊篇在安帝永初四、五年(110A.D.)徙金城、隴西、安定、北地、上郡未久後即已寫成。所以嚴格的說,M. Loewe 教授的推論是不够精確的。

2. 批評赦贖數:

兩漢的赦分二類:一是全國性的大赦;另一種則是地區性的特赦,前者多在新皇帝即位,或加元服時行之;後者係對部份叛亂地區敉平後,所採之安撫措施。如後漢書光武紀卷一下:

(建武六年五月)辛丑詔曰:惟天水、隴西、安定、北地吏人爲隗囂所詿誤者;又三輔遭難赤眉有犯法不道者,自殊死以下,皆赦除之。………(同年)秋九月庚子赦樂浪謀反大逆殊死以下。

贖在西漢是用錢或粟,如漢書惠帝紀:

(註一) M. Loewe, "The orders of aristocratic. rank of Han China", T'oung Pao, VOL XLVIII, PP. 97—175, 1960

民有罪，得買爵三十級，以免死罪。

景帝時，因上郡以西發生旱災，許輸粟以除罪。

漢書食貨志上：（孝景二年）上郡以西旱，復修賣爵令，而裁賈以招民，及徒復作得輸粟於縣官以除罪。

武帝天漢四年，太始二年，先後有二次詔書，令死罪入贖五十萬，減死一等（註一）。

漢書武帝本紀：（天漢四年）秋九月令死罪入贖錢五十萬，減死一等。

東漢則以縑贖，如後漢書明帝紀所載：

（中元二年）十二月甲寅詔曰：……天下亡命、殊死以下，聽得贖，論死罪入縑二十匹，右趾至髡鉗城旦舂十匹，完城旦至司寇作三匹，未發覺，詔書到日先自告者半入贖。

明帝永平十五年的詔書中，贖死罪改為縑四十匹，十八年又改為縑三十匹。章帝建初七年、章和元年贖死罪又恢復到縑二十匹，以後各帝的詔書雖均作「贖各有差」，未再明確的說出縑的數量，但可能不會多於二十匹。最值得我們注意的是：東漢諸帝均許可，如犯罪者在詔書到日以前自首，可減半入贖。若死罪自首亦可減半，則只需縑十匹就可以贖了。

赦與贖都應該是權宜的措施，只有在皇朝新建，或大亂之後，為與民更始而偶一行之。但是在東漢，尤其是中葉以後，則赦贖顯然太頻繁了。王符、荀悅與崔實對此都有相同的批評。如：

潛夫論述赦第十六：古者惟始受命之君，承大亂之極，被前王之惡，其民乃並為敵讎，罔不寇賊消義，姦宄奪攘，以革命受祚，為之父母，故得一赦；繼體以下則無違焉。

至於許納粟以贖的結果，前漢蕭望之已經指出「如此則富者得生，貧者獨死，是貧富異刑，則法不一也」（註二）。實際上，影響所及豈僅是法律前的不平等而已，故漢元

（註一） 漢書武帝本紀補注陳浩曰：按此文天漢四年也，至太始二年九月又云募死罪人贖，錢五十萬，減死一等，二文相類，一作令，一作募；一作入，一作人；必有一譌。顧炎武云：此一事而重見，又同是九月，疑衍文也。

又太始二年九月條補注錢大昭曰：漢紀亦重載此事，蕭望之傳所引止云天漢四年，不云太始二年復有詔也。

（註二） 漢書蕭望之傳。

帝時貢禹疏中說：「今欲興至治，致太平，宜除贖罪之法」(註一)。王符認爲赦贖是最有害於良民的。如潛夫論述赦第十六中說：

今日賊良民之甚者，莫大於數赦，赦贖數，則惡人昌而善人傷矣。……孝悌之家，修身愼行，不犯上禁，從生死至，無銖兩罪，數有赦贖，未嘗蒙恩，常反爲禍。何者？正直之士之爲吏也，不避強禦，不辭上官，從事督察方懷不快，而姦猾之黨又加誣言，皆知赦之不久，則且共橫枉侵冤，誣奏罪法，今主上妄行刑辟，下乃淪冤，而被冤之家乃甫當乞鞫，告故以信直，亦無益於死亡矣。及隱逸行士，淑人君子，爲讒佞利口所加誣覆冒，下土冤民能至闕者，萬無數人，其得省問者，不過百一，既對尙書，空遣去者，復十六七，雖蒙考覆，州郡轉相顧望，留苦其事，春夏待秋冬，秋冬復涉春夏，如此行逢赦者不可勝數。……輕薄惡子，不道凶民，思彼姦邪，起作盜賊，以財色殺人父母，戮人之子，滅人之門，取人之賄，及貪殘不軌，凶惡弊吏，掠殺不辜，侵冤小民皆望聖帝當爲誅惡治冤，以解蓄怨，反一門赦之。今惡人高會而夸詑，老盜服臧而過門，孝子見讎而不敢討，亡主見物而不得取，痛莫甚焉。……夫養稊稗者傷禾稼，惠姦宄者賊良民。

東漢光武時期，以漢室重光，爲收攬人心，屢行大赦、特赦，明帝章帝時期已大量減少，顯著的增加則在安帝以後。茲繪成簡表如下：

東漢各帝	在位年數	全國性之赦	地區性之赦	贖
光武帝	三三	一〇	三	一
明帝	一八	二	四	四
章帝	一三	三		三
和帝	一七	六		二
殤帝	一			
安帝	一九	一〇	三	三

(註一) 漢書貢禹傳。

北鄉侯	十月餘	一		
順帝	一九	八		三
冲帝	一			
質帝	一	二		
桓帝	二一	一四		一
靈帝	二二	二〇		五
獻帝	三一	八		

從上表可以看出王符所批評的，顯然是指安帝以後，到桓帝這一段時期。尤其是質帝在位僅一年，行赦二次，桓帝在位廿一年，行赦十四次，而其中有九次集中在即位初十二年之中。靈帝以後，雖然赦贖的次數更增，但王符已經去世（見上節推論），當屬於崔實政論中所記的情形了。因爲赦贖次數太多，人民遂輕爲盜賊，官吏則易爲姦匿。當時民間流行着「一歲載赦，奴兒噫嗟」的諺語（註一）。王符發現當時首善之區的洛陽，即有職業性的犯罪組織。如潛夫論述赦第十六所記：

> 洛陽至有主諧合殺人者，謂之會任之家，受人十萬，謝客數千，又重饋部吏，吏與通姦，利入深重，幡黨盤牙，貴戚寵臣，說聽於上，謁行於下，是故雖嚴令尹，終不能破擽斷絕。……今案洛陽主殺人者，高至數十，下至四五，身不死則殺不止，皆以數赦之所致也。由此觀之，大惡之資終不可化，雖歲赦之，適勸姦耳。

證諸東漢的史實，潛夫論述赦篇批評的赦贖數，係指安帝至桓帝這一時期。所以該篇之寫定亦應在同時或稍後。

3. 批評外戚：

潛夫論批評外戚的二處是：

思賢篇第八：自春秋之後，戰國之制，將相權臣必以親家、皇后兄弟、主壻外

（註一） 崔實政論亦引此諺。

孫、由(元箋云，字誤)藉此官職，功不加民，澤不被下，而取侯；多受茅土，又不得治民効能，以報百姓；虛食重祿，素餐尸位，而但事淫侈，坐作驕奢，破敗而不及傳世者也。

又本政第九：今世得位之徒，依女妹之寵以驕士，藉亢龍之勢以陵賢，而欲使忠義之士匍匐曲躬以事己，毀顏諂諛以求親，然後乃保持之，則貞士採薇凍餒，伏死巖穴之中而已爾，豈有肯踐其闕而交其人者哉！

東漢初期是沒有外戚擅權的，光武對陰郭兩家都很尊重，但不煩以政事。明帝永平中「追感前世功臣，乃圖畫二十八將於南宮行臺」(註一)。但是「以椒房故，獨不及(馬)援」(註二)。閻貴人的哥哥閻章永平中爲尚書，明帝也以其爲後宮親屬的關係不遷以重職(註三)。東漢外戚擅權從和帝時竇憲開始，但他只有四年卽遇害。此後外戚專政甚長的有殤帝、安帝時期的鄧騭，他秉政達十六年。但是據潛夫論志氏姓篇：

後漢新野鄧禹，以佐命元功，封高密侯，孫太后天性慈仁嚴明，約勑諸家莫得權，京師淸靜，若無貴戚，勤思愛民，晝夜不怠，是以遭羌兵叛，大水饑匱，而能復之，整平豐穰。太后崩後，羣姦相參，競加譖潤，破壞鄧氏，天下痛之。

可見王符所批評的外戚不是指鄧騭。北鄉侯懿時閻顯秉政，但爲時只有九個月。順帝、冲帝、質帝、桓帝時期，梁商及其子梁冀相繼秉政。據後漢書梁商傳：

商自以戚屬居大位，每存謙益，虛己進賢，辟漢陽巨覽、上黨陳龜爲掾屬，李固、周舉爲從事中郎，於是京師翕然稱爲良輔，帝委重焉。……檢御門族，未嘗以權盛干法。

梁商並未作惡，只是「性愼弱，無威斷」而已，他做大將軍六年卽死；由其子冀繼任，從順帝永和六年一直到桓帝延熹二年(141A.D—159A.D.)，專政達十九年之久，其間鴆殺質帝，枉害太尉李固杜喬，在桓帝元嘉元年(151A.D.)以後，驕恣益甚。據後漢書梁冀傳：

(註一) 後漢書朱景王杜馬劉傅堅馬列傳論。

(註二) 後漢書馬援傳。

(註三) 後漢書皇后紀卷十下安思閻皇后紀。

（冀）專擅威柄，凶恣日積，機事大小，莫不諮決之。宮衞近侍，竝所親樹，禁省起居，纖微必知，百官遷召，皆先到冀門牋檄謝恩，然後敢詣尚書。

所以王符潛夫論中批評的外戚係指梁冀而言，下引諸條尤其可以作爲梁冀「依女妹之寵以驕士，藉亢龍之勢以陵賢，而欲使忠義之士，匍匐曲躬以事己，毁顏諂諛以求親，然後乃保持之」的註脚。如：

後漢書黄瓊傳：元嘉元年遷司空，桓帝欲褒崇大將軍梁冀，使中朝二千石以上會議其禮。特進胡廣、太常羊溥、司隸校尉祝恬、太中大夫邊韶等咸稱冀之勳德，其制度賚賞宜比周公，錫之山川、土田、附庸。瓊獨建議曰：「冀前以親迎之勞，增邑三千，又其子胤亦加封賞。昔周公輔相成王，制禮作樂，化致太平，是以大啓土宇，開地七百。今諸侯以戶邑爲制，不以里數爲限。蕭何識高祖於泗水，霍光定傾危以興國，皆益戶增封，以顯其功。冀可比鄧禹合食四縣，賞賜之差同於霍光，使天下知賞必當功，爵不越德。」朝廷從之。冀意以爲恨，以地動策免（集解引袁紀，元年十月爲司空，十一月以會議梁冀事，冀恨之。因地動策免）。

又杜喬傳：（喬）累遷大鴻臚，時冀小女死，令公卿會喪，喬獨不往，冀又銜之。……建和元年代胡廣爲太尉，桓帝將納冀妹，冀欲令以厚禮迎之，喬據執舊典不聽。……又冀屬喬舉氾宮爲尚書，喬以宮臧罪明著，遂不肯用，因此日忤於冀。……及清河王蒜事起，梁冀遂諷有司劾喬及李固與杜鮪等交通，請案逮罪。而梁太后素知喬忠，但策免而已。冀愈怒，使人脅喬曰：「早從宜，妻子可得全。」喬不肯，明日冀遣騎至其門，不聞哭者，遂白執繫之，死獄中。

又梁冀傳：（元嘉元年）時郎中汝南袁著年十九，見冀凶縱，不勝其憤，廼詣闕上書；…… 書得奏御。冀聞而密遣掩捕。…… 時太原郝絜、胡武皆危言高論，與著友善。先是絜等連名奏記三府，薦海內高士，而不詣冀，冀追怒之。又疑爲著黨，勑中都官移檄，捕前奏記者，竝殺之。遂誅武家，死者六十餘人。絜初逃亡，知不得免，因輿櫬奏書冀門，書入，仰藥而死，家乃得全。

李固杜喬被梁冀見忌而殺害，主要原因是李杜先後兩度堅主立年長有德的清河王蒜。我推測此篇撰於延熹二年，梁冀這一勢力被徹底剷除之前，所以前引思賢篇本政篇兩條對外戚的批評，辭約而義婉，也沒有明確地指爲何人，不像後來獻帝時的仲長統既說明外戚宦官擅權的由來，又能毫無顧忌地指出其人。如昌言法誡篇：

光武皇帝慍數世之失權，忿彊臣之竊命，矯枉過直，政不任下，雖置三公，事歸臺閣，自此以來，三公之職，備員而已。……而權移外戚之家，寵被近習之豎，執其黨類，用其私人，內充京師，外佈列郡，顚倒賢愚，貿易選擧，疲駑守境，貪殘牧民，撓擾百姓，忿怒四夷，招致乖叛。……此皆戚宦之臣所致然也。……至於近世，外戚宦豎請托不行，意氣不滿，立能陷人於不測之禍。……夫使爲政者，不當與之婚姻，婚姻者不當使之爲政也。……昔者霍禹、竇憲、鄧隲、梁冀之徒，藉外戚之權，筦國家之柄，及其伏誅，以一言之詔，詰朝而決，何重之畏乎！今夫國家，漏神明於媟近，輸權重於婦黨，算十世而爲之者八九焉。不此之罪，而彼之疑，何其詭邪！

另外我們從王符所說當時貴戚大族生活的侈靡，嫁娶喪葬的舖張，也可以看出係指梁冀等人（見下節）。

4. 批評貴戚大族奢侈，婚喪逾制：

潛夫論浮侈十二汪繼培箋曰：

此篇大恉本鹽鐵論散不足篇，東西京風俗靡敝略同，誥告頻繁，莫爲衰止。

汪箋是對的，西漢成帝卽下詔，禁止貴戚大臣奢僭，婚喪逾制。

漢書成帝紀（永始四年）詔曰：……方今世俗奢僭罔極，靡有厭足，公卿、列侯、親屬、近臣，四方所則，未聞修身遵禮，同心憂國者也。或殖奢侈逸豫，務廣地宅，治園池，多畜奴婢，被服綺穀，設鐘鼓，備女樂，車服、嫁俱、葬埋過制，吏民慕效，寖以成俗，而欲望百姓儉節，家給人足，豈不難哉！其申飭有司，以漸禁之。

以後東漢光武建武七年、明帝永平十二年，章帝建初二年，和帝永元十一年，安帝永初元年，桓帝永興二年都繼續有相同的詔書，制止貴戚大臣競爲奢靡，殫財厚葬。我們從東漢諸帝不斷地下詔，可以想像詔書中切責及制止的，不但沒有收到預期的效果，而且風氣可能愈後愈壞。如後漢書張衡傳所記：

時（永元中）天下承平日久，自王侯以下，莫不踰侈，衡乃擬班固兩都，作二京賦因以諷諫。

潛夫論記載當時洛陽貴戚大族生活的侈靡，及婚喪的舖張，非常詳細。如該書浮侈篇：

今京師貴戚，衣服飲食，車輿文飾廬舍皆過王制，僭上甚矣。從奴僕妾皆服葛子升越，筩中女布，細緻綺縠，冰紈錦繡，犀象珠玉，虎魄瑇瑁，石山隱飾，金銀錯鏤，麞麂履舃，文組綵褋，驕奢僭主，轉向誇詫。……富貴嫁娶，車軿各十，騎奴侍僮夾轂節引，富者競欲相過，貧者恥不逮及，是故一饗之所費，破終身之本業。……今京師貴戚，郡縣豪家，生不極養，死乃崇喪。或至刻金鏤玉，檽梓楩柟，良田造塋，黃壤致藏，多埋珍寶，偶人車馬，造起大冢，廣種松柏，廬舍祠堂，崇侈上僭。寵臣貴戚，州郡世家，每有喪葬，都官屬縣各當遣吏齎奉車馬帷帳，貸假待客之具，競爲華觀，此無益於奉終，無增於孝行，但作攪擾，傷害吏民。……明帝時，桑民摐陽侯，坐冢過制髡削（元箋引周禮冢人鄭注引漢律曰：列侯墳高四丈，關內侯以下至庶人各有差。）今天下浮侈離本，僭侈過上，亦已甚矣。凡諸所譏，皆非民性，而競務者，亂政薄化使之然也。

我們如以浮侈篇這段記載與後漢書梁冀傳來比較，卽可知王符所言不僅有事實的根據，而且可能卽係指梁冀等人而言：

後漢書梁冀傳：冀迺大起第舍，而壽（冀妻）亦對街爲宅，殫極土木，互相誇競，堂寢皆有陰陽奧室，連房洞戶，柱壁雕鏤加以銅漆，窗牖皆有綺疎青瑣，圖以雲氣仙靈，臺閣周通，更相臨望，飛梁石磴，陵跨水道，金玉珠璣，異方珍怪，充積藏室，遠致汗血名馬。又廣開園囿，採土築山，十里九坂，以象二崤，深林絕澗，有若自然，奇禽馴獸，飛走其間，冀壽共乘輦車，張羽蓋飾以金銀，遊觀第內，多從娼妓，鳴鐘吹管，酣謳竟路，或連繼日夜，以騁娛恣。客到門不得通者，皆請謝門者，門者累千金。又多拓林苑，禁同王家，西至弘農，東界滎陽，南極魯陽，北達河淇，包含山藪，遠帶丘荒。周旋封域，殆將千里。又起菟苑於河南城西，經亙數十里，發屬縣卒徒，繕修樓觀，數年迺成；移檄所在，調發生菟，刻其毛以爲識，人有犯者罪至刑死，嘗有西域賈胡，不知禁忌，誤殺一菟，轉相告言，坐死者十餘人。

西漢末期以後，尤其是東漢一朝，崇喪厚葬之風極盛；此與三年之喪的漸次推行也有關係。據胡適之先生的研究：「三年之喪在西漢晚年還是絕希有的事，光武以後，不准官吏丁憂，此制更無法行了。直到二世紀半，鄧太后始著於詔令，長吏不為父母行服者，不得典城，不得選舉。又有詔許大臣行三年之喪。但久喪實在太不方便，故幾年之後，大官丁憂之制仍取消了。只剩『不行三年服，不得選舉』一條律文。……但安帝以後，三年之喪已成為選舉的一種資格。久之，三年之喪遂相沿成俗」（註一）。因此可知浮侈篇所論，係指和安以後的史實，其中暗指梁冀僭侈逾制的可能性更大。

5. 批評選舉及士風：

從東漢初年開始，就有選舉不實的情形發生。光武建初八年的詔書：「今選舉賢佞，朱紫錯用。自今以後，審四科辟召、及刺史二千石察舉茂才尤異者孝廉吏，務盡實覈，選擇英俊、賢行、廉潔、平端於縣邑，務受試以職。有非其人，臨計過署，不便習曹事，書疏不端正，不如詔書，有司奏罪名，並正舉者」（註二）。還只是強調要選舉眞正有才能品德的人，及舉者負連帶的責任。到中元二年十二月甲寅明帝的詔書已有「今選舉不實。……權門請托，殘吏放手」的情事（註三）。章帝時期已漸漸傾向於閥閱，如建初元年三月的詔書說：「選舉乖實，俗吏傷人，官職耗亂。……每尋前世舉人貢士，或起甽畝，不繫閥閱」（註四）以後各帝都相繼為選舉不實下詔，可見不實的情形是越來越嚴重。順帝陽嘉元年由於尙書令左雄的建議，立孝廉限年試才之法，據後漢書左雄傳的記載：「自是牧守畏慄，莫敢輕舉，迄于永嘉，察選清平，多得其人。」但實際的情形可能並不如此。如卽在順帝中年，河南尹舉孝廉時就受到貴戚重大的壓力（註五）。後漢書种暠傳：

> 河南尹田歆外甥王諶，名知人。歆謂之曰：「今當舉六孝廉，多得貴戚書命，不宜相違。欲自用一名士，以報國家，爾助我求之。」

在陽嘉二年李固的對策中亦指出「今之進者，唯財與力。」州郡多選舉中常侍的子

（註一） 胡適、「三年喪服的逐漸推行」，武大文哲季刊一卷二期，1930。

（註二） 應劭漢官儀引。

（註三） 後漢書明帝本紀。

（註四） 後漢書章帝本紀。

（註五） 嚴歸田師、兩漢太守刺史表謂田歆為河南尹蓋在順帝中年。

弟。

後漢書李固傳：又詔書所以禁侍中、尚書、中臣子弟不得爲吏，察孝廉者，以其秉威權，容請托故也。而中常侍在日月之側，聲勢振天下，子弟祿任曾無限極。雖外托謙默，不干州郡，而諂僞之徒，望風進舉。

同年郎顗的對策中，也指出選舉不實。

同上書郎顗傳：今選舉皆歸三司。……每有選用，輒參之掾屬。公府門巷，賓客塡集，送去迎來，財貨無已。其當選者競相薦謁，各遣子弟，充塞道路，開長姦門，興致浮僞，非所謂率由舊章也。

王符對當時權勢屬托，干預選擧的事，有很多記載。如潛夫論本政第九：

今當途之人，既不能昭練賢鄙，然又却於貴人之風指，脅以權勢之屬托，請謁闐門，禮贄輻輳，此正士之所獨蔽，而羣邪之所黨進也。

此處的「貴人」與「權勢」顯然是指濁流——宦官及外戚，州郡當途之人既不敢與惡勢力爲忤，羣邪自然就大批地被選擧辟用了。而清流的世家大族方面則提出「閥閱」與「族」爲對抗。如潛夫論交際第卅所說：

虛談則知以德義爲賢，貢薦則閥閱爲前。

又論榮第四：今觀俗士之論也，以族進德，以位名賢。……而又以九族，或以所來。

另一方面，清流並互相標榜，多務交遊，以結黨助（註一），如潛夫論務本第二所記：

今學問之士，好語虛無之事，爭著彫麗之文，以求見異於世，品人鮮識，從而高之，此傷道德之實，而或矇夫之大者也。……今多務交遊，以結黨助，偸世竊名，以取濟渡。夸末之徒，從而尚之。

又實貢第十四：夫志道者少友，逐俗者多儔，是以擧世多黨而用私競，比質而行趨華。貢士者非復依其質幹，準其材行也。

又交際第三十：俗之偏黨，自古而然，非乃今也。凡百君子，競於驕僭，貪樂慢傲。……苟能富貴，雖積狡惡，爭稱譽之，終不見非。苟處貧賤，恭謹（元

（註一） 請參見拙稿東漢黨錮人物的分析第五節中央研究院史語所集刊第卅四本下册。

箋云：以上文例之，恭謹上脫二字），祇爲不肖，終不見是，此俗化之所以浸敗，而禮義之所以消散也。

據王符的觀察，當時選擧的情形是：

潛夫論考績第七：羣僚擧士者，或以頑魯應茂才，以桀逆應至孝，以貪饕應廉吏，以狡猾應方正，以諛諂應直言，以輕薄應敦厚，以空虛應有道，以嚚闇應明經，以殘酷應寬博，以怯弱應武猛，以愚頑應治劇，名實不相副，求貢不相稱，富者乘其材力，貴者阻其勢要，以錢多爲賢，以剛強爲上。凡在位所以多非其人，而官聽所以數亂荒也。

耿介的王符旣不屑像馬融一樣，仰承梁冀的意旨；又以庶出的關係，爲鄉人所賤；自己亦不願多務交遊，與清流士子沆瀣一氣，所以終生遂無仕進的機會了。由上所論，王符所批評的權勢屬托、干預選擧，及清流集團的多務交遊，共相結黨，重視閥閱，顯然是指安帝、順帝至冲帝、質帝、桓帝初期的情形。所以有關各篇的寫定亦應在同一時期或稍後。

就前面的考訂，王符撰寫潛夫論時，梁冀這一勢力集團還正是麗日中天。所以在評及外戚擅權處，語多隱諱；而對宦官勢力的龐大及作惡亦無論述，因爲宦官單超等五人的「兄弟姻戚，皆宰州臨郡，辜較百姓，與盜賊無異」(註一)，是延熹二年梁冀勢力被徹底剷除後的情形。另一方面，我們從潛夫論中，雖然已經可以看到淸流集團與濁流宦官相衝突的端倪，但並不明顯；因爲二者作生死的鬥爭是延熹二年梁冀被殺害後纔發生正面衝突的。如後漢書宦者列傳序所言：

府署第館，棊列於都鄙。子弟支附，過半於州國。……競恣奢欲，構害明賢，專樹黨類。

所以潛夫論更沒有提及黨錮之禍。雖然潛夫論實貢第十四曾說：

以漢之廣博，士民之衆多，朝廷之淸明，上下之修治，而官無直吏，位無良臣，此非今之無賢也，乃賢者廢錮，而不得達於聖主之朝爾。

但此處的「賢者廢錮」當不是指桓帝永康元年(167A.D.)第一次黨錮之禍赦後，諸黨人

(註一)後漢書宦者列傳。

的禁錮；自然更不是靈帝建寧二年的第二次黨錮之禍。所以我推想王符的潛夫論至遲在桓帝初年元嘉時期（A.D.151—152），即太尉李固杜喬被害後未久即已寫定。

綜上所述，潛夫論一書是王符在安帝永初五年之後，桓帝元嘉二年以前(A.D.111—152)寫成的。全書論述的是和安以後，桓帝初年以前的史實。

附記：本文爲發根在國家科學委員會補助下，於一九六七——一九六八年完成的研究成果之一；寫定後曾承陳槃厂師審閱，指正數處；均此誌謝。至於錯誤疏忽之處則仍是作者之責。

國語辨名

張以仁

一

國語，又名春秋國語。又名春秋外傳，或簡稱外傳。或贅稱春秋外傳國語。有時也被稱作春秋傳。但那卽使不是一種錯誤的稱謂，也是不尋常的。

「國語」一名，最早見於何時呢？晉書列傳二十一束晳傳說：

> 初，太康二年，汲郡人不準盜發魏襄王墓，或言安釐王冢。得竹書數十車。…國語三篇，言楚、晉事。……

不準盜墓所得，可能原題有「國語」字樣。也可能是時人（晉人）的題記。若那三篇文字與時傳國語相同，則原無題名而時人命之爲「國語」也是很自然的事。不過，從束晳傳下文看來，多半是原來的題記。束晳傳下文說：

> 名三篇，似禮記，又似爾雅、論語。師春一篇（註一），書左傳諸卜筮。「師春」似是造書者姓名也。瑣語十一篇……梁丘藏一篇……繳書二篇……生封一篇……大曆二篇……太凡七十五篇（註二），七篇簡書折壞，不識名題。……

只有七篇因爲簡書折壞，才不識名題。可見原書都有名題。而「名」，「師春」，「瑣語」，「梁丘藏」……等都是罕覯的書。因此也不可能是時人的題記。如此說來，則「國語」之名，最晚也是魏安釐王卒時（公元前二四三年）便有。往後，到了史記裡，這個名字便隨同作者之名一起出現了。史記太史公自序說：

> 左丘失明，厥有國語。（又見報任少卿書）。

而史記之文出於國語者更是比比皆是（參拙著國語與左傳的關係，中央研究院歷史語

註一：張心澂讀爲「論語師春一篇」，列論甚豐。見所著僞書通考「師春」條。惟張氏所謂「名學之書，與論語決無相似之處」，似僅就內容言。疑束晳傳所記乃就其形式言。則讀「又似爾雅、論語」爲句，亦無不可。因仍從舊讀。

註二：據束晳傳載，紀年十三篇，易經二篇，易繇陰陽卦二篇，卦下易經一篇、公孫段二篇，國語三篇，名三篇、瑣語十一篇、梁丘藏一篇、繳書二篇、生封一篇、大曆二篇、穆天子傳五篇、西王母圖詩一篇、雜書十九篇、另加不識名題者七篇，共七十六篇而非七十五篇。

言研究所集刊第三十三本）。

史記裡面，還沒有「外傳」的名稱。以「春秋外傳」名國語，是比較晚出的事。王充的論衡雖然開始有了這種說法，如卷二十九案書篇說：

國語，左氏之外傳也。

但這裡的「外傳」，顯然只是泛稱而不是專名。到班固的漢書才「國語」「外傳」二名並出。漢書藝文志有「國語二十一篇」，附春秋之後。司馬遷傳有「司馬遷據左氏、國語，采世本、國策」的說法。而律歷志則已有「春秋外傳」之稱。律歷志下說：

春秋外傳曰：「少昊之衰，九黎亂德。顓頊受之。乃命重、黎………」（文見國語楚語下）。

賈逵似乎也用了外傳之名。史記吳世家集解說：「駰案：賈逵曰：外傳曰：吳先歃，晉亞之……」。班、賈二人俱是東漢初期人物，所以四庫全書總目提要說：「案國語二十一篇……漢書律歷志始稱春秋外傳」。清崔東壁先生也說：「東漢之儒，遂題之曰春秋外傳。」（見洙泗考信餘錄卷三「國語非左氏作」條）。日本學者諸橋轍次漢和辭典謂「魏、晉以後，始用外傳之稱。」（註三），顯然是不對的。

班、賈之後，鄭玄（註四）、劉熙（註五）、杜預（註六）、王肅（註七）、韋昭（註八）諸人、均已屢用「外傳」之名，不再贅述。不過，有一點却要在這裡順筆一提，那便是後漢楊終也著有春秋外傳十二篇。見後漢書楊終傳。與這裡所說的國語無關。隋書經籍志沒有提到他這部書，大概沒有傳下來。

「春秋國語」之名，雖然史記已有，而且不止一見。如五帝本紀所載：

予觀春秋、國語，其發明五帝德、帝繫姓章矣。

又十二諸侯年表：

於是譜十二諸侯，自共和訖孔子，表見春秋、國語。

註三：見漢和辭典卷三「國」字「國語」條下。原文爲：「魏晉以後外傳の稱を用ひた」。

註四：詩小雅皇皇者華鄭箋曰：「春秋外傳曰：懷和爲每懷也。」

註五：見釋名釋典藝。

註六：見左傳註。如昭公七年杜注云「外傳曰：朕夢協朕卜，襲於休祥，戎商必克。」

註七：見孔子家語序。大雅生民疏亦引王肅云：「外傳曰：精意以享曰禋。」

註八：見國語解序。

但這兩處學者有把它分讀爲「春秋」「國語」而不四字連讀的。如康有爲便是。康氏在新學僞經考中說：

史記五帝本紀，十二諸侯年表皆云春秋、國語，蓋太史公僅採此二書，無左氏傳也。

國語與左傳是否原爲一書的問題我們姑且撇開不談（讀者如有興趣，可參拙著「論國語與左傳的關係」及「從文法、語彙的差異證國語、左傳二書非一人所作」二文，分載史語所集刊第三十三及三十四本），而對這四字的讀法，却不能不有所猶疑。我們知道，史記言「春秋」，有時候指的實是左傳。如歷書：「周襄王二十六年閏三月，而春秋非之。」瀧川資言史記會注考證說：「春秋，謂左傳也。公、穀並無此說。左傳文公元年云：『於是閏三月，非禮也。』……」又吳太伯世家：「余讀春秋古文，乃知中國之虞，與荆蠻句吳兄弟也。」考證說：「春秋古文，卽左氏春秋傳、劉歆與太常博士書、許愼說文序可證。」有時候又是指的公羊傳。如宋世家：「春秋譏宋之亂，自宣公廢太子而立弟，國以不寧者十世。」索隱說：「按春秋公羊有此說。左氏則無譏焉。」因此史記的「春秋」，大概是包括春秋經及三傳而言。和國語沒有關係。我們再翻檢翻翻檢年表，更可看出若干有趣的事實。比如年表所記日蝕，凡二十二次，都與春秋合（註九）而不是國語所有。有的像隱公三年、宣公八年、十年、十七年、襄公十四年、十五年、二十年、二十一年、二十四年、昭公十五年、二十二年、定公五年、十五年等十三次日蝕記載，連左傳都沒有。又如有些災祥的記載，像地震，襄公十六年、昭公十九年、哀公三年等三次也只見於春秋而不見於國語或左傳。這些事實，都可證明年表的「春秋國語」很有分讀的可能性。據我的推測，「國語」而冠以「春秋」二字，其作用似乎在求別於其他「國語」，如漢書藝文志所載的「新國語」之類。因此，這個名稱我認爲應該是較爲晚出的。

史記之外，「春秋國語」一名，最早當出現在後漢許愼的說文解字裡（也正是在新國語出現之後）。說文玉部「珠」字下說：

春秋國語曰：珠足以禦火災。

註九：只有昭公十年日蝕一次，經、傳皆無記載。瀧川資言史記會註考證以爲「昭十年不日食，此舛缺。」

又鳥部「鸑」字下也說：

春秋國語曰：周之興也，鸑鷟鳴於岐山。

前一條見於國語楚語下，後一條見於周語上。說文裡面，也有逕稱「國語」的，如石部「砮」字下：

國語曰：肅慎氏貢楛矢石砮。

又言部「誶」字下：

國語曰：誶申胥（註十）

前一條見魯語下。後一條見吳語。很顯然「春秋國語」便是「國語」。有如「春秋左傳」便是「左傳」一樣。

只有隋書經籍志不嫌辭費，把兩種名稱揉在一起，稱爲「春秋外傳國語」。隋志的名稱，當有所根據。經籍志說：

春秋外傳國語二十卷賈逵註。春秋外傳國語二十一卷虞翻註。 春秋外傳章句一卷王肅撰。梁二十一卷。。春秋外傳國語二十二卷韋昭註。 春秋外傳國語二十卷晉五經博士孔晁註。春秋外傳國語二十一卷唐固註。

除了王肅章句外，其他賈、虞、韋、孔、唐諸家之書都稱「春秋外傳國語」。便是王肅之書，舊唐書經籍志也把它叫作「春秋外傳國語」，只是卷數爲二十二卷而非一卷。是不是諸家原來命名如此，還是後人題記，則不得而知。如果是諸家自己命名，則這個名稱東漢初年已有。如果是後人題記，也不得晚於隋書經籍志（註十一）。至於爲

註十：今本國語「誶」作「訊」。王引之經義述聞以爲「訊」乃「誶」之假字。許槤讀說文記、沈濤說文古本考以及段玉裁說文註則以爲「訊」乃「誶」之誤書。其他學者討論者甚多。詳見拙著國語斠證一書。商務印書館出版。

註十一：後漢書賈逵傳說：「尤明左氏傳、國語，爲之解詁五十一篇。」三國志賈逵傳則未及此事。三國志虞翻傳只說：「又爲老子、論語、國語訓註，皆傳於世」。唐固傳只說：「著國語、公羊、穀梁傳註」韋昭傳則未及國語之事。魏書王肅傳只說：「乃作周易、春秋例，毛詩、禮記、春秋三傳、國語、雅爾諸註。」孔晁則史無傳。又韋昭國語解序說到鄭衆曾爲國語訓註。然查後漢書鄭衆傳，也沒有說到註國語的事。隋志以次，也沒有載錄他的書名。大概早已亡佚了。諸傳所及，都沒有「春秋外傳國語」字樣。又新唐書藝文志雖有「左丘明春秋外傳國語二十卷」字樣，然於王肅書但稱「國語章句」，唐、虞、韋等書但稱「註國語」或「註」。孔晁書則稱「解」。到宋史藝文志，則諸書多已亡佚，僅存韋註。題爲「左丘明春秋外傳國語二十一卷」。可見「春秋外傳國語」一名，是不是原來註家的命名，實在很成問題。

什麽要叫作「春秋外傳國語」？是不是想有別於楊終的春秋外傳？或是有別於其他「國語」？則不得而知。後來舊唐書經籍志、新唐書藝文志、宋史藝文志等都援用這個名稱。諸橋漢和辭典只出宋史一處，未免疏漏。

也有人把國語稱爲「春秋傳」。晚於班固約六十年的鄭玄便如此。這是很特别的現象。在周禮、儀禮及禮記等書的鄭氏注內，可以看到這些例子：

周禮節服氏注「春秋傳曰：晉祀夏郊，董伯爲尸。」（賈公彥疏曰：「引春秋傳者，是外傳晉語文。」）

儀禮大射儀注：「春秋傳曰：大蔟，所以金奏，贊陽出滯；姑洗，所以脩絜百物，考神納賓。」（賈公彥疏曰：「云春秋傳者，是外傳伶州鳩對周景王辭。」）

又：「春秋傳曰：夷則，所以詠歌九則，平民無忒；無射，所以宣布哲人之令德，示民軌義……」（賈公彥疏曰：「言春秋傳者，亦是外傳文。」）

禮記檀弓下注：「春秋傳說巫曰：在女曰巫，在男曰覡。」（孔穎達疏曰：「所引春秋傳者，外傳楚語。」）

禮記祭義注：「春秋傳曰：屈到嗜芰。」（孔穎達疏曰：「楚語……」）

我們對這種現象，可以有幾種解釋：一、鄭玄以爲左傳、國語都傳春秋，凡傳春秋的他都叫作春秋傳。二、內外傳所記載的事大都類似，也許鄭玄因此一時誤纒，把國語的文章，誤記成左傳的。三、這些文字也許就是左傳的逸文，（鄭玄當時，尙未逸失。）因爲左、國文字相同者多。四、當時國語與左傳尙是同一部書，如康有爲所說的（註十二）。既是同一部書，鄭玄把它稱爲春秋傳便不希奇了。對於這些解釋，三、四兩種可能性較小。因爲出現的次數旣不只一次，逸失的可能便相對地減少。而如楚語觀射父答昭公問及屈到嗜芰二事，左傳根本沒有記載。根據前人的校刋經驗，文句很少會整段整節地佚失的。因此第三項解釋是不大可能的。康有爲以爲左傳、國語原爲一書而名之曰「國語」，並不叫「春秋傳」。根據我的研究，這兩部書在內容、風格、文法以及語彙上都有很大的差異，根本不可能是從同一部書化分出來的。（參拙著「論國語與左傳的關係」及「從文法語彙的差異證國語、左傳二書非一人所作」

註十二：見康著新學僞經考。

二文）。所以第四項解釋也不可能。比較起來說，一、二兩項解釋較爲可能。鄭玄曾稱國語爲「春秋外傳」（詩小雅皇皇者華箋），鄭注三禮及箋詩引左傳又都稱爲「春秋傳」，引公羊傳也稱「春秋傳」（註十三）可知鄭玄把凡是傳春秋的都稱爲「春秋傳」。不過，周禮、禮記鄭注引國語凡三十餘次，多數稱爲「國語」或「×語」（如「周語」「魯語」之類）（註十四）。稱「春秋傳」的畢竟是極少數。左傳、國語所記之事大都相類，或許鄭玄一時纒誤也不一定。

除了鄭玄以外，許愼的說文解字也有這樣情形，卷十一火部「焞」字說：

明也，從火享聲。春秋傳曰：焞燿天地。

國語裡面並沒有「焞燿天地」的話。說文學者都認爲是鄭語「以淳燿敦大天明地德」的約文。對於「春秋傳」的問題，或以爲是「春秋國語」之誤（註十五），或以爲「春秋傳曰」下刪脫「天策焞焞，國語曰」諸字（註十六）。我們先不必亟亟的來評議這兩種說法的是非，且針對這一問題詳細的檢查一下說文引書的現象。同樣的情形還有木部的「槎」字，說文說：

衺斫也。從木，差聲。春秋傳曰：山不槎。

說文學者都以爲是國語魯語之文。除了徐鍇說文繫傳和段玉裁說文注外，各家都以爲「春秋傳」是「春秋國語」之誤。繫傳以爲是「公羊傳之言」。但今傳公羊傳根本沒有這樣的文字，所以我們可以不必管他。段注則謂「許書亦有謂國語爲春秋傳者，此

註十三：如禮記曲禮上「兄弟弗與同席而坐，弗與同器而食」下鄭註說：「春秋傳曰：羣公子之舍則已卑矣。……」孔穎達疏說：「注春秋傳羣公子之舍則已卑矣，引公羊傳證女子有別宮也。莊元年秋築王姬之館於外，公羊傳曰：『路寢則不可，小寢則嫌，羣公子之舍則已卑矣。』……」又如曲禮下「是職方」下鄭註說：「春秋傳曰：自陝以東周公主之，自陝以西召公主之，一相處乎內。……」孔疏說：「引公羊傳證周家二伯所主之事。隱五年公羊傳云：『天子三公者何？天子之相也。則何以三？自陝而東者周公主之，自陝而西者召公主之，一相處乎內。』……」皆其例。

註十四：周禮鄭註引國語約二十餘次，除稱「春秋傳」者一次外，都稱「國語」。禮記鄭注引約十餘次，除兩稱「春秋傳」外，都稱「×語」。

註十五：如鈕樹玉說文解字校錄、嚴章福說文校議議、段玉裁說文解字註、王筠說文句讀、吳玉搢說文引經考諸家是。

註十六：如苗夔說文繫傳校勘記、承培元說文引經證例諸家是。

其一也。」與他注「焞」字的說法雖不一致（註十七），但我們還是承認這是一項新的意見。這兩個例子以外，還有一些例子如立部的「竱」、心部的「忨」，都有類似的問題。不過那些例子各有瑕疵（註十八），不如上述二例完整，所以不擬舉出來並論。對於上面兩例所引起的解釋，可以歸納爲三：一、「春秋傳」是「春秋國語」之誤。二、「春秋傳」下脫該傳傳文。三、許愼把左傳和國語都稱爲「春秋傳」。但由於第二例的出現，脫文的可能性便大大的減少了。而一、三兩種解釋，與我前文對鄭注的則幾乎完全相同。我用「幾乎」二字，是因爲有的學者以爲是轉寫之誤（註十九）。就說文言，轉寫之誤也並非不可能，如「竱」字就是一例（註二十）。雖然「竱」字有版本證據，而這兩例沒有。再進一步探討，根據許氏說文引書的慣例，他是把左傳例稱爲「春秋傳」而把國語例稱爲「國語」或「春秋國語」的（註二十一）書中引公羊傳特別稱爲「春秋公羊傳」，便是用以區別於左傳。這點含意段玉裁曾作多次闡論（註二十二）。只是有幾處如「邿」「年」「祳」等字，把春秋經文也稱爲「春秋傳」。嚴可均說文校議以爲當刪「傳」字（見「邿」字條），而段注則以爲「凡說文引春秋經，皆繫諸傳」。這話雖不盡然（註二十三），但當有可能。因爲許愼是尊古文的。說文序末說：「其偁易，孟氏。書，孔氏。……春秋，左氏……皆古文也。」所以王筠說文

註十七：「焞」字「春秋傳曰」下段註：「傳當作國語」。

註十八：說文「竱」下所引春秋傳「竱本肇末」爲國語齊語文。但是只有段註本作「春秋傳」，從宋本。他家皆作「春秋國語」。鈕樹玉段氏說文註訂說「按王氏宋本及五音韻譜、繫傳並作『國語』」；「忨」下所引春秋傳「忨歲而㵣日」，雖然與左傳文字有「忨、翫」「㵣、愒」之異，但與國語也有文句顚倒之別（國語作「忨日而㵣歲」）。說文引書，文字每與今傳者有出入，不足爲奇。然說文學者，猶各執一端，爭論未已（柳榮宗說文引經考異、承培元說文引經證例可爲代表）。此二例既有版本之異，文句之譌，自不宜與「焞」「槎」相提並論。

註十九：雷浚說文引經例辨：「當云春秋國語，不當云春秋傳……蓋轉寫之誤。」

註二十：參註十八。

註二十一：說文引春秋傳約一百六十次左右，除去有問題的不計，一百五十餘次都是指的左傳。又引國語約二十二次，除「焞」「槎」兩例稱「春秋傳」外，稱「國語」與「春秋國語」者大概各十次。雷浚說文引經例辨謂「闔」字條引「國語曰」少「春秋」二字，依全書通例當云「春秋國語」。不知作「國語」也是通例。

註二十二：見「鄦」「罷」「䫉」諸字下段註。

註二十三：「孳」「穎」等字下引作「春秋」。

句讀發揮段注之義說：「言『傳』者，謂據左氏本，不據公羊、穀梁之經也。」比如「邿」字，左氏經文作「邿」，公羊作「詩」，便是證據。校議以為當刪「傳」字，尙不明此義。春秋經外，另有一處把周禮之文稱為「春秋傳」。那便是卷六木部的「楬」字條。顯然是許氏一時記憶或書寫之誤（繫傳已有此說）。從這種情形看來，第三種解釋的可能性也大大減小了。許書稱國語為「春秋傳」，只是他一時纏混或後世傳寫之誤。因此「春秋傳」一名，（無論是鄭注或許書），不能算是「國語」的正式名稱。

「春秋傳」之外，還有把國語稱為「左傳」的。爾雅釋天郭璞注說：

左傳曰：今又荐饑。

邢昺疏說：

此晉語文也。左丘明既作傳以解春秋，又采簡牘以作國語。其文不主於經，故謂之外傳。俱是丘明所作，亦得云左傳。

晉饑乞糴於秦一事，左傳與國語都有記載，其文大同小異。但這一句却只見於國語。很可能是郭璞記憶之誤。郭注引國語多數是作「國語」，也間有作「外傳」的，如爾雅釋言二郭注：

外傳曰：枕由以塥。

外傳曰：已復於事而逡。

則此「左傳」也可能是「外傳」轉寫傳刻之誤。邢疏混同鹿馬，極力彌縫，未免可哂。此事順筆表過。

二

為什麼叫「國語」呢？韋昭序說是左丘明著左傳之後，因為「雅思未盡」，所以：

復采前世穆王以來，下訖魯悼智伯之誅。邦國成敗，嘉言善語、陰陽律呂、天時人事、逆順之數以為國語。

論衡案書篇則說：

左氏傳經，辭語尙略。故復選錄國語之詞以實之。

他們都談到左丘明撰國語的原因以及國語的內容。左丘明為什麼要撰國語以及國語是否左丘明所撰，是另一問題，我們這裡姑且不談。僅就國語的內容來說，論衡的說法，似乎較韋序爲得其要。因爲國語所包含的可以說百分之九十都是「嘉言善語」。那些「邦國成敗」「陰陽律呂」……不過是「嘉言善語」的內容或徵驗而已。從內容上再進一步推求，我們知道國語之所以得名，實在是因爲它是一本選錄的「辭語」的集子。再說得完善一點：因爲這部書是若干國家的嘉言善語的合錄，所以叫做「國語」。

爲什麼叫「春秋外傳」呢？韋昭序以爲左丘明旣傳春秋，又撰國語。因爲國語「其文不主於經，故號曰外傳」。左傳與國語都是左丘明所作。左傳傳解經文，故叫作內傳。國語不解經，但與春秋及左傳又都有關係，故稱爲外傳。這雖然是韋序的意思，但這種情形並不僅是國語如此。如公羊、穀梁都有外傳（註二十四）。韓詩也有內、外傳（註二十五）。這大概是漢以來的傳統說法。一直沿用到現在。不過，也有人不這麼解釋。劉熙釋名釋典藝以爲：

國語又名外傳。春秋以魯爲內，以諸國爲外。外國所傳之事也。

這種說法，是不能够獲得學者們的贊同的。四庫提要說：

書中明有魯語而劉熙以爲外國所傳，尤爲舛迕。

董增齡國語正義推其說而衍之：

書中明有魯語而以爲外國所傳。且周語可以稱「外」乎？其說非也。

劉熙之外，司馬貞也有這樣的說法。史記吳太伯世家引賈逵曰：「外傳曰：吳先歃，晉亞之。」司馬貞索隱說：「外傳卽國語也。書有二名也。外吳者，吳夷，賤之不許同中國。故言外也。」顯然司馬貞以爲「外傳」一名，是專門用來稱呼國語書中的夷語部份的。這種說法，當然勉強。同屬一書而異名以爲褒貶，實在是奇怪的事。而且韋昭之解，網羅舊注。「因賈君之精實，采唐、虞之信善」。如果賈逵「外傳」一名，曾含此特殊之寓意，韋昭何以無一語爲之辨解說明？可知索隱實是曲解妄說，和釋名一樣，都是無稽的。我們查閱載籍，知道公羊、穀梁、韓詩都有「外傳」。實在可

註二十四：見漢書藝文志。今佚。

註二十五：史記儒林傳：「韓生推詩意，而爲內、外傳數萬言。」漢書藝文志有韓詩內傳四卷，外傳六卷。內傳今佚。

作爲推翻劉熙、司馬貞之說的有力證據。韓詩外傳猶存，它所載的豈是「外國所傳之事？」豈是「賤之不許同中國」？（註二十六）而且劉熙把「傳」字讀爲平聲，也是很突兀的現象。突兀的現象並非不可能發生，但一定得有特別的解釋和充足的證據。望文生義是不行的。

三

上文已經說過，「國語」的名稱，較保守一點來說，也不會晚於魏安釐王時代。其實，我們如果上推，還可以找出它若干淵源來。墨子公孟篇說：

> 子亦聞夫魯語乎。魯有昆弟五人者，其父死，其長子嗜酒而不葬。其四弟曰：子與我葬，當爲子沽酒。勸於善言而葬。已葬而責酒於其四弟。四弟曰：吾末予子酒矣。子葬子父，我葬吾父。豈獨吾父哉！子不葬，則人將笑子。故勸子葬也。

如果公孟篇是戰國初年的作品，則「魯語」一名，早在戰國初期已經有了。不過，有一點要在這裡說明：公孟篇引這一段魯語，並不見於今本國語魯語。這種稗官小說式的題材也與國語的風格不一樣。今國語雖然不是百分之百的完整無缺（太平御覽即錄有國語佚文多處），但從風格來看，與其說它是今國語的佚文，倒不如說與今國語原不相干反似得其眞。還有一點牽涉到校刋方面的問題也附帶在此一提。便是「魯語」的「語」字，畢沅說意林引作「人」。如果原作「魯人」，這些推測便都成廢詞了。

墨子公孟篇之外，國語楚語上也有這樣的話語：

> 教之春秋而爲之聳善而抑惡焉，以戒勸其心。教之世而爲之昭明德而廢幽昏焉，以休懼其動。教之詩而爲之導廣顯德以耀明其志。教之禮使知上下之則。教之樂以疏其穢而鎭其浮。教之令使訪物官。教之語使明其德而知先王之務用明德於民也。……

韋昭注「語」字說：

> 語，治國之善語。

我們可以這樣推想：大概當時很多國家都有他們的「語」。左傳哀公十三年孔穎達疏

註二十六：四庫提要說：「其書雜引古事古語，證以詩詞。與經義不相比附，故曰外傳。」

謂「國語之書，當國所記。」大概是不錯的。那些「語」，是紀錄的他們本國的大人先生或先賢往哲的嘉言善語的集子。也許那些「語」的來源與記言的右史有關。但決非全部抄自右史。它是經過選擇與潤色的。這種集子，是用來作爲他們的貴族子弟的教本的。那些國家的「語」集，大概就是後來國語的藍本。後來也許還加上了些家乘的材料。我們知道，當時卿大夫都有秉筆的家臣，如晉語九說：

（董安于）對曰：「方臣之少也，進，秉筆，贊爲名命。稱於前世，立義於諸侯。……」。

又說：

智伯曰：「何懼？」（士茁）對曰：「臣以秉筆事君。……」

這些秉筆的家臣，也許就是擔任記言記事的工作。日本漢學者秦鼎說：

秉筆，蓋左右史類（註二十七）

大概是不錯的。像晉語九：

趙簡子田于螻。史黯聞之。

韋昭注說：

史黯晉大夫史墨，時爲簡子史。

簡子之史，大概也就是簡子的秉筆之臣。此例正足以補充秦鼎之說。正因爲卿大夫有史，所以像魯語敬姜的事，晉語范氏、趙氏的若干事，瑣屑而隱祕（註二十八），都很可能出自家乘。而紀語的體裁，在當時恐怕也是一種風尙。大家所熟知的如論語、如孔子家語都是（註二十九）。（「家語」「國語」成爲一種引人深思的對照）。東漢荀爽尙有漢語之作。（史記孝文紀集解尙引其書。）當然也是這種風尙的綿延。把周王

註二十七：見國語定本。日本文化六年浪華書肆印文榮閣藏本。

註二十八：敬姜的事，如欲室文伯而賦詩，如文伯死而戒其妾哭、如朝哭穆伯而暮哭文伯、如露堵父憤鼈之小諸事，皆瑣屑。范氏、趙氏的事如范文子暮退於朝（晉語五）、范文子祈死（晉語六）、趙文子冠（晉語六）諸事，皆隱祕不足爲外人道者。

註二十九：今本孔子家語雖可能是王肅或其弟子所僞，但它的名稱與體裁是淵源有自的。漢書藝文志即載有「孔子家語二十七卷」。文獻通考引孔安國後序說：「孔子家語者，皆當時公卿士大夫及七十二弟子之所諮訪相對問言語也。」

朝的、魯國的、齊國的、晉國的……若干國家的「語」編在一起，加以潤色(註三十)，而冠以「國語」的總名，自然是順理成章的事。

註三十：崔述說：國語主於敷言，非紀事之書。故以「語」名其書。而政事多不載焉。然其言亦非當日之言，乃後人取當日諫君料事之詞衍之者(轉引自史記會註考證周本紀考證)。

出自第四十本下(一九六九年十一月)

史記斠證導論

王　叔　岷

壹、史記名稱探源

一、史官記事之書通稱史記

呂氏春秋察傳篇：『子夏之晉過衞，有讀史記者，曰：晉師三豕涉河。』此稱史記較早之例，謂晉之史記也。（劉勰文心雕龍練字篇：『晉之史記：三豕渡河。』即本於此。）又見孔子家語弟子解，史記作史志，志亦記也。周禮春官保章氏：『掌天星以志星辰日月之變動。』鄭玄注：『志，古文識。識，記也。』

司馬遷史記中稱史記者凡十見，如周本紀：『周太史伯陽讀史記，曰周亡矣！』十二諸侯年表序言孔子『西觀周室，論史記舊聞，興於魯而次春秋。』又稱魯君子左丘明『因孔子史記，具論其語，成左氏春秋。』六國年表序：『秦既得意，燒天下詩書，諸侯史記尤甚！』天官書：『余觀史記，考行事。』陳杞世家：『孔子讀史記，至楚復陳。』（又見孔子家語好生篇。）晉世家：『孔子讀史記，至文公。』孔子世家言孔子『因史記，作春秋。』太史公自序載其父談之言曰：『自獲麟以來，四百有餘歲，而諸侯相兼，史記放絕。』（又見漢書司馬遷傳。）又自序云：『紬史記石室金匱之書。』（又見漢書司馬遷傳。）據此，則凡史官記事之書，皆得稱史記，此通義也。（公羊隱公第一疏引春秋說云：『丘攬史記，援引古圖，推集天變，爲漢帝制法，陳敍圖錄。』此說雖不足據，而所稱史記，乃指諸國史官記事之書也。）

次如論衡超奇篇：『孔子得史記以作春秋。』漢書藝文志言孔子『以魯周公之國，禮文備物，史官有法，故與左丘明觀其史記。』同書司馬遷傳贊：『孔子因魯史記而作春秋。』何休昭十二年公羊傳解詁言孔子『作春秋，案史記。』杜預春秋序：『春秋者，魯史記之名也。』凡此所稱史記，皆沿襲通義。唐孔穎達春秋序疏釋史記爲『史官記事之書』。張守節史記周本紀正義云：『諸國皆有史以記事，故曰史記。』二氏之說並就通義言之，是也。清錢大昕漢書考異云：『古者列國之史，俱稱史記。』

與二氏之說合。

二、司馬遷史記之本名

1. 太史公書。

太史公自序：『於是卒述陶唐以來，至于麟止。……凡百三十篇，五十二萬六千五百字，爲太史公書。』（又見漢書司馬遷傳。）是司馬遷自名其書爲太史公書。漢書東平思王傳『上疏求諸子及太史公書。』後漢書班彪傳：『其（後傳）略論曰：若左氏、國語、世本、戰國策、楚漢春秋、太史公書。』楊終傳：『後受詔，刪太史公書爲十餘萬言。』漢志諸子略儒家晏子八篇，班固自注：『名嬰，謚平仲，相齊景公，……有列傳。』顏師古注『；有列傳者，謂太史公書。』此並稱司馬遷史記之本名。（文選魏都賦張載注引太史公書作太史書，或脫公字；或略公字；未敢遽斷。）

2. 或稱太史公。

史記孝武本紀索隱：『桓譚新論以爲：太史公造書，書成，示東方朔，朔爲平定，因署其下。太史公者，皆朔所加之者也。』太史公自序索隱：『桓譚云：遷所著書成，以示東方朔，朔皆署曰太史公。』太史公書或稱太史公，蓋以官名書與？漢志：『太史公百三十篇。』又云：『馮商所續太史公七篇。』晉書孝友傳；『劉殷有七子。五子各授一經，一子授太史公，一子授漢書。』亦並同例。

3. 或稱太史公記。

漢書楊惲傳：『惲母，司馬遷女也。惲始讀外祖太史公記，頗爲春秋，目材能稱。』荀悅漢紀十四言司馬遷『爲太史公記，凡百三十篇，五十餘萬言。』葛洪抱朴子內篇第二論仙：『按漢書及太史公記皆云：齊人少翁，武帝以爲文成將軍。』所謂太史公記，卽太史公書，書與記同義，廣雅釋言：『書，記也。』

4. 或稱太史公傳。

太史褚少孫補龜策列傳：『竊好太史公傳。太史公之傳曰：三王不同龜，四夷各異卜，然各以決吉凶。略闚其要，故作龜策列傳。』正義；『傳，卽卜筮之書。』案傳爲書傳之通稱，非專指卜筮之書，正義說非。凡記載皆可稱之爲傳，太史公傳，猶言太史公記耳。

三、太史公書稱史記之始

漢書五行志稱引史記者十餘事。顏師古注：『此志凡稱史記者，皆謂司馬遷所撰也。』錢大昕考異：『班志所云史記，非專指太史公書。』案五行志中之下：『史記：秦始皇八年，河魚大上。』見秦始皇本紀。下之上：『史記：秦孝公二十一年，有馬生人。』見六國年表。又『史記：魏襄王十三年，魏有女子，化爲丈夫。』見魏世家。類此之例，所稱史記，當指遷書，蓋可無疑。至如中之下：『史記：秦二世元年，天無雲而雷』。又『史記曰：秦武王三年。渭水赤者三日。昭王三十四年，渭水又赤三日。』（又見御覽五九、六一。水經渭水酈道元注引此爲秦本紀文，今本無之。）下之上：『史記：秦始皇帝二十六年，有大人，長五丈，足履六尺，皆夷狄服，凡十二人，見於臨洮。』（又略見左文十一年傳疏、景宋本白帖七。又水經四河水注：『大人來見臨洮，身長五丈，足六尺。李斯書也。』）類此之例，並不見於今本遷書，疑是遷書佚文。蓋遷書早有散佚，王充論衡命祿篇：『太史公曰：富貴不違貧賤，貧賤不違富貴。』所引亦不見於今本遷書也。又如中之上：『史記：「晉惠公時童謠曰：恭太子更葬兮，後十四年晉亦不昌。昌廼在其兄。」』見晉世家（兮作矣，義同）。錢大昕考異以爲國語之文，然國語晉語三云：『惠公卽位，出共世子而改葬之，息達於外。國人誦之曰：貞之無報也，孰是人斯而有是臭也！貞爲不聽，信爲不誠，國斯無刑，偷居倖生。不更厥貞，大命以傾，威兮懷兮，各聚爾有以待所歸兮。猗兮違兮，心之哀兮。歲之二七其靡有徵兮。若狄公子吾是之依兮。鎭撫國家爲王妃兮。』所載國人之誦，與此童謠大異。是此所稱史記，乃本遷書，而非國語之文也。中之下：『史記：魯定公時，季桓子穿井，得土缶，中得蟲若羊。』錢大昕以爲國語之文，亦見孔子世家。惟國語魯語下作『季桓子穿井，獲如土缶，其中有羊焉。』（又見孔子家語辯物篇。）孔子世家作『季桓子穿井，得土缶，中若羊。』則此所稱史記，與孔子世家較合，（惟『若羊』上多『得蟲』二字，蓋淺人妄加。若猶有也，史記封禪書：『權火擧而祠，若火燿然屬天焉。』漢紀八若作有，亦若、有同義之證。）乃本遷書，而非國語之文也。下之上：『史記：魯哀公時，有隼集於陳廷而死，楛矢貫之，石砮。長尺有咫。陳閔公使使問仲尼。仲尼曰：「隼之來遠矣！昔武王克商，通道百蠻，使各以方物來貢。肅愼貢楛矢石砮。長尺有咫。先王分異姓目遠方職，使毋忘服。故分陳以肅愼矢。」試求之故府，果得之。』錢大昕以爲國語之文。亦見孔子世家。惟此所稱史記，與孔子世家較合，陳閔公，孔子世家作陳湣公，閔與湣同。（史記孟嘗君列傳：『後齊湣王滅宋益驕。』荀子臣道篇楊倞注引湣作閔，與此同例。）而國語魯語下作陳惠公（孔子家語辯物篇同），明其來源非一。是此亦本於遷書，而非國語之文也。類此之例，錢氏皆未細加比驗，故昧於所本耳。由以上論證，五行志所稱史記十餘事，是否全指遷書，雖未敢遽斷；而稱遷書爲史記，則決無可疑。清梁玉繩史記志疑云：『史公作書，不名史記。史記之名，當起叔皮父子，觀漢五行志及後書班彪傳可見。蓋取古史記之名，以名遷之書，尊之也。』梁氏據五行志以爲遷書名史記，起於班氏，是也。惟據後漢書班彪傳而云然，則非。蓋班彪仍稱遷書爲太史公書，（已詳前。）而班彪傳所謂『武帝時，司馬遷著史記。』乃范曄敍述之辭，非出於彪之口也。又據漢志稱太史公；司馬遷傳稱太史公書；楊惲傳稱太史公記，則五行志稱遷書爲史記，雖取古史記之名，實非專以名遷書。此猶荀悅漢紀稱司馬遷著史記，又同時稱太史公記，漢紀十四云：『司馬子長既遭李陵之禍，喟然而嘆，幽而發憤，遂著史記。始自黃帝，以及秦、漢，爲太史公記。凡百三十篇，五十餘萬言。』其稱史記者，亦非專以名遷書也。班氏稱遷書爲史記，雖非專以名遷書，而遷書之稱史記，實自班氏始。惟有一事，殊堪注意，西京雜記四云；『司馬遷發憤作史記百三十篇，先達稱爲良史之才。』如西京雜記爲劉歆所作，則班氏前已有稱遷書爲史記者矣。此不然，蓋此正可以證明西京雜記之晚出，劉知幾史通探賾篇云：『如葛洪有云：司馬遷發憤作史記百三十篇。』卽本西京雜記四之說，蓋以西京雜記爲晉葛洪所作也。然則遷書專稱史記，始於何時？魏志王肅傳云：『〔明〕帝又問司馬遷以受刑之故，內懷隱切，著史記，非貶孝武，令人切齒。〔王肅〕對曰：司馬遷記事不虛美，不隱惡，……漢武帝聞其述史記，取孝景及己本紀覽之，於是大怒，削而投之。』此蓋專稱遷書爲史記之始也。（易培基三國志補注以此爲遷書名史記之始，非也。）

貳、近人整理史記成果

揚雄法言問神篇以淮南、太史公並稱；劉知幾史通自敍篇云：『淮南子牢籠天地，博極古今。』史記取材之廣博，實過於淮南；史記內容之變亂，更非淮南可比。故整理史記之難，遠在淮南之上。先儒之注釋，後賢之考校，發正雖多，疑義尙衆。

日本學者瀧川資言綜輯舊說，增益新知，而成史記會注考證百三十卷，附史記總論一卷。是書瑕瑜互見，論證如次：

一、優　　點

1. 搜輯資料多。

古鈔本十四種。

刊本十二種以上。

舊說：中國八十四家，日本十八家。

補正義千餘條。

2. 頗有創見。

據經傳子史、古注類書、前人筆記等，考訂是非，往往發前人所未發。

二、缺　　點

1. 搜輯資料粗疏。

如古鈔本文帝本紀、河渠書、酈食其陸賈列傳三篇，皆未詳校；張丞相列傳一篇，則但列篇目，無一校語，其搜輯直接資料尙粗疏如此，其他可想而知！

2. 鈔襲舊說。

考證立說，頗有本於經疏、通鑑注、宋人筆記及淸人考釋者，惟不注明出處，難免鈔襲之嫌。如五帝本紀：『舜讓於德不懌。』考證：『史公自序云：「唐堯遜位，虞舜不台。」台、怡通，釋詁：「怡、懌，樂也。」史公以故訓代之。』此說實本淸段玉裁尙書撰異。又如商君列傳：『子觀我治秦也，孰與五羖大夫賢？』考證：『百里奚，自賣以五羖羊之皮，爲人養牛，秦穆公擧以爲相，秦人謂之五羖大夫。』此全鈔通鑑周紀二胡三省注也。

3. 注解謬誤。

如秦始皇本紀：『自繆公以來，至於秦王，二十餘君，常爲諸侯雄。豈世世賢哉？其勢居然也。』考證：『「其勢」上，添而字看，「居然」猶「安然」也。』案文又見賈誼新書過秦論下。『勢居』爲習用連語，古謂所居之地爲『勢居。』逸周書周祝篇：『勢居小者不能爲大。』淮南子原道篇：『故橘樹之江北，則化而爲橙（今本橙誤枳），鴝鵒不過濟，貈渡汶而死。形性不可易，勢居不可移也。』(參看王念孫淮南雜志齊俗篇。)並同此例，考證以『居然』連讀，大謬！又如伯夷列傳：『於是伯夷、叔齊聞西伯昌善養老，盍往歸焉。』索隱：『劉氏云：盍者疑辭，蓋謂其年老歸就西伯也。』考證：『孟子離婁篇云：「伯夷辟紂，居北海之濱，聞文王作，興曰：盍歸乎來！吾聞西伯善養老者。」盍字在孟子，何不之義，史則宜讀爲蓋。楓山本、三條本、敦煌本皆作蓋，索隱亦讀爲蓋。』案盍、蓋古通，厥列恆見。此文盍字非『何不』之義；然亦非同疑辭之蓋。盍猶試也，莊子讓王篇：『昔周之興，有士二人，處於孤竹，曰伯夷、叔齊。二人相謂曰：吾聞西方有人，似有道者。試往觀焉。』此文之『盍往歸焉，』彼文作『試往觀焉。』以彼例此，正盍、試同義之證。作蓋，義亦相同。(此義前人未發)。考證讀盍爲疑辭之蓋，未審。(周本紀作『盍往歸之。』考證據楓山本、三條本、南化本改盍爲蓋，尤多事矣！又齊世家：『呂尙亦曰：吾聞西伯賢；又善養老，盍往焉。』盍亦與試同義，詩大雅文王孔穎達疏引往下有歸字。)

4. 斷句不當。

史記、漢書斷句，有時可上可下；大都不可移易，如魯周公世家：『故昔年殷王中宗，嚴恭敬，畏天命自度。』案此當從畏字斷句，『嚴恭敬畏，』四字平列。尙書周書無逸作『嚴恭寅畏，』寅猶敬也。陳杞世家：『孔子讀史記，至楚復陳曰，賢哉楚莊王，輕千乘之國而重一言。』案『至楚復陳曰，』當從陳字斷句，曰以下爲孔子之辭，孔子家語好生篇作『孔子讀史，至楚復陳，喟然歎曰，』(史記正義引史下有記字，然下無歎字。)文意粲然明白。晉世家：『孔子讀史記，至文公曰，諸侯無君王。王狩河陽者，春秋諱之也。』『至文公曰，』當從公字斷句，曰以下爲孔子之辭，與上文同例。凡此淺近之斷句，考證尙多所失誤也。

5. 村夫子見解。

考證有時或引成說；或抒己見，見解迂俗，頗類村夫子。如管晏列傳：『其在朝，君語及之，卽危言；語不及之，卽危行。』考證：『中井積德曰：曰危言，則危行在其中；曰危行，則言之不危可知。是自文法。』案廣雅釋詁：『危，正也。』『危言』猶『正言，』『危行』猶『正行。』（參看王念孫廣雅疏證及錢坫論語後錄引孫星衍說。）中井之說，直是村夫子講文章，故弄玄虛，不知所云。秦始皇本紀：『始皇默然良久，曰：「山鬼固不過知一歲事也。」退言曰：「祖龍者，人之先也。」』考證：『頹墮委靡，無復豪邁氣象，始皇至此稍衰。』此類評語，具見村夫子習氣，儘可刪去。

日本青年學者水澤利忠史記會注考證校補九册。岷僅於友人處見其前二册，校補資料，以史記鈔本、刊本爲主，創獲已如是之多。惟其校語太簡略，可閱而不可讀；且又無一斷語。其貢獻僅在排比資料，然非工苦之作也。次如陳槃先生讀史記世家綴錄，（幼獅學報第四卷第一、二期，中華民國五十年十月三十一日，臺灣臺北。）發正一百三十九事；施之勉先生讀史記會注考證札記，（成功大學學報第一卷，中華民國五十年十月，臺灣省立成功大學；大陸雜誌特刊第二輯，中華民國五十一年五月，臺灣臺北。）發正三百四十事；張以仁君讀史記會注考證札記，（大陸雜誌第二十九卷第一期，中華民國五十三年七月十五日，臺灣臺北。）發正二十九事，於會注考證咸有補苴匡正之功。

已故蜀人張森楷先生史記新校注，未刊，稿藏楊家駱先生家。楊先生述略云：『張氏據校之本四十四，參校之本一十七，徵引之書在四百五十八種以上。自始校至注成，歷時五十年，六易其稿，誠可謂太史公書之功臣矣！』則是書之成就，當在會注考證之上。前歲（一九六三）七月某日，宴楊先生家，酒酣耳熱，出示張氏手稿。偶檢至商君列傳，覺校注之說，尚頗有未盡者。岷欲撰史記斠證之心，遂益切矣。

傳故孟眞師史記研究，（傅孟眞先生集中編戊，中華民國四十一年十二月，國立臺灣大學。）於整理史記，頗有啓發，於老子申韓列傳第三一篇，發正二十一事。又師手批史記全文，（周法高編輯近代學人手跡初集附錄，中華民國五十一年六月，臺北文星書店。）亦多精闢之見。餘如錢穆先生史記地名考三十四卷，（一九六二年十月，香港太平書局。）乃專題研究，會萃考訂，最爲詳贍。是書不著作者姓名，實錢先生舊稿，此錢先生告岷者也。

叁、史　記　斠　證

一九四九年春，執敎國立臺灣大學，爲諸生講習史記，漸有斠證，爲前賢所未發。爾後凡有創見，或志之行間眉上，或另草札記。字小行密，朱墨雜陳，歲久幾不能辨識。亟思整理成書，茲論其大端如次。

一、字　句　整　理

1. 證成舊說。

舊說可從，然無直接證據；甚或無證據者屬之。如周本紀：

爲文王木主，載以車中軍。

瀧川資言考證載桃源〔史記〕抄引師說云：

車當作居，車、居聲同而訛。皇甫謐帝王世紀曰：『作文王木主，以居中軍。』

案藝文類聚十二、御覽八四引車並作居，此直接證據，可證成桃源所引師說。

淮陰侯列傳：

故知者，決之斷也；疑者，事之害也。

王念孫雜志云：

『知者決之斷，』當作『決者知之斷。』下句『疑者事之害，』正與此相反也。有智而不能決。適足以害事，故下文又申之曰：『智誠知之，決弗敢行者，百事之禍也。』

案後漢書馮衍傳：『夫決者，智之君也；疑者，事之役也。』亦以決、疑對言，可證成王說：

2. 補充舊說。

舊說有直接證據，而解說未盡；或其直接證據倘可補充者屬之。如孝武本紀：

而康后有淫行，與王不相中得，相危以法。

考證云：

〔封禪〕書、〔郊祀〕志無得字，此衍。顏師古曰：不相中，不相可也。』

案『與王不相中得，』得乃後人旁注字之竄入正文者。中猶得也，封禪書索隱引三蒼云：『中，得也。』『與王不相中，』猶言『與王不相得』耳。

貨殖列傳：

子貢結駟連騎，束帛之幣，以聘享諸侯。所至國君，無不分庭與之抗禮。

考證云：

楓〔山〕、三〔條〕本『分庭』作『界迎。』

案御覽四七一、八一八引『分庭』並作『界迎，』禮下並有者字。五三八引『分庭』作『郊迎，』禮下亦有者字。

3. 修正舊說。

舊說純爲臆測；或似是而非者屬之。如鄭世家：

孔子嘗過鄭，與子產如兄弟云。及聞子產死，孔子爲泣曰：『古之遺愛也！』兄事子產。

考證引王若虛云：

既云『如兄弟，』何必復言『兄事！』

又引張文虎云：

『兄事子產』四字，與上文複，蓋後人旁注誤混，宜刪。

案景宋本白帖六、記纂淵海七三引『兄事子產』四字，並在『與子產如兄弟』下，是也。『兄事子產，』正以申述『與子產如兄弟』之義；今本此四字誤錯在下文，遂生王、張二氏之臆說矣。

李斯列傳：

君侯自料，能孰與蒙恬？功高孰與蒙恬？

考證云：

楓、三本無高字。以上文推之，無者是。

案唐趙蕤長短經懼誡篇能上有才字，通鑑秦紀二能上有材字，才、材古通。『才能孰與蒙恬？功高孰與蒙恬？』文正相儷。則楓、三本之無高字，蓋由不知上文脫一才字而妄刪者矣。考證之說，所謂似是而非者也。

4. 審定舊說。

舊說疑莫能決者屬之。如夏本紀：

禹爲人敏給克勤，……聲爲律，身爲度，稱以出。

集解云：

徐廣曰：〔出，〕一作士。

索隱云：

大戴禮見作士。又一解云：上文聲與身爲律度，則權衡亦出於其身，故云『稱以出』也。

正義云：

言出教命皆合衆心，是『稱以出』也。出，一作士。按稱者衣服也。禹服緇衣纁裳，是士之祭服也。孝經鉤命決云：『禹，吾無閒然矣。菲飲食而致孝乎鬼神，惡衣服而致美乎黻冕。』是也。其義亦通，不及出字之義也。

考證云：

律，律呂也。度，尺度也。稱，適事之宜也。出猶爲也，行也。言聲之高下疾徐，合於律呂；身之進退屈伸，合於尺度。皆稱其宜而行也。

案『稱以出，』總承上文言之，考證之說爲長。惟出一作士，則舊注疑莫能決。正義之說，不能自信。竊以爲士乃出之隸變，（如敖、賣等字，本皆从出。）隸書爲漢代通行書，此文蓋本作『稱以士，』士卽出字，其作出者，後人所改也。大戴禮五帝德篇作『稱以上士，』上乃士之誤而衍者，禮書：『孰知夫士出死要節之所以養生也？』荀子禮論篇無士字，竊疑禮書本無出字，『士死』卽『出死，』後人不識士卽出字，乃據荀子於士下加出字耳。出，隸變作士。士、出遂往往相亂。呂后本紀：『齊內史士說王曰。』集解引徐廣云：『〔士，〕一作出。』出蓋士之誤也。

楚世家：

西周之地，絕長補短，不過百里。名爲天下共主，裂其地不足以肥國，得其衆不足以勁兵。雖無攻之，名爲弒君。

考證云：

中井積德曰：『疑有錯誤。』愚按，通鑑作『雖然攻之者。』

案雖猶惟也，『雖無攻之，名爲弒君。』言『惟無攻之，攻之則名爲弒君』也。戰國策楚策一：『雖無出兵甲，席卷常山之險，折天下之脊，天下後服者先亡。』（又見史記張儀列傳。王引之釋詞三云：『言秦惟無出兵，出兵則天下不能當也。』是也。）與此句法同。通鑑周紀四『雖無攻之。』作『雖然攻之者，』蓋不得其義，而妄改無爲然，又增者字耳。（長短經七雄略注作『雖攻之，』亦不得其義而妄删無字也。）『雖無』一詞，亦作唯無；或作『唯莫。』留侯世家：『楚唯無彊，六國立者復橈而從之。』言『楚唯無彊，彊則六國立者復橈而從之。』也（參看釋詞三）；莊子知北遊篇：『汝唯莫必，無乎逃物。』言『汝唯無必，必則無乎逃物』也（參看拙著斠讎學八十七葉）。並與此句法同。中井、瀧川二氏，並未達此文之義。

5. 舊說所無。

舊說所未涉及者屬之，此就岷之創見而言，其例至多。如殷本紀：

毋不有功於民、勤力迺事，予乃大罰殛女，毋予怨。

案『毋不』疑本作『女不，』女，毋形近，又涉『毋予』字而誤也。廼（同乃）猶女也。乃（日本古寫本作迺）猶則也。此言『女不有功於民、勤力女事，予則大罰殛女，毋予怨』也。上文『汝不能敬命，予大罰殛之，無有攸赦。』又云：『女不從誓言，予則帑僇女，無有攸赦。』句法並同。

孝文本紀：

夫死者不可復生，刑者不可復屬，雖復欲改過自新，其道無由也。

案孫子火攻篇：『死者不可復生。』孔叢子刑論篇：『死者不可生，斷者不可屬。』太史公自序：『死者不可復生，離者不可復反。』說苑政理篇『死者不可生也，斷者不可屬也。』漢書路溫舒傳：『死者不可復生，絕者不可復屬。』御覽四一五引此文屬作續，義同。倉公列傳亦作續。集解引徐廣曰：『一作贖。』景宋本白帖十三引此文屬亦作贖，荀悅漢紀八同。續、贖正、假字，後漢書文苑趙壹傳：『昔原大夫贖桑下絕氣，』李賢注：『贖卽續也』。與此同例。白帖、御覽又引雖下無復字。倉公列傳、列女傳辯通篇齊太倉女傳、荀悅漢紀八並同。日本古鈔本『雖復』作『雖後，』漢書刑法志、通鑑漢紀七並同，是也。後、復形近，又涉上文兩復字而誤耳。

二、史實探索

1. 史實來源。

史記取材，至爲廣博，或其書已失傳；或雖存而有散佚，其來源往往有可考索者。如項羽本紀：

當是時，項羽兵四十萬，在新豐鴻門。沛公兵十萬，在霸上。范增說項羽曰：…

吾令人望其氣，皆爲龍虎，成五釆。此天子氣也。急擊勿失！』

案水經渭水下注引楚漢春秋云：『項王在鴻門，亞父曰：吾使人望沛公，其氣衝天，五色釆相繆，或似龍，或似雲，非人臣之氣。可誅之。』御覽十五引楚漢春秋云：『亞父謀曰：吾望沛公，其氣衝天，五色相摎，或似龍，或似虵，或似虎，或似雲，或似人。此非人臣之氣也。』八七引楚漢春秋云：『項王在鴻門，而亞父諫曰：吾使人望沛公，其氣衝天，五彩相糺，或似雲，或似龍，或似人，此非人臣之氣也。不若殺之！』此司馬遷所本。竊疑項羽本紀記項羽、沛公會鴻門事甚詳，乃本楚漢春秋而潤色之。班固稱『司馬遷述楚漢春秋。』(漢書司馬遷傳。)洪邁容齋三筆二云：『楚漢春秋，陸賈所作，今不復見。』是書亡於南宋，清儒洪頤煊經典集林、茆泮林梅瑞軒逸書並有輯存。其可以印證司馬遷所記楚、漢事者，已無多矣！

管晏列傳：

管仲曰：吾始困時，嘗與鮑叔賈，分財利，多自與。鮑叔不以我爲貪，知我貧也；…………吾嘗三戰三走，鮑叔不以我爲怯，知我有老母也；……………生我者父母，知我者鮑子也！

考證云：

『管仲曰』以下，釆列子力命篇。

案今本列子，出於東晉，力命篇『管仲曰』云云，乃僞託者鈔襲管晏列傳，非司馬遷釆自列子也。劉向上管子序有此文，亦本於管晏列傳。(又見說苑復恩篇，文略異。)據上文索隱引呂氏春秋佚文云：『管仲與鮑叔同賈南陽。及分財利，而管仲嘗欺鮑叔多自取，鮑叔知其有母而貧，不以爲貪也。』又據初學記十八引韓詩外傳佚文云：『昔鮑叔有疾，管仲爲之不食，不內漿，甯戚患之。管仲曰：生我者父母，知我者鮑子！』(又見册府元龜八八一、事文類聚別集二八、合璧事類續集五十、天中記二十。)則此文『管仲曰』云云，蓋兼釆宋呂氏春秋、韓詩外傳之文而潤色之者也。

2.史實補充。

史記所記史實，於人、於事往往尚有可以補充並傳者，如秦本紀載鄭賈人弦高犒秦師事云：

鄭販賣賈人弦高，持十二牛將賣之周。見秦兵，恐死虜，因獻其牛曰：聞大國將誅鄭，鄭君謹修守禦備，使臣以牛十二勞軍士。

案事又見僖三十三年左傳及公羊傳、淮南子道應篇、氾論篇、晉世家、鄭世家。（亦見金樓子說蕃篇。）所稱賈人僅弦高一人。呂氏春秋悔過篇載此事云：『鄭賈人弦高、奚施將西市於周，道遇秦師，曰：「嘻！師所從來者遠矣。此必襲鄭。」遽使奚施歸告。乃矯鄭伯之命以勞之。曰：「寡君固聞大國之將至久矣。大國不至，寡君與士卒竊為大國憂，日無所與焉。惟恐士卒罷弊，與糗糧匱乏。何其久也？使臣犒勞以璧，膳以十二牛。」』奚施與弦高，同與此事，是其人之不可堙滅不稱者也。事又見淮南子人間篇，奚施作蹇他（許愼注：蹇他，弦高之黨），疑是一人。

秦始皇本紀：

趙高欲為亂，恐羣臣不聽，乃先設驗，持鹿獻於二世，曰：「馬也，」二世笑曰：「丞相誤邪？謂鹿為馬！」問左右，左右或默；或言馬以阿順趙高；或言鹿者。高因陰中諸言鹿者以法。

考證云：

太平御覽四百九十四引陸賈新語云：『秦二世之時，趙高駕鹿而從行。王曰：「丞相何為駕鹿？」高曰：「馬也。」王曰：「丞相誤邪？以鹿為馬也！」高曰：「乃馬也！陛下以臣之言為不然，願問羣臣。」羣臣半言馬；半言鹿。當此之時，秦王不敢信其目，而從邪臣之言。鹿與馬之異形，乃衆人之所知也，然不能別其是非，況於闇昧之事乎！』今本新語辨惑篇略同。其所傳與史異。

案新語所傳雖與史異，而僅傳指鹿為馬之事則同。事又見李斯列傳及王符潛夫論潛歎篇，並僅傳指鹿為馬事。北堂書鈔一四五引〔漢伏侯〕古今注云：『秦二世時，丞相趙高用事，乃先獻蒲脯、鹿馬，以驗羣臣。』文選潘安仁西征賦注引風俗通佚文云：『秦相趙高，指鹿為馬；東蒲為脯，二世不覺。』金樓子箴戒篇亦云：『秦二世卽位，自幽深宮，以鹿為馬；以蒲為脯。』趙高東蒲為脯事，人罕知之，當與指鹿為馬事並傳。據藝文類聚八二引史記云：『趙高將為亂，先設驗，獻蒲以為脯，惑二世。有言蒲者誅之。』今本史記無此文，或竟是此節佚文，或李斯列傳佚文，亦未可知。

3. 史實參證。

史記所記史實，古籍可資參證者甚多，舊說或所見未廣；或竟失於援引。如管蔡世家：

初，晉公子重耳，其亡過曹，曹君無禮，欲觀其駢脅。

考證云：

左傳云：『浴，薄而觀之。』

案事又見晉世家，考證亦引左傳(僖公二十三年)。晉語四云：『諜其將浴，設微薄而觀之。』列女傳仁智篇曹僖氏妻傳：『伺其將浴，設帷薄而觀之。』(帷，一作微。又元吾衍晉史乘鼇負羈第二作『使袒而浴，設薄以觀之。』)並與左傳合。韓非子十過篇：『昔者，晉公子重耳出亡過於曹，曹君袒裼而觀之。』但言『袒裼，』而不言浴。呂氏春秋上德篇：『公子重耳……去齊之曹。曹共公視其駢脅，使袒而捕池魚。』淮南子人間篇：『晉公子重耳過曹，曹君欲觀其骿脇，使之袒而捕魚。』淮南子道應篇許愼注：『曹共公聞重耳駢脅，使袒而捕魚，設薄以觀之。』所謂使『袒而捕魚，』所記又異。凡此必各有所本，咸可資參證者也。

孔子世家：

孔子以詩、書、禮、樂教，弟子蓋三千焉。身通六藝者，七十有二人。如顏濁鄒之徒，頗受業者甚衆。

正義云：

鄒音聚。顏濁鄒，非七十二人數也。

考證云：

顏濁鄒，孔子始游衞時所主，見上文。

案孔子游衞時主顏濁鄒，無與於受業於孔子。呂氏春秋尊師篇：『顏涿聚，梁父之大盜也。學於孔子。』顏濁鄒卽顏涿聚，(左哀二十七年傳、韓非子十過篇、御覽六一四引應璩答韓六憲書、顏氏家訓誡兵篇，皆作顏涿聚。)古字通用。是顏濁鄒雖非七十二人之數，而其受業於孔子，實有所據。此可資參證者也。

三、陳言佐證

史記所載陳言甚多，舊注引證，往往不類；或竟不知所從出者。如商君列傳：

趙良曰：反聽之謂聰。內視之謂明。自勝之謂彊。

考證云：

韓非子外儲篇引申子曰：『獨視者謂明。獨聽者謂聰。能獨斷者可以爲天下主。』語似而意反。

案申子語與此有別。長短經是非篇引老子佚文云：『反聽之謂聰。內視之謂明，自勝之謂強。』與此文全同。（韓非子喻老篇引老子：『自見之謂明。』亦不見於今本，『自見』與『內視』同義；又引老子：『自勝之謂強。』與今本三十三章『自勝者強』句略同；與長短經所引末句全同。）

褚少孫補龜策列傳：

故云：福之至也，人自生之；禍之至也，人自成之。禍與福同，刑與德雙。聖人察之，以知吉凶。

案淮南子人間篇：『夫禍之來也，人自生之；福之來也，人自成之。禍與福同門，利與害爲鄰。非神聖人，莫之能分。』（又見文子微明篇、劉子愼隟篇。）

四、佚文補錄

史記佚文，最早見於漢書五行志及論衡命祿篇，說已見前。古注、類書中稱引史記，爲今本所無者甚多，玆分三類述之。

1. 可補入正文者。

如燕召公世家載燕昭王問郭隗招賢事：

郭隗曰：王必欲致士，先從隗始；況賢於隗者，豈遠千里哉！

考證云：

鮑彪曰：郭隗臣役之對，天下之格言；市馬之喻，萬世之美談。史公獨何爲削之？亦異於孔氏刪脩之法矣！

案御覽八九四引史記云：『郭隗謂燕昭王曰：「臣聞古人有以千金求市千里馬，而不能得。於是與涓人金，請爲市之。賫千金覓之。而絕域有千里馬已死，乃用五百金市其首而還。王怒曰：『安用死馬首乎？徒費五百金！』涓人答曰：『死馬首尙用五百金，況生馬乎？天下以王好馬，馬必將至矣！』未朞年，果有獻千里馬者三疋。」』燕策一、新序雜事三、通鑑周紀三並有此文，惟有出入。御覽所引，當卽此節之文。今本『郭隗曰』下，蓋脫『臣聞古人有以千金求市千里馬』至『果有獻千里馬者三疋』一百四字。是市馬之喻，史公未嘗削之，此可補入正文者也。

2. 可補注正文者。

如蘇秦列傳：

蘇秦者，東周雒陽人也。東事師於齊，而習之於鬼谷先生。

案御覽六一一引史記云：『蘇秦，洛陽人。與魏人張儀同師事鬼谷先生。讀書至睡，秦輒引錐刺股，血流至踝。』三七二引史記云：『蘇秦握錐自厲，流血至踝。』今本史記無蘇秦刺股流血之文，是否此節佚文，未敢遽斷。秦策一言蘇秦『讀書欲睡，引錐自刺其股，血流至足。』文有出入，御覽當非誤引秦策。又案御覽四六三引史記云：『蘇秦初與張儀俱事鬼谷先生，十一年皆通六藝，經營百家之言。鬼谷先生弟子五百餘人，爲之土窟，窖深二丈，先生曰：「有能獨下說窖中使我泣出者，則能分人主之地。」久，蘇秦下說窖中，鬼谷先生泣下沾衿；次張儀下說窖中，亦泣。先生曰：「蘇秦詞說與張儀一體也。」』三八七引史記云：『蘇秦說鬼谷先生，淚下沾襟。』論衡答佞篇：『傳曰：蘇秦、張儀從橫，習之鬼谷先生，掘地爲坑，曰：「下說令我泣出，則耐分人君之地。」蘇秦下說，鬼谷先生泣下沾襟。』似卽本於史記。惟今本史記無此文，是否此節佚文，未敢遽斷。此並可補注正文者也。

3. 無從附麗者。

如唐太宗帝範崇儉篇注引史記云：

堯、舜之民，比屋可封。(陸賈新語無爲篇、漢書王莽傳、後漢書楊終傳、論衡率性篇、潛夫論德化篇，並有類此之文。)

又如御覽四八四引史記云：

甯戚，衞人也。欲仕齊，家貧無以自資。乃賃爲人推車，至齊國。桓公出，戚望見車駕，乃於車下飯牛，扣牛角而歌。桓公聞之，撫手曰：『異哉此人！乃非常人也。』命管仲迎之，以爲上卿。(又見呂氏春秋舉難篇、淮南子道應篇、新序雜事五、列女傳辯通篇齊管妾婧傳。)

八九八引史記云：

甯戚欲仕齊侯，桓公出，牽牛叩角而歌曰：『南山粲，白石爛，短布單衣才至骭。生不逢堯與舜禪，長夜漫漫何時旦！』桓公用之。(此與四八四所引爲一事。又見孟子告子篇僞孫奭正義引三齊記。)

凡此三類；並列爲附錄；一、二兩類涉及今本正文，亦附見於各篇中。

五、三家注斠補

司馬貞史記索隱後序稱後漢延篤有史記音義一卷，惜已失傳；柳宗元龍城錄稱後漢末張昶有龍山史記注，惜燬於火。今所傳之三家注，集解長於引證；索隱長於辯解；正義長於地理。(參看四庫提要。)治史記，誠不可不治三家注也。近人治三家注創獲較多者，當推日本學者瀧川資言之考證。惟其譌亂譌奪，有待於斠補者，尚復不少。玆分二事述之。

1. 字句出入。

如孝武本紀：

祠黃帝用一梟、破鏡。集解：『孟康曰：破鏡，獸名。食父。』

案一切經音義八六引孟康注『獸名，』作『惡獸名也。』

酈生列傳：

破北魏，擧三十二城。索隱：『謂魏豹也。豹在河北故也。』

案通鑑漢紀二注引索隱作『北魏，謂魏王豹。豹國於河北故也。』

2. 佚文。

如孝文本紀：

乃十一月晦，日有食之，適見於天。

案日本古鈔集解本此下有注云：『適，音徒厄反也。』今本集解無此文。

廉頗藺相如列傳：

秦伐韓，軍於閼與，王……又召樂乘而問焉。

案通鑑周紀五載此事，並引索隱云：『樂乘，樂毅之宗人也。』今本索隱無此文。

魏世家：

懿侯說，乃與趙成侯合軍幷兵以伐魏，戰于濁澤。（集解：『徐廣曰：長社有濁澤。』）

案通鑑周紀一載此事，並引正義云：『徐廣以爲長社濁澤，非也。括地志云：「濁水源出蒲州解縣東北平地。」爾時魏都安邑，韓、趙伐魏，豈至河南長社邪？解縣濁水近於魏都，當是也。」今本正義無此文。

一九六五年三月二十四日，脫
稿於星洲華萊斯道三號寓廬。

附斠證凡例

一、本書據日本瀧川資言史記會注考證爲底本。會注考證係以淸同治十一年金陵本爲底本，正文以日本所存鈔本校，正義以僧幻雲所錄補。博采舊說，增益新知，最便初學。

二、考證本所補正義，凡一千餘條，其文具在。若不涉及其他問題，本書不復標出。

三、考證本偶有脫誤處，(如五帝本紀:『脩身而天下服』句，脫而字;『詩言意，歌長言。』集解:『馬融曰，歌所以長言詩之意也。』集解誤索隱。) 本書隨文補正之。

四、考證本偶有妄改處，(如周本紀:『盍往歸之。』據楓山本、三條本、南化本改盍爲蓋，不知盍、蓋古通。) 本書復其舊觀。

五、本書所稱張文虎史記札記及李笠史記訂補諸說，因無原書，皆自考證本轉引。

六、本書參斠刊本，最早者爲影印北宋景祐監本(景祐監本原闕本紀五、六，世家十八至二十五，影印本據南宋重刊北宋監本補之);次爲南宋黃善夫本;最晚者爲淸乾隆武英殿刊本。三本之外，未暇旁涉。

七、景祐本、黃善夫本及武英殿本顯著之譌誤，(如夏本紀:『乃歌曰:「股肱喜哉!元首起哉!百工熙哉!」皋陶拜手稽首。』景祐本喜誤善，熙誤喜，手誤首之類。) 本書皆略而不斠。

八、史記三家注，往往涉及緯書，本書皆廣爲佐證。據緯書以注正史，此本不經;然就保存緯書之資料而言，仍可貴也。

九、本書以本人創見爲主。前賢及近人之說與斠證無關者，概不錄引。

十、史記內容，牽涉太寬;兼以鈔刊改竄，展轉致誤。本書雖詳加發正，疏漏仍多。修訂補苴，期諸賢達。

出自第三十八本(一九六八年一月)

史記斠證

五帝本紀第一

王叔岷

案國語魯語上：『黃帝能成命百物以明民共財。顓頊能修之。帝嚳能序三辰以固民。堯能單均刑法以儀民。舜勤民事而野死。』與史公所述五帝次序同。通鑑秦紀二胡三省注：『宋均注援神契引甄耀度曰：黃帝、顓頊、帝嚳、唐堯、虞舜爲五帝。』與史公所述五帝名稱亦同。

黃帝者，

正義：案黃帝，有熊國君，乃少典國君之次子。……母曰附寶，之祁野，見大電繞北斗樞星，感而懷孕，二十四月而生黃帝於壽丘。

案御覽一三五引河圖〔握拒〕云：『黃軒母曰地祇之子，名附寶。（又見路史後紀五羅苹注。）之郊野，大霓繞北斗樞星，耀感附寶，生軒轅。』又引帝王世紀云：『黃帝有熊氏，少典之子。……少典氏又娶附寶，見大霓光繞北斗樞星，照郊野，附寶孕二十五月，生黃帝於壽丘。』據此，則正義所云『祁野，』祁蓋郊之誤；所云『大電，』電蓋霓之誤。（御覽七九引河圖握拒，易繫辭傳孔穎達疏、書序孔疏、初學記一、御覽七、七八引帝王世紀，霓皆誤電。）易繫辭傳疏、書序疏引帝王世紀『孕二十五月，』並作『二十四月。』與正義合。路史後紀五注引河圖握拒云：『附寶之郊，見電繞斗樞星，照郊野，感而生軒。』金樓子興王篇：『黃帝有熊氏，……少典之子。……少典娶有蟜女附寶，見大電光繞北斗樞星，照郊野，附寶孕二十月生黃帝。』亦可證正義祁字之誤；惟霓誤電，則與正義同。金樓子所云『孕二十月，』蓋舉成數言之。初學記一、御覽七引帝王世紀，亦並作『二十月。』

姓公孫，名曰軒轅。

瀧川資言考證：『博士家本史記異字引鄒誕生音云：作軒冕之服，故曰軒轅。』

案初學記九引史記：『黃帝，號軒轅氏。』金樓子與王篇亦作『號軒轅。』徐鍇說文繫傳十四引史記：『黃帝始作軒冕，故曰軒轅。』恐是鄒誕生音義，非史記之文也。(古人引書，往往誤注文爲正文。)鄭樵通志氏族略引風俗通(佚文)云：『軒轅氏：軒轅，即黃帝也。姓公孫；或言姓姬。』

弱而能言。

案路史後紀五弱作響，未知何據。

幼而徇齊。

集解：徇，疾。

索隱：孔子家語及大戴禮並作『叡齊。』一本作『慧齊。』

考證：『查德基曰；「徇當作侚，說文人部：『侚，疾也。』徐鍇繫傳引史記『幼而侚齊。』羣書治要引同。」』

案今本家語五帝德作『齊叡，』大戴禮五帝德作『彗齊。』(清王聘珍解詁本作『慧齊。』)慧、彗正、假字。金樓子徇作循，徇、循古通，(書僞胤征：『遒人以木鐸徇於路，』書鈔十引徇作循，即其比。)蓋由侚誤爲徇，(六朝俗書，从亻从彳之字往往相亂。)復易爲循耳。治要引集解徇亦作侚。

神農氏世衰。

案金樓子云：『炎帝神農氏，姜姓也。母曰女登，爲少典妃。遊華陽，有神龍感女登，生炎帝。人身牛首，有聖德，以火承木，都陳，遷魯。嘉禾生，醴泉出。在位百二十年。』(又見司馬貞補三皇本紀。)蓋本於帝王世紀。水經渭水中酈道元注引世本：『炎帝，姜姓。』

而神農氏弗能征。

考證：『博士家本史記異字引楓山、三條、南化本云：「能征」之征作正。』

案御覽三百四引征亦作正。征猶正也，國語周語上：『穆王將征犬戎。』韋昭注：『征，正也。』

於是軒轅乃習用干戈，目征不享。

案御覽引習作集。大戴禮言禹『舉干戈以征不享、不庭、無道之民。』(家語亨誤序。)王聘珍解詁云：『穀梁昭三十二年傳曰：「諸侯不享、覲。」范(甯)

注云：「享，獻也。」』

諸侯咸來賓從。

案爾雅釋詁：『賓，服也。』

而蚩尤最爲暴，莫能伐。

正義：『龍魚河圖云：黃帝攝政，有蚩尤兄弟八十一人，竝獸身人語，銅頭鐵額，食沙石子，造立兵仗，刀戟大弩，威振天下。……』

案書呂刑疏引暴下有虐字，伐下有之字。又引鄭（玄）云：『蚩尤霸天下，黃帝所伐者。』一切經音義六引世本云：『蚩尤作兵。』（又見書鈔百十三。）並引宋衷注云；『蚩尤，炎帝臣也。』（又見御覽二百七十，炎帝作神農。）路史後紀四注引龍魚河圖云：『黃帝之初，有蚩尤氏，兄弟七十二人，銅頭鐵額，食沙石，制五兵之器，變化雲霧。』（僞）梁任昉述異記上亦云：『軒轅之初立也，有蚩尤氏，兄弟七十二人。』並與正義作『八十一人』異。焦氏易林一、四注並引正義，『鐵額』下有『能作大霧』四字，（述異記亦云：蚩尤能作雲霧。）『立兵』作『五兵。』他本立亦多作五，非。藝文類聚十一、御覽七九並引龍魚河圖『造立兵杖，』立字不誤。杖、仗正、俗字，『兵杖』猶『兵器』也。易林注引正義『威振』作『威震，』振、震古通。

炎帝欲侵陵諸侯，諸侯咸歸軒轅。

案宋趙與旹賓退錄七引上文『神農氏世衰，』至此，並云：『既云「諸侯相侵伐，而神農氏弗能征」矣；又云「炎帝欲侵陵諸侯。」何邪？當訪精於史學者而問之。』

敎熊羆貔貅貙虎，以與炎帝戰於阪泉之野。

案論衡率性篇：『黃帝與炎帝爭爲天子，敎熊羆貔虎以戰於阪泉之野。』（僞）列子黃帝篇：『黃帝與炎帝戰於阪泉之野，帥熊羆狼豹貙虎爲前驅。』劉子閱武篇：『貔貅戾獸，而黃帝敎之戰。』

三戰然後得其志。

考證：慶長本引古鈔本、楓山、三條、南化本，得下有行字。

案御覽三百八引得下亦有行字。大戴禮、金樓子並同。

於是黃帝乃徵師諸侯，與蚩尤戰於涿鹿之野。

索隱：或作濁鹿，古、今字異耳。

案莊子盜跖篇：『黃帝不能致德，與蚩尤戰於涿鹿之野，流血百里。』釋文：『涿，本又作濁。司馬云：涿鹿，地名。故城在今上谷郡西南八十里也。』涿，一本作濁，與此文或本合。淮南子兵略篇：『黃帝戰於涿鹿之野。』許愼注：『黃帝與蚩尤戰於涿鹿，涿鹿，在上谷。』日本古鈔卷子本涿鹿作蜀鹿，注同。蜀疑濁之壞字。

遂禽殺蚩尤。

集解：『皇覽曰：蚩尤冢在東平郡壽張縣闞鄉城中，高七丈，民常十月祀之。……』

索隱：『案皇甫謐云：「……或曰：黃帝斬蚩尤于中冀。……」』

梁玉繩志疑云：『宋李昉太平御覽卷九引史記曰：「蚩尤氏能徵風召雨，與黃帝爭強，滅之于冀。(路史後紀注云：「史記言：尤能徵召風雨。」)今本史記無之。豈事見他書，誤以爲史記歟？抑史文舊有，經後人妄删也？』

案御覽引史記云云，(『滅之于冀，』景宋本作『滅之中冀。』是也。)疑是史記注文，可與皇甫謐〔帝王世紀〕之說參驗。又御覽三百八引集解『七丈』作『七尺，』『十月』下有初字。

披山通道，

集解：『徐廣曰：披，他本亦作陂字，蓋當音詖。陂者，旁其邊之謂也。……』

索隱：『披音如字，謂披山林草木而行以通道也。徐廣音詖，恐稍紆也。』

案披、陂古通，說文：『披，從旁持曰披。』段玉裁注引此文，並引徐廣注及索隱，云：『披、陂皆有「旁其邊」之意，中散能知之；而索隱云「披音如字，謂披山林草木而行以通道也。」此則司馬貞不知古義之言。』其說是也。本篇下文『披九山。』其義亦同。

登丸山。

集解：『徐廣曰：丸，一作凡。』

正義：丸音桓。

案記纂淵海六引丸作几，葢凡之壞字。封禪書亦作凡山，集解引徐廣曰：『一作丸。』初學記九引此文丸作桓，與正義音合。

西至于空桐，登雞頭。

正義：『……莊子云：「廣成子學道崆峒山，……」』

案藝文類聚七、初學記九、御覽四四、七九、記纂淵海引空桐皆作崆峒。莊子在宥篇：『黃帝……聞廣成子在於空同之上。』成玄英疏、路史後紀五注引空同並作空桐；謝靈運山居賦自注、文選王元長永明九年策秀才文注、一切經音義八五、北堂書鈔一二、八五、藝文類聚七八引，皆作崆峒。（參看拙著莊子校釋卷二。）

北逐葷粥，

案御覽七九引逐作極，極謂困極也。藝文類聚七引葷粥作獯鬻，同。初學記引葷亦作獯。

官名皆以雲命，爲雲師。

集解：……冬官爲黑雲。

案記纂淵海二八引集解（誤爲史記）黑作墨，墨猶黑也。廣雅釋器：『墨，黑也。』

獲寶鼎，迎日推筴。

集解：『晉灼曰：策，數也。迎數之也。』

正義：黃帝受神筴，……命容成造曆。

王國維釋史云：『筴無數義，惟說文解字云：「算，數也。」則晉灼時本當作「迎日推筭。」又假筭爲算也。』（觀堂集林卷第六。）

案孝文本紀云：『黃帝得寶鼎神筴。是歲己酉朔旦冬至，得天之紀，終而復始。於是黃帝迎日推筴。』（又見封禪書，筴作策。筴乃策之隸變。）『推筴』之筴，乃承上文『神筴』字而言，謂推算神筴也。以彼證此，則此文『推筴』字不誤。又案記纂淵海三引史黃帝本紀云：『容成氏始造律曆。』今本無此文，以正義之文驗之，疑是注文也。

舉風后、力牧、常先、大鴻以治民。

集解：『鄭玄曰：「風后，黃帝三公也。」班固曰：「力牧，黃帝相也。」大鴻，見封禪書。』

正義：……案黃帝仰天地，置列侯衆官：以風后配上臺，天老配中臺，五聖配下臺，謂之三公也。

案留侯世家索隱引詩緯云：『風后，黃帝師。』後漢書張衡傳注引春秋內事云：『黃帝師於風后。』淮南子覽冥篇：『昔者黃帝治天下，而力牧、太山稽輔之。』高誘注：『力牧、太山稽，黃帝師。孟子曰：王者師臣也。』列子黃帝篇：『召天老、力牧、太山稽。』張湛注：『三人，黃帝相也。』力牧亦作力墨，陶潛集聖賢羣輔錄上引論語摘輔象云：『力墨受準斥。』宋均注：『準斥凡事也。力墨或作力牧。』又作力黑，御覽八二引詩含神霧云：『禹之興，黑、風會紀。』注：『黑，力黑也。風，風后也。並黃帝臣。』牧、墨、黑，並古字通用。集解引班固曰：『力牧，黃帝相也。』疑出漢書古今人表。(今本力牧下有脫文，王先謙補注有說。)漢書人表云：『太山稽，黃帝師。』後漢書張衡傳注引帝王世紀云：『黃帝以風后配上臺，天老配中臺，五聖配下臺，謂之三公。』(又見金樓子。)蓋卽正義案語所本。集解云云，南宋黃善夫本無『大鴻，見封禪書』六字。又案御覽二百四引史記云：『黃帝得六相而天地治、神明至。』並有注云：『黃帝得蚩尤而明天道，得太常而察地利，得奢龍而辨東方，得祝融而辨南方，得風后而辨西方，得后土而辨北方，謂之六相。』今本史記既無此文，亦無此注；惟管子五行篇：『昔者黃帝得蚩尤而明於天道，得大常而察於地利，得奢龍而辯於東方，得祝融而辯於南方，得大封而辯於西方，得后土而辯於北方。黃帝得六相而天地治、神明至。』戴望校正云：『「得奢龍而辯於東方，」北堂書鈔帝王部十一、御覽皇王部四引奢龍並作蒼龍，奢字誤。』據此，則御覽引史記注奢龍亦蒼龍之誤矣。又風后、大封，疑是一人。

幽明之占，

考證：『五帝德、家語占作故。李笠曰：占，疑是故之爛文。』

案占蓋古之誤，古猶故也。爾雅釋詁：『古，故也。』

死生之說，

案路史後紀六注引『死生』二字倒。家語同。

時播百穀草木，

集解：『王肅曰：時，是也。』

案家語作『播時百穀。』集解引家語王肅注『時，是也。』（義本爾雅，釋詁云：時，是也。）則所據正文亦必作『播時，』若作『時播，』則無緣訓時爲是矣。本篇下文『汝后稷播時百穀。』（書堯典同。）集解引鄭玄曰：『時讀曰蒔。』廣雅釋地：『蒔，種也。』此文時亦當訓種，於義爲長。

淳化鳥獸蟲蛾，

索隱：蛾，音牛綺反。

正義：蛾，音魚起反。……蟻，蚍蜉也。

案淳借惇，說文：『惇，厚也。』文選張平子東京賦：『淳化通於自然。』薛綜注：『淳，厚也。』淳亦惇之借字。蛾，索隱音『牛綺反；』正義音『魚起反。』並讀爲螘；惟據正義『蟻，蚍蜉也。』則似讀蛾爲蟻。說文：『螘，蚍蜉也。』禮記學記：『蛾子時術之。』鄭玄注：『蛾，蚍蜉也。』蛾與螘同。蟻，俗字。莊子則陽篇：『孔子之楚，舍於蟻丘之漿。』成玄英疏蟻作螘，文選賈誼弔屈原文注引作蛾。亦同此例。

旁羅日月星辰，

案說文：『旁，溥也。』廣雅釋詁；『旁，廣也。』

水波土石金玉，

集解：『徐廣曰：波，一作沃。』

考證；『「水波」未詳。或云：水，壞字偏旁存者。波，當從徐氏一本作沃。大戴禮作「極畋。」』

案水疑亟之壞字，波當從一本作沃。沃之作波，由水字聯想而誤耳。亟借爲窮極字，（呂氏春秋大樂篇：『極則復反。』高誘注：『極，窮。』）大戴禮作極，是也。詩衞風氓：『其葉沃若。』朱熹傳：『沃若，潤澤貌。』潤澤謂之沃，潤澤之亦謂之沃。『亟沃土石金玉，』猶言『窮潤土石金玉。』謂土石金玉無不受其潤澤也。

勞勤心力耳目，節用水火材物，

案『勞勤』複語，（呂氏春秋古樂篇：『勤勞百姓。』與此同例。）勤亦勞也。說文：『勤，勞也。』家語材作財，古字通用。唐趙蕤長短經君德篇注材作時，時，蓋財之誤。

有土德之瑞，故號黃帝。

案御覽七九引號下有曰字。八七三引史記云：『黃帝時有土瑞，故以土德。』疑是史記注文。又案治要引『故號黃帝』下有注云；『帝王世紀曰：「神農氏衰，蚩尤氏叛，不用帝命。黃帝於是脩德撫民，始垂衣裳，以班上下。刳木爲舟，剡木爲檝，舟檝之利，以濟不通。服牛乘馬，以引重致遠。重門擊柝，以待暴客。斷木爲杵，掘地爲臼，杵臼之用，以利萬人。弦木爲弧，剡木爲矢，弧矢之利，以威天下。諸侯咸叛神農而歸之。討蚩尤氏，禽之於涿鹿之野。諸侯有不服者。從而征之。凡五十二戰，而天下大服。俯仰天地，置衆官，故以風后配上臺，天老配中臺，五聖配下臺，謂之三公。其餘地典、力牧、常先、大鴻等，或以爲師；或以爲將。分掌四方，各如己視，故號曰黃帝四目。又使岐伯嘗味草木，典醫疾。今經方本草之書咸出焉。其史倉頡，又象爲迹，始作文字。自黃帝以上，穴居而野處，死則厚衣以薪，葬之中野。結繩以治。及至黃帝，爲築宮室，上棟下宇，以待風雨。而易以棺槨，制以書契，百官以序，萬民以察，神而化之，使民不倦。後作雲門、咸池之樂，周禮所謂大咸者也。於是人事畢具。黃帝在位百年而崩，年百一十歲矣。或傳以爲仙，或言壽三百年。故宰我疑以問孔子。孔子曰：民賴其利，百年而崩；民畏其神，百年而亡；民用其教，百年而移。故曰三百年。」』凡三百八十五字。今本無之。治要所引史記注，皆集解之文。此蓋集解逸文也。考今本下文『黃帝崩』下集解云：『皇甫謐曰：在位百年而崩，年百一十一歲。』或治要所引此帝王世紀云云，本在下文『黃帝崩』下，今本僅存二句。（治要所引歲下脫一字。）蓋治要引史記黃帝紀之文，止於『故號黃帝，』故移下文集解之文於此耳。

黃帝二十五子，其得姓者十四人。

索隱：「……今案國語胥臣云：………姬、酉、祁、己、滕、葴、任、荀、僖、姞、嬛、依是也。』

案御覽七九引黃帝作有。索隱引國語（晉語四）云云，路史後紀五荀、儇、嬛，作苟、釐、儇。注云：『苟，國語、史記皆作荀，非。』廣韻上聲四十五厚引國語荀正作苟。王符潛夫論志氏姓篇作拘，拘苟並諧句聲，亦可證作荀之誤。潛夫論儇亦作釐，依作衣；今本國語嬛亦作儇，並古字通用。（參看汪繼培潛夫論箋。）

而娶於西陵氏之女，是爲嫘祖。

正義：嫘，一作傫。

考證：陵下氏字各本脫，依古鈔本、楓山本、三條本及御覽引史記補。大戴禮帝繫篇亦有。

案考證於西陵下補氏字，是也。王念孫雜志已謂西陵下脫氏字；並擧御覽皇王部、皇親部所引及大戴禮帝繫篇爲證。帝王世紀、路史後紀五亦並作西陵氏。正義引一本嫘作傫，路史作儽，傫卽儽之省。御覽七九引嫘下有注云：『音縲。』一三五引嫘作累，引帝王世紀同。（下文索隱引皇甫謐〔帝王世紀〕亦同。）

其一曰玄囂，是爲靑陽，靑陽降居江水。

考證：帝繫篇江水作泜水。

案御覽七九、路史發揮三引靑陽二字並不疊。路史後紀五：『玄囂姬姓，降居泜水。』注云：『史記：「玄囂降居江水。」江水卽泜水。』

昌意娶蜀山氏女，曰昌僕。生高陽，高陽有聖悳焉。

正義：『……河圖云：瑤光如蜺，貫月正白，感女樞於幽房之宮，生顓頊……』

案路史後紀八昌僕作景僕。注云：『一作景僕，卽史云昌樸。大戴禮作昌樸。搜神記帝紀作景僕，云卽女樞。』御覽一三五引史記亦作昌樸。今本大戴禮帝繫篇作昌濮。藝文類聚十一、初學記九、御覽七九引帝王世紀並作景僕。北宋景祐監本、黃善夫本、清武英殿本悳並作德，御覽七九、一三五引並同。悳，古德字。此改今從古也。（後同）。藝文類聚、初學記御覽引帝王世紀亦並作德。正義引河圖云云，又見初學記九、御覽七九、事文類聚前集十九，顓頊上並有『黑帝』二字。路史後記八注引顓頊上有『黑帝名』三字。潛夫論五德志篇亦云：『搖光如月，正白，感女樞幽防之宮，生黑帝顓頊。』初學記、易繫辭傳疏並引帝王世紀云：『搖光之星，貫月如虹，感女樞於幽房之宮，生顓頊於若水。(易疏作弱水，非。)』(又見金樓子興王篇。)

葬橋山。

案論衡道虛篇：『黃帝葬於橋山。』

帝顓頊高陽者，黃帝之孫，而昌意之子也。

集解：『皇甫謐曰：「都帝丘。」今東郡濮縣是也。』

案黃善夫本、殿本並提行。御覽一六二引史記云：『顓頊都於帝丘，其地北至幽陵。』疑是史記注文。

靜淵以有謀，

案後漢書馮衍傳注引『靜淵』作『沈深。』藝文類聚十一引淵亦作深，唐人避高祖諱改。大戴禮五帝德篇『靜淵』作『洪淵。』

養材以任地，

索隱：大戴禮作『養財。』

案今本大戴禮作『養材。』家語五帝德篇作『養財。』材、財古通，說已見前。

載時以象天，

索隱：……大戴禮作『履時以象天。』

案家語載亦作履。御覽七九引象作像，象、像古、今字。

依鬼神以制義，

正義本制作剬，云：『剬，古制字。』又論字例云：『制字作剬，緣古少字，通共用之。史、漢本有此古字者，乃爲好本。』

王念孫云：張說非也。制與剬聲不相近，無緣通用剬字。篆文制字作𠝹，隸作㓹，形與剬相似，因譌爲剬，非古字通用也。

案王說是也。剬卽制字隸書形近之誤。老子二十八章：『是以大制不割。』敦煌唐景龍鈔本制作剬，淮南子主術篇：『其立君也，所以剬有司使無專行也。』文子上義篇剬作制，文心雕龍原道篇：『剬詩緝頌。』御覽五八五引剬作制，剬皆制之誤。則制之誤剬，非僅見於史、漢而已。

治氣以敎化，

索隱：謂理四時五行之氣，以敎化萬人也。

案『敎化』疑本作『敎民，』索隱『敎化萬人。』正以釋『敎民』之義。惟避太宗諱，易民爲人耳。大戴禮作『敎民，』可證。家語作『敎衆，』『敎衆』猶『敎民』也。今本民作化，葢涉索隱『敎化』字而誤；或唐人諱民爲化，亦未可知。唐人避諱字無定也。

絜誠以祭祀。

案大戴禮、家語絜並作潔（王聘珍大戴禮記解詁作絜），長短經君德篇注同。絜、潔古、今字。

南至于交阯，

正義：阯音止，交州也。

案黃善夫本阯作趾，正義同。治要、藝文類聚十一引此亦並作趾，大戴禮、家語並同。阯、趾古通，御覽七九引大戴禮作阯。下文『南撫交阯、北發，』說苑修文篇阯作趾，與此同例。

西至于流沙，

正義：濟，渡也。

王念孫云：『「西至」本作「西濟，」正義曰：「濟，渡也。」則本作濟明矣。羣書治要引此正作濟，大戴禮五帝德篇同。』

案王說是也。藝文類聚引此亦作『西濟。』

大小之神，

正義：大謂五嶽四瀆。小謂丘陵墳衍。

王念孫雜志所據殿本『大小』二字倒。云：『小大』當從宋本作『大小。』（此吳氏荷屋所藏單刻集解宋本。）正義先釋大，後釋小，則本作『大小』明矣。羣書治要引此正作『大小，』大戴禮同。

案黃善夫本『大小』亦倒作『小大，』家語同。景祐本作『大小，』長短經注、藝文類聚引並同。

莫不砥屬。

集解：『王肅曰：砥，平也。四遠皆平而來服屬。』

索隱：依王肅，音止屬。據大戴禮，作『砥礪』也。

案『砥屬』疑本作『砥厲。』原本北堂書鈔十引此作『底属，』属，俗屬字。今本家語亦作『底屬，』王肅注底字同，與集解所據本異。底當作厎，厎與砥同。（說文：『厎，柔石也。』重文作砥。）屬當作厲，（屬，俗書作属，與厲形近，往往相亂。）廣雅釋器：『砥，礪也。』厲、礪古、今字。砥字引申之義爲平，『砥厲』複語，義亦爲平。今本大戴禮作『祇勵，』乃『砥厲』之借字。御覽七九引大戴禮作『砥礪，』與索隱所據本同，長短經注亦作『砥礪。』又案治要引此下有注云：『砥，平也。四遠皆平而來服屬也。帝王世紀曰：帝顓頊平九黎之亂，使南正重司天以屬神，火正黎司地以屬民。於是民神不雜，萬物有序。』乃集解之文，今本脫也字以下四十一字。

顓頊崩。

集解：『皇甫謐曰：在位七十八年，年九十八。』

案藝文類聚十一、御覽七九引帝王世紀並作『在位七十八年，年九十一歲。』初學記九引作『年九十八歲。』與集解所引合。

是爲帝嚳。

考證：『楓山、三條、南化本云：嚳，一作佶。音國。』

案御覽七九引嚳作佶，有注云：『與嚳同。』殷本紀：『爲帝嚳次妃。』日本古寫本嚳作佶，封禪書：『帝佶封泰山。』（又見管子封禪篇。）禮記禮器孔疏、藝文類聚三九、御覽五三六引佶皆作嚳，並同此例。三代世表亦作佶。

帝嚳高辛者，

索隱：『……皇甫謐曰：「帝嚳名夋」也。』

案景祐本、黃善夫本、殿本並提行。藝文類聚十一、御覽八十引高辛下並有氏字。路史後紀九：『帝嚳高辛氏，姬姓，曰嚳，一曰逡。』注云：『見世紀。一作夋，山海經作俊。』山海經大荒東經、大荒南經、大荒西經皆作俊。夋、逡、俊，並古字通用。

黃帝之曾孫也。

案路史注引世本云：『嚳，黃帝之曾孫。』

高辛父曰蟜極。

正義：蟜，音居兆反。本作橋，音同。

案家語作喬極。蟜、橋、喬，古並通用。下文『瞽叟父曰橋牛。』大戴禮帝繫篇橋作蟜，家語作喬，與此同例。路史作僑極，亦同。

蟜極父曰玄囂。

案家語囂作枵，同。

普施利物，不於其身。

案於猶爲（去聲）也。（於、爲同義，經傳釋詞一有說。）

知民之急。

案家語之作所，義同。李斯列傳：『天子無故賊殺不辜人，此上帝之禁也。』之亦與所同義。

脩身而天下服。

案而字原脫，據景祐本、黃善夫本、殿本補。治要引亦有而字。大戴禮、家語同。

其色郁郁，其德嶷嶷。

索隱：……今案大戴禮郁作神，嶷作俟。

考證：今本大戴禮與史文同。

案御覽八十引大戴禮郁作蟜，嶷作涘。

帝嚳溉執中而徧天下。

集解：『徐廣曰：古既字作水旁。徧字一作尹。』

正義：溉音既。言帝俈治民若水之溉灌，平等而執中正，徧於天下也。

案張守節論字例云：『既字作溉，緣古字少，通共用之。』是此既之作溉，正存史記之舊。而正義乃以『溉灌』字釋之，豈非望文生訓者邪！徧借爲辯，說文：『辯，治也。』徐廣引一本徧作尹，尹亦治也。說文：『尹，治也。』大戴禮作獲，家語作『育護，』獲借爲『育護』字。『育護』與治義近。

莫不從服。

案書鈔十、藝文類聚十一引服並作助。治要引此下有注云：『帝王世紀曰：帝嚳以人事紀官，故以句芒爲木正，祝融爲火正，蓐收爲金正，玄冥爲水正，后土爲土正。是五行之官，分職而治。』蓋集解逸文。

帝嚳娶陳鋒氏女，

索隱：鋒音峯。案系本作陳酆氏。

正義：鋒音夆。又作豐。

案藝文類聚十五引世本云：『帝嚳卜其四妃之子皆有天下。元妃有邰氏之女曰姜嫄，生后稷。次妃有娀氏之女曰簡狄，生卨。次妃陳酆氏慶都生帝堯。次妃娵訾氏生帝摯。』金樓子亦作陳酆氏。御覽一三五引鋒作豐，與正義所稱『又作豐』者合；引世本亦作豐，大戴禮帝繫篇作陳隆氏，禮記檀弓上疏引隆作豐。

生放勳。

正義：『……勳亦作勛。……帝王紀云：帝堯陶唐氏，祁姓也。母慶都十四月生堯。』

案景祐本，黃善夫本、殿本勳並作勛，御覽八十引同。(治要引下文亦作勛。三王世表、金樓子並同。)勛，古文勳，書堯典：『曰若稽古帝堯，曰放勳。』(治要引勳亦作勛。)釋文：『馬云：「放勳，堯名。」皇甫謐同。一云：「放勳，堯字。」』藝文類聚十一引帝王世紀、敦煌本唐虞世南帝王略論並以放勛爲堯名。金樓子以爲堯字。初學記九引〔詩〕含神霧云：『慶都有赤龍之祥，孕十四月而生堯。』(慶都感赤龍生堯事，又見藝文類聚十、九八、御覽八十、事文類聚前集十九引春秋合誠圖，御覽一三五引河圖，潛夫論五德志篇，論衡奇怪篇、恢國篇，淮南子脩務篇高誘注，書鈔一五七、易繫辭傳疏引帝王世紀，金樓子，劉子命相篇。)正義引帝王世紀『十四月』上當補孕字，易繫辭傳疏、藝文類聚十一、初學記九、御覽八十引帝王世紀並作『孕十四月。』

娶陬訾氏女，生摯。

索隱：『案皇甫謐云：女名常宜也。』

案上文正義、藝文類聚十一、御覽八十引帝王世紀，娵訾氏女並作常儀。儀、宜古通。禮記檀弓疏引大戴禮云：『次妃陬〔訾〕氏之女曰常宜，生帝摯。』(今本大戴禮作『次妃曰陬訾氏，產帝摯。』）作宜，與索隱引帝王世紀合。

帝嚳崩。

集解：『皇甫謐曰：在位七十年，年百五歲。』

案御覽八十引帝王世紀作『〔在〕位七十五年。』集解所引作『七十年，』（易繫辭傳疏、藝文類聚十一引並同。）舉成數言之。

帝摯立，不善，崩。

索隱：古本作『不著。』

案金樓子善字同。孟子萬章篇：『丹朱之不肖，舜之子亦不肖。』『不善』猶『不肖』也。易繫辭傳疏引帝王世紀正作『摯立不肖而崩。』則善非誤字。古本善作著，蓋由著，隸書作着，與善形近，善因誤爲著耳。

而弟放勳立，是爲帝堯。

案水經瀙水注引史記云：『帝嚳氏沒，帝堯氏作，始封于唐。』今本史記無此文，疑兼據正文及注文大意引之也。

帝堯者，放勳。

集解：『徐廣曰：號陶唐。』

考證：古鈔本無者字。

案黃善夫本、殿本並提行。左襄九年傳疏引五帝本紀、二十四年傳疏引史記，並云：『帝堯爲陶唐氏。』疑是史記注文。治要引此亦無者字。

富而不驕，貴而不舒。

索隱：舒猶慢也。大戴禮作『不豫。』

案論語學而篇：『富而無驕。』逸周書小開解：『貴而不傲，富而不驕。』索隱釋舒爲慢，『不慢』猶『不傲』也。家語五帝德作『能降。』『不傲』卽『能降』矣。大戴禮舒作豫，古字通用。書牧誓：『曰豫，恆燠若。』宋世家豫作舒（論衡寒溫篇、書鈔十五引並同），卽其比。又案治要引此下有注云：『帝王世紀曰：「帝堯置欲諫之鼓，命羲和四子羲仲、羲叔、和仲、和叔，分掌四時方嶽之職，故名徵（當作『名四嶽』）天下大和，百姓無事，有五老人，擊壤於道，觀者歎曰：『大哉堯之德也！』老人曰：『日出而作，日入而息，鑿井而飲，耕田而食，帝力何有於我哉！』墨子以爲堯堂高三尺，土堦三等，茅茨不剪，採椽不斲，夏服葛衣，多服鹿裘。」』蓋集解逸文。記纂淵海九引史曰：『堯時有老父者，擊壤而嬉於路，言曰：我鑿井而飲，耕田而食，帝力何有於我哉！』（又見帝王略論，末句作『何力於我哉！』）蓋帝王世紀之文。

黃收純衣，

案御覽六八五引〔劉向〕五經通義云：『王冠，夏曰收，以入宗廟。長尺六寸，廣八寸，前起。』劉熙釋名釋首飾云：『收，夏后氏冠名也。言收斂髮也。』

彤車乘白馬。

案大戴禮、金樓子並無乘字。『彤車白馬，』與上『黃收純衣，』相對爲文。

能明馴德，以親九族。

索隱：『……案尙書作「俊德。」』

案金樓子亦作『俊德。』孟子公孫丑篇：『俊傑在位。趙歧注：『俊，美才出衆者也。』是俊有美義。『俊德，』猶『美德。』廣雅釋詁：『馴，善也。』『馴德，』猶『善德。』說文美下云：『美與善同意。』（孟子公孫丑篇：『禹聞善言則拜。』夏本紀『善言』作『美言。』亦美、善同意之證。）是堯典之『俊德』猶此文之『馴德。』史公蓋以馴說俊耳。九族者，堯典孔疏引〔許愼〕異義云：『夏侯、歐陽等以爲九族者：父族四，母族三，妻族二。皆據異姓有服。』左桓六年傳孔疏引異義云：今禮戴、尙書歐陽說九族，乃異姓有屬者。父族四──五屬之內爲一族，父女昆弟適人者與其子爲一族，已女昆弟適人者與其子爲一族，已之女子子適人者與其子爲一族。母族三──母之父姓爲一族，母之母姓爲一族，母女昆弟適人者與其子爲一族。妻族二──妻之父姓爲一族，妻之母姓爲一族。』（又見詩王風葛藟孔疏。參看王先謙尙書孔傳參正。）

便章百姓。

索隱：……古文尙書作平。……今文作『辯章。』

案金樓子便亦作平。後漢書劉愷傳：『職在辯章百姓。』注引尙書亦作『辯章百姓。』並引鄭玄注：『辯，別也。章，明也。』平、便、辯，古並通用。（參看尙書孔傳參正。）

日暘谷。

索隱：『舊本作湯谷，今並依尚書字。案淮南子曰：「日出湯谷，浴於咸池。』則湯谷亦有他證明矣。』

案今本淮南子天文篇作『日出于暘谷。』楚辭離騷王逸注、遠遊注、九歎注、九歌洪興祖補注、文選左太沖蜀都賦注、吳都賦注、謝希逸月賦注、繆熙伯挽歌詩注引並作湯谷，與索隱所稱史記舊本及所引淮南子合。司馬貞既知作湯谷亦有他證，又依尚書改作暘谷，殊不可解。

便程東作。

索隱；『劉伯莊傳，皆依古史作「平秩」音。然尚書大傳曰：「辯秩東作。」則是訓秩爲程。言便課其作程者也。』

正義：耕作在春，故言『東作。』

案史公說堯典『平秩』爲『便程，』平、便並借爲辯，尚書大傳作辯，是也。說文：『辯，治也。』索隱『言便課其作程，』程有課義，文選張平子西京賦：『程角觝之妙戲。』薛綜注：『程謂課其技能也』。『便程東作，』猶言『治課東作。』謂治理課核春耕耳。下文兩言『便程，』並與『治課』同義。

日中、星鳥，以殷中春。

正義：下中，音仲。夏、秋、冬並同。

案堯典、金樓子『中春，』並作『仲春，』下文『中夏、』『中秋、』『中冬，』中並作仲。

便程南爲，敬致。

集解：『孔安國曰：爲，化也。……』

正義：爲，音于僞反。

考證：『張文虎曰：「南爲，」各本作「南譌。」依〔段玉裁〕尚書撰異改。錢大昕、梁玉繩說同。』

案殿本作『南爲。』景祐本、黃善夫本集解爲並作譌（與正文同）；殿本正義爲亦作譌。今本堯典作『南訛，』（僞孔傳亦作訛。）杜臺卿玉燭寶典五引作『南僞，』（引僞孔傳亦作僞。）十二引作『南譌。』疑作僞是故書。僞，古爲字。

史公蓋以爲說僞也。『便程南爲，』猶言『治課南爲。』謂治理課核夏耕耳。

申命和仲居西土。

集解：『徐廣曰：一無土字。』

案堯典及周禮縫人鄭注引尙書大傳並無土字。

曰昧谷。

集解：『徐廣曰：一作「柳谷」』

案周禮注引尙書大傳作『柳穀。』谷、穀古通，爾雅釋天：『東風謂之谷風。』邢昺疏引孫炎曰：『谷之言穀。穀，生也。谷風者，生長之風也。』呂氏春秋安死篇：『堯葬於穀林。』書鈔九二引穀作谷。並其證。

便在伏物。

索隱：使和叔察北方藏伏之物。……

案索隱訓在爲察，是也。(下文『舜乃在璿璣玉衡以齊七政。』在亦察也。) 爾雅釋詁：『在，察也。』『便在伏物，』猶言『治察伏物。』謂治理省察伏藏之物耳。

嗣子丹朱開明。

正義：『帝王紀云：堯娶散宜氏女，曰女皇。生丹朱。』

案御覽一三九引世本云：『堯娶散宜氏子，謂之女皇。』並引宋忠曰：是生丹朱。帝系、漢書同。』又引帝王世紀云：『女瑩生丹朱。』有注云：『漢書亦作女瑩。』今漢書古今人表作女皇。女皇之作女瑩，疑聯想及堯女女瑩(詳後)而誤。

有能使治者?

案者猶哉也。上文『堯又曰：誰可者?』裴學海云：『者猶哉也。』(古書虛字集釋九。) 與此同例。

嶽曰异哉!

正義：异，音異。

案堯典釋文：『异，徐云：鄭音異。』是正義之說，本於鄭玄。异、異古通，列子楊朱篇：『重囚累梏，何以异哉?』意林引异作異，卽其比。說文：『异，舉也。从廾，目聲。虞書曰：「岳曰：异哉!」』許愼訓异爲舉，於義爲長。

堯於是聽嶽用鯀，九載功用不成。

正義：『爾雅釋天云：「載，歲也。夏曰祀。周曰年。唐、虞曰載。」……孫炎云:「歲，取歲星行一次也。祀，取四時祭祀一訖也。年，取禾穀一熟也。載，取萬物終更始也。載者年之別名，故以載爲年也。」』

考證：尙書作「九載績用弗成。」

案御覽五九引『用鯀』作『命鯀治水。』夏本紀作『於是堯聽四嶽，用鯀治水。』鯀下亦有『治水』二字。景祐本、黃善夫本載並作歲。堯典下文『五載一巡守，』又云：『三載考績。』五帝本紀載並作歲。以彼例此，則此文蓋本作歲矣。御覽引功作績，與堯典合。惟史公以功說績，（夏本紀作『功用不成。』亦以功說績），則作功乃此文之舊。（鮑崇城刻本御覽功下有績字，亦非。）金樓子（興王篇）云：『九年績庸不成。』本於堯典，竊疑舊本堯典有作庸者。又案爾雅釋天：『載，歲也。夏曰歲，商曰祀。周曰年。唐、虞曰載。』此文正義既引孫炎注分釋歲、祀、年、載，則所引釋天之文，亦應歲、祀、年、載並擧。今本『夏曰』下蓋脫『歲。商曰』三字。堯典疏亦引釋天此文及孫炎注，『終更始，』終下有而字；『載者』上有是字。

踐朕位。

案踐借爲纘，說文：『纘，繼也。』禮記中庸：『踐其位。』鄭玄注：『踐讀爲纘。』與此同例。下文『夫而後之中國，踐天子位焉。』（本孟子萬章篇。）『年六十一，代堯踐帝位。』『然後禹踐天子位。』夏本紀：『湯乃踐天子位。』（又見殷本紀。）諸踐字亦皆借爲纘。

有矜在民間，曰虞舜。

集解：『孔安國曰：無妻曰矜』。

正義：矜，古頑反。

案正義讀矜爲鰥，堯典及僞孔傳並作鰥。矜、鰥古通，禮記王制：『老而無妻者謂之矜。』孟子梁惠王篇矜作鰥。卽其比。

於是堯妻之二女，

案之猶以也，淮南子泰族篇、論衡正說篇、金樓子后妃篇並作『妻以二女。』淮南子許愼注：『二女，娥皇、女英。』御覽（景宋本）一三五引尸子云：『堯妻舜以娥，媵之以皇。娥、皇，衆之女英。』以娥與皇爲堯二女，『女英』非堯女名，未知何據。

舜飭下二女於嬀汭，如婦禮。

索隱：『列女傳云：「二女，長曰娥皇，次曰女英。」系本作女瑩。大戴禮作女匽。』

案金樓子與王篇女英亦作女瑩。御覽一三九引〔大戴禮〕帝系作女偃。古今人表作女䇪。

舜讓於德，不懌。

集解：今文尙書作『不怡。』怡，懌也。

索隱：古文作『不嗣。』

案嗣乃怡之借字，義與懌同。从司从台之字可互通，王氏述聞有說。

遂類于上帝，

案類借爲禷，說文曰：禷，以事類祭天神。

辯于羣神。

案金樓子與王篇辯作辨，古通。

至於岱宗，祡。

集解：『鄭玄曰：……祡祭東嶽者，考績祡燎也。』

案景祐本正文、注文祡字並同。(說文引虞書亦作祡。) 黃善夫本、殿本並作柴。祡、柴正、假字。列子湯問篇：『秦之西有儀渠之國者，其親戚死，聚柴積而焚之。』釋文本柴作祡，（北宋本、容齋續筆十三引並同。）云：『祡，說文：「燒柴焚燎以祭天神。」或通作柴。』與此同例。

眚𢦏過赦，

案堯典作『眚災肆赦。』僞孔傳：『眚，過。』災，籀文𢦏。𢦏借爲菑，（莊子人間世篇：『命之曰菑人。』釋文：『菑音災。』卽二字通用之例。）說文：『菑，才耕田也。』（才，舊誤不。據王念孫廣雅疏證卷十上引改。）又云：『才，艸木之初也。』是菑有初、才義。爾雅釋詁：『肆，故也。』史公說肆爲過，過亦故也。(莊子寓言篇:『請問其過。』道藏王元澤新傳本、元纂圖互注本、世德堂本過並作故,即二字通用之例。)書無逸:『肆中宗之享國,七十有五年。』魯世家肆作故。史公於彼文說肆爲故,於此文說肆爲過,其義一也。『眚裁過赦。』猶言『過眚故赦。』謂過初犯故赦也。

怙終賊刑。

集解:『徐廣曰:終,一作衆。』

案怙借爲辜,爾雅釋詁:『辜,罪也。』于省吾尚書新證云:『賊从則聲,賊、則古通。』『怙終賊刑,』猶言『罪終則刑。』謂罪不改則刑也。徐廣引一本終作衆,或存史記之舊亦未可知。史公蓋以衆說堯典之終,(終、衆古通,儀禮士相見禮;『衆皆若是。』鄭玄注:『今文衆爲終。』禮記祭法:『堯能賞均刑法以義終。』『以義終,』猶言『以宜衆』也。)『怙衆賊刑,』猶言『罪多則刑』耳。說文:『衆,多也。』

惟刑之謐哉!

集解:『徐廣曰:「今文云:惟刑之謐哉!」爾雅曰:「謐,靜也。」』

索隱:『注:「惟刑之謐哉!」案古文作「恤哉。」且今文是伏生口誦,卹、謐聲近,遂作謐也。』

案索隱引古文尚書作『恤哉,』而云『卹、謐聲近,』則『恤哉』當作『卹哉。』書鈔四三引書(堯典)亦作『卹哉。』存古本之舊。(盤庚:『永敬大恤。』多士『罔不明德恤祀。』敦煌本恤並作卹,與此同例。)徐廣引今文作『謐哉。』卹、謐聲近相通;史公說卹爲靜,其義亦同。卹、謐、靜,並有愼義。爾雅釋詁:『愼、謐,靜也。』愼、謐並訓靜,靜與愼同義;則謐亦與愼同義,卹亦與愼同義矣。『惟刑之靜哉!』猶云『惟刑之愼哉!』(參看王氏述聞。)

請流共工於幽陵。

正義:尙書及大戴禮皆作幽州。

案淮南子脩務篇亦作幽州。今書(堯典)作幽洲。

殛鯀於羽山。

案書洪範:『鯀則殛死。』釋文:『殛,本又作極。』左昭七年傳:『昔堯殛鯀於羽山。』釋文：『殛，本作極。』殛、極古通，極猶困也。楚辭天問：『永遏在羽山。』遏、極義近。路史後紀十三：『書：「殛于羽山。」殛者，致之死地而不返云爾。』是也。敦煌本唐虞世南帝王略論：『鯀治洪水九年，其功不成，堯放之於羽山。』以殛爲放，其義亦近。

堯辟位凡二十八年而崩。

正義：『皇甫謐曰：「堯即位九十八年，通舜攝二十八年也。凡年百一十七歲。」孔安國云：「堯壽百一十六歲。」』

案藝文類聚十一引帝王世紀稱堯年百一十八歲，（帝王略論同。）與正義所引異。堯典僞孔傳稱堯壽百一十七歲，與正義所引亦異。

獄訟者，不之丹朱而之舜。

考證：三條、南化本『獄訟』作『訟獄，』與孟子合。

案金樓子亦作『訟獄。』

虞舜者，

考證：古鈔、南化本無者字。

案黃善夫本、殿本並提行。治要、御覽八一引此並無者字。

名曰重華。

正義：……瞽叟姓嬀，妻曰握登。見大虹，意感而生舜於姚墟，故姓姚。目重瞳子，故曰重華。字都君。龍顏、大口、黑色。身長六尺一寸。

案金樓子后妃篇名作號。御覽八一引帝王世紀云：『橋牛生瞽瞍，妻曰握登。見大虹，意感而生舜於姚墟，故姓姚。名重華，字都君。（以上又見初學記九。）龍顏、大口、黑色。身長六尺一寸。』蓋即正義所本。御覽八一引詩含神霧云：『握登見大虹，意感生帝舜。』一三五引河圖著命云：『握登見大虹，意感生舜於姚墟。』潛夫論五帝德篇：『握登見大虹，意感生重華虞舜。』劉子命相篇：『握登見大虹而生舜。』金樓子興王篇：『帝舜有虞氏，龍顏、大口、圓天、日角、出額、重鼻。足履龜文，目重瞳子。身長九尺一寸。』路史後紀十二云：『舜長九尺』注：『孔叢子（居衞篇）云：「舜長八尺有奇。」世紀云：「六尺一寸。」非。』御覽八一引孔叢子作『六尺有奇。』與帝王世紀合。

重華父曰瞽叟。

案御覽八一引大戴禮五帝德、左昭八年傳疏引〔大戴禮〕帝繫、家語五帝德叟皆作瞍。下文『瞽叟更娶妻而生象，』御覽一三五引叟亦作瞍。『瞽叟從下縱火焚廩，』『瞽叟與象共下土實井。』孟子萬章篇朱熹集注引叟並作瞍；『後瞽叟又使舜穿井，』初學記七引叟亦作瞍。

橋牛父曰句望。

考證：戴記橋作蟜，望作芒。

案御覽八一引帝王世紀望亦作芒。

自從窮蟬以至帝舜，皆微爲庶人。

案路史後紀十二注云：『史云：「窮蟬以來，微在匹庶。」謂庶士。非庶民也。』自景祐本以下皆作『微爲庶人。』庶人猶庶民也。羅苹所據，未知何本。

而舜母死。

案御覽一三五引死上有早字。八一引帝王世紀作『其母早死。』金樓子興王篇云：『母曰握登，早終。』

瞽叟更娶妻而生象。

案御覽一三五引妻上有後字。

匪有解。

案景祐本、黃善夫本、殿本解並作懈，懈、解正、假字。

舜耕歷山，

案水經瓠子河注引皇甫謐云：今濟陰歷山是也。與雷澤相比。

陶河濱，

正義：案於曹州濱河作瓦器也。

案一切經音義五九、七十並云：『史記：「陶，瓦器也。」蒼頡篇：「陶，作瓦家也。」舜始爲陶於河濱是也。』（於，一引作于，同。）所引史記，蓋注文。

堯二女不敢以貴驕，事舜親戚，甚有婦道。

正義：二女不敢以帝女驕慢舜之親戚。親戚，謂父瞽叟、後母、弟象、妹顆手等也。

案既言『甚有婦道，』則親戚蓋指舜之父母。古人往往稱父母爲親戚。金樓子后妃篇作『事瞽叟，不以天子之女故而驕盈怠慢，猶謙讓恭儉，思盡婦道。』以親戚爲舜父瞽叟，可徵古義。

舜耕歷山，歷山之人皆讓畔。

案周處風土記（賈思勰齊民要術十引）、禮記中庸孔疏、列子楊朱篇釋文引耕下並有於字。呂氏春秋愼人篇、淮南子原道篇、新序雜事一、初學記九引帝王世紀、金樓子興王篇皆作『耕於歷山。』御覽一百六十引此作『舜耕于歷山，耕者讓畔。』並引應劭曰：『歷山，卽雷澤中山也。』

漁雷澤，雷澤上人皆讓居。

案書鈔三、禮記疏引漁下並有於字。呂氏春秋、本書貨殖列傳、新序、初學記引帝王世紀皆同。抱朴子祛惑篇亦云：『漁于雷澤。』金樓子作『漁於靁澤。』下雷字亦作靁，雷卽靁之省。書鈔、御覽八一、記纂淵海六十、八四引『上人』皆作『之人』。

陶河濱，河濱器皆不苦窳。

集解：……駰謂窳，病也。

案禮記疏、列子釋文、御覽七五六引陶下並有於字。呂氏春秋、新序、初學記引帝王世紀、金樓子皆同。淮南子作『釣於河濱，』亦有於字。說文繫傳十四引陶下有于字，(抱朴子同。)並云：『窳，缺也。苦，薄也。』文選左太沖魏都賦注引此文，並引晉灼曰：『窳，病也。餘乳反。』何平叔景福殿賦注亦引晉灼曰：『窳，病也。』蓋卽裴駰注所本。御覽引窳下有注云：『以主切。』

爲築倉廩，予牛羊。

案御覽八一引予作與，古通。

瞽叟尙復欲殺之，使舜上塗廩，瞽叟從下縱火焚廩。舜乃以兩笠自扞而下去，得不死。

索隱：『……列女傳云：「二女敎舜鳥工上廩。」是也。』

正義：『通史云：「瞽叟使舜滌廩，舜告堯二女，女曰：『時其焚汝，鵲汝衣裳，鳥工往。』舜既登，得免去也。」』

案扞，支持也。（說文：『扞，忮也。』段注：『忮當作枝，枝持字古書用枝，亦用支。』）孟子萬章篇朱熹集注引扞作捍，同。後漢書寇恂傳注、御覽七六五引『而下』下並無去字。御覽一百九十引史記云：『舜母嫉舜，舜父使舜塗泥倉，放火而燒舜。舜垂席而下，得無傷。』與此文頗有出入，未知何據。又案索隱引列女傳云云，今本列女傳母儀篇有虞二妃傳無之。正義所引通史，梁武帝撰，見隋志。金樓子后妃篇：『瞽叟使塗廩，舜歸告二女：「父母使我塗廩，我其往！」二女曰：「衣鳥工往。」舜既治廩，瞽叟焚廩，舜飛去。』與通史所記，並有『鳥工往』之文，蓋並本於列女傳。

後瞽叟又使舜穿井。舜穿井，爲匿空旁出。

索隱：列女傳所謂『龍工入井』是也。

正義：『……通史云：「舜穿井，又告二女。二女曰：『去汝裳衣，龍工往。』入井，瞽叟與象下土實井，舜從他井出去也。」』

案御覽八一二引史記云：『舜爲父母淘井，將銀錢安鑵中，與父母。』不類史記之文，未知何據。路史後紀十二注（『銀錢』作『金銀。』鑵作罐，同）以爲『齊東之語。』是也。又案索隱引列女傳云云，今本列女傳無之。金樓子后妃篇：『瞽叟使舜浚井，舜告二女。二女曰：「往哉！衣龍工往。」舜往浚井，石殞于上，舜潛出其旁。』與通史所記，並有『龍工往』之文，蓋並本於列女傳。

瞽叟與象共下土實井。

索隱：亦作『塡井。』

案後漢書注引與上有乃字。御覽一八九引與下有弟子。初學記七引『下土實井，』作『下石塡井。』與索隱所稱一本作『塡井』合。

舜從匿空出去。

集解：『劉熙曰：舜以權謀自免，亦大聖有神人之助也。』

案孟子朱注引空下有中字。又案集解引劉熙云云，黃善夫本、殿本並在上文『爲匿空旁出』下，非也。

象鄂不懌。

案殿本鄂作愕，鄂、愕古、今字。留侯世家：『良愕然欲毆之。』景祐本愕作鄂，與此同例。

昔高陽氏有才子八人，

集解：名見左傳。

案集解云云，殿本脫之。下文『高辛氏有才子八人，』集解：『名見左傳。』殿本亦脫集解之文。

謂之八愷。

索隱：『左傳：「史克對魯宣公曰：『昔高陽氏有才子八人：倉舒、隤敳、檮戭、大臨、尨降、庭堅、仲容、叔達。』」』

案御覽八一、二百四引愷並作凱，同。陶潛集聖賢羣輔錄上引左傳(文十八年)、潛夫論五德志篇、藝文類聚十一、初學記九引帝王世紀亦皆作凱。又案索隱引左傳『史克對魯莊公，』黃善夫本、殿本並作『對季文子。』非也。此季文子使太史克對魯宣公之言。左傳倉舒作蒼舒，潛夫論同；殿本隤敳作隤敱，御覽二百四引同，左傳亦同；(路史後紀十二注作隤歜，歜蓋敱之誤。)潛夫論檮戭作擣演；黃善夫本、殿本尨降作厖降，路史注作龐降。皆古字通用。

世謂之八元。

索隱(原誤集解)：『左傳……仲熊、叔豹、季貍。』

案潛夫論仲熊作仲雄，季貍作季狸。御覽二百四引此貍亦作狸，狸與貍同。

堯未能舉。舜舉八愷，使主后土。

案焦氏易林二、四、五、八、十二注引能皆作及，舜下皆有『於是』二字。能與及同義。

以揆百事，莫不時序。

案御覽二百四引序作敘(古通)，下更有『地平天成』四字；並有注云：『揆，度。成亦平也。』『地平天成』四字，蓋據左傳加；所引之注，亦左傳杜預注也。

天下謂之渾沌。

正義：『一本云：天下之民謂之渾沌。』

案左傳『天下』下亦有『之民』二字，下同。

毀信惡忠，崇飾惡言。

正義：謂共工。言毀敗信行，惡其忠直。有惡言語，高粉飾之。

案『惡忠，』左傳作『廢忠。』當從之。毀、廢義近。此文廢作惡，疑涉下文『惡言』字而誤。正義云云，是所見本已誤矣。

貪于飲食，冒于貨賄。

案左傳杜注：冒亦貪也。

以御螭魅。

案治要引御作禦，左傳同。古字通用。

天下歸舜。

案治要引此下有注云：『帝王世紀曰：「舜立誹謗之木。論曰：孔子稱古者三皇五帝，設防而不犯，故無陷刑之民。是以或結繩而治；或象畫而化。自庖犧至于堯、舜，神道設教，可謂至政無所用刑矣。夫三載考績，黜陟幽明，善無微不著，惡無隱不章，任自然以誅賞，委羣心以就制。故能造御乎無，為運道於至和，百姓日用而不知，含德若自有者也。詩云：『上天之載，無聲無臭。』其斯之謂乎！」』蓋集解逸文。

而禹、皐陶、契、后稷、伯夷、夔、龍、倕、益、彭祖，

正義……倕，音垂。亦作垂。

案景祐本、黃善夫本、殿本倕並作垂，堯典同。

自堯時而皆舉用，

案而猶已也。封禪書：『八神將自古而有之。』而亦與已同義（吳昌瑩經詞衍釋七有說）。

弃！黎民始飢。

集解：『徐廣曰：今文尚書作「祖飢。」祖，始也。』

索隱：古文作「阻飢。」孔氏以為「阻，難也。」祖、阻聲相近，未知誰得。

案景祐本、黃善夫本、殿本弃並作棄，堯典同。弃，古棄字。此蓋改今從古，下同。書鈔五一引堯典作『徂飢。』祖、阻、徂並諧且聲，故可通用。

五品不馴。

正義：馴，音訓。

案殷本紀作『五品不訓。』御覽八三引作遜，與堯典合。僞孔傳：『遜，順也。』馴、訓並順也。淮南子人閒篇作『五品不愼。』（莊逵吉校云：御覽愼作順。）愼亦順也。

寇、賊、姦、軌。

集解：『鄭玄曰：由內爲姦。起外爲軌。』

正義：亦作宄。

案堯典軌作宄，僞孔傳：『在外曰姦，在內曰宄。』孔疏引左成十七年傳云：『亂在外爲姦。在內爲宄。』今左傳宄作軌（釋文云：本又作宄）。宄、軌正、假字。說文：『宄，姦也。外爲盜。內爲宄。從宀，九聲。讀若軌。』集解引鄭注內、外二字當互易，說文段注有說。

有能典朕三禮？

集解：『馬融曰：三禮，神天、地祇、人鬼之禮也。』

案書鈔八十引『三禮』下有者字，者猶哉也。又引馬注『三禮』下亦有者字。

直哉維靜絜。

正義：靜，淸也。絜，明也。

案黃善夫本正文、注文絜並作潔。潔乃潔之省，絜、潔古、今字。

歌長言。

集解（舊誤索隱）：『馬融曰：歌所以長言詩之意也。』

案景祐本正文、注文歌並作謌，同。

聲依永。

案景祐本永作詠，古字通用。堯典：『歌永言，聲依永。』漢書藝文志引上永字作詠，禮樂志引兩永字並作咏。師古注：『咏，古詠字也。咏，永也。』

皋陶爲大理平，民各伏得其實。

正義：皋陶作士，正平天下罪惡也。

考證：『大當作士，字之譌也。故正義以「作士」解之。戴記五帝德：『皋陶作士，忠信疏通。」本書夏本紀亦云：「皋陶作士以理民。」張文虎曰：「御覽八十一引史伏作服。」李笠曰：「伏通作服。……」』

案『大理』即士。本篇上文『舜曰：皋陶，蠻夷猾夏，寇、賊、姦、軌，汝作士。』（本堯典。）集解引馬融曰：『獄官之長。』正義云；『案若大理卿也。』禮記月令：『命理瞻傷、察創、視折。』鄭玄注：『理，治獄官也。有虞氏曰士，夏曰大理。』史公此文以『大理』說士，正義引『皋陶作士』以證之，正得其旨。考證乃以大爲士之誤，失之遠矣！說苑修文篇：『是故皋陶爲大理平，民各服得其實。』卽本此文，伏亦作服。

垂主工師，百工致功。

正義：工師，若今大匠卿也。

案說苑垂作倕。黃善夫本正義『工師』誤『工匠。』

山澤辟。

案御覽八一引作『山澤開闢。』闢、辟正、假字。

弃主稷，百穀時茂。

案御覽引稷作農，下有則字。

百姓親和。

案御覽引『親和』二字倒。

而九州莫敢辟違。

案說苑辟作僻，古字通用。

南撫交阯、北發。

正義：一句。

案黃善夫本、殿本正義並作索隱；下文『西戎、析枝、渠廋、氐羌。』正義：『一句。』黃本、殿本正義亦並作索隱。

西戎、析枝、渠廋、氐羌。

考證：南本廋作搜。

案書禹貢、本書夏本紀廋亦並作搜。

於是禹乃興九招之樂，致異物，鳳皇來翔。

索隱：招，音韶。

考證：楓、三、南本招作韶。

案夏本紀集解引徐廣注、御覽八一引招並作韶，說苑同。御覽九一五引招亦作韶，鳳上有而字。

年五十八堯崩。

案御覽八一引堯上有而字。

葬於江南九疑。

案通鑑秦紀二注引葬上有歸字，九疑下有山字。禮記檀弓上孔疏引九疑下亦有山字。呂氏春秋安死篇：『舜葬於紀市。』高誘注：『傳曰：「舜葬蒼梧九疑之山。」此云「於紀市，」九疑山下亦有紀邑。』藝文類聚十一、御覽八一並引帝王世紀，亦稱舜『葬於蒼梧九疑山之陽，是爲零陵，謂之紀市。』

是爲零陵。

案水經湘水注引『是爲』作『寔惟，』義同。

舜子商均亦不肖。

案金樓子興王篇：『商均，一名章鴰。』

十七年而崩，三年喪畢。

考證：楓、三、南本崩下重崩字。

案崩字不當重，孟子萬章篇作『十有七年舜崩，三年之喪畢。』本書夏本紀作『十七年而帝舜崩，三年喪畢。』並其證。

禹亦乃讓舜子，如舜讓堯子。

正義：『括地志云：禹居洛州。陽城者避商均，非時久居也。』

考證：楓、三、南本無乃字。

案乃字蓋涉上文『舜乃』字而衍。夏本紀：『禹辭辟舜之子商均於陽城。』（本孟子萬章篇。）此文正文不涉及陽城，正義云云，當移在彼文下。

自黃帝至舜、禹皆同姓。而異其國號，以章明德。

集解：『……又十一人爲十一姓：酉、祁、己、滕、葴、任、荀、釐、姞、儇、衣是也。』

案集解云云，荀當作苟。景祐本、黃善夫本、殿本儇並作嬛，殿本衣作依，並古字通用，說已見前。

其文不雅馴。

正義：馴，訓也。謂百家之言，皆非典雅之訓。

案廣雅釋詁：『馴，善也。』『雅馴，』謂『典雅馴善』也。正義釋爲『典雅之訓，』未審。

薦紳先生難言之。

集解：『徐廣曰：薦紳，即縉紳也。古字假借。』

案徐說是也。莊子天下篇：『鄒、魯之士搢紳先生多能明之。』一切經音義八一引搢作縉。縉、搢古亦通用。

孔子所傳宰予問五帝德及帝繫姓，

正義：繫，音奚計反。

案黃善夫本正義『奚計反』下，更有『五帝德及帝繫姓，皆大戴禮文、及孔子家語篇名。漢儒者以二書非經，恐不是聖人之言，故或不傳學也。』四十字，與下文『儒者或不傳』下索隱之文略同。又案今傳孔子家語，乃魏、晉時僞書，（蓋即王肅所僞託。）漢儒所不及見，不當與大戴禮並論也。

余嘗西至空桐，

案景祐本、黃善夫本、殿本空桐並作空峒。

東漸於海，

案書禹貢：『東漸于海，』（又見夏本紀。）僞孔傳：『漸，入也。』

至長老皆各往往稱黃帝、堯、舜之處，風教固殊焉。

考證：楓、三、南本無至字，固作國。

案至字蓋涉上文『西至空桐』而衍，楓、三、南本是也。國乃固之形誤，楓、三、南本非也。

顧弟弗深考。

集解：『徐廣曰：弟，但也。史記、漢書見此者非一。』

案『顧弟』複語，顧亦但也。黃善夫本、殿本徐廣注『史記』並誤『史說。』

其軼乃時時見於他說。

索隱:帝皇遺事散軼,乃時時旁見於他記說。

案軼下本有事字,故索隱云『遺事散軼。』史通暗惑篇引此,軼下正有事字。

五帝本紀第一　史記一

夏本紀第二

夏禹,名曰文命。

正義:『帝王紀云:父鯀妻脩己,見流星貫昴,夢接意感;又吞神珠薏苡,胷坼而生禹。名文命,字密。身九尺二寸長,本西夷人也。』……揚雄蜀王本紀云:「禹本汶山郡廣柔縣人也。生於石紐。」』

案事文類聚前集十九引墨子:『修已山行,見流星貫昴,意感慄然。胷坼而生禹。』御覽七引列星圖:『流星貫昴,脩紀感而生禹。』八二引尙書帝命驗:『脩已山行,見流星,意感栗然,生姒戎文禹。(注:栗然,感貌。姒,禹氏。禹生戎地,一名政命。)』(又見路史後紀十三夏后氏紀注,『流星』下有『貫昴』二字,文下有命字,並是。)又引孝經鉤命決:『命星貫昴,脩已夢接生禹。(注:命使之星,謂流行之星也。)』又見路史夏后氏紀注。)一三五引河圖著命:『脩紀見流星,意感生帝文命戎禹。』(又見潛夫論五德志篇,帝上有白字。)吳越春秋越王無余外傳:『鯀娶於有莘氏之女,名曰女嬉,年壯未孳。嬉於砥山得薏苡而吞之,意若爲人所感,因而姙孕,剖脅而產高密。』御覽八二引揚雄蜀王本紀:『禹本汶山廣柔縣人,生於石紐,其地名痢兒畔。禹母吞珠孕禹,坼堛而生。』(三國志蜀志秦宓傳注引譙周蜀本紀、路史後紀十二,痢兒畔並作刳兒坪,痢蓋刳之誤。)論衡奇怪篇:『禹母吞薏苡而生禹,故夏姓曰姒。』恢國篇:『禹母吞薏苡,將生,得玄圭。』淮南子脩務篇高誘注:『禹母脩已,感石而生禹,坼胸而出。』金樓子興王篇:『帝禹夏后氏,名曰文命,字高密。母修已,山行,見流星貫昴,意感;又吞神珠薏苡,胸坼而生禹於石紐。』劉子命相篇:『脩已見洞流星,而生夏禹。』又案初學記十九、御覽三七七並引帝王世紀:『禹長九尺九寸。』與正義引作『九尺二寸』異。(藝文類聚十一、御覽八二引與正義同。)金樓子亦稱禹『身長九尺九寸。』

禹之父曰鯀，鯀之父曰帝顓頊。

索隱：『皇甫謐云：「鯀，帝顓頊之子。字熙。」……系本亦以鯀爲顓頊子。漢書律歷志則云：「顓頊五代而生鯀。」按鯀既仕堯與舜，代系殊懸，舜即顓頊六代孫，則鯀非是顓頊之子。蓋班氏之言，近得其實。』

案吳越春秋越王無余外傳：『禹父鯀者，帝顓頊之後。』淮南子氾論篇高誘注：『禹，顓頊後世，鯀之子也。』初學記九引帝王世紀：『禹，姒姓也。其先出自顓頊，顓頊生鯀。』吳越春秋之說，與漢書較合。

鴻水滔天，浩浩懷山襄陵。下民其憂。

索隱：一作洪。鴻，大也。……

案治要、御覽八二引鴻並作洪，書堯典、臯陶謨、漢書地理志上皆同。古字通用。爾雅釋言：『襄，駕也。』郭璞注：『書曰：懷山襄陵。』書僞孔傳：『襄，上也。』舊注於書襄字，皆取駕、上之義。竊疑襄乃囊之借字，離騷：『忍尤而攘垢。』朱駿聲說文通訓定聲謂攘借爲囊。攘諧襄聲，可借爲囊；則襄亦可借爲囊矣。『懷山襄陵』者，『懷山囊陵』也。懷、囊義近。特備新解，以俟知者。御覽引憂作咨。咨借爲嗞，說文：『嗞，嗟也。』廣韻上平聲之第七云：『嗞嗟，憂聲也。』

乃殛鯀於羽山以死。

正義：『……鯀之羽山，化爲黃熊，入于羽淵。熊，音乃來反。下三點爲三足也。束晳發蒙紀云：鼈三足曰熊。』

路史後紀十二注云：『大戴禮五帝德，孔云四凶之去，皆堯也。……國語亦云：「堯殛鯀。」是鯀之殛，非舜明矣。』

案殛與極通，謂困極也。說詳五帝本紀。五帝本紀稱『舜歸而言於帝〔堯〕，請殛鯀於羽山。』是殛鯀之事，屬之堯或屬之舜，皆可。此猶國語晉語五稱『舜之刑也殛鮌，』（鮌與鯀同。）而晉語八又云『鮌違帝命，殛之于羽山（韋昭注：帝，堯也）』也。（路史注引鮌作鯀，鯀亦與鯀同。）羅苹之說泥矣！左昭七年傳：『昔堯殛鯀于羽山，其神化爲黃熊，以入于羽淵。』釋文：『熊，一作能，如字；一音奴來反。三足鼈也。』吳越春秋云：『鯀投于水，化爲黃能。』爾雅釋魚：『鼈三足，能。』王子年拾遺記二：『堯命夏鮌治水，九載無績，鮌自沈於羽淵，化爲玄魚。』蕭綺錄云：『尚書云：「堯殛鮌于羽山。」（今堯典鮌作鯀。）春秋傳曰：「其神化爲黃熊，以入羽淵。」是在山變爲熊，入水化爲魚也。』任昉述異記上云：『陸居曰熊。水居曰能。』又案正義鯀字，黃善夫本作鮌。正義三熊字，黃善夫本、殿本並作熊。从三點以象三足，俗字也。

禹爲人敏給克勤。

案大戴禮五帝德勤作濟，家語五帝德勤作齊。濟、齊聲近義同。廣雅釋訓：『濟濟，敬也。』釋詁：『齊，敬也。』勤借爲謹，謹、敬義近。

聲爲律，身爲度，稱以出。

集解：『徐廣曰：一作士。』

索隱：『按大戴禮見作士。又一解云：上文聲與身爲律度，則權衡亦出於其身。故云「稱以出」也。』

正義：『言出敎命皆合衆心，是「稱以出」也。出，一作士。按稱者衣服也。禹服緇衣纁裳，是士之祭服也。孝經鈎命決云：「禹，吾無閒然矣。菲飮食而致孝乎鬼神，惡衣服而致美乎黻冕。」是也。其義亦通，不及出字之義也。』

考證：律，律呂也。度，尺度也。稱，適事之宜也。出猶爲也，行也。言聲之高下疾徐，合於律呂；身之進退屈伸，合於尺度。皆稱其宜而行也。

案莊子寓言篇：『鳴而當律。』猶此言『聲爲律』也。『稱以出』三字，總承上文言之，考證之說爲長。惟出一作士，舊說疑莫能決。正義之說，不能自信。竊以爲士乃出之隸變，（如敖、賣等字，本皆从出。）隸書爲漢代通行書，此文蓋本作『稱以士。』士卽出字。其作出者，後人所改也。大戴禮作『稱以上士。』上乃士之誤而衍者。（王聘珍解詁云：『稱，擧也。孔氏鄉飮酒義疏云：「上，正也。」廣雅云：「士，事也。」「稱以上士」者，稱其聲與身而正音樂尺度之事也。』所謂曲說強通者矣！）禮書：『孰知夫士出死要節之所以養生也？』荀子禮論篇無士字，竊疑禮書本無出字，『士死』卽『出死，』後人不識士卽出字，乃據荀子於士下加出字耳。出，隸變作士，士、出遂往往相亂。呂后本紀：『齊內史士說王曰。』集解引徐廣云：『〔士〕一作出。』出蓋士之誤也。

亹亹穆穆，

案詩大雅文王：『亹亹文王，』毛傳：『亹亹，勉也。』爾雅釋訓：『穆穆，敬也。』

與人徒以傅土，行山表木。

集解：『尚書傅字作敷。馬融曰：敷，分也。』

索隱：『尚書作「敷土」，隨山刊木。」今案大戴禮作「傅土，」故此紀依之。……「表木，」謂刊木立爲表記。與孔注書意異。』

案御覽八二引傅作敷，蓋據書禹貢改。今大戴禮傅亦作敷，亦據禹貢改。馬氏訓敷爲分，傅亦分也。分有治理義。論語微子篇：『五穀不分。』釋文引鄭玄注：『〔分〕猶理。』卽其證。漢書地理志上引書刊作栞，淮南子脩務篇、本篇下文亦並作栞。說文引書作栞，云：『栞，槎識也 。夏書曰：「隨山栞木 。」讀若刊。栞，篆文，从幵。』（段注：壁中古文作栞；今文尚書作栞；則未知何時改爲刊也。）史公說栞爲表，謂表識也。是也。今臯陶謨、禹貢並作刊，藝文類聚十一引淮南子脩務篇、二六引本篇下文亦並作刊 。借字 。又案黃善夫本、殿本索隱『大戴禮』上並無『尚書作「敷土，隨山刊木。」今案』十一字。末句『與孔注書意異，』並作『尚書作「隨山刊木。」』

禹傷先人父鯀功之不成受誅，

考證：『張文虎曰：「父鯀」疑衍，御覽引作「禹傷先人之功不成受誅。」』

案御覽所引略『父鯀』二字 ，不足據 。金樓子興王篇『先人父鯀』四子同；惟『功之』作『之功，』與御覽引此文合。

居外十三年，過家門不敢入。

梁玉繩志疑云：此及河渠書、漢書溝洫志皆言禹在外十三年，與孟子言八年異。御覽八十二卷引尸子作『十年不闚其家。』吳越春秋越王無余外傳又作七年，當以孟子爲定。

案荀子非相篇注亦引尸子云：『禹之勞，十年不窺其家。』（窺與闚同。）所謂『十年，』蓋擧成數言之 。吳越春秋言禹『七年聞樂不聽 。過門不入。』『七年』蓋『十年』之誤。（七字栔文作十，與百、十字無別。古文、漢隸並作十，與十形近，亦易相亂。）河渠書：『夏書曰：『禹抑洪水十三年，過家不入門。』書皐陶謨孔疏引過上有三字，蓋據孟子『三過其門而不入』（滕文公上篇及離婁下篇）加之也。帝王略論稱禹『治水十三年，三過其門，聞兒泣聲而不入也。』亦兼本孟子言之。（列女傳母儀篇啓母塗山傳亦稱禹『三過其家，不入其門。』）

卑宮室，致費於溝淢。

集解：『包氏曰：方里爲井，井閒有溝，溝深廣四尺。十里爲成，成閒有淢，淢廣深八尺。』

考證：包說據周考工記。然可以概夏制。

案治要引淢作洫，論語泰伯篇同。洫、淢正、假字。包說本考工記匠人，今考工記淢作洫；論語包注淢亦作洫。

水行乘船。

案書鈔一三九引船作舟，本篇下文同。說文檋下引虞書、本書河渠書及漢書溝洫志並引夏書、呂氏春秋愼勢篇、淮南子齊俗篇及許注、脩務篇及高注、文子自然篇、書皐陶謨僞孔傳、金樓子興王篇、帝王略論皆作舟。

泥行乘橇。

集解：『徐廣曰：「他書或作蕝。」駰案孟康曰：「橇形如箕，擿行泥上。」如淳曰：「橇，音茅蕝之蕝。謂以板置其泥上，以通行路也。」』

案本書河渠書及漢書溝洫志並引夏書橇作毳（皐陶謨孔疏引河渠書及釋文引溝洫志並作橇）；尸子（皐陶謨釋文及孔疏、路史餘論九引）、淮南子脩務篇高注並作蕝；說文引虞書作輴；淮南子齊俗篇及許注並作楯；淮南子脩務篇、文子、皐陶謨僞孔傳並作輴。橇、毳、蕝、輴、楯、輴，一物也。（參看兪正燮癸巳存稿一、王先謙尙書孔傳參正及漢書補注。下『山行乘檋』條同。）又案皐陶謨釋文引服虔云：『木橇，形如木箕，擿行泥上。』與孟康注合。溝洫志孟康注、如淳注橇並作毳，『置其泥上，』無其字。御覽八二、說文繫傳十一引此亦並無其字。

山行乘檋。

集解：『徐廣曰：「檋一作橋。音丘遙反。」駰案如淳曰：「檋車，謂以鐵如錐頭，長半寸，施之履下，以上山不蹉跌也。」』

考證：『張文虎曰：漢書溝洫志檋作梮；……河渠書作橋。……』

案說文引虞書檋作欙；尸子（河渠書徐廣注、皋陶謨孔疏、路史餘論九及後紀十三注引）、呂氏春秋、文子、皋陶謨僞孔傳並作樏；淮南子脩務篇及高注並作虆。蔂乃虆之省，欙、虆正、假字，樏乃欙之省；帝王略論作轎。橋、轎古、今字。檋、梮、橋（轎）、欙（樏、蔂），一物也。又案溝洫志如淳注檋亦作梮。說文繫傳引此如淳注檋下無車字，『施之』作『施于，』（之、于同義。）『上山』下有則字。河渠書集解引徐廣曰：『橋一作檋。檋，直轅車也。』皋陶謨孔疏引徐注檋作輂，輂乃檋之省。

嵎夷既略，

集解：『馬融曰：嵎夷，地名。用功少曰略。』

索隱：『孔安國云：「東表之地稱嵎夷。」按今文尙書及帝命驗並作禺鐵，在遼西。鐵，古夷字也。』

考證：古鈔本嵎字從土，與札記所引宋本、舊刻本合。古文也。索隱本作嵎，蓋後人依今文改。見尙書撰異。

案景祐本嵎作堣，集解引馬融注同。廣雅釋詁：『略，治也。』此文略亦當訓治，馬注非。（王氏廣雅疏證、尙書述聞並有說。）又案殿本索隱兩鐵字並作銕，說文：『銕，古文鐵。』

濰，淄其道。

案景祐本、黃善夫本、殿本其並作既。此作其，與書禹貢及漢書地理志合。其、既同義。（古書虛字集釋五有說。）

海濱廣潟。

集解：『徐廣曰：一作澤；又作斥。』

案禹貢潟作斥。潟、澤、斥，古並通用。河渠書：『溉澤鹵之地四萬餘頃。』詩小雅甫田孔疏引澤作潟；御覽七五引作斥，與此同例。

其篚酓絲。

索隱：『爾雅云：「檿，山桑。」是蠶食檿之絲也。』

案索隱云云，是所據本酓作檿，禹貢、地理志並作檿。（段玉裁尙書撰異云：二字古音同讀如音。)

蒙、羽其藝。

集解:『……孔安國曰:二山可以種蓺。』

案黃善夫本、殿本正文、注文蓺並作藝。禹貢及僞孔傳同。蓺、藝古、今字。

大野既都,

考證:尙書都作豬。

案書鈔四引禹貢豬作瀦。豬、都古通,豬、瀦古、今字。下文「彭蠡既都。」禹貢都作豬,論衡書虛篇作瀦,與此同例。

東原底平。

正義:……水去已致平復,言可耕種也。

案底訓致,則當作厎。景祐本、黃善夫本並作厎。(地理志亦作厎,王先謙補注云:官本厎作底。)厎、底之義迥別,俗書往往相亂。

其田上中,賦中中。

案其字涉上文『其土』字而衍,上下文例可照。

貢維土五色。

正義:『韓詩外傳云:……各取方土,苴以白茅,以爲社也。』

案正義所引,乃外傳佚文。禹貢孔疏引『各取方土,』作『各取其方色土。』『以爲社』下,有『明有土謹敬絜清』字。孝經諸侯章邢昺疏亦引外傳此文,文亦有出入。

羽畎夏狄,

集解:『孔安國曰:夏狄,狄雉名也。……。』

案狄字景祐本同。黃善夫本作翟,蓋據禹貢改。(伯目三四六九敦煌古文本禹貢作狄。)黃本注文狄字尙存其舊;殿本正文既作翟,又改注文作翟以就之,甚矣其妄也!

淮夷蠙珠臮魚。

索隱:……蠙,一作玭。並步玄反。臮,古暨字。臮,與也。言夷人所居水之處有此蠙珠與魚也。又作濱,濱,畔也。地理志顏注亦云:『蠙,字或作玭。』禹貢釋文云：』蠙，字又作蚍。』蠙與玭同，蚍蓋玭之俗。說文：『玭，珠也。从玉，比聲。宋宏云：「淮水中出玭珠。玭，珠之有聲者。」蠙，夏書玭。从虫、賓。』繫傳引書（禹貢）蠙作玭，與索隱及地理志注所稱作玭者合。索隱又稱『蠙又作濱。』蠙、濱形近，又涉上文『泗濱』字而誤也。禹貢息作曁，敦煌古文本作息。

震澤致定。

索隱：『震，一作振。』

段玉裁尚書撰異云：廣雅釋地作振澤。

案震、振古通，五帝本紀：『振驚朕衆。』堯典振作震，與此同例。

瑤、琨、竹箭。

集解：『孔安國曰：瑤、琨，皆美玉也。』

案敦煌古文本禹貢僞孔傳『美玉』作『美石，』是也。禹貢孔疏引王肅云：『瑤、琨，美石次玉者也。』（參看段氏尚書撰異。）

齒、革、羽、旄。

集解：『孔安國曰：象齒、犀皮、鳥羽、旄牛尾也。』

正義：『……按西南夷常貢旄牛，尾爲旌旗之飾，書、詩通謂之旄。故尚書云：「右秉白旄。」詩云：「建旐設旄。」皆此牛也。』

案旄字景祐本同。黃善夫本、殿本並作毛，蓋據禹貢改。審集解引僞孔傳及正義云云，（正義之說本禹貢孔疏。）是正文本作旄。史公蓋以旄說禹貢之毛耳。（下文同。）段氏尚書撰異謂禹貢『本是旄字，衞包案改作毛。』考敦煌古文本禹貢已作毛，衞包於天寶三年受詔改古文尚書從今文，敦煌古文本乃天寶未改字以前寫本，（王重民巴黎敦煌殘卷敍錄卷一第二輯經部有說。）則段說不足信矣。地理志舊本亦作旄，（師古注可證。段氏撰異、王氏補注及尚書孔傳參正並有說。）今本作毛，蓋亦後人據禹貢所改也。

島夷卉服。

集解：孔安國曰：南海島夷，草服葛越。

考證：史記原本島作鳥，此後人所改，上文可證。

案景祐本島作㠀，集解引僞孔傳同。㠀乃㠀之俗省。敦煌古文本禹貢及僞孔傳亦並作島。（今本作島。）段氏尙書撰異謂禹貢『本作鳥，衞包改爲㠀字；』並云：『本紀作㠀，則淺人用天寶後尙書改之。』（此卽考證所本。）夫敦煌古文本作㠀，旣在衞包改字之前，則作㠀非衞包所改；此文之作㠀，亦不得以爲淺人用天寶後尙書所改，段說葢兩失之矣！

其篚織貝，

集解：『孔安國曰：織，細繒也。……』

考證：『集解「細繒，」書傳作「細紵。」』

案殿本集解引僞孔傳亦作『細紵，』葢據禹貢僞孔傳改。

雲土夢爲治。

考證：『張文虎曰：「雲土夢，」柯、凌本與索隱本合。錢大昕三史拾遺引淳熙耿秉本同。館本作「雲夢土。」辨見撰異。』（館本卽殿本。）

案黃善夫本亦作『雲夢土。』景祐本作『雲夢土，』『夢土』二字之間右旁加一符號，以示當乙作『雲土夢』耳。

滎播旣都，

考證：『古鈔、楓、三、南本播作潘。張文虎曰：宋本舊刻作潘，與說文合。段注謂「潘正字，播假借。」是也。』

案景祐本播亦作潘。

被明都。

索隱：明都，音孟豬。孟豬澤，在梁國睢陽縣東北。爾雅、左傳謂之孟諸，今文亦爲然。唯周禮稱望諸，皆此地之一名。

段氏尙書撰異云：地理志述禹貢作盟豬。

案禹貢明都作孟豬，卽索隱『音孟豬』所本。伯目三一六九敦煌古文本禹貢作盟豬，與地理志述禹貢合。又案索隱『孟豬澤』云云，本禹貢孔疏。

汶、嶓旣藝。

索隱：汶，一作嶓；又作峧。

案禹貢、地理志汶並作岷；閩本地理志作嶓（王氏補注引錢大昕說），與此索隱所稱『一作嶓』者合。黃善夫本索隱嶓作嶓。說文：『嶓，嶓山也。在蜀湔氐西徼外。从山，敔聲。』段注：『此篆省作嶓；隸變作汶、作岐；俗作岷。』所謂『省作嶓，』與黃本作嶓合。

其土青驪。

考證：尚書驪作黎。

案地理志亦作黎。驪、黎正、假字，小爾雅廣詁：『驪，黑也。』

熊羆狐貍織皮。

案貍字禹貢、地理志並同。景祐本、黃善夫本、殿本並作狸。貍、狸正、俗字。

荆、岐已旅。

禹貢已作既。王重民巴黎敦煌殘卷敍錄云：卷子本凡既皆作旡。史記夏本紀作已，當是旡字之誤。

案史公以已說禹貢之既，已非旡之誤也。上文『沱、涔已道，』禹貢已作既，亦同此例。

貢璆琳琅玕。

集解：『孔安國曰：璆琳，皆玉名。琅玕，石而似珠者。』

案禹貢、地理志璆並作球，球、璆同字。又案集解引僞孔傳云云，景祐本、黃善夫本、殿本石下並有名字，蓋涉上『玉名』字而衍。禹貢僞孔傳石下亦無名字。

汧及岐，至于荆山。

索隱：汧，一作岍。

案禹貢汧作岍（釋文：岍，字又作汧）。

又東至于盟津。

索隱：盟，古孟字。

案禹貢盟作孟，古字通用。周本紀：『東觀兵，至于盟津。』藝文類聚十二引盟作孟，魯周公世家：『武王九年，東伐至盟津。』正義：『盟作孟。』（據考證本。）並同此例。

又東爲蒼浪之水，

案禹貢、地理志蒼並作滄，古字通用。孟子離婁篇：『有孺子歌曰：『滄浪之水淸兮，可以濯我纓。』字亦作滄。

又東北入于海。

考證：『張文虎曰：「毛本『東北』作『北東，』與禹貢合。傳云：『北折而東也。』漢志、顏師古注並同。」』

案殿本『東北』亦作『北東。』

又東北至于涇。

考證：『張文虎曰：舊刻無北字，與經文及漢志合。……』

案景祐本、黃善夫本、殿本並有北字。

致愼財賦。

案日本古寫本財作來。

百里賦納緫。

集解：『孔安國曰：甸服內近王城者。禾稾曰緫。供飼國馬也。』

案殿本緫作總，集解引僞孔傳同。總、緫正、俗字。景祐本、黃善夫本僞孔傳甸下並脫服字，(禹貢僞孔傳有服字。)『供飼國馬，』並作『供食國之馬。』食、飼古、今字。殿本甸下亦脫服字，『供飼』倒作『飼供。』

天下於是太平治。

考證：羣書治要太作大。

案治要引此無『天下』二字。太當作大，王氏雜志已據治要正之。

信其道德，

考證：『「信其道德，」皋陶謨作「允迪厥德。」則史文當作「信道其德。」下文亦云：「道吾德，乃女功序之也。」』

案『其道』乃『道其』之誤倒，段玉裁尚書撰異已疑作『信道其德』之誤。皋陶謨僞孔傳：『迪，蹈。厥，其也。其，古人也。言人君當信蹈行古人之德。』史公以道說迪，道、蹈古通，(列子黃帝篇：『向吾見子道之，』又云：『此吾所以道之也。』唐盧重玄注本道並作蹈，卽其比。)蹈猶行也。道亦行也。其當讀爲己，『信道其德，』猶云『誠行己德』耳。下文『道吾德，』(皋陶謨作『迪朕德。』僞孔傳亦釋迪爲蹈。)猶言『行吾德』也。

眾明高翼，

考證：楓、三、南、凌本高作亮。

案亮乃高之形誤。臯陶謨高作厲（據治要引。今本作勵），史公以高說之。厲借爲𡾰，說文：『𡾰，巍高也。讀若厲。』（參看王念孫廣雅釋詁四疏證。）

毋敎邪淫奇謀。

案日本古寫本敎作敢，是也。今本臯陶謨作敎，亦誤。『毋敢』猶『不敢，』周書無逸：『不敢荒寧。』卽其例。敢，古文作㪅，與敎形近；敦煌本古文尚書敢多作𠭥（無逸之『不敢，』卽作𠭥），𠭥與敎形尤近，故易亂也。（漢書王嘉傳嘉奏封事，引臯陶謨作『無敖佚欲有國。』敖亦敢之誤。）

來始滑，

索隱：古文尚書作『在治忽。』今文作『采政忽。』先儒各隨字解之。今此云『來始滑，』於義無所通。蓋來、采字相近，滑、忽聲相亂，始又與治相似，因誤爲『來始滑。』今依今文音『采政忽』三字。

臯陶謨『在治忽。』王引之述聞云：『忽讀爲滑。滑，亂也。「在治滑，」謂「察治亂」也。滑、忽古同聲相通，史記夏本紀正作滑。』

案索隱以『來始』爲『采治』之誤，是也；惟謂『滑、忽聲相亂，』則非。滑、忽古通，從王引之說。『采治滑』與『在治忽』同旨，采者在之借字，爾雅釋詁：『在，察也。』采亦察也。索隱又謂『今文作「采政忽。」』竊疑今文尚書本作『采治忽，』亦謂『察治亂』也。唐人避高宗諱，以政代治耳。淮南子氾論篇：『禹之時，以五音聽治。』初學記十六、白帖六二引治並作政，與此同例。

予卽辟，女匡拂予。

考證：辟，邪僻。拂讀爲弼。

案卽猶若也，『予卽辟，』猶言『予若邪僻』也。下文『帝卽不時，布同善惡則毋功。』卽亦猶若也（臯陶謨卽作若）。本書卽義同若之例甚多。

諸眾讒嬖臣，君德誠施，皆淸矣。

集解：『徐廣曰：君，一作吾。』

案集解云云，景祐本無君字；黃善夫本、殿本君並誤臣。『一作吾』，吾蓋君之形誤。

禹曰：予辛壬娶塗山，癸甲生啓，予不子。

集解：『孔安國曰：塗山，國名。辛日娶妻，至于甲四日，復往治水。』

索隱：『……系本曰：「塗山氏女，名女憍。」是禹娶塗山氏，號女憍也。又按尙書云：「娶于塗山，辛壬癸甲。啓呱呱而泣，予弗子。」今此云：「辛壬娶塗山，癸甲生啓。」蓋今文尙書脫漏，太史公取以爲言，亦不稽其本意。豈有辛壬娶妻，經二日生子。不經之甚！』

正義：『此三（原誤五）字爲一句，禹辛日娶，至甲四日，往理水。及生啓不入門，我不得名子，以故能成水土之功。又一云：「過門不入，不得有子愛之心。」帝繫云：「禹娶塗山氏之子，謂之女憍，是生啓」也。』

考證：『……張文虎曰：「『辛壬』錯在『塗山』上，傳寫偶誤。裴引傳文，但增『四日』二字，（岷案今本臯陶謨僞孔傳無四字，有日字。張氏失檢。）餘無所辨；張亦祇依集解爲說。似所見本皆不誤。小司馬適據誤本，不能辨正，反謂『今文脫漏』。不思甚矣！」愚按「癸甲」下當補「出、往」等字面，「生啓予不子」五字一句。言塗山氏有孕生啓，予過門不入，不得子視之也。……』

路史後紀十二：『〔禹〕行年三十，取於塗山氏，曰趫。是爲攸女。辛壬癸甲行，十月而生啓，啓見其父呱呱而泣，而弗皇子也。』注：『……呂氏（佚文）云：「禹娶塗山，不以私害公。自辛至甲，越四辰而復往治水。」或謂「辛壬癸甲爲四年，然後有啓。太史公言『辛壬娶，癸甲生啓。』繆矣！」或云「『癸甲』下缺文。」俱妄。夫娶與生子，乃自二事。其娶止以辛壬癸甲四日，一也。子生啼而不暇子之，二也。吳越春秋（越王無余外傳）云：「娶于塗山，辛壬癸甲禹行，十月而生子。」是啓十月而生也。列女傳（母儀篇啓母塗山傳）言「娶四日而去治水。啓既生，呱呱。」是矣。王逸（楚辭天問篇注）言「辛酉日娶，甲子日去而有啓。」故說文（嵞下）云：「九江當塗，民以辛壬癸甲之日嫁娶。」而水經（淮水注）亦言「汝、淮之俗，至今以辛壬癸甲爲嫁娶日也。」』

案路史後紀十二及注云云，可補考證之未備。此文當讀『予辛壬娶塗山』句。

『癸甲生』句。『啓予不子』句。生乃㞷之隸變。㞷，栔文往字。（說文作徃。隸變作往；亦作徃。）此古字之僅存者。惜後人不識，遂異說紛紜矣！呂氏春秋『自辛至甲，越四辰而復往治水。』集解引僞孔傳：『辛日娶妻，至于甲四日，復往治水。』並可爲此文生卽往字之旁證。吳越春秋越王無余外傳：『禹娶塗山，謂之女嬌。取辛壬癸甲禹行。十月女嬌生子啓。』所謂『禹行，』行猶往也。藝文類聚十五引列女傳：『啓母塗山之女者，夏禹之妃，塗山女也。曰女嬌。禹取四日而去治水。啓旣生，呱呱而泣。禹三過其門，不入子之。』（又見御覽一三五。今本列女傳母儀篇啓母塗山傳，文有出入。）所謂『而去治水，』去亦猶往也。索隱引世本及正義引帝繫之女憍，黃善夫本並作女媧。殿本索隱引世本『名女憍。』憍亦作媧。御覽一三五引帝王世紀亦云：『禹始納塗山氏女，曰女媧。』路史後紀十三注謂『世本、世紀皆作嬌。』與吳越春秋及列女傳合。媧蓋嬌之誤，（嬌、媧形近，又聯想及女媧氏而誤也。）漢書古今人表作女趫，（蓋卽路史後紀十二作趫所本。）嬌、憍、趫，古字通用。御覽八二引帝王世紀：『帝啓一名建；一名余。』金樓子興王篇同。路史後紀十三：『帝啓曰會（注：見紀年；連山作余）；一曰建（注：見年代曆）。』正義：『禹辛日娶，』至『以故能成水土之功。』云云，本皐陶謨孔疏，（孔疏又本僞孔傳）所謂『我不得名子，』未得子字之義；又一云『不得有子愛之心。』是也。子借爲字，詩大雅生民：『牛羊腓字之。』毛傳：『字，愛也。』周書康誥：『于父不能字厥子，』僞孔傳：『於爲人父不能字愛其子。』此文子字，與彼兩文字字同義。

陟天之命，

考證：皐陶謨陟作勑。勑，謹也。

案治要引皐陶謨勑作敕。敕，古勑字。敕、陟古通，本書封禪書：『伊陟曰：妖不勝德。』集解引徐廣云：『陟，古作敕。』卽其比。

舜又歌曰，

考證：皐陶謨無舜字。

案帝王略論亦無舜字。

禹辭辟舜之子商均於陽城。

案殿本辟作避，御覽八二引同，辟，避正、假字。孟子萬章篇、意林五引魏文帝典論亦並作避。

而后舉益，任之政十年。

考證：『張文虎曰：十年，」孟子作「七年，」形近易亂。疑今本史文傳寫誤。』

案十葢本作+，漢隸七皆作+，（居延漢簡、武威漢簡並同。）後人不識，誤爲百、十字耳。

益讓帝禹之子啓，而辟居箕山之陽。

集解：孟子陽字作陰。

正義：按陽，卽陽城也。

案吳越春秋越王無余外傳亦云：『益避禹之子啓於箕山之陽。』意林引魏文帝典論云：『禹崩，益避禹子于箕山之陰。事見史記。』是史記舊本陽作陰，與孟子合。又案景祐本黃善夫本集解『孟子』下並衍曰字。黃本正義『按陽』作『按陰。』

故諸侯皆去益而朝啓，

案初學記十引朝作婦。婦，籀文歸。金樓子興王篇云：『人不歸益而歸啓。』

有扈氏不服。

集解：『地理志曰：扶風鄠縣是扈國』

索隱：『地理志曰：扶風鄠縣是扈國。』

案黃善夫本無索隱。殿本無集解。

有扈氏威侮五行。

王引之書甘誓述聞云：威，疑當作烕。烕者，蔑之假借也。蔑，輕也。『蔑侮五行，』言輕慢五行也。

案作威，義自可通，無煩改字。阮元甘誓校勘記云：『古本威作畏。』威、畏古通，尙書習見。（皋陶謨：『天明畏，自我民明威。』盤庚：『予豈汝威？』僞古文泰誓下：『作威殺戮。』校勘記並云：『古本威作畏。』皆同例。）威當借爲猥，畏、猥古亦通用，莊子庚桑楚篇：『以北居畏壘之山。』釋文：『畏，本又作猥。』卽其證。僞古文泰誓下：『今商王受狎侮五常。』『猥侮』猶『狎侮』也。

天下咸朝。

案御覽八二引朝作歸。

夏后帝啓崩。

案御覽八二引帝王世紀云：『帝啓……在位九年，年八十餘而崩。』

子帝太康立。

案左襄四年傳疏、哀元年傳疏引太並作大，蓋故本如此。（左哀元年傳疏引書僞五子之歌及序、襄四年傳疏引僞五子之歌序、亦並作大康。）

太康崩，弟中康立。

案御覽引帝王世紀：『太康無道，在位二十九年，失政而崩。』左僖三十一年傳疏、襄四年傳疏、哀元年傳疏、路史後紀十三上及注引中皆作仲，中、仲古通，書僞古文胤征亦作仲康。

帝中康時，

案景祐本提行。

中康崩，子帝相立。帝相崩，子帝少康立。

索隱：……然則帝相自被篡殺，中間經羿、浞二氏，蓋三數十年。而此紀總不言之，直云『帝相崩。子少康立。』疏略之甚！

正義：……按帝相被篡，歷羿、浞二世四十年。而此紀不說，亦馬遷所爲疏略也！

案御覽引帝王世紀：『帝相，一名相安。』景祐本『帝相崩』上空一格，下文每帝崩上皆空一格。左襄四年傳疏：『夏本紀云：「仲康崩，子相立。相崩。子少康立。」都不言羿、浞之事。是馬遷說之疎也！』索隱、正義立說相同，並本於孔穎達疏。

子帝予立。

索隱：『音佇。……國語云：杼能帥禹者也。』

案景祐本予作宁，下同。御覽八二引紀年亦作宁；又引帝王世紀云：『帝宁，一號后予；或曰公孫曼。能率禹之功，夏人報祭之。在位十七年。』路史後紀十三下云：『帝杼，一曰松曼。』注：『見代曆。世紀云：「或作公孫曼」非。』索隱引國語云云，黃善夫本、殿本帥並誤師，帥與季同。

子帝槐立。

索隱：音回。系本作帝芬。

案御覽引紀年：『后芬立四十四年。』又引帝王世紀：『帝芬，一名帝槐；或曰祖武。在位二十六年。』槐作芬，並與世本合。漢書人表亦作芬。

子帝芒立。

案御覽引紀年：『后芒陟位五十八年。』又引帝王世紀：『帝芒，一名和。』路史作『帝芒如。』

子帝泄立。

案御覽引帝王世紀：『帝泄，一名帝世；或曰泄宗。在位十六年。』路史泄作洩泄、洩正、俗字。云：『是爲世宗。』注：『見年代曆。世紀云「一名帝世。」誤。』

子帝不降立。

索隱：系本作帝降。

案御覽引紀年：『不降……立十九年。』又引帝王世紀：『帝不降，一名帝降；或曰北成。』有注云：『北字，或作江字。』路史注引世本亦云：『帝降，或曰北成。』

弟帝扃立。

案御覽引帝王世紀：『帝扃(原誤局)，一名帝禺；或曰高陽。在位二十一年。』

子帝廑立。

案御覽引帝王世紀：『帝廑，一名項；或曰董江。在位二十年。』路史：『帝廑一曰頓。』注：『見年代曆。世紀云：廑，一曰頓。』頓葢項之誤。

好方鬼神，

案御覽引方下有術字。

諸侯畔之。

案御覽引畔作叛（下文『而諸侯多畔，亦引作叛），古字通用。路史亦作叛。

其后有劉累，

集解：『服虔曰：后，劉累之爲諸侯者。夏后賜之姓。』

案后字景祐本同。黃善夫本、殿本並作後，御覽引同。（右昭二十六年傳亦作後。）作后是故書，正義論字例所謂『後字作后。』此其驗也。黃善夫本集解后字尚存其舊，殿本亦改爲後矣。漢書人表累作絫，師古注：『古累字。』

受豕韋之後。

集解：『徐廣曰：「受，一作更。」駰案賈逵曰：「劉累之後，至商不絕，以代豕韋之後。……」』

梁玉繩云：『徐廣謂「受，一作更。」與左傳合。蓋古字通用。周紀：「膺更大命。」本作受。』

案左昭二十九年傳受作更。集解引賈逵注『以代豕韋之後。』正以代釋更。此文作受，乃更之誤。更正作㪅，與受形近，故致誤耳。周本紀之『膺更大命，更又受之誤也。梁說非。

子帝皋立。

案御覽引紀年：『后昊立三年。』有注云：『帝皋也。』又引帝王世紀：『帝皋一名皋苟。』（路史注引世紀皋苟作皋簡。）

帝皋崩，子帝發立。帝發崩，子帝履癸立，是爲桀。』

案『帝皋崩』上，『帝發崩』上，下文『帝桀之時』上，景祐本皆空一格。御覽引紀年：『后發，一名后敬；或曰發惠。』有注云：『其子立爲桀。』

夏桀不務德，而武傷百姓。

案御覽引武作虐。大戴禮少閒篇：『桀不率先王之明德，乃荒耽于酒，淫泆于樂，德昏政亂，作宮室高臺、汙池土察，以民爲虐。粒食之民，惛焉幾亡。』御覽七六七引史記：『桀有力，能伸鉤、索鐵。』今本史記無此文。淮南子主術篇：『桀之力，制觡、伸鉤、索鐵、歙金。』或御覽誤以淮南子之文爲史記也。又御覽引帝王世紀：『帝桀淫虐，有才力，能伸鉤、索鐵。』敦煌本帝王略論：『桀少有力，能申鉤、索鐵。』焦氏易林九注引史記：『夏桀爲傾宮瑤臺，殫百姓之財。湯伐之，放於南巢。』今本史記無此文。文選張平子東都賦李善注引汲冢古文：『夏桀作傾宮瑤臺，殫百姓之財。』(又見文選左太沖吳都賦劉淵林注、御覽八二、路史發揮六，文有出入。)或焦氏易林注誤以汲冢古文之文爲史記也。淮南子地形篇：『傾宮旋室。』高誘注：『傾宮，宮滿一頃田中也。』又淮南子本經篇：『桀爲琁室瑤臺。』(帝王略論室作宮。)列女傳孽嬖篇夏桀末喜傳：『桀……造瓊室瑤臺，以臨雲雨。殫財盡幣，意尚不饜。』御覽引帝王世紀：『〔桀〕爲瓊室瑤臺。』金樓子箴戒篇：『夏桀作爲璿臺瑤室。』

湯修德，諸侯皆歸湯。湯遂率兵以伐夏桀，桀走鳴條，遂放而死。

集解：『徐廣曰：「從禹至桀十七君，十四世。」駰案汲冢紀年曰：有王與無王，用歲四百七十一年矣。』

索隱：『徐廣曰：「從禹至桀十七君，十四世。案汲冢紀年曰：有王與無王，用歲四百七十一年。』

正義：『……淮南子云：湯敗桀於歷山，與妺喜同舟浮江，奔南巢之山而死。』案淮南子脩務篇：『湯夙興夜寐，以致聰明。輕賦薄斂，以寬民氓。布德施惠，以振困窮。弔死問疾，以養孤孀。百姓親附，政令流行。乃整兵鳴條，困夏南巢，譙以其過，放之歷山。』(高注：南巢，今廬江居巢是。歷山，蓋歷陽之山。)本經篇：『湯乃以革車三百乘，伐桀於南巢，放之夏臺。』主術篇：『湯革車三百乘，困之鳴條，擒之焦門。』(高注：『焦，或作巢。』莊逵吉云：『焦與巢古字通。)正義引淮南子云云，律書正義亦引之，蓋淮南子許慎注。列女傳：『湯遂放桀，與末喜嬖妾同舟流于海，死于南巢之山。』(又見御覽引帝王世紀。)當卽許注所本。大戴禮少閒篇：『禹崩十有七世，乃有末孫桀卽位。』三代世表亦云：『從禹至桀十七世。』御覽引紀年：『自禹至桀十七世，有王與無王，用歲四百七十一年。』焦氏易林二注引史記：『夏歷世四百七十八年。』今本史記無此文，疑誤以紀年爲史記，八當作一。又案索隱云云，與集解重出，黃善夫本、殿本並無之。

桀謂人曰：吾悔不遂殺湯於夏臺，使至此！

案淮南子氾論篇：『故桀囚於焦門，而不能自非其所行，而悔不殺湯於夏臺。』

用國爲姓。

梁玉繩云：姓當作氏。

案路史國名紀四引此作『以國爲氏。』用、以同義。

斟尋氏、

集解：『徐廣曰：一作「斟氏、尋氏。」』

案左哀元年傳尋作鄩。集解云云，景祐本、黃善夫本、殿本『一作』皆作『一云。』

斟氏戈氏、

考證：『錢大昕云：索隱本「斟氏戈氏」作「斟戈氏。」卽「斟灌」也。戈、灌聲相近，上氏字衍。』

案左襄四年傳、哀元年傳、漢書人表、潛夫論五德志篇、御覽引帝王世紀皆作斟灌。

或言禹會諸侯江南，

案周禮夏官職方氏賈公彥疏引『諸侯』下有於字。

夏本紀第二　史記二

附記：

國立中央圖書館藏日本古寫本夏本紀，三年前曾往參觀，匆匆默識數事，惜未能詳加比勘也！五十五年三月廿五日記於臺北慕廬。

殷本紀第三

殷契，

正義：契，音薛。

案御覽八三引此作『殷之祖契。』並有注云：『音薛。』乃正義之文。所據蓋正義本。（御覽所引史記，大都爲集解本。）則殷下多『之祖』二字，或正義本然也。三代世表、論衡奇怪篇、漢書人表、藝文類聚十五引世本、九二引列女（原誤仙）傳（母儀篇契母簡狄傳）、十一引帝現世紀、五帝本紀正義及御覽八十引帝王世紀、帝王略論，契皆作卨。卨，古契字。（說文作偰。）司馬相如列傳載子虛賦有云：『契不能計。』漢書、文選契並作卨，與此同例。

母曰簡狄，有娀氏之女，爲帝嚳次妃。

集解：『淮南子曰：有娀在不周之北。』

索隱：舊本狄作易，易、狄音同。又作逷，吐歷反。

正義：『按記云：「桀敗於有娀之墟。」有娀當在蒲州也。』

案路史後紀九下注引書中候狄作易；漢書人表作逷；淮南子地形篇及高注、脩務篇高注、藝文類聚十一及御覽八十（及三七一、八五八）引帝王世紀、金樓子興王篇皆作翟，狄、易、逷、翟，古並通用。日本高山寺古寫本女下有也字，詩商頌譜孔疏引同。列女傳母儀篇契母簡狄傳亦有也字。古寫本嚳作俈，俈與嚳同。（已詳五帝本紀。）集解引淮南子，見地形篇。索隱『舊本狄作易，易、狄音同。』黃善夫本作『舊本作易，狄音同。』狄字當在作字上（或在舊字上）；否則易字當疊。殿本作『狄，舊本作易，音同。』

三人行浴，見玄鳥墮其卵，簡狄取呑之，因孕生契。

案洪邁容齋隨筆七引『玄鳥』作燕，『玄鳥』卽燕也。褚少孫續三代世表引詩傳、論衡奇怪篇、恢國篇、詰術篇、淮南子脩務篇注亦皆作燕。亦謂之鳦，詩商頌玄鳥毛傳：『玄鳥，鳦也。』爾雅釋鳥：『燕燕，鳦。』邢昺疏云：『諸緯候皆言「簡狄呑鳦卵而生契。」是玄鳥又名鳦也。』續三代世表索隱引此『見玄鳥墮其卵，』作『玄鳥翔水遺卵。』御覽一三五引墮亦作遺。詩大雅生民疏、商頌玄鳥疏並引〔尚書〕中候契握云：『玄鳥翔水遺卵。』（又見禮記月令孔疏、御覽八三、路史後紀九下注。）索隱所引蓋與中候契握之文相溷也。爾雅疏引墮作隋，墮、隋正、假字。古寫本取下有而字，續三代世表索隱、御覽一三五、爾雅疏引並同。隋杜臺卿玉燭寶典二、藝文類聚九二並引列女傳作『簡狄得而呑之。』（今本列女傳作『簡狄得而含之，誤而呑之。』）亦有而字。藝文類聚十引史記云：『帝嚳少妃有娀氏女簡狄，以春分玄鳥至之日，祀于高禖。有玄鳥遺其卵，簡狄呑之，孕生契，爲殷始祖。』（又見御覽九二二、記纂淵海九七，祀並作祠，古字通用。）與此文頗異。詩玄鳥傳：『春分玄鳥降，湯之先祖有娀氏女簡狄，配高辛氏帝。帝率與之祈于郊禖，而生契。』釋文：『「郊禖，」本亦作「

高禖。」』呂氏春秋仲春紀：『是月也，玄鳥至。至之日，以太牢祀於高禖。』（又見禮記月令，祀作祠。）高誘注：『周禮媒氏，以「以仲春之月合男女。於時也，奔則不禁。」（今本周禮則作者，義同。）因祭其神於郊，謂之郊禖。郊音高相近，故或言高禖。王者后妃，以玄鳥日至，祈繼嗣於高禖。』又案論衡案書篇：『殷本紀言「契母簡狄浴於川，遇玄鳥墜卵，吞之，遂生契焉。』乃引大意。遇，此作見，義同。爾雅釋詁：『遇，見也。』墜，此作墮，義同。列女傳亦作墜。遂，此作因，義同。列女傳亦作遂。廉頗藺相如列傳：『趙王因以括為將，代廉頗。』通鑑周紀五因作遂。亦因、遂同義之證。

五品不訓。

案御覽八三引訓作遜，五帝本紀作馴，義並同。（說已詳五帝本紀。）

汝為司徒，而敬敷五教，五教在寬。

考證：〔五教在寬，〕古鈔、南本無『五教』二字，舜紀亦無，與堯典合。

案古寫本（即考證所稱古鈔本）汝作女。景宋本御覽八三引『在寬』上亦無『五教』二字，蓋涉上句而誤疊也。

封于商。

集解：『鄭玄曰：「商國在太華之陽。」皇甫謐曰：「今上洛商是也。」』

案古寫本、景祐本、黃善夫本、殿本于並作於，御覽引同。集解云云，古寫本、黃善夫本太並作大。左襄九年傳疏引太亦作大。水經丹水注：『契始封商。魯連子曰：「在太華之陽。」皇甫謐、闞駰並以為上洛商縣也。』王國維云：『商非上雒之商，古之宋國，實名商邱。商在宋地。』（詳觀堂集林十二說商。）

賜姓子氏。

集解：『禮緯曰：祖以玄鳥生子也。』

案續三代世表：『契生而賢，堯立為司徒，姓之曰子氏。』堯當作舜。論衡奇怪篇：『卨母吞燕卵而生卨，故殷姓曰子。』詰術篇：『商吞燕子而生，則姓為子氏。』白虎通姓名篇：『殷姓子氏，祖以玄鳥子也。』又案集解云云，殿本『禮緯』上有『駰案』二字。古寫本『生子』二字倒（下無也字），是也。『以玄鳥子生，』猶言『以燕卵生』也。

契卒，子昭明立。昭明卒，子相土立。

集解：『宋忠曰：……………』

案書帝告、釐沃序孔疏引世本云：『昭明居砥石。』景祐本『昭明卒』上空一格。自此至下文『主癸卒，子天乙立。』每帝卒上皆空一格。又案集解所引宋忠，黃善夫本作宋衷，衷卽忠也。

相土卒，子昌若立。

案古寫本提行別書。自此至下文『主癸卒，子天乙立。』每帝卒及其子立，皆提行別書。

子曹圉立。

索隱：系本作遭圉也。

梁玉繩云：索隱引世本作粮圉；禮祭法疏引世本作遭圉；漢書人表又作根圉。……曹乃遭之省；粮乃根之譌。

案索隱遭圉，黃善夫本作粮圉；殿本作糧圉。梁氏據漢書人表謂『粮乃根之譌。』疑是。根誤爲粮，復易爲糧耳。

冥卒，子振立。

索隱：系本作核。

王國維云：『卜辭多記祭王亥事，祭禮最隆。必爲商之先王先公無疑。案史記殷本紀及三代世表，商先祖中無「王亥。」惟云「冥卒，子振立。振卒，子微立。」索隱：「振，系本作核。」漢書古今人表作垓。然則史記之振，當爲核或垓之譌也。』（詳觀堂集林九殷卜辭中所見先公先王考『王亥』條。）

案王說是也。卜辭作亥，世本作核，亥、核古通，釋名釋天：『亥，核也。』玉燭寶典十引詩紀歷樞曰：『亥者，核也。』並其證。漢書人表作垓，垓諧亥聲，當亦與亥、核通用。

主癸卒，子天乙立。是爲成湯。

索隱：『湯名履，書曰「予小子履。」是也。又稱天乙者，………故國語曰：「玄王勤商，十四代興。」玄王，契也。』

王國維云：湯名天乙，見於世本及荀子成相篇，而史記仍之。卜辭有大乙，無天乙。商初葉諸帝，如大丁，如大甲，如大庚，如大戊，皆冠以大字，則湯自當稱大乙。（詳王氏王殷卜辭中所見先公先王考『大乙』條。』

案書帝告、釐沃序疏引是上有天乙二字。詩商頌那疏引中候雒予命云：『天乙在亳。』注：『天乙，湯名。』藝文類聚十二、御覽八三亦並引尙書中候云：『天乙在亳；』又並引帝王世紀云：『成湯，一名帝乙。』金樓子興王篇：『成湯，姓子，名履，字天乙。』天乙非字也。又案古寫本『索隱』作『貞曰。』書帝告、釐沃序疏云：『周語曰：「玄王勤商，十四世而興。」玄王，謂契也。』卽索隱『故國語』云云所本。

成湯。自契至湯，八遷。

考證：成湯二字衍。楓、三、南本、洞本舊刻本皆無。

案御覽八三引逸書云：『成湯。自契至湯，八遷。』與此文同。書帝告、釐沃序云、『自契至于成湯，八遷。』自上亦無成湯二字。

湯始居亳。

集解：『皇甫謐曰：梁國穀熟爲南亳，卽湯都也。』

案集解云云，古寫本亳作薄，薄乃薄之誤，亳、薄古通，下文集解諸亳字，古寫本皆作薄，是也。

道乃進。

案治要引乃作廼，古寫本作迺。廼，迺之俗變。迺，古乃字。下文諸乃字，古寫本亦多作迺。

汝不能敬命，予大罰殛之。

案金樓子罰作伐，古字通用。廣雅釋詁一：『罰、伐，殺也。』又釋詁四：『罰，伐也。』古寫本殛作極，下文『天命殛之。』古寫本亦作極。殛、極古通，說已見五帝本紀。之字承上文汝字而言，汝，舊本當作女。竊疑『予大罰殛之，』猶言『予大罰殛女。』之與女同義。下文『女不從誓言，予則帑僇女。』又云：女（今本誤毋，說詳後）不有功於民、勤力迺事，予乃大罰殛女。』（古寫本殛亦作極。）並與此句法同。彼文用女，此文用之，其義一也。

伊尹名阿衡。

索隱：『孫子兵書，伊尹名摯。孔安國亦曰伊摯。然解者以阿衡爲官名。按阿，倚也。衡，平也。言依倚而取平。書曰：「惟嗣王弗惠于阿衡。」亦曰保衡。皆伊尹之官號，非名也。…………尹，正也。謂湯使之正天下。』

案金樓子興王篇名作號。詩商頌長發：『實維阿衡，實左右商王。』鄭箋：『阿，倚。衡，平也。伊尹，湯所依倚而取平。故以爲官名。』孔疏：『伊是其氏。尹，正也。言其能正天下，故謂之伊尹。阿衡，則其官名也。〔書〕君奭曰：「在昔成湯既受命，時則有若伊尹，格于皇天。在太甲，時則有若保衡，格于上帝。」〔鄭玄〕注云：「伊尹，名摯。湯以爲阿衡。至太甲，改曰保衡。阿衡、保衡皆公官。」然則伊尹、摯、阿衡、保衡，一人也。』此文索隱，葢兼本鄭箋及孔疏。國語晉語一韋昭注：『伊尹，湯相伊摯也。』文心雕龍神思篇：『伊摯不能言鼎。』並舉伊尹之名。

阿衡欲奸湯而無由，乃爲有莘氏媵臣。

案古寫本奸字同，景祐本、黄善夫本、殿本並作干，藝文類聚七三、御覽七五六、唐太宗帝範求賢篇注引並同。金樓子亦作干。奸、干古通，(莊子天運篇：『孔子謂老聃曰：丘治詩、書、禮、樂、易、春秋六經，自以爲久矣，孰知其故矣。以奸者七十二君。』本書十二諸侯年表序、儒林列傳奸並作干，與此同例。)文選東方曼倩非有先生論注引魯連子亦云：『伊尹負鼎佩刀以干湯。』列女傳辯通篇齊管妾婧傳：『夫伊尹，有㜪氏之媵臣也。』㜪與莘同，漢書人表亦作㜪。字亦作侁，呂氏春秋本味篇：「有侁氏女採桑，』高誘注：『侁讀曰莘。』卽其證。

負鼎俎，以滋味說湯，致于王道。

集解：『列女傳曰：湯妃，有莘氏之女。』

案集解引列女傳云云，見母儀篇湯妃有㜪傳，今本莘作㜪，女弟歐纈芳云：『御覽一三五引㜪作莘。』與此同。

或曰：伊尹處士，湯使人聘迎之，五反然後肯往從湯。

案御覽四七四引曰作云。景宋本白帖七引『處士』作『隱居，』疑臆改。古寫本後作后，與正義論字例合。

遇女鳩、女房，作女鳩、女房。

集解：『孔安國曰：鳩、房二人，湯之賢臣也。…………』

案書汝鳩、汝方序房並作方，僞孔傳同。方、房古通。

自天下四方，

考證：古鈔、南本『天下』作『上下。』

案古寫本仍作『天下，』考證恐失檢。金樓子、大戴禮保傅篇盧辯注並作『上下。』

嘻，盡之矣！

案金樓子、大戴禮注嘻並作噫。

祝曰：欲左左，欲右右。

案白帖二五引祝下有之字，『欲左、』『欲右』下並有者字。賈子新書論誠篇同。金樓子祝下亦有之字。呂氏春秋異用篇、賈子新書禮篇、新序雜事五、藝文類聚十二及御覽九四八引帝王世紀、帝王略論『欲左、』『欲右』下，亦皆有者字。

不用命，乃入吾網。

案白帖引命下有者字。大戴禮注同。

及禽獸。

考證：楓、三、南本獸下有矣字。

案白帖引獸下亦有矣字。呂氏春秋、賈子新書禮篇、論誠篇、新序皆同。

夏桀爲虐政淫荒。

案御覽三四一引『虐政淫荒，』作『虐亂婬荒。』（婬、淫正、假字。）下更有『酖酗于酒，不脩厥政，天下叛之。』十二字。

格女眾庶，來，女悉聽朕言。

考證：『李笠曰：「尚書湯誓作『格爾眾庶，』無來字。疑史文原只作『汝眾庶來。』以來代格。後人涉尚書文，妄增格字。」』

案古寫本上女字同，景祐本、黃善夫本、殿本並作汝。湯誓作『格爾眾庶，悉聽朕言。』竊疑此文本作『女眾庶來，悉聽朕言。』後人據湯誓妄增格字，悉上又涉上文而誤衍女字耳。（王先謙尚書孔傳參正謂此文本作『來女眾庶，悉聽朕言。』)

不敢不正。

案古寫本正作政，古字通用。下文『舍我嗇事而割政。』湯誓政作正，卽其比。

正、政並借爲征，詩魯頌泮水：『桓桓于征。』鄭箋：『征，征伐也。』

舍我嗇事而割政。

集解：『孔安國曰：奪民農功而爲割剝之政。』

考證：楓、三本政下有夏字。

案湯誓嗇作穡，穡、嗇正、假字。古寫本政下亦有夏字(寫在下文『女其曰』上，中隔集解之文)，蓋後人據湯誓妄加。據僞孔傳，則湯誓本無夏字；(段玉裁尙書撰異有說。)集解既引僞孔傳以釋此文，則此文本亦無夏字。『割政』猶『奪征，』(參看吾友屈萬里教授尙書釋義湯誓篇。)湯誓下文『率割夏邑，』史公說割爲奪，卽割、奪同義之證。

夏王率止眾力，率奪夏國。

集解：『孔安國曰：桀之君臣，相率遏止眾力，使不得事農；相率割剝夏之邑居。』

案兩率字，並語助，『下文有眾率怠不和。』率亦語助，經傳釋詞九有說。集解引孔安國云云，古寫本孔安國作馬融，『割剝』作『割斸。』竊疑此乃湯誓馬融舊注，僞孔傳本之，(僞孔傳作『言桀君臣相率爲勞役之事，以絕眾力，謂廢農功；相率割剝夏之邑居，謂征賦重。』)今各本此文馬融之作孔安國，乃後人據僞孔傳改之也。

有眾率怠不和。

集解：『馬融曰：眾民相率怠惰，不和同。』

案集解云云，古寫本惰作隋，景祐本、黃善夫本並作墮。墮，或墮字。惰、隋、墮，古並通用。又案湯誓僞孔傳：『眾下相率爲怠惰，不與上和合。』蓋本於馬注。

予則帑僇女，無有攸赦。

案古寫本帑作奴，無作毋。奴、帑正、假字。毋與無同。

桀敗於有娀之虛，桀犇於鳴條。

案古寫本、景祐本虛並作墟，金樓子同。虛、墟正、俗字。文選班孟堅東都賦注引犇作奔，犇、奔古、今字。

湯遂伐三𡡝，俘厥寶玉。

集解：『孔安國曰：三𡡝，國名。…………』

案書典寶序𡡝作朡，僞孔傳同。古字通用。

義伯、仲伯作典寶。

案書典寶序義作誼，義、誼古通。

於是諸侯畢服。

梁玉繩云：『它本或作「諸侯心服」；或作「諸侯服，」連下湯字爲句。並非。後書王暢傳注引史云：「于是諸侯畢服。」』

案梁氏稱它本畢作心，心乃必之壞字，或淺人所改。殿本脫畢字。古寫本、景祐本、黃善夫本畢並作必。必、畢古通，左隱元年傳：『同軌畢至。』白虎通義崩薨篇引畢作必，韓非子大體篇：『則物不必載。』治要引必作畢，淮南子天文篇：『草木必死。』玉燭寶典五引必作畢。皆其比。

湯歸至于泰卷陶。

集解：『徐廣曰：「一無此陶字。」孔安國曰：「地名，湯自三𡡝而還。」』

索隱：『鄒誕生卷作坰；又作洞。則卷當爲坰，與尚書同。非衍字也。其下陶字是衍耳。何以知然？解尚書者，以「大坰今定陶」是也。舊本或備記其地名，後人轉寫，遂衍斯字也。』

考證：『錢大昕云：「卷、坰聲相近，泰與大古文通。」愚按書序亦無陶字，索隱是。』

案集解引徐廣注，古寫本在卷字下，作「一無此字。」蓋謂一本無卷字也。索隱謂『卷非衍字，其下陶字是衍耳。』正對一本無卷字而言。是所據本徐注原在卷字下，古寫本蓋存索隱本之舊也。景祐本以降，徐注皆在陶字下，蓋後人據索隱『陶字是衍』之說而移之，且又於此字下增陶字耳。泰卷，書仲虺之誥序作大坰，下無陶字。泰卷與大坰同，（如錢說。）則一本無卷字者非，索隱謂『陶字是衍』者是也。（如考證說。）又案索隱稱『鄒誕生卷作坰。』黃善夫本、殿本坰並誤餉。書序孔疏：『大坰，地名，未知所在。當是定陶。』索隱所謂『解尙書者，以「大坰今定陶」是也。』蓋指孔疏而言。

既絀夏命，

集解：『孔安國曰：絀其王命。』

案湯誥序絀作黜，僞孔傳同。絀、黜古通，周本紀：『既絀殷命，』書周官序絀作黜，又云『王絀翟后』，國語周語中絀作黜，春申君列傳：『絀攻取之心。』長短經七雄略注絀作黜，太史公自序：『絀聰明。』漢書司馬遷傳絀作黜，皆其比。

還亳，作湯誥。

案古寫本亳作薄，下文『既葬伊尹於亳。』亳亦作薄。古字通用，說已見前。

毋不有功於民、勤力迺事，予乃大罰殛女，毋予怨。

案『毋不』疑本作『女不，』女、毋形近，又涉下『毋予』字而誤也。迺（同乃）猶女也。乃（古寫本作迺）猶則也。此言『女不有功於民、勤力女事，予則大罰殛女，毋予怨』也。上文『汝不能敬命，予大罰殛之，無有攸赦。』又云：『女不從誓言，予則帑僇女，無有攸赦。』句法並同。

古禹、皋陶。

案古寫本古作故，義同；又皋作睾。睾，睪之變。睪，俗皋字。顏氏家訓書證篇所謂『皋分澤片』者是也。

故后有立。

集解：『徐廣曰：立，一作土。』

案土乃立之誤。土，俗書作圡（古寫本徐注土正作圡），與立形近，故致誤耳。又案徐注云云，古寫本、景祐本、黃善夫本、殿本皆無立字。

不道毋之在國，

集解：『徐廣曰：之，一作政。』

案政借爲征，征與之義近。爾雅釋言：『征，行也。』又案徐注云云，古寫本（（無之字）在之字下。

湯乃改正朔、易服色，上白，朝會以晝。

正義：殷家尙白，晝日色白也。

考證：楓、三、南本無易字。愚案『上白』二字，後人旁注，誤入正文。『上白』見篇末。

案古寫本（乃作迺）亦無易字，金樓子與王篇同。『上白』，正義作『尙白，』與篇末合。上、尙古通。又案正義已釋『上白』二字；且『上白』與『朝會以晝，』義正相因，考證以爲『旁注誤入正文，』無據。篇末『而色尙白，』乃引孔子語，正與此相應也。

湯崩。

集解：『皇覽曰：「湯冢在濟陰亳縣北東郭，去縣三里。冢四方，方各十步。高七尺，上平處平地。漢哀帝建平元年，大司空御史長卿案行水災，因行湯冢。」劉向曰：「殷湯無葬處。」皇甫謐曰：「即位十七年而踐天子位。爲天子十三年，年百歲而崩。」』

考證：『張文虎曰：集解「御史」當作「史御。」』

案集解『御史，』古寫本正作『史御。』又災作灾，『百歲』上有一字。景祐本災亦作灾，灾與災同。金樓子云：『〔湯〕崩，葬於濟陰亳縣東北郭，去縣三里，冢高七尺。漢哀帝時，遣大司空行湯冢。又說曰：「殷湯無葬處。」此言非焉。』蓋從皇覽之說，而非劉向說也。又案御覽八三引韓詩內傳云：『湯爲天子十三年，百歲而崩。藏於徵。今扶風徵陌是也。』

太子太丁未立而卒。於是迺立太丁之弟外丙。

案古寫本太丁並作大丁。（漢書人表太亦作大。）惟下文『伊尹迺立太丁之子太甲。』則仍作太丁。下文太甲，古寫本作大甲，或作太甲，亦不一律。羅振玉古寫本跋，謂『卷中所載太丁、太甲，字皆作大。』失檢。

是爲帝外丙。

案古寫本外丙下有也字，與下文句法不一律，疑衍。御覽八三引紀年云：『外丙勝居亳。』

帝外丙即位三年崩。

案景祐本帝上空一格。下文『帝中壬即位四年崩。』『帝太甲元年。』『帝沃丁之時。』『帝太庚崩。』帝上皆空一格。

是爲帝中壬。

案古寫本中作仲(上下文並作中),御覽八三引此及下文同。三代世表亦作仲。中、仲古通。(夏本紀已有說。)孟子萬章篇、書僞咸有一德孔疏引紀年、初學記九引帝王世紀、御覽八三引瑣語中皆作仲。

帝中壬即位四年崩。

案古寫本提行。下文『帝太甲元年。』『帝太康崩。』『帝雍己崩。』『帝盤庚之時。』『帝廩辛崩。』皆提行。

太甲,成湯適長孫也。

案御覽八三引適作嫡。適、嫡古、今字。下文『廢適而更立諸弟子。』御覽引適亦作嫡,與此同例。

是爲帝太甲。

案古寫本太作大,下文『帝太甲元年。』『帝太甲既立三年。』『帝太甲居桐宮三年。』『於是伊尹乃迎帝太甲而授之政。』『褒帝太甲稱太宗。』太皆作大。惟上文『伊尹迺立太丁之子太甲。太甲,成湯適長孫也。』下文『帝太甲修德。』『迺作太甲訓三篇。』則仍作太。

於是伊尹放之於桐宮。三年。

正義:『晉太康地記云:「尸鄉南有亳阪,東有城,太甲所放處也。」………』

案古寫本放上有乃字。書僞咸有一德疏引紀年云:『伊尹乃放太甲於桐而自立也。』亦有乃字。御覽八三引帝王世紀云:『桐宮,蓋殷之墓地,有離宮可居。在鄴西南。』又案正義『亳阪,』黃善夫本、殿本並作『亳坂,』坂與阪同。

伊尹攝行政當國,以朝諸侯。

考證:『竹書紀年云:「………伊尹即位於太甲七年,太甲潛出自桐,殺伊尹。乃立其子伊奮,命復其父之田宅,而中分之。」………』

案竹書紀年伊奮上有伊陟二字,(書疏引紀年同。)考證脫引,當補。御覽八三引瑣語云:『伊尹放太甲,乃自立四年。』所云『四年,』未知何據。

迺作太甲訓三篇。

考證：書序無訓字。

案御覽八三引此亦無訓字。

褒帝太甲稱太宗。

集解：『書無逸：太甲享國三十三年。』

案御覽八三引帝王世紀云：『太甲脩政，殷道中興，號曰太宗。……一名祖甲。享國三十三年。』又案古寫本、景祐本、黃善夫本、殿本皆無集解之文。集解疑正義之誤，此蓋考證據僧幻雲所錄正義之文也。特誤書爲集解耳。

子沃丁立。

案御覽八三引紀年云：『沃丁絢卽位，居亳。』

帝沃丁之時，伊尹卒，既葬伊尹於亳。

集解：『皇覽曰：伊尹冢在濟陰己氏平利鄉。亳近己氏。』

正義：『………帝王世紀：伊尹名摯，爲湯相，號阿衡。年百歲，卒。大霧三日，沃丁以天子禮葬之。』

案古寫本亳作薄，注同。（注皇覽誤皇甫謐。）亳、薄古通，說已詳前。水經泗水注引崔駰云：『殷帝沃丁之時，伊尹卒，葬于薄。（下引皇覽曰：『伊尹冢在濟陰己氏平利鄉。』崔駰疑裴駰之誤。）蓋本此文。論衡感類篇引〔漢張霸僞古文尚書〕百兩篇云：『伊尹死，大霧三日。』書沃丁序疏引皇甫謐〔帝王世紀〕云：『沃丁八年，伊尹卒。卒年百有餘歲，大霧三日，沃丁葬之以天子禮，祀以太牢，親臨喪，以報大德。』（又見御覽十五。）竹書紀年載太甲『殺伊尹，天大霧三日。』抱朴子良規篇亦云：『伊尹終於受戮，大霧三日。』又案殿本集解，皇覽上有『駰案』二字。

咎單遂訓伊尹事，

案古寫本咎作臼，臼、咎古通，周本紀：『於是諸侯乃卽申侯而共立故幽王太子宜臼。』詩王風譜疏引臼作咎，與此同例。

弟太庚立。

案古寫本太作大，下同。漢書人表亦作大。御覽八三引紀年云：『小庚辯卽位，居亳。』有注云：『卽大庚也。』（鮑刻本御覽注大作太。）

帝太庚崩，子帝小甲立。

案御覽八三引作『帝太庚在位二十五年，崩。子帝小甲立。』又引紀年云：『小甲高即位，居亳。』（御覽引下文每帝皆有在位之年，疑據帝王世紀之類所補。）

帝小甲崩，弟雍己立。

案御覽引作『帝小甲在位十七年，崩。弟雍己立。』又引紀年云：『雍己伷即位，居亳。』

帝雍己崩，弟太戊立。

案御覽引作『帝雍己在位十二年，崩。弟太戊立。』古寫本太作大，下同。漢書人表、藝文志、金樓子興王篇皆作大。書君奭孔疏云：『殷本紀云：「太甲崩，子沃丁立。崩，弟太庚立。崩，子小甲立。崩，弟雍己立。崩，弟太戊立。」是太戊爲太甲之孫，太庚之子。三代表云：「小甲，太庚弟。」雍己、太戊，又是小甲弟。則太戊亦是沃丁弟，太甲子。本紀、世表，俱出馬遷，必有一誤。』

桑穀（原誤穀）共生於朝。

案說文：『穀，楮也。』詩小雅鶴鳴：『其下維穀。』毛傳：『穀，惡木也。』孔疏引陸璣疏云：『幽州人謂之穀桑。荊、揚人謂之穀。中州人謂之楮。殷中宗時桑穀共生是也。』古寫本此文無共字，帝王略論同。封禪書作『有桑穀生於廷。』（漢書郊祀志同。又見說苑君道篇，廷作庭，古通。）亦無共字。

一暮大拱。

索隱：『此云「一暮大拱，」尙書大傳作「七日大拱。」與此不同。』

案封禪書作『一暮大拱，』（又見漢書郊祀志。）與此同。呂氏春秋制樂篇作『昏而生，比旦而大拱。』（說苑君道篇兩載此事，一作『昏而生，比旦而拱。』卽本呂氏春秋，拱上蓋脫大字。帝王略論作『旦而大拱。』亦本呂氏春秋。）與『一暮大拱』同旨。論衡狀留篇、感類篇、家語五儀解、書咸乂序僞孔傳皆作『七日大拱。』與索隱引尙書大傳同。漢書五行志、御覽八三引尙書大傳並作『七日而大拱。』說苑君道篇、敬愼篇、論衡異虛篇皆同。韓詩外傳三作『三日而大拱。』又案書咸乂序孔疏：『「七日大拱，」伏生書傳有其文。…………殷本紀云：「一暮大拱。」言一夜卽滿拱。所聞不同，故說異也。』似卽索隱所本。

而祥桑枯死而去。

索隱：『劉伯莊言：枯死而消去不見。今以爲由帝修德而妖祥遂去。』

考證：『祥，疑當作穀。「而去」二字疑衍。桑穀之祥，呂氏春秋、韓詩外傳爲湯時；書大傳、漢五行志爲武丁時；此據書序。崔述曰：此必一事而傳之者異。…………史記以此事爲太戊時者，近是。』

案治要、御覽八三引死下並無『而去』二字，或即考證所本。惟類書引書多刪削省略，不可輕信。據索隱引劉伯莊言『枯死而消去不見。』是舊本原有『而去』二字矣。竊疑此文本作『而祥桑穀枯死而去。』與上文『亳有祥，桑穀共生於朝。』相應。今本惟脫穀字耳。桑穀事，封禪書、論衡感類篇、漢書郊祀志、藝文志、家語五儀解、詩鶴鳴陸璣疏（詳上）、書咸乂序疏引皇甫謐〔帝王世紀〕、帝王略論，皆屬之太戊；說苑敬愼篇、論衡無形篇、變虛篇、異虛篇、劉子禍福篇，皆屬之武丁。（漢書五行志引劉向說，亦屬之武丁。考證所云『漢五行志爲武丁時。』其說不明。）說苑君道篇、論衡順鼓篇並兩載桑穀事，一以屬之太戊；一以屬之武丁。

伊陟贊言于巫咸。

集解：『孔安國曰：贊，告也。巫咸，臣名也。』

案古寫本巫作巫，注同，下文亦同。（下文『巫賢任職，』御覽八三引巫亦作巫。）巫，巫之變。帝王略論正作巫。巫，俗巫字，與巠相似。顏氏家訓書證篇所謂『巫混經旁』者是也。褚少孫續張丞相列傳：『誣以夫人賊殺婢。』日本六朝古寫本誣作誣，巫亦巫之變也。

作咸艾，

案書序艾作乂，古字通用。

中宗崩，

案御覽八三引作『中宗在位七十五年。』年下蓋略崩字。

子帝中丁立。中丁遷于隞。

集解：『孔安國曰：「地名。」皇甫謐曰：「或云：河南敖倉是也。」』

索隱：隞，亦作囂。並音敖字。

案景祐本、黄善夫本、殿本中並作仲(下同),書君奭孔疏引同。(書仲丁序亦作仲。中、仲古通,說已見前。)御覽引中亦作仲(下同),隞作敖;並引紀年云:『仲丁卽位元年,自亳遷于囂;』又引帝王世紀云:『仲丁徙囂;或曰敖。今河南之敖倉是也。』隞、敖古通;兩囂字並囂之誤。書仲丁序作囂,孔疏引皇甫謐〔帝王世紀〕亦作囂。

河亶甲居相。

案御覽引紀年云:『河亶甲整卽位,自囂遷于相。征藍夷,再征班方。』囂乃囂之誤。

祖乙遷于邢。

索隱:邢音耿,近代本亦作耿。今河東皮氏縣有耿鄉。

王國維云:『尙書序:「祖乙遷於耿。」史記作邢,索隱以爲「河東皮氏縣之耿鄉。」然仲丁遷隞,河亶甲居相,其地皆在河南北數百里內。祖乙所居,不得遠在河東。說文邢下云:「地近河內懷。」指左傳(宣六年)、戰國策(魏策:「秦固有懷地邢丘。」史記魏世家作「懷地邢丘。」)之邢丘(杜注:在河內平臯縣)也。邢丘卽邢虛,猶言商丘、殷虛。祖乙所遷,當卽此地。』(觀堂集林十二說耿。此條承陳槃庵兄見告。)

案書祖乙序邢作耿,與索隱所稱近代本合。孔疏引皇甫謐云:『耿在河東皮氏縣耿鄉。』卽索隱說所本。御覽引紀年云:『祖乙勝卽位,是爲中宗。居庇。』(景宋本無『居庇』二字。)與史記以太戊爲中宗異。戩壽堂所藏殷虛文字中有斷片云:『中宗祖乙牛吉。』稱祖乙爲中宗,與紀年合。王國維以紀年爲是。(詳王氏殷卜辭中所見先公先王續考『中宗祖乙』條。王氏引紀年勝作滕。)

帝中丁崩,帝外壬立。

案御覽引『帝中丁崩,』作『帝仲丁在位十一年。』年下蓋略崩字;又引紀年云:『外壬居囂。』囂乃囂之誤。

帝外壬崩,

案御覽引作『帝外壬在位五年,崩。』

河亶甲時,殷復衰。

考證：古鈔、南本河亶甲上有帝字。

案御覽引河亶甲上亦有帝字。

河亶甲崩。

案御覽引作『河亶甲在位九年，崩。』

帝祖乙立，殷復興。

案帝王略論殷下有道字。

祖乙崩，

案御覽引作『祖乙在位十九年。』年下蓋略崩字。

帝祖辛崩，

案御覽引作『帝祖辛在位十六年，崩。』

弟沃甲立，是爲帝沃甲。

索隱：系本作開甲也。

梁玉繩云：書盤庚疏引史、索隱引世本均作開甲，紀年亦作開，疑沃字非。

案御覽引紀年沃甲亦作開甲，云：『帝開甲踰即位，居庇。』書盤庚疏引此文作開甲，蓋與世本或紀年之文相亂，未可據以正正文沃字之非也。

帝沃甲崩，

案御覽引作『帝沃甲在位二十五年，崩。』

是爲帝祖丁。

案御覽引紀年云：『祖丁即位，居庇。』

帝祖丁崩，

案御覽引作『帝祖丁在位三十二年，崩。』

立弟沃甲之子南庚，

考證：『南本沃甲上有帝字。中井積德曰：弟字當衍。』

古寫本弟作帝。羅振玉跋云：『考祖辛傳沃甲，沃甲傳祖丁。沃甲爲祖辛弟，祖丁爲祖辛子，祖辛焉能弟沃甲乎？然此字之誤，自宋本已然。惟此卷作「帝沃甲，」足正刊本之失。』

案羅氏從古寫本弟作帝，是也。惟所云『祖辛焉能弟沃甲乎？』祖辛乃祖丁之誤。又案御覽引沃甲上無弟字。

是爲帝南庚。

案御覽引紀年云:『南庚更自庇遷于奄。』

帝南庚崩,

案御覽引作『帝南庚在位二十九年,崩。』

是爲帝陽甲。

案御覽引紀年云:『陽甲即位,居奄。』

廢適而更立諸弟子,弟子或爭相代立。

案古寫本廢作癈,下文『商容賢者,百姓愛之;紂廢之。』古寫本亦作癈。廢、癈正、假字。老子十八章:『大道廢,有仁義。』敦煌景龍鈔本廢作癈,論語微子篇『長幼之節,不可廢也;君臣之義,如之何其廢之也?』敦煌何晏集解本微作癈。並同此例。古寫本『弟子』並作『子弟,』疑誤倒。

於是諸侯莫朝。

考證:南本無『於是』二字。

案古寫本亦無『於是』二字,御覽引同。

帝陽甲崩,

案御覽引作『帝陽甲在位十七年。』年下蓋略崩字。

盤庚渡河南,復居成湯之故居。

考證:『楓、三、南本『故居』作『故都。』

案古寫本渡作度,『故居』亦作『故都。』渡、度正、假字。御覽引『故居』作『故國。』

盤庚乃告諭諸侯大臣曰,

案古寫本乃下有徧字,(羅振玉跋,誤以徧爲偏。)偏借爲徧,周本紀:『於是武王徧告諸侯曰。』彼文作徧,此文作偏,其義一也。莊子繕性篇:『禮樂徧行,則天下亂矣!』陳碧虛闕誤引江南古藏本徧作偏,庚桑楚篇:『老聃之役有庚桑楚者,偏得老聃之道。』日本古鈔卷子本偏作徧。並偏、徧通用之證。

乃遂涉河南治亳。

集解：『鄭玄曰：治於亳之殷地。商家自此徙，而改號曰殷。』

案御覽引紀年云：『盤庚旬自奄遷於北蒙，曰殷。』（書祖乙序疏、盤庚疏並引作『盤庚自奄遷于殷。』）又引帝王世紀云：『帝盤庚徙都殷，始改商曰殷。』

又案集解云云，古寫本『此徙』作『徙此。』盤庚疏引鄭注亦作『徙此。』

然後百姓由寧。

案由猶以也。

帝盤庚崩，

案御覽引云：『在位十八年。』據所引上下每帝崩之文驗之，則此文當作『帝盤庚在位十八年，崩。』

弟小辛立。

案御覽引紀年云：『小辛頌〔卽〕位，居殷。』

殷復衰。

案御覽引殷下有道字。

帝小辛崩，

案御覽引作『小辛在位二十一年。』小辛上蓋略帝字，年下蓋略崩字。

弟小乙立。

案御覽引紀年云：『小乙歛居殷。』

帝小乙崩，

案御覽引作『帝小乙在位二十年，崩。』

子帝武丁立。

考證：南本武上無帝字，楓、三、南本立下有『是爲帝武丁』五字。

案詩商頌殷武孔疏、御覽引子下亦並無帝字。古寫本立下亦有『是爲帝武丁』五字。

三年不言，政事決定於冢宰，以觀國風。

考證：『三年不言』以下，采尙書無逸篇、論語雍也篇。

案古寫本疊事字，御覽引同。則當讀『三年不言政事』句。『事決定於冢宰』句。考證所謂論語雍也篇，乃憲問篇之誤。

得說於傅險中。

索隱:舊本作險;亦作巖也。

正義:『……墨子云:傅說衣褐帶索,傭築於傅巖。』

案古寫本險字旁注巖字。御覽引險亦作巖,下同。離騷、潛夫論五德志篇、書僞說命上、僞說命上疏及御覽八三引帝王世紀、帝王略論皆作巖。又案正義引墨子云云,見尚賢中篇。

是時,說爲胥靡,

案呂氏春秋求人篇:『傅說,殷之胥靡也。』高誘注:『胥靡,刑罪之人也。』

故遂以傅險姓之,號曰傅說。

案書僞說命上疏引以作令,並引鄭玄云:『得諸傅巖,高宗因以傅命說爲氏。』

明日,有飛雉登鼎耳而呴。

案古寫本飛作蜚,漢書五行志中之下引書〔高宗肜日〕序同。(今本書序作飛。)師古注:『蜚,古飛字。』(本篇下文『多取野獸蜚鳥置其中。』治要引蜚作飛,楚世家:『三年不蜚不鳴,』御覽四五一引蜚作飛,並同此例。)詩商頌玄鳥孔疏引登作升,義同。本書三代世表、書序、尚書大傳二、帝王略論皆作升。(漢志引書序作登。)御覽引呴作雊,說文:『雊,雄雉鳴也。』雊、呴正、假字。三代世表、封禪書、書序、尚書大傳、漢書郊祀志上、帝王略論皆作雊。

祖己曰:王勿憂。先修政事。

集解:『孔安國曰:祖己,賢臣名。』

案集解『賢臣名,』古寫本名作也。書序僞孔傳同。

唯天監下,典厥義。

考證:古鈔、南本唯作惟。

案書高宗肜日唯亦作惟,(古字通用。)下下有民字,敦煌本無民字,與此合。古寫本『典厥義,』作『典厥德儀。』德字蓋涉下文而衍,義、儀古通。

中絕其命。

案高宗肜日作『民中絕命。』敦煌本無民字,與此合。

民有不若德,不聽罪,天旣附命正厥德。

集解：『孔安國曰：不順德，言無義也；不服罪，不改修也。天以信命正其德，謂其有永有不永。』

案隸釋載漢石經尚書殘碑附作付，付、附古、今字。（段玉裁尚書撰異有說。）書梓材：『皇天既付中國民越厥疆土于先王。』釋文引馬融本付作附，與此同例。又案集解云云，古寫本順作愼，以作已，並古字通用；又謂下無其字。高宗肜日僞孔傳以亦作已（敦煌本作以），謂下亦無其字。

王嗣敬民，罔非天繼。常祀，毋禮于弃道。

集解：『孔安國曰：王者主民，當敬民事。民事無非天所嗣常也。……』

案集解云云，敦煌本及今本高宗肜日僞孔傳並同。『民事無非天所嗣常也。』古寫本作『無非天時所常嗣也。』景祐本、黄善夫本、殿本並作『無非天時，天時所常祀也。』皆非。

天下咸驩。

案詩商頌玄鳥疏引驩作懽。懽、驩正、假字。

帝武丁崩。

案後漢書郎顗傳注引帝王世紀云：『高宗享國五十有九年，年百歲。』（又見御覽八三。）

帝祖庚立。

案御覽引紀年云：『祖庚曜居殷。』（景宋本曜誤躍。）

帝祖庚崩，弟祖甲立。

案御覽引『帝祖庚崩，』作『帝祖庚在位七年，崩。』又引紀年云：『帝甲載居殷。』

是爲帝甲。帝甲淫亂，殷復衰。

考證：古鈔、楓、三、南本『帝甲』作『帝祖甲。』

案御覽引『帝甲淫亂，』甲上亦有祖字。（楊愼丹鉛續錄一引同。）書無逸孔疏引殷下有道字。

帝甲崩。

案古寫本甲上有祖字。御覽引云：『帝祖甲淫亂，殷復衰。在位十六年，崩。』

乃連上文引之。所引此文當作『帝祖甲在位十六年，崩。』

子帝廩辛立。

索隱：漢書古今人表及帝王代紀，皆作馮辛。

案御覽引紀年云：『馮辛先居殷。』廩亦作馮。索隱馮字，黃善夫本、殿本並作憑。馮、憑古通。三代世表『帝廩辛。』索隱：『或作馮辛。』作馮，乃索隱之舊也。

帝廩辛崩，弟庚丁立。

案御覽引『帝廩辛崩，』作『帝廩辛在位六年，崩。』又引紀年云：『庚丁居殷。』

帝庚丁崩，子帝武乙立。

案御覽引『帝庚丁崩，』作『帝庚丁在位三十一年，崩。』又引紀年云：『武乙即位，居殷。三十四年，周王季歷來朝，武乙賜地三十里，玉十瑴，馬八疋。』

殷復去亳徙河北。

案御覽引帝王世紀云：『帝武乙復濟河北，徙朝歌。』

帝武乙無道，

案古寫本無作毋，同。

乃僇辱之。

案御覽引僇作戮，金樓子箴戒篇同。戮、僇正、假字。

卬而射之，

案古寫本、景祐本、黃善夫本、殿本卬並作仰，御覽引同。卬、仰古、今字，此改今從古也。金樓子亦作仰。

武乙獵於河、渭之閒，

案古寫本獵作獦。獦，俗獵字。顏氏家訓書證篇所謂『獵化爲獦』者是也。

子帝太丁立。

梁玉繩云：太丁不應重見，此與世表同誤。（人表及後漢書西羌傳亦誤從史。）竹書、世紀作文丁，是也。

案古寫本太作大，下同。漢書人表亦作大。御覽引帝王世紀云：『帝文丁，一曰大丁。』(鮑刻本大作太。)

帝太丁崩,

案御覽引作『帝太丁在位三年,崩。』又引紀年云:『太丁三年,洹水一日三絕。』

帝乙立,殷益衰。

案御覽引紀年云:『帝乙處殷,二年,周人伐商。』

帝乙長子曰微子啓,啓母賤,不得嗣。

梁玉繩云:啓當諱開,史例也。

案啓當避景帝諱作開,猶夏本紀及宋微子世家微子啓之作微子開。此後人復開爲啓耳。又案通鑑周紀一注引史記:『商帝乙生三子,長曰微子啓,次曰仲衍,季曰紂。紂之母爲后。帝乙欲立啓爲太子,太史據法爭之,曰:「有妻之子,不可立妾之子。」乃立紂。紂卒以暴虐亡殷國。』此疑誤引呂氏春秋當務篇之文。(御覽八三引帝王世紀亦有類此之文。)

帝乙崩,

案御覽引帝王世紀云:『帝乙卽位三十七年。』

是爲帝辛,天下謂之紂。

案帝王略論云:『帝紂名辛,大名受。』御覽引紀年云:『帝辛受居殷。』

帝紂資辨捷疾,

案左宣十五年傳孔疏、御覽引辨並作辯,古字通用。

材力過人,手格猛獸。

正義:『帝王世紀云:「紂倒曳九牛,撫梁易柱」也。』

案古寫本格作挌,治要引同。挌、格正、假字,說文:『挌,擊也。』荀子非相篇:『古者桀、紂,長巨姣美,天下之傑也。筋力越勁,百人之敵也。』本書律書:『夏桀、殷紂,手搏豺狼,足追四馬,勇非微也。』論衡語增篇:『傳語又稱:「紂力能索鐵伸鉤,撫梁易柱。」』帝王略論稱紂『手搏猛獸,撫梁易柱,曳九牛以行。』又案正義引帝王世紀云云,又見御覽八三。廣韻下平聲卷二牛下引史記云:『紂倒曳九牛。』疑誤引帝王世紀文。

知足以距諫，言足以飾非。

案治要、御覽、孟子梁惠王篇僞孫奭疏引『知足以距諫，』並作『智足以拒諫。』帝王略論同。知、智古通，古寫本、列女傳孽嬖篇殷紂妲己傳亦並作智。距、拒古、今字，左宣十五年傳孔疏引距亦作拒。景祐本距誤鉅。古寫本『言足以飾非，』作『餝是非之端。』治要、左傳疏並引作『飾是非之端。』餝，俗飾字。(莊子漁父篇：『而擅飾禮樂、選人倫以化齊民。』日本古鈔本飾作餝，與此同例。)列女傳言作辨，帝王略論作辯。辨、辯古通，說已見前。莊子盜跖篇柳下季稱其弟盜跖，亦『辯足以飾非。』

矜人臣以能，

案古寫本矜作䂓。䂓，俗矜字。左旁矛變爲弟，以此驗之，莊子應帝王篇：『因以爲弟靡，』列子黃帝篇弟作茅(釋文引莊子亦作茅)，本書魯周公世家：『煬公作茅闕門。』徐廣引一本茅作第，並俗書相亂也。

以爲皆出己之下。好酒淫樂，嬖於婦人，愛妲己。

集解：『皇甫謐曰：有蘇氏美女。』

索隱：『國語：「有蘇氏女。」妲字，己姓也。』

考證：『南本皆上有人字，好上有紂字。國語晉語：「史蘇曰：殷辛伐有蘇氏，有蘇氏以妲己女焉。〔妲己有寵，〕於是乎與膠鬲比而亡殷。」張文虎曰：「『愛妲己』句上，御覽百三十五引有『紂伐有蘇，有蘇人以妲己女焉。』二句，與國語合。疑今本史有脫簡。」』

案古寫本與南本同。御覽八三引皆上亦有人字，列女傳同。御覽一三五引列女傳好上亦有紂字，紂上更有『紂伐有蘇，有蘇女以妲己，美而辯，用心邪僻，夸比於體，戚施於貌。』二十五字，今本並無。所云『紂伐有蘇，有蘇女以妲己。』與御覽一三五引史記有『紂伐有蘇，有蘇人以妲己女焉。』二句亦相符。御覽八三引帝王世紀亦云：『有蘇氏叛，紂因伐蘇，蘇人以美女妲己奉紂。』惟古寫本及治要引此文『愛妲己』上，已無『紂伐有蘇，有蘇人以妲己女焉。』二句，御覽八三引同。竊疑御覽一三五所引，乃據他書所加。集解引皇甫謐、索隱引國語云云，蓋恐讀者不知妲己爲有蘇氏女也。若正文本有『紂伐有蘇，有蘇人以妲己女焉。』二句，則集解、索隱似無煩辭費矣。考御覽一三五引史記云：『紂伐有蘇，有蘇人以妲己女焉。紂愛妲己，妲己之言是從。武王殺之，斬以玄戈，懸之小白旗。』（戈葢戉之壞字。）並有注云：『世本又載。』所引或與世本較合。

妲己之言是從。

案書牧誓：『今商王受，惟婦言是用。』孔疏引此文妲己上亦有惟字。列女傳作『妲己之所譽貴之；妲己之所憎誅之。』（牧誓疏、御覽一三五引譽下、憎下並有者字。）御覽八三引帝王世紀亦云：『所譽者貴，所憎者誅。』可迻注此文。

於是使師涓作新淫聲，北里之舞，靡靡之樂。

梁玉繩云：韓子十過、釋名、水經注八、拾遺記皆作師延，是也。此與人表並誤作涓。師涓出于晉平公、衞靈公之世，亦見韓子十過及呂子長見。補樂書者曾引之。（淮南泰族訓又誤以師延爲師曠時。）

考證：『淮南子原道訓：「耳聽朝歌、北鄙靡靡之樂。」北鄙卽北里。』

案師延爲紂樂人，師涓爲晉平公、衞靈公時樂人，亦見論衡紀妖篇、淮南子泰族篇許愼注、禮記樂記鄭玄注、國語晉語八韋昭注。此文師涓當作師延，梁說是也。金樓子箴戒篇言紂『重師涓聲。』與此同誤。淮南子泰族篇：『師延爲〔晉〕平公鼓朝歌、北鄙之音。』師延又師涓之誤矣。原道篇高誘注：『紂使師涓作鄙邑靡靡之樂也。故師延爲晉平公歌之。』（『鄙邑』二字衍。）師涓與師延亦當互易。文選曹子建七啓注引此文淫下有之字，列女傳亦有之字；又『北里』作『北鄙。』樂書：『紂爲朝歌、北鄙之音。』劉子辯樂篇：『殷辛作靡靡之樂，始爲北聲。』

厚賦稅，以實鹿臺之錢，

集解：『如淳曰：「新序云：鹿臺，其大三里，高千尺。」』

案孟子梁惠王篇僞孫疏引錢作財，作錢是故書。焦氏易林十注引史記云：『商紂無道，造鹿臺，爲瓊室，高千尺。罷苦萬民之力。』疑誤引他書之文。新序刺奢篇：『紂爲鹿臺，七年而成。其大三里，高千尺。』（卽如淳所據。）帝王略論亦稱紂『造鹿臺。』

而盈鉅橋之粟。

集解:『……許愼曰;鉅鹿水之大橋也,有漕粟也。』

案孟子僞孫疏引鉅作距,古字通用。集解引許愼云云,蓋淮南子主術篇許注,古寫本『鉅鹿水』上有『鉅橋』二字。治要引作『鉅橋,鹿水之大橋也。』鹿上蓋脫鉅字。黃善夫本、殿本『大橋』下並無也字。

益收狗馬奇物,充仞宮室。益廣沙丘苑臺,多取野獸蜚鳥置其中。

案書僞泰誓上孔疏引仞作牣,金樓子同。牣、仞正、假字。說文:『牣,滿也。』古寫本苑作菀。苑、菀正、假字。文選張平子西京賦:『上林禁苑。』敦煌唐永隆寫本苑作菀,與此同例。管子水地篇:『地者,萬物之本原,諸生之根菀也。』菀亦苑之借字。書疏、治要引蜚並作飛,蜚,古飛字。說已見前。

大冣樂戲於沙丘。

集解:『徐廣曰:冣,一作聚。』

古寫本、景祐本、黃善夫本、殿本冣皆作最,徐注同。錢大昕云:『最當作冣,說文:「冣,積也。」音與聚同。功臣表注:「孔子文生最。」此最字亦冣之譌。』

案此文正文、注文及功臣表注文,考證本並改最爲冣,是也。書疏引冣作聚,與一本合。古書冣誤爲最之例甚多,周本紀:『齊重,則固有周聚以收齊。』集解引徐廣云:『聚,一作最。最亦古之聚字。』考證本改最爲冣。亦是也。(參看王念孫讀書雜志四之九漢書馮唐傳顏聚條。)

以酒爲池,縣肉爲林。

案御覽六七八引尸子云:『桀、紂縱飲長樂,以苦百姓。六馬登糟丘,方舟泛酒池。』淮南子本經篇:『紂爲肉圃、酒池。』春秋繁露王道篇稱桀、紂『以糟爲丘,以酒爲池。』論衡語增篇:『傳語曰:紂沈湎於酒,以糟爲丘,以酒爲池。牛飲者三千人。』又云:『傳又言:紂懸肉以爲林。』又云:『傳言曰:紂非時與三千人牛飲於酒林。』文選潘安仁西征賦:『酒池鑒於商辛。』注引六韜:『太公曰:桀、紂王天下之時,積糟爲阜,以酒爲池,脯肉爲山林。』

使男女倮相逐其閒,

案列女傳倮作裸,金樓子作躶。論衡語增篇倮下有而字,帝王略論倮亦作躶,下亦有而字。裸與𧞣同，說文：『𧞣，袒也。』（段注本改袒爲但。）重文作裸。倮，俗字。躶，尤俗。

百姓怨望，而諸侯有畔者。

案望借爲謹，說文：『謹，責望也。』『怨望』連文，本書習見，秦本紀：『上罷極，則以仁義怨望於上。』秦始皇本紀：『百姓怨望。』伍子胥列傳：『太子以秦女之故，不能無怨望。』李斯列傳：『日夜怨望。』淮陰侯列傳：『信由此日夜怨望。』皆其證。大戴禮保傅篇盧辯注『畔者』作『叛之者。』治要引此畔亦作叛。畔、叛古通，下文『諸侯多叛紂而往歸西伯。』『諸侯叛殷會周者八百。』古寫本叛並作畔，亦同此例。

於是紂乃重刑辟，有炮格之法。

集解：『列女傳曰：膏銅柱，下加之炭，令有罪者行焉，輒墮炭中，妲己笑。名曰炮格之刑。』

考證：『「炮格，」各本作「炮烙，」依古鈔、南本、宋本改，下同。呂氏春秋過理篇高誘注：「格，以銅爲之。布火其下，以人置上，人爛墮火而死。」韓非子喻老篇：「紂爲肉圃，設炮格，登糟邱，臨酒池。」「肉圃、」「炮格、」「糟邱、」「酒池，」皆相對爲文。今改爲「炮烙，」則文不相對矣。說詳於段氏尙書撰異、盧氏鍾山札記、王氏讀書志、張氏史記札記。』

案列女傳有作爲，（今本列女傳孼嬖篇殷紂妲己傳與集解所引略異。）有猶爲也。武帝本紀：『陛下必欲致之，則貴其使者，令有親屬。』（又見封禪書。）通鑑漢紀十二有作爲，與此同例。考證本依古鈔、南本、宋本改『炮烙』爲『炮格，』是也。格之作烙，葢淺人因炮字偏旁而妄改。景祐本正文、集解亦並作炮格。』（黃善夫本正文、集解並作『炮烙。』）古寫本（即古鈔本）正文、集解並作『炮挌。』俗書从木、从才之字不分，挌葢格之俗變，考證以爲格字，是也。淮南子兵略篇：『使夏桀、殷紂有害於民而立被其患，則不至於爲炮烙。』日本古鈔本烙作格；要略篇稱紂『作爲炮烙之刑。』影寫北宋本烙作格；帝王略論稱紂『爲銅柱，以膏塗之，加于然炭之上，命人緣焉，墮而燒死。名曰炮格之刑。』格字亦不誤。皆可與此文相印證者也。又案書僞泰誓上疏引殷本紀云：

『紂爲長夜之飲，時諸侯或叛，妲己以爲罰輕。紂欲重刑，乃爲熨斗，以火燒之然。使人擧，輒爛其手不能勝。紂怒，乃更爲銅柱，以膏塗之，亦加於炭火之上，使有罪者緣之，足滑跌墜入中，紂與妲己以爲大樂。名曰炮烙之刑。』所引僅『紂爲長夜之飲』句，見於上文。『時諸侯或叛』以下，乃帝王世紀之文也。見御覽八三引。文選張孟陽劍閣銘注引六韜亦云：『紂患刑輕，乃更爲銅柱，以膏塗之，加於然炭之上，使有罪者緣焉，滑跌墮火中，紂與妲己笑以爲樂。名曰炮烙之刑。』『炮烙』並當作『炮格。』

以西伯昌、九侯、鄂侯爲三公。

集解：『徐廣曰：九侯，一作鬼侯。鄴縣有九侯城。鄂，一作邘，音于。野王縣有邘城。』

正義：『括地志云：相州滏陽縣西南五十里有九侯城，亦名鬼侯城。蓋殷時九侯城也。』

漢書人表九侯、鄂侯，作鬼侯、邢侯。王念孫雜志云：『史記魯仲連傳：「昔者九侯、鄂侯（鄂，俗書作鄂）、文王，紂之三公也。」徐廣曰：「九，一作鬼（明堂位：「脯鬼侯以饗諸侯。」正義曰：「鬼侯，殷本紀作九侯，九與鬼聲相近，故有不同也。」）。鄂，一作邢（邢，一本作邘，趙策作鄂）。」殷本紀：「以西伯昌、九侯、鄂侯爲三公。」徐廣曰：「鄂，一作邘。」竹書紀年曰：「帝辛元年，命九侯、周侯、邘侯。」…邘卽鄂之譌，而邢又邘之譌也。趙策曰：「紂醢鬼侯，鄂侯爭之急，辨之疾，故脯鄂侯。」此卽世紀所謂「鄂侯以忠諫死」者也。作邢者字之誤耳。』

案御覽八三引此亦作『鬼侯、邢侯。』下同。九、鬼古通，逸周書明堂解、呂氏春秋行論篇及過理篇、國策趙策、淮南子俶眞篇、春秋繁露王道篇、書鈔四一及御覽三八一引帝王世紀、帝王略論九侯皆作鬼侯。項羽本紀正義引帝王世紀鄂侯亦作邢侯。鄂，正作鄂。邘乃鄂之壞字，邢又邘之形誤。王說是也。又案正義滏陽縣，魯仲連列傳正義同。黃善夫本、殿本滏並誤洛。

九侯有好女，入之紂。

案禮記明堂位孔疏載庾氏說，引此文之作於。之猶於也。下文『周武王遂斬紂頭，縣之白旗。』荀子解蔽篇楊倞注引之作於，與此同例。

九侯女不憙淫。

集解：『徐廣曰「一云：無不憙淫。」』

案古寫本憙作僖，徐注同；禮記疏載庾氏說，引憙作好；御覽八三引作憘。憙、僖正、假字。憘與憙同，憙猶好也。又案『不憙淫，』徐注引一本作『無不憙淫。』文義乖舛。竊疑不，一本作無，（無、不同義。）傳寫因並溷入耳。

紂怒殺之，而醢九侯。鄂侯爭之彊，辨之疾，並脯鄂侯。

路史發揮六注云：『史記：「紂醢九侯，脯鄂侯。」明堂位云：「脯鬼侯以享諸侯。」呂春秋〔行論篇〕亦謂「殺梅伯醢之，殺鬼侯脯之，以禮諸侯于廟。』鬼侯者，九侯也。而淮南子〔俶眞篇〕以爲「醢九侯之女，菹梅伯之骸。」春秋繁露〔王道篇〕云：「燔生人聞其臭，剔孕婦見其化，殺梅伯以爲醢，刑鬼侯之女取其環。」則非殺鬼侯矣。外紀云：「九侯入女于紂，女不喜淫。紂殺之，而醢九侯。鄂侯爭而並脯之。」蓋出世紀，豈足盡信！』

案呂氏春秋行論篇言紂『殺鬼侯而脯之。』（路史注略而字。）而過理篇又云：『刑鬼侯之女而取其環（舊誤瓌）。』（與春秋繁露合。）殷本紀此文則並載之，故云『紂怒殺之（九侯女），而醢九侯。』路史注所引史記，蓋本魯仲連列傳。其文云：『九侯有子而好，獻之於紂，紂以爲惡，醢九侯。鄂侯爭之彊，辯之疾，故脯鄂侯。』（又見趙策，九作鬼。）不言殺九侯之女。路史注引外記云云，乃本於殷本紀（『女不喜淫，』殷本紀喜作憙，喜亦借爲憙），非出於帝王世紀。御覽三八一引帝王世紀云：『鬼侯有女美，而進之於紂，悅之。妲己乃泣而譖之。紂怒鬼侯女，遂殺之，而醢鬼侯。』亦本於殷本紀，而兼采潛夫論之文。潛夫論潛歎篇云：『昔紂好色，九侯聞之，乃獻厥女，紂則大喜，以爲天下之麗莫若此也！以問妲己，妲己懼進御而奪己愛也，乃僞俯而泣曰：「君王年卽耆邪？明旣衰邪？何貌惡之若是，而覆謂之好也！」紂於是渝而以爲惡。妲己恐天下之愈進美女者，因白九侯之不道也，乃欲以此惑君王也！王而弗誅，何以革後？紂則大怒，遂脯厥女，而烹九侯。』

紂囚西伯羑里。

集解：『地理志曰：「河內湯陰有羑里城，西伯所拘處。」韋昭曰：「音酉」』

正義：『牖，一作羑，音酉。羑城在湯陰縣北九里。紂囚西伯城也。帝王世紀云：「囚文王，文王之長子曰伯邑考。質於殷，爲紂御。紂烹爲羹賜文王，曰：『聖人當不食其子羹。』文王食之。紂曰：『誰謂西伯聖者，食其子羹尙不知也！』」』

考證：『錢泰吉曰：「正義云：『牖，一作羑。』據此，則正義本正文作牖。」』

案御覽三四一引西伯下有於字。古寫本羑作牖，大戴禮保傅篇盧注同。水經蕩水注引史記音義云：『牖里，在蕩陰縣。』並與正義本作牖合。羑、牖古通，魯仲連列傳：『故拘之羑里之庫百日。』趙策、通鑑周紀五羑並作牖，與此同例。又案集解引地理志湯陰，古寫本作蕩陰。與水經注引音義合。今本漢書地理志亦作蕩陰。』湯、蕩古通，正義湯陰縣，魯仲連列傳正義湯亦作蕩。又正義引帝王世紀云云，亦見金樓子興王篇。

西伯之臣閎夭之徒，求美女、奇物、善馬以獻紂。紂乃赦西伯。

案山海經海內北經記『珍獸騶吾』下，郭璞注引六韜云：『紂囚文王，閎夭之徒詣林氏國，求得此獸獻之，紂大說，乃釋之。』藝文類聚九三引太公六韜云：『商王拘周伯昌於羑里，太公與散宜生以金十鎰，求天下珍物，以免君之罪。於是得犬戎氏文馬，毫毛朱鬣，目如黃金，名雞斯之乘。以獻商王。』（參看書鈔三一。）藝文類聚八四、御覽八百七並引太公六韜云：『商王拘周西伯昌於羑里，太公謂散宜生求珍物以免君罪。之九江，得大貝百馮。』（並有注云：詩作『百朋。』）文選張平子南都賦注引六韜云：『散宜生得黃熊而獻之紂。』御覽三八一引六韜云：『紂囚文王於羑里，散宜生受命而行。宛、懷條塗之山（未詳）有玉女三人，宜生得之，因費仲而獻之於紂，以免文王。』說文繫傳十九引太公六韜云：『紂拘文王牖里，散宜生之徒，求吉黃以獻紂，以免。』宋曾慥類說九五引韓詩外傳云：『太公使南宮括至義渠，得駭雞犀以獻紂」）又見御覽八百九十、記纂淵海九八，惟『太公使』並誤作『太史。』）後漢書史弼傳注引帝王世紀云：『散宜生、南宮括、閎夭學乎呂尙。尙知三人賢，結朋友之交。及紂囚文王，乃以黃金千鎰與宜生，令求諸物與紂。』金樓子箴戒篇：『殷帝紂囚西伯羑里。西伯乃獻獸，黃金目，毛如織錦。玉女，駭雞犀，九江大貝，青狐、玄豹，黃熊、白虎，因費仲獻紂，紂喜之。』又案御覽八四引呂氏春秋云：『紂乃囚文王於羑里，將欲殺之。於是文王四臣散宜生等，乃周流海內，經歷豐土，得美女二人，水中大貝，白馬朱鬣，以獻於紂。陳於中庭，紂立出西伯。』（鮑刻本呂氏春秋作古今樂錄。）藝文類聚十二引此爲琴操文，是也。

西伯出而獻洛西之地，以請除炮格之刑。紂乃許之。

考證：『韓非子難篇：昔文王請入雒西「之」地赤壤之國，方千里，以解炮烙之刑。天下皆悅。』

案書僞泰誓上疏引此作『文王獻洛西之地赤壤之田，方千里，請紂除炮烙之刑，紂許之。』並云：『皇甫謐作帝王世紀亦云然。』則『洛西之地』下，葢本有『赤壤之田，方千里』七字，各本並脫。此本於韓非子難二篇之文也。金樓子興王篇亦云：『文王乃獻洛西赤壤，方千里。請除炮烙之刑。紂許焉。』

賜弓矢斧鉞，使得征伐，爲西伯。

正義：洛水，一名漆沮水，在同州。洛西之地，謂鄜、延、丹、坊等州也。

考證：古鈔、楓、三、南本，得下有專字。

案金樓子斧作鈇，征上亦有專字。鈇、斧古通，後漢書獻帝紀：『加鈇鉞虎賁。』注引蒼頡篇云：『鈇，斧也。』禮記王制：『諸侯賜弓矢然後征，賜鈇鉞然後殺。』又案正義云云，黃善夫本『鄜、延、丹、坊，』誤『洛文丹方。』殿本『鄜、延』誤『洛西，』下更有及字。

而用費中爲政。

正義：中，音仲。費，姓。仲，名也。

案周本紀作『費仲。』御覽三八一引六韜、晏子春秋內篇諫上、韓非子外儲說左下、淮南子道應篇、說苑雜言篇、藝文類聚十二及御覽八四引帝王世紀、金樓子興王篇及箴戒篇、帝王略論皆同。古寫本政作正，古字通用，說已詳前。

紂又用惡來。

索隱：秦之祖蜚廉子。

案秦本紀：『蜚廉生惡來。』

西伯滋大。

案古寫本滋作茲，茲、滋古、今字。

周武王之東伐，至盟津。

案古寫本盟作孟，御覽三百四引同。本書秦楚之際月表序、劉敬列傳(漢書同)、淮南子覽冥篇、春秋繁露王道篇、鹽鐵論力耕篇、論衡感虛篇、吳越春秋句踐歸國外傳、帝王略論皆作孟津。孟、盟古通，周本紀：『十一年十二月戊午，師畢渡盟津。』藝文類聚十二引盟作孟，書僞泰誓上：『惟十有三年春，大會于孟津。』治要引孟作盟，並其比。

乃與大師、少師謀。

案大字古寫本此文及下文並同。景祐本、黃善夫本、殿本皆作太。作大是故書。周本紀：『太師疵、少師彊，抱其樂器而犇周。』御覽八四引太作大，與此同例。

迺強諫紂，紂怒曰，

案古寫本紂字不疊，治要、書僞泰誓下疏、文選鄒陽獄中上書自明注引皆同。『迺強諫』句。『紂怒曰』句。

吾聞聖人心有七竅，剖比干，觀其心。

案宋世家、列女傳孽嬖篇殷紂妲己傳『聖人』下並有之字。古寫本七誤九，剖誤剖。剖，俗割字。書疏引剖上有遂字，宋世家作『乃遂殺王子比干』『乃遂』複語，乃猶遂也。金樓子箴戒篇：『殷帝紂淫虐，王子比干諫弗聽，剖其心十二穴，破而觀之。』

乃詳狂爲奴。

案文選注引詳作佯，孟子梁惠王篇僞孫奭疏同。詳、佯古、今字。宋世家作『乃被髮詳狂而爲奴。』御覽三七三引詳作佯，淮陰侯列傳：『已詳狂爲巫。』通鑑漢紀二詳作佯。並同此例。

甲子日，紂兵敗。紂走入，登鹿臺。

集解：『徐廣曰：鹿，一作廩。』

錢大昕曰：麇、鹿聲相近。

案御覽八三引敗下有績字。又引帝王世紀云：『紂即位三十三年，正月甲子敗績。』八四引帝王世紀言武王『甲子至于商郊牧野，……與紂戰，紂師敗績。』逸周書克殷解、列女傳鹿臺並作麇臺。

衣其寶玉衣，赴火而死。

正義：『周書云：紂取天智玉琰五，環身以自焚。』

梁玉繩云：『紂死無定說，史與周書克殷解言自焚于火；而尸子言武王殺紂于鄗宮（見御覽八十二卷）；賈子連語言紂鬭死。其言死固已殊矣。竹書稱「武王親禽受于南單之臺。（南單疑鹿臺之異名，猶周書麇臺。）淮南子氾論訓稱「紂拘于宣室，不自反其過，而悔不誅文王于羑里。」又似紂但見拘禽，未嘗卽死。諸說不同，莫知其實。』

案文選陸佐公石闕銘注引六韜云：『武王伐紂，蒙寶衣，投火而死。』御覽八三引帝王世紀言紂『蒙寶衣玉席，自投于火而死。』並與史記（殷本紀、周本紀）及逸周書克殷解合。列女傳言紂『衣寶玉衣而自殺。』『投火而死，』亦『自殺』也。淮南子氾論篇稱『紂拘于宣室，』不言其卽死，惟據本經篇云：『武王甲卒三千，破紂牧野，殺之于宣室。』是紂被拘不久，武王卽殺之矣。褚少孫補龜策列傳言紂『自殺宣室。』藝文類聚十二及御覽八四引帝王世紀云：『紂赴于京，自燔于宣室而死。』並與淮南子言武王殺之者異。『自燔』亦卽『自殺，』紂之『自殺，』無異武王逼殺之，故亦可謂武王殺之與？又案正義引〔逸〕周書云云，見世俘解。

周武王遂斬紂頭，縣之白旗。

張文虎云：『洪範序疏引作「太白旗。」周紀云：「縣大白之旗。」此脫大字。』

考證：『古鈔、楓、三、南本「白旗」上有大字。儒者多不信武王斬紂之事，然見於諸家之說尤多，墨子明鬼篇云：「武王以擇車百兩，虎賁之卒四百人，與殷人戰乎牧之野。王手禽費中、惡來，衆畔百走。武王遂奔入宮，折紂而繫之赤環，載之白旗，以爲天下諸侯僇。」荀子正論篇云：「武王伐有商，誅紂，斷其首，縣之赤旆。」……』

案治要、書洪範疏引武王上並無周字。荀子正論篇楊倞注引武王上，亦無周字，『白旗』上有太字；解蔽篇注引此亦無周字，『縣之白旗，』作『縣於太白旗。』之猶於也。（說已見前。）逸周書克殷解言武王適紂所，『斬之以黃鉞，折懸諸太白。』（孔晁注：太白，旗名。）國策趙策三：『武王羈於玉門，卒斷紂之頭，而縣於太白者，是武王之功也。』論衡恢國篇：『或云：武王伐紂，紂赴火死，武王就斬以鉞，懸其首於太白之旗。』藝文類聚十二引帝王世紀：『周公爲司徒，〔武王〕使以黃鉞斬紂頭，懸于大白之旗。』廣弘明集十一釋法琳對傅奕廢佛僧事：『武王伐紂於牧野，血流漂杵，誅之鹿臺。王親射紂躬，懸頭太白之旗。』皆與此原作『大白旗』合。其但言『白旗』者，如考證引墨子明鬼篇。廣弘明集二九上梁武帝淨業賦亦云：『但聞湯、武君臣義未絕，而有南巢、白旗之事。』亦作『白旄，』論衡紀妖篇：『武王誅紂，懸之白旄。』樂府古辭折楊柳行『祖伊言不用，紂頭懸白旄。』並其證。其作『赤旆者』，如考證引荀子正論篇。（古逸叢書影宋臺州本正論篇作『赤旂。』）荀子解蔽篇亦云：『紂縣於赤旆。』亦作『赤旗，』御覽八二引王孫書云：『桀、紂爲君。或殺身南巢；或頭懸赤旗。』卽其證。禮記明堂位說旗云：『殷之大白，周之大赤。』荀子正論篇楊倞注據此，以史記『武王斬紂頭，懸之太白旗』（懸，俗縣字。）之說爲非；又以爲所傳聞各異（解蔽篇注同）。殷尙白，周尙赤，竊以爲武王誅紂之時，尙赤之制未定，故所用旗色，或白、或赤不一。諸書則隨所傳聞而記之也。逸周書世俘解：『武王在祀，太師負商王紂，懸首白旂，妻二首赤旂。』克殷解『赤旂』作『小白』（孔注：小白，旗名也。）周本紀作『小白旗。』亦同此例。

釋箕子之囚。

案淮南子主術篇、泰族篇釋並作解，義同，留侯世家囚作拘，（集解引徐廣曰：拘，一作囚。）義同。呂氏春秋愼大覽作『靖箕子之宮。』淮南子道應篇作『柴箕子之門。』新序善謀篇作『軾箕子之門。』漢書張良傳作『式箕子門。』軾、式古通，釋名釋車：『軾，式也。所伏以式敬者也。』

封比干之墓。

案荀子大略篇封作哭。

表商容之閭。

案書僞武成，世說新語德行篇、帝王略論表皆作式。藝文類聚十二引帝王世紀作『置旌於商容之廬。』（御覽八四引廬作閭。）『置旌，』所以表之也。閭、廬古通。莊子讓王篇：『顏闔守陋閭。』御覽八九九引閭作廬，呂氏春秋期賢篇：『魏文侯過段干木之閭而軾之。』文選左太沖魏都賦注引閭作廬。並其比。

封紂子武庚祿父，以續殷祀。

集解：『譙周曰：殷凡三十一世，六百餘年。』

案語又見魯世家及宋世家。書洪範：『武王勝殷殺受，立武庚。』逸周書作雒解：『武王克殷，乃立王子祿父，俾守商祀。』尙書大傳二：『武王勝殷，繼公子祿父。』鄭玄注：『武庚，字祿父，紂子也。』又案焦氏易林二注引史記云：『商歷世六百二十八年。』疑是史記注文；或誤引他書之文。

而立微子於宋。

案古寫本立下有封字，當補。立猶卽也，留侯世家：『於是呂澤立夜見呂后。』平原君列傳：『譬若錐之處囊中，其末立見。』魏公子列傳：『於是公子立自責，似若無所容者。』刺客荊軻列傳：『以試人，血濡縷，無不立死者。』諸立字皆與卽同義。（參看劉淇助字辨略五、楊樹達詞詮二。）

太史公曰：

案古寫本太作大。

稚氏、

索隱：按系本子姓無稚氏。

案黃善夫本索隱無稚氏二字。

孔子曰殷路車爲善，而色尙白。

索隱：『論語：「孔子曰：乘殷之路。」禮記曰：「殷人尙白。」太史公爲贊，不取成文，遂作此語，亦疏略也。』

案曰猶稱也，（考證本從曰字絕句，非。）古寫本白下有也字。又『索隱』作『貞云，』下更有按字。『尙白』下更有『事連也』三字。（謂『乘殷之路』與『殷人尙白』二事相連也。）『太史公』太作大。考古寫本通篇於正文之外，概錄集解。惟於前文『主癸卒，子天乙立。是爲成湯。』下及此文下，誤錄索隱之文。前『索隱』作『貞曰。』竊疑古寫本所據，卽司馬貞索隱原本。由稱『貞曰；』或『貞云，』可以推知。(暇時當撰『跋日本古寫本史記殷本紀』一篇詳論之。又案索隱『亦疏略也。』(古寫本誤作『事速也。』)景祐本、黃善夫本、殿本並作『疎也。』疎，俗疏字。

周本紀第四

其母有邰氏女，曰姜原。

案吳越春秋吳太伯傳：『后稷，其母台氏之女姜嫄。』說文：『嫄，台國之女，周棄母字也。』藝文類聚十一及御覽八十引帝王世紀：『帝嚳……………元妃有台氏女，曰姜嫄。』邰之作台，原之作嫄，並古字通用。論衡案書篇、周禮春官大司樂賈公彥疏、公羊宣三年傳徐彥疏、文選潘安仁西征賦注、藝文類聚十、初學記七、景宋本白帖六、御覽五七、六八、八四、一三五、三六〇、三八八、容齋隨筆七引此，原皆作嫄。詩大雅生民及序、又孔疏引河圖、藝文類聚十五及御覽一三五引世本、藝文類聚八八及御覽一三五與九五五引春秋元命苞、大戴禮帝繫篇、列女傳母儀篇棄母姜源傳、潛夫論五德志篇、周禮大司樂鄭玄注、金樓子興王篇、本書續三代世表亦皆作嫄。

見巨人跡，

案論衡案書篇、藝文類聚十引巨並作大，義同。詩生民疏引河圖、藝文類聚及御覽引春秋元命苞、論衡奇怪篇、恢國篇、詰術篇、潛夫論、白虎通姓名篇、吳越春秋、周禮大司樂鄭注、本書續三代世表巨皆作大。唐釋湛然輔行記二之五引帝王世紀『巨人』作『神人。』(周禮疏引此『巨人』作『聖人，』非。)

心忻然說，

案藝文類聚十、初學記七引忻並作歆；御覽一三五、三八八引並作欣。欣、忻正、假字。歆(說文；神食气也)引申亦有欣義，國語周語下：『民歆而德之。』韋昭注：『歆猶欣。欣，喜服也。』是其證。

居期而生子。

梁玉繩云：『詩：「誕彌厥月。」疏曰：「人十月而生。此言終月，必終人之常月。周本紀云：『及期而生子。』則終一年矣。馬遷之言，未可信也。」………余謂期宜讀如字，言及十月之期也。與詩「彌月」合。讀者誤爲期年耳。又疏引周紀作「及朞，」疑此居字是傳寫之誤。』

案『居期』猶『如期。』詩生民疏引居作及，及亦與如同義。淮南子脩務篇：『堯、舜之聖不能及。』高誘注：『及猶如也。』卽其證。又案御覽三八八引『居期』作『朞月，』雖非此文之舊，而『朞月』正猶詩之『彌月』也。

馬牛過者，皆辟不踐。

梁玉繩云：詩言『牛羊腓字之，』此所說又異。

案藝文類聚十引作『羊牛乳之。』蓋本於詩。御覽八四引作『牛羊過者，皆避不踐。』避、辟正、假字。續三代世表作『牛羊避不踐也。』列女傳棄母姜源傳作『牛羊避而不踐。』輔行記二之五引帝王世紀作『牛羊不踐。』竊疑作『牛羊』者，皆本之於詩。此文蓋本作『馬牛。』吳越春秋亦云：『牛馬過者，折易而避之。』

因名曰弃。

案白帖六引因作故，義同。御覽引曰作爲，義同。

佐如巨人之志。

梁玉繩云：『史詮曰：屹作仡，誤。』

案景祐本、黃善夫本佐並作仡；殿本作屹。說文：『仡，勇壯也。』屹，俗字。仡，誤字。

其游戲好種樹麻菽，

案詩生民疏引樹作殖，義同；又引菽作麥，疑因詩『麻麥幪幪』而改。藝文類聚八五引菽下有麥字，疑因詩而加。吳越春秋作『好種樹禾黍桑麻五穀。』

麻菽美。

案御覽引美上有溢字。

宜穀者稼穡焉。

案詩生民疏引宜下有五字，焉作之。焉、之同義，下文『聞西伯善養老，盍往歸之。』伯夷列傳之作焉，五帝本紀：『取地之材而節用之。』家語五帝德篇之作焉，廉頗藺相如列傳：『〔王〕又召樂乘而問焉。』通鑑周紀五焉作之。皆其比。

爾后稷播時百穀。

案語又見五帝本紀舜紀。彼文集解引鄭玄云：『時讀曰蒔。』廣雅釋地：『蒔，種也。』文選潘安仁藉田賦注引此文時作植，（胡克家考異云：『袁本、茶陵本植作殖。』古字通用。）植猶種也。

封弃於邰。

集解：『徐廣曰：今斄鄉，在扶風。』

索隱：…………邰即斄，古、今字異耳。

案御覽引弃作之，邰下有注云：『音胎。』初學記八引云：『后稷封於桑。』桑乃斄之誤。漢書地理志亦云：『昔后稷封斄。』

皆有令德。

案御覽引皆下有曰字。

子不窋（舊誤窟）立。

索隱：『帝王世紀云：后稷納姞氏，生不窋。』

案左宣三年傳：『姞，吉人也。后稷之元妃也。』御覽引此文窋下有注云：『陟律反。』

夏后氏政衰。

案詩大雅緜疏引衰作亂，疑因衰字聯想而誤。

子鞠立。

梁玉繩云：國語韋注、酒誥釋文及路史引世本皆作鞠陶。爾詩譜疏引此紀亦作鞠陶。則今史記本于紀、表並脫陶字。（人表亦脫陶字。）

案詩大雅公劉疏、書僞武成疏引此鞠下亦並有陶字。

行地宜。

案詩大雅緜疏引行作相。

多徙而保歸焉。

案詩緜疏引作『多從而歸保焉。』御覽引徙亦作從。徙蓋從之誤。書僞武成疏引『保歸』亦作『歸保。』

周道之興，自此始。

案御覽引『自此始，』作『蓋自此也。』（此下疑脫始字。）豳詩譜疏引始下有也字。景祐本、黃善夫本始並誤後。

國於豳。

索隱：豳即邠也。古、今字異耳。

案文選潘安仁西征賦注、御覽引豳並作邠，下同。

子差弗立。

梁玉繩云：路史引世本作弗差，以差弗爲非，恐不足據。別本作羌弗，形近而譌。

案景祐本差作荖（下同）。周禮春官典命賈疏引作羌。荖，俗差字。羌即荖之誤。子毁隃立。

集解：音踰。世本作楡。

案周禮典命疏引隃亦作楡。

子公叔祖類立。

索隱：系本云太公、組紺、諸盩，三代世表稱叔類，凡四名。

案三代世表作公祖類。周禮典命疏引此無叔字，與世表合。

子古公亶父立。古公亶父復脩后稷、公劉之業。

考證：古鈔、南本復上無亶父二字。

案論衡初稟篇、吳越春秋吳太伯傳父並作甫，（尚書大傳略說、白虎通姓名篇、家語好生篇亦皆作甫。古字通用。治要、齊詩譜疏、文選潘安仁西征賦注引復上皆無亶父二字。

薰育、戎狄攻之。

案御覽引薰作獯（三一七引亦作獯），音勳；引育作鬻（吳越春秋亦作鬻），音育。孟子梁惠王篇僞孫奭疏引此亦作獯鬻，古字通用。後漢書馮異傳注、魯恭傳注引狄並作翟，亦古字通用。（下文『王怒，將以翟伐鄭。』國語周語中翟作狄，亦翟、狄通用之證。)

欲得財物，予之。

案御覽三一七引予作與，古通。

乃與私屬遂去豳，度漆沮。

案御覽八四引與作以，義同；又引豳作邠(下同)，度作渡。後漢書馮異傳注引與下有其字，豳亦作邠(下同)；又魯恭傳注及孟子疏引豳亦並作邠。景祐本、黃善夫本度並作渡。渡、度正、假字，說已見殷本紀。

踰梁山，止於岐下。

案御覽一六六引作『周太王逾梁山，之歧山。一年成邑，二年成都，故有成都之名。』逾、踰義略同(說文：逾，𨒪進也。踰，越也。)之葢止之誤，歧乃岐之俗。(後漢書魯恭傳注引此『岐下』亦作岐山。)今本無『一年』以下十四字，如原有此十四字，似當在下文『亦多歸之』下。吳越春秋載此事，亦云：『居二月成城郭，一年成邑，二年成都，而民五倍其初。』御覽一五六引帝王世紀亦云：『一年而成三千戶之邑，二年而成都，三年五倍其初。』(尙書大傳略說亦有『一止而成三千戶之邑』一語。)

盡復歸古公於岐下。

考證：『薰育戎狄攻之』以下，采孟子梁惠王篇，參以詩大雅緜篇。又見莊子讓王篇、呂氏春秋審爲篇、尙書大傳、淮南子道應訓。

案後漢書馮異傳注引『岐下』作『岐山之下。』事又見淮南子詮言篇及泰族篇、孔叢子居衞篇、說苑至公篇、吳越春秋、家語好生篇、御覽一五六引帝王世紀。

亦多歸之。

案後漢書魯恭傳注引之作附。

古公有長子曰太伯，次曰虞仲。太姜生少子季歷。

考證：虞仲，吳世家作仲雍，同人。

案左僖五年傳疏引太伯、太姜，太並作大。詩大雅緜疏引太姜，太亦作大。作大是故書。列女傳母儀篇周室三母傳、論衡初稟篇虞仲並作仲雍。吳越春秋亦作仲雍。並云：『雍，一名吳仲。』

季歷娶太任。

集解：『列女傳曰：太姜，有呂氏之女。太任，摯任氏之中女。』

案御覽八四引太作大，又引詩含神霧、漢書人表、金樓子興王篇皆作大任。御覽一三五引此作大妊，又引河圖著命作太妊，潛夫論五德志篇同。當以作大任爲正。又案集解引列女傳，見母儀篇周室三母傳

生昌，有聖瑞。

案御覽一三五引生下有『子曰』二字。吳越春秋生下有子字。論衡初稟篇云：『昌在襁褓之中，聖瑞見矣。』

長子太伯、虞仲知古公欲立季歷以傳昌。

案御覽八四引古公作父。

乃二人亡如荆蠻，文身斷髮，以讓季歷。

案吳世家乃作『於是，』乃猶『於是』也。路史國名紀丙引如作之，義同。焦氏易林十一注引史云：『周太王欲以國授季歷，太伯、仲雍知之。太王病，二人託採藥於荆蠻以讓之。』周本紀、吳世家載此事，並無『託採藥』之文，蓋緣他書（疑是吳越春秋）傅會。論衡四諱篇云：『昔太伯見王季有聖子文王，知太王意欲立之，入吳采藥，斷髮文身，以隨其俗。』恢國篇亦云：『太伯採藥，斷髮文身。』吳越春秋云：『古公病，二人託名採藥於衡山，遂之荆蠻，斷髮文身，爲夷狄之服，示不可用。』論語泰伯篇邢昺疏引鄭玄注云：『太王疾，太伯因適吳、越採藥，太王歿而不返。』（吳世家正義引江熙論語注，亦涉及太伯託採藥事。）

是爲公季。公季脩古公遺道。

案書僞武成疏、御覽八四引公季並作王季，遺並作之。

西伯曰文王。

正義：『帝王世紀云：「文王龍顏虎肩，身長十尺，胸有四乳。」雒書靈準聽云：「蒼帝姬昌，日角鳥鼻，高長八尺二寸，聖智慈理也。」』

考證：『孟子告子篇：「曹交曰：交聞文王十尺，湯九尺。」荀子非相篇：「帝堯長，帝舜短。文王長，周公短。」』

案論衡骨相篇引傳、白虎通聖人篇引禮、御覽四一九引尸子、藝文類聚十二及初

學記九引春秋元命苞(又見御覽八四、三七一、路史前紀六史皇氏紀注)、路史前紀六注引春秋演孔圖、尙書大傳略說、淮南子脩務篇、潛夫論五德志篇,皆稱『文王四乳。』御覽八四引春秋元命苞云:『文王龍顏、柔肩、望羊。』並有注云:『柔肩,言象龍膺曲起。』(又引雒書靈准聽『高長』作『身長。』)金樓子與王篇稱文王『龍顏虎肩,身長十尺,胸有四乳。』蓋本於帝王世紀。

伯夷、叔齊在孤竹,聞西伯善養老,盍往歸之。

梁玉繩云:盍字當衍。

考證本盍作蓋,云:蓋,各本作盍,後人依孟子改。今從楓、三、南本。

案盍非衍文;盍、蓋古通,亦無煩改字。伯夷列傳作『盍往歸焉。』(焉猶之也,裴學海古書虛字集釋二有說。)考證云:『楓山本、三條本、敦煌本〔盍〕皆作蓋。』與此同例。盍猶試也,『盍往歸之,』猶云『試往歸之。』莊子讓王篇:『昔周之興,有士二人,處於孤竹,曰伯夷、叔齊。二人相謂曰:吾聞西方有人,似有道者。試往觀焉。』(焉亦與之同義。)彼文之『試往觀焉、』此文及伯夷列傳試並作盍,厥義相同;作蓋,義亦相同。(此義前人未發。)齊世家:『呂尙亦曰:吾聞西伯賢;又善養老,盍往歸焉。』(今本往下脫歸字。據詩大雅文王孔疏引補。)所謂『盍往歸焉,』亦猶『試往歸之』也。

崇侯虎譖(原誤讚)西伯於殷紂曰:西伯積善累德,諸侯皆嚮之。將不利於帝。

案譖猶讒也。說文:『讒,譖也。』御覽八四引帝王世紀:『紂以崇侯虎之讒,而怒諸侯。』帝王略論:『紂用崇侯虎之讒,乃囚文王於羑里。』字並作讒。文選司馬子長報任少卿書注兩引此文,一引嚮作向,將下有有字。嚮與向同。書鈔三一引太公六韜云:『崇侯虎曰:今夫周伯昌懷人□□,』『懷人』下疑闕『以德』二字。蓋亦譖西伯之言也。藝文類聚十二引琴操云:『崇侯虎與文王列爲諸侯,德不及文王,常嫉妬之。乃譖文王於紂,曰:「西伯昌,聖人也。長子發、中子旦,皆聖人也。三聖合謀,君其慮之!」』(又略見文選干令升晉紀總論注,末句作『將不利於君。』景宋本御覽八四引此爲呂氏春秋文;鮑刻本御覽改爲古今樂錄,並非。)所載譖言,與此異。又金樓子興王篇:『文王增脩政,三年,四方諸侯皆服。崇侯虎譖之於紂，紂不納；費仲又言於紂，欲誅之，紂不從。九年春三月，率六州諸侯朝於殷，崇侯虎又譖之，紂怒，囚文王於羑里。』

帝紂乃囚西伯於羑里。

案文選報任少卿書注（兩引）、御覽八四引此並無帝字，疑涉上句帝字而誤疊。

閎夭之徒患之。

案藝文類聚十八、御覽三百八十引閎夭上並有而字。

乃求有莘氏美女。

案下文『此一物足以釋西伯，』索隱：『一物，謂㜪氏之美女也。』是索隱本莘作㜪，㜪與莘同，說已見殷本紀。白帖七引氏下有之字，『有莘氏之美女，』與下『驪戎之文馬，』相對成文。

因殷嬖臣費仲而獻之紂。

案後漢書史弼傳注引嬖作孽，疑因嬖字聯想而誤；又引之下有於字。

乃赦西伯。

案藝文類聚十八、御覽三百八十引赦並作放。

使西伯得征伐，曰：譖西伯者，崇侯虎也！

案御覽八四引作『使得征伐。謂西伯曰：愬汝者，崇侯虎也！』譖與愬同義，說文：『譖，愬也。』金樓子興王篇云：『紂謂西伯曰：「潛汝者，長鼻決耳也！」文王曰：「此崇侯虎之狀。」』

以請紂去炮格之刑。

案御覽八四引去作除，格作烙。殷本紀去亦作除，黃善夫本、殿本格亦並作烙。後漢書王暢傳注引帝王世紀、金樓子興王篇並作『請除炮烙之刑。』格之作烙，乃淺人因炮字偏旁而妄改，說已詳殷本紀。景祐本此文作格不誤。御覽八四引桓子新論云：『紂無道，爛金爲格。』蓋卽『炮格』之格也。

西伯陰行善，

案後漢書王暢傳注引善下有化字。御覽引桓子新論『文王躬被法度陰，行仁義。』

於是虞、芮之人，有獄不能決。

案御覽八四引獄作訟，家語好生篇同。又御覽一五八引史記云：『芮國，在今馮翊界。魯桓公三年，芮伯萬爲母姜氏所逐，遂居于魏。』並有注云：『今芮城是也。』所引史記及注疑並是此文之注。

乃如周，入界，耕者皆讓畔，民俗皆讓長。

案御覽八四引如作詣，入下有其字。詩大雅緜傳、家語並作『入其境，』亦有其字。後漢書王暢傳注引耕上有見字，『民俗』作『少者。』御覽八四引耕上亦有見字。御覽一五八引詩〔緜傳〕作『見行者讓路，耕者讓畔。』帝王略論作『見周人耕者讓畔，行者讓路。』亦並有見字。

虞、芮之人，未見西伯，皆慙相謂曰，

案後漢書注引之作二，未作不，『皆慙』作『慙而。』不與未同義。御覽八四引『皆慙』作『而慙，』疑『慙而』之誤倒。詩緜傳作『感而相謂曰。』

吾所爭，周人所恥。何往爲？

案御覽爭下有者字，恥下有也字。後漢書注引何作曷，古字通用。

遂還，俱讓而去。

案景祐本無還字。後漢書注引作『遂俱讓而還。』

諸侯聞之，曰：西伯，蓋受命之君也！

梁玉繩云：虞、芮之事，當時必有成文，今無可考；然以大傳、毛傳及說苑君道篇較之，史所載頗缺略不全，復有異同之語。疑史公所增損也。

考證：也字諸本無，今據羣書治要、毛詩疏及古鈔本補。

案考證本於君下補也字，是也；惟毛詩〔緜〕疏未引此文。虞、芮之事，詩緜疏已云：『當有成文，不知出何書。』事亦見家語好生篇、帝王略論，並本於毛傳。

明年，伐犬戎。

案御覽引犬戎作犬夷，同。齊世家亦作犬夷。

自岐下而徙都豐。

案御覽引『都豐』作『都於酆。』下更有『諸侯多歸之，都酆』七字。之下『都酆』二字疑衍。豐、酆古、今字。御覽三九八引帝王世紀亦作酆（本篇下文『成王都豐，』御覽八四引豐亦作酆。）

明年，西伯崩。

梁玉繩云：天子曰崩，古之制也。以西伯而僭稱爲崩，豈誤解受命之言乎？大傳稱崩，不足據；竹書稱薨，是已。

案御覽引崩作薨，與竹書合。

西伯蓋卽位五十年。

案御覽八四引帝王世紀：『文王嗣位五十年，卽周書（無逸）所謂「文王受命，享國五十年。」是也。』

其囚羑里，蓋益易之八卦爲六十四卦。

考證：古鈔、南本益作演。

案藝文類聚十二引琴操亦云：『文王在羑里時，演易八卦爲六十四。』（爲，舊作以，據御覽八四引改。景宋本御覽琴操作呂氏春秋；鮑刻本改爲古今樂錄，並非。說已見前。）

詩人道西伯蓋受命之年稱王，而斷虞、芮之訟。

正義：二國相讓後，諸侯歸西伯者四十餘國，咸尊西伯爲王。蓋此年受命之年稱王也。

案本書劉敬列傳：『文王爲西伯，斷虞、芮之訟，始受命。』（漢書同。）潛夫論五德志篇亦稱西伯『斷虞、芮之訟，而始受命。』正義稱『諸侯歸西伯者四十餘國。』本詩緜傳。帝王略論作『卅餘國。』

後十年而崩。

正義：十當爲九，其說在後。

梁玉繩云：『後十年，』乃『後七年』之譌。文王賜專征之年數，元不能確定。史從大傳作『七年，』詩文王與書泰誓、武城疏，言『馬遷以爲七年。』可據。傳寫譌爲十字，而張守節正義從〔(逸周書)〕文傳作『九年，』（竹書及漢律歷志載三統歷亦作『九年。』）故欲改史文十字爲九；而未考史本文是七字，誤直其下耳。

考證：楓、三、南本『十年』作『七年，』爲是。

案殿本改『十年』爲『七年』，與楓、三、南本合。十蓋本作十，卽七字。漢隸七皆作十。(古文七亦作十,夏本紀已有說。) 後人不識,誤爲百、十字。夏本紀:『而后擧益,任之政十年。』十亦本作十。與此同例。

改法度、制正朔矣。追尊古公爲太王,公季爲王季。

正義:『易緯云:「文王受命,改正朔,布王號於天下。」鄭玄信而用之。言文王稱王,已改正朔、布王號矣。……』

案容齋三筆一云:『孔子言「周之德其可謂至德也已矣!三分天下有其二,以服事殷。」所謂「服事」者,美其能於紂之世盡臣道也。而史記周本紀云:『西伯蓋受命之年稱王,而斷虞、芮之訟;其後改法度、制正朔,追尊古公、公季爲王。」是說之非,自唐梁肅至于歐陽、東坡、公孫明復皆嘗著論。』又案禮記大傳孔疏引周本紀云:『文王受命六年,立露臺,布王號。於時稱王,年九十六也。』今本周本紀無此文,與正義引易緯之文略同。

東觀兵,至于盟津。

案藝文類聚十二、文選陳孔璋爲曹洪與魏文帝書注、檄吳將校部曲文注、干令升晉紀總論注、焦氏易林十六注引盟皆作孟。盟、孟古通,已詳夏本紀及殷本紀。

爲文王木主,載以車中軍。

考證:『事又見伯夷傳。師行載主,古之制。見禮記曾子問。桃源抄引師說云:「車當作居,車、居聲同而訛。皇甫謐帝王世紀曰:作文王木主,以居中軍。」』

案藝文類聚十二、御覽八四引車並作居。桃源引師說是也。居、車聲同,往往相亂。天官書:『五潢,五帝車舍。』容齋三筆十一引車作居,莊子徐无鬼篇:『若乘日之車,而遊於襄城之野。』釋文引元嘉本車作居。兩居字又車之誤也。又案淮南子齊俗篇:『武王伐紂,載尸而行。』褚少孫補龜策列傳:『文王病死,載尸以行。』所謂尸,蓋卽『木主』矣。

畢立賞罰,以定其功。

考證:楓、三、南本、陳仁錫引舊本、札記引宋本及毛本,立作力。尙書大傳『畢立』作『勠力。』

案景祐本立亦作力。

武王渡河,中流白魚躍入王舟中,武王俯取以祭。

案藝文類聚九九引入下無王字，御覽九三五引同；又引『以祭』作『以燎之。』白帖十一引『入王舟中』作『入于王舟。』詩周頌思文孔疏引尚書太誓載武王渡孟津事云：『太子發升舟，中流白魚入於王舟。王跪取出涘以燎之。』(注云：『白魚入舟，天之瑞也。魚無手足，象紂無助。白者，殷正也。天意若曰，以殷予武王，當待無助。今尚仁人在位，未可伐也。得白魚之瑞，卽變稱王。應天命定號也。涘，涯也。王出於岸上燔魚以祭，變禮也。』）文選王子淵四子講德論注引尚書琁璣鈐亦云：『武王得兵鈐，謀東觀，白魚入舟，俯取以燎。』藝文類聚十引尚書中候云：『武王發渡于孟津，中流白魚躍入王舩。王俯取魚，長三尺，有文王字。』（又見御覽八四，文略異。）詩思文疏引中候合符后亦云：『魚長三尺，赤文有字。』論衡紀妖篇：『武王得白魚，喉下文曰：以予發。』金樓子興王篇：『武王渡河伐紂，中流白魚躍入舟，長一尺四寸。一說云丹鯉。未知孰是。』『一尺』疑『三尺』之誤。

既渡，有火自上復于下，至于王屋，流爲烏。其色赤，其聲魄云。

索隱：『按今文泰誓「流爲鵰。」鵰，鷙鳥也。……』

梁玉繩云：白魚、赤烏之說，乃漢初民間所得僞泰誓文，詳見書序及詩思文兩疏中。西京諸儒，信以爲眞。董仲舒爲漢儒宗。其賢良策對猶言之；況史公之愛奇者乎！……

案詩思文疏引太誓云：『有火自上復於下，至於王屋，流之爲鵰。其色赤，其聲魄。五至，以穀俱來。』（注云：『王屋，所在之舍上。流猶變也。鵰當爲鴉，鴉，烏也。有火爲烏，天報武王以此瑞。』所引正文，又見書僞泰誓上疏，流下無文字。）藝文類聚九九引尚書中候云：『周太子發渡孟津，有火自天止於王屋，爲赤烏。』又云：『有火自上復於王屋，流爲鵰，其色赤，其聲魄。』御覽八四引尚書中候作『有火自天出于王屋，流爲赤烏。五至，以穀俱來。（注云：流，行也。五至猶五來。）赤烏成文，雀書之福。（注云：文王得赤雀、丹書；今武王致赤烏，俱應周尚赤。故言成文也。）』金樓子作『既渡，有火至於王屋，流爲烏，其色赤，其聲魄云。』蓋直本於周本紀。

是時諸侯不期而會盟津者八百諸侯。諸侯皆曰，

考證：古鈔、楓、三、南本不重『諸侯』二字，殷紀及藝文類聚（十二）引史亦

無。此衍。

案御覽八四、焦氏易林十六注引此『八百』下亦不重『諸侯』二字。金樓子同。

紂可伐矣！

案文選陳孔璋檄吳將校部曲文注、干令升晉紀總論注引紂上並有帝字。

女未知天命，未可也。

案文選晉紀總論注引可作至。

乃還師歸。居二年。(居字原脫。)

案文選陳孔璋爲曹洪與魏文帝書注、檄吳將校部曲文注、藝文類聚十二、御覽八四引此，皆無歸字。齊世家亦無歸字。

殺王子比干。

案御覽引殺作剖。

太師疵、少師彊抱其樂器而犇周。

考證：楓、三本其下有祭字，與殷紀合。

案御覽引太作大，論語微子篇作『大師摯、少師陽。』段玉裁尚書撰異云：『摯卽疵，陽卽彊，音皆相近。』是也。藝文類聚十二引彊下有微子二字，樂作祭。據殷本紀：『殷之大師、少師乃持其祭樂器奔周。』(考證引凌稚隆云：一本無祭字。)宋世家：『微子乃持其祭器造於軍門。』參以楓、三本及藝文類聚所引，此文蓋本作『大師疵、少師彊、微子抱其祭、樂器而犇周。』抱樂器者大師庇、少師彊也。抱祭器者，微子也。

於是武王徧告諸侯曰：殷有重罪，不可以不畢伐。

梁玉繩云：『徐廣謂「伐，一作滅。」恐非。而後書袁術傳引史曰：「殷有重罰，不可不伐。」與今本異。』

考證：古鈔、南本罪作罰。

案後漢書袁術傳：『武王伐紂，曰：殷有重罰。』注引史記云：『武王徧告諸侯曰：殷有重罰，不可不伐。』梁氏所據，乃袁術傳注。文選爲曹洪與魏文帝書注引『不可以不畢伐，』亦作『不可不伐。』疑略以、畢二字。

武王乃作太誓，

案文選班孟堅封燕然山銘注引太作泰。

離逷其王父母弟。

案逷，古文逖。爾雅釋詁：『逷，遠也。』

故今予發，維共行天罰。

考證：共讀爲恭。古鈔、南本天下有之字。

案書牧誓作『惟恭行天之罰。』本篇下文述牧誓作『維共行天之罰。』天下並有之字。書甘誓：『今予惟恭行天之罰。』與此句法同，亦有之字。『共行天之罰，』猶『奉行天之罰。』書甘誓、牧誓恭本作共，甘誓僞孔傳：『恭，奉也。恭亦本作共。段玉裁云：『凡奉之訓，其字皆作共。衞包改共爲恭。』（詳尙書撰異十二。）惟藝文類聚五九引牧誓已作恭，則改共爲恭，非始於衞包矣。

二月，甲子昧爽。

集解：『徐廣曰：〔二〕，一作正。……』

梁玉繩云：『二月』誤，當依徐廣注作『正月』爲是。齊世家作『正月。』此乃後人傳寫妄改也。蓋周之改正，在克殷後。斯時周師初發，不得遽改殷建丑之『正月』爲『二月。』……

案徐氏引一本及齊世家二並作正，則二蓋正之壞字也。

嗟！我有國冢君，

集解：『馬融曰：冢，大也。』

案牧誓『有國』作『友邦。』友、有正、假字。此諱邦爲國。『冢君』謂諸侯。僞泰誓上：『肆予小子發，以爾友邦冢君觀政于商。』僞孔傳：『我與諸侯觀紂政之善惡。』以『冢君』爲諸侯，是也。

牝雞之晨，惟家之索。

案『之晨』猶『若晨，』之與若同義，經傳釋詞九有說。惟猶爲也，牧誓：『惟家之索。』焦氏易林六注引惟作爲，最得其義。書僞說命下：『乃曰予弗克俾厥后惟堯、舜。』朱熹孟子萬章篇集注引惟作爲。亦惟、爲同義之證。

今殷王紂，維婦人言是用。

考證：古鈔、南本婦下無人字。

案牧誓亦無人字。列女傳孽嬖篇殷紂妲己傳載比干諫紂之言，亦云：『不修先王之典法，而用婦言。』

夫子勉哉！

案牧誓勉作勗，下同。史公以勉說勖。文選班孟堅封燕然山銘注引此勉作勖，蓋據牧誓改。

如虎、如羆、如豺、如離，于商郊。

集解：『徐廣曰：此離訓與螭同。』

案景祐本、黃善夫本豺並作犲，俗。文選封燕然山銘注引此作『如虎、如貔、如熊、如羆，』蓋據牧誓改；又引徐注訓上有音字，訓下有並字。文選班孟堅典引注引徐注作『此音義訓並與螭字同。』音下衍義字。

爾所不勉，其于爾身有戮。

集解：『鄭玄曰：所，言且也。』

案所猶若也，釋詞九有說。黃善夫本于誤予。

亦發兵七十萬人距武王。

案書僞武成疏引距上有以字。詩大雅大明疏引距作拒，距、拒古、今字。說已見殷本紀。

武王使師尙父與百夫致師。

正義：致師，挑戰也。

案逸周書克殷解百作伯，古字通用；又孔晁『致師』下有注云：『挑戰也。』卽正義所本。(下文正義，亦多本孔注。)

以大卒馳帝紂師。

集解：『徐廣曰：帝，一作商。』

案逸周書作『王旣以虎賁戎車馳商師。』路史國名紀丁注引此作『武王以戎車馳商師。』蓋直本於逸周書。國語楚語：『故榭度於大卒之居。』韋昭注：『大卒，王士卒也。』

紂師雖衆，皆無戰之心，心欲武王亟入。

案金樓子興王篇戰下無之字。詩大明疏引武王下有之字。

紂師皆倒兵以戰，以開武王。

案藝文類聚十二引『倒兵』作『倒干戈。』列女傳殷紂妲己傳作『倒戈。』逸周書武順解：『一卒居前曰開。』『以開武王，』猶言爲武王居前耳。

紂兵皆崩畔紂。

案畔下不當有紂字，此涉上下文而誤衍也。禮記樂記孔疏引此正作『紂兵皆崩畔。』藝文類聚十二引作『紂軍潰畔。』御覽八四引作『紂軍潰叛。』孟子梁惠王篇僞孫奭疏引作『紂兵崩叛。』畔、叛古通，下亦並無紂字。

登于鹿臺之上。

案路史國名紀丁注引鹿臺作廩臺。葢直本於逸周書。廩、鹿聲近相通，殷本紀錢大昕考異有說。

蒙衣其珠玉，自燔于火而死。

正義：『周書云：甲子夕，紂取天智玉琰五，環身以自焚。……』

梁玉繩云：『周書世俘解：「紂取天智玉琰五，瑑身厚以自焚。」（守節所引有譌。）殷紀所云「衣其寶玉衣」也。此珠字疑寶字之誤。餘說在殷紀。』

案列女傳殷紂妲己傳亦言紂『衣寶玉衣而自殺。』此文『珠玉，』疑『珤玉』之誤。珤，古寶字。御覽八三引周書『瑑身』亦作『環身，』與正義合。（殷本紀正義引周書亦作『環身。』）

遂入至紂死所。

案禮記樂記疏引死下有之字。

三發而后下車，

案后字景祐本同。黃善夫本、殷本並作後，御覽八四引同。周書、藝文類聚十二、御覽八四引帝王世紀亦並作後。作后是故書，正義論字例所謂『後字作后。』此其驗也。（說已見夏本紀。）

縣大白之旗。

案御覽引縣（作懸，俗）下有之字，殷本紀、金樓子並同。周書作『折懸諸太白，』藝文類聚引帝王世紀作『懸于大白之旗。』之、諸、于，並同義。

已而至紂之嬖妾二女，二女皆經自殺。

梁玉繩云：殷紀但言『殺妲己，』此依周書言『二女自經。』一殺、一經，已屬參差；而又增出『嬖妾』二字，不知嬖妾之卽妲己歟？抑妲己之外更有二女歟？（孔晁注：二女，謂妲己及嬖妾。）卽史所載，未免乖錯。

案列女傳亦但言『斬妲己，』與殷本紀合。藝文類聚引帝王世紀作『二嬖妾與妲己，亦自殺。』是妲己之外更有二女矣。書鈔十三引史記云：『斬妲己以玄鉞。』此節下文但云：『斬以玄鉞。』不涉及妲己；御覽引此作『紂嬖妾、妲己二女皆自殺。』竊疑此文『嬖妾』下本有妲己二字，二女卽指嬖妾與妲己。逸周書克殷解作『適二女之所，乃旣縊。』孔晁注：『二女，妲己及嬖妾。』孔氏之所以知二女爲『妲己及嬖妾，』蓋卽本於此文也。陳槃庵兄云：『崔豹古今注上輿服第一：「太公以玄鉞斬妲己。」未詳所出。可廣異聞也。』

斬以玄鉞，縣其頭小白之旗。

案御覽一三五引作『斬以玄戈，懸之小白旗。』有注云：『世本又載。』所引或與世本較合。（八四引此，則與此文全同。）戈蓋戉之壞字，說文：『戉，斧也。』戉、鉞正、假字。

武王已乃出復軍。

案『已乃』複語，已猶乃也。淮陰侯列傳：『蒯通說不聽，已詳狂爲巫。』荀悅漢紀三已作乃，卽已、乃同義之證。御覽八四引此復下有于字。（逸周書作『乃出場于厥軍。』孫詒讓斠補云：『史遷所見本場字疑作復。』）

除道脩社及商紂宮。

案御覽引除上有遂字。

旣入，立于社南。大卒之左右畢從。

梁玉繩云：『周書云：「王入，卽位于社。大卒之左羣臣畢從。」此誤增右字，脫「羣臣」字；或云：「但之字下脫一左字耳。」』

案禮記樂記疏引『旣入』上有武王二字，是也。『大卒之左右畢從。』猶言『士卒與左右畢從。』『大卒』謂『士卒，』之猶與也。（參看孫詒讓周書斠補。）『左右』卽指『羣臣』而言。此文無誤。逸周書作『大卒之左羣臣畢從。』左下蓋脫右字，謂『士卒與左右羣臣畢從』也。

毛叔鄭奉明水。

索隱：明，明水也。舊本皆無水字。今本有水字者多，亦是也。若惟云『奉明，』其義未見，不知奉明何物也。

案逸周書亦作『奉明水。』

衞康叔封布茲。

案荀子正論篇注引此無康字，逸周書同。陳槃庵兄云；『叔字，封名。楊樹達金文編書後曰：金文有康侯丰鼎。知衞康叔本名丰。經傳作封者，丰之同音假字也。』

尹佚筴祝曰，

案禮記樂記疏引佚作逸，周書同。古字通用。

膺更大命，革殷，受天明命。

張文虎云：『此文亦本克殷解。文選王元長曲水詩序注引周書云：「膺受大命，革殷，受天明命。」與史同。今本逸周書失此十字。游、王、柯、凌本「膺更」下注「監本作受」四字。葢校者所加。』

案黄善夫本、殿本『膺更』下亦並注『監本作受』。四字，作受與文選注所引逸周書合。更乃受之誤。更，正作叜，與受形近，往往相亂。說已詳夏本紀。

已而命召公釋箕子之囚。

集解：『徐廣曰：釋，一作原。』

案原猶免，與釋義近。後漢書羊續傳：『其餘黨輩原爲平民。』注：『原，免也。』

命南宮括散鹿臺之財，

王念孫云：『散鹿臺之財，』本作『散鹿臺之錢。』今作財者，後人依晚出古文書尙改之也。……

梁玉繩云：人表括作适，古字通用。然周書作南宮忽也。

考證：古鈔、南本財作錢，與治要所引合。

案禮記樂記疏引此括作适。逸周書作南宮忽，孔注：『忽卽括』。帝王略論財亦作錢。

發鉅橋之粟，以振貧弱萌隸。

案逸周書、呂氏春秋愼大覽、說苑指武篇、國語周語韋昭注、藝文類聚十二引帝王世紀、水經漳水注鉅皆作巨，古字通用。書僞武成疏引振作賑，藝文類聚及御覽八四引帝王世紀、水經注、金樓子皆同。振、賑正、俗字。

命南宮括、史佚展九鼎保玉。

梁玉繩云：『吹景集云：「周書括作伯達，當從周書。展作遷，『保玉』作三巫。孔晁注：『三巫，地名。』按遷于洛邑。三巫，未詳。」』

案藝文類聚引帝王世紀作『命南宮伯達、史逸遷九鼎于洛邑。』（御覽引伯達上衍括字。又逸作佚，古通。）

武王追思先聖王，乃褒封神農之後於焦。

集解：『地理志：弘農陝縣有焦城，故焦國也。』

案樂記疏引聖下無王字。御覽一五九引此，改焦爲譙國。即地理志之焦國也。焦、譙古通。

黃帝之後於祝，帝堯之後於薊，帝舜之後於陳，大禹之後於杞。

梁玉繩云：『余攷樂記，薊爲黃帝後，祝爲帝堯後，韓詩外傳三同。潛夫論五德志亦言「武王封堯冑于鑄。」而史記祝、薊二國互易。豈以堯祖黃帝，可通言之歟？抑當依樂記爲是？呂覽愼大云：「武王封黃帝之後于鑄，封帝堯之後于黎。」史葢仍其誤。而黎與薊，以音近致譌；曰祝、曰鑄，其地不殊。古鑄、祝同音，字亦得通。……』

案樂記疏引黃帝上、『帝堯』上、『帝舜』上，皆有封字。呂氏春秋愼大覽、樂記、韓詩外傳三、本書樂書、家語辯樂解咸同。據此，則大禹上亦當有封字，文乃一律。呂氏春秋作『封夏后之後於杞；』樂記、外傳、樂書、家語並作『封夏后氏之後於杞，』皆有封字。又案樂書、家語祝、薊二國與此亦互易，與樂記及外傳合。

登豳之阜，以望商邑。

案書鈔一五七引豳作邠。

麋鹿在牧，蜚鴻滿野。

梁玉繩云：『「麋鹿」二字，周書、國語、淮南本經訓、博物志及集解引隨巢子皆作「夷羊，」竹書「夷羊見，」是也。「蜚鴻」二字，淮南作「飛蛩，」（注：蝗也。）索隱引隨巢作「飛拾」，博物志作「飛蝗。」又不同。前賢所解各殊，具詳吹景集中。余謂「麋鹿」乃「夷羊」之誤，「蜚鴻」乃「飛蝗」之誤。……』

案藝文類聚九四引周書云：『子夏曰：桀德衰，夷羊在牧，飛蛤滿野。』（又見御覽九百二。據此，隨巢子之『飛拾，』拾蓋蛤之誤。）金樓子箴戒篇亦云：『昔夏后之衰，妖精竝見。蜚鴻滿野，夷羊在牧。』是夏、殷將亡，所見妖異相同。此文『夷羊』作『麋鹿，』楊愼云：『紂有鹿臺以養鹿，故曰「麋鹿在牧。」「蜚鴻，」馬名，若白蟻、紫燕之類，蓋良馬也。養麋鹿而棄良馬，故曰「麋鹿在牧，蜚鴻滿野。」言其養無用而害有用也。』（丹鉛雜錄七。）此亦可備一說。東方朔荅驃騎難：『駃騠、綠耳、蜚鴻、驊騮，天下良馬也。』廣雅釋獸：『飛鴻，馬屬。』

維天建殷，其登名民三百六十夫。不顯亦不賓，滅以至今。

集解：『徐廣曰：「一云『不顧亦不賓成。』一又云『不顧亦不恤』也。」』

索隱：『言天初建殷國，亦登進名賢之人三百六十夫。既無非大賢，未能興化致理。故殷家不大光昭；亦不既擯棄，以至于今也。亦見周書及隨巢子。……隨巢子曰：「天鬼不顧，亦不賓滅。」天鬼卽天神也。』

考證：『姚鼐曰：言殷有名賢三百六十，既不顯用；亦不賓禮。滅字屬下讀，蔑棄之意。言棄以至今。裴駰屬上讀，非也。』

案徐廣稱『一云：不顧亦不賓成。』與逸周書度邑解合。竊疑成乃戌之誤，說文：『戌，滅也。威，滅也。』淮南子天文篇，白虎通五行篇並云：『戌者，滅也。』若作成，則不可通矣。莊子大宗師篇：『成然寐。』釋文：『成，本或作戌，音恤。簡文云：當作滅。』彼文成亦戌之誤（奚侗補注有說），與此同例。據逸周書與隨巢子，此文舊讀皆於滅字絕句，亦有所本。張照考證謂『滅字應從下句讀。』與姚鼐說合，於義爲長。又案景祐本集解徐注作『一云：不顧失亦不賓失威。』兩失字衍，威蓋戌之誤，黃善夫本、殿本並作滅。

悉求夫惡，貶從殷王受。

索隱：『言今悉求取夫惡人不知天命、不順周者，咸貶責之，與紂同罪。故曰：貶從殷王受。』

案『悉求夫惡，』逸周書度邑解作『志我共惡。』志與求義近，夫、共並矢之誤。逸周書世俘解：『則咸劉商王紂，執矢惡臣百人。』（孔注：矢惡臣，崇侯之黨。）矢，舊本亦誤夫；或誤天。世俘解又云：『武王乃廢于紂矢惡臣百人。』（百上舊衍人字。）矢字不誤。揚雄太玄經一戾：『殺生相矢。』注：『矢，乖也。』『悉求矢惡，貶從殷王受。』謂『盡求紂乖惡之臣，貶責之使與紂同罪』也。（參看朱右曾逸周書集訓校釋及孫詒讓周書斠補。）索隱說是，惟不知夫爲矢之誤耳。

日夜勞來我西土。

集解：『徐廣曰：一云「肯來。」』

索隱：七字連作一句讀。

梁玉繩云：『別本我上有定字，是「勞來」乃定也。徐廣謂「一云『肯來。』」恐非。餘姚盧學士文弨曰：「周書度邑解作『四方赤宜未定我于西土。』文譌難曉。」竊以字形求之，「四方」與此「日夜」相近，赤疑丌（古其字）或亦之譌。史記無此字。「宜未」與此「勞來」相近。周書「定我于西土。」本有定字』

案景祐本我上有定字。索隱『七字』黃善夫本作『八字，』是索隱原本亦作『日夜勞來定我西土。』我上脫定字，後人乃改八爲七耳。『勞來』徐廣謂『一云「肯來，」』逸周書作『宜未。』『宜未』乃『肯來』之誤，（肯，正作肎，與宜形近。來，隸書、俗書並作来，與未形近。）肯又勞之誤也。（勞，俗書作劳，與肯形近。）

其有夏之居。

案水經潁水注引此作『吾其有夏之居乎！』其猶因也。下文『顧詹有河』下，徐廣注引周書度邑作『吾將因有夏之居也。』（今本度邑解作『其有夏之居。』）其正作因。（此義前人未發。）

顧詹有河。

集解：『徐廣曰：「周書度邑曰…………北詹望于有河。』

考證：古鈔本、楓、三、南本詹作瞻，下同。與周書合。

案徐廣注引〔逸〕周書瞻作詹，詹、瞻古通，莊子讓王篇：『中山公子牟謂瞻子曰，』呂氏春秋審爲篇、淮南子道應篇瞻並作詹，卽其比。

粤詹雒、伊，

正義：粤者，審愼之辭也。

案粤猶『於是』也。逸周書作宛（音鬱），義亦同。

縱馬於華山之陽，放牛於桃林之虛，偃干戈，振兵釋旅。示天下不復用也。

考證：以上本禮記樂記。又見呂氏春秋愼大篇、韓詩外傳三。

案樂書、留侯世家（又見新序善謀篇、漢書張良傳）、說苑指武篇、家語辯樂解、書僞武成皆有類此之文。（又案焦氏易林卷四注引史云：『武王勝殷，戢弭干戈，以示弗用。』卷七注引史記云：『武王勝殷，包藏弓矢，戢弭干戈，以示弗用。歸馬于華山之陽，放牛于桃林之野。』卷十二注引同，末句『桃林之野』下更有『以示弗服』四字。與此文及樂書、留侯世家所記並有出入，蓋非史記之舊。）

箕子不忍言殷惡，以存亡國宜告。武王亦醜，故問以天道。

正義：箕子殷人，不忍言殷惡。以周國之所宜，言告武王，爲洪範九類。武王以類問天道。

案景祐本武王下疊王字。則當讀『以存亡國宜告武王』句。『王亦醜』句。正義云云，似所見本正如此。『王亦醜，』謂武王亦恥言殷之惡也。醜與恥同義。（韓非列傳：『凡說之務，在知飾所說之所敬，而滅其所醜。』韓非子說難篇醜作恥，卽其例。）正義釋醜爲類，非也。又據『以存亡國宜告』下索隱云：『六字連一句讀。』是索隱本武王下不疊王字。

周公乃祓齋，自爲質，欲代武王。

正義：質，音至。周公祓齋，自以贄幣告三王，請代武王。武王病乃瘳也。

梁玉繩云：『魯世家亦作質，如周禮「質劑」之質。正義解作贄，非。明徐孚遠史記測議曰：「書作『自以爲功。』此改作質，義勝。」據釋詁，二字訓同。』

考證：楓、三、南本作贄。

案書金縢質作功，史公說功爲質。爾雅釋詁：『功、質，成也。』功、質並訓成，則功亦可訓質矣。楓、三、南本質並作贄，蓋據正義改。質、贄（說文作摯）古通，孟子滕文公篇：『出疆必載質。』僞孫奭疏說質爲贄，卽其證。惟此文當以作質爲正。

與武庚作亂畔周。

案御覽八四引畔作叛，古字通用，作畔是故書。

成王以歸周公于兵所。

集解：『徐廣曰：歸，一作餽。』

案歸、餽古通，論語微子篇：『齊人歸女樂，』漢書禮樂志及師古注引歸並作餽，卽其比。

周公行政七年。

考證：『書洛誥：「惟周公誕保文、武受命，惟七年。」周書明堂解、韓非子難（二）篇、尙書大傳、禮記明堂位、韓詩外傳所記皆同。』

案藝文類聚六、文選任彥昇百辟勸進今上牋注並引尸子，稱周公『假爲天子七年。』淮南子齊俗篇亦稱周公『七年而致政成王。』

卒營築居九鼎焉。

案路史餘論三引居作安，義同。

道里均。

案藝文類聚十二、御覽八四引里並作理。理亦借爲里。

召公爲保，周公爲師。

案書鈔五二引周本紀云：『成王卽位，周公、畢公並爲太傅。』與此文不符。

東伐（原誤代）淮夷，殘奄。

案景祐本殘作踐，古字通用。書成王政序亦作踐。

遷其君薄姑。

考證：書序薄姑作蒲姑，君下有于字。

案薄、蒲古通，書將蒲姑序釋文云：『蒲，馬本作薄。』是馬融本與此同。

作康誥。

梁玉繩云：『滹南集辨惑云：此乃康王之誥。若康誥，則命康叔者也。書豈有兩康誥邪！』

考證：古鈔本、南本康下有王字。愚按疑脫『之王』二字。

案古鈔本、南本並作康王誥，與王若虛辨惑說合。之字可略。

刑錯四十餘年不用。

集解：『應劭曰：錯，置也。民不犯法，無所置刑。』

案帝王略論錯作厝。治要引錯作措，引應劭注錯作『措者。』錯、厝並措之借字。措謂廢置也。應注下置字衍。漢書文帝紀：『斷獄數百，幾致刑措。』應注作『措，置也。民不犯法，無所刑也。』可證，又案後漢書馮衍傳注引此作『刑錯三十餘年而不用。』三字恐誤。

康王命作策畢公，分居里，成周郊，作畢命。

考證:『康王命』以下，采書畢命序，序無公字。右鈔、南本無分字。

王國維釋史云：『書洛誥：「王命作册逸祝册。」又「作册逸告。」（岷案告本作誥。）顧命：「命作册度。」孫氏詒讓周禮正義以「作册」爲「內史」之異名，是也。案書畢命序：「康王命作册畢，分居里，成周東郊，（岷案東字衍。）作畢命。」史記周本紀作「康王命作册畢公，」蓋不知「作册」爲官名，畢爲人名，而以畢公當之，爲僞古文畢命之所本。』（觀堂集林六。）

案王氏釋史引策爲册，蓋據畢命序改。册、策正、假字。此當讀『康王命作策畢』句。『公分居里，』公乃分字之誤而衍者。古鈔、南本並作『公居里，』不删公字，而妄删分字，非也。

康王卒。

考證：古鈔本、南化本卒作崩。

案御覽八五引帝王世紀，稱康王『在位二十六年崩。』

昭王南巡狩不返，卒於江上。其卒不赴告，諱之也。

正義:『帝王世紀云:………其右辛游靡,長臂且多力,游振得王,周人諱之。』

考證:帝王世紀本呂氏春秋音初篇。振者,振其尸也。

案正義引帝王世紀辛游靡,黃善夫本、殿本辛並誤卒。呂氏書秋音初篇、竹書紀年並作『辛餘靡。』游蓋本作餘,涉下『游振』字而誤也。御覽八五引帝王世紀振作拯。考證『振者,振其尸也。』本孫星衍說。(見畢沅呂氏春秋新校正。)

王道衰微。

案御覽八五引王上有而字。

先王燿德不觀兵。

案文選班叔皮北征賦注引『先王』上有『昔我』二字,燿作耀。黃善夫本、殿本燿亦並作耀,國語周語上同。文選潘安仁夏侯常侍誄注引作曜。耀、曜並俗字。

先王之於民也,茂正其德,而厚其性,阜其財求,而利其器用。明利害之鄉。

考證:『左傳文公十七年,晉郤缺解夏書云:「正德、利用、厚生,謂之三事。」與此相合。性卽生也。』

案周語韋注:『阜,大也。』考證云云,本王念孫說:『文公十七年。』乃『文公七年』之誤,見經義述聞第二十周語上。(上文『玩則無震。』考證引中井積德云:『震亦威也。』亦本王念孫說。)

使之務利而辟害,

案之字疑涉上文『脩之』而衍。治要引此作『使務利而避害,』周語同。避、辟正,假字。

遵脩其緒,

考證:國語遵作纂。古鈔、楓、三、南本脩作循。愚按脩字與下文複,作循爲長。

案古鈔、楓、三、南本脩並作循,是也。循、脩隸書形近,又涉下文脩字而誤。『遵循』複語,遵亦循也。爾雅釋詁:『遵,循也。』說文同。

奕世載德,

考證：楓、三、南本載作戴。

案載、戴古通，下文『訢戴武王，』景祐本、黃善夫本、殿本戴並作載，即其比。周語注：『載，成也。』

訢戴武王。

案治要訢引作欣，周語同。訢、欣古、今字。周語注：『戴，奉也。』

勤恤民隱。

案周語注：『隱，痛也。』

有威讓之命，有文告之辭。

案周語命作令，義同。下文『布令、陳辭，』承此言之，則作令，文乃一律。

布令、陳辭，而有不至。

案『而有』猶『而猶，』有與猶同義，（周語有作又，又亦與猶同義。）張儀列傳：『而親昆弟同父母，尚有爭錢財。』有亦與猶同義。（參看拙著古書虛字新義『有』字條。）

且觀之兵，無乃廢先王之訓，而王幾頓乎？

考證：古鈔、楓、三、南本兵下有『矣其』二字。

案周語無上亦有其字。

吾聞犬戎樹，敦率舊德，而守終純固。其有以禦我矣。

集解：『駰案韋昭曰：樹，立也。言犬戎立性敦篤也。』

考證：『中井積德曰：「樹，建國也。」愚按樹敦，犬戎國主名，諸說恐非。「守終純」句。固字屬下讀。』

周語敦作惇。率作帥。韋注『敦篤』作『惇樸。』舊音云：『樹惇，蓋是犬戎主名。』王引之述聞云：『樹者，其主名。惇字當屬下讀。犬戎樹者，先國而後名。猶曰邾婁顏耳。「惇帥舊德」者，惇，史記周本紀作敦。爾雅曰：「敦，勉也。」言「勉循舊德」也。』

陳槃庵云：『韋解作「立性惇樸，」義自可通。………周語上又云：「內史興謂襄王曰：晉侯『樹於有禮；』」又周語下，單穆公謂景王曰：「聖人樹德於民；」又晉語四，宋公孫固言於襄公曰：晉公子「樹於有禮。」國語作者亦自習用樹字以爲動詞。』(孔孟學報第十期犬戎別記。)

案王氏以樹爲犬戎主名，惇字屬下讀，於義爲長。惇與敦，率與帥，並古字通用。考證以樹敦爲犬戎國主名，說本周語舊音。槃庵兄同護韋注，說亦有據。又案周語下亦云：『守終純固。』管子五輔篇云：『敦懞純固，以備禍亂。』是『純固』爲習見連文。考證以固字屬下讀，非也。

甫侯言於王，作脩刑辟。

集解：『鄭玄曰：「書說云：周穆王以甫侯爲相。」』

考證：『尙書甫作呂。孔疏云：禮記書傳，引此篇多稱爲甫刑。……宣王以後改呂爲甫也。』

案漢書人表作呂侯。御覽八五引帝王世紀亦作呂侯，云：『或謂之甫侯。』書呂刑孔疏引鄭玄云：『書說云：周穆王以呂侯爲相。』與集解引作甫侯異。蓋古人引書，往往隨正文改字也。孔疏又云：『書說，謂書緯刑將得放之篇有此言也。』又案考證云云，本梁氏志疑。

師聽五辭。

正義：『漢書刑法志云：「五聽：一曰辭聽。二曰色聽。三曰氣聽。四曰耳聽。五曰目聽。」周禮云：「辭不直，則言繁。目不直，則視眊。耳不直，則對答惑。色不直，則貌赧。氣不直，則數喘」也。』

案正義引刑法志云云，又見周禮秋官小司寇；引周禮云云，乃小司寇鄭玄注。(文略有出入。)古人引書，往往以注文爲正文。又案『則視眊，』黃善夫本、殿本眊並作眇，古字通用。『則貌赧，』黃善夫本赧作赩，蓋涉上文色字而誤。

穆王立五十五年崩。

考證：『左傳僖公十二年云：穆王欲肆其心，……王是以獲沒於祇宮。』

案御覽八五引年下更有『年一百五歲而』六字。又引帝王世紀作『五十五年，王年百歲，崩于祇宮。』百下疑脫五字。竹書紀年云：『五十五年，王陟于祇宮。』又案考證所稱『左傳僖公，』乃昭公之誤。

王共王緊扈立。

索隱：系本作伊扈。

梁玉繩云：世表及世本、人表作伊扈。此作緊字，古通也。

案詩大雅民勞孔疏引此及世本、御覽八五引此及帝王世紀共皆作恭，古字通用。國語周語上、三代世表亦並作恭。周語韋注緊扈亦作伊扈。御覽引此作翳扈，緊、翳古亦通用。

其母曰：必致之王。

集解：『列女傳曰：康公母姓隗氏。』

案今本列女傳仁智篇密康公母傳隗氏作魏氏，隗、魏古通。

況爾之小醜乎！

案之字涉上文而衍。周語、列女傳並無。

共王崩，子懿王囏立。

索隱：世本作堅。

梁玉繩云：『囏字誤，索隱曰：「一作堅。」是也。各處皆作堅。』

案御覽引帝王世紀作『王在位二十年，崩。子堅代立。』竹書紀年、三代世表、漢書人表囏亦並作堅。又案索隱稱世本，避太宗諱，例作系本。此後人所改也。

懿王之時，

索隱：『宋忠曰：懿王自鎬徙都犬丘。……』

考證：古鈔、楓、三、南本『之時』作立。

案詩譜序疏、王風譜疏、齊風譜疏引『之時』亦皆作立。御覽引帝王世紀云：『懿王二年，徙都犬丘。』

懿王崩，共王弟辟方立，是爲孝王。孝王崩，

案御覽引懿王下有『在位二十五年』六字；『孝王崩，』孝王下有『在位十五年』五字。疑並據帝王世紀之類所加。又案御覽八七八引史記云：『周孝王七年，厲王生。冬，大雹，牛馬死，江、漢俱凍（舊誤動）。及孝王崩，厲王立，王室大亂。』『周孝王七年，』至『江、漢俱凍。』十八字，記纂淵海五亦引爲史記文，今本史記無之。惟竹書紀年云：『孝王七年，冬，大雨電（疑雹之誤），江、漢水，牛馬死，是年厲王生。』與此文略同。御覽、記纂淵海所引，或誤以紀年爲史記與？

是爲夷王。

正義：『紀年云：三年致諸侯，烹齊哀公于鼎。』

案御覽八五引紀年『三年』下有王字。（今本紀年同。）黃善夫本、殿本烹並誤翦，並脫于字，鼎並誤鼒。

厲王卽位三十年，

考證：芮良夫諫用榮夷公、與召公諫監謗二事，國語不紀其年，他書亦無可徵。此云『卽位三十年，』下云『三十四年，』未知何據。

案考證之說，本梁玉繩志疑。

而有專之，

考證：周語有作或。

案有、或同義，古書習見。

王其能久乎？

案其猶豈也。下文『今王學專利，其可乎？』其亦與豈同義。

猶日怵惕，

考證：各本日作曰，今依正義及古鈔、中彭本、中韓本、陳仁錫引古本、羣書治要訂。周語亦作日。

案殿本亦作日。

王而行之，其歸鮮矣！榮公若用，周必敗也！

案而猶如也。治要若作有，有猶若也。

卒以榮公爲卿士，用事。

案詩小大雅譜疏引『用事』作『使用事焉。』

得衞巫，使監謗者。以告則殺之。其謗鮮矣。諸侯不朝。三十四年，王益嚴，國人莫敢言，道路以目。

集解：『韋昭曰：以目相眄而已。』

梁玉繩云：『「其謗鮮矣」至「王益嚴」十五字，國語所無，當是誤增。外紀曰：「三十年，王殺謗者。」三十四年始「道路以目，」事不相接。』

案呂氏春秋達鬱篇、帝王略論亦並無『其謗鮮矣』至『王益嚴』十五字。然此十五字，容是史公原文。小大雅譜疏引嚴下更有虐字，『莫敢』作『不敢，』莫猶不也 。下文『於是國莫敢出言 。』小大雅譜疏引莫亦作不。又案集解引韋昭注『相盻，』景祐本作『相眄。』黃善夫本作『相眄，』治要引同，周語注亦作『相眄。』眄乃眄之俗變。（說文：『眄，一曰衺視也。』）盻，誤字。

是鄣之也。

案御覽三六七引鄣作障，呂氏春秋、周語並同。（韋昭注：障，防也。）鄣、障古通，本字作墇，說文：『墇，擁也。』今所謂壅塞也。

防民之口，甚於防水。

案呂氏春秋、周語、金樓子箴戒篇水皆作川，下同。

是故爲水者決之使導。爲民者宣之使言。

案周語韋注：『爲，治也。』呂氏春秋爲並作治。

瞽獻曲。

集解：『韋昭曰：曲，樂曲。』

景祐本、黃善夫本、殿本曲皆作典 。 集解引韋注同 。 梁玉繩云：『左傳襄十四年：「瞽爲詩。」疏引周語作「瞽陳曲。」韋昭云：「瞽陳樂曲獻之於王。」余舅氏元和陳大令樹華有依宋本校定國語亦作曲。韋注：「曲，樂曲也。」則知今本國語、史記竝譌爲典字，典與瞽何涉？』

案張照考證亦謂『瞽陳樂曲，於義爲長。』瀧川考證本逕改正文、注文典爲曲，是也。淸黃丕烈讀未見書齋重雕宋明道本周語亦作『瞽獻曲。』韋注：『曲，樂曲也。』

耆艾脩之。

集解：『韋昭曰，耆艾，師傅也。脩理瞽史之教以聞於王。』

考證 ：『中井積德曰 ：「修之」二字 ，都承前文 ，不止瞽史 。』

案『耆艾脩之，』與前文平列，猶言『師傅脩飭之』也。旣非專承上文『瞽史教誨』而言；亦非『都承前文。』王念孫云：『「脩之，」謂「脩飭之」也。之字指王而言。』

（經義述聞第二十周語上。）其說是也。

民之有口也，

案治要引此無也字，周語同。

若壅其口，其與能幾何！

案周語韋注：『與，辭也。』竊疑『與能』複語，與猶能也。吳語：『民生於地上，寓也。其與幾何！』左襄二十九年傳：『是盟也，其與幾何！』（杜預注：言不能久也。）兩與字亦並與能同義。（古書中與與能同義之例甚多，經傳釋詞並釋爲語助。）

於是國莫敢出言。

考證：『張文虎曰：詩小大雅譜疏引國下有人字。』

案詩小雅雨無正疏、御覽三六七引國下亦並有人字。

三年，乃相與畔襲厲王。

案小雅雨無正疏引『三年』作『三十七年，』畔作叛。上言『三十四年，王益嚴，國人莫敢言。』此言『三年』者，『三十四年』後之『三年』也。作『三十七年，』亦『三十四年』後之『三年』也。小大雅譜疏、左昭二十六年傳疏、治要、御覽八五引畔亦皆作叛。畔、叛古通，說已見前。

厲王太子靜，匿召公之家。

案竹書紀年、漢書人表、帝王略論靜並作靖，古字通用。下文『太子靜長於召公家。』左昭二十六年傳疏引靜亦作靖。

召公、周公二相行政，

案御覽八五引『二相』作『二人相共。』

共和十四年，厲王死于彘。

案小大雅譜疏引死作崩。又案御覽八七九引史記云：『共和十四年，大旱，火焚其屋。伯和簒立（立上舊衍位字），故有大旱。其年，周厲王奔彘而死，立宣王。』『共和十四年』至『故有大旱』十九字，記簒淵海五、路史發揮二注亦並引爲史記文，今本史記無之，疑是紀年之文。今本竹書紀年云：『厲王二十六年，大旱，王陟于彘。周定公、召穆公立太子靖爲王。共伯和歸其國，遂大雨。』與所稱『伯和簒立，故有大旱。』不符。

諸侯復宗周。

案小大雅譜疏引復下有歸字，則宗周謂鎬也。周語韋注：『宣王都鎬。』

四十六年，宣王崩。

案御覽八五引四上有『在位』二字。

子幽王宮湦立。（宮字原脫。）

集解：『徐廣曰：一作生。』

正義：湦音生。按本又作涅。涅，音乃結反。

梁玉繩志疑宮湦作宮涅。云：『涅字下从土，各本譌作工。幽王之名，此作宮涅；紀年作涅，無宮字；人表及世族譜、國語注作宮涅；呂子當染篇注作官皇；詩王風譜疏引紀作宮皇；而大紀又只作湼。國語補音曰：「今官本史記作宜湼，徧檢字書無此字；又或作宮湼。然竝與涅字相亂，皆非是。據人表作宮湼，宜從湼。」（今本史記作湼；人表作湼，與庠所見異。）余謂湼乃湼之譌，而湼、湼、皇三字亦誤。當從外紀、古史作宮湦爲是也。知者，徐廣曰：「一作生。」蓋湦與生通借耳。……』

案宮湦，景祐本同。黃善夫本作宮湼；殿本作宮湼。文選潘安仁西征賦注、御覽八五引此亦並作宮湼。帝王略論作宮皇。

西周三川皆震。

集解：『韋昭云：西周，鎬京。……』

案殿本西周作西州。集解引韋注同。周、州古通，初學記六兩引此文，一引亦作西州。（記纂淵海六六引作西川，川乃州之誤。）

伯陽甫曰：周將亡矣！

集解：『韋昭曰：「伯陽甫，周大夫也。」唐固曰：「伯陽甫，周柱下史老子也。」』

考證：韋說是。老聃何得及幽王時。國語甫作父。

案御覽八百八十、記纂淵海五引伯陽上並有『太史』二字。說苑辨物篇、老子列傳索隱甫亦並作父。甫、父古通，說已見前。又案集解引韋昭、唐固注，景祐本兩甫字亦並作父；黃善夫本唐固注甫亦作父。

陰迫而不能蒸。

集解：『韋昭曰：蒸，升也。……』

案周語蒸作烝，韋注同。說苑辨物篇亦作烝。烝、蒸正、假字。御覽八百八十引蒸作昇，葢據韋注改。昇，俗升字。

是陽失其所而塡陰也。

案周語塡作鎭，古字通用。天官書：『四塡星所出四隅，去地可四丈。』御覽五引塡作鎭，卽其比。

夫水土演而民用也。

案說苑用下有足字。

土無所演，

案此承上文『水土演』而言，周語土上有水字，是也。（說苑亦脫水字。）

昔伊、洛竭而夏亡。

王念孫云：凡伊、雒、瀍、澗之雒字，從佳旁各。涇、渭、洛之洛字，從水旁各。一爲豫州川。一爲雍州浸。載在職方，不相假借。……雒、洛二字之辯，〔段玉裁〕古文尙書撰異言之甚詳。（讀書雜志四之六漢書地理志『逾于洛』條。說又詳段氏說文解字注水部洛字下。）

案御覽八百八十引此洛作雒，說苑同。是也。作洛者，後人所改。

今周德若二代之季矣。

案御覽、記纂淵海五引若並作如，說苑同。

塞必竭。

案御覽引作『塞必川竭山崩。』必猶則也。下文『川竭必山崩。』必亦與則同義。

亡國之徵也。

案國字疑涉上下文而衍，書鈔四二、記纂淵海引此並無國字。周語、說苑並同。

川竭必山崩。

考證：周語『必山』二字倒。

案說苑『必山』二字亦倒。

太子母申侯女，

案左昭二十六年傳疏引太作大（下同），女下有也字。詩小雅小弁疏引母上有之字。

後幽王得褒姒，愛之，欲廢申后。

案御覽八五引愛上有『而篤』二字，欲上有乃字。

并去太子宜臼，以褒姒爲后，以伯服爲太子。

考證：古鈔本『太子』下無宜臼二字，『后以』下有『其子』二字。羣書治要引同。

案詩王風譜疏、小雅小弁疏、左昭二十六年傳、御覽引此，皆作『并去太子，用褒姒爲后，以其子伯服爲太子。』治要引『以褒姒，』以亦作用，金樓子箴戒篇同。以、用同義。

昔自夏后氏之衰也，

案文選李蕭遠運命論注、御覽九二九引此並無自字。御覽三百六十引同；又引衰上有將字。論衡異虛篇衰上亦有將字。

有二神龍止於夏帝庭。

案漢書五行志、文選班孟堅幽通賦注、御覽三百六十引此並無神、帝二字，金樓子同。又五行志引庭作廷（下同），古字通用。文選運命論注引二字在龍字下，帝下有之字。御覽九二九引二字亦在龍字下。

余褒之二君，

案五行志、文選幽通賦注、運命論注、御覽九二九、記纂淵海九九引君下皆有也字。國語鄭語、列女傳孽嬖篇周幽褒姒傳、論衡異虛篇、金樓子咸同。

夏帝卜殺之、與去之、與止之，莫吉。

案兩與字並與或同義。御覽九二九引『與去』作『徙去。』記纂淵海引同；又引止作留。鄭語韋注：『止，留也。』

櫝而去之。

考證：『陳仁錫曰：「去，藏也。」愚按，與弆同。鄭語作藏。』

案文選運命論注引櫝上有『夏氏乃』三字。（胡克家考異云：袁本、茶陵本無『夏氏乃』三字。）氏疑當作帝。論衡異虛篇作『夏王櫝而藏之。』文選幽通賦注、御覽三百六十引此去並作藏。列女傳、論衡奇怪篇並同。五行志師古注：「去，藏也。」

不可除。

案五行志引除下有也字，鄭語、列女傳並同。

漦化爲玄黿，以入王後宮。

索隱：亦作蚖，音元。玄蚖，蜇蜴也。

案列女傳黿作蚖。鄭語韋注亦云：『黿，或爲蚖。蚖，蜇蜴，象龍。』文選幽通賦注、御覽三百六十引黿並作黿，金樓子同。黿葢黿之誤。俗書黿字从黿，（顏氏家訓書證篇、史記正義論字例並有說。）故致誤耳。

後宮之童妾，既齔而遭之。

集解：『韋昭曰：毀齒曰齔。女七歲而毀齒也。』

梁玉繩云：國語既上有未字，此似缺。『未既亂』者，齒未盡毀也。

考證：古鈔、楓、三、南本既上有未字，與鄭語合。

案御覽引此作『未亂而遭之。』金樓子作『未亂者遭之。』並有未字。（景祐本、黃善夫本、殿本齔並作亂，集解引韋注同。文選運命論注引此亦作亂，鄭語正文、注文並同。齔、亂正、俗字。）列女傳作『未毀而遭之。』亦有未字。

無夫而生子。

案文選運命論注引生下有『一女』二字。

童女謠曰，

考證：鄭語無女字，此衍。

案文選注引此亦無女字，列女傳同。惟有女字，容是史公原文。五行志引『童女』作『女童。』師古注：『「女童謠，」閭里之童女爲歌謠也。』

檿弧箕服，實亡周國。

案金樓子『檿弧箕服，』作『皦皦白服。』五行志引箕作萁，並云：『劉向目爲：檿弧，桑弓也。萁服，葢以萁草爲箭服。』（師古注：萁草，似荻而細。）漢隸及六朝俗書从艸、从竹之字往往相亂，竊疑作萁，乃此文之舊也。文選注引實作寔，列女傳同。古字通用。

有夫婦賣是器者，

案五行志引有上有後字，賣作鬻。列女傳有上亦有後字。鄭語賣亦作鬻。韋注：

『鬻，賣也。』

逃於道，而見鄉者後宮童妾所弃妖子出於路者。

集解：『徐廣曰：妖，一作夭。夭，幼少也。』

案妖、夭古通，夭猶少也。莊子大宗師篇：『善夭、善老，』釋文本夭作妖；宋陳碧虛闕誤引張君房本夭作少。即其證。

聞其夜啼，

案五行志引啼作號，義同。鄭語、列女傳亦並作號。

請入童妾所弃女子者於王，

案五行志引『女子』作『妖子，』與上文一律。女疑妖之壞字，下同。文選運命論注引此無女字，下同。

是爲褒姒。

案文選幽通賦注引『是爲』作『謂之。』

竟廢申后及太子。以褒姒爲后，伯服爲太子。

案五行志引『太子』下有宜咎二字，以作『而立。』列女傳『太子』下有宜臼二字，以亦作『而立。』咎、臼古通，下文『於是諸侯乃卽申侯而共立故幽王太子宜臼。』詩王風譜疏、御覽一四七引並作宜咎，（帝王略論亦作宜咎。）與此同例。詩小大雅譜疏、文選潘安仁西征賦注、御覽一四七引此以上並有而字。文選幽通賦注、劉越石勸進表注、運命論注引此以並作立。詩小雅白華疏引帝王世紀云：『幽王三年，納褒姒。八年，立以爲后。』御覽一四七引紀年云：『幽王八年，立褒姒之子伯服爲太子。』

無可奈何！

案御覽一四七引無作毋，同。下文『毋逆朕命。』左僖十二年傳毋作無，亦同例。

褒姒不好笑，幽王欲其笑，萬方故不笑。

案御覽八五引褒姒下有『爲人』二字，『萬方』上有『悅之』二字，故作猶。故與猶同義。（莊子山木篇：『材與不材之間，似之而非也。故未免乎累。』故亦與猶同義。）列女傳『萬方』作『萬端，』義亦同。（莊子達生篇：『覆卻萬方陳乎前，而不得入其舍。』『萬方』亦與『萬端』同義。）

幽王爲㷭燧大鼓，

案詩小雅采薇疏、文選西征賦注、藝文類聚八十、御覽八五、記纂淵海五六引㷭皆作烽，下同。烽卽㷭之俗省。下文『有寇至則擧㷭火。』景祐本㷭亦作烽。治要引下文㷭並作烽，水經渭水注、帝王略論並同。

諸侯悉至。

案御覽引『諸侯』上有『於是』二字。

幽王說之，爲數擧㷭火。其後不信，諸侯益亦不至。

考證：……古鈔、三、南本說上有欲字，益下無亦字，與羣書治要所引合。

案小雅采薇疏引說作悅，（治要、御覽引並同，說、悅古、今字。）悅上亦有欲字，益下亦無亦字。列女傳『說之』亦作『欲悅之。』無『益亦』二字。

國人皆怨。石父爲人佞巧善諛、好利，王用之。又廢申后去太子也，申侯怒。

王念孫云：『王用之，又廢申后去太子也。』本作『王之廢申后去太子也。』乃復擧上文以起下文申侯與犬戎攻周之事。與虢石父之事，各不相涉。王下衍一用字，遂致不成文理。後人遂於『廢申后』上加一又字，以曲爲彌縫耳。羣書治要引此作『王之廢后去太子也。』太平御覽皇王部十引作『幽王之廢申后去太子也。』今據以訂正。

考證：『王用之又』四字，古鈔、南本作『幽王之』三字。治要、御覽、詩譜王風疏引無用字、又字。

案御覽引怨下有之字，『王用之。又廢申后去太子也，』作『今王用之。幽王之廢后去太子也，』王氏舍『今王用之』四字而不論，又於后上增申字。竊以爲『石父爲人佞巧善諛、好利，今王用之。』乃申述『國人皆怨之』之故，與下文無涉。『幽王之廢后去太子也，』乃以起下文也。治要、詩王風譜疏並未引『王用之』以上之文。『又廢申后去太子也，』治要引作『王之廢后去太子也。』王風譜疏引作『幽王之廢后去太子也。』（與御覽引同。）今本又葢之之誤，上又脫幽王二字耳。考證所謂『治要、御覽、詩譜王風疏引無用字、又字。』亦並失檢。

與繒、西夷犬戎攻幽王。

考證：『張文虎曰：治要、王風疏引與上有乃字，攻上有共字。』案小雅菀菽疏、左昭二十六年傳疏、文選西征賦注、劉越石勸進表注、御覽八五及一四七引此，與上亦皆有乃字，攻上亦皆有共字。列女傳同。（匈奴列傳作『而與犬戎共攻殺周幽王于驪山之下。』『而與』猶『乃與』也。）五行志、小大雅譜疏、大雅崧高疏引攻上亦皆有共字。焦氏易林四注引繒作鄫，國語晉語一、竹書紀年並同。古字通用。

遂殺幽王驪山下。

案左昭二十六年傳疏引『驪山下，』作『于驪山之下。』匈奴列傳、列女傳並同。焦氏易林注引驪山上有於字，於與于同。文選勸進表注、御覽八五引下上亦並有之字。小大雅譜疏引『驪山下』作『麗山之下。』呂氏春秋疑似篇同。王風譜疏、御覽一四七引驪山亦並作麗山。驪、麗古通，文選西征賦稱幽王『身死驪山之北。』王風譜疏引驪作麗，與此同例。

盡取周賂而去。

案御覽八五引『周賂』作『周之財。』

東遷于雒邑，辟戎寇。

案御覽引作『乃東徙洛邑，避戎寇也。幽王在位凡一十一年。』文選范蔚宗後漢書皇后紀論注引遷亦作徙，義同。左昭二十六年傳疏引遷下有徙字，（蓋一本遷作徙，傳寫誤合之耳。）雒亦作洛，寇下亦有也字。雒邑字作洛，後人所改也。（篇末贊：『周乃東徙于洛邑。』亦同此例。）詩王風黍離疏引此雒亦作洛，辟亦作避。避、辟正、假字，說已見前。

周室衰微，諸侯彊并弱。

案御覽引作『王室微弱，而諸侯以強并弱。』（詩王風譜疏引帝王世紀亦云：平王時，王室微弱。）詩王風黍離疏引作『周室微弱，諸侯以強并弱。』書鈔二一引『衰微』亦作『微弱。』文選後漢書皇后紀論注引『彊并弱』亦作『以強并弱。』彊、強正、假字。

太子洩父蚤死。

案詩王風譜疏、御覽引此並作『太子泄父早死。』泄、洩正、俗字。早、蚤正、假字。下文『襄王母蚤死。』『后、太子聖而蚤卒。』景祐本、黃善夫本、殿本蚤並作早，亦同此例。作蚤是故書，正義論字例所謂『早字作蚤』者是也。

許田，天子之用事太山田也。

正義：『杜預云：……遜辭以求也。』

案正義引杜注，黃善夫本以下有有字，左隱八年傳杜注同。

子莊王佗立。

案王風譜疏、御覽引佗並作他，他卽佗之隸變。

子釐王胡齊立。

正義：釐音僖。

案御覽引釐作僖，下同；引帝王世紀亦作僖。

子惠王閬立。

案御覽引帝王世紀閬作凉洪。(凉，俗涼字。)

初，莊王嬖姬姚生子穨。

案黃善夫本、殿本穨並作頹，下同。頹卽穨之俗變。御覽引此及下文亦並作頹。國語周語上、左莊十九年傳、漢書人表皆同。

奪其大臣園以爲囿。

集解：『左傳曰：大臣蒍國也。』

案左莊十九年傳作『取蒍國之圃以爲囿。』(杜注：圃，園也。)御覽引此作『奪其大臣蒍國之田以爲囿。』蒍國二字疑據左傳加，田疑園之誤。

謀召燕、衞師伐惠王。

案御覽引衞下有之字。

已居鄭之櫟。

案已猶『已而』也。封禪書：『平言上曰：「闕下有寶玉器來者。」已視之，果有獻玉杯者。』又云：『見一老父牽狗，言：「吾欲見巨公。」已忽不見。』(又見孝武本紀。)兩已字亦並與『已而』同義。

立釐王弟穨爲王，樂及徧舞。

案御覽引『弟穨』作『弟子頹。』舞作儛。儛與舞同。周語亦作儛。

鄭與虢君伐殺王穨，復入惠王。

案御覽引『王穨』作子頹，入作立。周語『王穨』亦作子頹。（左傳作「王子頹。」）

有寵於惠王，襄王畏之。

考證：古鈔、南本無『於惠王』三字，殆是。

案御覽引此亦無『於惠王』三字。

齊桓公使管仲平戎于周，

考證：古鈔、南本周作王。

案御覽引周亦作王，左僖十二年傳同。

王以上卿禮管仲。

案左傳作『王以上卿之禮饗管仲。』

凡我周之東徙，晉、鄭焉依。

案凡猶夫也，發端辭。莊子外物篇：『凡道不欲壅，』人間世篇：『夫道不欲雜。』凡亦與夫同義。（此義前人未發。）周語中焉作是，焉猶是也。左隱六年傳載周桓公之言亦云：『我周之東遷，晉、鄭焉依。』（參看王引之釋詞二。）

故以黨開翟人，翟人遂入周。襄王出犇鄭。

考證：古鈔、南本黨上有其字，與國語合。

案御覽引此黨上亦有其字，鄭上有於字。周語鄭上有于字。於猶于也。

十七年，襄王告急于晉。

案御覽引告上有乃字。

襄王乃賜晉文公珪鬯弓矢爲伯，

案御覽引乃作『於是，』（義同。）『珪鬯』作『秬鬯。』

二十年，晉文公召襄王。

案御覽引召上有又字。

書諱曰：天王狩于河陽。

案御覽引此無諱字，左僖二十八年傳同。

弟瑜立,

案御覽引瑜下有代字。

次洛,使人問九鼎。

案御覽引作『次於洛,使人問九鼎之重輕。』左宣三年傳洛作雒,上亦有於字。秦本紀洛亦作雒,作雒是故書。『使人問九鼎,』左傳作『楚子問鼎之大小輕重焉。』楚世家作『楚王問鼎小大輕重。』金樓子說蕃篇作『問鼎之輕重而歸。』並與御覽所引較合。

子簡王夷立。

案御覽引立上有代字。

立爲悼公。

考證:古鈔、南本立下有之字。

案御覽引立下亦有之字。

子靈王泄心立。

梁玉繩云:靈王之名,周語韋注亦作大心。

考證:『晉語作大心。張文虎曰:疑當作世,古世、大同用。』

案泄、大古亦通用,荀子榮辱篇:『憍泄者,人之殃也。』『憍泄』即『驕泰,』亦即『驕大。』(泰字古作大。參看王念孫讀書雜志八之一。)則泄固不必作世矣。考證所稱『晉語作大心。』本殿本考證說(張文虎札記亦引之),晉語乃『周語注』之誤。

二十五年,景王愛子朝,欲立之。會崩。

考證:各本『二十五年』『作二十年,』今從古鈔本,與年表及左傳合。

案竹書紀年載景王事止於二十五年;御覽八五引帝王世紀亦云:『景王在位二十五年。』考證本從古鈔本補五字,是也。(梁玉繩亦云:『二十』下脫五字。)

子丐之黨與爭立。

案景祐本丐誤丏,下同。

四十三年,敬王崩。

集解:『徐廣曰:「皇甫謐曰:敬王四十四年,元己卯,崩壬戌也。」』

景祐本、黃善夫本、殿本三並作二。梁玉繩云：左傳哀十九年書『敬王崩。』而春秋昭二十二年書『景王崩。』則敬王在位四十四年明甚。竹書及集解引皇甫謐說俱合。此作『四十二，』表作『四十三，』竝誤也。但御覽八十五卷引史記作『四十四年。』

考證：『陳仁錫曰：「湖本三作二，誤。」愚按古鈔、南本、及御覽引亦作三，與年表合。』

案左哀十九年傳釋文引此及十二諸侯年表並作『四十二年。』引杜預世族譜同。（孔疏引世族譜亦同。）御覽八五引此作『四十三年，』梁云『四十四年，』失檢。

元王八年崩，

梁玉繩云：元止『七年，』此與六國表言『八年，』竝誤。杜世族譜作『十年，』亦誤。蓋謬減敬王之年，以益元王也。

案竹書紀年載元王止『七年。』世族譜作『十年，』七，古文、漢隸並作十，與十往往相亂。

子定王介立。

梁玉繩云……韋注國語、後書西羌傳、陶公年紀，竝據世本作貞王。……

案左哀十九年傳疏稱世本宋忠注，引此定王亦作貞王。

五月，少弟嵬攻殺思王而自立，是爲考王。

案御覽引帝王世紀嵬作隗，古字通用；又考王作考哲王，漢書人表同。

子威公代立。

案莊子達生篇：『田開之見周威公。』釋文引崔譔本作『周威公竈。』俞樾平議云：『威公之名不傳，崔本可補史闕。』

子安王驕立。

梁玉繩云：人表名驕，疑史譌驕。

案御覽引帝王世紀云：『子躭立，是爲元安王。』躭疑亦驕之誤。漢書人表安王亦作元安王。

安王立二十六年崩，子烈王喜立。

案御覽引年下有而字，喜下有代字。漢書人表、初學記九引帝王世紀烈王並作夷烈王。

周太史儋

正義：儋，□甘反。

案正義甘上闕都字。

合十七歲而霸王者出焉。

集解：『徐廣曰：從此後十七年，而秦昭王立。』

梁玉繩云：此語史凡四見，封禪書同周紀；秦紀『七十七歲；』老子傳『七十歲。』（漢郊祀志及水經注一九皆作『七十。』）三處各異，不免乖譌。注家咸自立解，疑莫能明。……余謂始皇生於周赧王五十六年，秦昭襄王四十八年。自始皇初生，逆數至惠文改元之歲，爲六十六年。而後四年，西周亡，鼎入秦。以此準之，恰得七十年。史儋之言，庶不爽矣。

周法高云：按太史儋之言，在周烈王二年，當秦獻公十一年；秦昭王元年，當周赧王九年。徐廣所云『從此後，』指當太史儋作此言之時；而自此時至秦昭王元年，即周赧王九年，適得六十八年，和『七十』相近，和『十七』數字相差太遠。……。疑徐廣所見之史記本作『七十，』其注文亦作『七十，』而被後人竄改。此外老子列傳、漢書郊祀志、水經注皆作『七十，』作『七十』者是。……因形近而譌成『十七』或『七十七。』（論語十世希不失解，國立臺灣大學文史哲學報第三期。）

案老子列傳索隱引此及秦本紀並作『七十歲。』『十七』乃『七十』之誤例；今本秦本紀『七十』下又衍七字也。

十年，烈王崩，弟扁立，是爲顯王。

梁玉繩云：烈王在位『七年，』此作『十年，』非。……

考證：據表，十當作七。

案竹書紀年亦作『七年。』漢書人表、初學記引帝王世紀顯王並作顯聖王。

子慎靚王定立。

梁玉繩云：晉常璩華陽國志作愼王，而路史前紀注引志作靜王；又作順王。蓋單稱之耳。靚卽靜字。順與愼通。

案御覽引此亦作愼王。初學記引帝王世紀作愼靖王，靚、靜、靖古並通用。

子赧王延立。

索隱：『皇甫謐云：名誕。』

案下文『周君王赧卒。』正義引帝王世紀、六國年表索隱引皇甫謐亦並云：『名誕。』御覽引帝王世紀作延。

東西周分治。

案初學記二四引治作境，蓋避唐高宗諱改。

爲王計者，周於秦，因善之；不於秦，亦言善之。

考證：言當作因；或云，衍字。

案因、言互文，言猶因也。（此義前人未發。）

秦之敢絕周而伐韓者，信東周也。

案國策東周策『絕周』作『絕塞，』疑是。周字蓋涉下『東周』而誤。

故令人謂韓王，

索隱：『按戰國策云：「或人爲周君爲魏王」云者也。』

案索隱引國策云云，今本西周策無人字。又黃善夫本、殿本索隱並無『云者也』三字。

周君將以爲辭於秦。

索隱：『高誘注戰國策曰：以魏兵在河南爲辭，周君不往朝秦也。』

案西周策秦下有『而不往』三字，文意較完。又高誘注無周君二字，『朝秦』作『詣秦。』詣字是。

而西周之寶，必可以盡矣。

考證：古鈔、南本無以字。

案東周策亦無以字。

請以國聽子。

案西周策高注：『聽，從也。』

是周折而入於韓也。

案西周策高注：『折，屈也。』

秦聞之必大怒，忿周卽不通周使。

案忿當作焚，卽與節通，(本字作卩。)謂符信也。淺人不明卽字之義，又因上文言『大怒，』遂妄改焚爲忿耳。西周策作『而焚周之節，不通其使。』高注：『節，符信也。』正可證此文之誤。論衡講瑞篇引禮記瑞命篇云：『雄曰鳳，雌曰皇。雄鳴曰卽卽。』御覽九一五引韓詩外傳『卽卽』作『節節，』是卽、節通用之證。

秦破韓、魏，扑師武。

集解：『徐廣曰：「扑，一作仆。戰國策曰：秦敗魏將犀武於伊闕。」』

案扑、仆古通，(說文扑作攴。)扑有擊殺義，列子說符篇：『楊布怒，將扑之。』白孔六帖九八引扑作殺，韓非子說林下篇朴作擊，卽其證。西周策作『敗韓、魏，殺犀武。』(梁玉繩云：犀武卽師武。)高注：『犀武，魏將。』又下文云：『犀武敗於伊闕。』徐注引國策云云，葢合高注及下文引之也。

去柳葉百步而射之，百發而百中之。

案白帖二五引柳作楊，下同。枚乘上諫吳王書(見說苑正諫篇、漢書枚乘傳及文選)、論衡儒增篇亦並作楊。記纂淵海四三引中下無之字，疑涉上『射之』而衍，下同。西周策、上諫吳王書中下亦並無之字。

皆曰：『善射！』有一夫立其旁，

案白帖引此無射字，夫作人。西周策同。

客安能教我射乎？

案白帖引『客安能』作『子必能。』客疑本作子，涉下『客曰』而誤也。西周策作『子何不代我射之也？』亦其證。

非吾能教子支左詘右也。

索隱：『按列女傳云：左手如拒，右手如附枝。右手發之，左手不知。此射之道也。』

案白帖引支作引，詘作屈。西周策詘亦作屈，古字通用。管晏列傳：『君子詘於不知己，而信於知己者。』御覽四百十引詘作屈，卽其比。索隱引列女傳(辯通篇晉弓工妻傳)云云，又見韓詩外傳八(參看書鈔一二五引)。

不以善息。

案白帖引不上有而字，西周策同。

弓撥矢鉤，

考證：撥，弓反也。鉤，矢鋒屈也。

案荀子正論篇：『羿、蠭門者，天下之善射者也。不能以撥弓曲矢中。』楊倞注：『撥弓，不正之弓。』撥借爲癶（隸變作癶），說文：『癶，足剌癶也。讀若撥。』引申凡不正或反皆得謂之癶。鉤借爲句，說文：『句，曲也。』考證云云，本西周策鮑注。

一發不中，者百發盡息。

案考證本者字屬上讀。白帖、記纂淵海四三引此並無者字，疑淺人所删。者猶則也，當屬下讀。晏子春秋內篇諫上：『令章遇桀、紂，者章死久矣！』荀子解蔽篇：『比至其家，者失氣而死。』兩者字並與則同義，亦並屬下讀，與此同例。

前功盡弃。

案記纂淵海五七引弃作廢。

客謂周冣曰，

索隱：冣，音詞喻反。周之公子也。

案景祐本冣作最，西周策同。黃善夫本、殿本亦並作最，索隱同。音『詞喻反，』則當作冣。周冣卽下文之周聚也。冣、聚古、今字。（參看殷本紀『大冣樂戲於沙丘』條。）西周策高注：『最（當作冣），周公子也。』卽索隱所本。

公不若譽（原誤擧）秦王之孝，因以應爲太后養地。

索隱：戰國策作原。原，周地。太后，秦昭王母宣太后芈氏也。

案黃丕烈讀未見書齋重刻剡川姚氏本西周策應字同。蓋後人據此文所改。鮑彪本作原，與索隱所引合，是也。（參看黃氏重刻剡川姚氏本戰國策札記。）高注：『原，周邑也。太后，秦昭王母也。』卽索隱所本。

是公有秦交。

考證：『有秦交，』策作『有秦也。』

案下文『交善、』『交惡，』承此交字而言。西周策作『有秦也，』也上蓋脫交字。

秦攻周，而周冣謂秦王曰，

正義：秦欲攻周，周冣說秦曰，……

案秦下當有欲字，而字疑衍，(或而字本在下文『聲畏天下』上，誤錯於此。)

正義可證。西周策正作『秦欲攻周，周最(當作冣)謂秦王曰。』

攻周實不足以利，聲畏天下。

案西策作『攻周實不足以利國，而聲畏天下。』多『國而』二字，文意較明。

西周恐，倍秦與諸侯約從。

案御覽八五引帝王世紀、通鑑周紀五倍並作背，古字通用。

出伊闕攻秦，令秦無得通陽城。

正義：……從洛州南出伊闕攻秦軍，令不得通陽城。』

案令下秦字疑涉上文而衍，正義可證。通鑑周紀令下亦無秦字。

秦受其獻，歸其君於周。周君王赧卒。

正義：『帝王世紀云：名誕。雖居天子之位號，爲諸侯之所役逼，與家人無異。名負責於民，無以得歸，乃上臺避之。故周人名其臺曰逃責臺。』

梁玉繩云：『史何以書「周君王赧卒？」曰：「史詮引吳文學云：『君字羨文。』是也。……論衡儒增篇述史記云：『王赧卒。』御覽八十五卷引史記云：『周王赧卒。』此史記元本無君字之的證也。」』

案御覽八五引歸上有而字。『周君王赧卒。』君字涉上文而衍。漢書諸侯王表序：『有逃責之臺。』服虔注：『周赧王負責，無以歸之，主迫責急，乃逃於此臺，後人因以名之。』正義引帝王世紀『役逼，』御覽八五、一七七引並作『侵逼。』役乃侵之誤。『名負責於民，』名乃多之誤，御覽八五引作『多貰於民。』『逃責臺，』御覽八五引作『逃債之臺。』(一七七引無之字。)並云：『洛陽南宮誃臺是也。』(一七七引『誃臺』作簃臺。』)責、債正、俗字。金樓子雜記篇上亦云：『周赧王卽位，負債而逃之，名爲逃債之宮。(宮當作臺)今洛陽南宮誃臺是也。』

後七歲，秦莊襄王滅東西周。

梁玉繩云：『西周已見滅于赧王五十九年，秦昭王五十一年。此與年表及燕世家皆誤多一西字。田完世家又但言「秦滅周。」少一東字。惟春申君傳言「取東周。」不誤也。史詮曰：西字衍。』

案西字涉下文『東西周』而衍。秦本紀：『莊襄王元年，………東周君與諸侯謀秦，秦使相國呂不韋誅之，盡入其國。』亦其證。殿本六國年表已删西字，考證本同。

成王使召公卜居，居九鼎焉。

案詩王風譜疏引作『成王使召公卜居之，遷九鼎焉。』小大雅譜疏引『居九鼎』作『定九鼎。』

而周復都豐、鎬。

案景祐本鎬作鄗，鎬、鄗正、假字。

天子將封泰山。

案景祐本、黃善夫本泰並作太，同。

周本紀第四　史記四

秦本紀第五

秦之先，帝顓頊之苗裔。

正義：黃帝之孫，號高陽氏。

案路史發揮三引顓頊作高陽，葢據正義改。

女脩吞之，

案御覽三百六十引作『脩取吞之，有孕。』脩上葢略女字。

大業取少典之子曰女華。女華生大費。

索隱：……一名伯翳。

案秦詩譜疏、說文繫傳十三、御覽八六、路史引取皆作娶。娶、取正、假字。五帝本紀索隱引此取亦作娶，大費作柏翳（黃善夫本、殿本並作栢翳，栢，或柏字），與此索隱作伯翳合。柏、伯古通，下文『昔伯翳爲舜主畜，』南宋初重刊北宋監本伯作柏，（黃善夫本、殿本並作栢。）與此同例。初學記九引帝王世紀亦作伯翳。

與禹平水土。

案秦詩譜疏、說文繫傳引與上並有大費二字，是也。

帝錫玄圭。

案御覽八六、六三三引圭並作珪。珪，古文圭。

其賜爾皁游。

案御覽六三三引賜作錫。說文繫傳引爾作女。

乃妻之姚姓之玉女。

集解：『徐廣曰：「皇甫謐云：賜之玄玉；妻以姚姓之女也。』

梁玉繩云：『玉女者，珍之也。禮記曰：「請君之玉女。」呂氏春秋貴直篇亦有「身好玉女」語。而徐廣引皇甫謐云：「賜之玄玉；妻以姚姓之女。」殆妄說也！』

考證：『朱亦棟曰：「禮有『請君玉女』之文，鄭注：『言玉女者，美言之也。』」愚按「乃妻之』以下，記事之文。玉字疑衍。集解「賜之玄玉，」上文「賜玄圭（原誤玉）」集解，誤併於此。說詳于李笠訂補。』

案御覽八六、六三三引乃並作遂，乃猶遂也。（文帝本紀：『天子憐悲其意，乃下詔曰。』荀悅漢紀八乃作遂，越王句踐世家：『范蠡乃鼓進兵曰。』吳越春秋句踐伐吳外傳乃作遂，魯仲連列傳：『與人刃我，寧自刃。乃自殺。』通鑑秦紀一乃作遂，蒙恬列傳：『乃吞藥自殺。』考證引楓山本、三條本乃並作遂，司馬相如列傳：『文君夜亡奔相如，相如乃與馳歸。』漢紀十乃作遂。諸乃字皆與遂同義。說互詳拙著古書虛字新義。）『妻之』徐廣引皇甫謐帝王世紀作『妻以，』之猶以也。（五帝本紀：『於是堯妻之二女。』淮南子泰族篇、論衡正說篇、金樓子后妃篇『妻之』並作『妻以，』與此同例。）玉字非衍文，御覽三八一引六韜云：『宛、懷條塗之山（未詳），有玉女三人。』『玉女』亦謂美女也。皇甫謐云云，『賜之玄玉』爲一事，猶上文『錫玄圭。』『妻以姚姓之女』爲一事，猶此文『妻之姚姓之玉女。』『賜之玄玉，』與此文玉字無涉，梁氏未達；李笠以爲『上文「錫玄圭」集解誤併於此。』亦臆說也。

鳥身人言。

梁玉繩云：『鳥身』上似脫中衍二字。……趙世家作『中衍人面鳥噣。』

案御覽三六五引此言亦作面。新序節士篇亦作『中衍人面鳥噣。』（今本中下衍行字。又見說苑復恩篇，噣作喙，義同。）

帝太戊聞而卜之使御，

案說文繫傳引太作大，趙世家、新序、說苑並同。作大是故書，下同。

遂致使御而妻之。

案秦詩譜疏引『致使御』作『使爲御。』

故嬴姓多顯，

案秦詩譜疏引多作名。

其玄孫曰中潏，在西戎，保西垂，生蜚廉。

正義：中音仲。

案文選劉孝標辯命論注引中潏作仲矞。潏、矞古亦通用，史記司馬相如列傳：『前陸離而後潏湟。』漢書『潏湟』作『矞皇，』即其比。孟子滕文公篇僞孫奭疏引蜚廉作飛廉，下同。文選郭景純江賦注、荀子成相篇楊倞注、御覽四十及五五一引下文亦並同。蜚、飛古、今字。（說已見殷本紀。）御覽三八六引尸子、荀子臣道篇、解蔽篇、成相篇、漢書人表、呂氏春秋當染篇高誘注、文心雕龍銘箴篇、文選郭景純江賦及劉孝標辯命論亦皆作飛廉。

惡來有力。

集解：『晏子春秋曰：手裂虎兕。』

案記纂淵海四八引力下有『手裂虎兕』四字，蓋據注文加。今本晏子春秋內篇諫上作『手裂兕虎。』御覽三八六引尸子云：『飛廉、惡來力角犀兕，勇搏熊虎。』

還無所報，爲壇霍太山，而報得石棺。

正義：『紂既崩，無所歸報，故爲壇就霍太山而祭紂，報云：作得石槨。』

案說文繫傳引還作歸。御覽四十引『爲壇』作『乃爲壇於』四字。正義云云，似所據本『石棺』作『石槨。』上文徐廣注引皇甫謐云：『作石椁於北方。』文心雕龍銘箴篇云：『飛廉有石槨之錫。』（槨，或椁字。）並本此文，則舊本蓋作

『石槨』矣。

帝令處父，不與殷亂，賜爾石棺以華氏。死，遂葬於霍太山。

索隱：言處父至忠，國滅君死，而不忘臣節，故天賜石棺，以光華其族。……

考證：『孟子云：「驅飛廉於海隅，戮之。」與此異。』

案御覽五五一引帝作天，與索隱合；又引爾作汝。御覽四十引爾亦作汝。又案考證之說，本梁氏志疑。

蜚廉復有子曰季勝。

案趙世家云：『惡來弟曰季勝。』

造父以善御幸於周繆王。

案穆天子傳一郭璞注、後漢書東夷傳注、列子周穆王篇釋文、御覽八九四、記纂淵海九八引繆皆作穆，古字通用。下文『旣虜百里傒，以爲秦繆公夫人媵於秦。』李斯列傳索隱引繆作穆，亦其比。

得驥溫驪、驊駵、騄耳之駟，

集解：『徐廣曰：溫，一作盜。』

索隱：溫音盜。徐廣亦作盜。鄒誕生本作駣，音陶。

梁玉繩云：『溫字誤，徐廣云：『一作盜。』是。世家及穆天子傳、列子穆王篇、博物志竝作盜。乃淺青色馬。索隱直以溫音盜，非。鄒誕生本作駣，亦非。荀子性惡篇作「纖離。」』

考證：溫當從一本作盜，……後漢東夷傳李賢注可證。

案後漢書注、列子釋文引驥上並有赤字，疑是。穆天子傳一亦以『赤驥、盜驪』連文。郭璞注引此『溫驪』作『盜驪，』水經河水注同。溫卽盜之形誤。又穆天子傳一『驊駵、騄耳』作『華騮、綠耳。』注引此文同，並云：『〔華騮〕，色如華而赤。』漢書地理志亦作『華駵、綠耳。』師古注：『綠耳，耳綠色。』驊、騄並俗字，駵乃騮之省。御覽八九四、記纂淵海引此駵亦並作騮（後漢書注、列子釋文引並同），騄亦並作綠。穆天子傳四、荀子性惡篇、列子、本書趙世家皆同。

西巡狩，樂而忘歸。

案穆天子傳注引作『御以西巡遊，見西王母，樂而忘歸。』列子釋文引作『御以遊巡，往見西王母，樂而忘歸。』趙世家作『西巡狩，見西王母，樂之忘歸。』之與而同義。御覽八九四引此狩作守，古字通用。

長驅歸周，一日千里以救亂。

案重刊北宋監本、黃善夫本並脫『一日千里』四字。趙世家亦稱『繆王日馳千里。』（今本里下衍馬字。）

惡來革者，蜚廉子也。蚤死。

案重刊北宋監本、黃善夫本、殿本蚤並作早，御覽八六引同。作蚤是故書，周本紀已有說。

有子曰女防，女防生旁皋。

梁玉繩云：秦詩譜疏引此作女妨，人表同。疑此譌寫。

案防、妨並諧方聲，古蓋通用。

旁皋生太几。太几生大駱。

梁玉繩云：詩疏引此作大雒，人表同。蓋古通用。

案秦詩譜疏引太並作大，漢書人表同。作大是故書。文選盧子諒贈崔溫詩注引下文駱亦作雒。

大駱生非子。

案非亦作飛，文選盧子諒贈崔溫詩：『恨以駑蹇姿，徒煩飛子御。』注引此文，並云：『非與飛古字通。』

申侯之女爲大駱妻。

案秦詩譜疏引『大駱妻，』作『大雒之妻。』

朕其分土爲附庸，邑之秦，使復續嬴氏祀。

案說文繫傳引分下有之字，邑上有而字，祀作後。

亦不廢申侯之女子爲駱適者，

考證：古鈔、南本駱上有大字。

案秦詩譜疏引駱作大雒。

生秦仲。

案藝文類聚九十、御覽九一四並引史記云:『秦仲知百鳥之音,與之語皆應焉。』

襄公元年,以女弟繆嬴爲豐王妻。

考證:『張文虎云:宋本無「元年以」三字。』

案重刊北宋監本、黃善夫本並有『元年以』三字。

殺幽王酈山下。

案御覽二百引酈作驪,古字通用。秦始皇本紀:『自極廟道通酈山,』御覽八六、五三一引酈並作驪,與此同例。

周避犬戎難,東徙(原誤涉)雒邑。

案御覽八六引作『周平王避犬戎之難,東徙洛邑。』秦詩譜疏引雒亦作洛。作雒是故書。

襄公於是始國,與諸侯通使聘享之禮。

案書鈔四七引始下無國字,(御覽八六引同,始字屬下讀。)與下有中國二字,疑是。

文公以兵七百人東獵。

案秦詩譜疏引東作多。

賜謚爲竫公。

考證:古鈔本竫作靜。

案秦始皇本紀贊後所附秦紀竫亦作靜。秦詩譜疏引竫作靖,下同。竫、靜、靖古並通用。

寧公二年,公徙居平陽。

集解:『徐廣曰:郿之平陽亭。』

案水經渭水注、秦詩譜疏引徙上並無公字,疑涉上文而衍。又詩疏引徐注作『今郿縣平陽亭是也。』

武公元年,伐彭戲氏。

正義:戲音許宜反,戎號也。蓋同州彭衙故城是也。

王國維云:『䲆,古文魚字。古魚、吾同音,故往往假䲆、䱷爲吾。衙從吾聲,亦讀如吾。秦本紀：「武公元年，伐彭戲氏。」正義曰：「戎號也。蓋同州彭衙故城是也。」戲蓋䖒之譌字矣。』（鬼方昆夷玁狁考，觀堂集林十三。）

案戲蓋𢧐之形誤，世人少見𢧐，多見戲，故致誤耳。

齊桓公伯於鄄。

案重刊北宋監本、黃善夫本齊並作亝，下文『齊桓公伐山戎，』亦並作亝。亝，古齊字。

出惠王，立王子穨。

考證：莊公十九年左傳，卽秦惠公二年事。

案考證秦惠公乃秦宣公之誤。下文『殺子穨而入惠王。』考證：『莊廿一年左傳，卽惠公四年事。』惠公亦宣公之誤。梁氏志疑已云：『此宣公四年事。』

虜虞君與其大夫百里傒，以璧馬賂於虞故也。旣虜百里傒，以爲秦繆公夫人媵於秦。

考證：南本、宋本無『以璧馬賂於虞故也。旣虜百里傒，』十三字。

案文選李斯上書秦始皇注、李斯列傳索隱、孟子萬章篇僞孫奭疏、通鑑秦紀一注引傒皆作奚，下同。文選揚子雲解嘲注、王子淵四子講德論注、白帖二九、御覽六百三十引下文亦皆作奚。傒與奚同，晉世家：『祁傒舉解狐。』左襄三年傳傒作奚，與此同例。重刊北宋監本、黃善夫本並有『以璧馬賂於虞故也。旣虜百里傒，』十三字。又李斯列傳索隱引繆作穆，下同。通鑑注引下文亦作穆。繆、穆古通，說已見前。

恐楚人不與，

案文選四子講德論注引與作予，下『遂許與之，』亦作予。古字通用。下文『請割晉之河西八城與秦。』金樓子說蕃篇與作予，亦同例。

請以五羖羊皮贖之。

案孟子疏引羊下有之字。

繆公釋其囚，與語國事。

案孟子疏引公下有乃字。文選上書秦始皇注引語作議。

授之國政，號曰五羖大夫。

案孟子疏引之下有以字。書鈔三九引曰作爲，義同。

臣不及臣友蹇叔。

案李斯列傳索隱引及作如。

蹇叔賢而世莫知。臣常游困於齊,而乞食銍人。

集解:『徐廣曰:銍,一作銍。』

正義:銍,音珍栗反。銍,地名,在沛縣。

梁玉繩云:徐廣銍作銍,是。

考證:楓、三、南本常作嘗。

案李斯列傳索隱引世作代,避太宗諱改。御覽四七四引世作時,亦承唐人避太宗諱改。重刊北宋監本常作甞。甞,或嘗字。正義云云,是所據本銍作銍。御覽六百三十引此常亦作甞,銍亦作銍。

臣誠私利祿爵且留。

案誠猶但也。

及虞君難。

案御覽六百三十引難上有之字。

戰於河曲。

集解:『徐廣曰:一作西。』

案金樓子說蕃篇曲作西,

荀息立卓子。

集解:『徐廣曰:一作倬。』

案倬疑悼之誤,晉世家作悼子。齊世家:『里克殺奚齊、卓子。』集解引徐廣曰:『史記卓多作悼。』亦其證。

誠得立,請割晉之河西八城與秦。

案金樓子說蕃篇誠作若,誠猶若也。淮南子氾論篇:『誠其大略是也,雖有小過,不足以爲累。』劉子妄瑕篇誠作若,亦其比。

因其饑而伐之

案饑字國語晉語三、左僖十三年傳並同。重刊北宋監本、黃善夫本、殿本並作飢,下同。饑、飢義別,古多相亂,當以作饑爲正。爾雅釋天:『穀不熟爲饑。

』（郭璞注：五穀不成。）

繆公問公孫支。

案晉語三、呂氏春秋不苟篇、尊師篇、漢書人表支皆作枝，古字通用。

還而馬騺。

考證：騺，疑當作縶。

案說文：『騺，馬重皃。』晉世家作『惠公馬騺不行。』索隱：『謂馬重而陷之於泥。』金樓子騺作縶，與考證說合。

亦皆推鋒爭死，以報食馬之德。

考證：『於是歧下』以下，采呂氏春秋愛士篇。

案亦猶又也。書周書洛誥：『我又卜瀍水東。』敦煌本又作亦，卽亦、又同義之證。事又見韓詩外傳十、淮南子氾論篇、說苑復恩篇；亦略見淮南子泰族篇、列女傳辯通篇弓工之妻傳及金樓子。

齊宿，吾將以晉君祠上帝。

梁玉繩云：內、外傳秦有殺惠公之議，而無『祀上帝』之言，此與晉世家竝非。

案晉世家作『秦將以祀上帝。』祠、祀古通。此與晉世家或別有所本。列女傳賢明篇秦穆公姬傳作『掃除先人之廟，寡人將以晉君見。』

妾兄弟不能相救，

考證：楓、三、南本救作教，義長。

案列女傳救亦作教。（頌文作教。）

而餼之七牢。

案列女傳之作以，之猶以也，前已有說。

秦妻子圉以宗女。

梁玉繩云：『晉語：「秦伯曰：寡人之嫡，此爲才。」則懷嬴是穆公之女也。此與晉世家言「宗女，」非。』

考證：『中井積德曰：據左傳，穆公以其女妻子圉也。宗字恐謬。』

案晉世家云：『繆公以宗女五人妻重耳，故子圉妻與往。』六國年表序云：『太史公讀秦記。』又云：『秦旣得意，燒天下詩書，……獨有秦記。』史公記秦事不能不參驗秦記。竊疑此文及晉世家之稱『宗女,』乃本之秦記,蓋懷嬴旣妻子圉;又妻重耳,秦記諱言穆公女也。

十八年,齊桓公卒。

梁玉繩云:齊桓卒于秦穆十七年,此誤。

考證:『僖十八年春秋經:「齊侯小白卒。」秦穆十七年事。』

案考證『僖十八年,』八乃七之誤。

亡鄭厚秦,於晉而得矣;而秦未有利。

考證:『李笠曰:上而字與則同。』

案上而字與爲同,『於晉而得,』猶言『於晉爲得。』李斯列傳:『故徇人者賤;而人所徇者貴。』而亦與爲同義。

徑數國,

案徑借爲經,釋名釋道:『徑,經也。』

使百里傒子孟明視、蹇叔子西乞術及白乙丙將兵,行日。

梁玉繩云:『史公敍襲鄭之事,依公、穀,故與左傳異。然公、穀但云二老哭送其子而已;未嘗謂三帥卽其子也。乃史取而實之。杜世族譜以術、丙蹇叔子爲「妄記異聞,」甚是。而杜因左傳稱百里孟明視,遂以孟明是奚之子,亦未可全信。呂氏春秋悔過篇:「蹇叔有子曰申與視。」(注:申,白乙丙。)又以孟明視爲蹇叔子。唐書宰相世系表更以西乞、白乙爲孟明子,踵謬仍譌,眞史通所謂「李代桃僵」者矣!』

考證:楓、三、南本日上重行字。

案梁氏所引杜預世族譜,本左僖三十二年傳孔疏。淮南子人閒篇孟明作孟盟,明、盟古通,許愼注:『孟盟,伯里奚之子也。』(伯、百古通,)與此合。晉世家西乞術作西乞秫,(御覽三二三引秫作術。)術、秫古通。御覽三八三引日上亦重行字,『使百里傒』至『將兵行』爲句。『行日』爲句。

恐不相見,

案御覽三八三引見作及。

汝軍卽敗,必於殽阨矣!

案卽猶若也。（上文『卽君百歲後，秦必留我。』卽亦與若同義，王氏釋詞八已有說。）

鄭販賣賈人弦高，持十二牛將賣之周。

案僖三十三年左傳及公羊傳、淮南子道應篇、氾論篇、晉世家、鄭世家並載此事，（又見金樓子說蕃篇。）所稱賈人僅弦高一人。呂氏春秋悔過篇則爲弦高、奚施二人，淮南子人閒篇爲弦高蹇他二人。許注：『蹇他，弦高之黨。』蹇他，疑卽奚施也。

鄭君謹修守禦備，使臣以牛十二勞軍士。

案金樓子說蕃篇無禦字，使作令。禦字疑因守字聯想而衍，淮南子人閒篇下文云：『三率（同帥）相與謀曰：凡襲人者，以爲弗知；今已知之矣，守備必固。』彼言『守備，』猶此言『守備』也。

鄭今已覺之，

案金樓子今作人。呂氏春秋悔過篇作『未至而人已先知之矣。』淮南子道應篇作『未至而人已知之。』

遂墨衰絰，

案金樓子衰作縗，縗、衰正、假字。

文公夫人，秦女也。

集解：『服虔曰：繆公女。』

考證：南本文公上有晉字。

案金樓子文公上亦有晉字；又『秦女，』作『穆公女，』與服注合。

繆公之怨此三人，入於骨髓。

案金樓子怨上無之字，淮陰侯列傳：『秦父兄怨此三人，痛入骨髓。』與此句法同。

歸秦三將。

案文選曹子建求自試表注引歸作還。

孤以不用百里傒、蹇叔言，以辱三子。

案上以字疑涉下以字而衍，金樓子孤下無以字，言上有之字。呂氏春秋作『使寡人不用蹇叔之諫，』亦有之字。

子其悉心雪恥毋怠。

考證：雪音刷，洗也。

案雪、刷古通，楚世家：『王雖東取地於越，不足以刷恥。』貨殖列傳：『范蠡既雪會稽之恥，』漢書雪作刷，（師古注：刷，謂拭除之也。）並其比。本字作㕞，說文：㕞，拭也。（段注本改拭爲飾，飾、拭古、今字。）越王句踐世家：『今既以雪恥，臣請從會稽之誅。』伍子胥列傳：『不如奔他國借力，以雪父之恥。』雪亦並借爲㕞。

繆公於是復使孟明視等將兵伐晉，戰于彭衙。秦不利，引兵歸。

考證：『文二年春秋經：「晉侯及秦師戰于彭衙，秦師敗績。」卽穆公三十五年事，年表同。此差一年。』

案考證說本梁氏志疑。梁氏並云：『是役也，秦師敗績，何云「不利引歸？」必秦史諱之，史公仍其誤耳。』謂史公仍秦史之舊，疑是。

戎王使由余於秦。

案漢書人表由作繇，古字通用。

使鬼爲之，則勞神矣；使人爲之，亦苦民矣。

案則、亦互文，亦猶則也。文選潘安仁西征賦注引此作『役鬼爲之，則神怒矣；使人爲之，則人亦苦矣。』『則人』蓋本作『則民，』避太宗諱改也。御覽四七四引此『苦民』作『苦人，』亦承唐人避太宗改。

僅以小治。

案長短經運命篇自注以作可，義同。

下罷極，則以仁義怨望於上。

案治要引罷作疲，疲、罷正、假字。望借爲譼，說文：『譼，責望也。』『怨望』連文，本書習見。已詳殷本紀。

皆以此類也。

案以字疑涉上下文而衍，長短經注作『皆此類也。』

上含淳德以遇其下，

案長短經注其作於，義同。

於是繆公退而問內史廖曰，

梁玉繩云：韓詩外傳九作王繆。

案御覽四百一引問作謂。文選王子淵四子講德論注引外傳王繆作王廖，廖、繆古通。

孤聞鄰國有聖人，敵國之憂也。

案晏子春秋外篇不合經術者第八云：『仲尼相魯，景公患之，謂晏子曰：鄰國有聖人，敵國之憂也。』（孔叢子詰墨篇引墨子略同。）與繆公所聞同。

今由余賢，寡人之害，將柰之何？

考證：楓、三、南本無賢字。

案文選盧子諒贈劉琨詩注、御覽四百一引此亦並無賢字，長短經昏智篇注同。（記纂淵海七二引賢下有『戎人』二字，恐非此文之舊。）御覽引害作患，韓非子十過篇、說苑反質篇並作『寡人患之。』治要、文選注引柰下並無之字，韓非子、說苑、長短經注並同。（御覽引『柰之』作『如柰，』如字衍，鮑刻本無。）

戎王處辟匿，未聞中國之聲。

案治要引辟作僻，韓非子同。僻、辟正、假字。外傳、長短經注，辟亦並作僻，未下並有嘗字。

君試遺其女樂，

案韓非子、說苑其並作之，義同。

君臣有閒，乃可虜也。

考證：楓、三、南本虜作慮。

案記纂淵海七二引閒作隙，義同。虜疑慮之誤，韓非子、外傳、說苑並作圖，慮、圖同義。詩小雅雨無正：『弗慮弗圖。』鄭箋『慮、圖，皆謀也。』

而後令內史廖以女樂二八遺戎王。戎王受而說之，終年不還。

案重刊北宋監本後作后，作后是故書。（說已詳夏本紀及周本紀。）韓非子、說苑、長短經注『不還』並作『不遷。』御覽五六八、記纂淵海七八並引墨子亦云：『秦繆（一作穆）公之時，戎強大。繆公遺之女樂二八與（一作及）良宰，戎王大喜，以其故，數飲食，日夜不休。』（又見呂氏春秋壅塞篇及不苟篇。）

由余數諫不聽，

案通鑑秦紀一注引作『由余諫戎王而不聽。』

由余遂去降秦。

案通鑑注引去下有戎字。

問伐戎之形。

案御覽三百四引形作利。

繆公復益厚孟明等，使將兵伐晉，渡河焚船。

考證：楓、三、南本孟明下有視字。

案記纂淵海六十引孟明下亦有視字，船作舟。左文三年傳船亦作舟。

嗟乎！秦繆公之與人周也。

案左文三年傳與作擧，古字通用。呂后本紀：『蒼天擧直。』集解引徐廣曰：『擧，一作與。』即其比。

益國十二，開地千里。

梁玉繩云：『千里之地，或能開闢；而「益國十二，」則未敢爲信。匈奴傳言「八國服秦。」當是。此誤仍韓子十過篇，非其實也。李斯傳云：「並國二十，」文選上始皇書作『並國三十，」漢書韓安國傳：「秦繆公並國十四。」竝非。』

案文選四子講德論注、通鑑注引益並作並，外傳作『遂並十二國。』說苑作『兼國十二，』與韓非子同。諸書皆言『十二，』竊疑作『十二』近塙。（金樓子說蕃篇亦作『十二。』）李斯傳作『幷國二十，』乃都言由余、百里奚、蹇叔、丕豹、公孫支之功，與此單言由余者異，索隱已有說；文選作『並國三十，』三乃二之誤。匈奴傳之言『八國服秦，』漢書韓安國傳之作『並國十四，』則又傳聞之異。蓋古人言『十二，』亦非實數，故傳聞有異耳。

繆公卒，葬雍。

集解：『皇覽曰：秦繆公冢，在橐泉宮，祈年觀下。』

案詩秦風黃鳥疏引葬下有於字。水經渭水中注云：『崔駰曰：「穆公冢，在橐泉宮，祈年觀下。」皇覽亦言是矣。』

從死者百七十七人。

考證：『張文虎曰：詩秦風黃鳥疏引「百七十七人，」作「百七十人。」與年表合。』

案『百七十人，』乃舉成數。水經注引此仍作『百七十七人。』

秦之良臣子輿氏三人，

案水經注引輿作車，左文六年傳同。（詩黃鳥疏引左傳作輿，云：『輿、車字異義同。』黃鳥序疏引左傳作車。）

爲作歌黃鳥之詩。

案水經注引作『爲賦黃鳥焉。』左傳作『爲之賦黃鳥。』

況奪之善人良臣，百姓所哀者乎！

案之猶其也。

十年，楚莊王服鄭。

梁玉繩云：『十年』乃『七年』之譌。

案十蓋本作十，漢隸七字皆如此作。（古文同，說已詳夏本紀。）後人不識，誤爲十字耳。下文『十月，宣太后薨。』考證引古鈔、南本『十月』作『七月。』十亦本作十，與此同例。

十一年，楚平王來求秦女，爲太子建妻。至國，女好，而自娶之。

梁玉繩云：年表及楚世家在平王二年，爲秦哀公十年，此在十一年，竝誤。考左傳在魯昭十九年，爲秦哀十四年也。

案事又詳呂氏春秋愼行篇、伍子胥列傳、吳越春秋王僚使公子光傳。

子厲共公立。

案秦始皇本紀附秦記作剌龔公，同。

十六年，壍河旁。

案六國年表壍作塹，下文『壍洛城重泉。』亦作塹，初學記八引同。壍，或塹字。

是爲靈公。

案秦記作肅靈公。

十三年，城籍姑。

梁玉繩云:靈公在位十年,卽卒于『城籍姑』之歲也。案得十三年乎?三字衍。案梁說是也。秦記言肅靈公『享國十年,』六國年表秦靈公十年云:『補龎、城籍姑。靈公卒。』並其證。

立靈公季父悼子,

案通鑑周紀二注引公下有之字。

簡公,昭子之弟,而懷公子也。

索隱:『「簡公,昭之弟,而懷之子。」簡公,懷公弟,靈公季父也。始皇本紀云:「靈公生簡公。」誤也。』

正義:『劉伯莊云:簡公是昭子之弟,懷公之子,厲公之孫。今史記謂簡公是厲公子者,抄寫之誤。』

考證:『「簡公,昭公之弟,而懷公子也。」楓、三、南本作「厲公子,而懷公弟也。」張文虎曰:正義史記字,當作秦紀。厲公當作靈公。』

案索隱『簡公,昭之弟,而懷之子』九字,涉正文而衍,黃善夫本、殿本並無,是也;黃善夫本、殿本『季父也』下並有『子惠公立』四字,涉下文正文而衍,考證本無,是也。索隱云:『簡公,懷公弟。』與正文作『懷公子』異。據上文則當作『懷公子;』惟據秦記索隱:『本紀簡公名悼子,卽剌龔公之子,懷公弟也。』則索隱所據此文正文蓋本作『懷公弟。』正義引劉伯莊云:『今史記謂簡公是厲公子者,抄寫之誤。』所謂『今史記,』蓋指此文正文言之。『厲公子,』亦卽『懷公弟』也。竊疑楓、三、南本並作『厲公子,而懷公弟也,』正存劉伯莊、司馬貞、張守節諸賢所見此文之舊。今各本作『簡公,昭子之弟,而懷公子也。』乃據劉說『簡公是昭子之弟,懷公之子。』改之。改之與上文符,然非此文之舊也。張文虎謂『正義史記字,當作秦記,厲公當作靈公。』蓋未深思耳!

二年,城櫟陽。

集解:『徐廣曰:徙都之。今萬年是也。』

案徐注『徙都之』三字,疑是正文誤入注文者。水經渭水下注引此作『城櫟陽,自雍徙居之。』御覽一六四引云:『獻公徙居櫟陽。』並略存其舊。下文『〔孝公〕十二年,作爲咸陽,築冀闕,秦徙都之。』(本或無秦字,詳後。)與此文例同。又案徐注『今萬年是也。』通鑑周紀二注引作『即漢萬年縣。』

合七十七歲而霸王出。

考證：古鈔、南本合下無七字。

案周本紀、封禪書合下亦並無七字。老子列傳作『七十歲。』（漢書郊祀志作『七十年。』）索隱引周本紀及此文並作『合七十歲而霸王者出。』作『七十歲』近塙。周本紀已有說。

外勸戰死之賞罰。

考證：罰字衍。

案罰字非衍，此有脫文。文選李斯上書秦始皇注引此作『外勵戰死之士賞罰。』御覽引作『外勸戰士，明行賞罰。』此文葢本作『外勸戰死之士，明行賞罰。』各本並脫『士明行』三字耳。

秦徙都之。

案白帖、御覽一六四引此並無秦字。

爲田開阡陌。

索隱：『風俗通曰：南北曰阡，東西曰陌。……』

案卷子本玉篇𨸏部、文選潘安仁藉田賦注、一切經音義五六並引史記云：『秦孝公壞井田，開阡陌。』（文選注又引風俗通云云，與索隱同。）御覽一九五亦引史記云：『商鞅相秦孝公，壞井田，開阡陌。』此文『爲田』二字，是否原作『壞井田，』未敢遽斷。（初學記九引帝王世紀亦作『壞井田。』）商君列傳作『爲田開阡陌封疆。』通鑑周紀二作『廢井田，開阡陌。』廢與壞同義。漢書食貨志上亦云：『秦孝公用商君，壞井田，開阡陌。』（師古注：『南北曰仟，東西曰佰。』本風俗通。）『仟佰』與『阡陌』同。

十九年，天子致伯。

案文選上書秦始皇注引『致伯』作『致胙，』商君列傳亦云：『天子致胙於孝公。』惟『天子致胙，』乃孝公二年事，詳上文及六國年表。此文及商君列傳所云，爲孝公十九年事。六國年表孝公十九年，仍作『天子致伯。』（初學記九引帝王世紀作『天子命爲伯。』）孝公十九年，當周顯王二十六年。周本紀載顯王『二十六年，周致伯於秦孝公。』六國年表顯王二十六年，亦云『致伯秦。』則此文『致伯』不當作『致胙；』而商君列傳之『致胙，』必『致伯』之誤矣。

君必欲行法，先於太子。

案必猶若也。項羽本紀：『必欲烹而翁，則幸分我一桮羹。』御覽一八四引楚漢春秋必作若，與此同例。孝武本紀：『陛下必欲致之，則貴其使者，令有親屬。』燕世家：『王必欲致士，先從隗始。』李牧傳(附見廉頗藺相如列傳)：『牧曰：必用臣，臣如前乃敢奉令。』諸必字亦並與若同義。

太子不可黥。黥其傅、師。

考證：可下黥字，楓、三本作黜。『傅、師』作『師、傅。』

案商君列傳作『太子君嗣也，不可施刑。刑其傅公子虔，黥其師公孫賈。』此文『不可黥，』疑本作『不可刑，』涉下黥字而誤也。楓、三本並作『不可黜。』黜非刑也，葢又黥之誤耳。商君列傳言『刑其傅，』『黥其師，』與此合言『黥其傅、師』者異，刑未必卽黥也；惟先言傅，後言師，則與此合。楓、三本作『師、傅，』葢誤倒矣。

於是法大用，秦人治。

案人本作民，此唐人避太宗諱改之也。商君列傳作『明日秦人皆趨令。』御覽六四八引人作民，與此同例。又商君列傳：『秦民大說，』『秦民初言令不便者，』字並作民，亦其證。

及孝公卒，太子立。宗室多怨鞅，鞅亡，因以爲反，而卒車裂以徇秦國。

集解：『徐廣曰：商君爲法於秦，戰，斬一首賜爵一級。欲爲官者五千石。其爵名，一爲公士。……二十徹侯。』

考證：『古鈔本反下無「而卒」二字。吳春照曰：宋板亦無。』

案『鞅亡』二字，疑本在『因以爲反』下，今本誤倒。葢宗室以鞅爲反，鞅乃逃亡也。商君列傳作『公子虔之徒告商君欲反，發吏捕商君，商君亡。』是其證。重刊北宋監本、黃善夫本反下並有『而卒』二字。又案集解引『徐廣曰，』重刊北宋監本、黃善夫本並作『漢書曰。』殿本作『駰案漢書曰。』『其爵名，一爲公士。』以下，並漢書百官公卿表上之文。

十三年四月戊午，魏君爲王。韓亦爲王。

梁玉繩云：『魏惠稱王，在惠文四年，此紀已書之。而是年紀與秦表復書「魏君爲王，」何歟？周紀正義引秦紀云：「惠王十三年，與韓、魏、趙竝稱王。」所引與此異；且秦紀無其文。當必有誤。蓋是年秦惠稱王，故書月、書日以別之。魏字乃秦字之誤。燕世家書「燕君爲王。」是其例也。若表中魏字乃羨文，表例但書「君爲王」也。不然「魏君爲王，」奚以入于秦表乎？至韓宣惠爲王，在秦惠更元之二年，誤書于是年耳。』

案『魏君爲王，』梁氏謂『魏字乃秦字之誤。』疑是。六國年表之例，但書『君爲王。』而秦表惠文十三年四月戊午仍書『魏君爲王』者，魏字疑後人據已誤之此文補入。景祐本秦表魏字在『君爲王』君字右旁，頗似補入者。又據周本紀正義引秦本紀云：『惠王十三年，與韓、魏、趙竝稱王。』竊疑此文本作『十三年四月戊午，秦君爲王，韓、魏、趙亦爲王。』（是年爲趙武靈王元年。）此史公所特書者也。魏惠稱王，雖在秦惠四年，此則總前文言之。據表、韓宣惠爲王，在秦惠更元之二年。以此文證之，或本當列在秦惠十三年也。

王游至北河。

集解：『徐廣曰；戎地在河上。』

案文選袁陽源効古詩注、鄒陽上書吳王注引徐注在並作之，之猶在也。（拙著古書虛字新義有說。）

九年，司馬錯伐蜀，滅之。

索隱：『蜀，西南夷，舊有君長。故昌意娶蜀山氏女也。其後有杜宇，自立爲王，號曰望帝。蜀王本紀曰：張儀伐蜀，蜀王開戰不勝，爲儀所滅也。』

案索隱『其後有杜宇，自立爲王，號曰望帝。』亦本蜀王本紀。（見御覽八八八。）藝文類聚九四引蜀王本紀云：『秦惠王欲伐蜀，乃刻五石牛，置金其後。蜀人見之，以爲牛能大便金。牛下有養卒，以爲此天牛也，能便金。蜀王以爲然，即發卒千人，使五丁力士拖牛成道，致三枚於成都。秦道得通，石牛力也。後遣丞相張儀等，隨石牛道伐蜀。』（又見書鈔一一六、白帖九六、御覽三百五、八八八、九百。）水經沔水注引來敏本蜀論亦云：『秦惠王欲伐蜀，而不知道。作五石牛，以金置尾下，言能屎金。蜀王負力，令五丁引之成道。秦使張儀、司馬錯尋路滅蜀。』（劉子貪愛篇亦載此事。）其事妄誕，姑錄之以存異聞。

斬首萬。

案重刊北宋監本萬下有級字。

虜趙將莊。

考證：樗里子傳作壯豹。趙世家及表作趙莊。

案考證說，本梁氏志疑。壯豹乃莊豹之誤。

秦使庶長疾助韓而東攻齊。

考證：表及韓世家，乃助魏攻齊耳。是時無韓伐齊事。

案考證說，本梁氏志疑。

伐義渠、丹、犂。南公揭卒。

梁玉繩云：『漢藝文志陰陽家有南公三十一篇，注云：「六國時。」蓋當時有道之士，揭豈其人歟？』

案『南公揭卒』四字，重刊北宋監本、黃善夫本、殿本並在下文『與韓襄王會臨晉外』下，此誤錯。劉子九流篇：『陰陽者，子韋、鄒衍、桑丘、南公之類也。』所稱南公，卽著南公三十一篇者也。是否南公揭，則未敢遽斷矣。

二年，初置丞相。

案御覽二百四引初作始。

樗里疾相韓。

考證：無疾相韓事，史文疑有誤。

案考證說，本梁氏志疑。梁氏並云：『時疾以右丞相出使于周，見本傳。疑「相韓」二字是「使周」之誤。』

寡人欲容車通三川，窺周室，死不恨矣！

案『欲容』複語，義並同若，文選李斯上書秦始皇注引此無容字，國策秦策二同。『欲容』同義，故可略其一。『欲容車通三川，』猶言『若車通三川』也。（裴學海古書虛字集釋一引此文，釋欲爲若，未釋容字。）秦策二、本書甘茂傳竊上並有以字，恨並作朽。

力士任鄙、烏獲、孟說，皆至大官。

梁玉繩云：孟說，未知卽孟賁否？

案孟子告子下篇疏引帝王世紀云：『秦武王好多力之士，烏獲之徒並皆歸焉。』公孫丑上篇疏引帝王世紀云：『秦武王好多力之人，齊孟賁之徒並歸焉。孟賁生拔牛角。』是孟說蓋卽孟賁矣。

王與孟說舉鼎絕臏。

集解：『徐廣曰：一作脉。』

案趙世家云：『秦武王與孟說舉龍文赤鼎，絕臏而死。』御覽三八六引此文舉下亦有『龍文赤』三字，蓋據趙世家增。論衡書虛篇、效力篇臏並作脉，與徐注所稱一本合；通鑑周紀三作脈，脈、脉正、俗字。胡三省注：『史記甘茂傳云：「武王至周而卒于周。」蓋舉鼎者，舉九鼎也。世家以爲「龍文赤鼎。」』又據孟子告子篇疏引帝王世紀云：『秦王於洛陽舉周鼎，烏獲兩目血出。』則與王舉鼎者，非僅孟說而已。

八月，武王死，族孟說。

梁玉繩云：史公于武王，獨變卒稱死，豈以『絕臏』故歟？……但甘茂傳言『武王至周而卒于周。』與此紀及趙世家異，何也？

考證：『張文虎曰：「水經渭水注引秦本紀；『秦武王三年，渭水赤三日。秦昭王三十四年，渭水又大赤三日。』漢書五行志亦有此文。引作『史記曰。』今惟上一條見秦記，而本紀皆無之，豈佚文與？」』

案文選班孟堅東都賦注、御覽八六引此死並作卒；通鑑周紀作薨。作死，蓋此文之舊。趙世家、論衡書虛、效力二篇亦並作死。惟據秦始皇本紀：『莊襄王死，政代立爲秦王。』（本紀稱『莊襄王卒。』）則史公非于武王獨變卒稱死矣。甘茂傳言『武王至周而卒于周。』參證此紀及趙世家，則舉鼎蓋在周，亦無不合。帝王世紀云：『秦王於洛陽舉周鼎。』是其驗矣。又案御覽五九亦引史記云：『秦武王三年，渭水赤三日。昭王三十四年，渭水大赤三日。』（又見六二，大作又，五行志同。）秦記云：『悼武王立三年，渭水赤三日。雖與上一條合；而水經注明引此爲秦本紀之文，今本無之，張氏疑爲佚文，蓋是。

立異母弟，是爲昭襄王。

索隱：名則，一名稷。

梁玉繩云：趙世家昭襄名稷，紀、表皆失書。甘茂傳索隱引世本名側，（此紀索隱譌則。）蓋音相近，若齊稷門之爲側門矣。

案通鑑周紀作『異母弟稷。』稷字蓋據索隱增。黃善夫本、殿本索隱稷下並有『武王弟』三字。

昭襄母，楚人。

案重刊北宋監本昭襄下有王字，文選班叔皮北征賦注、范蔚宗後漢書皇后紀論注引並同。

取唐眛。

考證：眛字宜从目，荀子議兵篇、呂子處方篇作蔑。

案重刊北宋監本、黃善夫本、殿本眛並作昧。昧當作眛，梁玉繩云：『眛、蔑古通，字从目、从末，各本譌昧。』是也。考證本改爲眛（从未），非也。屈原列傳：『殺其將唐眛。』考證本亦改爲眛；楚世家：『殺楚將唐眛。』考證云：『眛當作眛。』而禮書：『唐眛死焉。』考證引荀子（議兵篇）楊注：『眛與蔑同。』不復改字；韓世家：『敗楚將唐眛。』考證又無說。不知何所適從邪？又案商君書弱民篇亦作唐蔑。漢書人表作唐蔑。蔑、蔑正、俗字。

楚懷王走之趙，趙不受。

考證：懷王亡趙，在秦昭十年。

案考證說，本梁氏志疑。

左更白起攻新城。

正義：『白起傳云：白起爲左庶長，將兵擊韓之新城。』

梁玉繩云：此是昭王十三年。攷起傳，十三年爲左庶長，明年遷左更也。左庶長爲第十爵，左更第十二。

案『左更』蓋本作『左庶長，』涉下文『左更白起』而誤耳。正義引白起傳『將兵，』今本兵作而。

五大夫禮出亡奔魏。

考證：『呂禮，秦將。穰侯傳：「呂禮奔齊。」孟嘗傳亦有禮相齊事。此誤也。大事記亦以奔魏爲非。』

案考證說，本梁氏志疑。

十九年，王爲西帝，齊爲東帝。皆復去之。

案穰侯列傳作『秦稱西帝，齊稱東帝。』爲猶稱也。初學記九引帝王世紀：『秦……至昭襄王自稱西帝。』御覽八五引帝王世紀：『赧王二十七年冬十月，……齊閔王稱東帝。』亦並作稱。魏世家：『秦昭王爲西帝，齊湣王爲東帝。』兩爲字亦並與稱同義。（此義前人未發。）『皆復去之』上，當補『月餘』二字，文意乃明。魏世家作『月餘皆復稱王歸帝。』穰侯列傳作『月餘呂禮來，而齊、秦各復歸帝爲王。』（一作『稱王，』一作『爲王，』亦可證爲、稱同義。）並其證。

與韓王會新城。

考證：『年表、韓世家並云：會兩周間。』

案考證說，本梁氏志疑。梁氏並云：『即指河南之宜陽新城也。

二十六年，赦罪人遷之穰。侯冄復相。

考證：『梁玉繩曰：「言遷罪人，不知遷于何地。」愚按古鈔、楓、三、南本侯下有魏字。據下文「遷之南陽」正義，穰字當連上句。上文云：「魏冉免相。」侯疑魏字。』

案考證本於穰字絕句，是也。『侯冄復相，』（重刊北宋監本、黃善夫本、殿本冄並作冉，上文同。冉，冄之隸變。）當作『魏冄復相。』考證說亦是也。魏之作侯，因上文穰字聯想而誤。古鈔、楓、三、南本作『侯魏冄復相。』侯字因上文穰字聯想而衍。

二十八年，大良造白起攻楚，取鄢、鄧。

梁玉繩云：此二十八年楚爲秦所取者，鄢、鄧、西陵三城。紀失書西陵；表失書鄧；楚世家失書鄢、鄧。而白起傳言『拔鄢、鄧五城。』乃『拔鄢、鄧、西陵三城』之誤。

案通鑑周紀四作『秦白起伐楚，取鄢、鄧、西陵。』可證成梁說。國策秦策四載楚頃襄王二十年（卽秦昭王二十八年），白起所拔楚城，亦有西陵。

三十年，蜀守若伐楚，取巫郡及江南，爲黔中郡。

案重刊北宋監本、黃善夫本、殿本並無楚字，伐字連下讀。

三十三年，客卿胡傷攻魏卷、蔡陽、長社取之。擊芒卯華陽，破之。斬首十五萬。魏入南陽以和。

梁玉繩云：秦昭三十四年，趙、魏攻韓華陽，韓告急于秦；穰侯又與白起、客卿胡陽攻趙、魏以救韓。走魏將芒卯，斬十三萬人；敗趙將賈偃，沈其卒二萬人于河。取魏卷、蔡陽、長社；取趙觀津。魏予秦南陽以和。秦且與趙觀津，益趙以兵伐齊。是秦昭三十四年之戰也。而此在三十三年，誤一。……斬魏卒十三萬，沈趙卒二萬。乃合趙于魏作十五萬人，與六國表、魏世家俱非。穰侯傳云：『十萬，』亦非。

案梁氏所謂『趙、魏攻韓華陽，韓告急于秦。』本韓世家；『穰侯又與白起、客卿胡陽攻趙、魏以救韓。』本穰侯列傳；『走魏將芒卯，斬十三萬人；敗趙將賈偃，沈其卒二萬人于河。』本白起列傳；『取魏卷、蔡陽、長社；取趙觀津。』本穰侯列傳；『魏予秦南陽以和。』本魏世家及六國年表；『秦且與趙觀津，益趙以兵伐齊。』本穰侯列傳。梁氏合年表，世家、列傳，以證『三十三年，』爲『三十四年』之誤；『斬首十五萬，』爲『斬首十三萬』之誤。考白起列傳云；『昭王三十四年，白起攻魏拔華陽，走芒卯，而虜三晉將，斬首十三萬。與趙將賈偃戰，沈其卒二萬人於河中。』（考證：『沈家本曰：此言「十三萬，」又言「二萬、」紀、表統言之耳。穰侯傳則奪五字。』）而水經洧水注引『昭王三十四年，』作『三十三年。』正與此紀合；又引『斬首十三萬，』作『十五萬。』亦與此紀及六國表、魏世家並合。則『斬首十五萬，』乃專就魏卒言之，非合沈趙卒二萬言之也。今本白起傳作『十三萬，』葢涉上文兩三字而誤。梁說未審。（沈家本說亦同。）

四十（二字原脫）五年，五大夫賁攻韓。

案五大夫，秦之第九爵。見漢書百官公卿表。

葉陽君悝出之國，未至而死。

集解：『一云：華陽。』

黃善夫本無君字。梁玉繩云：「一本葉陽下有君字。而葉陽，集解謂「一云：華陽。」蓋華陽君是也。華形近葉，故傳寫致譌。范雎傳華陽，徐廣曰：「一作葉。」趙策諒毅對秦王有「母弟葉陽」之語，竝誤。（非母弟也，尤誤！）華陽君，乃昭王舅芈戎。悝乃昭王母弟高陵君。此紀有脫誤，不然，將以芈戎爲公子悝矣。攷穰侯、華陽、高陵、涇陽，時稱爲四貴。皆于昭王四十二年同出就國。紀既脫缺。復誤書于四十五年爾。……』

案葉陽君，重刋北宋監本、殿本並同。漢書人表亦作葉陽君。穰侯列傳作華陽君。梁氏以葉爲華之誤，是也。

趙發兵擊秦，相距。

案御覽一六三引距作拒，距、拒古、今字。說已見殷本紀。

大破趙於長平，四十餘萬盡殺之。

梁玉繩云：秦尙首功。斬一首，賜爵一級。豈容混書，此餘字當作五。

考證：古鈔、南本萬下有人字，殺上有坑字。

案御覽引長平下有注云：『長平，在高平縣西北，有長平故城。』白起列傳『趙軍長平』下正義亦云：『長平故城，在澤州高平縣西二十一里也。』『四十餘萬，』趙世家、韓世家並同，梁說拘泥。六國年表作『四十五萬。』白起列傳作『四十萬，』又云：『前後斬首虜四十五萬人。』（考證引胡三省云：此言秦兵自挫廉頗至大挫趙括，前後所斬首虜之數耳。）廉頗藺相如列傳亦云：『趙前後所亡四十五萬。』則『四十五萬，』非專計長平之役所阬殺之數矣。『盡殺之，』白起列傳殺上有阬字，（水經沁水注引阬作坑。）與此古鈔、南本合。阬、坑、正、俗字。

四十八年十月，韓獻垣雍。

梁玉繩云：『十月』二字衍，白起傳亦誤出也。下文于是年書『正月，』時秦尙未以十月爲歲首，不應先書『十月。』

案此先書『十月，』既與下文是年書『正月』抵牾；又與下文是年書『其十月』

重複，故梁氏以爲衍文。惟白起傳亦有『十月』二字，則似非衍文。竊疑『十月』蓋本作『十月，』即『七月』也。漢隸七字皆作十，說已見前。下文『正月，兵罷。』『正月』二字，蓋涉下文『四十九年正月』而衍。

五十一年，將軍摎攻韓，

案通鑑周紀五注引正義云：『摎，紀虬翻。』今本無之。惟周本紀『秦昭王怒，使將軍摎攻西周』下，有正義云：『摎，音紀虬反。』（翻猶反也。）未知通鑑注是否迻引彼文。

攻趙，取二十餘縣，首虜九萬。

案通鑑周紀五首上有斬字，是也。

於是秦使將軍摎攻西周。

案通鑑秦下有王字。（周本紀、論衡儒增篇並作秦昭王。）

盡獻其邑三十六城。

案周本紀、論衡儒增篇、通鑑並無城字。

其器九鼎入秦。

正義：器，謂寶器也。

楊愼云：『昭襄之世，旣書「九鼎入秦」矣；始皇二十八年，曷又書「使千人沒泗求周鼎不獲」乎？吁！此太史公深意也。秦有併呑天下之心，非得鼎無以自解於天下。九鼎入秦之說，虛言以欺天下也。秦史矇書以欺後世也。太史公從其文而不改，又于始皇紀言「鼎沒泗水，」以見其妄。鼎果在秦，曷爲人入水以求之乎？又于辛垣平傳言「九鼎淪于泗。」其事益白矣。』（丹鉛續錄一『九鼎入秦』條。）

案周本紀、論衡、通鑑秦紀一，器並作『寶器。』楊氏所稱辛垣平云云，見封禪書。

弛苑囿。

案重刊北宋監本、黃善夫本、殿本弛並作㢮，俗。

子莊襄王立。

索隱：名子楚。三十二而立，立三年卒。葬陽陵。紀作四年。

案秦記：『莊襄王生三十二年而立。』又云：『莊襄王享國三年，葬茝陽。』卽索隱所本。索隱『葬陽陵，』當從秦記作『葬茝陽。』呂不韋列傳：『始皇十九年，太后薨，謚爲帝太后，與莊襄王會葬茝陽。』亦其證。水經渭水下注引皇甫謐云：『秦莊王葬于芷陽之麗山。』（麗與驪、酈並同。）芷與茝同。黃善夫本、殿本索隱『立三年卒，』三並作四；『紀作四年，』並作『子始皇帝。』六國年表書莊襄王亦止於三年，與秦記合。則不當作『立四年卒。』本紀下文『四月，日食。四年，……五月丙午，莊襄王卒。』『四年』乃『三年』之誤，梁氏志疑有說。

修先王功臣，

案御覽八六引王下有之字。

東周君與諸侯謀秦，秦使相國呂不韋誅之。

考證：楓、三、南本不重秦字。

案御覽引此重秦字，秦記同。通鑑『秦使』作『王使。』

以陽人地賜周君。

案御覽引地上有之字。

使蒙驁伐韓，韓獻成皋、鞏。

梁玉繩云：『表及韓世家皆言「秦拔取韓成皋、滎陽。」此云韓獻之，非也。又鞏亦滎陽之誤，鞏爲東周所居，韓安得有之？水經注廿三卷引史記：「秦莊襄王元年，蒙驁取成皋、滎陽。初置三川郡。」酈公所引，乃六國表。史豈因是年秦滅東周，兼得鞏地，而混言之邪？』

考證：『蒙恬傳亦云：莊襄王元年，蒙驁伐韓，取成皋、滎陽。作置三川郡。』

案通鑑亦作『蒙驁伐韓，取成皋、滎陽。』此云韓獻之，蓋本之秦記與？

二年，使蒙驁攻趙，定太原。

梁玉繩云：『使蒙驁』八字，乃羨文。年表及趙世家、蒙恬傳皆無其事。……

案通鑑莊襄王二年，亦無此事，可佐證梁說。

三年，蒙驁攻魏高都、汲，拔之。攻趙楡次、新城、狼孟，取三十七城。

梁玉繩云：『三年，蒙驁攻魏高都、汲，』『三年』二字亦羨文，所書之事，表在『二年，』是已。……

案梁氏謂『三年』二字爲羨文，是也。惟六國年表二年但書『蒙驁擊趙榆次、新城、狼孟，得三十七城。』未書『蒙驁攻魏高都、汲，拔之。』之事。蒙恬列傳：『二年，蒙驁攻趙，取三十七城。』亦未言『蒙驁攻魏高都、汲，拔之。』之事。通鑑於二年書『蒙驁伐趙，取榆次、狼孟等三十七城。』於三年書『蒙驁帥師伐魏，取高都、汲，魏師數敗。』下接『魏王使人請信陵君於趙，』及『信陵君率五國之師敗蒙驁』事。證以魏公子列傳（卽信陵君列傳）：『秦聞公子在趙，日夜出兵東伐魏。』下接『魏王使人請公子，』及『公子率五國之兵破秦軍，走蒙驁』事，亦相符合。此文『三年』二字爲衍文，『攻趙榆次』上當據六國年表、蒙恬列傳及通鑑補蒙驁二字。『蒙驁攻魏高都、汲拔之。』本爲三年之事，此九字蓋本在下文『魏將無忌率五國兵擊秦』（正義：信陵君也。）上，文意旣相含接，又有通鑑可證。今本誤錯於此耳。

四月，日食。四年，王齕攻上黨。

梁玉繩云：莊襄無『四年，』乃『三年』之誤。……

考證：『張文虎曰：莊襄無「四年，」六國表書在「三年。」此「四年」二字，涉上「四月」而衍。觀下文「五月，」卽接上文「四月。」其證也。』

案通鑑『四年』正作『三年，』梁說是也。三之作四，涉上文『四月』而誤。張氏謂『四年』二字涉上『四月』而衍，未審。上文『四月，日食。』乃『二年』之事，見六國年表。下文『五月，』乃『三年』之『五月，』不能與上文『四月』相接。始皇本紀、六國年表王齕並作王齮（呂不韋列傳同），集解引徐廣云：『一作齕。』齮、齕古通，魯世家：『申豐、汝賈許齊臣高齕、子將粟五千庾。』左昭二十六年傳高齕作高齮，與此同例。

子政立，是爲秦始皇帝。

梁玉繩云：『始皇以正月生，遂以正名之。惟其名正，是以改正月爲端月。始皇紀集解曰：「徐廣云：『一作正。宋忠云：以正月旦生，故名正。』」正義曰：「正音政，周正建子之正也。」則知史記古本是正字，不知何時盡改作政。凡本紀、世家、列傳中所稱始皇之名，竟無一作正者，可怪已！……』

案公羊哀十三年傳徐彥疏引政作正，下文『秦王政立二十六年，』尙書序孔疏引政亦作正，並存古本之舊。始皇本紀：『名爲政。』一切經音義八六引政作正，與徐廣所稱一本及正義本合；惟徐氏旣云『一作正。』是所據本仍作政矣。呂不韋列傳：『太子政立爲王。』文選司馬子長報任少卿書注引政亦作正。又案御覽一六四引秦本紀云：『始皇十三年，伐趙取雲中，因以爲郡。』今本此紀無此文，始皇本紀、六國年表及趙世家亦並無之。疑是始皇本紀佚文。

秦王政立二十六年，初并天下爲三十六郡，號爲始皇帝。

索隱：十三而立，立三十七年崩。葬酈山。

案秦記：『始皇享國三十七年，葬酈山。』又云：『始皇生十三年而立。』卽索隱所本。又案黃善夫本、殿本索隱並在上文『是爲秦始皇帝』下，酈山並作酈邑，下更有『子二世皇帝』五字。

始皇帝五十一年而崩。

梁玉繩云：……始皇年十三而立，以踰年改元計之，在位三十七年，當是五十。（始皇紀徐廣注云：年五十。）安得五十一年乎。

案始皇本紀：『始皇崩於沙丘平臺。』御覽八六引平臺下更有『時年五十，在位三十七年。』十字。初學記九引帝王世紀稱始皇『三十七年崩于沙丘平臺，年五十。』並可證此文『五十』下衍一字。

子胡亥立，是爲二世皇帝。

索隱：『十二年立。紀云「二十一立。」三年葬宜春。秦自襄公至二世，凡六百一十七歲。此實本紀，而注別舉之，以非本文耳。』

梁玉繩云：表自襄公元年至二世三年，實五百七十一年。（說見秦記。）

考證『錢泰吉曰：索隱注字不知何所指，疑有集解而缺失也。』

案秦記：『二世皇帝享國三年，葬宜春。……二世生十二年而立。』又云：『右秦襄公至二世六百一十歲。』『而立』下集解引徐廣曰：『本紀云：二十一。』卽此索隱所本。索隱所稱之注，卽指徐注；所云『六百一十七歲，』衍七字。惟作『六百一十歲，』亦非，當從梁說作『五百七十一歲。』

子嬰立月餘，諸侯誅之。

梁玉繩云：『廣弘明集引陶公年紀云：「殤帝子嬰四十六日。」秦本無諡，又誰爲子嬰作諡？豈漢追稱之邪？……越絕書外傳記地言「嬰立六月，」妄也。』案始皇本紀云：『子嬰爲秦王四十六日。』與此合。李斯列傳云：『子嬰立三月。』恐非。

秦本紀第五　　　　史記五

出自第三十八本(一九六八年一月)

史記斠證卷七

項羽本紀第七

王叔岷

西京雜記四：司馬遷……爲項羽本紀。以踞高位者，非關有德也。

史通稱謂篇：馬遷撰史記，項羽僭盜，而紀之曰王。此則眞僞莫分，爲後來所惑者也。

路史後紀二：『或曰：「項籍與高帝同時而王，胡爲而著之紀？」曰：「是又所以爲編年也。方秦之亡也，籍既自立，劃漢中以王高祖；而又挾義帝以令諸侯。漢中之地，非惟偏也；而高祖之王，又出於籍。籍分王諸侯，而高祖固出其下。是天下之勢在於籍也，烏乎而不紀之！故必待天下之一，而後紀還于漢。是編年之法也。雖然，項籍實起羣盜，其自爲稱曰西楚霸王而已。列之本紀，則誠過矣。』

案『踞高位，非關有德。』西京雜記之說，較史通爲長。路史前說是；後說則與史通同一蔽也。秦始皇本紀末云：『項羽爲西楚霸王。主命分天下，王諸侯。秦竟滅矣。後五年，天下定於漢。』史公列項羽於本紀之意，已露於此。蓋羽主宰天下五年，列之本紀，固不爲過。惟諸本紀，項羽之外，無稱姓字者，此亦特例也。

梁父卽楚將項燕，爲秦將王翦所戮者也。

案六國年表：『始皇二十三年，王翦、蒙武擊破楚軍，殺其將項燕。』楚世家：『〔王負芻〕四年，秦將王翦破我軍於蘄，而殺將軍項燕。』王翦列傳：『〔翦〕大破荆軍至蘄南，殺其將軍項燕。』蒙恬列傳：『始皇二十三年，蒙武爲秦裨將軍，與王翦攻楚，大破之，殺項燕。』

項籍少時，學書，不成；去，學劍，又不成。

案御覽八七引籍上無項字，漢書項籍傳、通鑑秦紀二並同。『學書，』謂學秦文字，如李斯倉頡篇、趙高爰歷篇、胡毋敬博學篇之類。（見說文解字序。）『學書，』以備爲文吏；『學劍，』以備爲武吏。（詳勞榦史記項羽本紀中「學書」和「學劍」的解釋，中央研究院歷史語言研究所集刊第三十本。）

書，足以記名姓而已。

案書鈔一一五引此無以字，『名姓』二字倒。漢書同。『學書，』非僅學習『記名姓。』然『記名姓，』亦爲文吏之職。漢代文書簿籍，重在『記名姓。』（居延漢簡多此例。）漢承秦制，秦時或亦然，故項羽有此言也。（參看勞說。）

劍，一人敵，不足學；學萬人敵。

案書鈔引作『劍，匹夫之用；請學萬人敵。』蓋引大意。

於是項梁乃敎籍兵法。

案書鈔引作『梁用異之。』竊疑此文項梁下本有『異之』二字。漢書作『於是梁奇其意，迺教目兵法。』彼言『奇其意，』猶此言『異之』也。

項梁嘗有櫟陽逮，

索隱：按逮訓及，謂有罪相連及，爲櫟陽縣所逮錄也。故漢史制獄皆有逮捕也。

考證：『張文虎曰：索隱「漢史」恐「漢世。」』

案『嘗有』猶『曾爲，』謂『項梁曾爲櫟陽縣逮捕』也。殿本逮下補捕字，附考證云：『諸本皆無捕字，惟北監本有之。』景祐本逮下已有捕字。張耳陳餘列傳：『於是上皆幷逮捕趙王、貫高等。』亦言『逮捕。』又案水經沮水注引徐廣史記音義云：『櫟陽今萬年。』

與籍避仇於吳中。

考證：楓、三本無中字。

案御覽四八一引此無於字，漢書、通鑑並同。御覽八七引此無中字，荀悅漢紀一同。

項梁常爲主辦。

案景祐本辦作辨，下文『使公主某事，不能辦。』亦作辨。辨、辦古、今字。

陰以兵法部勒賓客及子弟，以是知其能。

案御覽三八六引楚漢春秋云：『項梁嘗陰養士，最高者多力，拔樹以擊地。』（漢書補注載葉德輝所引，脫嘗字。）八三五引楚漢春秋云：『項梁陰養生士九十人。參木者，所與計謀者也。木佯疾於室中，鑄大錢以具甲兵。』（葉氏所引『生士』作『死士，』是。）

秦始皇帝游[illegible]，

案藝文類聚十七引會稽上有於字。

梁與籍俱觀，

案藝文類聚引梁上有項字。

毋妄言，族矣！

案漢書師古注：『凡言族者，謂族誅之。』藝文類聚引此族上有誅字，恐非其舊。

梁以此奇籍。

案御覽八七引籍作之。

籍長八尺餘，力能扛鼎。

案御覽引籍下有身字。漢紀作『身長八尺二寸。』漢書餘字亦作『二寸。』論衡恢國篇：『項羽力勁折鐵。』

會稽守通謂梁曰，

集解：『楚漢春秋曰：會稽假守殷通。』

案漢書守上有假字，漢紀、通鑑通上並有殷字，蓋據楚漢春秋所補也。

此亦天亡秦之時也。

案亦猶乃也。下文『漢王亦與數十騎從西門出。』書鈔一三九引亦作乃，即其證。

吾聞先即制人；後則爲人所制。

案即、則互文，即猶則也。記纂淵海六十引即作則。長短經是非篇云：『項梁曰：先起者制服於人；後起者受制於人。』以爲項梁語。與漢書合。

吾欲發兵使公及桓楚將。

案御覽引將上有爲字。

一府中皆慴伏。

索隱:『說文云:「慴,失氣也。」音之涉反。』

漢書慴作讋。王先謙補注引錢大昭云:『史記作「慴伏。」案說文:「讋,失氣言。傳毅讀若慴。」讋與慴古字通。』

案黃善夫本索隱慴作讋,既引說文,則作讋是。是正文本作讋,與漢書合。作慴者後人所改也。殿本索隱慴亦作讋;惟又於『音之涉反』上增慴字以牽就已改之正文,則非矣。下文『諸將皆慴服。』漢書亦作讋。

梁乃召故所知豪吏,

考證:楓、三本乃作仍。

案仍、乃古通,爾雅釋詁:『仍,乃也。』淮南衡山列傳贊稱淮南、衡山『專挾邪僻之行,謀爲畔逆;仍父子再亡國,各不終其身。』王引之云:『仍者,乃也。』(釋詞七。)與此同例。

於是梁爲會稽守。

漢書守作將。王先謙云:郡守亦稱郡將。故班易守爲將。

案漢紀守亦作將。

於是爲陳王徇廣陵,

考證:『於是,』猶言『當是時。』楓、三本無此二字。

案『於是』猶言『於時,』爾雅釋詁:『時,是也。』是、時古通,厥例恆見。

漢書、通鑑並無『於是』二字。

拜梁爲楚王上柱國。

考證:『楓、三本無王字,與漢書合。李笠曰:王字衍。』

案王字涉上文陳王而衍。文選班叔皮王命論注引此亦無王字,通鑑秦紀三同。

使使欲與連和俱西。

案景祐本、黃善夫本並無欲字。

陳嬰者,故東陽令史。

集解：『晉灼曰：「漢儀注云：令吏曰令史。」』

案漢紀『令史』作『令吏。』

居縣中，素信謹，稱爲長者。

案世說新語賢媛篇注引作『居縣，素信，爲長者。』漢書同。

欲置長，無適用。

考證：『師古曰：適，主也。』

案世說新語注引置作立，義同。漢書亦作立。續列女傳陳嬰母傳適作所，適猶所也。漢書師古注訓適爲主，未審。韓非子楊摧篇：『夫妻持政，子無適從。』伯夷列傳：『我安適歸矣？』適亦並與所同義。（此義前人未發。）

縣中從者，得二萬人。

案漢書者上有之字，是也。此脫之字。續列女傳者作之，蓋又脫者字也。

少年欲立嬰便爲王。

考證：楓、三本無便字。

案漢書、續列女傳、通鑑皆無便字。

未嘗聞汝先古之有貴者。

案漢書、續列女傳古並作故，義同。

不如有所屬。

案續列女傳作『不如以兵有所屬。』文選班叔皮王命論、漢紀、世說新語賢媛篇並作『不如以兵屬人。』皆有『以兵』二字，與下文『以兵屬項梁』相應。

事敗易以亡。

案續列女傳易上有則字。漢紀易上有而字。而、則同義。

將非其人不可。

案將猶則也。楚世家：『於是王使使謂奢：能致二子則生，不能將死。』（則、將互文。）吳越春秋王僚使公子光傳將作則，即將、則同義之證。

黥布、蒲將軍亦以兵屬焉。

集解：『如淳曰：言當陽君、蒲將軍皆屬項羽。』

案如淳說亦爲皆，是也。（惟所云項羽，當作項梁。）通鑑『亦以兵屬焉，』作

『皆以其兵屬焉。』漢書兵上亦有其字。

軍下邳。

正義:『應劭云:「邳在薛,徙此,故曰下邳。」按有上邳,故曰下邳。』

案通鑑注引應劭注,徙上有『其後』二字。又引臣瓚曰:『有上邳,故曰下邳。』

即正義按語所本。

秦嘉已立景駒爲楚王。

集解:『陳涉世家曰:秦嘉,廣陵人。』

梁玉繩云:漢書陳勝傳『淩人秦嘉,』淩縣屬泗水。陳涉世家作『陵人秦嘉。』

古字通用。集解引世家作『廣陵人。』乃誤增一廣字。

案梁說是也。通鑑作『陳人秦嘉。』陳乃陵之誤,上亦無廣字。

陳王先首事,

案『先首』複語,先亦首也。漢書刪先字。

今秦嘉倍陳王而立景駒,大逆無道。

梁玉繩云:『逆無道,』逆上脫大字,他本及漢書有。

考證:大字諸本無,今據宋本補。

案漢書倍作背,下文『願伯具言臣之不敢倍德也。』漢書亦作背。作倍是故書。

說文:『倍,反也。』景祐本、黃善夫本、殿本皆無大字。通鑑有大字。

誅雞石。

案漢書、通鑑誅下並有朱字,是也。此因誅字而誤脫耳。

項梁前使項羽別攻襄城。

梁玉繩云:前此皆稱項籍,此後忽改稱字而不名,何也?高紀則皆稱字。

案項籍此後改稱項羽,(漢書、通鑑並從之。)蓋以羽已離其季父梁而專攻戰也

與?

項梁聞陳王定死,

案高祖本紀亦云『聞陳王定死。』定猶必也。管子形勢篇:『美人之懷,定服而

勿厭也。』形勢解定作必,即定、必同義之證。

年七十。

案漢紀作『年七十餘。』

故楚南公曰，

正義：『虞喜志林云：「南公者道士，識廢興之數，知亡秦者必於楚。漢書藝文志云：『南公十三篇。六國時人。』在陰陽家流。」』

案秦本紀：『〔武王〕三年，南公揭卒。』梁氏志疑疑卽藝文志之南公。南公揭，恐是秦人。此南公，蓋楚懷王時人。楚人憐懷王入秦不反，故南公豫言『亡秦必楚』也。志林『亡秦者必於楚。』通鑑注引無於字，是也。藝文志：『南公三十一篇。』志林引作『十三篇。』『十三』蓋『三十』之誤倒。『三十篇，』舉成數言之。劉子九流篇：『陰陽者，子韋、鄒衍、桑丘、南公之類也。』以南公爲陰陽家，本於藝文志。

亡秦必楚也。

案御覽八六、二七九引此並無也字，漢書、漢紀、通鑑皆同。

楚蠭午之將皆爭附君者，

考證：『蠭午，』各本作『蠭起，』誤。今依索隱單本。說見王氏讀書雜志。

案御覽八六、二七九引此午並作起。長短經覇圖篇注、通鑑並同。

以君世世楚將，爲能復立楚之後也。

案上文『項氏世世爲楚將。』御覽八三三引此『世世楚將，』作『代爲楚將。』世之作代，承唐人避太宗諱改。又引『爲能』作『必能。』爲猶必也。魏公子列傳：『勝所以自附爲婚姻者，以公子之高義，爲能急人之困。』上爲字訓於，下爲字亦與必同義。

乃求楚懷王孫心，民閒爲人牧羊。立以爲楚懷王。

集解：『徐廣曰：此時二世之二年六月。』

考證：楓、三本民上有在字。

案御覽八六引民上亦有在字，漢書同。通鑑民上有於字，於猶在也。御覽八三三引民作人，（承唐人避太宗諱改。）人上亦有在字。『立以爲楚懷王，』漢紀作『六月楚心立，號曰懷王。』通鑑作『夏六月，立以爲楚懷王。』卽徐注所謂『二世之二年六月』也。

從民所望也。

集解：『應劭曰：以祖謚爲號者，順民望。』

案御覽八三三引此無所字，漢書、通鑑並同。御覽三七九引此作『以從民欲也。』（以字葢涉上文『立以』而衍。）亦無所字。通鑑注引徐廣曰：『順民望，以其祖謚爲號。』與集解引應劭注合。疑應劭爲徐廣之誤，漢書此文無應劭注也。

與懷王都盱台。

正義：盱，況于反。眙，以之反。盱眙，今楚州，臨淮水，懷王都之。

案御覽八六引盱台作盱眙，通鑑同，與正義合。

項梁自號爲武信君。

考證：楓、三本無爲字。

案文選王命論注引此亦無爲字，漢書同。

角弟田閒故齊將，

案漢紀田閒作田簡，下同。

項梁曰：田假爲與國之王。

考證：楓、三本無爲字。

案田儋列傳項梁作楚懷王，無爲字。漢書亦無爲字。

窮來從我，

案田儋列傳來作而，來猶而也。始皇本紀：『已更命信宮爲極廟。』御覽八六引已下有來字，前言『已來』猶『已而。』此其驗矣。本篇下文『項王已定東海來西。』刺客列傳：『樊將軍窮困來歸丹。』來亦並與而同義。此義前人未發。

益輕秦，

案漢紀作『而梁益輕秦。』通鑑作『項梁益輕秦。』焦氏易林二、十一及十五注引此益上亦並有梁字。

乃使宋義使於齊。

案漢書、漢紀宋義下並無使字，是也。此涉上使字而衍。

公徐行卽免死，

案漢書、漢紀並無死字。

秦果悉起兵益章邯，擊楚軍。

案漢書擊上有『夜銜枚』三字。高祖本紀亦云：『秦益章邯兵，夜銜枚擊項梁。』(又見漢書高帝紀。)

項梁死。

案焦氏易林二、十一及十五注引此死下並有焉字。

陳留堅守，不能下。

考證：楓、三本無能字。

案漢書亦無能字。

沛公、項羽相與謀曰：今項梁軍破，士卒恐。

梁玉繩云：『評林：「董份云：項羽不宜自稱季父之名；沛公於羽前，亦必不名其季父。項梁字誤也。」史詮云：「當作武信君。」余讀高紀：「項羽曰：懷王者，吾家項梁所立。」與此同誤。』

案沛公、項羽並目無尊長者，直稱項梁，史公蓋紀實也。通鑑改作『聞武信君死，士卒恐。』且不以為沛公、項羽語，非史記之舊。

沛公軍碭。

案殿本碭作碭，漢書、通鑑並同，是也。下文『以沛公為碭郡長。』景祐本、殿本碭亦並作碭，不誤。

則以為楚地兵不足憂，乃渡河擊趙。

案御覽二七二引此楚下無地字。漢紀無『地兵』二字。通鑑『渡河擊趙，』作『度河北擊趙。』度、渡古、今字。(史記古本渡多作度。)漢書擊上亦有北字。漢紀作『北伐趙。』

當此時，

案御覽引此下有之字，漢書同。

趙歇為王，陳餘為將，張耳為相，皆走入鉅鹿城。

考證：『徐孚遠曰：「陳餘將兵在外，未入鉅鹿城。此語誤。」梁玉繩曰：「『陳餘為將』四字，因下文而衍。」』

案張耳陳餘列傳、通鑑並作『張耳與趙王歇走入鉅鹿城。』正可證此『陳餘為將』四字爲衍文。王翦列傳：『秦使王翦之孫王離擊趙，圍趙王及張耳鉅鹿城。』亦其證。今本漢書亦衍此四字。據師古注：『趙歇、張耳共入鉅鹿也。』不涉及陳餘，是漢書亦本無『陳餘爲將』四字矣。

築甬道而輸之粟。

集解：『應劭曰：恐敵抄輜重，故築墻垣如街巷也。』

案之猶以也。張耳陳餘列傳稱章邯『築甬道屬河餉王離。』景祐本、黃善夫本集解，墻並作牆。牆、墻正、俗字。

號爲卿子冠軍。

集解：『徐廣曰：「卿，一作慶。」文穎曰：「卿子，時人相褒尊之辭，猶言公子也。」』

案卿、慶古通，天官書：『若煙非煙，若雲非雲，郁郁紛紛，蕭索輪囷，是謂卿雲。』藝文類聚九八引卿作慶，即其比。通鑑注引文穎注辭作稱。陳槃庵兄云：『易林小過之師：「匠卿操斧，豫章危殆。」尚秉和注：「劉毓崧云，左傳襄四年，匠慶用蒲圃之檟。慶卿古通用，匠卿即匠慶，魯匠人也。」（卷十六）慶卿字通，此亦一例。』

夫搏牛之蝱，不可以破蟣蝨。

集解：『如淳曰：……猶言欲以大力伐秦，而不可以救趙也。』

索隱：『韋昭云：「蝱大在外，蝨小在內。」故顏師古言：「以手擊牛之背，可以殺其上蝱，而不能破其內蝨。喻方欲滅秦，不可與章邯即戰也。」鄒氏：「搏音附。今按言蝱之搏牛，本不擬破其上之蟣蝨，以言志在大不在小也。」』

案擊牛身之蝱，所除之患小；破牛身之蟣蝨，所除之患大。喻此時擊秦軍，不足以破秦也。劉子託附篇：『搏牛之寍，飛極百步；若附鸞尾，則一翥萬里。』（寍乃蝱之省。）亦以搏爲附，與鄒誕生音合。

今秦攻趙，戰勝則兵罷，我承其敝。

案通鑑罷作疲，疲、罷正、假字。承借爲乘，戰國策東周策：『秦恐公之乘其弊也，』彼文之乘，此文之承，其義一也。漢紀、長短經時宜篇敝並作弊，與東周策同，俗。敝亦借爲疲。此謂『今秦攻趙，戰勝則兵疲，我乘其疲』也。

坐而運策，

案漢書、漢紀、長短經、通鑑皆作『坐運籌策。』

因下令軍中曰：猛如虎，很如羊，

案御覽四九二引令下有於字。很，漢書作佷；漢紀、通鑑作狠。並俗。說文：『很，不聽從也。一曰盭也。』徐鍇繫傳云：『盭，戾也。宋義曰：「很如羊。」羊之性，愈牽愈不進。』

乃遣其子宋襄相齊。

案漢書、漢紀並無宋字，宋字可略。

將戮力而攻秦，

案將猶當也。漢紀、長短經將下並有軍字，則將猶率也。景祐本戮作勠，漢書、通鑑並同。勠、戮正、假字。說文：『勠，幷力也。』下文『與趙幷力攻秦。』『勠力』與『幷力』同旨。

士卒食芋菽。

集解：『徐廣曰：「芋，一作半。半，五升器也。」駰案瓚曰：「士卒食蔬菜，以菽雜半之。」』

索隱：『芋，蹲鴟也。菽，豆也。故臣瓚曰：「士卒食蔬菜，以菽半雜之。」則「芋菽」義亦通。漢書作「半菽。」…………。王劭曰：「半，量器名。容半升也。」』

梁玉繩云：『劉孝標廣絕交論：「莫肯費其半菽。」東坡詩：「願君五袴手，招此半菽魂。」則芋字雖若可通，而實非已。』

案漢紀、長短經、通鑑皆作『半菽。』說文：『尗，豆也。』尗、菽古、今字。

夫以秦之彊，攻新造之趙，其勢必舉趙。

案王翦列傳：『或曰：王離，秦之名將也。今將彊秦之兵，攻新造之趙，舉之必矣。』與項羽所見同。

掃境內而專屬於將軍。

案景祐本、黃善夫本、殿本掃皆作埽，通鑑同。埽、掃正、俗字。『埽境內，』謂『盡舉境內』也。漢書英布傳：『大王宜埽淮南之眾，』師古注：『埽者，謂盡擧之，如徇地之爲。』

今不恤士卒而徇其私，非社稷之臣。

索隱：『崔浩云：徇，營也』

案漢書、漢紀恤並作䘏，䘏、恤音義同。廣雅釋言：『徇，營也。』漢書、漢紀、長短經、通鑑臣下皆有也字。

楚王陰令羽誅之。

考證：『梁玉繩曰：「古人亦自稱字……漢書羽作籍。」愚按當從漢書作籍，下文「籍何以至此！」「籍獨不愧於心乎？」可證。』

案羽蓋本作籍，涉上下文羽字而誤也。漢紀、通鑑亦並作籍。

諸將皆慴服，莫敢枝梧。

集解：『瓚曰：小柱爲枝，邪柱爲梧。今屋梧邪柱是也。』

案御覽八七引慴作懾，說文：『懾，失氣也。』與慴懼字略同。梧借爲啎，說文：『啎，逆也。』漢書司馬遷傳：『甚多疏略，或有抵梧。』漢紀十四引梧作忤，梧亦借爲啎，啎、忤古、今字。（段玉裁說文解字注，謂『太史公書之「枝梧，漢書之「抵梧，』皆是啎之譌字。』其說非也。）又案集解瓚上，御覽引有臣字。漢書注、通鑑注引，亦並作『臣瓚曰。』『屋梧』通鑑注引作『屋極，』是也。梧字涉上文而誤。

懷王因使項羽爲上將軍。

案御覽引此無項字，漢書、漢紀、通鑑皆同。

項羽（原誤王）已殺卿子冠軍，威震楚國，

案御覽三百八引震作振，古字通用。（始皇本紀已有說。）

乃遣當陽君、蒲將軍將卒二萬渡河。

案御覽引『二萬』下有人字。又引卒下有注云：『張晏曰：率黥布。』蓋集解佚文。（御覽所引史記注，大都爲集解。）惟率當作卽，（蓋涉正文卒字而誤。）且當在當陽君下。今本漢書張注亦佚。

戰少利。

案御覽引少作小，義同。

項羽乃悉引兵渡河。皆沈船、破釜甑、燒廬舍，

案漢紀項羽上有『十有二月』四字。此二世三年十二月也。見秦楚之際月表。御覽引『渡河』下有『已渡』二字，漢書同，當補。漢書沈作湛，師古注：『湛讀曰沈。』（又案御覽七五七引古史考云：黃帝始造釜甑。）

以示士卒必死，無一還心。

案御覽三百八引此作『示士必死。無還心。』八七引此士下亦無卒字。漢書作『視士必死，無還心。』師古注：『視讀曰示。』王先謙補注云：『官本士下有卒字。』長短經作『示士卒必死，無還心。』通鑑則與今本此文同。

則圍王離。

案御覽三百八引作『卽圍秦將王離。』則猶卽也。

與秦軍遇，九戰，絕其甬道，

案漢紀『九戰』下更有『九勝』二字。

諸侯軍救鉅鹿下者十餘壁，莫敢縱兵。

考證：『中井積德曰：下字疑衍，漢書無。』

案御覽引此無下字，莫上有皆字。漢紀、通鑑亦並無下字。

諸將皆從壁上觀。

案『諸將』通鑑作『諸侯將，』是也。此脫侯字。漢書、漢紀並作『諸侯，』脫將字。

楚戰士無不一以當十，楚兵呼聲動天。

考證：楓、三本無以字。

案御覽三百八引此亦無以字，天下有地字。八七引此作『楚戰士無不一當十，呼聲動天地。』漢書、通鑑並同。上既有『楚戰士』三字，則下不必更有『楚兵』二字。漢紀作『楚戰士無不一當十，又羽呼聲動天地。』『又羽』二字衍。

項羽召見諸侯將，入轅門。

集解：『張晏曰：軍行以車爲陳，轅相向爲門，故曰轅門。』

考證：毛本重『諸侯將』三字。

案景祐本、殿本亦並重『諸侯將』三字，通鑑同。是也。御覽八七引此作『項羽

召見諸侯，諸侯入轅門。』蓋脫兩將字。又御覽引張注『相向』作『相倚。』(三百八引作『相向。』)

項羽由是始爲諸侯上將軍。

案御覽三百八引『項羽由是，』作『羽於是。』由猶於也。漢書亦無項字，由作繇。師古注：『繇，讀與由同。』

諸侯皆屬焉。

梁玉繩云：『諸侯』下疑缺將字。漢書作『兵皆屬焉』。

案梁說是也，秦楚之際月表作『諸侯將皆屬項羽。』正有將字。御覽引此作『兵皆屬焉。』與漢書合。漢紀作『兵皆屬羽焉。』

今戰能勝。高必疾妬吾功。

案漢書能作而，疾作嫉。而猶能也。嫉、疾正、假字。

願將軍孰計之。

案漢書孰作熟，(補注引葉德輝云：熟，閩本、德藩本作孰。)孰、熟古、今字。

所亡失以十萬數。

案說文：『數，計也。』

以脫其禍。

案漢紀脫作免。漢書師古注：『脫，免也。』

孤特獨立，而欲長存。

案漢書、漢紀並作孤立而欲長存。』『孤特獨』三字疊義。秦始皇本紀：『臣請諸有文學詩書百家語者，蠲除去之。』『蠲除去』三字疊義，與此同例。

此孰與身伏鈇質，妻子爲僇乎？

案『孰與』猶『何如。下文『沛公曰：孰與君少長？』商君列傳：『子觀我治秦也，孰與五羖大夫賢？』李斯列傳：『君侯自料：才能孰與蒙恬？功高孰與蒙恬？』(今本脫才字。)『孰與』亦皆與『何如』同義。漢書、通鑑僇並作戮，戮、僇正、假字。(殷本紀已有說。)

項羽使蒲將軍日夜引兵渡三戶。

案景祐本、黃善夫本、殿本渡皆作度，通鑑同。作度是故書，前已有說。

與秦戰。

案通鑑秦下有軍字。

項羽乃與期洹水南殷虛上。

集解：『駰案應劭曰：「洹水，在湯陰界。殷墟，故殷都也。」瓚曰：『……汲冢古文曰：盤庚遷于此汲冢曰殷虛。南去鄴三十里，是舊殷虛……」』

案漢紀殷虛作殷墟，與集解引應注合。虛、墟正、俗字，（殷本紀已有說。）通鑑注引〔集解〕『瓚曰』上有臣字。盤庚句，作『昔盤庚遷於北冢，曰殷虛。』是也。又『是舊殷虛，』虛作乎，景祐本、黃善夫本亦並作乎。

使長史欣爲上將軍。將秦軍爲前行。

案秦楚之際月表『上將』下無軍字。漢書、漢紀並同；又『前行』上並無爲字。（今本漢書『前行』二字倒。）

即不能，諸侯虜吾屬而東，秦必盡誅吾父母妻子。

案即猶若也。（下文『即不能，事未可知也。』即亦與若同義，吳昌瑩經詞衍釋八已有說。）漢書、通鑑漢紀一必並作又，又蓋與必同義。

至關中不聽。

案漢書、通鑑並無中字。

於是　軍夜擊阬　卒二十餘萬人新安城南。

考證：楓、三本無人字。

案文選潘安仁西征賦注引此亦無人字。

行略定秦地，至函谷關。有兵守關，不得入。又聞沛公已破咸陽，項羽大怒，使當陽君等擊關，項羽遂入，至于戲西。沛公軍霸上，未得與項羽相見。

案藝文類聚六引楚漢春秋云：『沛公西入武關，居於灞上。遣將軍閉函谷關，無內項王。項王大將亞父至關，不得入。怒曰：「沛公欲反邪？」即令家發薪一束，欲燒關門，關門乃開。』亞父事可補史公所略。

旦日饗士卒。

案『旦日』猶『明日，』朱建傳（附見酈生陸賈列傳）：『今日辟陽侯誅，旦日太后含怒亦誅君。』漢紀六『旦日』作『明日，』即其證。漢書師古注：『旦日，明且也。』於義亦符。

在新豐鴻門。

案通鑑注:『新豐縣，本秦驪邑，高祖七年方置。史以後來縣名書之。』『七年』當作『十年，』高祖本紀：『十年，更名酈邑曰新豐。』酈、驪古通。

沛公居山東時。

考證：楓、三本無時字。

案御覽三八九引時上有之字。藝文類聚十二、御覽八七、四九二引此並無時字。

槃庵兄云：『日知錄三十一「山東河內」條云：「古所謂山東者，華山以東。管子言：『楚者，山東之強國也。』史記引賈生言：『秦並兼諸侯、山東三十餘郡。』……蓋自函關以東，總謂之山東。」西漢以上，山東一語，雖非齊魯之謂，然亦已成地理名詞；河內、河東、關東、關西之類，亦其比也。』(岷案日知錄云云，秦始皇本紀贊瀧川考證已略引之。山東一語習見於戰國策，秦策四云：『頓弱曰：山東戰國有六，威不掩於山東，而掩於母。』高誘注：『不能掩威於六國，而掩威於母也。』是函谷關以東，六國之地總謂之山東矣。)

此其志不在小。

案『此其』複語，此亦其也。御覽四九二引此作『志大不在小也。』漢書高帝紀作「此其志不小。』王氏補注引宋祁曰：『南本作「此其志大。」』亦有大字。

吾令人望其氣，皆爲龍虎，成五采，此天子氣也。急擊勿失！

考證：漢書高紀無虎字。

案氣謂雲氣也。御覽八引此作『高祖之上有雲，爲龍虎之形。』蓋引大意。論衡吉驗篇亦無虎字。『氣也』上有之字。初學記九引『急擊』下有之字，漢書、論衡並同。水經渭水下注引楚漢春秋云：『項王在鴻門，亞父曰：吾使人望沛公，其氣衝天，五色采相繆，或似龍，或似雲，非人臣之氣。可誅之。』御覽十五引楚漢春秋云：『亞父謀曰：吾望沛公，其氣衝天，五色相摎(借爲繚)，或似龍，或似蛇，或似虎，或似雲，或似人，此非人臣之氣也。』八七引楚漢春秋云：『項王在鴻門，而亞父諫曰：吾使人望沛公，其氣衝天，五彩相糺，或似雲，或似龍，或似人，此非人臣之氣也。不若殺之。』卽史公所本。

楚左尹項伯者，項羽季父也。

索隱：名纏，字伯。後封射陽侯。

案通鑑注：『楚官有左尹、右尹。』漢書師古注：『伯者，其字也。名纏。』卽索隱所本。後漢書馮異傳注亦云：『項伯、名纏。』

具告以事。

案漢書以作其，以猶其也。裴學海古書虛字集釋一有說。僞古文尚書說命中：『不惟逸豫惟以亂民。』書鈔九引以作其，亦其證。

沛公今事有急。

考證：楓、三本無沛公二字。

案沛公二字涉上文而誤疊。留侯世家、漢書張良傳並無沛公二字。

張良曰：誰爲大王爲此計者？

梁玉繩曰：高帝此時尙未爲王，且前後俱稱沛公，何忽于張良三稱「大王」邪？留侯世家作沛公，是。』

案漢書張良傳亦作沛公。通鑑作公。

曰：鯫生

集解：『駰案服虔曰：「鯫，音淺。鯫，小人貌也。」瓚曰：「楚漢春秋：鯫，姓也。』

案漢書注引服虔曰：『鯫，音七垢反。』則此不得云『音淺。』且鯫無淺音。當讀『音淺鯫』句。『小人貌也』句。謂音淺鯫之鯫也。考證斷句大誤！廣韻上聲厚第四十五鯫下云：『魚名。一曰姓，漢有鯫生。又淺鯫，小人。仕垢切。』（此承張以仁弟檢示。）所謂『淺鯫，小人。』正本於服注。漢書注亦引臣瓚曰：『楚漢春秋：鯫，姓。』惟留侯世家索隱引臣瓚云：『按楚漢春秋：鯫生，本姓解。』則鯫，似非姓。高祖本紀索隱云：『按楚漢春秋云：「解先生云：遣守函谷，無內項王。」而張良系家云：「鯫生說我。」則「鯫生，」是「小生。」卽「解生。」』

足以當項王乎？

考證：『梁玉繩曰：「羽時亦未王，故沛公稱羽將軍，以其爲諸侯上將軍也。史乃豫書爲王。此下，項伯曰項王；范增、項莊曰君王；張良、樊噲曰項王、大王；沛公曰項王。凡書王者三十八，似失史體。留侯世家、樊噲傳及漢書，俱不言王，甚是。惟樊噲語未盡改耳。」顧炎武曰：「沛公但稱羽爲將軍，而樊噲則稱大王，其時羽未王也。張良曰：『誰爲大王爲此計者？』時沛公亦未王也。此皆臣下尊奉之詞，史家因而書之。……必以書法裁之，此不達古今者矣」愚按，梁說是。』

案通鑑此文及下文，於羽未王時亦不書王。固符於史體。惟此時項羽、沛公已破秦，雖未王，其臣下固可尊奉爲王，顧說較長。（錢大昕考異亦有類顧之說。）史公述鴻門事，蓋本於楚漢春秋，其於項羽、沛公書王，乃仍楚漢春秋之舊。水經渭水注、御覽八七引楚漢春秋，並稱項羽爲項王，（已詳前。）御覽三五二引楚漢春秋，亦稱項羽爲項王、大王。（詳後。）是其明證。惟自此以下凡項羽多書項王，未必皆本於楚漢春秋，蓋亦史公有意尊項羽也與？又案漢書高帝紀，范增曰君王；張良傳，良曰項王。梁氏謂『不言王，』失檢。

吾得兄事之。

案得猶以也。燕世家：『先生視可者，得身事之。』御覽一六二引得作以，卽其證。

項伯許諾，謂沛公曰：旦日不可不蚤自來謝項王。

考證：『中井積德曰：項伯語中，不宜言項王。』

案項伯對沛公而言，固得稱項王。漢書、通鑑並刪項王二字，非此文之舊也。

因言曰，

考證：楓、三本曰上無言字。

案漢書亦無言字，蓋涉上文而衍。

然不自意能先入關破秦。

案意猶度也。論語先進篇：『億則屢中。』何晏注：『億度是非。』意、億正、俗字。

項王曰：此沛公左司馬曹無傷言之。不然，籍何以至此！

漢書『至此』作『生此。』王念孫云：『生當爲至，字之誤也。史記項羽紀、高祖紀竝作至，通鑑漢紀一同。』

案景祐本南宋補版、黃善夫本『至此』並作『生此，』高祖本紀同。作『生此』蓋史、漢之舊。廣雅釋詁：『生，出也。』淮陰侯列傳贊：『不務出此，而天下已集，乃謀畔逆。』『生此』與『出此』同義；與『至此』義亦相近。又案崇侯虎譖西伯於殷紂，紂謂西伯曰：『譖西伯者，崇侯虎也！』（詳周本紀。）與項羽所謂『此沛公左司馬曹無傷言之。』如出一轍。

項王卽日因留沛公與飲。

考證：楓、三本無『卽日』二字。

案漢書、通鑑亦並無『卽日』二字。

擧所佩玉玦以示之者三。

案國語晉語一：『佩之以金玦。』韋昭注：『玦如環而缺。』莊子田子方篇：『緩佩玦者，事至而斷。』（今本緩誤綬。）

君王為人不忍。

案晉語一稱晉獻公『使申生伐東山，佩之以金玦。僕人贊聞之，曰：使之出征，而示之以堅忍之權。」（節引。）韋注：『堅忍，金玦也。』此文忍字，亦與上文『玉玦』相應，『不忍，』猶言『不堅忍』耳。所謂『當斷不斷』者也。

常以身翼蔽沛公。

案後漢書馮異傳注引翼作翄，翼、翄正、假字。『翼蔽』複語，翼亦蔽也。（漢紀無翼字。）漢書樊噲傳作『屏蔽，』屏亦蔽也。

披帷西嚮立，瞋目視項王，頭髮上指，

案御覽三六六引立上有而字，頭作鬢。八四三引立上亦有而字。

沛公之參乘樊噲者也。

案者字涉上文而衍。御覽八四三、記纂淵海四二引此並無者字，漢書樊噲傳、通鑑並同。

賜之卮酒，則與斗卮酒。

考證：『李笠曰：漢書樊噲傳：與下無斗字。卮受四升，不得云「斗卮酒。」上云「賜之卮酒。」下云「卮酒安足辭！」此非泛言可知。斗蓋衍字。

案漢書樊噲傳無『則與斗卮酒』句，（史記樊噲傳同。）不得據彼證此衍斗字；且此文『斗卮酒，』與下文『生彘肩』對言。『斗卮』猶『大卮，』非必受十升之卮也。李說泥甚！

則與一生彘肩。

考證：『梁玉繩曰：「生字疑誤。彘肩不可生食。且此物非進自庖人；即撤自席上，何以生邪？孫侍御云：葢故以此試之也。』

案御覽八四三引與作有，有猶與也。彘肩固不可生食，與之生彘肩，正欲其難食也。梁說迂甚！

卮酒安足辦！

案記纂淵海引作『卮酒何辭乎！』

殺人如不能擧，刑人如恐不勝。

案國語周語下：『其察清濁也，不過一人之所勝。』韋注：『勝，擧也。』此文擧、勝互用，義亦相同。左宣十二年傳：『董澤之蒲，可勝旣乎？』孔穎達疏：『重物不可擧者，謂之不勝；用之不可盡者，亦言不勝。史傳都有其事，今人無復此言，故少難解耳。』此文『不勝，』正『不盡』之義。『不能擧，』亦謂『不能盡』也。

故遣將守關者，備他盜出入與非常也。

考證：漢書修故字爲『所以。』

案上文載沛公語。作『所以遣將守關。』（留侯世家作『所以距關。』）故與『所以』同義。漢書高帝紀載沛公語，作『所目守關』。(張良傳作『所目距關。』乃本於史記也。

項王使都尉陳平召沛公。

集解：『徐廣曰：一本無都字。』

梁玉繩云：徐廣謂『一本無都字，』是也。攷世家，陳平以擊降殷王拜都尉，在漢定三秦後。而定三秦，在漢元年八月。鴻門之會，在十二月。則平此時不但未爲都尉，並未爲卿。乃爲尉也。

案梁說是。漢書陳平傳，平以擊降殷王拜都尉，亦在漢定三秦之後。

沛公曰：今者出，未辭也。

案『未辭』猶『未謝。』沛公出未謝，故下文云：『乃令張良留謝。』

何辭爲？

案爲猶乎也。『何辭爲？』猶云『何謝乎？』下文『天之亡我，我何渡爲？』司馬穰苴列傳：『穰苴曰：何後期爲？』吳起列傳：『人曰：子，卒也。而將軍自吮其疽。何哭爲？』諸爲字亦並與乎同義。

沛公已去，閒至軍中。張良入謝，曰：『沛公不勝桮杓，不能辭。謹使臣良奉白璧一雙，再拜獻大王足下；玉斗一雙。再拜奉大將軍足下。』項王曰：『沛公安在？』良曰：『聞大王有意督過之，脫身獨去，已至軍矣。』項王則受璧，置之坐上；亞父受玉斗，置之地，拔劒撞而破之。

案『聞大王有意督過之。』『督過』猶『督責，』廣雅釋詁一：『過，責也。』（參看王先謙漢書補注。）李斯列傳：『夫賢主者，必且能全道，而行督責之術者也。』索隱：『督者，察也。察其罪，責之以刑罰也。』又案御覽三五二引楚漢春秋云：『沛公脫身鴻門，從閒道至軍。張良、韓信乃謁項王軍門，曰：「沛公使臣奉白璧一隻（鮑刻本隻作雙），獻大王足下；玉斗一隻，獻大將軍足下。」亞父受玉，置地；戟撞破之。』即史公所本。惟此文但稱『張良入謝，』不及韓信，蓋史公有意專美張良與？

吾屬今爲之虜矣！

案上文范增語項莊，但云『若屬皆且爲所虜！』主謀殺沛公者，范增也。沛公知之審矣。沛公脫去，增自知將同歸於盡，故歎恨曰：『吾屬今爲之虜矣！』『今爲之虜，』與上文『且爲所虜』同義。今、且並猶將也，之猶所也。裴學海古書虛字集釋九有說。（下文『若不趣降漢，漢今虜若。』裴氏亦訓今爲將。）

燒秦宮室，火三月不滅。

案御覽一七三引作『焚其宮室，三月火不滅。』漢書項籍傳秦亦作其。

人或說項王曰，

案漢紀二、通鑑『人或』並作『韓生。』

項王見秦宮室皆以燒殘破，

考證：漢書以作已，通。

案文選潘安仁西征賦注引此以亦作已。作以是故書，後同。

如衣繡夜行。

案漢書、漢紀繡並作錦。記纂淵海引夜上有而字。焦氏易林八注引此亦作『如衣錦而夜行。』

人言：楚人沐猴而冠耳。

案法言重黎篇『沐猴』作『木侯，』疑『沐猴』之壞字。

烹說者。

集解：楚漢春秋、楊子法言云，『說者』是蔡生；漢書云，是韓生。

案漢書作『斬韓生，』漢紀作『殺韓生，』與此言烹異。通鑑作『烹韓生。』烹字本此。法言作亨，亨、烹古、今字。史公述楚漢春秋，於此節不稱蔡生，蓋亦有所取舍矣。

乃尊懷王爲義帝。

案御覽八六楚義帝下引尙書中候云：『空受之帝位。』又引此文義帝下云：『漢書曰：「義帝名心」也。』

故當分其地而王之。

考證：故，漢書作固，通。

案通鑑故亦作固。其猶以也，平準書：『而其皮薦反四十萬。』通鑑漢紀十二其作以。卽其、以同義之證。

業已講解，

集解：『蘇林曰：講。和也。』

索隱：『說文云：「講，和解也。」漢書作「媾解。」蘇林云：『媾，和也。是講之與媾俱訓和也。』

考證：業猶旣也。

案『業已』複語，業猶已也。卷子本玉篇言部引已作以，同。今本漢書作『講解，』與此合；蘇注亦作講，與集解所引合。或集解改媾爲講，以就此文，亦未可知。講、媾正假字。

王巴、蜀、漢中，

案漢書高帝紀、漢紀，漢中下並有「四十一縣」四字。

王秦降將以距塞漢王。

案漢書項籍傳漢王作『漢道。』王字疑涉上下文而誤。通鑑作『漢路，』猶『漢道』也。

瑕丘申陽者，

集解：『徐廣曰：一云瑕丘公也。』

案漢書作瑕丘公。

先下河南郡，迎楚河上。

梁玉繩云：漢書籍傳無郡字，是。此衍。河南郡，高帝二年始置。

案漢紀亦無郡字。『又迎楚河上，『作『迎楚王於河上。』

都雒陽。

正義：『輿地志云：成周之地，秦莊襄王以爲洛陽縣。三川守理之。後漢都洛陽，改爲雒。漢以火德忌水，故去洛旁水而加隹。隹於行次爲土。土，水之忌也。水得土而流，土得水而柔。故除隹而加水。』

案正義引輿地志，『三川守理之，』通鑑注引『理之』作『治焉。』義同；『隹於行次爲土。』通鑑注引隹作魏，是也。隹字涉上句而誤。『漢以火德忌水』以下，本於魏略。（詳三國志魏志文帝紀裴松之注。）此魏文帝黃初元年詔也。惟此說未足據信。凡、伊、雒、瀍、澗之雒，從隹旁各；涇、渭、洛之洛，從水旁各。黃初以前，決不相亂。（段玉裁古文尚書撰異禹貢『逾于雒，至于南河』條、說文解字洛字注及王念孫漢書雜志地理志上『逾于洛』條，辯之甚詳。）如此文雒陽之雒，決非漢忌水所改；高祖本紀、漢書高帝紀並作洛陽，通鑑從之，乃後人惑於魏文帝之言而改之耳。

鄱君吳芮，率百越佐諸侯，

正義：番君，番音婆。

案高祖本紀、漢書高帝紀及項籍傳、通鑑鄱皆作番，與下文一律，作番是故書。黃善夫本、殿本正義並作『鄱作番，音婆。』漢書項籍傳越作粵，古字通用。

田榮者，數負項梁，

案漢書項籍傳、漢記負並作背，義同。

項王自立爲西楚霸王。

正義：『貨殖傳云：淮以北沛、陳、汝南、南郡爲西楚也。……』

案文選班孟堅東都賦注引霸作伯，秦楚之際月表、漢書並同。漢書師古注：『伯讀曰霸。』御覽八七引尙書中候云：『自號之王霸，姓有工。』並有注云：『項羽爲西楚霸王。工，項字之側。』此固傅會之說也。水經淮水注及通鑑注並引文穎云：『史記貨殖傳曰：淮以北沛、陳、汝南、南郡爲西楚。』（今本貨殖傳脫以字。又爲作此，義同。）與此正義所引合。黃善夫本、殿本正義並誤作『淮南北沛郡、汝南郡爲西楚也。』

王九郡。

案高祖本紀、漢書高帝紀、項籍傳、通鑑皆作『王梁、楚地九郡。』

乃使使徙義帝長沙郴縣，趣義帝行。

案御覽一七一引『長沙郴縣』作『於長沙，都郴。』通鑑作『於江南，都郴。』（秦楚之際月表長沙作『江南，』卽通鑑所本。）漢書項籍傳作『長沙，都郴。』御覽八六引此郴縣上亦有都字。高帝本紀正義云：『趣，音促。』說文：『促，迫也。』

乃陰令衡山、臨江王擊殺之江中。

梁玉繩云：『黥布傳言九江王使將追殺義帝于郴，與漢書合。而此與高紀謂是衡山、臨江殺之。師古漢書高紀注曰：「衡山、臨江同受羽命，而殺之者布也。」「江中，」當依高紀作「江南，」指郴縣言。若「江中，」則殺于道路矣。又考義帝之殺，此與高紀在漢元年四月；而月表在二年十月；黥布傳在元年八月。漢書從月表。然究未知的在何月。義帝以元年四月自臨淮盱台縣徙桂陽之郴，使人趣其行，不及一月可到。英布等追而殺之，則甫及郴，卽被弑矣。疑四月爲是。』

考證：楓、三本衡山下有王字。

案高祖本紀衡山下亦有王字。漢書高帝紀、漢紀並作『二年冬十月，項羽使九江王布殺義帝於郴。』漢書項籍傳作『二年，羽陰使九江王布殺義帝。』並不涉及衡山王與臨江王。通鑑作『二年冬十月，項王密使九江、衡山、臨江王擊義帝，殺之江中。』（注：九江王黥布，衡山王吳芮，臨江王共敖。）合三王言之，葢從漢書師古注之說。據黥布列傳：『漢元年四月，項氏立懷王爲義帝，徙都長沙，迺陰令九江王布等行擊之。其八月，布使將擊義帝，追殺之郴縣。』則羽使人擊殺義帝，實始於漢元年四月，與此紀及高紀所稱『元年四月，』可以互證；惟殺義帝於郴，則在八月，布傳所載較詳耳。漢書、漢紀、通鑑並本秦楚之際月表作『二年十月，』恐未足信。布傳所稱『九江王布等，』蓋兼衡山王、臨江王言之，與此紀及高紀亦可互證。

廢以爲侯。

案通鑑作『廢以爲穰侯。』注：『班志，穰縣，屬南陽郡。』

今盡王於（原誤故）醜地，

案漢書項籍傳師古注：『醜，惡也。』史記、漢書張耳陳餘傳醜並作惡。

請以國爲扞蔽。

案張耳陳餘列傳正義：『扞蔽，猶言藩屛也。』（漢書師古注同。）

趙王因立陳餘爲代王。

考證：漢書項籍傳，以陳餘說齊王榮，爲漢二年事。

案漢書高帝紀略載此事，亦在漢二年冬十月。

齊、趙叛之。

考證：齊叛，指田榮擊殺田都、田市、田安，並王三齊也。趙叛，指陳餘破常山王，迎還趙歇也。漢書項羽傳書趙叛於漢二年，改齊、趙作齊、梁，其言梁叛，指彭越反梁也。與此不同。

案考證之說，本梁氏志疑。惟梁氏謂『當依漢書作「齊、梁叛之」爲是』耳。

乃以故吳令鄭昌爲韓王，以距漢。

案長短經霸圖篇注距作拒，距、拒古、今字。殷本紀有說。

漢王失職。

案漢紀作『漢失職之蜀。』長短經注職下亦有『之蜀』二字。

不敢東。

案漢紀、長短經注東並作反。

又以齊、梁反書遺項王，曰：齊欲與趙並滅楚。

考證：齊、梁當齊、趙之誤。下文『齊欲與趙並滅楚，』可證。後人據漢書妄改。

案漢紀、長短經注並作『又以齊反書遺羽，曰：齊欲滅楚。』不涉及梁與趙。

漢之二年冬，項羽遂北至城陽。

梁玉繩云：冬當作春，事在春也。

考證：楓、三本項羽作項王。

案漢書高紀、漢紀、通鑑並作『春正月。』通鑑項羽亦作項王。

春，漢王部五諸侯兵，

集解：『徐廣曰：〔部，〕一作劫。』

索隱：按漢書作劫字。

梁玉繩云：春當作夏，下文『四月』二字，亦當移此。事在夏四月也。……』

考證：『王念孫曰：「徐廣云：『部，一作劫。』按作劫者是也。高祖紀及漢書高祖紀、項籍傳，竝作劫。陸賈傳亦云：漢王鞭笞天下，劫略諸侯。」』

案秦楚之際月表稱漢王伐楚，在四月。漢書高紀、漢紀、通鑑載此事，皆在夏四月。本書高紀在三月，與此在春，並非。長短經時宜篇部亦作劫。高紀：『項羽已救趙，當還報，而擅劫諸侯兵入關。』亦可證此部字之誤。

收其貨寶美人，

考證：『覽御引「貨寶」作「寶貨，」與漢書合。李笠曰：「項羽西屠咸陽，亦云『收其貨寶婦女。』此非誤倒。」』

案漢紀作『寶貨，』與御覽八七引此合。漢書高紀、籍傳並作『貨賂，』籍傳上文羽屠咸陽，乃云『收其寶貨。』漢紀同。

項王乃西從蕭晨擊漢軍，

案御覽引此無西字，漢書籍傳同。

楚又追擊至靈壁東睢水上。

集解：『徐廣曰：睢水，於彭城，入泗水。』

案漢紀睢作濉，下同，俗加水旁也。御覽引徐注作『睢水，彭城西水，入泗水。』

槃庵兄云：『睢字从目，不從且。僖十九年左傳：「用鄫子于次睢之社，」即此水也。釋文：「睢，音雖。」史記正義引括地志音同。睢水在楚，出新城昌魏縣，入枝江，見定四年左傳杜解。目旁字，俗寫作月，故易譌爲且。會注考證本正文不誤，而集解、索隱、正義、考證並誤。』（岷案御覽引此正文亦誤爲睢。）

漢軍却，爲楚所擠。

集解：『瓚曰：排擠也。』

案御覽引瓚注作『擠，排也。』漢書注引同。此誤倒。通鑑注亦云：『擠，排也。』

多殺漢卒十餘萬人。

考證：楓、三本無人字。

案御覽引此亦無人字，漢書同。

圍漢王三帀。

案景祐本南宋補版、黃善夫本、殿本帀並作匝，書鈔一五九及一百六十、御覽九及八七引皆同，帀、匝正、俗字。漢紀、通鑑亦並作匝。御覽八七六引帀作重。

於是大風從西北而起，折木發屋，

案書鈔、初學記一、御覽八七及八七六引北下皆無而字，漢書高紀、通鑑並同。莊子秋水篇：『風曰：夫析大木，蜚大屋者，唯我能也。』（釋文：蜚音飛。）淮南子兵略篇：『夫風之疾，至於飛屋析木。』

窈冥晝晦。

集解：『徐廣曰：窈，亦作窅字。』

案窈、窅古通，文子九守篇：『窈窈冥冥，』雲笈七籤九一引作『窅窅冥冥。』即其比。本字作杳，說文：『杳，冥也。』

滕公下收載之。

案漢紀滕公作夏侯嬰。高紀索隱：『夏侯嬰爲滕令，故曰滕公也。』

項王常置軍中。

案高紀作『置之軍中以爲質。』漢書高紀中下亦有『目爲質』三字。（通鑑有『爲質』二字。）

蕭何亦發關中老弱未傅，

案漢書師古注：『傅，著也。著名籍給公家徭役也。』

築甬道屬之河。

案之猶於也。

漢易與耳。今釋弗取，後必悔之。

案『弗取』緊承『易與』而言。與讀爲擧，擧猶取也。上文『其勢必擧趙。下文『項王聞淮陰侯已擧河北。』擧並與取同義。『易與』猶『易取，』燕世家：『龐煖易與耳。』白起列傳：『廉頗易與。』淮陰侯列傳：『吾平生知韓信爲人易與耳。』皆同此例。高紀：『吾知所以與之。』與亦讀爲擧，謂『吾知所以取之』也。諸與字王念孫並訓爲敵，(詳漢書高紀雜志『吾知與之矣』條。)似非勝義。

見使者，詳驚愕曰，

案記纂淵海七二引詳作佯，通鑑漢紀二同。漢書陳平傳作陽。詳、陽古通。佯，俗字。

乃反項王使者。

案記纂淵海引此無反字，陳丞相世家、漢書陳平傳並同。

稍奪之權。

案之猶其也。

行未至彭城，疽發背而死。

集解：『皇覽曰：……居巢廷中有亞父井，吏民皆祭亞父於居巢廷上。……』

案徐幹中論愼所從篇云：『羽以小人之器，闇於帝王之敎。……有一范增，既不能用，又從而疑之。至令憤氣傷心，疽發而死！』又案皇覽兩廷字並借爲庭。水經泗水注引皇覽作『居巢亭中有亞父井，吏民親事皆祭亞父于居巢廳上。』亭亦借爲庭，俗謂之廳。

於是漢王夜出女子滎陽東門，被甲二千人。

考證：漢書高紀漢王作陳平，蓋用陳平計也。

案陳丞相世家、漢書陳平傳、通鑑漢王亦並作陳平。高紀、漢書高紀、通鑑『二千』下並有餘字。

楚軍皆呼萬歲。漢王亦與數十騎從西門出，

案書鈔一三九引楚下有三字，亦作乃。亦猶乃也，說已見前。

令御史大夫周苛、樅公、魏豹守滎陽。

案高紀、漢書高紀及籍傳所稱周苛、樅公、魏豹並同。（漢紀但言周苛與魏王豹。）韓信列傳則云：『韓王信、周苛等守滎陽。』是守滎陽尙有韓王信也。通鑑作『令韓王信與周苛、魏豹、樅公守滎陽。』合四人言之，取材可謂精密矣。下文『項王怒，烹周苛，並殺樅公。』高紀樅公下有『而虜韓王信』句，漢書高紀、籍傳、通鑑並同。（籍傳無而字。）而高紀、漢書並不先言韓王信守滎陽，則與下文不相應矣。

乃共殺魏豹。

案高紀、漢書高紀、通鑑乃並作因，乃猶因也。

若不趣降漢，漢今虜若。若非漢敵也。

案漢書、通鑑趣並作趨。師古注：『趨讀曰促。』趣與促音義略同。說文：『趣，疾也。』又漢書、通鑑『漢敵』並作『漢王敵。』

行收兵，復入保成皋。

案行猶因也。留侯世家：『乃使良還，行燒棧道。』長短經霸圖篇注引行作因，卽其證。夏侯嬰傳：『漢王怒，行欲斬嬰者十餘。』行亦與因同義。此義前人未發。（拙著古書虛字新義有說。）

漢王逃，

索隱：漢書作跳字。

案書鈔一三九引此逃亦作跳，高紀同。集解徐廣曰：『音逃。』

獨與滕公出成皋北門。

集解：『徐廣曰：北門名玉門。』

案書鈔引滕公下有『共車』二字。漢書、通鑑並同；又『北門』並作玉門。

漢使兵距之鞏，

案景祐本距作單，疑距涉上下文軍字而誤爲軍，復誤刻爲單耳。

漢王得淮陰侯兵，

考證：『梁玉繩曰：淮陰侯，當依高紀作韓信，下文五稱淮陰侯同。』

案漢書高紀、籍傳淮陰侯亦並作韓信。

相守數月。

梁玉繩云：漢書高紀、籍傳皆無『數月』二字，是也。此時爲漢四年十月，纔軍廣武，不得便言『數月，』當是『一月。』

案高紀但云『楚、漢久相持，』亦不言『數月。』梁氏謂『數月』當是『一月，』疑是。一之作數，涉下文『數反』字而誤。(通鑑本此文，亦誤作『數月。』)

爲高俎，置太公其上。

集解：『如淳曰：高俎几之上。』

索隱：俎，亦机之類。

案方言五：『俎，几也。』(御覽七百六十引几作机，引此如淳注几亦作机，俗。)長短經霸圖篇俎作壇。御覽八六一引此『其上』作『於机上。』其之作机，葢涉注文而誤。漢紀三、長短經並作『於其上。』可證。惟此文葢本無於字，其猶於也，御覽一八四引楚漢春秋云：『項王爲高閣，置太公於上。』即史公所本，其正作於。樂毅列傳：『先生以爲慊於志，』新序雜事三於作其；酷吏列傳：『言道德者，溺其職矣。』治要引其作於。並其、於同義之證。

今不急下，吾烹太公。

案今猶若也，吳昌瑩經詞衍釋五有說。李斯列傳：『今坐朝廷譴擧有不當者，則見短於大臣。』淮陰侯列傳：『今予之生地，皆走。』今亦並與若同義。

吾與項羽俱北面受命懷王，曰：約爲兄弟。

案御覽三百十、八六一引此並無曰字，漢書籍傳、通鑑並同。葢涉上文『漢王曰』而衍。御覽一八四引楚漢春秋作『吾與項王約爲兄弟。』亦無曰字。

吾翁卽若翁，

案御覽三百十引若作迺。漢書師古注：『若，汝也。迺亦汝也。』御覽一八四引楚漢春秋作『吾翁卽汝翁。』敦煌本虞世南帝王略論同。

必欲烹而翁，

案必猶若也，經詞衍釋補遺有說。（岷於秦本紀亦有說。）而，亦猶汝也。御覽一八四引楚漢春秋作『若烹汝翁。』

項王怒，欲殺之。

案御覽三百十引殺作烹。

且爲天下者不顧家。

案廣雅釋詁三：『取，爲也。』則爲亦可訓取。高紀：『吾以布衣提三尺劍取天下。』此文之『爲天下，』猶彼文之『取天下』也。上文『楚騎追漢王，漢王怒，推墮孝惠、魯元車下。』正漢王不顧家之證矣。

祇益禍耳！

案景祐本南宋補版祇作秖，黃善夫本、殿本作秪，並俗。漢書、漢紀祇並作但，義同。

項王謂漢王曰：天下匈匈數歲者，徒以吾兩人耳。

考證：『中井積德曰：「漢書作『迺使人謂漢王，』是非面語也。」』

案漢紀作『使人謂曰，』亦可證非面語。荀子天論篇：『君子不爲小人之匈匈也輟行。』楊倞注：『匈匈，諠譁之聲，與訩同。』此文亦同例。訩、匈正、假字。徒猶但也。

願與漢王挑戰決雌雄。毋徒苦天下之民父子爲也。

集解：『李奇曰：「挑身獨戰，不復須衆也。」瓚曰：「挑戰，擿嬈敵求戰。」』

考證：愚按挑身，李說是。

案『挑戰，』不能釋爲『挑身獨戰。』疑『獨身挑戰』之誤。高紀及漢書高紀並云：『項羽欲與漢王獨身挑戰，』卽李注所本也。國語晉語三：『公命韓簡挑戰。』韋注：『先挑敵求戰。』與臣瓚注義合。御覽八七引瓚注嬈作撓，古字通用。說文：『挑，撓也。撓，擾也。』徒猶空也，晉語三：『吾豈將徒殺之。』注：『徒，空也。』與此同例。

吾寧鬬智，不能鬬力。

裴學海云：能爲願詞，能與寧爲互文。（古書虛字集釋六。）

案能爲語助，御覽四三二引此無能字，漢紀同。語助故可略之。

項王令壯士出挑戰，漢有善騎射者樓煩。

集解：『應劭曰：樓煩，胡也。』

案御覽八七引令作命，義同。漢書注及通鑑注引應注，胡下並有人字。

乃自被甲持戟挑戰。

案漢紀乃作即，義同。

漢王使人閒問之，乃項王也！漢王大驚。

案淮陰侯列傳云：『至拜大將，乃韓信也！一軍皆驚。』與此句法同。

於是項王乃即漢王，

案公羊宣元年傳：『不即人心。』何休注：『即，近也。』劉德漢學弟云：『此文即亦近也。』是也。

漢王數之。項王怒，

案漢王數羽十罪，詳高紀。又見漢書高紀、漢紀、通鑑。御覽八七引此怒下有甚字。高紀作『項羽大怒。』漢書高紀、通鑑並作『羽大怒。』

淮陰侯與戰騎將灌嬰擊之。大破楚軍。

考證：『梁玉繩曰：此與高紀「騎將」上多一戰字，當衍之。漢書無「戰騎將」三字。』

案此當讀『淮陰侯與戰』句。『騎將灌嬰擊之』句。高紀作『韓信與戰騎將灌嬰擊。』戰字亦當屬上絕句，（擊下當據此補之字。）非衍文。漢書高紀作『韓信與灌嬰擊破楚軍。』文有刪省。

則漢王欲挑戰，愼勿與戰。

考證：則，高紀作若；漢書項籍傳作即。

案漢書高紀、漢紀、長短經霸圖篇、通鑑，則亦皆作即。則、即並與若同義。（參看王氏經傳釋詞八。）高紀、長短經並無欲字。

悉令男子年十五已上詣城東，

案御覽二七九、三八四引已並作以，作以是故書。（漢書籍傳作目，古以字。）

往說項王曰，

案御覽二七九引項王作羽，漢書籍傳、漢紀並同。此當作項王，與上下文一律。

（下文『項王然其言，』御覽引項王亦作羽。疑並從漢書改；或所引乃漢書文也。）

故且降待大王。

案故讀爲姑，『故且』猶『姑且。』漢紀待上有以字。

百姓豈有歸心？

案御覽二七九引此作『百姓豈有所歸心哉？』漢書、漢紀並同。御覽三八四引此有下亦有所字。

乃赦外黃當阬者，東至睢陽。聞之皆爭下項王。

案御覽二七九引乃作迺，（古乃字。）東上有而字。下下無項王二字。漢書同。

渡兵汜水。

集解：『瓚曰：高祖攻曹咎成皋，渡汜水而戰。……』

案漢書高紀注及通鑑注引瓚注，曹咎下並有於字，渡上並有咎字。

盡得楚國貨賂。

案高紀、漢書高紀及籍傳、通鑑，『貨賂』上皆有『金玉』二字。

大司馬咎、長史翳、塞王欣，皆自剄汜水上。

考證：『梁玉繩曰：「高紀及漢書紀、傳，皆無『翳、塞王』三字，此後人妄增之。……盧學士云：『翳、塞王』三字，必非史記本文。觀下但擧咎、欣兩人，可知。……」』

案梁、盧說是也。漢紀作『曹咎、長史忻皆自殺。』（忻、欣古通。）通鑑作『咎及司馬欣皆自剄汜水上。』（『司馬』疑本作『長史，』涉上『大司馬』而誤。）亦並無『翳、塞王』三字。

漢軍方圍鍾離眛於滎陽東。

集解：『漢書音義曰：眛音末。』

案黃善夫本、殿本眛並誤昧，集解同。通鑑亦誤作昧。

割鴻溝以西者爲漢，鴻溝而東者爲楚。

正義：『應劭云：「在滎陽東二十里。」張華云：「…………。始皇鑿引河水以灌大梁，謂之鴻溝。…………」』

案漢書高紀、漢紀、通鑑，鴻溝並作洪溝，鴻、洪古通，通鑑引張華注亦作洪鴻。御覽四六三、記纂淵海六三引而並作以，漢紀、長短經覇圖篇、通鑑並同。（漢書高紀作日，亦同。）而猶以也。又案漢書注引應注東下有南字。通鑑注引亦有南字；又引張注鑿下有之字。

即歸漢王父母妻子。

梁玉繩云：『月表及王陵傳，稱太公、呂后。較之此與高紀作「父母妻子」爲妥。且是時孝惠未爲楚虜；而如湻、晉灼漢書注引漢儀注，言「高帝母，兵起時，死陳留小黃。」則此時亦不得有母媪也。文選陸士衡高祖功臣頌：「侯公伏軾，皇媪來歸。」亦非。』

案漢書籍傳亦作『父母妻子。』考下文『漢王乃封侯公爲平國君。』正義云：『按說歸太公、呂后，能和平邦國。』疑正義所據此文，本作太公、呂后。漢書高紀、漢紀、通鑑皆作太公、呂后。長短經作『父母及呂后。』稱母亦非。

漢王乃封侯公爲平國君。

正義：『楚漢春秋云：「上欲封之，乃肯見。曰：此天下之辨士，所居傾國，故號曰平國君。」』

案乃猶將也，鄭世家：『余命而子曰虞，乃與之唐。』左昭元年傳乃作將。（參看經詞衍釋六。）即其證。文選陸士衡漢高祖功臣頌注亦引楚漢春秋云：『上欲封侯公，匿，不肯復見。曰：此天下之辨士，所居傾國，故號平國君。』欲亦猶將也。正義所引『乃肯見。』乃當作不，涉正文乃字而誤。

匿，弗肯復見。曰：此天下辯士，所居傾國，故號曰平國君。

考證：『張文虎曰：「匿，弗肯復見。」與上下文不接，漢書高紀無。疑「匿弗」以下二十一字，後人依楚漢春秋竄入；而注中「乃肯見」三字，又即「匿，弗肯復見」之誤。』

案上文『漢王乃封侯公爲平國君，』猶言『漢王將封侯公爲平國君。』因侯公『匿，弗肯復見。』無從封之，故僅『號曰平國君』也。『匿，弗肯復見。』與上下文義，自相含接；『匿弗』以下二十一字，乃本於楚漢春秋，非後人依楚漢春秋竄入。張氏蓋未深思耳。上文注中『乃肯見』三字，乃『不肯見』之誤。亦非

『匿，弗肯復見』之誤也。

漢欲西歸。

案御覽二百九十引漢下有王字，高紀、漢書高紀、漢紀、長短經、通鑑皆同。

張良、陳平說曰：漢有天下太半，而諸侯皆附之。

集解：『韋昭曰：凡數三分有二爲太半；一爲少半。』

案漢書、漢紀說並作諫，漢上並有今字。長短經亦有今字。又案漢書注及通鑑注引韋注，『一爲少半，』並作『有一分爲少半。』

楚兵罷食盡，此天亡楚之時也。不如因其饑而遂取之。

考證：『饑，諸本作機。漢書高紀及漢紀作幾。漢書注：「鄭氏曰：『幾，微也。』師古曰：『幾，危也。』」周壽昌曰：「幾猶會也。」今從古鈔本、楓、三本。漢書幾字，亦當從食。』

案御覽八七、二百九十引罷並作疲，漢紀、長短經、通鑑並同。疲、罷正、假字，說已見前。景祐本機亦作饑。御覽二百九十引此作飢，當以作飢爲正，（饑、飢義別，俗多相亂。）飢字緊承上文『食盡』而言。長短經饑作東，（與上文稱項王『引兵解而東歸』相應。）未知何據。

今釋弗擊，此所謂養虎自遺患也。

案御覽二百九十引『弗擊』作『不取，』緊承上文『遂取之』而言。此字疑涉上文『此天亡楚』而衍，御覽引此無此字，漢書同。

漢王聽之。

案御覽引聽作從，漢書、通鑑並同。聽猶從也。

與淮陰侯韓信、建成侯彭越期會而擊楚軍。

梁玉繩云：越爲魏相國，未聞封侯，葢所賜名號。曹參亦有建成侯之稱，本傳不載。

案漢書（高紀）、通鑑漢紀三建成侯並作『魏相國。』長短經作『魏相。』

謂張子房曰，

案御覽二八三引此作『謂張良曰。』漢書、漢紀、長短經覇圖篇注、通鑑皆同。

信、越未有分地。

集解：『李奇曰：「信、越等未有益地之分也。」韋昭曰：「信等雖名爲王，未有所畫經界。」』

案通鑑注引李注，信上有言字。景祐本南宋補版、黄善夫本韋注，『未有』並作『未爲，』有、爲本同義，此葢涉上文爲字而誤。通鑑注引韋注，『所畫經界，』作『分畫疆界。』

今可立致也。

案漢書、長短經注、通鑑並無今字。

以與彭越。

案新序善謀篇以作盡，與上文作『盡與韓信』一律。

漢皆已得楚乎？

案御覽四八八引此作『漢已盡得楚矣？』漢紀作『漢已盡得楚乎？』矣猶乎也。

項王則夜起，飲帳中。

案御覽八七引則作乃，義同；又引飲下有於字。

有美人，名虞。

梁玉繩云：『徐廣云：「一作：姓虞氏。」是。漢書全襲史記，政作「姓虞氏」也。』

案朱熹楚辭後語一，『名虞』亦作『姓虞氏。』葢本漢書籍傳。此文疑本作『姓虞，』姓之作名，涉下『名騅』字而誤也。

於是項王乃悲歌忼慨，自爲詩曰，

案御覽八七、四八八引忼並作慷，漢紀同。五百七十引慨作愾。忼、慷正、俗字。慨、愾正、假字。說文：『忼，慨也。慨，忼慨。壯士不得志也。』御覽八九四引此忼下有注云：『苦莾切。』引慨亦作愾，下有注云：『苦改切。』又引詩上有歌字。漢書、楚辭後語亦並有歌字。『自爲歌』句。『詩曰』句。詩可歌者爲歌，故既稱歌，又稱詩。高祖本紀：『高祖擊筑，自爲歌，詩曰。』（舊以『歌詩』二字連讀，非也。）伯夷列傳：『及餓且死，作歌，其詩曰。』（據敦煌唐寫本。今各本詩作辭，乃後人妄改。）並同此例。

歌數闋。

案漢書、楚辭後語闋並作曲。

於是項王乃上馬騎。

案漢書、漢紀、楚辭後語乃並作遂，乃猶遂也。秦本紀已有說。

麾下壯士騎從者八百餘人。

正義：麾，亦作戲，同。呼危反。

案漢書、楚辭後語麾並作戲。師古注：『戲，大將之旗也。』麾，俗䴪字。說文：『䴪，旌旗，所以指䴪也。』戲，借字。

直夜潰圍南出馳走。

考證：『直夜，』漢書作『夜直。』

案楚辭後語亦作『夜直。』作『直夜』較長，漢紀、通鑑並作『直夜。』

項王渡淮，

案御覽四百九十引渡作度，作度是故書。

田父紿曰：左。

集解：『文穎曰：紿，欺也。欺令左去。』

案紿借爲詒，說文：『詒，相欺詒也。』徐鍇繫傳：『今史記欺紿作紿。』

吾起兵至今八歲矣！身七十餘戰。

案御覽三百八引歲作年。中論愼所從篇歲亦作年，身下有經字。漢紀身下亦有經字，『七十』誤『九十。』

然今卒困於此。

楊樹達云：卒，終也。（詞詮六。）

案中論卒作而，卒、而並與乃同義。周本紀：『管仲卒受下卿之禮而還。』（楊氏亦訓卒爲終，本劉淇助字辨略五。）卒亦與乃同義。

願爲諸君快戰，必三勝之。

考證：『快戰，』從毛本、慶本。漢書、凌本作『決戰。』楓、三本『三勝』作『勝三。』

案景祐本南宋補版亦作『快戰，』通鑑同。（考證所稱慶本，即南宋慶元黃善夫本。）殿本作『決戰，』漢紀同。楓、三本『三勝』作『勝三，』乃誤倒。

爲諸君潰圍斬將刈旗，

案記纂淵海六二引刈作搴，中論作取。搴、取同義。漢書刈作艾，師古注：『艾音刈。』刈亦取也。詩周南葛覃：『是刈是濩。』釋文引韓詩云：『刈，取也。』

乃分其騎以爲四隊，四嚮。

考證：『漢書作「爲圜陣外嚮。」顏師古曰：「圜陣，四周爲之也。外嚮，謂兵刄皆在外也。」………』

案漢書作『爲圜陣外嚮。』師古注作『圜陣。』圜猶圓也。漢紀作『爲員陣。』員亦借爲圓。

漢軍皆披靡。

案說文：『披，從旁持曰披。』繫傳：『史記：「無不披靡。」謂四向散也。』段注：『木部，柀訓「析也。」「柀靡」字如此作。而淺人以披訓析，改「柀靡」爲「披靡，」莫有能諟正者。』

是時，赤泉侯爲騎將，

梁玉繩云：楊喜封赤泉侯在七年，漢書改稱楊喜，是也。此兩稱赤泉侯，皆當作楊喜。

案漢紀作『騎將楊喜，』通鑑作『郎中騎楊喜。』(注：郎中騎，卽漢官所謂騎郎。)亦並不稱赤泉侯。然此作赤泉侯，乃史公追述之稱，亦無不可。特赤泉侯下似當補楊喜二字，蓋其姓名當先見於此也。

項王瞋目而叱之。

案殿本脫而字。

赤泉侯人馬俱驚，辟易數里。

正義：言人馬俱驚，開張易舊處，乃至數里。

案正義訓辟爲『開張，』(漢書師古注同。)則辟借爲闢，說文：『闢，開也。』漢紀作『僻易，』僻亦借爲闢。

項王乃馳，

案乃猶又也。匈奴列傳：『東胡以爲冒頓畏之，乃使使謂冒頓，欲得單于一閼氏。』通鑑漢紀三乃作又。卽其證。

騎皆伏。

案漢書伏作服，古字通用。

烏江亭長檥船待。

集解：『孟康曰：「檥音蟻，附也。附船著岸也。」如淳曰：「南方人謂整船向岸曰檥。」』

索隱：檥字，服、應、孟、晉各以意解爾。鄒誕生作『漾船。』

錢大昕云：檥，當從鄒氏本作樣，樣與漾同。

案一切經音義五一引此文，云：『〔檥，〕或作艤。』初學記九、御覽八七及七六八引此檥皆作艤。御覽八七引孟康、如淳注亦並作艤。廣韻上聲講第三云：『艤、檥同。』黃善夫本、殿本索隱，並作『檥字，諸家各以意解爾。鄒誕本作「樣船。」』考證本漾字，與錢說合，恐不足據。

衆數十萬人，亦足王也。

案初學記引此無人字，漢書、漢紀並同，又漢紀足下有以字。

縱江東父兄憐而王我，我何面目見之？縱彼不言，籍獨不愧於心乎？

楊樹達云：縱，即也。（詞詮六。）

案漢書、漢紀『見之』下並有哉字。『獨不』猶『豈不。』田儋列傳：『縱彼畏天子之詔不敢動我，我獨不愧於心乎？』獨亦與豈同義。

乃謂亭長曰，

案御覽七八六引謂作爲，爲猶謂也。

嘗一日行千里，不忍殺之。

案御覽八七、八九四引此並無行字，漢書同。御覽八七、七六八引不上並有吾字，漢書、漢紀並同。

獨籍所殺漢軍數百人。項王身亦被十餘創。

考證：『梁玉繩曰：此二語，上稱籍，下稱項王。竟似兩人矣。未免語病。』

案漢書籍及項王並作羽。漢紀作『復殺漢軍百人。羽亦被十餘創。』通鑑無項王二字。竊疑此文籍本作項王，涉上文『籍獨不愧於心』而誤也。

若非吾故人乎？

案說文繫傳十五引作『卿非我故人乎？』

馬童面之。

集解:『張晏曰:「以故人故,難視斫之,故背之。」如淳曰:「面,不正視也。」』

考證:『洪頤煊曰:「面,向也。謂向視之,審知爲項王,因以指王翳。禮記玉藻:『唯君面尊。』鄭注:『面猶鄉也。』田完世家:『淳于髡說畢,趨出至門,而面其僕。』面卽鄉也。」』

案洪說是也。酈生列傳:『漢王與項王戮力西面擊秦。』(漢書同。)長短經霸圖篇注面作向;袁盎列傳:『南面讓天子位者三。』漢書面作鄉,漢紀七面作向。鄉、向古、今字。並其證。(廣雅釋詁四:『面,嚮也。』嚮乃俗字。)面乃偭之借字,說文:『偭,鄉也。』繫傳引此文注云:『面,謂徼背之也。』與張晏、如淳注並不合,未知何據。(疑引如淳注大意。漢書注及通鑑注引如淳注,面下並有謂字。)御覽八七引張注作『以故人,難親斫之,故背面之也。』漢書注及通鑑注引張注無面字,(面字蓋涉正文而衍。)餘同。『視斫』當作『親斫。』親、視形近,又涉如淳注『正視』字而誤耳。槃庵兄云:『黃生義府:「詳上下文語意,項王此時雖在圍中,然去馬童尚遠,故曰『顧見』云云。時項王一行,尚有二十餘騎,先尚未辨孰爲項王,因其呼而諦視之,然後指示王翳云云。『面之,』卽諦視之謂。或謂古人多反語,故謂背爲面,如治之爲亂,馴之爲擾,香之爲臭,其例可見。此蓋昧於字義之俗說。古治字本作亂,馴擾之字本作㹛,臭爲香氣之總名,其臭腐之字本作殠。後人傳寫訛謬如此,豈古人之意哉!若面之訓背,乃偭字耳。且此時漢視羽如几肉矣,尙何所諱而背之言乎?」(卷下面縛條。)槃案禮少儀:「尊壺者面其鼻。」鄭注:「鼻在面中,言鄉人也。」正義:「尊與壺悉有面,面有鼻,鼻宜嚮於尊者,故言面其鼻也。」面之訓嚮,此類亦是也。又通作偭,則段氏說文注亦詳之矣。至羽紀此文,則訓嚮似于義較長。』

吾聞漢購我頭千金,邑萬戶。

正義:漢以一斤金爲一金,當一萬錢也。

考證:『正義宜言「漢金一斤爲一金。一金當一萬錢也。」』

案正義云云，文義已明，無煩增改。黃善夫本、殿本正義，『一金』並作『千金，』通鑑注引同。涉正文『千金』而誤。（平準書：『馬一匹則百金。』集解引瓚曰：『漢以一斤爲一金。』即其證。）通鑑注云：『余謂一斤金與萬戶邑，多少不稱。正義之議，未可爲據也。』蓋不知正義『千金』乃『一金』之誤耳。

吾爲若德。

集解：『徐廣曰：亦可是功德之德。』

正義：言呂馬童與項羽，先是故人，舊有恩德於羽。

案御覽引此作『吾爲汝得，』漢書作『吾爲公得。』德、得古通。御覽引徐注可下有取字。通鑑注引正義『於羽』作『於己。』並云：『羽蓋謂我爲汝自刎，以德汝。』其說是也。

乃自刎而死。

案文選潘安仁西征賦注引刎作剄，義同。漢書、漢紀亦作剄。

故分其地爲五。

梁玉繩云：評林謂宋本分上有故字；史詮以爲今本缺。然，宋倪思班馬異同無故字，倪所見必宋本也。

考證：王、凌本分上無故字，宋本有。

案黃善夫本、殿本亦並無故字。景祐本南宋補版有故字。

漢乃引天下兵欲屠之。

案漢書高紀、通鑑乃並作王。

乃持項王頭視魯，

案景祐本南宋補版、殿本視並作示，御覽四百二十及五五三引同。視、示古通，（前已有例。）高紀、漢紀、水經濟水注、通鑑亦皆作示。

故以魯公禮葬項王穀城。

案御覽四百二十引故作卽，水經注作遂，義並同。高紀故亦作遂，禮作號，漢書高紀、漢紀禮亦並作號。御覽八七引穀城上有於字，漢書高紀及籍傳、通鑑並同。水經注穀城上有于字，于猶於也。漢紀作『葬羽於穀城山下。』亦有於字。

漢王爲發哀，

考證：楓、三本哀作喪。

案漢書高紀哀作葬，王氏補注引官本葬亦作喪。

諸項氏枝屬，

案諸猶凡也。漢書籍傳枝作支，古字通用。

賜姓劉。

案景祐本南宋補版、黃善夫本、殿本劉下並有氏字，漢書高紀及籍傳，漢紀、通鑑皆同。此誤脫。

舜目蓋重瞳子。

集解：『尸子曰：舜兩眸子，是謂重瞳。』

考證：『荀子非相篇：「堯、舜三牟子。」尚書大傳：「舜四瞳子。」淮南子：「舜二瞳子，是謂重明。」所言不同。』

案漢書籍傳贊瞳作童，下同。童、瞳古、今字。集解引尸子『重瞳』當作『重明。』涉正文瞳字而誤也。荀子非相篇楊倞注、御覽八一及三六六並引尸子云：『舜兩眸子，是謂重明。』是其證。御覽八一引春秋演孔圖：『舜目四童，謂之重明。』亦其證。白虎通聖人篇引傳曰：『舜重瞳子，是謂玄景。』初學記九引春秋元命苞：『舜重瞳子，是謂滋涼。』(又見御覽三六六，『滋涼』作『滋原。』)並引宋均注：『滋涼，有滋液之潤且清涼，光明而多見。』(考證引荀子，三本作參。引尚書大傳，見略說；淮南子，見脩務篇。)

又聞項羽亦重瞳子。羽豈其苗裔邪？

梁玉繩云：示兒編謂『舜重瞳子，因舜典「明四目」而誤。』或當然也。………論衡骨相、奇怪兩篇，言『項羽自謂虞舜之後。』皆附會此說以誣羽耳。

案御覽八七項籍下，引河圖云：『怏目勇敢，重瞳大力，楚之邦。』又引此文豈上無羽字，邪作乎。路史國名紀丁引豈上亦無羽字。漢書贊同。檠庵兄云：『羽蓋項國之後，而以氏爲姓者。元和姓纂、廣韻三講項、通志氏族略二項，並以項爲姬姓。春秋傳說彙纂卷首姓氏篇云，或姞姓。案晉語，姬姞並黃帝後，非舜後也。』

何興之暴也！

考證：『張文虎曰：「舊刻何下有其字，毛本同。」愚按漢書亦有其字。暴，猝也。黥布傳：「何其拔興之暴哉！」亦言崛起于隴畝也。』

案景祐本南宋補版何下有其字，御覽、路史引此並同。（黃善夫本、殿本並無其字。）暴猶速也。晏子春秋內篇雜上：『子何絕我之暴也！』史記晏子列傳暴作速，卽其證。

相與竝爭，

案竝猶競也，離騷：『衆皆競進以貪婪兮。』王逸注：『競，竝也。』莊子天下篇：『是窮響以聲，形與影競走也。』道藏羅勉道循本本競作竝。咸其證。

及羽背關懷楚，

正義：『顏師古云：背關，背約不王高祖於關中。懷楚，謂思東歸而都彭城。』

案漢書贊師古注『背約』上有謂字。通鑑注引同；又引高祖作沛公。並云：『背關懷楚，文意一貫。言羽棄背關中之形勝，而懷鄉歸楚也。不必分為兩節。』其說是也。

自矜功伐，

案漢書籍傳：『非有功伐。』注引張晏曰：『積功曰伐』。

奮其私智而不師古。

案李斯列傳：『事不師古而能久長者，非所聞也。』（淳于越語。）

謂霸王之業，欲以力征。

案景祐本謂作為，為、謂古通。（前已有說。）國語吳語：『將不長弟以力征一二兄弟之國。』『力征』亦作『力政，』漢書五行志中之下：『天子弱，諸侯力政。』師古注：『政亦征也。言專㠯武力相征討。』是也。

經營天下五年，

案戰國策楚策一：『夫以一詐僞反覆之蘇秦，而欲經營天下。』

尙不覺寤。

案漢紀、通鑑寤並作悟。悟、寤正、假字，說已見秦始皇本紀。

而不自責過矣。

考證：『而不自責過矣。』六字連作一句。過亦責也，非過誤之過。漢書矣作失；通鑑削『過矣』二字，皆未得史公意。

案此當讀『而不自責』句。『過矣』句。漢書贊矣作失，葢矣之壞字。『過矣！』與上文『難矣！』句法同；與下文『豈不謬哉！』義亦相應。(憶幼時，先君耀卿公為岷解說如此。)謬亦過也。漢紀謬作過。

乃引『天亡我，非用兵之罪也。』

案引猶稱也。孟子荀卿列傳：『稱引天地剖判以來，』『稱引』複語，其義一也。

出自第三十九本下(一九六九年十月)